长沙年鉴 2021

CHANGSHA YEARBOOK

长沙市地方志编纂委员会　编

方志出版社
Publishing House of Local Records

图书在版编目（CIP）数据

长沙年鉴. 2021 / 长沙市地方志编纂委员会编. —
北京 ： 方志出版社, 2021.11
ISBN 978-7-5144-4953-2

Ⅰ. ①长… Ⅱ. ①长… Ⅲ. ①长沙－2021－年鉴
Ⅳ. ①Z526.41

中国版本图书馆CIP数据核字(2021)第275702号

责任编辑：齐　笑
责任校对：刘玉霞
责任印制：赵　楚
出 版 者：方志出版社
地　　址：北京市朝阳区潘家园东里 9 号（国家方志馆 4 层）
邮　　编：100021
网　　址：http://www.zgfzcb.cn
发　　行：方志出版社图书营销中心（010-67110500）
印　　刷：湖南印美彩印有限公司
开　　本：889毫米×1194毫米　1/16
印　　张：38.75
字　　数：1334千字
版　　次：2021年 11 月第 1 版
印　　次：2021年 11 月第 1 次印刷
定　　价：260.00 元

《长沙年鉴（2021）》编纂委员会

《长沙年鉴》编辑部

编辑说明

一、《长沙年鉴》是长沙市人民政府主办、长沙市地方志编纂委员会编纂的年度资料性文献，1987 年创刊，每年出版一卷，本卷为第 35 卷。

二、《长沙年鉴（2021）》以马克思列宁主义、毛泽东思想、邓小平理论、“三个代表”重要思想、科学发展观、习近平新时代中国特色社会主义思想为指导，坚持辩证唯物主义和历史唯物主义的立场、观点和方法，围绕中共长沙市委、长沙市人民政府的决策部署，全面、客观、系统地记载长沙市自然、政治、经济、文化、社会和生态建设等方面概貌和发展情况。记述时限为 2020 年 1 月 1 日至 12 月 31 日。

三、本卷年鉴采用分类编辑法，设类目、分目、条目 3 个层次，部分分目下设次分目，条目为记述基本层次。全书设有 36 个类目，卷首设“脱贫攻坚”“新冠肺炎疫情防控”“年度事件”3 个彩页专题。

四、本卷年鉴对框架结构进行适当调整：将“长株潭‘两型社会’试验区”更名为“长株潭城市群”；“卫生健康”类目增设分目“新冠肺炎疫情防控”；“应急管理”类目增设“应急救援”分目；“商贸服务业”类目中的分目“粮油购销”更名为“粮食和物资储备”；“特载”类目设置“长沙市全面建成小康社会综述”“长沙市脱贫攻坚纪实”“长沙市抗击新冠肺炎疫情工作纪实”“长沙市乡村振兴战略工作纪实”“长沙市“蓝天保卫战”三年行动（2018—2020 年）工作纪实”5 篇专文。

五、由于统计数据的来源、口径、方式、时间的不同，所载数据存在不一致，请读者以统计局提供的统计资料为准。

长沙市中心城区图

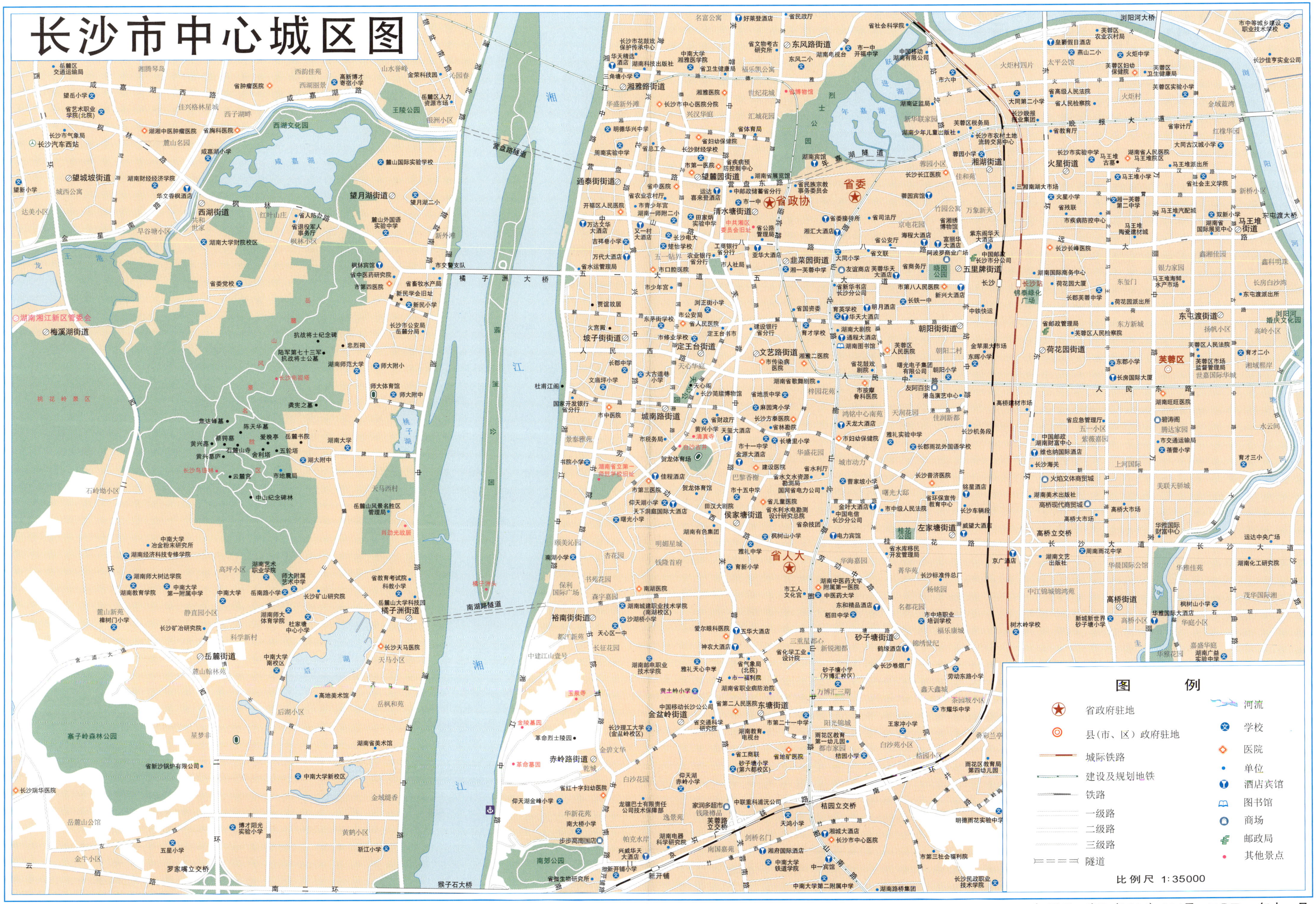

湖南省第三测绘院制作　湖南省自然资源厅监制

审图号：湘S（2021）024号　二〇二一年十一月

长沙市政区图

湖南省第三测绘院制作　湖南省自然资源厅监制

审图号：湘S（2021）024号　二〇二一年十一月

长沙市文化地图

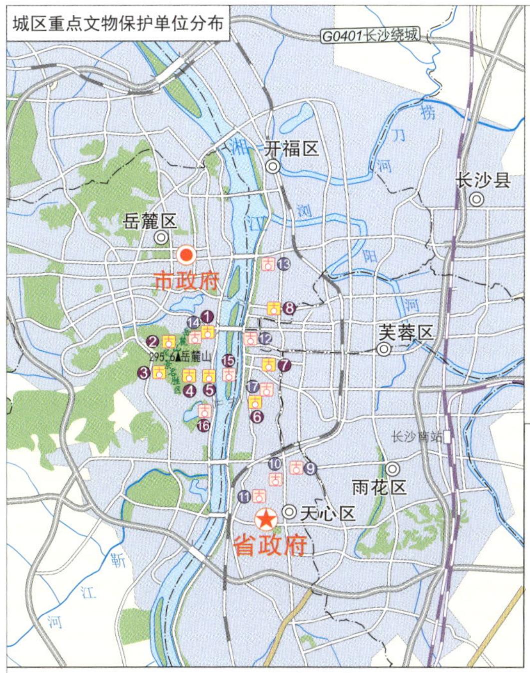

1. 新民学会旧址
2. 禹王碑
3. 黄兴墓
4. 爱晚亭
5. 湖南大学早期建筑
6. 湖南省立第一师范学校旧址
7. 天心阁古城墙
8. 中共湘区委员会旧址
9. 杨开园墓
10. 梅岭官兵合葬墓
11. 何绍基墓
12. 贾谊故居
13. 开福寺
14. 岳麓山忠烈祠
15. 唐生智公馆
16. 肖劲光故居
17. 白沙古井

▲马王堆汉墓
出土文物——素纱襌衣

▲开福寺

▲湖南省立第一师范学校旧址

▲刘少奇故居

▲铜官窑陶瓷

▲爱晚亭

▲密印寺

▲岳麓书院

图例

★	省政府驻地	🏛	全国重点文物保护单位
★	市（州）政府驻地	🏛	省级文物保护单位
◎	县（市、区）政府驻地	🏛	市级文物保护单位
	省界	🏛	县级文物保护单位
	市（州）界		国家级非物质文化遗产
	县（市、区）界		省级非物质文化遗产
	铁路		市级非物质文化遗产
S30	高速公路及编号		

比例尺 1∶640000

湖南省自然资源厅监制　湖南省第三测绘院编制

审图号：湘S（2021）024号　二〇二一年十一月

2020 · 长沙数字

2020 · Changsha Datas

区域总面积：11815.96 平方千米

市区面积：2150.9 平方千米

年末户籍人口总数：747.29 万人

市区人口总数：373.79 万人

全年新增城镇就业人员：13.83 万人

地区生产总值：12142.52 亿元

第一产业增加值：423.46 亿元

第二产业增加值：4739.27 亿元

第三产业增加值：6979.79 亿元

人均地区生产总值：123297 元

全市农林牧渔业增加值：445.71 亿元

农林牧渔专业及辅助性活动增加值：22.25 亿元

全年粮食播种面积：31.27 万公顷

一般公共预算收入：1642.96 亿元

一般公共预算支出：1501.23 亿元

社会消费品零售总额：4469.76 亿元

全市进出口总额：2350.46 亿元

全年公共交通客运总量：98765 万人次

国际互联网用户：434.5 万户

国际国内旅游总收入：1661.32 亿元

普通高校：52 所

在校学生：69.74 万人

普通高中：98 所

在校学生：15.98 万人

2020 · 长沙数字

2020 · Changsha Datas

普通初中：247 所

在校学生：28.17 万人

普通小学：951 所

在校学生：71.02 万人

幼儿园：2355 所

在园幼儿：40.76 万人

全市公共图书馆：12 个

博物馆（纪念馆）：15 个

公共体育场地：2222 个

全市卫生机构数：4681 个

医疗卫生技术人员：8.8 万人

全市用电总量：4116782 万千瓦时

城市日供水量：240 万吨 / 日

全市天然气供气总量：84475 万立方米

全市液化气供气总量：69187 吨

城市生活垃圾无害处理量：257.4 万吨

园林绿化地面积：20639 公顷

自然保护区面积：0.67 万公顷

金融机构存款余额（本外币合计）：23316.81 亿元

金融机构贷款余额（本外币合计）：24261.26 亿元

城镇居民人均可支配收入：57971 元

城镇居民人均消费支出：39133 元

农村居民人均可支配收入：34754 元

农村居民人均消费支出：24427 元

城镇居民人均自有现住房建筑面积：41.2 平方米

农村居民人均自有现住房建筑面积：62.4 平方米

《长沙年鉴》2020 年度

为充分反映长沙人民在建设现代化长沙的奋斗目标中涌现的典型人物、事件，长沙市地方志编纂委员会决定组织开展《长沙年鉴》2020 年度人物、年度事件评选活动（以下简称“双评”活动），发挥地方志“存史、育人、资政”作用，传播正能量。评选 2020 年度长沙市域范围内涌现的对推动全市经济社会发展有突出贡献和典型意义的人物和事件。

“双评”活动于 2021 年 3 月启动，截至 8 月 31 日，各区县（市）及全市各行业经过遴选后向《长沙年鉴》编辑部推荐年度人物 41 名，年度事件 40 件。

年 度 人 物

●李 敏 1976 年生 大园社区新时代文明实践站工作人员

她 2004 年加入“湖南省红十字会善行者爱心联盟”。2006 年，她为中国慈善个体户杨海开展募捐活动。2008 年初，她参与抗冰救灾赈灾募捐工作，被湖南省慈善总会授予“抗冰救灾优秀义工”称号；5 月，她投身到湖南援川救灾志愿服务中。2008 年，她被中国红十字总会授予“红十字志愿者之星”、湖南省慈善总会授予“援川赈灾优秀志工”。16 年来，她致力于贫困学生的帮扶资助工作，直接或间接帮助贫困学子近千名。2020 年疫情期间，她为湖北众多基层医院捐款筹物。6 月 15 日，她被一辆疾驰的汽车撞飞在地，于 6 月 27 日离开了她深深眷恋的家人、朋友，以及她热爱的志愿服务工作。

●李 琼 1973 年生 中共党员 湖南省未成年犯管教所六监区教导员

2020 年 2 月初，李琼成为湖南监狱援鄂工作队的一员，并担任副领队、临时党支部副书记。2 月 23 日，24 名队员抵达武汉驻地后，她率先进仓，湖南监狱援鄂队成为司法部进仓执勤的“第一军”。对几百名确诊罪犯进行管理和救治，实现罪犯零违规监管零事故。李琼入选湖南省委宣传部组织的“最美逆行者”抗疫事迹宣传团。她的事迹也被中国政法文化网、红网等中央、省、市媒体报道。10 年来她 6 次被评为“优秀公务员”，3 次被评为“优秀党员”，2020 年立三等功，被评为“全国抗击新冠肺炎疫情先进个人”。

●张更姣 1986 年生 中共党员 浏阳市淳口镇卫生院护师

2020 年 2 月 21 日，张更姣随医疗队援助武汉。在疫情风暴中心——武汉金银潭医院，她签下生死状、写下遗书“如果我在武汉金银潭医院新冠肺炎救治工作中不幸感染或遇难，我不要国家给我承担责任，亲爱的老公，你要照顾好我们的爸妈”。2020 年，她被中共中央、国务院、中央军委授予“全国抗击新冠肺炎疫情先进个人”荣誉称号，同时她还获“湖南好人”“湖南省优秀护士”“最美逆行者”“长沙市特殊贡献护理工作者”“湖南省五一劳动奖章”等荣誉。

●李忠国 1972 年生 浏阳市达浒镇椒花新村手编艺人

2015 年，李忠国作为贫困户，在浏阳市达浒镇椒花新村驻村帮扶工作队和支村两委的鼓励和支持下，创办达浒镇“达兴工艺品厂”。他将手艺传授给 50 余户贫困户，不仅自己摘掉贫困户的帽子，还带领乡邻脱贫致富奔小康。2019 年，“达兴工艺品厂”实现年销售额 500 万余元。2020 年 10 月 17 日，他被国务院扶贫开发领导小组授予“2020 年全国脱贫攻坚奖奋进奖”称号，2020 年 11 月 26 日，他被湖南省委、省政府授予“湖南省劳动模范”称号。

●郑能量 1993 年生 中共党员 湖南省工业设备安装有限公司驻北京分公司党办主任兼投资经营部总监

2020 年 1 月 25 日，他驾车到武汉成为志愿者，每天驾车穿梭在武汉的大街小巷。2020 年 2 月，他登上“湖南好人”榜，被授予“湖南省省属企业‘最美青年’”荣誉称号。4 月，入选“中国网事感动 2020”一季度网络感动人物，并担任长沙文化旅游形象大使。5 月，被授予第六届“新时代湖南向上向善好青年”抗“疫”好青年荣誉称号，湖南省新冠肺炎疫情防控学雷锋志愿服务先进典型。2020 年 9 月 8 日，他被评为“全国抗击新冠肺炎疫情先进个人”。2020 年 11 月，入选“2020 感动中国之感动湖南”候选人。

●康 姣 1982 年生 中共党员 长沙市天心区新开铺街道桥头社区居民委员会党总支书记、居委会主任

她在基层社区工作近 17 年。在新冠肺炎疫情防控期间，组织人员服务 210 名居家隔离对象。当接到湖北返长人员集中隔离酒店的紧急任务时，她发出“我是党员我先上”的号召，连续 50 余天确保隔离人员平安健康。她带领着社区团队和党员群众齐心抗疫，社区的疫情防控、困难帮扶、复工复产得到统筹推进。2020 年 9 月 8 日，她被评为“全国抗击新冠肺炎疫情先进个人”，是长沙市唯一基层社区代表。

●张锡兴 1986 年生 中共党员 长沙市疾病预防控制中心副主任（主任医师）

他曾抗击非典肺炎疫情、到汶川抗震救灾并火线入党，组织处置甲流疫情、人感染高致病禽流感疫情及特大洪涝救灾防病等重大公共卫生事件。2019 年年底，他组织长沙市疾控系统提前布局，专家组成防控指导组，指导区县疾控工作。在长沙恢复国际航班成为第一入境点后，组织精干队伍严守空中第一道门。在疫情发生变化的重要节点，及时组织专家会商并向长沙市指挥部提出建设性的专业建议。2020 年 9 月，他被中共中央、国务院、中央军委授予“全国抗击新冠肺炎疫情先进个人”称号。

●刘激扬 1975 年生 民革党员 长沙市第一医院院长

长沙市第一医院作为省、市两级新冠肺炎唯一定点救治医院，她靠前指挥、反应迅速，带领全院职工勇担疫情防控重任。长沙市第一医院承担长沙新冠肺炎确诊患者、其他市州上转重症患者的救治任务，取得收治成功率 99.26%、居全国收治百人以上城市最高的好成绩。长沙清零后，继续承担境外输入确诊患者、无症状感染者、复阳患者以及待排人员收治任务。2020 年 9 月 8 日，中共中央、国务院、中央军委授予长沙市第一医院“全国抗击新冠肺炎疫情先进集体”称号。2020 年 11 月 24 日，她被授予“全国先进工作者”荣誉称号。

●安 志 1984 年生 中共党员 长沙市公安局雨花分局刑事侦查大队副大队长

从警 15 年来，他始终冲锋在刑侦一线，为保护人民群众生命财产安全与犯罪分子顽强斗争。2020 年 2 月初，他牵头办理长沙市首起涉嫌妨害传染病防治罪的涉疫案件，与故意隐瞒行程的唐某等多名新冠肺炎确诊患者面对面询问取证。确诊为新冠肺炎的盗窃嫌疑人金某也被及时抓获。他先后被评为中央文明办“中国好人”“全国最美基层民警”；立个人二等功 1 次，三等功和嘉奖多次。2020 年被评为“全国抗击新冠肺炎疫情先进个人”“全国优秀人民警察”。

●杨远柱 1962 年生 中共党员 袁隆平农业高科技股份有限公司杂交水稻科研委员会主任、湖南亚华种业科学研究院院长

他先后承担国家 863“长江流域超级杂交晚稻新组合选育”等 10 余项研究课题。他主持的“水稻温敏核不育系株 1S 的选育及应用”“优质抗倒水稻不育系湘陵 628S 和湘陵 750S 的选育及应用”，分别获 2009 年度、2018 年度湖南省科技进步一等奖（排名第一位）。他先后获国家科技进步三等奖、湖南省科技进步二等奖和长沙市一级奖励 10 余项。2010 年 5 月被评为“全国劳动模范”，2010 年 9 月获“袁隆平农业科技奖”。2018 年被评为“2012—2017 年度中国种业十大杰出人物”。2020 年 5 月，获第二届全国创新争先奖状，被授予“湖南最美科技工作者”称号，也是唯一一位获该表彰的种企科技工作者。

2020 · 长沙荣誉

2020 · Changsha Honors

7 月 6 日　21 世纪经济报道、21 财经客户端联合知乎和快公司共同发布《中国潮经济 · 2020 网红城市百强榜单》，长沙市位居全国百强网红城市第八位。

8 月 30 日　长沙市被评为“中国国际化营商环境建设标杆城市”。

10 月 28 日　2020 中国城市夜间经济发展峰会暨首届“夜星城”消费节闭幕典礼在长沙举行，长沙入选 2020 中国夜经济十强城市，位列 2020 中国夜间经济发展 TOP10 城市第七位。

11 月 8 日　长沙市被评为 2019 年“魅力中国——外籍人才眼中最具吸引力的中国城市”最具潜力城市。该评选活动举办 10 年以来，长沙首次入选。

11 月 10 日　中央文明办公布第六届全国文明城市入选城市名单和复查确认保留荣誉称号的前五届全国文明城市名单，长沙入选复查保留荣誉称号的前五届全国文明城市名单，连续三届蝉联全国文明城市。

11 月 18 日　长沙市被评为“中国最具幸福感城市”。

11 月 19 日　国务院办公厅印发通报表扬国务院第七次大督查发现的 43 项典型经验做法，长沙市以产业链建设为抓手推动先进制造业高质量发展的经验获表扬。

12 月 15 日　在北京召开的 2020 年数字政府服务能力暨第十九届中国政府网站绩效评估结果发布会上，长沙数字政府服务能力在全国重点城市中被评为“优秀级”，长沙市政府门户网站在全国省会城市政府网站中排第二名，市政务服务门户“一件事一次办”被评为“省会及计划单列市级十大优秀创新案例”。

12 月 20 日　中国改革（2020）年会暨新发展阶段地方改革推进高层研讨会上，房地产调控的“长沙样本”入选十个“中国改革 2020 年度案例”。

12 月 29 日　长沙市被评为首批国家文化和旅游消费示范城市。

人物、年度事件评选活动

9 月 7 日，“双评”活动召开初评会议，通过 17 位评委现场投票，评选出候选人物、候选事件各 20 名（件）。

9 月 11—25 日，“双评”活动在“方志长沙”微信公众号开展网络投票。

10 月 12 日，召开终评会议，由专家学者、媒体工作者和部分单位代表组成评审委员会。终评的最终结果按照初评会议投票、网络投票与终评评委投票分别占总票选的 40%、20% 和 40% 的比例计综合得分，按分值高低最终评选出年度人物、年度事件各 10 名（件）。

年 度 事 件

●长沙成为首批国家文化和旅游消费示范城市

2020 年 12 月 29 日，在文化和旅游部召开的推动文化产业高质量发展座谈电视电话会上，长沙市被评为首批国家文化和旅游消费示范城市。2020 年，长沙城市品牌影响力持续攀升：入选全国十大最受欢迎出游目的地城市、中国夜经济十强城市，居全国网红城市百强榜第八位。报告显示：中秋节、“十一”国庆节长假期间，长沙首次排名国庆节假期酒店预订量全国前十强；除北京、上海、广州、深圳之外，长沙是车票到达目的地最多的城市；在全国 11 个核心城市最核心商圈中，长沙五一商圈的客流量居第二位，仅次于上海。2020 年 7 月 11 日，世界级特大创新型综合旅游产业项目湘江欢乐城开园，为长沙新添“网红打卡地”。2020 年，长沙连续 13 年被评为“中国最具幸福感城市”。

●长沙营商环境指数位居全国第九位、中部第一位

2020 年 8 月 30 日，第二届中国国际化营商环境高峰论坛暨《2020 年中国城市营商环境发展评估报告》发布会在北京举行，长沙市被评为“中国国际化营商环境建设标杆城市”。10 月，国家发展改革委发布《中国营商环境报告 2020》，长沙“打造一流营商环境，推动城市高质量发展，不断提升群众和市场主体获得感、幸福感”的经验入选“最佳实践篇”，营商环境指数位居全国第九位、中部第一位。

●长沙抗疫复产两不误 经济恢复增长走在全国前列

2020 年，长沙全面统筹疫情防控与复工复产，2 月上旬在全国率先启动复工复产。出台《关于有效降低疫情影响稳定经济运行的实施方案》，从 7 个方面实施 26 条举措，统筹疫情防控与经济社会秩序恢复。出台《关于应对新型冠状病毒感染的肺炎疫情支持中小企业共渡难关的若干意见》等配套政策，推出特殊时期支持中小企业发展的 20 条具体措施，支持企业共克时艰。长沙经济恢复增长走在全国前列，全年实现地区生产总值逾 1.2 万亿元，较 2019 年增长 4%，增速分别高于全国、全省平均水平 1.7% 和 0.2%。

●中国（湖南）自由贸易试验区长沙片区闪亮登场

2020 年 9 月，国务院印发《中国（北京）、（湖南）、（安徽）自由贸易试验区总体方案》和《中国（浙江）自由贸易试验区扩展区域方案》，中国（湖南）自由贸易试验区获批，涵盖长沙、岳阳、郴州三大片区共 119.76 平方千米。其中，长沙片区 79.98 平方千米，重点对接“一带一路”建设，突出临空经济，重点发展高端装备制造、新一代信息技术、生物医药、电子商务、农业科技等产业，打造全球高端装备制造业基地、内陆地区高端现代服务业中心、中非经贸深度合作先行区和中部地区崛起增长极。

●“房住不炒”的长沙样本在全国获广泛推广

2020 年 12 月 20 日，中国改革（2020）年会暨新发展阶段地方改革推进高层研讨会上，房地产调控的“长沙样本”入选十个“中国改革 2020 年度案例”，相关经验获住建部肯定并向全国推广。自 2017 年打响“房价保卫战”“反炒房攻坚战”以来，长沙一直落实“房住不炒”要求，2020 年中央电视台《焦点访谈》播出《房住不炒如何实现？长沙这么做》特别推介。2020 年 7 月 8 日，深圳市住建局到长沙市考察交流房地产市场管理工作。

●长沙如期完成决战脱贫攻坚目标任务

2020 年是脱贫攻坚战收官之年，长沙如期全面完成决战脱贫攻坚目标任务。全市 84 个省定贫困村全部摘帽，4.66 万户 13.42 万名建档立卡贫困人口全部达到脱贫退出条件；累计帮扶城市特殊困难群体 40589 人次；助力龙山县等 8 个帮扶县全部脱贫。

●袁隆平团队双季稻亩产量再创世界纪录

2020 年 11 月 2 日，袁隆平团队迎双季稻亩产 1500 千克测产，测得晚稻平均亩产 911.7 千克。此前，其早稻高产攻关田在 2020 年 7 月进行测产验收，测得早稻平均亩产 619.06 千克。早稻加晚稻实现亩产 1500 千克的目标，再次刷新世界纪录。

●长沙进入“全面地铁时代”

2020 年 7 月，根据长沙城市公共交通各出行方式占比数据显示，长沙地铁线网总客运量 4192.05 万人次，日均客流 135.23 万人次，地铁在公共交通内部（含地铁和公交）分担率达到 52.45%，首次超越地面公交成为全市载客量最多的公共交通工具，长沙成为继北京、上海、广州、深圳等城市之后第八个进入“全面地铁时代”的城市。

●长沙市获批全国第三个国家级车联网先导区

2020 年 11 月 3 日，湖南（长沙）国家级车联网先导区揭牌，这是全国第三个获批的国家级车联网先导区。2020 年，长沙加快建设新型智慧城市示范城市步伐，4 月 30 日，全国首条智慧公交在长沙首发；8 月 31 日，全国第一条支持自动驾驶的智慧高速公路——长益高速公路扩容工程通车，道路两侧每 150 米连续布设 5G 基站和摄像头等配套设施，可满足无人驾驶路况要求；10 月 10 日，长沙市政府出台《关于加快建设新型智慧城市示范城市的决定》，明确将新型智慧城市建设作为全市经济社会高质量发展的重要引擎，将长沙打造成全国新型智慧城市样板和标杆。《2020 年中国智能网联汽车产业投资潜力城市百强榜研究》白皮书显示，长沙仅次于北京、深圳，排名榜单第三位。

●长沙新冠肺炎疫情防控成绩斐然

2020 年，面对新冠肺炎疫情，长沙市始终坚持以人民为中心，把人民群众生命安全和身体健康放在第一位，迅速行动、主动担当，科学防控，精准施策，全力打响疫情防控的人民战争、总体战、阻击战。2020 年 1 月 21 日长沙市确诊首例新冠肺炎病例，2 月 20 日实现新增确诊病例清零，3 月 14 日实现住院确诊病例清零；全市累计确诊 242 例，治愈 240 例，救治成功率居全国确诊病例 200 例以上城市前列。国际客运航班落地转运“长沙模式”获国务院联防联控机制肯定。长沙市第一医院、长沙黄花国际机场疫情防控联合指挥部被评为“全国抗击新冠肺炎疫情先进集体”，张锡兴、张更姣、安志、康姣 4 人被评为“全国抗击新冠肺炎疫情先进个人”。2020 年 9 月，中共中央总书记、国家主席、中央军委主席习近平在湖南考察时，对长沙疫情防控工作给予肯定。

长沙 CHANGSHA

脱贫攻坚

★ 说明：该专题图片由长沙市农业农村局提供

◇ 2020 年，长沙县金井自来水厂缓解该县北部 10 个农业乡镇的用水压力，解决贫困人口饮水安全问题

◇ 2020 年 4 月 9 日，长沙县村民在自家自来水管下清洗青菜

◇ 2020 年 5 月，宁乡市双江口镇罗巷新村贫困户井水水量不足。图为扶贫干部到现场走访

◇ 2020 年，长沙推进消费扶贫智能柜项目，在全市住宅小区及公共场所投放无接触式消费扶贫智能柜，展示销售扶贫产品，构建线上线下销售体系，为社会各界、市民购买扶贫产品，参与消费扶贫行动提供便利条件，为扶贫产品建立长期有效的销售渠道。图为智慧助农消费扶贫服务站

◇ 2020年，宁乡市发展壮大“就业扶贫车间”。图为村民正在“就业扶贫车间”从事电子产品加工

◇ 2020年，宁乡市黄材镇石山村村民姜润连在村上一家宇嘉玩具代加工厂务工，图为她在“就业扶贫车间”制作玩具的场景

◇ 2020年2月29日，浏阳市博德包装印刷有限公司发货区，工人们返岗复工

◇ 2020 年，灰汤镇双盆村村民张崇六依靠饲养灰汤贡鸭脱贫致富

◇ 2020 年，望城区茶亭镇大龙村开展产业扶贫，贫困户姚建在家门口既能实现务工又学习了技术，通过喂养野鸭子，增加年收入 4 万余元

◇ 2020 年，望城区乔口镇盘龙岭村依托荷花虾产业，带动该村 44 户贫困户全部脱贫，成为集体经济强村。图为盘龙岭村“荷花虾”养殖基地

◇ 2020 年 7 月 9 日，屋场夜话共话脱贫攻坚，宁乡市黄材镇黄材村村民们听驻村工作队介绍帮扶情况、了解扶贫政策，乡镇党员干部、企业扶贫代表围绕村民关心的美丽屋场建设、党员活动中心建设等问题进行回应

◇ 2020 年 10 月，宁乡市巷子口镇双河村驻村工作队队长兼第一书记隆溢新（右）上门与贫困户核对收入信息

◇ 2020 年 12 月，宁乡市开展村播带货活动，带动广大网友通过消费扶贫促进群众增收

◇ 2020 年，乔口镇盘龙岭村文旅项目“荷里乔江”为贫困户增收开辟了新路子

◇ 2020年11月13日 长沙市 · 龙山县对口帮扶工作联席会议召开

◇ 2020年11月30日，长沙市帮扶龙山县产业发展调研对接见面会在龙山县举行

◇ 2020年12月，宁乡市青山桥镇发展红薯产业，脱贫后的村民将自家刚挖出来的红薯送到市场变现

◇ 2020 年，长沙县安沙镇村民张四和搬至危房改造后的新家

◇ 2020 年，农村危房改造整体推进村——长沙市长沙县开慧镇白沙村全景

长沙 CHANGSHA

新冠肺炎疫情防控

★ 说明：该专题图片均由长沙市卫生健康委员会提供

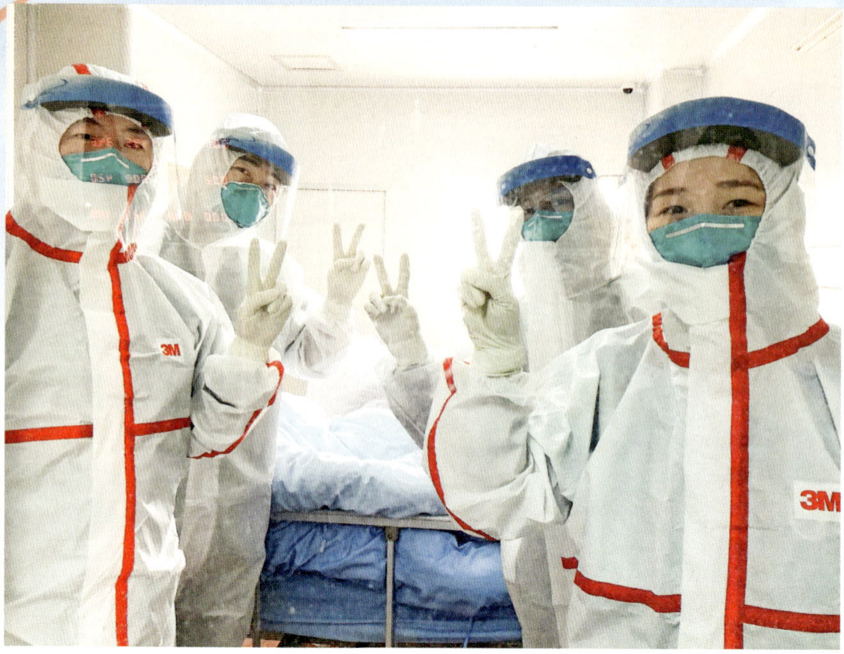

◇ 2020 年 1 月 17 日，长沙市公共卫生救治中心启用第一个病房

◇ 2020 年 1 月 16 日，长沙市第一医院首批进入隔离病房的医护人员

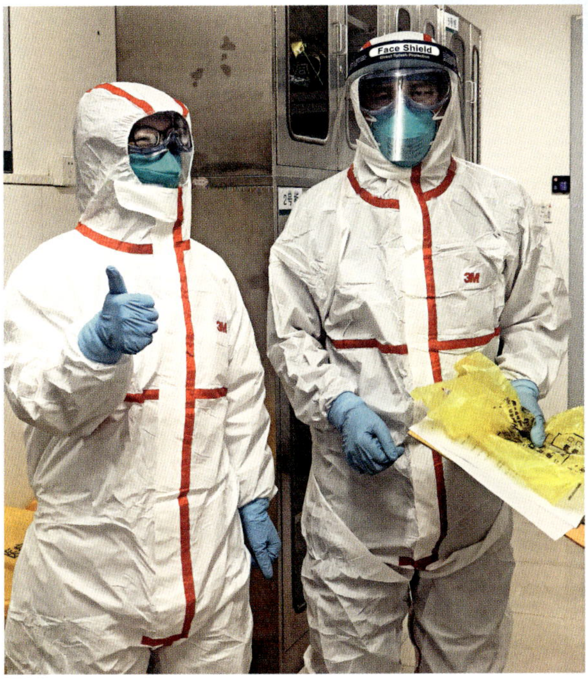

◇ 2020 年 1 月 25 日，长沙市区两级疾控人员进入市公共卫生救治中心隔离病房对病例开展流行病学调查

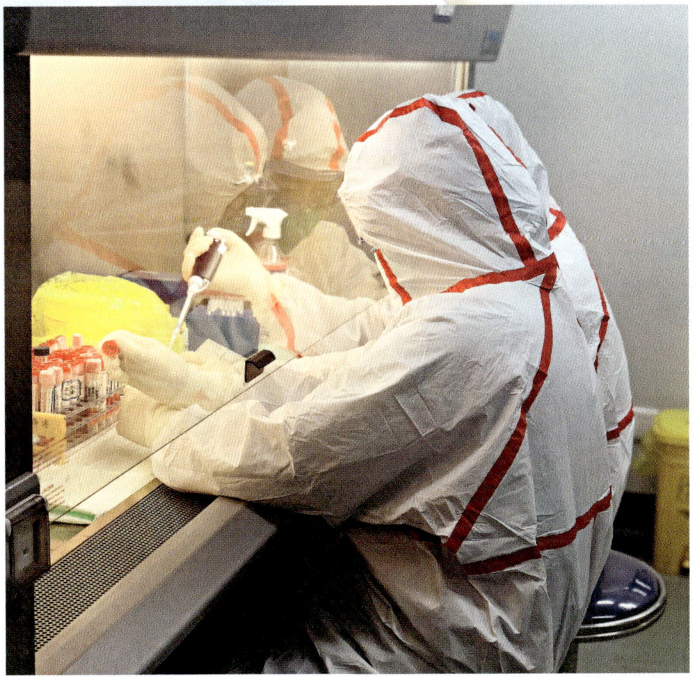

◇ 2020 年 1 月 26 日，长沙市疾控中心实验室工作人员在生物安全柜中进行核酸提取

◇ 2020 年 1 月 27 日，长沙市中心医院 90 余名医护代表参加抗击新型冠状病毒感染肺炎誓师大会

◇ 2020 年 1 月 29 日，长沙市在市第一医院召开省、市专家新冠肺炎医疗救治方案调度会

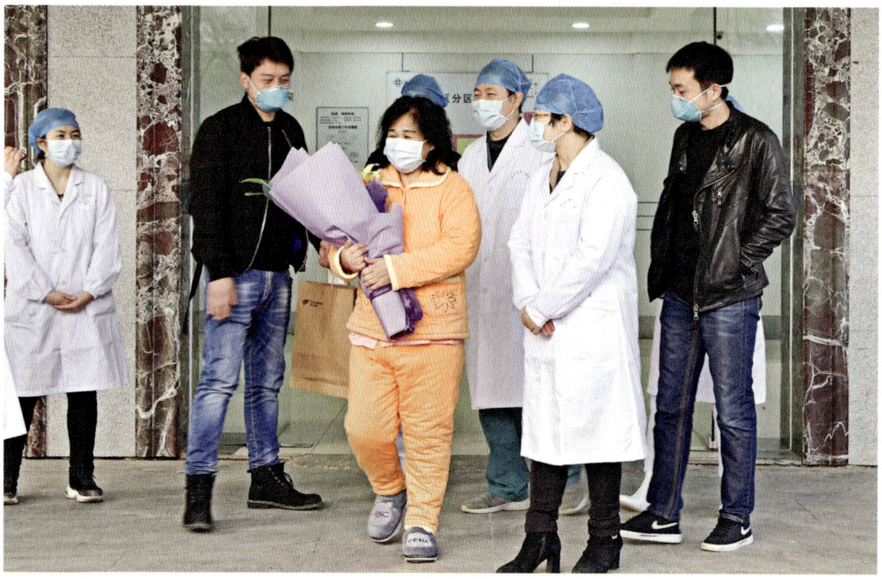

◇ 2020 年 1 月 30 日，长沙市首例新冠肺炎患者治愈出院

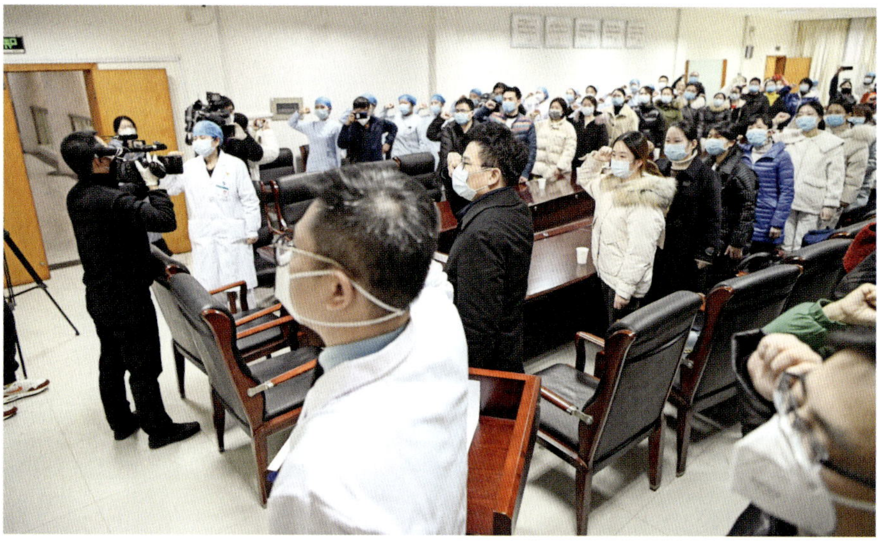

◇ 2020 年 2 月 1 日，长沙市第二批支援市公共卫生救治中心的 65 名医护人员庄严宣誓

◇ 2020 年 2 月 18 日，湖南省副省长陈文浩（中左二）视频连线慰问第一医院北院一线医务人员

◇ 2020 年 2 月 1 日，长沙市中医医院选派医务人员到长沙市第一医院北院支援抗击新冠肺炎疫情，出征前队员庄严宣誓

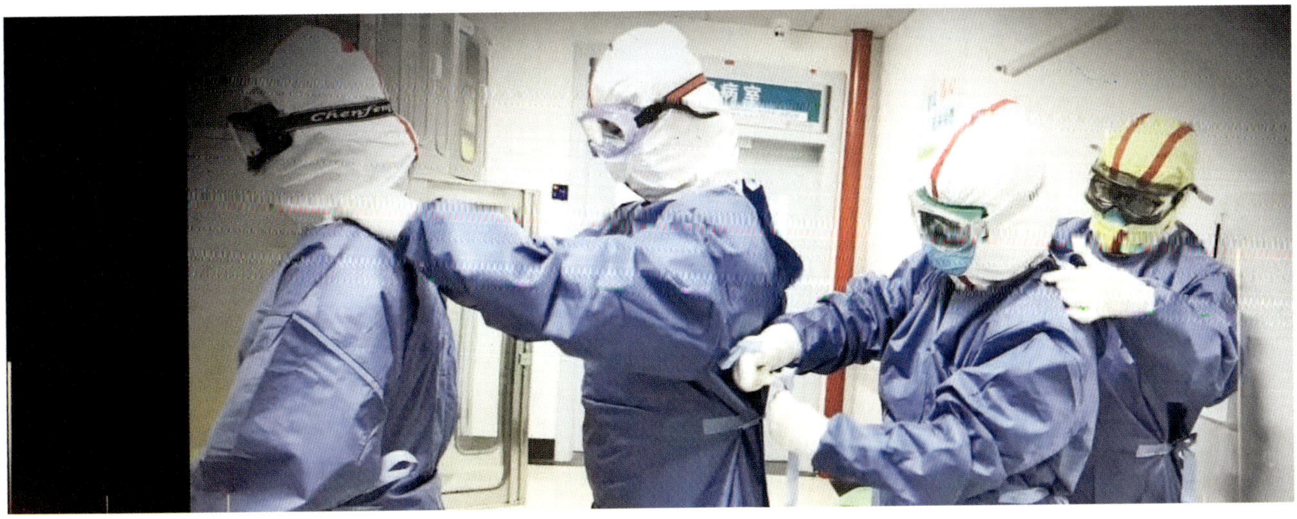

◇ 2020 年，图为医护工作人员互相检查防护服

◇ 2020 年 2 月 8 日，长沙市 8 名新冠肺炎患者治愈出院

◇ 2020 年 2 月 21 日，长沙市举行援助武汉市抗击新冠肺炎医疗队出征仪式

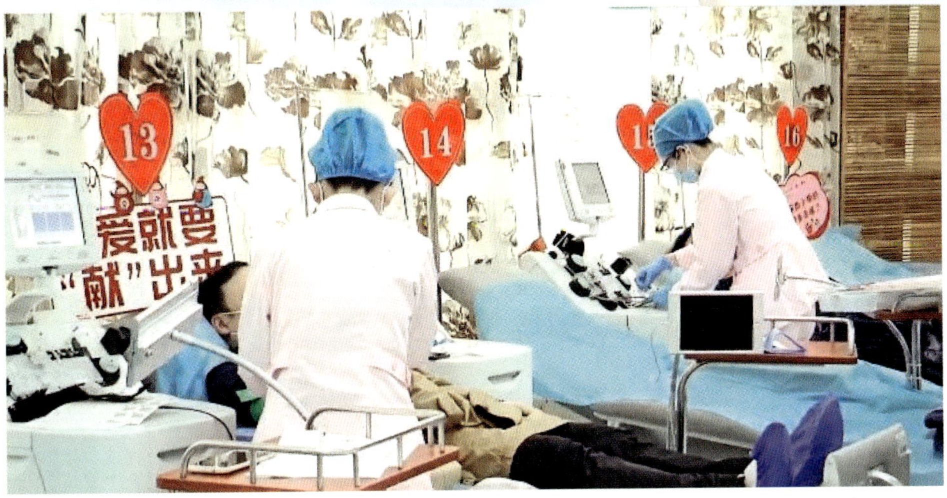

◇ 2020 年 2 月 23 日，长沙市启动血液库存一级预警并推出精准预约团体献血试点

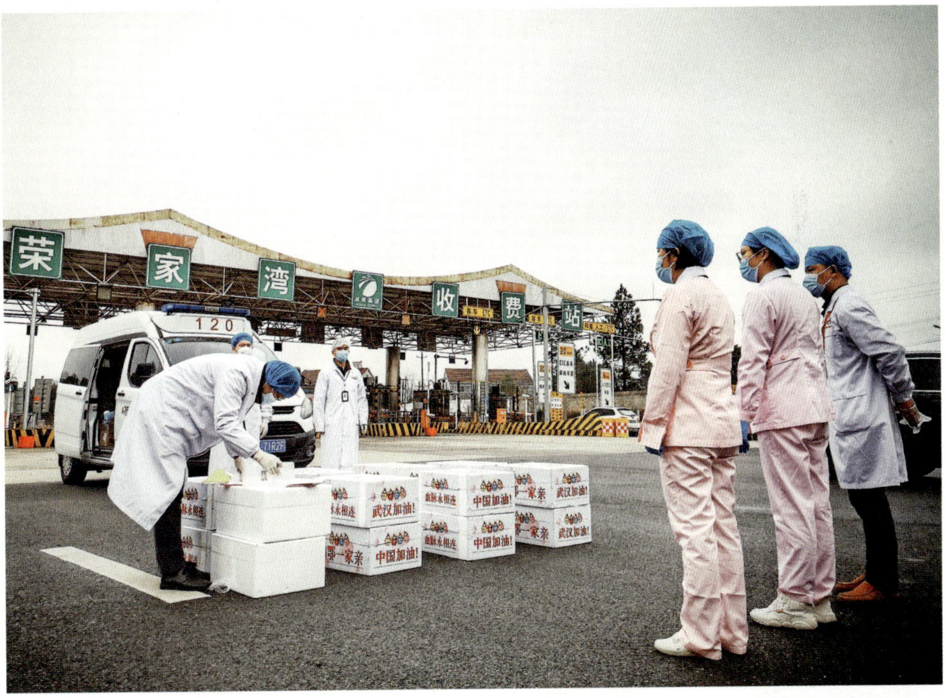

◇ 2020 年 2 月 28 日，长沙血液中心筹备 20 万毫升红细胞、40 个治疗量的血小板，紧急运送至湘鄂交界的岳阳市荣家湾收费站，援助武汉临床救治工作

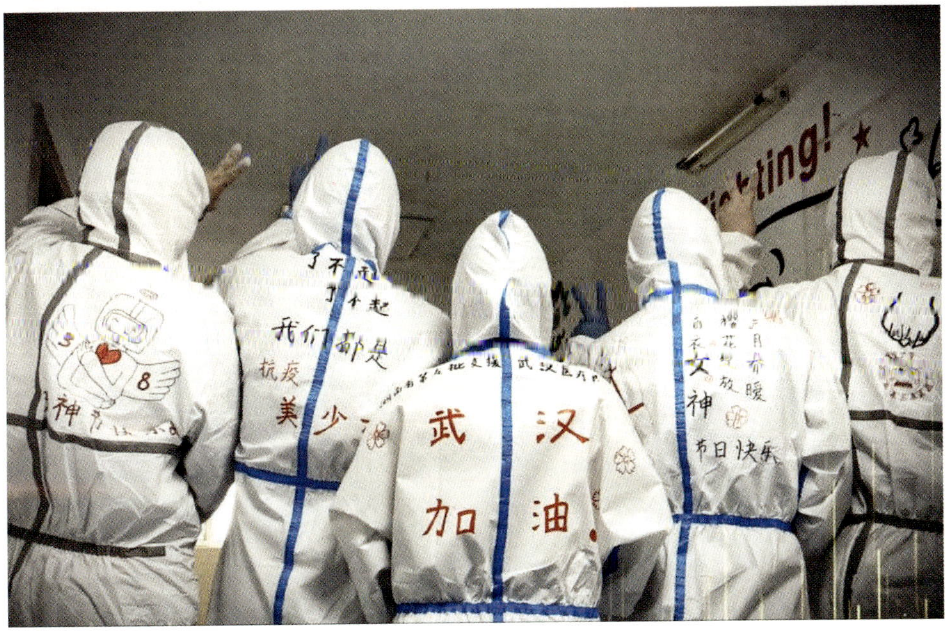

◇ 2020 年 3 月 8 日，长沙支援武汉医疗队医务人员合影

◇ 2020 年 3 月 10 日，长沙市第一医院 11 名坚守疫情防控一线的医务人员经受了战场和组织的双重考验“火线入党”

◇ 2020 年 3 月 14 日，长沙市最后一名确诊病例治愈出院，实现“在院确诊病例全部清零、全体医务人员零感染、院内零交叉感染”3 个目标

◇ 2020 年 4 月 7 日，长沙市援鄂医疗队全体医务人员平安返回长沙。图为 11 位宁乡医护人员结束武汉一线战“疫”工作，平安回家

◇ 2020 年，图为长沙市支援湖北医务人员合影

长沙 CHANGSHA

2020 年度事件

◇长沙成为首批国家文化和旅游消费示范城市。图为长沙市湘江河畔

市委宣传部　供图

◇长沙营商环境指数居全国第九位、中部第一位。图为2020年8月30日，营商环境指数发布会现场

市委宣传部　供图

◇长沙抗疫复产两不误，经济恢复增长走在全国前列。图为长沙新港码头

市委宣传部　供图

◇中国（湖南）自由贸易试验区长沙片区闪亮登场。图为 2020 年 9 月 24 日，中国（湖南）自由贸易试验区揭牌仪式暨建设动员大会现场

市委宣传部　供图

◇“房住不炒”的长沙样本在全国获广泛推广。图为 2020 年 12 月 20 日，中国改革（2020）年会暨新发展阶段地方改革推进高层研讨会现场

市委宣传部　供图

◇长沙如期完成决战脱贫攻坚目标任务。图为 2020 年，雨花区跳马镇三仙岭村的贫困户彭仲文在驻村工作队的指导下种植容器苗，8 万株容器苗为全家增收 10 万元

市农业农村局　供图

◇袁隆平团队双季稻亩产量再创世界纪录。图为2020年11月2日，第三代杂交水稻新组合试验示范基地晚稻测产现场

市委宣传部　供图

◇长沙进入“全面地铁时代”。图为五一广场地铁换乘站

长沙市轨道交通集团　供图

◇长沙市获批全国第三个国家级车联网先导区。图为 2020 年 11 月 3 日，湖南（长沙）国家级车联网先导区揭牌现场

市委宣传部　供图

◇长沙新冠肺炎疫情防控成绩斐然。图为 2020 年 3 月 10 日，长沙市用 2 小时完成伊朗 171 名包机乘客检验检疫、转运工作

市卫生健康委　供图

总 目

<<< 目　录

特　载

长沙概览

大事记

中国共产党长沙市委员会

长沙市人民代表大会

长沙市人民政府

中国人民政治协商会议长沙市委员会

长沙市纪律检查委员会 长沙市监察委员会

民主党派·工商联

群众团体

法 治

军　事

经济管理

农　业

工业·建筑业

商贸服务业

旅　游

房地产业

交　通

经贸合作

开发区

湖南湘江新区

城乡建设

教　育

文　化

体　育

人民生活

应急管理

区县概况

人　物

附　录

索　引

Contents

特 载

FEATURE

编辑 陈晓红

长沙市全面建成小康社会综述

全面建成小康社会，是党中央提出的“两个百年”奋斗目标之一。中共十八大以来，长沙市委、市政府按照分类指导全面建成小康社会的要求，推进各项工作，取得显著成效。2015 年全面建成小康社会实现程度 96.1%，被省委、省政府审定为全面建成小康社会唯一达标的市州；2019 年全面小康实现程度均值为 97%，比 2018 年提升 0.7 个百分点，各区县（市）实现程度均超过 95%，完成率先全面建成小康社会的时代使命。近年，长沙市向更高水平地全面建设小康社会迈进，各项工作取得突出成效。

一、经济实力明显增强

（一）结构更优。从三次产业结构看，由 2012 年的 4.3 ∶ 56.1 ∶ 39.6 调整为 2020 年的 3.5 ∶ 39.0 ∶ 57.5，第三产业占 GDP 比重比 2012 年提升 17.9 个百分点。从工业结构来看，由工程机械“一业独大”转变为“多点支撑”，由一个千亿元产业集群增加到 7 个千亿元产业集群，其中工程机械产业约 2500 亿元，电子信息产业约 2000 亿元，新材料产业约 2000 亿元，汽车及零部件产业约 1000 亿元，食品烟草产业约 1000 亿元，旅游产业约 1600 亿元，文化产业约 2000 亿元。

（二）质量更好。“十三五”规划期间，长沙地方收入年均增长 10.28%；同时，长沙地方收入中税收占比稳步提升，收入质量明显改善。2020 年长沙税收占比为 73.36%，较 2016 年提升 9.45 个百分点，显示全市经济增长质量不断提升。

（三）动力更足。2020 年长沙规模以上工业营业收入 9217.21 亿元，增速 6.3%，利润总额为 880 亿元，增速 18.2%。长沙高新技术企业从 2016 年的 1110 家增加到 2020 年的 4142 家；万人有效发明专利拥有量为 40.05 件。

（四）竞争力更强。2020 年，长沙实现地区生产总值 12142.52 亿元，在 4 个直辖市除外的“万亿俱乐部”城市中，排名第 11 位，在全国城市排位中较 2019 年前进 1 位；2019—2020 年两年平均增速 6%，排在第 4 位。所辖长沙县、浏阳市、宁乡市 2020 年均进入“全国百强县”前 30 位，其中长沙县综合竞争力提升至第 9 位，浏阳市、宁乡市分别位居第 16 位、第 23 位。

二、人民生活更加殷实

“民生连着民心，民心凝聚民力”。长沙不断改善民生，使全体市民在共建共享发展中不断增强获得感和幸福感。

（一）居民收入持续增加。城镇居民和农村居民人均可支配收入分别由 2012 年的 3.03 万元、1.51 万元增加到 2020 年的 5.8 万元、3.48 万元。城乡居民收入差距连续缩小，由 2012 年的 1.92 ∶ 1 下降到 2020 年的 1.668 ∶ 1。

（二）社保体系不断健全。截至 2020 年年底，长沙市有 4681 个医疗卫生机构。其中，医院 241 个，社区卫生服务中心（站）309 个，乡镇卫生院 98 个，村卫生室 1280 个，妇幼保健院（所）11 个，医疗服务资源处于中等偏上水平。

（三）精准扶贫扎实推进。统筹“市内精准脱贫、市外对口帮扶”两个战场，高质量打赢打好脱贫攻坚收官战，2020 年，全市 4.66 万户 13.42 万名贫困人口全部脱贫退出。铺排产业扶贫项目 721 个，对 4.2 万户有产业发展能力和意愿的贫困户实现全覆盖。落实扶贫协作资金 2.9 亿元，对口帮扶龙山县等 8 个县完成脱贫任务，为全省打赢脱贫攻坚战作出长沙贡献。

三、文化事业全面发展

自 2013 年成为全国首批公共文化服务体系示范区以来，长沙不断加大公共文化服务投入，全市公共文化服务水平走在全国前列，长沙先后被评为首批“国家公共文化服务体系示范区”“国家公共文化服务标准化示范城市”。2017 年长沙被评为“国家公共文化服务标准化示范地区”，成为全国获此荣誉的 6 个省市中的 1 个，也是中部地区唯一 1 个。

（一）文化惠民力度不断加大。“十三五”时期，长沙建设了长沙县、宁乡市文体中心等骨干性设施，9 个区县（市）均建有国家二级以上图书馆、文化馆；建成示范性乡镇文化站 168 个、示范性村社区文化活动中心 800 个，长沙成为全省唯一文化小康 100% 达标城市。连续多年举办“欢乐潇湘 · 品质长沙”等大型群众文化活动和群众文艺团队“千团百佳”评选，1900 余支群众文艺团队常年活跃于广大乡村和社区。长沙音乐厅运营以来，每年举办演出 200 场，平均上座率 90% 以上。

（二）文化产业发展来势喜人。2017 年、2018 年、2019 年，全市文化体育娱乐业投资额分别达 279.7 亿元、290.3 亿元、281.9 亿元。近 3 年，争取中宣部、省委宣传部文化产业项目资金 1.2 亿元、电影专项资金 7000 万元；文旅部文化消费试点项目资金 800 万元。2016—2020 年，支持文产项目 900 余个，扶持资金 2 亿元，并对重大项目予以专项支持。

2020 年 11 月，浏阳河被评为全国首批示范河湖。图为浏阳河普迹镇夹洲湾　　市政府研究室　供图

（三）文化交流活动日益活跃。长沙举办 2016 中国（长沙）雕塑文化艺术节，吸引 10 余名世界五大洲的雕塑大师到长沙进行交流和创作。国际音乐艺术季、艺术长沙双年展、“湘江杯”国际帆船邀请赛、长沙国际马拉松邀请赛、橘子洲国际音乐节、梅溪湖国际文化艺术节等一系列具有国际品质的节会在长沙举办，吸引包括伦敦交响乐团、曼哈顿交响乐团以及美国、奥地利、俄罗斯、韩国、日本等国的文艺工作者参加。

四、生态环保纵深推进

近年，长沙坚持以习近平新时代中国特色社会主义思想为指导，全面贯彻落实习近平生态文明思想，坚决扛起生态文明建设的政治责任，坚决打好打赢污染防治攻坚战，生态环境质量持续改善、突出生态环境问题有效整改、环境风险隐患有效管控、“十三五”生态环境保护约束性指标圆满完成，连续 13 年被评为“中国最具幸福感城市”。

（一）“长沙蓝”成为常态。2020 年，全市环境空气质量优良天数 309 天，优良率 84.4%，未出现重污染天气。相较于 2015 年，环境空气质量总体上实现“一升两降”，优良率提高 10.2 个百分点，“长沙蓝”刷屏成网红，为城市形象宣传实力圈粉。

（二）“湘水绿”润泽星城。全市国、省控考核断面水质优良率由 2016 年的 91.3% 提升至 100%，县级以上饮用水源地水质达标率 100%。浏阳河三角洲断面水质由 2016 年以前的劣Ⅴ类提升并稳定至Ⅲ类，浏阳河被评为全国首批示范河湖。

（三）“土壤净”扎实推进。土壤治理与修复项目稳步推进，土壤环境质量总体安全稳定，土壤环境风险有效管控，污染地块安全利用率 90% 以上，受污染耕地安全利用率 91% 以上。

（四）“噪音静”稳步实施。全市城区声环境质量维持在良好水平。2020 年，长沙市区域环境噪声昼间平均等效声级为 54.3 分贝，区域环境噪声水平为二级，道路交通噪声昼间平均等效声级为 69.3 分贝，道路交通噪声强度为二级，均达到国家声环境质量标准要求。

五、民主法治更加健全

长沙坚持以法治文化引领法治建设，加强法治教育，推进公正司法，营造法治氛围。

（一）民主建设全面推进。全市建立人大代表联络站（代表活动室）1019 个，实现五级人大代表“全员进站”，涌现出“代表议事会”“民声工作室”“代表讲堂”等多个品牌活动，各级人大代表进站室接待群众 9.2 万余人次，收集群众意见 3.6 万余条，促使一大批群众关注的身边问题得到解决。

（二）地方立法质量不断提升。2016 年以来，全市完成起草和统一审议的地方性法规 10 部，修改 6 部，废止 4 部，尚在起草和调研的 23 部，法规内容涉及环境保护、历史文化保护、城市建设和管理等领域，进一步健全地方法规体系。

（三）依法行政扎实推进。以法治政府建设示范创建活动为抓手，推进依法行政，建设法治政府。推进“数字执法”和“云监管”，完成全市行政执法综合管理监督信息平台一期建设，并投入试运行，加快实现执法事项、裁量基准、执法监督等要素的标准化、信息化。

（四）司法改革稳步实施。按照中央部署要求，以制度创新和科技支撑两轮驱动为关键，以司法责任制改革为重点，一体推进政法领域各项改革，全面提升政法系统运行质量、效率和公信力，有效提升公正司法能力。

（阮　健）

长沙市脱贫攻坚纪实

中共十八大以来，特别是中央扶贫开发工作会议以来，长沙市委、市政府深入贯彻中共中央总书记、国家主席、中央军委主席习近平关于扶贫工作的重要论述，坚决落实中央和省委、省政府决策部署，把脱贫攻坚作为重大政治任务和第一民生工程，推进精准扶贫精准脱贫，脱贫攻坚取得全面胜利。全市2013年以来现行标准下的13.42万名农村贫困人口全部脱贫，84个贫困村全部脱贫出列，农村居民人均可支配收入达到3.48万元。

一、落实政治责任

市委、市政府高度重视脱贫攻坚工作，每年召开市委常委会、政府常务会和精准扶贫工作领导小组会议专题研究部署、推进落实，强化对脱贫攻坚工作的组织领导。突出压实区县（市）委书记、乡镇党委书记、村党组织书记、驻村工作队长、帮扶责任人等关键对象的责任，各区县（市）党委书记自觉履行“一线总指挥”职责，全面参与研究、部署、调度、协调工作；派出驻村工作队746个1578人，对所有贫困村和贫困人口100人以上的非贫困村实现帮扶全覆盖；安排3.7万名干部结对帮扶4.6万户贫困户，帮扶干部与贫困户结对帮扶比例达1:1.2。压实行业部门专项扶贫责任，累计抽调2500余名干部，组建1150个工作小组，全面加强对脱贫攻坚工作的支持、指导、监督，为高质量打赢脱贫攻坚战提供坚强保障。

二、完善政策体系

对照湖南省“1+10+17”脱贫攻坚政策支撑体系，建立具有长沙特色的“2+14”[“2”为两个实施方案：《关于大力推进精准扶贫的实施方案（2015—2017年）》和《贯彻落实〈中共中央国务院关于打赢脱贫攻坚战的决定〉的实施方案》；“14”：产业扶贫、教育扶贫、危房改造、医疗救助等14个专项（行业）扶贫实施方案]精准扶贫政策体系，形成全市精准脱贫攻坚战的任务书、时间表和路线图，切实保障脱贫攻坚的实效。

三、抓实重点工作

对标“两不愁三保障”的脱贫标准，按照“五个一批”的路径和“六个精准”的要求，坚持精准施策，确保脱贫退出不漏一人。

（一）产业扶贫。2015年以来，中央、省市县累计安排资金6.02亿元，实施“四跟四走”产业扶贫项目2195个，带动9.37万名贫困人口增收。打造了长沙县长沙绿茶、罗代黑猪、食用菌，望城区名特优水产、湘莲、小龙虾，浏阳市黑山羊、油茶、小水果，宁乡市花猪、灰汤鸭、中药材等特色扶贫产业。

（二）就业扶贫。精准实施“311”就业援助，全面完成贫困劳动力转移就业和“4个渠道”吸纳就业任务。建设就业扶贫车间173家，就业扶贫基地147个，扶贫公益性岗位2580个。全市4.76万名贫困劳动力实现就业4.69万人，就业率98.5%。2020年2月，为克服新冠肺炎疫情影响，组织61支招工小分队，深入全省51个贫困县上门招工，共解决就业1.28万人，其中贫困劳动力2434人。

（三）安全饮水。投入1.23亿元资金，采取水厂扩网延伸工程、单村集中供水工程和单户净水工程等方式方法，全面解决贫困人口的饮水安全问题。

（四）易地扶贫搬迁。全市建档立卡易地扶贫搬迁对象3483人，建设集中安置点18个，2017年年底前全面完成搬迁任务，建立水、电、气、路、网、学校、医院等配套设施，还提供就业岗位和信贷支持等优惠政策，实现“造血式”脱贫。

（五）危房改造。累计投入资金13.3亿元，改造农村危房4.7万户，其中1.3万户建档立卡贫困户危房应改尽改。

（六）教育扶贫。建立从幼儿园至研究生全学段的贫困学生资助政策，平均每年投入免费入学和资助经费10亿元，建档立卡贫困家庭学生辍学率为零，小学、初中学生入学率、巩固率均100%。

（七）兜底保障。甄别五类社会保障兜底扶贫对象1.62万户3.44万人，实现低保标准和脱贫标准两线合一，确保兜底脱贫对象每人每月不低于650元。

（八）健康扶贫。实现贫困户100%全额资助参保，100%纳入基本医保、大病保险和医疗救助范围，贫困人口县域内就诊率98.55%；建档立卡贫困人口、特困人员、低保对象大病保险起付线降低50%（为1.12万元），支付比例提高到65%；大病专项定点医院救治率98.89%，4种慢性病患者签约服务率100%。

（九）基础设施。实施"精准扶贫农村公路"建设项目350余个576千米，2016年年底已解决全市84个贫困村道路交通瓶颈。将交通扶贫与旅游开发融合发展和互利共赢，修建140余千米全域旅游道路，打通了服务贫困地区经济发展的经济路。

四、创新扶贫模式

（一）创新"千手"系列精准扶贫模式。宁乡市通过实施千手爱心基金、千手爱心热线、千手爱心驿站、千手爱心大屋4个"千手"工程，建设"千手"爱心大屋4个，举办"千手"爱心活动38场次，募集发放救助资金2300万元，物资2万余件。

（二）创新以土地合作经营为基础的产业扶贫模式。通过引导贫困户以土地经营权入股村级土地合作社，采取"保底分红＋二次分红"的方式，让贫困户分享产业发展红利。全市84个省定贫困村都建立村级土地合作社，总数逾150家，带动超过40%以上的贫困户通过产业扶贫实现增收。

（三）创新"互联网＋"电商扶贫模式。投入专项资金用于农村电商服务支撑体系建设，建成电子商务服务站点700个，通过电商平台代销农产品、购买劳务等方式每年为贫困户增收5000万余元。

（四）创新产业扶贫整镇推进模式。在宁乡市东湖塘镇实施产业扶贫整镇推进试点，依托镇域内的9家农业企业，实施产业扶贫项目，带动全镇560户有产业发展能力和就业意愿的贫困户户均增收6000元。

五、强化扶贫协作

出台《长沙市对口帮扶龙山县精准脱贫攻坚专项行动计划（2017—2020年）》，从湘江新区、长沙高新区等19个单位共选派36名干部组成17个工作组，进驻龙山县17个乡镇和51个贫困村开展对口帮扶工作，推行"一乡一策、一村一策、一户一法"精准扶贫，2016年以来，累计投入对口帮扶龙山县资金8.3亿元，实施项目868个，在经济发展、城市建设、基础设施、民生保障等多个领域全面系统帮扶。芙蓉区、天心区、雨花区、开福区、长沙县、浏阳市、宁乡市开展与麻阳县、通道县、桑植县、城步县、沅陵县、邵阳县、新化县的"携手奔小康行动"，建立互访机制，制定帮扶方案，从项目、资金、人才、技术等方面开展合作交流与帮扶，共投入帮扶资金3.5亿元，实施项目242个，为全省打赢脱贫攻坚战作出长沙贡献。（范朝朝）

长沙市抗击新冠肺炎疫情工作纪实

2020年突如其来的新冠肺炎疫情发生以来，长沙市落实党中央、国务院和省委、省政府部署，按照坚定信心、同舟共济、科学防治、精准施策总要求，强化大局意识、省会担当，强化战时思维、战时状态、战时作风，统筹疫情防控和经济社会发展，为全省夺取"双胜利"贡献省会力量。

一、主要工作成效

从1月21日确诊首例新冠肺炎病例，到2月20日新增确诊病例清零、2月21日新增疑似病例清零、3月14日住院确诊病例清零，全市累计确诊242例，治愈240例，死亡2例，报告无症状感染者28例，其中输入性病例149例、占61.6%，救治成功率居全国确诊病例200例以上城市前列。国际客运航班落地转运"长沙模式"获国务院联防联控机制肯定。长沙市第一医院、长沙黄花国际机场疫情防控联合指挥部被评为全国抗击新冠肺炎疫情先进集体，张锡兴、张更姣、安志、康姣4人被评为全国抗击新冠肺炎疫情先进个人。2020年9月，中共中央总书记、国家主席、中央军委主席习近平在湖南考察时，对长沙疫情防控工作给予肯定。同时，长沙始终坚持疫情防控和经济社会发展"两手抓、两手硬"，经济社会秩序较快较早恢复，经济增长居全国省会城市前列。

二、工作推进情况

（一）把牢疫情防控的主动权

1. 强化省会担当。严格落实机场、高铁站、火车站、长途汽车站等重要节点的属地防控责任，把好全省"输入关"。全市党政机关和防疫工作人员取消休假，市、区县（市）两级组织2万余名机关干部深入社区，动员60万余名志愿者自觉参与，全面筑牢联防联控、群防群控的人民防线。市卫生健康系统组织1万医务人员投入应急救援和医疗防护工作。先后派出103名医疗医护人员驰援湖北武汉、黄冈等地。

2. 突出战时状态。1月14日，全市召开疫情防控工作培训会议，并部署开展病例搜索救治和发热门诊排查。

1月21日发现首个病例确诊后，召开市委常委会会议，研究疫情防控工作，全力做好应急准备。1月22日，公布46家设有发热门诊医疗机构名单，启动车站、口岸等公共场所防控和监测工作，取缔野生动物交易，紧急筹备医疗物资。1月23日成立长沙市联防联控工作机制，并立即启动武汉返回长沙人员的摸排等工作。1月24日，落实省里要求，启动重大突发卫生事件一级响应，成立防控指挥部，市委主要负责人对疫情每日一调度，全市调整春节休假，全面进入战斗状态。1月26日，召开市委常委会会议，明确成立市委防控领导小组。1月27日，启动长沙"小汤山"医院改造。2月2日，发布全市疫情防控工作6条纪律禁令，成立纪检监察专项督查组开展督导检查，市委、市政府督查室采取"四不两直"（不发通知、不打招呼、不听汇报、不用陪同接待、直奔基层、直插现场）方式开展明察暗访，对落实防控措施不及时、不到位的，严格追责问责，确保令行禁止。

3. 注重统筹协同。对疫情发生初期紧缺物资、医疗资源统一调配，对医疗救治等工作统一铺排，对疫情防控和复工复产统一部署，确保行动一致。坚持各级书记打头阵，构建市、区县（市）、街道（乡镇）、社区（村）四级联动机制，把党的领导落实到疫情防控各环节。组织市领导联点抓面、带队到区县（市）、园区和主要节点开展督导，传达压力、压实责任。

（二）织密联防联控的安全网。

1. 把好重点关口。1月22日，长沙市启动公共场所疫情防控工作，把加强"三站一场"（高铁站、火车站、汽车站、黄花国际机场）和高速公路、主要干道的入城监管作为疫情防控的重点，在全市所有通道出入口设卡检查，对所有入城人员进行体温检测，开展医学排查，切实把好省会外防输入关口。针对滞留长沙的湖北籍人员，1月27日公布11家定点服务场所，累计安顿1万余名湖北籍人员，让湖北籍人员切身感受到"长沙温度"。

2. 实施群防群控。调动各区县（市）、市直部门、基层党组织、社会团体、人民群众等各方力量，构建入城通道、园区、厂区、校区、商区、社区等梯次防线，统筹推动厂门、小区门、校门、商场门等防控联动，实现重点人群全面筛查、重点场所全面覆盖、重点环节全面管控。强化社区（村）防控，实施网格化管理、地毯式排查，建立"四包一"制度，实施小区封闭管理措施，逐社区、逐楼栋、逐户逐人排查。强化大数据运用，实行"大数据摸排"，公布发热门诊，规范机构管理，做到早发现和零漏报。设置13个集中隔离场所，创新实施密切接触者人员"定点、集中、单人、单间"隔离管理。查漏补缺，及时落实监管场所、养老机构、救助机构等特殊场所防控及重点人群管控。

3. 严防境外输入。3月4日，召开市委常委会会议，专题研究部署境外疫情输入防控工作，未雨绸缪，主动应对，坚决防范境外疫情输入。3月4日成立防境外输入工作专班，并在黄花机场、高铁南站设立现场指挥部，健全工作机制，坚持每日调度。完成伊朗包机等全省集中转运分流任务，创造了包机落地转运"长沙模式"。创新区县（市）政府接机轮值模式，接待临时入境航班32批次、国际货运航班1259批次。

4. 坚持人物同防。根据疫情传播新特点适时调整防控策略，建立健全人防物防体系，出台冷链食品及相关环境作业人员新冠病毒监测办法，加大进口海鲜、冷冻食品以及非冷链进口货物的抽检力度，严格落实作业人员防护措施。有效做好自贸区各入境口岸的海鲜、冷冻食品及其他货物的检验检疫工作，坚决防止携带病毒的货物进境。累计检测各类样本48612份，其中食品样本17973份、环境样本14324份、人员样本16315份，结果均为阴性。

（三）打好医疗救治的攻坚战

1. 统筹救治力量。组建专家组、一线人员、后备梯队为主体的医疗救治队伍。2月12日邀请中南大学湘雅二医院和省中医附一、附二医院14名专家组成省医疗救治高级专家组，组织25名专家成立市级医疗救治专家组，定期开展指导会诊。从全市组织1000余名医护人员充实一线救治工作，从市、县两级医院抽调300余名医护人员，组建医疗救治后备梯队，确保救治队伍召之即来、来之能战。

2. 坚持科学施治。建立重点病人专家会诊机制，对重症病人每日会诊，尽最大努力让轻病人不出现重症化、重病人不出现危重化。院感专家提前介入救治，全方位干预隔离病房设置、工作流程，确保不发生院内感染和医务人员感染。坚持中西结合，按照预防为主、防治结合的方针，建立重点病人专家会诊、一人一策机制，组织全市医疗系统和专家团队集中攻关，探索有效救治方案。

（四）强化物资供应的保障力

1. 保防疫物资供应。坚持自主生产、外部采购、接受捐赠"三管齐下"，千方百计保障药品、医疗器械、检测试剂等救治急需，以及口罩、保护服、护目镜、测温仪、消毒液等防控急需。1月25日，向医疗物资生产企业派驻工作人员；1月26日，芙蓉口罩厂等企业实现满负荷生产；1月27日，市委主要负责人主持召开疫情防控期间物资供应和企业工地复工工作调度会，并到企业检查督导防疫物资生产；组织公益机构发动社会各界为医疗机构募集医用防护捐赠物资，接受境内外捐赠资金9100万余元，接受境内外捐赠口罩、防护服、护目镜、消杀等物资500万余件。同时，主动援助海外城市抗疫，先后向30余个国家和地区捐赠口罩等防疫物资，以实际行动践行"人类命运共同体"理念。

2. 保生活物资供应。1月26日，明确要求各区县（市）落实属地责任，督促所有市场、超市、药店、零售店、便利店、粮油店等正常营业，并强化对蔬菜、肉蛋奶、粮食等市民生活必需品的生产和调运，切实保障好“米袋子”“菜篮子”等生活物资供应。对十大类重要民生商品实行“一日一报”“一周一分析”，对价格大幅波动、商品供应紧缺、脱销断档等情况，及时作出预警和处置。加强保供稳价工作宣传，主动发声、及时发声、准确发声，积极回应市民关切，增强保供稳价信心，稳定市场预期。严厉打击借机哄抬物价、囤积居奇、欺行霸市等扰乱社会秩序的违法行为，确保供应稳定、价格稳定。

（五）稳住省会发展的基本面

1. 抢先部署。2月2日，市委常委会会议研究谋划复工复产工作，并成立工作专班，明确由各级书记牵头负责、统筹调度。2月4日，召开全市复工复产专题调度会，随后连续召开经济运行调度会、产业链建设推进会、企业上市、用工、软件、会展、投资、财税、生活性服务业、外资外贸外经等会议，专题部署复工复产。2月18日，全市组织61支招工小分队，深入省内贫困县开展精准对接。2月29日，市委、市政府决定开展“大干一百天、实现双过半”竞赛活动；3月9日，召开竞赛活动动员部署大会，制定下发竞赛活动方案，以赛促干。

2. 精准施策。2月15日，长沙出台20条措施，从4个方面支持中小企业渡难关；2月19日，长沙出台应对疫情影响援企稳岗“13条”，发放首批1200万元稳岗补贴；2月20日，在全国率先出台《关于有效降低疫情影响稳定经济运行的实施方案》，明确26条具体举措，形成“1+N”综合性惠企政策。全力保畅通，稳定国际物流通道，1—2月中欧班列（长沙）逆势运行，并成为疫情期间全国仅有的4个“天班”城市。

3. 全力帮扶。市领导分线联系重点企业、产业链项目，“点对点”帮助解决困难。区县和园区明确由县级领导挂帅，组建队伍，“一对一”服务重点企业和重点项目复工复产。2月8日，建立重点企业特派员制度，帮助企业复工复产；2月11日，根据省委要求，先后从机关选派驻企防疫联络员4292名，协助企业做好复工复产、疫情防控相关工作。坚持“一企一策”，帮助拟上市企业扫清障碍、解决困难。

（六）恢复星城长沙的烟火气

1. 推动复诊复学复业。2月25日，召开全市医院恢复开诊工作会议，组织全市各公立医院、基层医疗卫生机构加强门急诊预检分诊管理，开展分时段预约诊疗、互联网诊疗咨询等，有效保障门急诊、住院、手术、检验检查等民生需求。3月30日，召开全市学校复学工作会议，强化学校防控，做好人员摸排、复学准备、宣传引导、医疗排查等相关工作，有序推动错峰开学。疫情防控期间全市中小学生实现“停课不停学”，落实春季开学防疫细则，240万名大中小学生、近30万名学龄前儿童适时“回归”校园。统筹做好蔬菜、粮油、猪肉等人民群众生活必需品的收储、转运、销售和价格稳控，全市126个连锁超市、228个农贸市场、4749家药店3月底全部开业，社区门店全面恢复经营，物资供应充足、价格稳定。

2. 营造尊医重卫氛围。加大对卫生健康战线干部甄别使用力度，先后对7名有突出贡献的干部予以重用提拔。市级拿出100名事业编制面向市级一线医务人员进行公开招考；5月11日，召开纪念第109个国际护士节大会，市委、人大、政府、政协四大家主要领导出席，对300名优秀护理工作者开展表彰奖励；5月20日，市政府为62对因抗疫婚礼延期的医护人员举办集体婚礼。5月，先后开展一线医务人员市领导慰问、集中轮休疗养、相亲联谊等系列活动。同时，落实一线医务人员临时性工作补助、工伤保险、绩效工资分配、职称待遇、子女入学等系列优惠政策。

3. 落实常态化疫情防控。5月起，按照省委、省政府统一部署，长沙市始终保持“思想不松、机制不变、队伍不散”，坚持“外防输入、内防反弹”的防控策略，坚持“人物同防”，夯实防控措施，做好应急处置，全力阻断疫情传播。

（梁建明）

长沙市乡村振兴战略工作纪实

2020年，长沙市坚持以习近平新时代中国特色社会主义思想为指导，全面落实农业农村优先发展总方针，集中力量完成打赢脱贫攻坚战和补上全面小康“三农”领域突出短板两大重点任务，乡村振兴取得重要进展，相关工作获中央宣传部、农业农村部、住建部等国家部门的肯定，《人民日报》、新华社、《农民日报》、人民网、新华网等媒体多次报道和推介长沙推进实施乡村振兴战略工作经验。

一、加强组织领导，强化要素保障

严格落实“五级书记抓乡村振兴”责任制，市委、市政府主要领导先后主持召开市委农村工作暨脱贫攻坚会议、全市推进特色农业产业与新型村级集体经济发展座谈会等高规格会议部署农业农村工作，出台《关于抓好乡村振兴重点工作确保高质量全面建成小康社会的意见》《发展壮大新型村级集体经济三年行动计划（2020—2022）》《长沙市“一县一特”农业产业发展扶持政策》等重要文件，对农业农村重点工作实行周调度制，为推动“三农”事业不断开创新局面提供了坚强组织保障。2020年市本级财政投入乡村振兴资金24.78亿元，比2019年增加13.25%。从用地指标保障和城乡用地增减挂钩等方面破解“三农”用地难题。加强“三农”人才队伍建设，面向村（社区）干部、大学生村官等定向招录67名机关公务员，面向村（社区）党组织书记考核招聘34名乡镇（街道）事业编制人员；选派59名农业科技特派员推广新技术新产品，为乡村发展提供有力的专业人才支撑。继续强化乡村振兴督查考核和实绩考核结果运用。

二、脱贫任务如期完成

全市13.42万名建档立卡贫困人口全部脱贫退出，脱贫攻坚取得重大胜利。全面落实精准扶贫政策。全年投入产业扶贫资金14542万元，铺排产业扶贫项目721个，带动4.2万户贫困群众增收；建设166家就业扶贫车间、124个就业扶贫基地，4.76万名贫困劳动力就业率98.5%。精准落实“两不愁三保障”，健康扶贫“一站式”结算14.32万人次，改造4类重点对象农村危房1074户，新纳入低保兜底建档立卡贫困户10640人，实现应保尽保、精准兜底。全面巩固脱贫攻坚成果。开展脱贫质量“回头看”，排查发现所有问题全部整改清零；对已脱贫户继续落实各项精准扶贫政策，加强返贫风险的监测和防控，将全市1467户3422名脱贫监测户、贫困边缘户纳入监测帮扶范围；推进消费扶贫，建成消费扶贫专馆5家、专区16个，累计销售扶贫产品3.8亿元。全面担当省会帮扶责任。2020年到位对口帮扶龙山县援助资金1.76亿元；长沙县等7个区县（市）实施“携手奔小康”帮扶项目117个，到位帮扶资金1.17亿元；积极推进扶贫劳务协作，解决贫困地区就业1.28万人，其中贫困劳动力2434人。

三、人居环境全面改善

宁乡市被评为全国农村人居环境整治成效明显的激励县、长沙县被评为全国农村生活垃圾分类和资源化利用示范县、浏阳市被评为全国农村生活污水治理示范县。推进农村人居环境整治。完成无害化厕所改造22万户，全市无害化厕所普及率88%；新增垃圾分类减量行政村（社区）85个，实现农村生活垃圾分类减量行政村全域覆盖；新建小微水体管护示范区30个，新增乡镇污水支管网100余千米，对123个村的生活污水进行有效治理；全面开展“美丽屋场”创建，打造125个村庄绿化、水体净化、地面洁化、庭院靓化、民风淳化的高标准“美丽屋场”，省、市、县三级美丽乡村覆盖率93%。统筹治理农村生态环境突出问题。全面加强农业面源污染防控，全市规模养殖场粪污处理设施配备率、畜禽养殖废弃物综合利用率、秸秆综合利用率分别达100%、93.25%、90.7%；组织常态化秸秆禁烧督查检查，杜绝露天焚烧秸秆现象；深入实施农药化肥减量行动，农药化肥使用量呈逐年减少趋势；推进重金属污染耕地修复治理，有效巩固1.97万公顷种植结构调整成果。落实长江流域重点水域禁捕退捕。提前一个月完成退捕渔民协议签订、证件回收，完成1058艘涉渔“三无船舶”（无船名船号、无船舶证书、无船籍港的船舶）清理处置，实现有意愿的退捕渔民100%就业。

四、现代农业全面升级

以“一县一特”农业产业为抓手，加快推进农业转型升级，有效发挥农业压舱石、稳定器作用。推进生产体系升级。以“一县一特”产业为引领，加快改造农业生产格局，打造3个千亩连片茶叶生产示范基地，建成标准化蔬菜基地20个、高标准小龙虾示范养殖基地10个，新增宁乡花猪养殖产能25万头，正大集团100万头花猪产业链项目全面落地。推进经营体系升级。培育新型农业经营主体，2020年新增农业龙头企业国家级1家、省级29家、市级76家，全市农业龙头企业、农民合作社、家庭农场三大类新型农业经营主体分别增加到267家、1.24万家、6838家。推进产业体系升级。发展休闲农业和乡村旅游，重点打造一批精品农庄、田园综合体、特色小（城）镇和乡村休闲旅游线路，组织“春暖花开·乡约长沙”“夏之恋·乡约长沙”等主题活动，休闲农业总经营收入比2019年增长7.6%。

五、集体经济全面提速

启动新型村级集体经济提质提标三年行动计划，全市铺排“四型”村级集体经济发展项目351个，新消除20万元以下村416个，村集体经济收入20万元以上的村849个，占比89%。全面实施农村集体产权制度改革，清理核实集体资产313.45亿元，确认农村集体经济组织成员433万人；稳妥推进与村支“两委”的账目分离、资产分离，推动集体经济组织开设独立账户，加强集体经济收入使用管理。建立集体经济组织1068家并登记赋码，赋予集体经济组织独立法人地位；依法按要求落实852个村党组织书记兼任集体经济组织负责人。开展集体经济组织负责人专项培训和乡镇党委书记集中培训，有效提升“带头人”经营管理能力。创新模式。推动新型村级集体经济与特色农业产业深度融合，探索形成特色养殖“双江口模式”、特色种养“乔口模式”、产业培育“鹊山模式”、农旅结合“慧润模式”、资源开发“梅田湖模式”等一批可复制、可推广成熟模式。

六、小康短板全面补齐

对标全面建成小康社会目标任务，加快补上农村基础设施和公共服务短板。推动城乡基础设施提档升级。新改建农村公路1509.64千米，建设自然村通水泥（沥青）路

2020年4月，长沙市农业农村局、市文旅广电局共同组织"春暖花开·乡约长沙"主题活动，在全市精选推荐100个乡村景点。图为长沙市望城区铜官窑古镇　　市农业农村局　供图

建设211千米，市中心20千米范围内的区农村客运实现公交化改造；农村光纤宽带通达率100%。推动城乡公共服务普惠共享。优先发展农村教育事业，农村义务教育标准化学校覆盖率提高至98%；建成标准化乡镇卫生院84所、标准化村卫生室1331所，所有建制乡镇卫生院至少配有2名合格全科医生；建设农村文化屋场400个，组织"百村千场文化进万家"演出1000余场；农村养老服务覆盖率85%。推动农民收入持续稳定增长。稳定农民工就业，出台系列援企稳岗政策，减免企业社保费78.5亿元、发放稳岗返还3.1亿元；加大农村转移就业劳动者职业技能培训力度，发放补贴资金1800万余元，完成培训约2万人次；开展"无欠薪"攻坚行动，举报投诉案件法定时效内结案率100%；支持农民创新创业，为农民创新创业提供良好政策环境。（范朝朝）

长沙市"蓝天保卫战"三年行动（2018—2020年）工作纪实

2018年初，长沙市在全省率先打响"蓝天保卫战"。三年来，全市"蓝天保卫战"工作以习近平生态文明思想为指导，坚决贯彻中央、省、市关于大气污染防治各项决策部署，明确打赢"蓝天保卫战"的总体思路、主要目标、重点举措、体制机制，勇于担当作为，奋力攻坚克难，努力为全省、全国坚决防治大气污染、有效改善空气质量贡献长沙力量、提供长沙方案、打造长沙样本，取得阶段性胜利。2020年优良天数309天，优良率84.4%，未出现重污染天气，相较于2017年，大气环境质量总体上实现"两升两降"：优良天数增加26天，优良率提高6.9个百分点，$PM_{2.5}$、PM_{10}、SO_2、NO_2、CO五项主要污染因子浓度不同程度降低，重污染天数明显减少，完成国家对地级城市的考核任务，实现"蓝天保卫战"三年行动的既定目标。

一、三年来的主要工作与成效

坚持把"蓝天保卫战"作为全市重要的政治任务、中心工作、民生实事，突出精准、科学、依法治污，实施以

"六控十禁"为总抓手的一系列治理措施，推动"蓝天保卫战"抓实抓细抓到位。

（一）坚持党委总揽，始终把"蓝天保卫战"作为重要的政治任务。

1. 组织领导。市、区县和街镇三级成立"蓝天保卫战"工作领导小组，党委一把手担任组长，政府一把手担任第一副组长，有关领导班子成员担任副组长。领导小组实行工作讲评制度，建立每季度一讲评的工作机制，始终保持坚决打赢"蓝天保卫战"的高压态势与良好氛围；市委、市政府主要领导多次对"蓝天保卫战"工作进行批示和指示，并到现场调研督导；相关市领导高频次专题协调、调度，"蓝天保卫战"工作始终处于市委、市政府的高位推动之中。

2020 年 4 月 13 日，在湘府东路长沙雨花红星·天铂项目施工工地上，工作人员正在对出场渣土运输车辆进行冲洗　　市生态环境局　供图

2. 统筹调度。在党委办成立蓝天办作为工作专班，累积安排资金 2.86 亿元作为专项工作经费，设有综合协调、监管执法、督查问责和宣传教育 4 个专项工作小组分头负责日常工作。蓝天办建立周例会、主任办公会议和专项调度会议制度，全盘调度指导"蓝天保卫战"工作开展；建立多部门联合会商、研判、预警机制，及时应对突发性和外输性污染；加强信息工作，通过日报、工作专报、长沙要情和成效统计表等确保上情下达、下情上传通道畅通；建立联防联控机制，与株洲市、湘潭市、岳阳市、常德市、益阳市等通道城市签订《大气污染传输通道城市联防联控合作框架协议》，及时联动，协调作战；成立大气污染防治专家团队，对重点难点污染问题专项研究探讨。

3. 工作开展。明确工作目标和线路，按照"三个月治标、三年治本"总体部署，市蓝天办和主要牵头部门共同制定三年行动计划总方案及各专项、年度子方案，提出工作目标，铺排任务举措，指导全市工作开展；明确工作责任和考核指标，创新实施"点长制"，由园区、区县（市）党政一把手任国、省控站点"点长"，对辖区空气质量负总责，工作任务由相关市直部门结合权限分项牵头，区县负责具体实施，做到既同步协调，又各有侧重，每半年度依托环委会考核体系对各单位完成情况进行考评。

（二）坚持问题导向，始终把减排控排作为首要的目标任务。结合全市突出大气污染问题，明确以"六控"（控尘、控烧、控车、控排、控油、控煤）为主要举措，系统推进大气环境治理。控尘方面，升级施工工地"6 个 100%"为"8 个 100%"，推广施工现场在线监测和视频监控，将扬尘防治费用纳入计价范畴，查处工地扬尘污染行为 190 起，罚款 1140 万余元；出台渣土扬尘管控"三查新机制"，升级市、区两级智慧渣管平台，建成渣土消纳场和盾构土环保处置场 6448 万立方米，办结渣土扬尘类案件 1.25 万件，罚款 3629.08 万元，责令两家渣土运输企业退出市场；加强裸露黄土扬尘治理，综合比对卫星图斑和现场复查，对 3847 处地块采取植草复绿或绿网覆盖；加强道路保洁，对城区主次干道常态高频清洗，建成区机扫率 90%。

1. 控车方面。提质路口交通组织，优化路口信号配时，提高道路通行效率；抓好货车"三禁"管控，查处闯禁行为 63.7 万余起，查扣拖拉机 2400 余台；加快老旧车辆淘汰，开展路检联合执法 282 场次，处罚排放不合格柴油货车 2918 台，强制注销、报废国Ⅰ、国Ⅱ老旧车辆 1.1 万台，老旧柴油货车 42 台；推进非道路移动机械治理，发布《关于划定禁止使用高排放非道路移动机械区域的通告》，扩大低排区范围，1.27 万台非道路移动机械进行了编码登记，138 台老旧机械撤离低排区，15 台违法排气的机械立案处罚，实现低排区"号牌编码任务"和"不达标排放机械"双清零；推广新能源车辆使用，新增新能源货车 5000 余台，新能源汽车 4.2 万辆，其中公交车 1741 辆；优化公共交通，倡导绿色出行，公交出行人数从日均 290 万人次提高至 310 万人次；推广电动渣土车和环卫车，投放纯电动渣土运输车 200 台，180 台新能源电动环卫车投入使用。

2. 控烧方面。建成 8 处铁塔高位视频监控点强化日常监管，对焚烧垃圾严管重罚，办案 1285 起，处罚 107.25 万元；严控秸秆焚烧，实行领导联片包干巡查监督制，有效处置焚烧行为 1009 起，推进秸秆资源化利用，秸秆综合利用率达到 90.5%；严控餐饮油烟污染，关停无证照经营小型门店 38 家，1.46 万家规模以上餐饮门店全部安装油烟净化设备，查处油烟案件 212 起，罚款 103.09 万元，推进老旧小区居民家庭餐厨油烟治理，完成 23 万户，规范夜市管理，查处违规夜市 2.74 万处次，露天烧烤 1.76 万处次，办结案件 748 起，罚款 39.43 万元；严控烟花鞭炮燃放，建立"五个一律"查处机制，主城区 237 家烟花鞭炮销售门店全部停业退出，办理违规运输、储存、燃放烟花鞭炮类案件573起，罚款26.8万元。

3. 控排方面。优化企业结构和布局，重拳整治“散乱污”，全市1070家“散乱污”企业全部完成整治；推进VOCs治理，清理整治沥青拌合站40家，汽车4S店1218家，一二类汽修企业477家，包装印刷企业243家，家具企业90家；抓好错峰生产，落实特护期水泥行业错峰要求，284家重点行业企业纳入错峰生产名录；推进清洁化生产，246家企业清洁生产方案通过验收并实施，128家企业清洁生产方案通过专家评审；严厉打击工业企业违法排污，查处生态环境违法案件2540起，其中按日计罚2起，查封扣押154起，限产停产26起，移送行政拘留159起，移送涉嫌环境污染犯罪36起。

4. 控油方面。优化油品供给，2019年初实现全市国Ⅵ标准油品升级供应；打击非法加油，检查加油站6326座（次），立案查处违法案件166起，查处非法黑加油站（点）125处，查扣非法流动加油（运输）车28台，罚款245.2万元。

5. 控煤方面，重点抓好“制、售、运、用”4个环节，取缔燃煤制售点95处，查处非法制售运输散煤行为6例，收缴煤炉近4万个、燃煤近14万千克，禁燃区内燃煤制售点、燃煤锅炉、炉具销售全部清零。

（三）坚持科技支撑，始终把提升能力作为重大的系统工程。学习借鉴先进城市经验，借助高科技手段，加强源头管控和治理，科学分析、精准施策，全力提升治污效能。

1. 改造生产设备。推进燃煤锅炉改烧和燃气锅炉低氮改造，全市禁燃区内燃煤锅炉清零，禁燃区外特别排放限值改烧全部完成，完成燃气锅炉低氮改造1123台，3749.83蒸吨，完成比例99.03%；推进地下油罐改造，引导油企投入资金5.3亿元对325座加油站完成地下油罐改造。

2. 改良治理措施。做好源头减排，推广低VOCs含量材料使用，383家企业已使用低VOCs含量原辅材料4.08万吨；加强过程控制，完成无组织收集治理项目41个；在全省率先建成油气回收在线监控平台，完成加油站二次油气回收治理505座，84座完成监测设备安装和联网，三次油气回收治理完成30座，429台油罐车完成油气回收装置的安装；优化末端治理，中联环境、福瑞印刷等10余家重点涉VOCs企业使用RTO先进工艺，处理效率95%以上。

3. 改进监测手段。建成小微站162座，组分监测站4个，复合观测站1个，污染成因分析和溯源追查能力明显提升；建设机动车固定遥感监测系统10套，雷达监测有效应用，各平台数据与国、省控站逐步实现共享共用、实时调取和分析研判；编制2019年大气污染源清单，完成$PM_{2.5}$和O_3（臭氧）源解析；强化排气监测，68家重点排污单位全部安装自动监控设施并与省、部平台联网，安装挥发性有机物在线监控系统31套，智能监控电表387套，工业园区试点厂界废气监测稳步推进；建设城管环保一体化网格，污染问题发现、交办、处置步入快车道。

（四）坚持常态长效，始终把压实责任作为主要的工作抓手。建立日常督巡查机制，强化宣传引导，确保部门主管责任、属地监管责任、企业和市民主体责任落地落细。

1. 督查问责。研究出台《长沙市蓝天保卫战责任追究办法（试行）》，将“蓝天保卫战”工作督查纳入两办督查室重点工作内容，聚焦重点任务、重点区域、重点时段督查，年均组织督查活动30余次，累计现场交办问题670个，基本上做到立行立改，同时组织“回头看”，防止整改不力、虚假整改、部分整改；用好督查成果，市本级组织实施11轮责任追究，其中集中约谈56人，免职2人，立案审查1人，党内警告7人，政务警告或政务记过2人，诫勉谈话18人，批评教育7人，提醒谈话2人；2018年10月，以省委巡查工作为契机，开展“在污染防治攻坚战中不担当不作为问题”专项整治，约谈378人，问责135人。

2. 执法巡查。建立“三级执法、两级巡查”机制，做好“蓝天保卫战”巡查和部门日常执法结合文章。突出问题导向，聚焦扬尘、工业废气、露天焚烧、移动源污染等问题重点执法；服务中心工作，做好疫情防控和“六稳六保”，对稳定达标排放的企业无事不扰，对违法排污的企业重拳打击；强化执法科技支撑，通过在线监测、视频监控、无人机巡查和网格化等手段，线上线索收集，线下督办整改，减少现场执法，提升执法效能，三年采集交办数字化案卷4.62万个，其中焚烧垃圾问题2366个、烧烤和油烟类问题2.88万个，道路扬尘污染问题15034个。

3. 宣传教育。做好政策宣传，在《湖南日报》《长沙晚报》上推出“十个严禁”专题解读，制作播出“十个严禁”系列海报和视频，开展宣讲“三进”活动，市蓝天办负责人员宣讲140余场，专业技术人员和环保志愿者宣讲1000余场；做大典型宣传，在《长沙晚报》设立“蓝天保卫战”违法曝光台，曝光案例229个，对一线执法人员、基层环保工作者的先进事迹进行宣传，开展“最美蓝天卫士”评选，组织“蓝天保卫战”优秀作品、摄影及微视频大赛，提升群众认知度和参与度；做精新闻宣传，在中央、省、市级报道“蓝天保卫战”内容11164条，其中中央级报道421条，省、市报道10743条，《精细化管理打赢蓝天保卫战》《攻坚“长沙蓝” 彰显星城“气”质的实践》《长沙坚决打赢“蓝天保卫战”》等在新华社、《人民日报》刊发，反响良好。

二、存在的问题

（一）生态环境治理和保护的责任意识有待提升。企业自主减排的主动性不足，经济效益和生态环境保护关系认识不到位；有的职能部门“管行业就要管环保”意识有待提高，部门之间环保职责划定不够明确；市民群众践行绿色低碳生活方式有待加强，共享共治的氛围需进一步浓厚。

（二）空气质量持续改善的压力大、难度大。大气环境质量还未实现根本性稳定好转，受气象和外输等因素影响比较大；本地污染物排放总量和环境容量的矛盾仍比较突出；通过能源结构、产业结构、交通运输结构以及城市规划调整、优化来实施源头污染减排的难度较大、投入也较多、涉及面也较广。

（三）精准治污的能力有待加强。作为省会城市，全市大气污染防治专业技术能力相对薄弱，熟悉了解全市的专家团队稀缺；科技支撑能力相对不足，精准度不高；协同治理能力较弱，$PM_{2.5}$和臭氧的协同减排、大气污染防治和应对气候变化的协同治理、大气污染区域协同推进待进一步研究和完善。

三、下阶段工作思路

中共十九届五中全会提出，要加快推动绿色低碳发展，持续改善环境质量，促进人与自然和谐共生。下阶段，深入贯彻中共十九届五中全会和中央、省、市委经济工作会议精神，以“降碳达峰”为总抓手，推进大气环境治理源头减排。

（一）加强组织领导。在市委、市政府的坚强领导下，持续巩固“十三五”规划期间全市“蓝天保卫战”三年行动的治理成效，在“十四五”规划期间按照生态环境部提出的“提气、降碳、强生态”的基本思路，实施应对气候变化与“蓝天保卫战”协同增效“新三年”（2021—2023年）计划。加强“点长制”的完善和落实，通过“点长制”压实党政同责和一岗双责，压实齐抓共管大环保格局和属地的大气污染防治责任。加强考核和奖惩工作力度，充分发挥“指挥棒”的导向作用。

（二）明确目标任务。国家和省级对长沙市的相关目标正在制定中，结合长沙实际，初步提出“十四五”规划末目标为：实现二氧化碳达峰，空气质量优良率大于82%（300天以上），$PM_{2.5}$浓度降至36微克/立方米，接近国家二级标准要求，基本消除重污染及以上天气。2021年目标为：优良率大于80%，$PM_{2.5}$浓度不高于42微克/立方米，超标天数中臭氧为首要污染物的超标天数控制在26天以内，重污染及以上天气控制在6天以内。

（三）谋划工作举措。研究和推进“三个协同”（协同治理、协同减排、协同推进）工作措施要求。抓好应对气候变化和大气污染防治的协同治理。习近平总书记提出“力争于2030年前达到峰值，努力争取2060年前实现碳中和”。长沙市作为全国首批全国低碳试点城市，要力争在“十四五”规划末实现碳达峰，长沙还有很大的提升空间，应加大传统产业结构的不断转型升级、资源能源效率不断提升、能源清洁持续低碳发展、交通运输结构优化调整、绿色低碳技术推动和创新、绿色生产生活方式倡导和践行等。抓好$PM_{2.5}$和臭氧的协同减排。研究认为，$PM_{2.5}$和臭氧是大气污染物在不同季节、不同气象条件下的两种污染表现形式。应加强工业园区大气污染综合防控建设，加强城市建设的源头规划与治理，加大污染物源头减排和无组织排放管控，加大柴油货车和非道路移动机械排气污染管控以及施工工地的扬尘污染管控，同时制定完善相关法律法规和政策，敦促企业自觉实施减排。抓好大气污染区域协同推进。进一步落实省级层面传输通道城市大气污染防治联防联控工作要求，推进市级层面联防联控工作落实。加强区域内部工作联动和工作协同，逐步实现监控、监管、监测情况及数据的推送与共享。加强联合执法与整治，提升行政和执法效能。

（四）落实重点工作。臭氧和$PM_{2.5}$是全市能否完成年度目标的关键所在。春夏季重点抓好臭氧污染防治，实施挥发性有机物和氮氧化物的协同减排，提升工业企业低挥发性原辅材料使用率、无组织废气收集率以及末端治理效率，减少移动源和非道路移动源的排气污染。秋冬季全市易受外输和不利气象条件影响而产生以$PM_{2.5}$为首要污染物的污染天气。因此，要按照轻微污染天气应对方案和重污染天气应急预案措施要求，加强预警预报、加强传输影响分析、加强“六控十严禁”措施落实、加强科技支撑、加强执法巡查和监管。

四、请求与建议

（一）关于工作机制方面。请求继续保持并完善当前的工作体制机制，保持蓝天办原有架构，以党委、政府主导统筹开展应对气候变化和“蓝天保卫战”工作，同时抽调部分人员进行集中办公并安排部分工作经费。

（二）关于责任落实方面。开展和落实“点长制”工作要求，压实园区、区县（市）、街道（乡镇）党政主要领导责任，建立以片保点、以片带面的大气污染防治工作机制，推进国控监测点位周边微环境排查整治和长效管控。

（三）关于加强立法方面。按照“谁能管、怎么管”的思路，对“蓝天保卫战”工作中关于工业企业准入管理、秸秆禁烧和综合利用、非道路移动机械管控、建设工地扬尘管理、烟花爆竹燃放和餐厨油烟管控、重点排污单位信息公开等内容，制定接地气、可操作的相关规章，进一步明确各职能部门职责，督促应对气候变化和大气污染防治工作落实。

（张　茜）

长沙概览

OVERVIEW OF
CHANGSHA

编辑　陈晓红

自然环境

【区域位置】 长沙市为湖南省省会，是湖南省政治、经济、文化、交通、科技、金融、信息中心。位于湖南省东部偏北，湘江下游和长浏盆地西缘。地域范围为北纬27° 51′ ~ 28° 40′，东经111° 53′ ~ 114° 15′。东邻江西省宜春市和萍乡市，南接株洲、湘潭两市，西连娄底、益阳两市，北抵岳阳、益阳两市。东西长约230千米，南北宽约88千米。2020年，全市土地面积11815.96平方千米，其中市区面积2150.9平方千米，建成区面积560.8平方千米。

【地质地貌】 长沙总体地质特征是：地层出露齐全，花岗岩体广布，地质构造复杂，矿产资源丰富。各个地质历史时期的地层在长沙市均有出露，最古老的地层大约是10亿年以前形成的。总体地貌特征是：地势起伏较大，地貌类型多样，地表水系发达。长沙的东北是幕阜—罗霄山系的北段，西北是雪峰山余脉的东缘，中部是长衡丘陵盆地向洞庭湖平原过渡地带。东北、西北两端山地环绕，地势相对高峻，中部递降趋于平缓，略似马鞍形，南部丘岗起伏，北部平坦开阔，地势由南向北倾斜，形如一个向北开口的漏斗。长沙城区为多级阶地组成的坡度较缓的平岗地带，地势南高北低，湘江由南向北流经中部，贯穿市区，江中的橘子洲长5千米。湘江两岸形成地势低平的冲积平原，其东西侧及东南面为地势较高的低山、丘陵。东有属于湘赣边雁阵式山系的大围山，海拔0.8千米以上山峰有50余座，其主峰七星岭，海拔1.61千米，为全市最高处；西有海拔0.8千米以上的山峰13座，望城区乔口湛湖的海拔23.5米，为全市最低点。

【水文】 长沙水系完整，河网密布；水量较多，水能资源丰富；冬不结冰，含沙量少。长沙市的河流大都属湘江水系，支流河长5千米以上的有302条，其中湘江流域289条。湘江自湘潭昭山流经长沙县西南边境，然后由南向北纵贯市区，经望城区乔口出境。经过市境的长度有74千米，其间流入湘江的支流有15条，其中较大的有浏阳河、捞刀河、靳江、沩水。年平均地表径流量82.65亿立方米，径流深550 ~ 850毫米。湘江流经长沙市的常年径流量年均692.5亿立方米，全年可通航。全市水能蕴藏量24.53万千瓦，地下水总储量9.35亿立方米/年。

【气候】 长沙地处中国东南部，属亚热带季风气候。由于位居盆地内部，且距海较远，受冬夏季风转换、地势向北倾斜等因素的影响，春温变化大，夏初雨水多，伏秋高温久，冬季严寒少。长沙市气候有两个主要特征：1.水热充足，生长期长。热量条件比较优越，降水多集中在春夏两季，多雨期与高温期一致，生长期长，对农业生产有利。2.气候温和，四季分明，夏冬季长，春秋季短。春季从3月中旬到5月中下旬，为期约70天，其间气温升高很快，对春播有利。春季天气阴雨潮湿，降水量占全年的40%以上。夏季从5月中下旬到9月下旬，为期约130天。夏季温高暑热，常连晴数日，骄阳似火，蒸发强盛，在降雨集中期易发生洪涝灾害。秋季从9月下旬到11月中旬，近60天，是全年最短的一季。冬季从11月下旬到次年3月上旬，为期3个半月，月平均气温在6.1℃，气候较湿冷，降雪较少，有时会发生冰冻天气，冬季降水量仅占全年的16%，是一年中降水量最少的季节。

2020年长沙市平均气温18.2℃（偏高），其中冬季气温显著偏高，为历史第四暖冬；春季气温显著偏高，为历史第四高值，夏季偏高，秋季正常；年平均降水冬季降水显著偏多，为历史第四高值，秋季偏多，春、夏季正常；日照冬、春季日照正常，夏季日照偏少，秋季日照时数创历史新低。年最高气温38.5℃，年最低气温-4.1℃，年降水量1715.8毫米。全年全市空气优良天数309天，优良率84.4%。2020年长沙主要天气气候事件有暖冬、连阴雨、倒春寒、雷暴大风、冰雹、暴雨、高温热害、寒露风、寒潮、大风、冰冻、强霜冻、大雾等。全年自然灾害直接经济损失29959.64万元。

连阴雨 2020年连阴雨过程频发，全市出现3段连阴雨天气：3月2—9日，宁乡、长沙连续8天出现降水，且无日照，达到“轻度连阴雨”标准。9月中下旬，全市出现罕见持续阴雨寡照天气，其中宁乡9—18日连续10天、20—30日连续11天出现降水，达“中度连阴雨”标准；长沙15—30日连续16天出现降水，达“重度连阴雨”标准；长沙县20—30日连续11天出现降水，达“中度连阴雨”标准；浏阳20—29日连续10天出现降水，达“中度连阴雨”标准。长沙9月连续降雨日数创历史新高，宁乡、长沙县、浏阳为历史第二高值。11月20—27日，宁乡连续8天出现降水，且无日照，达到“轻度连阴雨”标准。

倒春寒 3月底到4月初，全市均出现轻度倒春寒。其中3月27日—4月4日，宁乡平均气温较常年同期偏低2.9℃，长沙平均气温较常年同期偏低2.8℃；3月27日—4月5日，长沙县平均气温较常年同期偏低3.5℃；3月28日—4月6日，浏阳平均气温较常年同期偏低3℃。

雷暴大风 3月22日晚—23日，受高空波动及冷暖气流交互影响，自西向东出现雷暴大风，雨花区和平闸泵站极大风速29.2米/秒（11级）；26日晚至27日，低层切变及强冷空气南下影响，自西向东出现雷暴大风，长沙站、长沙县北山英波冲站极大风速21.8米/秒（9级）。7月12日，副高边缘西南气流扰动影响，长沙出现雷暴大风，极大风速20.9米/秒（天心区暮云街道）；27日高空槽配合西南涡东移，有一次较强降雨过程，伴有雷暴大风，长沙县极大风速14.6米/秒（福临）；30日宁乡出现雷暴大风，极大风速14米/秒（花明楼）。8月9日晚，高空槽东移影响，全市有一次暴雨天气过程，伴有雷暴大风天气，极大风速17.2米/秒（望城区苏廖垸）；18日下午，副高边缘扰动影响，出现局地性雷暴大风天气，极大风速17.9米/秒（望城区白箬铺古冲村）；21日下午，弱冷空气影响，全市出现雷暴大风，极大风速30.6米/秒（浏阳市北盛镇）；25日上午，中低层切变配合冷空气影响，有一次降雨过程，长沙县出现雷暴大风，极大风速19.5米/秒（长沙县北山英波冲水库）。

暴雨洪涝　4月21日、5月4日、5月14—15日、5月29日、6月2日、6月9日、6月22—24日、6月30日、7月8—10日、7月27日、8月9—10日、9月10日、9月16—17日。其中7月8—10日，全市普降暴雨，长沙城区、长沙县、浏阳有大暴雨，为年度降雨强度最大、影响范围最广的区域性暴雨过程。全年24小时最大雨量234.2毫米（长沙县开慧枫林市村，8月9日8时—10日8时），1小时最大雨量94.9毫米（长沙县开慧金湘园，8月9日21—22时）。除长沙外，宁乡、长沙县、浏阳均出现雨水相对集中期。

高温热害　2020年各地≥35℃的高温日数为32（宁乡）至40天（浏阳），较历年偏多3.7（长沙县）至13.9天（长沙）；全年≥37℃的高温日数为2（宁乡、浏阳）至6（长沙县）天，较历年偏少1.2（长沙）至5.9天（浏阳），主要集中在8月上旬。全年高温天气出现时间较为集中，主要在7月下旬到8月，其中8月全市平均高温日22.5天、长沙24天，创1981年以来历史最高值。全年有4次全市性高温热害过程，出现在7月下旬前期，8月上旬，8月中旬后期及8月底。长沙、长沙县、浏阳在7月29日—8月9日连续12天日最高气温≥35℃，为“中度高温热害”，各地其他时段均为“轻度高温热害”。2020年长沙地区高温天气主要表现出高温出现时段集中、8月高温日数创历史新高、高温强度弱、极端最高气温低的特点。

寒露风　9月14—30日，全市大部平均气温持续低于23℃，并伴有降水，各地出现不同程度寒露风天气。其中宁乡20—23日连续4天、25—29日连续5天日平均气温低于21℃，达“中度寒露风”标准；长沙21—24日连续4天日平均气温低于21℃，达“中度寒露风”标准；长沙县17—23日连续7天日平均气温低于21℃，达“重度寒露风”标准；浏阳17—30日连续14天日平均气温低于23℃，达“轻度寒露风”标准。寒露风致全市晚稻受灾面积66186.67公顷，其中轻度占63.7%、中度19.6%、重度16.6%。

强冷空气、寒潮天气活跃　2020年长沙地区发生10次冷空气活动，有8次冷空气过程达到冷空气等级评定标准，其中中等强度冷空气5次，强冷空气1次，寒潮2次。　（卢晓晴）

【自然资源】　长沙地下矿藏种类繁多，已查明的有锰、钒、铜、钨、金、银、磷、海泡石、重晶石、菊花石、石膏、煤等50余种，有全国独一无二的菊花石。其中大型矿床10处，小型矿床16处，矿点300余处。长沙土壤种类多样，可划分9个土类、21个亚类、85个土属、221个土种，以红壤、水稻土为主，分别占土壤总面积的70%与25%。其余还有菜园土、潮土、山地黄壤、黄棕壤、山地草甸土、石灰土、紫色土等，适宜多种农作物生长。长沙动物地理区划属东洋界华中区，生态地理区划属亚热带林灌、草地—农田动物群，野生动物多为适应耕地和居民点的类群，林栖鸟类已少见，田间捕食昆虫、鼠类和两栖爬行动物丰富。植被以亚热带常绿阔叶林为主，有自然生长和引进栽培的木本植物102科、977种，其中常绿树462种，落叶树515种，乔木457种，灌木414种，竹藤类106种。主要林木有松、杉、栎、樟、楠、椿、茶、油茶、柑橘、毛竹等。1985年长沙市第八届人大常委会通过，长沙市人民政府公布香樟为市树，杜鹃花为市花。

建置区划

【建置沿革】　秦为长沙郡治临湘县。西汉为长沙国都城。东汉复为长沙郡治，隶属荆州。吴、晋、南朝，临湘析出湘西，临湘为长沙郡首邑。南朝宋开始，湘西为衡阳郡（长沙郡析出）首邑，上隶荆州或湘州（西晋怀帝永嘉元年即307年分荆、江二州置）。公元589年隋统一中国，废郡，行州、县二级制，临湘（省湘西）改称长沙县，为潭州州治[大业三年（607），隋一度改潭州为长沙郡]。唐武德三年（620）入唐版图。贞观元年（627）设10道，潭州（天宝元年即742年，潭州改为长沙郡，唐至德元年即756年复改为潭州）暨长沙县属江南道。开元二十一年（733）分15道，潭州属江南西道。唐后期设湖南道，观察使驻潭州。后唐天成二年六月十七日（927年7月18日）马殷“以潭州为长沙府”，长沙为楚国都城。后周太祖广顺二年（952），南唐边镐陷长沙，湖南政治中心移至朗州（常德）。宋太祖乾德元年（963）二月，入宋版图，至道三年（997）分全国为15路，潭州为荆湖南路路治。哲宗元符元年（1098）设善化县与长沙县同附郭，潭州辖长沙、善化、浏阳、宁乡、湘潭、湘乡、益阳、安化、湘阴、醴陵、茶陵、攸县12县。元世祖至元十三年正月初一（1276年1月18日），长沙入元版图，设安抚司。十四年（1277）设潭州行省，十八年二月初九（1281年2月28日）迁潭州行省于鄂州，称湖广等处行中书省，徙湖南道宣慰司治潭州路。天历二年三月初九（1329年4月8日），文宗以“潜邸所幸”，改潭州路为天临路，辖5县7州。元顺帝至正二十四年（吴王朱元璋甲辰年九月二十四日，1364年10月19日），徐达领兵至潭州，改天临路为潭州府。明洪武五年（1372）六月，潭州府更名长沙府，辖十二州县，上隶湖广布政使司。清顺治四年四月初八（1647年5月12日），高士俊领兵入长沙，长沙纳入清版图，沿明制设长沙府，上隶湖广省，仍辖12州县。清康熙三年（1664）湖广省设右布政使司、湖南按察使司于长沙，偏沅巡抚移驻长沙。清雍正元年（1723）改湖广右布政使司为湖南布政使司。清雍正二年（1724）改偏沅巡抚为湖南巡抚（仍隶湖广）。长沙（府）城自此为湖南省会。长沙府上有盐法长宝道。乾隆时长沙府城不仅为巡抚治，亦为布政、按察和学政及长宝、盐法、粮道治所。

1912年，湖南军政府执行特别议会颁行《湖南府厅州县暂行条例》：“凡与府同城之一县或两县，均并于府。”4月，长沙、善化二县合并为长沙府直辖地，1913年9月改定。1914年6月2日，北京政府划湖南为四道，长沙县属湘江道（即原长宝道，1916年裁撤武陵道，其中11县划归湘江道）。1914年废都甲设乡镇，长沙县辖7乡11镇。1920年长沙设市政厅，年底设市政公所。省会警察厅设东、南、西、北、外东、外南、外北、商埠8个警察署（区）。当年废除“道”，县直属省。1930年7月27日，中国工农红军攻入长沙，成立长沙市苏维埃政府。年底，长沙城分设东、南、西、北、外东特、商埠6个区，下辖158街团，街团下辖甲、牌、联（结），5家为1联，2联为1牌，10牌为1甲。1931年5月，裁商埠入西区。1933年8月11日，国民政府行政院同意长沙设市，是全国第14个设为行政区划的市，也是第七个设市的省会，面积48.5平方千米（11月3日，废除街团制）。1934年4月29日，划全市为4个区（按东南西北顺序命名为一、二、三、四区），每区分4坊，每坊设2～4保，共58保，40～60户为一甲。1938年上属湖南省第一行政督察区。8月11日，改区坊保甲4级制为镇（乡）保甲三级制，原4区为8镇，市郊为4乡。“文夕大火”后缩编为城南、城北两镇及两乡。1939年8镇4乡改为4镇4乡。1945年12月，设城东、城南、城西、城北、文艺、金盆、岳麓、会春8区。1947年至1948年9月有83保1843甲。

1949年8月，长沙和平解放，共辖8区82保1838甲。1950年3月30日设郊区办事处领导外4区。1953年1月设水上区。1955年内4区建306居委会2909居民组。1956年5月撤销市郊外4区，辖乡并为7乡1镇，同年撤水上区。1957年内4区辖26街道275居委会2766居民组；郊区辖7个乡、镇。1958年9月，农村实行政社合一的人民公社体制，郊区建立万年红、东风、岳麓公社。城区辖4区25街道233居委会2731居民组。

1958年12月24日，湖南省调整县市行政区划，原属湘潭专区的长沙、望城二县划归长沙市管辖。1959年3月，长沙、望城二县合并称长沙县（1977年12月又分设）。2月撤销郊区，并入合并后的长沙县。长沙市辖4区1县，25街道5镇26公社，总面积3842.13平方千米，城区建成区20.93平方千米。1960年1月26日原属郊区的2公社划为3公社，从长沙县划属东、南、北区。3月31日以岳麓公社设岳麓区。4月实行城市人民公社体制。市辖5区改为5个公社，下设分社。1961年9月，撤销城市人民公社恢复5区。1962年1月12日，恢复郊区。1974年1月6日，岳麓区并入西区。1978年年底，长沙市辖5区2县，29街道84公社9镇，308居委会1132大队，3604居民组11321生产队，全市面积3754.4平方千米，市区面积352平方千米，建成区面积53平方千米，建域比为1∶70.8。1983年2月8日，长沙市增辖浏阳、宁乡、湘阴（1983年7月13日湘阴回归恢复后的岳阳地区）。当年着手改变政社合一建制。1984年市辖5区4县，32街道15镇224乡，445居委会3017村，45811居民组39224村民组。1985年全市面积11818平方千米，建域比为1∶206.08。1993年1月16日，浏阳撤县改市。1995年辖县（市）撤区并乡建镇，长沙市辖5区3县1市，38街道67镇53乡，648居委会3091村，市区面积367平方千米，建成区面积101平方千米，建域比1∶117。1996年市辖区区划调整，撤销郊区，避免全国城区专名的重名，调整区划范围，新5区为芙蓉、天心、岳麓、开福、雨花。由此，长沙市辖5区3县1市，38街道66镇54乡，651居委会3011村。市区554.07平方千米；建成区110平方千米。2000年辖50街道75镇46乡，763居委会3111村，全市面积11819.5平方千米，市区面积556.33平方千米，建成区面积118.82平方千米，建域比为1∶99.47。

国务院2001年10月10日国函〔2001〕131号批复：长沙市人民政府驻地由芙蓉区藩正街迁至岳麓区岳麓大道。

2011年5月20日经国务院批准，湖南省人民政府《关于撤销望城县设立长沙市望城区的通知》（湘政函〔2011〕67号）明确，撤销望城县，设立望城区。2014年4月8日，根据长沙市人民政府《关于撤销宁乡县资福乡设立资福镇的通知》（长政函〔2014〕78号），经省人民政府批准，《湖南省民政厅关于撤销宁乡县资福乡设立资福镇的批复》（湘民行发〔2014〕2号）同意撤销宁乡县资福乡，设立资福镇，以原资福乡的行政区域为新设资福镇的行政区域。行政区划调整后，资福镇辖12个建制村，总面积88.54平方千米，总人口3.9万人，镇人民政府驻资福（原资福乡人民政府驻地）。2014年6月9日，根据《湖南省人民政府关于长沙大河西先导区更名为湘江新区的批复》精神，经市委、市政府研究决定：长沙大河西先导区更名为湘江新区，其管理机构更名为“中共湘江新区工作委员会、湘江新区管理委员会”；中共湘江新区工作委员会、湘江新区管理委员会全面履行原中共大河西先导区工作委员会、长沙大河西先导区管理委员会的职能职责；湘江新区管理委员会继续履行原长沙大河西先导区管理委员会对外签订的协议、合同等；原中共长沙大河西先导区工作委员会、长沙大河西先导区管理委员会相关机构同步更名；原中共长沙大河西先导区工作委员会、长沙大河西先导区管理委员会干部职务按干部管理权限重新任命。

根据长沙市人民政府关于将长沙县跳马镇建制调整到雨花区的请示（长政〔2014〕93号），经省人民政府批准，2015年1月11日，湖南省民政厅《关于将长沙县跳马镇调入长沙市雨花区的批复》（湘民行发〔2015〕1号），同意将长沙县跳马镇调入长沙市雨花区。根据长沙市人民政府关于将长沙县暮云街道南托街道成建制调整到天心区的请示（长政〔2014〕92号），经省人民政府批准，2015年1月13日，湖南省民政厅《关于将长沙县暮云街道南托街道调入长沙市天心区的批复》（湘民行发〔2015〕2号），同意将长沙县暮云街道、南托街道调入长沙市天心区。根据长沙市人民政府关于浏阳市部分乡镇行政区划调整的请示（长政〔2015〕83号），经省人民政府批准，2015年11月18日，湖南省民政厅《关于同意浏阳市部分乡镇行政区划调整方案的批复》（湘民行发〔2015〕25号），同意将杨花乡和大瑶镇成建制合并设立大瑶镇。根据长沙市人民政府关于望城区部分乡镇行政区划调整的请示（长政〔2015〕78号），经省人民政府批准，2015年11月19日，湖南省民政厅《关于同意长沙市望城区部分乡镇行政区划调整方案的批复》（湘民行发〔2015〕39号）文件批复：1.同意长沙市望城区乡镇区划调整方案。2.同意将靖港镇和格塘镇成建制合并设立靖港镇；将新康乡和高塘岭街道成建制合并设立高塘岭街道；将茶亭镇和东城镇成建制合并设立茶亭镇；将东城镇慎家桥社区五杉片（含跃进、染匠、禾家、姚家、五杉、大官、鱼心7个居民小组）划入铜官镇华城村，将茶亭镇郭亮村划入铜官镇，将铜官镇和书堂山街道成建制合并设立铜官街道；将乌山镇和喻家坡街道成建制合并设立乌山街道；将雷锋镇和廖家坪街道成建制合并成立雷锋街道。根据长沙市人民政府关于宁乡县部分乡镇行政区划调整的请示（长政〔2015〕79号），经省人民政府批准，2015年11月19日，湖南省民政厅《关于同意宁乡县乡镇行政区划调整方案的批复》（湘民行发〔2015〕40号）：1.同意宁乡县乡镇区划调整方案。2.同意将枫木桥乡、偕乐桥镇和灰汤镇成建制合并设立灰汤镇；将坝塘镇和南田坪乡成建制合并设立坝塘镇；将双江口镇和朱良桥乡成建制合并设立双江口镇。根据长沙市人民政府关于开福区部分乡镇行政区划调整请示（长政〔2015〕80号），经省人民政府批准，2015年11月19日，湖南省民政厅《关于同意长沙市开福区乡镇行政区划调整方案的批复》（湘民行发〔2015〕41号）：1.同意长沙市开福区乡镇区划调整方案。2.同意将青竹湖镇和新港街道成建制合并设立青竹湖街道。根据长沙市人民政府关于岳麓区部分乡镇行政区划调整的请示（长政〔2015〕81号），经省人民政府批准，2015年11月19日，湖南省民政厅《关于同意长沙市岳麓区乡镇区划调整方案的批复》（湘民行发〔2015〕42号）：1.同意长沙市岳麓区乡镇区划调整方案。2.同意将东方红镇和麓谷街道成建制合并设立麓谷街道。根据长沙市人民政府长政〔2015〕82号文件请示，经省人民政府批准，2015年11月19日，以湘民行发〔2015〕43号文件批复：1.同意长沙县乡镇区划调整方案。2.同意将金井镇和双江镇成建制合并设立金井镇；将开慧镇和白沙镇成建制合并设立开慧镇；将黄兴镇和干杉镇成建制合并设立黄兴镇。

根据长沙市人民政府长政〔2016〕54号文件请示，经省人民政府批准，2016年6月10日，以湘民行发〔2016〕10号文件批复，同意撤销浏阳市葛家乡设立葛家镇，以原葛家乡的行政区域为新设葛家镇的行政区域。行政区划调整后，葛家镇辖5个建制村，总面积107平方千米，总人口2.01万人。镇人民政府驻地葛家园村（原葛家乡人民政府驻地）。

2017年5月3日经国务院批准，民政部以《关于同意湖南省撤销宁乡县设立县级宁乡市的批复》（民函〔2017〕73号）文件批复，湖南省民政厅以湘民函〔2017〕35号文件明确，撤销宁乡县，设立宁乡市。

2018年2月2日，根据长沙市人民政府关于析置望城区雷锋街道的通知（长政函〔2018〕12号），决定对望城区雷锋街道进行析置。将雷锋街道析置为雷锋和白马2个新的街道。析置后新的雷锋街道下辖7个村（社区），总面积59.86平方千米，总人口6万人，街道治所驻荷花塘社区文明路1号。新的白马街道下辖4个村（社区），总面积19.92平方千米，总人口5万人，街道治所驻原雷锋街道便民服务中心。

根据长沙市人民政府关于浏阳市蕉溪乡撤乡设镇的请示（长政〔2018〕21号），经省人民政府批准，2018年6月5日，湖南省民政厅《关于撤销浏阳市蕉溪乡设立蕉溪镇的批复》（湘民行发〔2018〕3号）：同意撤销蕉溪乡设立蕉溪镇，以原蕉溪乡的行政区域为蕉溪镇的行政区域。行政区划调整后，蕉溪镇辖6个建制村，

表 1　　长沙市行政区划变动统计表

指标	单位	1950 年	1978 年	1985 年	1990 年	1995 年	2000 年	2005 年	2010 年	2019 年	2020 年
一、行政区划											
市辖区数	个	5	5	5	5	5	5	5	5	6	6
市辖县（市）数	个	—	2	4	4	4	4	4	4	3	3
镇数	个	—	7	16	21	70	75	79	85	69	69
县辖区数	个	—	16	39	39	—	—	—	—	—	—
街道办事处	个	6	39	32	35	50	50	55	59	96	96
居民委员会数	个	59	329	459	535	701	763	569	590	705	735
乡数	个	18	84	217	210	51	46	37	26	5	5
村民委员会数	个	11	1096	2996	2987	3121	3111	1281	1226	878	876
二、土地面积	平方千米	112.00	3995.00	11818.00	11818.00	11819.50	11819.50	11819.50	11815.96	11815.96	11815.96
# 市区	平方千米	112.00	352.00	352.00	367.00	556.33	556.33	556.33	958.80	2150.90	2150.90
# 建成区	平方千米	6.70	53.04	57.18	101.00	115.00	118.82	167.70	272.39	483.8	560.80
三、户籍总人口	万人	314.52	458.23	504.22	550.05	562.82	583.19	620.92	650.12	738.24	747.29
# 市区	万人	41.36	94.83	115.72	132.68	145.45	175.41	208.65	239.53	364.38	373.79

说明：1. 从 2011 年起，市区包括望城区，后同；2. “#”表示其中主要项　　（资料来源：市统计局）

总面积 87 平方千米，总人口 297 万人，镇人民政府驻高升建制村高升路 1 号（原蕉溪乡人民政府驻地）。

【行政区划】　2020 年，长沙市辖 6 个区：芙蓉区、天心区、岳麓区、开福区、雨花区、望城区；3 个县（市）：长沙县、宁乡市、浏阳市。各区县（市）辖 96 个街道、69 个镇、5 个乡。各街道、镇和乡辖村 876 个，社区 735 个。

历史文化

【史迹遗存】　长沙历史悠久、名胜古迹众多，自新石器时代就有人类在长沙地区活动，有长沙天心区暮云镇南托乡大塘遗址、鹿芝岭新石器遗址、苦竹山遗址、曾家山遗址等。长沙还是楚文明和湘楚文化的发源地，浏城桥等地发现楚墓等大量楚文化的遗迹和遗物。长沙约有 2400 年建城史，在春秋战国时期始建城，后经历代战乱遭毁，现仅存天心阁段古城墙，为明代长沙城墙。天心阁建筑群包括古城墙、古月城、古炮台、天心阁等设施，是一处功能齐备、保存相对完整的古代城池构成体系。此外，在长沙城市考古中万达广场发现宋代城墙。

长沙古墓葬较多，马王堆汉墓是汉代长沙国丞相利仓及其夫人、儿子的墓葬、长沙现存汉长沙国王及王后墓葬，张浚张栻墓、何绍基墓及明代吉藩王陵等众多古近代墓葬。长沙是旧民主主义革命与新民主主义革命的重要策源地之一，辛亥革命领袖黄兴出生于长沙黄兴镇，黄兴及蒋翊武、焦达峰、陈天华、姚宏业等一批革命先驱，以及护国运动的领导人蔡锷等葬岳麓山上。湖南第一师范学校旧址、新民学会旧址、爱晚亭、橘子洲头、秋收起义文家市会师旧址、中共湘区委员会旧址、刘少奇故居、胡耀邦故居等体现了党和国家领导人早期求学和革命活动的轨迹，湖南省苏维埃政府旧址、红一方面军成立旧址则见证了红军早期发展壮大的历史，八路军驻湘通讯处旧址、影珠山抗战遗址群、第九战区长官司令部指挥所旧址等则是中华民族同仇敌忾、奋勇抗击侵略的历史证据。

【传统文化】　长沙市已建立起国家、省、市、区县（市）四级非物质文化遗产保护名录体系。截至 2020 年年底，全市普查登记非物质文化遗产项目 1366 个，其中湘绣、浏阳花炮制作技艺、湘剧、长沙弹词、庙会（火宫殿庙会）、石雕（菊花石雕）、长沙窑铜官陶瓷烧制技艺、浏阳文庙祭孔音乐 8 个项目入选国家级非物质文化遗产代表性名录。17 个“非遗”项目入选省级“非遗”代表性名录、77 个“非遗”项目入选市级“非遗”代表性名录、134 个“非遗”项目入选区县（市）级“非遗”代表性名录；国家级、省级、市级“非遗”代表性传承人分别为9人、15人、88人；建有非物质文化遗产生产性保护基地25个、“非遗”专题博物馆15家。

长沙境内主要以湘菜为主。战国时期，爱国诗人屈原在其著名诗篇《招魂》中，就记载了湖南的许多菜肴。在出土的走马楼简牍中有300余支汉代竹简专门记载了湘菜的烹饪方法。湘菜在《楚辞》里都有描写。西汉时期，湖南的菜肴品种有109个，烹调方法有九大类。六朝以后，湖南的饮食文化丰富、活跃。明、清两代，是湘菜发展的黄金时期，湘菜的独特风格基本定局。清朝末叶，在长沙先后出现轩帮和堂帮两种湘菜馆。民国初年，出现戴（杨明）派、盛（善斋）派、肖（麓松）派和祖庵派等多种流派，奠定了湘菜的历史地位。中华人民共和国成立以后，特别是改革开放后，湘菜得到更好发展。火宫殿八大小吃、糖油粑粑、德园包子、杨裕兴鸡蛋面、宁乡四碟（刀豆花、砂仁糕、紫苏梅、冰姜）、徐长兴烤鸭、浏阳油饼、沩山擂茶、靖港古镇的“八大碗”等“非遗”美食均深受长沙人的喜爱。

长沙一些节日有地方特色，也有很多特有的民俗，陶公庙庙会为赶集的一大特色。农历三月初三，长沙人都有地菜煮鸡蛋的习俗。立夏有吃立夏粳的习俗。惊蛰时农家于暗处点灯，用石灰撒房屋四周及潮湿暗角。

火宫殿庙会作为湖湘火庙文化的载体，延续着千百年来人与人、人与食的民俗情缘。长沙火宫殿既是星城一处古老火文化的遗迹，又是长沙民风、民俗、名食的汇集地。火宫殿庙会，历史悠久，源远流长，文化内涵丰富、文化底蕴深厚，是湖湘古老火文化历史的缩影。火宫殿庙会起源于上古时代人类对于“火”的崇拜，它是一种以敬火、拜火、用火、管火的祭祀礼仪。长沙的火宫殿庙会是一家餐饮店与一座火神庙紧紧联系在一起，形成一个多元文化载体的文化现象，在国内独具特色。这种文化现象与南京夫子庙、上海城隍庙的外在形式和文化内涵有着根本的区别。火宫殿已经成为长沙作为历史文化名城的重要符号和不可缺少的文化元素。据清光绪《善化县志》记载：火神庙祭期，“每岁以季夏月下旬三日致祭”。即火神寿诞举行大祭。另每年立春、立秋之日举行小祭。火宫殿火神庙会有祭祀、社戏、民间小吃、说唱曲艺等内容。祭祀由长沙、善化县官员主祭，民间会团、绅商、民众数百人参加，礼仪隆重。近年，火宫殿庙会除保留部分传统祭祀、祈福法会的形式外，进一步拓宽传统风味小吃领域，恢复原有的工艺面人、棉花糖、工艺糖画等小手工艺品展卖。庙会每年举办一届（7天），吸引国内外游客20万余人次。

湘绣、菊花石雕和棕叶编素有“长沙三绝”之称。湘绣的起源和发展都在长沙县（今开福区沙坪一带），为中国四大名绣之一。菊花石雕，其中重要的菊花石产于浏阳大溪河底岩石层中，天然生有白色的菊花图案，其雕品为长沙的一大特色。棕编艺术清光绪年间即广泛流传于长沙县高桥、金井一带。经过几十年的创新，棕叶编已经发展成不同以往只编小动物的棕编艺术，谓之全棕立体棕编，不仅有棕编动物，还有人物、山水、建筑等，构成全棕编的立体画，原材料不仅有棕叶，还有棕树的蔸、干、梢、籽等。

浏阳花炮（又称烟花，鞭炮，焰火，花火）是驰名中外的湖南传统特产和主要出口商品之一。浏阳制作烟花鞭炮久负盛名，素有“鞭炮之乡”誉称。浏阳花炮作为最具代表性的爆竹种类，产生于唐宋时期。据《中国实业志》记载：“湘省爆竹之制造，始于唐，盛于宋，发源于浏阳也。”清代康熙年间，浏阳花炮的生产已具相当规模，至光绪年间已销往南洋诸国，成为名牌产品。中华人民共和国成立后，浏阳花炮发展到外销五大洲100余个国家和地区，内销全国31个省份，其品种发展到现在的十三大类3000余个。

长沙最具代表性的地方戏剧为湘剧和花鼓戏。因长沙是湖南政治、经济、文化中心，湘剧与全国各大剧种交流频繁，故能得风气之先，充实丰富，在全国具有较大影响；长沙湘剧的剧目在清道光、咸丰时期已多达千余个。长沙花鼓戏形成于清朝，流行于湘中、湘东和洞庭湖滨，最初由歌舞形式的地花鼓发展为较有故事情节的对子花鼓；其后发展为“三小戏”（小旦、小生、小丑）逐渐具有戏剧性质的草台班演出阶段；后来汲取其他剧种的腔调、伴奏和表演等艺术表现手法成为戏曲剧种。

【长沙方言】 长沙使用的方言有长沙话、浏阳话和宁乡话。长沙话为湘方言下面的次方言新湘方言的代表，使用范围为长沙城区及周边地区，内部分歧较小，且随着经济和交通的发达而逐步缩小，部分词汇有文、白二音，其中的文读有向普通话靠拢的倾向。与现代汉语普通话比较，其主要特点是有阴平、阳平、上声、阴去、阳去、入声6个声调，其中去声调分为阴去、阳去两个声调，入声调系古汉语入声调的保留，促声尾消失而自成一个声调。宁乡话以宁乡城区为代表，内部分歧较大，依地域向娄底、湘潭延伸和向长沙城区靠近而分别接近新湘方言和老湘方言，是介于新、老湘方言之间的一个方言分支。浏阳话亦以浏阳城区为代表，属赣方言的一个分支。长沙方言不同程度地保留了古代（上古和中古）汉语的一些痕迹。（贺孝武）

人口和民族宗教

【人口分布】 2020年年末，长沙市户籍人口7472869人，市区人口3737939人，其中芙蓉区428143人、天心区

516990人、岳麓区852631人、开福区526292人、雨花区759867人、望城区654016人（含雷锋镇）。县（市）人口3734930人，其中长沙县826417人、宁乡市1420353人、浏阳市1488160人。全市总人口中，男性3702675人，女性3770194人，年末男女性别比为98.2（以女性为100）。（王成亮）

【人口自然变动】 2020年，长沙市出生人口75123人，死亡64308人，年出生率10.11‰，年死亡率8.66‰，年自然增长率1.46‰。（王成亮）

【人口密度】 2020年，长沙市常住人口密度每平方千米851.46人，其中市区每平方千米2784.09人；全市户籍人口密度每平方千米632.44人，其中市区每平方千米1737.85人。（王成亮）

【民族】 长沙是少数民族散居城市，2020年有55个少数民族，全市少数民族户籍人口约14.8万人，占比为2%，其中全市城镇少数民族户籍人口12.96万人，占比为2.56%；城镇少数民族流动人口24.38万人，占比为6.53%。（周红波）

【宗教】 2020年，长沙有佛教、道教、伊斯兰教、天主教和基督教五大宗教，登记赋码的宗教活动场所198处，经批准纳入管理的民间信仰活动场所441处，宗教教职人员568人，皈依受洗的信徒4万余人，一般信众在50万人以上。（周红波）

经济社会发展

【概况】 2020年，长沙市地区生产总值12142.52亿元，比2019年增长4%。分产业看，第一产业增加值423.46亿元，增长4%；第二产业增加值4739.27亿元，增长5%；第三产业增加值6979.79亿元，增长3.3%。第一、二、三产业对经济增长的贡献率分别为2.7%、50.7%和46.6%。第一、二、三产业增加值占地区生产总值的比重分别为3.5%、39%和57.5%。一般公共预算收入1642.96亿元，比2019年增长3.2%，其中地方一般公共预算收入1100.09亿元，增长3%。一般公共预算支出1501.23亿元，增长5.3%。居民消费价格比2019年上涨1.8%，涨幅回落1.1个百分点；商品零售价格上涨0.8%，涨幅回落1.4个百分点。全年新增城镇就业人员13.83万人，年末城镇登记失业率3.27%。

【农业】 2020年，长沙市实现农林牧渔业增加值445.71亿元，比2019年增长4.1%，其中农林牧渔专业及辅助性活动增加值22.25亿元，增长7%。

全年粮食播种面积31.27万公顷，比2019年增长3.8%，其中稻谷播种面积28.63万公顷，增长4.7%；蔬菜播种面积15.86万公顷，增长4.8%；油料种植面积5.96万公顷，增长6%；出栏肉猪275.34万头，下降12.6%。

年末农民专业合作社12562家，入社农户32.15万户，参与农户44.9万户。

农业机械总动力613.99万千瓦，水稻耕种收综合机械化水平为81.9%。

推进各项重点水利工程建设，全年完成重点水利建设项目54个，完成投资17.48亿元。

【工业和建筑业】 2020年，长沙市全部工业增加值比2019年增长4.9%，其中规模以上工业增加值增长5.1%；工业增加值占GDP的比重为28.5%。在规模以上工业中，分经济类型看，国有企业增加值增长4.6%；股份制企业增加值增长7%，外商及港澳台商投资企业增加值下降0.3%。分门类看，采矿业增加值下降9.6%，制造业增加值增长5.3%，电力、热力、燃气及水生产和供应业增加值增长1.6%。

全年规模以上工业中，通用设备制造业增加值增长9.1%，专用设备制造业增加值增长23%，计算机、通信和其他电子设备制造业增加值增长30.6%。

全年园区规模以上工业增加值比2019年增长7.2%，对规模以上工业增加值增长贡献率92.4%。

全年规模以上工业企业利润880.21亿元，比2019年增长18.2%。分经济类型看，国有企业利润92.75亿元，比2019年增长10.1%；股份制企业利润636.62亿元，增长29%，外商投资企业利润49.84亿元，下降37%；港澳台商投资企业利润81.02亿元，增长21.2%；私营企业利润476.81亿元，增长20.8%。分门类看，采矿业利润0.74亿元，比2019年增长51.5%；制造业利润846.82亿元，增长18.8%；电力、热力、燃气及水生产和供应业利润32.65亿元，增长3.1%。

全年建筑业增加值1275.93亿元，比2019年增长5.2%。全年具有建筑业资质等级的独立核算企业完成建筑业总产值6059.07亿元，比2019年增长10%；房屋竣工面积8030.84万平方米，增长3.6%。

【固定资产投资】 2020年，长沙市固定资产投资比2019年增长6.2%。其中，民间投资增长2.9%。分投资方向看，工业投资增长3.9%，民生工程投资增长15.2%，基础设施投资增长4.5%，高新技术产业投资增长24.5%。

全年房地产开发投资1868.41亿元，比2019年增长12%。全年商品房销售面积2379.9万平方米，增长1.9%；商品房销售额2196.91亿元，增长8.7%。

【国内贸易】 2020年，长沙市社会消费品零售总额4469.76亿元，比2019年下降2.6%，剔除物价因素实际下降4.3%。按经营单位所在地分，城镇消费品零售额3968.01亿元，下降3.4%；乡村消费品零售额501.76亿元，增长3.8%。按消费类型分，餐饮收入406.93亿元，下降6.7%；商品零售4062.84亿元，下降2.2%。

限额以上单位商品零售额比2019年增长6.3%，分类别看，粮油、食品类零售额增长21.2%；服装、鞋帽、针纺织品类下降2.9%；化妆品类增长26.9%；金银珠宝类下降17.3%；日用品类增长4.3%；书报杂志类增长10.8%；家用电器和音像器材类下降1.6%；中西药品类增长29.4%；文化办公用品类增长3.2%；通讯器材类增长29.2%；石油及制品类下降10.2%；汽车类增长5.9%。

【邮电】 2020年，长沙市电信业务总量1271.8亿元（2015年不变价），比2019年增长26.3%。邮政业务总量211.87亿元（2010年不变价），增长36.5%；邮电业务收入211.6亿元，增长12.9%，其中电信业务收入116.8亿元，增长3.7%；邮政业务收入94.81亿元，增长26.8%。年末本地固定电话用户150.1万户，下降4.8%；移动电话用户1320.9万户，增长1%；年末互联网宽带用户434.5万户，增长14.6%。

【对外经济和旅游】 2020年，长沙市进出口总额（海关口径）2350.46亿元（折合340.15亿美元），比2019年增长17.4%，其中出口总额1548.72亿元，增长10.8%；进口总额801.74亿元，增长32.5%。在出口总额中，机电产品761.38亿元，占比49.2%；高新技术产品300.66亿元，占比19.4%。在进口总额中，机电产品453.83亿元，占比56.6%；高新技术产品323.42亿元，占比40.3%。

全年利用外资项目256个，实际利用外资金额72.82亿美元，比2019年增长14.3%。全年实际到位省外境内资金1507.88亿元，增长20.4%。

全年接待国内外旅游者15194.31万人次，旅游总收入1661.32亿元。

【金融】 2020年，长沙市金融机构各项存款余额（本外币合计，下同）23316.81亿元，比年初增加2268.36亿元，其中住户存款余额7572.18亿元，比年初增加971.79亿元。年末金融机构各项贷款余额24261.26亿元，比年初增加3012.55亿元，其中短期贷款余额5032.76亿元，比年初增加634.88亿元；中长期贷款余额18407.53亿元，比年初增加2410.81亿元。

全年保险公司原保险保费收入523.66亿元，比2019年增长11.2%，其中财产保险公司原保险保费收入186.77亿元，增长12.9%；人身保险公司原保险保费收入336.88亿元，增长10.2%。赔付支出152.92亿元，增长21.3%。

【教育和科学技术】 2020年，长沙市有普通高校52所，普通高中98所，初中学校247所，普通小学951所。在学研究生7.89万人，比2019年末增长7.5%；普通高校在校学生69.74万人，增长4.7%；普通高中在校学生15.98万人，增长8.4%；普通初中在校学生28.17万人，增长4.2%；普通小学在校学生71.02万人，增长6.6%；幼儿园在园幼儿40.76万人，增长15%。小学适龄儿童入学率100%，小学升初中入学率103.2%。全年投入学生免费入学和资助经费16.65亿元，全市所有义务教育阶段193.58万人次学生全部享受免杂费入学，执行公办教育收费标准的180.29万人次学生全部享受“一费制”（含课本费、教辅资料费和作业本费）全免入学，在长沙市就读的16.37万名外来务工人员子女，全部享受免杂费、免“一费制”入学。全年补助8.8万人次农村家庭经济困难寄宿学生生活费。

全年授权专利33012件，比2019年增长46.7%；签订技术合同7203项，成交金额336.67亿元。高新技术产业增加值增长10.5%。

【文化、卫生和体育】 2020年，长沙市有艺术表演团体12个，文化馆10个，公共图书馆12个，博物馆（纪念馆）15个，档案馆14个。

年末全市有卫生机构（含村卫生室）4681个，其中医院、卫生院339个；卫生防疫、防治机构14个；妇幼保健机构11个。卫生技术人员8.8万人，比2019年增加0.21万人，其中执业医师、执业助理医师3.28万人，增加0.05万人；注册护士4.27万人，增加0.17万人。卫生机构床位8.32万张，增加0.2万张，其中医院、卫生院7.61万张，增加0.24万张。

全年开展全民健身项目171项次（市级、区县、乡镇街道三级），全民健身运动参加人数714万人。年末拥有各级健身辅导站747个，公共体育场地2222个。

【人民生活和社会保障】 2020年，长沙市常住总人口1004.79万人，全市城镇居民人均可支配收入57971元，比2019年增长5%。其中，人均工资性收入32543元，增长6.7%；人均经营净收入7569元，下降4.4%；人均财产净收入7420元，增长4.6%；人均转移净收入10439元，增长7.7%；城镇居民人均消费支出39133元，下降1%。在城镇居民消费分类中，食品烟酒人均消费10568元，增长3.7%；衣着人均消费2522元，下降1.6%；居住人均消费7567元，下降0.8%；生活用品及服务人均消费2890元，下降5.2%；教育文化娱乐人均消费7180元，下降2.5%；医疗保健人均消费2922元，增长3.6%；其他用品和服务人均消费857元，下降1.1%。城镇居民平均每百户家庭拥有家用汽车63.5台，空调机253台，计算机94.6台，接入互联网的计算机88.8台。城镇居民人均自有现住房建筑面积41.2平方米。

全年农村居民人均可支配收入34754元，比2019年增长7.5%。农民人均消费支出24427元，增长5.8%。

农村居民平均每百户家庭拥有家用汽车53.5台，计算机39台，移动电话机295.2台。农村居民人均自有现住房建筑面积62.4平方米。

年末全市有社会福利院、敬老院、养老院等198所。各类收养性社会福利单位收养人员1.67万人。城镇各种社区服务设施3890处，其中综合性社区服务中心735个。接受社会捐赠14991万元。发放居民最低生活保障金8.15亿元，居民得到政府最低生活保障人数为12.59万人（包括城镇和农村）。

年末参加全市劳动保障部门城镇职工基本养老保险的人数416.07万人，比2019年年末增长17.3%，基本养老金社会化发放率100％；参加城镇居民养老保险人数10.12万人，参加新型农村养老保险人数251.17万人；参加城镇职工基本医疗保险人数305.58万人，增长14.9%。参加失业保险职工人数182.84万人，增长10.2%，领取失业保险金人数4.71万人；参加工伤保险职工人数171.26万人，增长8.7%；参加生育保险人数217.9万人，增长15.9％；参加城乡居民医疗保险人数490.37万人。

（本栏撰稿　王成亮）

说明：

1. 部分数据因四舍五入的原因，存在与分项合计不等的情况。

2. 地区生产总值、三次产业及相关行业增加值绝对值按现价计算，增长速度按不变价计算；

3. 根据第四次全国经济普查结果，对地区生产总值、三次产业及相关行业增加值等相关指标的历史数据进行了修订。

4. 自2020年起，湖南省将省与长沙市共享税收收入中省级分享比例进行了调整，地方一般公共预算收入2019年同期数相应调整

表2　　2020年长沙市主要经济指标占湖南省的比重统计表

指标	单位	湖南省	长沙市	长沙市占湖南省的比重（%）
一、地区生产总值	亿元	41781.49	12142.52	29.1
第一产业	亿元	4240.44	423.46	10.0
第二产业	亿元	15937.69	4739.27	29.7
第三产业	亿元	21603.36	6979.79	32.3
人均地区生产总值	元	62900	123297	（比全省高）60397
二、工业增加值	亿元	12363.48	3465.88	28.0
三、粮食产量	万吨	3015.1	211.8	7.0
四、社会消费品零售总额	亿元	16258.12	4469.76	27.5
五、地方一般公共预算收入	亿元	3008.66	1100.09	36.6
六、进出口总额	亿元	4874.5	2350.46	48.2
#出口总额	亿元	3306.4	1548.72	46.8
七、实际利用外资金额	亿美元	209.98	72.82	34.7
八、年末金融机构本外币存款余额	亿元	57912	23316.81	40.3
#住户存款	亿元	31869.1	7572.18	23.8
年末金融机构本外币贷款余额	亿元	49402.8	24261.26	49.1
九、城镇居民人均可支配收入	元	41698	57971	（比全省高）16273
城镇居民人均消费性支出	元	26796	39133	（比全省高）12337
农村居民人均可支配收入	元	16585	34754	（比全省高）18169
农村居民人均生活消费支出	元	14974	24427	（比全省高）9453

说明：“#”表示其中主要项　　（资料来源：市统计局）

大事记

CHRONICLE OF MAJOR EVENTS

编辑　吴丫丫

1月

1日　长沙汽车南站综合交通枢纽建成试运营。

是日　《长沙市人民政府办公厅关于促进长沙商贸流通产业高质量发展创建国际消费城市的实施意见》出台。意见提出通过“推进商圈提质升级”等18条措施。

3日　长沙市第十五届人民政府召开第六次全体（扩大）会议。会议听取《政府工作报告》起草情况汇报，审议并原则通过即将提交市第十五届人民代表大会第五次会议审议的《政府工作报告（审议稿）》。

是日　市政府与上海交通大学签署全面战略合作协议，从科技、人才、创业3个维度支撑长沙高质量发展。

4日　湖南省首个政企服务融合示范点——三一云谷企业服务中心在长沙经开区三一魔豆仓创新中心授牌并启用。

5日　望城经开区与益海嘉里集团举行签约仪式，标志着“益海嘉里湖南粮油食品生产加工基地”项目落户长沙。

是日　开福区关公文化园开园。

5—9日　政协长沙市第十二届委员会第四次会议举行。会议审议通过政协长沙市第十二届委员会第四次会议关于常务委员会工作报告的决议、政协长沙市第十二届委员会第四次会议关于十二届三次会议以来提案工作情况报告的决议、政协长沙市第十二届委员会第四次会议政治决议等。

6—9日　长沙市第十五届人民代表大会第五次会议举行。市委副书记、市长、湖南湘江新区党工委书记胡忠雄作长沙市人民政府工作报告。大会表决通过长沙市第十五届人民代表大会第五次会议关于市人民政府、计划、预算和市人大常委会、市中级人民法院、市人民检察院6个报告的决议。表决通过《长沙市第十五届人民代表大会民族华侨外事委员会主任委员名单》。会议选举谢卫东为长沙市第十五届人民代表大会常务委员会主任。

8日　长沙市优秀青年非物质文化遗产传承人颁奖典礼在长沙图书馆举行，10人当选长沙市优秀青年非物质文化遗产传承人。

10日　先进制造业集群竞赛项目集中签约暨长沙工程机械行业标准化委员会成立大会在长沙举行，34个集群竞赛项目集中签约。

21日　国家卫生健康委确认长沙市首例输入性新型冠状病毒感染的肺炎确诊病例。

22日　长沙市防病工作领导小组印发《长沙市“三站一场”新型冠状病毒疫情监测方案》，指导“三站一场”（全市各汽车站、长沙火车站、长沙火车南站、黄花机场）做好排查。

29日　即日起，长沙公安机关出入境管理部门暂停办理内地居民往来港澳地区团队旅游、个人旅游签注。

是月　长沙市全面推行灵活就业人员参保登记与缴费业务“网上自助办”和“家门口办”，实现参保缴费“全程网办”与“全城通办”。

2月

10日　市委宣传部决定命名中国共产党长沙历史馆、陈树湘故居、湖南雨花非遗馆等6家单位为2019年长沙市爱国主义教育基地。

11日　湖南康特防护科技有限公司（永安镇芙蓉口罩厂）康特防护产品生产项目、长沙依乐得服装设计服务有限公司服装生产项目签约落户浏阳高新区。

13日　长沙市十五届人大常委会举行第三十次会议。会议任命郑建新为长沙市副市长、代理市长，接受胡忠雄辞去长沙市政府市长职务的请求。市人大常委会主任谢卫东主持会议。

14日　长沙市新冠肺炎防控指挥部发布关于明确长沙市新冠肺炎孕产妇定点医院的通知，全市明确23所新冠肺炎孕产妇定点医院，其中3所为确诊孕产妇定点医院，22所为疑似孕产妇定点医院（其中有两所医院同时收治确诊患者）。

是日　市人力资源和社会保障局公布《2020年市本级拟享受失业保险稳岗返还企业名单公示（第一批）》，市本级第一批1219.6万元稳岗返还，在3日公示无异议后发给202家企业。

是日　长沙海关出台“防疫情帮复产　稳外贸”的12条措施，帮助进出口企业尽快复工复产，促进外贸平稳健康发展。

19日　市人力资源和社会保障局印发《有效应对疫情影响援企稳岗十三条政策措施》，做好援企稳岗、降低企业社保负担、加强公共就业服务、加强创业支持力度、推进职业技能提升、维护劳动关系和谐稳定六大方面。

20日　市政府办公厅印发《长沙市有效降低疫情影响稳定经济运行实施方案》，推出七大重点任务、26条具体措施。

21日　长沙市首批援助武汉抗击新冠肺炎医疗队出发。

27日　长沙市博物馆发布公告，向社会各界征集长沙抗击新冠肺炎疫情相关的实物资料。

28日　市商务局印发《关于有效降低疫情影响促进商贸流通产业稳定持续发展的政策措施》。针对全市商贸流通企业，通过奖励保供零售企业、减轻税费租金负担、加大金融服务等十条措施，解决商贸企业面临的实际困难。

是日　市委宣传部、市财政局、市文化旅游广电局、市新闻出版局、市版权局、市人民政府金融办公室联合印发《关于应对新冠肺炎疫情影响促进文创企业健康发展的若干措施》。共3个方面15条，帮助全市受到新冠肺炎疫情影响的文创企业渡过难关，实现持续健康发展。

29日　长沙市金融战“疫”银企对接会暨重点项目签约仪式举行。在该次银企对接会活动中，50家企业与14家银行签约48个项目，签约金额502亿元。

是日　市政府出资，首次开通从长沙至香港货运免费临时包机，助力企业复工复产。

3月

1日　零时起，长株潭城际铁路实行施工分号列车运行图。调图后，长株潭城际区间各方向共开行动车76.5对，其中开行长沙西至大丰6.5对，长沙至大丰9对，长沙西至湘潭21对，长沙至湘潭38.5对，长沙至长沙西1.5对。湘潭方向列车密度加大。长沙至湘潭方向开行的列车由原来的42对增加到59.5对，平均发车间隔由以前的约23分钟缩短到16分钟左右。

是日　长沙城区实现新型智能环保渣土车全覆盖，老旧渣土车全面退出。

6日　长沙市出台激励措施，100个事业编制用于择优聘用市本级奋战在疫情防控一线的编外医务人员。

9日　首届长沙市十大网络传播案例征集评选结果揭晓，中央、省、市新闻单位以及商业网站、自媒体的10件作品获“2019长沙十大网络传播案例”奖，文和友及茶颜悦色两品牌分别获评委推荐奖。

是日　市司法局推出8项措施，服务中小企业发展，企业可免费享受全市“律师公益服务团”300余名公益律师线上法治体检等服务，不少于10000家中小企业可获法律风险分析报告。

10日　2019长沙国际马拉松被评为“世界田径路跑银标赛事”。

12日　位于红枫路与松柏路交会处东南角的梅溪湖L09-B93地块以2.12亿元的价格由长沙前海人寿健康管理有限公司获得，前海人寿智慧医养项目落户梅溪湖。

是日　长沙市新冠肺炎防控指挥部印发《关于进一步加强新冠肺炎境外疫情输入防控工作的通告》，加强新冠肺炎境外疫情输入防控工作。

14日　国内首批可溯源口罩在长沙芙蓉口罩厂下线，是国家工业互联网标识解析体系首次在口罩产业创新应用。

15日　市市场监管局发布《长沙市消费维权蓝皮书（2019）》，从5个方面介绍长沙市消费维权的情况，包括消费维权数据分析、特种设备安全状况等。

是日　由湖南省湘菜产业促进会、湖南省旅游饭店协会主办的“推行食安封签，守护外卖安全”行动启动。主办方向试点企业发放50万张食安封签，促进餐饮门店落实餐品配送过程中食品安全防护义务，采取“一餐一封签”，保障餐品配送“最后一公里”安全。

是日　长沙首条智慧健身跑道在石燕湖景区投入使用，市民在快走慢跑时，不仅智能传感器能适时采集运动数据，为其提供健康小报告，同时段跑步者还能参加一场“云竞赛”，在电子屏上展示出运动排名。

17日　市工业和信息化局、市财政局联合发布《长沙市加快推进食品产业转型升级若干政策》实施细则，组织开展2019年度长沙市食品产业转型升级专项申报工作。

18日　2020年宁乡市招商引资项目集中签约暨开工仪式在宁乡高新区三一中起项目现场举行。25个项目集中签约，总投资122.57亿元；20个项目集中开工，总投资125.68亿元。宁乡市对外推介30个工业和现代服务业项目，拟投资总额1527.3亿元。

是日　市人力资源和社会保障局召开全市阶段性减免企业社保费工作情况通报会，长沙市在3月13日完成社会保险信息系统调整和企业类型划分工作，全市12.15万家用人单位可直接线上享受相应社保减免优惠政策，减免社保费近50亿元。

19日　湖南湘江新区首次以视频连线与现场签约相结合的形式举行重大项目签约仪式，视频签约重点招商引资项目4个，现场签约重大产业项目9个，投资总额156亿元。

23日　长望路西延线岳麓区段开工建设。

24日　中欧班列（长沙）首列莫斯科班列从长沙货运北站出发。

是日 市委、市政府下发《关于抓

2020年3月24日，中欧班列（长沙）首列莫斯科班列从长沙货运北站出发

市人民政府物流与口岸办公室　供图

好乡村振兴重点工作 确保高质量全面建成小康社会的意见》，对标对表全面建成小康社会目标，推动强农、惠农、富农，集中力量、集聚资源、集成政策打赢脱贫攻坚战和补上全面小康“三农”领域突出短板，提升农民群众获得感、幸福感、安全感。

25日　长沙高新区总投资149亿元的20个项目集中开工。

是日　望城区人民政府与身处武汉的项目方——中交第二航务工程局有限公司进行视频实时连线，“屏对屏”线上签约，总投资约12亿元中交长沙总部基地项目落户望城。

是日　市政府与中国农业银行湖南省分行签署框架合作协议。未来3年，农业银行湖南省分行为长沙重大投资项目建设提供新增融资1600亿元。签约仪式上，农业银行湖南省分行分别与市城发集团等4家市属国有企业现场签署总额73亿元的放款协议。

26日　湘府路（河西段）快速化改造项目主线桥梁实现通车试运行。

是日　市医疗保障局、市财政局、市税务局发文，2020年2—6月，按规定对参加长沙市职工基本医疗保险的企业、机关事业单位，其职工基本医疗保险单位缴费部分实行减半征收。

是日　长株潭公共资源交易中心主任联席会议在长沙召开。会议现场演示5G技术在远程异地评标活动中的场景应用，研究审议《长株潭公共资源交易市场一体化发展2020年工作方案》和长株潭远程异地评标常态化工作事项。

是日　由铁建重工和中国水利电力对外有限公司联合研制的中国首台出口南美洲的敞开式岩石隧道掘进机（TBM）完成拆机发运。

27日　位于岳麓区政务服务中心的长沙首个24小时政务自助服务区投入使用。

28日　岳麓山国家大学科技城软件产业生态圈共建计划启动，大科城软件和信息技术服务产业发展联盟同步成立。

是日　湖南湘江新区管理委员会、望城区人民政府、长沙城市发展集团有限公司共同签署《长沙高铁西站产业新城整体开发项目合作协议》。

30日　雨花区推出“线上即传即办”和“线下即来即办”双通道办理模式，是长沙首次试点市场准入线上线下双通道即办改革。

4月

1日　长沙市8个样板路口全部改造完成。科学精细改造后，各个路口交通秩序改善，通行效率提升，一批常规堵点解决。

是日　全市“大干一百天实现双过半”竞赛活动（内五区组）现场推进会举行。省委常委、市委书记胡衡华，市委副书记、代市长、湖南湘江新区党工委书记郑建新，市领导夏建平、张宏益、廖建华、邱继兴、谭勇、朱东铁出席。

是日　长沙黄花国际机场改扩建工程预可行性研究报告获国家发展改革委批复。该期工程按照满足年旅客吞吐量6000万人次、货邮吞吐量60万吨的目标设计，包括机场工程、空管工程、供油工程和汽车加油站工程四部分，项目总投资约419.5亿元。

2日　全市首个野生动物收容救护中心在长沙生态动物园挂牌成立。标志着第39届“爱鸟周”宣传活动在长沙启动。

是日　市政府发放2020首批两张智能网联汽车开放道路测试牌照，分别发放给深兰科技（上海）有限公司的熊猫智能公交车和赢彻科技（上海）有限公司的智能驾驶重卡。

3日　2020年全市文明委全体会议举行。会议听取全市精神文明建设及文明城市创建工作报告，审议通过《长沙市2020年精神文明建设及文明城市创建工作要点》等重要文件，明确全市文明创建的目标任务。

是日　2020年全市综合发展系统工作会议举行。会上，市发展改革委等9个部门汇报发言。2019年，长沙经济发展实现“稳中有进、稳中趋优、稳中向好”，全年GDP增长8.1%，主要经济指标增速走在全国省会城市前列。

5日　伊莱克斯大道西延线项目工程108根桩基础全部浇筑完工。

7日　市委常委会会议暨市委新冠肺炎疫情防控工作领导小组会议举行。会议传达学习贯彻3月27日中共中央政治局会议精神、习近平总书记在浙江考察时的重要讲话精神和省委常委会会议有关精神，听取全市当前疫情防控工作、学校开学防疫工作、“大干一百天实现双过半”竞赛活动、驻企防疫联络员工作、信访工作情况汇报，研究部署统筹推进全市疫情防控和经济社会发展工作。

是日　长沙高三、初三年级学生开学，17.8万名学生、2.39万名教职工重返校园。

是日　长沙至比利时列日往返定期货运航线开通，是长沙首条直达欧洲的全货机航线。长沙至列日货运航线由顺丰航空执飞，最大业载100吨，暂定为每周三班。

8日　长沙经开区与三一汽车制造有限公司、树根互联技术有限公司签订战略合作框架协议，以三一云谷为载体，共建星沙区块链产业园。

是日　天心区106个重大“新基建”项目通过5G视频技术集体集中开工，该次集中开工的“新基建”项目，总投资近30亿元。

是日　“长沙北站—广州大朗站”45T集装箱“湘粤班列”首发仪式在长沙北站货场举行。该班列是湖南开往广东的首趟客车化集装箱班列。

是日　三一集团制造管理系统（MOM）项目启动会在长沙召开，计划年中上线，将在5座“灯塔工厂”和重卡新工厂率先试行。

是日　由长沙商贸旅游职业技术学院牵头，联合重庆城市管理职业学院、中国标准化协会服务贸易分会、全国现代服务业职业教育集团、全国会展业产学合作联盟等36家行业机构和53所本专科院校共同起草的《会展项目管理职业技能等级标准》团体标准（T/CCPITCSC 044–2020）发布，4月15日实施。

9日　全市“大干一百天实现双过半”竞赛活动现场推进会（长沙高新区＋长望浏宁组）举行。省委常委、市委书记胡衡华，市领导夏建平、黎春秋、张宏益、廖建华、李蔚、谭勇出席。

是日　郑建新率队到广州，考察走访广州汽车集团股份有限公司、唯品会信息科技有限公司、广州长步道光电科技有限公司，就深化政企合作、推进项目建设进行对接交流。

是日　湖南省教育厅发布《关于进一步规范普通中小学招生入学工作的实施意见》。民办义务教育学校与公办义务教育学校同步招生，若报名人数超过招生计划，报名学生全部参加电脑随机派位，根据派位结果确定录取名单。

是日　长沙白沙液街腹街改造建设开工。该次腹街改造涉及26栋楼房，惠及214户居民群众，10月基本完成腹街市政区域提质改造、立面区域和节点建设等任务。

10日　郑建新率队到珠海、东莞、深圳三地，走访考察珠海格力电器股份有限公司、华为技术有限公司。

是日　全国铁路实行新的列车运行图。新运行图中长沙南站增开旅客列车8对，均为始发终到列车。

是日　“中国与土耳其新冠肺炎防治专家视频交流会议”在湖南省卫生健康委举行，湖南省多名专家分享有关疫情防控、患者诊断、核酸检测、药物治疗等方面的经验，为国际抗疫合作贡献湖南经验。

是日　长沙防汛抗旱指挥部在宁乡黄材水库开展防汛应急演练，首次采用无人机执行任务。

15日　全市质量强市暨创建国家食品安全示范城市工作推进会议举行。

16日　长沙市“社区提质提档三年行动”总结暨城市有机更新工作推进会举行。

是日　市教育局发布“普通中小学校劳动教育评价指标”。该指标是《关于全面加强新时代大中小学劳动教育的意见》颁布以来，国内发布的首个劳动教育评价指标体系。

17日　一汽出行科技有限公司与长沙城发集团签订战略合作框架协议。

是日　“体验时尚都市·拥抱健康生活”湖南历史文化游暨“夏之恋·在长沙”文化旅游季在橘子洲头青年毛泽东雕像前广场启动。

是日　澳优长沙智慧工厂项目投产。

18日　中国汽研战略合作框架协议签约活动在长沙举行。

是日　长沙开福软件产业园挂牌成立。

20日　长沙交警在全省率先引进“警医通”自助体检机，市民办理驾驶证期满换证业务可到车管业务窗口“一站式”办理。

22日　长沙市第九届“十大年度新闻事件”（2019）评选活动结果揭晓。

是日　全市“工伤预防在你身边”文创大赛启动，该次大赛是全市首届以工伤预防为主题的大型征集活动，湖南省动漫游戏协会、长沙市文化创意协会等多个协会参与合作。

23日　长沙市天心区成立文旅联盟，重点推出天心文旅消费节暨旅游节、电竞节、电音节及“城心嘉年华”系列活动，并推出七大精品文旅线路。

24日　浏阳经开区、高新区合并工作推进会召开，标志着浏阳经开区、高新区合并。

26日　总投资10亿元的立邦集团华中区域总部——立邦新型材料华中区域生产基地项目奠基。

4月26日—5月5日　“五一去哪儿　乐在望城吖”望城文旅消费活动举办。

27日　2020年第九届长沙金融服务节开幕式暨“人工智能及机器人（含传感器）”产业链银企对接会举行，上百家长沙企业与金融机构现场对接洽谈，现场签约66亿余元，银行与人工智能及机器人（含传感器）产业链意向签约100亿元。

是日　湖南省政府、长沙市政府与浙江吉利控股集团在长沙分别签署战略合作协议。

是日　腾讯云启产业基地（长沙）启动仪式暨腾讯生态项目签约仪式举行。

28日　全省重大项目集中开工长沙会场80个项目集中开工，总投资近388亿元，长沙的集中开工活动在主会场长沙高新区及其他区县（市）、园区分会场同期举行。

是日　湘江鲲鹏首台服务器下线暨湖南省鲲鹏生态创新中心落成及展厅启用仪式在长沙举行。

是日　长沙磁浮快线线路上，中国首列商用磁浮2.0版列车跑出160.7千米/小时的速度，较磁浮1.0版列车最高运行速度提升60%，完成磁浮2.0版列车的最高设计速度验证，标志着世界首个速度160千米/小时的中速磁浮交通系统技术攻关在长沙获成功。

29日　由三一汽车起重机械有限公司制造的总货值150万美元的起重机设备，搭乘中欧班列（长沙）启程到中亚。该班列是2020年湖南省第10趟制造业专列。

是日　由杉杉股份有限公司投资的永杉锂业年产4.5万吨锂盐项目，在望城经开区铜官工业园举行开工仪式。

是日　索恩格长沙工厂首台BRM产品下线，标志BRM电机在中国投入生产。

30日　长沙举行智慧公交315线首发仪式，邀请支援湖北抗疫医务人员、市民和媒体记者以首批乘客的身份，乘车体验“智慧公交”。该线路是国内首条智慧公交线路，是长沙4月下旬推出面向公众的无人驾驶出租车服务后，长沙“头羊计划”实施的首个应用场景。

是日　龙王港枯水期河道应急补水工程项目全线通水。龙王港枯水期河道应急补水工程是湖南湘江新区重点建设项目之一，该项目总投资约1.2亿元，以龙王港河口为起点，梅溪湖东湖为终点，全长5.34千米，取水流量1.5立方米/秒，日供水量15万吨。

是日　作为长沙市鞋业龙头企业的宁乡陆戈鞋业科技有限公司举行产品推介合作主题活动，中联重科、三一集团、山河智能、铁建重工等知名企业代表参加。

是日　新修订的《关于市区部分区域道路禁止摩托车通行的通告》发布。

4月30日—5月5日　2020湖南汽车展览会暨长沙市首届汽车消费节举行，该消费节是全国汽车行业第一个恢复的大型展会。车展6天时间，销售车辆2.39万辆，销售金额52.68亿元。平均每三个观众就有一辆新车订单，成交比率38%。

5月

1日　即日起，橘子洲景区实行预约扫码入园、游客流量上限控制机制，当游客流量达到景区日最大承载量的30%时，采取限入措施。

2日　一架装满跨境电商包裹货物的飞机从长沙黄花国际机场飞往洛杉矶，长沙首条北美跨境电商专线首航起航。

5日　国务院办公厅印发通报，对2019年落实打好三大攻坚战和实施乡村振兴战略、深化“放管服”改革优化营商环境、持续扩大内需、推动创新驱动发展、保障和改善民生等有关重大政策措施真抓实干、取得明显成效的213个地方予以督查激励。长沙市在“大力培育发展战略性新兴产业、产业特色优势明显、技术创新能力较强、产业基础雄厚的地方”等3项工作上获督察激励，宁乡市在“开展农村人居环境整治成效明显的地方”该项工作上获督察激励。

7日　全球首台纯电动汽车起重机在长沙中联重科泉塘工业园下线。

8日　全市“大干一百天实现双过半”竞赛活动讲评会议举行。

是日　长沙市软件和信息技术服务业促进会成立大会举行。

是日　境由“芯”生·中国（长沙）跨境电子商务综合试验区跨境电商企业联合运营中心启动仪式在芙蓉区举行。

是日　湖南省农作物种质资源库揭牌仪式举行。

9日　市政府与北京创新乐知网络技术有限公司建设软件开发者产业中心城市发布会及CSDN项目签约仪式举行。

11日　中国铁建重工集团股份有限公司长沙第二产业园，一批载有凿岩台车、湿喷台车的平板货车相继发车。该批出口的设备包含4台凿岩台车和4台湿喷台车，是“湖南造”地下工程装备首次批量出口到中东市场。

12日　城市网络安全运营总部在长沙成立，揭牌仪式采取现场与远程视频连线相结合方式进行。

14日　省级及以上单位燃气锅炉（设施）低氮改造专题推进会议在长沙召开。长沙市燃气锅炉（设施）低氮改造自2019年4月启动，全市应改造锅炉1091台，合计3638.01蒸吨，截至2020年5月13日，完成改造751台（2339.89蒸吨），完成比例68.84%。

15日　中国移动湖南长沙数据中心在长沙高新区开工。

是日　长沙水文应急监测演练举行，无人船、ADCP、三维激光影像扫描仪在演练中得到充分运用。

是日　“赛迪顾问”（直属工信部中国电子信息产业发展研究院的智库）发布《2020年中国智能网联汽车产业投资潜力城市百强榜研究》白皮书，长沙市名列中国智能网联汽车产业投资潜力城市百强榜第三位。

17日　首届东湖美食旅游文化节在长沙市芙蓉区东沙台举办。

18日　长沙市第十五届人民代表大会第六次会议举行。省委常委、市委书记胡衡华出席，市人大常委会主任谢卫东主持会议。郑建新当选市人民政府市长。

19日　长沙经开区实现“一枚印章管审批”，废止15枚原职能部门审批相关印章，实现一个窗口办理、一个主体审批、一个机构协调，长沙经开区成为湖南首家实现审批权限全划转的园区。

20日　由联合国教科文组织、中国联合国教科文组织全国委员会、长沙市人民政府、南京市人民政府主办的“一带一路”青年创意与遗产论坛特别对话活动在线举行。

是日　中国计量科学研究院长沙基地开工活动举行。

是日　湖南省首届“计量助推仪器仪表及传感器产业发展”高峰论坛在长沙举行。

21日　从即日起至8月底，长沙市在全市范围开展食品安全大排查大整治百日行动，对食品安全风险隐患进行全面清查和整顿，同步部署开展创建国家食品安全示范城市“回头看”工作。

22日　中华人民共和国长沙邮局海关举行开关揭牌仪式，是中部地区第一家实现进出境邮件、快件、跨境电商三种业态同场监管的海关机构。

是日　全市“大干一百天实现双过半”竞赛活动驻企联络员帮扶及惠企政策落地现场推进会在望城区举行。

25日　长沙市食用农产品产销对接签约仪式举行，湖南湘一灰汤鸭业有限公司等生产主体与麦德龙等流通主体达成产销对接协议。长沙在全省率先试行食用农产品合格制度，探索建立合格证、“身份证”、质量追溯相结合的管理新模式。

是日　长沙蓝月谷智能制造产业园项目主体结构全面封顶。

26日　“激扬青春　创新前行”长沙青年企业家创业沙龙活动举行。“茶颜悦色”创始人吕良等代表在座谈会上分享自己的创业经历与感悟。

是日　省级政府和重点城市网上政务服务能力（政务服务“好差评”）调查评估报告对外发布，在重点城市网上政务服务能力总体指数排行榜中，长沙首次入选全国十强方阵，位列全国前十位。

27日　全市“蓝天保卫战”十大专项整治行动动员会举行。

28日　长沙和中外运、菜鸟网络联合开通湖南首条跨境电商定期货运航线。该条航线由菜鸟网络开通运营，每周三班。

29日　第一财经·新一线城市研究所发布《2020城市商业魅力排行榜》，榜单显示，长沙继续稳居新一线城市前十之列。

30日　第二届全国创新争先奖表彰奖励大会在北京举行，9位湖南科技工作者获奖。其中，中车株洲电力机车研究所有限公司冯江华获创新争先奖章，另有8人获创新争先奖状。8位湖南科技工作者是：湖南大学王耀南、湖南农业大学刘仲华、袁隆平农业高科技股份有限公司杨远柱、中南大学湘雅医院吴安华、湖南大学陈政清、中南大学赵中伟、中国人民解放军国防科技大学胡德文、圣湘生物科技股份有限公司戴立忠。

是日　“疫情防控常态化下会展业复苏与发展研讨会”在长沙举办，是2020年举办的全球首个聚焦会展业复苏的大型国际峰会。

是日　7-ELEVEn湖南首店在长沙五一商圈的7mall LG层开业。

31日　“同心抗疫　健康你我”2020长沙健康生活节在滨江文化园启动，10位抗疫一线白衣勇士通过海报和视频向市民发出健康生活倡导，16位抗疫勇士和义诊专家受聘为长沙晚报“三湘名医智库”专家，活动向市民发出尊医重卫倡议。

是日　“大手拉小手　共创儿童友好型城市”2019年度“长沙市儿童友好型企业”授牌暨2020年度创建儿童友好型企业启动仪式在长沙高新区举行。

6月

1日　长沙市未成年人“扣好人生第一粒扣子”主题教育实践活动——“我有一个梦想，传递爱与希望”庆祝“六一”儿童节主题活动举行。

2日　位于雨花区的湖南宇新能源科技股份有限公司登陆深交所中小板，成为湖南省2020年首家中小板上市企业，成为2020年长沙市第4家上市的企业。

是日　湖南大剑海洋市级院士工作站授牌落户开福区，中国水声物理与应用研究泰斗、中科院院士张仁和团队将把长沙变为科技成果转化的摇篮，实现海洋工程装备技术研发推广和应用。“全国科技工作者日”开福区主场活动当日在马栏山众创园举行，现场分别为获国家级众创空间备案的草莓V视——马栏山众创园和天剑海洋市级院士工作站揭牌授牌。

3日　苏托垸污水处理厂一期工程实现通水。该污水处理厂一期日处理规模为10万立方米，出水指标执行湖南省地标一类水标准，是长沙市“一江六河一湖”流域综合治理任务中的重点建设项目之一。

4日　2021长沙国际工程机械展系列活动启动仪式和2020长沙国际工程机械后市场交易大会在长沙国际会展中心举行。2020长沙国际工程机械后市场交易大会展出面积近4万平方米，200余台（套）二手工程机械设备参展。

是日　中国民航局发布关于调整国际客运航班的通知，公布具备国际客运航班接收能力的口岸城市名单。名单包括37个城市，长沙在该名单之列。

5日　中国电信磐云大数据中心在长沙启用，并被中国电信云计算公司授予中国电信天翼云湖南节点。启用仪式现场举办“磐如基石　云聚潇湘”新一代数据中心研讨会。

是日　省人大常委会法制工作委员会在长沙召开记者会，就即将在省十三届人大常委会第十八次会议再次审议的《湖南省实施〈中华人民共和国公共文化服务保障法〉办法（草案）》《湖南省实施〈中华人民共和国中医药法〉办法（草案）》等3件法规草案，即将进行初审的实施中小企业促进法办法修订草案、现场救护条例草案等7件法规草案的立法情况进行通报。

是日　中联重科最新4.0产品ZAT2000全地面汽车起重机及若干台中吨位汽车起重机出口卡塔尔。ZAT2000全地面汽车起重机起重量200吨，是中联重科出口卡塔尔市场最大吨位汽车起重机。

7日　中央文明办发文对长沙等全国10个省会、副省级城市予以通报表扬。继2018年获中央文明办通报表扬后，长沙再度位列通报表扬之列。

8日　中国民航局、外交部、国家卫生健康委、海关总署、国家移民管理局发布，零时（北京时间）开始，上海暂停作为第一入境点，增加成都、长沙、合肥、兰州为第一入境点，增加武汉为备用第一入境点。

是日　湖南楚天华兴智能装备有限公司在宁乡投产。楚天华兴智能装备有限公司由宁乡本土培育的全球医药装备领军企业楚天科技与河南金振源公司组建而成，弥补了宁乡高端精密智能制造领域的空白。新企业一期引进的格力高端数控机床智能制造示范生产线同时启用。

8—10日　2020年世界媒体艺术之都·中部（长沙）印刷产业博览会在湖南国际会展中心举办。

9日　赛哲集团长沙超级工厂投产暨感染大数据与人工智能研究中心揭牌仪式在湖南省检验检测特色产业园举行。

10日　湖南省科技创新奖励大会在长沙举行，大会公布和表彰2019年度湖南省科学技术奖获奖项目。2019年度湖南省科学技术奖评选出获奖项目287项，其中长沙获各类奖项205项。

是日　副市长彭楠会见日本乐敦投资（中国）公司董事总经理横井正纪一行。

是日　湖南首个快递专业园区——长沙顺丰丰泰产业园，在长沙临空经济示范区开园。

是日　郑建新与白俄罗斯莫吉廖夫市市长祖马列夫分别网签两市缔结友好城市协议。根据协议，两市在经贸、人文、科技、教育等各方面加强合作交流，促进共同发展和繁荣。

11日　湖南省第二家地方资产管理公司——长沙湘江资产管理有限公司在湖南湘江新区举行授牌仪式，并与工商银行、农业银行、中国银行等12家银行签订战略合作协议，授信总额逾200亿元。

12日　沈阳、南京、青岛、合肥、长沙5个城市在北京与中国建设银行签署发展政策性租赁住房战略合作协议。住建部和中国建设银行相关领导出席，副市长谭勇代表长沙签约。建设银行为长沙市提供200亿元信贷支持，建设6.5万套政策性租赁住房。

是日　市公安局通报，长沙公安机关在全市范围内启动不文明养犬集中整治行动，行动持续至7月10日。

是日　“从地中海到中国：丝路宝藏——平山郁夫丝绸之路美术馆藏文物展”在长沙博物馆特展一厅开展。

是日　国家消除疟疾终审评估组宣布，湖南通过国家消除疟疾终审评估。标志着湖南自此实现消除疟疾的工作目标。

12—13日　广州市代表团到长沙考察。13日，广州市人民政府和长沙市人民政府签署战略合作框架协议。湖南省委常委、长沙市委书记胡衡华出席。广州市委副书记、市长温国辉，长沙市委副书记、市长、湖南湘江新区党工委书记郑建新出席并致辞。广州市领导陈志英，长沙市领导夏建平、廖建华、谭勇出席。

13日　长沙地铁6号线B部分PPP项目合同在长沙签订，负责实施该项目的长沙穗城轨道交通有限公司同日揭牌成立。该项目是长沙首个轨道交通PPP项目，广州地铁集团联合体负责长沙地铁6号线建设、运营、管理。

是日　省部共建木本油料资源利用国家重点实验室揭牌仪式在长沙举行。中国工程院院士蒋剑春、邹学校、印遇龙等专家学者出席。省科技厅党组书记、厅长童旭东，省林业局党组书记、局长胡长清共同为实验室揭牌。该国家重点实验室由科技部、湖南省人民政府共同批准，依托湖南省林业科学院建设，是国内木本油料领域唯一的国家重点实验室，也是湖南省第二家省部共建国家重点实验室。

15日　市应急管理局与长沙晚报社携手打造的长沙应急客户端启动。

15—24日　第127届广交会在网上举行，328家湘企集体上线“云亮相”。广交会创办63年来首次整体搬上“云端”，来自全球的参展商和采购商从“面对面沟通”变为“屏对屏交流”。

16日　雨花区在全省率先推出企业注销综合窗，通过“三减”举措，实现简易注销全程网办、一次都不用跑，普通注销部门联动、一窗告知、最多跑一次。

是日　2019“讲好中国故事”创意传播大赛云颁奖典礼、2020“讲好中国故事”创意传播大赛云启动仪式暨中国故事创意传播云论坛举行。长沙2件作品《不止一点点》《幸福的棕编》获2019“讲好中国故事”创意传播大赛全国总评选二等奖。

17日　位于长沙金霞经开区的老百姓大药房全国物流中心被中国通用仓库等级评定委员会、中国仓储与配送协会评定为“中国五星级仓库”。老百姓大药房全国物流中心仓库容量20万箱，年出入库逾1600万箱，是华中地区医药领域单仓规模最大、智能化程度最高的物流中心之一，也是全国单体最大医药物流中心之一。

是日　浏阳河国际文化科创基地招商签约暨项目启动仪式在雨花区举行。现场，浏阳河国际文化科创基地签约32家企业。

是日　市政协主席文树勋主持召开政协长沙市第十二届委员会第四十一次主席会议暨党组（扩大）会议。市政协副主席石长松、龚振湘、袁志恒、邓自力、文丽霞、朱建军、李平、张庆和，秘书长谭志参加。

18日　国家网络安全产业园区（长沙）揭牌仪式在长沙高新区举行。

是日　万博新经济研究院、第一财经研究院等机构联合发布《后疫情时代中国城市营商环境指数评价报告（2020）》，长沙的营商环境指数为80.96，位列省会城市第六名，在百城榜中排名第12位，比2019年上升3位。

是日　长沙黄花机场3号货站开工建设。

是日　望城区举行“金融助力

六稳六保”银政企对接签约活动，达成融资合作协议金额606亿元。

19日　“湘疆优品·智连湘疆”智鲜仓捐赠暨红石榴·湘疆优品项目在国家智能网联汽车（长沙）测试区启动。

19—20日　应急管理部副部长郑国光率国家防总检查组到湖南省岳阳、长沙等地检查指导防汛抗旱工作，并观摩20日举行的“人民至上 生命至上”湖南省2020年抗洪抢险应急演练。其间，杜家毫、许达哲在长沙分别与郑国光一行座谈。许达哲在省应急指挥中心连线观摩了演练活动。

19—21日　2020湖南（国际）文化旅游产业博览会暨文化和旅游装备展在湖南国际会展中心举行。全国的100余家投资金融机构、386家展商、200余家采购商参与博览会。

22日　2020年长沙市食品安全宣传周启动仪式在天心区举行。2020年宣传周的主题是“尚德守法，食品安全让生活更美好”。

23日　市政府与万科企业股份有限公司签订战略合作框架协议。

是日　望城经开区举行2020年招商引资重点项目集中签约仪式，38个项目集中签约，总投资75.2亿元。

24日　长沙举行“健康人生，绿色无毒”“6·26”国际禁毒日集中宣传活动暨“蓝结家园”授牌仪式。

是日　“夏季有礼·遇见夜星沙”——长沙县夜经济嗨购节在星沙万象汇举行开幕式，该次活动持续至8月31日，2个多月的时间里，举行12项活动。

是日　市十五届人大常委会第三十三次会议闭幕。会议表决通过有关法规草案和人事任免案。会议听取了市人大法制委主任委员、常委会法工委主任周伟作的关于《长沙市生活垃圾管理条例（草案·一审修改稿）》审议结果的报告，并表决通过《长沙市生活垃圾管理条例》。

28日　长沙地铁3号线、5号线同步开通初期运营，长沙市轨道交通规划“米”字形骨架、双“十”字拓展线网格局基本形成。

是日　2020年全市新时代乡镇街道警务工作会议举行，贯彻落实全省新时代县域警务工作会议精神，部署推进全市乡镇街道警务工作。

是日　马栏山视频文创产业园23个项目集中开工、签约，总投资125.8亿元。其中，湖南省第一家使用动作捕捉技术和虚幻引擎结合制作三维动画的企业神幻九州文化传媒，在马栏山园区投资4亿元建设湖南最大的动漫影视游戏总部基地。

是日　湖南制造最大直径泥水平衡盾构机在中国铁建重工集团长沙第一产业园下线，该台盾构机开挖直径15.01米，总重量约4300吨。

29日　2020湖南—长三角经贸合作洽谈周举行。沪洽周主体活动——湖南投资环境及重点产业推介会在长沙以线上线下相结合的方式举行。推介会向全球展示湖南投资环境，并发布一批497个省级重点招商项目，涵盖基础设施、新型工业化、现代服务业、现代农业四大类。其中，27个重大项目在推介会上集中“云签约”，总投资582.6亿元。

是日　长株潭三市人大常委会主任第一次联席会议举行。三市人大常委会签订长株潭三市人大工作协作机制的协议及多个协作文件，搭建常委会主任联席会议、秘书长工作协调会议、委室对口联系会议等多个层面的协作平台。

30日　省扫黑除恶专项斗争督导长沙市工作情况反馈会举行。

2020年6月28日，长沙地铁3号线、5号线同步开通初期运营

市地方志编纂室　供图

7月

1日　市教育局和国防科技大学签订“双拥共建框架协议”。协议明确，将科大附中委托市教育局管理，双方共建期6年，共建期从2020年8月至2026年8月。

2日　全市产业链暨制造业标志性重点项目建设工作推进会召开。

3日　长沙市“文明城市提质年”行动暨城市管理品质提升工作电视电话会议召开，郑建新要求，进一步擦亮长沙“全国文明城市”金字招牌，加快建设更加有颜值、有气质、有内涵、有格调、有品位的美丽舒适宜居现代化大都市。

4日　“星绽放·叙未来”新长海

广场·文和友入驻星沙签约。长沙县联合超级网红打造夜经济新地标。

6日 中央广播电视总台《中国经济生活大调查》发布2019—2020年度“中国十大美好生活城市”榜单，长沙登上“中国十大美好生活城市”榜单。

是日 21世纪经济报道、21财经客户端联合知乎和快公司共同发布《中国潮经济·2020网红城市百强榜单》，长沙进入全国八强，名列中部第一位。

10日 贵州省黔东南苗族侗族自治州党政代表团到长沙考察。湖南省委常委、长沙市委书记胡衡华，黔东南州委书记桑维亮，长沙市委副书记、市长、湖南湘江新区党工委书记郑建新，黔东南州委副书记、州长罗强参加考察或出席交流座谈会。

11日 湖南首个世界级大型综合旅游产业项目——湘江欢乐城开园。

14日 胡衡华主持召开市委常委会会议暨市委城乡规划工作领导小组会议，传达学习习近平总书记关于进一步做好防汛救灾工作重要指示精神，以及省委常委会会议精神和省委书记杜家毫批示精神，研究部署全市城乡规划工作、食品安全工作。

15日 湘江长沙站水位退到35米以下，橘子洲景区8时恢复开园，实行预约制入园，地铁2号线橘子洲站同日恢复开放。

16日 长沙临空国际贸易合作推介会在上海举行。该推介会是2020湖南—长三角经贸合作洽谈周（“沪洽周”）重大招商活动之一。12个重大项目现场签约，总投资额116亿元。

22日 胡衡华主持召开市委上半年经济形势分析暨“大干一百天实现双过半”竞赛活动总结会议。会议提出要以更强的担当、更实的举措、更严的作风，狠抓三季度、奋战下半年，奋力实现全年经济社会发展目标。

23日 政协长沙市第十二届委员会第四十二次主席会议召开。会议审议《政协长沙市委员会常务委员会“切实减轻过重学业负担，促进我市中小学生身心健康发展”专题协商会工作方案（草案）》和《2020年上半年长沙市政情通报会工作方案（草案）》。

24日 “青春芒果节 打卡长沙城”启动仪式暨首站快闪活动在长沙国金中心举行。该活动结合长沙旅游与地域文化，推出8场长沙城内的快闪活动，通过“媒体+城市”方式联动各项资源，促进长沙文旅消费，助力长沙复工复产。

31日 全市长江经济带生态环境问题整改暨河湖长制工作推进会举行。

2020年7月11日，湖南首个世界级大型综合旅游产业项目——湘江欢乐城开园

市地方志编纂室 供图

8月

1日 长沙市2020年第3次安委会例会暨防范重特大事故会议召开。

是日 位于望城区铜官窑古镇内的铜官草市开街运营。

5日 郑建新出席加快推进新型智慧城市建设工作座谈会。会议提出要建设具有鲜明长沙特色的新型智慧城市。

10日 长沙市轨道交通集团对外公示《长沙磁浮东延线接入T3航站楼工程环境影响报告书（征求意见稿）》。根据项目定位，长沙磁浮东延线除承担长沙市区同机场间的快速客运交流外，还将承担长沙至浏阳市间的城际客运，该线路是长沙市轨道交通网络和长株潭城际轨道网中长浏城际的重要组成部分。

14日 浏阳“十大特色菜”品鉴推介会暨“百店招牌菜”“二十大旅游接待示范店”颁奖仪式举行。评出的浏阳十大特色菜分别是：平肚全家福、粉皮黑山羊、浏阳醋蒸鸡、茴香肉丸、蒸腊洋鸭、白沙油豆腐、蒸火焙鱼、香干蒸油渣、墨鱼笋丝、小炒洋辣椒。

18日 谢卫东到长沙晚报社调研，并见证长沙人大融媒体中心建设签约。市委常委、市委宣传部部长陈刚出席。

19日 长沙电网2020年“630攻坚”总结暨现代化长沙智慧电网建设动员会召开。

21日 晚上8时50分，长沙至

纽约跨境电商全货运飞机自长沙黄花国际机场起飞，长沙至纽约定期货运航线开航。

22日　中国原创绘本论坛暨中国独立绘本榜发布在长沙举行，由权威机构评选、儿童文学和教育专家共荐的十大年度中国独立绘本榜在长沙公布。

24日　郑建新主持召开市政府第42次常务会议，研究全市优化营商环境等工作。会议传达学习习近平总书记在企业家座谈会上的重要讲话精神和《国务院办公厅关于进一步优化营商环境更好服务市场主体的实施意见》精神，研究全市新冠肺炎疫情防控等工作。

27日　胡衡华主持市委理论学习中心组集体学习暨长沙大讲堂专题讲座，学习《习近平关于力戒形式主义官僚主义重要论述选编》等。国家发展改革委法规司司长杨洁作题为《学习贯彻〈优化营商环境条例〉，助力打造国际一流营商环境》辅导报告。

28—29日　江西省南昌市党政代表团到长沙考察，先后到铁建重工、国科微、湖南长城科技、中联重科、长沙格力、楚天科技、鲲鹏生态创新中心，了解长沙制造业高质量发展、产业转型升级的经验做法；到太平街、文和友、橘子洲、湘江欢乐城冰雪世界，体会文旅产业与夜经济的活力；参观长沙规划展示馆，了解城市功能品质提升的亮点成就。

30日　第二届中国国际化营商环境高峰论坛暨《2020年中国城市营商环境发展评估报告》发布会在北京举行，长沙市被评为“中国国际化营商环境建设标杆城市”，位列全国第八位，为中部地区除武汉外唯一入选城市；浏阳市被评为“中国国际化营商环境标杆县（市、区）”。市委常委、市委统战部部长谭小平参加并代表长沙作营商环境典型案例推介。

9月

4日　电影《半条棉被》在长沙首映，由湖南省委宣传部指导、湖南广播影视集团主办、潇湘电影集团承办的电影《半条棉被》湖南首映式在长沙潇湘国际影城阿波罗店举行。

7—9日　2020互联网岳麓峰会在长沙举行。

15日　市政府召开长沙市智能网联汽车道路测试及应用示范政策新闻发布会，发布《长沙市关于推进智能网联汽车应用示范的指导意见（试行）》《长沙市智能网联汽车测试及示范区域拓展方案》《长沙市智能网联汽车无驾驶人自动驾驶功能测试规程－乘用车版》《长沙市智能网联汽车无驾驶人测试道路选线方案》4个文件。向湖南阿波罗智行科技有限公司发放全国首批智能网联汽车试运营示范通知书和智能网联汽车无驾驶人测试通知书。

16—18日　中共中央总书记、国家主席、中央军委主席习近平在湖南考察。17日，习近平在长沙市山河智能装备股份有限公司、马栏山视频文创产业园、岳麓书院考察并发表重要讲话；习近平在长沙主持召开基层代表座谈会，听取基层干部群众代表对“十四五”规划编制的意见和建议。

21日　国务院新闻办公室就北京、湖南、安徽自由贸易试验区总体方案及浙江自由贸易试验区扩展区域方案等情况举行发布会。湖南自贸试验区面积119.76平方千米，涵盖长沙、岳阳、郴州3个片区。其中，长沙片区79.98平方千米，突出临空经济，打造全球高端装备制造业基地、内陆地区高端现代服务业中心、中非经贸深度合作先行区和中部地区崛起增长极。

24日　中国（湖南）自由贸易试验区长沙片区揭牌仪式暨建设动员大会举行。郑建新为“中国（湖南）自由贸易试验区长沙片区”揭牌。

25日　长沙市应急指挥中心投入运行。

27日　由中国铁建重工集团、中铁十四局集团联合研制，最大开挖直径16.07米的超大直径盾构机“京华号”在中国铁建重工集团长沙第一产业园下线。中国首次实现16米级超大直径盾构机，整机长150米，总重量4300吨。

是日　长株潭城市群一体化发展第二届联席会重点工作推进会召开，长株潭三市签署《长株潭城市群公共资源交易市场一体化发展合作协议》《长株潭城市群一体化保产业链供应链稳定战略合作框架协议》《长株潭知识产权运用和保护合作协议》《长沙市雅礼中学对株洲雅礼实验学校进行委托管理办学的合作协议》。

是日　大型史诗歌舞剧《大地颂歌》在长沙梅溪湖国际文化艺术中心大剧院首次公开演出。

29日　长株潭国家自主创新示范区成果展（2015—2020）开展仪式在长沙举行。

是日　长沙市重大项目集中开竣工活动陆续举办，涉及175个重大项目，总投资逾千亿元。胡衡华先后在望城经开区、长沙高新区出席益海嘉里（湖南）粮油食品智能制造基地项目开工动员、天际汽车长沙新能源项目首车下线活动，并宣布基地项目开工、天际ME5长沙首车下线。

10月

1日　长沙市不动产登记（除军产不动产及集体土地登记业务暂不提供电子证照）全面进入电子证照时代。

是日　《长沙市生活垃圾管理条例》实施，长沙市开启垃圾分类“法治时代”。

10日　市政府出台《关于加快建设新型智慧城市示范城市的决定》。

23日　长株潭一体化“三干”项目（芙蓉大道、洞株路、潭州大道快速化改造项目）集中通车仪式在芙蓉大道长沙段环保路改造节点起点处举行。

23—25日　2020长沙未来城市品质家居产业博览会举办。为期3天的展会有500余家参展商参加，举办专业论坛、供需对接活动10余场，签约采购及交易额65.37亿元。

28日　2020中国城市夜间经济发展峰会暨首届“夜星城”消费节闭幕典礼在长沙举行，长沙入选2020中国夜经济十强城市，位列2020中国夜间经济发展TOP10城市第七位。

10月30日—11月3日　第22届中国中部（湖南）农业博览会在长沙举办。该次农博会以“办好中部农博会，助力脱贫奔小康”为主题，总展览面积约11万平方米，含中部六省在内的20余个省、直辖市、自治区共4000余家企业参展，参展种类2.8万余种。

11月

1日　《2020年中国城市区块链综合指数报告（上半年）》发布，长沙区块链综合指数排名全国第六位。

是日　长沙市国家综合档案馆通过“全国示范数字档案馆”系统测试。

是日　第七次全国人口普查进入现场登记阶段。1日，郑建新参加人口普查现场登记。

3日　2020世界计算机大会在长沙举行。

是日　工业和信息化部党组成员、副部长王志军到长沙调研国家智能网联汽车（长沙）测试区，并与副省长陈飞一同为湖南（长沙）国家级车联网先导区揭牌。

是日　湖南省人工智能生态创新中心、云创新实验室启动运营，郑建新为“湖南省人工智能生态创新中心”揭牌。

是日　三一重卡首款中高端旗舰重卡下线。

4日　天一美术馆在长沙市天心区妙高峰开馆。该馆由中央数字电视书画频道和中国书画报共同打造。

5日　长沙市委常委、浏阳市委书记黎春秋和长沙相关市直部门负责人到小河乡皇碑村调研并座谈，为皇碑村决胜全面小康、决战脱贫攻坚汇聚攻坚力量。

是日　“雅礼教育联盟长沙市外国语学校”揭牌仪式举行，雅礼中学校长刘维朝和长沙外国语学校校长彭琨签署《长沙市雅礼中学与长沙外国语学校合作办学协议》。

是日　首届潇湘外国专家志愿服务活动——“望城美丽乡村行”在望城区盘龙岭村举行。俄罗斯、英国、巴基斯坦、新西兰等7个国家的在湖南外国专家志愿者走进盘龙岭村，开展慢病检测咨询、外语口语公益课堂、中外文艺交流等志愿服务，并实地见证精准扶贫实践和美丽乡村建设成果。

是日　山河智能首台SWHG70连续墙液压抓斗发车仪式举行。

5—6日　全国第三届两新党建主题研讨岳麓峰会在长沙召开。

6日　第四届湘江金融发展峰会在湖南金融中心举行。

是日　11时19分，中国在太原卫星发射中心用长征六号运载火箭，将13颗卫星发射升空。除了阿根廷Satellogic公司研制的10颗遥感小卫星，还搭载发射了电子科技大学号卫星、北航空事卫星一号和八一03星，其中北航空事卫星一号由北航国家空管新航行系统技术重点实验室与位于长沙高新区的长沙天仪空间科技研究院有限公司联合设计。

7—9日　“让课程赋予生命温度”第三届全国最美课程发布会在天心区仰天湖桂花坪小学举行，现场发布或展示六大门类29门全国各地的“最美课程”，其中长沙9门课程入选。活动由天心区教育局、广东省国基教育发展研究院主办。

8日　2020杭州国际人才交流与项目合作大会上，长沙市被评为2019年“魅力中国——外籍人才眼中最具吸引力的中国城市”最具潜力城市。自该评选活动举办10年以来，长沙第一次入选。

10日　长沙“生命无价　拒绝酒驾”“零酒驾”2.0创建进县（市）活动在宁乡市玉潭街道举行。

是日　湖南省儿童医院住院部开出湖南省首张医疗住院电子票据，标志着湖南省医疗票据进入“无纸化”时代。

是日　中央文明办公布第六届全国文明城市入选城市名单和复查确认保留荣誉称号的前五届全国文明城市名单，长沙入选复查保留荣誉称号的前五届全国文明城市名单，连续3届蝉联全国文明城市；宁乡首次被评为全国文明城市。

11日　副市长邱继兴会见多米尼加驻华大使布里乌尼·加拉维托·赛古拉一行。多米尼加驻华大使馆公使衔参赞亚米拉·费尔索贝参加会见。

是日　2020天心软件产业高峰论坛举办。

12—13日　中央宣讲团成员、财政部党组书记、部长刘昆一行到马栏山视频文创产业园、湖南大学，与干部群众面对面互动交流，把党的十九届五中全会精神及时准确地传达到基层。

13日　市生态环境局召开新闻发布会，通报2020年全市大气污染防治特护期的工作情况。截至2020年11月10日，全市空气质量优良天数累计284天，较2019年同期增加47天，优良率90.2%，较2019年同期增加14.68个百分点。

13—16日　以“双循环　成长力”为主题的第15届中国成长型医药企业发展论坛在长沙国际会议中心举办。6000余位国内外医药领域顶尖专家、企业家、业界精英参加。

14日　从市慈善总会获悉，2020年长沙市特困家庭子女高等教育助学项目发放助学金1394.3万元，帮助

4175 名贫困学子进入大学。

14—15 日　第六届中国民营企业合作大会在长沙举办，大会以“创新驱动迎挑战　合作赋能开新局”为主题。全国政协副主席、民革中央常务副主席郑建邦致辞并为大会揭幕。设置民营企业（科技）创新成果展、湖南（长沙）投资环境暨项目展、长沙市投资环境推介及合作项目签约仪式等九大主题活动，1000 余名专家学者、民营企业家和政府代表参加。

14—16 日　以“红色土地·全面小康”为主题的 2020 中国红色旅游博览会在长沙举办。开幕式上，发布《红色旅游创新发展长沙宣言》，举行湘赣边红色文化旅游融合发展创新区揭牌仪式。

14—16 日　“融合聚力　智汇三湘”岳麓山大学科技城首届青创文化节在长沙举办。青创文化节持续 3 天，包括创新创业政策解读、创业故事进校园分享、创业项目路演、三创市集等系列活动。

15 日　中国侨联副主席隋军带队到长沙市调研基层侨联工作与“侨胞之家”建设。

是日　常益长铁路长沙境内最长桥梁——全长 5.08 千米的八曲河特大桥架梁施工全部完成，桥梁主体全线贯通。

16 日　第六届湖南省省长质量奖评选结果揭晓。长沙市 3 家企业和 1 名个人获第六届湖南省省长质量奖，5 家企业获提名奖。

是日　智利驻华大使馆在长沙举办颁奖典礼。智利驻华大使路易斯·施密特·蒙特斯代表智利政府向“杂交水稻之父”袁隆平院士颁发“麦哲伦海峡奖”。

是日　升级后的长沙市房屋网签备案平台和“长沙住房”App 上线，实现新房、二手房网签备案业务“一网通办”。

16—20 日　第 16 届中国（深圳）国际文化产业博览交易会在线上举行。以“锦绣潇湘 朝阳文产”为主题的湖南馆数字虚拟展厅特别开设“网红长沙 夜间经济”展厅。

17 日　市政府与中国联通湖南省分公司签署“新型基础设施联合建设行动计划”协议。

是日　郑建新会见智利驻华大使路易斯·鲁道夫·施密特·蒙特斯一行。

是日　由赛迪顾问县域经济研究中心完成的赛迪营商环境百强县（2020）研究成果在北京发布。长沙县、浏阳市、宁乡市以第 9 名、第 19 名、第 26 名的成绩上榜 2020 营商环境百强县。

18 日　2020 中国幸福城市论坛在杭州举行，第 14 届中国最具幸福感城市调查推选活动结果揭晓。长沙市连续 13 年被评为“中国最具幸福感城市”，长沙县入选“2020 中国最具幸福感城市（县级）”。

是日　浏阳河示范河湖建设验收会举行。由水利部长江水利委员会、湖南省水利厅有关专家和代表组成的验收组，对浏阳河示范河湖建设开展验收，经过讨论，全票同意通过验收。

19 日　湖南电子科技职业学院浏阳校区项目在浏阳经开区（高新区）奠基开工。

19—20 日　由中央网信办、国家广播电视总局和湖南省人民政府指导，中华全国新闻工作者协会和湖南省委宣传部联合主办的 2020 中国新媒体大会在长沙举办，大会以“守正聚力 创新共融”为主题。

20 日　中央文明委发布第六届全国文明城市、文明村镇、文明单位和第二届全国文明家庭、文明校园及新一届全国未成年人思想道德建设工作先进名单。宁乡市被授予全国县级文明城市称号，长沙县金井镇、雨花区跳马镇新田村等村镇被授予全国文明村镇称号，国网湖南省电力有限公司长沙供电分公司、湖南雷锋纪念馆等单位被授予全国文明单位称号，刘习明家庭被授予全国文明家庭称号，长沙市第一中学、长沙市雅礼中学等学校被授予全国文明校园称号，长沙市教育局被授予全国未成年人思想道德建设工作先进单位称号，长沙市芙蓉区育英学校教师郭晓芳（女）被授予全国未成年人思想道德建设工作先进工作者称号。

是日　市公安局交通警察支队与百度 Apollo 达成战略合作，双方充分共享各自优势资源，提升长沙交警智能网联与智慧交通融合发展的应用水平。

是日　长沙市中小企业金融创新峰会暨和立东升集团长沙总部基地银企对接会在长沙举行，数十家金融机

2020 年 11 月 19—20 日，2020 中国新媒体大会在长沙举办　市地方志编纂室　供图

构与基地的上百家企业对接，现场签约近40亿元。

21日　长沙市第17届大学生科技创新创业大赛决赛在岳麓山大学科技城举行，国防科技大学、中南大学、湖南大学等27所高校的38个项目入围。湖南师范大学“极弱光探测用单光子器件关键技术与集成研发”等6个项目获一等奖。

23日　长沙召开全市互联网租赁自行车和电动自行车乱象整治集中约谈会，交通、交警、城管三部门联合约谈哈啰出行、美团、青桔街兔、小遛共享、喵走、喜宝达6家企业，要求在11月26日前全面清理回收无牌照电动自行车，并对行业乱象进行综合治理，整治不到位的，将限期整改直到下架。

是日　“2020广州文交会·长沙城市文化推介会”在广州越秀国际会议中心举行。长沙、广州签署文化共建战略合作协议。

27日　2020年长沙市“十行状元、百优工匠”技能竞赛活动总结表彰会上，市委、市政府分别表彰优秀师徒对子、“十行状元、百优工匠”、全国技术能手及培育单位。按照政策对获国家一类竞赛“全国技术能手”的高技能人才及其培育企业分别给予100万元、50万元奖励，对获得国家二类竞赛奖项的高技能人才及其培育企业分别给予50万元、20万元奖励。

28—30日　2020湖南（长沙）网络安全·智能制造大会在长沙举行。中国工程院院士李培根、美国国家工程院院士陈世卿等9位中外院士，以及中国电子、中国电科、中国移动等企业代表共同出席。涵盖开幕峰会、高峰论坛、主题论坛、展览展示、专项活动五大主要板块。

29日　长沙市法学会法治政府研究会暨中国（湖南）自由贸易试验区长沙片区法治研究中心成立大会召开。

是日　湖南省商务厅与浏阳市人民政府签订《浏阳市乡村振兴示范区战略合作框架协议》，共同建设浏阳市乡村振兴示范区。

12月

1日　长沙市跨境电商人才工作座谈会暨首届跨境电商人才双选会在湖南工商大学举行。

是日　湖南航空完成补充运行合格审定工作，拿到主运营基地和航空承运人名称变更后的运行合格证，更名手续全部完成。湖南迎来首家本土航空公司。

3日　湖南投资规模最大的单体项目——长沙黄花国际机场改扩建暨综合交通枢纽工程启动。

是日　长沙市普通高中新课程新教材实施国家级示范区建设推进会在长沙市11中举行。体育和艺术纳入中高考招生录取体系。

4日　费德里科·费里尼百年诞辰纪念放映长沙影展启动。2020年是中意建交50周年，也是意大利电影大师费里尼的百年诞辰纪念年。

7日　商务部发布2020年新认定国家外贸转型升级基地名单，长沙高新区（新材料）、浏阳经开区（生物医药）通过考核并认定为国家外贸转型升级基地。

8日　文化和旅游部公示国家级文化产业示范园区创建名单，马栏山视频文创产业园入选。

11日　经中国科学技术协会批准设立的湖南第一家国家级离岸创新创业基地——长沙国家海外人才离岸创新创业基地，在长沙高新区举行揭牌仪式。

是日　长沙银行联合本土68家品牌共同发起成立“湘江新势力品牌联盟”。首批68家联盟品牌企业，将利用各自在吃、喝、玩、乐、美、购等新零售、新消费领域的消费生态影响力，推动湖南品牌发展，打造有湖南特色的品牌生态链。

15日　以“弘扬志愿文化，争做雷锋志愿者”为主题的长沙市学雷锋志愿服务文化节在长沙启幕。

18日　《长沙市农村村民住宅建设管理条例》由长沙市第十五届人民代表大会常务委员会第三十五次会议于2020年10月30日通过，湖南省第十三届人民代表大会常务委员会第二十一次会议于2020年11月27日批准，经公布后自2021年3月1日起施行。

是日　纪念雷锋诞辰80周年座谈会在望城举行。

是日　望城区打造的湖南首个学雷锋党员干部教育品牌——湖南雷锋学院揭牌。

20日　中国改革（2020）年会暨新发展阶段地方改革推进高层研讨会上，房地产调控的“长沙样本”入选十个“中国改革2020年度案例”，相关经验获住建部充分肯定并向全国推广。

21日　长沙市博物馆、胡耀邦同志纪念馆两家博物馆被核定为国家一级博物馆。

25日　雨花经开区长沙市比亚迪汽车有限公司，由比亚迪与滴滴出行联合推出的全球首款定制网约车D1投产，并进行首批新车交付。

是日　浏阳市浏阳河国家湿地公园试点建设通过验收，成为浏阳首个“国字号”的湿地公园。至此，长沙有5家“国字号”湿地公园。

26日　长沙农商银行·2020长沙红色半程马拉松赛在橘子洲鸣枪开跑，4500余名跑者参与赛事。

27日　“文脉菁华 悦读华章”长沙市图书馆建馆60周年系列活动在长沙市图书馆启动。

29日　在文化和旅游部召开的推动文化产业高质量发展座谈电视电话会上，长沙被评为首批国家文化和旅游消费示范城市。

30日　岳麓山文创产业研究院在岳麓山步虚楼揭牌成立，《麓山讲堂·湘江夜话》当晚同步开讲。

中国共产党长沙市委员会

CHANGSHA MUNICIPAL COMMITTEE OF
THE COMMUNIST PARTY OF CHINA

编辑　周海波

决策部署

【《中共长沙市委　长沙市人民政府关于抓好乡村振兴重点工作确保高质量全面建成小康社会的意见》出台】　2020年3月23日，长沙市委办公厅印发《中共长沙市委　长沙市人民政府关于抓好乡村振兴重点工作确保高质量全面建成小康社会的意见》（以下简称《意见》）。《意见》由坚决打赢脱贫攻坚战，推动新型村级集体经济发展提标提速，改善农村人居环境，加快推进农业转型升级，驱除疫情影响促进农民增收，补齐农村公共服务短板，加强和创新农村基层治理，强化乡村振兴保障措施8个部分组成。《意见》以实施乡村振兴战略为总抓手，集中力量、集聚资源、集成政策完成打赢脱贫攻坚战和补上全面小康“三农”领域突出短板，加快现代农业转型升级，推动农村更加美丽宜居，提升农民群众获得感、幸福感、安全感。

【《中共长沙市委　办公厅长沙市人民政府办公厅关于印发〈长沙市重大决策事项风险评估办法（试行）〉的通知》出台】　2020年9月22日，长沙市委办公厅印发《中共长沙市委办公厅　长沙市人民政府办公厅关于印发〈长沙市重大决策事项风险评估办法（试行）〉的通知》（以下简称《通知》）。《通知》由总则、评估主体、评估内容、评估程序、评估结果及运用、监督管理与责任追究、附则7个章节组成。《通知》贯彻落实习近平总书记关于“坚持底线思维着力防范化解重大风险”的重要讲话精神，从源头上防范化解重大风险，促进重大决策科学化、民主化、法制化，规范党委重大决策事项和政府重大行政决策风险评估工作。

【《中共长沙市委　长沙市人民政府关于印发〈长沙市新时代产业工人队伍建设改革三年行动计划（2020—2022年）〉的通知》出台】　2020年12月4日，长沙市委办公厅印发《中共长沙市委　长沙市人民政府关于印发〈长沙市新时代产业工人队伍建设改革三年行动计划（2020—2022年）〉的通知》（以下简称《通知》）。《通知》由实施政治引领行动，实施素质提升行动，实施作用发挥行动，实施福祉促进行动，实施支撑保障行动5个部分组成。　（本栏撰稿　刘志超）

体制改革

【全面深化改革】　2020年，长沙市从260余项改革事项中甄选出10项重点攻坚和30项统筹实施改革事项纳入市委改革要点，梳理出67项承接落实、34项试点示范、13项基层探索改革事项，形成“一要点三清单”的改革总盘子。把深化公共卫生领域改革和深化应急能力改革分别作为重点攻坚和统筹实施改革事项首要任务。就改革过程中的难点、堵点、热点开展专题研究，形成“新型村级集体经济”“住宅小区物业管理”“公共卫生体系”等专题报告。召开全面深化改革委员会（简称“深改委”）会议2次、改革推进会议2次。依托改革过程管理信息平台，对各项任务实行系统性、动态化、台账式管理，逐月录入、定期调度、审核评分，印发进展情况通报9期。连续三年对中央深改委（组）会议审议出台改革方案的贯彻落实情况开展“回头看”，对全市群团改革进行督察，形成改革通报，对进展滞后的部门发送提示函9份；到7个区县（市）开展点穴式督察，形成专题改革交流。2020年各项改革任务完成，重点领域关键环节取得突破，一大批改革走在全省乃至全国前列，房地产调控改革被评为中国改革十大年度案例，并在中国改革（2020）年会上作经验介绍；营商环境在全国296个城市中位列第九位，“放管服”改革自我加压，以湖南省政府233项“一件事一次办”为基础，实现307件高频政务服务事项“一件事一次办”，成为全省“标杆”；群团改革在全省电视电话会议上作典型发言；芙蓉区“有机棚改”、望城区“带地入建”等11项长沙改革案例入选“湖南基层改革探索100例”。《把握改革的四个向度》理论文章，被《党的建设与思想政治工作优秀成果汇编》收录，被评为全国优秀理论成果一等奖；编印《长沙改革交流》27期，长沙改革案例库扩充至402篇；《省委改革简报》《省委改革调研》刊载长沙改革经验5篇次；省级以上媒体宣传长沙改革经验40余篇次。　（谭彦頤）

【经济体制改革】　2020年，长沙市加快“放管服”改革等7项重大改革。编制《长沙市创建全国民营经济改革创新发展示范城市总体方案》，汇编《支持长沙民营经济改革发展调研资料》《长沙市民营经济示范城市申创工作会议资料》，召开全市民营经济改革发展示范动员大会，编制民营经济评估监测体系。贯彻落实国家统一的市场准入负面清单（2019年版），清理市场准入隐性壁垒。做好事业单位机构改革后新成立单位的车改工作。开展国企混改工作试点调研。长沙市经济建设投资公司事业单位改制工作完成。　（吴　慧）

【纪检监察体制改革】　2020年，长沙市持续深化纪检监察体制改革。健全派驻机构考核机制，围绕监督检查、审查调查等关键环节，加强上级纪委监委对下级纪委监委、派出机关对派驻机构的领导，全市乡镇（街道）全部设立监察办公室。巩固深化园区、市管国有企业纪检监察体制改革，在园区、市管企业设立监察专员。健全纪检监察系统内部联动监督、联合办案制度机制，推动部门单位内设纪检机构、监管机构形成监督合力。创新运用“微信和网络问卷”，探索巡审结合新模式。创新基层巡察方式，加强巡察机构与区县（市）有关部门协作配合，探索开展村级异地交叉巡察，村级党组织巡察覆盖率 99.8%。

（郑建军）

【司法改革】 2020 年，长沙市“完善矛盾纠纷多元化解机制”纳入长沙市统筹实施改革项目，全市两级法院成立领导小组，建立督办机制、常态汇报机制。出台多元解纷相关文件 15 个，将“万人成讼率”纳入平安建设考核指标。线下开辟调解室专区，设立法律援助工作站，推行公益律师值班制度，引导公证机构参与法院司法辅助工作，全市法院挂牌设立 34 家工作站和 472 个包村联点。线上依托“人民法院调解平台”，引进调解组织 154 家，调解员 1195 名，形成包括金融、证券、知识产权、物业、交通、医疗、家事等纠纷在内的线上调解格局。在线受理诉前调解案件 4.61 万件，占全省法院诉前调解案件数的 43.12%，调解成功率 56.7%。

（刘向尧）

【审判监督改革】 2020 年，长沙市中级人民法院完善权力责任清单，出台《重大敏感案件监督管理实施办法》，建立科学的审判权、执行权运行机制，强化内部制约监督。推进审判监督“立审合一”改革，防止程序空转。坚持实事求是、有错必纠，审理各类再审案件 178 件，改判和发回重审 77 件，通过院长发现程序再审 2 件。完善审判委员会、专业法官会议工作机制，规范类案检索，出台《道路交通事故责任纠纷法律适用意见》等 7 个类案指导意见，统一裁判尺度。办理疑难复杂案件 193 件，宁乡市法院院庭长办案经验入选最高院司法改革案例。全市法院 49 个速裁团队审理速裁案件 4.37 万件，平均审理周期 20 天。

（刘俞泓）

【文化体制改革】 2020 年，《长沙晚报》创造全国党报媒体融合发展典型经验，上榜“2020 党报各渠道传播力 20 强”。长沙广播电视集团在直播新闻节目中启用人工智能手语翻译技术系统，融媒体生态体系被评为全国广播电视媒体融合成长项目，中广天择 MCN 被评为全国广播电视媒体融合典型案例。9 区县（市）融媒体中心完成湖南省委宣传部达标验收，浏阳市融媒体中心被评为全国广播电视媒体融合先导单位，宁乡市融媒体中心完成新址搬迁。统筹推进“争创国家版权示范城市”“深化志愿服务管理改革”等市委重点改革任务，2 家企业被授予全国版权示范单位称号，全国版权示范创建工作会议推介中广天择视频版权运营经验；推进志愿服务制度化，发布“雷锋志愿者”徽标，举办“学雷锋志愿服务文化节”；完成 5 家经营类文化事业单位改革工作。加强对市属三大媒体企业重大事项的监管审批，制定《市属国有文化企业工资总额管理暂行办法》，建立与文化企业“双效”挂钩的工资决定和正常增长机制；首次完成对市属三家媒体企业的“双效”（社会效益、经济效益）业绩考核管理并开展财务专项审计。

（曾艳华）

【事业单位改革】 2020 年，长沙市完成全市纳入改革范围的 44 家经营类事业单位改革（含区县（市）11 家），完成率 100%。收回事业编制 1399 名，安置 1358 人（其中在职人员 607 人、离退休人员 751 人）。督促和指导区县（市）开展机构名称中含“公司、集团”以及未明确为经营类但实际按照经营类管理事业单位的整改。撤销市农业农村局所属市农机安全监理所等 5 个科级事业单位；撤销长沙市技术评估论证中心、长沙国际人才智力交流协作中心，其职能职责和人员编制并入长沙生产力促进中心；撤销长沙市建材研究设计所（长沙地区建材产品质量监督检测站），其职责和人员编制并入市轻工研究所；将市老年公寓管理所并入市第一社会福利院，长沙市教育局委员会党校并入长沙教育学院；撤销中国国民党革命委员会长沙市委员会、中国民主同盟长沙市委员会、中国民主建国委员会长沙市委员会，中国农工民主党长沙市委员会管理的空编无人的事业单位，新设市委统战部党外代表人士服务中心。对湖南信息职业技术学院等 7 家暂未明确类别的事业单位进行分类。将长沙军用饮食供应站（长沙兵站）、长沙市城市维护质量监督中心、湖南省长沙燃气燃具监督检测中心、市白蚁防治站、长沙生产力促进中心、市价格认证中心、市公共资产管理中心、市水利水电质量监督站调整为全额拨款事业。明确长沙广播电视发射中心为公益一类事业单位，将其自收自支事业编制调整为全额拨款事业编制。核定长沙市第一医院、长沙市中心医院、长沙市妇幼保健院人员总额，作为岗位设置依据，推动引进或培养中高级专技人才；开展卫健系统事业单位改革调研，拟定卫健系统事业单位整合方案。

（唐　婧）

【机构编制体制改革】 2020 年，长沙市对全市应急管理部门机构编制情况进行系统调研，调整完善机构编制和职能职责；指导区县（市）理顺应急管理职能职责，将开福区应急事务中心升格为副科级；完善镇街应急机构设置，明晰镇街应急管理职责体系。将长沙市纪检监察廉政教育和案件查办管理中心更名为长沙市纪检监察案件查办服务中心，调整职能职责；统一核定省级园区（开发区）纪工委（监察工委）专职副书记职数，明确望城区、长沙县纪检监察信息中心为副科级。围绕地铁线路治安需要，新设蟠龙派出所，并从长沙市公安局交通警察支队划转 20 名政法专项编制到市公安局公共交通治安管理分局。按标准核增地铁 3 号线、5 号线专项辅警员额 344 名。完成长沙市森林公安机关管理体制调整转隶工作。对《长沙市残疾人联合会改革方案（征求意见稿）》等群团改革方案提出审核意见；将长沙市总工会所属的四个工人文化宫由公益二类差额拨款事业单位调整为公益一类全额拨款事业单位；将共青团长沙市委员会所属的小杜鹃艺术实验学校由经营类自收自支事业单位调整为公益二类差额拨款事业单位，长沙市青少年发展基金会更名为市希望工程事业服务中心；将长沙市法学会列入群团组织序列，明确长沙市法学会办公室为长沙市法学会的办事机构，由市委政法委代管。完成中国（湖南）自由贸易试验区长沙片区机构设置的研究论证和申报工作；优化湘江新区产业促进局和经济发展局职能职责。

（唐　婧）

【综合执法改革】　2020年，长沙市落实市、县两级五大领域综合行政执法改革任务，明确机构编制事项，按标准对现有执法机构进行整合。将长沙市规划监察执法支队、国土资源执法监察支队及其内五区大队进行整合，组建长沙市自然资源和规划综合行政执法支队。指导芙蓉区开展综合行政执法改革，成为全省第一个实现“一枚印章管审批”和“一支队伍管执法”的行政区。健全县级“局队合一”体制，明确执法主管部门局长兼任综合行政执法大队大队长；同时统一规范区县（市）执法部门机构设置和职数配置。指导乡镇（街道）开展综合行政执法改革，整合现有站所、分局力量，全市170个乡镇（街道）设立综合行政执法队，建立乡镇（街道）执法事项清单，以乡镇（街道）名义开展执法工作，逐步实现“一支队伍管执法”。

（唐　婧）

【“工程审批制度”改革】　2020年，长沙市推进工程建设项目审批制度改革，减少审批事项，审批事项由71项压减至41项；缩减审批时限，全流程总审批时限由约230个工作日压减至30~75个工作日；减少审批环节，将改革前71项串联审批事项划分为4个审批阶段，各阶段实行“一家牵头、并联审批、限时办结”。2020年长沙市工程建设项目审批系统中申报项目1.17余万个，办结办件2万余件，整体办件量在全国同类型城市排在前列。2020年，长沙市推进综合窗改革和“三集中三到位”（三集中：县级行政机关的审批事项向一个股室集中，行政审批股室向县政务服务大厅集中，审批事项向网上办理集中；三到位：事项进驻到位，审批授权到位，电子监察到位）工作。制订“三集中三到位”改革工作专题方案，剥离业务处室及二级单位的行政审批服务职能，集中至行政审批和政务服务处，同时剥离行政审批和政务服务处的监管职能。入驻政务大厅事项26项，入驻工作人员38人。

（臧　勇）

【农村改革】　2020年，长沙市完成农村集体产权制度改革。全市清查核实农村集体资产总额313.45亿元，其中经营性资产94.07亿元，非经营性资产219.38亿元，清查资源性资产总面积64.6万公顷。确认集体经济组织成员427万人，建立集体经济组织1068家并登记赋码，对有条件的集体经济组织进行股改，全市有272家集体经济组织成立股份经济合作社。农村土地承包经营权确权登记颁证工作完成，全市完成确权登记颁证数量910224户，颁证率98.2%。岳麓区被确定为全国工商资本租赁农户承包地准入监管和风险防范制度及土地经营权流转交易规范化管理服务体系建设试点单位。“长沙市农村综合金融服务平台”微信公众号和网站上线。

（范朝朝）

组　织

【理论学习】　2020年，长沙市以学习贯彻习近平新时代中国特色社会主义思想为主线，围绕十九届四中、五中全会精神及习近平总书记考察湖南重要讲话精神等，组织全市领导干部开展网络专题学习，举办各类主体班专题班24期、调训干部2400余人；编选长沙市改革发展稳定攻坚克难典型案例，办好“长沙大讲堂”，推动党的创新理论入脑入心。持续推进“1+2+X”党性教育基地建设（以市委党校为主阵地，建设秋收起义和雷锋两个干部学院，打造田汉文化园、杨开慧纪念馆、沙田红色文化园等若干个特色现场教学点），湖南雷锋学院建成办学，对35个市级党员教育培训示范基地提质提档。开展“党课开讲啦”暨党员教育本土“名师名课”竞赛活动，带动广大党员讲好红色故事，让红色基因代代相传。制订实施《党员教育培训实施计划（2020—2023年）》，全年集中培训党员26.1万人次。巩固“不忘初心、牢记使命”主题教育成果，立足支部抓好常训，把党的创新理论作为组织生活会、“三会一课”、主题党日等党支部活动的主题主线。

【干部队伍建设】　2020年，长沙市对政府组成部门的领导班子和班子成员开展政治建设专项考察，将“政治体检”扩展至国企、高职院校，延伸到区县（市）直机关、乡镇（街道），运用考察结果，市委提拔政治表现优秀的干部9名，调整市管班子成员4名，对区县（市）法院、检察院两院班子调整56人。印发《加强党政领导班子建设若干措施》，市委常委会研究任免干部16批496人次，晋升三级调研员及以上职级743人。拟制考核指标，以项目建设为重点，推进“一线工作法”，全年实地踏勘项目工地530余个。落实刚性配备要求，市委新提拔的干部中年轻干部占36.2%。推动年轻干部培养选拔任用报告制度落实，督促指导各地各单位加强年轻干部常态配备。选派87名精干力量参加产业链、自贸片区建设。抓好干部监督管理。落实“凡提四必”（对拟提拔或进一步使用人选的干部档案必审、个人有关事项报告必核、纪检监察机关意见必听、线索具体的信访举报必查）要求，开展“一报告两评议”（一报告：专题报告年度干部选拔任用工

2020 年 12 月 23 日，长沙市深入推进公务员平时考核工作会议召开　　市委组织部　供图

作情况；两评议：对干部选拔任用工作进行民主评议，对新提拔的党政主要领导干部进行民主测评），防止“带病提拔”。对 49 家单位开展选人用人专项检查，发现问题线索 633 条。分层分类建立党政正职履职用权风险提示清单，健全干部选拔任用监督工作联席会议制度，建成干部监督综合信息管理系统。推进个人事项报告专项整治、档案遗留问题排查等行动，调整不担当不作为干部。推进职务与职级并行制度落实落细，推动公务员分类管理工作。新录用公务员 230 人，组织线上线下培训 2808 人。做好提高乡镇机关事业单位工作人员工资收入工作，召开全市深入推进公务员平时考核工作部署会，做好公务员登记、调任、转任等工作。

【党组织建设】 2020 年，长沙市完成 1611 个村（社区）“两委”换届，班子结构、综合素质提升，“一肩挑”比例从换届前的 20% 左右上升至 2020 年年底的 97.8%。深入贯彻省委加强基层建设“1+5”［1 个意见：《中共湖南省委关于全面加强基层建设的若干意见》；5 个配套文件：《规范乡镇（街道）职责权限实施方案》《拓展基层干部晋升通道实施方案》《提高基层干部待遇实施方案》《促进人才向基层流动实施方案》《切实减轻基层负担实施方案》］文件精神，直接考核解决村（社区）书记事业编制 35 名。组织 659 个驻村工作队和 3.7 万名干部结对帮扶，贫困村、贫困人口全部“清零”。推进城市基层党建，推广“街道吹哨、部门报到”，出台加强小区党建 10 条措施。规范市直单位党组（党委）设置，落实国有企业基层组织工作条例，推进“公立医院党建 16 条”和“高校党建 20 项重点任务”，选聘两新（新经济组织和新社会组织）党建指导员 3390 名，实施“标杆引领”计划，培育打造 298 个创建对象，推进 12 条产业链党建和 13 个社会组织“三基”（基本组织、基本队伍、基本制度）基地建设。落实全市加强村党组织书记队伍建设 22 条，为 35 名村（社区）书记解决事业编制。开展农村发展党员问题排查整顿，推进党员分类管理试点，建成智慧党建系统。推进基层公共服务（一门式）全覆盖，34 项高频事项可在村（社区）办理。对 37 个软弱涣散村（社区）党组织按照“六个一”（拿一套整顿方案、定一名党员区级联点领导、派一支工作队伍、配一名第一书记、选一批帮扶项目、建一个坚强班子）工作法整顿，排查违纪违法涉黑涉恶村（社区）干部 52 人。提高党员教育水平，运用远程教育平台，定期推送“远教学习资源包”，举办“网络讲习课堂”，发布信息 3200 余条。

【人才工作】 2020 年，长沙市出台《制造业优秀人才集聚工程三年行动计划》《乡村振兴产业人才队伍建设若干措施》等，政策体系完备。编制发布《紧缺急需人才需求目录》，靶向引进 42 名高精尖领跑工程人才、116 名紧缺急需集聚工程人才，认定 7 批次 577 名高层次人才；设立“优才贷”风险补偿资金；解决人才子女入学 169 例，审批人才购房 5000 余例，发放购房补贴 3 亿元，发放各类人才奖补 5.7 亿元；收集 10 万校友信息，联络对接 10 余家校友企业落户长沙，投资超 70 亿元。举办技能竞赛、人才研修班、人才联谊等活动，建成海外人才离岸创新创业基地，举办高层次人才研修班 2 期，组织外籍人才联谊等活动 5 场。推进实施“人才小镇”“国际人才港”等项目，建成海外人才离岸创新创业基地，实施海外汇智项目 34 个。构建长沙工匠技能竞赛“5+N”模式，重奖“工匠型人才”。长沙中高端人才净流入率连续 3 年居全国前三位。

（本栏撰稿　黄　胜）

宣　传

【概况】 2020 年，长沙市聚焦“三高四新”、疫情防控、复工复产、决胜决战、“三智一芯”等主题抓宣传，“战疫模范生”“复苏先锋”“新基建狂魔”“青春之城”“幸福之城”等声名远播，“产业链风云”“移动风云”等报道浓墨重彩；《人民日报》刊发长沙重点报道 167 篇，新华社 209

篇，中央电视台《新闻联播》34 次。中宣部部刊《宣传工作》推介《湖南长沙聚焦“三个关键”，全面夯实工作责任》。连续 3 届蝉联“全国文明城市”，连续 13 年被评为“中国最具幸福感城市”。创新打造“雷锋志愿者”品牌，张运和被评为全国“最美环保志愿者”，3 个单位和个人被评为全国学雷锋“四个 100”先进典型。承办未成年人“我和我的祖国”主题教育实践活动全省示范场，组织未成年人开展“扣好人生第一粒扣子·传承红色基因”系列教育实践活动，2020 年新增“中国好人”3 名，累计 182 名，居全国省会城市第一位，评选发布 30 名“新时代长沙好少年”，张荣景被评为湖南省首个“全国新时代好少年”，实现湖南零的突破。马栏山视频文创园跻身国家级文化产业示范园区创建榜，全国仅 13 家；完成红色经典电影《雷锋》4K（4K 分辨率：4096×2160 的像素分辨率，属于超高清分辨率）修复；AI（Artificial Intelligence 人工智能）手语播报技术在襄阳广播电视台落地；5G 智慧电台挺进全国市场，签约 228 频、装机 177 频，入选全国广播电视媒体融合成长项目。举办长沙汽车消费节，2020 年世界媒体艺术之都·中部（长沙）印刷产业博览会（以下简称“长沙印博会”）和长沙图书交易会，打造疫情防控常态化下会展联防联控“长沙样本”，入选首批 15 个国家文化和旅游消费示范城市，上半年全市旅游景区复工率位居全国 35 个重点城市第四，电影复工当日票房排名全国第三位。组织省、市共建长沙交响乐团两周年汇报演出、“青春芒果节，打卡长沙城”系列活动，线上线下 130 万余人次打卡长沙 210 余家网红地标和门店；联合湖南卫视打造北京、上海、深圳、长沙四城天台接力唱演秀《青春万岁——五四接力大直播》，节目关注度和城市影响力实现双赢。“互联网岳麓峰会”“中国·长沙 1024 程序员节”“中国新媒体大会”等品牌活动陆续举办，推动复工复产。在湖南卫视小年夜春晚中推出城市宣传片《长沙，手可摘星辰》；联合“茶颜悦色”策划“留在长沙过大年”暖心杯，刷屏市民朋友圈，成为借社会力量做宣传工作的经典案例；开展“老长沙·新味道”文艺创作活动。

【理论武装】 2020 年长沙市创新推出“就认这个理——学习新思想长沙微宣讲”宣讲活动，组织“就认这个理打造三高地”、十九届五中全会精神等专题微宣讲，做好财政部部长刘昆、湖南省委书记许达哲到长沙市宣讲组织工作，举办宣讲报告会和基层群众面对面微宣讲超 2 万场次，制作传播微宣讲视频 478 个，线上线下收听收看人数 626 万人。推动全市各级中心组学习制度化、规范化，长沙市创新打造党委（党组）理论学习中心组学习“模范班”经验获湖南省委宣传部推介。创新开展学习强国线下推广知识竞赛，“学习强国”整体学情向好，长沙市委宣传部被评为全省“学习强国”学习平台推广使用工作先进单位和供图先进单位。推出两大社科研究成果——《长沙园区转型发展升级研究》《长沙创新生态建设研究》。

【新闻宣传】 2020 年中宣部“走向我们的小康生活”、全面小康“百城千县万村”调研行、“坐着高铁看中国”报道长沙；中央新闻联播《快闪迎国庆共祝祖国好》137 秒展示长沙快闪活动盛况、视频点击量逾亿人次；“产业链风云”“移动风云”“文旅风云”等主题报道声势浩大，“战疫模范生”“复苏先锋”“新基建狂魔”成为网络热词。按照打造“大报、大台、大网、大 V”的目标，开展“狠抓三季度奋战下半年”好新闻季度赛，推动市属三大媒体出大稿、出大片、出爆款，长沙晚报推出《全力以“复”》《中国有个马栏山》等 30 余篇大稿特稿；长沙广播电视集团推出《这个春天第一书记在忙啥？》《关键核心技术是怎样炼成的》等一批重磅策划，《守护解放西（第二季）》全网热播，战疫纪录片《守护我的城》好评如潮，连续八年被评为“年度最具综合实力城市台”，新闻栏目《总编辑调查》被评为“年度城市台优秀节目”；星辰在线推出图片报道《回家》等一批点击量过亿的超爆款产品，创新“飞越两山 916 航拍长沙大直播”。推动主力军挺进主战场，组织撰写《抓经济，这座城市是认真的！》等优质专业网评文章 116 篇，“打卡长沙相遇青春”短视频大赛等活动总点击量 68 亿次，“长沙小姐姐为援鄂护士买单”等成为全国全网关注的“现象级”爆款。组织审批新闻发布会 19 场，围绕疫情防控、复工复产、“蓝天保卫战”等 60 余个主题开展社会宣传。

【意识形态】 2020 年，长沙市落实意识形态工作责任制，稳妥处置苗头性问题，全市未发生被中央、省问责的意识形态责任事故，《湖南长沙聚焦“三个关键”，全面夯实工作责任》在中宣部《宣传工作》推介。制定《关于加强重大舆情应急处置工作的实施方案》，督促做好 10 余个热点问题和突发事件舆情处置工作，2020 年未发生因履职不到位而导致的较大负面舆情。压实网络意识形态和网络安全两个责任制，率先建立网络安全应急指挥中心，处置敏感舆情 100 余起，2020 年未发生大的网络舆情和网络安全事件。

【精神文明建设】 2020 年，长沙市承办“第七届全国道德模范故事汇基层巡演”和中宣部社会主义核心价值观“百场讲坛”第 106 场活动，举办“纪念红一方面军成立 90 周年暨湘鄂赣苏区历史研讨会”“李富春诞辰 120 周年”“雷锋诞辰 80 周年”交流研讨活动，湖南雷锋学院揭牌，提质改造萧劲光故居等一批爱国主义教育基地。25 个单位（学校、家庭、单位、村镇）被评为全国文明单位（学校、家庭、单位、村镇）。拓展新时代文明实践中心建设试点，深化宁乡市、望城区国家试点，创新打造“雷锋志愿者”品牌，组织“四季同行·雷锋家乡学雷锋”“文明交通百日零违法挑战赛”“排队日”“礼让日”“爱心护考”等主题志愿服务活动。

【文化事业】 2020 年，长沙市《大地颂歌》走进国家大剧院；《伟大的转折》《共产党人刘少奇》获电视剧“飞天奖”优秀电视剧奖；《我们在行动》第四季获电视文艺“星光奖”特别奖，《闪亮的名字》获优秀电视文艺栏目奖；《半条红军被》入围文旅部“中国民族歌剧传承发展工程”7 部重点扶持剧目和“庆祝建党百年舞台艺术精品创作工程”重点扶持“百年百部”计划；《四十城四十年》获首届中国广播电视大奖广播电视节目奖；1 人入选中宣部文化名家暨“四个一批”人才（长沙晚报社庄居湘），2 人入选中宣部宣传思想文化青年英才（纪红建、张音悦），邬建美成为中国文联“崇德尚艺做有信仰有情怀有担当的新时代文艺工作者巡回宣讲团”12 名成员之一。统筹高雅与群文、市场与公益，“纪念贝多芬诞辰 250 周年音乐会”、城市交响乐团“长沙峰会”好戏连台，杜鹃花艺术节、吉他艺术节、草莓音乐节、青年戏剧节、“百村千场文化进万家”文艺惠民演出精彩纷呈；长沙市博物馆、胡耀邦纪念馆晋升国家一级博物馆，建成标准化村（社区）综合文化服务中心 100 个，提质图书馆分馆 100 个、文化馆分馆 50 个，长沙县文化馆、浏阳市融媒体中心被评为全国服务农民、服务基层文化建设先进集体。举行“五个一工程”奖表彰大会，兑现奖金 300 万余元；修订《文化事业发展专项资金管理办法》，新增精品创作财政专项经费 2000 万元；举行“中国网络文学小镇”首批网络作家入园仪式、首批文艺名家工作室授牌和“长沙文艺新人”评选。

【文旅产业】 2020 年，长沙市等级景区、星级乡村旅游区（点）、娱乐演艺场所、网吧复工率 100%，长沙居全国网红城市 8 强，入选最吸引年轻人生活的十大城市。出台“长沙文创抗疫 15 条”和“长沙文旅抗疫 12 条”，支持 437 家企业市级帮扶资金 7885.4 万元，为 407 家企业减免租金 4820.84 万元，为 208 家企业争取省级补贴资金 2182.4 万元，开展文化产业助力复工复产金融服务大行动，为 2 家企业放贷 1000 万余元。举办“长沙汽车消费节”，打响全国会展业复工复产“第一枪”，中国红色旅游博览会、“湖南人游省会·长沙人游长沙”、“青春芒果节·打卡长沙城”、五四接力大直播、“老长沙·新味道”主题文艺创作等系列活动举办。湘江欢乐城建成开放，成为全市乃至全省网红打卡新地标，累计接待游客人数 43.8 万人次、创收 7160.58 万元；支持新华联铜官窑古镇、“方特·东方神画”主题公园等项目建设和发展，铜官窑古镇 2020 年入园 98.53 万人次，营收近 2 亿元，与 2019 年基本持平；东方神画主题公园入园 128.4 万人次，营收接近 1.4 亿元、较 2019 年增加 4000 万元；望城区被评为国家全域旅游示范区，2 个村被评为第二批全国乡村旅游重点村。长沙市印刷行业协会被中国印协评为印协成立 40 周年“致敬时代榜样”先进集体。举办第 27 届长沙图书交易会，展厅面积、订参数、展位数、参展商数创新高。电影复业首演，长沙占据全国 3 个第一。举办《掬水月在手》长沙分享交流观影会、“湘观影”“光影铸魂”公益电影放映月等活动，电影行业复苏势头强劲，影院复业率 94%，2020 年长沙票房全省占比 43.86%。3 个项目入选文化和旅游部 2020 年“一带一路”文化产业和旅游产业国际合作重点项目；举办“2020 广州文交会·长沙城市推介会”，组团参加宁波国际文化产业博览交易会、济南国际文化产业博览交易会、深圳云上国际文化产业博览交易会、海口全国节目交易会，与上海、成都、广州等 30 余个城市开展文旅交流活动，与 20 余个城市签署旅游合作协议，推动长沙龙山文旅产业对口帮扶。

【2020 年世界媒体艺术之都·中部（长沙）印刷产业博览会】 2020 年世界媒体艺术之都·中部（长沙）印刷产业博览会（以下简称“长沙印博会”），于 6 月 8—10 日在湖南省国际会展中心举行。该届长沙印博会展出面积比 2019 年扩大 4500 平方米，达 1.8 万平方米；参展企业 238 家；专业观众比 2019 年翻倍，达 2 万人。成交额、意向成交额比 2019 年有所增长，分别达

2020 年 6 月 8—10 日，2020 年世界媒体艺术之都·中部（长沙）印刷产业博览会在湖南国际会展中心举行
市委宣传部 供图

5500 万元和 7500 万元；签订长期合作协议 8 个。该届印博会展位 500 余个，全产业链前端高精尖企业参展，涵盖高斯、高堡、小森、利尤比、晶网点、晟图、华岳、群利、金沃顿、哈得、富士施乐、惠普、柯美、佳能、京东、陈鹏、汉光、亚明等品牌企业。

【对外宣传】　2020 年，长沙市举办“一带一路”青年创意与遗产论坛、意大利著名导演费里尼百年诞辰长沙影展节、中央电视台“我要上春晚”长沙录制、铜官窑媒体艺术季、“媒体艺术进校园”创作大赛等活动，参加联合国教科文组织中国全委会“共抗疫情在线交流会”、“上海设计之都”10 周年庆典等系列活动。“抗疫复工”“智造新名片”“产业链风云”“全面小康”“幸福城市”等主题外宣，5 次获长沙市委、市政府肯定性批示，《长沙民间外宣助推城市形象建设与传播》《“城市云享”论坛研讨疫情下的中国城市品牌国际传播》经验被中宣部、国务院新闻办公室推介。引导、借力外媒唱好长沙，《华盛顿邮报》北京分社社长安娜·法菲尔德推出署名文章《特朗普将中共视若大敌，中国年轻人则相信其引领未来》。制作刊播《改变的是生活不变的是微笑—长沙抢先按下抗疫复产“快进键”》《三千年正青春》等融媒体产品；推出《哇！老街》系列微纪录片，入选腾讯视频“赞，我的城”全国十佳优质内容榜单。

【第 27 届长沙图书交易会】　2020 年 10 月 22—24 日，第 27 届长沙图书交易会在湖南国际会展中心举办。该届图书交易会以“世界媒体艺术之都——长沙人爱读书”为主题，展厅面积 4 万平方米，比 2019 年增加 8000 平方米，增长 25%；设特装展位 170 个、国际标准展位 500 个，展位数比 2019 年增加 300 余个，增长 47%；参展商 800 家，分布全国 24 个省、直辖市、自治区，其中国有出版社 26 家，参展单位比 2019 年增加 200 余家，增长 35%。参展商、供货商、下游经销商共计 2 万余人带动长沙及周边酒店住宿、餐饮会务、商贸物流、人员就业、旅游娱乐、交通运输、广告印刷、会展设计等相关服务消费近千万元。

【首批文艺名家工作室挂牌】　2020 年，长沙市委宣传部、长沙市财政局、长沙市文联从 28 家报名单位中遴选出 10 家，确定为长沙市首批文艺名家工作室，包括曹汝龙名师工作室、大兵工作室、杨天解音乐创作工作室、张锡良书法讲习所、邬建美湘绣艺术工作室、泥人刘工作室、龙鼎中影像艺术工作室、中南大学卢雨工作室、朱训德后湖工作室、谭仲池文艺创作室。这些工作室涉及戏剧、曲艺、音乐、书法、美术、摄影、民间文艺、电影电视等多个艺术门类。7 月 28 日，长沙市首批文艺名家工作室授牌仪式暨文艺精品创作座谈会召开。

2020 年 7 月 28 日，长沙市首批文艺名家工作室授牌仪式暨文艺精品创作座谈会召开

市委宣传部　供图

【老长沙·新味道文艺采风活动】　2020 年，长沙市作为全国首批历史文化名城之一，提出城市“有机更新”的理念。5—9 月，长沙市委宣传部、长沙市委网信办等主办的“老长沙·新味道”文艺采风活动拉开序幕。为追寻长沙老街厚重的文化底蕴，感受有机更新给老街区带来的新变化、新活力，宣传“老长沙”新味道，由省内知名作家撰写的长沙古今事、潇湘风物情，在《长沙晚报》橘洲版“老长沙·新味道”专栏以及“掌上长沙”刊发。

（本栏撰稿　曾艳华）

统　战

【概况】　2020 年，长沙市坚持中心工作和统战工作“两手抓、两手硬”，在做好疫情防控的同时，抢抓时间和机遇，为夺取疫情防控和经济社会发展“双胜利”作出统一战线的贡献。推进平安建设工作，2020 年未发生任何责任事故及较大影响事件。开展民主法制领域改革，年度改革任务全部完成。落实党风廉政建设工作，2020 年统战系统未出现违法违纪行为。

【多党合作】　2020 年，长沙市连续 28 年举行“新春第一访”，湖南省委常委、长沙市委书记带领长沙市委、市人大、市政府、市政协主要负责人走访各民主党派市委、市工商业联合会（总商会）机关，听取 2019 年调研成果汇报，征求党外人士意见建议。邀请党外代表人士到怀化市开展 2020 年度暑期谈心，并首次邀请 2 位新社会阶层人士代表参加。连续 15 年开展长沙市领导与党外代表人士联谊交友工作，由长沙市委书记带头，市委常委列名联系党外代表人士。每季度召开1次各民主党派市委会联席会议，制定并启动3年走访100名民主党派骨干代表人士计划。

【非公有制经济统战】 2020年，长沙市加强民营经济统战工作，促进非公经济“两个健康”（非公有制经济健康发展和非公有制经济人士健康成长）。出台《长沙市关于促进工商联所属商会改革和发展的实施方案》《长沙市工商联系统商会综合评价实施办法》，健全市、县、乡三级领导干部挂点联系商会机制，对接民政部门破解基层商会注册登记难题。协调各有关部门参与优化营商环境工作，推动实施“效能提速”“实体经济降成本”“企业家权益保护”“政策落地”四大专项行动。推动《长沙市政企常态化沟通制度》贯彻落实，搭建“政企恳谈会、涉企部门座谈会、涉企政策征求意见座谈会”常态化沟通平台。连续7年由长沙市委书记、市长主持召开1~2次民营企业家座谈会，2020年市委督查室交办民营企业家诉求问题2批次。将“政企常态化沟通”作为一级指标首次纳入《营商环境评价指标体系》，列入对区县（市）营商环境测评内容。市、县两级全部建立非公有制经济领域维权联席会议机制，联合市委政法委等单位共同构建民营企业合法权益全方位保护体系。健全法律维权援助机制和法律顾问制度，建好“市总商会法律顾问团”等。推动建立政府部门和国有企业拖欠账款问题约束惩戒机制。建立健全涉企案件办理经济影响评估机制。发挥“市商协会组织联合党委”和“市商协会组织联合党校”作用，依托长沙市委党校（长沙行政学院）、长沙市社会主义学院设立长沙市经理进修学院，首创长沙市委党校免费培训民营企业家模式。将学院培训计划纳入长沙市委干部和人才培训计划，2020年培训500名企业经营管理人才。将民营企业家“访学”列入长沙市委2020年重点攻坚改革事项，首次组织民营企业家到粤港澳大湾区开展访学活动。

【民族宗教事务】 2020年，长沙市首次召开全市教育系统民族宗教工作推进会，组织市属高职院校、中小学主要负责人近120人进行民族宗教政策法规集中培训。落实中共中央、湖南省委关于“依法打击非法传教活动和抵御境外背景的宗教渗透”的要求，成立专项处置工作领导小组，依法查处一批非法传教据点，并进行处置。开展城市少数民族工作，在6月召开的全省民族团结进步表彰大会上，望城一中、韭菜园街道军区社区、市伊斯兰协会等3个单位获“全省民族团结进步模范集体”，4人获“全省民族团结进步模范个人”。

【党外代表建设】 2020年，长沙市制定出台《长沙市培养选拔党外干部五年工作规划》。制定党外代表人士分级分类管理办法，确定纳入管理的党外代表人士范围，明确市级党外代表人士分类管理的责任分工。完善市委组织部统战部两部联席会议制度，推动党外干部按政策配备到位。建立373人组成的长沙市高层次党外人士人才库，结合工作需要，分层级分类别储备一批各领域的代表人物，并实现动态管理。做好政治安排，全市配备县处级及以上党外干部123名，包括正处职级14人，其中市级政府工作部门配备党外正职4名，配备党外干部的领域、总数和比例，都位居全省前列。提拔6名党外人士担任有关市直部门、园区、院校等单位一把手或正处职领导。连续30年开展“对口联系和特约人员”工作，在近30个市直部门分别与民主党派、工商联开展对口联系工作，实现涉及民生民意的政府部门全覆盖。17个市直部门、单位从党外人士中聘请各类特约人员119名，同时还聘请一批民营企业家担任“营商环境特约监督员”。制订《政党协商计划》，引导党外人士参政议政、建言献策，2020年各民主党派市委、市工商联及无党派人士共完成调研报告9个。在宁乡市巷子口镇建立市各民主党派首个履职实践基地。出台《关于加强网络人士统战工作的实施意见》，引导全市网络人士尤其是代表人士正确发声、体现价值。民革党员刘激扬担任院长的长沙市第一医院获“全国抗疫先进集体”称号，个人被评为“全国先进工作者”；侨界人士戴立忠先后获“全国创新争先奖”、“中国侨界贡献奖”一等奖。

【同心创建工作】 2020年，长沙市财政安排330万元专用经费支持基层开展“同心创建”建设。宁乡市重点打造的“巷子花开”项目被评价为“推进‘同心美丽乡村建设’的一个新思路”。长沙县发挥统战工作领导小组作用，打破地域限制，统筹推进开慧镇锡福村、葛家山村、开慧村连片打造同心美丽乡村示范区。

【党外人士教育培训】 2020年，长沙市开展党委统战部领导班子同民营经济代表人士“深度谈心”活动，集体谈心18场339人次，“一对一”谈心201人次组织党外人士集中学习传达全国两会精神、习近平总书记到湖南考察讲话精神、十九届五中全会精神。将党外人士纳入全市干部教育培训和挂职锻炼主体范围，分级分类作出统一安排，2020年举办党外人士共识教育班、骨干培训班、新成员班等专题培训班8期，培训500余人次，分期分批选派200余名党外人士到高等院校、红旗渠、“焦裕禄”干部学院接受教育。分别召开5大宗教团体强化巩固引领主题座谈会。

【基层统战工作】 2020年，长沙市开福区创建“基层统战工作示范区”。市、区（开福区）两级党委统战工作领导小组讨论通过创建方案，结合开福区实际，明确“构建一套机制、打造四大基地”的创建思路，制定5大配套执行方案，细化48项重点工作。

实行“清单制+责任制”管理，明确33个部门、16个街道的具体任务和工作时间节点。在全区社会管理创新专项资金中列支120万元作为2020年度创建经费。指导各区县（市）根据自身实际，就某些重点领域开展探索突破。芙蓉区以韭菜园街道军区社区为主阵地，开展民族团结进步工作“进军营、进楼宇、进家庭”活动。望城区连续4年实施宗教（民间信仰）活动场所“四美”（环境美、秩序美、人文美、声誉美）创建，量化测评指标，开展年度讲评，实行动态管理，提升69家合法场所的社会服务能力。天心区探索城市商圈统战工作，成功打造五一广场“同心商圈”，成立“赢商学院”，为商圈内民营经济人士提供培训服务。雨花区2020年区委经济工作会议邀请近300名企业、行业协会、商会代表参加。浏阳市成立长沙市首个县级商协会组织联合党委。岳麓区支持湖南天地人律师事务所在全省律师事务所中率先成立新社会阶层人士联谊会。（本栏撰稿　阳照烈）

政策研究

【文稿服务】　2020年，长沙市向湖南省委报送《贯彻落实市州委书记视频会议精神情况报告》《贯彻落实〈政法工作条例〉情况汇报》等报告30余篇。对产业链、长株潭一体化、“两山”（岳麓山、“马栏山”）建设、“蓝天保卫战”、湘江保护治理等工作，从动员部署、定期调度、中期推进、回顾总结开展全过程服务。2020年起草会议讲话200余篇，为市委科学决策提供参考；起草《关于深入学习贯彻落实习近平总书记考察湖南重要讲话精神当好实施“三高四新”战略领头雁成为建设现代化新湖南示范区的决定》《2020年市委常委会工作要点》《贯彻落实习近平总书记视察湖南重要讲话指示精神分工》《贯彻落实省委书记许达哲在长宣讲十九届五中全会精神报告会精神责任分工》等文件；在《求是》《人民日报》《湖南日报》等中央、省级媒体刊发《发挥长沙制造业比较优势，打造中部崛起核心增长极》等署名文章5篇，在“新基建新经济”高峰论坛上作书面典型发言，为《中国新基建：数字时代的新结构性力量》一书供图。

【调查研究】　2020年，长沙市围绕产业发展、乡村振兴、民生改善等重大问题，对2020年课题前瞻谋划，形成重大课题成果7项。《关于推动村级集体经济发展提标提速的思考及建议》获高度评价，转化为《长沙市发展壮大新型村级集体经济三年行动计划》；《公交都市建设情况》加快公交改革进程，公交集团正重组筹建；《以应用场景建设助推长沙制造业高质量发展》《盘活市本级存量工业用地情况调研报告》《加快发展长沙智能汽车软件产业对策建议》等获市委、市政府主要领导肯定。围绕领导关心关注的领域铺排系列调研，为领导决策提供第一手资料和可靠依据。《疫情期间社区相关工作开展情况》《以党建引领推动物业管理向社区治理深度融合》为补好基层治理短板、强化基层工作效能“把脉问诊”“开方抓药”；《发展壮大新型村级集体经济改革系列调研报告》包含5个子报告，对“双江口模式”“乔口模式”“鹊山模式”“慧润模式”“梅田湖模式”进行深入分析梳理，成为发展新型村级集体经济的“参考书”；《后疫情时期建强健全长沙市公共卫生体系的对策建议》《城市有机更新的调查和思考》等，起到服务决策、促进工作的作用。注重剖析典型案例、发掘先进经验，《浏阳信访工作的主要做法及经验总结》为实现基层治理体系和治理能力现代化提供新的路径参考；《沩水源村党建引领决战决胜脱贫攻坚经验总结》《开福区清水塘炮后街棚改项目有关经验和启示》渗透到文件和领导讲话材料中，为全市城市有关工作提供参考。《四小时航空经济圈建设》《构建长沙智能网联汽车产业基金》《以“大数据+网格化”助推智慧社区建设》等调研成果在省级刊物上推介“长沙模式”“长沙经验”。

【财经工作】　2020年，长沙市起草《中共长沙市委关于制定长沙市国民经济和社会发展第十四个五年规划和二〇三五年远景目标建议》，深度参与《长株潭区域一体化发展规划纲要》省级重大规划、市“十四五”规划纲要编制。研究制定金阳新城战略规划，相关工作得到市委主要领导多次批示并上报。聚焦经济运行中的难点、热点、焦点问题，做好形势分析、专题研究和个案研究，形成《“十三五”目标完成情况》《国内制造业城市经济指标对比》《同类城市经济发展情况对比》等专题报告供市委主要领导决策参考。推动部署开展“大干一百天、实现双过半”百日大竞赛活动，为长沙率先复工复产、统筹“两手抓”、夺取“双胜利”提供高质量、高效率决策服务。形成《发挥政府产业基金乘数效应助力长沙一流产业生态建设》研究性课题成果，推动长沙市政府出台《长沙市产业投资基金管理办法》。制定和推动出台“三资”（沉淀资金、可用资源、政府资产）盘活、提高财税质量和资金使用效益等专项工作方案，推动长沙“制造业20条”（《中共长沙市委关于深入贯彻落实习近平总书记在推动中部地区崛起工作座谈会上的重要讲话精神大力推动制造业高质量发展的若干意见》）转化为市《大力推动制造业高质量发展“七大工程”三年行动计划（2020—2022年）》，围绕财政资金管理、产业链建设、制造业发展形成20余篇专题报告、经验材料。服务财经领导小组会议，确保议题审议决策。跟踪上会议题落实情况，推动议定事项落地见效。配合长沙市绩效办对接湖南省委财经办，提前介入湖南省公务员考试绩效指标拟订。

【资政信息】 2020年，长沙市打造决策咨询平台和各类刊物平台，为做好参谋服务工作提供载体支持。《长沙通讯》2020年审校文稿超100万字，出刊12期。第9期围绕习近平总书记考察湖南推出的系列报道得到长沙市委主要领导肯定。传播党委政府声音，推介基层经验，讲好长沙故事，蝉联“全国城市十佳党刊”，被评为长沙市优秀内刊。强化《长沙调研》资政服务功能，转载重大调研成果、服务市委决策，水业集团转型发展等一批调研成果得到长沙市领导批示。增强《参谋“悦”读》可读性。

【服务全面小康工作】 2020年，长沙市把握“全面小康决胜年”，在全面小康达标认定基础上，对标“一脱贫三促进六覆盖”（一脱贫：脱贫攻坚；三促进：促进经济发展、促进充分就业、促进安全稳定；六覆盖：义务教育、社会保障、农村安全饮水、基层公共服务、农村危房改造、农村通组道路全覆盖）要求，出台《高水平全面建成小康社会决胜年行动方案》。制定《市直单位绩效考核要点清单》。制定《高水平全面建成小康社会督查方案》。加强对新型村级集体经济和城市特殊困难群体的关注和调查研究，城市困难群体帮扶的“长沙路径”获报道，引发外界关注。围绕长沙全面建成小康社会创新成果、特色做法，加大向全省和全社会的推介力度。以《智造长沙崛起》为题，在《求是》杂志社《小康》杂志进行宣传；在长沙晚报刊发《一座最具幸福感城市的解码》专题报道。

（本栏撰稿 谭彦娴）

机关党建

【概况】 长沙市直属机关工作委员会（以下简称“市直机关工委”）承担市直机关政治建设、思想建设、组织建设、作风建设、纪律建设和党员教育管理的综合协调、分类指导等职责，领导市直各单位机关纪委以及机关工会、共青团、妇女委员会等群团组织的工作。2019年机构改革，市直机关工委新增指导督促市直机关各部门党组（党委）履行党建主体责任；配合市委有关部门抓好市直机关各部门领导班子思想政治建设；检查考核市直机关各部门机关纪委（纪检委员）履职情况；指导区县（市）直机关工委工作等职责。

【机关党组织和党员队伍状况】 2020年，市直机关工委管理的市直单位机关党组织98个，管理的各级机关党组织2006个，其中党委149个、总支114个、支部1743个；管理党员44895名，其中在职党员34707名（机关事业单位21721名、非公有制单位12986名）、离退休党员10188名。

市直工会辖基层工会组织223个（其中二级机构单位工会组织135个），会员23393人。市直团工委直管基层团青组织87个（其中含只设工作联系人9个），40岁以下的市直机关各单位（含二级机构）青年19670人，团员2069人。市直妇女工作委员会辖基层妇女工作委员会95个，机关及所属事业单位在职女干部4956人。

【机关政治建设】 2020年，市直机关工委把政治建设摆在首要位置，融入机关党建和自身建设的各方面和全过程。接受巡察工作作为长沙市委赋予市直机关工委的一项政治任务。坚持把巡察整改作为政治责任，第一时间建立问题清单、责任清单、整改清单，实施周调度、月小结工作机制，根据巡察反馈的3大类12个方面问题，研究制定115条整改措施，做到立行立改、真改实改。按要求完成2019年度党组（党委）书记抓基层党建和意识形态工作述职评议考核，综合评定“好”等次述职对象80名、“较好”等次11名。制定半年度督导清单，分组对98个市直单位进行全覆盖督导。调研课题“机关工委指导督促单位党组（党委）履行党建主体责任的方法路径研究”获全国机关党建课题三等奖。收集市直各单位半年度、年度意识形态工作情况报告，指导完善意识形态工作责任清单，强化主体责任落实。会同市委网信办专题调研机关干部职工网络发声情况，查找意识形态领域存在的问题，实时关注机关党员干部的思想动态。

【机关理论武装】 2020年，市直机关工委坚持以习近平新时代中国特色社会主义思想为指引，紧扣《习近平谈治国理政（第三卷）》、习近平总书记考察湖南重要讲话精神等主要内容，联合制作《学习参考》19期，运用“学习强国”学习平台、“微理论·微宣讲”等载体，引导机关党员干部读原著、学原文、悟原理。采取线上与线下相结合的方式组织党务干部开展“守初心、担使命”政治学习，累计1100余名党务干部参加。组织675名预备党员等学习培训，推动习近平新时代中国特色社会主义思想深入人心、落地生根。开展市直机关“快乐阅读，伴我成长”读书分享会、红色文化宣讲大赛，开展“书香机关”“书香个人”评选活动。组织“长沙好人·身边雷锋”、最美志愿者评选，开展“诚信守约、说到做到”“文明交通百日零违法”等志愿服务活动。联合推出“百日会战·担当作为”“攻坚克难勇作为·砥砺前行促发展”等先进典型系列宣传报道，挖掘推介“三大攻坚战”、疫情防控、复工复产、“大干一百天实现双过半”等工作中涌现出来的先进典型41个。以“‘四个坚持’树起机关党建‘风向标’”为题，在《旗帜》第4期刊发。

【机关基层党建】 2020年，市直机关工委组织动员1800余名党员干部深入一线奋战25天，发动3.6万余名党员干部爱心捐款519万元，组织280名党员干部献血10万余毫升，慰问看望卫健系统和援鄂医护人员1600余人，200余名党员干部担任驻企防疫联络员助力复工复产。市直机关33个单位（个人）被评为全省抗击新冠肺炎疫情先进集体（个人）。下发《关于创新党群活动方式、促进长沙节假日消费的通知》，把党群活动与促进长沙经济复苏相融合。以“党的一切工作到支部”为导向，每季度编发重点工作提示，发放党建读物5000余册，发展党员743名，完成60个单位机关党组织换届选举工作指导和审批。加强党费管理使用，2020年慰问党员848人，发放慰问金97.8万元，下拨工作经费95.2万元。开展“五化”党支部（支部设置标准化、组织生活正常化、管理服务精细化、工作制度体系化、阵地建设规范化）星级评定工作，“五星”党支部被评为率为99.1%。授予市直机关“党员先锋岗”“服务群众标兵”称号各51名。探索“四定”方式（定主题、定内容、定时间、定措施）开展主题党日活动，指导基层党支部跨领域结对共建，提高主题党日活动质量。试点推行党员分类管理工作，促进精准施策、精准管理。推进“智慧党建”等信息化工作，平台注册率95%以上，资料上传率75%以上。参与岳麓区、银盆岭街道区域化党建工作，围绕社区治理、党史教育、垃圾分类等方面开展“睦邻汇力”活动。

【机关党风廉政建设】 2020年，市直机关工委分季度编发党纪条规和中纪委全会精神等学习内容，督促机关纪检组织检查落实学习开展情况。通报曝光3起市直机关违反中央八项规定精神典型案例。编印《机关纪委日常监督指导手册》，明晰开展日常监督的方式和流程。紧盯元旦、春节等时间节点，聚焦“四风”新形式、新动向，突出服务民生部门和窗口单位，2020年开展明察暗访6次17天，发现疑似问题6个。督促抓好市直机关工委机关巡察整改工作，针对不同岗位制定廉政风险清单，构建权责清楚、流程规范、措施有力的廉政风险防控机制。案件审理工作，依法依程序审理违纪违法案件13起，做到定性准确、量纪恰当。2020年市直机关共立案99起，给予党纪处分58人，政务处分58人，双重处分17人，其中10人被开除党籍、9人被开除公职、4人被双开。对近两年受党纪政务处分人员处分决定执行情况进行逐一检查、督促整改。

【机关群团工作】 2020年，市直机关工委举办工间操、气排球、健步走、冬季长跑等活动，吸引1.3万余名干部职工参与。开展市直机关“抗疫”优秀文学艺术作品评选活动，广大机关干部创作文学、音乐、摄影等作品，展现自身的素养、担当与情怀。规范“星辰合唱团”管理，参加湖南省“八一”建军节音乐会、“红博会”交响合唱音乐会、《苗寨的故事》大型叙事性交响合唱组歌首演、长沙新年音乐会等演出活动。慰问劳模232人、困难职工498名，发放慰问金（物资）49.12万元。组建28支市直机关青年突击队助力复工复产，成立市直机关营商环境服务团。举办青年大讲堂、“真理之光”情景研学剧公演等活动。举办“明初心、守初心、践初心”团青干部主题培训班。成立“青年之家”、组织青年联谊、举办足球赛，服务机关青年精神文化生活需求。开展扶贫帮困、爱心助学、义务植树、无偿献血、文明餐桌等志愿服务活动。以“巾帼心向党·建功新时代”为主题，推荐巾帼文明岗等先进集体（个人）8个、疫情防控“最美家庭”6户。举办女性素质讲堂21场、家庭教育沙龙3期、线上家长微课堂100余期，受益女职工6000余人次。举办“健康一家人·共圆小康梦”市直机关家庭趣味运动会。关注机关青少年健康成长，开展“亲子课堂·趣读经典”“走进抗疫故事·感受中国力量”等活动。（本栏撰稿 肖 琼）

外事·中国港澳地区事务

【服务总体外交部署】 2020年，长沙市融入“一带一路”建设，加强与日本、韩国、白俄罗斯等“一带一路”沿线国家的使领馆、节点城市和商会协会交往。市委书记、市长等领导先后与日本、秘鲁、马达加斯加、多米尼加、智利、缅甸驻华大使及德国驻华公使等25批重要外宾团组会谈，增进交流互信，推动多边合作。助力“一带一路”境内项目落地，中非经贸孵化园纳入2020年湖南省重点建设项目。夯实开放平台，支持国（境）外政商机构、国际组织分支机构依法依规落户长沙，推动龟尾（韩国）电子信息技术院湖南办事处入驻。助力长沙高新区国际科技商务平台建设，支持其成功创建海外人才离岸创新创业基地。

【外事及中国港澳事务管理服务】 2020年，长沙市修订印发《长沙市涉外涉港澳突发事件应急预案》，加强涉外涉港澳领域应急联动。在新型冠状病毒疫情防控期间，开通24小时涉外抗疫应急专线，及时动态掌握和梳理国家入境管制措施，通过市政府英文网站常态发布疫情防控信息，适时发出《致在长外国朋友的一封信》《致海外长沙同胞的一封信》，编印普发中外文《新型冠状病毒防控ABC》手册。严格做好邀请外国人来华管理工作，积极协助支持重要企业、重要项目急需外籍专家到长沙复工复产，支持64家企业办理691名经贸科研交流外籍人员到长沙邀请签证手续。市委外事工作委员会审定出台《长沙市加强外籍人员管理服务工作实施方案》，健全外事领域治理体系，提升治理能力。协同举办外国人来华相关政策业务培训，向企业介绍疫情防控期间涉外政策。积极推广“通信大数据行程卡”，促成湖南省电子健康卡系统升级并支持外籍人士、港澳人士申领，为国（境）外人士在长沙工作生活提供便利。

【一乡一品国际商品博览会】 2020年12月11—13日，2020一乡一品国际商品博览会暨第五届全国民族地区发展大会在湖南长沙举办。大会以“一带一路一世界 一乡一品一梦想”为主题，由中国民族贸易促进会和长沙市人民政府共同主办，旨在携手迈进畅通国内国际双循环，构建新发展格局的新征程。来自19个国家和地区以及全国26个省、直辖市、自治区约2000名嘉宾出席，海内外1300余家企业，4000余种产品参与展出。

2020年12月11—13日，2020一乡一品国际商品博览会暨第五届全国民族地区发展大会在湖南长沙举办。图为开幕式现场　　市委外事办　供图

【与香港、澳门的交流合作】 2020年，长沙加快对接融入粤港澳大湾区建设，密切与香港特区政府驻湖南联络处、香港长沙商会及省内重点高校港澳办沟通联络。长沙市代表团应邀出席博鳌亚洲论坛全球科技与创新论坛大会，促成2021博鳌亚洲论坛国际经济发展与安全论坛首届大会落户长沙。推动内地与港澳联营律师事务所及港澳法律大厦建设，支持香港城市大学创新科技中心（长沙）落地，打造内地与粤港澳大湾区创新合作新标杆。

【推进外贸外资外经工作】 2020年，长沙市统筹推进外贸外资外经工作。5月9日，市委召开外事委员会第二次全体会议暨市外资外贸外经发展及对外友好交流联席会议，科学部署常态化疫情防控条件下的对外交流工作，健全完善全球抗疫背景下的“大外事”格局。建立全球抗疫期间全市外资外贸外经发展及对外友好交流联席会议制度，准确把握中央对外政策，推动涉外联动机制高效运行。统筹推进“三外”（外贸、外资、外经）工作。市人民政府机制化调度“三外”工作，稳步推进涉外疫情常态化防控和稳商招商工作，着力培植增长点，稳住“三外”基本盘。建立市领导联系重点外贸外资企业工作机制和重点企业调度机制，落实抗疫保进出口政策，实现精准帮扶。2020年，实际利用外资72.8亿美元，实现进出口总额2350亿元，比2019年增长17.4%。

【国际友好城市建设】 2020年，长沙市做好新冠肺炎疫情时期的国际友好交流，参加2020年城地组织（UCLG）世界执行局视频会议，用好用活对外沟通协调机制。年内，长沙与白俄罗斯莫吉廖夫市缔结友好城市，与芬兰塞纳约基市结好事宜获全国友协批准，与美国安纳波利斯市的友好交往进一步巩固，与西班牙格拉纳达市、荷兰斯海尔托亨博斯市达成结好共识，与日本京都、爱尔兰都柏林等重要城市交往得到进一步深化。

【平山郁夫丝绸之路美术馆藏文物展】 2020年6月12日，“从地中海到中国：丝路宝藏——平山郁夫丝绸之路美术馆藏文物展”在长沙博物馆特展一厅开展，日本驻华大使横井裕，中国文物交流中心副主任赵古山，市委副书记、市长、湖南湘江新区党工委书记郑建新出席开幕式。该展览是长沙市首个大型国际文物展览，此次展览荟萃的丝路遗珍反映了丝绸之路沿线多个地区古代文明的灿烂辉煌，为中国观众呈现一幅生动的丝绸之路历史画卷。

【市委外事办被评为“全国地方外事工作优秀集体”】 2020年12月24日，在江苏省南京市举行的2020年全国地方外办主任会议上，长沙市委外事办被评为首届“全国地方外事工作优秀集体”。该奖项是经党中央批准，外交部设立的省部级表彰项目，每五年评选一次，是地方外事工作的最高荣誉。

【市委外事办被评为“湖南省抗击新冠肺炎疫情先进集体”】 2020年11月30日，湖南省抗击新冠肺炎疫情表彰大会在长沙举行。大会对湖南省抗击新冠肺炎疫情先进个人、先进集体、湖南省优秀共产党员、湖南省先进基层党组织进行表彰。市委外事办获得“湖南省抗击新冠肺炎疫情先进集体”荣誉称号。新冠肺炎疫情防控期间，市委外事办参与20趟国际来长临时包机及5趟商业航班3000余人的防疫接待任务。疫情初期，牵头争取国际友城、境外组织、华人华侨支持，协同做好防疫物资接收和送达工作，总额

1710万余元；后期根据国家总体外交部署和长沙对外交往重点方向，统筹向110个境外主体捐赠价值5990万元的抗疫物资，分享统筹疫情防控和经济社会发展的“长沙经验”。

（本栏撰稿　王文曦）

机构编制

【概况】　2020年，中共长沙市委机构编制委员会办公室（以下简称“市委编办”）对42家市直单位和9个区县（市）机构改革方案及“三定”规定执行情况开展调研评估，总体运转良好，卫生健康、物流口岸、数据资源等部门的职能作用在全市疫情防控和复工复产中彰显；对部门反映的63个问题逐个研究办理。协同推进长沙市残联、红十字会等群团机构改革，完成长沙市委党校机构改革，落实森林公安管理体制调整。督促指导区县（市）完善台湾工作办公室、应急管理、退役军人事务等机构设置，浏阳市基层管理体制改革经验在《人民日报》宣传推介。加大公益类事业单位调整，整合撤并市农机安全监理所等“小散弱”事业单位16个，精简收回事业编制83名。对湖南信息职业技术学院等7家事业单位明确分类，对长沙市城市维护质量监督中心等10家事业单位的经费形式予以调整，做到分类与经费形式相匹配。推进卫健系统事业单位改革，研究制定卫健系统事业单位整合方案。完成市、县两级五大领域综合行政执法改革，明确机构编制事项，完成人员转隶。整合国土、规划执法队伍，组建市自然资源和规划综合行政执法支队。指导长沙县、芙蓉区在更大范围开展综合行政执法改革。指导全市170个乡镇（街道）整合站所和分局工作力量，设立综合行政执法队，推进“一支队伍管执法”。

研究制定中国（湖南）自由贸易试验区长沙片区机构设置方案，争取机构编制资源支撑。调整优化湘江新区、马栏山视频文创园等机构编制配置，推动浏阳高新区和浏阳经开区整合设置；深化长沙高新区和长沙经开区相对集中行政许可权改革，实现企业“办事不出园”“只进一张门”，并将改革经验向其他省级园区推广，助力经济发展。理顺市市场监管局与长沙高新区、宁乡经开区等部门间职责关系，确保市场监管不留空当；整合停车办、铁建办、轨道办职责，组建市重大交通设施建设事务中心，推动融合发展；重新制定市房屋交易管理中心“三定”规定，合理划分房屋交易和不动产登记职责边界；将多条政务服务热线相关职责整合，新设长沙市“12345”政务热线中心，推动“一口对外”。调整市科技局内设机构及职能配置。研究明确市直机关关工委、退役军人服务中心、生产力促进中心等部门职能职责。坚持“瘦身”与“健身”相结合，长沙市和各区县（市）机构编制总量未突破上级核定的总额。注重内部挖潜，整合撤并市级机构46个、收回编制1385名，调剂用于保障生态环境、应急管理、退役军人事务、网信等关系民生和安全稳定的重点领域。注重系统统筹，做好争取湖南省下达的7724名教职工编制的分配，深入市属36所中小学校，逐个班级、逐个座位核清注册学生人数，科学测算并重新核定各校教职工编制，同时调剂40名编制专门用于城区引进优秀公办小学校长，服务教育高质量发展；为破解医院岗位设置瓶颈，核定长沙市第一医院、长沙市中心医院、长沙市妇幼保健院人员总额；对市交通运输局、市工业与信息化局、行政审批服务局等部门机构编制需求，在系统总量内统筹调剂解决。注重基层创新，率先全省出台优化基层机构编制资源配置的意见，指导区县（市）建立编制“周转池”，统筹使用各类编制资源。

出台机构编制规范性文件备案审查办法，审查区县（市）规范性文件12件，报备7件。围绕机构改革后部门政策性超编的问题，研究建立“编制信用卡”机制，破解“青黄不接”的进人困境。聚焦医疗体制改革中编制备案制人员流动不畅的问题，创新思路谋出路，为人才引进提供保障。制定出台加强城镇小区配套幼儿园事业单位法人登记、加强利用国有资产举办事业单位法人登记管理的措施。推广运用机构编制实名制管理系统，加强数据统计分析，为资源统筹和内部挖潜提供科学准确的数据支撑。加强事业单位登记管理，完成机关事业单位登记460家，年度报告网上审核476家、网上公示469家；对符合条件的24家单位进行简易注销。完成市县两级机构编制内网建设，信息化创新工作任务超额完成。自主开发网上名称管理电子台账系统，中央编办和省委编办予以推介。落实全市政务数据资源归集工作要求，推送政务数据685条，获书面通报表扬。配合做好公务员登记、职务职级并行、公车改革等涉及的人员编制审核工作。建立机构编制纳入市委巡察、选人用人专项检查、领导干部经济责任审计的监督机制，对61家机关事业单位进行督查，督促问题整改。派人参加省委巡视，获省委巡视组、省委编办高度评价。开展市、县两级超审批权限设置机构等问题自查自纠，排查问题167个，分类研究推进整改。受理机构编制信访事项，办结信访件4件。

【机构改革成果巩固】　2020年，长沙市指导各区县（市）落实台办挂牌要求，加强对台工作力量。对长沙市市场监管局所属的市场规范管理分局、外管分局、宁乡经开区分局改革后存在的问题进行深入调研论证，理顺管理体制。研究调整市委党校机构编制事项。加强调研评估，调整优化市城市人居环境局系统人员配置，增加市直机关工委承担长沙市直属机关关心下一代工作委员会日常工作职责，对长沙市科技局、行政审批服务局、物

2020 年 11 月 25—27 日，市委编办在望城区委党校（雷锋学院）举办 2020 年长沙市机构编制业务培训班　　市委编办　供图

流口岸办、医疗保障事务中心、高铁新城管委会、岳麓山风景名胜区管理局、岳麓山风景名胜区麓山景区管理处等单位机构编制及职能职责进行优化调整。

【机构编制督查核查】 2020 年，长沙市制定《市直部门（单位）机构编制工作情况和纪律要求执行情况核查方案》，在机构改革调研评估的基础上对 9 个部门的机构改革方案和综合行政执法改革方案落实情况进行抽查；配合湖南省委编办对长沙市开展《中国共产党机构编制工作条例》和机构改革方案落实等情况专项督查。将机构编制工作情况和纪律要求执行情况纳入长沙市委巡察、选人用人专项检查、党政主要领导干部经济责任审计等监督范围。长沙市委巡察组先后开展三轮巡察，市委编办对 26 家党政机关、14 所学校和 8 个园区的机构编制工作情况和纪律要求执行情况开展巡察，联合审计部门对 13 家机关事业单位的机构编制情况进行审计。先后 2 批参加湖南省委巡视，负责机构编制专项审查，工作获湖南省委巡视组、湖南省委编办高度评价。组织市、县两级开展超审批权限设置机构等问题自查自纠工作，解决多年来的历史遗留问题。加强机构编制违纪违规问题查处，按规定办结信访件 4 件。

【机构编制业务培训班举办】 2020 年 11 月 25—27 日，市委编办在望城区委党校（雷锋学院）举办 2020 年长沙市机构编制业务培训班。市直单位机构编制工作分管领导及组织人事部门负责人、各区县（市）委组织部部长及编办主任、市委编办全体干部 190 余人参加本次培训。培训以学习贯彻习近平新时代中国特色社会主义思想、十九届五中全会、习近平总书记考察湖南重要讲话精神为重点，以《中国共产党机构编制工作条例》（以下简称《条例》）、综合行政执法改革、公文写作等为主要内容，采取课堂教学和现场教学相结合的方式进行。培训邀请中央编办二级巡视员张汝江、湖南省委编办副主任陈龙等专家、领导现场授课，解读综合行政执法改革工作和《条例》精神等。还设计机构编制政策及业务答疑环节，安排市委编办各处（中心）负责人和业务骨干解答学员们在工作中遇到的疑难问题。

（本栏撰稿　屈　靖）

引才引智

【人才人事】 2020 年，长沙市落实“人才新政 22 条”（《长沙市建设创新创业人才高地的若干措施》），修订出台《青年人才筑梦工程实施细则》，累计发放人才新政奖补资金 82.64 万人次、11.4 亿余元。25 名人才入选省科技创新人才，引才数量质量在全省领先。围绕软件信息、智能制造等重点产业领域，开展“直播带岗”“智能制造 · 星城有约”上海、西安专场招聘，广州海交会专场招聘等活动，组织园区、企业现场揽才。深化职称制度改革，在相关单位争取设立 3 个高级评审委员会，联合卫健、教育部门出台基层卫生专技人员、乡村教师职称制度，制定落实制造业企业专技人员晋级奖励办法。2 名人才入选国家“百千万人才工程”，新增博士后科研机构 7 家，评选市级技能大师 15 名、技能大师工作室 6 个。发布全国首个跨境电商技能人才培训及评价规范，长沙选手斩获首届全国职业技能大赛砌筑项目金牌。推进长沙人力资源产业园一园多区建设，主园区被评为“2020 年度中国人力资源产业园最具特色园区”。发布实施全市人力资源服务行业自律公约，开展清理整顿人力资源市场秩序专项行动。长沙人才集团成立，人才会客厅、人才大数据中心建设稳步推进，服务能力有效形成。完成全市 50 家经营类事业单位改革，被评为全省改革工作优秀单位。规范全市事业单位公开招聘岗位条件设置，核准发布事业单位招聘（选调）计划 1593 名。完成各类人事考试 34 场、14.5 万余人次。落实义务教育教师工资待遇、基层工作人员待遇保障工作。推开公立医院薪酬制度改革试点。推进国企负责人薪酬制度改革，发布 2019 年度人力资源市场工资指导价位。分别确定市级、县级评比达标表彰项目 2 个、8 个。统计发放抗美援朝 70 周年纪念章 1360 枚。统筹抓好省、市重点民生实事和“一圈两场三道”（一圈：15 分钟生活圈；两场：停车场、农贸市场；三道：人行道、自行车道、历史文化步道）升级版建设的任务分解、协调调度、督查考核等工作，省、市重点民生实事 22 个项目

50个指标圆满完成。

【制造业企业专业技术人才职称晋级奖励】 2020年7月，长沙市委人才工作领导小组出台《长沙市制造业企业专业技术人才职称晋级奖励和购房补贴实施办法》。对企业新引进和新获得中级、副高级、正高级职称的专业技术人员给予奖励。其中中级奖励3000元，副高级奖励5000元，正高级奖励10000元。截至2020年年底，长沙人才服务窗口累计接待专业技术职称晋级奖励申报5162人次，为2057名工程师人员发放奖补资金702.7万元。

【长沙选手获首届全国职业技能大赛砌筑项目金牌】 2020年12月10—13日，全国第一届职业技能大赛在广东省广州市举办。湖南省代表团派出91名选手参加81个项目的比拼，获得1金1银2铜，41名选手获得优胜奖，其中长沙市中建五局技工学校教师伍远州在砌筑项目中摘得金牌。2020年，长沙市组织“十行状元、百优工匠”职业技能竞赛和公安、教育、农业、卫生、民政等系统技能竞赛10场次，组队参加国家级、省级一类赛事3次，认定“2020年长沙技术能手”40余名，为各类国赛推送参赛选手100多名。

【跨境电商技能人才培训及评价规范】 2020年12月1日，中国（长沙）跨境电商综试区长沙市跨境电商人才座谈会暨首届跨境电商人才双选会在湖南工商大学举行。长沙市委组织部副部长，市人社局党委书记、局长张白云解读《中国（长沙）跨境电子商务综合试验区跨境电子商务职业技能人才培训及评价规范》（简称《规范》）。这是全国首个关于跨境电子商务技能人才的培训和评价规范。

《规范》按照《国家职业技能标准编制技术规程》，明确跨境电商技能人才的基本概念、等级标准、培训及评价内容、考试办法、评价方式等。同时以通知的形式，明确落实《规范》的责任主体，培训机构，评价组织申报、等级申报条件，具体实施等内容。《规范》的出台，突破跨境电商技能人才培养的政策瓶颈，解决人才培训和评价的基本标准问题，为编制培训教材、建立考试系统、具体实施培训和评价提供重要依据。

【中国长沙人力资源服务产业园】 2020年，长沙市推进长沙人力资源产业园一园多区建设，主园区被评为2020中国人力资源服务产业园“最具特色园区”。经湖南省人社厅评估认可，长沙市高新区、长沙市经开区两个分园区全部加挂国家级产业园牌子。截至2020年年底，3个产业园入驻人力资源机构总数278家（天心区161家、长沙市高新区60家、长沙市经开区57家），年营收近80亿元（天心区40亿元、长沙市高新区27.4亿元、长沙市经开区11.63亿元），税收2.16亿元（天心区0.65亿元、长沙市高新区1.19亿元、长沙市经开区0.32亿元）。

【长沙人才集团有限公司揭牌】 2020年7月25日，长沙人才集团有限公司在长沙人才市场揭牌。长沙市委常委、常务副市长夏建平，市委常委、市委组织部部长张宏益出席活动并揭牌。长沙人才集团旨在为长沙高质量发展提供精准的人才服务，确保人才引进持续稳定增长。活动现场，中国长沙人力资源服务产业园与长沙人才集团有限公司签署入驻协议。

【“软件业再出发”线上线下集中面试洽谈会】 2020年7月25日，由长沙市人社局和长沙市工信局联合主办，长沙人才集团承办的“直播带岗、职为等你”第一季“软件业再出发”线上线下集中面试洽谈会在长沙人才市场举行。市人社局、市工信局、市国资委、天心经开区以及部分对口帮扶县人社部门负责人，重点企业和重点高校负责人等参加活动。

此次活动吸引100家长沙知名企业参会，现场为求职者提供包括智慧城市咨询规划专家、数字政府销售、行业解决方案专家、大数据专家、算法工程师、C++工程师、Java开发工程师、测试工程师、运维工程师等在内的405个优质岗位，各类人才特别是软件业人才需求共3013人。活动现场设立直播间，长沙市人社局就业处负责人进行人才新政政策宣讲，为高校毕业生、留学归国人员、高层次人才等各类符合政策补贴申请条件的人员在线答疑。活动当天，中国长沙人力资源服务产业园、长沙人才集团与劳务输出县代表签署三方协议，建立结队帮扶关系。

（本栏撰稿　李敏楚）

对台事务

【经贸合作】 2020年，长沙市委台湾工作办公室（以下简称“市委台办”）到长三角、珠三角考察调研，与120余名台商进行座谈，宣传推介长沙市产业扶持政策，达成一系列合作意向。接待到长考察台商15批123人。紧紧围绕22条产业链配套企业和项目开展对台招商引资，年内新增台企22家，投资总额2294.91万美元，新增台资项目位列全省第一。搭建两岸青年企业家交流合作平台，首次主办湘台青年企业家融合发展论坛。

【服务台企】 2020年，市委台办与湖南弘一律师事务所首创合作机制，推进台企法律服务平台建设。建立与市中级人民法院联席会议制度，健全涉台案件归口、审判、程序、法官等管理机制。涉台仲裁工作形成长沙经验。长沙涉台仲裁经验在全省推广。规范投诉工作流程，2020年受理台胞投诉求助、来信来访案件14件，办结13件，处置涉台突发事件1起，维护台胞台属合法权益。

【长台交流】 2020年，市委台办邀请并组织台胞录制“为疫情防控加油，为同胞亲情发声”主题视频，成为湘台线上交流的重要内容。完成2个重点交流活动：组织黄兴故居开展“黄兴与辛亥革命”线上交流活动；在台胞无法来访的情况下，邀请珠海台湾青年之家交流团参访。组织3次台生交流活动。主办“两岸一家亲，中秋话真情”联谊活动。

【对台宣传】 2020年，市委台办通过线上方式开展“湖南省对台交流基地”专题采访，为台湾媒体提供高质量文稿和视频资料，专版在台湾《联合报》等登载。“璀璨星城”网页上稿3765篇，网页信息发布量、台湾网民浏览量在全国96个地级市中蝉联第一位。对接新华社记者到长采访台企疫情防控、复工复产和惠台措施落实情况。统筹推进涉台宣传和涉台教育。指导媒体进行涉台宣传，发表稿件41篇。组织12所学校基地开展“开学第一课”涉台教育活动。组织16所中小学涉台教育基地60余人参加“AI教育，智赢未来——长沙高新区中小学校人工智能教育教学研讨会”。

【台商中秋联谊会暨《民法典》讲座举办】 2020年9月28日，长沙市举办台商中秋联谊会，全市台商、台胞、台资企业负责人近200人参加。长沙市委常委、市委统战部部长谭小平，长沙市副市长彭楠等领导出席联谊会。全国台企联常务副会长、罗莎食品有限公司董事长郑聪俊代表台商讲话。邀请湖南天地人律师事务所主任杨林举行《中华人民共和国民法典》（以下简称《民法典》）讲座。讲座主要从《民法典》编撰概况、《民法典》特色亮点、切实实施《民法典》等方面，阐述《民法典》的主要体例，结合居住权、高空抛物、电子（网购）合同等热点问题，对《民法典》进行解读，为台商、台胞提供实用的法律知识讲授。

【“黄兴与辛亥革命”湘台两地线上交流活动举办】 2020年11月18日，由黄兴故居纪念馆主办，长沙县黄兴海峡两岸青年农创基地、台湾水木清华校友会协办的“黄兴与辛亥革命”湘台两地线上交流活动在黄兴故居举办。孙文学校总校长张亚中、台湾黄埔军校同学会后代联谊会长邱智贤、台湾青年联合会理事长何溢诚、台湾青年智库执行长张凯钧、台北市青年联合会理事长陈建维、台湾水木清华校友会长朱长生，中国辛亥革命史研究会副理事长、湖南辛亥研究会会长饶怀民，民革湖南省委会原副主委黄伟民，湖湘人物研究专家邓江祁及市县区台办负责人共聚一堂。湘台两地嘉宾通过视频连线的方式，就黄兴身先士卒的无我精神组织领导辛亥革命，功成不必在我的大局意识成就辛亥革命，为国为民的笃实情怀巩固辛亥革命成果等主题进行深入交流。肯定黄兴敢为人先、心忧天下的精神，顾全大局、维护团结的意识，和孙中山一起领导辛亥革命，推翻两千多年的封建帝制，建立亚洲第一个民主共和国。

【贯彻落实市人大常委会“一法一办法”审议意见工作会议召开】 2020年11月27日，长沙市人民政府召开贯彻落实《中华人民共和国台湾同胞投资保护法》和《湖南省实施〈中华人民共和国台湾同胞投资保护法〉》（以下简称“一法一办法”）市人大常委会审议意见工作会议。长沙市委组织部、长沙市委宣传部、长沙市人大民侨外委、长沙市政协港澳台侨外事委、长沙市发展和改革委员会等50余个市直单位和部门负责人参加会议，长沙市副市长彭楠出席会议并讲话。会议对“一法一办法”贯彻实施情况的审议意见进行通报，对长沙市政府关于落实整改措施分工情况进行明确。为推进中央、省惠台措施及“长沙60条”的落实落地生根，优化台湾同胞投资发展环境，为台湾同胞提供学习、创业、就业、生活等各领域的同等待遇方面营造良好的环境。

【湘台青年企业家融合发展论坛举办】 2020年12月16日，由长沙市台办、民革湖南省委会祖国和平统一促进委员会、全国台企联青委会共同主办的湘台青年企业家融合发展论坛在长沙举办。来自湖南省、台湾省两地青年企业家160余人参加，就两地融合发展开展交流讨论。全国台企联常务副会长王尚卿，民革湖南省委会副主委、长沙理工大学副校长杨伟军，湖南省委台办二级巡视员孙银生，长沙市委副秘书长谭慧慧等出席。主题论坛上，湘台青年企业家代表就湘台融合发展发言。此外，湘台青年企业家围绕“两岸青年如何在大众创业，万众创新战略中施展自身优势与特色”“中小企业在企业发展中的主要瓶颈与建议”等进行座谈交流。

（本栏撰稿　彭　波）

老干部工作

【概况】 截至2020年年底，长沙市有离退休干部7.01万人，其中离休干部995人，市离休干部622人，区、县（市）373人，易地安置长沙市30人。全市离退休干部中，老红军1人、担任过副市级实职以上职务的118人、享受副市级待遇的77人。长沙市委老干部局规范化建设获全市2019年度部门决算先进单位，“银耀星城”风采展示馆被评为2020年度全市四个党员教育示范基地之一。长沙市关心下一代工作委员会（以下简称“市关工委”）启动“家庭隔代教育三年行动计划”，“家庭隔代教育”典型经验获得中国关工委主任顾秀莲大篇幅肯定批示。市关工委被评为“全国关心下一代工作先进集体”。市老干部活动中心湿垃圾资源化利用项目受到副市长陈澎批示肯定，在全市“垃圾分类我先行，美家美妇在行动”中被评为十大典型创新案例。长沙市老干部大学获全国“敬老文明号”荣誉称号，推出的“微信课堂居家学、网络课堂社区学、直播课堂互动学”教学模式，获中国老年大学协会“2020年战疫教学荣誉单位”。《人民日报》、新华社等国家级媒体42次对长沙“五老”先进事迹和老干部工作典型经验进行推介。长沙市委老干部局副局长邓国强被评为全国“敬老爱老助老模范人物”，市关工委主任董学生被评为《中国火炬》创刊25周年25名突出贡献奖之一，刘耀杰、邓学东、李子玲、冯正其获“全国关心下一代工作先进工作者”荣誉称号。

【老干部活动】　召开长沙市老干部（老年）大学校长联席会议，举办长沙市老干部（老年）教育工作者培训班，长沙市老干部大学坚持“送学到云端，送课到基层”，吸引74万人次老年朋友参与。坚持“评估、动态监管、科学使用、发挥效益”原则，争取市管党费支持200万元打造40个老年教育基层教学点，让老干部在“家门口”就能“上大学”。长沙市老干部活动中心，6月在全省系统实现疫情防控常态化形势下有序预约开放，创新开展“春季文化交流、夏季风采展示、秋季公益演出、冬季迎春聚福”活动。开展传统文化、“两型”环保、亲子教育等主题活动30次。

【老干部管理】　2020年，长沙市将“精准精细”理念融入老干部政治生活待遇落实机制，出台“精准服务离休干部指导意见”“集体活动安全风险防范指导意见”，待遇落实和活动开展“规范化”水平提升。全年组织市级老领导190余人次参加重要会议、重要活动；帮扶特困离休干部及离休干部遗孀56人，落实帮扶资金18.6万元；完善离休干部个性化服务平台，新增上门服务对象13人；完成395名困难企事业单位离休干部7个节日慰问物资统一采购发放工作；组织长沙市委离退休干部工作委员会委员上门慰问全市100名困难离退休党员。联合长沙市人社局举办培训班解读《长沙市退休人员社会化管理服务办法》。

【老干部服务中心工作】　2020年，长沙市将“五老四教”（五老：老干部、老模范、老教师、老战士、老专家；四教：开展形势政策、党的历史、思想道德、公民意识4项教育）与“脱贫攻坚”“基层治理”“疫情防控”等中心工作深度融合，组织“万众一心、抗击疫情——长沙市老干部在行动”“传承雷锋精神，争做银发‘益’族”“我看脱贫攻坚新成就”等主题活动。指导各涉老协会强化组织建设，依托自身优势，设计鲜明载体，开展“坚强，武汉！加油，中国！”主题征文、“万众一心，抗击疫情”老干部书画作品网络巡展、“提高健康素养，争做阳光老人”等活动。打造“线上＋线下”服务模式，建立“五老”志愿服务嘉许机制，为“五老”宣讲员提供理论资料1500份，订阅党报党刊3186份，为57名核心“五老”购买保险，引导长沙市广大“五老”投身公益宣讲、社会治理、垃圾分类等志愿服务工作。组织1.7万人参与“助力决胜全面小康，我们是银发‘雷锋’”万人网络签名活动，组织抗疫捐款417.52万元，42名老干部捐款1万元以上。依托各类平台弘扬“五老”志愿服务典型事迹，2020年市级以上媒体刊发228篇，其中国家级42篇。开展“爱国爱家，逐梦成才”“万众一心共克时艰·星城在行动”“国际环保四联漫画大赛”等主题活动，推动青少年树牢社会主义核心价值观。采取“点对点”“团队式”“接力式”帮扶，将关爱的重点对象扩展为10类困境青少年，全市各级关工委共投入960万余元，筹集社会资金2790万余元，帮扶各类困境青少年3.2万余人。评选助力创建儿童友好型城市创新案例，打造“大学带小学，家乡学子情”等关爱困境儿童特色项目，在“儿童友好型”城市建设中彰显“银发力量”。

【党建引领】　2020年，长沙市打造67个具有统一标识、融入地方特色的“美在金秋”老党员之家，成为离退休干部的“精神家园”和“活动乐园”。建立“不忘初心、牢记使命”主题教育长效机制，采用“云课堂”形式举办全市离退休干部党支部书记培训班，依托“通道转兵党性教育基地”举办离退休干部党建工作能力提升专题培训班，培育“声动乐龄”“秋韵之声”线上学习品

2020年4月15日，长沙市隔代家庭教育启动仪式在长沙市开福区举行

长沙市委老干部局　供图

2020 年 11 月 9—13 日，长沙市离退休干部党建工作能力提升专题培训班专题讨论在怀化市召开　　长沙市委老干部局　供图

牌，开展“银发先锋大课堂”“银发先锋大宣讲”2086 场次，“线上线下”受众 33 万人次。出台《长沙市试点单位年老体弱党员管理措施（试行）》。打造 7 个省级示范党支部、38 个市级“五化”支部示范点、14 个市级老党员之家示范点和 3 个观摩点，扶持 42 个老年教育网络课堂站点运行。马玲、邓学东、彭天冰被评为“全省新冠肺炎疫情防控学雷锋志愿服务先进典型”；池凤英、谭荒芳、朱有志获长沙市“最美基层理论宣讲人”，刘耀杰、尹定国、吴传桂、李子玲、邹青、陈湘江、张定浙、肖光兰、刘美仁、范并恕、杨成 11 位“五老”宣讲员讲稿获“全市优秀理论宣讲报告”。

【文化养老建设】　2020 年，长沙市老干部大学发挥全国示范老年大学的示范引领作用，在疫情期间开展“停课不停学”线上教学活动。实行微信课堂“家里学”，网络课堂“就近学”，直播课堂“互动学”；共发布 576 个微课视频，推出网络课堂 43 堂，通过“网家家”推出直播课 65 堂，累计观看量近 80 万人次。长沙市委副书记、市长、湖南湘江新区党工委书记郑建新就学校机构编制、提质扩容方面作出重要批示；长沙市政府副秘书长涂文清召开专题会议研究学校扩容工作；对接长沙市教育局，打通长沙市在职中小学教师到长沙市（含区县）公立老年教育机构任教的合规渠道；学校获国家卫健委、全国老龄办授予的全国“敬老文明号”荣誉称号；获中国老年协会颁发的“2020 年战疫教学荣誉证书”；“停课不停学”系列直播课堂经《人民日报》等媒体宣传推介；枫叶志愿服务队被评为“长沙市最佳‘五老红’志愿服务组织”。市老干部活动中心冬季举办“我们的节日 · 春节——银发迎春嘉年华”主题活动，700 余名市直机关离退休干部参加。春季联合市老干部书画协会、老干部文学艺术联合会举办“抗击疫情”老干部主题书画作品网络展、抗疫诗词联征文。收集老干部作品 131 篇。夏季开展“华丽转身，精彩乐龄”风采展示月活动，举办“党旗红”主题剪纸展、第二届最美“乐龄”志愿者风采展等活动，评选 19 名最美“乐龄”志愿者。秋季，在茶亭镇联合开展“我们的节日 · 重阳——霞晖相映守望相助”主题活动。协同老干部文联共同创作湘剧独幕剧《水稻情缘》进行首次公演，被列为 2020 年长沙市文艺创作重点扶持项目。

（本栏撰稿　郁阳阳）

党校教育

【党校培训】　2020 年，长沙市委党校（行政学院）举办各类培训班 43 期，培训学员 4000 人次。新增习近平新时代中国特色社会主义思想教学专题 30 个。出台《关于全面深化教学改革推动教学培训高质量发展的意见》《学科建设管理暂行办法》，推出“教学专题＋学科建设＋教研部”学科建设模型。设置全校集体备课试讲专题通过率和末位调整机制。

【党校科研】　2020 年，长沙市委党校（行政学院）发表学术论文 119 篇。省级及以上课题立项 15 项，其中周伟东主持的《1939—1949 年毛泽东建国思想研究》课题立项国家社科基金课。省级优秀科研成果 9 项，其中一等奖 5 项。省级及以上征文活动中获奖论文 14 篇，其中国家级三等奖 1 篇，省级一等奖 5 篇。科研课时总量为 10 万余个。《呈阅件》2020 年出刊 42 期。出台“教科咨一体化创新工程”系列制度文件，长沙市财政局在保持原有经费不变的同时，每年新增 60 万元创新工程专项预算，2020 年教科咨一体化创新工程启动项目 28 个。长沙市马克思主义中国化研究中心在学院挂牌。

【党校建设】　2020 年，长沙市图书信息中心及配套设施建设项目完成 2200 万元投资任务，截至 2020 年年底，完成地下 2 层 5630 平方米的主体施工。东校区基础设施提质改造工程完成，投资 475 万元。学员和教职工就餐场地完成升级改造，投入 220 万元。大报告厅电子屏改造完成，教学录播系统投入使用，办公电脑全部实现国产化。智慧校园（二期）通过长沙市数据资源管理局组织的专家评审。

（本栏撰稿　殷　锟）

长沙市人民代表大会

THE PEOPLE'S CONGRESS
OF CHANGSHA MUNICIPAL

编辑 江 雷

综　述

【概况】　2020年，长沙市人民代表大会及其常务委员会举行常委会会议8次，制定出台地方性法规2部，完成初审1部，依法任免国家机关工作人员92人次，作出决议、决定9项，听取和审议专项工作报告14个，对11部法律法规实施情况进行检查，开展集中视察3次、专题询问1次、专项工作评议3次，完成市十五届人大五次会议确定的各项目标任务。

【人大常委会建设】　2020年，市人大常委会加强自身建设，提升履职能力和水平。坚持常委会会前专题讲座学法制度，组织常委会组成人员和机关干部参加各类培训。加强专门委员会和工作机构的工作和建设，重视发挥专工委各自职能作用。启动开展“为民履职当先锋”人大常委会机关党建品牌创建活动，推动党建和业务工作深度融合，成功创建省级文明标兵单位。坚持以制度管人管事，完善会务服务、文风会风、财务招标、公务接待等各项制度。推进信息化建设，实现无纸化会议服务。开展“红色家书”诵读、法律知识竞赛、机关“文明处室”“敬业之星”“身边好人”评选等活动，进一步加强机关党员干部党性修养和业务知识涵养。推进人大制度宣传和人大新闻舆论工作。会同市委宣传部召开全市人大新闻舆论工作会议，推动全市人大新闻舆论工作迈上新台阶。建成长沙人大历史陈列室，全面展示人民代表大会制度在长沙的光辉历程。开展国家宪法日主题活动，弘扬宪法精神。建成市人大融媒体中心，构建人大新闻“大宣传”格局，深度宽面精彩讲好人大故事，《长沙人大》刊物、“长沙人大”公众号综合影响力走在省会城市前列。持续加强和改进机关作风建设。坚决扛牢全面从严治党主体责任，全面履行“一岗双责”，严格落实中央八项规定精神。坚持常委会领导重点议题调研制度，常委会、专委会全年开展调研110余次，推动人大工作创新发展。严格执行各项规章制度，严格落实领导干部个人重大事项报告制度。严格落实常委会组成人员出席会议制度，常委会会议出席率保持在96%以上。坚持正确的用人导向，加大年轻干部培养选拔力度，进一步加强机关干部队伍建设。坚持和完善全市人大常委会主任联席会议制度，加强对区县（市）人大工作指导，增强全市人大工作整体实效。

【坚持党对人大工作领导】　2020年，市人大坚持以习近平新时代中国特色社会主义思想为指引，把握人大工作正确政治方向，始终把习近平总书记坚持和完善人民代表大会制度重要思想作为根本遵循。坚持用党的创新理论武装头脑，常委会党组通过12次中心组集体学习、专题研讨，4次人大常委会讲座等形式，深入学习领会习近平关于统筹疫情防控和经济社会发展重要论述、中共十九届五中全会精神和习近平法治思想、习近平总书记考察湖南重要讲话精神，自觉对标对表，提高政治站位，结合人大工作实际着力抓好贯彻落实，把学习成果转化为做好新时代人大工作的实践成效。把党的领导贯穿于人大工作各方面和全过程，严守党的政治纪律和政治规矩。常委会党组严格执行重大事项请示报告制度，及时就年度工作计划和履职行权中的重大事项、重大问题请示报告16件次，得到市委同意和支持。履行管党治党政治责任，发挥常委会党组把方向、管大局、促落实的作用，人大工作做到坚持党的领导、人民当家作主、依法治国有机统一，贯彻党委意图和人民意志相统一，依法行使权力，确保市委重大决策部署、重要人事安排得到全面落实。

重要会议

【长沙市第十五届人民代表大会第五次会议】　2020年1月6—9日在长沙人民会堂举行。会议听取和审查《政府工作报告》《长沙市人民代表大会常务委员会工作报告》《长沙市中级人民法院工作报告》《长沙市人民检察院工作报告》《关于长沙市2019年国民经济和社会发展计划执行情况与2020年国民经济和社会发展计划草案的报告》《关于2019年全市和市本级预算执行情况与2020全市和市本级预算草案的报告》；表决通过《长沙市第十五届人民代表大会民族华侨外事委员会主任委员名单》，表决通过关于市人民政府、计划、财政和市人大常委会、市中级人民法院、市人民检察院6个报告的决议。会议选举谢卫东为长沙市第十五届人民代表大会常务委员会主任。

【长沙市第十五届人民代表大会第六次会议】　2020年5月18日在长沙人民会堂举行。会议选举郑建新为长沙市人民政府市长，选举邹国兴、张建华为长沙市第十五届人大常委会委员。

【市十五届人大常委会第二十九次会议】　2020年1月2日举行，市人大常委会党组书记、主任提名人选谢卫东参加会议，副主任王国海、黄佳惠、芮英姿、罗衡宁、张智勇，秘书长柳美景出席会议。市委常委、常务副市长夏建平列席会议。会议听取市人民政府有关人事议案的说明，听取拟任人员陈词，进行分组审议。会议表决通过有关人事事项，决定任命陈澎、彭楠为长沙市人民政府副市长，新任命人员依法进行宪法宣誓。

【市十五届人大常委会第三十次会议】　2020年2月13日举行。会议传达学习习近平总书记在中央全面依法治国委员会第三次会议上的重要讲话和全省决战脱贫攻坚暨防控新冠肺炎阻击战动员大会会议精神；听取市人民政府有关人事议案的说明；听取市人大常委会主任会议有关人事议案的说明。会议还听取拟任人员任前发言。会议进行分组审议；表决通过有关人事事项，会议任命郑建新为长沙市人民政府副市长、代理市长，接受胡忠雄辞去长沙市人民政府市长职务的请求。决定任命朱东铁为长沙市人民政府副市长。谢卫东向新任命人员颁发任命书，新任命人员依法进行宪法宣誓。会议指出，新冠肺炎疫情发生以来，市人大常委会贯彻落实中央和省、市委决策部署，以战斗姿态坚决扛起疫情防控工作的政治责任，为疫情防控做出了积极贡献。疫情形势仍然严峻，防控工作到了最吃劲的关键阶段，要认真学习贯彻落实习近平总书记的重要讲话精神，毫不放松做好疫情防控工作，运用法治思维和法治方式开展疫情防控工作，从立法、执法、司法、守法各环节发力，为疫情防控提供有力法治保障，带头汇聚起疫情防控工作的强大合力，以最严格的措施落实好依法防控的相关要求，展现人大依法履职的有力作为，以有力有效的工作促进复工复产和社会大局稳定，彰显人大服务大局的责任担当，打赢疫情防控的人民战争。市人大常委会主任谢卫东主持会议。副主任王国海、黄佳惠、芮英姿、罗衡宁、张智勇，秘书长柳美景出席会议。市委副书记、湖南湘江新区党工委书记郑建新，市委常委、常务副市长夏建平，市人民检察院检察长王勋爵列席会议。

【市十五届人大常委会第三十一次会议】 2020年4月26日，市十五届人大常委会第三十一次会议举行。会议听取市人民政府关于《长沙市生活垃圾管理条例（草案）》起草情况的说明、市人民政府关于社区矫正工作情况的报告、市人民政府关于2019年市本级政府性债务资金管理使用绩效情况与2020年市本级政府性债务资金管理措施的报告、市人民政府贯彻实施《中华人民共和国中小企业促进法》情况报告的审议意见研究处理结果的报告及市人大常委会督查组的督查报告、市人民政府贯彻实施《长沙铜官窑遗址保护条例》情况报告的审议意见研究处理结果的报告及市人大常委会督查组的督查报告。会议听取市人大常委会主任会议、市中级人民法院、市人民检察院有关人事任免案的说明；会议还听取拟任人员任职前发言。市人大常委会主任谢卫东主持第一次全体会议，副主任王国海、黄佳惠、芮英姿、罗衡宁、张智勇、袁黎明，秘书长柳美景出席会议。副市长刘明理、市中级人民法院院长肖新平、市人民检察院检察长王勋爵列席会议。

4月27日，市十五届人大常委会第三十一次会议进行分组审议并举行第二次全体会议。市人大常委会主任谢卫东主持闭幕会并讲话。会议听取市十五届人大常委会代表资格审查委员会关于长沙市第十五届人民代表大会个别代表的代表资格的审查报告，表决通过有关人事任免案，谢卫东为新任命人员颁发任命书。会议指出，统筹推进常委会年度工作要点所明确的立法、监督、代表工作等各项任务，把握时间节点、加快工作节奏、提高工作效率，确保任务高质量完成。不断改进作风，力戒形式主义、官僚主义，全面有效履行法定职责，深入调研思考，汇聚民意民智，不断提高履职能力和水平。市人大各专门委员会、常委会各工作机构要坚持高标准、严要求，为常委会依法履职行权，更好地做好服务保障工作。副主任王国海、黄佳惠、芮英姿、罗衡宁、张智勇、袁黎明，秘书长柳美景出席会议。副市长唐向阳、陈澎，市中级人民法院院长肖新平，市人民检察院检察长王勋爵列席会议。

【市十五届人大常委会第三十二次会议】 2020年5月12日举行。市人大常委会会议听取长沙市第十五届人民代表大会常务委员会代表资格审查委员会关于长沙市第十五届人民代表大会个别代表的代表资格审查报告、关于召开长沙市第十五届人民代表大会第六次会议决定（草案）说明、长沙市第十五届人民代表大会第六次会议议程（草案）说明、长沙市第十五届人民代表大会第六次会议主席团和秘书长名单（草案）、列席人员名单（草案）说明。会议进行分组审议；表决通过有关事项，决定长沙市第十五届人民代表大会第六次会议于5月18日在长沙召开，表决通过长沙市第十五届人民代表大会第六次会议议程（草案）、长沙市第十五届人民代表大会第六次会议主席团和秘书长名单（草案），并将提请市十五届人大六次会议预备会议审议，表决通过《长沙市第十五届人民代表大会第六次会议列席人员名单（草案）》，并将报告市十五届人大六次会议主席团。主任谢卫东主持第一次、第二次全体会议，副主任王国海、黄佳惠、芮英姿、罗衡宁、张智勇、袁黎明，秘书长柳美景出席会议。

【市十五届人大常委会第三十三次会议】 2020年6月22日，市十五届人大常委会第三十三次会议开幕。市人大常委会主任谢卫东主持会议。会议听取了关于实施“强力推进环境大治理、坚决打赢‘蓝天保卫战’”三年行动计划的工作情况报告、关于贯彻实施《中华人民共和国传染病防治法》及其实施办法和《突发公共卫生事件应急条例》情况的报告；市生态环境局、市住建局、市城管局、市工信局、市公安局、市交通运输局、市农业农村局负责人分别作了关于实施“强力推进环境大治理、坚决打赢‘蓝天保卫战’”三年行动计划的工作情况报告。会议听取了关于《长沙市生活垃圾管理条例（草案）》修改情况的汇报；听取了关于长沙市实施“强力推进环境大治理、坚决打赢‘蓝天保卫战’”三年行动计划专项评议的调查报告；

听取了关于市人民政府贯彻实施《中华人民共和国传染病防治法》及其实施办法和《突发公共卫生事件应急条例》执法检查情况的报告。会议书面听取市人大环资委关于《长沙市生活垃圾管理条例(草案·一审修改稿)》审议意见的报告。

6月23日，市十五届人大常委会第三十三次会议举行第二次全体会议并进行分组审议。会议听取了2019年度全市金融企业国有资产管理情况的专项报告；书面听取长沙市人民政府关于2019年度全市国有资产管理情况的综合报告；会议听取了关于贯彻实施《中华人民共和国野生动物保护法》《中华人民共和国动物防疫法》《全国人大常委会关于全面禁止非法野生动物交易、革除滥食野生动物陋习、切实保障人民群众生命健康安全的决定》情况的报告；听取了贯彻实施《中华人民共和国反家庭暴力法》情况报告的审议意见研究处理情况的报告，书面听取市人大常委会督查组的督查报告。会议听取关于市人民政府贯彻实施《中华人民共和国野生动物保护法》《中华人民共和国动物防疫法》《全国人大常委会关于全面禁止非法野生动物交易、革除滥食野生动物陋习、切实保障人民群众生命健康安全的决定》执法检查情况的报告。会议听取了关于贯彻落实《长沙市人民代表大会常务委员会关于加强检察机关法律监督工作的决议》及有关审议意见研究处理情况的报告和有关人事任免案的说明。会议书面听取市人民政府、市中级人民法院贯彻落实《长沙市人民代表大会常务委员会关于加强检察机关法律监督工作的决议》及有关审议意见研究处理情况的报告和市人大常委会督查组的督查报告。会议对相关议题进行分组审议。

6月24日，市十五届人大常委会第三十三次会议闭幕。会议表决通过有关法规草案和人事任免案。市人大常委会主任谢卫东主持会议并讲话，副主任王国海、黄佳惠、芮英姿、罗衡宁、张智勇、袁黎明，秘书长柳美景出席会议，副市长刘明理，市中级人民法院院长肖新平列席会议。会议听取关于《长沙市生活垃圾管理条例(草案·一审修改稿)》审议结果的报告，表决通过《长沙市生活垃圾管理条例》，该条例待省人大常委会审查批准后公布实施。会议对市生态环境局、市住建局、市城管局、市工信局、市公安局、市交通运输局、市农业农村局实施“强力推进环境大治理、坚决打赢‘蓝天保卫战’”三年行动计划的工作履职情况进行满意度测评。会议表决通过有关人事任免案。谢卫东为会议任命的人员颁发任命书。

【市十五届人大常委会第三十四次会议】 2020年8月26日，长沙市十五届人大常委会第三十四次会议开幕。市人大常委会主任谢卫东主持会议。会议听取了关于《长沙市农村村民住宅建设管理条例(草案)》起草情况的说明；听取了关于贯彻实施《中华人民共和国食品安全法》及其实施条例情况的报告、关于贯彻实施《中华人民共和国台湾同胞投资保护法》和《湖南省实施〈中华人民共和国台湾同胞投资保护法〉办法》情况的报告；听取了关于贯彻实施《中华人民共和国大气污染防治法》和《湖南省大气污染防治条例》情况报告的审议意见研究处理结果的报告。会议听取市卫健委、市医保局、市人社局、市财政局、市发改委、市自然资源和规划局负责人分别作的关于全市基层卫生健康工作有关整改情况的报告。会议听取关于检查市人民政府贯彻实施《中华人民共和国食品安全法》及其实施条例情况的报告，关于检查市人民政府贯彻实施《中华人民共和国台湾同胞投资保护法》和《湖南省实施〈中华人民共和国台湾同胞投资保护法〉办法》情况的报告，市人大教科文卫委负责人作的关于全市基层卫生健康工作整改情况的督查报告。会议书面听取市人大常委会督查组关于督查市人民政府贯彻实施《中华人民共和国大气污染防治法》和《湖南省大气污染防治条例》情况报告的审议意见研究处理情况的报告。会议表决通过有关事项。

8月27日，市十五届人大常委会第三十四次会议举行第二次全体会议并进行分组审议。市人大常委会副主任罗衡宁主持会议。会议听取了：关于2019年全市和市本级决算草案与2020年1—6月全市和市本级预算执行情况的报告；关于2019年度市本级预算执行情况和其他财政收支情况的审计工作报告；关于2020年1—6月全市国民经济和社会发展计划执行情况的报告。会议听取了关于长沙市第十五届人民代表大会个别代表的代表资格的审查报告，关于调整和补充长沙市第十五届人民代表大会常务委员会代表资格审查委员会组成人员议案的说明；关于2019年市本级决算草案初步审查结果的报告；“推动司法便民、打造智慧法院”工作情况报告的审议意见研究处理结果的报告，书面听取市人大常委会督查组的督查报告；有关人事任免案的说明和拟任人员任职前发言。会议对相关议题进行分组审议。

8月28日，市十五届人大常委会第三十四次会议举行第三次全体会议，就食品安全工作开展专题询问。市人大常委会主任谢卫东，副主任黄佳惠、芮英姿、罗衡宁、张智勇、袁黎明，秘书长柳美景出席会议，市人大常委会副主任王国海主持会议。市人民政府、市市场监管局、市教育局、市生态环境局、市卫生健康委员会、市林业局、市城管执法局、市公安局、市住房城乡建设局、市农业农村局等部门负责人现场应询。询问内容涵盖创建国家食品安全示范城市、食品溯源、米粉安全等群众关心的热点问题，朱东铁作回应讲话。

8月28日，市十五届人大常委会第三十四次会议闭幕。会议表决通过有关决定、决议和人事任免案。市人大常委会主任谢卫东主持会议并讲话，会议对全市基层卫生健康工作整改情况进行满意度测评。会议表决通过《长沙市人民代表大会常务委员会关于批准2019年市本级决算的决议》；长沙市第十五届人民代表大会常务委员会代表资格审查委员会调整和补充人员名单；《长沙市人民代表大会常务委员会关于接受易田宏辞去长沙市第十五届人民代表大会农业与农村委员会主任委员的决定》；《长沙市人民代表大会常务委员会关于接受刘汇辞去长沙市第十五届人民代表大会常务委员会委员职务的决定》。会议还表决通过有关人事任免案。谢卫东向新任命人员颁发任命书。新任命人员依法进行宪法宣誓。

【市十五届人大常委会第三十五次会议】 2020年10月29日，市十五届人大常委会第三十五次会议开幕。市人大常委会主任谢卫东主持会议。会议听取了关于贯彻实施《长沙市文明行为促进条例》情况的报告、关于贯彻实施《长沙市养犬管理条例》情况的报告；市人民政府关于长沙市第十五届人民代表大会第五次会议代表建议、批评和意见办理情况的报告；市人民政府关于2020年市本级预算调整方案的报告，关于长沙国土空间规划编制进展暨长株潭一体化规划对接情况的报告，关于实施乡村振兴战略工作情况报告的审议意见研究处理结果的报告。会议听取关于市人民政府贯彻实施《长沙市文明行为促进条例》执法检查情况的报告，关于市人民政府贯彻实施《长沙市养犬管理条例》执法检查情况的报告，关于长沙市第十五届人民代表大会个别代表的代表资格的审查报告，关于《长沙市农村村民住宅建设管理条例（草案）》修改情况的汇报，关于2020年市本级预算调整方案的审查报告，市人大常委会联工委主任戴志敏作的关于长沙市第十五届人民代表大会第五次会议代表建议、批评和意见的办理与督办工作情况的报告。会议听取有关人事任免案的说明。会议书面听取市人大农业与农村委关于《长沙市农村村民住宅建设管理条例（草案·一审修改稿）》审议意见的报告；市人大常委会督查组关于督查市人民政府实施乡村振兴战略工作情况报告的审议意见研究处理情况的报告；市中级人民法院、市人民检察院关于长沙市第十五届人民代表大会第五次会议代表建议、批评和意见办理情况的报告。

10月30日，市十五届人大常委会第三十五次会议进行分组审议并举行第二次全体会议。会议表决通过有关决议、地方性法规草案和人事任免案。市人大常委会主任谢卫东主持第二次全体会议并讲话，会议听取关于《长沙市农村村民住宅建设管理条例（草案·一审修改稿）》审议结果的报告。会议表决通过《长沙市农村村民住宅建设管理条例》，待省人大常委会审查批准后公布实施；通过《长沙市人民代表大会常务委员会关于批准2020年市本级预算调整方案的决议》。会议还表决通过有关人事任免案。谢卫东为会议任命的人员颁发任命书。

【市十五届人大常委会第三十六次会议】 2020年12月16日，市十五届人大常委会第三十六次会议开幕。市人大常委会主任谢卫东主持第一次全体会议，副主任芮英姿主持第二次全体会议。会议听取了关于2019年度市本级预算执行情况和其他财政收支情况的审计工作报告指出问题整改情况的报告，关于2020年全市环境状况和环境保护目标完成情况的报告；市生态环境局、市住建局、市城管局、市工信局、市交通运输局、市农业农村局负责人分别作了关于实施“强力推进环境大治理、坚决打赢‘蓝天保卫战’”三年行动计划专项评议意见的整改情况报告；市司法局局长尹小英作了关于《长沙市居家养老服务条例（草案）》起草情况的说明；市发改委、市人社局、市文旅广电局、市国资委、市知识产权局、市会展办负责人分别作了关于审计查出有关问题整改情况的报告。会议听取关于市人民政府实施“强力推进环境大治理、坚决打赢‘蓝天保卫战’”三年行动计划专项评议意见整改情况的督查报告，关于《长沙市居家养老服务条例（草案）》审议意见的报告，市人大法制委、常委会法工委负责人作的关于2020年规范性文件备案审查工作情况的报告。会议书面听取《长沙市人大常委会关于召开长沙市第十五届人民代表大会第七次会议的决定（草案）》。会议听取有关人事任免案的说明。

12月17日，市十五届人大常委会第三十六次会议进行分组审议并举行第三次全体会议。会议表决通过有关决定和人事任免案，决定市十五届人民代表大会第七次会议于2021年1月18日召开。市人大常委会主任谢卫东主持第三次全体会议并讲话。会议对市发展改革委、市人社局、市文旅广电局、市国资委、市知识产权局、市会展办审计查出问题整改情况进行满意度测评；对市生态环境局、市住建局、市城管局、市工信局、市公安局、市交通运输局、市农业农村局实施“强力推进环境大治理、坚决打赢‘蓝天保卫战’”三年行动计划专项评议的整改情况进行满意度测评并举行授牌仪式。会议表决通过《长沙市人大常委会关于召开长沙市第十五届人民代表大会第七次会议的决定》，表决通过有关人事任免案。谢卫东为会议任命的人员颁发任命书。

人大立法工作

【《长沙市生活垃圾管理条例》出台】 2020年，市人大常委会立足长沙实际制定出台《长沙市生活垃圾管理条例》（以下简称《条例》），建立健全生活垃圾投放、收集、运输、处置的全程分类体系，用法治力量推进生活垃圾源头减量和资源循环利用，用立法助推城市治理体系和治理能力现代化。市人大常委会审议《条例》草案前，市人大常委会主任谢卫东主持召开专题会议，对生活垃圾立法工作进行研究部署。4月4—17日，市人大常委会主任会议全体成员分别带队，到长沙9个区县（市）开展立法调研，收集200余条意见建议。4月27日，市十五届人大常委会第三十一次会议对市人民政府提请审议的条例草案进行初审。6月24日，市十五届人大常委会第三十三次会议再次审议并表决通过条例草案。7月30日，省十三届人大常委会第十九次会议审查批准《条例》。《条例》由市司法局负责组织起草，市城管局承担具体起草工作，市人大法制委、环资委提前介入相关工作。《条例》共10章64条，包括总则、规划与建设、源头减量、分类投放、分类收集和分类运输、分类处理、保障和监督、区域协作、法律责任、附则10个部分。《条例》明确，建筑垃圾（含装饰装修垃圾）、园林绿化垃圾、工业固体废物、危险废物等非生活垃圾，按照相关法律法规管理。根据长沙实际，将长沙生活垃圾分为可回收物、有害垃圾、厨余垃圾、其他垃圾，并对大件垃圾的管理作了规定。《条例》于2020年10月1日开始实施。

【《长沙市农村村民住宅建设管理条例》新闻发布会】 2020年12月18日，市人大常委会召开《长沙市农村村民住宅建设管理条例》新闻发布会。会议由市人大常委会副秘书长张建华主持；市人大法制委主任委员、常委会法工委主任周伟进行新闻发布。市人大农业与农村委副主任委员蒋文京、市司法局副局长孙美秀，市农业农村局副局长黄志强、市自然资源和规划局副局长王慧芳、市住房和城乡建设局副局长冯先强出席发布会并回答记者提问。《长沙市农村村民住宅建设管理条例》出台，为长沙市进一步加强农村村民住宅建设管理，保护耕地，促进美丽乡村建设提供法治保障。该《条例》由市司法局负责组织起草，市农业农村局、市自然资源和规划局、市住房和城乡建设局承担具体起草工作，市人大法制委、农业与农村委提前介入起草工作。在起草过程中，认真研究相关法律、法规和国家政策，对全市农村村民住宅建设管理情况进行深入调研，学习借鉴省内外其他城市的立法经验和做法。市司法局先后通过多种形式，反复征求市直相关单位及各区县（市）政府意见，组织召开专家论证会、政府立法基层联系点调研座谈会，共收集研究意见200余条。8月24日，市第十五届人民政府第四十二次常务会议审议并通过《条例》草案。8月27日，市十五届人大常委会第三十四次会议对条例草案进行初审。会后，市人大法制委会同农业农村委以媒体公开征求意见或者召开座谈会、论证会等方式广泛征求社会各界意见，共收集修改意见150余条。请省人大常委会法工委对《条例》草案的修改进行立法指导。10月30日，市十五届人大常委会第三十五次会议二次审议并表决通过《条例》草案。11月27日，省十三届人大常委会第二十一次会议审查批准《条例》。《条例》分为总则、规划与用地、申请与审批、施工与质量、服务与监督、法律责任及附则，共七章四十四条。总则包括立法目的和依据、适用范围、建设管理原则、政府及其部门责任、乡镇和村委会责任。总体原则是坚持规划先行、适度集中、一户一宅、先批后建、建新拆旧。

【重视民生立法】 2020年，市人大常委会高度重视民生立法，积极应对长沙市老龄化趋势，推进养老服务体系建设，完成《长沙市居家养老服务条例（草案）》的起草与初审。用立法推动传统产业安全发展。常委会认真落实省委、市委对烟花爆竹安全生产及立法工作指示精神，启动烟花爆竹安全生产立法工作，用法治破解产业安全发展难题。聚焦安全事故、环境污染两大难题，通过立法将烟花爆竹安全生产的做法经验加以固化。强化安全管理和技术更新，促进全市烟花爆竹产业安全和提质发展。将烟花爆竹安全生产立法作为长沙、株洲两市的协同立法项目，共同推进产业转型升级。

【立法机制完善】 2020年，市人大常委会坚持党委领导、人大主导、政府依托、各方参与的立法工作格局，发挥人大立法主导作用，完善立法工作机制，做到提前介入、深入调研、加强统筹、强化协调。在生活垃圾管理立法中，主任会议成员分别带队深入全市9个区县（市）进行全覆盖调研，收集各方面意见和建议200余条。完善各方参与立法机制，通过召开立法座谈会、论证会、听证会，广泛听取群众意见。组建新一届立法咨询专家库，聘请北京大学、中南大学等省内外名校、研究机构、有关领域专家57人，发挥专家学者在立法中的作用。建立法规颁布实施新闻发布制度，加大法规宣传和解读力度。加强规范性文件备案审查工作，全年审查规范性文件40件，对全市的44部地方性法规涉及民法典和野生动物保护的规定进行清理，维护国家法治统一。

依法监督

【概况】 2020年，市人大坚持围绕中心服务大局，依法保障和促进高质量发展。常委会遵循依照法定职责、限于法定范围、遵守法定程序原则加强监督工作，在经常性法定监督的同时，突出经济高质量发展、计划预算、三大攻坚战、司法民生、社会治理等监督重点。听取和审议国民经济和社会发展计划运行情况报告，坚持每季度进行经济运行分析监督，促进经济快速回暖。组织开展“十四五”规划编制专题调研，为擘画长沙未来五年发展蓝图贡献人大力量。对全市营商环境进行专题调研，促进政府对标全国一流，提升优化营商环境高度。组织常委会组成人员集中视察岳麓山国家大学科技城、马栏山视频文创产业园和脱贫攻坚、农村人居环境整治工作，助推大科城和视频文创产业高质量建设发展，推进巩固拓展脱贫攻坚成果与乡村振兴有效衔接。开展台湾同胞投资保护法及湖南省实施办法执法检查，调研湘通铁路口岸中欧班列和霞凝港水运口岸工作，助推长沙进一步提升对外开放水平。

【依法加强预算审查监督】 2020年，市人大常委会结合预算审查、审计整改和国有资产管理监督工作，重点审查生态文明建设领域、市属园区和国有资本经营预算，推进人大预算审查监督重点向支出预算和政策拓展。听取和审议预算调整报告，支持政府加大医疗卫生等重点领域和长株潭一体化、自贸区等重点工作资金保障力度，合理安排使用中央直达资金和债券资金。开展财政工作专题调研，加强对财政支出绩效、政府债务专项监督，督促政府优化财政支出结构，防范化解财政风险。听取审议年度审计工作和问题整改情况报告，开展整改情况满意度测评，接受测评的政府6个部门测评结果全部获满意。听取和审议国有资产综合情况报告和金融企业国有资产报告，开展市属国有金融企业专题调研，督促理顺监管机制、增强监管实效，推动长沙市国有企业转型升级和国有资本发展。

【依法加强生态文明建设监督】 2020年，市人大常委会加大对蓝天、碧水、净土保卫战的监督，组织开展全市“蓝天保卫战三年行动计划”专项评议，对政府7个主要责任部门的工作进行满意度和整改满意度双重测评，共督促整改大气污染问题28个，促进全市空气质量显著改善。围绕“一江六河”开展城镇生活污水截污治污调研，助推城区重点片区污水治理和净化能力提升。配合省人大常委会开展土壤污染防治法执法检查，督促政府摸清污染底数、提升治理修复能力。听取审议全市环境状况和环境保护目标年度报告，做到目标有要求，任务有落实，问题有整改，推动长沙天更蓝、山更绿、水更清、环境更优美。

【依法促进城市治理水平提升】 2020年，市人大常委会组织开展《长沙市文明行为促进条例》《长沙市养犬管理条例》执法检查，促进培育市民文明行为、加强养犬管理，建设更高水平的全国文明城市。开展社区矫正法实施情况专题调研，听取审议专项报告，实现良法推动善治。督查贯彻实施铜官窑遗址保护条例审议意见办理工作，推动长沙市历史文化名城保护取得新进展。组织部分在长沙的全国、省和市人大代表调研城市有机更新工作，助力实现城市功能再完善、人居环境再提升。

【依法促进民生改善】 2020年，市人大常委会始终把民生作为监督的重点，围绕群众关心的食品安全、基层卫生健康和城市困难群体等方面存在的问题，采取执法检查、专题询问、专题调研相结合的方式，支持和帮助政府深入推进食品安全攻坚行动，食品安全综合满意度提高到87.8%，助推长沙市创建国家食品安全示范城市。督促完善基层医疗卫生服务体系，推动健康长沙建设。对城市困难群体、全市儿童福利工作和市儿童福利院项目建设开展专题调研，配合省人大常委会开展慈善法执法检查，督促政府提高救助标准、完善救助机制，推动慈善事业健康发展。

【依法加强司法执法监督】 2020年，市人大常委会组织开展对法院工作专题调研，对关于加强检察机关法律监督工作决议及有关审议意见的贯彻落实情况进行跟踪检查，推动审判机关、检察机关进一步提升依法审判和法律监督能力。专题调研全市公安工作，促进公安机关完善执法运行机制，推出更多便民服务举措。开展“司法公正长沙行”活动，促进严格公正高效司法。开展军事设施保护法实施情况调研，依法推动军事设施保护工作。建立常委会领导信访接待制度，组织律师参与接访活动，依法督办涉法涉诉信访问题，年内接待处理群众信访450余批次。督促解决浏阳土地流转信访案，被最高人民法院作为典型案例编入《民法典新规则案例适用》。

依法履职

【人事任免】 2020年，市人大常委会任免国家机关工作人员92人次，其中任免市人大专门委员会及常委会工作机构人员2人；决定任命市人民政府副市长4人，决定接受辞去市人民政府市长职务1人，决定代理市长1人，决定任免市人民政府工作部门负责人6人次；任免“两院”法官、检察官78人次。

【服务代表履职】 2020年，市人大坚持代表主体地位，切实保障和支持代表依法履职。人大代表是代表人民利益和意志履行宪法法律赋予的职责，常委会高度重视保障代表依法履职、发挥作用。推动常委会同代表、代表同群众的密切联系。制定《关于加强和改进市人大代表工作的具体措施》，从加强常委会同代表、代表同人民群众联系8个方面，提出27条具体措施。扩大代表对常委会工作的参与，邀请代表列席常委会会议，参加立法、监督等活动540余人次。组织代表共240余人进行各类专题培训，提高了代表履职能力和水平。举行有近400名代表参加的半年度工作通报会，保障代表知情知政。组织在长沙全国、省人大代表和市人大代表小组开展专题调研和小组活动33次。省委常委、市委书记胡衡华以普通代表身份带头参加省代表小组活动，面对面听取基层代表和群众意见。发挥代表信息平台和代表活动室作用，各级人大代表进社区、进站室，接待群众3.1万余人次，收集群众意见1.7万余条，促使一大批群众关注的身边的问题得到解决。

【推动代表建议办理】 2020年，市人大常委会完善代表建议办理机制，加大代表建议督办力度，代表提出的366件建议全部办结，所提问题得到解决、正在解决或列入计划解决的占95.6%。特别是主任会议成员领衔督办，市长、副市长领衔办理的17件建议，推动解决一批关系发展、事关民生的突出问题。常委会主任谢卫东采取接待代表日方式督办“谷岳路、观沙路断头路问题”的建议，督促多年未解决的难题得以解决。市长郑建新亲自领办“推动长沙夜经济发展的建议”，推动打造具有全国影响力的长沙夜经济品牌取得突出成效，长沙成为“网红城市”。督办“共享停车及停车场建设”的建议，支持政府加快打造“一圈两场三道”升级版，采取新建停车场、接入智能停车平台以及共享方式盘活城区闲置车位等措施，有效缓解停车难问题。督办“提高工程建设评审效率”的建议，推动政府修改完善评审制度，造价1亿元以内的项目由原来的1~2年缩减为6个月内审结，得到代表肯定。

【推动乡镇民生实事项目代表票决制】 民生实事项目代表票决制是新时代地方人大工作在基层的创新实践。2020年，经报请市委同意，代表票决制工作在全市6个区县（市）38个乡镇推进。市人大常委会领导深入基层调研，指导乡镇坚持以人民为中心的发展思想，做好项目征集初定、代表审议票决、项目建设实施和监督评估等工作。票决制实施的152个民生实事项目，包括道路交通、环境整治、学校建设、自来水提质等，解决了一批老百姓最关心、最直接、最现实的民生问题，受到当地党委政府、人大代表和人民群众好评。

【助推实施长株潭一体化发展战略】 2020年，市人大贯彻市委统一部署，主动对接株洲、湘潭两市，共商长株潭三市人大工作协作协议，建立三市立法协同、监督协作、代表联动合作机制，引领三市人大协同协作迈出实质性步伐。高质量推进协同立法，在《长沙市生活垃圾管理条例》立法中全国首创设置区域协作专章，实现生活垃圾管理由“三市各管”到“三市协同管”。推进三市机动车和非道路移动机械排放污染防治立法调研，聚力用协同立法实现三市大气污染防治由“三市分治”到“三市区域共治”，推动长株潭一体化发展由府际合作、行政推动迈入法治保障、区域治理新阶段。三市人大常委会同步听取本市国土空间规划编制进展暨长株潭一体化规划对接情况报告，助力三市空间布局更加合理。2020年9月17日，市人大组织长株潭三市全国、省市人大代表视察湘江保护和治理情况，实现对湘江流域污染防治的监督由“三市各自行动”到“三市整体联动”。

【推进人大工作创新发展】 2020年，市人大认真落实习近平总书记对地方人大及其常委会工作重要指示精神，拓展工作领域、丰富履职形式、改进工作方法。常委会完善民情民意收集机制，向社会公开征求立法、监督议题。网上网下受理群众诉求，把社情民意作为立法、监督工作的重要依据。建立和完善执法检查“清单制”交办意见方式，通过问题、意见、整改清单交办发挥执法检查巡视利剑作用。制订代表工作年度计划，搭建履职平台，丰富代表活动内容。将主任接待代表日活动与听取代表意见、督办代表建议相结合，推动解决代表、群众反映“老大难”问题。将代表建议内容与办理情况通过人大网向社会公开，促进建议内容高质量、办理工作高质量。建立和实行市人大新闻发布制度，制定代表信访事项办理办法，推动办理代表信访工作规范化、制度化。

【依法助推统筹疫情防控和经济社会发展】 2020年，市人大全力投身抗疫大战。按照市委的统一安排，主任会议全体成员围绕疫情防控和复工复产，带队深入全市9个区县（市）的乡镇街道、社区、防疫站点、重点联

2020年9月17日，市人大组织长株潭三市人大代表视察湘江保护和治理重点工程

市人大　供图

点企业80余次，一线督导、一线调研、一线解难，及时帮助解决基层单位防疫物资紧缺、人员返岗复工难等问题。派出机关干部职工82人轮流到社区开展疫情防控志愿服务工作，选派3名机关干部担任驻企联络员，组织机关干部捐款献血，齐心协力共筑抗疫“防火墙”，推动复工复产复商复市。依法推进常态化疫情防控。常委会及时调整年内工作重点，加大公共卫生监督力度，组织开展传染病防治法、野生动物保护法、动物防疫法、突发公共卫生事件应急条例以及《全国人大常委会关于全面禁止非法野生动物交易、革除滥食野生动物陋习、切实保障人民群众生命健康安全的决定》等法律法规的执法检查，查找公共卫生防疫体系的短板弱项，依法向政府提出改进完善意见，向市委提交《关于我市疫情防控和公共卫生安全相关法律法规执法检查情况的报告及建议》，从4个方面提出13条具体建议，为市委决策提供重要参考。凝心聚力动员代表共克时艰。向全市8000余名各级人大代表发出带头参加疫情防控、积极复工复产的倡议，全市广大代表积极响应，立足本职发挥各自行业优势，联防联控、复工复产、捐款捐物，积极建言献策。市人大代表提出抗击疫情和复工复产建议39件，刘德文等代表提出的“加快出口指南制定，促进我市口罩外销”的建议，促成政府相关部门编发《防疫物资（口罩）出口产销规范读本》，为全市口罩生产企业拓展外贸活动提供精准的工作指引。市人大代表邓雪琴被评为全省抗击新冠肺炎疫情先进个人，市人大代表胡锷所属企业被评为全省抗击新冠肺炎疫情先进集体。全市五级人大代表捐资捐物共计9400万余元，用实际行动诠释“人民选我当代表，我当代表为人民”的庄严承诺。

（本栏撰稿　唐剑宇）

▲ **延伸阅读：**2020年度长沙市人大代表优秀建议及办理先进单位名单

一、代表优秀建议

（一）刘德文、张艳、罗炜豪代表提出的《关于加快出口指南制定，促进我市口罩外销的建议》；

（二）龙凤舞、刘金文、彭国其代表提出的011号《关于对全市财政评审中心提高工程建设审计效率的建议》；

（三）关于“落实《长沙市养犬管理条例》”的建议（合并督办件）：

1．谭春华代表提出的051号《关于落实〈长沙市养犬管理条例〉加强城市居民养犬管理的建议》；

2．邓霞辉代表提出的100号《营造好“养犬管理条例”贯彻执行环境的建议》；

（四）关于“解决我市停车难问题”的建议（合并督办件）：

1．周杨代表提出的057号《关于切实落实“一圈两场三道”之停车场建设的建议》；

2．杜有志代表提出的239号《关于化解车位错时停车共享难的建议》；

3．聂志强、龙凤舞、曹志远代表提出的294号《关于加速共享停车体系建设，助推“一圈两场三道”升级的建议》；

（五）冯斌代表提出的071号《关于加快推进行政审批事项全程通办，打造政务服务升级版的建议》；

（六）关于“推进我市垃圾分类工作”的建议（合并督办件）：

1．张顺新代表提出的083号《关于搞好我市垃圾治理工作的建议》；

2．潘健、于献、张国庆代表提出的202号《关于加快推进生活垃圾分类的建议》；

3．周敏、艾建玲代表提出的237号《关于我市垃圾分类工作的相关建议》；

（七）周探科代表提出的146号《关于长沙市生猪稳产保价保供的建议》；

（八）李志代表提出的162号《关于推动长沙“夜经济”的建议》；

（九）刘胜祥、易金龙代表提出的200号《关于发展绿色环保会展的建议》；

（十）陈超代表提出的215号《关于有序推进农村“厕所革命”的建议》；

（十一）关于“优化我市家庭医生服务”的建议（合并督办件）：

1．刘薇、张艳代表提出的221号《关于进一步推进家庭医生签约的建议》；

2．罗炜豪代表提出的244号《关于提高“健康守门人”能力，加大我市家庭医生服务供给的建议》；

（十二）陈耘涛代表提出的253号《关于长沙市建设“数字政府”的建议》；

（十三）周建辉代表提出的257号《关于解决城市建设中河砂紧缺问题的建议》；

（十四）关于“推动我市企业上市”的建议（合并督办件）：

1．周帅军代表提出的306号《关于推动长沙优秀企业加快上市步伐的建议》；

2．罗跃代表提出的355号《关于进一步加大力度支持我市辅导报备企业加快上市的建议》；

（十五）李波代表提出的322号《关于加快推动公共楼宇及公共用地向通信企业5G建设开放的建议》；

（十六）王莉娟、傅高武、郭为波代表提出的341号《关于将社会保险参保缴费纳入政务服务一网通办的建议》；

（十七）张利刚代表提出的356号《关于加快长沙国有资本授权经营体制改革促进监管方式转变的建议》。

二、办理先进单位

市中级人民法院、市司法局、市财政局、市人力资源和社会保障局、市住房和城乡建设局、市农业农村局、市文化旅游广电局、市卫生健康委员会、市城市管理和综合执法局。

（资料来源：市人大）

长沙市人民政府

THE PEOPLE'S GOVERNMENT OF CHANGSHA MUNICIPAL

编辑　陈晓红

综　述

2020年，长沙统筹推进疫情防控和经济社会发展，做好“六稳”（稳就业、稳金融、稳外贸、稳外资、稳投资、稳预期）工作，全面落实“六保”（保居民就业、保基本民生、保市场主体、保粮食能源安全、保产业链供应链稳定、保基层运转）任务，经济社会保持持续健康发展。

经济发展　地区生产总值增长4%；规模以上工业增加值增长5.1%；地方一般公共预算收入增长3%，长沙市城镇居民人均可支配收入增长5%。制造业高质量发展成为全国典型。“三智一芯”（智能装备、智能终端、智能网联及新能源汽车和功率芯片）产业布局基本形成，智能制造试点企业由668家增加到1041家，获批全国第三个国家级车联网先导区；22条产业链新引进投资额2亿元以上重大项目实现投资1385.84亿元，产业链建设获国务院通报表扬；引进“三类500强”项目87个，省定“五个100”工程任务全面完成，20个制造业标志性重点项目超额完成投资。现代服务业发展提档增效。金融业增加值占GDP比重7.6%，新增上市公司9家，A股上市公司总数持续居中部省会第一位。在全国率先重启会展，举办互联网岳麓峰会、世界计算机大会、智能制造大会、中国民营企业合作大会、国际商事法律合作论坛。科技创新能力持续增强。高新技术企业净增1100余家，全社会研发经费投入强度2.8%。获国家科技奖、中国专利奖各22项，新增木本油料资源利用等国家重点实验室（工程研究中心、企业技术中心）6个。国家新一代人工智能创新发展试验区创建稳步推进，获批国家海外人才离岸创新创业基地、国家新型国防科研基地。园区规模以上工业增加值占全市比重71.5%。长沙高新区国家网络安全产业园区揭牌；长沙经开区被评为国家新型工业化五星级产业示范基地；宁乡经开区国内首家智能家电产业小镇全面启航；浏阳经开区被评为国家新型工业化产业示范基地。重大平台聚集。湖南湘江新区引进投资50亿元（含）以上项目5个、世界500强项目21个，签约智能网联汽车头部企业22家。岳麓山大学科技城获批国家首批科技成果转化和技术转移示范基地；马栏山视频文创产业园入选国家级文化产业示范园区创建名单；临空产业集聚区挂牌成立。高铁会展新城建设投资额逾120亿元，湖南金融中心产业引导基金总规模170亿元。

2020年9月8日，以“数字新经济，云开看未来”为主题的2020互联网岳麓峰会在长沙举办。图为开幕式现场

市政府研究室　供图

改革开放　高频政务事项实现“一件事一次办”全覆盖；企业开办审批1天内完成；营商环境指数位居全国第九位、中部第一位，再次被评为中国国际化营商环境建设标杆城市。“三集中三到位”（“三集中”：市直部门审批服务向一个处室集中、审批服务处室向市政务服务大厅集中、审批服务事项向市政务服务大厅和网上政务平台集中；“三到位”：市直部门审批服务事项和审批人员入驻市政务服务大厅到位、市直部门对审批服务处室及窗口授权到位、审批服务电子监察到位）和综合窗改革全面完成，市政务大厅实现本级行政审批和公共服务事项办理全覆盖，“12345”政务热线获“全国十佳热线”，长沙县被评为中国企业家幸福感最强县。市场活力持续增强，新注册市场主体23万户；国企改革纵深推进，城发集团实现一二级重组，湘江集团市场化改革成效明显，水业集团完成上市公司收购，湘船重工等混改有序推进，市属国企总资产逾1.3万亿元，全市盘活“三资”（存量资金、资产、资源）307.28亿元。外资外贸基本盘保持稳定。实际利用外资72.8亿美元，实现进出口总额（海关口径）2350.46亿元，增长17.4%。市场采购贸易方式规模9.86亿美元，增长51.7%。开行国际货运航线11条，黄花机场国际货邮吞吐量增长48.7%。内陆开放高地建设全面提速。中国（湖南）自由贸易试验区长沙片区揭牌；跨境电商进出口总额增长70%，增速居全国前列；中非经贸合作创新示范园开启中非合作新篇章。长株潭一体化建设提速，湘赣边区域合作示范区建设启动，粤港澳科创产业园签约落户。

城市品质　“四精五有”（“四精”：精准规划、精美建设、精致管理、精明增长；“五有”：有颜值、有气质、有内涵、有格调、有品位）品质城市建设初见成效。全要素规划管控明显加强，“一点三线”（“一点”：黄花机场；“三线”：机场高速、杭长高速、人民东路等出入城道路）品质显著提升，“五纵五横”［“五纵”：花侯路、车站路—开福大道、芙蓉路、湘江大道、金星路—梅溪湖路—麓谷大道；“五横”：岳麓大道—三一大道、五一大道—枫林路（含八一路、韭菜园路）、湘府路、长沙大道、晚报大道—营盘路—咸嘉湖路］改造工程推进，湘江两岸夜间“一键点亮”，长沙变得更加美丽舒适宜居。城市品牌影响力持续攀升。被评为首批国家文化和旅游消费示范城市，入选全国十大最受欢迎出游目的地城市、中国夜经济十强城市，位居全国百强网红城市第八位。建成5G站点3.05万个，城市网络安全运营总部落户，获“全球智慧城市数字化转型大奖”，望城区打造全国首个鲲鹏体系新型智慧城区。有序实施太平街二期、潮宗街二期、西文庙坪等历史街区城市更新，超额完成棚改、城镇老旧小区改造，宜居品质持续提升。浏阳河湿地公园晋升国家级湿地公园。生活垃圾管理纳入法治化轨道。宁乡被评为全国文明城市，浏阳创建成为国家卫生城市。

乡村振兴　农村人居环境持续改善，农村“五治”深入推进，行政村垃圾分类减量实现全覆盖，农民“带地入建”集中居住模式获全国推介，新建乡镇生活污水处理厂支管网100千米，打造市级小微水体管护示范片区30个。新建高标准农田1.38万公顷，新改建农村公路1509.64千米，100人以上自然村100%通水泥路，建成市级“美丽屋场”125个；椒花水库开工，大众垸、水塘垸等堤防达标和黄材、金井等水库除险加固工程顺利完成；新增农村通自来水人口10.98万人。农林牧渔业增加值增长4.1%。“一县一特”农业产业不断壮大，新增新型农业经营主体2000余家，农产品加工业销售收入超2700亿元。农村居民人均可支配收入3.48万元，位居全国省会城市前列。农村集体产权制度改革任务全面完成，清查核实农村集体资产313.45亿元。实施新型村级集体经济发展重大项目351个，消除年集体经济收入20万元以下“薄弱村”416个。

民生社会事业　省、市民生实事全面完成。房地产市场调控获党中央、国务院肯定，入选中国改革十大年度案例。连续三届蝉联全国文明城市，连续13年被评为中国最具幸福感城市。新增义务教育学位4.8万个、公办幼儿园学位3.94万个，长沙学院升为一本。“健康长沙”PPP项目加快推进，提质改造乡镇卫生院、社区卫生服务中心8个，建设标准化村卫生室25个。全面构建出生缺陷三级预防体系，适龄妇女“两癌”免费检查目标完成率139%。57种集中采购药品价格平均下降52%。智慧医疗让市民看病更便捷。公立医院综合改革成为全国典型。戏剧艺术中心改造基本完成，建成标准化村（社区）综合文化服务中心100个，浏阳入选全国“书香城市”。举办中国红色旅游博览会，长沙县、望城区分别被评为中国乡村旅游发展名县、国家全域旅游示范区。举办长沙网球公开赛暨中国网球巡回赛、第九届全民健身节，获批国家体育消费试点城市。城镇登记失业率控制在4%以内，基本实现城乡居民养老保险法定人员全覆盖。完善住房保障体系国家试点稳步推进，新建商品住宅“交房即交证”全面铺开，销售价格保持省会城市较低水平。新建社区养老服务设施100家，实现城市特殊困难群体帮扶全覆盖。扫黑除恶战绩居全国第一方阵；入围全国禁毒示范候选城市；被评为全国首批“雪亮工程”示范城市；食品安全评价性抽检合格率99.2%；有效化解信访积案，连续保持“长安杯”荣誉。第四次经济普查获全国先进，第七次全国人口普查全面开展。公共机构节能和垃圾分类成为全国示范。长沙市档案局被评为全国示范数字档案馆。

2020年12月30日，浏阳河湿地公园晋升国家级湿地公园　　市政府研究室　供图

“三大攻坚战”　脱贫攻坚目标任务如期完成。全市4.66万户13.42万名贫困人口告别贫困，1107个边缘户家庭远离贫困；助推龙山县等8个帮扶县全部脱贫出列。贫困户全部纳入基本医保、大病保险和医疗救助。生态环境质量创近年最好水平。空气质量优良率84.4%，国、省控监测考核断面水质优良率持续保持100%，浏阳河创建成为全国示范河湖。污染防治工作成效明显。中央、省环保督察反馈问题和督察“回头看”交办问题按要求整改，“一江六河一湖”（湘江长沙段，浏阳河、捞刀河、沩水、沙河、

龙王港、靳江河，团头湖）综合整治推进，长江流域重点水域禁捕退捕年度任务全面完成。苏托垸污水处理厂建成运行，原长沙铬盐厂等重金属污染治理进展顺利。推进重大风险防范，超额完成政府性债务化解年度目标，平台公司清理再压减1/3。加大涉众型非法集资预警监测和打击力度，守住不发生系统性区域性金融风险底线。

疫情防控　第一时间启动一级应急响应，构建四级常态化防控联动机制，实施“大数据分析＋网格化排查”，全市不到1个月实现新增确诊病例清零，不到2个月实现在院确诊病例清零。全天候做好“三站一场”（汽车站、火车站、火车南站、黄花国际机场）到长沙人员检测查验，实现重点人群“应检尽检”，国际客运航班落地转运“长沙模式”获国务院肯定。坚持新冠肺炎治疗全部临时性纳入医保支付，救治确诊病例240例，治愈率99.17%，救治成功率居全国确诊病例200例以上城市前列。先后派出103名医疗疾控人员驰援武汉、黄冈等地，向30余个国家和地区捐赠防疫物资。在全国率先启动复工复产，开展“百日竞赛”活动，4292名联络员深入企业一线帮扶，全市统筹安排政策资金24.79亿元、减免社保缴费111.57亿元、累计减税94.53亿元。109万名中小学生实现疫情防控期间“停课不停学”。长沙市第一医院、长沙黄花国际机场疫情防控联合指挥部2个先进集体、4名先进个人获国家表彰。

（丁　林）

重要会议

【长沙市第十五届人民政府第六次全体（扩大）会议】　2020年1月2日在市会议中心召开。会议听取《政府工作报告》起草情况汇报，审议并原则通过《政府工作报告（审议稿）》。会上，长沙市委副书记、市长、湖南湘江新区党工委书记胡忠雄强调，要科学谋划2020年工作和“十四五”发展，统筹抓好各项工作。市委常委、常务副市长夏建平主持会议，各区县（市）政府主要负责人、市政府工作部门行政主要负责人、湖南湘江新区管委会党政综合部主要负责人、市直有关事业单位行政主要负责人等参加会议。

【长沙市第十五届人民政府第七次全体（扩大）会议】　2020年1月9日在市会议中心召开。会议部署贯彻市“两会”精神，对《政府工作报告》主要目标任务进行分解，实行目标责任管理。市委副书记、市长、湖南湘江新区党工委书记胡忠雄出席会议，并强调各级各部门要强化责任担当，聚焦工作重点，落实具体措施，确保各项目标任务如期如质完成。市委常委、常务副市长夏建平主持会议，各区县（市）政府主要负责人、市政府工作部门行政主要负责人、湖南湘江新区管委会党政综合部主要负责人、市直有关事业单位行政主要负责人等参加会议。

【市政府常务会议】　2020年，长沙市政府召开常务会议10次。

3月24日，召开长沙市第十五届人民政府第三十七次常务会议。传达学习贯彻习近平总书记关于新冠肺炎疫情防控工作的重要讲话和指示批示精神，研究全市疫情防控和经济社会发展工作；传达贯彻2020年全省投资暨重点建设项目推进电视电话会议精神，研究全市22条产业链和重大项目建设工作，审议《长沙市大力推动制造业高质量发展七大工程三年行动计划（2020—2022年）（送审稿）》《关于推动创新创业高质量发展打造“双创”升级版的实施意见（送审稿）》；研究全市河长制湖长制工作和椒花水库建设有关工作，审议《“一江一湖六河”2020年度综合治理任务清单（送审稿）》《长沙市美丽河流创建实施方案（送审稿）》（与2020年市总河长会第1次会议套开）；研究全市“放管服”改革工作，审议《关于进一步深化“放管服”改革重点任务分工方案（送审稿）》；审议《长沙市油气长输管道突发事件应急预案（修订·送审稿）》《长沙市粮食应急预案（修订·送审稿）》《长沙市处置大面积停电事件应急预案（修订·送审稿）》《创建国家节水型城市工作方案（送审稿）》；研究“一圈两场三道”升级版工作，审议《长沙市“一圈两场三道”建设2020年工作方案（送审稿）》；研究全市食品安全及创建国家食品安全示范城市工作，审议《长沙市2019年度食品安全工作考评结果通报方案（送审稿）》《长沙市2020年食品安全工作要点（送审稿）》《长沙市2020年创建国家食品安全示范城市目标任务责任分解表（暂行·送审稿）》（与2020年市食安委会第1次会议套开）；审议《长沙市人民政府2020年立法计划（送审稿）》；审议成立长沙市第七次全国人口普查领导小组、长沙市“两烟”工作协调领导小组、长沙市创建节水型城市工作领导小组、椒花水库工程建设领导小组、长沙市5G基础设施建设联席会议制度。

4月22日，召开长沙市第十五届人民政府第三十八次常务会议。传达贯彻全国全省安全生产电视电话会议和全国全省防汛抗旱工作电视电话会议精神，研究全市安全生产工作（与2020年第2次市安委会例会套开）；审议《长沙市区块链产业发展三年行动计划（2020—2022年）（送审稿）》《长沙市优化营商环境规定（送审稿）》《市直部门审批服务“三集中三到位”改革实施方案（送审稿）》《市政务大厅全面推进“综合窗”改革实施方案（送审稿）》《2020年政务公开工作要点（送审稿）》《关于加快推进服务外包产业转型升级的若干意见（送审稿）》《长沙市生活垃圾管理条例（草案·送审稿）》；研究全市扫黑除恶专项斗争和禁毒工作（与2020年第1次市禁毒委会议套开）、市政府系统建议提案办理工作；

研究调整长沙市突发事件应急委员会组成人员等有关工作。

5月15日，召开长沙市第十五届人民政府第39次常务会议。研究全市精准脱贫攻坚战工作、全市重大项目建设工作、全市消费经济发展工作、全市重点民生实事工作、全市违建别墅问题清查整治、自然资源例行督察反馈问题和土地违法问题整改工作（与市违建别墅问题清查整治专项行动协调推进小组会议套开）、网络预约出租汽车管理服务工作；审议《2020年重大项目投资计划预备项目转化为新建项目清单（第二批）（送审稿）》《2020年重大项目计划外新增新建项目清单（送审稿）》；研究全市禁捕退捕工作，审议《关于长沙市重点水域实施常年禁渔的通告（送审稿）》；研究全市高污染燃料禁燃工作，审议《关于重新划定高污染燃料禁燃区范围的通告（送审稿）》；审议《长沙市创建国家生态园林城市工作方案（送审稿）》；审议成立长沙市小水电清理整改工作领导小组。

6月30日，召开长沙市第十五届人民政府第四十次常务会议。研究全市污染防治攻坚工作，审议《长沙市生态环境保护委员会工作规则（送审稿）》（与市环委会2020年第2次会议套开）；研究全市稳就业保居民就业工作；研究全市新基建工作，审议《长沙市推进新型基础设施建设三年（2020—2022年）行动计划（送审稿）》；研究全市交通工作，审议《关于深入贯彻交通强国战略为现代化长沙建设当好先行的实施意见（送审稿）》；研究全市食品安全和质量强市工作，审议《长沙市党政领导干部食品安全工作责任清单（送审稿）》《长沙市市长质量奖评审考核办法（修订·送审稿）》（与市食安委会2020年第2次会议套开）；研究全市基本医疗保险和生育保险工作，审议《长沙市基本医疗保险和生育保险市级统筹方案（送审稿）》；研究全市版权工作，审议《长沙市创建全国版权示范城市工作实施方案（送审稿）》；研究全市新时代县域警务工作，审议建立长沙市大维稳机制和长沙市打防协同机制相关工作；审议成立长沙市创建国家生态园林城市领导小组、长沙市砂石土矿专项整治及矿业绿色转型领导小组。

7月29日，召开长沙市第十五届人民政府第四十一次常务会议。研究全市防范化解政府债务风险工作、全市拟申报纳入省级“十四五”重大工程项目有关工作；审议《推动长沙黄花综合保税区高水平开放高质量发展招商引资若干政策措施（修订·送审稿）》；研究全市科技创新工作，审议《长沙市促进科技成果转化实施细则（送审稿）》；研究全市“菜篮子”工作，审议《长沙市“菜篮子”稳产保供的若干政策（送审稿）》（与长沙市“菜篮子”工作领导小组2020年第1次会议套开）；研究全市新建商品房交房交证工作，审议《长沙市新建商品房交房交证实施方案（送审稿）》；研究全市“12345”政务热线工作，审议《长沙市12345政务热线运行管理办法（送审稿）》；研究全市残联工作，审议《长沙市残疾人联合会改革方案（送审稿）》；研究国务院、省政府真抓实干督查激励有关工作。

8月24日，召开长沙市第十五届人民政府第四十二次常务会议。研究全市新冠肺炎疫情防控工作（与全市新冠肺炎疫情防控指挥部第89次调度会套开）；传达学习习近平总书记在企业家座谈会上的重要讲话精神和《国务院办公厅关于进一步优化营商环境更好服务市场主体的实施意见》精神，研究全市优化营商环境工作，研究全市新型智慧城市建设工作，审议《关于加快建设新型智慧城市示范城市的决定（送审稿）》《长沙市新型智慧城市建设运营专业国有公司组建方案（送审稿）》；审议《长沙市突发事件总体应急预案（修订·送审稿）》《长沙市农村村民住宅建设管理条例（草案·送审稿）》；研究全市违建别墅问题清查整治、自然资源例行督察反馈问题整改、农村乱占耕地建房问题整治和“月清三地”工作；研究全市禁毒工作，审议《长沙市整治突出毒品问题三年（2020—2022年）行动方案（送审稿）》；研究全市电动车、摩托车管理服务工作，审议《关于进一步推进全市电动车、摩托车物联网防控体系建设实施意见（送审稿）》；研究全市互联网租赁自行车规范发展工作，审议《关于促进互联网租赁自行车规范发展的指导意见（修订·送审稿）》；审议成立长沙市“儿童友好型城市”创建工作领导小组。

9月27日，召开长沙市第十五届人民政府第四十三次常务会议。传达学习安全生产有关会议精神和上级有关指示批示精神，研究全市安全生产工作（与2020年第4次市安委会例会套开）；研究“精美长沙”建设工作，审议《长沙市“精美长沙”建设工作实施方案（2020—2022年）（送审稿）》；传达学习《国务院办公厅关于全面推进城镇老旧小区改造工作的指导意见》精神，研究全市城镇老旧小区改造工作，审议《长沙市城镇老旧小区改造规划（2021—2025年）（送审稿）》《长沙市城镇老旧小区改造五年行动方案（2021—2025年）（送审稿）》；审议《长沙市“十三五”规划执行情况专题督导报告（送审稿）》《长沙国家海外人才离岸创新创业基地建设的实施意见（送审稿）》《长沙市专家工作站认定管理办法（送审稿）》《关于商场、超市、药店、书店、宾馆、酒店等场所及餐饮外卖领域禁止使用一次性不可降解塑料制品的通告（送审稿）》《关于划定禁止使用高排放非道路移动机械区域的通告（修订·送审稿）》《长沙市生态保护红线评估调整成果（送审稿）》；研究审计发现问题整改工作；审议成立长沙市推进湖南信息职业技术学院与湖南师范大学树达学院合并转设长沙工业学院工作领导小组、长沙市“精美长沙”建设工作联席会议制度、长沙市新型基础设施建设工作推进联席会议制度、长沙市数字货币试点工作领导小组、长沙市企业破产处置联席会议制度、长沙市产教融合工作推进小组。

10月29日，召开长沙市第十五届人民政府第四十四次常务会议。深入学习贯彻习近平总书记在湖南考察调研时的系列重要讲话指示精神，传达学习省委十一届十一次全会和《中共湖南省委关于深入学习贯彻习近平总书记考察湖南重要讲话精神奋力谱写新时代坚持和发展中国特色社会主义湖南新篇章的决定》精神和市委常委会议精神，部署安排《贯彻落实习近平总书记视察湖南重要讲话指示精神责任分工清单》有关工作；深入学习贯彻习近平总书记在第七个国家扶贫日对脱贫攻坚工作的重要指示精神，传达学习省扶贫开发领导小组全体会议精神、全省2020年污染防治攻坚战“夏季攻势”点评工作电视电话会议精神、全省学习贯彻预算法实施条例防范化解债务风险电视电话会议精神，研究全市“三大攻坚战”工作；研究全市重点民生实事工作；审议《中国（湖南）自由贸易试验区长沙片区实施方案（送审稿）》《关于进一步加强新时代学生心理健康教育的实施意见（送审稿）》《长沙市征地补偿安置有关问题的规定（修订·送审稿）》《长沙市居家养老服务条例（草案·送审稿）》；研究长沙临空经济示范区发展工作，审议《关于促进长沙临空经济示范区发展的若干意见（修订·送审稿）》；研究全市公交改革工作，审议《长沙公交集团有限公司组建方案（送审稿）》；审议成立长沙城发集团湖南湘江新区范围内和湘江发展集团事项议事联席会议制度。

11月27日，召开长沙市第十五届人民政府第四十五次常务会议。传达学习习近平总书记在全面推动长江经济带发展座谈会上的重要讲话精神和全省长江经济带“共抓大保护、不搞大开发”工作座谈会议精神，研究全市长江经济带建设有关工作；研究全市制造业标志性重点项目建设；研究全市产业链建设工作，审议《长沙市加快推进生物医药产业高质量发展若干政策（送审稿）》；研究全市新型智慧城市建设工作，审议《长沙市新型智慧城市示范城市顶层设计（2021—2025年）（送审稿）》《长沙市新型智慧城市示范城市三年行动计划（2021—2023年）（送审稿）》；审议《长沙市职业教育改革发展行动方案（2021—2025年）（送审稿）》；研究全市城乡居民基本养老保险工作，审议《关于建立城乡居民基本养老保险待遇确定和基础养老金正常调整机制的通知（送审稿）》；审议《关于大力推进3岁以下婴幼儿照护服务发展的实施意见（送审稿）》《长沙市政务服务大厅运行管理办法（送审稿）》《2020年市级统筹由政府安排工作退役士兵（第一批）安置计划（送审稿）》《政府工作报告（讨论稿）》。

12月25日，召开长沙市第十五届人民政府第四十六次常务会议。传达学习中央、省委经济工作会议精神，省委主要领导在长沙市学习贯彻中共十九届五中全会精神报告会上的宣讲精神和省政府主要领导调研长沙经济社会发展工作讲话精神，审议《长沙市国民经济和社会发展第十四个五年规划和二〇三五年远景目标纲要（送审稿）》；研究长株潭国家自主创新示范区建设工作，审议《长株潭国家自主创新示范区拓展区域范围调整方案（送审稿）》；研究全市产业园区高质量发展工作，审议《长沙市落实湖南省推进全省产业园区高质量发展政策责任分解（送审稿）》；研究全市乡村振兴工作，审议《长沙市实施乡村产业人才振兴若干政策（送审稿）》；研究全市农村村民住宅建设管理工作；研究健康长沙建设工作，审议《长沙市推进健康长沙行动实施方案（送审稿）》；审议《长沙市居住公共服务设施配置规定（修订·送审稿）》《关于规范住宅开发项目公共服务设施配置的意见（修订·送审稿）》《长沙市内部审计工作规定（修订·送审稿）》；研究全市知识产权保护工作，审议《长沙市强化知识产权保护实施方案（送审稿）》；研究全市“三线一单”工作，审议《关于实施“三线一单”生态环境分区管控的意见（送审稿）》；研究全市初中学业水平考试及高中阶段学校招生工作，审议《关于调整初中学业水平考试及高中阶段学校招生有关事项的通知（送审稿）》。

【市长办公会议】 2020年，市政府召开市长办公会53次。

1月2—3日，研究2020年市级重点民生实事项目、市轨道交通第二控制中心项目建设、机场高速和三环线（西南段、西北段）两厢大型户外广告控制性详细布点规划方案、临空经济示范区建设及《长沙临空经济示范区发展规划》相关工作落实、湖南招商兴湘新兴产业股权投资基金设立事项。

2月27日，研究常益长高铁建设有关问题。

3月2日，总结2020年1月、2月工作，安排2020年3月工作。

3月5日，研究企业上市工作。

3月13日，传达学习习近平总书记重要讲话精神，研究全市“三大攻坚战”工作。

3月16日，审议《长沙市软件和信息技术服务业发展三年行动计划（2020—2022年）（送审稿）》；研究全市公共资源有偿使用工作，审议《关于公共资源有偿使用有关事项的通知（送审稿）》；研究轨道交通2号线西延二期线站位方案。

4月1日，总结2020年3月工作，安排2020年4月工作。

4月2日，审议《长沙市企业投资建设项目告知承诺制信用监管实施办法（试行）（送审稿）》《关于进一步加强森林资源保护管理的实施意见（送审稿）》，研究工人文化宫建设有关问题。

4月17日，研究长赣高铁线性方

案、促进有效投资工作、长江中游城市群省会城市合作有关问题，审议《长江中游城市群建设2020年合作重点事项任务分解表（送审稿）》《长江中游城市群省会城市与观察员城市合作重点事项任务分解表（送审稿）》等议题。

4月27日，研究通用航空公司组建和运营方案、长沙商贸旅游职院“双高”计划建设、研究湖南发展和生医疗健康产业基金有关事项。

5月8日，总结4月工作，研究部署5月工作。

5月9日，研究蒲塘村脱贫攻坚工作。

6月3日，总结5月工作，研究部署6月工作。

6月8日，研究公交改革有关工作。

6月17日，研究湖南中烟长沙卷烟厂易地技改项目。

6月18日，研究全市安全生产、主城区危旧房屋改造和铁路沿线人居环境提升工作方案、建立长沙市政府投资建设项目财政评审联席会议机制、研究《长沙市产业投资基金管理办法（修订稿）》等工作。

7月1日，总结6月工作，研究部署7月工作。

7月3日，传达学习习近平总书记关于“六稳”“六保”重要指示精神，研究全市“六稳”“六保”工作，审议《长沙市全面落实“六保”任务做好当前重点工作的实施方案（送审稿）》；研究中联智慧产业城项目商住用地及中联重科“退二进三”土地有关事项、全市盾构土消纳价格有关问题。

7月9日，研究中南大学湘雅三医院建设发展。

7月13日，研究三一智能装备项目建设情况。

7月20日，研究天际汽车科技集团重组及增资有关事项。

7月14—15日，传达学习习近平总书记关于脱贫攻坚作重要指示精神和国家、湖南省脱贫攻坚普查电视电话会议精神，研究全市脱贫攻坚及普查工作；传达学习习近平总书记重要指示精神以及国务院长江流域重点水域禁捕和退捕渔民安置保障工作推进电视电话会议精神、省委书记杜家毫的批示精神和全省市州长视频会议精神，研究全市重点水域禁捕和退捕渔民安置保障工作；传达学习习近平总书记关于粮食安全系列重要指示批示精神以及全国夏粮收购工作视频会议、全省市州长视频会议等有关会议精神，研究全市粮食安全和早稻收购工作；传达学习省扫黑除恶专项斗争督导工作情况反馈会议精神，研究全市扫黑除恶专项斗争工作；研究全市文旅重点工作（浏阳河文化旅游产业带规划建设、2020中国红色旅游博览会筹备工作、原创民族歌剧《半条红军被》创排工作）。

7月15日，研究市市场服务中心国有资产流失预防处理工作。

7月30日，总结7月工作，研究部署8月工作。

8月5日、8月20日，研究加快推进新型智慧城市建设工作、全市国有企业混合所有制改革工作，审议《长沙市国资委监管企业混合所有制改革操作指引（送审稿）》、国家中小企业发展基金申报工作等。

8月7日，审议《长沙市城市和建筑景观风貌品质提升行动方案（送审稿）》、审查马栏山信息港等13个项目建筑风貌方案。

8月26日，研究长沙中医药产业投资基金、湖南厚元高新产业股权投资基金设立；研究专项债有关问题、长沙市中心医院胸科中心综合楼项目调整投资规模有关问题、研究举办第六届中国民营企业合作大会相关工作。

8月31日，研究市长领办市人大代表重点建议办理工作。

9月1日，总结8月工作，研究部署9月工作。

9月7日，研究文明创建工作。

9月10日，研究城市管理品质提升工作；全市渣土管理工作，审议《长沙市纯电动智慧渣土车试点运营工作方案（送审稿）》；自贸区建设发展有关工作；全市公益性岗位住房困难职工公租房租赁工作，审议《长沙市部分公益性岗位住房困难职工公租房租赁补贴定向发放工作方案（送审稿）》；全市智能网联汽车产业发展有关问题；研究财信金控入驻湖南金融中心项目情况；中车智轨全球总部项目情况。

9月25日，协商办理市提案025号、070号。

10月9日，总结9月工作，研究部署10月工作。

10月13日，研究加强工程机械集群配套产业发展有关工作。

10月14日，研究全市城市有机更新有关工作、“一江两岸”城市照明提质项目建设和“五纵五横”道路空间品质提升工作。

10月22日，研究蓝思科技用工有关问题。

10月25日，研究湘江大道品质提升及黄兴南路步行街创建全国示范步行街工作。

10月26日，研究调度蓝思科技用工有关问题。

11月2日，总结10月工作，研究部署11月工作。

11月4日，研究省生态环境保护督察“回头看”交办工作、长沙高铁会展新城长江经济带产城融合示范项目（一期）有关事项；审定《长沙市六大片区综合评价办法（修订.送审稿）》《长沙市特种设备安全事故应急预案（送审稿）》《长沙市食品安全事故应急预案（送审稿）》。

11月6日，研究长沙市“海归小镇”创建工作。

11月9日，研究全市教育均衡发展有关工作。

11月23日，审查马栏山星城光塔等15个项目建筑风貌方案。

11月30日，研究全市安全生产工作。

12月2日，总结11月工作，研究部署12月工作。

12月4日，研究全市停车工作。

12月8日，研究提高全市残疾人两项补贴标准和城市居民最低生活保障有关工作，审议《长沙市临时救助办法（送审稿）》；研究组建基金参与蓝思科技股份有限公司定向增发的投资方案、中欧班列建设发展有关工作、市水业集团下属排水公司引入战略投资者有关工作、不动产登记业务下沉有关工作。

12月18日，研究市本级化债工作、2021年长沙国际工程机械展览会总体方案；研究湖南大学·长沙半导体技术与应用创新研究院、吉林大学·长沙智慧新能源汽车创新研究院、湖南农业大学·长沙现代食品创新研究院、中国五矿新能源中央研究院、长沙创新药物工业技术研究院5个新型研发机构建设工作；研究全市招商引资工作，审议《长沙市招商引资项目引进事前评估及事中事后监管办法（试行·送审稿）》。

（本栏撰稿　罗晨曦）

民生实事

【概况】　2020年，长沙市推进重点民生实事项目22项50个指标，其中，承担省级重点民生实事项目12项22个指标，铺排市级重点民生实事项目10项28个指标，省市指标重合7个（说明：仅指标名称重合，市级任务量高于省级任务量）。

表3　　2020年长沙市10件民生实事完成情况一览表

序号	10件重点民生实事项　目	具体项目指标	完成情况	完成率（%）
1	打造“一圈两场三道”升级版	扩面提质“15分钟生活圈”187个，新改建停车场134个，停车泊位6.17万个，新改建生鲜市场15个，新改建社区门店24个，新改建人行道123.71千米，新改建自行车道140.11千米，新改建健身步道53.6千米，新改建历史文化步道5.7千米	扩面提质“15分钟生活圈”187个	100
			新改建停车场134个，停车泊位6.17万个	100
			新改建生鲜市场18个	120
			新改建社区门店26个	108.3
			新改建人行道124.23千米	100.4
			新改建自行车道140.11千米	100
			新改建健身步道53.6千米	100
			新改建历史文化步道6.7千米	117.5
2	推动更高质量就业	开展政府补贴性职业技能培训5万人次，实现城镇新增就业13.7万人	开展政府补贴性职业技能培训15.16万人次	303.2
			实现城镇新增就业13.83万人	100.9
3	加快基础教育发展	增加公办幼儿园学位3万个，增加义务教育学位4.28万个	增加公办幼儿园学位3.94万个	131.4
			增加义务教育学位4.8万个	112.1
4	保障群众卫生健康	开展农村适龄妇女和城镇低保适龄妇女“两癌”免费检查8万人，孕产妇免费血清学产前筛查4.3万人次，每个建制乡镇卫生院（社区卫生服务中心）配备全科医生2名，共336名	开展农村适龄妇女和城镇低保适龄妇女“两癌”免费检查11.12万人	139
			孕产妇免费血清学产前筛查6.77万人次	157.4
			完成配备全科医生1172名	实现全市覆盖
5	方便群众出行	新改建农村公路1000千米，打通城区瓶颈路、断头路20条	新改建农村公路1509.64千米	151
			打通城区瓶颈路、断头路20条	100
6	改善城市人居环境	城镇老旧小区改造100个，既有多层住宅加装电梯1000台，老旧小区天然气改造1万户	城镇老旧小区改造已开工100个	100
			既有多层住宅加装电梯1015台	101.5
			完成老旧小区天然气改造1.18万户	117.6

续表 3

序号	10 件重点民生实事项　目	具体项目指标	完成情况	完成率（%）
7	改善农村人居环境	新增农村自来水入户人口 10 万人，新改建农村户用无害化厕所 21.26 万座	新增农村自来水入户人口 10.98 万人	109.8
			新改建农村户用无害化厕所 21.45 万座	100.9
8	改善社会福利事业	建好社区养老服务设施 100 家，区县（市）社会福利中心主体工程建设 7 个	建好社区养老服务设施 100 家	100
			完成区县（市）社会福利中心主体工程建设 7 个	100
9	丰富文化生活	建设标准化村（社区）综合文化服务中心 100 个，文化惠民演出 1000 场	建设标准化村（社区）综合文化服务中心 100 个	100
			完成文化惠民演出 1248 场	124.8
10	强化弱势群体扶助	提质改造村级儿童之家 35 个，扶残助学 2000 人	提质改造村级儿童之家 35 个	100
			完成扶残助学 5388 人	269.4

（资料来源：市人力资源和社会保障局）

【省级重点民生实事项目】 2020 年，长沙市承担省级重点民生实事项目 12 项 22 个指标。村卫生室运行经费任务数 1965 万元，完成率 370.5%；农村转移就业劳动者 3.38 万人次，完成率 291.8%；开展政府补贴性职业技能培训 13.33 万人次，完成率 277.7%；增加公办幼儿园学位 3.94 万个，完成率 237.3%；解决残疾儿童救助 2492 名，完成率 219%；提质改造农村公路 43.1 千米，完成率 172.4%；巩固和新增农村通自来水人口 8.72 万人；完成率 163%；开展农村适龄妇女和城镇低保适龄妇女“两癌”免费检查 11.12 万人，完成率 126.8%；自然村通水泥（沥青）公路 210.57 千米，完成率 126.1%；孕产妇免费产前筛查 6.77 万人次，完成率 109.9%；新改建农村户用厕所 21.45 万个，完成率 100.9%；提高农村低保标准至 9000 元 / 人・年，高于省定标准 1200 元 / 人・年；提高农村低保月人均救助水平至 376.57 元 / 人・月，高于省定标准 54.57 元 / 人・月。

所有建制乡镇医院 2 名全科医生全覆盖 502 人，新改扩建特困人员集中供养机构 3 所，新增特困人员床位 300 张，新增特困人员护理型床位 240 张（占特困人员床位 80% 以上），城镇老旧小区提质改造开工 59 个，农村电网改造 2600 万元，新改建农村公用厕所 84 个，困难残疾人生活补贴 120 元 / 人・月，重度残疾人护理补贴 80 元 / 人・月，均达到省定目标任务要求。

【市级重点民生实事项目】 2020 年，长沙市铺排市级重点民生实事项目 10 项 28 个指标。完成“一圈两场三道”升级版建设项目，政府补贴性职业技能培训、农村适龄妇女和城镇低保适龄妇女“两癌”免费检查、孕产妇免费产前筛查、新改建农村公路、扶残助学额等项目超额完成任务，尤其是既有多层住宅加装电梯、新改建农村户用无害化厕所 2 个项目。

【“一圈两场三道”建设项目】 2020 年，长沙市开展“一圈两场三道”建设，扩面提质“15 分钟生活圈”187 个，完成率 100%；新改建停车场 134 个，停车泊位 6.17 万个，完成率 100%；新改建生鲜市场 18 个，完成率 120%；新改建社区门店 26 个，完成率 108.3%；新改建人行道 124.23 千米，完成率 100.4%；新改建自行车道 140.11 千米，完成率 100%；新改建健身步道 53.6 千米，完成率 100%；新改建历史文化步道 6.7 千米，完成率 117.5%。

（本栏撰稿　陈迎明）

政务服务

【概况】 2020 年，长沙市网上政务服务能力排名全国重点城市十强，国务院办公厅相关简报先后两次刊发推介相关改革经验做法，被评为 2020 年度全省推进“一件事一次办”改革、政府职能转变和深化“放管服”改革成效明显的地区，在全省营商环境评价中，长沙政务服务成为全省标杆先进指标，政务热线被评为“全国十佳热线”。

构建科学管理格局　履行全市行政审批制度改革、“放管服”改革以及“互联网 + 政务服务”、政务公开、行政效能监督牵头职能，强化责任担当，突出职能定位，强化机构管理，全面形成一局两中心（局机关和政务服务中心、政务热线中心）的政务服务管理体系，不断健全完善工作推进、平台管理、制度建设等一系列机制体系，推动全市“放管服”改革和政务服务管理工作更加协调高效。

完善统筹推进机制　树立以“放管服”改革优化营商环境的工作思路，

加强宏观谋划，年初印发《长沙市进一步深化“放管服”改革重点任务分工方案》，作为推进全市改革的纲领性文件，明确改革重点，细化工作任务，全面压实各级各部门责任。注重统筹协调，推动形成改革合力，组织召开全市深化“一件事一次办”改革工作推进会、改革经验交流会、“三集中三到位”改革座谈会以及基层政务公开标准化规范化工作培训、政务热线业务培训等一系列会议，在全市上下形成“一盘棋”推动改革的良好氛围。强化行政效能监督，建立改革通报机制，常态化调度改革进度，每月印发全市“放管服”和“一件事一次办”改革通报，有效确保各项改革任务稳步推进。

制度体系建设　1月，制定出台《长沙市行政权力下放、承接和运行管理办法》，用制度规范职能部门行政权力事项下放的标准、运行流程、法律适用等内容，强化对基层业务指导和承接能力培养。8月，出台《长沙市12345政务热线运行管理办法》，进一步规范政务热线工单受理、办理、督办、考核及监督等各项工作机制，健全热线工单办理的“全链条”闭环管理模式。12月，创新出台《长沙市政务服务大厅管理办法》，针对政务大厅各职能部门进驻事项、进驻人员以及大厅窗口服务、人员考核等，建立科学、系统、规范的管理制度。同时，配套制定《长沙市政务服务大厅进驻单位及人员考核管理办法》《长沙市12345政务热线呼叫中心运行管理办法》等系列制度，强化对两个政务服务实体平台的规范化标准化管理。

【政务公开】　2020年，长沙市在全省率先推进基层政务公开标准化规范化建设，完成梳理编制全市26个领域基层政务公开事项参考目录，统筹建设基层政务公开线上系统平台，在市政府门户网站统一开发全市基层政务公开专栏，形成具有长沙特色的“基层政务公开网上地图”，实现线上公开“一图”直达。统筹搭建基层政务公开线下实体专区，印发《基层政务公开专区建设标准与管理要求》，形成公开载体配置与应用的清单，实现线下专区建设“一清单”规范。按照“市级统筹、基层落实、单点突破、平台支撑”的原则，实现目录梳理标准化、专栏开发集约化、专区建设规范化和公开服务同源化，畅通市、县、乡三级联动主动公开机制。2020年5月，国务院办公厅在第五期《政务公开工作交流》上刊发《长沙市强化“五个公开”　凝聚战“疫”复工合力》文章，向全国推广长沙市政务公开工作经验做法。

【简政放权】　2020年，长沙市本级新下放“一件事一次办”相关事项权限32项，承接国务院和省级下放行政权力23项。落实政府权责清单制度，指导市本级、区县（市）、省级以上园区和乡镇（街道）梳理编制本层级权责清单，统一权力清单和责任清单。出台《公共服务事项目录（2020版）》和《长沙市（含市县级）行政审批中介服务事项目录（2020版）》，梳理公共服务事项655项和中介服务事项94项，推进政府权力运行透明化。发布《全市村（社区）一门式政务服务高频事项指导目录》《长沙市审批服务“就近办”事项指导目录（2020版）》，指导推动各区县（市）基层放权赋权，推进事项下沉基层，实现就近能办、多点可办。强化园区放权赋权，参与研究制定全省统一的园区赋权指导目录，采取直接赋权、委托行使、服务前移、审批直报等方式，赋予园区全链条闭环管理权限173项，推进“园区事园区办”。指导推进望城经开区、浏阳经开区、雨花经开区开展相对集中行政许可权改革试点。

【“互联网+政务服务”优化】　2020年，长沙市深度对接省“互联网+政务服务”平台，向省级平台汇聚数据947万件，位居全省第一位。加快市“一网通办”系统推广应用，探索利用RPA机器人流程自动化解决二次录入，网上办理深度三级以上事项比例达到90%。市“互联网+政务服务”一体化平台全年产生办件量330万件。健全完善政务服务“好差评”机制和行政效能电子监管系统，实现对办件服务、窗口服务、大厅管理和办事时限评价监管全覆盖，政务服务好评率99.9%，差评处置率100%。建成运行全市统一的网上中介服务超市，有效减少行政审批中介服务事项从承接到成果提交的流程，平台入驻中介机构575家，交易合同总金额1700万元。推动全市各级政务大厅全面建成24小时自助服务区，在“我的长沙”微信小程序上线314项政务服务和135项社会公共服务。

【政务热线升级】　2020年，长沙市完成35条非紧急类政务服务热线整合，实现“12345”“一号对外”，健全完善政务热线受理、办理、督办、考核机制。聚焦社情民意、城市管理、经济建设等大数据开展分析研判，编印日报、周报、月通报、年度专报130余期，推进解决“一房两证”、房屋租赁监管乱等一大批群众急难愁盼问题。全年受办来电来信超过230万件，单日最高来电逾2.4万个，回访满意度96%以上，连续5年在第三方评估中，位列全国省会城市前十佳。年底承办全省“12345”政务服务热线业务培训会，并作典型经验发言。

【审批集成】　2020年，长沙市制定出台《市直部门审批服务“三集中三到位”改革和市政务大厅全面推进“综合窗”改革实施方案》，“三集中三到位”和“综合窗”改革全面落地，市政务大厅进驻事项1249项，进驻审批人员423人，实现行政审批和公共服务事项办理全覆盖，企业群众办事“只进一扇门”。按照个人、法人事项办理相对集中原则，在市本级政务大厅科学设置工程建设、市场准入、社会事务、不动产登记、住房公积金、医保人社人才、公安业务7类综合窗，优化办事流程，提升行政效能。提质改造市政务大厅，增加审批后室，优化大厅功能布局，增设群众休憩区、政务公开区和24小时自助服务区，大厅整体面貌明显改善，舒适度和便利度显著提升。

【跨域通办】 2020年，长沙市在全面落地省政府两批共200件“一件事一次办”的基础上，结合长沙实际，不断拓展服务事项，实现307件高频政务服务事项“一件事一次办”。依托市“互联网+政务服务”一体化平台，加快数据信息共享互用，深入推进政务服务跨域通办、智能导办、线上线下同质办，实现省政府公布的233件“一件事”全市通办。全年办理“一件事”事项800万件。积极贯彻落实国务院关于加快推进政务服务“跨省通办”的指导意见，精准梳理跨省通办事项清单，创新工作理念，积极探索推进部分高频政务服务事项“跨省通办”。

【政策兑现事项办理】 2020年，长沙市发挥“一件事一次办”制度优势，围绕中央和省、市出台的惠企利民政策，从企业视角出发，按企业补贴、税费减免、社保缓缴、融资服务等领域，将原来分散各业务部门的优惠政策进行“一门式”整合，转化为56件“一件事一次办”事项。在全市各级政务大厅、网上办事平台等开设“复工复产、六稳六保政策兑现一件事一次办”专窗，设置“综合收件、分发流转、部门审批、一窗兑现”的“一链式”审批服务流程，构建“一次办”闭环流程，从严规定惠企政策兑现办理时限，以最快速度将惠企红利送到企业手中。截至2020年年底，全市办理政策兑现事项38.5万件，惠及企业17.9万家，相关工作做法在《人民日报》宣传推介。

（本栏撰稿　邹　斌）

电子政务

【新型智慧城市建设】 2020年，长沙市政府出台《关于加快建设新型智慧城市示范城市的决定》，明确将新型智慧城市建设作为全市经济社会高质量发展的重要引擎，上升为长沙城市发展战略。委托国家信息中心编制完成《长沙市新型智慧城市示范城市顶层设计（2021—2025年）》《长沙市新型智慧城市示范城市建设三年行动计划（2021—2023年）》。出台《长沙市政府投资信息化建设项目变更管理实施细则（试行）》等制度，开发上线全生命周期管理系统。“城市超级大脑”建成并投入运营，已向全市发布智能中枢能力清单148项，“一脑赋能、数惠全城”的智慧城市建设格局初步形成。市应急指挥平台建成运行，实现“应急指挥一个厅、信息收发一平台、数据支撑一个脑、资源调度一张网”。长沙成为全球区块链服务网络（BSN）城市节点，完成互联网和电子政务外网部署。综合网格管理平台搭建完成，初步建立网格数据更新机制，在开福区、雨花区启动网格化与信息化管理试点。市政府网站集约化平台建成运行，实现对全市各级各部门83个政府网站的集约管理。“互联网+政务服务”一体化平台实现四级全覆盖和常态化使用，307件高频政务服务事项实现“一件事一次办”，“减时间”缩减率85%，平均跑动次数小于0.3次。在2019年度国家网上政务服务能力第三方评估中，长沙首次排名全国重点城市前十位。2020年，长沙数字政府服务能力被评为全国重点城市优秀级，市政务服务门户“一件事一次办”获“省会及计划单列市十大优秀创新案例”。“我的长沙”App3.0版本及系列小程序全新上线，App累计接入政务服务1625项，上线公共服务和社会服务235项，截至2020年年底，App注册用户量逾300万户，覆盖全市常住人口近40%，同名小程序注册用户量逾165万户，获“全国重点城市优秀政务App”、2020银川国际智慧城市博览会“优秀案例奖”。“智慧党建”覆盖全市所有基层党组织和党员，打造集党务、政务、服务为一体的“指尖党建服务大厅”。“智慧医疗”接入全市119家医院，实现“码上挂号、码上缴费、码上看报告”。“智慧文旅”打造统一服务入口，为市民和游客提供“游前、游中、游后”一站式服务。在“2020世界智慧城市大会”上，长沙获“全球智慧城市数字化转型大奖”。

【数据资源管理】 2020年，长沙市组织开展市级系统融合和政务数据归集“630攻坚”等多项专项行动，开发上线数据资源管理平台，归集数据总量146.81亿条，面向市直部门、区县（市）和园区共享开放。建成人口、法人、自然资源地理空间、城市部件、房屋房产五大基础库，“长沙一张底图”可支撑全市相关系统地图服务需求。建成市电子证照库，汇聚964个证照目录、270万条证照数据。规范数据全生命周期管理，制定《数据安全管理办法》等标准规范，搭建数据质量和安全管理平台，构建数据质量整改闭环管理体系，建立常态化的数据资源管理能力评价机制，定期发布数据质量报告。建成“数据服务超市”，统一向全市提供数据服务、应用服务、AI服务等，并提供857个数据接口服务。开发上线数据分析平台，完成各领域数据分析报告347篇。在2020中国城市夜间经济发展峰会上发布《长沙城市夜经济数据报告》。市综合治税平台全年为市财政追缴入库税收约9.8亿元。“湘信融”中小微企业融资服务平台融合17类政务数据与社会数据，累计撮合融资授信逾3.28亿元。

【政务云建设】 2020年，长沙市完成政务云一期提质和扩容升级，启动政务云二期建设，云平台物理及虚拟规模体量大幅提升，已为76家单位、330个系统提供云资源服务。创新“统一云管”模式，分类分级分层管理中兴云、华为云、鲲鹏云、PK云等异构云，出台《政务云（基础设施层）暂行管理办法》《政务云基础设施层建设和应用工作的指导意见》等，探索统筹管理区县（市）政务云。制定下发《云服务质量控制和评价规范》，强化日常监管，云资源利用率从10%~50%提升到30%~70%，节约财政资金支出近800万元。

【数字经济融合发展生态培育】 2020年，市级新型智慧城市建设运营专业国有公司（长沙数智科技集团有限公司）组建。长沙市新型智慧城市建设研究会、专家库、专家咨询委员会、专业技术委员会等智库机构成立。在“长沙软件业再出发”行动中，发布2批软件和信息技术服务业场景清单，其中属于智慧城市领域的场景128个项目，总投资50亿元。PK与鲲鹏两大体系初步实现融合发展，基于PK体系打造安可智慧医疗、长沙党政办公系统升级改造等示范工程，基于鲲鹏体系在望城建设智慧城市，获“2020年中国领军智慧城区奖”。搭建供需枢纽和信息平台——“数字星城”生态共建联盟，成员企业600余家。中国电子与长沙合作共建国家软件产业基地，文思海辉区域总部项目、中电软件园三期项目落户长沙。长城医疗在长沙建设区域智慧医疗，中电数据与湘江集团合资成立中电湘江数据服务有限公司开展健康医疗大数据治理与运营。华为鲲鹏创新中心生态企业82家，湘江鲲鹏服务器于2020年6月投产。腾讯云长沙研发中心、云启基地以及腾讯智慧教育唯一全国运营平台落户长沙。京东智联云数字经济产业园落户大科城。奇安信网络安全运营总部落户长沙，在全国率先探索城市级网络安全运营新模式，城市网络安全运营中心投入运行。

【长沙市新型智慧城市研究会成立】 2020年7月9日，长沙市新型智慧城市研究会成立大会暨授牌签约仪式在岳麓科创港举行，长沙市副市长彭楠，市政府副秘书长蒋集政、中国工程院院士、国防科技大学教授廖湘科以及相关企事业单位、研究机构、高等院校代表出席成立大会。研究会聘请廖湘科任顾问，并聘请国防科技大学计算机学院教授、博导杨岳湘等10人任首批特聘专家。会上发布研究会的第一批6个研究课题清单，包括长沙市数据要素市场培育政策及相关机制研究、智慧城市建设助力长沙软件业发展研究、长沙市新型智慧社区及智慧园区建设指南研究等。长沙市新型智慧城市研究会分别与首批高校研究机构签署战略合作协议，彭楠为研究会授牌。

【城市网络安全运营总部在长沙揭牌】 2020年5月11日，长沙市人民政府与奇安信集团股份有限公司签订合作协议。5月12日，奇安信集团与长沙城发集团合作成立的奇安星城网络安全运营服务（长沙）有限公司挂牌成立，城市网络安全运营总部落户长沙。揭牌仪式采取现场与远程视频连线相结合方式进行，市委副书记、代市长、湖南湘江新区党工委书记郑建新出席并讲话，奇安信集团董事长齐向东致辞。市委常委、市委组织部部长、市自主可控及信息安全产业链“链长”张宏益主持揭牌仪式。奇安信集团是全国知名的网络安全公司，参与过多次重大活动网络安保工作及多项国家、行业网络安全标准制定，在网络安全技术、人才等方面优势明显。此次奇安信集团与长沙城发集团合作，在长沙建设全国城市网络安全运营服务总部基地，共同构建城市网络安全运营新型服务体系，推进长沙网络安全产业创新发展。

【长沙参加WeCity未来城市论坛】 2020年8月22日，WeCity未来城市论坛在北京举行。长沙市副市长彭楠代表长沙作“一脑赋能 数惠全城”主题演讲，向全球推介长沙市政府数字化转型的探索与实践。自长沙和腾讯联手打造建设全国智慧城市的合作典范以来，长沙“城市超级大脑”建设逐步完善，以应用中台、数据中台、AI中台为核心，构建“一脑赋能、数惠全城”的智慧城市建设格局，助推长沙经济社会高质量发展。在数据资源共享方面，平台已归集数据100亿余条，初步实现全市“共用一个脑”；建成“互联网＋政务服务”一体化平台，网上政务服务能力第三方测评进入全国前十位；建成“我的长沙”App，1500项政务服务、182项公共服务实现“指尖办”。

2020年8月22日，WeCity未来城市论坛在北京举行。长沙市副市长彭楠代表长沙作“一脑赋能 数惠全城”——长沙市新型智慧城市建设的实践与探索的主题演讲

长沙市数据资源管理局 供图

【腾讯智慧教育唯一全国运营平台落地长沙】 2020年9月7日，腾讯智慧教育唯一全国运营平台落地长沙，腾讯云计算（长沙）研发中心同步挂牌。省委常委、市委书记胡衡华与腾讯公司高级执行副总裁卢山见证签约并为中心揭牌。湖南湘江新区管委会、岳麓区政府与腾讯云签署合作协议，共同打造腾讯智慧教育唯一全国运营平台。该平台基于企业微信与智慧校园产品，打造全新的智慧教育在线产品服务方案。合作各方将导入技术、平台、市场、宣传资源，打造长沙全国教育小程序SaaS应用示范品牌，推动长沙教育产业高质量发展。在中小学师资培训及人才培养方面，腾讯教育参与长沙市、区两级教育局中小学教师信息技术应用能力提升和各校青少年人工智能教育项目。

【《长沙市政府投资信息化建设项目管理暂行办法》出台】 2020年2月18日，《长沙市政府投资信息化建设项目管理暂行办法》出台（以下简称《办法》）。《办法》对全市政府投资信息化建设项目规划计划、审批、实施、验收及运行后评价、数据资源资产管理等作出规定。突出“整体统筹、集约协同、规范高效”理念，从注重规划引领、严格计划执行、精简审批流程、强化技术审查、完善标准规范、突出数据共享、创新支撑手段、强化考评监督等方面进行系统设计，为长沙政府投资信息化项目实现“一盘棋来抓、一张网来建、一本账来投”，打造“新型智慧城市示范城市”奠定制度基础。

【“湘就业”平台上线】 2020年2月26日，“湘就业”平台上线并在长沙市率先试点。“湘就业”是贯彻落实省委、省政府关于疫情防控期间做好复工复产工作系列决策部署而创新推出的官方线上就业平台，帮助企业复工复产和百姓就业。该平台以微信小程序为载体，为招聘企业与求职者“牵线搭桥”，分为求职端和企业端两个小程序。企业端为复工企业提供一键发布急聘职位功能，快速高效招聘到合适人才；求职端为务工人员提供选择企业和职位的平台，增加就业机会。

【长沙获全球智慧城市“数字化转型大奖”】 2020年11月17—18日，2020全球智慧城市大会采取“线上+线下”形式，在西班牙巴塞罗那、中国上海、美国纽约三地同步举行。全球智慧城市大会是全球智慧城市建设的标杆性政企峰会，已举办10届。此次大会面向全球数千个城市征集智慧城市优秀案例，经专业化评定，长沙获全球智慧城市“数字化转型大奖”。长沙市数据资源管理局党组成员、副局长易石军参加智慧城市数字化转型论坛并作主题演讲，向全球推介长沙市数字化转型的探索与实践。近年，长沙市构建“一脑赋能，数惠全城”新型智慧城市运行模式，助推政府数字化转型。2020年10月，市政府加快建设新型智慧城市示范城市，明确将新型智慧城市建设作为推动全市经济社会高质量发展的重要引擎来抓。长沙通过构建“1+1+1”（1个政务云平台作为底座，1个城市超级大脑作为中枢，1个城市服务平台作为统一入口）新型基础设施体系，向各级政府部门提供统一的基础资源供给以及各类智能服务，向市民和企业提供一站式政务服务和公共服务，政务服务事项网办率、一次办率97%以上，2000余项政务服务和公共服务实现“指尖办”，网上政务服务能力第三方评估居全国前十位。

（本栏撰稿　周　妍）

政策研究

【调研成果】 2020年，市政府研究室推出调研成果14个，获市委、市政府主要领导和其他市领导批示并转化为具体工作举措。服务经济建设，着眼产业发展起草的《提升要素保障水平助推工业经济高质量发展》《“透视镜”下看长沙移动互联网产业转型升级发展》《抢抓生物医药产业发展“窗口期”》《关于全市稳投资工作的建议》4个调研报告有效助推产业发展。其中，《提升要素保障水平助推工业经济高质量发展》相关对策举措融入市领导决策部署，获市政府主要领导批示。坚持为民宗旨，着眼群众期盼起草的《长沙市大型批发市场转型升级发展研究》《城市有机更新的现状、瓶颈与对策研究》▲《“老市场”如何闯出新路子？》等4个调研报告有效服务民生改善，如城市有机更新工作，长沙市委副书记、市长郑建新批示对全市有机更新情况进行专门研究，列入下年政府重大工作。同时，全国人大代表长沙小组代表反响较好，市人居环境局制定《长沙市城市有机更新办法》。加强沟通协作，服务部门决策起草的《“晴雨表”里看财政工作新气象》《做好进口水果文章　助力航空经济发展》《加快打造中部领先全国一流的生态动物园》《拓展内陆开放大通道　助力国内国际双循环》《建设中欧班列集结中心迫在眉睫》《关于支持长沙银行高质量发展的调研报告》6个调研报告有效助推相关工作开展。其中《建设中欧班列集结中心迫在眉睫》获湖南省委原常委、长沙市委书记胡衡华批示，全年开行国际班列530列，增长33.8%。

▲ 延伸阅读：城市有机更新的现状、瓶颈与对策研究——以长沙市为例

中共中央总书记习近平在2015年中央城市工作会议上强调，要管住总量、严控增量、盘活存量，积极推进城市更新。近年，全国各地按照中央的统一部署，推进城市有机更新，取得明显成效，成为城市转型发展的重要动力，但也存在着一些亟待破解的瓶颈。

一、长沙市城市有机更新主要做法

长沙作为湖南省省会和特大城市，2019年城市首位度达29.12%，建成区面积483.8平方千米，全市常住人口839.45万人，发展空间和环境资源承载能力已接近饱和，加快推进城市有机更新、有效提升城市承载能力和宜居品质迫在眉睫。近年，长沙市围绕城市品质提升，在不改变城市肌体肌理、街巷格局、历史文化的前提下，坚持“微改造”“微修复”，持续推进历史街区保护、棚户区改造、老旧小区改造、城中村改造等形式的城市有机更新，让老城区焕发新容颜。

实施历史街区保护更新，留住城市记忆。近五年，长沙先后对14个历史街区实施更新改造，改造更新街区面积256公顷。通过“修缮修复，修旧还新”，建设历史步道69.5千米，打造都正街、白果园、化龙池、白沙液街、西园北里、仁美园、青山祠等网红打卡点，保留老城区街巷肌理，还原“历史名城、文化名城、山水洲城”的特色、底色和本色，为“慢行生活、文化旅游”提供时空载体。长沙在实施历史街区保护更新过程中，把城市看作有机的生命体，精准运用好“留、改、拆、补”手法，关注经济发展和文化延续，实现人居环境改善，注重打造城市创新发展新动能。

实施棚户区改造，完善城市功能。近五年，长沙抓住国家支持棚户区改造的历史性机遇，通过实施“四增两减”“有机棚改”和“货币化安置”，实施棚户区改造项目383个，完成棚户区改造面积1745.29万平方米，12.98万户近40万人棚户区居民住上新居。棚户区改造过程中，实现主城区空间布局再优化、公共配套再完善、建筑品位再提升，创造了最适合于市民生活和工作的城市宜居环境。

实施老旧小区改造，彰显城市温度。2016年至2019年4月，长沙市各级通过吸引居民自筹、民营企业投资等社会资金，对全市509个社区进行提质改造。改造后的老旧小区，彻底告别“设施老化、功能不全、环境较差”的状况，真正实现让幸福在老百姓家门口升级。

实施城中村改造，提升城市品位。以拆迁安置建设为抓手推进有形改造，近五年，长沙市启动城中村改造51个，完成城中村改造27个，拆除农民自建房面积126.19万平方米。经过改造后的“城中村”，实现环境的深度治理，配建了娱乐休闲、文化体育、医疗卫生、康养保健等公共服务设施和综合配套设施，实现由村到居的蝶变，成为城市的靓丽风景线。

二、当前城市有机更新存在的主要问题和困难

城市有机更新是提高城市内土地、建筑、基础设施等存量资产产出效率的有效手段，也是提升城市品质、改善人居环境的重要途径，尽管各地加大城市有机更新力度，取得一定的实际成效，但在实际推进过程中仍存在一些问题和瓶颈制约。

（一）政策配套不够完善。顶层设计层面不系统，市级层面措施不配套，操作层面标准不统一。

（二）规划建设维护存在脱节。前期规划欠精细，建设过程难管控，管理维护不到位。

（三）资金来源渠道不畅。财政性资金比例较小，项目资金就地平衡较难，社会资本进入存在瓶颈。

（四）整体推进缺乏统筹。片区统筹意识不强，部门协作缺乏联动，遗留问题处置较难。

三、推进城市有机更新的对策与建议

随着人口红利的衰减、新增建设用地资源的日益减少和地方政府债务规模的约束，改变传统外延扩张式城镇化发展路径迫在眉睫。推进城市有机更新，不仅要优化城市空间结构，提升城市功能，改善城市人居环境，更要实现城市与产业同步更新、着力打造新时期城市发展新动能、促进内涵式高质量发展。

（一）坚持科学谋划，加强城市有机更新顶层设计。从“政策、规划、标准”3个方面入手，谋深谋细城市有机更新的实现路径和保障体系。完善政策法规，科学制定规划，规范技术标准。

（二）突出片区统筹，推动城市有机更新分类实施。稳步推进老旧小区更新，谨慎推进文化遗存更新，推进低效空间更新，深入推进城市交通更新。

（三）拓宽融资渠道，夯实城市有机更新财力支撑。稳定的资金来源是城市有机更新顺利推进的重要保障，发挥地方财政资金作用，吸收社会资本参与，保障建设资金。发挥财政资金引导作用，发挥专项基金撬动作用，发挥社会资金的主力作用。

（四）创新工作模式，提升城市有机更新效率。坚持项目全生命周期管理，在城市有机更新项目管理模式、部门协作、业态导入、群众参与等方面大胆创新、积极探索，破解城市有机更新的堵点、难点。探索单元开发模式，实行共建共享模式，创新后期管理模式。

（五）坚守人本准则，实现城市有机更新最大效益。坚持“城市让生活更美好”的理念，实现人居环境改善、群众幸福感提升和城市高质量发展的多赢局面。坚持以人为本理念，明确“留改拆补”原则，突出生态宜居功能。（资料来源：市政府政研室）

【决策部署研究】 2020年，市政府研究室会同市科协研究起草《长沙国家海外人才离岸创新创业基地建设的实施意见》，并以长办发〔2020〕10号文件的形式印发，提出创建1个离岸总部基地（核心区）、若干离岸基地海外工作站和若干离岸基地创新落地承接载体（拓展区）的“1+N”模式。2020年，长沙获批国家海外人才离岸创新创业基地，并打造成具有国际影响力和竞争力的国家海外人才离岸创新创业基地、海外创新资源集聚中心。全年协助市委小康办、市行政审批服

务局、市场监管局、市人居环境局等部门修改完善《高水平全面建成小康社会决胜年行动方案》《长沙创建国家运动健康城市三年行动计划（2018—2020 年）》《长沙市东部开放型经济走廊发展规划》《长沙市东部开放型经济走廊建设实施方案》《长沙市 2019 年城市自体检报告》《长沙市城市有机更新办法》等 8 个政策文件。

【课题获 2019 年度中国发展研究奖】 2020 年 1 月，市政府研究室完成的《营造一流营商环境 激发市场活力——长沙市场主体发展报告及对策思考》课题，被国务院发展研究中心评为 2019 年度中国发展研究奖三等奖，并颁发中国发展研究奖证书。课题研究成果以《长沙市市场主体发展分析报告（2019）》“蓝皮书”形式向社会公开发布，对推动长沙市场主体提质增速发展具有重要指导意义。相关对策建议纳入长沙市 22 条新兴及优势产业链建设、优化营商环境和“最多跑一次”改革等工作举措中。

（本栏撰稿　丁　林）

信　访

【概况】 2020 年，长沙市信访部门创新体制机制，推进积案化解，维护群众合法权益和全市社会大局和谐稳定。长沙市被省信访联席会议评为“2020 年度全省信访工作责任目标管理考核优秀单位”。

基层治理　在全市开展“三无”创建活动，推动信访工作重心下移，不断提升基层矛盾问题特别是初信初访源头预防化解能力，长沙县创建成为“三无”区县（市），实现长沙市“三无”区县（市）零的突破。全市评选“三无”乡镇（街道）82 个、“三无”村（社区）1464 个。推动“枫桥经验”长沙化，探索形成“党建＋微网格”“三联三保”“东湖夜话”等做法，着力推动矛盾化解在基层、人员稳控在基层。

领导公开接访　发挥市级领导示范引领作用，由 2 名市级领导定点联系 1 个区县（市），通过下沉一线、调度协调、组织专会等形式，将“坐门等访”变为下沉督访、接访处访，深入基层发现问题、研究问题、解决问题。全年省市领导包案 61 件，化解 53 件；完善区县（市）领导公开接访和包案制度，实行县级领导公开接访项目化管理，做到每个工作日都有党政领导值班接访。重大特护期间，市、县、乡三级均有领导干部到人民来访接待场所或群众住地接待信访群众。

信访督查督办　市信访联席办通过定期通报、定点督查、联合督查、发函督办等方式，推动信访问题妥善解决、限期办结。联合市委督查室、市政府督查室多次对攻坚年活动政策落实、问题解决、工作推动情况进行实地督查督办，发放督查通报 8 期，推动活动深入开展和一大批信访突出问题得到稳妥有效化解。

【信访突出问题化解】 2020 年，长沙市部署开展“领导接访下访推动矛盾化解”攻坚年活动，以市委办公厅市政府办公厅名义印发《关于开展“领导接访下访推动矛盾化解”攻坚年活动的方案》，综合运用市领导联点下沉督访、区县（市）领导公开接访和包案等方式，推动化解信访问题 2160 件。其中“四重攻坚”信访突出事项 154 件，国家信访局和省信访局交办的 16 件“四重攻坚”案件全部化解。各区县（市）自行排查化解“四重攻坚”信访事项 400 余件。全市经验做法获中央和省委、省政府肯定，国家信访局《人民信访》、省政府办公厅《政务要情与交流》、省信访联席办《工作简报》发文予以推介。开展房地产办证难信访突出问题集中攻坚，推动形成化解机制全面建立、项目处置初见成效的良好局面。推进重复信访治理工作，上级交办的 2135 件重复信访事项已化解 205 件。

【信访法治建设】 2020 年，长沙市开展“信访法治宣传月活动”，全市各级各部门通过宣传标语、宣传展板、宣传单、宣传册、漫画、手机报、送戏下乡等多种形式，在全市营造出法治信访浓厚氛围。严格落实诉访分离，对到信访部门上访的涉法涉诉信访群众，将其引导到政法机关反映问题。按程序做好信访复查复核工作，全年接谈复查复核群众 103 批 349 人次，处理复查复核信访事项 58 件次。　（本栏撰稿　王档军）

2020 年 5 月 8 日，长沙市组织开展《信访条例》修订实施 15 周年暨“信访法治和网上信访”宣传活动。图为市民现场咨询信访问题　市信访局　供图

中国人民政治协商会议
长沙市委员会

CHANGSHA MUNICIPAL COMMITTEE OF THE CHINESE PEOPLE'S POLITICAL CONSULTATIVE CONFERENCE

编辑 江 雷

综　述

【市政协委员构成】　截至2020年年底，第十二届长沙市政协委员有479名，来自31个界别。按界别分，中共14名，民革17名，民盟18名，民建17名，民进14名，农工党14名，致公党11名，九三学社12名，无党派9名，共青团6名，总工会13名，妇联14名，青联6名，工商联28名，科协12名，台联3名，侨联8名，文化艺术15名，科技35名，社科17名，经济22名，农业14名，教育31名，体育5名，新闻出版3名，医疗卫生16名，对外友好3名，社会福利4名，少数民族9名，宗教5名，特邀84名。

【服务中心工作】　2020年，政协长沙市委员会积极参与市委、市政府中心工作，市政协5名主席会议成员分别联系工程机械、检验检测、新能源装备、5G应用和新型合金（含3D打印）产业链建设，带队开展精准招商引智，帮助解决企业发展难题。协调推进联点的中联智慧产业城项目、格力电器冰洗项目、消费电子产业项目等全市制造业标志性重点项目建设，为加快项目落地、投产达效献计出力。务实推进“湖南政协人助力巩固脱贫成果万户帮扶行动”，市政协主席会议成员深入浏阳市小河乡乌石村等10个扶贫联系点，走访调研、现场办公、推进扶贫项目、协调解决问题，落实扶贫资金3300万余元。全市2880名政协委员和机关干部组成828个巩固脱贫成果帮扶小组，每个小组帮扶1户贫困家庭。组织委员赴湘西自治州龙山县开展助力巩固脱贫成果帮扶行动，在龙山建立“非公经济人士理想信念教育基地”，开展捐资捐物活动。全市政协委员主动投身扶贫行动，开展集体帮扶活动800余次，帮扶贫困群众1.4万余人次，捐款捐物价值2亿余元。积极参与防汛备汛、巩固全国文明城市创建成果、“领导接访下访推动矛盾化解”攻坚年等工作，促进高质量发展与社会和谐稳定。

【抗击新冠肺炎疫情】　2020年，全市政协力量投入疫情防控阻击战，围绕新冠疫情防控及公共卫生体系建设开展调研，通过市政协信息化平台、提案、社情民意信息等渠道，就疫情防控、复工复产等积极建言，反映意见建议100余条；全市医卫界委员100余人次始终奋战在救治一线；市政协主席会议成员先后33次深入社区、企业调研走访，靠前指导疫情防控工作；市政协机关派出40名干部职工到长沙县湘龙街道“联防联控一线”协助开展疫情防控工作；成立帮扶小组，深入长沙高新区麓谷工业园，协助做好防疫物资保障、矛盾纠纷化解等工作，促进企业复工复产。动员全市政协系统和广大政协委员投身全市“大干一百天、实现‘双过半’”竞赛活动，为全市经济复苏注入强大正能量。

【政协宣传】　2020年，市政协利用政协微信公众号、网站、杂志、《政协之声》电视专栏等阵地，宣传长沙、宣传政协、宣传委员。全年制作播出《政协之声》电视专栏19期，市政协800余篇新闻报道在中央和省市新闻媒体上刊发。

【文史编撰】　2020年，市政协文史编撰工作获三项大奖，在省政协《文史博览》2020年“走过60·我们的文史资料”评审中，市政协编撰的《长沙会战》获特等奖，《他们眼中的少奇》获最具“三亲”特色奖，《长沙市文物保护单位概览（国家级、省级）》获最具题材创意奖。

重要会议

【政协长沙市第十二届委员会第四次会议】　2020年1月5—8日召开。省委常委、市委书记胡衡华在会上讲话，市委副书记、市长、湖南湘江新区党工委书记胡忠雄等省、市领导出席会议并参加分组讨论。会议协商市政府工作报告、市政协常委会工作报告、提案工作报告、市中级人民法院工作报告、市人民检察院工作报告以及其他报告。大会通过《关于市政协十二届常务委员会工作报告的决议》《关于市政协十二届三次会议以来提案工作情况报告的决议》《政协长沙市第十二届委员会第四次会议政治决议》。会议选举张庆和为政协长沙市第十二届委员会副主席，杨舜尧、李舜、闵文、戴正江为常务委员。委员们针对长沙经济、政治、文化、社会和生态文明建设中的重大问题，积极协商议政，提出许多建设性意见和建议。邓欣、王清华、李坤、易静、谢琳、乔伟玲、国晖、刘慧扬、刘樯9名委员作了大会发言。

【政协长沙市第十二届委员会常务委员会第二十五次会议】　2020年4月2日召开。市政协党组书记、主席文树勋出席并讲话。会议就长沙市政协民主评议“园区社会投资购地建设项目审批环境”工作进行说明；就长沙市政协“切实减轻过重学业负担，促进我市中小学生身心健康发展”重点调研（专题协商）工作进行说明并作动员部署；审议通过《长沙市政协农业和农村委员会兼职副主任名单》。在举行的市政协常委会专题学习讲座上，经济学家、盘古智库理事长易鹏就“疫情背景下谈国家治理体系和治理能力现代化”进行专题授课。市政协副主席石长松、龚振湘、彭继斌、袁志恒、邓自力、文丽霞、朱建军、李平、张庆和，市政协秘书长、机关党组书记、办公厅主任谭志出席。

【政协长沙市第十二届委员会常务委员会第二十六次会议】　2020年6月17日，政协长沙市第十二届委员会常务委员会第二十六次会议暨专题学习讲座举行。会议传达学习全国“两会”精神，就政协长沙市委员会“助力巩固脱贫成果帮扶行动”工作、调整集中委派民主监督员工作分别进行动员和安排部署。会议审议通过政协长沙市第十二届委员会委员增补及辞免有关事项，同意葛军凯辞去政协长沙市第十二届委员会委员资格；同意免去祝珍明政协长沙市第十二届委员会委员资格，并提议免去其常务委员职务；同意增补黄起、袁治伟为政协长沙市第十二届委员会委员。会议审议政协长沙市第十二届委员会有关人事任免事项，会议同意免去朱世平政协长沙市第十二届委员会人口资源环境委员会主任职务，免去高清福政协长沙市第十二届委员会提案委员会主任职务。任命黄起为政协长沙市第十二届委员会人口资源环境委员会主任，免去其政协长沙市委员会办公厅副主任职务；任命袁治伟为政协长沙市第十二届委员会提案委员会主任，免去其政协长沙市委员会社会法制和民族宗教委员会副主任职务。市政协党组书记、主席文树勋，副主席石长松、龚振湘、袁志恒、邓自力、文丽霞、朱建军、李平、张庆和，市政协秘书长、机关党组书记、办公厅主任谭志参加。

【政协长沙市第十二届委员会常务委员会第二十七次会议】 2020年7月28日召开，专题协商“切实减轻过重学业负担，促进我市中小学生身心健康发展”。会上，市委副书记、市长、湖南湘江新区党工委书记郑建新强调，要全面贯彻落实习近平总书记在全国教育工作大会上的重要指示精神，按照教育改革发展“九个坚持”的要求，统筹有序化解学生学业负担过重的“顽瘴痼疾”，加快推进教育现代化和教育强市建设。市政协党组书记、主席文树勋主持会议，副市长刘明理，市政协副主席石长松、龚振湘、彭继球、袁志恒、邓自力、文丽霞、朱建军、李平、张庆和，市政协秘书长、机关党组书记、办公厅主任谭志出席。

【政协长沙市第十二届委员会常务委员会第二十八次会议】 2020年9月24日举行。会议传达学习习近平总书记在湖南考察调研时的系列重要讲话指示精神。大家一致表示，习近平总书记的重要讲话指示精神令人倍感振奋、备受鼓舞，为政协履职工作明确了指导思想和目标任务。要把习近平总书记的殷切希望落实到本职工作中，努力作为、彰显担当，在推进长沙高质量发展中贡献政协委员力量。会议审议通过《政协长沙市委员会常务委员会关于“切实减轻过重学业负担，促进我市中小学生身心健康发展”的调研报告》《长沙市政协民主评议我市“园区社会投资购地建设项目审批环境”工作的报告》。会议审议通过增补政协长沙市第十二届委员会兼职副秘书长、有关专门委员会兼职副主任名单和政协长沙市第十二届委员会委员届中辞免名单，提议辞免政协长沙市第十二届委员会常委有关事项。会议同意增补李舜为市政协兼职副秘书长；增补戴正江、邓银伟为市政协委员学习联络委员会（港澳台侨和外事委员会）兼职副主任，增补刘岳为市人口资源环境委员会兼职副主任。市政协党组书记、主席文树勋，副主席石长松、袁志恒、邓自力、文丽霞、李平，市政协秘书长、机关党组书记、办公厅主任谭志参加。

【政协长沙市第十二届委员会常务委员会第二十九次会议】 2020年12月15日举行。会议协商决定，政协长沙市第十二届委员会第五次会议于2021年1月17日至2021年1月20日在长沙举行。会议听取市政府2020年提案办理情况通报；审议《政协长沙市第十二届委员会常务委员会工作报告（草案）》《政协长沙市第十二届委员会常务委员会关于十二届四次会议以来提案工作情况的报告（草案）》；审议通过《关于召开政协长沙市第十二届委员会第五次会议的决定》；审议通过政协长沙市第十二届委员会第五次会议议程、日程，大会执行主席、秘书长、副秘书长名单，委员分组及小组召集人名单。市政协党组书记、主席文树勋出席并讲话，副市长李蔚，市政协副主席石长松、彭继球、袁志恒、邓自力、文丽霞、朱建军、张庆和，市政协秘书长、机关党组书记、办公厅主任谭志出席。

政治协商

【概况】 2020年，政协长沙市常委会聚焦市委、市政府中心任务，深入开展协商议政，共组织召开1次全会协商、1次常委会专题协商、18次主席会议视察、5次对口协商和界别协商、85次提案办理协商，为长沙高质量发展献计出力。

【专题协商】 2020年，市政协组织开展“切实减轻过重学业负担，促进我市中小学生身心健康发展”常委会重点调研并召开专题协商会，9名政协委员及特邀代表围绕多元化教育供给、破解教育焦虑、改革中考制度等作专题发言，市长郑建新出席会议，就统筹有序化解学生过重学业负担提出具体要求，相关部门现场回应委员提出的问题。

【对口协商】 2020年，政协长沙市委员会就促进社会组织健康发展、发展新型村级集体经济、加强体育场馆建设、城市生活垃圾分类等问题召开对口协商会，组织长沙市历史文化名城推动委员会开展专项视察，召开修订《长沙市历史文化名城保护条例》咨询论证会，推委会工作得到住建部的充分肯定。

民主监督

【深化集中委派民主监督员工作】 2020年，市政协21个委派民主监督小组，围绕中央和省委、市委重要决策部署的贯彻落实情况和市政府2020年重点办好的民生实事，开展专项监督活动30余次。对2019年民主评议长沙市“最多跑一次”改革进行“回头看”，推动“最多跑一次”改革工作有效落实。

【民主评议园区社会投资购地建设项目审批环境】 2020年，市政协围绕长沙市“园区社会投资购地建设项目审批环境”开展民主评议，市政协主席会议成员带领5个评议组，深入全市11个园区开展调研，找出7大类16个问题，从7个方面提出解决问题的具体建议18条。9月24日，市政协召开民主评议大会，10位评议组成员分别从不同角度作评议发言，11个园区的负责人作了表态发言。评议报告提交市政府后，市长郑建新，市委常委、常务副市长夏建平，市委常委、统战部部长谭小平等领导作出批示，市长郑建新召开专题会议，部署落实评议意见建议。民主评议工作对持续优化长沙市营商环境，推动高质量发展产生积极影响。

提案工作

【概况】 2020年，市政协提交提案439件，立案403件。98家承办单位克服疫情影响积极作为，按时办复全部提案。其中，所提问题或建议已解决或采纳198件；正在解决或列入计划解决196件；因条件限制或其他原因暂时未能采纳9件。从反馈情况看，提案者对承办单位办理态度的满意率为99.3%、基本满意率0.7%。对办理结果的满意率98.2%、基本满意率1.5%、不满意率0.3%。提案成果得到及时转化，为助力长沙市疫情防控、高质量发展和现代化建设发挥积极作用。

【重点提案办理】 2020年，市委书记胡衡华、市长郑建新批示《重要提案摘报》12期，市委、市政府领导领衔督办重点提案20件，委员提案所提意见和建议得到充分吸纳和有效落实。9月25日，市政府召开市长领办市政协重点提案办理协商专题会议，郑建新领办《关于加强农村人居环境整治助推我市乡村振兴》和《关于推进社区多元共治，提升城市幸福指数》两件重点提案，提案办理工作高效推进。

【社情民意信息】 2020年，市政协扎实做好反映社情民意信息工作，年内上报全国政协190条，采用45条，报省政协208条，采用60条，其中省领导批示10条、督办1条，市政协《社情民意》内刊采用100条，其中市领导批示46条，反映社情民意信息工作持续领跑全省，跻身全国政协信息联系点前列。 （本栏撰稿 刘忠诚）

表4

市政协十二届四次会议（2020年度）优秀提案一览表

（共51件）

序号	提案号 提案者	办理单位	办理结果	案　由	推荐理由
1	029 致公党长沙市委员会	市工业和信息化局	A	关于推动我市生物医药产业高质量发展的提案	省委常委、市委书记胡衡华领办的重点提案
2	025 农工党长沙市委员会	市农业农村局	A	关于加强农村人居环境整治 助推我市乡村振兴的提案	市委副书记、市长郑建新领办的重点提案
3	070 骆志平	市民政局	B	关于推进社区多元共治 提升城市幸福指数的提案	市委副书记、市长郑建新领办的重点提案
4	001 民革长沙市委会员会	市行政审批服务局	B	关于加快推进“全城通办”让群众办事更方便快捷的提案	副市长彭楠领办的重点提案
5	010 民盟长沙市委员会	市市场监督管理局	B	关于以区块链构建长沙质量链保障“舌尖上的安全”的提案	副市长朱东铁领办的重点提案
6	011 民建长沙市委员会	市商务局	A	关于积极争取国际性消费中心城市试点的提案	副市长朱东铁领办的重点提案
7	019 民进长沙市委员会	市工业和信息化局	A	关于构建产业链“融通”新生态推动制造业高质量发展的提案	副市长邱继兴领办的重点提案
8	033 九三学社长沙市委员会	市数据资源管理局	B	关于依托“我的长沙”App推行“长沙市民服务卡”的提案	副市长彭楠领办的重点提案
9	038 长沙市工商联	市工业和信息化局	A	关于破解痛点难点 推动制造业高质量发展的提案	副市长邱继兴领办的重点提案

续表 4

序号	提案号 提案者	办理单位	办理结果	案　由	推荐理由
10	046 长沙市科学技术协会	湘江新区管委会	A	关于构建长沙国家级车联网先导区的提案	
11	052 长沙市侨联	市委宣传部	A	关于搭建长沙市海外宣传平台的提案	
12	053 市政协社科界别小组	市地方志编纂室	B	关于将申建国家方志馆中国近代人物分馆列入重要议事日程的提案	副市长彭楠领办的重点提案
13	054 市政协提案委员会	市文化旅游广电局	B	关于将长沙铜官窑打造成国家AAAAA级旅游景区的提案	副市长刘明理领办的重点提案
14	056 市政协经济科技委员会	市行政审批服务局	B	关于推行全程代办服务 强化涉审中介治理的提案	
15	057 市政协文教卫体和文史委员会	市体育局	A	关于加强我市体育场馆设施建设的提案	
16	059 共青团长沙市委员会	市农业农村局	B	关于实施农村青年人才“领头雁”回乡计划 助力乡村振兴的提案	副市长李蔚领办的重点提案
17	060 市政协社会法制和民族宗教委员会	市民政局	A	关于加强养老服务人才队伍建设的提案	
18	062 市政协委员学习联络委员会（港澳台侨和外事委员会）	市优化营商环境中心	B	关于进一步优化规范投资项目审批服务的提案	
19	064 市政协农业和农村委员会	市农业农村局	B	关于深化农村土地产权制度改革建立农村产权交易平台的提案	
20	065 长沙市妇女联合会	市总工会	B	关于完善和优化公共场所母婴设施建设的提案	
21	066 市政协无党派界别小组	市工业和信息化局	A	关于促进长沙市工业固体废物综合利用产业发展的提案	
22	068 市政协新闻出版界别小组	市教育局	A	关于树立科学教育质量观 促进中小学生健康成长的提案	
23	073 市政协人口资源环境委员会	市卫生健康委员会	A	关于采取务实管用措施 确保我市“全面二孩政策”落地的提案	

续表 4

序号	提案号 提案者	办理单位	办理结果	案　由	推荐理由
24	091 邓银伟	市市场监督管理局	B	关于加强当前预付式消费规范和监管的提案	
25	094 陈晖	市发展改革委	B	关于打造长沙夜间经济升级版的提案	
26	097 郑耀频	市市场监督管理局	A	关于加强电梯公共安全服务和监管智能化的提案	
27	101 钟阿丽、杨德品、汤华伟	市发展改革委	B	关于促进民营企业经济高质量发展的提案	
28	104 陈希华、李九苏、杨泽州等 7 名委员	天心区政府	A	关于在天心区打造国家级绿色数字经济产业园的提案	
29	110 陈　忞	市文旅广电局	B	关于做大做强我市非物质文化遗产传承展示消费基地的提案	
30	129 向志武	市公安局	B	关于禁止高空抛物 加强高空坠物预防和管理工作的提案	
31	130 刘慧扬、阳　芬	市文旅广电局	B	关于加快文旅融合激活文旅消费 创造扩大内需的长沙经验的提案	
32	162 谭滇湘	市住房城乡建设局	A	关于提升老旧住宅小区物业管理服务的提案	
33	178 宋天翔、周　悦、乔伟玲等 7 名委员	市科技局	A	关于围绕岳麓山大科城创新优势 破解我市科技成果就地转化瓶颈的提案	
34	182 黄　锋、欧阳明	市发展和改革委员会	B	关于构建长沙都市圈 提升区域竞争力的提案	副市长夏建平领办的重要提案
35	196 宁　帆、周艳芳、李　军	市生态环境局	A	关于深入推进“净土保卫战”的提案	
36	203 王清华、易介兵	市工业和信息化局	A	关于优选增量同时加大激活存量力度 高质量做大长沙制造业总量的提案	副市长邱继兴领办的重点提案
37	209 高清福、李德胜、贺立冬等 7 名委员	市城管执法局	B	关于加快推进湖南烈士公园全面提质建设打造红色教育基地的提案	
38	226 黄逸强	市农业农村局	B	关于加快长沙地区生猪养殖恢复及生猪产业可持续发展的提案	

续表 4

序号	提案号 提案者	办理单位	办理结果	案　由	推荐理由
39	232 黄尚喜	市商务局	A	关于推进长沙家政服务行业进一步提质的提案	
40	246 谢　琳、张伟琦	市教育局	A	关于多措并举做好中小学生减负工作的提案	
41	265 胡　芳、王永宏、胡建郭等 13 名委员	市教育局	A	关于进一步加强中小学心理健康教育的提案	副市长刘明理领办的重要提案
42	268 汪晓兵	市水利局	B	关于建设农村饮水安全监管云平台 提升长效监管服务能力的提案	副市长李蔚领办的重要提案
43	271 刘良春、蒋言斌、叶双秋	市教育局	A	关于加强区块链技术在“AI+ 教育”中学生学情数据建设的提案	
44	293 张庆和	市城管执法局	A	关于纵深推进垃圾分类 全面建设美丽长沙的提案	
45	324 刘　岳	市发展改革委	A	关于加强与粤港澳大湾区优势产业对接 建设长沙化妆品产业园的提案	
46	327 石长松、刘裕纯	市住房和城乡建设局	A	关于完善长沙住房保障体系 促进长沙全体人民“住有所居”的提案	副市长谭勇领办的重要提案
47	374 梅　刚、李　坤、彭首志等 5 名委员	市退役军人局	A	关于做好退转优秀消防员、政府专职消防队员接收工作的提案	
48	377 唐铁军	市委军民融合办	B	关于加快民营企业参与军民融合混合所有制改革的提案	
49	393 李　坤、陈为军、李　勇等 10 名委员	市发展改革委	A	关于出台政策稳定经济和支持企业渡过疫情难关的提案	
50	394 杨舜尧、朱建军	市委外事办（市政府外事办、港澳办）	B	关于开辟长沙国际友好城市展览馆的提案	
51	399 李　平	市教育局	A	关于推进我省中小学生体能测试三个精准的提案	

（资料来源：市政协）

长沙市纪律检查委员会
长沙市监察委员会

CHANGSHA MUNICIPAL COMMISSION FOR DISCIPLINE INSPECTION AND CHANGSHA COMMISSION OF SUPERVISION

编辑　刘盼盼

重要会议

【中国共产党长沙市第十三届纪律检查委员会第五次全体会议】 2020年1月22日举行。省委常委、市委书记胡衡华出席会议并强调，全市上下要以习近平新时代中国特色社会主义思想为指导，按照十九届中央纪委四次全会和十一届省纪委五次全会部署，一以贯之、坚定不移把全面从严治党引向深入，以全面从严治党的新成效推进治理体系和治理能力现代化，为长沙现代化建设和高质量发展提供坚强保障。会议审议通过蔡亭英代表市纪委常委会所作的题为《强化制度执行 提升监督效能 为决胜全面建成小康社会提供坚强保障》的工作报告。

2020年1月22日，中国共产党长沙市第十三届纪律检查委员会第五次全体会议举行

市纪委市监委 供图

【市党员领导干部廉洁从政警示教育电视电话会议】 2020年3月23日举行。省委常委、市委书记胡衡华出席会议并强调，要继承发扬"3·23"警示教育的优良传统，推动全面从严治党再部署、再出发、再深化，以作风"赶考"促进和保障发展"大考"，坚决夺取疫情防控和经济社会发展双胜利，向党和人民交出一份优异答卷。市委副书记、代市长、湖南湘江新区党工委书记郑建新主持会议。会议传达学习中共中央办公厅印发的《关于2019年中央政治局贯彻执行中央八项规定情况的报告》《关于解决形式主义突出问题为基层减负工作情况的报告》，观看专题片《人民是阅卷人——追寻"进京赶考"之路》。

（本栏撰稿 侯小贝）

监督执纪

【政治监督】 2020年，长沙市纪检监察系统围绕"三高四新"重大使命和5个方面重点工作，列出47条任务清单，挂牌督办、逐项检查。开展"洞庭清波"专项行动，推动禁捕退捕，生态环境领域追责问责134人；开展违建别墅、农村乱占耕地建房问题专项治理，全面摸清底数；彻查"镉超标大米"问题，严肃问责10名党员干部。全市查处违反政治纪律案件62起，确保党中央重大决策部署落地生根。服务保障"大战大考"。面对突如其来的新冠肺炎疫情，全市纪检监察系统第一时间发布"六条禁令"，紧盯医疗救治、物资供应、生活保障等环节，严查履责不力问题；开通疫情信访举报专用热线，建立"五个当天"处理机制，受理率、满意率100%；开展疫情防控监督分析，坚持"一天一报告"，服务市委防控决策。组织拍摄宣传片《同江同湖，同舟共济》，弘扬长沙抗击新冠肺炎疫情精神。开展"六稳""六保"专项监督，聚焦减税降费、稳企稳岗稳就业，帮助解决复工复产审批条件不一、报批程序烦琐等问题242个。建立营商环境问题线索移送督办机制，坚持快查快办。开展"靠企吃企"专项治理，立案查处86人，收回欠租2.97亿元。

【惩处侵害群众利益问题】 2020年，长沙市纪委监委开展"一季一专题"集中治理、"一村一纪检干部"驻点监督，深化产业扶贫、农村饮水安全等9项专题整治，督促整改问题2392个，全市查处群众身边腐败和作风问题415起、835人。推动落实因病未脱贫人口帮扶政策，兜底保障1295人住院费用。让黑恶势力"保护伞"付出惨痛代价，查处64人，移送司法机关6人。主动访民情、开门办信访，建立纪检监察干部公开接访制度，全市信访举报受理量、越级访、重复件比2019年下降22.8%、26.2%、51.2%，折射基层生态持续好转。助力扶贫联点望城盘龙岭村全面脱贫，推动打造年产值1200万元的"荷花虾"产业链，贫困村变为省级美丽乡村示范村。

【违反中央八项规定精神问题查处】 2020年，长沙市查处形式主义官僚主义问题95起232人。巩固治理"文山会海"，市委、市政府发文数量持续缩减，"督检考"由62项精简到27项。针对基层反映强烈的"表格抗疫"、城管考核体系繁杂问题，开展专题调研并督促整改。跟进"一件事一次办"，督促下放审批权限、开展流程再造，政务服务效能全面提升。扭住享乐主义奢靡之风问题不放，严查快处"红包礼金"、私车公养、"不吃公款吃老板"等问题，推动治理餐饮浪费行为，全市查处违反中央八项规定精神问题256起、处分549人。对41名受处分干部开展暖心回访，为47名干部公开澄清正名。

【日常监督】 2020年，市纪委市监委围绕党委（党组）落实全面从严治党主体责任规定，督促各级党组织知责履责，抓实日常监督。全市运用“四种形态”处理10781人次，第一、二、三、四种形态分别占比81.6%、12.9%、3.3%、2.2%。推动落实主体责任提醒函制度，市领导对分管领域谈话1170人次。突出对“一把手”的监督，对“一把手”问题线索优先处置，全市查处89人，切实管好关键人、管住关键事。全面开展政治生态分析、领导干部廉政画像，健全完善廉政档案。严把廉政意见回复关，市纪委对8人出具否决意见。发挥监督治理效能。深化纪检监察体制改革，健全派驻机构考核机制，在园区、市管企业设立监察专员，全市乡镇（街道）全部设立监察办公室。以监督促行业治理，推动卫健系统优化医疗服务，成功应对新冠肺炎重大考验。深化医保欺诈专项整治，对115人采取强制措施，追回医保资金2.73亿元。以监督治理交通乱象，城区货运车辆通行证“一证难求”成为历史，查处公交企业恶意骗补8000万余元案。以监督护好财政资金，市财评中心守好政府“钱袋子”，评审项目核减资金167亿元。

【惩治腐败】 2020年，长沙市坚持“零容忍”，聚焦“一把手”和重要岗位领导干部，持续释放查处的震慑效应。严惩陈某某、詹某某等腐败典型，严查郭某某、姜某等一批基层贪腐。全市立案2099件、结案1926件、处分1809人，查处县处级干部37人，挽回经济损失3.3亿元。在有腐必惩高压态势下，全市主动投案110人。加强部门联动，构建防逃追逃“绿色通道”。全链条整治工程建设招投标突出问题，查处违规领导干部、评标专家、市场主体134人，收缴处罚违规资金6295万元。启动人防领域腐败问题专项治理，处置问题线索33件，追缴资金1514.5万元。坚持以案促改、以案促治，健全“三书两会一公开”机制。提升处分决定宣布警示效果，推动处分决定“一张纸”变为廉政教育“一堂课”。深入剖析蒋某、李某等案件，督促发案单位加强治理。深化“3·23”廉洁从政警示教育，拍摄党史教育片《人民是阅卷人》、警示片《迷航》，市廉政教育基地接待党员干部1.8万人次，打造胡耀邦故居等一批廉政教育阵地。

【扫黑除恶专项斗争工作推进会】 2020年4月22日，市纪委常委、市纪委监委扫黑办主任瞿浩组织召开全市纪检监察机关扫黑除恶专项斗争工作推进会。会议传达学习了中央有关文件精神，并对2020年全市纪检监察机关扫黑除恶工作进行详细部署。

【疫情防控工作6条纪律禁令发布】 2020年2月2日，长沙市纪委市监委根据党中央、中央纪委、省委、省纪委和市委要求，结合长沙实际，发布疫情防控工作6条纪律禁令：严禁有令不行、有禁不行，严格做好换届过程中的疫情防控，统筹抓好疫情防控和换届工作；严禁不服从组织安排、擅离职守、违抗命令、临阵退缩、推诿扯皮、行动迟缓、贻误工作，牢固树立“一盘棋”思想，联防联控、群防群控，紧密配合、高效协同；严禁在落实疫情防控工作中不担当、不作为、慢动作、假行为，坚决杜绝疫情防控中的形式主义官僚主义；严禁瞒报、漏报、迟报、错报、谎报疫情防控重要信息，甚至弄虚作假；严禁擅自发布传播未经官方证实的疫情信息；严禁有其他违法疫情防控工作纪律和制度规定的行为。

【市管企业、园区纪检监察体制改革动员部署会】 2020年4月29日举行，会议要求深入贯彻落实党中央关于在新的起点上深化纪检监察体制改革的相关要求，对改革工作进行部署推进。省纪委常委，市委常委、市纪委书记、市监委主任蔡亭英出席。蔡亭英强调，要深刻领会党中央全面深化改革的精神，确保纪检监察体制改革在长沙落地生根。

【长沙市“洞庭清波”专项行动调度会】 2020年5月7日召开。会议传达省、

2020年6月19日，市纪委市监委驻市生态环境局纪检监察组联合市生态环境局组成督察组，采取“四不两直”的方式到杨家湾撇洪渠和龙王港对省、市挂牌督办问题进行督察暗访

市纪委市监委　供图

市“洞庭清波”专项行动工作要求，并对围绕全市推进洞庭湖生态环境治理、长江流域重点水域禁捕退捕等工作开展监督检查进行安排部署。省纪委常委，市委常委、市纪委书记、市监委主任蔡亭英强调，要认真贯彻落实习近平总书记“守护好一江碧水”的重要指示精神，把专项行动作为扛起“两个维护”重大政治责任的具体行动，强化监督执纪问责力度，督促各部门扛起污染防治政治责任，推动形成风清气正的政治生态、青山绿水的自然生态。（本栏撰稿　侯小贝）

党风廉政建设

【市派驻机构述责述廉会议】　2020年1月13日举行。全市31个派驻纪检监察组集中展示一年来的“成绩单”，并接受现场评议。2019年以来，全市派驻机构着力履行监督第一职责，突出抓好政治监督、注重强化日常监督，推动被监督单位党组（党委）压实管党治党主体责任，充分彰显派驻机构“派”的权威和“驻”的优势。省纪委常委，市委常委、市纪委书记、市监委主任蔡亭英强调，纪检监察机关要始终把政治监督放在首位，切实践行“两个维护”，推动各类监督贯通协同，进一步提高监督质效。

【特约监察员和党风政风监督员座谈会】　2020年1月3日举行。省纪委常委，市委常委、市纪委书记、市监委主任蔡亭英出席。与会人员一同观看了专题片《使命》，全面了解2019年全市党风廉政建设和反腐败工作情况。参会人员结合自身感受和工作实际，对下一阶段工作及市纪委全会工作报告提出意见建议。

【全市纪检监察系统警示教育会议】　2020年4月23日举行，省纪委常委，市委常委、市纪委书记、市监委主任蔡亭英出席会议并讲话。会议学习贯彻中央纪委印发的两个案件通报精神和省纪委有关文件精神，通报长沙市查处的纪检监察干部违纪违法典型案例，部署加强干部队伍管理和监督工作。

【长沙市深化整治形式主义官僚主义工作部署会】　2020年6月11日举行。省纪委常委、市委常委、市纪委书记、市监委主任蔡亭英出席，市委常委、市委秘书长、市委办公厅主任廖建华主持会议。会议传达学习中央和省委有关文件精神及市委常委会会议精神，通报2019年集中整治形式主义官僚主义工作情况及近期全市深化整治形式主义官僚主义工作开展情况，研究部署下阶段全市深化整治工作。

【2020年上半年纪检监察工作讲评座谈会】　2020年7月10日举行。省纪委常委、市委常委、市纪委书记、市监委主任蔡亭英主持会议。会议中，9个区县（市）纪委监委负责人、部分市纪委监委派驻纪检监察组组长，分别晒出上半年成绩单，并结合实际谈感想、提建议，在交流中总结经验、厘清思路。

【长沙市纪检监察系统领导干部培训班】　2020年11月24日开班。省纪委副书记蔡亭英以《奋力推进新时代纪检监察工作高质量发展　为全面建设社会主义现代化国家提供坚强保障》为题作开班讲话。为期4天的培训系统学习中共十九届五中全会精神和习近平总书记在湖南考察时的系列重要讲话精神，进一步突出政治引领，提升业务技能，全面建设忠诚干净担当、敢于善于斗争的高素质专业化干部队伍。

【长沙市纪检监察领导干部会议】　2020年12月14日举行，省纪委副书记、省监委副主任蔡亭英主持会议。会议传达学习省委书记许达哲调研走访省纪委监委机关时的重要讲话精神和到长沙宣讲中共十九届五中全会精神，以及全省纪检监察领导干部会议精神。（本栏撰稿　侯小贝）

巡察工作

【概况】　2020年，长沙市纪委监委坚守政治巡察定位，分4轮对市直单位、园区、教育系统78家单位开展集中巡察，发现问题2084个，问题线索80条，退缴资金2963万元，该届市委巡察提前实现全覆盖。探索巡审结合新模式，提升发现问题能力。推动巡察上下联动，开展政法系统提级交叉巡察、乡镇街道信访专项巡察，村级党组织巡察覆盖率98.2%。推进巡察整改，建立整改量化评估机制，落实分管市领导巡察整改“一岗双责”。市教育系统坚持立行立改，推动“6A”变“分数”、集团办学改革，深入治理学校食堂超市突出问题，以巡察整改解学生家长心结。（侯小贝）

【政治巡察】　截至2020年年底，市本级已巡察党组织123个，市委提前实现一届任期内巡察全覆盖。市委主要负责人扛起第一责任人责任，审定巡察方案、圈定巡察对象、审阅巡察报告，及时为全市巡察工作把关定向。市委书记专题会及时听取巡察情况综合汇报3次，对巡察发现的重点人、重点问题一针见血地提出处置意见，对巡察移交的问题线索绝不姑息、坚决查处，2020年4月，长沙房产（集团）有限公司党委原副书记、董事、原总经理田某接受纪律审查和监察调查。市委召开巡察情况通报会，2020年对53个单位存在的典型问题予以通报，督促被巡察党组织落实巡察整改要求。建立市委书记专题会定期听取巡察整改督查情况汇报机制，听取28个单位巡察整改督查情况汇报，进一步传导整改压力，推动整改落实。市委巡察工作领导小组协调解决巡察工作面临的实际问题。选派市直单位主要负责人、派驻纪检组组长等14名优秀领导干部授权担任巡察组组长，抽调优秀后备干部和业务骨干560人次参与巡察。坚持市委巡察工作领导小组成员中期走访制度，对41个巡察组进行中期走访调度，结合78个被巡察单位职责和特点规律提出指导意见820余条。协调市委组织部、市委宣传部、市委编办抽调60余名业务骨干，分别开展选人用人、意识形态、机构编制专项检查，发现选人用人（机构编制）方面问题731个、意识形态领域问题498个。市委把支持配合巡察和落实整改要求纳入全市党风廉政建设责任制考核和党组织书记年底述职评议的重要内容。市委组织部把各单位接受巡察情况、领导班子和领导干部政治画像情况和巡察反馈问题整改情况纳入市直单位政治建设考察重要内容，通过科学考核评价机制压实巡察整改主体责任。建立巡察反馈意见向市领导报备制度，提请分管市领导按照“一岗双责”抓好被巡察单位整改工作，并把巡察整改情况作为年度述职和民主生活会重要内容。推行市领导约谈巡察整改督查排名靠后单位工作机制，2名副市长对市林业局、市商务局、市民宗局等3个单位主要负责人进行约谈，要求被约谈单位正视差距、举一反三，以整改成效推动各项工作全面进步。　　（邓章芙　余　锦）

【监督质量提升】　2020年，根据中央“三个聚焦”清单列出符合长沙市实际的77个具体问题表现形式，发现各方面问题2084个，形成重点领域专题报告32个，提出意见建议244条，为深化改革提供问题导向参考。以人民为中心的价值取向，紧盯教育、医疗、信访等民生实事开展巡察，推动解决一系列群众反映强烈的问题，受理群众信访举报数量从2018年的1541件次，下降到2019年的1258件次，再到2020年的314件次。以板块思维和系统思维谋划巡察工作，先后对事业单位、教育部门、政府部门、经济园区、政法部门开展系统巡察，推动解决制约行业发展的各方面问题1058个。创新开展“微信问卷”“网络问卷”，以购买服务方式聘请注册会计师、高级会计师等10余人，有效提升发现问题的精准度，2020年发现问题线索80条，涉及处级干部30人。建立健全巡察监督与其他监督协作机制，巡前向有关部门收集被巡察单位重要问题68个。探索巡审结合新模式，巡察3个经济园区时借助审计组力量，对单位重大经济事项决策情况等财务收支情况全面开展检查，对巡察了解的线索开展专业审计核实，发挥“1+1>2”的巡察效果。加强对区县（市）巡察工作统筹指导，督促各地严格落实巡察工作报备制度，每季度集中分析研判突出问题，并向各地巡察办下发整改通知。召开区县（市）巡察工作半年总结讲评会和巡察办主任座谈会，梳理汇总浏阳市、开福区专项检查和指导督导中存在的共性问题，要求9个区县市对标整改，共整改问题128个，新增干部9人，健全内部管理制度29个。2020年，9个区县（市）巡察党组织260个，发现问题12727个，党委一届任期内巡察全覆盖率93.5%。全面推进村级全覆盖，2020年完成对838个村级党组织的巡察，全覆盖率99.8%，发现并推动解决群众身边急难愁盼问题和微腐败问题3281个，村级巡察经验做法被中纪委、省纪委专题推介。在全省巡视巡察工作会议上，长沙市围绕村级巡察工作进行典型经验交流。　　（邓章芙　余　锦）

【整改落实】　2020年，市、县两级移交巡察发现的问题线索356件，立案97人，党纪政务处分65人，移送司法机关3人。市委组织部把巡察结果作为干部考核评价、选拔任用的重要依据，动态解决班子队伍建设存在的问题，2020年因巡察发现问题受到问责党员干部125人。建立市纪委监委、市委组织部、市委巡察机构共同推进巡察整改协作机制，纪检监察机关、组织部门分别派员参加巡察情况反馈会和专题民主生活会，严格审核整改材料，开展经常性督促检查。定期开展巡察整改督查，对市属国企、政府部门的28家单位巡察整改情况进行了解和督促，对各单位整改成效进行综合评估排名，各单位整改落实率90%以上，如市产投集团过去典型的不作为，23亿元放在账上收利息，通过巡察整改、完善奖惩体系，推动干部由“不思进取”转为“争先作为”。坚持立行立改、快速纠偏，市、县两级共推动边巡边改突出问题2550个，建立健全规章制度1137项。如专项巡察教育系统期间，推动解决学校小卖部商品价格高、文印室打印费贵、学生食堂餐食质量不高等侵害学生利益问题51个。针对巡察发现执行财经纪律方面的普遍问题，向财政、审计等部门下发《巡察工作提醒函》，督促其强化专项检查和日常监管，加强财政资金运行全过程监督。专项整治。针对近年来巡察发现的意识形态责任制落实、工程项目管理、资产经营管理等突出问题，推动相关部门在全市范围内开展专项整治，发现工程领域问题项目104个，收回欠款欠租资金2.22亿元，增收资产转让款2.77亿元，增加年租金收入1575万元。（邓章芙　余　锦）

【十三届市委第九轮巡察情况集中反馈暨整改工作动员会】　2020年3月16日举行。省纪委常委，市委常委、市纪委书记、市监委主任蔡亭英反馈巡察情况并传达省委常委、市委书记胡衡华在书记专题会上的讲话精神，市委常委、市委组织部部长张宏益主持会议。根据市委统一安排，2019年11月底至2020年1月下旬，市委派出7个巡察组，分别对岳麓山风景名胜区管理局、市政府驻北京联络处、市残联等14个单位党组织开展常规巡察。

（邓章芙　余　锦）

【十三届市委第十轮巡察启动】　2020年4月9日，十三届市委第十轮联动

2020 年 7 月 3 日，十三届市委第十一轮巡察工作动员会举行

市纪委市监委　供图

专项巡察动员部署会举行。省纪委常委，市委常委、市纪委书记、市监委主任蔡亭英出席会议并作动员讲话，市委常委、市委组织部部长张宏益主持会议。该轮巡察安排 9 个巡察组，其中 8 个巡察组对市教育系统 14 个单位开展联动专项巡察，同时应湖南湘江新区党工委请求，成立 1 个专项巡察组对湖南湘江新区范围内有关二级单位工程建设项目招投标情况开展专项巡察。（侯小贝）

【十三届市委第十轮巡察情况集中反馈暨整改工作动员会】 2020 年 7 月 21 日举行。省纪委常委，市委常委、市纪委书记、市监委主任蔡亭英反馈巡察情况并传达省委常委、市委书记胡衡华在市委书记专题会上的讲话精神，市委常委、市委组织部部长张宏益主持会议，副市长刘明理出席会议。蔡亭英指出，对巡察发现的问题，广大党员干部特别是领导干部要深刻吸取教训，密切结合工作实际和岗位职责，自查自纠、对照整改。（侯小贝）

【市区、县（市）委巡察工作半年总结讲评会】 2020 年 7 月 28 日，各区县（市）委巡察工作半年总结讲评会举行，回顾总结上半年工作经验，科学谋划下半年工作任务。市纪委常务副书记、市监委副主任、市委巡察工作领导小组成员邱俊杰出席会议并讲话。会议传达学习中央巡视办主任王鸿津在全国市县巡察工作中南片区调研座谈会上的讲话精神，对标《省委巡视办关于对浏阳市委巡察工作指导督导情况的反馈意见》部署各区县（市）整改落实工作，并就省委巡视办下发的《关于加强市县党委巡察工作的意见（征求意见稿）》进行讨论发言。（侯小贝）

【十三届市委第十一轮巡察工作动员会】 2020 年 7 月 3 日举行。省纪委常委，市委常委、市纪委书记、市监委主任蔡亭英出席会议并作动员讲话，市委常委、市委组织部部长张宏益主持会议。会上，张宏益宣布各巡察组组长、副组长授权安排。该轮巡察安排 7 个巡察组，集中对 25 个单位开展常规巡察（邓章芙　余　锦）

【十三届市委第十二轮巡察工作动员会】 2020 年 9 月 17 日举行。省纪委常委，市委常委、市纪委书记、市监委主任蔡亭英出席会议并作动员讲话，市委常委、市委组织部部长张宏益主持会议。该轮巡察安排 8 个巡察组，集中对 9 个园区和市中级人民法院开展常规巡察或延伸巡视；安排 9 个巡察组，对 8 个基层法院、2 个区（市）公安局、3 个乡镇（街道）开展提级交叉巡察；同时，根据省委巡视组工作要求，统筹安排 2 个巡视巡察上下联动组，对 2 个区（县）直单位开展交叉巡察。（邓章芙　余　锦）

【十三届市委第十一轮巡察情况集中反馈暨整改工作动员会】 2020 年 10 月 16 日举行。省纪委常委、市委常委、市纪委书记、市监委主任蔡亭英反馈巡察情况并传达市委书记专题会议有关要求，市委常委、市委组织部部长张宏益主持会议。按照市委的统一部署安排，7 月初至 8 月初，市委派出 7 个巡察组，分别对市委办公厅、市委政研室、市委保密办等 25 个单位党组织开展常规巡察。蔡亭英指出，巡察整改过程中，要把习近平总书记在湖南考察重要讲话精神贯彻落实情况作为头等大事，要结合当前中心工作，切实增强人民群众获得感和干部职工认可度。（侯小贝）

民主党派·工商联

DEMOCRATIC PARTIES AND FEDERATION OF INDUSTRY AND COMMERCE

编辑　周海波

中国国民党革命委员会长沙市委员会

【概况】　截至2020年年底，中国国民党革命委员会长沙市委员会（以下简称“民革长沙市委会”）有民革党员1383人，平均年龄56岁，大学文化程度以上830人，占民革党员总数的53%，具有中高级职称646人，占46%。有6个工委、3个总支、56个支部。

【参政议政】　2020年，民革长沙市委会完成6个重点调研课题，分别为《关于放大自贸区优势，将湖南打造成先进制造业示范区域的调研》《关于加快推进湘赣边革命老区振兴与合作发展试验区建设的调研》《关于切实提高公共卫生救治中心服务水平，完善重大疫情防控救治体系的调研》《关于推进产业扶贫与乡村振兴衔接研究的调研》《关于长沙金霞片区打造中部现代医药物流产业集群的调研》《关于健全“街乡吹哨、部门报到”机制，破解基层治理“最后一千米”难题的调研》。在政协长沙市第十二届委员会第四次会议上，民革长沙市委会提交《细“治”入微完善基层治理“最后一千米”》《关于支持浏阳市在湘赣边区域合作示范区建设中发挥带动作用的建议》《关于加强长沙市公共卫生服务体系建设的建议》《关于推进产业扶贫与乡村振兴衔接的建议》《关于长沙金霞片区打造中部现代医药物流产业集群的建议》5篇集体提案。作题为《关于加快推进‘全城通办’让群众办事更方便快捷的提案（第001号）》的大会口头发言，并被长沙市政协评为2020年度优秀提案。主委朱建军代表民革长沙市委会作题为《关于推进我省军民融合深度发展的建议》的专题调研汇报发言。聂志强提交的《加速共享停车体系建设，助推“一圈两场三道”升级》被长沙市人大确定为一号重点建议。易金龙提交的《关于着力培育全国特色小镇产业发展的建议》被长沙市人大督办。聂志强、李志员、陈树、谭娟被评为长沙市第十五届人民代表大会优秀代表。民革长沙市委会向民革湖南省委会、长沙市政协、市委统战部报送信息240余篇。其中：中共中央办公厅采用1篇；全国政协采用2篇、湖南省政协采用5篇、长沙市政协采用8篇，长沙市领导批示4篇；中共湖南省委办公厅采用2篇、中共湖南省委统战部采用1篇、中共长沙市委统战部采用37篇；民革中央采用5篇，民革湖南省委会采用37篇。副主委康镇麟撰写的《用系统观念推进“放管服”改革》在《学习时报》头版刊登，被“学习强国”公众号转载；《年轻干部要着力优化解决实际问题的能力结构》在《团结报》上发表；刘激扬、谢理撰写的《统筹做好疫后闲置物资负压救护车调配工作》被中共中央办公厅、湖南省委统战部采用；聂志强撰写的《新冠疫情下亟须警惕台海危机》、曾亚斌撰写的《引导地摊经济持续有序发展的建议》被全国政协采用；廖耀群撰写的《关于完善捐赠物资调配、接收、发放工作的建议》，李志员撰写的《关于完善应急慈善物资调配立法的建议》《关于民法典草案的若干意见建议（二）》，王小全撰写的《关于寺庙、教堂等宗教场所发起设立公益慈善机构的建议》，吴建安撰写的《建议加快生产医用标准儿童口罩》被民革中央采用；聂志强撰写的《关于织牢“三临”危险路段防护网的建议》《集贸市场应着力强化常态化管理督查》，刘洋撰写的《关于优化财产保全程序的建议》《建议最高人民法院尽快出台〈关于审理涉及新冠肺炎疫情纠纷案件若干问题的指导意见〉》，曾亚斌撰写的《建议我省承建中部大数据中心》被湖南省政协采用；聂志强撰写的《民营医疗机构虚假广告泛滥急需遏制》，李思慧撰写的《加快医疗卫生信息共享步伐的建议》，汤炳煌撰写的《不要让楼顶成为垃圾处置被遗忘的角落》，徐煦和陈盛撰写的《统一采购防疫物资有序有偿向复工复产企业供应的建议》被长沙市政协采用。民革长沙市委会信息工作获2020年度长沙市政协社情民意信息工作先进单位三等奖。

【组织建设】　2020年，民革长沙市委会开展基层组织评估。完善《基层组织评估办法》，对全市52个支部进行量化评估，其中15个支部获优秀支部，14个支部为良好支部。推进示范支部创建。制定《关于开展示范支部创建活动的实施方案》，11个支部参加示范支部创建。新建1个市级民革党员之家。制定《2020年民革长沙市委会基层组织换届工作实施方案》，对37个基层组织进行班子换届或调整，其中33个支部进行换届，4个支部进行调整。成立教育总支部、医卫总支部、市直属联合总支部3个总支部，成立民办教育支部、天心区三支部、文创支部、海峡两岸创业服务中心支部4个支部。完成天心区工委、岳麓区工委、雨花区工委、浏阳市工委4个工委班子调整工作。开展民革党员培训，推选16位民革新党员参加长沙市社会主义学院（以下简称“市社院”）举办的各民主党派新成员培训班，推荐2名民革党员参加湖南省社会主义学院举办的党外代表人士培训班，推荐1名民革党员参加中共长沙市委统战部举办的党外优秀年轻干部培训班，推荐6名民革党员参加中共长沙市委统战部组织的到红旗渠各民主党派基层组织负责人能力素质提高班。完成机关干部职务职级调整工作，开展处室机关干部轮岗交流。通过湖南省公务员考试招录1名公务员，选调1名机关干部。制定《民革长沙市委会行政例会工作考核办法》，创新机关作风工作日志新模式。开展“重温红色记忆”主题教育活动，组织机关干部到浏阳市、醴陵市参观红色教育基地和革命先辈故居。组织工作获民革湖南省委会2020年度量化考核第一名，机关建设工作获民革湖南省委会2020年度量化考核第二名。

【思想建设】 2020年，民革长沙市委会组织全市民革党员学习贯彻中共十九届五中全会精神、习近平总书记考察湖南重要讲话精神、民革十三届三中全会精神、民革湖南省委十四届五次全会精神；开展“不忘合作初心，共担时代使命”主题教育活动。印发《“不忘合作初心，共担时代使命”主题教育活动实施方案的通知》，举行“讲好中国故事”宣讲报告会。谭娟撰写的《用脚步丈量，让镜头记录，给老兵存史，为真情澎湃》获民革湖南省委会“我为小康作贡献”主题征文活动二等奖，刘洋撰写的《一句承诺，终身践诺——老兵朱豫刚为烈士扫墓三十六年》被编入民革湖南省委会“我为小康作贡献”主题征文作品集。中山书画院举办“不忘合作初心，共担时代使命——讲好中国故事”艺术展。老年委员会开展“讲好中国故事，凝聚民革力量”老党员重阳观影活动。

【社会服务】 2020年，民革长沙市委会组织全市民革党员捐赠医疗物资500万余元，交纳特殊党费12万元。副主委刘激扬作为先进集体代表出席全国抗击新冠肺炎疫情表彰大会，并被授予“全国先进工作者”称号。刘激扬、张学武、湛韬3名民革党员被民革中央评为“抗击新冠肺炎疫情先进个人”，长沙市第一医院支部被民革中央评为“抗击新冠肺炎疫情先进集体”。张学武被评为“湖南省抗击新冠肺炎疫情先进个人”，王红心等22人被民革湖南省委会评为“抗疫先进个人”。雨花区工委等18个集体被评为“民革长沙市委会抗疫先进集体”，于华明等67人被评为“民革长沙市委会抗疫先进个人”。2020年走访慰问健在的长沙籍抗战老兵100余人次，通过11次集体安葬仪式在唐人万寿园累计安葬抗战老兵及家属159位。将芙蓉区两岸青年文化产业孵化基地打造为长沙市同心创建示范点，组织基层支部到怡园、桂花、白鹤、江湾、火把等同心社区开展活动，将浏阳东门村创建为同心乡村。雨花区工委与常德石门洞国学校签订结对帮扶协议书，启动“‘雨’你同行·心手相牵”教育帮扶同心工程，被评为市级同心项目。打造中山希望书屋公益项目。成立中山希望书屋理事会，2020年在永州市、益阳市、怀化市等地捐建12所书屋。截至2020年年底，在全国各地捐建50所中山希望书屋，累计捐赠书籍30万册，价值300万余元。开展“法润星城·民革在行动”。组织民革党员开展送法律服务进社区、送法律知识进校园、送法律课堂进监狱、关爱服刑人员特困未成年子女系列活动。联合民革省、市社会和法制委员会、湖南清枫律师事务所，制作60期“一分钟说民法典”短视频。到龙山县开展“统一战线，爱心百合”助农直播，累计销售30万余元。民革长沙市委会常委聂志强获湖南省2020年“百名最美扶贫人物”称号；长沙市第一医院支部被湖南省人力资源和社会保障厅、湖南省扶贫办评为2020年先进集体；民革党员刘雄、刘洋入选湖南民革“十佳志愿者”；刘雄被省政协评为“全省政协扶贫先进个人”。民革长沙市委会社会服务工作获民革省委2020年度量化考核第一名。

【宣传工作】 2020年，各级主流新闻媒体报道民革长沙市委会工作100余次，《团结报》等国家级报刊报道10余次，《潇湘晨报》《三湘都市报》《长沙晚报》、长沙新闻联播等地方媒体报道30余次；中新网、新华网、三湘统战网、人民政协网、红网、星辰在线等主流网站报道50余次。《长沙统一战线》刊登5篇。民革长沙市委会网站更新民革长沙市委会和各基层组织重要资讯180余条。宣传工作获民革湖南省委会2020年度宣传工作量化考核第二名。完成2020年度《团结报》征订任务718份，超额完成86份，获民革中央团结报社《团结报》征订工作二等奖。2020年发展民革党员65人，净增率4.5%，平均年龄36岁，其中硕士研究生19人，博士研究生1人，中级以上职称13人，具有民革特色34人。

【促进祖国和平统一工作】 2020年，民革长沙市委会举行对台参政议政座谈会和对台工作讲座，收集对台工作意见建议，上报对台工作信息5条。打造对台工作平台。扶持长沙市海峡两岸创新创业基地发展，基地引进两岸创业企业53家，累计接待各类台商台胞考察参访团100余次3300余人次。2020年，长沙市海峡两岸创新创业基地被中共长沙市委统战部确定为长沙市同心创建示范点。

【民革长沙市委会党员之家揭牌暨2020年民革青年党员论坛读书分享会】 2020年7月26日，民革长沙市委会第2个市级民革党员之家、第42家中山希望书屋揭牌暨2020年民革青年党员论坛读书分享会在湖南省长沙市大脑工场举行。各工委和总支部负责人，以及民革长沙市1983年后出生的部分青年党员参加活动。长沙市政协副主席、民革长沙市委会主委朱建军与民革中央委员、长沙市人大常委、民革长沙市委会专职副主委冯斌在长沙市文化旅游广电局副局长岳锋与大脑工场文化产业发展有限公司董事长彭士平的共同见证之下为民革党员之家、中山希望书屋揭牌。

此次揭牌的民革党员之家落户长沙市芙蓉区马王堆中路25号大脑工场，集历史陈列、形象展示、休闲娱乐、文化交流、公共会客等综合功能于一体。揭牌仪式结束后，“向上而生精进自己”——民革青年党员论坛读书分享会在民革党员之家召开。读书分享会分为线上、线下两个环节。线上分享会于7月19日晚举行，民革青年委员会主任徐煦，长沙市第一医

2020 年 8 月 28 日，洞国学校为“‘雨’你同行·心手相牵”教育帮扶同心工程支教教师举行欢迎仪式

民革长沙市委会　供图

院一、二支部湛韬、姜欣，人力资源支部党员王魁华，机关支部廖月鹏，岳麓区二支部高奇，岳麓区一支部罗文林，浏阳市一支部于华明，浏阳市四支部鲁益平 9 位党员线上分享读书体会。线下读书分享会有民革望城区支部李思慧、岳麓区一支部罗文林、开福区二支部刘洋、雨花区四支部王振林、开福区二支部苏慧、人力资源支部王魁华、浏阳市一支部于华明 7 位民革党员作分享。

【“‘雨’你同行·心手相牵”教育帮扶同心工程启动】　2020 年 8 月 27 日，雨花区长郡雨外集团牵手石门县洞国学校教育工作座谈会在雨花区召开，拉开“‘雨’你同行·心手相牵”教育帮扶同心工程序幕。参加会议的有省教育厅相关处室、湖南省教育科学研究院以及雨花区和石门县两地统战部、教育局、学校和民革雨花区工委的相关负责人，长郡雨花外国语洪塘学校与洞国学校的校长作为结对双方代表，签订友好结对帮扶协议书。长郡雨外教育集团的 2 名骨干教师陈海洋、伍斐然作表态发言。

28 日，民革雨花区工委副主委王彤、民革雨花区二支部党员们、长郡雨花外国语洪塘学校校长邓荆培等陪同长郡雨外教育集团的 2 名骨干教师——陈海洋、伍斐然一行人抵达洞国学校所在的磨石镇，由磨石镇中心学校校长郑龙敦、洞国学校校长郑玉才以及学校全员教师等开展“长郡雨外教育集团骨干教师支教洞国学校欢迎仪式”。

（本栏撰稿　何雅琪）

中国民主同盟长沙市委员会

【概况】　截至 2020 年年底，中国民主同盟长沙市委员会（以下简称“民盟长沙市委会”）有委员 34 人，其中常委 14 人，有盟员 1970 人，平均年龄 53.35 岁，具有中、高级专业技术职称的占 74.31%，大学以上学历盟员占 81.18%，下设 5 个区工作委员会、1 个总支，56 个支部。

【参政议政】　2020 年，民盟长沙市委会参加湖南省人大、湖南省政协、湖南省高院、中共湖南省委统战部和中共长沙市委、长沙市人大、长沙市政府、长沙市政协以及长沙市“两院”的政情通报会、视察调研、民主评议、征求意见会、新春第一访等各类协商会，就省、市经济社会发展和民主党派队伍建设等工作提出意见建议。加强与长沙市公安局、市市场监督管理局、市民政局、市教育局、市农业农村局等单位的联系，就建议、提案办理情况和单位相关工作进行沟通协商。

长沙市“两会”期间，民盟长沙市委会主委张庆和当选长沙市政协副主席。民盟长沙市委会提交集体提案 6 件。《关于以区块链构建长沙质量链，保障“舌尖上的安全”的提案》被列为市政协大会书面发言材料并被中共湖南省委常委、长沙市委书记胡衡华批示。4 件个人提案被评为优秀提案，12 篇社情民意信息被评为优秀稿件，刘晓军、刘慧扬、周灿英、蒋慧琳、窦祝平 5 位委员被评为优秀市政协委员，贺滟被评为长沙市政协工作优秀个人。各级盟员人大代表、政协委员履职，提交建议、提案 100 余件，其中省级 7 件、市级 46 件，建议、提案涉及经济、医疗、教育、文化、法律、环境保护、社会治理等多个领域。参与民盟湖南省委会会民主监督工作，到常德市汉寿县、衡阳市耒阳市开展湘江洞庭湖流域水生态环境治理民主监督；联合民革长沙市委会、中国致公党长沙市委员会等民主党派到长沙县和浏阳市开展脱贫攻坚民主监督调研，形成建议具体可行的调研成果。

民盟长沙市委会组织重点课题组到成都市、重庆市、南京市和常州市等地学习先进经验，组织相关课题组到暮云镇、跳马镇、柏加镇等“绿心”乡村走访调研，寻求长沙市市场监管局、长沙市金融办、长沙市卫健委等部门的专业协作，采取发放问卷、走访座谈等方式征求意见。完成《关于全面推进长沙市智慧教育发展的研究报告》《破解绿心地区村级集体经济组织发展难题的建议》等 11 个调研报告，全部转化为长沙市政协提案，其中 7 个转化为集体提案。围绕新冠肺炎疫情阻击战和决战决胜脱贫攻坚、全面建成小康社会等主题，2020 年报送社情民意信息稿件 183 篇，中央统战部《零讯》综合采用 3 条、民盟中央采用 7 条、湖南省政协采用 11 条、中共湖南省委统战部采用 1 条、民盟湖南省委会采用124条、长沙市政协采用7条，长沙市委统战部采用20条，新华社《高管信息》采用1条。其中，《建议尽早谋划防疫物资生产企业的疫后出路》《建议加强我省统战历史文化旧址的保护和开发利用》《谨防第三方支付平台沦为洗钱“绿色通道”》《恢复建设金岳霖故居，打响湖湘文化“金”名片》《逐步推行“多杆合一”智慧灯杆的建议》《关于综合开发利用废弃矿坑资源的建议》6篇社情民意信息获省、市主要领导批示。民盟长沙市委会被长沙市政协评为“反映社情民意信息工作先进单位”，杨鲲被民盟中央评为“反映社情民意信息工作先进个人”，廖亮被市政协评为“反映社情民意信息工作先进个人”。

【组织建设】 截至2020年年底，长沙民盟有盟员1970人，新发展盟员63人，其中研究生以上学历11人，中级以上职称27人，平均年龄37.87岁。新发展盟员中教育、文化、科技界别33人，公有制经济人士9人，新社会阶层人士14人，政府机关7人。余亚锋、何树立、倪剑、潘中清等一批高层次、参政能力强、有潜力的被吸纳进民盟队伍。做好后备干部和代表性人士的培养和推荐工作，李达、戴金利、徐宇明、毛燕、毛亿志、黄艳辉等一批德才兼备干部被提拔重用或走上领导岗位，孔春生、隆红节、历行威等教师获正高级职称。坚持有重点、分层次、多批次的盟员培训机制，举办基层工作会议、新盟员培训班、骨干盟员培训班，选送骨干盟员参加民盟省委会、省、市社院及统战系统各类培训和学习。开展气排球、桥牌等比赛，展示盟员良好精神风貌，增强民盟组织向心力和凝聚力。民盟长沙市开福区综合支部、民盟长沙市第二十一中学支部被民盟中央评为“盟务工作先进基层组织”。

民盟长沙市委会成立民盟市委会基层组织换届工作领导小组，编印下发《民盟长沙市委会会基层组织换届工作手册》。基层组织换届工作中，民盟市委领导班子成员及机关干部下基层近200人次，基层组织所在单位党组织领导到会率100%，基层盟员参会率100%达到选举要求。通过换届，除部分新成立或提前完成换届的支部外，46个应换届支部完成换届。全市各支部现任班子成员平均年龄44.66岁，高级职称27.45%。以基层组织集中换届为契机，启动长沙民盟综合性基层组织建制大调整。根据各区盟员实际和工作需要，将芙蓉区综合支部调整为芙蓉区第一综合支部、第二综合支部和教育支部，将雨花区两个综合支部调整为雨花区第一综合支部、第二综合支部、第三综合支部和教育支部。新成立民盟湖南信息职业技术学院支部和望城区总支部委员会。民盟市委现有基层组织57个，其中总支1个、支部56个。

民盟长沙市委会推进内部监督工作，充实监督委员会班子力量，补选民盟市委专职副主委李兰宏为监督委员会主任。监督委员会定期对各级领导班子履职情况开展监督，收集问题线索，核实盟员违纪违法情况并提出处理意见建议。在春节、端午节、中秋节、国庆节等重要时间节点，向盟员发布廉政提示，通报督查情况。全程参与基层组织换届，对各基层支部经费收支、新一届支委候选人产生、新一届支委班子分工等工作进行监督，保障盟员的民主权利得到正确的行使。围绕“四型”（学习型、效能型、服务型、智囊型）机关建设要求，民盟长沙市委会加强机关文化建设，推进市文明标兵单位创建工作。开展“写家书、传家风”活动，组织机关干部开展“双周读书分享会”，采购一批新书充实机关图书室，民盟长沙市委会被评为“书香机关”。

【思想建设】 2020年，民盟长沙市委会领导班子定期组织学习，引导机关、各区工委和基层支部加强学习。召开座谈研讨会、专题报告会，开设学习专栏、编印《学习资料》。编印2期《长沙盟讯》，12期《工作简报》，推送微信公众号172期287篇。加强与长沙晚报社、长沙新闻频道、政法频道、湖南教育电视台等主流媒体联系，推介民盟重要工作、重大活动。向不同平台报送信息稿件，民盟湖南省委会官网采稿137篇，中共长沙市委统战部和网采稿114篇，长沙市政协和中共长沙市委统战部微信公众号采稿29篇，《长沙统一战线》杂志采稿5篇。民盟长沙市委会被评为“民盟中央思想政治建设和宣传工作先进集体”称号，廖亮被民盟中央评为“民盟思想政治建设和宣传工作先进个人”。

民盟长沙市委会在中共湘区委员会旧址挂牌“民盟（湖南）传统教育基地”，成立长沙民盟书画院并挂牌4个书画创作基地，开展“讲好中国故事”和“我身边的典型”宣讲会，参与开福区清水塘同心社区创建，在红色摇篮党建声音馆录制民盟先贤故事，组织骨干盟员和机关干部到中共湘区委员会旧址、平江起义纪念馆、郴州市汝城县和十八洞村等开展现场教学。

民盟长沙市委会参加统战理论研究和论文征集活动。中标民盟省委会统战理论课题2个，报送民盟中央、市政协及各类论坛征文13篇。《公共安全法制建设中“吹哨人”保障制度浅析》获2020年民盟中央法治论坛优秀论文三等奖。《民盟传统教育基地的建设和提升》《民主党派与社会组织合作开展社会服务工作研究》被评为民盟省委2020年统战理论研究课题二等奖。《“盟员之家”与民盟思想政治建设深度融合的机制研究》被评为“蓉城同心”实践工作交流会优秀论文二等奖。

【社会服务】 2020年，民盟长沙市委会向长沙市慈善总会捐款7.2万元，向湖北省和长沙市抗疫一线捐款74.6万元和价值404.6万元医疗用品和生活物资；组建心理、法律志愿服务小分队，通过线上线下平台，服务群众1000余人次；号召盟员教师立足本职、“停课不停学”，坚守线上教学第一线。广大盟员参与疫情防控工作，涌现出吴承志、夏峰、丁志强、杜有志、周永亮、王雷、蒋慧琳等一大批优秀盟员代表。夏峰被评为民盟中央“抗击新冠肺炎疫情先进个人”。举办“翰墨书抗疫丹青绘小康”书画作品展，推出《长沙民盟在行动》《战“疫”人物》等微信公众号专栏，编发抗疫宣传稿件25期41篇，盟员艺术家们通过曲艺、书法、音乐、绘画等艺术形式，致敬抗疫英雄，传播抗疫“正能量”。特别是张伯序在第一时间作词作曲创作出《希望》等3首战“疫”公益歌曲，由中央媒体同步刊发，被民盟中央微信公众号专题推介。

民盟长沙市委会组织盟员企业家到平江县、吉首市、龙山县、花垣县等地参与精准扶贫和乡村振兴活动，向平江县捐赠10万元爱心款，向龙山县高级中学捐赠价值8000元的图书和3.2万元助学金。携手大爱无疆公益文化促进会为家庭生活环境特别恶劣的孩子筹资打造“宝贝小屋”并开展探访活动。通过“99腾讯公益日”等公益平台发动募捐和参与直播带货等消费扶贫方式，2020年累计支持贫困地区资金500万余元。筹集80万元资金为十八洞村安装全彩电子显示屏，资助10位湘西孤儿三年免费就读湖南护理学校。丁志强入选2019年度“湖南脱贫攻坚群英谱”。

民盟长沙市委会参与统战工作示范区创建活动，联合开福区清水塘社区共建省级“同心共治社区”，组织法律、环保等方面专家参与基层协商民主邻里共治协议圆桌议事会、垃圾分类民主协商会等活动，举办“同心圆梦、爱满星城”2020年长沙市关爱地贫儿童公益活动开福站启动仪式。联合天心区委统战部在沙河同心社区举办“喜迎国庆、欢度中秋”党群联欢暨民族团结进步活动；联合开福区浏河社区、青穗公益开展诚信主题活动。发挥盟员优势，筹资200万余元在湖南护理学校和湖南商务职业技术学院捐建3个“民盟·同心班”，帮助近200名贫困学生完成学业。

民盟长沙市委会帮扶浏阳市龙伏村，为将其建设成省级同心美丽乡村助力，筹资30万元用于改善该村公路建设；联合芒果V基金开展“关爱地贫儿童”活动，成功募集善款164.7万元用于帮助、救治患儿；推动民盟“烛光行动”千校计划，助力智慧校园建设，联合北京四中网校向湘一芙蓉中学捐赠价值126万元的教育云平台；携手随手公益组织，开展“学雷锋、送温暖”社会公益活动；开展“同心育蕙”活动，关注贫困山区留守儿童教育与成长；关注事实孤儿成长，参与第6期麓山少年成长营活动，支持盟员企业成立爱心基金项目；组织力量参与开展黄丝带帮教、寸草心社会服务、野生动植物保护、关注留守儿童等活动。

民盟长沙市委会募资4万元看望慰问身患重病的8位特困盟员，各区工委和支部看望慰问老盟员、生病以及困难盟员100余人，送去慰问钱物价值共9万余元。联合盟员企业家分别慰问城管、园林、环卫系统的一线工人，捐赠价值34万元生活慰问物资。组织盟员教师到邵东县三都小学、宁乡市尹垅小学等地为贫困学子送去扶持。吴承志、丁志强先后分别被民盟中央、民盟湖南省委会评为“社会服务工作先进个人”。

【“民盟（湖南）传统教育基地”在中共湘区委员会旧址挂牌】 2020年7月10日，“民盟（湖南）传统教育基地”挂牌仪式暨清水塘“同心共治”社区联建中期推进活动在中国共产党长沙历史馆举行。湖南省人大常委会副主任、民盟湖南省委会主委杨维刚、中共湖南省委统战部副部长邓焕生向中共湘区委员会旧址授予“民盟（湖南）传统教育基地”牌匾，长沙市政协副主席、民盟长沙市委会主委、长沙市市场监督管理局局长张庆和与中国共产党长沙历史馆馆长唐德强接牌。在中共湘区委员会旧址挂牌民盟（湖南）传统教育基地，是民盟长沙市委会巩固“不忘合作初心，继续携手前进”主题教育活动成果，打造广大盟员学习中共党史、弘扬爱国主义精神阵地的重要举措。

【“同心圆梦、爱满星城”——长沙市关爱地贫儿童公益活动开福站启动】 2020年11月15日，民盟长沙市委会携手中共开福区委统战部、芒果TV在中国共产党长沙历史馆举行“同心圆梦、爱满星城”——2020年长沙市关爱地贫（地中海贫血）儿童公益活动开福站启动仪式。启动仪式上，中

2020年11月15日，“同心圆梦、爱满星城”——长沙市关爱地贫儿童公益活动开福站启动

民盟长沙市委会　供图

共湖南省委统战部部长符俊根、民盟湖南省委会副主委、湖南地质院院士何寄华、长沙市委常委、统战部部长谭小平、中共开福区委书记曹再兴等共同按下按钮，宣布“同心圆梦、爱满星城”——2020年长沙市关爱地贫儿童公益活动开福站启动。民盟长沙市委会、民盟开福区工委、芒果TV、澳优U基金、北京仁泽公益基金会、湖南中科工程检测有限公司等爱心单位、企业向芒果V基金捐赠善款或物资，并接受现场采访。民盟长沙市委会专职副主委李兰宏，民盟长沙市委会副主委、湖南信息职院副院长刘志红，开福区委常委、统战部部长何惠风，芒果V基金秘书长周远等代表爱心单位、企业将18万元善款发放给14户地贫家庭。活动现场播放《长沙市关爱地贫》宣传片，表演爱心公益节目，访谈受帮扶的地贫家庭，盟员志愿者杨玉燕讲述发生在身边有关地贫帮扶的真实故事。活动在民盟盟员、湖南省歌舞剧院优秀青年歌唱家莫娟娟《大爱无疆》歌声中结束。

自2014年启动“关爱地贫”项目以来，民盟长沙市委会关注地贫孩子们，通过长沙市人大、长沙市政协平台连续多年建言，为减轻地贫儿童家庭负担鼓与呼，助推政府出台帮扶地贫家庭的相关政策；组织和发动各基层组织和盟员企业家、爱心盟员为地贫家庭献血、捐款，累计捐赠40万余元；联合开福区委统战部等爱心单位和企业，借助各方力量助力关爱地贫项目，组织社会各界捐赠募集资金超过500万元，让全省500余地贫家庭受益，成为长沙民盟社会服务品牌。

【长沙民盟书画院成立】 2020年9月26日，长沙民盟书画院和创作基地授牌仪式在简牍博物馆举行。湖南省人大常委会副主任、民盟湖南省委会会主委杨维刚，中共长沙市委常委、统战部部长谭小平，民盟湖南省委会会专职副主委胡颖，民盟湖南省委会会副主委、湖南省地质院院长何寄华，

2020年9月19日，2020年全国科普日长沙分会场活动在长沙洋湖国家湿地公园举行

民盟长沙市委会　供图

长沙市政协副主席、民盟长沙市委会主委、市市场监管局局长张庆和分别为书画院和4个创作基地授牌。授牌仪式结束后，民盟长沙市委会在长沙简牍博物馆举办“翰墨书抗疫丹青绘小康”暨长沙民盟书画院成立书画作品展。“翰墨书抗疫、丹青绘小康暨长沙民盟书画院成立书画作品展”是由民盟长沙市委会举办的大型书画艺术交流活动，此次书画展集结展出书法、绘画、篆刻等各类作品112幅，展出时间9月26—29日。

【科普日宣传活动】 2020年9月19日，民盟长沙市委会、长沙市林业局、市市场监管局、市人民检察院、市科学技术协会、长沙城市发展集团有限公司主办，以“保护野生动植物，维护生命共同体”为主题的2020年全国科普日长沙分会场活动在长沙洋湖国家湿地公园举行。民盟长沙市委会副主委、长沙明德华兴中学校长陈迪夫代表民盟长沙市委与各举办方按下活动启动键，活动由民盟盟员、长沙市野生动植物保护协会会长周灿英主持。举办方播放《保护野生动植物，维护生命共同体》的主题宣传片，组织环保公益节目，并发动现场观众参与野生动物知识抢答比赛等一系列活动。活动现场周围设置野生动物保护法律法规、野生动物保护市场流通规程、野生动物保护公益讼诉等展区，进行全民科普知识宣传。启动仪式结束后，现场组织野生动物保护课堂、生态游戏、“逝去的生命”野生动物标本展、野生动物保护宣传展区等系列活动。易雄辉等盟员志愿者参与相关服务工作，长沙民盟各基层支部盟员代表和来自各参与单位的成员、环保专家、志愿者、学生及社会各界群众300余人参加此次活动。

（本栏撰稿　廖　亮）

中国民主建国会
长沙市委员会

【概况】 2020年，中国民主建国会长沙市委员会（以下简称“民建长沙市委”）支持长沙市疫情防控和复工复产工作，开展纪念民建成立70周年系列活动。2020年，民建长沙市委被民建中央评为“全国先进集体”，被民建湖南省委评为“全省脱贫攻坚先进集体”。截至2020年年底，民建长沙市委有会员1181人，建成5个区工作委员会、1个总支、34个支部、6个专门工作委员会、2个联谊会。

【参政议政】 2020年，民建长沙市委在省、市“两会”上，提交建议提案47篇，其中集体提案8篇，代表委员个人建议提案39篇。《关于争取国际性消费中心城市试点》的提案高度契合中央提出的以国内大循环为主、国际国内双循环并行的发展战略，被列为市政协大会发言，并被中共湖南省委常委、长沙市委书记胡衡华重点批示，由长沙市副市长朱东铁领办，长沙市政府出台相关配套政策，打造“消费之都”“时尚之都”“快乐之都”。发挥参政议政委员会作用，聚焦全市产业发展的重点难点问题开展调研，形成《加大工业软件研发，推进长沙制造业高质量发展》《加快长沙体育经济高质量发展的建议》《关于夯实我省应急物流基础工作的研究》等一批高质量的课题成果。理论课题《中国特色社会主义参政党在助力重大风险防控中的作用研究》获2020年中央统战部民主党派工作调研报告一等奖，《建设法治湖南背景下创新人民政协民主监督机制研究》获省政协理论研究论文二等奖。以参加中共长沙市委、市政府相关意见征求会、座谈会、民主协商会、专题通报会等为契机，对“一府两院”工作报告、中共长沙市委全会重大决策、《十四五规划纲要》等提出意见和建议。参与长沙市政协“促进社会组织健康发展，发挥社会组织作用”对口协商，得到市政协主要领导肯定。市、区两级特约监督员及人大代表、政协委员中的民主监督员履行职能，参与各类民主评议和协商座谈30余次。2020年向各级政协、统战、民建组织报送社情民意、统战信息320余篇次，其中《建议出台政策稳定经济，支持企业共度疫情难关》等6篇社情民意获全国政协采用，《防止PPP成为地方政府负债的“黑天鹅”》等9篇社情民意获民建中央采用，《关于恢复湖南省面向国（境）外部分知名大学选拔选调生政策的建议》等2篇社情民意获湖南省政协采用，《建立和完善传染病疫情预警处置体系》等31篇社情民意获民建湖南省委采用，《培育市场提升人气树立信心，促进餐饮旅游业健康发展》等3篇社情民意获长沙市政协主席文树勋批示。

【组织建设】 2020年，民建长沙市委34个支部完成换届，222名支委成员中55.4%为新成员，其中22人新担任支部主委。发挥马栏山文创园骨干会员优势，将开福区四支部调整打造为文创特色支部；发挥长沙经开区会员企业集聚优势，整合打造经开区总支，下设两个支部。对标政策要求，坚持质量优先，面向非公经济领域有行业影响力的优秀代表人士、专家学者发展会员，2020年新发展会员50名，平均年龄37岁，其中博士5人、硕士5人，经济界人士及相关专家学者37人，党政机关干部8人，会员队伍年龄、学历、层次结构优化。2020年新建支部“会员之家”12个，超额完成年度目标任务。新净信、天地人、青天寨、小顽国、崇贤馆、弦台文化等会员企业发挥优势，建设“会员之家”。完善《会员发展工作程序》《基层组织活动经费使用管理办法》《机关财务管理办法》《公文处理实施办法》《公章管理办法》等系列规章制度。完成专职副主委人事更替，通过公务员考试考录1名机关干部。

【思想建设】 2020年，民建长沙市委以政治学习为抓手推进思想建设，建立“周微课、月沙龙、季讲座”学习机制，常委班子定期开展中心组学习，并通过网站、会刊、微信群向会内发布学习摘要，宣传学习习近平总书记系列讲话精神和中央、省、市大政方针，引导各基层组织和广大会员增强“四个意识”、坚定“四个自信”、落实“两个维护”。通过座谈、论坛等多种形式，重点学习十九届五中全会、习近平总书记民营企业家座谈会精神、习近平总书记考察湖南重要讲话精神。选送骨干会员、年轻会员参加民建湖南省委，中共湖南省委统战部，中共长沙市委统战部，省、市社会主义学院等各类主题学习班。开展民建成立75周年暨长沙市级组织成立70周年系列活动。邀请民建长沙市委首任主委向德之子、民建长沙市委原专职副主委向荣旦为骨干会员讲述长沙民建组织的发展历程。举办青年会员定向越野赛，开展统战知识问答。制作《不忘合作初心继续携手前进》纪念专题片，汇编《2007年—2020年参政议政成果集》，编发《长沙民建企业家》特刊，举办中国民主建国会成立75周年暨长沙市级组织成立70周年纪念大会。

【社会服务】 2020年，民建长沙市委号召全体会员投身疫情防控与复工复产，广大会员参与一线防控、生产保供、捐款捐物与志愿服务。民建全体会员向社会各方捐赠抗疫资金及物资1000万余元，向长沙市120急救中心捐赠一台负压救护车。会内参政议政骨干就疫情防控措施、废弃口罩处理、疫区人员安置等议题提交建议20余条。《建议出台政策稳定经济，支持企业共度疫情难关》等建议被采纳转化为政府帮扶中小微企业纾困解难的政策措施。支持复工复产。先后推出《国家、省、市应对新冠肺炎疫情政策汇编》《应对新冠肺炎疫情相关法律汇编》，引导中小企业用好用足政策、依法依规保障合法权益和正常生产经营秩序。开展“大走访、大调研”活动，搭建会内资源交流平台，鼓励和支持会员企业生产自救、稳产稳岗、资源共享、抱团发展。民建长沙市委常委班子带队，深入基层组织、会员企业就年度工作、支部换届、复工复产等重点内容开展调研走访，传达党和政府的政策要求，回应基层组织的关切期盼。民建长沙市委依托“长沙民建讲堂”开展学习培训，邀请王林、杨林、袁涤非等专家、学者，开展《危机中育新机变局中开新局——全国两会精神解读》《民法典解读》

《用礼仪打造公务形象》等专题讲座，为广大会员提供宏观形势辅导和专业指导。民建长沙市委组织会内书画艺术家参与统战系统书画展、采风创作等活动，加强同心文化交流。民建长沙市委支持基层组织开展丰富多彩的主题活动，企业家联谊会组织企业家开展座谈，学习习近平总书记讲话精神，倡议民建企业家大力弘扬企业家精神，奋力稳增长、稳就业；芙蓉区工委举办“新时代民营经济论坛”启动仪式暨建筑家居业研讨会，组织建筑、家居等行业60余名民建企业家分享创业和管理经验；经开区总支召开“助力乡村振兴”专题座谈会，组织会内相关领域专家学者和企业家，开展深入研讨，为长沙县银龙村打造省级美丽乡村出谋划策。年底，民建长沙市委、企业家联谊会、各基层组织开展形式多样的走访慰问活动。由民建长沙市委成立、天心区工委联点帮扶的桑植县澧源镇中学2014级“思源长沙民建班”2020年高考实现23名学生上本科线，其中18人上一本线。由企业家联谊会帮扶的宁乡市老粮仓镇中学“思源民建长沙班”、由天心区工委帮扶的桑植县澧源镇中学2017级“思源天心民建班”于2020年完成初中三年学业。民建长沙市委副主委张海岸携友谊咨询支部，定点资助浏阳沙市镇敦睦学校及沙市镇敬老院。芙蓉区工委为麻阳县贫困学子购置校服和邵阳县中学捐赠书籍。开福区工委推进同心助残，举办“同心同力、有爱无碍”公益活动，服务社区残疾人朋友。雨花区工委联点砂子塘社区成功创建省级“同心社区”。岳麓区一支部先后在浏阳市古港中学和长郡双语洋湖实验中学开展捐资助学和走访慰问。五一支部组织企业家到内蒙古自治区乌海市开展经贸交流，乌海市代表团先后两次到长考察、对接合作。望城区支部在黑麋峰滑翔伞基地举行“圆梦飞行翱翔蓝天”活动，助力轮友圆梦飞行。

（本栏撰稿　刘稳振）

中国民主促进会长沙市委员会

【概况】　2020年，中国民主促进会长沙市委员会（以下简称“民进长沙市委”）设7个工委、60个基层支部、7个专门委员会。截至2020年年底，有会员1192人，平均年龄52.8岁。其中女会员641人，占会员总数的53.8%，大学本科及以上学历会员占比68.8%。成员主要分布在教育、文化艺术、出版传媒、医药卫生、政府机关、经济、新的社会阶层、科学技术等界别，其中教育界63.6%，文化艺术4%，出版传媒1.4%，医药卫生4%，政府机关5.5%，经济9.7%，新社会阶层6.9%，科学技术1%。

【参政议政】　2020年，民进长沙市委两会期间提交批评、建议、意见和提案142件。长沙市政协集体提案5件，其中《构建产业链“融通”新生态，推动制造业高质量发展》作为市政协大会发言并得到市领导批示。集体提案《关于依托智能系统测试区平台攻关核心技术和关键零部件形成人工智能产业高地的建议》和3件个人提案被评为市政协优秀提案，1人被评为市优秀政协委员。民进长沙市委获“民进全国履职能力先进集体”，专职副主委李素娥被评为“民进全国履职能力先进个人”。

民进长沙市委创新采用选题申报模式，通过会员网络投票，面向全会征集，确定12个课题。民进长沙市委承担《推进长沙市健康消费市场扩容提质的调查研究》等5个重点课题，委托会内专家承担《加强法规政策体系和关联产业建设，助力长沙智能驾驶产业领先发展》等7个委托课题。承担或参与民进湖南省委9个课题，协助民进湖南省委就“宁乡市花园村田园综合体建设”到长沙周边开展调研。

2020年报送社情民意、统战信息430条，其中5条信息被全国政协《社情民意》采纳，6条信息被全国政协《每日社情》采纳，2条信息被中央统战部采纳（其中1条被中央领导批示），27条信息被民进中央采纳，17条信息被湖南省政协采纳（其中2条被领导批示），7条信息被长沙市政协采纳（其中3条被领导批示）。聘请26名会员担任市级参政议政骨干信息员，首次举办信息工作研修会，邀请省、市专家开展指导，精准提升信息撰写能力。

民进长沙市委主委、专职副主委4次带队到观察窗口走访调研，助力打赢脱贫攻坚收官战。联合中国民主建国会长沙市委、中国农工民主党长沙市委、九三学社长沙市委到望城区、宁乡市开展“巩固脱贫攻坚成果，防止再次返贫机制研究”的专题监督调研，形成专项民主监督报告。2人被评为“民进全国脱贫攻坚民主监督先进个人”。组织会内省、市人大代表和政协委员专题调研长沙市“强力推进环境大治理、坚决打赢‘蓝天保卫战’”三年行动实施情况。参加对口联系单位及其他部门的民主监督活动，参与长沙市政协“关于农村新型集体经济发展”等多项议题协商，就长沙市政府和“两院”工作报告及纪检监察工作提出建议。

【组织建设】　2020年，民进长沙市委以工委和基层组织统一换届为契机，优化组织结构，激发基层组织活力，加强后备干部队伍建设，民进长沙市委被评为“民进全国会史工作先进集体”和“民进全省综合考评特等奖”。

民进长沙市委领导班子加强政治学习，把深入学习贯彻习近平新时代中国特色社会主义思想和十九届五中全会精神作为政治学习重点，开展学习活动10余次。2020年召开8次主委会议、3次常委会议和1次全会。民进长沙市委主委、专职副主委参加暑期谈心活动。主委班子深入基层参加换届会议、工委政治交接座谈会等活动，加强对基层指导。年底对民进长沙市委常委、委员开展履职考评，对主委班子开展民主测评和民主推荐，召开主委班子民主生活会，为民进长沙市委换届做准备。民进长沙市委出台换届方案、换届工作指南，确保换届流程清晰、程序到位，完成7个工委、59个支部换届工作，选举36位新任主委、114位新任委员。举办新一届工委和基层组织负责人培训班，编印下发《工委、基层组织会务工作手册》。组织召开工委政治交接座谈会，完成政治交接。

民进长沙市委推进“百名优才入会”工程，2020年吸纳“优才”14人。组织会员参加各级各类学习培训340余人次。选派2人参加民进全省骨干会员培训班，4人参加市党外优秀年轻干部培训班，6人参加市各民主党派基层组织负责人能力提升班。向各级开展实职推荐20余人次，其中14人获提拔晋升，2名会员增补为区（县）政协委员。

【思想建设】 2020年，民进长沙市委紧扣全国“两会”、习近平总书记到湘考察调研时的重要讲话、中共十九届五中全会等重要会议精神，组织全会开展政治学习。特邀全国政协常委、民进省委主委潘碧灵作学习全国“两会”精神辅导报告。组织会员参加民进湖南省委庆祝民进成立75周年大会暨“我身边的先进”宣讲报告会。参加全市统一战线传达学习贯彻中共十九届五中全会精神辅导报告会和长沙市各民主党派学习十九届五中全会精神座谈交流会。

民进长沙市委举办以“抗击疫情、脱贫攻坚”为主题的“我身边的先进”宣讲活动。按照民进中央、省委部署，在全会开展“讲好中国故事”系列活动。发挥“一刊一网一微”的宣传平台作用，改版升级《长沙民进》，加强公微宣传报道。各级媒体采用稿件近500篇，其中3篇被《民主》刊登，16篇被《楚帆》刊登，7篇被《长沙统一战线》刊登，3篇被《长沙政协》刊登，10余篇被《人民政协报》等主流媒体采用。向会内外报道10余名优秀会员先进事迹，向会中央推介“名师同心讲坛”和基层统一换届工作先进经验。连续六年被评为“《民主》杂志发行先进集体”。参加民进湖南省委、中共长沙市委统战部各类理论研讨活动，向民进中央、国务院扶贫办、湖南省扶贫办等投稿《习近平关于扶贫工作重要论述的总体特征》等理论文章5篇。向中共长沙市委统战部报送《国家治理现代化视域下的政党协商问题研究》等统战理论成果3件。

【社会服务】 2020年，民进长沙市委响应中共长沙市委、市政府号召，第一时间向全会发出募捐倡议书，号召广大会员投身抗疫，汇聚爱心力量。收到会员捐款17万余元，会员通过其他渠道捐款捐物近230万元。会员罗如萍、吴昊分别获“民进全国抗击新冠肺炎疫情先进个人”“湖南省抗击新冠肺炎疫情先进个人”称号。联合民革长沙市委会、农工党长沙市委举行向医务工作者赠送健康卡活动；联合中共永州市委、会内爱心企业家向永州职业技术学院捐赠防疫物资；联合芙蓉区工委、湖南省花鼓戏保护传承中心举办“同心惠民·致敬天使”花鼓戏专场演唱会，取得良好的社会反响。

民进长沙市委深耕“名师同心讲坛”等社会服务品牌，为助力精准扶贫贡献力量。联合邵阳市委、会内爱心企业家到邵阳市洞口县开展“助力洞口复工复产复学”活动，为全县200名骨干教师进行高考备战指导，会内爱心企业家义卖10万余元全部捐助当地教育事业。到常德市石门县参与“文化惠民·同心共进”助力脱贫攻坚活动。在长沙市一中广雅中学举办“关爱贫困学子、助力健康成长”爱心助学暨名师同心讲坛活动。推动“阅读·梦飞翔”教育项目落地望城区。

民进长沙市委不断深化省、市、区三级共建成果，开展对科大景园社区和山园村联点帮扶工作。组织会内书法家到科大景园社区、山园村、花园村开展“春联万家”活动。携手民进法律服务中心、开福区工委在科大景园社区开展“孝老爱亲育新风、同心同德乐重阳”重阳节活动和《中华人民共和国民法典》知识有奖竞答。捐助2万元支持科大景园社区完成活动坪改造升级，协助山园村成功申报省级“同心美丽乡村”。

民进长沙市委组织经联会开展“疫情防控背景下，经济形势分析及政策取向”主题沙龙暨第三期私董会，为企业家疫情之下如何解困排忧解难。法律服务中心推出线上公益法律咨询服务，助力广大中小企业复工复产，到科大景园社区、岳麓区第五实验小学开展普法宣传活动。长沙开明书画院扬帆起航，举办“庆祝教师节和纪念民进成立75周年、全面决胜脱贫攻坚暨长沙开明书画院成立书画摄影展”，首次开展“不忘合作初心，共担时代使命”长沙市各民主党派到南洞庭联合采风活动，举办书画院挂牌暨年会活动。

【庆祝教师节和纪念民进成立75周年、全面决胜脱贫攻坚暨长沙开明书画院成立书画摄影展】 2020年9月8日，民进长沙市委“庆祝教师节和纪念民进成立75周年、全面决胜脱贫攻坚暨长沙开明书画院成立书画摄影展”开幕式在长沙简牍博物馆举行。民进湖南省委会主委、湖南省环保厅副厅长潘碧灵出席并讲话，民进湖南省委会专职副主委马石城，民进湖南省委会副主委、长沙市政协副主席、民进长沙市委主委李平，民进湖南省委会副主委、长沙市文联主席汤素兰，中共长沙市委统战部副部长刘佳勇，民进湖南省委会社会服务处处长罗琪，开明湖南书画院院长李巍波，民进长沙市委专职副主委李素娥、副主委龚中良，各民主党派市委、长沙市工商联、侨联、台联等统战

2020年9月8日，民进长沙市委“庆祝教师节和纪念民进成立75周年、全面决胜脱贫攻坚暨长沙开明书画院成立书画摄影展”开幕式在长沙简牍博物馆举行。图为民进湖南省委专职副主委马石城（右）为长沙开明书画院授牌　　民进长沙市委　供图

系统单位负责人，长沙开明书画院院长李砺、名誉院长柳玉、谭石光、程万谋、副院长夏汗青、唐志、李莹波等应邀出席，长沙开明书画院全体理事和百余位会员参加。开幕式由李素娥主持。马石城为长沙开明书画院授牌，现场200余人参观展览。此次书画摄影展，展品是从特邀及会员寄送的作品中遴选出的104件作品。

（本栏撰稿　周浩哲）

中国农工民主党长沙市委员会

【概况】　截至2020年年底，中国农工民主党长沙市委员会（以下简称“农工党长沙市委”）有党员1115人，其中具有中、高级专业技术职称的有1070人，占总人数的96%，平均年龄51岁。全市有5个区工委、1个基层工委、6个总支、34个支部。

【参政议政】　2020年，农工党长沙市委组织农工党员中的各级人大代表、政协委员参加“两会”。向长沙市政协提交4个集体提案，农工党员中长沙市人大代表、长沙市政协委员在2020年“两会”期间，提交建议、提案100余件。农工党长沙市委《加强农村人居环境整治，助推乡村振兴的建议》获长沙市政协优秀提案。在长沙市政协十二届四次全会上，王清华代表农工党长沙市委和长沙市政协经科委作《优选增量同时加大激活存量力度，实现长沙制造业高质量发展》的大会发言；郑波在联组会上作《以鱼养水保护湘江生态的建议》专题发言，有关职能部门进行回应；陈忞撰写的《关于推进长沙市文化和旅游融合发展的有关建议》获中共湖南省委常委、中共长沙市委书记胡衡华和长沙市市长胡忠雄等领导批示；李颂光、李光焰、郑波等被评为优秀市政协委员。党内担任人大代表、政协委员的党员，参加长沙市人大、长沙市政协的重点调研。就“长沙市城区垃圾分类”“园区社会投资购地建设项目审批环境”“切实减轻过重学业负担，促进长沙市中小学生身心健康发展”及对长沙市市政府贯彻执行《长沙市养犬管理条例》《长沙市文明行为促进条例》和《长沙市农村村民住宅建设管理条例》等问题开展民主评议、对口协商和界别协商，对2019年民主评议“最多跑一次”、城区噪声污染防治调研视察情况进行“回头看”。

农工党长沙市委联合长沙市卫生健康委、长沙市疾控中心、长沙市发展改革委、长沙市工信局、长沙市数据资源局、长沙市民政局等部门开展调研。完成《关于完善长沙市公共卫生预防预警机制，提升公共卫生服务能力的调研》《推动软件产业再出发，为打造“三个”高地彰显长沙担当》《关于整合资源，加快长沙湘潭两市行政区划调整的建议》《关于长沙市新基建的现状、风险及其防范对策的调研》等多篇调研成果。农工党长沙市委结合疫情防控常态化背景，将《关于完善长沙市公共卫生预防预警机制，提升公共卫生服务能力的调研》作为重点调研课题。主委龚振湘带领调研组到长沙市第一医院和长沙市疾控中心开展实地考察，调研重点实验室、突发公共卫生事件应急机动等情况，并开展座谈听取一线专家的意见建议，形成调研报告。民主党派在脱贫攻坚民主监督中发挥作用，农工党长沙市委联合民革长沙市委会、民进长沙市委深入望城区、宁乡市农村社区开展脱贫攻坚民主监督，形成民主监督调研报告。各区工委联合所在区的相关部门开展调研工作，为本区域建设、发展献计献策。芙蓉区工委《关于提升我区城市管理水平的建议》、天心区工委《激发民营企业发展活力，助推民营经济发展的建议》、岳麓区工委《激发民营企业发展活力，助推民营经济发展》、开福区工委《开福区社区（村）基层组织能力建设专题调研报告》、雨花区工委《公共卫生突发事件中统一战线优势作用研究》、望城区支部《关于加快我区城市更新和旧城改造的建议》、宁乡市基层工委《关于做好土地文章，实施乡村振兴的建议》等调研报告，引起所在区（市）委、区（市）政府的重视，得到相关单位和部门的认可。宁乡基层工委调研，助力宁乡市全国文明城市创建和喻家坳栀子小镇建设工作。

农工党长沙市委参与长沙市大政方针及重大决策的讨论协商，参与长沙市委、市人大、市政府、市政协举行的民主协商会、情况通报会、专题座谈会及与政府各有关局（委、办）对口联系工作会议、视察活动、民主评议等，发挥特约监督人员作用，就长沙市老城区有机更新和改造工作、乡村振兴、发展长沙职业教育、社会投资购地建设项目审批环境工作、促进养老事业健康发展等问题开展对口协商和建言献策，提出的建议和意见，得到各级部门的重视和采纳。

农工党长沙市委动员党员参与信息报送工作，有21个支部56名党员报送社情民意和统战信息70余条。多篇社情民意和统战信息被采用，其中《莫让专利年费成为创新型国家建设的绊脚石》《不应提倡、鼓励或强迫未成年人捐款》被全国政协采纳；《加快湖南食品药品快检技术研究的建议》被湖南省政协采用并获得湖南省政协副主席戴道晋批示；《长沙市“乡村互联网＋三个一”同心项目搭建小农户和城市消费者沟通平台》被省委统战部采纳；《关于将急性脑梗死血管内介入取栓手术纳入医保计费报销项目的建议》被市政协采用并获得副市长刘明理批示；《以鱼养水保护湘江生态的建议》《关于建设“文夕大火”纪念馆的建议》《关于加强长沙市生活饮用水应急备用水源建设的建议》《关于给公交车装配车载安检设备的建议》《关于防止脑卒中发病率上涨的建议》被长沙市政协采用。谷任光被评为“长沙市政协社情民意先进个人”。

【组织建设】　2020年，农工党长沙市委根据农工党中央、中共湖南省委和中共长沙市委统战部相关工作要求，农工党长沙市委组织召开换届动员人会，下发换届工作方案，走访全市各基层组织和各区（市）委统战部。各基层组织按照组织程序和组织纪律召开换届选举会议。农工党长沙市委常委班子成员和机关干部参加所联系的基层组织换届选举大会，确保基层组织换届工作严肃，规范有序。按照组织发展原则，坚持发展高素质党员，2020年发展农工党员48人。加强党派代表人士队伍建设，完善农工党员后备人才库，向农工党湖南省委和长沙市委统战部推荐优秀代表人士20余人。组织农工党员参加农工党湖南省委、长沙市委统战部举办的各类培训学习活动。2020年有28名农工党员参加农工党湖南省委在韶山干部学院举办的全省基层组织主委培训班，19名新农工党员参加农工党湖南省委组织的新农工党员培训班，17名新农工党员参加长沙市委统战部组织的民主党派新成员培训班，3名农工党员参加中共长沙市委统战部组织的党外优秀年轻干部培训班等。农工党长沙市委走访芙蓉区、天心区、岳麓区等基层组织及中共各区（市）委统战部，保持与中共区（市）委统战部及成员所在单位党委的良好联系、沟通；联系陪同中共长沙市委统战部副部长刘佳勇走访调研普瑞康医药、振兴中药、诺舟医药连锁、沃邦环保、吟正律师事务所、百善堂等多名骨干党员企业。开展争先创优和“农工党员之家”创建工作。开展“党员之家”创建活动，长沙市创建九个“农工党员之家”。对老农工党员开展春节慰问活动；老龄委组织100余名老农工党员开展庆重阳节观看爱国电影活动；在纪念中国农工民主党成立90周年总结表彰大会上，对李萼白等7位90岁以上老农工党员颁发“终身荣誉奖章”；组织召开由农工党长沙市委顾问、机关退休老干部参加的联谊座谈会；看望生病住院的老农工党员，给予组织的关怀。农工党长沙市委2020年看望慰问老农工党员300余人次。

【思想建设】　2020年，以中国农工民主党成立90周年为契机，农工党长沙市委坚持“逢会必学”制度，在基层组织工作会议、主委会、常委会、全会等会议上首先安排学习，学习习近平总书记重要讲话精神，学习十九大和十九届二中、三中、四中、五中全会精神。完善“农工党长沙市委”微信公众号的管理，定期编印学习资料，在机关刊物《长沙农工》上开辟专题专栏，夯实思想建设阵地。利用《长沙农工》、短信平台、微信工作群等宣传阵地，引导基层组织和广大农工党员在意识形态领域弘扬主旋律、发挥正能量。2020年在“一刊一网一微（《长沙农工》、和网、‘农工党长沙市委’微信公众号）”中报道农工党长沙市委品牌工作、履职经验、先进事迹等稿件100余篇，“农工党湖南省委”微信公众号、《长沙晚报》、红网、人民论坛网等报道或转载农工党长沙市委重点工作60余次。2020年是中国农工民主党成立90周年，农工党长沙市委结合“不忘合作初心，继续携手前进”主题教育开展庆祝中国农工民主党成立90周年总结表彰大会、书画摄影展、统战理论征文、健康健身运动会、党史知识和统战理论竞赛、文艺会演等活动，编印参政议政成果文册。

【社会服务】　开福区建湘新村社区是农工党省、市、区三级定点共建的“同心健康社区”。2020年，农工党长沙市委在该社区举办“2020环境与健康宣传周”活动，推出“家庭医生签约”，“同心议事会”、健康义诊、养生健康咨询、环境与健康宣传五大主题活动，农工党长沙市委向社区捐赠价值4万元的常用药品和节日慰问物资。农工党长沙市委和芙蓉区工委在桐荫里社区共建市级同心社区，根据社区的需求，农工党长沙市委开展健康义诊、法律咨询、走访慰问、捐建数据广播平台系统等社会服务活动，累计捐款捐物10万余元。组织长沙市第一医院12名专家、教授和4名农工党法律专家为社区居民提供服务，数据广播平台系统的建立让居民可以获取社区的工作信息。

农工党长沙市委开展腾讯“99公益日”捐赠活动。全市300余名农工党员热心参与活动，筹集善款计14689元，所有的爱心款将用于湖南“一家一”助学“就业·同心温暖工程农工班”的开办。农工党长沙市委主委龚振湘带队到张家界市慈利县赵家岗土家族乡银寨村开展扶贫助学活动，向银寨村小学的留守儿童捐赠价值2.5万元的爱心物资。农工党长沙市委连续9年到张家界市永定区、慈利县开展扶贫助学活动，累计捐赠价值52.5万元的爱心物资、10万元善款和价值100万元的扶贫助学项目。农工党长沙市委与麻山村10名贫困学生开展“一对一爱心助学”活动，向该村贫困学生捐赠助学金5万元。

农工党长沙市委在长沙汽车南站和长沙县宋家桥村开展“不忘合作初心，继续携手前进”主题教育活动暨健康义诊进企业、进乡村活动。农工党长沙市委和天心区工委向龙骧集团捐赠医用口罩2万个、新冠肺炎防疫方1000份、口腔检查券500份，总价值48.4万元。长沙市三医院、八医院的农工党医药专家为龙骧集团、汽车南站工作人员及驾驶员进行提供健康咨询、中医问诊、口腔检查等服务100余人次；农工党长沙市委组织长沙市中医医院、长沙市第一医院、长沙市第三医院、长沙市中心医院及长沙市中医康复医院的内分泌科、呼吸内科、骨科、妇产科和神经内科等科室的20多位医疗专家到长沙县宋家桥村开展义诊活动，向当地村民发放价值5万元的药品和防疫物资，受益群众300余人。

农工党长沙市委支持长沙群英会联合长沙市妇幼保健院发起“关爱女孩，守望未来”项目，该项目由农工党员傅强发起，旨在整合医院、公益组织等社会力量，搭建一个政府支持下“医社联动”的湖湘关爱妇女儿童枢纽型公益平台，从个体、社区、医院三个层面，打造精准服务妇女儿童生存和发展为目标的公益支持体系，为她们营造良好的社会环境和家庭环境。项目计划在5年内帮扶1000名留守、困境、残障女孩。2020年，农工党长沙市委各基层组织和广大农工党员开展爱心助学、扶贫帮困、医疗义诊等多种形式的社会服务活动60余次，投入资金1000万余元，受益群众3万余人。

面对突如其来的新冠肺炎疫情，农工党长沙市委成立疫情防控工作领导小组，机关建立春节假期值班制度、疫情防控报告制度，建立微信工作群。转发省委发出的“携手共克时艰，坚决打赢疫情防控阻击战”倡议书，动员全体农工党员响应党委、政府号召，做好疫情防控工作。农工党长沙市委主委龚振湘带队到长沙市芙蓉区、天心区、岳麓区、开福区的社区、街道、医院和医药企业，督查新冠肺炎疫情防控和防疫药品配送工作，并指导企业复工复产。农工党长沙市委利用微信公众号等媒介，做好舆论引导工作，报道参与疫情防控工作的农工党员先进事迹，展示农工党员的责任担当。全市63名农工党员奋战在医院第一线，200余名农工党员请愿投身抗疫战斗，全市基层组织和广大农工党员捐款捐物858万余元。农工党长沙市委发挥人才智力优势和界别特色，集中党员智慧建言献策，撰写《关于新冠病毒肺炎疫情期间企业复工做好自我防护的有关建议》《关于强化中医药在传染病防控中作用的几点建议》《关于新冠疫情过后学校复学应注意的若干问题》等社情民意、统战信息20余条，为长沙市委、市政府提供决策参考。主委龚振湘带队走访慰问援鄂抗疫一线农工党员吴丹霞。农工党长沙市委和民革长沙市委会、民进长沙市委联合开展“不忘合作初心·共担时代使命”——为医务工作者赠送健康卡活动。农工党长沙市委向一线医务人员捐赠刘源赠予的著作《梦回万里·卫黄保华：漫忆父亲刘少奇与国防、军事、军队》。吴丹霞被农工党中央授予“新冠肺炎疫情防控工作先进个人”称号，王香云等53名被农工党湖南省委授予“新冠肺炎疫情防控工作先进个人”称号。吴小宁、李翼获湖南省委、省政府授予的“湖南省抗击新冠肺炎疫情先进个人”称号。

（本栏撰稿　周　倩）

中国致公党长沙市委员会

【概况】　2020年，中国致公党长沙市委员会（以下简称“致公党长沙市委”）11个支部被评为致公党全省“抗击新冠肺炎疫情先进组织”，51名党员被评为“先进个人”。10名党员被致公党长沙市委评为“防疫抗疫十大先锋”。致公党员李丽家庭被评为“全国抗疫最美家庭”；致公党员王露、蔡鑫莹被致公党中央评为“致公党抗击新冠肺炎疫情先进个人”；致公党员邓雪琴、张盟被湖南省委、省政府授予“全省抗击新冠肺炎疫情先进个人”称号。

【参政议政】　2020年，致公党长沙市委各级组织和党内人大代表、政协委员各级“两会”上提交议案、建议和提案115件。5件集体提案1件被遴选为大会发言，1件获选书面发言。《关于推动长沙市生物医药产业高质量发展的提案》为长沙市政协选定重点提案，由湖南省委常委、长沙市委书记胡衡华领办，获长沙市政府主要领导批示，并在《决策咨询》刊登。《关于打造长沙海外人才创新创业新高地的提案》落地见效，国家海外人才离岸创新创业（长沙）基地挂牌启动。1件集体提案和2件个人提案被长沙市政协评为2020年度优秀提案。主委王国海作为全国政协委员，就外卖食品安全问题向全国政协主席汪洋等全国政协领导提出“构建信息链，织牢监管网”的相关建议。课题调研成果丰硕。重点就先进制造业和现代服务业融合发展、制造业产业链优化升级、劳模工匠精神传承、医用物资应急储备体系构建等事关长沙市推动经济社会高质量发展和落实习近平总书记“三高四新”战略部署的重要问题，开展调查研究，形成一批调研成果。

【组织建设】　2020年，致公党长沙市委完成支部换届。支部班子的年龄结构、学历结构、性别结构和专业结构得到优化。全年发展党员51人，平均年龄33.5岁，全部具有本科以上学历，其中硕士18人，博士2人，全部具有侨海关系，归国留学人员15人。召开监督委员会年度工作会议，组织学习《各民主党派中央关于加强内部监督工作座谈会纪要》精神，传达学习2020年长沙市各民主党派内部监督工作座谈会精神。

【思想建设】　2020年，致公党长沙市委推进“不忘合作初心，继续携手前进”主题教育活动，不断增强“四个意识”，坚定“四个自信”，做到“两个维护”。制定出台《深化共识教育加强思想政治建设行动方案》，推进主题教育。开展“半条被子纪念馆”主题教育，“致公·威尔保”杯羽毛球团体赛，我爱你中国——纪念中国致公党成立95周年历史图片展暨泛珠三角致公党组织书画联展，老致公党员口述致公史等系列纪念活动。以《习近平谈治国理政（第三卷）》为重点，系统学习习近平新时代中国特色社会主义思想系列著作和理论知识。以组织收看新闻发布会，组织学习公报文本，撰写学习体会，开展座谈讨论等方式，抓好十九届五中全会精神的学习领会。

【服务社会】　2020年，致公党长沙市委推进致公助学。签约开办“致公华中信科班”，致公班办班13个。在精准扶贫基地、省级“同心乡村”宁乡珊瑚村开展扶贫慰问活动，向该村“致公蓓蕾书屋”捐赠价值四万余元的书籍，举行“致公微善行·爱心妈妈在行动”活动，慰问帮扶该村贫困学生。连续13年到第二社会福利院“爱心帮扶基地”开展服务活动。

2020年，致公党长沙市委形成“加强捐赠医用防护物资质量监管”“谋划部署应对疫情经济对策”“鼓励‘战疫专项债’发行”三份成果，被中共长沙市委主要领导批示。在一个多月时间里报送社情民意信息69条，7条被全国政协采用，10条被致公党中央采用，1条被中共中央统战部采用。全市各级组织和广大致公党员心系海外，投身“关爱海外侨胞抗击疫情专项行动”，向海外华人华侨和留学生捐赠“致公爱心小包裹”。全体致公党员捐赠现金11.7万元、口罩2万余只。

【侨海工作】　2020年，致公党长沙市委引资引智成果落地。调研成果“海外人才离岸创新创业基地建设”，经多形式提交，多层级协调，由中国科协批复同意长沙设立国家海外人才离岸创新创业基地，项目于12月11日在长沙高新区挂牌启动，长沙成为全国第15个“国家海外人才离岸创新创业基地”。工信部“中国工业互联网研究院湖南分院”落户长沙。承办“海聚湘江、智造未来”第七届海归论坛专场推介会，组织80位海外博士参观岳麓区大科城、长沙高新区·离岸创新基地，举办海外博士团橘洲行和第七届海归论坛专场推介会，承办论坛项目路演等系列活动。

【“致公·华中信科班”开班】　2020年11月13日，致公党长沙市委“致公·华中信科班”开班仪式在长沙华中信息科技中等职业学校举行。长沙市委统战部副部长刘佳勇、长沙市教育局副局长杨庆江为长沙华中信息科技中等职业学校授予“一家一”助学就业·同心温暖工程牌匾；致公党长沙市委专职副主委枭燕、致公党郴州筹委副主委李晓健为长沙华中信息科技中等职业学校授予“致公·华中信科班”牌匾。“致公·华中信科班”以公益资助的方式，每年资助50个学生，每生每年资助生活费2000元，以免学费方式帮助50个学生入读“跨境电商班”，完成两年半在校学习、

2020年11月13日，致公党长沙市委“致公·华中信科班”开班仪式在长沙华中信息科技中等职业学校举行。图为“致公·华中信科班”同学们合影　致公党长沙市委　供图

半年在岗实习，结合“致爱小组”的力量，帮助贫困学子完成学业、实现就业。湖南“一家一”助学就业·同心温暖工程以省内职业院校为实施学校、以品学兼优的农村贫困学生为实施对象，以公益资助的方式帮助受助学生完成两年在校学习，帮助湖南贫困地区一个家庭有一个孩子学到一门专长并推荐就业。

（本栏撰稿　彭　磊）

九三学社长沙市委员会

【概况】　截至2020年年底，九三学社长沙市委员会（以下简称“社长沙市委”）有成员788人。社长沙市委设基层支社29个，设芙蓉区、天心区、岳麓区、开福区、雨花区5个区工作委员会和参政议政、科技创新、城乡发展、社会法制、医药卫生、教育文化、妇女、青年、老龄9个专门工作委员会。

【参政议政】　2020年，社长沙市委完成《关于加强长沙市社区公共卫生应急能力建设的建议》《长沙市‘一县一特’产业发展研究》两个重点调研课题。《制定科学合理的财政补贴机制推进公交行业健康有序发展》《关于加强长沙市水资源调控能力建设的建议》《关于加强长沙市城区土壤污染治理与修复的建议》课题中标社省委会2020年度招标调研课题；《民主党派结构界别特色的职能大数据分析及应用》获全省统战理论政策研究创新成果二等奖。

社长沙市委向市政协提交集体提案5件，个人提案40件。其中，集体提案《关于依托“我的长沙”App推行长沙市民服务卡的建议》得到长沙市市长胡忠雄批示，被评为市政协优秀提案，并被列为市政协重点督办提案，由副市长彭楠领衔督办，召开重点提案办理协商会进行答复办理。

社长沙市委在长沙市政协十二届四次会议上，《加强长沙市砂石市场管理守护人民生命财产安全》的提案作为大会发言；《关爱公交驾驶员筑牢生命安全线》《完善监管体系防范化解风险，助推长沙养老事业健康有序发展》《加强农村污水治理实现美丽乡村建设》进行联组讨论发言。长沙市政协召开的“促进新型村级集体经济发展”对口协商会上，《落实三年行动计划促进土地合作型村级集体经济发展》作为专题发言；社长沙市委对长沙市政府工作报告、经济形势分析和长沙市中级人民法院、长沙市人民检察院工作报告等相关工作提出建议和意见，得到重视和采纳。

2020年，社长沙市委上报社情民意统战信息104条。其中《关于加快推动“健康城市”规划建设的建议》被全国政协采用；《关于加快实行全国统一健康通行码的建议》被湖南省政协采用，获湖南省政协主席李微微批示；《关于建立我国自主可控软件产品体系的建议》被湖南省政协采用；《改进市属公办高校财政账户管理方式的建议》获长沙市政协主席文树勋批示。

社长沙市委按照中共长沙市委的工作部署，社长沙市委联合民建长沙市委、民进长沙市委、农工党长沙市委开展脱贫攻坚专项民主监督，到望城区、宁乡市开展脱贫攻坚民主监督调研，并完成《对口望城宁乡脱贫攻坚民主监督调研报告》。

【组织建设】　2020年，社长沙市委完成支社换届。制定《九三学社长沙市委员会2020年支社换届方案》，完成支社换届工作。同时拆分岳麓区支社为岳麓区一支社、岳麓区二支社，新成立芙蓉区四支社。推进和完善代表性人士队伍建设，加大后备人才队伍培养力度，建立后备干部队伍人才库、代表人士管理电子档案。推荐15名在各领域有代表性的人士。2020年派出40名社员参加各类培训。其中，2名社员参加中共湖南省委统战部第17期党外中青年干部培训班的学习；6名社员参加中共长沙市委统战部到红旗渠主办的基层组织负责人培训；3名社员参加社省委在西南政法大学举办的领导班子和骨干社员培训班的学习。

2020年，社长沙市委被评为九三学社全国“2016—2020年社会服务先进集体”，高新区支社被评为“九三学社创建75周年全国优秀基层组织”，开福区一支社谢江岸被社中央评为“2016—2020年社会服务先进个人”。在社省委庆祝九三学社创建75周年表彰大会上，社长沙市委获得“优秀市级组织”荣誉称号，芙蓉区一支社、开福区一支社、雨花区一支社获得“优秀基层组织”荣誉称号，15名社员获优秀社员。抗击新冠疫情期间，医卫二支社谭洪毅获社中央颁发的“湖北抗疫一线优秀社员”，医卫一支社苏良获社中央“抗击新冠疫情先进个人”。长大支社李方敏获湖南省政府颁发的湖南省科技进步三等奖；芙蓉区三支社曹孟良获湖南省政府办公厅颁发的“第一届中国·非洲经贸博览会先进个人”。

【思想建设】　2020年，社长沙市委巩固“不忘合作初心，共担时代使命”主题教育活动成果，以九三学社创建75周年为契机，深入开展主题教育活动。印发《庆祝九三学社创建75周年活动工作方案》，组织社员参加75周年社庆纪念活动，征集各类征文、稿件和抗疫作品60篇，音频20份，到郴州市汝城县“半条被子”故事发生地开展主题教育活动。落实慰问制度，2020年慰问社员180余人次。开展骨干社员走访活动，加强与社员的联系，获取社员的思想动态、听取意见和建议。社长沙市委青年委、妇委会、老龄委、各区工委和各支社分别开展主题活动。

【社会服务】　2020年，社长沙市委根据新冠疫情情况成立社长沙市委疫

2020年7月13日，“同心见真情·爱尔光明行”在平江开展。图为社长沙市委为村民赠送眼科物资器材
社长沙市委　供图

情防控工作领导小组，以微信、网站、信息等多种形式，全方位向全市社员传达有关文件和会议精神，要求全市各基层社组织落实有关工作。传达有关疫情的文件和会议精神，动员和鼓励全市广大社员为打赢疫情阻击战贡献力量。发布《倡议书》，号召全市社员提高思想认识，参与疫情防控工作。发布《新冠肺炎疫情防控工作捐款捐物的通知》，发动社员捐款14万元，应急物资总价值50万元。挖掘疫情防控典型，发动成员撰写企业复工复产方面的社情民意，组织社员成立心理健康咨询志愿服务队，为广大民众做好心理咨询服务。

社长沙市委在省级同心社区——芙蓉区西湖社区，开展慰问活动，帮助困难家庭渡过生活难关。开展知识讲座，现场为群众提供健康知识咨询、法律咨询、妇女、儿童法律权益维权、创业就业等咨询服务。针对长沙市乡村教学资源薄弱环节，促进长沙市城乡教育的均衡发展，社长沙市委到浏阳市开展支教助学活动，为学校免费创建科普图书室，科普宣传栏等。各区工委、支社响应社会服务工作，根据各自实际情况分别开展形式多样的社会服务活动。举办九三科技论坛。“同心见真情·爱尔光明行”是社长沙市委坚持开展的社会服务工作。

【九三学社创建75周年庆祝大会暨“九三青训营”（第二期）培训班举行】2020年9月2日，九三学社长沙市委员会举办的“不忘合作初心，共担时代使命”——九三学社创建75周年庆祝大会暨“九三青训营”（第二期）培训班在枫林宾馆芙蓉厅举行。九三学社湖南省委专职副主委李少阳，长沙市委统战常务副部长刘映群，社长沙市委主委、市统计局局长汤建尧出席会议。会议由社长沙市委专职副主委刘有良主持。庆祝大会上，青年社员代表邓凌云、戴瑶、李小林分享自己的扶贫故事。一中支社主委羿莎讲述“两弹一星元勋”邓稼先的故事，九三先贤为人类文明进步和民族振兴鞠躬尽瘁、贡献巨大，其道德风范、伟大事迹和科学精神始终是九三学社最宝贵的财富，是广大社员学习的榜样。会议的第二阶段是对青年社员进行培训。会议邀请社湖南省委副主委、湖南省政协经科委主任吴金明以《中国市场经济下半场与国内经济大循环》为题授课，吴金明教授从疫情下的中国经济分析入手，解读当前及今后的经济形势。会议还邀请社省委参政议政处处长吴国寰就《参政议政的提质增效》对社员进行参政议政专题培训。吴国寰从认清形势，把握方向；选好题目，强化深度；讲究政治，顾全大局；要避免和克服的问题四个方面对参政议政工作进行专题辅导。

【“同心见真情·爱尔光明行”（平江站）活动】　2020年7月13日，社湖南省委开展九三学社·平江县新棚村医疗扶贫活动，湖南省政协副主席、社省委主委张大方，社省委专职副主委李少阳，社省委副主委、湖南省教育厅副厅长王仁祥等领导出席活动。九三学社长沙市委主委、长沙市统计局局长汤建尧，社长沙市委专职副主委刘有良带领医药卫生委和医卫二支社成员以及爱尔眼科医院，配合社省委到岳阳市平江县新棚村开展此项活动。

平江县瓮江镇新棚村是九三学社湖南省委支持平江县开展精准扶贫活动的联系点。经过精准扶贫，该村村民收入明显增加，村级硬件日趋完善。“同心见真情·爱尔光明行”是社长沙市委开展的一项社会服务工作，已经开展3年，逐年在社区、企业、学校开展相关活动，取得良好的社会效果。2020年，“爱尔光明行”活动走进边远山区。活动期间，村民们通过眼健康知识咨询、专家答疑等，学习到预防眼部疾病以及保障眼部健康等知识。爱尔眼科医院对村民眼部开展白内障、黄斑变性、青光眼等眼部常见疾病筛查、眼部基础检查、视力筛查等，并赠送近100副框架眼镜、干眼症所需的护眼贴、相关眼病书籍、基础眼科器材等。

（本栏撰稿　周新建）

长沙市工商业联合会（总商会）

【概况】　2020年，长沙市工商业联合会（总商会）（以下简称“长沙市工商联”）连续5年获“创新中国特别奖”，全国工商联授予“2020年民营企业调查点工作先进单位”，优化营商环境工作被评为国务院、湖南省政府“真抓实干督查激励项目”。全市有会员企业37601个，商会组织347家，与境内外198家商会缔结友好商会。2020年长沙市民营经济增加值突破7500亿元；全市有市场主体120万户，其中民营企业40万户；A股上市公司73家，长沙万人市场主体数量、上市公司数量居中部省会城市首位。

【参政议政】 2020年，长沙市工商联开展《关于民营企业稳就业的调研》，形成调研报告，为发挥民营企业稳就业的基础性作用提出建议。组织智能制造、软件、新材料、生物科技等26名企业家，到深圳市、东莞市访学考察，撰写《长沙民营企业家深圳东莞访学报告》。完成《打造“迎老乡回故乡建家乡”升级版——以粤港澳大湾区长沙商会为视角》调研报告。开展上规模民营企业调研、疫情对民营企业污染防治影响调查、民营企业军民两用高新技术及产品研发生产情况专项调查、海外疫情对民营企业“走出去”影响调研、民营企业社会责任调研、民营企业参与“一带一路”建设情况调研、民营经济人士思想状况等专题调研。向长沙市政协十二届四次会议提交集体提案7篇；8篇社情民意信息获全国、省、市政协采用，其中《正确适用“不可抗力”，为经济社会发展保驾护航的建议》获全国政协采用，《建议我省承建中部大数据中心》获中共湖南省委常委、常务副省长谢建辉批示。

【组织建设】 2020年，长沙市工商联贯彻中共中央办公厅《关于加强新时代民营经济统战工作的意见》，长沙市委办公室、长沙市政府办公室出台《长沙市工商联深化改革方案》（以下简称《方案》）。《方案》提出改革工商联组织体制、创新工商联运行机制、加强工商联人才队伍建设、实施园区商会全覆盖、探索建立产业链商会等改革措施，提出推动长沙市公安局、长沙市人民检察院、长沙市中级人民法院、长沙市司法局挂牌成立“服务民营经济办公室”、建立政会银企（政府、工商业联合会、银行、企业）四方合作机制、建立商协会退出机制等创新举措。

长沙市工商联贯彻《湖南省关于促进工商联所属商会改革和发展的实施意见》，出台《长沙市关于促进工商联所属商会改革和发展的实施方案》，开展“互学、互评、互促”四好（班子建设好、团结教育好、服务发展好、自律规范好）商会建设工作，推荐长沙市常德商会等9家商会为全国“四好”商会，推荐长沙市青年创业者商会等15家商会为省“四好”商会。指导长沙市新晃商会等6家商会成立，指导长沙市女企业家联合会等4家商会成功换届，推进长沙市福州商会等4家商会筹备换届工作。

【思想建设】 2020年，长沙市工商联出台《长沙市工商联持续深入开展理想信念教育活动实施方案》，开展“守法诚信经营，坚定发展信心”为主题的理想信念教育活动。开展“解放思想、创业富民”大讲坛，深入宣讲贯彻十九届五中全会、习近平总书记系列重要讲话及《关于加强新时代民营经济统战工作的意见》精神。举办学习贯彻全国两会精神报告会，开展学习习近平总书记湖南长沙考察重要讲话精神、“推动长沙民营经济高质量发展”主题党日活动。创新主办“初心信心匠心”为主题和“构建双循环新格局奋力谱写新篇章”为主题的企业家沙龙活动，邀请著名经济学家、中国财政科学研究院院长刘尚希和湖南省政协经济科技委员会主任吴金明、企业家傅胜龙作主旨演讲。“政治引领”“企业服务”“教育培训”“党建孵化”四个平台建设获中共中央组织部肯定。开办商协会党校党员“党性修养提升班”专题讲座。举办省会女企业家“战疫情、促发展”座谈会、“庆‘五一’迎‘五四’”民营企业家座谈会。举办长沙市商协会“理想杯”篮球赛。组织“最美会长”主题宣传。

【社会服务】 2020年，长沙市工商联面对新冠肺炎疫情，发出《关于全力支持打赢新型冠状病毒肺炎抗击战的倡议》，动员全市各级工商联、商协会、民营企业投入疫情防控阻击战，圣湘生物、盐津铺子等企业筹集全自动核酸提取仪、核酸检测试剂、口罩、防护服等应急物资，三一重工、中联重科利用产业优势在全球紧急采购抗疫物资，同时安排员工援建火神山、雷神山医院，驰援武汉。采购千件御寒衣物送给湖南省援助黄冈市医疗队。按照长沙“小汤山”第一医院列出的请求清单，紧急组织商协会和一批民企负责人，分头采购上百万元急需物资，当天送达医院。高岭建筑集团召集工人、用3天时间完成上万平方米病房改建。全市商协会、民营企业累计捐款捐物3亿元。湖南省委、省政府，武汉市工商联以及天心区委、区政府向长沙市工商联寄来《感谢信》；全国工商联以《发挥工商联独特优势，凝聚民企抗疫磅礴力量》专刊推介长沙做法。2020年2月7日，长沙市工商联发出《关于全力支持和推动民营企业复工复产的通知》，引导企业坚持疫情防控和复工复产“两手抓、两不误、两促进”，深入福田汽车、德旺科技、长高集团、利利平等企业一线服务，现场协调解决实际困难。集中采购60万余只口罩、一批额温枪，缓解企业复工防疫物资紧缺的难题。开展“民企大走访，同心促发展”大调研，走访商协会145家，民营企业1176家，给企业送政策、送资金、送服务，收集反映企业的困难问题1337个。创新开启“企业战疫——民营企业风险应对”线上战疫课堂，邀请政府部门负责人、经济学家、知名律师等直播授课，企业家6万人次参与学习互动。成立“应对肺炎疫情，促进民企发展”法律专家志愿服务团，为民营企业提供免费咨询和解答。长沙市五金商会和湖南汉坤实业有限公司等12家企业被评为全国工商联“抗击新冠肺炎疫情先进商会、先进民营企业”，湖南高岭建设集团党委、中联重科股份有限公司党委、圣湘生物科技股份有限公司被评为“湖南省抗击新冠肺炎疫情先进集体”，长沙市比亚迪汽车有限公司党委书记周晓州等10人被评为“湖南省抗击新冠肺炎疫情先进个人”。发挥“长沙市工商联”微信公众号、网站等平台作用，联合《中华工商时报》、红网、长沙电视台、长沙晚报社等主流媒体，大力宣传中央、省、市关于疫情防控的政策举措，推介民营经济领域抗疫典型事迹。策划《同心抗疫系列报道》专题栏目，编写发表专题报道159篇，编印《责任与担当——长沙市工商联系统抗疫纪实》书籍，制作专题片。

【营商环境优化】　长沙市工商联连续8年举办政企恳谈活动，中共长沙市委书记、市长带领各职能部门、园区一把手和民营企业家面对面，现场处理、交办企业反映的问题，为民营经济发展鼓劲撑腰，形成领导重视、企业提问、部门办理、市委督查的政企恳谈长效机制。9月28日，中共湖南省委常委、中共长沙市委书记胡衡华主持召开企业家座谈会，和企业家代表畅谈发展大计；企业家反映的39项意见建议交相关部门办理，并跟进处理情况。推动职能部门与民营企业面对面，同长沙市人社局、市金融办、市行政审批服务局召开民营企业座谈会，听取民营企业关于招工就业、行政审批服务、“12345”政务热线服务等意见和建议。长沙市工商联成立长沙市总商会调解工作站，2020年受理民营企业商事纠纷824件，调解结案439件。深化与长沙市人民检察院的合作，落实最高人民检察院“少捕”“慎诉”刑事司法政策；联合举行“服务‘六稳’‘六保’（六稳：稳就业、稳金融、稳外贸、稳外资、稳投资、稳预期；六保：保居民就业、保基本民生、保市场主体、保粮食能源安全、保产业链供应链稳定、保基层运转），护航民企发展检察开放日”活动，联合举办“检企同堂”培训班。深化与长沙市中级人民法院的合作，联合出台《长沙市中级人民法院和长沙市工商业联合会联席会议制度》，推进商会调解和法院诉讼零距离诉调对接。打造长沙营商环境监督员全国名片，佘继红、谢江岸等6名监督员接受湖南经视《经视观察：“优”加“法”》栏目采访，宣传长沙优化营商环境经验做法。《长沙市工商联：打造标杆法治营商环境》获全国工商联专题推介。组织400余家企业参与全国工商联万企评营商环境工作，成功保障湖南省入选全国前十强。组织各国家级园区、省级园区、各区县（市）1400余家企业参与全省市场主体评营商环境工作，长沙市全省排名第一位。

【招商引资】　2020年，长沙市工商联开展“迎老乡、回故乡、建家乡”和“百家商会千户企业招商行动”，2020年协助引进项目15个，带动投资20.3亿元。发挥“长江中游城市群省会城市会商会”“长株潭一体化联席会议”作用。举办“共克时艰、共谋发展”恳谈会，异地湖南商会、全球异地长沙商会代表座谈交流，推介长沙营商环境和发展机遇。加强经贸交流合作，组织商协会、会员企业参与新疆铁门关市、贵州黔东南州、西藏山南市、江西上栗等地的招商推介会。

长沙市工商联完善“政会银企”合作长效机制，搭建常态化精准融资对接服务平台，举办“人工智能及机器人”产业链银企对接会、中小企业金融创新峰会暨长沙总部基地银企对接会、2020年中小企业融资服务对接会、商贸业银企对接会高桥大市场专场，开展金融服务“进商会、进商圈、进园区、进企业”专题活动；做实第九届长沙金融服务节，支持民营企业复工复产、稳健发展。融资服务取得新突破，得到中共长沙市委副书记、市长、湘江新区党工委书记郑建新的支持肯定，2020年服务618家中小微企业融资9.8亿元。

【民营经济示范城市创建】　2020年，长沙市政府召开长沙市民营经济示范城市申创动员大会，召开全市工商联系统创建民营经济示范城市暨营商环境优化工作推进会，出台《长沙市工商联推进“民营经济示范城市创建”工作方案》，动员各区县（市）、商协会和广大民营企业参与创建工作。主办“2020产业互联网创新大会”。推进《协同创新驱动民营企业高质量发展三年行动计划》，举办长株潭民营企业家创新能力提升班，推进科技成果转化、科技项目申报、科技人才引进；推动民企“入规、升高、上市”，全市民营企业进入高新技术企业行列突破3000家。

【精准扶贫】　2020年，长沙市工商联开展“万企帮万村精准扶贫”工作，推进扶贫车间建设，新增扶贫车间（基地）66家。全市550家民营企业、直属商会与全市595个村（含85个省定贫困村）及龙山县10个贫困村进行结对，惠及贫困人口3.3万人。联点省定贫困村浏阳市枫林湖村，创新举办“枫林湖消费扶贫社群节”，通过直播带货销售农副产品247万元；开展“全国扶贫日”帮扶活动，“百企入驻、千品上架”消费扶贫活动，助力103户建档立卡贫困户全部脱贫。援建龙山助力扶贫，助力脱贫812户3167人。与金霞开发区一道帮助建设长龙自来水厂、茨岩塘镇中学体育馆和镇中心小学金霞图书馆、学术报告厅及镇敬老院。组织商协会、民营企业到龙山茨岩塘镇开展“五个一”帮扶活动，捐建一座“军魂”雕

2020年12月29日，以“产业数智升级生态融合共生”为主题的第四届湖南产业互联网创新大会在长沙举行 长沙市工商联 供图

像、捐赠一批慰问物资、帮扶一批困难群众、挂牌一个“非公经济人士理想信念教育基地”、召开一个“打造红色小镇 决胜全面小康”座谈会，为助推茨岩塘镇脱贫攻坚加快发展献计出力。长沙市光彩基金会2020年累计募集资金和物资364.37万元，累计支出464.38万元，用于抗击疫情、社会救助、扶贫帮困、教育助学、农村基本建设等社会公益事业建设。

【“民企大走访同心促发展”暖企活动】 2020年3月13日，中共长沙市委统战部、市工商联召开“民企大走访，同心促发展”暖企活动动员会。长沙市政协副主席、市工商联主席彭继球，市委统战部常务副部长刘映群，副部长、市侨联党组书记王国平，副部长饶福明，副部长、市工商联党组书记丁文及市工商联副主席张明刚、刘立红和田柱元以及各工作组成员参加会议。会议对“民企大走访，同心促发展”暖企活动进行部署，从3月中旬至6月底市、县两级统战部、工商联对全市不同行业、产业、规模、经营状况的1050家左右的民营企业和商协会进行走访，帮助企业复工复产。

【第47期“解放思想创业富民”大讲堂开课】 2020年6月9日，长沙市工商联主办、长沙市企业培训协会承办第47期“解放思想创业富民”大讲堂——“两会精神”和“孙子兵法与企业经营”讲座，邀全国人大代表、盐津铺子董事长张学武，国防大学战略教研部副主任、博士生导师薛国安将军为主讲嘉宾。长沙市政协副主席、市工商联主席彭继球主持会议并讲话。张学武介绍“两会”的盛况和主要内容，着重从民营企业如何领会、掌握和贯彻落实两会精神进行分享。同时，张学武结合自身企业疫情影响下企业如何复工复产、抢占市场先机等情况，宣讲“贯彻‘两会’精神，推动企业高质量发展”的主旨。薛国安将军从知胜之法、全胜之法、道胜之法、先胜之法、奇胜之法5个维度，深剖孙子兵法精髓，并结合实际案例展示孙子兵法在企业战略布局、企业运营及企业人力资源管理中的应用。长沙市民营企业家360余人参加活动。

【2020年长沙金融服务节湖南省山东商会银企对接专场活动举行】 2020年9月8日，长沙市“政会银企”四方合作金融服务进商会——湖南省山东商会银企对接专场活动在湖南省山东商会举行。长沙市政协党组副书记、副主席石长松出席会议并讲话。会议由长沙市政协副主席、市工商联主席彭继球主持。金融机构代表长沙银行和长沙市风补基金为山东商会、广东商会以及长沙县的企业代表推介特色金融产品，送上精准金融服务。湖南省投资理财学会专家以及金融机构负责人与有资金需求的企业代表现场答惑解疑。会上还举行“政会银企”四方合作机制签约仪式，长沙银行星城支行、长沙市风补基金分别与湖南省山东商会、长沙县工商联签订战略合作协议。

【2020产业互联网创新大会举行】 2020年12月29日，以“产业数智升级生态融合共生”为主题的第四届湖南产业互联网创新大会启幕。湖南省政协副主席、省工商联主席张健，长沙市政协副主席、市工商联主席彭继球出席会议并致辞。会上，湖南省工信厅现场举行湖南省中小企业“两上三化”三年行动计划启动仪式，并介绍其主要任务和政策措施。此次大会分为产业创新峰会、营销创新峰会和商协会数字化创新论坛三场，在深化产业互联网解决方案、落地实操案例，为区域特色产业创新发展提供经验分享的同时，依托互联网技术的高效连接优势，聚焦行业和区域产业上下游关联产业链由“线”到“网”的协同发展，与湖湘企业一起寻找内生增长动力，促进湖湘产业互联、融合共赢。产业创新峰会锁定产业互联网的宏观政策解读、发展趋势分析、解决方案剖析、实战案例精讲，百度副总裁李硕，易观联合创始人、总裁刘怡，用友网络副总裁董波等出席会议并分享对产业互联网创新的思路与见解，为湖湘企业提供创新借鉴。营销创新峰会聚焦互联网营销新模式、新技术与区域实体产业的深度融合，研讨传统产业转型升级之道，帮助企业构建全新的商业生态，获更多增量收益。商协会数字化创新论坛·特别专场，各与会嘉宾进行开放性的分享，赋能商协会加速数字化转型变革。

（本栏撰稿 刘潇婷）

群众团体

MASS ORGANIZATIONS

编辑　江　雷

长沙市总工会

【概况】 2020年，长沙市工会系统按照夺取疫情防控和经济社会发展要求，全面开展各项工作。长沙市总工会被评为省级文明单位，获全国工会财务先进工作单位、全国工会优秀审计项目、全省工资集体协商竞赛一等奖、全省市级工会经费审查工作规范化建设考核特等奖。长沙工会建设工作经验被省总工会作为典型推介。加强职工思想政治工作，学习宣传习近平总书记给郑州圆方集团职工回信、在全国劳模表彰大会上的讲话、在湖南考察期间重要讲话精神。围绕市委、市政府中心工作，紧扣市委绩效考核指标，逐条落实落细，融入全年工作任务。疫情防控期间，贯彻市委、市政府和省总工会的部署要求，充分发挥团结、引领、组织、动员职工的独特作用。采访收集汇总劳模和一线职工代表心声，编报《长沙职工群众对习总书记考察长沙给予热烈反响》等信息，被中共中央办公厅、全国总工会、省总工会和《工人日报》、湘工e网等采用。加强职工意识形态工作，制定责任清单，建立协调联动、风险排查机制。发挥“12351”热线、河西仲裁庭作用，畅通职工诉求表达渠道。年内办理法律咨询、法律援助47件、职工信访604件，参与相关职工集访情况处置。联合市委党校建立职工思想政治教育师资库，深入基层开展“中国梦·劳动美”主题教育、“潇湘家书”“湘阅读·工力量”和职工羽毛球赛、工间操比赛、气排球比赛等各项文体活动，凝聚人心、提振士气。发挥职工经济社会发展主力军作用，广泛开展劳动竞赛活动，激发职工劳动热情和创造活力。在市委领导下，牵头起草《长沙市新时代产业工人队伍建设改革三年行动计划（2020—2022）》，整合市直相关部门力量，协调推进全市新时代产业工人队伍建设。发挥劳模工匠示范引领作用，加大对劳模和工匠的选树服务力度、对优秀产业工人入党的推荐力度、对职工先进典型的宣传力度。推荐表彰全国劳动模范和先进工作者10名、省级劳动模范和先进工作者49名；组织劳模疗休养5批次、全国劳模免费体检31人次。全市劳模工匠、优秀产业工人和优秀工会干部中，新增正式党员804名、预备党员860名、入党积极分子2224名。结合“工人阶级宣传月”活动，运用地铁、公交、的士广告位和学习强国、掌上长沙、星辰在线等网络平台，打造线上线下相融合的劳模宣传矩阵，职工受众超百万人次。提高职工队伍整体素质，深入开展“十行状元、百优工匠”职业技能竞赛，在电力、气象、刑侦、燃气、轨道、中药等行业系统开展“星城杯”职工职业技能竞赛活动，重奖高技能人才。长沙市选送的职工选手在各级职业技能竞赛中获佳绩。年内，选树市级示范性劳模和工匠人才创新工作室10个，扶持职工科技创新成果8个，表彰优秀师徒40对、优秀师徒结对组织单位10家。加强工会干部队伍建设，举办全市新任工会干部岗位培训班、工会领导干部能力提升培训班、社会化工会工作者培训班，开展厂务公开民主管理、工会财务经审、工会统计等专项业务培训，发挥社会化工会工作者和工资集体协商指导员队伍作用，选树工资集体协商优秀指导员6人。推广“学习强国”“智慧党建”平台使用，开展“党员承诺、践诺、评诺”等活动。

【工会组织】 截至2020年年底，长沙市总工会下辖3个开发区、6个区、3个县（市）总工会，4个驻会产业工会工委、11个委局（系统）工会工委，有基层工会组织3.06万个，涵盖法人单位4.89万家，会员183万人，其中，民营企业工会组织2.72万个，涵盖民营企业法人单位4.03万家，民营企业工会会员142万人。

【职工维权服务帮扶】 2020年，全市225户建档立卡困难职工实现解困脱困，市总工会在全国总工会组织的解困脱困工作成效第三方评估中获评“优秀”。打造长沙工会服务帮扶工作品牌，开展职工服务帮扶活动，职工医疗互助活动新增二次补助项目，最高补助金额提高至10万元。年内，累计有36.17万名职工参加职工医疗互助，补助职工1.8万人次，发放补助金1055万元；筹集发放送温暖资金271万元、金秋助学金74万元、劳模帮扶补助金536万元；打造儿童友好示范企业20家，新建标准化母婴（亲子）关爱室20个。开展工会EAP和职工心理关怀活动，选树EAP工作市级示范典型单位5个、达标单位6个，市总工会心理咨询志愿服务队被省文明办评为“2020年湖南省最佳文明实践志愿服务组织”。推进产业工人培养工程。创新开办“龙山班”，促进对口扶贫县农民工提升技能、实现就业；开展直播带货、浏阳蒸菜等特色技能培训；评选市级优秀培训项目10个、培训示范点2个、就业安置示范基地2个。

【构建和谐共赢劳动关系】 2020年，全市工会系统健全工作长效机制，以点带面推行职代会、厂务公开和民主管理工作，创新开展“和谐同行”企业工资集体协商现场展示主题活动，印发《长沙市工资集体协商质效评估标准》。评选职代会和工资集体协商工作典型20个。加大普法维权力度，联合市司法局、市律师协会开展2020年度“尊法守法，携手筑梦”服务农民工公益法律服务行动，成立由律师和工会干部组成的服务分队，开展普法活动13场，引导职工依法理性维权。采取多种形式开展《保障农民工工资支付条例》宣传，参与农民工权益保障和根治欠薪等专项行动。

【职工文化阵地建设】 2020年，市总工会组织开展职工阅读活动，培育命名市级职工书屋示范点20家，奖励优秀读书项目10个。推进工会女校建设，成立市总工会女校讲师团，选树女职工培训示范学校5家。加快工人文化宫改造和建设，截至2020年年底，三宫、二宫项目处于可研报告审批阶段，同步进行初步设计；一宫、四宫项目同步进行可研报告编制和设计方案审查工作。

【网上工会系统】 2020年，市总工会注重打造具有长沙特色的网上工会系统，上线运行38个工会业务模块和25个会员服务模块，打通省市两级网上工会系统数据互通，建立全市基层组织数据库和会员信息数据库，完成1.2万家基层工会、105万名职工会员实名信息录入。

【工会基层基础调整】 2020年，市总工会拓展工会深化改革成果，调整理顺驻会产业（系统）工会职能职责，将委局产业（系统）工会精简调整为11个，将原市总工会直属基层工会全部划归属地和产业工会管理。加强工会基层组织建设。建立健全工会长效机制，培育、选树工会工作典型，全省工会规范化建设现场经验交流会在宁乡召开。选树全国、省、市模范职工之（小）家84家。加强工会经费收管用，完成工会经费收缴任务，完成对市总工会本级、5个市总工会直属事业单位、12个县级工会、9个委局产业（系统）工会、部分基层工会和工会疫情防控专项资金的审查审计工作。

【助力疫情防控和经济社会发展】 2020年，市总工会团结动员广大工会干部和职工群众，奋力夺取疫情防控和实现经济社会发展目标。市总工会发布防疫倡议书、开通心理援助热线，强化正向宣传引导、加强职工心理干预。累计筹集960万余元，用于采购防疫物资、慰问一线工作人员。助力复工复产，在1340个省市重点建设项目开展“项目高质量，勇夺双胜利”劳动竞赛，助力实现“双过半、双胜利”目标。各级工会创新举措帮助企业解决“招工难”问题，开展“春季要约”行动，号召职工与企业同舟共济。市总工会撰写的《关于长沙企业复产职工复工情况的调研报告》被全国总工会内参全文刊发。

【“儿童友好型企业”建设推进】 5月15日，市总工会召开会议，就如何开展“儿童友好型企业”创建工作进行座谈。市总工会党组副书记、副主席匡涛涛，市自然资源和规划局党组成员、副局长王慧芳，第一批被评为“长沙市儿童友好型企业”负责人及相关单位负责人参会。2019年，为落实《长沙市创建儿童友好型城市三年行动计划（2018—2020年）》工作目标，市总工会与市自然资源和规划局联合印发《关于在全市开展儿童友好型企业的通知》，明确创建要求，完善建设指标，在全市企业推广儿童友好理念，倡导企业开展员工子女爱心托管、亲子活动、慈善捐赠、研学实践等服务。截至2020年年底，全市儿童友好型示范企业有40家。

【市总工会第二十届委员会第三次全体会议】 2020年5月20日在枫林宾馆召开。会议由市人大常委会副主任、市总工会主席芮英姿主持。会议传达学习《习近平总书记给郑州圆方集团职工回信》精神，履行有关人事任免事项，增补市总工会第二十届委员会委员、经审委员。市总工会党组书记、副主席周宏兆全面总结全市工会组织取得的主要成绩，研究部署工作任务。会议指出，全市工会要团结带领职工群众坚定不移听党话、跟党走，紧扣长沙市产业发展和重点项目建设，凝聚广大职工群众奋斗精神，激发广大职工群众建功新时代积极性、主动性、创造性，激励广大职工群众在平凡的岗位上书写闪亮人生。要把握决胜全面小康的时间节点，贯彻打赢精准脱贫攻坚战部署要求，履行工会维护职工合法权益基本职责，健全服务职工工作体系，完善“联系广泛、服务职工”的工会工作体系，加强全市各级工会自身建设。坚持基层导向、问题导向、群众导向，抓产业工人队伍建设改革，推动完善“产、学、研、练”一体化产业工人技能形成体系，培育选树更多“长沙工匠”，擦亮“十行百优”等劳动竞赛金字招牌，深化工会服务帮扶保稳定，为长沙经济社会实现高质量发展奠定坚实基础。

【2020年“星城杯”百万职工劳动竞赛】 2020年5—11月，长沙市2020年“星城杯”百万职工劳动竞赛暨“十行状元、百优工匠”职工职业技能竞赛举行。省总工会党组副书记、副主席王邵刚出席启动仪式。市委常委、组织部部长张宏益作重要讲话。市人大常委会副主任、市总工会主席芮英姿出席。长沙市各级劳动竞赛机构和工会组织弘扬劳模精神、劳动精神、工匠精神，深入开展劳动和技能竞赛，推进产业工人队伍建设改革。其中，“十行状元、百优工匠”竞赛活动在钳工、焊工、维修电工、数控加工中心、汽车发动机维修、工程机械液压系统装配与调试、钢筋工、普通车工、工业机器人设计、信息网络布设等10个行业工种中组织开展。湖南晓光汽车模具有限公司钳调科钳工张向波、中联重科股份有限公司工程起重机公司履带吊制造分公司臂架车间焊工文攀、中烟物流技术有限责任公司研发部工业机器人设计黄军、吴才松、湖南中烟有限责任公司长沙卷烟厂卷包车间维修电工张翔、长沙格力暖通制冷设备有限公司工艺设备部普通车工刘海军、中联重科工程起重机分公司装备车间数控加工王来、广汽三菱汽车有限公司客户价值部汽车发动机维修胡鹏、中联重科股份有限公司混凝土泵送机械分公司湖南服务站工程机械液压系统装配

与调试王基、湖南兆宏建设有限公司长沙贵翔融创国际建设项目二期项目部钢筋工曾龙辉、中国移动长沙分公司客户响应中心信息网络布设唐姿10名工人获“十行状元”称号，中联重科混凝土泵送机械分公司机加车间钳工胡长青等100名工人获“百优工匠”称号。

【联合国儿童基金会代表到长沙考察】 11月20日是联合国设定的“世界儿童日”，旨在倡导儿童权利、改善儿童福祉。2020年11月21日，联合国儿童基金会副代表马杰一行到长沙城区考察“儿童友好型城市”建设情况。考察团走访华谊兄弟（长沙）电影文化城和湖南妇女儿童医院，为长沙创建儿童友好型城市所取得的成效点赞。市自然资源和规划局与市总工会相关领导陪同考察。2020年，长沙作为全国第一座儿童友好巡礼城市，从11月16日起开展为期一周的儿童友好活动，展示长沙儿童友好型城市创建最新成果，点亮“儿童友好之光”。早在2015年，长沙率先发出创建儿童友好型城市动员令，创建工作连年写入政府工作报告。从创建“儿童友好型城市”三年行动计划，到国内第一本官方白皮书，“政策友好、空间友好、服务友好”的顶层设计全面形成。

【市总工会第二十届委员会第四次全体（扩大）会议】 2020年11月27日召开。会议学习传达贯彻党的十九届五中全会精神，审议通过有关人事事项。市人大常委会副主任、市总工会主席芮英姿出席会议，市总工会党组书记、副主席周宏兆主持会议。市总工会二十届委员会委员、二十届经审会委员、机关全体干部、事业单位班子成员参加会议。会上，长沙市委党校（行政学院）讲师李叶兰进行中共十九届五中全会精神宣讲。会议指出，中共十九届五中全会精神内容丰富、意义深远，对全面建设现代化长沙具有极强的指导意义，也跟全市广大职工群众生产生活密切相关，要加强舆论宣传引导，将全会精神传达到全市职工群众，凝聚职工群众共建“十四五”、迈步新征程强大力量。

【周农调研长沙市工人文化宫建设】 2020年4月2日，湖南省人大常委会副主任、省总工会主席周农率队到长沙市总工会调研长沙市工人文化宫建设，召开座谈会，提出要以工人文化宫建设为当前抗击疫情恢复生产作贡献，要加快工人文化宫项目建设，促进投资稳定经济增长。省总工会党组书记、副主席徐文龙，长沙市委副书记、代市长、湖南湘江新区党工委书记郑建新，省总工会党组副书记、副主席提名人选王邵刚，市人民政府副市长谭勇等领导，省总工会相关部室及长沙市有关单位负责人参加调研座谈会。座谈会由市人大常委会副主任、市总工会主席芮英姿主持。

（本栏撰稿　丑　帅）

中国共产主义青年团长沙市委员会

【概况】 2020年，中国共产主义青年团长沙市委员会（以下简称“团市委”）深化铸魂行动、建功行动、植根行动，实施十大重点工作项目，全面提升团的组织力、引领力、服务力和贡献度。团市委连续4年在全市绩效考核中获一等。长沙共青团改革创新工作在全省群团改革经验交流电视电话会议上作典型发言，得到省委副书记乌兰的点名表扬，“种子成长营”“长青护”“青工匠”3个项目获全省共青团改革创新项目赛大奖，中央组织部《组工信息》、全市基层党建工作会推介长沙青年人才驿站工作。新华社撰写专题评论点赞“院士来了”科普公益大讲堂，《中国共青团》刊物3次推介长沙共青团工作，中央电视台、《中国青年报》等新闻媒体多次报道“领头雁”“长青创”、青年突击队工作。中央电视台国庆中秋晚会上两岸四地青年歌手演唱长沙团委出品的原创歌曲《守护》。长沙青年联合会委员刘激扬、团干部伍海湾、梁露等疫情防控一线30余名青年典型获《人民日报》、学习强国等新闻媒体报道。省委常委、市委书记胡衡华对团市委农村青年人才“领头雁”回乡计划提案给予高度肯定并作出重要批示，市委副书记、市长郑建新对团市委服务军民融合产业工作作出“所做的工作很有成效、很有意义，望继续努力、再铸辉煌”的书面批示，团省委书记汤立斌多次到长沙调研指导，给予肯定并对改革创新工作作出书面批示。创新思想引领，“向日葵”青年讲师团扩充至59人106堂课程，开展主题宣讲160场；开展青少年制度自信教育活动，征集优秀思政课程140堂；组织179万人次团员参与34期团中央“青年大学习”；在高校开展“大学第一课”“青年大学习”抢答赛，开展“青年担当，于斯为盛”青年大学习征文比赛，举办“我爱你，中国——种子成长营”“习爷爷的教导记心间”“从小学先锋、长大做先锋”等活动，举办“让青春为祖国绽放”特别主题团日活动，41万余人次同步在线观看，把制度自信的种子播撒进广大青少年心灵。聚焦党政中心，勇当时代先锋，让青春在疫情防控、复工复产一线绽放。2020年，团市委组织387支青年突击队1.6万名队员、3.3万名志愿者投入疫情防控，发起“关爱白衣天使”项目筹集资金187万余元，筹措26.25万只口罩，23吨消毒液等慰问抗疫一线医务人员676人。开展青年突击队建功竞赛活动，举办突击队五四主题活动。“长青创”培育服务创业青年，动员97家青年文明号参与营商环境优化、34家参与社会治理；举办政企面对面活动，线下成立营商环境优化服务团，共建“长青创”金融服务平台推出产品75款，服务146家企业；开展创业大赛、培训、直播等11场，培育创业青年主体229名，8个项目在“创青春”省级比赛中获奖，团市委获优秀组织奖。“青工匠”服务制造业高质量发展，架起11所在长沙的职业院校和102家制造业企业人才合作桥梁，促成1040名学生达成就业意向；培训3300余名职校生，1500余名企业青年骨干，147名青年岗位能手。助力乡村振兴，打造农创青年人才、产品展示交流平台；建立240名农村青年人才“领头雁”培养库，推树十佳“领头雁”；举办大学生返乡创业座谈会4场，开展创业故事进校园宣讲活动10场，举办“领头雁”产品宣传能力提升培训班。发动春耕春播，举办长沙农民丰收节，产品销售量近70万元；指导成立县级农青创协会吸纳会员300余名。“雷锋星”参与社会治理，承办市青年学雷锋志愿服务文化论坛，举办大学生参与社会治理志愿服务项目比赛，创立“雷锋榜”，参与社会治理项目库征集重点项目150个，完成农博会、红博会、网络安全与智能制造大会等重大活动志愿服务工作；开展“长沙蓝”行动落实市“生活垃圾分类提升年”部署，主编出版《21周生活垃圾分类习惯养成手册》并免费印发2万本，寻访认定“点点环保好少年”107名，“好中队”105个，组织实践活动和夏令营，年内活动覆盖2.1万名青少年。

【团组织建设】 截至2020年年底，团市委下辖9个区县（市）、湖南湘江新区、长沙高新区、长沙经开区、宁乡经开区团（工）委，市直机关、市教育、市国资、市卫健系统团（工）委，长沙学院、长沙职业技术学院、长沙商贸旅游职业技术学院、湖南都市职业学院、湖南电子科技职业学院、湖南信息职业技术学院、长沙卫生职业学院团委，长沙农商银行、长沙律师行业团委，基层团组织1.45万余个，团员24.7万人。

【文化产品创优】 2020年，长沙共青团系统创作深受青年喜爱的青年文化产品193个，策划出品《爱若星辰——长沙青年雷锋志愿者之歌》在《学习强国》等平台推出，《青年学生新型冠状病毒肺炎防控》课程被全省35个高校选为开学课程，长沙团委工作得到市级以上主流媒体报道120余篇，其中《人民日报》、《中国青年报》、新华社等中央媒体报道15篇（次）；市本级新媒体平台发布信息1800余条，阅读总量超千万次，“戴着口罩微笑”系列产品展现青春“战疫”风采，“复工我有young”系列海报吹响青春号角。

【青年典型培育】 2020年，长沙共青团系统推树市第一医院团委等2个团组织、吴海芸等3人获评全国“两红两优”，余理获评全国青年岗位能手；推报14名“湖湘青年英才”；评选30名市级杰出（优秀）青年岗位能手，命名124个市级青年文明号集体，推树30名长沙“最美青工匠”、360个市少先队先进集体和个人。

【长沙青年人才建设】 2020年，长沙共青团系统开展青年人才“助梦计划”主题分享活动7场，推进长沙青年人才驿站建设，发布就业光荣榜，编发《融城攻略》，面向450家企业、28所高校、20场活动宣传推广，开展就业服务活动41场，累计入住青年2333人，凤凰网、湖南卫视等新闻媒体报道。开展创业故事进校园活动10场，覆盖12所高校1200名大学生，建立大学生创业结对帮扶机制。“小杜鹃”开拓新领域，市青少年宫开办普惠性培训班814个，全免费培训班60个，年内学员参赛获奖120人次。开展“院士来了”长沙青少年科普公益大讲堂等公益活动56次；组织小杜鹃志愿服务队开展“流动青少年宫”支教服务4次，惠及学生2300余人次。“长青护”护航青少年，举办102场中高考减压等讲座，组织200余名中小学辅导员参加专题培训，确定10个创建“双零社区”的试点社区，组织开展禁毒、防艾、安全自护等活动；预防青少年违法犯罪在全省考评中得满分。开展“爱心捐赠零花钱”等公益项目，开发“长青筹”“组团捐”功能，“呵护折翼天使·爱心托起希望”公益项目筹措40万元建成“快乐分贝”听障儿童康复基地，援建青少年公益项目7个，帮扶困难青少年2170名，对口援藏、援助龙山工作。召开长沙共青团系统全面从严治团工作推进会，选聘从严治团监督员20名。全市240家“青年之家”录入活动3112次，认定55个市、县两级“青年之家”。举办2020年长沙市基层团干部暨“青年之家”业务培训班培训团干150人，选派机关优秀年轻干部深入基层团组织开展联点工作。出台《长沙市少先队改革实施方案》，组织名师工作室研讨交流，指导4个工作室申报省级精品课程，开展“长青创·品牌讲学堂”等活动。

【“助梦计划”分享会】 3月17日，长沙青年人才“助梦计划”之2020年“湖湘青年英才”申报人选分享展示活动在团市委举行。团市委党组书记叶妙，市委组织部人才工作处负责人出席活动并讲话，26名“湖湘青年英才”申报人参加。现场共同观看长沙人才新政宣传片——《昌长敞畅chang长沙》，申报人分别按创业、人文社科创新、文化创意3个类别依次上台展示，围绕个人奋斗经历、主营业务、主要成绩等作交流分享。

【“五四”活动策划劳动技能竞赛】 3月27日，团市委在机关五楼会议室举行“五四”活动策划劳动技能竞赛。比赛中，机关近20名85后青年干部围绕长沙共青团重点工作项目，紧扣青春建功主题，通过PPT展示工作策划和创意。经过激烈角逐，共评选出一等奖1名、二等奖2名、三等奖3名、优胜奖9名，全体班子成员为获奖选手颁发荣誉证书并合影留念。

【共青团长沙市第十九届六次全委（扩大）会议】 2020年4月15日举行。市委副秘书长谭慧慧出席会议并讲话，市纪委市监委驻总工会纪检组组长刘安瑜出席会议，团市委书记叶妙作工作报告。根据《中国共产主义青年团地方各级代表大会组织选举规则（暂行）》规定，因工作变动，王露（女）等15名同志卸去团市委第十九届委员会委员职务，会议增补邓意麒（女）等12名同志为团市委第十九届委员会委员。

【长沙市青年突击队建功竞赛五四主题活动】 2020年4月28日，团市委联合市发改委在中联重科麓谷工业园举行长沙市青年突击队建功竞赛五四主题活动，长沙市副市长李蔚出席活动并讲话。活动现场播放青年突击队宣传片《用青春作答》，来自中联重科混凝土泵送机械产品发货青年突击队队长罗晶晶和湖南盈旺汽车零部件科技有限公司青年突击队队长王道耀围绕如何发挥生力军作用、赶超突击目标作现场分享。该活动要求全市各级团组织要发扬“党有号召、团有行动”优良传统，认真履行引领凝聚青年、组织动员青年、联系服务青年职责，特别是在青年突击队建功竞赛活动中要形成比学赶超、奋勇争先的良好风尚，使竞赛活动取得扎实成效，为夺取疫情防控和经济发展“双胜利”、全面建设现代化长沙贡献力量。

【“让青春为祖国绽放”特别主题团日主场活动】 2020年5月27日，由长沙团市委主办、长沙市直机关团工委、长沙市税务局团委承办的长沙市共青团系统“让青春为祖国绽放”特别主题团日活动在橘子洲青年毛泽东雕像前广场举行，260余人参加活动。活动通过线上直播方式同步进行，共有41万余人次同步在线观看活动。活动现场播放《让青春为祖国绽放》宣传片，优秀团员青年代表分享在疫情防控和复工复产一线先进事迹和感人故事，入团团员和超龄离团团员代表进行入、离团仪式。

【庆“六一”主题队会活动】 2020年5月28日，“迎接少代会 争做好队员”长沙市庆“六一”主题队会活动在雨花区砂子塘万科魅力之城小学举行。活动现场少先队员代表进行表演，从“我和我的祖国”“我和我的伙伴”“我和我的梦想”3个篇章，讲述和描绘中国抗疫实践、决胜全面小康和决战脱贫攻坚奋斗故事。

【“青工匠”十百千万工程培训宣讲进校园活动】 2020年6月23日，团市委在湖南信息职业技术学院举办“青工匠”十百千万工程培训宣讲进校园活动。活动现场，湖南信息职业技术学院校领导赵兴舟致辞。活动现场为3名青年工匠代表颁发“青工匠”就业指导老师聘书，并由3名代表进行培训宣讲。团市委党组书记叶妙参加活动并讲话。

【2020年度长沙市十佳农村青年人才“领头雁”推树活动】 2020年7月1日，由市委组织部（人才办）、团市委、市农业农村局联合主办，长沙市农业创业者联合会承办的回乡计划之2020年长沙市十佳农村青年人才“领头雁”推树活动举行。团市委党组书记叶妙、市农业农村局副局长尹莉亚、团市委党组成员、副书记周坤出席活动，市委组织部（人才办）、市农业农村局、团市委相关负责同志和农创联顾问受邀担任专家评委。各区县（市）团委、高新区团工委主要负责人，农创联会员代表，基层团干部及回乡青年代表参加活动。20名参赛选手从自身出发，从身边人、身边事说起，把个人梦与乡村振兴战略紧密联系在一起，生动展现长沙回乡创业青年的新时代风采。最终谭俊等11名青年获2020年度长沙农村青年十佳“领头雁”称号。

【“长青护”青少年心理健康宣讲培训示范活动】 2020年8月6日，由团市委举办的“长青护”2020年长沙市青少年心理健康宣讲培训市级示范活动在岳麓区梅溪湖街道润龙社区举行。市政法委副书记、市平安办主任闵文出席活动并讲话，活动由团市委党组书记叶妙主持，100余人参加活动。活动现场，中国医学救援协会心理救援分会的宋宇、陈静、何莉、唐杨帆等专家以校园欺凌和青少年情绪管理为主题，分别为青少年学生和家长进行授课。现场还为肖涛、张燕、刘立京3名专家颁发“长青护”心理专家库聘书。

2020年4月28日，团市委联合市发展改革委在中联重科麓谷工业园举行长沙市青年突击队建功竞赛五四主题活动

团市委青年发展部　供图

【团市委到西藏自治区贡嘎县开展结对帮扶活动】 2020年8月15—20日，团市委一行到西藏自治区贡嘎县开展"百团结对帮扶"爱心公益活动，代表团市委、市青联、市青企协、市青基会向贡嘎县共计捐赠47.32万元爱心款用于青年创新创业培训基地及中学团组织、学校少先队活动室等场所建设。团山南市委书记黄华，市第九批援藏工作队成员，团市委党组书记叶妙、党组成员、副书记赵雪峰参加活动。

【"我爱你，中国"种子成长营举办】 2020年8月25日，由团市委、市教育局、市少工委办公室联合举办的长沙市中学生"我爱你，中国"种子成长营展示活动在市青少年宫举行，百余名家长和师生参加活动，团市委党组书记叶妙参加活动并讲话，团市委党组成员、副书记赵雪峰主持仪式。该活动是首届长沙市中学生种子成长营，以青少年制度自信教育为主题，以毛泽东的初心之路为主线，在长沙、韶山两地通过主题教学、现场教学、参观研学、展示活动、主题活动、劳动教育等学习教育方式把制度自信的种子播撒进青少年的心灵。来自全市的45名中学生在长沙共青团"向日葵"青年讲师团讲师们带领下到长沙、韶山红色教育基地参加为期4天的学习成长活动。该届种子成长营开设《初心的确立：改造中国与世界》《初心的养成：青年毛泽东的成长之路》《初心的砥砺：毛泽东的长征之路》《初心的践行：毛泽东的革命之路》《初心的坚守：廉洁奉公的典范》《初心的弘扬：毛泽东诗词朗诵活动》和《让制度自信的种子从心里发芽》等特色教育课程，开展共绣党旗劳动教育，引导青少年把爱党、爱国、爱社会主义这颗种子传承下去，扩散开来，让更多人心里拥有制度自信的种子。

【"院士来了"长沙市青少年科普大讲堂开讲】 2020年9月17日，团市委在长沙市青少年宫举办"院士来了"长沙市青少年科普大讲堂，中国科学院院士、发展中国家科学院院士谭蔚泓为200余名长沙市中小学生现场授课。团市委党组书记叶妙参加活动并致辞。

2020年9月17日，"院士来了"长沙市青少年科普大讲堂在长沙市青少年宫开讲

团市委办公室 供图

【长沙市少工委七届二次全委（扩大）会议】 2020年10月14日，长沙市少工委七届二次全委（扩大）会议暨"学习贯彻少代会精神 争做新时代好队员"主题活动在长沙麓山国际实验小学举行。第七届市少工委委员，各区县（市）、高新区少先队总辅导员，2020年度"十佳"少先队集体和个人代表等150余人参加活动。团市委党组书记叶妙主持活动，市人民政府副市长、市少工委主任刘明理出席活动并讲话。会议卸职增补部分副主任、部分委员，听取开福区教育局、望城团区委、麓山国际实验小学典型发言，对2020年度长沙市"十佳"少先队集体和个人进行集中表彰。

【长沙市青年联合会第十三届三次主席（扩大）会议】 2020年10月22日召开，组织学习习近平总书记在湖南考察调研系列重要讲话精神、习近平总书记致全国青联十三届全委会和全国学联二十七大贺信、全国青联十三届全委会精神，邀请湖南睿图智能科技有限公司总经理周博文分享9月在基层代表座谈会上向习近平总书记报告的经历。会议研究部署委员增补工作。团市委党组书记、市青联名誉主席叶妙参加会议并讲话，团市委党组成员、副书记、市青联主席赵雪峰主持会议。

【青基会理事会换届】 2020年11月19日，长沙青基会理事会换届会议召开，会议酝酿产生《长沙市青少年发展基金会第五届理事会理事、监事候选人建议名单》，审议通过《关于推选长沙青基会秘书长、副秘书长的决定》《长沙青基会第五届理事会工作规划的决议》《关于修订长沙青基会章程的决议》《长沙青基会联合轮值制度》。团市委党组书记叶妙参加会议并讲话。

【共青团长沙市非公有制经济组织工作委员会成立】 2020年12月11日，共青团长沙市非公有制经济组织工作委员会成立大会召开，40余人参加会议，团市委党组书记叶妙出席会议并讲话。会上宣读《关于同意成立共青团长沙市非公有制经济组织工作委员会的批复》，以及新任团工委书记、副书记、委员，行业指委团建指导员名单，新任团工委书记作表态发言。

【长沙市社会组织团工委成立大会】 2020年12月21日，长沙市社会组织团工委成立大会在市青少年宫杜鹃楼召开。会上宣读《关于成立长沙市社会组织团工委的批复》，公布新任团工委书记、副书记及委员名单，新任团工委书记作表态发言，团市委党组成员、副书记赵雪峰出席会议，对团工委进行授牌并讲话。

【“人才回乡·筑梦小康”农民丰收节】 2020年9月19日，团市委、市委组织部（人才办）、市农业农村局、望城区委区政府共同举办2020年“人才回乡·筑梦小康”长沙市农民丰收节，部分回乡创业青年“领头雁”现场分享回乡创业经历。活动直播间观看人数150万人，线上线下总计销售农产品60万元。团市委党组书记叶妙，党组成员、副书记周坤参加活动。

【团市委组织志愿者参与疫情防控】 2020年2月14—19日，团市委召开党组扩大会议、区县团委书记视频会议，传达市防控指挥部视频调度会议精神，紧急采购制作4000件红马甲，组织35258名青年志愿者向社区（村）报到，就近就便参加疫情排查、测量体温、巡逻服务、消毒杀菌和宣传引导。动员11580名爱心志愿者筹集资金170.74万元，购买或筹措26.25万只口罩、23吨消毒液、12万双手套、2.2万片消毒片支持医院、社区一线，其中定向捐赠湖北医院57.82万元，蔬菜45吨，为湘西自治州龙山县、西藏自治区贡嘎县分别捐助10万元爱心款物；组织320名志愿者为市民进行心理疏导；组建青年突击队212支10546人，开展医疗救护、保水保电等志愿服务；对接联系“学习强国”平台等主流媒体报道青年志愿者典型20余人，团市委新媒体发布微信文章39篇、微博640条、抖音46条，总阅读量3825.4万次，特别推出《戴着口罩微笑》系列图文报道志愿者典型54人。

【“抗击新冠肺炎 守护白衣天使”爱心公益项目】 2020年1月30日，共青团长沙市委、市少工委、市青联、市青企协、市农创联、市青志联、市青基会发起“抗击新冠肺炎 守护白衣天使”捐赠倡议，开展募捐活动。截至5月30日，项目感召近2万人参与爱心捐赠，共筹集资金187.83万元。其中，通过银行转账和现场捐赠形式筹集资金106.83万元；在“长青筹”公益众筹平台开展众筹，感召11387人次参与爱心捐赠，筹集资金80.99万元，捐赠资金全部用于新冠疫情防控工作。

【团市委慰问指导联点企业疫情防控和复工复产工作】 2020年3月10日，团市委书记叶妙、副书记刘飞米一行到团市委派驻疫情防控联络员联系的湖南药圣堂中药科技有限公司和湖南省日大彩色印务有限公司，走访调研企业卫生防疫、复工复产等情况，赠送口罩、消毒片等防疫物资，帮助企业解决实际困难。驻企联络工作开展以来，团市委累计为湖南药圣堂中药科技有限公司援助300公斤消毒液、3000只手套、300个医用口罩等物资，为湖南省日大彩色印务有限公司援助160千克消毒水、1000只手套、300只医用口罩、5箱米线等物资，缓解企业防疫物资短缺之急，助力企业复工复产。

【团市委协助开展疫情防控系统监测】 2020年2月上旬，团市委成立由团市委党组书记叶妙带队，党组成员、副书记周坤具体负责，6名机关干部参与的“湖北来湘人员排查动态管理系统”监测工作青年突击队，协助开展全市动态管理系统监测，督促基层对观察期人员进行定期监测，共梳理建议7条，并对岳麓区、宁乡市等大量排查数据进行比对分析，及时对各区县（市）监测情况进行反馈和督促，助力全市疫情防控工作。

【志愿者抗疫物资发放】 2020年2月13日，团市委、市青志联向社区志愿服务岗亭、蓝天救援队、交警执勤岗和抗疫一线服务青年志愿者发放一批由慈爱利美社会服务中心、我行我素文化发展有限公司、天心区红十字会志愿服务队捐赠的物资，保障抗疫一线人员食品供给。

【防疫志愿证书申领活动】 2020年4月9日，团市委、市青年志愿者联合会在“志愿汇”App上推出疫情防控志愿服务电子荣誉证书申领活动，全市参与疫情防控的广大青年志愿者，均可通过登录或注册“志愿汇”App免费申领到个人专属电子服务证书。

（本栏撰稿　陈　翼）

长沙市妇女联合会

【概况】 2020年，长沙市妇女联合会（以下简称“市妇联”）面对新冠肺炎疫情影响，立足引领、服务、联系的职能定位，积极推动妇女儿童事业和经济社会协调发展。市妇联发出巾帼抗疫倡议书和慰问信，选派党员干部下沉社区，制作“最美巾帼逆行者”故事汇VCR，团结全市8.7万名妇联执委和巾帼志愿者战“疫”，动员各界捐赠物资及资金约3160万元。2020年9月，市妇联党组书记、主席文方被授予“抗击新冠肺炎疫情全国三八红旗手”称号。市妇联组织“百千万巾帼大宣讲”48场，开展“最美巾帼奋斗者”和巾帼抗疫集中宣传，评选市级三八红旗手（集体）70个，评定市级巾帼建功先进、巾帼示范基地100个，评选市级文明家庭、抗疫“最美家庭”、五好家庭300户，评选“最美家政人”。携手亚太杰出女性联合会开展第三届FUE时尚文化周活动，开展“户帮户亲帮亲互助脱贫奔小康”活动，在省妇联“出手吧，姐姐”“七·一”扶贫大直播、“奋斗吧，姐姐”湖南省第二届巾帼创业创新大赛中获优异成绩。举办建设长沙儿童友好型城市儿童论坛，在地铁2号线首发儿童友好专列。组织“半边天”新型职业女农民培训班。编制长沙市“十四五”妇女儿童发展规划，开展“建设法治·长沙巾帼在行动”普法活动，第二届“我与娘家人一起学法答题”线上普法活动总浏览人次近10万人。深化“星城家事”婚姻家庭调适服务四级平台建设，为4275个家庭调解纠纷。举办禁毒工作专题培训班，16万户家庭参加“妈妈禁毒联盟”活动。开展“小家传大爱.共筑家国梦”家风家教主题宣传季活动，组织“听，大自然在说什么？”家庭亲子阅读主题活动，实施家庭教育骨干培训和亲职教育工作坊项目，“关心下一代家庭教育中国行长沙站”公益巡讲活动送课117场次，举办长沙市家庭文化艺术节。新建妇女组织470家、基层“妇女儿童之家”63个，创建市、区县（市）级示范“妇女儿童之家”78个，组织基层妇联“领头雁”培训班1757期。全市建立妇女微家561个，培育扶持女性社会组织35个，联系服务女性社会组织1213个。

【“巾帼抗疫”活动】 2020年，市妇联向社会发出12次同心抗疫倡议书和3次慰问信，团结引领全市妇联3万余名执委和5.7万余名巾帼志愿者积极战“疫”。开展“美家美妇写家书”、走访慰问医务工作者等温情关爱活动，广泛动员社会各界爱心人士捐赠物资，在“长沙女性”微信公众号上开辟“家庭教育微课堂”，开通网上信访受理平台，启动线上心理服务通道，开展线上职业技能讲座，为创业女性科学应对疫情提供指导。选派党员干部下沉社区和企业开展疫情防控和复工复产工作，发动695支巾帼志愿者队伍和141家女性社会组织定向支持9500余名参与一线防控的社区工作者、志愿者以及困境儿童和老人。

【长沙市“十四五”妇女儿童发展规划编制动员会】 2020年5月21日，2020年长沙市政府妇女儿童工作委员会全会暨长沙市“十四五”妇女儿童发展规划编制动员会在湘麓山庄召开。市政府副市长、市政府妇女儿童工作委员会主任刘明理出席会议并讲话。市政府副秘书长肖思源主持会议，市政府妇儿工委副主任、市妇联主席文方代表妇女儿童工作委员会作工作报告，开福区政府、市中院、市残联和市人社局分别作述职发言，市政府妇女儿童工作委员会46个成员单位相关负责人参加会议。会议总结2019年长沙市实施妇女儿童发展规划情况，分析妇女儿童事业发展中的重难点问题和破解措施，安排部署2020年工作，对新一轮妇女儿童发展规划编制工作进行部署。

【参加“出手吧，姐姐！”扶贫直播活动】 2020年6月，组织长沙市本地网红企业参加“出手吧，姐姐！”湖南省妇联系统“七·一”扶贫大直播活动。市妇联共推荐68个女企业家入驻芒果云超市、芒果TV、搜农网、银联四家平台直播带货，开播当天长沙市销售额338万余元，占全省总销售额25%，湖南德旺农业获综合排行榜第1名，农品浏香获第3名，宁乡味道获第4名，长沙共有5家企业进入前20名。直播期间，长沙市在芒果云超市等平台累计销售1300万余元，排名全省第一位。

【妇女“两癌”检查工作】 2020年，市妇联全面推进省市重点民生项目工作，共对全市11.12万名适龄妇女进行“两癌”免费检查，争取全国妇联“贫困两癌妇女”救助资金155万元，对155名妇女进行救助，争取省级贫困“两癌”妇女救助金44万元，对44名妇女进行救助，争取市财政救助金15万元，对50名市级贫困“两癌”妇女进行救助，争取民政救助金5万元和妇联配套资金2.6万元，对76名困难妇女进行春节走访慰问。开展“长沙女性关爱保”工作，全年为患病妇女理赔1070人次，理赔金额831.6万元。

【“家庭文明进万家”活动】 2020年，市妇联组织在全市评选“长沙市文明家庭”100户、疫情防控“最美家庭”100户，长沙市“五好家庭”50户、长沙市“最美家庭”50户、家庭工作先进集体20个、家庭工作先进个人20人。6月20日，举办家庭文化艺术活动，对在疫情防控工作中做出突出贡献的全国、省、市抗疫“最美家庭”代表进行授牌和表彰，市政府副市长刘明理出席活动并致辞，该活动在“学习强国”、红网以及《今日女报》《长沙晚报》《长沙女性》等多家全国、省、市级媒体宣传报道。

【“立德树人”家庭教育工作】 2020年，市妇联组织实施长沙市家庭教育骨干培训项目，开展高级家庭教育指导师培训2期，共380人，为长沙市10个社区、学校颁发家长学校牌匾。开展市妇联本级“妇女儿童之家”亲职教育工作坊落地社区项目，为社区送家庭教育课程80节。开展“关心下一代家庭教育中国行长沙站”公益巡讲进校园、进社区、进机关、进企业选课送课活动，线上线下共送课37场次，1.72万余人参加学习。

【巾帼典型评选表彰】 为表彰抗疫期间涌现的巾帼典型，2020年，市妇联组织在全市评选50个长沙市三八红旗手、20个长沙市三八红旗集体、100户疫情防控“最美家庭”。长沙市妇联党组书记、主席文方被评为“抗击新冠肺炎疫情全国三八红旗手”，天心区裕南街街道党工委书记周钰沂被评为“全国三八红旗手”。3月6日，市妇联党组书记、主席文方带队对先进典型代表进行表彰慰问、送奖上门。为发掘各行各业优秀女性，市妇联在全市评选30个巾帼文明岗、30名巾帼建功标兵、20个巾帼建功先进集体。12个单位获评省级“巾帼文明岗”、3个单位获评“巾帼建功先进集体”、4人获评“巾帼建功标兵”。

【妇女组织建设】 2020年，长沙市新建妇女组织470家，全市四级妇联执委28605人。组织实施长沙市基层妇联“领头雁”培训计划，年内举办培训班1757期。开展妇联执委履职优秀典型案例“微故事”征集活动，征集“微故事”223篇并展播。新建基层“妇女儿童之家”63个，全市创建三级示范“妇女儿童之家”800个。激发女性社会组织创新活力，实施“垃圾分类我先行 美家美妇在行动”体验培训、“儿阅之家”亲子阅读、“儿童健康驿站”等公益服务项目。各区县（市）、高新区妇联共投入727.47万元，实施妇女儿童公益服务项目80余个，打造工作品牌63个，建立“妇女儿童之家”1714个、“妇女微家”561个，培育扶持女性社会组织35个，联系服务女性社会组织1213个。

【第三届FUE时尚文化周活动在长沙举行】 2020年11月20—21日，由市妇联和亚太杰出女性联合会共同举办的第三届FUE时尚文化周活动在长沙举行。11月20日“世界儿童日”当天，长沙儿童友好专列在地铁2号线五一广场站举行首发仪式，联合国儿童基金会驻华办事处官员、省妇联、长沙市政府等领导出席首发仪式。长沙儿童友好专列共有6节车厢，分为“倡导、践行、愿景、印象、绽放、微笑”六大主题篇章，车厢以儿童主题风格布置倡导儿童友好理念，专列运行时间一个月（2020年11月20日—12月20日）。11月21日，咏叹调的神秘花园白色歌剧光芒之夜在梅溪湖国际文化艺术中心启幕，现场启动“光芒计划 美丽中国”校园行动，助力女大学生就业创业，并在马栏山视频文创园光芒空间总部举行“时尚科创 追光前行”时尚文化科创论坛。

【未成年人预防性侵工作】 2020年，市妇联联合市教育局、市司法局、市中级人民法院、市检察院、市公安局建立全市维护妇女儿童合法权益宣讲培训师资库。通过“建设法治中国·巾帼在行动”巡讲进基层活动，开展“女童安全保护权益课程直通车”“民法典之未成年人权益保护”等大型公益宣传，送儿童安全保护课堂155场，覆盖家长和儿童约3.2万人。实施“女童保护”三年行动，通过“守望花蕾，让爱成长”性教育讲师培训班培育讲师52人。加大打击，筑牢联防联控网络。市妇联与市公安、检察、法院等单位，就侵害妇女儿童权益线索共享、线索移送、资源统筹达成合作。开展“女童性侵案件特点及维权机制建设”专题调研，推动芙蓉区、岳麓区、宁乡市建立集取证、问询、特殊保护为一体的“一站式”救助关爱中心。维护权益，用心做好关爱救助。优化长沙市妇女儿童维权服务中心平台，发动律师、心理咨询师、婚姻家庭咨询师、社工等社会力量，及时识别未成年人权益案件，根据受害人及家人需求提供综合维权服务。举办“儿童权益保护”专题暨信访室值班人员培训、“女童防性侵”专题暨维权社工站重点个案研讨等活动，提升工作人员与志愿者能力水平。对重点案件召开个案推进会，督促督导案件情况。

【儿童友好型城市建设】 2020年5月30日，在万科魅力之城举行庆祝“六一”儿童节主题活动暨建设长沙儿童友好型城市儿童论坛，众多专家、学者、政府机构和社会各界共同探讨儿童友好型城市建设。在分会场同步举办“听，大自然在说什么？”绘画作品展示活动、“我的长沙·我的梦”儿童友好绘画长卷绘制活动、小小规划师儿童议事会活动、“天天向上”儿童攀岩体验活动、“七彩童玩趣玩时光”趣味运动会以及“垃圾分类我先行 美家美妇在行动”亲子游戏体验6大主题活动和颁奖仪式。7月，市妇联联合市自然资源和规划局、市发改委、市教育局、长沙晚报社，围绕“儿童友好空间，让城市更温暖”“儿童友好家园，让城市更美丽”“儿童友好参与，让城市更包容”“儿童友好氛围，让城市更开放”四大主题，开展“长沙市儿童友好型城市建设十大创新品牌案例”征集活动，经过征集申报、组织初审、公示投票和专家评审，于11月评选出“长沙市儿童友好空间十大创新品牌”“长沙市儿童友好服务十大创新品牌”“长沙市儿童友好项目十大创新品牌”。11月20日“世界儿童日”当天，在地铁2号线五一广场站举行儿童友好专列首发仪式。 （本栏撰稿　刘晶彦）

长沙市科学技术协会

【概况】 2020年，长沙市科学技术协会（以下简称“市科协”）落实市委、市政府决策部署，开展疫情防控，紧密结合自身职能职责，服务长沙高质量发展，完成各项目标任务。开展疫情防控和复工复产。新冠肺炎疫情发生后，市科协迅速启动疫情应急科普工作，利用“科普长沙”微平台、科普e屏和《长沙晚报》“科学生活家”专栏等，及时向公众推送疫情防控科普信息。全市181块科普e屏新增“疫情动态”等9个疫情相关频道（专栏），累计更新疫情科普知识8893条（组），浏览量200余万人次。围绕“健康中国 科普同行”主题开展科普活动19场，“科学生活家”刊发疫情专栏15期，线上线下参与活动人数约125万人次。响应全市疫情防控部署，派出3批12人次，累计24天到芙蓉区五里牌街道和1人2个月蹲点园区企业，开展疫情防控和复工复产帮扶，向街道、社区、企业捐赠口罩3万个、消毒液80公斤、体温计60支、额温枪3支、防疫资料10000余册。服务长沙高质量发展。开展院士专家工作站绩效评估，撤销34家，新建4家市级院士专家工作站，截至2020年年底，全市有27家院士专家工作站，其中2家市级站获批省级工作站。启动长沙市专家工作站建设，市政府出台《长沙市专家工作站建设管理办法（试行）》。邀请10余位院士专家，开展2次院士专家行活动。中国科协“国家海外人才离岸创新创业基地”获批，市委成立长沙国家海外人才离岸创新创业基地建设协调领导小组，出台《关于长沙市国家海外人才离岸创新创业基地建设的实施意见》，离岸创新创业基地建设工作启动。新认定市级“海智计划工作站”6家，2家单位获批省海智计划工作基地，3家单位获批省海智基地示范项目。新建成中国机械工程学会长沙服务站。协办“数学促进企业创新发展论坛”，邀请全国政协常委、中国科协副主席、中国科学院院士袁亚湘等5名院士专家出席，现场发布“数学与企业合作交流平台”。举办“2020年‘一带一路’（长沙）科技合作交流会”，现场签约合作项目5项。举办新型合金产业论坛暨新型合金（含3D打印）产业链技术交流会推介科技成果。举办以“科技创新推动制造业高质量发展”为主题的长沙市科学技术学术年会暨人工智能及机器人产业链对接大会，举办首期“湘江院士讲坛”，特邀5名院士专家作主题报告。围绕市委、市政府中心工作完成10个决策咨询课题研究工作，其中《长沙打造大科城产教融合示范区的建议》等4个课题获市委、市政府主要领导批示。提交5个政协集体提案，其中1个获评市政协优秀提案。

【全民科学素质提升】 2020年，市科协举办以“决胜全面小康、践行科技为民”为主题的“全国科普日”长沙主场活动。年内举办“星城科学讲堂”19期，在《长沙晚报》开设“科学生活家”专栏32期。推进精准扶贫与乡村振兴，浏阳市获批省科协科技助力乡村振兴县域试点。推进浏阳古港“科普小镇”建设，启动宁乡市回龙铺镇科普小镇建设，建成2个现代农业科普示范基地。认定长沙市先进农村专业技术协会1个、科普基地12个、科普带头人6名、科普社区12个。新建8个社区科普e站和1个校园科普e站，提质芙蓉区西湖社区科普e站。创新“科普长沙”运营模式，在全国省级和省会城市科普微平台综合排名中“科普长沙”居前十位。依托社区科普e站，在芙蓉区、岳麓区开展科普“三社联动”试点，累计在9家科普社区e站开展各类科普活动46场。组织开展全市和参加全省、全国青少年科技创新大赛，省赛一等奖占全省23%，国赛获奖数占全省31%。组织全市近万名中学生参加2020年全国中学生奥林匹克学科竞赛，58人获一等奖，占全省96.6%，成绩全国领先。组队参加第24届全国发明展览会，获金奖6项、银奖25项、铜奖20项、宝武青少年专项奖1项。新认定科技教育特色学校10所，评定长沙市优秀青少年科学工作室4所。完成全市科普大篷车学雷锋志愿服务活动34次。《以科技之光照亮成长之路》获市文明办关爱未成年人思想道德建设创新案例征集活动二等奖及推广奖。

【服务科技工作者】 2020年，市科协采取线上线下相结合方式开展“全国科技工作者日”系列活动，在地铁、公交、户外大屏、室内小屏等6500个屏幕开展主题宣传活动，累计播放量20万余次。落实市委人才新政，受理高端学术活动资助项目12家13场次，资助经费151万元，资助10名高层次人才参加国际性学术会议，补贴个人17万余元。评定表彰12家年度优秀科技社团。年内慰问在长沙的院士、建站院士、优秀科技工作者和一线科技工作者代表118名。举荐优秀科技人才参与国家、省市各项人才评选，1人入选“全国创新争先奖”，1人被评为“全国最美科技工作者”，1人入选省院士后备人才，1人入选中青年学者，11人被评为省科协系统“五美”科技工作者，16人被评为2020年省企业“创新达人”。

【第37届长沙市青少年科技创新大赛】 2020年4月29日—5月8日，长沙市科学技术协会第37届长沙市青少年科技创新大赛举行。受新冠肺炎疫情影响，该赛事取消了学生现场展示环节，采取观看实物作品并结合学生视频解说的方式进行评审。该赛事共收到区、县（市）和省市直学校推荐的参赛作品1301件，其中发明作品257件、论文215篇、实践活动76个、信息学作

2020年4月29日—5月8日，第37届长沙市青少年科技创新大赛举行 市科协 供图

品 97 件、科幻画 449 幅、科学影像 82 部，教师作品 125 件，共遴选出 93 件作品参加第 41 届湖南省青少年科技创新大赛。

【2020 年长沙市科学技术学术年会】 2020 年 9 月 8 日，以“科技创新推动制造业高质量发展”为主题的 2020 年长沙市科学技术学术年会暨人工智能及机器人产业链对接大会召开，期间举办首期“湘江院士讲坛”活动。中国工程院院士、清华大学教授金涌、中国科学院院士、清华大学摩擦学国家重点实验室主任雒建斌等数十名院士专家为 300 余名科技工作者作主题报告。副市长邱继兴出席会议并讲话。

【2020 年院士专家工作站考核】 2020 年 6 月 23 日，市科协召开院士专家工作站考核会议，邀请电子信息技术、机械工程等领域的专家与市院士专家工作站建设协调领导小组各成员单位负责人共 9 人组成专家评委组，集中对 6 家参加答辩考核的单位和 10 家参加常规考核企业提交的考核材料进行评审。

【长沙获批中国科协“国家海外人才离岸创新创业基地”】 6 月 18 日，长沙获批国家海外人才离岸创新创业基地。市委成立长沙国家海外人才离岸创新创业基地建设协调领导小组，出台《关于长沙市国家海外人才离岸创新创业基地建设的实施意见》，长沙国家海外人才离岸创新创业基地 12 月 11 日在高新区正式揭牌。

【2020 年全国科普日长沙主场活动】 2020 年 9 月 19 日，2020 年全国科普日长沙主场活动启动式在浏阳河畔的隆平水稻博物馆举行。省科协党组成员、副主席张辉学出席，副市长邱继兴宣布活动启动。该活动以“决胜全面小康、践行科技为民”为主题，现场设置 5 大主题展区 10 余个体验区，邀请本地高新技术企业、科普场馆、相关学会、创客团队开展科技创新产品和成果展示、创客体验活动、抗疫图片巡展、科普直播间线上活动，融科学普及、科技展示、文化交流于一体。

【2020 年“一带一路”（长沙）科技合作交流会】 2020 年 11 月 28 日，长沙市科学技术协会与岳麓山大学科技城等单位联合举办“2020 年‘一带一路’（长沙）科技合作交流会”。该活动以“加强国际科技合作、服务科技经济融合”为主题，汇集长沙企业与“一带一路”国家国际合作科技成果、先进成熟项目，知识产权服务机构、投融资机构、科研机构和“一带一路”科技人才对接洽谈。

（本栏撰稿　林　云）

长沙市归国华侨联合会

【概况】 2020 年，长沙市归国华侨联合会（以下简称“市侨联”）围绕中心，服务大局，发挥侨联组织自身独特优势，统筹推进疫情防控和侨联工作。主办侨界“家国情怀”座谈会，40 余名海内外侨商侨领和老侨代表畅谈感想，组织侨商会到刘少奇故居开展“观故居，重温峥嵘岁月”活动、老侨“同心颂祖国”座谈会，根据侨胞需求答疑解惑，重点解决涉侨疑难问题。出台《长沙市侨联信息审核发布制度》等文件，强化意识形态引导，年内未出现负面舆情信息与事件。围绕抗击新冠疫情、产业项目建设、脱贫攻坚等主题撰写和推送各类信息 360 余篇次，其中重点推介中国侨界贡献奖获得者圣湘生物戴立忠、湘绣集团曾应明、侨界脱贫攻坚典型莫小代等先进典型人物和湖南华腾制药等 20 余家优秀侨企。编辑和发行《长沙侨联》刊物 2 期。擦亮“侨商侨智聚长沙”品牌，组织长沙招商引资推介会等 5 次经济考察交流和项目对接活动，其中何泽仪博士团队思码智链项目落户长沙经开区。主办“创业中华 智汇星沙”首届星沙海外高层次人才创新创业论坛活动，邀请海外专家及知名人才参会，奖励一批人才和创业项目，进行创业分享和高端对话。主办湖南湘绣产业科技旅游与新侨创业发展座谈会，促进湘绣与科技结合创新发展。市侨联与省侨青委联合承办第七届海归论坛，助力归国留学人员创新创业和项目、资金、技术精准对接。加强侨商会建设。按程序完成侨商会换届，优化会长结构，会员质量明显提高。表彰一批优秀侨资企业，商会规模、影响力、服务水平进一步增强。组织侨资企业家参加第二届“一带一路”侨商侨领交流合作大会。推荐侨商会会员加入省侨商会线上商城－侨 e 家。接待外地侨商会到长沙考察交流，与海内外侨商组织进行贺信来往，交流办会经验，商会之间和侨企之间实现资源共享。弘扬侨爱，投身抗疫、扶贫及公益事业。疫情期间发动海内外侨社团和侨界人士捐赠各类防疫紧缺物资 17761 万元，国内形势初步缓和后，筹集及协调侨界向海外捐赠物资，长沙市侨联被评为“全国侨联系统抗击新冠肺炎疫情先进集体”。定点帮扶浏阳市岩前新村，并引导湘绣城和江城农产品两家侨企实地项目考察，该村于 2020 年 11 月完成脱贫任务。完成为期三年的“双百”扶贫项目。开展“精准脱贫光明行”公益救助项目，眼健康筛查 101 场，服务群众 5231 人次，免费救助 202 人。开展“春雷公益”香兰奖、黄彰任奖学金等活动。制定《长沙市侨联老侨服务工作办法》。年内“银侨之家”为老侨服务共计 887 小时。举办重阳老侨活动，组织法顾委和涉侨律师服务团成员走访侨企，精准实施“送法上门”。进行涉侨纠纷多元化解试点，指导岳麓区成立全省第一家涉侨纠纷多元化解调解中心及试点工作室。组织党员到湘西十八洞村、麻阳滕代远故里参观学习，到湖南天地人律师事务所开展党建共建活动。

【基层“侨胞之家”建设】 2020年，市侨联组织区县（市）侨联负责人、基层“侨胞之家”负责人召开基层工作经验交流会，探讨基层“侨胞之家”建设方案，总结长沙经验。指导基层“侨胞之家”开展丰富多彩活动，丰富侨界群众活动载体，清水塘社区“侨胞之家”获2020年度全国侨联系统优秀“侨胞之家”。年内指导城区“侨胞之家”开展各类活动200余场次，在望城、浏阳、宁乡和长沙高新区侨务资源集中区域新创建“侨胞之家”4家。

【海外联络联谊活动】 2020年，市侨联克服疫情影响，接待海外侨胞到访7批次180余人。举办“海外侨胞看长沙”“海外侨胞故乡行——走进湖南”活动，组织160余名海外侨商侨领参观山河智能、马栏山视频文创园等地。举办长沙招商引资推介会。通过线上渠道开展海外经济文化交流，组织参加“满江红”书法比赛、第20届世界华人学生作文大赛等活动。结合中非经贸论坛开展非洲侨情调研。举办侨界讲坛，促进中外文化交流。省博物馆和隆平水稻博物馆2家单位获批中国侨联华侨国际文化交流基地，炭河古城等12家单位获批湖南省华侨国际文化交流基地。

【服务侨企】 2020年，市侨联成立应对疫情侨企复工复产法律援助工作小组，为侨企提供扶持政策及法律咨询。整理《应对疫情支持企业发展政策汇编》，上门走访侨企，发放问卷调研收集疫情期间企业困难问题，形成调研报告并提交市委，完成驻企防控及复工复产任务。市侨联与建设银行合作对接，为侨企牵线搭桥，解决融资困难问题。完成2020年长沙市侨资企业营商环境问题和建议汇总工作，协调市委督查室以交办函形式落实问题交办。指导马栏山创智园等3家企业申报并获批“湖南省新侨创新创业基地”。

【侨界参政议政】 2020年，市侨界人大代表、政协委员建言献策，提交个人建议、提案19件和集体提案2件，召开参政议政工作会议，交流参政议政新模式、新方法，表彰参政议政先进个人11名。

【长沙侨界“家国情怀”座谈会】 9月28日，长沙市侨联组织召开长沙侨界“家国情怀”座谈会，省侨联副主席孙民生出席会议。座谈会邀请10名老侨、20名新侨、10余名侨领侨商以及全市基层侨联干部代表等60余人，讲述抗疫故事，畅谈家国情怀。会上传达习近平总书记在湖南考察调研时的系列重要讲话指示精神，播放长沙市侨界“家国情怀”专题片。侨界的爱心企业代表、海归代表、文艺工作者以及基层侨联干部等发言，结合各自经历、立足本职，从不同角度谈家国情怀。

2020年9月28日，长沙侨界“家国情怀”座谈会召开　　市侨联　供图

【“侨胞之家”授牌仪式暨基层工作现场交流会】 2020年10月14日，长沙市2020年度“侨胞之家”授牌仪式暨基层工作现场交流会在西湖社区举行。市侨联主席陈慧，副主席刘斌出席，各区县（市）侨联单位负责人、2019年度和2020年度创建“侨胞之家”基层组织负责人等30余人参加仪式。会上宣读《关于授予四家单位“侨胞之家”称号的决定》，并对浏阳市集里社区、望城区名都社区、高新区麓景社区、宁乡经开区海梦岛4家单位进行现场授牌。西湖社区主任冯斌、集里桥社区侨联秘书长吴梦芳、麓景社区党总支书记杜鹃3名“侨胞之家”单位负责人分别作经验介绍，各基层组织负责人就“侨胞之家”特色建设和创新举措等展开讨论交流。

【“海外侨胞看长沙”活动】 2020年10月30日，市侨联主办“2020海外侨胞看长沙”活动，邀请来自新西兰、澳大利亚、英国、法国、美国、新加坡、日本、俄罗斯等14个国家和地区的30余名侨领侨商到长沙，该活动旨在通过市情推介、经贸投资、企业考察、文化交流等形式，加强与海外华侨华人联系，发挥海外侨胞独特优势和重要作用，助力中国经济发展。海外侨领侨商实地参观长沙经济开发区山河智能装备股份有限公司、马栏山视频文创园，并对隆平水稻博物馆、中南源品干细胞科技园两家涉侨单位进行考察。

【市侨商会第二届会员代表大会】 11月17日，长沙市侨商联合会在枫林宾馆召开第二届会员代表大会。省侨联党组成员、副主席李祖元，市委常委、统战部部长谭小平，市政协副主席石长松，市人大常委、侨联主席陈慧等领导出席会议，湖南湘绣城、仁和环保、圣湘生物、金龙集团、文和友文化等市侨商会会员企业代表200余人参加会议。大会选举产生第二届理事会和监事会，湖南仁联企业发展有限公司董事长洪也凡当选为第二届会长。大会听取并审议长沙市侨商会第一届理事会工作报告及财务工作报告；审议通过《长沙市侨商会章程（草案）》和《长沙市侨商会第二届会员大会选举办法（草案）》等规章制度；宣读聘请名誉会长的决定；表彰湖南湘绣城、仁和环保、金龙集团、圣智图书等优秀侨资企业、抗疫和扶贫先进企业及商会先进个人。

【涉侨纠纷多元化解试点】 2020年12月4日，岳麓区涉侨纠纷多元化解试点工作启动，市侨联主席陈慧，岳麓区法院、岳麓区侨联、桔子洲街道等相关负责人参加启动仪式。活动现场对设在岳麓区人民法院、桔子洲街道学堂坡社区进行岳麓区涉侨纠纷多元化解调解中心、岳麓区涉侨纠纷多元化解试点的工作室进行授牌，聘请市仲裁委仲裁员、资深法官检察官郭昊嶷、湖南天地人律师事务所合伙人、投资与并购部主任游艺等10名热心调解工作、熟悉侨务政策并具备法律专业实操能力的专业人士、居民担任调解员。

【长沙市招商引资推介会】 2020年12月9日，由市侨联、市商务局联合承办的长沙市招商引资推介会召开，120余名“海外侨胞故乡行—走进湖南长沙”海外嘉宾参会，共议合作机遇，助力长沙高质量发展。省侨联党组书记、副主席黄芳，省侨联副主席李祖元，市委常委、统战部部长谭小平出席会议。市侨联主席陈慧主持会议。推介会上播放长沙市城市宣传片，市商务局副局长孙春华作长沙市招商引资推介。 （本栏撰稿 黄天一）

长沙市台湾同胞联谊会

【概况】 2020年，长沙市台湾同胞联谊会（以下简称“市台联”）围绕市委、市政府中心工作，团结带领全市台胞台属，牢牢把握两岸关系融合发展主题，发挥自身优势，在联谊服务、创新履职、参政议政促发展、联络联谊促团结、服务群众促和谐等方面，取得预期成效。围绕长沙高质量发展和现代化建设加强学习宣传，安排会长班子成员方敏、江艳、戴正江参加全市统战系统中青年干部培训班和全国台联系统干部及优秀中青年台胞培训班。加强自身学习，丰富统战理论知识，了解台海关系发生的新情况，开阔视野、提升能力，提高做好新形势下对台工作能力，2020年11月中旬组织全体会长班子和部分理事到郴州举办“参观红色教育基地，重温红色记忆”主题培训班。组织台联界别的政协委员参加政协组织的学习培训和政情通报会，提高对长沙经济、社会建设的认识。通过换届向与会代表发放惠台政策，向到访的台胞台属宣传台海政策和长沙改革开放成果，为他们解惑释疑。服务台胞台属，增强“台胞之家”凝聚力。市台联在政策许可范围内为台胞谋福祉，为他们排忧解难，使他们真切感受到党和政府的关怀和“台胞之家”的贴心。市台联深入了解定居台胞以及台湾老兵现实情况，面对面沟通了解他们的工作、生活、创业等情况，反映他们的愿望和心声。利用中华民族传统节日邀请台胞台属参加座谈会，交流乡亲感情，传达党和政府关心。开展走访慰问、扶贫济困送温暖活动，坚持平时走访和节日慰问相结合，把党和政府的关怀及时送到台胞手中。坚持规章制度执行，根据长沙市台胞具体情况，特别是其中生活比较困难的台胞实际情况，2020年10月中旬修订《长沙市困难台胞补助办法》，使操作有序，补助有据。走访慰问，访贫问苦。市台联根据平时了解到的贫困台胞信息，及时上门看望慰问因病住院台胞、生活困难台胞，对去世的台胞上门慰问其家属。为生活困难的老台胞提高生活补贴，为老台胞订阅党报。走访慰问困难台胞和老台胞，为他们送去慰问金和慰问物资。通过体贴入微的帮扶，使台胞台属深切感受到党和政府的关心。在新冠疫情防控期间，市台联倡导广大台胞台属进行爱心捐助，并主动走访慰问部分台胞台商，送去防疫物资。响应政策，协助明确台胞身份。根据省委统战部和省公安厅联合更改定居台胞籍贯的发文，市台联积极排摸，为112名定居台胞更改户籍，建档立册。

【长沙市第五次台湾同胞代表大会】 2020年8月1—2日在枫林宾馆举行。省台联副会长管勇，中共长沙市委常委、统战部部长谭小平，市人大常委会副主任张智勇，副市长彭楠，市政协副主席石长松出席开幕式。市台联会长白树仁致开幕词，市侨联主席陈慧代表各民主党派市委、市工商联、市人民团体向大会表示祝贺。全国台联、省台联及40余个兄弟省、市、区台联向大会发来贺信贺电。大会听取和审议市台联第四届理事会工作报告，选举产生长沙市台湾同胞联谊会第五届理事会及领导班子，审议通过《长沙市台湾同胞联谊会章程》和大会决议。在市台联五届一次理事会议上，方敏当选为长沙市台联第五届理事会会长，戴正江等12人当选为副会长，邓术其等10人当选为常务理事。《长沙晚报》进行专题报道。

【市台联改革工作】 根据市委改革办《长沙市群团改革（第一批）任务书》（长改办发〔2018〕1号）文件对市台联改革要求和省台联改革方案，市台联机关在8月初完成换届后，开展摸底调研，启动改革方案起草工作。8月下旬召开市台联会长班子主要成员商议，9月分别向省台联和市委统战部请示汇报并进行修改，10月上旬市委统战部部务会议审议通过方案并报市委改革办，10—12月根据方案实施改革措施。截至2020年12月底，完成各项改革措施。完善市台联领导机构人员构成、运行机制和机构设置。调整台湾同胞代表会议、台联理事会和常务理事会代表结构，体现群众性和代表性。优化代表会议、理事会、常务理事会结构，密切台胞台属联系，保持优秀台胞代表在代表会议、理事会、常务理事会比例，保持台联会长（兼职）在优秀台胞中选任。根据理事特点，建立发挥理事作用工作平台。市台联在原有秘书处的基础上，增设参政议政、经贸文化交流、青年、两岸婚姻家庭工作和社会服务五个委员会。拓展市台联理事会议事建言渠道，提升理事会履职能力。改进市台联机关干部管理制度，加大台籍台属干部配备、使用，建立台籍台属后备干部培养机制，在全市范围内选择一批台籍台属后备中青年干部，纳入组织部门和统战部门人才培养使用规划，加强教育培训与工作锻炼。参与网格工作法，推动机关干部走出机关，深入基层，走近台胞，听取基层干部和台胞台属代表意见建议，推动解决台联工作中存在的问题和困难，看望慰问离退休老台胞和困难台胞。改革创新市台联工作，引导定居台胞继承发扬爱国爱乡传统，推进两岸婚生子女工作，摸清人员底数，开展入户调研和走访慰问，深入研究定居大陆两岸婚生子女群体教育生活、两岸往来、政治参与等问题，加强与区县（市）委统战部、台办、台资企业协会等联系合作。

【台联桥梁纽带作用】 2020年，市台联发挥桥梁纽带作用，倾听反映百姓事的呼声，协助党委政府协调关系、化解矛盾工作。2020年12月中旬组织市内部分中小学校校长、研学基地负责人、旅行社负责人等各方代表20余人参加探索基地课程化研学座谈会，反映各方诉求。通过“两会”平台，以建言献策方式，市侨联组织各级人大代表和政协委员提交议案、建议和提案，5名市人大代表、政协委员共提交建议、提案6条，向省台联和市委统战部报送信息4条。为强化台联职能纽带作用，为台企台商提供更多服务，12月下旬，市台联走访富丽真金家纺公司、海峡两岸青年创业基地、超越圈圈亲子俱乐部等在长沙的台商台企，为他们送去口罩、防护液等防疫物资排忧解难。

（本栏撰稿　戴正江）

长沙市文学艺术界联合会

【概况】 2020年，长沙市文学艺术界联合会（以下简称“市文联”）组织19个文艺家协会开展习近平新时代中国特色社会主义思想专题培训，培训会员2000余名。市文联机关党总支与市人大机关党委联合举办“庆‘七一’暨省级文明标兵单位共创共建书画名家笔会”，机关全体党员到结对扶贫点宁乡市老粮仓镇望江村开展扶贫助困主题党日活动，机关党总支与省文联机关党委共同开展“长沙市新农村（社区）党建学习实践”主题党日活动，年内各文艺家协会党支部开展具有文艺特色主题党日活动19场，年底组织20名文艺家协会党支部书记向市文联行业党委进行年度述职。市文联被评为2019年度湖南省文联系统先进单位。在湖南省第十次文代会上，市文联党组书记、副主席王俏和市文联主席汤素兰当选省文联兼职副主席，党组成员，副主席唐樱当选为委员。市文联组织省会26名文艺家深入街巷开展“老长沙 新味道”主题文艺创作28篇，线上线下相结合举办“长沙八景篆刻作品展”“城市之光·长沙魅力”短视频大赛。聚焦决胜全面小康、决战脱贫攻坚主题推出重点创作项目50余个，“决胜脱贫在今朝”湖南省美术作品展30件，有18件来自长沙。市文联与《长沙晚报》联合举办“我的小康生活”主题征文大赛，征集文章近千篇并评奖表彰。举行长沙市首批文艺名家工作室授牌仪式暨文艺精品创作座谈会，与市委宣传部共同举办“2018—2019长沙文艺新人”评选，评出获奖和提名奖各15名。通过网络报名，举办针对新文艺群体的中青年文艺人才创作研修班，首期湖南青年网络作家现实主义题材培训班吸引42名省内青年网络作家参加。9月，中国舞蹈家协会主席、分党组书记冯双白到长作题为《深入贯彻习近平文艺讲话精神——攀登革命历史题材和现实题材创作的高峰》讲座。纪红建、张音悦入选中宣部宣传思想文化青年英才。邬建美入选中国文联“崇德尚艺 做有信仰有情怀有担当的新时代文艺工作者巡回宣讲团”，全国仅12人。邬建美、刘坤庭、李砺、周永红、陈毅华被评为“湖南省首批新文艺群体领军人才”。

【文艺战“疫”】 2020年1月27日，市文联即向长沙文艺界发出题为《众志成城，抗击疫情，打赢这场特殊的战争！》倡议书。1月29日，市文联主席团委员纪红建抗疫主题报告文学《长沙行动》在新华社平台推出，24小时阅读量逾120万人次。抗疫期间，长沙文艺界共推出抗疫主题优秀作品6000余件，50余件文艺精品入选“学习强国”平台，通讯《抗疫战场上的长沙作家群》在《光明日报》发表，中国文联《文联工作通讯》报道长沙文艺界防疫工作，市文联被评为湖南省文联阻击新冠肺炎主题文艺创作优秀组织单位，摄影家辜鹏博到黄冈一线记录抗疫，被评为“全国抗击新冠肺炎疫情先进个人”。市作协发表抗疫文学作品150余篇，市摄协开设公益网课讲座15场，收集作品近5000件，其中部分作品登上央视元宵晚会，市舞协举办湖南文艺界首台“致敬最

表 5　“2018—2019 长沙文艺新人”奖获奖名单一览表

（共 15 人，排名不分先后）

姓名	性别	文艺专长	出生年月	工作单位
刘长华	男	文学	1978 年 6 月	湖南大学中国语言文学学院
刘　锋（笔名：叶天南）	男	文学	1983 年 7 月	自由职业
李　彪（笔名：李砚青）	男	文学	1992 年 9 月	湖南省作家协会组联部
张芝明	女	音乐	1985 年 3 月	湖南省歌舞剧院
周　瑜	男	音乐	1984 年 10 月	长沙米拉文化传播有限公司
李灿娜	女	舞蹈	1979 年 3 月	湖南省歌舞剧院
王志敏	男	曲艺	1990 年 1 月	笑工场青年相声俱乐部
宋纪刚	男	戏剧	1986 年 3 月	长沙市湘剧保护传承中心
李海华	男	美术	1978 年 9 月	自由职业
卿科军（笔名：可　钧）	男	美术	1981 年 9 月	湖南师范大学美术学院
杨鎏漩	男	美术	1982 年 5 月	湖南省画院青年画院
胡晓夏	男	美术	1991 年 6 月	长沙师范学院
张　文	女	书法篆刻	1979 年 4 月	浏阳市奎文实验小学
赵文明	男	书法篆刻	1978 年 11 月	湖南国学堂书画艺术院
夏　艳	女	民间文艺	1984 年 11 月	湖南省湘绣研究所

（资料来源：市文联）

美逆行者”大型线上晚会，市美协举办 28 期“文艺战疫我们在行动”美术作品线上展，市文联机关干部分四批入驻天心区文源街道及其社区、企业防疫。

【文艺创作奖扶】　2020 年，市文联出台《长沙市文艺创作奖扶专项资金使用管理实施细则》，增强奖扶政策针对性、导向性。围绕全面建成小康社会、建党 100 周年等重大主题征集遴选重点创作项目 38 个，扶持中青年艺术家项目 10 个，扶持项目中新文艺群体、新文艺组织占比 19%，涌现出何绍基书法作品展、李锋非遗影像展等一批优秀项目。对 2019 年度获国家级、省级重大文艺奖项或荣誉的 240 件作品予以配套奖励 58.7 万元。分两批对在规定期刊和出版社发表、出版的 98 件作品补助 67.74 万元。

【文艺交流活动】　2020 年，岳麓印社到西泠印社举办“印艺湖湘”西泠印社湖南籍社员作品捐赠展暨岳麓印社社员作品展，中国文联副主席、中国书协副主席陈振濂出席。市文联与合肥市文联共同举办“决胜小康·长沙合肥书法篆刻联展”。市舞协周智辉参加“首届中南六省（区）十佳青年领军舞者展演”获“十佳青年优秀舞者”称号，市文联主席汤素兰参加亚洲儿童文学国际研讨会（线上）。举办“襟怀若水——纪念胡六皆诞辰 100 周年书法展”“锦绣中华—徐照海中国画作品展”“花趣意然—周中耀写意花鸟画展”“自然而然—陈明从艺五十年美术、摄影、艺术设计作品展”等艺术家专题艺术活动。

【文艺作品获奖】　2020 年，石建兵版画《笙之交响》获第十届“民族百花奖”全国唯一金奖，邬建美湘绣作品《竹韵》入选“大美民间·中国民协七十华诞展览”，伍艳辉《乡村美如画》入展“悲鸿精神——第四届全国中国画展”，谢丽英《幸福大妈》入展第十一届全国工笔画作品展，陈嘉蓉《忽念山人》入展第十二届全国水彩·粉画作品展，杨文辉快板《梦之路》获第九届全国少儿曲艺大赛金奖，群舞《十八洞的新苗歌》《半条被子》入选文化和旅游部第十三届全国舞蹈展演。

【文艺惠民工程】　2020 年，市文联出台并发放《文艺志愿服务手册》，到基层开展线上线下文艺惠民活动 153 场。年初到长沙县开慧村举办文艺志愿服务演出及多场送福送春联活动；“5·23”文艺志愿服务日之际，到长沙市疾病预防控制中心开展专场志愿服务活动；组织志愿者到浏阳市参与农民工春晚演出；在湘西自治州十八洞村与中国文艺志愿者协会开展“送欢乐下基层”慰问演出暨学雷锋志愿服务全民赛歌会主题活动。年内还举办多场致敬医护人员慰问演出。市书协连续五年被中国书协评为“送万福进万家”先进单位。

【文联组织建设】 截至2020年年底，市文联有团体会员33个，其中市级文艺家协会20个、行业文联4个、县级文联9个。6月12日，雨花区文联成立，实现县级文联全覆盖。宁乡市、长沙县、岳麓区、雨花区正式出台文联深化改革方案。望城区文联、浏阳市小河乡文联在全省基层文联工作座谈会作典型发言。市硬笔书法家协会成立，市收藏协会、市模特协会完成与市文联脱钩。《长沙市文联主管文艺家协会分类管理办法》出台，加强协会规范化管理。制定《2020年文艺家协会换届工作方案》，督促指导9个协会按要求、按程序推进换届，对协会主席团候选人提名人选进行公示。

【长沙市第十三届精神文明建设“五个一工程”奖表彰暨文艺精品创作推进会】 2020年10月15日举行，会上宣读“2018-2019长沙文艺新人”获奖及提名奖人员名单，市长郑建新，市委常委、市委宣传部部长陈刚颁奖。

【“印艺湖湘”西泠印社湖南籍社员作品捐赠展暨岳麓印社社员作品展】 2020年9月22日，“印艺湖湘”西泠印社湖南籍社员作品捐赠展暨岳麓印社社员作品展在杭州西泠印社开展。该展览由长沙市文联和杭州市西泠印社共同主办，是西泠印社湖南籍社员和岳麓印社社员作品在西泠印社进行集中展览，共分为两部分展览内容，由湖南籍7名西泠印社社员精心创作的以“潇湘八景”为主题的书画篆刻作品30余件在孤山遁庵展出，由岳麓印社社员精心创作的书画作品及篆刻印屏共60件在中国印学博物馆展出。

【长沙市硬笔书法家协会成立】 2020年4月29日，长沙市硬笔书法家协会第一次会员大会在长沙召开，大会选举产生第一届理事会、监事会。许国章当选为第一届主席，宋晓明、许智来、彭青松、黄志敏、蒋小清当选为副主席，宋晓明兼任秘书长。长沙市硬笔书法家协会是经长沙市文学艺术界联合会批准同意、长沙市社会组织管理局登记成立的书法团体。

（本栏撰稿　刘延喜）

长沙市残疾人联合会

【概况】2020年，长沙市残疾人联合会（以下简称“市残联”）聚焦残疾人“急、难、愁、盼”问题，统筹疫情防控和事业发展，倾力保障和改善民生，残疾人获得感、幸福感、安全感持续提升。落实兜底政策，全面采集14.3万名残疾人动态更新数据，精准落实兜底帮扶措施，完成农村残疾人存量危房改造、有需求的贫困重度残疾人家庭无障碍改造均实现“清零”；实现重残人员城乡居民养老保险和医疗保险代缴应补尽补；新办残疾人证14617本，推动将三级智力残疾人、三级精神残疾人纳入重度残疾人“单人低保”范围，配合做好61528名残疾人困难生活补助和49977名重度残疾人护理补贴工作。强化项目帮扶，开展“连千村帮万户”扶贫项目，为望城区乔口镇蓝塘寺村11户贫困残疾人制定“一户一策”帮扶措施，扶持20户贫困户发展养鸡产业，户均增收7000余元；联点帮扶省重点贫困村宁乡市龙田镇月塘村，帮扶30户贫困家庭开展蜜蜂养殖，为72名残疾人适配辅具，为7名残疾人进行家庭无障碍设施建设，为10户贫困残疾人家庭发放临时救助，为4名残疾学生提供入学帮扶，共计投入资金25万元。扶持残疾人就业，开展技能技术培训1390人次，举办残疾人专场招聘会4期，建成市级残疾人就业扶贫基地25个，集中安置残疾人就业853人，辐射带动615人，全市就业年龄段残疾人就业率由2019年37%提高至44%。强化督查导向，联合市政府督查室、市纪委市监委派驻市民政局纪检监察组开展残疾人脱贫攻坚专项督查，进一步落实政策、压实责任、提升实效，全市21802名建档立卡残疾人（年初未脱贫残疾人1664人）全部实现脱贫，连续三年在全省扶贫考核中“零扣分”，《湖南日报》等媒体多次专题推介长沙市残联高质量打赢残疾人脱贫攻坚战工作纪实。爱残氛围持续升温，举办“新时代学雷锋扶残助残善行四十佳”评选表彰活动，开展第30次全国助残日“复工复产自强脱贫”残疾人自强风采展示直播、庆祝《中华人民共和国残疾人保障法》颁布三十周年等活动；开展“爱满星城”爱心助残宣传，《人民日报》、新华网、今日头条、凤凰网、《湖南日报》《长沙晚报》、红网等主流媒体宣传报道长沙市残疾人事业100余次。备战第十一届全国残运会，88名残疾人运动员、教练员参加夏训；选送150余件作品参加2020年全省残疾人文化周活动，11件作品获奖；选送14件作品参加湖南省2018—2019年度残疾人事业好新闻评选，获2个一等奖，1个二等奖，1个三等奖，并获组织奖；参加全省第三届残疾少年儿童基本功比赛，获一等奖5名，二等奖2名，并获组织奖。

【全市残疾人状况】 截至2020年12月31日，长沙市有持证残疾人140331人，其中视力残疾人18909人，听力残疾人9845人，言语残疾人1711人，肢体残疾人66058人，智力残疾人15604人，精神残疾人21145人，多重残疾人7059人；共有持证重度残疾人59904人，其中视力一级残疾5976人、二级残疾3199人，听力一级残疾2878人、二级残疾2342人，言语一级残疾828人、二级残疾335人，肢体一级残疾

2872 人、二级残疾 14346 人，智力一级残疾 1114 人、二级残疾 5661 人，精神一级残疾 1806 人、二级残疾 12534 人，多重一级残疾 3811 人、二级残疾 2202 人；共有持证轻度残疾人 80427 人，其中视力三级残疾 1959 人、四级残疾 7775 人，听力三级残疾 2853 人、四级残疾 1772 人，言语三级残疾 285 人、四级残疾 263 人，肢体三级残疾 17837 人、四级残疾 31003 人，智力三级残疾 5626 人、四级残疾 3203 人。精神三级残疾 5725 人、四级残疾 1080 人，多重三级残疾 762 人，四级残疾 284 人。

【扶残助残】 2020 年，市残联落实残疾儿童康复救助制度，实现年龄突破（救助对象由 0~6 岁拓展至 0~14 岁）、标准突破（救助标准由 1.5 万元 / 人 / 年提高到 2 万元 / 人 / 年）、户籍突破（范围扩大到持长沙市居住证外地儿童）“三个突破”，完成残疾儿童康复救助 4661 人，其中省为民办实事项目完成 2492 人，完成省实事任务 195%，在全省康复工作会议上作典型发言。为 5388 名残疾学生、困难残疾人家庭子女发放助学资金 1340 万元，完成市实事任务 269.4%；牵头开发建设“长沙市残疾儿童信息平台”，残疾儿童入学率 95.34%。开展精准康复服务行动，免费适配辅助器具 1118 人，完成年度任务 112%；免费装配假肢或矫形器 306 例，完成年度任务 102%；为低视力和白内障患者提供免费康复服务 1056 人，完成年度任务的 106%，残疾人基本康复服务率和基本辅具适配率 95% 以上。《辅助器具助我燃起生活的希望》获中国残疾人辅具中心“辅具助力脱贫攻坚案例评选”一等奖，承办第二届长沙康复辅助器具暨康养产业博览会。开展托养服务提质扩面行动，出台托养服务工作规范，严格落实第三方监督，新创 2 家省级 5A、4 家省级 4A 托养机构，17 家托养机构通过 3A 机构验收，开展机构托养和居家托养服务 2471 人次；新增 4 家农村托养机构，进一步解决农村残疾人托养难题，实现区县（市）农村托养机构全覆盖。年内指导 27 家残疾人集中托养机构开展残疾人辅助性就业工作。推进“一件事一次办”，举办全市残疾评定医生培训班，新增 7 家评残鉴定医院，为 4247 人提供“上门办证”便民评残服务，评残办证经验在全省推广；新建无障碍社区 9 个，比计划数多 2 个，完成无障碍家庭改造 2511 户，比计划多 77 户；指导帮助浏阳市和大瑶镇创建成为全国无障碍县、镇。

【残疾人权益保障】 2020 年，市残联构建长效机制，调整市政府残工委成员单位，进一步明确职责、整合资源，聚集为残服务合力。深化市县两级残联改革，完成 17 项改革任务，提升残联组织治理能力和服务水平。落实防疫抗疫措施，帮助各类为残服务机构筹措防疫物资、杀菌消毒，全市无一例残疾人确诊病例、疑似病例；发放疫情稳岗就业补贴 197 万元；开展“无接触”托养和“线上康复”服务，确保服务不“断供”；筹集资金 1064.5 万元，救助慰问 10325 名困难残疾人。开展“平安残联”建设，畅通信访渠道，接访（电）1200 余件次，办结上级交办件 55 件次、“12345”服务热线工单 74 件；开展学法普法专项行动，代理诉讼案件 2 件，实施法律救助 40 余起，保障残疾朋友合法权益，确保残疾人群体稳定。

【长沙市第三代残疾人证在天心区首发】 6 月 16 日，长沙市第三代残疾人证首发仪式在天心区政务服中心举行，家住先锋街道新宇社区的残疾人易艳芳在现场领到长沙首张第三代残疾人证。

【市残联第六届主席团第四次全体（扩大）会议】 2020 年 9 月 18 日在机关七楼会议室召开。市残联党组书记、理事长刘增三代表第六届主席团执行委员会作《工作报告》，市政府副秘书长、市残联第六届主席团副主席、市政府残工委副主任戴建文出席会议并讲话。会议接受任铁强辞去市残联第六届主席团执行理事会副理事长的请求，一致同意增补贺海军任市残联第六届主席团执行理事会副理事长；增补贺海军、杨忠、罗坚任市残联第六届主席团委员；增设林名长为市残联第六届主席团理事会挂职理事，殷正林、刘娟娟、周北燕、汤俊杰、周霖为市残联第六届主席团专门协会挂职副主席。

【学雷锋扶残助残“善行四十佳”颁奖典礼】 2020 年 11 月 27 日，由市残联、市文明办主办的 2020 年长沙市新时代学雷锋扶残助残“善行四十佳”颁奖典礼在长沙市实验剧场举行。长沙县安沙镇怡智家园残疾人服务中心、浏阳市龙伏镇五心学雷锋志愿者服务队、望城区高塘岭社区、长沙红海人力资源有限公司、湖南旺旺医院儿童语言行为研究发展中心、长沙市春之晖特殊孩子援助中心、长沙市温馨助残公益服务中心、宁乡市欣云博爱残疾人托养服务中心、雨花区春之润公益服务中心、岳麓区装饰行业协会等单位获“十佳爱心团队”奖励。谭里和、付艳龙、陈海奇、胡士群、浣紫龙、黄厚明、李桂林、刘传氏、涂建军、周青峰等人获“十佳自强模范”奖励；李梅章、何正道、唐冬云、梁妍、张玉、苏琴、王辉、刘露、黄建平、曾元获“十佳爱心个人”奖励；敖秀军、郭兵、黄湘林、雷达理、黎瑞平、李新文、林水英、彭焕、彭江、彭竞获“十佳基层残疾人工作者”奖励。（本栏撰稿　雷传红）

长沙市红十字会

【概况】 2020 年，长沙市红十字会（以下简称“市红十字会”）在市委、市政府坚强领导下，团结带领广大红十字工作者，贯彻落实中央和省市决策部署，各项工作取得新的成效。全市红十字系统共筹集发放爱心款物

1400万余元，救助困难群众2万余人。着力开展救护培训，全年共培训救护师资66名，救护员和CPR+AED培训7800余名，中小学生和社区群众急救知识普及培训41万人次，完成文明城市创建有关工作任务。健全组织宣传，抓住世界红十字博爱周、世界急救日等节点，组织开展红十字系列活动。2020年，市红十字会被评为“中国红十字会抗击新冠肺炎疫情先进集体”“全省红十字系统先进集体”“全市文明标兵单位”。

【疫情防控】 2020年，市红十字会迅速启动疫情防控应急预案，在市疫情防控指挥部统一领导下，全力做好社会募捐和境内外物资接收发放工作。协调上级红十字会和长沙海关第一时间开通境外物资捐赠专用通道，确保长沙疫情防控急需的大批医疗物资全部得以通过绿色通道快速通关，源源不断投入市疫情防控一线。对境内捐赠物资一律简化程序，实行点对点交接，事后再完善相关手续，确保捐赠物资使用效率最大化。及时开通市红十字会新冠肺炎防控和长沙广电博爱基金新冠肺炎防控专项捐赠通道，全市红十字会系统共接收社会捐赠款物1.4亿余元，其中市红十字会本级接收7285万元，分别为捐赠资金1885万元、捐赠物资价值5400万元，全部用于市疫情防控。根据捐赠方意愿和疫情防控需要，按照市疫情防控指挥部统一安排，捐赠款物全部做到专款专用，及时拨付，收入和支出情况每天定时通过市红十字会官方网站和智慧长沙App向社会公示，主动接受社会监督，并顺利通过省、市专项审计。

【公益项目】 2020年，市红十字会组织举办社会扶贫助力脱贫攻坚——2020年长沙市“红十字博爱送万家”活动，全市红十字会系统筹集发放爱心款物1400万余元，受益群众2万余人次。加强与上级红十字会沟通，为困难群众申请获红十字人道救助金48万元、小天使基金247万元，救助大病患者200余人。发挥省会城市辐射功能，动员社会捐款20万余元，支援龙山、凉山教育扶贫，组织参加中国红十字会总会“99公益日”活动，优化网上筹资方式，推出“红十字救在身边”“红十字青少年”等公益项目，获网络筹款800万余元。推进红十字“博爱家园”建设，争取博爱家园项目7个，到位建设资金150万余元，服务居民1000余户。开展红十字友阿社区陪伴，走访慰问社区孤寡老人、重度残障和重病患者，年内上门开展陪伴服务500余户共2000余人次，发放慰问款物价值20万余元。做好长沙市“全国红十字养老服务试点城市”有关工作，中国红十字会总会党组书记、常务副会长梁惠玲专程到湖南考察浏阳市澄潭江荆坪村红十字养老服务，给予肯定。

【救护培训“百千万”工程】 2020年，市红十字会深入实施救护培训“百千万”工程，完成救护师资培训66名，救护员和CPR+AED培训7800余名，中小学生和社区群众急救知识普及培训41万人次，完成文明城市创建有关工作任务。组织开展109场5000余人参加的生命健康安全体验活动，暑期开展24期3000余名青少年参加的“预防溺水与急救知识培训”，国家和省市媒体进行专题报道。《长沙市红十字会关于社会培训机构开展红十字救护培训资格准入实施办法》和《长沙市红十字会应急救护培训工作教考分离管理办法（试行）》出台，在全省探索实行红十字救护培训机构市场准入和教考分离，优化培训环境，完善培训体系，强化教学标准。推进“红十字宣传进高校”，市红十字会与湖南师范大学等院校合作开展急救知识普及培训、救护员培训、造血干细胞捐献宣传等工作。

【遗体器官捐献与造血干细胞捐献工作】 2020年，市红十字会开展无偿献血宣传、造血干细胞捐献、遗体和人体器官捐献“三献”工作，创新推出造血干细胞捐献志愿者电子相册，为70名完成捐献的志愿者讲述捐献故事，做好宣传工作，在全国红十字会系统推广经验。年内完成77例造血干细胞高分血样采集，实现造血干细胞捐献39例，占全省新增数二分之一，共有9774人登记成为遗体、人体器官和角膜捐献志愿者，超过全省新增数三分之一，实现人体器官捐献61例、眼角膜捐献93例、遗体捐献59例，新增数位列全省市州红十字会第一。

【市红十字会组织建设】 2020年，市红十字会开展“能力建设年”活动，组织10余人次到北京等地外出学习，提升红十字会干部队伍业务水平。组织红十字注册志愿者重新登记，加强志愿者队伍中党组织建设，各类志愿者队伍政治素质和专业化水平大幅提升。采取“线上+线下”方式，组织开展“助力疫情防控·红十字救在身边”“5·8”世界红十字博爱周活动、举办“疫情下的急救”世界急救日现场救护防疫演练、“生命回响·云上缅怀”遗体器官捐献者网上纪念、“万例新生·你我相髓”世界献髓者日造血干细胞捐献者回访活动，并通过“直播+互动”形式加强与观众交流，直播粉丝量30万余人次，有效扩大红十字工作社会影响。创新开展“互联网+志愿服务”工作，推出器官捐献网上推送、志愿者网上培训，拓展志愿服务发展空间。组织中国红十字（湖南·长沙）供水救援队培训演练，开展大众卫生救援队疫情防控社区消杀工作。 （本栏撰稿　董　浩）

法　治

RULE OF LAW

编辑　周海波

地方立法

【概况】 2020年，长沙市坚持以服务中心工作为目标，以落实立法计划为抓手，切实发挥立法的引领推动作用，推进科学立法、民主立法、依法立法，重点关注生态环保、民生保障等领域的规范发展，将生活垃圾管理、养老服务、机动车排气污染防治、烟花爆竹安全生产管理、征地补偿安置等作为重点立法推进项目，制定《长沙市生活垃圾管理条例》《长沙市农村村民住宅建设管理条例》《长沙市居家养老服务条例》等一类立法项目，推进二、三类立法项目，2020年立法项目22件，其中一类项目3件，二类项目13件，三类项目6件。开展民法典涉及规章清理，梳理规章35件，拟（修）订市政府规章2件、废止规章1件。

【《长沙市生活垃圾管理条例》施行】 《长沙市生活垃圾管理条例》（以下简称《条例》）由长沙市第十五届人民代表大会常务委员会第三十三次会议于2020年6月24日通过，经湖南省第十三届人民代表大会常务委员会第十九次会议于2020年7月30日批准，自2020年10月1日起施行。《条例》十章六十四条，规定个人混合投放垃圾，最高可罚200元；单位混装混运，最高则可罚5000元；机关、事业单位办公场所减少使用一次性杯具、用品；宾馆、酒店不得提供一次性日用品；餐馆、外卖不得提供一次性餐具等。自2012年建成餐厨垃圾处理项目，长沙市逐步推进生活垃圾分类工作；各级各类公共机构垃圾分类工作铺开；全民参与生活垃圾分类工作的氛围日益浓厚。这些工作为《条例》的出台施行，打下良好基础。《条例》的出台有利于解决生活垃圾“分类投放”“源头减量”“资源化利用”等工作难题，有利于健全体制机制。

【《长沙市农村村民住宅建设管理条例》施行】 《长沙市农村村民住宅建设管理条例》（以下简称《条例》）由长沙市第十五届人民代表大会常务委员会第三十五次会议于2020年10月30日通过，湖南省第十三届人民代表大会常务委员会第二十一次会议于2020年11月27日批准，自2021年3月1日起施行。

《条例》由长沙市司法局负责组织起草，长沙市农业农村局、市自然资源和规划局、市住房和城乡建设局承担具体起草工作，长沙市人大法制委、农业与农村委提前介入起草工作。在起草过程中，研究相关法律、法规和国家政策，对长沙市农村村民住宅建设管理情况进行深入调研，学习借鉴省内外其他城市的立法经验和做法。长沙市司法局先后通过多种形式，反复征求市直相关单位及各区县（市）政府意见，组织召开专家论证会、政府立法基层联系点调研座谈会，收集研究意见200余条，形成《条例（草案）》送审稿。

2020年8月27日，长沙市十五届人大常委会第三十四次会议对《条例（草案）》进行初审。会后，长沙市人大法制委会同农业农村委以媒体公开征求意见或者召开座谈会、论证会等方式征求社会各界意见，收集修改意见150余条。同时，还请湖南省人大常委会法工委对《条例（草案）》的修改进行立法指导。2020年10月30日，长沙市十五届人大常委会第三十五次会议二次审议并表决通过《条例（草案）》。11月27日，湖南省十三届人大常委会第二十一次会议审查批准。《条例》分为总则、规划与用地、申请与审批、施工与质量、服务与监督、法律责任及附则七章四十四条，包括立法目的和依据、适用范围、建设管理原则、政府及其部门责任、乡镇和村委会责任。总体原则是坚持规划先行、适度集中、一户一宅、先批后建、建新拆旧。《条例》明确用地指标、选址要求，对禁止建、可以建住宅的区域进行规定。《条例》表示，村民住宅选址应利用原有宅基地和村内空闲地，控制使用耕地和公益林地。禁止在永久基本农田区域；饮用水源一级保护区；河道湖泊管理范围；国道、省道、县道、乡道两侧建筑控制区域等区域建设住宅。确需占用永久基本农田以外耕地的，应当依法批准，按照“占一补一、占优补优、占水田补水田”的原则做好“占补平衡”工作。《条例》还明确，村民一户只能拥有一处宅基地。每户宅基地面积使用耕地的不超过130平方米，使用荒山荒地的不超过210平方米，使用其他土地的不超过180平方米。（本栏撰稿　郭芳芳）

政法委与综治

【概况】 2020年，长沙市社会大局和谐稳定。长沙市被评为全省综治工作先进市。长沙市委政法委员会（以下简称“市委政法委”）被中央政法委评为2020年度《长安》杂志宣传通联工作先进单位。长沙市市域社会治理现代化试点工作经验在全国经验交流会上推介；扫黑除恶专项斗争、平安建设等在全省经验交流会上作经验发言。涉法涉诉信访考核、反邪教工作考评全省排名第一位，宣传工作考核评为全省优秀。（肖　湘）

【扫黑除恶】 2020年，全市配合完成湖南省扫黑除恶专项斗争督导，实现“六清六建”（六清：线索清仓、逃犯清零、案件清结、黑财清底、伞网清除、行业清源；六建：建立健全源头治理的防范整治机制、建立健全智能公开的举报奖励机制、建立健全打早打小的依法惩处机制、建立健全精准的督导督办机制、建立健全激励约束的考核评价机制、建立健全推进的组织领导机制）目标，长沙市委办公厅、市政府办公厅印发《长沙市扫黑除恶专项斗争工作责任制规定》等文件。“11・7”涉黑专案被评为全国打击“套路贷”黑恶犯罪十大经典案例，林某某利用信息网络敲诈勒索恶势力案件入选全国扫黑办典型案例，“5・27”“5・5”等涉黑专案被评为全省扫黑除恶专项斗争精品案例，全市打击治理电信诈骗工作经验获全国扫黑办推介，长沙市先后2次在全省扫黑除恶专项斗争推进会上做工作经验交流发言，《全省扫黑除恶专项斗争专报》对长沙市“采取‘三个三’工作措施，推进央督线索取得实效”“长沙市委书记发出工作指示推动省扫黑除恶督导反馈整改”等工作经验进行专题推介。长沙市公安局被评为“全国扫黑除恶专项斗争先进集体”，1人获全国扫黑除恶专项斗争领导小组和中央组织部联合嘉奖，1人被评为“全国扫黑除恶专项斗争先进工作者”。市委政法委等12个单位被评为“全省扫黑除恶专项斗争先进集体”，20人被评为“全省扫黑除恶专项斗争先进工作者”，市扫黑除恶专项斗争领导小组等6家单位被湖南省委（省扫黑除恶专项斗争领导小组）通报表扬。全市打掉涉黑组织5个、涉恶犯罪集团45个、涉恶团伙14个，破获刑事案件361起，刑拘640人，查封、冻结、扣押涉案资产8亿余元。（兰杨剑）

【“平安长沙”建设】　2020年，长沙市健全平安建设领导体制和工作机制，获批全国市域社会治理现代化第一批试点城市，并推进试点工作。长沙在全国市域社会治理现代化试点工作交流会上作经验发言。深化基层平安创建，重点推进群防群治、城乡视频、大钥匙和物联网四项智能工程建设，形成科技支撑和智能驱动。推进校园封闭化管理、一键式紧急报警与公安机关联网、视频监控系统与公安机关联网、专职保安员配备、护学服务岗等5项建设。完善治安防控体系，出台《关于推进市域社会治理现代化试点加强智慧安防体系建设的实施意见》，依托智能化手段，完善立体化、信息化社会治安防控体系。加强重点问题整治，对芙蓉区汽车东站及周边等9个社会治安重点地区进行预警挂牌整治。下发《2020年长沙市校园及周边治安综合治理集中整治行动方案》等文件，开展预防溺水、预防交通安全事故、预防校园欺凌事件、预防特异体质学生意外等整治活动。创新矛盾化解机制，印发《关于加强诉源治理推进矛盾纠纷多元化解工作的实施意见（试行）》。（罗春辉）

【执法监督】　2020年，长沙市组织全市政法系统监管场所开展疫情隐患大排查，督促指导监管场所推行分类管理、分区管理和封闭式管理，确保实现监管对象零感染、安全管理零事故、干警职工及家属健康异常零报告、系统内舆论零炒作的“四零”工作目标。依法开展病犯收押收监。强化组织领导、统筹协调和督促检查，确保144名未收押收监对象全部依法完成收押收监工作。协调督办扫黑除恶案件办理。做好扫黑除恶专项斗争执法监督专项组日常工作，加大打击黑恶势力违法犯罪工作的指导、协调、督促力度，督办“11・7”“5・27”“7・25”“4・3”等重大涉黑案件。召开全市扫黑除恶“黑财清底”专项工作推进会议，调度推进全市“黑财清底”工作。直接评查重点案件60件。长沙市涉法涉诉信访窗口接待群众484批963人次，办理群众来信607件。组织律师参与涉法涉诉信访工作，参与接待群众来访35件。开展集中治理涉法涉诉重复信访、化解信访积案专项工作。加强产权保护，做好市产权保护工作领导小组办公室日常工作，建立“一月一调度”工作机制，发挥联席会议机制作用，稳步推进重要事项的落实，推动出台《长沙市强化知识产权保护实施方案》。（邓　为）

【企业家权益保护】　2020年，长沙市印发《落实“长沙市营商环境优化工程2020年行动方案”企业家权益保护的工作方案》，协调依法处理“宝岛”系列案件；督促望城区委政法委协同有关部门处理湖南报业文化城小区治安管理混乱等问题。公安经侦部门受案496起，立案506起，破案321起，移诉1075人。检察院加大打击涉民营企业刑事犯罪，开展涉企刑事案件立案专项监督，监督立案31件，监督撤案19件；办理涉企审查逮捕案件54件93人，审查起诉案件125件243人；加强办案影响评估，在379件涉企案件中，对137名涉案人员未采取强制措施或变更强制措施；开展“小标的大执行”专项监督，发出检察建议、纠正违法通知书51份。法院依法慎用强制措施和查封、扣押、冻结措施。市司法局成立长沙市工业新兴及优势产业链法律服务团，优选300余名资深律师组建公益法律服务团；成立岳麓山国家大科城公法律服务中心，组建全国首家影视文化仲裁院。

（刘向尧）

【队伍建设】　2020年，长沙市出台《长沙市政法系统政治轮训工作实施办法》，在连续16年举办全市政法系统领导干部政治轮训班的基础上，开展全员政治轮训。召开全市政法系统经常性思想政治工作经验交流会，推介6个典型。政法各单位领导干部联系基层400余人次，支部联系帮扶社区（企业）3395个，干警联群众7309人，领导接访548人次，案件回访5150人次，干警走访8049人次，结合疫情防控和复工复产，解决实际问题75098个。同时，制定出台《长沙市〈政法机关党组织向党委请示报告重大事项规定〉实施办法》《政治督察工作办法》《长沙市政法队伍纪律作风督察巡查工作办法》等文件。

（王晓君）

【政法宣传】　2020年，长沙市建立全市政法系统微信矩阵和新媒体编辑群，打造一批品牌账号和优秀作品。

在中央政法委第二届“四个一百”优秀政法新媒体榜单中，长沙政法系统账号上榜数在湖南7席中占3个。在2019年度全国政法优秀新闻作品评比中，长沙公安《星城卫士·守护解放西》获三等奖。在第五届平安中国“三微”比赛中，长沙有4部作品获奖。做好朝阳村平安主题文化地铁站的设计装修工作，按照通道、版画、电子屏、灯箱等展示区，通过图片、视频、浮雕等形式向市民宣传平安建设举措和成效。11月19—20日，组织《法治日报》等6家媒体到宁乡市、望城区等地进行深度采访，集中全景式展现长沙以“五治”（政治引领、法治保障、德治教化、自治强基、智治支撑）推进创新试点工作具体内容。探索现场直播方式，组织服务复工复产研讨会、“防范邪教宣传月”等活动并现场直播，在线观看人数62.16万人次。协助中央电视台到长拍摄政论片《扫黑除恶——为国泰民安》相关镜头，向上级政法委报送扫黑除恶专项斗争网上主题展览馆展览作品。协助《扫黑风暴》电视剧在长沙拍摄工作。先后在“一网两微”（官方网站、微博、微信公众号）等平台开设抗疫一线专栏，全景展现长沙政法系统在抗击疫情和助力复工复产中的政法担当和典型人物事迹，汇编《长沙法学》抗疫专刊。5月29日，《湖南日报》以《助力夺取“双胜利”》为题报道长沙市政法系统抗击疫情和助力复工复产工作情况。

（樊　华）

法治政府建设

【概况】　2020年，长沙市坚持以习近平新时代中国特色社会主义思想和十九届五中全会精神为指导，聚焦“一个统筹、四大职能”（一个统筹：统筹全面依法治市工作；四大职能：行政立法、行政执法、刑罚执行和公共法律服务职能）定位，突出法治长沙、法治政府、法治社会和平安长沙建设。长沙市司法局被评为全国公共法律服务工作先进集体、特赦实施工作突出贡献单位、专项调解活动表现突出集体等27项集体荣誉，41人获市级以上表彰。

【全面依法治市】　2020年，长沙市发挥党对法治建设的领导作用，向湖南省委、省政府报告2019年度法治政府建设情况。长沙市委专题召开全面依法治市委员会第三次会议、全市法治政府建设推进会、工作联系会议和各协调小组会议，制定《中共长沙市委全面依法治市委员会2020年工作要点》，统筹推进科学立法、严格执法、公正司法、全民守法。出台《关于为统筹推进疫情防控和经济社会发展提供法治保障的实施方案》《长沙市人民政府2020年立法计划》《关于加强法治乡村建设的实施意见》等系列制度。压实法治建设督察，开展党政主要负责人履行法治建设第一责任人职责及法治政府建设督察。做好营造法治化营商环境专项督察整改，开展根治拖欠农民工工资专项督察。发布《长沙市法治营商环境报告2020》。

【法治政府示范创建】　2020年，长沙市推进法治政府104项指标任务落细落实。参与湖南省2020–2021年法治政府建设示范创建活动，申报天心区政府等10个综合示范地区、单项示范创建单位，其中长沙市天心区、宁乡市、长沙市岳麓区洋湖街道、长沙县星沙街道、长沙市审计局、长沙市行政审批局、长沙县综合行政执法局7个单位成功创建省综合示范地区和单项示范创建单位，在全市形成示范带动效应。组建市政府外聘法律顾问专家库，聘请11名法学专家和律师受聘担任市人民政府法律顾问、3家律师事务所担任市人民政府法律顾问单位。

【规范性文件管理】　2020年，长沙市坚持“有件必审、有审必严”的原则，落实《国务院办公厅关于加强行政规范性文件制定和监督管理工作的通知》，杜绝出台“奇葩”文件，2020年审查政府决策类文件290余件次、部门规范性文件139件，备案审查区县（市）规范性文件62件，报备政府规范性文件55件。开展有关野生动物保护、民法典、有碍统一市场等规范性文件清理，全市清理文件1000余件。应对公共突发事件新情况，保障《长沙市人民政府办公厅关于应对新型冠状病毒感染的肺炎疫情支持中小企业共渡难关的若干意见》《长沙市降低疫情影响稳定经济运行的实施方案》等文件出台。服务经济高质量发展，推动《长沙市人民政府办公厅关于推动创新创业高质量发展打造“双创”升级版的实施意见》《长沙市智能汽车产业“火炬计划”和“头羊计划”》《长沙市优化营商环境规定》等文件出台。公布规范性文件文本信息190件，发布文件效力动态与备案登记、“三统一”工作动态36期。

【政府合同审查管理】　2020年，长沙市推进政府合同审查“标准化”建设，制定并颁布《长沙市政府合同审查工作规则》，2020年审查政府合同116份，涉及金额2100亿余元。强化全市政府合同备案履约统一管理，下发《关于报送政府合同备案目录工作的通知》，针对重大政府合同履约过程出现的争议纠纷和疑难问题，提供法律指导。推进长沙市地铁6号线PPP（政府和社会资本合作）项目、城市固体废弃物处理场污泥处置、建筑垃圾处置等特许经营项目落地。针对金茂梅溪湖国际新城建设遗留问题等20余重大事项，进行法律论证把关，为产业项目推进和遗留问题解决保驾护航。

【行政复议与应诉】　2020年，长沙市推行“阳光复议”，搭建行政复议网络申请平台，实现行政复议网上申请和行政复议决定书网上公开；开展行政复议听证，依法保障申请人的知情权、表达权，2020年组织召开听证会、协调会及谈话100余次；创新行政纠纷诉前调解机制，联合长沙铁路运输法院制定《关于建立行政纠纷诉前调解机制的实施意见》。加大对区县（市）政府、市直各部门涉诉法律事务的指导，推进行政负责人出庭应诉。发挥行政复议典型案例的引领作用，评选出2020年度十大典型行政复议案例，通过以案释法的形式，提高行政复议的社会知晓率和认同度。依法办理行政复议案件336件，办理行政应诉案件522件，代理市政府出庭应诉240余次。特别是依法办理涉及雨花区、芙蓉区、岳麓区等集体土地征收项目的最高院再审案件38件。

【行政执法指导监督】　2020年，长沙市加大对全市涉企行政执法行为的指导、监督力度，依法审查市政府权力下放、"一件事一次办"等改革工作，加快推进市场监管、生态环境保护、文化市场、交通运输、农业等五大领域综合执法改革。参与湖南自贸区长沙片区工作，对长沙片区可承接的113项改革事项，制定任务分解表和具体措施。率先实施行政执法数据定期报告制度，发布并运用新修订的案卷评查规则，将行政执法"三项制度"（行政执法公示制度、执法全过程记录制度、重大执法决定法制审核制度）具体要求融入评查内容，对全市464宗案卷进行评查，加大对重点行政执法单位的监督力度。推动行政执法"三项制度"落地见效，长沙市行政执法公示制度落实100%，音像全过程记录得到大幅提升，重大执法决定法制审核目录清单制定率100%。推进"长沙市行政执法监督信息平台"建设，平台一期建设完成。执行"持证上岗、亮证执法"等制度，行政执法人员100%参加行政执法资格考试。2020年发放新申领执法证763本，更换执法证573本。

（本栏撰稿　郭芳芳）

公　安

【概况】　2020年，长沙市县域警务、绩效评估分别为湖南省第一名、第二名，32个单位和集体、53人次获国家级荣誉，74个单位和集体、151人次获省级荣誉。新冠疫情期间，在长沙市各入城口设立99个防疫卡点，筑牢"第一防线"。查验、核查242万余人次。侦办涉疫类案件183起。服务企业复工复产，帮助企业开展复产核查66万余人，开辟防疫物资运输车辆绿色通道。完成重大警保卫任务，受到习近平总书记肯定。"415"机制工作排名全国前列，被公安部评为部级优秀支撑点。3起50人以上的群体性事件稳妥处置，连续三年实现全国"两会"特护期内在京非接待场所上访"零登记"，坚持最大力度显性用警，见警率、管事率提升。三年打掉涉黑犯罪组织23个、涉恶犯罪集团90个、涉恶犯罪团伙86个，被评为"全国扫黑除恶专项斗争先进集体"。"云端""云剑"工作排名全国前列，刑侦工作绩效考核总成绩居全国第九位。破刑事案件1.7万起，占全省1/4，现行命案连续4年全破，八类恶性现行案件339起全破。整治电信网络诈骗犯罪，止付金额21.5亿元。侦破非法捕捞刑事案件79起、跨境网络赌博部省督办案件36起。污水涉毒成分监测指数比2019年下降82.8%。推动出台《新时代县域警务工作指导意见》。对全市170个乡镇街道开展风险"大起底、大梳理、大排队"。新改扩建派出所37个、提质改造派出所134个。新增高清摄像头，联网社会视频，引导群众自建"平安乡村"视频。"警务云"建成，136个应用系统上云。2020年执法领域实现重大执法过错、重大执法负面舆情"零发生"，未发生绝对不捕不诉案件。有案不立、有罪不究、压案不查、涉案财物久扣不处等执法顽瘴痼疾整改到位。按照湖南省公安厅"千案攻坚"要求，全市140起疑难信访积案100%化解。建成3个执法办案管理中心，完成33个派出所执法办案区智能化升级改造。教育整顿试点工作和"四个根子"（问题在下面，根子在上面；问题在业务，根子在政治；问题在基层，根子在机关；问题在民警，根子在领导）理念获公安部肯定。出台全面从严管党治警"1+3"（"1个意见"和"1个清单、1个办法及1套文件"。1个意见：《关于落实全面从严管党治警主体责任的实施意见》；1个清单：《长沙市公安局落实全面从严管党治警主体责任党委工作清单》；1个办法：《长沙市公安局2020年度政治建设考评预警办法》；1套文件：《长沙市公安局强化监督执纪工作八条规定》《长沙市公安局领导干部"六个一律"问责规定》《长沙市公安局"钉钉"警务平台使用管理规定》等6个规范性文件）系列文件。立案查处132人，审计违纪违规和管理不规范资金549万元。出台系列从优待警举措，暖警惠警工作强化。完成职级套转、转任、晋升5862人次。督办侵害民警执法权威案件121起，打击处理侵权嫌疑人125人。

【政治建警】　2020年，长沙市公安局在湖南大学举办3期领导干部政治轮训班。依托"慕课"钉钉网上平台，创新"互联网+政治轮训"新模式，全警47万余人次参与线上学习。开展教育整顿主题巡回宣讲活动8场，5000余名公安民辅警、市民群众现场聆听。研发"警务人员问题排查分析系统"和"警务人员自查事项填报系统"，组织全警网上填报，归集1.7万余人填报的问题数据26.6万余条。动员民警向组织讲清问题，252人向纪检监察部门说明情况、交代问题，上缴违法所得100万余元。建立健全《队伍安全风险隐患排查预防机制》等27项制度机制。制定《长沙市公安局为基层派出所减负八条措施》。强化"智慧学、智慧查、智慧改"三大举措，总结提炼并探索运用“四个根子”理念，形成可复制、可推广的“六个一”（开展一系列活动学习教育，提升忠诚信仰；选派一批批民警轮岗轮训，盘活警力资源；完善一整套执法标准指引，堵塞执法漏洞；开展一体化庭审观摩活动，提升审判意识；打造一连串线上视频课堂，强化履职能力；推送一揽子法律法规释义，规范执法行为）长沙经验。公安部教育整顿办专题推介长沙经验5次，《人民公安报》《公安内参》专门报道长沙经验15次。

【长沙市森林公安机关管理体制调整及编制事项改革】 2020年，长沙市根据中共中央办公厅、国务院办公厅、湖南省委编办文件精神，经长沙市委编办批准同意，将市、县两级森林公安机关按照属地化原则，划归同级公安机关直接领导管理，林草部门不再领导管理。

长沙市森林公安局划归长沙市公安局直接领导管理，长沙市林业局不再领导管理。长沙市望城区森林公安局划归长沙市公安局望城分局直接领导管理，长沙市自然资源和规划局望城分局不再领导管理。长沙县森林公安局划归长沙县公安局直接领导管理，长沙县自然资源局不再领导管理。浏阳市森林公安局划归浏阳市公安局直接领导管理，浏阳市林业局不再领导管理。宁乡市森林公安局划归宁乡市公安局直接领导管理，宁乡市林业局不再领导管理。核减长沙县森林公安政法专项编制1名、浏阳市森林公安政法专项编制4名。核减后，市、县两级森林公安政法专项编制按照属地化原则相应划转至同级公安机关管理，计入同级公安机关政法专项编制总量，暂实行单列。市、县两级森林公安机关在职在编民警、机关后勤服务人员随所在单位成建制划转。市、县两级森林公安机关及其内设机构、直属机构和派出机构的机构规格及原核定的领导职数等暂维持现状。

【《星城卫士·守护解放西》警务纪实片开播】 2020年，长沙市公安局宣传品牌节目《星城卫士·守护解放西》警务纪实片被评为全国政法优秀新闻作品三等奖、第二届人民日报数字传播融屏传播盛典融屏公益创新奖。2020年10月30日起，《星城卫士·守护解放西》第二季开播，以轻盈表达的方式，讲述警察故事的厚重。节目两季播放总量逾1.2亿次，微博话题量逾2亿次，豆瓣评分9.8分。

【“守护解放西平安大长沙”2020年警民联欢会】 2020年1月9日，长沙市“守护解放西平安大长沙”2020年警民联欢会在解放西路黄兴步行街中心广场举行。

由张鹏、廖卓等多位“网红”民警参演的开场舞《园丁Disco》、笑工厂著名相声演员黄荣、政治部民警刘思言合作的小品《东边日出西边雨》、3位特警队员教授上台观众基础的防身术和轻松实用的“搞笑健康操”、节目中穿插“星城园丁”抽奖活动。长沙公安因公牺牲民警李杨之子李峻樟现场演绎钢琴曲并与因公牺牲民警家属代表和因公伤残民警代表，在“共和国不会忘记——1949至2019长沙公安因公牺牲、伤残公安民警纪实摄影作品展”策划人阳红光的陪同下登上舞台。大学生何思铭见到《守护解放西》民警张鹏帮扶一位独居老人的故事，发起一场慈善义演为老人募款。演出现场，何思铭将这笔募款交到老人的手中。全国“人民满意的公务员”荣誉称号获得者、长沙市公安局特警支队民警于勇为长沙市公安局第三届“雷锋式警队”候选集体代表、“雷锋式我最喜爱的人民警察”“雷锋式最美女警”候选人代表授旗，并带领方阵宣誓。全场公安民警、辅警、市民群众等一起唱响《守护解放西》主题曲《只为守护你》。现场1000余名市民群众和公安民警、辅警代表观看演出。

【基于交通工程和控制技术的双向绿波研究与示范应用】 2020年10月21日，由长沙市公安局交警支队申报的《基于交通工程和控制技术的双向绿波研究与示范应用》项目获公安部科学技术三等奖，主要完成人员分别是胡又宏、黄开、陈恒、邓袁钦、冯睿。

针对城市干道交通流趋于饱和，复杂路网条件下长期无法突破的双向绿波设计瓶颈问题，完成团队创造基于“绿灯服务空间”的绿波设计工具与方法、发明一种基于多源数据的道路交通流状态检测与分析方法、发明一种面向干道连续不等距交叉口的双

2020年1月9日，长沙市“守护解放西平安大长沙”2020年警民联欢会在解放西路黄兴步行街中心广场举行

市公安局　供图

向绿波协调优化方法、构建能适应非饱和 / 饱和交通流条件的干线协调控制策略，攻克在长距离、多路口、大流量、快速度条件下实现双向绿波的难题。该项目在长沙市潇湘大道开展示范应用，双向绿波总长 15 千米，路口数量 24 个，绿波速度 60 千米 / 小时，繁忙路口峰值流量 8500 辆 / 小时。实现交通拥堵指数下降 15%、道路通行率提高 20%、停车次数减少 15%、平均通行时间缩短 10% 的具体效果。

【“7·10”网络赌博专案侦破】 2020 年 8 月 24 日，雨花分局组织警力 500 余人到长沙市城区、娄底市开展“7·10”专案统一抓捕行动，摧毁一网络赌博犯罪团伙，捣毁窝点 11 个，现场抓获违法犯罪嫌疑人 241 人，缴获现金 430 万余元，秒止银行账户 46 个，秒冻银行账户 96 个，查扣作案电脑 250 余台。经查，自 2019 年 10 月份以来，蒋某、曾某等人以深圳市随时互娱网络公司湖南分公司为依托，设置行政部、财务部、技术部，发展下级 8 家分公司（也称模块），招聘 200 余名业务员，通过网络平台、论坛、贴吧等方式推广网络赌博 App，发展参赌人员数万人。

【交警支队芙蓉大队被评为“第六届全国文明单位”】 2020 年 11 月 20 日，中央文明委发布关于表彰第六届全国文明城市、文明村镇、文明单位和第二届全国文明家庭、文明校园及新一届全国未成年人思想道德建设工作先进的决定，长沙市公安局交警支队芙蓉大队被评为第六届全国文明单位。

【集中打击非法捕捞犯罪专项行动】 2020 年 7 月 1 日，长沙市公安局启动为期三年的集中打击非法捕捞犯罪专项行动。湘江长沙段、浏阳河、捞刀河、沩水河、靳江河岳麓段和宁乡段、龙王港湘江河口至枫林路桥段、沙河湘江河口至谭家巷水闸段等重点水域被长沙市政府列为常年禁渔水域，禁止所有生产性捕捞。长沙市公安局围绕重点打击对象、重点作案工具、重点犯罪手段、重点部位场所、重点保护品种和重点区域开展工作。长沙市公安局立足重点水域严厉打击使用电、毒、炸和拖网、桩张网、拦截插网陷阱等方式非法捕捞的行为，重点排查水产品集散地、农贸市场、涉渔餐饮场所等重点场所，集中收缴“三无”船只、运渔车辆、捕捞渔具等重点作案工具，并按照县域警务工作要求，明确涉渔重点街道、社区，会同政府相关职能部门，对非法运输、销售野生鱼等行为开展联合执法。

【“共和国不会忘记——长沙公安因公牺牲、伤残民警纪实摄影展”续展】 2020 年 7 月 1 日，由长沙市委宣传部、长沙市公安局主办的“共和国不会忘记——长沙公安因公牺牲、伤残民警纪实摄影展”续展在湖南省文化馆开展。公安民辅警、市民群众代表等 200 余人参加开幕式并观展。

中华人民共和国成立以后，长沙公安有 68 名公安民警壮烈牺牲，6000 余名民辅警因公受伤，92 位民警被授予国家级荣誉称号，234 位民警获省级荣誉称号，1.5 万余人次立功受奖，特别是涌现革命烈士及公安一级英模张杰明，全国人民满意的公务员于勇，全国特级优秀人民警察刘培友等一大批英雄模范。2019 年，“共和国不会忘记——长沙公安因公牺牲、伤残民警纪实摄影展”首次在李自健美术馆展出，此次摄影展是继首次展出之后面向社会的再次展出，向市民免费开放。

【“6·26”国际禁毒日集中宣传活动暨“蓝结家园”授牌】 2020 年 6 月 24 日，由长沙市禁毒委员会、长沙市公安局和长沙市互联网群防群治联合会主办，长沙市社会禁毒协会和浏阳市禁毒委员会协办的——“健康人生，绿色无毒”“6·26”国际禁毒日集中宣传活动暨“蓝结家园”授牌在位于浏阳市的蓝思科技园区举行。

长沙禁毒形象大使、湖南卫视主持人魏哲浩带领全场观众齐读禁毒倡议书。《守护解放西》网红民警现场讲述禁毒故事，禁毒花鼓戏表演，万人健步走，禁毒长沙弹词表演。为通过“星城园丁”App 成功举报吸毒的 5 位市民代表颁授“星城园丁·社会禁毒志愿者”证书，为天心区金盆岭街道天剑社区、湖南省麓山枫社会工作服务中心、长沙坪塘线路器材有限公司、湖南上勤亚克力文化发展有限公司、长沙市君利苗木合作社、长沙润桥物业管理有限公司、湖南华望科技股份有限公司、湖南梅兰日兰电器有限公司、湖南兴鹏烟花有限公司、宁乡横市镇鑫旺建材场 10 个群防群

2020 年 7 月 1 日，长沙市公安局启动为期三年的集中打击非法捕捞犯罪专项行动。图为长沙市公安局联合渔政、海事等部门在湘江长沙段水域开展联合执法　市公安局　供图

治·禁毒“蓝结家园”社区、单位、企业代表进行授牌。

【全警实战大练兵】 2020年4月15日，长沙市公安局召开全市公安机关全警实战大练兵开训动员会议，对全市公安机关推进实战大练兵进行动员部署。大练兵依托长沙市警校、樊塘基地等战训主阵地，分级分类开展全警普训。通过集中轮训和日常训练、线上训练与线下练兵、主题讲学与送教上门、业务组训与随岗轮训“四个相结合”，补齐能力短板，打牢本领根基。在实战课题和训练科目建设上，长沙市公安局搭建课题建设目标和主体框架，深度挖掘各部门、中心、警种优势、特点，研究完善课题内容，构建“市局出卷、警种答卷、民警阅卷”的研究型课程体系。并强化线上教学，依托长沙公安教育训练MOOC网，开展内容新颖、民警接受度高的线上练兵。长沙市公安局打造动态式兼职教官队伍，实行“以案选人”，从中挖掘经验主讲人或主讲团队。打造骨干教官团队，建立激励机制，面向全局推广教学，提升教、学、练、战一体化水平。同时，完善实战大练兵考核办法，将考核效能转化提升为管理效能，使全警实战大练兵步入制度化、规范化、精细化管理轨道。

2020年11月3日，长沙市2020年全警实战大练兵考核在湖南司法警官职业学院举行，来自全市公安机关不同单位、不同警种的656名民警代表分批参加为期2天的考核。此次考核是长沙市公安局根据公安部、湖南省公安厅关于全警实战大练兵部署安排，开展的一次大规模警务实战考核。有射击、规范执法理论测试、队列考核、体能测试（男子1000米、女子800米）、警情处置（常见盘查遇阻情况现场处置、个人极端事件处置、常见群众纠纷处置）5个方面的考核内容。

【电信网络新型违法犯罪案件冻结资金集中返还】 2020年1月17日，长沙市公安局举行电信网络新型违法犯罪案件冻结资金集中返还仪式，向7名受害群众返还被骗金额170万余元。长沙市打击治理电信网络新型违法犯罪中心（以下简称“长沙市反电诈中心”）遏制电信网络犯罪发展蔓延势头，减少受害群众的经济损失。长沙公安机关加强与人民银行、银监以及各商业银行、第三方支付机构沟通协调，打通冻结资金返还渠道，推进资金返还工作，2019—2020年返还给被骗群众资金2600万余元。

（本栏撰稿　包　宇）

2020年11月3日，长沙市2020年全警实战大练兵考核在湖南司法警官职业学院拉开战幕。图为考核现场

市公安局　供图

检　察

【概况】 长沙市检察机关辖市检察院、星城地区检察院和9个区、县（市）检察院。2020年全市检察机关办理各类案件26380件，其中依法批准逮捕7631人，不批捕1851人，不批捕率19.5%，比2019年增长1.8%；提起公诉13068人，不起诉2681人，不起诉率16.9%，比2019年增长4.4%；办理刑事、民事和行政诉讼活动监督案件7749件；办理公益诉讼案件1544件。长沙市人民检察院被评为全国检察机关宣传先进单位、特赦检察工作表现突出集体；办理的郝某某借贷纠纷监督系列案被评为全国维护妇女儿童优秀案例、优秀法律文书；指导宁乡市检察院办理的文某某正当防卫案入选最高人民检察院不捕不诉典型案例；指导雨花区、岳麓区等地检察院办理的梁某某等55人涉黑案、王某等4人恶势力团伙案等5件案件被评为全省检察机关扫黑除恶专项斗争优秀案例。全市检察机关有2人被评为全国检察机关案件管理业务竞赛业务能手、2人被评为“法治进校园”全国巡讲活动表现突出个人、1人被评为全国优秀检察官入围奖，1人被评为湖南省最美公益普法先进个人，59个集体和个人获得全省民事检察业务、案件管理业务竞赛标兵、扫黑除恶专项斗争先进集体或先进个人等荣誉。

长沙市检察机关应对疫情防控严峻形势、适应办案需要，制定7个方面的工作措施，对涉疫案件一律提前介入、统一把关。利用好侦查阶段的“黄金时间”，提前介入涉疫刑事犯罪案件50件，批捕妨害传染病防治、借“疫”诈骗等犯罪66人，起诉77人。在依法严厉打击的同时，力防突破法律的“从重”“从严”“从快”，对情节轻微的涉疫罪犯落实从宽政策，依法监督撤案3件。岳麓区检察院依法不起诉两名涉罪企业高管，助力该企业交出抗疫“亮眼”成绩单。派出32名检察干部入驻企业，指导、关心、帮助企业解决疫情防控和复工复产中碰到的实际问题，助力北京银行等企业复工达产。发动256名青年党员、团员成立青年志愿者服务队，下沉防疫一线，协同有关部门攻坚克难。

长沙市检察机关依法严惩颠覆国家政权、间谍等犯罪，确保政治更安全。遏制网络犯罪高发多发态势，起诉电信网络诈骗及利用网络赌博、帮助信息网络犯罪活动等犯罪667人，比2019年增长126%。保持打击毒品犯罪的高压态势，起诉毒品犯罪997人，比2019年增长16%。推进扫黑除恶专项斗争。批捕涉黑恶犯罪57人、起诉598人，“11·07”套路贷专案、“10·06”宋某某专案等黑恶犯罪团伙被从严批捕起诉。促进深挖根治，起诉涉黑涉恶“保护伞”10人，湖南汉寿县法院刑事审判庭原庭长周某某被依法严惩。推进行业清源，针对重点行业、重点领域管理中存在的问题，发出检察建议26份，高某某、彭某某等一批“砂霸”被依法严惩，非法采砂乱象基本匿迹。服务打好“三大攻坚战”。会同相关政法部门发布指导意见，合力惩治非法集资犯罪。起诉金融诈骗、破坏金融管理秩序犯罪146人，依法严惩“龙赢理财”“芒果金融”等非法吸收公众存款案，同时转变“重上游犯罪，轻洗钱犯罪”观念，起诉洗钱犯罪197人，把依法办案和追赃挽损相结合，防止经济金融风险演化为社会风险。起诉破坏环境资源犯罪214人，比2019年增长58.5%，办理涉生态环境公益诉讼案件218件，岳麓区、望城区检察院践行恢复性司法理念，督促非法捕捞人员向湘江投放7万余尾鱼苗，实现“办理一案、修复一片”的司法保护效果。注重诉源治理和社会矛盾化解。实现7日内程序性回复和3个月内办理过程或结果回复两个100%。两级检察院检察长带头接访365人次，邀请人大代表、政协委员、人民监督员参与公开听证45次，化解23起申诉多年的疑难案件。推进认罪认罚从宽制度减少社会对抗，修复社会关系，适用率86%，量刑建议采纳率97.24%，居全省第一位。对不构成犯罪或者证据不足的，决定不批捕1682人，不起诉2418人。

长沙市检察机关依法惩治侵犯企业商标专用权、专利权、著作权、商业秘密等知识产权犯罪，批捕86人、起诉207人，某家族式团伙收购真酒瓶，自行勾兑生产茅台、五粮液等高端品牌白酒，宁乡市检察院依法对7人提起诉讼。长沙市知识产权检察局被评为市优化营商环境“群众最满意青年文明号”。联合湖南省工商联举办“检企同堂”培训班，检察官与企业家现场交流，促进企业家尊法学法守法用法。组织“长检馨声”检察官法治宣讲团，走进“三一重工”等50余家企业面对面“以案释法”，帮助企业建立健全刑事合规等68项制度。

2020年，长沙市检察机关起诉性侵、拐卖、虐待等侵害未成年人犯罪105人，比2019年增长156%。全市未成年人检察工作主要业务指标名列全省第一位。对重大侵害未成年人案件一律由市检察院审查把关，确保精准指控、严厉惩治侵害未成年人犯罪。对任教期间多次猥亵11名学生的罗某某，浏阳市检察院依法监督追诉1起、抗诉9起审判遗漏犯罪事实，长沙市中级人民法院依法改判罗某某5年6个月。引入专业社会力量对涉案未成年人提供心理咨询和跟踪帮教，挽救71名罪错未成年人。全市20名正副检察长、61名检察官走进中小学担任法治副校长，开展法治宣讲活动31场，听众5万余人。联合教育部门查访中小学校、幼儿园56所，监督、帮助教育部门解决学习管理问题19个，确保“一号检察建议”（2018年10月19日最高人民检察院向教育部发送《中华人民共和国最高人民检察院检察建议书》中，最高人民检察院分析办理的性侵幼儿园儿童、中小学生犯罪案件，针对校园安全管理规定执行不到位、教职员工队伍管理不到位，以及儿童和学生法治教育、预防性侵害教育缺位等问题，提出三项具体建议。）落实到位。

长沙市检察机关在长沙市公安局芙蓉分局办案管理中心派驻检察室，将监督关口前移，提升诉讼效率。监督立案241人、撤案57人，追捕234人、追诉414人。针对确有错误的刑事裁判提出或提请抗诉13件。针对322件不当提请减刑、假释、暂予监外执行的案件予以监督纠正，对144名未收监病犯监督收监。重启对监狱巡回检察工作，对湖南省女子监狱常规巡回检察等2案被评为全国检察机关刑事执行检察精品案件。配齐配强民事检察办案力量，办理不服生效裁判结果监督案件328件，比2019年增长19.2%。打击虚假诉讼，办理民事虚假诉讼监督案件25件，发出再审检察建议15件，法院裁定再审9件。望城区检察院发现郭某某“套路贷”团伙为获取非法利益多次打“假官司”，遂监督撤销原判，该团伙5名成员被判处有期徒刑。对选择性执行、滥用程序结案等执行活动违法提出检察建议165件，比2019年增长230%。岳麓区检察院在春节前夕为35名下岗职工申请执行立案监督，帮助职工依法优先获得200万元工资及补偿金。发挥行政检察监督“一手托两家”的功能，受理行政裁判监督案件132件，比2019年增长120%，受理执行监督（含非诉执行）案件68件，是2019年同期的23倍。针对行政争议中存在的信访不信法和“程序空转”等顽瘴痼疾，开展专项活动，促进实质性化解行政争议18件。长沙市人民检察院受理一起拆迁补偿协议纠纷监督行政诉讼案件后，运用调查核实权，促成双方达成调解协议，为当事人追回补偿款63万余元，化解当事人与相关部门的行政争议。该案成为湖南省检察机关实质性化解行政争议首个典型案例。做好公益诉讼检察，办理行政公益诉讼案件962件，民事公益诉讼案件78件，发出诉前检察建议629件，95.85%的问题通过诉前程序得到解决。配合湖南省检察院开展“潇湘红色资源保护公益诉讼”专项行动，办理该领域公益诉讼案件30件，落实落细习近平总书记“把红色资源利用好”的重要指示精神。探索办理“等外”领域公益诉讼案件，立案740件，立案数、结案数位列全省第一位。

长沙市检察机关坚持四大检察协调发展，民事行政、公益诉讼检察机构人员配置数增长87.5%。长沙市人民检察院保留知识产权检察部、专设公益诉讼检察部，新设未成年人检察部和司法工作人员职务犯罪检察部，各区检察院相应设立专门的办案组织，形成专业规范、特色鲜明的整体监督布局。浏阳市、雨花区检察院的工作经验被湖南省检察院发文推介。推进刑事“案—件比”评价体系，2020年全市刑事检察“案—件比”1.63，比2019年下降0.17，减少约2400个不必要的办案环节。对基层检察院领导班子进行优化调整，26名基层检察院班子成员的职务发生变动，占总数的63.4%，新提拔80后班子成员5名。两级检察院入额院领导办理案件2133件。组织检察人员参加业务培训800人次，提升检察人员能力素养。涌现出36个省级以上先进集体和先进个人，16人被评为“全省检察机关扫黑除恶专项斗争先进个人”。发挥巡察利剑作用，完成对7个基层院的政治巡察，全面从严治检的政治责任夯实。落实党组主题责任，专题研究党风廉政建设12次，执行关于干预司法的“三个规定”及重大事项记录报告制度，记录报告有关事项79件。以反面典型为镜鉴开展“以案促改”警示教育活动，强化对“关键少数”的监督管理。派驻纪检监察组对反映检察人员违纪违法问题线索初核8件。

【监所检察】　2020年，星城地区人民检察院获“全国特赦工作先进集体”荣誉称号，2件被评为全国精品案件；监管场所疫情防控工作机制、全省首例服刑人员再犯罪案件“云开庭”获高检院肯定推介，减刑、假释案件立卷归档“星城标准”获湖南省检察院认可；1人被评为全省检察机关扫黑除恶专项斗争先进个人。2020年全市刑事执行检察部门办理减刑、假释提请中审查、暂予监外执行提请审查案件1650人，减刑、假释提请后审查案件1486人，减刑、假释出庭案件1200人次，减刑、假释、暂予监外执行裁（决）定审查案件1757人，对减刑、假释、暂予监外执行不当情形，书面提出纠正意见374人，纠正451人。发现刑罚执行和监管活动违法并书面提出纠正113件，纠正116件。在刑事执行检察中提出检察建议（含监外）52件，采纳建议53件。发现监外执行（社区矫正）对象脱管、漏管38人，对监外执行不当情形书面提出纠正96人，监督收监执行11人。依法履行执行死刑临场监督职责；对9件被监管人死亡及其他重大事件进行调查处置；办理重大案件侦查终结前讯问合法性核查案件29件；对财产刑执行不当情形书面提出纠正意见165件，纠正172件；纠正强制医疗执行不当1件；对13人指定居所监视居住执行情况进行监督。对罪犯涉嫌重新犯罪提起公诉2件2人。受理刑事被执行人及其近亲属控告举报30件，受理申诉9件，办结息诉4件。

【普通犯罪检察】　2020年，长沙市检察机关普通犯罪检察部门受理管辖罪名下侦查机关提请批准逮捕的各类刑事犯罪案件4289件、6707人，审结案件4313件、6650人，其中批准逮捕3448件、5145人，批捕率79.94%，不批准逮捕865件、1505人。受理管辖罪名下侦查机关移送审查起诉的各类刑事犯罪案件8812件、11850人，审结案件8861件、12258人，其中提起公诉6947件、9971人，不起诉1842件、2287人，其中存疑不起诉123件、250人、相对不起诉1715件、2032人。2020年纠正漏捕239人，追诉漏犯199人，追诉漏罪356人，监督立案175件，监督撤案41件。

【重大犯罪检察】　2020年，长沙市检察机关重大犯罪检察部门（简称“重罪检察部门”）受理审查逮捕案件1210件1820人，审结1206件1815人，其中批准逮捕1135件1697人，不批准逮捕71件124人；受理审查起诉案件1302件2004人，审结1265件2021人，其中提起公诉1222件1942人，不起诉26件43人。依法严惩危害国家安全和社会稳定的各类刑事犯罪，对故意杀人、抢劫等严重暴力犯罪案件提起公诉152件315人。重罪检察部门办理的“7·14”专案，是国家安全机关以危害国家安全罪名对境外非政府组织境内代理人进行刑事打击的第一案，形成办理危害国家安全类案件的“长沙模式”。打击危害公共安全类犯罪，落实高检院“四号检察建议”，推动完善相关社会治理工作。打击各类邪教组织，提前介入“5·30”反邪教专案。重罪检察部门成立专门的毒品办案组，依法打击毒品犯罪，参与禁毒综合治理。全市受理审查起诉毒品犯罪案件1001件1577人，办理范某某、叶某某非法持有毒品、贩卖毒品抗诉案等一批有社会影响性的案件，指导浏阳市院、雨花区院向有关单位发出毒品综合治理的检察建议。开展扫黑除恶专项斗争，配合扫黑办开展扫黑除恶“六清”行动。纠正漏捕、漏诉涉黑、涉恶犯罪嫌疑人15名，芙蓉区院办理湖南省检察院、湖南省公安厅联合挂牌督办的文某等人黑社会性质组织案、肖某某黑社会性质组织案，重罪检察部门6人被评为“全省检察机关扫黑除恶先进个人”，1人立二等功。

【职务犯罪经济犯罪检察】　2020年，长沙市检察机关职务犯罪经济犯罪检察部门2020年受理审查逮捕案件511件1009人，审结506件1045人，其中批准逮捕418件825人，不批准逮捕88件220人；受理审查起诉案件567件1510人，审结538件1286人，其中提起公诉445件992人，不起诉83件294人。依法起诉破坏社会主义市场经济秩序案件277件724人。参与互联网金融风险专项整治，起诉非法吸收公众存款、金融诈骗、组织、领导传销活动类涉众型犯罪案件153件438人。针对不法分子专盯老年人“钱袋子”的问题，市院成立专案组，指导天心区、望城区等区县检察院依法办理“爱之心”“九九富达养老”等社会关注、高检院督办案件，干某某等73人被批准逮捕、提起公诉。推进“断卡”行动，依法严厉打击电信网络诈骗犯罪。针对近年电信网络诈骗犯罪多发高发、手段翻新的情况，长沙检察机关对电信网络诈骗犯罪案件依法批准逮捕104件239人，提起公诉142件564人。尤其是2020年10月开展“断卡”行动以来，长沙市检察机关与长沙市公安局、长沙市中级人民法院协作配合，批准逮捕283人，受理审查起诉66件175人，移送起诉186人。落实服务民营经济11项检察政策。蓝思科技股份有限公司商业贿赂系列案45件83人，其中涉案民营企业13家，长沙市人民检察院指导浏阳市人民检察院依法审慎对13家公司、39名员工作出不起诉决定。依法惩治发生在群众身边、严重侵害群众利益的职务犯罪，审查起诉各类职务犯罪案件51件68人，提起公诉45件55人。

【未成年人检察】 2020年，长沙市检察机关未成年人检察部门2020年受理审查逮捕未成年人犯罪案件240件386人，审结244件394人（含积案），不批准逮捕141人，占审结人数的35.79%，比2019年增长3.83%；受理审查起诉未成年人犯罪案件323件530人，审结579人（含积案），提起公诉378人，不起诉（不含附条件不起诉）53人，其中，相对不起诉48人，占审结人数的8.29%，比2019年下降18.86%，对未成年人附条件不起诉148人，占审结人数的25.56%，比2019年增长86.3%；批准逮捕侵害未成年人犯罪167人，提起公诉侵害未成年人犯罪144人。坚持惩罚与挽救相结合，对涉罪未成年人附条件不起诉148人，比2019年增长86.3%，相对不起诉48人，比2019年下降18.86%；对主观恶性深、社会危险性大的涉罪未成年人依法打击，批捕253人、起诉378人。严惩侵害未成年人犯罪，起诉性侵、拐卖、虐待、伤害未成年人犯罪144人；加强性侵未成年人案件立案监督工作，监督立案9件；芙蓉区、岳麓区、开福区、宁乡市等人民检察院建立“一站式”办案场所，避免对未成年被害人的“二次伤害”。专业化与社会化结合，提升未检工作品质和效果，帮教率、社会调查率、社会力量参与率位居全省第一位。未成年被害人救助率位居全省第一位。宁乡市人民检察院在办理刘某猥亵儿童案中，将未成年被害人纳入妇联关爱计划，并为其提供心理疏导、申领司法救助金，帮助其重返学校。推进强制报告制度的落实，跟进“一号检察建议”，芙蓉区、开福区、宁乡市等地人民检察院建立相关机制，从源头上预防侵害未成年人案件。探索涉未成年人权益保护的民行监督工作，芙蓉区人民检察院在办理高某某猥亵女儿一案时，支持民政局起诉撤销高某某监护权。开福区人民检察院办理的宾馆违规接待未成年人问题的行政公益诉讼案件被《检察日报》推介。抓好青少年法治教育，会同长沙市中级人民法院、长沙市教育局、司法局签订合作协议，向全市中小学派设法治副校长、法制辅导员81名，将20余个主题的法治课送进校园、家庭，2名检察官被评为全国检察机关“法治进校园”活动表现突出个人。打造未检工作品牌，“芙蓉花蕾”“岳检护苗”“向阳护未站”“宁检守未者”等品牌的影响力逐步提升。

【司法人员职务犯罪检察】 2020年，长沙市检察机关司法人员职务犯罪检察部门登记受理司法工作人员职务犯罪线索23件，经调查核实办结线索17件（立案2件2人，查否9件，缓查1件，移送其他机关或部门5件）。2020年3月16日，以涉嫌滥用职权罪立案查处长沙市公安局开福分局辅警梁某。2020年9月25日，以涉嫌滥用职权罪立案查处长沙市公安局雨花分局民警赵某。2020年7月25日，岳麓区人民法院对市院2019年立案查处的常德市公安局民警袁某某、阙某某，分别判处有期徒刑5年、6年。

【民事行政检察】 2020年，长沙市检察机关民事行政检察部门受理各类民事检察案件1227件，比2019年增长64.7%，结案1244件，比2019年增长73.3%。受理民事裁判监督案件368件，比2019年增长8.55%，其中长沙市人民检察院293件，区、县（市）人民检察院75件。结案387件，比2019年增长29%，长沙市人民检察院结案309件，区、县（市）人民检察院78件。其中提请抗诉41件、提出抗诉21件、提出再审检察建议35件。受理民事审判活动违法监督案件246件，比2019年增长472.1%。结案244件，比2019年增长369.2%；就民事审判活动违法情形提出检察建议225件，长沙市中级人民法院采纳226件。受理民事执行活动监督案件183件，比2019年增长154.2%。结案187件，比2019年增长149.3%；就民事执行活动提出检察建议165件，长沙市中级人民法院采纳167件。受理民事支持起诉案件420件，比2019年增长47.9%。结案420件，比2019年增长47.9%，其中，支持起诉397件（支持进城务工人员225件），采纳支持起诉意见343件，采纳率86.4%。受理民事虚假诉讼监督案件55件，结案45件，发出再审检察建议

35件，法院裁定再审9件（其中天心区1件虚假诉讼案件跟进监督立案后法院裁定再审）。

长沙市检察机关民事行政检察部门受理各类行政检察案件609件，比2019年增长372.09%，结案543件，比2019年增长327.56%。受理行政裁判监督案件145件，比2019年增长76.8%。办结141件，比2019年增长54.95%，其中提请抗诉7件、终结审查3件、不支持监督申请131件。行政审判活动违法监督案件受理5件，办结4件，提出检察建议，采纳3件，消除该项工作空白。受理执行监督（含非诉执行）案件190件，是2019年的17.27倍，结案173件。其中，提出检察建议166件，终结审查5件，不支持监督申请2件，长沙市中级人民法院采纳166件。受理综合治理类检察建议案件269件，比2019年增长647.22%。办结225件，是2019年的9倍，向行政机关提出综合治理类检察建议207件；采纳204件。纳入实质性化解行政争议专项活动案件37件，实质性化解33件，其中长沙市人民检察院受理15件，办结14件。

长沙市人民检察院民事行政检察部门受理各类民事行政诉讼监督案件442件（涉及虚假诉讼的案件6件），办结462件（含虚假诉讼案件6件）。其中，在办结的裁判结果监督案件中提请抗诉案件31件；提出抗诉21件；提出再审检察建议6件（长沙市中级人民法院采纳建议并裁定再审6件，采纳率100%）；不支持监督申请378件；终结审查12件。收到长沙市中级人民法院再审判决文书7件，改判或发回重审7件，改判率100%（其中改判5件，发回重审2件）。

【公益诉讼检察】 2020年，长沙市检察机关公益诉讼检察部门梳理公益诉讼案件线索1675件，立案1541件，其中行政公益诉讼案件1450件，占比94.09%；民事公益诉讼案件91件，占比5.91%。诉前程序方面，民事公益诉讼案件发出诉前公告71件，行政公益诉讼案件发出诉前检察建议954件；向长沙市中级人民法院提起诉讼案件40件，其中行政公益诉讼案件3件，民事公益诉讼案件2件，刑事附带民事公益诉讼案件35件。其中，生态资源与环境保护领域立案352件，发出诉前检察建议225件，提起公益诉讼34件；食品药品安全领域立案366件，发出诉前检察建议190件，提起公益诉讼2件；国有财产保护领域立案78件，发出诉前检察建议133件，提起公益诉讼2件；国有土地使用权领域立案4件，发出诉前检察建议1件，提起公益诉讼1件；英烈保护及等外领域立案741件，发出诉前检察建议405件，提起公益诉讼1件。全市2020年向污染企业和个人索赔矿产资源损失3000万余元、生态环境损害赔偿金2400万余元、环境损害治理恢复费用5.1万元；挽回被非法开采的矿产资源总案值9.6万元；清理污染和非法占用的河道0.4千米，清理被污染水域面积1.8公顷；督促关停和整治违法排放废气和其他空气污染物的企业32家，督促关停和整治其他造成环境污染的企业（不含大气污染企业）57家；督促回收和清理危险废物5.8吨。督促查处销售假冒伪劣食品价值0.58万元；督促查处销售假药48种，价值0.72万元。督促保护、收回国家所有财产和权益的价值2.91亿元；督促收回人防工程异地建设费21.27万元，督促收回被套取或冒领的国家补贴资金36.9万元、社保资金67.26万元。督促收回国土出让金7.15亿元，涉及国有土地1.48公顷。

【控告申诉检察】 2020年，长沙市检察机关控告申诉检察部门接收信访2122件，接待来访1057件，其中涉检访57件；处理来信1349件，其中涉检来信66件。7日内答复1576件，3个月答复664件，答复率100%。开展检察长接待日280次，检察长接待来访136人，检察长批办案件34件。对高检院挂牌督办和清理的1件信访积案开展包案化解工作，该案由湖南省人民检察院依法终结。全市受理刑事申诉案件55件，其中受理不服检察机关处理决定的案件23件，受理不服法院判决的案件32件。受理民事行政申诉案件595件，移送民行部门595件。办理司法救助38件，办结38件，发放救助金额77.8万元。办理国家赔偿案件9件，予以赔偿77.7万元。办理阻碍律师行使辩护权案件22件，依法发出口头或书面纠正意见17件。

【知识产权检察】 2020年，长沙市检察机关知识产权检察部门办理知识产权类案件211件457人。落实两高两部出台的《关于依法惩治妨害新型冠状病毒感染肺炎疫情防控违法犯罪的意见》，打击“涉疫”假冒伪劣犯罪。服务企业复工复产，落实《规范办理涉民营企业案件的11个执法司法标准》的要求。在疫情防控期间向社会公众详细解释“真假口罩的识别方法”。结合“知识产权宣传月”活动，就“茶颜观色”诉“茶颜悦色”商标侵权案，采取网络“云端课堂”方式向公众授课。

【检察研究】 2020年，长沙市检察机关法律政策研究部门在长沙市法学会主办的“长江中游城市群法治论坛”征文活动中，长沙检察机关获得优秀奖2篇；在最高人民检察院第三届全国检察官阅读征文活动中，获得二等奖1篇、优秀奖1篇，长沙市人民检察院获得征文活动“组织工作先进奖”。开展“2019年度长沙市检察机关优秀案件评选”活动，评选出2019年度全市检察机关优秀案件10件，优秀检察建议10件。组织推荐参评2019年度全省检察机关优秀社会治理检察建议、2019年度全省检察机关优秀案件、2019年度全省检察机关优秀文稿和检察理论成果，获得优秀社会治理类检察建议3件，优秀案件1件，优秀理论成果2篇。加强检察建议日常备案、审查及统计分析工作。全市两级检察机关各业务部门发出检察建议1458份，收到检察建议回复1401份，回复率96.09%；其中被采纳1399份，采纳率99.86%。长沙市人民检察院受理、审查相关部门提请上会的检委会议题39个，其中案件议题29个、事项议题6个、学习议题4个。办理网上检委会工作，通过统一办案系统完成检委会议题审查、文书制作、决定督办、执行反馈等程序；组织召开检委会会议12次，制作、审查、移送检委会文书260余份。切实加强对基层检委办的指导监督，审查、备案基层检察院检委会会议纪要材料137届次，涉及会议议题606个；帮助、指导基层院检委办解决网上办案问题200余个。

【案件管理】 2020年，长沙市检察机关案件管理部门受理各类案件51376件，对不符合受案标准的要求补正1000余件、不予接收107件，确保案件受理、分流“零误差”。系统内进行流程监控1000次，发送流程监控通知书111份，口头、电话提示1000余次。长沙市人民检察院案管处在内网公布超期预警提示25期，确保监督职责落地落细。2020年开展案件质量评查3次，评查全市两级检察机关办理的各类案件239件，其中抽检案件189件，必检案件50件；长沙市人民检察院各业务部门案件95件，基层院案件144件。评查案件覆盖公诉、侦监、民事检察、行政检察控告申诉、知识产权等主要检察业务类型。全市两级检察机关围绕各院中心工作，邀请人民监督员90余人次，对52次检察活动进行监督，涉及130余件案件。活动形式主要集中于公开审查公开听证43次，另组织听庭评议5次、巡回检察1次、检察开放日1次、新闻发布会1次、优秀案件评选1次。2020年发布案件程序性信息21667条，发布重要案件信息1021条，公开法律文书12073份；安排律师阅卷5136余件，网上办理辩护与诉讼代理申请1711件，刻录光盘2700余张。开展数据专项核查4次，发现统计报表中不规范的地方1069处，纠正数据质量问题3450次，保障案卡填录质量；撰写业务分析研判报告11篇，提供统计数据查询50余次，确保参谋作用发挥。全市2020年对1.29万件案件制作电子卷宗，扫描并制作上传电子卷宗3.38万册271.81万页。

（本栏撰稿 罗 娜）

法 院

【概况】 2020年，长沙市中级人民法院（以下简称“长沙市中院”）下辖9个基层法院，其中区级法院6个，县（市）级法院3个。9个辖区基层法院除芙蓉区人民法院没有派出法庭外，其余8个基层法院设置26个人民法庭，天心区法院设南托法庭。岳麓区法院设坪塘、莲花法庭。开福区法院设湘江环境资源法庭（金霞中心法庭）。雨花区法院设跳马法庭。望城区法院设丁字镇、高塘岭镇、靖港镇、雷锋镇4个人民法庭。长沙县法院设经济开发区、椥梨镇、黄花镇、路口镇、福临镇5个人民法庭。浏阳市法院设园区、沿溪镇、大瑶镇、镇头镇、沙市镇、张坊镇6个人民法庭。宁乡市法院设金洲镇、黄材镇、花明楼镇、双凫铺镇、灰汤镇、流沙河镇6个人民法庭。

长沙市中院受理各类案件30176件（含旧存），审（执）结28917件，结案率95.83%，法定审限内结案率99.28%，人均结案189件；全市法院受理各类案件265025件，审（执）结256852件，结案率96.92%，法定审限内结案率99.99%，人均结案354.77件。2020年，长沙市中院集体获13项省、部级以上表彰、7名个人获省、部级以上表彰，审判监督、新闻舆论、信息化和特赦工作被最高人民法院评为全国先进。

【扫黑除恶】 2020年，长沙市中院紧盯“六清”目标，打赢扫黑除恶专项斗争“收官战”。“案件清结”完成，一审审结黑恶案件251件1626人，结案率99.56%，二审审结139件1203人，结案率100%，审结“5·27”万某等27人涉黑专案、“4·3”王某某等26人涉黑专案、“11·7”佳丽贷、套路贷系列专案。“黑财清底”深入开展，执结黑恶案件386件，到位5.36亿元，摧毁黑恶势力经济基础，万某案执行团队被评为全省法院先进团队。“打伞断网”强力，对10名“保护伞”关系网人员从严惩处。“线索清仓”落地落实，办结中央督导组，省、市交办的线索41条，排查移送案件线索67条，打掉“开家军”恶势力团伙，受到湖南省高院通报表扬。“行业清源”稳步推进，发出司法建议105份，采纳整改率100%。

【维护社会稳定】 2020年，长沙市中院打击各类危害国家安全、公共安全和人民群众生命财产安全的犯罪活动，判处五年以上有期徒刑直至死刑636人。服务疫情防控大局，审理张某某销售假口罩案等涉疫刑事案件28件，黄某某妨害公务案、叶某寻衅滋事案入选全省涉疫犯罪十大典型案例。打击非法金融活动，审理欧特锋集资诈骗等非法集资案17件。保持惩治腐败高压态势，审理贪污贿赂、渎职案31件36人。审理“高汤添加罂粟壳”“油条掺入明矾”等危害食品安全刑事案件5件5人，保障群众“舌尖上”的安全。审理湖南春望医院、长沙普济医院等医保诈骗案，守护群众的“救命钱”。审理李某某、龚某等侵犯公民个人信息案7件，保护大数据时代公民个人隐私。审理毒品犯罪案件180件219人，依法判处黎某某等8名毒贩死刑，开展禁毒宣传专场，打好禁毒人民战争，助力长沙创建禁毒模范城市。落实宽严相济刑事政策，对初犯、偶犯、未成年犯、老年犯以及具有自首立功、认罪认罚等情节的192名被告人适用缓刑等非监禁刑，6人依法免予刑事处罚；对彭某某等4人限制减刑；对1734名确有悔改表现的罪犯依法予以减刑、假释。集中开展病犯收押收监等专项清理整治行动。

【接受监督】 2020年，长沙市中院办理代表建议、委员提案34件。完善代表委员结对联络制度，编辑《代表委员联络》专刊，编发手机报、短信等，加强与代表委员的联系。组织“千名代表委员零距离监督法院”活动，邀请代表委员视察法院、出席会议、旁听庭审、见证执行400余人次。依法接受检察机关监督，落实检察长列席审判委员会会议制度，审结各类抗诉案件33件。全市1865名人民陪审员参与审理案件10790件、调解2474件。长沙市中院裁判文书上网率100%，审执流程信息公开率超过95%，庭审直播5023件，长沙市中院被评为全国优秀直播法院。

【审判工作】 2020年，长沙市中院审理各类刑事案件1455件（全市法院审理10123件），审理教育、医疗、住房、就业等案件3980件（全市法院审理23613件），妥善调解鑫源电器与三湘大市场等一批涉众纠纷。审理食品药品侵权案21件，保障老百姓饮食用药安全。审理张某某等人利用虚假诉讼规避长沙“限购令”案，坚持“房住不炒”民生底线。审理各类涉军案件9件，维护军人军属合法权益。审理侵犯未成年人权益案件216件，用司法阳光温暖祖国花朵，舞蹈培训机构侵权案入选最高院严惩侵害未成年人权益典型案例。处理来信来访1997人次，回应群众关切。

【司法服务】 2020年，长沙市中院审理民商事案件19196件、行政案件1747件，全市法院审理民商事案件139355件、行政案件2310件。长沙市中院聚焦“两不愁三保障”（两不愁：稳定实现农村贫困人口不愁吃、不愁穿；三保障：保障农村贫困人口义务教育、基本医疗和住房安全），助推脱贫攻坚与乡村振兴深度融合，化解涉农纠纷58件。推进“环境资源审判专项行动巩固年”活动，审理各类环境资源案件79件。审理彭某某等25人非法采矿案，判处赔偿5498万元，创全省生态环境公益诉讼赔偿最高记录，被《人民日报》报道。召开环境公益诉讼判决履行大会，探索环境司法替代性修复新模式。防范和化解系统金融风险，审理民间借贷案件1576件，审理证券类案件2346件。指导宁乡市法院在全省率先出台《关于建立疑似职业放贷人名录的实施意见》等制度，规范民间借贷审判执行。

长沙市中院出台《关于加强知识产权审判领域改革创新若干问题的实施方案》，审理三一重工、山河智能、格力电器（宁乡）专利技术案等各类知识产权案件6477件。支持打造内陆地区改革开放的高地，审理LV（LOUISVUITTON路易威登）驰名商标案等涉外知识产权案件70件，涉港澳台民商事案件136件，办理涉外司法协助事项11项。保护品牌战略实施，审理的“茶颜悦色”商标侵权案入选湖南法院2020年十大案件。保护本土文化产业，与省知识产权维权援助中心建立维权协作机制，与马栏山视频文创产业园管委会签署《数字文创产业知识产权长沙宣言》。

长沙市中院处理一批单位老旧小区申请加装电梯案等敏感案件。引导当事人依法行使诉权，审理李某某诉长沙市政府等系列信息公开滥诉案件。规范项目建设行政程序，审理各类征收案件1133件，保障临空自贸区、铜官窑、丝茅冲、东风二村等省、市重点工程和棚改项目推进。审理湘春路“长沙最牛钉子户”拆迁案。对文庙坪、友谊村等征收项目在预启动时提出司法建议，支持法治政府建设。

长沙市中院引导当事人使用中国移动微法院平台，网上立案3万余件，网上缴费123639笔，跨域立案634件，让群众足不出户享受司法服务。通过“闪信+”成功送达程序性诉讼文书35.91万份。雨花区法院在全国率先设立24小时自助法院经验被写入最高院工作报告。天心区法院诉讼服务经验在全国高级法院院长会议上专题展示。

长沙市中院出台多元解纷文件15个，望城区人大常委会在全省率先出台《关于支持区人民法院诉源治理工作的决议》，开福区、岳麓区等6个区县（市）财政拨付专项调解经费。线上依托“人民法院调解平台”，引进调解组织163家，调解员654名，在线受理诉前调解案件63920件，占全省的33.9%；线下推行公益律师值班制度，引导公证机构参与司法辅助工作，成立435家“诉源治理工作站”。雨花区法院、浏阳市法院被评为全国“一站式多元解纷和诉讼服务体系建设”先进单位。

【司法宣传】 2020年，长沙市中院开展送法进校园、“我要当小法官”活动，播种社会主义法治理念。运用微信公众号、微博、抖音公众号等新媒体加强审执重点工作的宣传，推送微信公众号150期189篇、微博218条。召开新闻发布会3场，在长沙政法频道开辟《我的调解故事》专栏，传播法治正能量。全国“一站解纷争”全媒体直播活动在长沙法院举办，76家主流媒体、平台全程直播，近3000万网友在线观看，让群众身临其境感受公平正义。长沙市中院被最高院新闻传媒总社评为“司法宣传和通联工作先进单位”。

【执行工作】 2020年，长沙市中院执结101814件，执行到位303.8亿元。开展涉“六稳”、“六保”、民营中小型企业等8类案件专项执行活动，累计执结42420件，执行到位157.1亿元。到青海省、广东省、辽宁省、西藏自治区等地，为中联重科等工程机械重点企业收回大型设备41台，控制财产价值3亿余元。用足用好强制腾房交地等各项强制手段，依法交付执行标的。长沙县法院通过强制腾房交付价值3.9亿元的厂房，被最高院称赞为疫情防控期间法院“教科书式执行”。召开农民工工资等执行兑现大会12次，现场兑现1.4亿元，被中央人民广播电台、湖南卫视等媒体宣传报道。与省内多家媒体常态化开展执行宣传240场，打造长沙特色执行宣传品牌。

2020年，长沙市中院贯彻善意文明执行理念，出台关于严禁超标的查封等4个制度，对能“活封”的财产，尽量不进行“死封”，体现司法温度。推进执行规范化，完善执行工作“三统一”（统一管理、统一指挥、统一协调）管理、执行综合质效通报等机制，建立全省首个执行全流程节点监控系统，办理节点预警3000余件、超期提醒5000余件、委托事项7593件。监管执行申诉信访案件，对反映消极执行的一督到底、错误执行的一查到底。推进智慧执行，优化网络司法拍卖，在全省首推VR（Virtual Reality虚拟现实）看房，网拍7681件，成交67.62亿元，平均溢价率15.16%，为当事人节约佣金2.42亿元。

2020年，长沙市中院推进失信信息嵌入“互联网+监管”系统，让失信被执行人“一处失信，处处受限”。完善网络化查人、扣车、限制出境等协作机制，构建多部门、全方位综合治理格局。完善律师调查令制度、参与化解和代理申诉制度。纳入失信被执行人名单14489人，限制高消费62142人，司法拘留485人，向公安机关移送追究拒执类犯罪案件89件，追究刑事责任12人。

【中国破产法论坛专题研讨会召开】

2020年8月29日，“中国破产法论坛·破产法与宪法的对话专题研讨会”在长沙召开，对话主题为“市场经济·困境拯救·权利谱系”。该次会议由湘潭大学法学院联合中国法学会宪法学研究会、中国人民大学破产法研究中心、中国人民大学宪法与行政法治研究中心、中国人民大学劳动法和社会保障法研究所、北京市破产法学会、长沙市中级人民法院清算与破产审判庭等单位共同主办，来自全国各地司法系统、科研院校、省、市政府部门以及专业中介机构的专家学者和实务工作者200余人参加会议。会议围绕“宪法视野中的破产法”“民法典视野中的破产法”“营商环境视野中的破产法”等议题进行为期一天的研讨，涵盖“破产法与市场经济法治建设和营商环境的优化关系”“破产法与宪法、民法典权利保护体系的关系”“税收债权处理”“职工债权处理”“担保债权处理”“购房人权益保护”“在建工程价款优先权处理”“侵权之债处理”“非法集资与刑事退赃问题”以及其他与权利顺位有关的问题等内容。此次会议为全国破产审判工作的推进与破产法理论的丰富贡献智慧和力量，为长沙法院破产审判工作的开展提供指引和借鉴。

2020年8月29日，“中国破产法论坛·破产法与宪法的对话专题研讨会”在长沙召开
长沙市中院　供图

【营商环境优化】　2020年，长沙市中院保护民营企业和民营企业家人身、财产权利，依法宣告民营企业家刘某某、罗某无罪。慎重采取强制措施，促成上海飞科公司与惠旺综合商店等案件执行和解，降低企业司法成本。运用司法手段实现市场主体优胜劣汰，审理破产清算、重整及衍生案件384件，湘联节能、湘联科技协同破产重整案入选全省“六稳”“六保”典型案例。推动建立全市破产处置“府院”联动机制，设立市级破产费用专项资金。与中国人民大学等主办中国破产法论坛高端研讨会。深入企业走访调研，加大对工业园区各类企业的司法服务，落实惠民惠企司法政策，先进经验在全国法院推介，浏阳市园区法庭获“全国法院先进集体”“全国法院人民法庭工作先进集体”。

【信息化应用】　2020年，长沙市中院推广电子卷宗随案同步生成、执行智能辅助办案等系统应用，实现立案、审理、执行、归档全流程电子化。25个科技法庭、审判委员会会议室全部配备庭审语音识别系统。建设“云法庭”庭审系统，疫情期间坚持网上开庭7106场。完成数字法院与“中国投资者网”等平台对接，修正数据信息1423次，打造真实准确大数据库，提升审判管理信息化水平。天心区法院在全省率先运用“无人记录”庭审方式和区块链存取证。芙蓉区法院在全国首创电子封条经验被录入百度百科词条。

【农民工工资案件执行集中兑现】 2020年7月10日，长沙市中院召开长沙法院涉农民工工资案件执行集中兑现新闻发布会，长沙两级法院执行局局长、来自中央、省、市12家媒体记者和10位省、市人大代表、政协委员应邀出席。长沙两级法院开展涉农民工工资专项执行活动，执结涉农民工工资案件1530件，执行到位金额9677.48万元。

【互联网远程开庭系统上线】 2020年，长沙市中院互联网远程审理案件701件，直播13件。2020年远程开庭审理减刑假释案件1071件，直播844件。庭审语音识别系统应用，推进和保障审委会、法庭语音识别系统应用，自投入试运行以来，审委会使用21次，法庭使用案件数2881件，总计使用时长2975.98小时，转写字数2227.25万字。

【“六五”环境日普法宣传活动】 2020年6月2日，长沙市中院到宁乡市沙田乡宝云村开展“美丽中国，我是行动者”为主题的环保普法宣传活动。行政（环资）庭庭长段衡辉作“绿水青山就是金山银山”的主题演讲。在宣传人员深入到村民家中、集镇商铺、田间地头等，向群众发放环保宣传资料300余份，讲解垃圾分类、水污染防治等环保知识，并结合审理的环境资源类典型案件，宣讲环境保护法、大气污染防治法、水污染防治法等相关法律法规，同时解答群众咨询的环保方面的问题。

【毒品犯罪审判新闻发布会】 2020年6月24日，长沙市中级人民法院召开新闻发布会，向新闻媒体和社会各界通报长沙两级法院2019年6月26日以来毒品犯罪案件审判情况，发布十大毒品犯罪典型案例。长沙市中院党组成员、副院长黎军出席发布会，党组成员、政治部主任贺旭琼主持发布会。会议还邀请多名省、市人大代表、政协委员和省、市媒体记者。2019年6月26日至2020年6月23日，全市法院审结毒品刑事案件1131件，判处毒品犯罪人数1736人。长沙市中院审结一、二审毒品刑事案件218件，判处毒品犯罪人数448人。

【“一站解纷争”全媒体直播】 2020年8月31日，“‘一站解纷争’之湘江之畔诉调谱新区”全媒体直播活动拉开帷幕。此次活动由最高人民法院新闻局、最高人民法院立案庭、人民法院新闻传媒总社、中央广播电视台总台央视社会与法频道《现场》栏目及湖南省高级人民法院、长沙市两级法院共同推出。此次直播活动采用电视、网络同步全媒体直播形式进行，近3个小时。人民网、中国新闻网、国际快线、快手、芒果TV、智慧长沙App等78家媒体、平台同步直播，近3000万名网友在线观看。

【“环保法治进校园”活动】 2020年6月4日，长沙市中院同长沙市生态环境局、砂子塘司法所到砂子塘小学，开展以“美丽中国，我是行动者——环保法治进校园”为主题的普法宣传活动。在长沙市中院行政庭（环资庭）法官傅美容给学生上一堂以“关爱野生动物，守护美好家园”为主题的环保法治课。学生们与授课法官进行问答互动；行政庭（环资庭）法官向学生发放环保宣传资料，并向学生赠送环保科普书籍作为奖励。

【《知识产权司法保护状况白皮书》发布】 2020年4月21日，长沙市中院在长沙知识产权法庭召开新闻发布会，向社会发布2018—2019年度长沙法院知识产权司法保护状况，同时宣布“4·26”知识产权宣传周活动启动。长沙市中院党组成员、副院长、长沙知识产权法庭庭长范登峰出席发布会并讲话，党组成员、政治部主任、新闻发言人贺旭琼主持新闻发布会。范登峰发布《长沙法院知识产权司法保护状况白皮书》。2018年3月，长沙知识产权法庭成立。2018年、2019年，长沙法院分别新收各类知识产权审判案件6730件、6463件，分别新收知识产权执行案件541件、654件，结案率逐年攀升，2019年案件结案率97%，人均结案超400件。

（本栏撰稿　刘俞汝）

2020年6月2日，长沙市中院到宁乡市沙田乡宝云村开展“六五”环境日普法宣传活动。图为宣传人员在田间地头进行环境保护宣传　　长沙市中院　供图

司法行政

【概况】 2020年，长沙市司法局有8个直属二级单位（坪塘监狱、长

桥强戒所、星沙强戒所、长沙公证处、麓山公证处、星城公证处、长沙市公共法律服务中心、长沙仲裁委秘书处），指导全市司法局和高新区综治局的业务工作，对全市373家律师事务所、8个公证处、71家法律服务所、23家司法鉴定所负有监督管理职责。全市现有律师6371人、公证员108人、基层法律服务工作者462人、司法鉴定从业者320人。

【公共法律服务】　2020年，长沙市以创建全国“公共法律服务体系建设示范市”为目标，以公共法律服务三大平台融合发展为抓手，提升公共法律服务平台的普及化、一体化、精准化水平。全市全部建立公共法律服务中心，建成170个公共法律服务站、1585村（社区）公共法律服务点。开展司法鉴定行业清理整顿，推动司法鉴定机构服务规范化。提高公证公信力，全市统一启用国内公证专用纸，推行“聚方便”“公证保”等App服务，在全市各级法院设立司法辅助中心。2020年办理法律援助案件5383件、公证业务8.7万余件、仲裁案件2528件、司法鉴定案件1.7万余件，接听“12348”热线电话3.8万个，法援案件质量名列全省第一位。加强高端“法律智库”建设，成立长沙市公共法律服务研究中心、涉外法律服务研究中心；深化金融仲裁院、影视文化仲裁院建设，成立长沙市破产管理人协会和湖南首家知识产权仲裁院；长沙仲裁委员会首批入驻湖南自贸试验区，服务自贸区经济发展。打造“法治长沙”抖音号，创建全市公共法律服务指引二维码，拓展公共法律服务覆盖面，提高人民群众对公共法律服务的知晓率、首选率、满意率。坚持考试安全和疫情防控两手抓，完成2020法考组考任务，实现“十个百分之百”（全部考场疫情防控措施必须百分之百全面有效落实；全部考试计算机必须保证百分之百能有效使用；全部考试工作人员必须百分之百接受业务培训；全部考场必须百分之百实现远程巡查；全部考点保电设施必须百分之百配置到位；全部考试机必须百分之百配备防作弊设施；全部考点考场必须百分之百实行考务安全管理系统；全部仿真测试数据必须百分之百清除；全部考生答题信息必须百分之百上传；全部云机房考场考试数据必须百分之百有效备份存储的要求）目标。

【律师工作】　2020年，长沙市律师工作围绕“做大做强、做精做专、做全做新”的工作目标，加强律师行业“四化”建设，狠抓“三个一批”（做大一批“规模所”、做强一批“精品所”、推出一批“示范所”）律师事务所建设。印发《长沙市司法局党委关于落实律师行业党建引领发展“四大工程”的工作清单》，加强律师行业意识形态管理，依法开展投诉举报查处、专职律师违规专项清理工作，2020年收到投诉举报事项118起，立案调查27起，转行政处罚立案7起，对440名违规兼职律师责令限期整改。参与扫黑除恶专项斗争工作，发挥对律师办理涉黑涉恶案件的监督作用，2020年收到律师事务所代理涉黑涉恶案件备案319起。联合长沙市公安局、长沙市律师协会印发《辩护律师远程视频会见在押犯罪嫌疑人、被告人工作办法》，设立远程视频会见室，在疫情期间为律师与在押犯罪嫌疑人搭建会见平台。印发《长沙市推行法律顾问制度和公职律师公司律师制度实施办法》，推进村社区法律顾问制度，全市村（社区）全部实现一村（社区）一法律顾问。加大律师领军人才和涉外律师人才培养，制定青年律师领军人才培训规划，开办党性教育与综合能力培训班。开展“引法强链”工程，组建300余人法律服务团，精准服务长沙22条产业链企业。探索“专业＋行业”的发展模式，走访企业400余家，举办公益法律问诊等150余场，依法解决知识产权保护、劳动用工等问题600余个。组建“律师公益服务团”，为各大企业提供“法治体检”7000余次。

【普法宣传】　2020年，长沙市构建齐抓共管的“大普法”格局，组织召开长沙市委全面依法治市委员会守法普法协调小组第二次会议，做好“七五”普法总结验收工作，完成国检、省检工作。推进“谁执法谁普法”项目化管理，确定2020年常规项目25个、特色项目46个，挖掘年度宣传标语42条。开展年度“以案释法”优秀案例征集评选活动，评选出“十大优秀司法执法案例”“十大典型行政复议案例”“十大示范公共法律服务案例”。推动国家机关工作人员学法考法分类分众，学法访问量30万余人次，全市12万余名应考人员参加学法考法，参学率、参考率、通过率99.9%以上。开展“宪法宣传周”等系列主题宣传，地铁公交宪法法律宣传实现“万屏联播”。开展依法防疫法治宣传1.17万余次，编印宣传资料49万余册，播放“村村响”1.9万余次；开展“送法下乡”“三下乡”活动650余场，农村法治宣传教育月活动期间开展入户宣传11648次，悬挂横幅标语7498条，发放各类法治宣传资料32万余份。打造全省普法依法治理“标杆”，创建国家级法治教育示范基地1个，省级示范基地4个；国家级民主法治示范村（社区）4个，省级民主法治示范村（社区）8个。组织1014名农村法律明白人在线学习和考试，学习完成率、参学率、合格率100%。

【人民调解】　2020年，长沙市坚持发展新时代“枫桥经验”，完善人民调解组织网络，建成乡镇（街道）调委会170个，村（社区）调委会1593个，设立行业性、专业性调解组织48个；编制长沙市行政调解职责清单37项，联合长沙铁路运输法院制定出台《关于建立行政纠纷诉前调解调解机制的实施意见（试行）》，开展行政调解规范化建设；提升人民调解案卷制作规范化水平，制定并印发《长沙市人民调解案卷评查实施办法》《长沙市人民调解案卷评查细则》。发挥行政调解、人民调解等的作用，开展“查隐患、解纠纷、护稳定、促发展”专项活动。2020年调解社会矛盾纠纷38220件，调解成功37191件，其中涉疫、涉企矛盾纠纷1250件，成功率97.3%。健全矛盾纠纷多元化解机制，联合长沙市中级人民法院、长沙市卫健委等部门出台《关于全面推进医疗纠纷多元化解机制建设的意见》，指导长沙医调中心调解案件91起，涉及补偿金额1133.68万元。

【监狱工作】 2020年，长沙市司法局推进监管改造和疫情防控两项重点工作。坚持党委首题必讲政治的原则，每周集中政治学习1次，开展“从警三问”（为何从警、如何做警、为谁用警）大讨论、“红色文化宣讲比赛”等主题党日活动。深化监狱管理和队伍建设大整顿，推进专项警示教育，开展各类专题辅导、专题轮训、警示案例学习、廉洁执法大讨论。推进智慧监狱建设，强化物防、技防、人防三位一体，推进监狱工作“五大改造”（政治改造、监管改造、教育改造、文化改造、劳动改造）新格局，落实以打造入监教育精品课程为突破的教育改造，创新服刑人员互评、民主评议等改造评价新模式，开展传统文化、法律法规、个别转化以及监狱开放日等联合帮教活动。开展“励志改造、畅想新生”“789月学民法季”“坪塘春韵”“抗疫文韵”等主题活动，提升服刑人员文化素养。关注服刑人员思想动态，重视新犯适应性教育，开展心理测评普查，针对性进行心理矫治。打造监狱“清风”廉政文化警示教育馆，原内部刊物《狮峰报》优化升级为《狮峰文苑》。2020年投资30万余元，完成4个车间标准化建设。联合长沙市中级人民法院、长沙市星城地区人民检察院，实现全省首批服刑人员减刑庭审网络同步直播，提升监狱执法工作公信力。推进扫黑除恶专项斗争，落实值班值勤制度，坚持与驻狱武警联勤联动，健全应急值班制度，完善应急处置预案，开展联防演练，提升反恐防暴能力。

【戒毒工作】 2020年，长沙市星沙强制隔离戒毒所连续三个季度获得湖南省戒毒管理局“场所安全风险等级评估一类所”，获湖南省戒毒管理局“新冠肺炎疫情防控工作先进集体”表彰，2020年实现“六无”（无逃跑、无非正常死亡、无重大所内案件、无重大疫情、无重大安全事故、无所内吸毒）和“疫情零流入”目标。切实加强理论武装，开展党性教育，组织集体（扩大）学习10次。开展深化戒毒管理和队伍建设大整顿、执法管理专项警示教育等活动，开展“五个一”［摄制一部警示教育片、汇编一本“忏悔录”、排练一台警示教育剧（节目）、采编一份内部报刊、建设一个警示教育馆（室）］活动，编写戒毒人员忏悔录，发行《星诚报》，完善青少年禁毒教育基地建设，添置新型仿真毒品模型，2020年接纳社区、学校等社会团体参观1000余人次。推行“5+1+1”教育矫治模式（一个星期5天劳动教育，1天正课教育，1天休息），2020年组织戒毒人员参加入所适应教育60人、戒毒知识教育334人、法律法规教育320人、心理健康教育350人、回归指导教育109人，组织戒毒人员参加技能培训30人次，合格率100%。开展“家国情”春联创作，“感恩亲情”家书朗读，“健康人生，绿色无毒”“讲好戒毒故事、感恩伟大祖国”等主题征文活动，组织球类、棋类、拔河、书画、歌唱、演讲、工间操、《中华人民共和国民法典》知识竞赛等活动，丰富戒毒人员的文娱生活。开展心理咨询和团体心理辅导，分类、分对象组建攻坚小组，建立心理危机干预方案，加强重点人员转化攻坚。推进“百千万”戒毒操守工程（通过5年时间，打造百个成功案例——100个保持操守3年以上，在就业创业、守法诚信、爱护家庭、服务社会、禁毒宣传等方面有突出成绩的戒毒成功案例；培养千名戒毒典型——即1000名保持操守在2年以上，就业、参与公益、社会适应能力较强的戒毒典型；建立万人操守团队——即10000名保持操守1年以上的戒毒操守团队），回访“百千万”戒毒典型培养对象103人。全国统一司法行政戒毒模式建设基本完成，“四区五中心”（四区：强制隔离戒毒人员入所后，按照戒毒规律，统一经过生理脱毒区、教育适应区、康复巩固区、回归指导区四个期段和区域的戒治流转；五中心：所内设立戒毒医疗、教育矫正、心理矫治、康复训练、诊断评估五个专业中心，对戒毒人员开展系统、专业的戒毒治疗、教育矫治和康复训练，最后通过综合诊断评估解除出所）进入实体化运行。

2020年，长桥强制隔离戒毒所坚持以推进统一戒毒模式为主线，以深化戒毒管理和队伍建设大整顿为抓手，以防控疫情确保场所安全为重点，强基础、补短板、抓创新，完成各项目标任务。推进党支部“五化”（支部设置标准化，组织生活正常化，管理服务精细化，工作制度体系化，阵地建设规范化）建设，落实“三会一课”、主题党日、民主评议党员等制度，建立意识形态工作责任制和舆情风险监测评估机制，落实廉政家访，开展警示教育。打造具有长桥特色的“桥”文化，建立党建文化、传统文化宣传阵地及民警职工文体活动中心，开展篮球赛、读书沙龙等活动。推进全国统一司法行政戒毒模式建设，“四区五中心”实体化运行。借助定王台社区戒毒社区康复工作站，延伸工作职能。落实疫情防控要求，成立疫情防控工作领导机构，建立应急处理机制、应急预案。落实远程教育、课堂教学和技能培训，加强医联体合作，建立远程视频会诊机制，引入省司法警官职业学院体能康复训练团队，组织心理辅导和心理矫治，落实解戒人员“必接必送”制度，做好戒毒人员出所后的衔接管控，强化帮扶教育和后续照管，加强所外就医、社会适应性训练人员管控，确保不脱管漏管。推进戒毒管理和队伍建设，开展安全生产、行为养成、“百日安全竞赛活动”“扫黑除恶”等专项活动，定期组织隐患排查整治，2020年收治戒毒人员249人，解除强戒人员344人。

【社区矫正】 2020年，长沙市市、县两级完成社区矫正机构设置，宣传《中华人民共和国社区矫正法》，组织现场宣传184场，设置现场咨询台188个，设置宣传栏263个，发放宣传资料35978册，摄制社区矫正宣传片和短视频，在广场、地铁、公交、磁悬浮快线实现“万屏联播”。推进“智慧矫正”建设和社会化建设，9个区县（市）全部建成社区矫正指挥中心，开福区、芙蓉区“智慧矫正中心”建成并通过验收。全市“智慧矫正”建设投入总额近600万元，智慧矫正一体化平台使用运行月度考评成绩居全省前列。落实刑满释放人员衔接管理、必接必送、跟踪帮教措施，服刑人员信息核实率、衔接率、回执率达到湖南省司法厅标准；所有刑满释放人员由司法所接回或由监所送回，对1217名重点帮教对象全部落实帮教措施。2020年接收社区矫正对象3320人，接收监所刑满释放人员4653人，未发生社区矫正对象脱管失控、重大刑事案件、重大群体性事件和重大负面舆情事件。 （本栏撰稿 郭芳芳）

表6 2020年度十大优秀司法执法案例一览表

序号	案例名称	申报单位
1	万某某与文某某、湖南省达美房地产开发有限公司民间借贷纠纷审判监督案	长沙市人民检察院
2	杨某某、喻某某等四人诉胡某某生命权纠纷案	长沙市中级人民法院 宁乡市人民法院
3	周某某诉张某等人健康权纠纷案	长沙市中级人民法院 宁乡市人民法院
4	衡阳市人民检察院诉彭某某、郑某某、彭某、张某某环境污染责任纠纷公益诉讼案	开福区人民法院
5	长沙市知识产权局处理樟树港辣椒地理标志证明商标侵权纠纷案	长沙市知识产权局
6	彭某某强迫卖淫、强奸罪一案	芙蓉区人民检察院
7	某国土资源局不依法履职行政公益诉讼案	宁乡市人民检察院
8	长沙市“注水肉”类食品安全问题社会综合治理案	长沙市人民检察院
9	汪某、郭某诉长沙岳麓山风景名胜区麓山景区管理处公共场所管理人责任纠纷案	长沙市中级人民法院
10	星沙强戒所戒毒人员邹某的个别化教育矫治案例	长沙市星沙强制隔离戒毒所

（资料来源：市司法局）

表7 2020年度十大典型行政复议案例一览表

序号	案例名称	申报单位
1	符合法定处罚情形是行政机关依法作出行政处罚的前提条件—某检测公司不服某环境保护局行政处罚决定案	天心区司法局
2	房屋征收决定的审查 丁某不服某区人民政府房屋征收决定行政复议案	长沙市司法局
3	销售侵犯注册商标专用权的商品的认定—江苏彭某钢铁公司不服长沙市某局责令改正行政复议案	长沙市司法局
4	目的解释在行政复议案件审查中的运用与实践—长沙某家具厂不服某市人力资源和社会保障局工伤行政确认案	宁乡市司法局
5	行政复议具有不同于行政诉讼的独特优势—某村委会诉某区城管执法复议案	岳麓区司法局
6	药品经营企业未履行进货检查验收制度的认定—某康复大药房行政处罚案	长沙市市场监督管理局
7	内设机构不能直接实施影响行政相对人合法权益的行政行为—楚某建设公司不服某高新技术产业园区管委会招投标活动投诉处理决定行政复议案	长沙市司法局
8	不履行法定职责案件的审理—屈某某不服某街道不履行法定职责一案	开福区司法局

续表 7

序号	案例名称	申报单位
9	违法建（构）筑物事实的认定和法律适用—黄某某不服某区城市管理综合执法大队作出的《行政强制执行决定书》申请行政复议案	长沙市城市管理和综合执法局
10	政府信息的范畴与告知—王某不服某区征收办信息公开答复申请行政复议一案	芙蓉区司法局

（资料来源：市司法局）

表 8　2020 年度十大示范公共法律服务案例一览表

序号	案例名称	申报单位
1	湖南省长沙市天心区公共法律服务中心对未成年人李某某申请人身保护令提供法律援助案	天心区司法局
2	业主拒缴物业费，物业起诉却倒赔万元	湖南淇凭律师事务所
3	救活一家企业、平息一场干戈的提存公证案	长沙市长沙公证处
4	湖南省长沙市法律援助中心对周某涉嫌诈骗罪提供法律援助案	长沙市司法局
5	舞蹈练习受伤之自甘风险	宁乡市法律援助中心
6	有固定退休金的退休人员因交通事故致残，残疾赔偿金与被抚养人抚养费应否核减	北京中银（长沙）律师事务所
7	档案遗失难退休法律援助安晚年	芙蓉区司法局
8	“网恋”引起的诈骗犯罪	长沙县法律援助中心
9	协议离婚后未办理变更登记，所有权人确权纠纷	雨花区司法局
10	患者李某与湖南某医院医疗纠纷调解案	长沙医疗纠纷人民调解委员会

（资料来源：市司法局）

仲　裁

【概况】　2020 年，长沙仲裁委员会有全国 15 个省（直辖市）、香港、台湾和新加坡籍仲裁员 660 名，涵盖金融、房地产、建设工程、国际贸易、知识产权、影视文化、电子商务、计算机信息技术等专业领域。2020 年，长沙仲裁委员会受理各类商事案件 2668 件，受案标的额 61.1 亿元，办结案件 3238 件（收案 3869 件），结案率 83.7%，2020 年无案件被人民法院裁定撤销或不予执行。

【湖南首家知识产权仲裁院在长沙揭牌】　2020 年 10 月 19 日，由长沙仲裁委员会、湖南省知识产权协会、中国（长沙）知识产权保护中心联合举办的长沙仲裁委员会知识产权仲裁院揭牌仪式在长沙举行。湖南省市场监督管理局党组成员、知识产权局局长段志雄，长沙仲裁委员会主任刘晓明，长沙市知识产权局党组书记、局长孙进，湖南省司法厅公共法律服务管理处处长陈少杰共同为长沙仲裁委员会知识产权仲裁院揭牌。著名民法学家、长沙仲裁委员会专家咨询委员会首席专家梁慧星到会并现场授课。长沙仲裁委员会知识产权仲裁院，致力于为知识产权的创造设立、运用流转、权利救济等提供仲裁法律服务，打造独具“长沙样板”的知识产权仲裁品牌。　（本栏撰稿　薛颖丰）

2020 年 10 月 19 日，湖南省市场监管局党组成员、知识产权局局长段志雄（右二）为长沙仲裁委员会知识产权仲裁院揭牌　长沙仲裁委员会　供图

军　事

MILITARY AFFAIRS

编辑　刘盼盼

长沙警备区

【概况】 2020年，长沙警备区备战备勤保持状态，接受上级突击检查抽查60余次均无错漏，指导雨花区、长沙县抓建常备常用拳头民兵分队，多次接受战区、省军区检验拉动。按纲施训成效明显，按大纲规定课日组织师、团两级首长机关普训普考，超额完成年度基干民兵训练任务，参加全省基干民兵新质力量比武，获得3个第一名、2个第四名，接受中央军委训练管理部按纲施训专项监察反响较好。演训任务完成出色，芙蓉区人武部完成民兵分队紧急出动示范演练和现地教学任务。深化民兵调整改革，指导开福区组建全国首支基干民兵新媒体大队，指导望城区挂牌成立5支雷锋民兵分队，民兵新质力量和特色民兵分队抓建经验在全省进行推广介绍，完成军委国防动员部深化民兵调整改革"回头看"检查考评任务。拓展深化军事职业教育试点成果，警备区作为省军区系统代表在全军军事职业教育论坛做经验交流。全年出动民兵参与抗洪抢险和疫情防控等任务。

思想政治　把学习贯彻习近平新时代中国特色社会主义思想特别是习近平强军思想作为理论灌注的主线、全年教育的主课，警备区党委常委会22次集中学习习近平总书记最新重要讲话和上级重要文件，举办学习贯彻中共十九届五中全会精神理论轮训班，开展"五看五增强"教育活动，常态整理推送时政微视频和主题教育微宣讲，结合专武干部培训、基干民兵轮训跟进安排学习宣讲。中央军委国防动员部思想教育工作检查调研给予肯定。贯彻军委主席负责制，落实"三项机制"，信息服务工作位列省军区第一名。紧贴中心工作作报道，被省军区表彰为新闻报道先进单位。落实人武部党委第一书记任职谈话、宣布命令大会、述职和党管武装绩效考评等基本制度，拓展协调把市直部门、工业园区（经济功能区）纳入绩效考评范围。坚持人项任务培养考察干部，坚持凭实绩论能力推荐使用干部，警备区加强文职人员培训建议被中央军委国防动员部推介。重视意识形态工作，落实形势分析、政治考核等制度，纠治形式主义、官僚主义。纠风治弊，稳妥推进基层风气监察联系点转点，协调完成中央军委纪委监委对警备区住房历史遗留问题调查核实，从严核查问题线索。

疫情防控　落实专项交班、请示报告、军地联防联控3项机制，抓实人员排查、部队管控、饮食卫生、公共区域消杀灭4个关键，从严从紧落实疫情防控措施，实现"零感染"防控目标。发动国防后备力量抗疫战疫，第一时间在省、市主流媒体向专武干部和民兵预备役人员发出倡议，走访慰问抗疫一线军队人员和基干民兵，组建民兵党员先锋队、志愿服务队，浏阳市人武部协调地方捐赠物资支援湖北，雨花区人武部每日出动民兵在高铁南站执勤。巩固拓展精准扶贫成果，警备区首长机关联点帮扶长沙县青山铺镇天华村，统筹资金推进帮扶项目落地，望城区、长沙县、浏阳市、宁乡市4个人武部帮扶的408户1020人全部脱贫出列，高标准通过国家和省市普查验收。

国防动员　应对制衡强敌专项任务准备，集中修订、对接会审国防动员计划和分支方案，军地联合对国防动员"十三五"规划落实情况进行检查考评。开展国防动员潜力统计调查和重点潜力核查，在全省率先组织辖区新质动员潜力统计调查，受到省军区通报表扬。规范落实大学生入伍37条硬核措施，落实廉洁征兵监督员和"零报告"制度，举办全省新兵入伍欢送仪式，完成年度义务兵、直接招收士官和定向培养士官征招任务。推进基层武装部星级达标建设，乡镇街道武装部"三星"级达标率100%，"四星"级、"五星"级达标率位居全省前列。组织乡镇街道专武干部业务轮训、新任职乡镇街道专武干部资格认证培训，在全省率先探索组织重点国有企业、新兴园区、"两新"组织专武干部资格认证培训，专武干部队伍能力素质进一步提升。

综合保障　补充购置市属民兵营装备器材，与地方应急管理局签订《应急装备保障协议》，联合市财政局制定下发《市民兵事业经费管理实施细则》，开展民兵经费联合会审培训。开展家底清理上缴、遗留问题整改、个人账户清查等后勤重点行业领域整肃治理，开展经适房清理摸底核查、高层建筑消防安全检测，组织在职人员和新兵被装精准发放，推进落实文职人员在地方社保机构参保，规范加油卡管理、公务卡消费和军人保障卡转接。升级改造民兵武器仓库安防设施，完成退役报废武器调运销毁任务。

军地协作　联合地方职能部门推进全市双拥示范点创建，助力长沙实现全国双拥模范城"七连冠"。协调地方接收计划分配军转干部、安置随军家属、落实军人子女教育优待，妥善解决随军家属安置历史遗留问题。军地联合举办长沙市"双带双促"活动总结表彰大会，连续3年举行退役军人暨随军随调家属专场招聘会，开展"走边关、暖军心"慰问和关爱老军人老民兵、困难基干民兵活动，常态落实悬挂光荣军属牌、送立功喜报等拥军优属政策。协调推进民兵"双争"活动，编印主题宣传册、拍摄制作微视频，推动民兵荣誉体系建设。协调召开市国教委全会，申报省国防教育研究专项课题，推荐报批第六批省全民国防教育基地，牵头主办湖南省第20个全民国防教育日主题活动启动仪式、长沙市第四届"爱我国防"主题演讲比赛及颁奖仪式，网上直播实时观看人数超100万人。

安全管理　落实党委议管、风险评估和安全检查等制度，抓好两个新颁发《条例》学习贯彻，常态开展"四不两直"安全保密检查，开展季节性

2020 年 2 月 1 日起，雨花区人民武装部组织民兵在高铁南站执勤　长沙警备区　供图

事故隐患排查整治、驾驶员教育和交通安全整治，突出抓好网络和信息系统专项整治，定期开展保密和信息网络安全培训，依托岳麓区人武部组织保密和信息网络安全、武器装备管理建设规范观摩，安全管理工作量化考评排名省军区第一名。巩固拓展警备区机关正规“四个秩序”试点集训成果，雨花区人武部抓建经验获省军区党委全会推介。组织开展网上涉军敏感信息排查整治专项行动及首届军营网络安全宣传周活动，印发网络安全知识手册和宣传册，军地协力整治违规网站平台，制定整改强固措施，消除风险隐患。机要通信、军史编研、学生军训等工作完成。（邓宇洋）

【军分区（警备区）党委第一书记党管武装工作述职会议】　2020 年 1 月 10 日，军分区（警备区）党委第一书记党管武装工作述职会议在湖南省军区召开。会议以电视电话会议形式召开，各军分区（警备区）设分会场。会上，长沙等 11 个市州的军分区（警备区）党委第一书记，围绕“管政治方向、管思想建设、管组织领导、管解决重大问题”4 个方面在分会场作述职发言。（邓宇洋）

【协助长沙火车站疫情排查】　2020 年，因新型冠状病毒肺炎疫情的发生，长沙市雨花区人民武装部组织民兵，会同长沙火车南站担负昼夜排查、游客引导、体温检测等疫情防控工作，采取 3 班倒的形式对东西广场 4 个出入口实施 24 小时值守防控，并在车站大厅搭建 8 座野战帐篷开设疫情防控监测点，第一时间对体温异常旅客进行检测。（邓宇洋）

【慰问一线抗疫人员家属】　2020 年 2 月 18 日，新冠肺炎疫情发生后，联勤保障部队第九二一医院先后派出 3 批次 26 名医务工作者，到湖北抗战一线。长沙警备区、开福区人民武装部组织慰问团到第九二一医院慰问 26 名援鄂医护人员家属。长沙警备区政治工作处主任、开福区人武部部长、政治委员等参加慰问。在座谈会上，医院领导向慰问团介绍 26 名援鄂医护人员个人情况，该院第一门诊护士长周曙光在疫情发生消息传来后第一时间提交请战书，于 2 月 11 日晚上 12 点受领任务，次日 8 点到武汉。慰问团表达对像周曙光这样在关键时刻挺身而出的医护人员的敬意和对家属们理解支持的感谢，并送上抗击疫情慰问金及物资。（邓宇洋）

【“决战双拥创建助力长沙发展”座谈会】　2020 年 4 月 10 日，长沙警备区、长沙市退役军人事务局联合组织的驻长沙部队“决战双拥创建、助力长沙发展”座谈会召开。湖南省军区、国防科技大学、武警湖南总队、长沙军事法院、长沙军事检察院、武警长沙支队等相关负责人出席座谈会。会议指出，创建省级、全国“双拥模范城”是一项系统工程，不仅体现长沙军政军民关系，更体现驻长沙部队的政治站位和爱民宗旨，体现部队的责任与担当，要自觉把创建工作作为驻长沙部队和驻军官兵义不容辞的政治任务来完成，在思想认识上同心、创建目标上同向、责任落实上同担，齐心协力为长沙争创全国“七连冠”多拿分、打满分，让长沙“双拥”名片响亮全国、惠及军民。会上，市退役军人事务局局长荣爱华传达全市双拥创建工作推进会精神，介绍长沙市近年来双拥工作情况，并通报 2020 年全省、全国双拥创建形势。参会领导围绕“长沙双拥工作怎么看，部队双拥创建怎么办”逐一发言。长沙市教育局、市退役军人事务局等地方单位代表就部队普遍关心关注的军人“三后”问题，分别作出政策解读，对部队提出的若干建议进行现场答复。（张运年　邓宇洋）

【民兵教练员集训】　2020 年 4 月 20 日，为期 5 天的长沙市民兵教练员集训在某民兵训练基地展开。长沙警备区司令员现场进行集训动员。此次集训从全市初选“教官”中选拔若干名民兵教练员作为重点专业民兵教练员，其中若干名为退役军人。（张运年　王晓光）

【军警民联合护线宣传活动】 2020年5月17日，湖南省2020年军警民联合护线宣传活动在长沙举行。湖南省军区战备建设局、省“三电”办等军地单位相关人员出席座谈会。座谈会上，与会人员围绕“新形势下坚持发展与保护并存，如何更好地保护军用通信设施”这一主题展开的交流与探讨。（邓宇洋）

【市民兵应急连紧急出动示范观摩会】 2020年5月19日，长沙市民兵应急连紧急出动示范观摩会在某训练基地举行。长沙警备区司令员、战备建设处处长、政治工作处主任、保障处处长、各区（县、市）人民武装部负责人等参加观摩，基干民兵参加演练。观摩以某区人民武装部组织民兵应急连执行维稳处突任务为背景，演示分析研判情况、总结讲评等7个方面内容。在机动和遂行任务过程中，应急连各排快速了解情况，协助地方公安进行维稳处突任务，先后进行阻车器、防爆钢叉、抓捕网枪等装备器材演练。（邓宇洋）

【欢送新兵入伍仪式】 2020年9月11日，长沙市2020年欢送新兵入伍仪式在高铁南站举行。湖南省军区副政委、省征兵领导小组副组长，省军区动员局副局长、省征兵办副主任，长沙市委常委、长沙警备区政委，长沙警备区副司令员出席仪式。首批新兵胸佩红花绶带，身穿崭新的军装。来自长沙民政职业技术学院的新兵代表承诺：“一定牢记肩负的使命和职责，练就铮铮铁骨和过硬军事素质，让青春在部队岗位发光。”2020年湖南省男兵起运从9月10日开始，9月20日结束。（邓宇洋）

【国防教育重点工作暨征兵宣传推进会】 2020年5月27日，全市国防教育重点工作暨征兵宣传推进会举办。市委常委、市委宣传部部长、市国教委副主任陈刚，副市长、市国教委副主任刘明理，长沙警备区副司令员、市国教委副主任出席。陈刚强调，做好新时代全民国防教育工作，要观大势、识大局、谋大事，准确把握国防教育使命要义，关注国防、研究国防、助力国防。要重引领、抓覆盖、讲创新，推进国防教育普及深入。（张运年）

【抗洪抢险应急演练】 2020年6月20日，长沙市抗洪抢险应急演练在望城区翻身垸大堤举行。国家综合性消防救援队伍、驻湖南部队、民兵预备役人员、专业救援队伍及社会救援力量参加演练。演练在湖南省应急厅设总指挥部，在翻身垸设立现场指挥部，省军区副司令员、省防指副总指挥在总指挥部全程参与指挥。长沙市委副书记、市长、湖南省2020年抗洪抢险应急演练现场总指挥通过视频连线，向省防汛抗旱总指挥部报告，通过军地联合指挥，水、陆、空协同作战方式，形成省、市、县三级联动组织实施抢险救援行动。此次演练以民兵为主参演大堤散浸处置、管涌处置、舟艇救人、受灾群众安置、生活生产恢复5个课目。演练动用了直升机、运兵车、冲锋舟、橡皮艇、无人机、特种救援装备、工程机械、潜水及医疗救护设备。（邓宇洋）

【退役军人暨随军随调家属专场招聘会】 2020年7月11日，长沙警备区政治工作处、长沙市退役军人事务局联合举办的2020年夏季退役军人暨随军随调家属专场招聘会在长沙人才市场举行。现场设置100个展位，同时开启网络直播带“岗”。用人单位包括大型国企及知名私企，职位涵盖工业制造业、医疗健康、健身文娱、生态农业、地产物流等领域。此次招聘会有若干名退役军人以及随军随调家属到场求职。（张运年）

【“你是我的英雄”公益讲解活动】 2020年8月1日，长沙市芙蓉区人民武装部、金鹰955电台、湖南一起公益在长沙市迎宾路国防教育宣传长廊联合主办“你是我的英雄”公益讲解活动，献礼“八一”建军节。大同小学、八一路小学、四方坪小学的学生及韭菜园街道居民，近200人在小讲解员的讲解下，围绕260米的国防教育宣传长廊了解英雄故事。（邓宇洋）

【安全教育活动】 2020年8月7日，长沙警备区组织机关全体人员到湖南省公共安全体验馆参观学习，开展安全教育活动。通过仿真道具、公共事件实景演练提升官兵、文职人员和职工的公共安全防范意识。在馆内组织了包括地震小屋、台风、高空逃生、汽车碰撞等项目体验，并观摩汽车落水逃生的正确方法。该活动是通过利用地方资源来组织部队安全训练的创新举措。（冯肇熙）

【“家庭军事日”活动】 2020年8月18日，首次“家庭军事日”活动在长沙市开福区国粹教育基地举行，活动由开福区人民武装部、浏阳河街道、福元路社区、开福区第一小学等军地相关单位联合举办，该区浏阳河街道福元路社区40户家庭90余人成为首批体验家庭。（邓宇洋）

【第20个全民国防教育日主题活动】 2020年9月19日，湖南省在长沙县田汉文化园举行第20个全民国防教育日主题活动启动仪式。省委宣传部副部长、省国教办主任肖凌之，长沙警备区副司令员、市国教委副主任出席活动。该活动以“奋进新时代，聚力强军梦”为主题，通过升国旗仪式、文艺演出、现场宣讲和国防教育云课堂等形式进行。（邓宇洋）

【长沙市被评为全国双拥模范城】 2020年10月20日，在北京举行的全国双拥模范城（县）命名暨双拥模范单位和个人表彰大会上，长沙市被评为全国双拥模范城，这是长沙连续

7 次获评荣誉。近 4 年长沙市接收退役军人占全省的 30% 左右，安置随军随调家属，百分之百落实退役军人安置岗位和待遇补助相关规定；增拨经费解决退役军人自主择业干部医疗保障，出台退役军人创业扶持办法，举办随军家属和退役军人招聘会促进就业。同时，长沙市对优待抚恤进行提质拓面，将城乡义务兵家庭优待金统一提高至 2.5 万元，发放义务兵家庭优待金和奖励金，发放医疗和抚恤补助资金，免费巡诊惠及优抚对象。出台《长沙市军人子女教育优待实施细则（试行）》，若干名现役军人子女享受优待。出台《长沙市现役军人和残疾军人有关优待暂行办法》，不断改善军休军供，并开展全覆盖的慰问活动。（张运年）

【长沙市第四届“爱我国防”主题演讲比赛决赛】 2020 年 11 月 20 日，长沙市第四届“爱我国防”主题演讲比赛决赛在长沙学院举行。赛前，各区县（市）国教委和长沙高新区、市国教委成员单位经过约 2 个月的选拔比赛，来自全市大中小学校的学生以及退役军人、民兵预备役人员、机关企事业单位中的 16 位选手胜出，参加此次以“奋进新时代、聚力强军梦”为主题的演讲决赛。该次主题演讲赛由长沙市委宣传部、市教育局、市退役军人事务局、长沙警备区政治工作处、共青团长沙市委员会和市全民国防教育委员会办公室共同主办。经过评委对参赛选手现场演讲情况进行评比打分，最终 1 人获一等奖，3 人获二等奖，6 人获三等奖。

（张运年　邓宇洋）

2020 年 11 月 20 日，长沙市第四届“爱我国防”主题演讲比赛在长沙学院举行

长沙警备区　供图

武警长沙支队

【概况】 2020 年，武警长沙支队通过组织党委中心组带机关理论学习、理论宣讲辅导和干部理论轮训，开展“双百”微课评选，抓实理论武装。创新抓好主题教育和经常教育，设计“五红”配教活动（用红色资源、讲红色故事、打红色烙印、铸红色灵魂、做红色传人），增强教育的时代性感召力。建立“我是小教员”“我是广播员”“我是解说员”理论骨干体系，开展“纪念雷锋参军入伍 60 周年”“党史军史知识竞赛”等系列配合活动，推动文化熏陶。组织“文化战‘役’，网上云端”、“强军杯”篮球赛、心理文化服务走基层。推行政治教员资格认证和持证上岗制度，激发教员队伍活力。2020 年，1 人被评为武警部队十佳政治教员，2 人被评为总队十佳“四会”政治教员。通过参与演习，紧贴“魔鬼周”极限训练、冬季新兵野营拉练和重大临时勤务，有效提升政工干部开展任务中政治工作的能力。修订完善《支队年度抓建基层计划》，科学制定《支队“双争”活动操作办法》，组织 3 批党委机关下基层蹲点帮建和 4 个季度按纲建队考核，不断提高机关指导帮带水平。召开官兵意见恳谈会，收集基层官兵反馈的意见建议 54 条，让官兵的问题和意见有地方反馈，有人回答；强化担当干事正向激励，挖掘培塑先进典型，3 人立二等功、1 人被评为总队“践行强军目标十大标兵”、1 人被评为总队“十大标兵士官”、1 人被评为总队拥护强军“十佳军嫂”。开展岗位练兵活动，选送参加各类集训学兵若干人，通过职业技能鉴定，提升兵员素质；通过推进政治领域官僚主义专题清除纠治、巡察反馈问题整改和师级以上干部落实有关待遇规定专项清理整顿，净化官兵思想，强化号令意识，提升工作标准；坚持挺纪在前，先后给予纪律处分、实施诫勉谈话若干人，落实基层风气监察联系点工作，报批转点若干个；在春节、国庆等节假日，制定廉洁过节禁令、开展作风建设督查，防范“节日病”发生。

【实战训练】 2020 年，武警长沙支队坚持“不中断内容、不迟滞进程、不忽视防疫”原则，科学计划、灵活施训、优化保障，确保“战疫”与练兵两不误。结合备战比武竞赛活动，抓参谋人员集中专攻精炼，利用封闭式管理训练黄金期，组织首长机关集中训练，根据首长机关教学分工，组织机关干部完成要图标绘、战术计算和想定作业等自训作业；按照“全员参与、一人不漏”的要求，结合首长机关定级考核进行强化训练和补差训练。结合按纲施训自查活动，采取“边检查、边培训、边规范、边整改”的方法，阶段性组织“回头看”，结合按纲建队考核进行2个回合全覆盖式按纲施训专项检查。开展勤训轮换，着重围绕射击、400米障碍、单兵综合演练等重难点课目。结合基础课目教练员集训，采取“岗位自训、网教统训、考评验收、巩固深化”的形式，组织教练员开展岗位练兵活动，组织抓训组训业务辅导，提升教学组训能力。支队先后完成押解、押运等各类临时勤务；完成二级以上临时警卫安保勤务若干起，特别是2020年中共中央总书记、国家主席、中央军委主席习近平到湖南视察警卫安保任务中，受到习近平表扬：“服务保障工作很到位，向同志们表示感谢”。推进“八个体系”战备建设，制定支队方案，统计上报各类作战数据，其中上半年支队机关作战数据库已基本完成，“一室一站”已建设完成；结合本级特战、机动力量建设实际，制定《应对强敌专项准备检验评估实施方案》，检验评估主要检查日常战备工作落实、战备设施建设以及遂行任务行动准备等内容；全面推进“3+1”战备力量体系建设，进一步明确各级各类人员携装配装标准；完善抗洪抢险方案预案，加强抗洪抢险演练，补充调配物资。

【后装保障】 2020年，武警长沙支队把备战打仗作为后装保障的第一要务，全面提升保障打赢能力。推进“聚力打好后勤重点行业领域整肃治理攻坚仗”活动，对表梳理问题，逐条细化整改。组织“强化廉政主管责任，纯正后勤行业生态”专题教育，落实好10项学习教育内容。组织召开行业整肃治理动员部署会。研究遂行多样化保障任务的特点规律，结合支队任务实际，修订完善后勤保障方案（计划）、后装战备方案十大类，明确人员抽组、岗位定人、设施定位、人装定训，做到“随需组建、随队出动、随时展开”。组织冲锋舟操作手集训队与长沙市应急局、岳麓蓝天救援队在湘江橘子洲水域开展协同演练，检验水上救援能力，熟悉地方救援方法。通过完成一级加强临时警卫勤务、遂行任务能力检验、不打招呼战备突击检查、抗洪抢险、“魔鬼周”保障等多样化保障任务，锻炼保障部机关的组织指挥和协调能力，强化后装保障分队战斗意识和遂行多样化任务保障能力。开展群众性练兵活动。常态化组织“一组五队”拉动，重点抓好中队战勤编组、给养单元操作使用训练，卫生员战场救护技能培训和官兵自救互救训练。利用勤训轮换时机，组织基层单位若干名后装专业兵能力素质进行岗位轮训。督导基层因地制宜开展“1126”“6211”饮食保障模式运行。加强枪弹管理，组织支队军械器材员集训，培养拟任军械器材员，为军械岗位新老交替提供候补专业人才。年初支队修订通过《长沙支队采购实施细则》，通过强化采购监管，实行“三采合一”，进一步规范采购程序，明确采购责任。全年支队完成战备物资库、副食品配送、直饮水设备、公寓区整治等物资工程服务集中采购任务。突出保障战斗力生成的鲜明导向，集中人力、财力、物力优先保障科技强勤、训练场地、战备设施、武器装备、部队演训5类关键项目。科学编制支队2020年度经费预算，审核安排预算项目，安排预算资金。开展涉枪涉弹问题专项整治活动，组织清仓查库，点验武器装备数质量，做到账务相符。开展“重教育、强技能、严惩治、促安全”车辆交通安全专项整治和“军车交通安全月”活动，加大军车纠察检查力度，维护部队军车良好形象。邀请地方交警部门以“守规则、平安行”为主题的行车安全教育4次。

【基层建设】 2020年，武警长沙支队抓好总队《纲要》集训成果转化。在“明确抓建标准、学会抓建方法、务实抓建作风、压紧抓建责任”等重点工作上常抓不懈，基层基础进一步夯实；抓好“四不两直”（不发通知、不打招呼、不听汇报、不用陪同接待、直奔基层、直插现场）检查督导，实现网络查、实地查和突击查联控互管，每月将所有基层单位覆盖一遍、每周将检查录像讲评一遍，形成真抓实帮、有责有为、齐抓共管的浓厚氛围；强化大队“前沿指挥所”能级管理作用，研究制定大队工作规范，定期召开大队工作会议，按照“211”工作模式（每月2周蹲点帮建，1周研究工作，1周休整）规范大队抓建秩序；坚持以大项活动为牵引，抓好经常性管理工作落实，制作《执勤部（分）队正规化建设图册》并组织支队队列会操，正规部队一日作息、内务设置、军容风纪等内容。开展“首长机关做表率，院内分队样板”活动，坚持严下先严上，突出抓好首长机关办公秩序和严实作风，带动部队“四个秩序”进一步规范。结合新下发的《安全工作八个方面基本工作规范》，专题组织辅导授课，指导部队抓好检查评估。结合重大节日、重要时段，机关干部蹲点和按纲建队考核，组织安全大检查和“抓制度、严纪律、防事故、建安全”专项教育整顿活动，同时常态开展支队“四不两直”检查，排查纠治各类隐患问题，有效堵塞安全漏洞，提升官兵安全防范意识。针对违规外联、失泄密问题，对全支队办公电脑、手机、移动存储介质和文印设备进行覆盖检查，集中组织涉密办公设备和涉密文件资料清理销毁工作，先后组织专题保密教育辅导，开展群众性大讨论活动。

【执勤安保】 2020年1月17日，武

警长沙支队完成省“两会”执勤安保任务。5月31日至6月2日，长沙支队完成代号一级警卫勤务任务。

【扶贫工作】 2020年1月13日，长沙支队将价值12万元的扶贫医疗器械物资送到岳麓区九丰村村委，岳麓区政府调研员戴德泉、含浦街道办事处主任夏峰以及九丰村村委成员一同出席捐赠仪式。九丰村是以农业生产为主的大村，人口数量多，距离市区较远。自村卫生室主体工程建设完成后，由于资金原因，一直未能完全发挥作用。从2019年5月开始，武警长沙支队党委成立专项帮扶工作组，对口援建九丰村卫生室，为村民就医提供便利，帮助村民享受均等化的基本公共卫生服务。同时，在地方有关部门配合下，支队了解当地贫困户的数量和情况，为他们提供一定经济援助，并计划为贫困学生捐赠书籍和奖学金，确保他们不会因家庭贫困而失学。捐赠仪式后，武警长沙支队党委领导一行到九丰村实地查看，并与村卫生室负责人进行沟通交流，详细了解设备投入使用情况和目前的主要困难，并看望当地困难户，送上慰问品。 （本栏撰稿 彭振辉）

2020年1月13日，武警长沙支队一行将价值12万元的扶贫医疗器械物资送到九丰村村委

武警长沙支队 供图

人民防空

【概况】 2020年，长沙人防系统加强“战时防空、平时服务、应急支援”能力建设，开展巡察整改和人防行业专项整治，推进“放管服”改革，落实“所有行政审批职能全部向审批处集中、审批处中承担审批职能的人员全部向政务服务中心集中、行政审批事项全部向电子政务平台集中，审批事项和审批人员进驻大厅到位、审批授权处室及窗口到位、电子监察到位”的“三集中三到位”改革要求，在做好新冠肺炎疫情自身防控的同时，落实免租、减租措施促进人防商业复工复产，在全年疫情防控形势严峻的情况下，人防工程建设和开发利用同比实现正增长；人防指挥系统融入市应急指挥中心，同步开展应急值班；人防工程进展顺利，完成全年目标任务。

【指挥通信体系建设与训练】 2020年，长沙人防系统完成长沙市人防指挥信息化（数字人防）建设项目招投标并启动建设；1501信息化二期可研报告已经通过专家评审；省国防动员“三级”指挥网第二路由建设试点工作按计划推进；2020年完成若干台固定防空警报器新装和验收工作，验收警报房若干个；完成防空袭方案修订和重要经济目标分级分类工作；指导长沙市第四水厂和新奥燃气制定了重要经济目标防护方案；按照省办要求，在全市范围内开展人防志愿者征集活动，共征集志愿者150名。5月，组织市办带区县（市）人防指挥通信业务训练；6月，组织人防通信警报专业队参加全省2020年抗洪抢险应急演练；7月，在省军区综合训练队开展市县两级人防系统“准军事化”训练；11月，组织12支人防专业队在西湖文化园58小镇进行人防知识普及和宣传，同时组织医疗救护、通信警报、抢险抢修等人防专业队开展早期人防工程突发事件处置演练活动，有效检验专业队训练水平和处突能力。

【人防工程建设与维护管理】 2020年，长沙市人防办依法依规依程序开展人防工程建设与审批，做到不减不免不降，完成与多规合一、多审合一等审批工作平台的对接，人防审批事项在“多规合一”信息平台和互联网+线上办理；竣工验收备案人防工程项目若干个，竣工验收面积若干平方米，比2019年增长16.6%；主动对接地铁人防建设。按省政府297号令的规定严抓人防工程维护管理，做到人员、经费、制度三落实，分步完善和建立人防工程平战转换数据库，立足战备，服务平时；开展人防工程地质灾害评估，排除早期人防工程安全隐患，逐步开放和拓展早期人防工程服务社会民生的渠道；开展全市人防工程普查，各区县市人防办按照时间节点完成对辖区内人防工程的全面普查、建档和统计工作，进一步摸清长沙市人防工程的底数；根据省办要求，开展人防工程平战转换试点，已经接受省人防办验收。

【人防宣传教育】 2020年，长沙人防系统“五进”活动推进，5月12日“防灾减灾日”，联合望城区人防办举办“提升基层人防应急能力、铸造坚不可摧的护民之盾”宣传活动；11月1日警报试鸣日，市人防办在岳麓区西湖公园58小镇举行试鸣日宣传活动，各区县（市）也开展相应的演习、宣传活动；开展纪念人民防空成立70周年活动，人防征文、摄影比赛以及人防系统文艺会演依次展开，长沙市纪念人民防空成立70周年成就展展厅11月1日落成并开放运营，展厅面积200余平方米，以人民防空成立70周年为时间轴，运用“多媒体技术”生动展现了人防发展的辉煌成就，接待省、市、区三级领导15批次；按要求开展网站普查整改，对人防官网和官微进行实时动态检测，在人防官网增设“权责清单”和“文明创建”专栏，全年累计宣传报道及公开政务信息230余条。

【人防行政执法】 2020年，长沙市人防办组织2次普法培训，分别对省政府新颁布的297号令和《民法典》进行学习讲解，11月完成年度普法学习和普法考试，通过率100%。结合行业整治开展多区域联合执法督察，重点检查2018年10月至2020年7月的执法案卷，并对督察中发现的问题提出整改要求。全年受理并进行行政处罚6件，审核普通合同65个，基建合同17个，回复“领导信息”9个，办理“12345”热线工单93个，满意率100%。

2020年11月1日，长沙市“11·1”防空警报试鸣暨中国人民防空创立70周年庆祝活动在岳麓区西湖公园58小镇举行

市人防办 供图

【人防行业整治】 2020年，长沙人防系统按上级要求开展人防行业整治，成立“全市人防系统腐败问题专项整治及行业整治工作领导小组”，下设综合、行政执法、工程建设、规费收缴4个专项工作小组，并与市市场监管局、市住建局联合开展整治行动。全市各人防单位从履行主体责任、工程建设管理、行政执法、人防从业企业监管4个方面开展为期6个月的摸底排查，按照市自然资源规划局核发的工规证的顺序，逐项对2013年至2019年人防审批案卷开展全面的梳理和自查，调取规划台账资料、查阅项目人防审批档案资料，全市排查工作做到了“不漏一个问题、不漏一个项目”。全市自查自纠发现问题项目333个，其中市本级发现问题项目139个，各区县（市）及园区发现问题项目194个。截至2020年年底，全市333个问题项目已全部整改清零，整改到位率100%。全市废止与国家、省人防法规政策相悖的相关文件和会议纪要15份。全市各级人防单位在落实整改的基础上进一步建立长效机制，规范工作程序，全市建立《“三重一大”事项集体决策工作制度》等一系列管理制度42份。

（本栏撰稿 陈铁辉）

经济管理

ECONOMIC
MANAGEMENT

编辑　刘盼盼

宏观经济管理

【概况】 2020年，长沙市实现地区生产总值12142.52亿元，比2019年增长4%。其中，第一产业增加值423.46亿元，增长4%；第二产业增加值4739.27亿元，增长5%；第三产业增加值6979.79亿元，增长3.3%。实现农林牧渔业总产值722.2亿元，比2019年增长4.1%。全市规模以上工业增加值比2019年增长5.1%。全市完成固定资产投资比2019年增长6.2%，其中工业技改投资增长29.4%；房地产开发投资增长12%。全市社会消费品零售总额4469.76亿元，比2019年下降2.6%。全市进出口总额（海关口径）为2350.46亿元，比2019年增长17.4%，其中出口额为1548.72亿元，增长10.8%；进口额为801.74亿元，增长32.5%。全市利用外资项目为256个，比2019年下降8.9%；实际利用外资金额72.82亿美元，增长14.3%。全年地方一般公共预算收入1100.09亿元，比2019年增长3%。2020年年末，全市金融机构各项存款余额（本外币合计，下同）23316.81亿元，比2020年年初增加2268.36亿元；金融机构各项贷款余额24261.26亿元，比2020年年初增加3012.55亿元。全市居民消费价格比2019年上涨1.8%。全市城乡居民人均可支配收入51478元，比2019年增长5.7%，其中城镇居民人均可支配收入57971元，增长5%；农村居民人均可支配收入34754元，增长7.5%。

【宏观经济谋划】 2020年，市发展改革委抓好“十四五”规划31个重大问题前期研究，起草形成规划基本思路，编制《长沙市国民经济和社会发展第十四个五年规划和二〇三五年远景目标纲要》，统筹推进全市42个重点专项规划编制。牵头制定并在全国率先发布降低疫情影响稳定经济运行实施方案，在全省率先出台“六保”系统性文件，统筹抓好各级惠企政策落地，助推全市复工复产。建立重要民生商品保供稳价联席会议制度，抢抓防疫物资生产调度，仅用40天时间实现口罩从每天生产17万片到最高日产量超过5000万片，从全球采购到对外出口。全市争取抗疫特别国债45亿元、国家地方性疫情防控重点保障企业资金支持90亿元，获“湖南省抗击新冠肺炎疫情先进集体”称号。牵头开展全市“大干一百天实现双过半”竞赛活动，坚持竞赛活动“一周一调度”、经济形势疫情期间“一周一分析”，在全市形成上下联动、以赛促干的强大合力，推动经济指标恢复性增长。

【政府投资管理】 2020年，长沙市顶住经济下行压力和高基数增长压力，1—12月全市固定资产投资增长6.2%，高于全国3.3个百分点。2020年全市计划内1320个重大项目预计全年完成投资4490亿元，为年度计划的125%。20个制造业标志性重点项目预计完成投资400亿元，占年度计划投资的140%；315个产业链重大项目预计完成投资944亿元，占年度计划的125%。出台政府投资建设项目管理办法，抓好投资项目全过程管理。开展工程建设项目招投标突出问题专项整治工作，完成公共资源交易综合监管平台建设，推行招投标文件范本使用，实现工程建设招投标全流程电子化。加强项目代建制管理，竣工交付项目8个，新推代建制项目4个。建成全市统一的投资建设项目审批中介超市并投入运行，全年审定、评审政府投资项目56个，核减率10.49%。

【争取上级支持】 2020年，长沙市争取中央、省预算资金24亿元，获批企业债券142.2亿元、地方政府专项债382亿元，储备并通过省审核上报2021年新增专项债项目110个，债券需求514亿元。推进与国家开发银行、农业发展银行的金融合作，国家开发银行向贷款企业（重大项目）发放贷款247亿元，农业发展银行累计投放资金183亿元，利率控制在2%~4%的区间。组织推进基础设施领域不动产投资信托基金（REITs）试点项目申报。

【推进产业发展】 2020年，长沙市制定出台新基建三年行动计划、双创升级版实施意见、区块链产业发展三年行动计划、先进储能材料专项资金管理办法等政策文件。新增国家级创新平台5个、省级创新平台25个、省级双创示范基地2个、市级创新平台36个，智能制造装备产业集群发展成效明显，获得国务院督查激励表扬。推动军民融合产业加快发展。做好先进储能材料产业链服务工作，2020年全市储能产业总产值400亿元，比2019年增长45%。抓好产业链供应链安全，汇编22条产业链企业名录。成功申报国家两业融合试点企业2家、省级两业融合试点企业14家。科学分配先进储能材料、创新平台等公共项目资金2.6亿元。制定促进总部经济发展若干意见及实施细则，有序开展全市总部企业认定和楼宇评定，评选出长沙市特色楼宇7栋、重点楼宇6栋，指导成立长沙市楼宇经济促进会。完成第一批、第二批市级服务业示范集聚区复核和抽查评价工作，开展第三批市级服务业示范集聚区创建工作。出台汽车消费政策等系列消费政策，集中组织系列促消费节会活动，长沙成为全国出游最热城市和夜间旅游热门城市之一。

【营商环境优化】 2020年，长沙市以指标长、双对标制度为抓手，持续推进2020营商环境优化工程，制定下发营商环境优化工程行动方案，铺排效能提速、实体经济降成本、企业家权益保护、政策落地四大专项行动及23个一级指标、220项具体工作举措。邀请国家发改委法规司司长杨洁到长沙给市委中心组讲解《优化营商环境条例》。高标准完成国家、省营商环境评价各项工作，出台惠企政策就近办责任人和服务专员制度。制定发布《长沙优化营商环境规定》《长沙营商环境报告2020》，“长沙经验”入选国家营商环境年度报告，连续两年被评为“中国国际化营商环境建设标杆城市”，省对市州优化营商环境考核名列全省第一名。

【深化区域合作】 2020年，长株潭城市群一体化建设稳步推进，规划对接、交通共建、产业协同、民生共享、环境共治等合作事项取得实质性进展。湘赣边区域合作示范区建设启动。对接融入粤港澳大湾区，广州长沙两市签署《战略合作框架协议》。加快推动长江中游城市群一体化发展，区块链技术和产业创新发展合作、公共资源交易合作等重点合作事项取得阶段性成效。加强长岳合作，建设长岳综合交通体系，探索共建虞公港“飞地港”。加强长沙构建四小时航空经济圈研究，出台促进临空经济示范区发展若干意见。编制《中国（湖南）自由贸易实验区长沙片区产业发展规划》，组织申报生产服务型国家物流枢纽、首批国家骨干冷链物流基地等国家重大战略布局。

【推进重点改革】 2020年，长沙市加快“放管服”改革等7项重大改革。深入贯彻落实国家统一的市场准入负面清单（2019年版），持续清理市场准入隐性壁垒。有序推进事业单位车改、国企混改、天然气改革、农业水价改革等事项。编制长沙市创建全国民营经济改革创新发展示范城市总体方案，积极争取长沙入围全国民营示范城市。汇编《支持长沙民营经济改革发展调研资料》《长沙市民营经济示范城市申创工作会议资料》等。组织编制民营经济评估监测体系。市经建投公司事业单位改制工作已基本完成。全年完成各类审批事项568件，制定《工程建设项目告知承诺制审批实施办法》《审批服务“三集中三到

表9　　2011—2020年固定资产投资分类别增长情况统计表

单位：%

指标	2011年	2012年	2013年	2014年	2015年	2016年	2017年	2018年	2019年	2020年
固定资产投资	26.1	20.3	20.1	18.3	17.1	13.9	13.1	11.5	10.1	6.2
按经济类型分										
民间投资	5.1	2.4	23.5	21.0	14.8	3.1	18.0	12.3	12.5	2.9
按产业分										
第一产业	−25.2	35.8	18.7	10.7	−10.5	2.9	19.9	59.8	83.3	−18.7
第二产业	28.2	25.5	25.2	20.6	23.4	9.7	6.3	22.0	10.1	4.0
第三产业	27.1	17.8	17.7	17.4	14.3	16.1	16.1	5.0	6.1	7.7
按投资方向分										
工业投资	27.3	23.7	26.2	18.9	23.4	10.7	6.7	22.1	10.9	3.9
工业技改投资	46.2	17.5	25.5	11.1	20.0	−30.5	3.3	3.7	25.4	29.4
产业投资	30.2	15.3	21.7	17.0	21.7	5.5	—	25.6	10.9	2.1
民生投资	−5.3	16.9	25.7	32.4	39.3	67.5	4.4	1.2	−2.0	15.2
生态投资	81.7	11.0	77.6	27.9	13.3	18.1	−6.8	52.5	23.5	−38.0
基础设施	10.0	1.3	30.8	24.6	34.0	15.4	−2.7	12.7	6.4	4.5
高技术产业投资	—	117.4	−14.2	−2.7	35.3	36.8	37.6	5.7	5.0	24.5
房地产开发投资	29.7	16.4	11.8	13.6	−24.0	26.5	18.2	0.7	11.2	12.0
按结构分										
建筑工程	24.9	10.0	22.5	18.4	26.0	12.8	17.8	5.5	6.9	3.2
安装工程	15.8	37.8	11.1	31.5	11.2	3.4	23.6	−5.7	−9.8	14.4
设备工器具购置	−3.6	30.3	22.5	19.0	12.0	−7.3	20.4	47.4	32.1	2.4

（资料来源：市统计局）

位”改革实施方案》等规范审批文件5个，工程建设项目审批制度改革告知承诺制审批工作成效在全国推广。获“2020年全国信用信息共享平台和信用门户网站一体化建设特色性平台网站”。

【重大课题研究】 2020年，市发展改革委撰写形成《从A股上市公司维度审视长沙市22条产业链发展现状及建议》《国家层面主要政策机遇对接措施建议》《十大发展空间》《十大风险点》等专题研究报告。首次编制系统化的《长沙市经济社会发展数据图标集》。提出2021年全市经济社会发展目标和工作思路，为市委、市政府决策提供重要支撑。2020年计划报告在年初市“两会”上获高票通过。

（本栏撰稿　吴　慧）

国有资产管理

【概况】 2020年，长沙市本级企业国有资产总额1.34万亿元，所有者权益总额3038亿元，实现营业收入914亿元，实现利润106亿元，实现国有资本经营预算收入10.37亿元，国有资本保值增值率103%。其中长沙银行、长沙市城市发展集团有限公司、长沙市轨道交通集团有限公司3户企业资产规模过1000亿元，湘江集团、长房集团、高新控股、交通集团、粮食集团等5户企业资产规模过100亿元。开展“优化转型深化年”“改革创新攻坚年”“国企党建巩固年”活动，市国资委获全省“2019—2020年度市州国资工作先进单位”“国有企业退休人员社会化管理工作先进单位”（均排名第一位）。完成全市9家平台公司市场化转型，实现平台公司再压减三分之一的目标。坚持分类处置、发展优先、一企一策，25家清单内“僵尸企业”全面清零。国家信访局“四重攻坚”重点交办的原长化问题得到彻底解决。省市挂牌督办的四方旧货市场等一批重大隐患整改到位并销号。原化学试剂厂土壤污染治理、曙光集团环保搬迁基本完成。开展党建促发展重点项目观摩、驻长央企党建观摩、党建品牌建设现场交流、“国资防疫·党徽闪耀”等活动，554个生产经营正常的党支部全部建成“五化”党支部。

【国有企业改革】 2020年，长沙市在全国率先出台《长沙市退休人员社会化管理服务办法》，全面完成退休人员社会化管理移交任务，共签订移交协议959份，接管退休人员89160人、退休党员27621名、人员档案89160份，实现协议签订、人员接管、党员接管、档案接管4个百分之百，获国务院国资委肯定，省国资委2次通报表扬并评为先进单位（排名第一位）。公交集团组建方案获得市委、市政府批复，公交集团筹委会人员到位，组建工作有序展开。率先出台《长沙市国资委监管企业混合所有制改革操作指引》，举办国企混改培训会，国企混改实现有章可循、规范操作。城发集团、湘江集团向蓝思科技定增20亿元，水业集团通过定增成功取得上市公司惠博普实际控制权。出台《长沙市市管企业总法律顾问管理办法》，市管国企全面建立总法律顾问制度。出台《长沙市国资委监管企业外部董事管理办法》，开发外部董事人才储备信息系统，建立首批外部董事人才库，派出外部董事5名，加强董事会规范建设。

【国资监管机制创新】 2020年，长沙市全面开展国资监管制度文件立改废释工作，长沙国资监管“1+9+N+X”制度体系构架基本形成。全面完成市属企业集团公司新一轮章程修订。探索国有资本授权经营改革，对长沙市轨道交通集团有限公司、长沙市城市发展集团有限公司、湖南湘江新区发展集团有限公司实行差异化授权。规范国有非金融企业履行金融机构股东职责，建立广电集团、报业集团等市属文化企业出资人监管事项履职清单，强化国有金融资本、文化类企业监督管理。率先研究出台《长沙市国资监管提示函工作规则》《长沙市国资监管通报工作规则》《长沙市国资监管意见书工作规则》《长沙市市属企业国有资产监督闭环管理工作规则》和《长沙市市属国有企业违规经营投资损失责任追究组织实施工作程序（试行）》，构建绩效考核目标、企业财务预算、职工工资总额预算“三位一体”的目标管理机制，推动监管闭环、责任闭环、考核闭环有机衔接、紧密挂钩、同向发力。开展长沙市国有企业资产经营管理突出问题专项整治、“靠企吃企”突出问题专项整治，对市属国企及各级子企业进行清查，以督促改，建章立制，斩断“靠企吃企”利益链，构建企业健康发展“防火墙”。

【新冠肺炎疫情防控】 2020年，市国资国企疫情防控期间全力保供稳价，在水、电、气、粮食、公共交通等领域发挥了顶梁柱作用。国网电力长沙公司、轨道集团被评为全省抗疫先进集体，水业集团邓军被评为省抗疫先进个人。市国资委机关选派3批次26名机关骨干力量到街道社区、园区企业疫情防控一线，市属国企率先复工复产、稳产达产，主动为5091户非国有企业和个体工商户减免租金2.35亿元，帮助中小微企业纾困解忧，共渡难关。安置退役士兵42人，增岗招用高校毕业生等1600余人，做好农民工就业帮扶、根治欠薪等工作。动员国资国企广大党员为抗击新冠肺炎捐款578.3万元。　（本栏撰稿　傅　亮）

土地资源管理

【用地保障】 2020年，长沙市新冠肺炎疫情防控和重点项目保障“两手抓、两不误”，推行工程建设项目“不见面审批”，开辟不动产登记“防疫控疫绿色通道”。制定《落实全市“大干一百天实现双过半”大竞赛活动实施方案》，搭建投资项目保障与服务交办系统，开展两轮“稳投资”项目需求调研，征集220余家单位项目需求740个，实现整体录入、系统批转、台账管理，主动服务项目建设。抢抓省自然资源厅“可报尽报，应审尽审”改革机遇，加快推进重大项目用地报批。全市获批建设用地503宗，面积3342.09公顷。重点保障椒花水库、中联智慧城、三一重卡、蓝思科技、惠科光电、三安光电、宁乡比亚迪等重大项目用地。做好拆迁腾地保障，印发《关于明确长沙市征地补偿安置有关问题的通知》，全市按103号令实施集体土地征地拆迁项目835个，腾地4440.6公顷。优化土地供应，调控供地节奏，深化土地市场分析研判，全市招拍挂出让土地595宗，面积2653.19公顷，成交价1004.37亿元。划拨供应1016宗，面积2650.34公顷；协议出让174宗，面积169.07公顷，价款23.51亿元。市本级土地收入征收入库594.08亿元，完成全年目标任务的177.23%。超额完成年度盘活“三资”任务，长沙市自然资源与规划局被长沙市“三资”工作专班评为优秀单位。

【确权登记】 2020年，长沙市统筹各区县（市）推进农村宅基地和集体建设用地房地一体确权登记，落实经费3.28亿元，完成权籍调查宗地数89.37万宗，调查率100%；完成登记发证62.4万宗，登记发证率91.68%。

【矿政管理】 2020年，长沙市开展各类矿山综合整治，非煤矿山依法整顿年度关闭任务28家，超额完成64家；砂石土矿专项整治年度注销任务78家已全部完成；露天矿山综合整治均已按“一矿一策”明确处置意见，对保留的7家露天矿山按照绿色矿山标准进行整改。开展矿业权清理退出，涉及生态红线和自然保护地的28家矿业权，已全部按要求完成清理处置。推进绿色矿山建设，完成7家省级绿色矿山入库，长沙市绿色矿山建设经验和做法被省自然资源动态专题报道并在全省推介。

【审批流程与制度改革】 2020年，长沙市推进自然资源和规划行政审批流程整合再造，推动“三集中三到位”“综合窗”改革落地。完成“多审合一、多证合一”改革，推进工程建设项目“多测合一”，实行建设项目“多评合一、多验合一”。实施“容缺服务”“告知承诺制审批”机制，推行“菜单式”审批，公布第二批“豁免清单”。积极承接省级土地管理权限下放，审查通过建设项目280余个。全年核发用地预审与选址意见215份，核发《建设用地规划许可证》146个、用地面积689.59万平方米，核发《建设工程规划许可证》753个、面积2164.7万平方米、管线长度222.85千米，核发《建设工程规划竣工验收合格证》210个。

【执法监督】 2020年，长沙市按照“月度卫片+季度卫片”模式开展卫片执法检查。全市查处土地类案件337宗，涉及土地234.11公顷，罚款1593.07万元，没收违法建（构）筑物68.93万平方米，拆除违法建（构）筑物54.23万平方米，移送公安14宗；移送纪检监察机关87宗，追责69人。立案查处矿产违法案件23宗，罚（没）款18.94万元，移送纪检监察机关1宗，移送公安7宗。落实批后监管，查处违法建设案件12件，下达行政处罚决定书15份。

【专项督察】 2020年，长沙市持续开展违建别墅问题清查整治专项行动，长沙市报部违建别墅33宗306栋，违建建筑面积57.06万平方米，全部整改到位。持续推进耕地保护督察反馈问题整改，其中：限期整改问题1237个，整改到位1229个，完成比例99.35%。“挂账”问题121个，其中限期整改问题38个，整改到位38个，到位率100%；持续整改问题83个，整改到位80个，到位率96.39%。开展农村乱占耕地建房问题摸排，完成全部19.22万余个图斑的外业摸排任务，总体摸排进度100%，排名居全省前列。开展“月清三地”工作，建立土地管理情况月调度机制，对省自然资源厅下达的“三地”任务清单逐宗核查、逐宗研究、逐宗处置。

（本栏撰稿　谭江涛）

财　政

·财政收支·

【概况】 2020年，长沙市完成地方一般公共预算收入1100.09亿元、增长3%，其中：税收807.08亿元、增长3.1%，税收增速在中部六省省会城市排名第一位；非税293.01亿元、增长2.9%。税收占比73.36%，比2019年提高0.03个百分点，全省排名第一名。各区县（市）地方一般公共预算收入增速排名前三依次为望城区10.3%、开福区6.6%、天心区6.2%，收入规模排名前三依次为长沙县125.84亿元、浏阳市93.44亿元、雨花区78.05亿元。全市完成一般公共预算支出1501.23亿元，增长5.3%。

【支持经济发展】 2020年，长沙市财政落实减税降费政策，健全市级减税降费跨部门协作机制，坚持普惠性与结构性减税并重，出台《关于有效降低疫情影响稳定经济运行调整长沙市城市基础设施配套费征缴相关事项的通知》等文件，全市累计减税降费235.8亿元。严格收费目录清单管理，实施政务公开“阳光”收费制度，全市降费减负126.62亿元。助力重大基础设施建设，筹集资金26.8亿元，支持“一圈两场三道”升级版建设、老旧小区改造、城市更新、万家丽路220

千伏电力隧道工程建设等。统筹资金39.5亿元，支持黄花机场改扩建、椒花水库、洞株公路等国家、省重点项目建设。安排资金26.95亿元，支持铁路站场迁建、南湖新城、武广新城等建设。聚焦“四精五有”城市品质提升，统筹安排资金10亿元。支持产业项目建设和实体经济发展，统筹34.13亿元用于支持中联智慧产业城项目，安排马栏山视频文创产业园等产业引导资金22.88亿元，安排14.56亿元用于工业企业智能化改造扩面升级、支持22条新兴产业链发展等。助推创新引领开放崛起，不断增加科技投入，建立健全支持企业研发财政奖补办法。2020年市级科技投入26.84亿元，增长18.86%。促进开放型经济发展，统筹安排专项资金12.08亿元，支持“中欧班列”开行、跨境电商产业发展、市场采购贸易方式试点等。

【预算执行】 2020年，长沙市财政优化财政支出结构，不断强化预算约束刚性。加大预算统筹力度，全年部门预算项目支出压减5%、一般性支出压减20%、“三公”经费压减30%。建立支出进度“季初监测、季中督导、季末通报”的管理机制，对未达到预算执行率的单位收回进度滞后的项目资金。开展“三资”盘活，制定总体工作方案、明确绩效考核目标、分解落实任务，通过公共资源有偿使用、完善土地资源管理机制、改变国有企业资产和股权划拨方式等举措，统筹协调推进资金资产资源盘活工作，全市累计盘活“三资”344.28亿元，完成年度目标任务的156.49%。直达资金管理，长沙市获得省级四类直达资金76.92亿元，占全省比重11.55 %。严格按照省财政厅要求及相关资金管理办法，迅速分配、拨付直达资金，建立台账，强化督查，直达资金均按要求及时分配和拨付到位。国库库款管理，健全协同联动工作机制，紧盯每日库款余额，对收入入库、支出控制、资金调度等实行内部联动，优先保障“三保”支出。加强预算执行动态监控，试行预算执行动态监控管理系统，对用款计划申报、调整项目资金用途等情况进行监控预警。强化结转结余资金管理，全年收回结转结余资金20亿元，清理专户资金11.32亿元。

【收入征管】 2020年，长沙市财政围绕增量提质，强化收入征管，财政收入实现平稳增长。开展省级税收下放试点。在人民银行长沙中心支行和税务等部门配合下制定收入划分、征缴、报解、入库、资金调度等办法，确保财政收入准确、完整、安全。及时调整市与区县财政体制，做好财政收入口径转换。集中抓好财政收入，科学制定全年收入预期目标，合理分解征管责任。动态掌握收入进度，准确研判收入趋势。落实收入组织工作要求好调度措施。在稳增长基础上，优化收入结构，提升收入质量。坚持依法征收，严禁虚增收入，确保收入实实在在增长。

【财政管理】 2020年，长沙市财政推进财政管理改革，把制度优势转化为治理效能。建立绩效管理联动联控机制，绩效评价与市人大、纪检监察、审计监督等部门决策共商、信息共享、结果共用、监管共抓。对全市87家单位、392个项目开展重点绩效评价。开展行政事业单位资产经营突出问题专项整治，对全市628家市属单位资产使用管理进行清查。全年完成项目评审金额820亿元，2019年以前154个积压评审项目实现“清零”，历史性实现出窗项目多于进窗项目。资金支付时长压缩至24小时内，90%的支付工作实现网上操作。长沙供应商诚信管理制度获得全国年度创新制度奖。

【防范化解重大风险】 2020年，长沙市财政完善防控机制，强化政府债务风险管控，统筹推进债务公里各项工作。化解存量隐性债务。全市隐性债务累计化解进度252.47%，实现242.17亿元存量隐性债务降本延期，指导宁乡市退出一类风险预警地区。落实省委、省政府“保留平台公司再压减三分之一”要求，督促指导市属平台公司和区县（市）完善市场化转型方案，完成省定平台公司转型任务。全年新增政府债券额度399.2亿元，建设并上线运行长沙市政府专项债券资金管理系统，实现本息偿付、支出进度、问题整改、绩效评价全链条管理。在全省率先对市本级2018—2019年31个、总规模80.38亿元专项债券资金开展绩效评价。 （本栏撰稿　梁　中）

·国库集中支付管理·

【支付业务】 长沙市本级完成国库集中支付改革的预算单位346家，办理集中支付业务33万笔，支付资金784.43亿元，实现改革单位所有财政资金“一个口子出”的改革要求。进一步优化支付流程，缩减办理支付时长，建立健全财政内部相关部门的工作联动机制，深化“放管服”改革，扩大授权支付范围，强化预算单位主体责任，进一步提高国库集中支付效率。2020年，预算单位通过面审办理支付总笔数由2019年的9.05万笔减少到3.93万笔，通过非面审办理支付（直接支付网审和授权支付）总笔数由2019年的2.53万笔增加到2.97万笔。

【资金管理】 2020年，长沙市国库集中支付核算中心对政府投资在500万元以上的项目资金全部实施“双控”管理，有效遏制工程建设领域随意变更、突破概算、直接委托、超付等违规现象，确保资金安全、规范、高效使用。2020年，市本级124家单位、1266个项目纳入“双控”管理，全年累计支付项目资金6366笔，金额339亿元，拒付各类违规资金13笔，金额3397.91万元。

【预算执行】 2020年，长沙市国库集中支付核算中心严格执行人大通过的部门预算，重点加强对预算单位人员支出、工程项目、上级专项等资金的审核拨付，特别是加强对“三公”经费的支付控制，确保“三公”经费两个不超。

【绿色通道支付】 2020年，为应对部分单位的应急事项（如救灾、抢险、慰问困难企业等特殊事项）资金支付，相关单位凭批示件办理借款手续，待事项处理完后，向市财政申请指标，通过财政零余额账户支付归还。全年办理市场监管局、禁毒支队、治安管理支队、交警支队、长郡双语5家单位的借款业务，涉及金额410万元。

【深化区县支付改革】 2020年，为促进全市国库集中支付改革全面整体深入推进，根据各区县改革推进的具体情况加大指导力度，组织交流学习。2020年，实施改革的9个区县（市）总支付130万笔，金额1086.83亿元；其中直接支付金额1066.98亿元，占总支付的98.17%，授权支付金额19.85亿元，占总支付的1.83%。

（本栏撰稿　陈　志）

·财政事务管理·

【非税收入收缴管理】 2020年，长沙市完成全口径非税收入1411.34亿元，比2019年增加252.86亿元，增长21.83%。其中：纳入一般公共预算管理的收入完成293.01亿元，比2019年增加8.19亿元，增长2.88%；政府性基金收入完成1093.41亿元，比2019年增加234.2亿元，增长27.26%；财政专户收入完成12.2亿元，比2019年增加2.39亿元，增长24.38%；国有资本经营预算收入完成12.72亿元，比2019年增加8.08亿元，增长173.82％。

【财政票据管理】 2020年，长沙市发放财政票据3600万份，核销财政票据800万份（市本级）。通过长沙市财政局非税缴费公共服务平台，全年发放电子票据号码539万份，其中市本级发放电子票据号码255万份，实现对财政票据和资金信息的实时跟踪。启动市本级财政电子票据管理改革，拟定《长沙市本级推进财政电子票据管理改革试点工作的实施方案》并获省财政事务中心批复同意。

【缴费便民服务】 2020年，长沙市扩大电子收缴范围，全年新增中共长沙市委办公厅、长沙市人民政府机关荷花园幼儿园、长沙工业职工大学等9家单位的微信缴费和和包支付。进一步完善电子收缴方式，开发长沙非税缴费微信小程序，成功与长沙市青少年宫小程序缴费对接。打通政务中心智慧政府的接口，与“我的长沙”App通过统一支付平台对接，满足市民教育缴费、不动产登记缴费需求。“长沙市非税缴费公共服务平台”实现缴费46.1万笔，交易金额5.25亿元，其中：长沙财政服务中心公众号微信缴费45.8万笔，收入5.23亿元；和包支付1794笔，交易金额19.8万元；“我的长沙”App缴费344笔，交易金额65.5万元；长沙非税缴费小程序缴费823笔，交易金额52.6万元。

【降费减负政策落实】 2020年，《长沙市本级行政事业性收费和政府性基金目录清单》清理发布，要求相关执收单位不得实施目录清单之外的收费项目。2020年市本级保留行政事业

表10　长沙市财政预算收支情况统计表

单位：万元

指标	2020年						2020年比2019年增长(%)
	全市	市区	望城区	长沙县	浏阳市	宁乡市	
地方一般公共预算收入	11000910	3712754	734584	1258431	934367	612118	3.0
增值税	2594389	1149637	206684	372782	191601	168286	−6.2
企业所得税	1132832	418513	57111	82760	61817	57199	13.9
公共财政预算支出	15012319	4942223	1107037	1947015	1514950	1117382	5.3
#一般公共服务	1852702	1025877	122379	227132	120516	127805	3.1
社会保障和就业	1267347	504190	126343	131249	161505	150543	9.8
科学技术	554502	97413	26250	133070	30970	24603	12.6
教育支出	2310537	915425	230354	262601	291769	188679	9.4
农林水事务	955370	258527	123162	188819	219542	163715	4.1

说明：1.自2020年起，湖南省将省与长沙市共享税收收入中省级分享比例进行了调整，地方一般公共预算收入2019年同期数相应调整；2.“#”表示其中主要项

（资料来源：市统计局）

性收费22项、涉企行政事业性收费10项、政府性基金6项（含税务部门征收4项）。督促各执收单位按政策执行涉企收费减负举措，积极配合城中村办公室，对符合城中村税费优惠政策的项目返还城市基础设施配套费3778万元。

【原“公品商城”驻点监督整改】 2020年，长沙市财政完成原“公品商城”的整改销号系列工作。制定发布工作规程、考核办法及细则，配合发布集中采购目录及限额标准文件，调整电子卖场的范围、入驻条件及流程等。整改成果得到市人大、市委纪委的充分肯定，在学习强国（湖南平台）、《中国政府采购报》、中国政府采购网、《长沙晚报》、新华网、新湖南等中央、省、市媒体进行各类报道13次，获得广泛认可。

（本栏撰稿　陈利娜）

·政府采购监督管理·

【概况】 2020年，长沙市完成采购金额192.89亿元，比2019年增加5.47亿元，增长2.9%，全年节约资金11.63亿元，节约率为5.69%，其中市本级完成政府采购85.33亿元。

【优化政府采购营商环境】 2020年，长沙市印发《关于进一步优化政府采购营商环境的通知》，明确单位在促进公平竞争、减少企业成本费用、促进采购提质增效等方面的具体要求。印发《长沙市2020—2021年政府集中采购目录及政府采购限额标准》，提升政府采购限额标准，扩大单位自主采购权。印发《长沙市政府采购负面清单》，通过明确规定政府采购在资格条件设置、采购需求编制、评审标准设定、促进公平竞争等环节应遵守的52项禁止性事项，助力营造公平公正的政府采购市场环境，保护市场主体合法权益。制定《关于营商环境政府采购指标填报工作实施方案》，完成国家营商环境指标填报工作，并按省要求报送营商环境考核资料，推进以评促改。

【规范政府采购管理】 2020年，长沙市财政发挥政府采购政策功能。联合印发《进一步推动两型社会试验区建设推进长沙市两型产品认定实施办法》，对原认定办法文件进行修订。运用政府采购政策支持脱贫攻坚，联合印发《关于运用政府采购政策支持脱贫攻坚以及做好相关信息填报工作的通知》，明确各预算单位通过预留采购份额、鼓励优先采购等措施支持贫困地区农副产品销售，2020年农副产品采购金额4956.84万元。搭建政府采购融资平台，印发《长沙市财政局关于支持中小企业发展进一步推进政府采购合同融资工作的通知》，全面实行线上融资平台管理，充分发挥政府采购连接银行与企业的桥梁纽带作用，缓解中小企业融资难、融资贵的问题。全年为69家企业融资贷款1.41亿元。督促采购单位健全内控制度。印发《长沙市财政局关于加强市级单位政府采购内部控制管理的通知》，对项目需求管理、公示公告、合同履约等政府采购业务流程提出指引。10月21—23日，财政部指定的政府采购宣传媒体——《政府采购信息报》联合政府采购信息网，在南昌召开第15届全国政府采购监管峰会，长沙市财政局获2019—2020年度“全国政府采购先进监管机构”奖。

【政府采购信息化建设】 2020年，长沙市财政局升级政府采购服务平台，完善政府采购合同模板，改版长沙政府采购网，试运行政府采购合同线上融资，优化营商环境。新版长沙电子卖场于2020年6月上线，全年电子卖场完成订单2.35万笔，累计交易金额2.48亿元，节约采购资金2713万元。在第15届全国政府采购监管峰会上，长沙电子卖场的《长沙电子卖场诚信管理制度》获全国2019—2020年度政府采购创新制度奖。全年完成公务用车定点加油28.2万笔，优惠金额326.06万元；定点保险3160笔；定点维修保养备案10058台次，节约金额287.87万元。全年完成政府采购非公开项目抽取4263个，抽取专家人数1.49万人次。

【采购监督执法】 2020年，长沙市财政局调查处理情况反映和举报12起，其中：支持举报事项2起，不予支持7起，转交其他部门处理2起，撤回1起。调查处理投诉23起，其中：驳回投诉7起，投诉部分成立并责令重新开展采购活动1起，投诉人撤回投诉8起，不予受理7起。协助处理行政处罚2起，处罚对象主要涉及1家供应商、1家采购单位，并对27名专家违规行为上网通报。

（本栏撰稿　杨　栋）

·财政评审管理·

【概况】 2020年，长沙市财政评审中心强化服务保障能力，提升财政评审工作质效，全年累计完成评审项目1500个，送审金额816.64亿元，审定金额649.60亿元，核减金额167.04亿元。

【制度建设】 2020年，长沙市财政评审中心全面修订《项目资料进窗清单》等文件，资料目录实行“一次性”告之，提高送审效率。出台《工程建设其他费计费指南》等服务类项目评审标准，建立与市场相适应的费用评审标准体系，确保费用类项目评审有章可循。2020年梳理文件27个，修订完善文件21个，形成较为完备的财评工作制度体系。

【评审效率】 2020年，长沙市财政评审中心制定历年积压项目清理工作方案，指导建设单位完善相关手续和资料，完成2019年1月1日前154个历史积压项目的“清零”任务。开发手机端财政评审管理系统微信小程序，实现远程移动办公，防止因会议、出差等原因影响项目评审进程。抓大放小合理调度，实现出窗项目多于进窗项目目标。

【质量管控】 2020年，长沙市财政评审中心牵头建立市级层面政府投资建设项目财政评审联席会议机制，协调解决评审中的工程变更手续不全、部分计价依据缺失、各部门对相关政策理解不一致等问题，提升评审权威性和公信力。落实内部常态化会商机制，定期组织市场询价，统一工程类项目评审口径。制定《评审员绩效考评办法》《项目评审质量过错责任追究办法（试行）》，印发《审计审减项目案例汇编》，强化项目评审绩效意识，提高项目评审质量。

【服务保障】 2020年，长沙市财政评审中心构建便捷高效的服务机制，7月起将评审报告领取方式由线下领取改为线上推送，建设单位自行下载打印。官网公开所有评审动态，在中心大厅触摸屏上做到评审制度公开、办事流程透明、项目进度可视，来访人员可实时查询。先后组织全市财评中心主任会议，中心内部、建设单位及造价咨询机构业务培训，全市财评系统EPC项目研讨交流会，全市财评系统新定额交底培训等。

【中介监管】 2020年，长沙市财政评审中心全面推行备案制，按“宽条件准入、严监督考核”原则，以精选层和基础层两个层级，组建市级层面造价咨询供应商目录，实行晋降级动态管理。项目委托采用预报名方式，依托信息系统抽签，实行痕迹化管理，所有环节可溯源追查，实现精准监管防控，确保过程公开透明。任务委托后落实质量和进度管控，严格实行责任追究，采取公示、停牌、纳入黑名单等管理方式，提高中介机构违法违规成本。 （本栏撰稿 叶 姝）

税 务

【概况】 2020年，国家税务总局长沙市税务局（以下简称“长沙市税务局”）组织入库各项税收收入1976.99亿元，比2019年增长2.07%，增速排名中部省会第一位；完成市委、市政府考核口径税收807.08亿元，实现了全市财税收入增长3%和税收占比73.4%的成绩。各项工作先后得到总局、省局和市委、市政府领导肯定性批示14次，被评“2020年度全省税务系统绩效管理先进单位”。

【减税降费】 2020年，长沙市税务局开展“用心用力用真情、全员全程全覆盖”便民办税春风行动，对40万户企业实行“一企一策、一事一策”精准辅导，推送税收优惠政策“一码全知道”。完善“清单式”“容缺式”“远程式”政策落实机制，建立“企业申请、税务上门、内部流转、一次办结”服务机制。2020年新增减税109.18亿元，办理出口退税99.2亿元、增值税留抵退税45.77亿元，落实研发费加计扣除政策4699户、金额162.17亿元，减免企业所得税40.54亿元，相关政策建议被国务院办公厅采用。

【助力企业复工复产】 2020年，长沙市税务局下发《新冠肺炎防控税费优惠政策指引》，建立线上快速反应机制，广泛收集并快速响应企业涉税需求，助力企业复产扩能。实地调研走访全市五大行业前20强企业，推出帮扶企业复工复产措施20条。2020年办理因疫情原因延期申报292户次，延期缴税710户次，税款48.63亿元，审批疫情期间房土两税困难减免2332户次4.41亿元，为企业纾困解难。建立企业复工复产专项分析机制，加强企业用工用电、物流贸易、消费生产、发票购销等针对性分析和关联性分析，以及区域经济发展、重点行业企业、重大引资项目等精准性分析、个性化分析，24篇专题分析报告得到党政领导批示和采纳，相关做法得到税务总局推介。

【社保非税征管职责划转】 2020年，长沙市税务局以“平稳高效、服务更优”为目标，建立四级响应机制，提供多元化缴费渠道，推进网格化管理。全市560万人次城乡居民“两险”征收、3254户机关事业单位社保费征收、13项非税收入征收和14万户企业社保费划转工作平稳有序落地。2020年全市入库社会保险费178.86亿元、其他非税收入115.67亿元。

【纳税服务】 2020年，长沙市推出“非接触式”办税服务模式，实现318项业务网上办理，其中159项“全程网上办”。深化“一件事一次办”改革，税务窗口全面进驻同级政务中心。强化与市市场监管局、市公安局、市人社局等部门协作，联手打造“线上+线下”企业开办、注销办理模式，实现开办企业全流程1日办结、简易注销即办即结。

【优化税收营商环境】 2020年，长沙市税务局发布中西部地区首个《税收营商环境白皮书》，向全市承诺、宣传便利化办税举措。试点上线“自然人手机代开发票平台”，解决小规模纳税人开票难。推进发票电子化改革，电子专用发票已在全市范围内推行。拓宽“银税互动”范围，将享受“银税互动”贷款的受惠企业由纳税信用A、B级扩大到A、B、M级，2020年通过“银税互动”平台发放贷款169.58亿元。

【税收治理】 2020年，长沙市税务局全面推进行政执法“三项制度”，上线税收执法公示平台，实现全部执法案件留痕和可回溯管理。推进风险分析识别指标模型建设，2020年推送风险任务7.84万条，查补入库税款

11.82亿元，风险应对完成率100%。上线运行房产工程项目建安造价成本核算系统，快速锁定建安成本扣除疑点，获国家税务总局孙瑞标副局长批示肯定。加大稽查现代化建设，全年立案检查320户，查补入库税款25.53亿元，在查处虚开骗税大要案及骗取疫情优惠政策案件上取得重要突破。

【个税年度汇算清缴】　根据个人所得税改革方案，从2020年开始，个人所得税实行年度汇算清缴。长沙市税务局在利用媒体进行广泛政策宣传的同时，以年金、大病医疗扣除、减免税额为突破口，通过分级分类线下辅导和提示，个税App使用率创新高，全市使用个税App进行申报人数128万人，占纳税人自行申报的99.69%，退税金额3.66亿元，补税入库金额2.34亿元。

【国际税收管理】　2020年，长沙市税务局参与配合湖南自贸区长沙片区方案起草工作，全力支持湖南自贸区创建。落实出口退税政策，助力本土企业“走出去”，完成全市出口企业分类评定3182户次。对于审核无疑点或疑点排除的企业实行“即报即办”，2020年审核通过应退（免）税99.2亿元，办理出口退税平均时间提速到4个工作日内。加强非居民税收、境外

表11　长沙市税务局税种收入统计表

单位：万元

项目＼收入	收入额	比2019年同期	
		增减额	增减（%）
1. 国内增值税	5956094	−650383	−9.84
其中：卷烟	898893	−114022	−11.26
剔烟	5057201	−536361	−9.59
2. 国内消费税	4862275	234889	5.08
其中：卷烟	4539156	316332	7.49
剔烟	323119	−81443	−20.13
3. 企业所得税	3356334	311669	10.24
其中：卷烟	322906	25564	8.60
剔烟	3033428	286105	10.41
4. 个人所得税	1361768	396734	41.11
5. 资源税	4998	2551	104.25
6. 城市维护建设税	517132	−30775	−5.62
7. 房产税	324737	−11519	−3.43
8. 印花税	138494	391	0.28
9. 城镇土地使用税	192854	−35832	−15.67
10. 土地增值税	1220154	161768	15.28
11. 车船税	103007	7328	7.66
12. 烟叶税	6922	1475	27.08
13. 耕地占用税	242214	52587	27.73
14. 契税	1046234	−25981	−2.42
15. 环境保护税	4721	243	5.43
16. 车辆购置税	426859	−6049	−1.40
17. 其他税收（营业税）	5060	−8826	−63.56

（资料来源：市税务局）

税收政策宣传辅导，降低疫情对非居民税收收入的影响，全年入库非居民税收10.5亿元。

【发票免费邮寄服务上线】 2020年，长沙市税务局在全省率先上线发票免费邮寄服务，并拓展至税务文书免费邮寄，建立税务、财政、邮政常态化协作机制，采取“纳税人网上申领+邮政EMS配送”模式，形成“网上申请、订单处理、仓储分发、配送邮寄、签收反馈”的“一站式”管理，实现纳税人“足不出户”申领发票、领取文书。2020年完成免费邮寄25.6万笔、寄递发票1125.8万份。

【扶贫工作】 2020年，长沙市税务局参与脱贫攻坚决战决胜，落实“一户一策”，先后上门帮扶240余人次，投入扶贫资金212万元，带动完成桥梁道路、危房改造、美丽乡村等基础项目建设，帮助贫困户开展培育食用菌、油茶种植、黄牛和蛋鸡养殖项目。2020年，对口帮扶的长沙县上杉村、浏阳市小河乡乌石村建档立卡贫困户107户369人已全部实现脱贫，精准扶贫工作多次获国家税务总局单项推广。

（本栏撰稿 喻 澍）

审 计

【概况】 2020年，长沙市审计机关完成审计项目260个，查出违规金额32.95亿元。其中，市审计局完成审计项目71个，审计整改金额23.34亿元，审计挽回（避免）损失4.77亿元，移送案件线索48起，移送处理人员109人（含以前年度移送处理结果），1个审计项目获全国优秀审计项目，2个审计项目获全省优秀审计项目，获长沙市领导班子绩效考核优秀、平安建设考核优等。2020年11月，市审计局通过全国文明单位复查复评，连续三届蝉联全国文明单位荣誉。近5年，4个项目被审计署评为“全国优秀审计项目”。

【国家重大政策措施落实情况跟踪审计】 2020年2—3月，长沙市审计局开展疫情防控专项审计，审计后挽回（避免）损失1265万元，督促有关部门协调减免普惠性幼儿园疫情期间租金170万余元。3—11月，分季度对9个区县（市）开展重大政策落实情况跟踪审计，督促相关单位清欠48个项目民营中小企业账款8868.88万元、发放或拨付就业补贴等惠民资金6681.61万元。9—12月，开展新增财政资金直达市县基层直接惠企利民情况专项审计，审计直达资金13.13亿元，揭示3.78亿元未及时分配，1.59亿元未及时拨付使用等问题，推动拨付资金1.25亿元，促进新增财政资金用实用好。

【财政审计】 2020年2—6月，长沙市审计机关采取“1+10+N”的预算执行审计模式，对市本级和湘江新区、市财政局等10个部门单位重点审计，通过大数据审计方式对其他96个一级预算单位进行审计全覆盖，审计后挽回（避免）损失7155.31万元，上缴财政资金4.34亿元，促进盘活存量资金4.22亿元。3—5月，重点开展市本级化债情况专项审计，揭示大量新增债券资金结存在项目单位、部分区县欠缴轨道交通项目资本金等问题，及时预警债务风险。

【经济责任审计】 2020年4—11月，长沙市审计局对13家单位的17名县处级领导干部开展经济责任审计，重点揭示部分重大政策落实不到位、个别重点项目推进不力、“三重一大”决策程序不规范等问题250个，移送案件线索6起，上缴财政资金637.95万元，促进领导干部依法履职尽责。5—8月，完成省审计厅交办的资兴市经济责任审计，揭示处置国有资产不当造成损失2636.1万元、某公司违规以不合理资产入股导致国有资产损失478.75万元等突出问题。

【政府投资审计】 2020年，长沙市审计局对长沙汽车南站综合交通枢纽等8个政府投资项目开展阶段性跟踪审计，查出问题149个，审计后挽回（避免）损失2061.79万元。揭示市第四医院滨水新城院区建设未经批准超概3.49亿元（超概44.31%）且工程进度严重滞后，洞株城际公路（长沙段）改扩建工程多计工程费用455.11万元等突出问题，保障重大项目建设。5—6月，完成省审计厅交办国外贷援款项目公证审计项目5个，促进国外贷援款高效使用。7—9月，对湘江新区、高新区财政评审中心和市财政评审中心评审项目开展专项审计，抽审项目181个，在评审核减基础上再次发现多计金额471.31万元，助力财政评审高质量发展。同时，对轨道交通建设项目机电设备建设情况开展专项审计，揭示甲供主材被违规领取，涉嫌造成3100万余元国有资金流失；主材设备采购效率不高，造成5200万国有资产闲置浪费等突出问题，促进政府投资规范使用。

【民生及专项资金审计】 2020年3—6月，长沙市审计局对“一卡通”惠农补贴资金、住房公积金、就业补助资金、“一圈两场三道”建设开展专项审计，督促相关单位加快发放惠农补贴资金1.03亿元、追回违规发放公积金贷款资金1386.3万元、收回违规发放民生项目奖补资金691.5万元，切实维护民生民利。4—6月，对4个区县（市）开展扶贫专项审计，督促收回超额拨付及闲置扶贫资金101.07万元，督促拨付贫困户特殊病种门诊医疗救助102.61万元，助力精准脱贫攻坚。12月，参加审计署统筹组织的社会保险基金审计、住房租赁市场发展补助资金审计，促进惠民政策落实。

【国资国企及园区审计】 2020年5—11月，长沙市审计局对长房集团等6家国有企业开展审计，审计后挽回（避免）损失1126.74万元，揭示了某公司未按合同约定收取保证金及承包金4483.18万元；某经营性资产闲置6949.9平方米，被无偿占用7728.08平方米等突出问题，促进国有资产保值增值。8—11月，对宁乡经开区等5个省级以上园区开展专项审计。

【资源环保审计】 2020年，长沙市审计局继续推进自然资源和环境保护审计，被长沙市环委会评为生态环境保护工作优秀单位。2020年4—11月，对“一江六河”水利建设、绿心地区生态环境保护、城市黑臭水体治理开展专项审计，促进拨付浏阳河流域治理资金8468.82万元，督促相关单位收回专项资金400万元，助力生态文明建设。5—8月，完成省审计厅交办资兴市自然资源资产离任（任中）审计，揭示3.6亿元中央资源枯竭型城市转移支付资金投向不符要求、向国有企业虚假供地19.45公顷等突出问题，推动落实生态环境保护责任。

【审计成果运用】 2020年，长沙市审计局审计发现问题1256个，截至2020年12月底，市审计局反映的已达整改期限的531个问题中，已整改461个，推动修订出台或完善制度39项，上缴财政资金5.96亿元，促进拨付资金到位4.5亿元。向长沙市委、市政府报送审计要情、审计专报、综合报告等共计57篇，长沙市委、市政府主要领导批示26篇次，推动解决一批突出问题。

【审计能力建设】 2020年，长沙市审计局组织审计人员参加中南大学审计业务集中轮训等各类培训17批次，参训人员800余人次，选派审计人员参加审计署、省审计厅“以审代训”，抽调骨干审计人员参加四轮省委巡视4人次、省审计厅税务审计3人次，增强审计人员履职能力。

（本栏撰稿 刘哲君）

统　计

【概况】 2020年，长沙市统计局撰写统计分析报告203篇，5篇被《中国信息报》采用，市级以上领导批示53篇次，其中省委常委、市委书记胡衡华对《一季度全市经济运行情况分析》等14篇统计分析作出重要批示，市长郑建新对《上半年长沙主要指标增速居中部省会前列》等9篇作出重要批示。根据四大家领导“点题”，确定16个重点课题进行深度研究，6位市领导作出肯定性批示。结合第四次经济普查成果选题，确定14个经普课题。统计报告获市领导的高度重视和好评，成果被吸收纳入全市“十四五”规划、软件业等产业发展政策之中。

《经济运行统计监测工作方案》出台，为“大干一百天、实现双过半”提供统计保障。做好疫情对经济的监测分析，完成分析报告18篇，被省市领导批示10余篇。开展6轮“四上”企业复工复产专项调查，省市领导肯定性批示6篇次。完成区县（市）全面小康统计监测，加强全市能源“双控”目标指标预警分析，定期开展湘江新区、六大片区、产业链等统计监测，做好绩效考核、重点民生实事等工作，探索建立区县（市）、园区综合评价指标体系，市委、市政府高度肯定统计所发挥的作用。

开展统计咨询服务，办理网络信件75件，“12345”咨询104件，部门来函80余件，现场及电话咨询200余次。加强新媒体应用，长沙统计微信公众号综合影响力不断提升。组织8项民意调查，涉及样本近5万个，为市委、市政府及时掌握社情民意提供重要的参考依据。

组织编印《长沙市第四次全国经济普查公报》《长沙统计年鉴》等10余种统计产品，全面展示长沙经济社会发展成果。加大对热点问题的解读力度，发布政务信息737篇，省网采用224篇，国家网采用17篇，《中国信息报》采用8篇次，《潇湘晨报》《长沙晚报》等媒体报道60余条。调整统计内外网和政府门户网站相关统计数据发布的栏目，获年度全市优秀政府网站单位。2020年，市统计局被国务院授予“第四次全国经济普查先进集体”，继续保持省级文明标兵单位称号。

【第七次全国人口普查】 2020年，长沙市统计局将“七人普”（第七次全国人口普查）作为全市统计系统的大事、要事来抓，开展普查地图绘制、小区划分、“两员”选聘、入户摸底、短长表登记比对复查等工作，顺利通过国家“七人普”事后质量抽查。市委、市政府高度重视“七人普”工作并列入政府工作报告，提出“工作争创全国先进、普查数据全面准确”的要求。成立以常务副市长为组长的领导小组，全市10个区县（市）、170个乡镇街道、1599个村级单位均组建普查机构。印发《关于做好第七次全国人口普查工作的通知》，将普查工作纳入各级政府目标考核，形成政府主导、统计牵头、部门配合的工作格局。组建督查组定期督促指导各区县（市）、乡镇街道、村（社区）高效推进人普工作。督促各区县（市）、乡镇街道加快落实人口普查经费，市、县两级经费达到9918万元，各乡镇街道均落实相应经费。做好物资保障。抓好“两员”选聘，全市选聘3万余名普查员和指导员。建立定期报告制度，5—8月实行旬报告制度，9—12月实行周报告制度，从10月10日起建立日调度机制，及时解决问题，并编发简报92期。主动承担省级综合试点工作，芙蓉区文艺路街道乔庄社区作为省级综合试点地区，采取普查员入户并结合运用大数据开展普查登记的方式取得良好效果。岳麓区雨敞坪镇泉宏村开展市级综合试点，长沙试点工作得到省人普办的高度肯定。与公安、民政、教育等重点成员单位进行沟通协调，共享利用部门行政记录资料。开展数据整合，快速打通卫健、民政、人社、教育、农业农村等部门数据孤岛。做好排重、比对准备工作，通过户籍清查过滤表与部门行政记录进行查漏补缺，高质量完成入户登记工作。落实“两员”培训工作，完成3万余名普查指导员、普查员前期业务培训工作。举办全市“七人普”综合业务培训班，促使普查员能够快速按时独立地开展入户工作。下发《长沙市第七次全国人口普查宣传工作方案》，构建立体化的宣传模式，电视、广播、地铁、公交、公益显示屏、短信等各项“七人普”宣传全面铺开，线上线下、平面立体、人普进课堂等宣传活动陆续开展，做到全市主要路口、单位、小区、商户宣传全覆盖。开展普查专访和在线访谈，《长沙晚报》刊发《搞好“七人普”，需要您的支持参与——答记者问》。联合长沙地铁媒体推出地铁4号线“七人普”专列，得到国家统计微讯、学习强国湖南平台、今日头条等媒体的转发，组织“首登日”宣传活动。

【统计改革创新】 2020年，长沙市统计局推进地区生产总值统一核算改革，做好统一核算工作以及历史数据修订工作，实现总量、增速、结构顺利衔接。按照制度要求开展区县（市）GDP统一核算，实现各区县（市）GDP数据与全市数据的基本衔接，确保核算数据客观真实反映各区县（市）经济发展状况。按时完成派生领域增加值核算，做好民营企业、中小企业增加值核算工作，做好湘江新区、国家级经开区、六大片区等派生领域增加值核算工作。投资统计改革。对计划总投资500万~5000万元项目由过去的录入上报改革为全面实施联网直报，落实投资数据填报依据上报要求，联网直报率100%。编印投资统计工作手册，印发项目申报入库文件，逐一审核项目资料，实现精准指导，项目申报通过率提升到98.8%，投资申报项目和上报数据质量获得省局肯定。成立专班推进园区统计改革，成立改革工作领导小组，明确工作责任，调研指导园区加强统计工作。制定园区统计业务培训方案，对园区统计负责人和业务人员进行业务培训。园区统计改革工作精准服务园区发展，得到市委改革办的肯定，经验做法在《长沙改革通报》刊发。软件业统计。按照市委、市政府提出的关于“软件业再出发”工作部署，制定软件产业统计工作方案，规范软件业统计工作，把握好名录源头关，提升统计数据质量。加工整理相关统计数据，逐步摸清全市软件业家底，准确掌握软件产业的行业、区域结构等基本情况，撰写的《长沙软件业相关统计分析报告》特色产业统计。精心开展“一县一特”统计调查，撰写的分析材料得到市领导的批示。建立覆盖城乡法人单位的劳动工资调查制度，全在省率先编写并下发《劳动工资实用手册》，对100家重点企业进行培训。全面加强与市产业链办公室的沟通对接，出台《长沙市产业链调查监测实施方案》，定期汇总22条产业链数据，为全市产业链发展提供优质的统计监测服务，工程机械产业链专题分析在《中国信息报》报道。

【数据质量提升】 2020年，长沙市统计局利用全市各类统计工作会议，对中央、省、市关于统计工作的系列重要文件进行再传达、再学习。陆续出台关于《实施意见》的工作方案和《办法》《规定》的配套文件，印发《全市统计法治工作要点》《长沙市统计局统计执法检查工作方案》。健全市县两级统计法治机构，建立防范和惩治统计造假、弄虚作假责任制和责任追究制。每月召开数据质量讲评会议，出台《长沙市统计数据质量监督管理办法及实施细则》《长沙市主要经济指标数据评估办法》，压紧压实数据质量责任。切实强化审核验收，共对企业或项目开展数据查询核实2万余次。加强基本单位名录库管理，完成10115个“一套表”调查单位年报的审核、改错和验收工作，对1681个单位进行退库，对1103个单位进行更新调整，在库单位25.6万个，比2019年度增长21.3%。开展数据质量全面排查和统计造假专项整治，全年对34家企业开展执法检查，对200余家企业开展了批评教育，并抓好问题整改落实。普法宣传。制定《长沙统计法治宣传教育工作计划》《全市统计系统国家工作人员学法考法工作方案》，组织全局干部参加“七五”普法考试，通过率100%。推进《中华人民共和国统计法》进党校，统计法律法规已成为市县两级党校、统计专业培训的必修课。将统计法治宣传融入报表布置、数据采集、资料发布等统计工作全过程，实现法治培训与业务培训相结合、同开展。强化统计社会监督，在政府门户网、微信公众号公布统计违法举报途径。

【统计基层基础建设】 2020年，长沙市统计局争取市委办公厅、市政府办公厅以1号文件下发《关于进一步加强乡镇街道统计工作的通知》，全市有10个基层统计站点被确定为全省示范单位，示范单位数量居全省第一位。对全市170个乡镇街道统计站点实行年度目标管理综合考评，评选出一类统计站点15个、二类统计站点37个。实施处室联系基层统计工作制度，帮助指导基层统计工作并解决一批困难和问题。加强对重点部门、重点企业跟踪监测和联系服务，共服务重点企业800余家，走访调研重点企业单位500余家。对全市企业、部门统计人员进行60余次专业知识专题培训，培训人员3000余人次。组织选派全市部分干部完成3期培训任务，选派2名干部到国家局跟班学习。开展“送教上门”服务基层，安排业务骨干讲授统计业务知识、统计法律法规知识等10余场。充分发挥先进基层统计站点示范带动作用，对全市工作突出、成效明显、示范效应强的乡镇街道统计工作进行集中观摩，激励先进、引领示范，有效提升基层统计工作能力。由市政府督查室牵头进行专项督查，促进基层统计工作平衡发展。组织开展电脑和网络设备全面清查，完成联网直报指挥中心（视频会议系统）升级改造。组织编制《网络与信息安全管理制度汇编》，建立健全10余项工作制度。编印《计算机与网络安全常识50问》，发放到全局干部职工。（本栏撰稿　王成亮）

价格管理

【概况】　2020年，长沙市居民消费价格指数控制在101.8。建立重要民生商品保供稳价联席会议制度和疫情防控期间日调度机制，对全市十大类重要民生商品库存、销量、价格以及市场动态实行“一日一报”制度，发放低收入群体价格临时补贴近1.02亿元、惠及193.8万人次，“米袋子”“菜篮子”保障有力，价格基本平稳。制定《长沙市价格调控专项资金管理办法》及2020年申报指南，对蔬菜基地、蔬菜批发市场等进行价格调控专项补助。制定商品房价格监制会商制度，房地产调控“长沙样本”入选中国改革十大年度案例。

【价格改革】　2020年，长沙市严格执行国家天然气降价政策，全市非居民用天然气销售价格由3.28元/立方米下降至2.88元/立方米。推进天然气价格改革，规范管道天然气延伸服务收费行为，积极开展配气价格调研，推进县（市）配气价格制定工作。做好2020年度农业水价综合改革工作，完成粮食安全省长责任制考核工作目标。

【价格监测管理】　2020年，长沙市做好常规监测。全年向国家及省上报监测报表1215份、监测分析材料181篇，其中被市政府相关领导批示8件、市政府采用1篇、国家价格监测中心网站采用16篇。加强应急监测。疫情期间主动启动紧急预警预案，实行“一日一报，一周一分析”制度。确保监测质量。规范价格监测定点单位，市本级直属监测点38个、监测品种近400个，全年向国家、省价格监测中心上报各类监测数据56616条。提高预警能力。围绕政府关注、社会关心的价格热点难点问题，开展生猪及猪肉价格等调查研究。长沙市价格监测工作质量考核位列全省前茅。

【价格服务职能】　2020年，长沙市落实降本减负政策，全年降低企业电费成本8.85亿元、用气成本0.37亿元，免收高可靠性供电费用2.08亿元，取消、降标收费及减免会费1544.2万元。落实部分景区对全国医护人员免票入园、延长阶段性减免部分征信服务收费等政策，调整水资源费征收标准。按程序制定学费、殡葬收费、污水处理收费、停车收费及建筑垃圾处置价格。依法开展成本监审工作，做细做实各项农产品成本调查工作。全年办理各类价格认定案件5467件，认定价值2.48亿元。其中价格认定案件193宗，认定价值2.36亿元，公车维修审核5274台次，审核金额1172万元，无一例认定结论被复核撤销。（本栏撰稿　吴　慧）

市场监督管理

【概况】　2020年，长沙市市场监督系统统筹疫情防控和市场监督工作，各项工作有序推进，取得明显成效。督促药店、连锁超市营业4795家，开辟绿色通道，力促56家防疫物资生产企业快速备案、投产运营。检查市场主体31万余家次，查处案件278起，查获问题口罩313.4万只，移送公安机关案件5起，逮捕6人；加强进口冷链食品监管及新冠病毒核酸检测排查，采样检测32150批次。巡查药店10.31万家次，处理投诉举报5000余件，立案222起。联合出台十三条扶持政策，

表12　　长沙市市场主体数据统计表

项目	个体（户）	企业（户）	农民专业合作社（户）	合计（户）
累计新设	141844	89319	822	231985
比2019年（%）	16.6	4.45	−10.55	11.32
累计注销	57582	31607	447	89636
比2019年（%）	6.48	9.69	−20.32	7.41
2019年	662934	377653	12140	1052727
2020年	761396	43229	12524	1206219
比2019年（%）	15.31	14.85	3.16	14.58

（资料来源：市市场监管局）

纾解个私经济困难，选派干部驻点帮扶，助力复工复产复课。长沙市市场监督管理局被评为“全国市场监管系统抗击新冠肺炎疫情先进集体”，被评为“全省抗击新冠肺炎疫情先进个人”1名。紧盯降门槛、优服务、减价费、促公正，持续优化营商环境，全市市场主体120万户，比2019年增长14.88%；“一件事一次办”和商事制度改革获全省真抓实干督查激励，长沙市市场监督管理局被评为国家、省营商环境评价工作优秀单位，在省政府对市州营商环境评价中，市场监管指标长沙被评为全省第一名；承办第六届中国民营企业合作大会，签约重大项目31个，总投资392.47亿元，规模、规格、影响为历届之最。坚持依法行政，全面规范行政执法行为，长沙市市场监督管理局被评为市落实国家机关“谁执法谁普法”责任制优秀单位。全年查处各类市场违法案件5377起，移送司法机关18起。开展打击传销专项行动1871次，创建“无传销社区（村）”累计1615个，退出“全国整治聚集式传销重点城市”行列，受理处置咨询投诉举报21.85万件，妥善化解消费纠纷，为消费者挽回经济损失1479.94万元。坚守安全底线，化解各类风险隐患，全年未发生食品药品安全、特种设备安全和产品质量安全责任事故。食品安全综合满意度87.8%。完成“互联网+明厨亮灶”建设餐饮单位4694家，学校食堂实现“明厨亮灶”100%。“放心肉”智能监管被评为国家市场监管总局“智慧监管”十大创新举措之一。开展药品风险防控百日集中整治、打击互联网制售假药和化妆品违法添加等专项行动，查处案件277起；探索“互联网+监管”智慧电梯建设，纳入全省电梯管理重点工作。组织抽检危险化学品、电线电缆等13大类77种重点工业产品1328批次，不合格产品后处理完成率100%。厚植高质量发展根基，在省政府对市（州）政府质量工作考核中获评A级。指导企业参与制修订国际标准8项、国家标准72项，立项湖南地方标准285项，新增团体标准50项，获批国家级、省级标准化试点示范项目32个。组织开展第二届市长质量奖评选，10家组织和2名个人获评；长沙市3家企业和1名个人获第六届湖南省省长质量奖，5家企业获提名奖，占全省50%以上。在全省率先推出“智能制造咨询诊断”“质量诊断”、制造业竞争力指数测评，助企解决问题3580个。举办湖南检验检测与实验室技术创新展览会及论坛活动，达成合作意向30余项；助推中国计量院长沙基地开工建设，国网电科院项目一期建设完工投产。

【营商环境优化】 2020年，全市市场主体1206219户，比2019年增长14.58%；其中企业432299户，比2019年增长15.31%；个体户761396户，比2019年增长14.85%；农民专业合作社12524户，比2019年增长3.16%。推进“一件事一次办”改革和深化“放管服”改革获全省真抓实干督查激励，在省政府对市（州）营商环境评价中，市场监管指标长沙被评为全省第一名；实施市场准入综合窗改革，推进企业登记、申领发票、印章刻制“一窗办”；进一步压缩企业开办时间，在全省率先实现“一日办”；实现企业开办全免费，为企业节约开办成本2700万元。试点推行市场准入线上线下双通道即办改革，《人民日报》予以宣传推介。将部分药品、医疗器械经营的许可和备案权限下放至区、县，实现更多事项“就近办”；扩大食品经营告知承诺制范围，肯德基等大型连锁餐饮服务企业轻松实现“准入即准营”；深化“一件事一次办”改革，整合药品、医疗器械、食品、小餐饮等四个行业经营许可事项，推行“一业一证”“一业一照”，精简材料85.5%，压缩时限65.5%，成为湖南获批自贸区后首项落地改革举措。提供免费“帮代办”服务，推行容缺受理和“不见面”登记，新增食品生产、药品经营许可等六类网上预约事项；持续推进业务系统互联互通，实现“一网通办”，84%的企业登记办理事项实现从“面对面”到“键对键”。

【监管机制创新】 2020年，长沙市市场监管局牵头推进全市“双随机、一公开”（即在监管过程中随机抽取检查对象，随机选派执法检查人员，抽查情况及查处结果及时向社会公开）监管，建立全市“一单两库”（“一单”即双随机抽查的内容，叫随机抽查事项清单；“两库”即检查对象名录库、执法检查人员名录库），汇总554项抽查事项清单，完善111万户检查对象和7356名执法检查人员名录库；随机抽查企业比例达5.5%，检查结果公示100%。编印重大活动市场监管保障手册，建立“3518”工作机制，推动74家重大活动餐饮接待单位提升为量化分级A级单位。开发应用于食品生产环节信息化追溯管理系统，确保现产品流向可查，逆向可追，生产过程风险实时可查，隐患及时可排。食品生产企业注册1210家，录入数据746家，基本覆盖所有在产企业。“放心肉”智能监管获评国家市场监管总局“智慧监管”十大创新举措之一。外卖标准化配送站点、农村集体聚餐管理、体检式预警检查被评为全省食安工作深化改革典型创新举措。

【质量强市建设】 2020年，长沙市发挥标准引领作用，指导企业参与制修订国际标准8项、国家标准72项，立项湖南地方标准285项，新增团体标准50项，获批国家级、省级标准化试点示范项目32个。计量技术支撑不断强化，新建社会公用计量标准40项，完成计量器具强制检定66.84万台（件）；举办省首届计量助推仪器仪表及传感器产业发展高峰论坛。作为长沙检验检测产业链后盾单位，支持园区建设，助推国家智能网联汽车质量监督检验中心（湖南）落户长沙，检验检测能力大幅提升。开展质量创新成果交流、“同心战疫 共铸品牌”系列活动，举办品牌建设年一品一故事主题会，营造质量工作浓厚氛围。组织开展第二届市长质量奖评选，10家组织和2名个人获评；长沙市3家企业和1名个人获第六届湖南省省长质量奖，5家企业获提名奖，占全省50%以上。围绕制造业高质量发展，在全省率先推出“智能制造咨询诊断”“质量诊断”、制造业竞争力指数测评，助企解决问题3580个；举办湖南检验检测与实验室技术创新展览会及论坛活动，达成合作意向30余项；助推中国计量院长沙基地开工建设，国网电科院项目一期建设完工投产。“芙蓉标准化小镇”跻身自贸区重要建设项目行列。

【食品药品安全监管】 2020年，长沙市推进国家食品安全示范城市创建，食品安全综合满意度87.8%，较2019年提高5个百分点。在全省率先出台《党政领导干部食品安全工作责任清单》，全面压实工作责任。加强食品抽检，完成定量检测5.85万批次，评价性抽检合格率99.2%。开展民生快检室共检测样品45.38万批次，阴性率99.9%。开展“百日整治”“护苗”“护老”等行动，组织开展“辣条”、大米、固体饮料、压片糖果、代用茶和肉制品等食品专项整治，排查企业13.2万余家次，学校食堂3287家次，查处食品违法案件3403起，2起案件纳入公安部、国家市场监管总局挂牌督办。健全风险水产品“四双”监管模式，全覆盖检查婴幼儿配方食品生产企业；完成“互联网＋明厨亮灶”建设餐饮单位4694家，学校食堂实现“明厨亮灶”100%。出台《长沙市食品小作坊规范提质三年行动方案（2020—2022年）》，采取政府扶持，以奖代补等形式，引导帮扶食品小作坊进行提质改造，引导推动食品小作坊由“小散低”向“精特美”转型升级，形成“长沙食安”特色。开展药品风险防控百日集中整治、打击互联网制售假药和化妆品违法添加等专项行动，查处案件277起，罚没309.7万元；完成省药监局交办的药品生产企业日常监督巡查19家次、医疗机构制剂室专项巡查13家次，发现缺陷项127项；审核药品不良反应报告7647例、医疗器械不良事件报告1700例；指导开展城乡接合部及农村地区药品流通使用环节专项整治，检查医疗机构1965家，立案59家；加强国产非特殊用途化妆品备案管理，检查产品3285个。

【特种设备安全监管】 2020年，长沙市开展电站锅炉范围内管道、危险化学品相关特种设备、移动式压力容器充装和使用单位、气瓶充装和检验单位、快开门式压力容器、液化石油气钢瓶、易燃易爆危险物品联合执法、锅炉低氮改造等专项治理，重点对全市5家发电企业、5家公用管道使用单位、23家医院、78家气瓶充装单位组织开展专项检查。组织对定点医院医用氧舱、医用氧充装单位和重点使用单位的1500余台（套）特种设备开展隐患排查。着力提升特种承压设备使用登记率和定期检验率，督促完成488台锅炉、5087台压力容器、760千米压力管道、5.88万余只气瓶的定期检验。结合特种设备安全专项整治三年行动、“双随机、一公开”抽查检查、证后监督抽查等工作，组织对1300余家特种承压设备生产使用单位、6500余台特种承压设备实施现场安全监督检查，排查整治隐患780余条。对全市34家中小游乐园和客运索道使用特种设备安全开展专项整治。全年立案查处90起特种设备领域违法违规行为，处罚金额184万元，查封停用特种设备431台（套）。严格落实应急与救援处置工作，“96366”平台受理电梯困人报警7193起，救援平均用时缩近1分钟。指导行业协会开展2019—2020年度电梯维保单位星级评定工作，印发《长沙市电梯安装改造修理企业安全质量失信“黑名单”制度》。组织50余家电梯维保公司开展电梯安全知识宣传活动，举办应急救援演练60余场（次），联合长沙晚报社举行“长沙电梯安全知识有奖问答”活动，10万余人（次）参与。

【价格监督执法】 2020年，长沙市强化市场价格监管，采取市县联动、集中巡查、随机抽查等方式，对车站、大型商超、药店、集贸市场等场所开展全面检查，重点检查违反明码标价规定、价格欺诈等违法行为，全市检查各类门店103124余家，发放价格提醒告诫书3000余份。开展落实阶段性电气价格政策情况检查，减少用户电费支出近5.8亿元，为客户降低用气成本4018万元。开展转供电电价执行情况专项治理，“双随机，一公开”方式检查转供电单位177家，退还消费者多收电费579万元，罚款6.32万元。召开全市支持5G基站建设价费工作座谈会，对1400余家违规转供电主体责令整改，发放提醒告诫书2700余份，清退电费75万余元。联合市教育局等部门对全市46所小学及初高中、中职学校等开展专项督导。责令长沙航天学校、长沙大学附属中学改正违规收取住宿费、择校费等行为。强化对防疫物资、重要民生商品等领域投诉举报处置力度。全市市场监管部门共处理各类价格投诉举报5000余件，处理网络问政、信访、上级交办33件。全年全市立案222起，罚没587.55万元。

【网络监管执法】 2020年，长沙市网络主体325421家，其中交易类主体255118家，非交易类主体70303家。交易类主体中，辖区外电商平台非执照公示网店数量198543家，辖区外电商平台执照公示网店数量12484家，辖区内自建交易网站数量910家，辖区内电商平台数量118家，网络订餐平台店铺数为43063家。抽样监测传统媒体发布各类广告456046条次，发现涉嫌违法广告757条，违法率为

0.17%。抽样监测户外广告14025条次，涉嫌违法46条次，户外广告涉嫌违法率为0.33%。牵头开展2020网络市场监管专项行动、电子商务平台“网剑”专项行动、网络食品安全“清网”行动和清理整治网络销售和宣传“特供”“专供”标识商品等专项行动，累计监测网站、网店132515个次，督促电商平台删除违法商品信息7740条，责令整改网站1508个次，提请关闭网站5个次，责令停止平台服务的网店64个次。开展网络直播行业专项整治，检查线上线下经营者554户和网络主播24人，立案查处直播广告违法案件2件；严厉打击虚假违法广告行为，处置各类涉嫌违法广告线索6184条次，查办各类违法广告案件73件，罚没278.41万元。首次启动对LED户外广告电子显示屏的实时监测，监测省市级媒体广告45万余条次，监测网站、网店13万余个次，督促平台整改信息7740条；开展网购“靶向监测”，编制年度长沙市网络交易市场分析报告、“618”和“双十一”网络购物监测报告。清查P2P网贷机构179家，督促办理注销39家，吊销营业执照12家。

【强化公平竞争】 2020年，长沙市下发《长沙市开展妨碍统一市场和公平竞争政策措施清理工作实施方案》，推进公平竞争审查工作，组织召开全市公平竞争审查工作联席会议、公平竞争审查工作推进会，牵头组织全市开展妨碍统一市场和公平竞争政策措施的规范性文件和政策措施的清理工作，清理相关政策措施文件739份，启动长沙市公平竞争审查工作第三方评估，全面检验全市公平竞争政策环境。加大对虚假宣传、商业贿赂等重点领域不正当竞争专项整治力度，查办案件15起，罚没入库1580万元；加大合同监管力度，检查合同516份，约谈企业145家，查办案件14起。组织召开全市打击传销工作会议，市委常委、政法委书记和2位副市长参加会议，对工作进行指导、部署。坚持“三个最严”（严格对流动人口和出租屋管理、严格对涉传人员管理、严格做好行刑衔接），完善日常管理、群防群治等机制。突出重点地区、重点案件、重点领域，加强打传工作整治力度。全市开展专项整治集中打击行动1871次，共清查摸排流动人口1345036人次，出租屋509068套；劝返遣散传销人员1797人次，查封出租屋458套，录入全国涉传人员信息系统1476人。全市传销举报量比2019年下降90%，新创“无传销社区（村）”61个，全市“无传销社区（村）”累计1615个，占比96%，异地聚集式传销活动得到基本遏制。得到国家市场监管总局和省打传办的充分肯定，2020年7月明确长沙市退出“全国整治聚集式传销重点城市”。

【专项整治】 2020年，长沙市推进扫黑除恶专项斗争，充分发挥市场监管职能，突出商贸集市、专业批发市场等易滋生黑恶势力的重点区域，以欺行霸市、强买强卖和具有涉众型、风险性传销行为为重点，相继开展集中宣传、线索摸排、专项整治、严厉打击等系列专项执法行动，经验被省局和市扫黑办推广；围绕“市场零交易、餐饮零供应、网上零售卖、广告零发布”目标，全力推进“长江禁捕 打非断链”专项行动。出动执法人员17902人次，共检查农贸市场1685个次、商超4095个次，拆除野生鱼门店招牌136处。监测电商平台（网站）共11.67万家，督促互联网平台下线商户3899家，下架菜品2932个。张贴“长江禁捕打非断链”宣传海报6.5万余张，1起案件被国家市场监管总局列为典型案例。强化交通问题顽瘴痼疾整治，共接收相关问题线索427件，做到100%核查处置、100%惩治查办、100%整改落实。

【维护消费者权益】 2020年，长沙市市场监管局制定《长沙市市场监管局2020年消费维权工作要点》，制定《长沙市消费者权益保护2020年度“双随机、一公开”抽查工作方案》，健全完善信息库，组织指导各区县（市）局通过“双随机 一公开”监管工作平台认真完成抽查、录入、审核和公示。完成“12315”热线保号并线至“12345”政务服务热线的工作，全力保障“12345”平台、全国“12315”平台、网络问政、来访、信函、手机终端、局长信箱等多个方面接诉渠道的畅通。2020年全市市场监管系统通过全国“12315”平台、长沙市“12345”政务热线平台共接待消费者咨询、投诉、举报218542件，为消费者挽回经济损失1479.94万元。发布《长沙市消费维权蓝皮书（2019）》，公示2019年度长沙市市场监管部门消费维权大数据及2019年消费维权典型案例和消费警示。针对消费热点难点问题，利用新闻媒体、市局官网和微信公众号及时发布消费维权工作动态和消费警示20余期。

【长沙市市场监管局高新区执法大队挂牌】 2020年5月13日，长沙市市场监管局高新区执法大队挂牌。市政协副主席、市市场监管局局长张庆和，市人民政府副秘书长卢兴映，市市场监管局党组书记陈旭参加挂牌仪式。长沙从市级层面整合原食药监、原质监和商务局的部分执法力量组建成立长沙市市场监管局高新区执法大队，主要承担长沙高新技术产业开发区范围内的市场监管综合行政执法，负责组织依法查处长沙高新技术产业开发区范围内违反工商、质检、食品、药品、物价、商标、专利、原产地地理标志、商务、盐业等市场监管相关法律、法规、规章的违法案件，完成市市场监管局交办的其他执法任务。

【“品牌建设年”一品一故事主题会】 2020年5月8日，长沙品牌·你我共享——“品牌建设年”一品一故事主题会在长沙市实验剧场举办。长沙市

2020年5月8日，长沙品牌 你我共享——“品牌建设年”一品一故事主题会举办

市市场监管局　供图

政府副市长陈澎，湖南省市场监管局副巡视员李杰，长沙市政协副主席、市市场监管局局长张庆和，市政府副秘书长卢兴映、市市场监管局党组书记陈旭等出席活动。主题会分为《心怀家国使命担当》《匠心品质回归初心》《用心服务追求卓越》3个篇章，分别从品牌担当、品牌匠心、品牌服务三个方面讲述了长沙品牌的成长故事。铁建重工、隆平高科、金杯电工、梦洁家纺、九芝堂、文和友、中移电子、颐而康8家企业代表在现场和观众分享了品牌故事。全市保有质量品牌754个，其中政府质量奖17个、鲁班奖获奖项目27个、国家地理标志保护产品5个、中华老字号16家、工业质量奖企业170家、工程质量奖企业195家、国家级农业龙头企业增至10家、新增“三品一标”99个；“国字号”智能制造试点示范和专项项目数量27个，市级智造试点企业668家；长沙湘绣、浏阳花炮进入全国产业集群区域品牌建设试点名录。

【长沙市食品安全宣传周活动】　2020年6月22日，以“尚德守法，食品安全让生活更美好”为主题的2020年长沙市食品安全宣传周启动仪式在天心区黄兴路步行街黄兴广场举行。长沙市政协副主席、市食安办主任、市市场监督管理局局长张庆和讲话并宣布活动启动。长沙市人民政府副秘书长卢兴映为10名“星城食安卫士”代表授旗。天心区委副书记、区人民政府区长黄滔致欢迎词。自2016年长沙市启动国家食品安全示范城市创建试点以来，食品安全治理能力和保障水平不断提升，食品安全状况持续改善，市民对创建工作支持率99.81%、知晓率79.74%，对食品安全满意度85.82%，长沙连续4年获评全省食品安全工作先进单位。活动现场，火宫殿、文和友等10家企业代表在启动仪式上宣誓。市食安委成员单位负责人，高新区、各区县（市）市场监督管理局负责人，企业和市民代表以及媒体记者等200余人参加启动仪式。此次宣传周活动，开展“你点我检”、专题讲座、食品安全知识“五进”等系列活动。

【长沙市2020年“质量月”主题活动】　2020年9月17日，长沙市2020年“质量月”主题活动暨质量创新成果发布交流会在湖南省机器人产业集聚区智能制造中心举行。长沙市副市长朱东铁、湖南省市场监管局二级巡视员李杰出席活动，各单位负责人及相关企业代表300余人参加。2020年，长沙市质量月活动主题为“建设质量强市 决胜全面小康”。启动仪式现场发放长沙市质量强市工作领导小组办公室和长沙市市场监督管理局组织编印的书籍《质量之道——长沙质量管理创新实践》，长沙市市场监管局党组书记邱山东宣读《长沙市2019年度标准创新奖励通报》，为湖南省茶业集团股份有限公司、湖南华曙高科技有限责任公司、浏阳市烟花爆竹技术协会等16家单位颁发了长沙市标准创新奖励证书。湖南大族智能装备有限公司、湖南泰嘉新材料科技股份有限公司等5家企业代表对质量创新成果进行现场交流发言。

【长沙市放心肉智能交易监管平台获推广】　2020年9月26日，“2020中国市场监管论坛”在南京举办，长沙市放心肉智能交易监管平台从全国市监系统214个创新案例中脱颖而出，成为最终发布的10个“智慧监管”典型创新举措之一，将在全国范围内进行推广。“智慧市监”依托移动互联网、云计算、大数据、区块链等新一代信息技术，不断提高市场监管智能化水平，为构建科学、高效市场监管体系插上“智慧翅膀”，建成具有追溯查询、预警举报、分析决策、信用公示和辅助交易五大功能的放心肉智能交易监管平台，从生猪定点屠宰场，到终端销售市场均实现全覆盖。市民在市场买到的猪肉，都可以通过二维码查询到详细的“追溯信息”，包括猪肉产品、检疫证明、企业信息等，以确保消费者买到“放心肉”。该平台还可作为经营者使用的B2B2C的多层级电子商务交易平台，通过在线订货、聚合扫码支付等方式实现屠宰场、批发商、零售户、消费者等各层流转数据的“静默”实时采集，解决经营主体不清、流向不明问题，提高监管精准化水平。

【“一业一证”“一业一照”实行】　2020年10月30日，长沙市全面推行“一业一证”“一业一照”等行业综合许可登记改革，企业登记办证将实行同一行业证照合并办理的新模式，成为湖南自贸区获批以来长沙片区落地的第一项改革措施。当日，在长沙市政务服务中心二楼市场准入综合窗口，长沙市政协副主席、市市场监管局局长张庆和为湖南博达海川医疗器械有限公司颁发全市首张“一业一证”医疗器械经营许可证，湖南省市场监管局副局长李沐为老百姓大药房连锁股份有限公司长沙曙光北路分店颁发全市首张“一业一照”营业执照。此次行业综合许可登记改革通过合并办理，按照“一次表单、一次申请、一次受理、一次核查、一次办结”的模式，将原来的146个细分事项整合为35个事项。申请人合并办理的多个事项，只需提交一套材料，就能一次办结，精简材料85.5%、压缩时限65.6%、减少跑动次数71.8%。此次改革涉及的四个行业共有各类市场主体172067户，占全市总量的15.08%，惠及面将近六分之一。

【第六届中国民营企业合作大会在长沙举行】 2020年11月14—16日，第六届中国民营企业合作大会在长沙举行，此次大会经国家市场监管总局批准，由中国个休劳动者协会、长沙市人民政府、湖南省市场监督管理局共同举办。来自全国各地的600余家企业、1000余名企业家和业内人士齐聚湖南长沙，展示创新成果、探讨发展合作，并为大学生提供数万就业岗位。该届大会以“创新驱动迎挑战 合作赋能开新局”为主题，聚焦新经济、新模式、新动能，通过优质、高成长性的民营科技企业创新成果展示及创新经验分享，致力推动民营企业高质量发展。大会设置了民营企业（科技）创新成果展、长沙市投资环境推介及合作项目签约仪式、大学生就业和企业用工现场招聘会、投资推介暨合作对接会、创新企业新品发布会等9项主题活动。大会期间，31个重大项目签约落地，总投资额392.47亿元，涵盖智能制造、智能驾驶、生物医药等多个领域。

【湖南省特种设备安全事故应急演练】 2020年9月29日，2020年湖南省特种设备（移动式压力容器）安全事故应急演练在长沙市开福区举行，此次演练活动由湖南省市场监督管理局主办，长沙市市场监督管理局和长沙市开福区人民政府承办，其目的是贯彻落实习近平总书记关于安全生产专项整治三年行动的重要指示精神，切实增强特种设备安全事故应急救援处置能力，有效预防、科学处置各类特种设备安全事故。演练过程通过播放短片与现场演练相结合的方式，按照事故报告、应急响应、前期处置、联动救援、信息反馈、响应终止等程序进行，检验移动式压力容器充装和使用单位的自我风险防范控制能力，展示了各相关部门的协同配合处置能力。湖南省市场监督管理局党组成员、副局长杨亲鹏，长沙市政协副主席、市市场监督管理局局长张庆和等出席活动。全省各有关单位200余人观摩演练活动。

2020年 9月29日，湖南省特种设备（移动式压力容器）事故应急演练在开福区隐竹路举办　　市市场监管局　供图

【第六届湖南省省长质量大会在长沙举行】 2020年11月16日，湖南省质量大会在长沙召开，7家企业、1名个人获第六届省长质量奖。省委副书记、省长许达哲为获奖企业和个人颁奖并讲话。副省长何报翔主持会议，副省长朱忠明宣读表彰决定。经审核评议，中车时代电动汽车股份有限公司、衡阳市建衡实业有限公司、湘潭市恒欣实业有限公司、金杯电工股份有限公司、湖南艾华集团股份有限公司、湖南建工集团有限公司、湖南快乐阳光互动娱乐传媒有限公司7家企业以及中南大学湘雅二医院向大雄获第六届省长质量奖。会上，湖南艾华集团股份有限公司代表获奖企业和个人发布《质量宣言》。根据表彰决定，湘村高科农业股份有限公司、盐津铺子食品股份有限公司、湖南中南智能装备有限公司、湖南天欣科技股份有限公司、湖南吉利汽车部件有限公司、湖南颐而康保健连锁股份有限公司、友谊国际工程咨询有限公司、御家汇股份有限公司8个单位被授予第六届湖南省省长质量奖提名奖。长沙市3家企业和1名个人获第六届湖南省省长质量奖，5家企业获提名奖，占全省50%以上。

【第二届长沙市市长质量奖】 2020年12月30日，长沙市质量强市工作领导小组对第二届长沙市市长质量奖拟授奖组织和个人名单予以公示。根据《长沙市市长质量奖评审考核办法》规定，长沙市质量强市工作领导小组办公室组织开展第二届长沙市市长质量奖评审工作。按照“科学、公正、公平、公开”的原则，在组织和个人自愿申报的基础上，经资格审查、材料评审、现场评审和评委会审议表决等环节，并报请市政府审定，第二届长沙市市长质量奖组织名单为湘丰茶业集团有限公司、湖南泰嘉新材料科技股份有限公司、湖南星邦智能装备股份有限公司、湖南元亨科技股份有限公司、长沙市轨道交通运营有限公司5家公司。第二届长沙市市长质量奖拟授奖个人名单为浏阳市骨伤科医院名誉院长江林、湖南高升宏福家具有限公司董事长谢沛吾2名个人。第二届长沙市市长质量奖提名奖拟授奖组织名单为长沙中联重科环境产业有限公司、长沙格力暖通制冷设备有限公司、澳优乳业（中国）有限公司、湖南高桥大市场股份有限公司、湖南金龙电缆有限公司5家公司。

（本栏撰稿　刘泽霖）

知识产权管理

【概况】　2020年，长沙知识产权创造、保护和运用指标在国家营商环境评价中居全国第八位，顺利进入全国知识产权指标标杆城市行列。长沙运营服务体系工作在全国工作交流会上作典型发言。长沙知识产权保护中心在全国保护中心知识产权快速协同保护工作绩效考核中排名第三位。人民日报等十余家境内外媒体来长开展知识产权保护主题采访，推广报道长沙知识产权保护工作经验。全市共有国家知识产权强县示范县（市、区）3个（长沙县、宁乡市、开福区）、试点县（市、区）1个（浏阳市），国家知识产权示范园区2个（长沙经开区、望城经开区）、试点园区1个（宁乡经开区）、国家知识产权示范企业13家、优势企业31家。

【知识产权创造】　2020年，全市获专利授权33012件；PCT国际专利申请量378件，排名全省第一位；拥有有效发明专利33623件，万人有效发明专利拥有量达40.05件，排名全省第一位；商标注册量66996件，累计有效商标注册量323380件，占全省45.49%。新增“浏阳茶油”地理标志证明商标1件，浏阳花炮纳入中欧地理标志保护协定互保认证范畴，全市拥有地理标志共16件。长沙市专利导航创新高质量发展指数（PNID）指数在全国19个万亿俱乐部（C19）中排名第八位；高被引专利绝对数排名第九位，高被引专利主要集中在新一代信息技术产业、生物医药产业和新材料产业；全市获得发明授权的企业共988家，占比0.8%，在C19城市中排名第七位，中部六城市中排名第一位，较2019年增长0.2%，增幅在C19城市中排名第三位。第21届中国专利金奖评选长沙获1金、3银、18优秀奖。

【知识产权运营】　2020年，长沙市知识产权系统推进知识产权运营服务体系建设，全面促进知识产权成果转化运用。全年累计完成知识产权质押融资金额19.56亿元，其中专利质押金额18.53亿元，比2019年增长24%。深入贯彻省质押评估补贴和市贴息补助政策，为27家企业争取省知识产权局质押评估补贴102.5万元，共拨付贴息补助资金488万元。设立总额达到3000万元的知识产权质押融资风险补偿资金池。支持中南大学、湖南大学获批国家知识产权试点示范高校（全国仅30所），评选知识产权转化突出贡献高校3家、优秀创新团队10个、优秀服务机构3个、高价值专利培育项目5个，新增高校专门转化机构3家，年内累计拨付支持项目资金810万元，高校专利转化295件、合同金额9.96亿元。举办长沙市首届驻长高校知识产权在长转化表彰会议，湖南大学知识产权转化经验被中央电视台经济半小时专题报道。加快推进运营项目标准化、规范化体系建设，指导督促长沙高新区等6家园区推进知识产权密集型产业培育和集聚园区培育，指导巨星建材等10家企业推进知识产权立体保护包培育项目建设，实施地理标志运用促进工程。30个高价值培育项目累计申请专利2937件，其中发明专利1630件，PCT230件，高价值专利产品新增产值514.57亿元。在全国运营服务体系建设工作交流会上作典型发言。

【知识产权保护】　2020年，长沙市委政法委牵头召开知识产权保护工作联席会议，建立部门之间无障碍信息沟通交流机制。市知识产权局指导长沙市知识产权纠纷调委会受理知识产权调解案件543件；与市中级人民法院开展诉调对接工作，接收调解案件20件；开展执法行动20次，办理商标行政处罚案件289件，电商案件446起，专利行政处罚案件18起，专利标识不规范案件656件。“一种轨道式自适应刮粪机”实用新型专利侵权纠纷案入选2020年度全国专利行政保护十大典型案例和湖南省知识产权保护十大典型案例。在2020年国家营商环境评价中，长沙的知识产权创造、保护和运用指标评价排名全国第8，是18个评价指标中唯一一个进入全国前十的指标，长沙顺利进入全国知识产权指标标杆城市行列。长沙知识产权保护中心全年共接收专利快速预审申请案件1904件，较2019年增长105%，专利授权总量730件，授权速度屡创新高，发明专利授权最快35天。保护中心综合服务窗口“一站式”服务窗口接受业务咨询1589次，受理业务2242项；共办理知识产权维权援助案件40件，给予22家公司103个案件115万元资金援助。办理举报投诉案件18件，进驻展会开展知识产权服务5次。在2020年度知识产权快速协同保护工作考核中，长沙知识产权保护中心位居全国第三位。签订《长株潭知识产权运用和保护合作协议》，确定三市在执法协作、调解咨询、宣传培训等方面开展合作交流。举办海外知识产权保护实务培训班与海外知识产权布局实务培训班，建立长沙海外维权援助专家库。

【知识产权服务】 2020年，长沙市知识产权系统推动知识产权公共服务下沉，争取省知识产权局资源集聚，在宁乡高新等四个省级园区设立省知识产权公共服务分中心，进一步变“开门服务”为“上门服务”。为产业链企业开展知识产权预警“诊断”，出具专利预警分析报告28份。开展专利预警分析助推企业创新发展典型案例征集评选，征集2018—2020年期间典型案例12件，推介三一汽车起重机械有限公司集团、湖南国科微电子股份有限公司、湖南杉杉能源科技股份有限公司3家企业专利预警优秀案例3件。推进知识产权标准化体系建设，对创新主体的知识产权贯标认证实际费用择优给予奖励补助，共资助97.7万元。指导区县开展中小微企业知识产权托管工作，全市开展中小微知识产权托管783户。开展中小微企业知识产权托管资助，对29家知识产权中介服务机构开展的450家中小微企业托管工作进行资助，共计资金135万元。开展地理标志专用标志更换及使用管理工作，针对全市15个地理标志一对一出具了地理标志换标工作指导意见。推进制定地理标志行业标准1项（浏阳夏布）、地方标准1项（沙坪湘绣）、团体标准2项（浏阳菊花石雕、浏阳茶油）。长沙地理标志产品使用企业119家，其中换标企业103家，换标率100%，新增企业16家；地理标志商标使用企业79家，其中备案许可企业54家，备案许可率100%，集体商标使用企业25家。举办知识产权网上公益直播课堂9讲，指导长沙市商标协会等行业协会组织线上知识产权维智沙龙14次，组织企业和服务机构就知识产权管理多维度进行交流，全年培训人员近2000人次。

【知识产权军民融合试点推进】 2020年，长沙市完成国家知识产权局、中央军委装备发展部对长沙市2019年度知识产权军民融合试点评估考核工作。指导军民融合企业开展专利信息分析和竞争态势分析，助力军民融合企业知识产权布局。率先全国启动中国（长沙）知识产权保护中心国防知识产权纠纷保密环境建设。

【长沙使用专利无效多方异地远程审理首案】 2020年8月26日，国家知识产权局专利局复审和无效审理部通过远程审理方式在中国（长沙）知识产权保护中心对实用新型专利无效宣告案件——“自动焊标牌系统”进行远程口审。此次远程审理中，请求人在长沙保护中心审理庭、专利权人在北京办公室、合议组在复审和无效审理部审理庭，三方联线首次开启长沙保护中心专利无效多方异地远程审理。该种多方异地的远程审理模式打破了地域空间限制，方便了双方当事人；互联网审理系统使用的人脸识别、数字签名、录音录像等技术手段，保证了专利无效远程口审的合法性。

2020年8月26日，长沙专利无效多方异地远程审理案现场　　市知识产权局　供图

【全国商标受理窗口工作座谈会在长沙举行】 2020年1月14日，全国商标受理窗口工作座谈会在长沙举行，商标局局长崔守东、副局长陈文彤、党委常委姚坤以及相关部门负责人，全国各省级知识产权管理部门商标受理窗口工作负责人和部分商标受理窗口代表约50人参加会议。会议对50个先进窗口给予表扬，先进窗口代表进行经验交流，听取对商标注册便利化改革工作的意见，对地方商标受理窗口业务质量管理相关文件进行讨论。长沙商标受理窗口获全国先进窗口表彰并作典型发言。会后，国家知识产权局商标局局长崔守东一行到长沙商标受理窗口，考察窗口工作开展情况。长沙市知识产权局党组书记、局长孙进汇报了全市商标工作情况。

【“4·26”知识产权宣传周活动】 2020年4月21日，“4·26”知识产权宣传周活动启动仪式在岳麓山国家大学科技城举行，活动现场举行了发布《长沙知识产权保护状况（2018—2019年）》白皮书、签订《长株潭知识产权运用和保护合作协议》《知识产权质押融资银政合作协议》签约、知识产权成果转化项目签约等一系列活动。4月21—26日宣传周期间，市直各相关单位和各区县（市）、园区共举行政策入企宣讲会、培训讲座、沙龙论坛、评比竞赛、成果展示等60余场活动，全面展示长沙知识产权事业发展进程，普及知识产权知识，培育和提升社会公众知识产权意识、创新精神。

【湖南师大知识产权运营有限公司揭牌成立】 2020年6月23日，湖南师大知识产权运营有限公司揭牌成立。湖南师范大学党委副书记、校长刘起军，长沙市人民政府副市长邱继兴等领导出席揭幕仪式。该公司将以市场为导向，充分挖掘、培育和转化高校的高价值专利，提供知识产权评估、挂牌上市、许可转让、作价投资、交易鉴证、托管登记、项目融资、项目推介、政策咨询、法律维权等相关服务，打造一站式、全方位的知识产权运营服务平台。这是湖南省高校探索科技成果和知识产权完全市场化运营模式的尝试。

【长沙知识产权创业投资基金成立】 2020年8月26日，长沙知识产权创业投资基金成立。该基金是经长沙市政府、市知识产权局批准，由长沙市国投集团、宁乡高新区、优势资本、百兴集团等发起成立，首期规模2亿元。基金成立后将采取市场化形式，发挥财政资金的带动作用，引导社会资本通过股权投资，强化知识产权运营的资本供给，扶持长沙拥有核心专利、高成长性的初创期或成长型企业发展壮大，以此推动长沙高质量发展。作为全国知识产权运营服务体系建设重点城市，股权投资将推动拥有核心技术和知识产权的科技型企业走向资本市场，促进知识产权与金融深度融合发展。

【“浏阳茶油”注册国家地理标志证明商标】 2020年9月18日，国家知识产权局下发浏阳茶油地理标志证明商标注册证，“浏阳茶油”成为浏阳第7个、长沙市第16个国家地理标志证明商标。油茶是浏阳传统的优势产业，浏阳独特的气候、土壤、地形水文条件，油茶籽加工过程中对加工工艺的细节掌控，以及独特的人文因素，使浏阳茶油“不饱和酸、油酸、亚油酸和烟点均较高，优于普通茶油”的独特品质。

【首届驻长沙高校知识产权在长转化表彰会】 2020年12月22日，长沙市首届驻长沙高校知识产权在长转化表彰会议在岳麓山大学科技城举行。会议对驻长高校知识产权在长转化突出贡献高校、优秀创新团队、优秀服务机构进行表彰，对3家高校知识产权转化专门机构授牌，5个高价值专利组合培育项目在会上签约。市政府对中南大学、湖南大学、湖南农业大学3所高校颁发驻长高校知识产权在长转化突出贡献奖奖牌，并分别给予50万元、30万元、20万元的奖励；对中南大学副校长胡岳华、湖南中医药大学副校长葛金文等10个创新团队颁发优秀创新团队奖牌，分别给予每个团队10万元的奖励；对中南大学科技园（湖南）发展有限公司等3家机构颁发优秀服务机构奖，分别奖励10万元。授予湖南师范大学、湖南农业大学、湖南中医药大学知识产权（转化）专门机构牌匾，分别给予20万元资金支持。授予湖南省知识产权交易中心有限公司为高校知识产权线上交易平台，给予20万元资金支持。5个高校高价值专利组合培育项目在会上签约，给予每个项目150万元的经费支持。

【“一种轨道式自适应刮粪机”实用新型专利侵权纠纷案】 2020年9月4日，长沙市知识产权局进驻长沙2020年第十八届畜牧业博览会，开展展会知识产权保护执法监督工作。请求人智慧畜牧机械河北有限公司现场向执法人员投诉，被请求人焦作方大农牧科技有限公司展出的产品“轨道式自适应刮粪机”与涉案专利的技术特征相同，侵害其实用新型专利权。执法人员立即立案，开展现场调查，对被请求人的参展区域及展出的被控侵权产品进行拍照取证。经由长沙知识产权保护中心专家依据《展会专利侵权判定程序规定》，针对涉案专利和被控侵权产品快速出具专利侵权判定意见。9月25日，长沙市知识产权局进行口头审理。10月28日，被请求人补充提交了关于现有技术抗辩的证据，请求人对此提交质证意见。经调查审理后，长沙市知识产权局于2020年11月12日作出行政裁决。被请求人焦作方大公司以生产经营为目的，制造落入专利权人实用新型专利保护范围的被控侵权产品“轨道式自适应刮粪机”，其行为构成专利侵权。依据《中华人民共和国专利法》、国家知识产权局《专利行政执

2020年12月22日，长沙市首届驻长沙高校知识产权在长转化表彰会议在岳麓山大学科技城举行　　市知识产权局　供图

法办法》规定，责令被请求人焦作方大农牧科技有限公司立即停止制造侵犯请求人智慧畜牧机械河北有限公司ZL201820406359.2“一种轨道式自适应刮粪机”实用新型专利权产品的行为。该案入选国家知识产权局2020年度专利行政保护十大典型案例和湖南省知识产权保护十大典型案例。

（本栏撰稿　尹江健）

口岸管理

【概况】　2020年，长沙市国际航空货邮逆势大幅增长，全年新开国际（地区）货运航线8条，初步完成国际货运航线对中国前三大贸易伙伴欧盟、东盟、美国的空中布局。长沙快递业务量9.3亿件，比2019年增长45.09%，排名从第26位提升到第22位，获批“中国快递示范城市”。中欧班列（长沙）率先全国保持“天班”开行，成为疫情防控期间4个仅有的“天班”城市之一。央视新闻联播先后6次重点报道。中欧班列（长沙）首发莫斯科，入选市委组织部攻坚克难典型案例。市物流口岸办被省委、省政府授予“湖南省抗击新冠肺炎疫情先进集体”。

【国际物流通道】　2020年，中欧班列（长沙）全年完成530列，比2019年增长28.9%，货值20.61亿美元，比2019年增长98.6%；服务企业合计6618家，比2019年增长101.9%；本省货源货值占比55.2%，有效保障长沙乃至全省国际供应链的稳定。新开行长沙至莫斯科、乌兹别克斯坦等2条线路，开行中联重科、三一重工、吉利汽车制造业专列25列，实现了中欧班列（长沙）与制造业的深度融合。

国际航空货运网络　与顺丰速运、中外运物流有限公司、菜鸟物流有限公司等物流集成商合作，全年在飞航线13条，其中新开长沙至列日、香港、莫斯科、洛杉矶、纽约、大阪6条国际（地区）全货运航线，新开洛杉矶、贝尔格莱德、哈恩3条不定期航线，复飞芝加哥（哈利法克斯）、马尼拉、胡志明、达卡3条国际货运航线。出台国际货运航线专项资金管理办法，协助做好航空口岸提升通关能力，及时落实航线补贴政策。全年长沙机场货邮逆势增长，吞吐量19.2万吨，比2019年增长9.3%，其中国际（地区）货邮吞吐量7.61万吨，比2019年增加50%。

国际水运通道体系基本形成　长沙港霞凝港区货物吞吐量首次逾1000万吨，达到1115万吨，比2019年增长18%；长沙港霞凝港区滚装码头和滚装航线实现常态化营运，全年完成滚装商品车吞吐量逾3万台。

【口岸营商环境】　2020年，长沙市口岸平台功能不断完善。推动航空口岸与综保区的“区港联动”，已完成区港联动建设方案，并通过长沙海关审核。推动各类指定口岸建设和功能发挥，2019年5月机场获批进境水果指定口岸。通过航线招商推动国际邮件、国际快件和跨境电商业务集约式监管，成为湖南省自贸区首创案例。牵头做好打击走私综合治理工作，与打私办成员单位、各区县市打私办密切配合，严格落实打击走私冻品地方处置相关工作，确定地方处置相关企业和流程，全省打击走私考核中长沙市排名第一位。

智慧口岸建设　全面推广使用长沙“单一窗口”，“单一窗口”主要业务应用率100%。全面推进国际贸易“单一窗口”地方特色应用建设，完成电子提箱箱代、船代、司机移动端建设。推进码头、铁路、机场等口岸信息系统建设，实现全市口岸信息互联互通。以长沙获批跨境电商综试区为契机，围绕信息化建设，推动线上综合服务平台建成，增幅80倍，满足跨境电商业务快速增长和B2B出口试点业务要求，全面实施7×24小时运维保障，跨境电商实现全国增速第一。

口岸营商环境优化　优化口岸营商环境，牵头负责的长沙跨境贸易指标在国评中获全国优异，在省评中获全省第一名。在长沙“单一窗口”和口岸作业现场进行进出口环节作业时限、作业流程、收费标准公示，免除查验没有问题外贸企业服务费用，对港口的转场费、平移费、过磅费等9项经营性收费实行政府购买服务，大幅降低口岸进出口环节合规成本。推进压缩整体通关时间和提效降费，协调进出口环节验核单证从86种减少到44种。

【长沙至比利时列日的定期货运航线开通】　2020年4月7日，由顺丰

2020年4月7日，长沙至比利时列日的定期货运航线开通。图为一架波音747货运飞机在黄花机场装载货物，将飞往比利时列日　　市政府物流口岸办　供图

航空执飞的长沙至比利时列日的定期货运航线开通，列日将作为长沙货物的中转站，辐射到全欧洲。开通的长沙至列日往返定期货运航线，是长沙市2020年以来继香港之后新开通的第二条国际定期货运航线，是在飞的第五条国际定期货运航线，也是长沙首条直达欧洲的全货机航线。位于比利时南部的列日机场是比利时货运吞吐量最大的机场，也是欧洲重要航空货运枢纽之一。长沙至列日货运航线由顺丰航空执飞，最大业载100吨，暂定为每周三班。而当日飞行的航班载货总体积为603.94立方米，总重量89.07吨。其中防疫物资567.52立方米，占比高93.97%，主要为口罩和防护服。其中，包括长沙市政府捐赠给意大利佛罗伦萨市、都灵市、马尔凯大区等地的口罩247箱，体积14.8立方米，由顺丰免费空运至比利时列日，再转运至意大利，节省航空运费约16万元。该批捐赠物资先期计划从广州运往意大利，因航空运力有限在广州滞留了半个月，后转运回长沙搭上此次列日航班。

【首创海外防疫捐赠物资免费“客带货”和“零延时、零等待”两种模式】 2020年，市物流口岸办发动中联重科和欧、美海外同乡会等国内外企业、华人华侨社团、海外留学生捐赠物资；推动航空公司首创海外防疫捐赠物资免费“客带货”模式；推动黄花机场海关率先在全国建立“零延时、零等待”的口岸通关绿色机制，确保口岸人货畅流，赢得宝贵的防疫资源和空间，为长沙争取应急物资308万余件。全年进口防疫物资3397.39万余件，总价值约1.33亿元，其中转运湖北的防疫物资159批次，总价值约1927.4万元。

【中欧班列（长沙）定制化专列开行】 2020年4月29日，由三一汽车起重机械有限公司制造的总货值150万美元的起重机设备，搭乘中欧班列（长沙）前往中亚。这是2020年开行的第108列，也是2020年湖南省第10趟制造业专列。受疫情影响，国际客运航线全面停飞、公路受阻、水运停滞、口岸不畅，而中欧班列（长沙）物流成本比较稳定，运输时间稳定，物流优势非常明显，成为企业复工复产首选的物流方式。为帮助企业解决国际物流问题，疫情发生以来，市政府物流口岸办带领星沙海关、中南国际陆港深度走访对接本地企业，为中联重科、三一重工、澳优乳业、楚天科技、泰松肠衣等重点企业一对一制定专项物流解决方案。中欧班列（长沙）定制化专列，提升货物价值，丰富货源种类，强化大宗货源保障。

【长沙至莫斯科跨境电商货运航线首航】 2020年5月28日，长沙至莫斯科跨境电商货运航线首航，这是湖南省首条国际邮路运输出口跨境电商货运专线，货物运抵莫斯科后，将转运至俄罗斯各大城市。该专线航班每周3班，每班载货重量25吨，首航包机装载包裹3.5万件、货值65万美元，商品以鞋服箱包、家居用品为主。该项业务由中国外运物流有限公司、湖南邮政和菜鸟联合推出，主要为出口跨境电商经济型物流客户提供服务，采用跨境电商9610申报+邮路运输模式，出口货物在长沙邮局海关监管场所验放后，通过国际邮件监管车运至长沙黄花国际机场，再搭乘包机飞往莫斯科。业务运行稳定后，日均业务量4万件。

（本栏撰稿　刘志辉）

2020年5月28日，长沙至莫斯科开通首条跨境电商全货运航线

市政府物流口岸办　供图

海　关

【概况】 2020年，星沙海关审结报关单8.13万票，比2019年（下同）增长2.9%；监管进出口货运量110.81万吨，下降4.3%，进出口值566.43亿元，下降15.3%；税收入库35.92亿元。完成出入境货物检验检疫5.52万批，出口货物包装检验3.31万批。签发电子底账1.55万单，各类检验检疫证书6.32万份；签发原产地证书2.53万份，签证金额13.12亿美元，为出口产品减免目标国进口关税5143万美元。设立加工贸易电子化手册97份，核销加工贸易电子化手册81份。审批办理减免税1117批次，审批总货值8.71亿美元，增长59%；减免税款16.51亿元，增长54.9%。办理非贸备案审批业务638批次。办理企业注册备案2002家。

【防控新冠肺炎疫情】 2020年，星沙海关参与全市疫情防控，选派10名志愿者支援入境包机航班防疫工作。设立专门窗口、绿色通道，坚持特事特办、从快从简，确保疫情初期220万件进口防疫物资通关“零延时”，保障“生命通道”的畅通。为新冠病

2020 年 4 月 29 日，星沙海关关员在长沙铁路北站监管中欧班列（长沙）三一专列首发

星沙海关　供图

毒核酸检测试剂盒提供通关便利，指导企业办理线上审批，采取随报随检、视频查验等方式快速放行新冠试剂盒 1158 批次，共 4427 万人次，货值 3.34 亿美元。规范做好进口冷链食品风险检测、现场监管、采样检测等工作，指导进口商做好口岸环节被抽中的进口冷链食品集装箱内壁和货物外包装的预防性全面消毒处理工作。严格出口防疫物资质量监管，查获不合格出口防疫物资 13 批次，货值 153 万美元。

【加工贸易企业复工复产】　2020 年，星沙海关在复工复产初期，对辖区重点企业和认证企业逐一致电了解复工复产情况。精简加工贸易业务手续，线上线下相结合进行宣传引导，对新办加工贸易企业实施视频前期验厂，全年为辖区加贸企业办理进口料件内销征税业务免征缓税利息 4 万元，免收加贸风险保证金 1.32 亿元，缓解企业资金压力。全面推广原产地证书自助打印，实现 18 种出口原产地证书由企业自行打印，共计自助打印证书 5004 份，涉及金额 2.1 亿美元。

【重装税收减免】　2020 年，星沙海关辅导企业申请资质认定，推动重点工程机械企业新产品列入国家鼓励发展的重装目录。持续落实重装减免税优惠政策，助力装备制造业快速发展，对重大技术装备类减免税审批设立专人服务，将重装减免税审批时限由 10 个工作日压缩至 3 个工作日，2020 年共减免税款 16.31 亿元，涉及货值 8.44 亿美元，重装减免税业务量居全国第一位。开展对美加征商品排除退税，为企业办理退税 13 万元，减免加征关税及增值税约 3600 万元。推进税收担保多元化改革，引导辖区企业使用集团财务公司担保、关税保证保险等多元化担保方式，为两家重工企业分别担保税款 129.6 万元和 1375.8 万元。

【支持新型贸易业态发展】　2020 年，星沙海关助推中欧班列提速增效，支持开辟“长沙—莫斯科”班列专线，畅通中欧班列站点间“二次转关”，开通“长沙—宁波”多式联运，全年监管中欧班列 528 列，货值 20.62 亿美元，比 2019 年分别增长 28.47%、98.58%，居全国前五位，疫情期间更是全国仅有的 4 个“天班”城市之一。推行“市场采购 + 中欧班列”“跨境电商 + 中欧班列”出口新模式，申请增设铁运业务现场为市场采购申报现场，全面打通受疫情影响产生的国际物流瓶颈，2020 年市场采购贸易出口货值 68.3 亿元，比 2019 年增长 49%。跨境电商一般出口（9610）、B2B 直接出口（9710）、出口“海外仓”（9810）等模式相继开通，2020 年受理包裹 700 万余件，货值 5.2 亿余元，实现量值齐增。

【保障安全】　2020 年，星沙海关统筹做好非洲猪瘟、高致病性禽流感、埃博拉、沙漠蝗、蚊媒传染病等疫情防控，严防疫情叠加，2020 年检验检疫货物 5.52 万批次。不断提升实际监管效能，核查企业注册信息 1000 余条，清理 770 家“僵尸”企业。开展知识产权保护“龙腾 2020”专项行动，查获侵犯知识产权货物 3 批次，涉及货值 5 万余美元。深入推进“国门利剑 2020”“蓝天 2020”等打私专项行动，全力打击象牙等濒危物种及其制品、“洋垃圾”、毒品、枪支弹药、野生动物及其产品等走私，全年移交立案 7 起，案值 7737.2 万元，办理简单案件 33 起。

（本栏撰稿　彭铃涵）

农 业

AGRICULTURE

编辑　吴丫丫

综　述

【概况】　2020 年，长沙市实现农林牧渔业总产值 722.2 亿元，比 2019 年增长 4.1%；第一产业实现增加值 423.46 亿元，增长 4%。农村居民人均可支配收入 34754 元，增长 7.5%。全市完成粮食播种面积 31.27 万公顷，总产量 211.78 万吨；其中水稻播种面积 28.63 万公顷，产量 197.47 万吨。全市完成油料播种 5.96 万公顷，产量 11.02 万吨。实施高标准农田建设 1.46 万公顷，全市高标准农田总面积 18.13 万公顷。长沙市被评为省政府“六大强农”行动真抓实干表扬激励唯一市州、“全省粮食生产先进市”、“全省高标准农田建设工作表现突出单位”和全省农村人居环境整治、美丽乡村建设先进市。

（范朝朝）

表 13　　长沙市农业总产值统计表

单位：万元

指标	2020 年农、林、牧、渔业总产值						2020 年比 2019 年增长（%）
	合计	市区	望城区	长沙县	浏阳市	宁乡市	
总计	7221925	1294780	990978	1458811	2223792	2244543	4.1
一、农业产值	4251662	871357	636819	982604	1165303	1232398	5.9
1. 谷物及其他作物	895542	142003	120875	195945	270670	286924	2.0
# 粮食作物	763280	128965	109966	181524	199254	253536	0.6
油料作物	93226	12831	10734	14224	51117	15053	11.3
烟叶	36893	—	—	52	19346	17495	8.2
2. 蔬菜园艺作物	2826322	695865	491793	488567	771666	870224	5.8
# 蔬菜	2194641	580276	472463	397284	551167	665914	6.0
3. 水果、坚果、饮料和香料作物	476440	33042	23768	294991	86192	62215	15.2
# 茶	329214	9808	9390	256823	18687	43895	14.7
水果	139187	23145	14309	33128	64752	18162	16.9
4. 中药材	33357	446	383	3100	36775	13036	−2.0
二、林业产值	393552	19867	14921	46058	251236	76392	7.8
林木的培育和种植	88113	5643	5315	25142	33574	23754	4.9
竹木采运	43565	4185	3255	3036	16228	20117	7.9
林产品	261874	10039	6351	17880	201434	32521	8.8
三、牧业产值	1953530	233298	199924	330788	639119	750325	−4.1
生猪	1546861	176694	152642	286568	503639	579960	−9.0
牛	37731	2781	2465	4234	10047	20668	−4.1
羊	74448	3009	1805	3648	52530	15260	4.0
家禽饲养	282371	49228	41439	35160	67006	130978	10.6
牛奶	3075	675	675	525	—	1875	−14.4
其他	9045	912	898	654	5896	1583	7.8
四、渔业产值	225399	93523	75316	27758	44190	59928	13.4
五、农林牧渔服务业	397782	76735	63998	71603	123944	125500	7.0

说明：“#”表示其中主要项　　（资料来源：市统计局）

表 14　　长沙市农作物产品产量统计表

单位：吨

指标	2020 年产量						2019 年产量	2020 年比 2019 年增长（%）
	合计	市区	望城区	长沙县	浏阳市	宁乡市		
粮食	2117806	366978	311198	491519	556675	702634	2073322	2.1
稻谷	1974654	356404	302847	425631	525668	666951	1936203	2.0
小麦	370	—	—	—	—	370	559	−33.8
薯类	58892	7341	6270	28687	13741	9122	50124	17.5
杂粮	69031	2566	1527	30928	12092	23446	70359	−1.9
大豆	14859	667	554	6273	5174	2745	16077	−7.6
棉花	132	—	—	—	74	59	173	−23.7
油料作物	110167	14981	12447	16602	61242	17342	98465	11.9
# 油菜籽	95824	11828	9550	14375	57323	12298	84460	13.5
烟叶	11857	—	—	16	6671	5170	10800	9.8
# 烤烟	11404	—	—	—	6671	4733	10348	10.2
麻类作物	3	3	3	—	—	—	11	−72.7
甘蔗	2818	85	—	—	1628	1105	3007	−6.3
蔬菜	5530874	1458025	1192760	1053245	1401966	1617638	5276653	4.8
茶叶	43690	843	795	36510	1792	4545	39772	9.9
水果	407914	65211	46051	78288	205297	59118	395167	3.2
# 柑橘	104478	11018	6787	16826	54224	22410	107613	−2.9

说明：粮食、棉花指标数据来源于国家统计局长沙调查队；“#”表示其中主要项　（资料来源：市统计局）

表 15　　长沙市肉类、牛奶、禽蛋、水产品产量统计表

指标	单位	2020 年产量						2019 年产量	2020 年比 2019 年增长（%）
		合计	市区	望城区	长沙县	浏阳市	宁乡市		
肉猪出栏头数	万头	275.34	32.23	26.74	47.04	99.41	96.66	315.06	−12.6
出栏肉猪肉产量	吨	199800	21400	17700	33800	73600	71000	228610	−12.6
牛羊肉产量	吨	17600	900	600	1300	9500	5900	20400	−13.7
出笼家禽	万羽	4678.92	595.62	493.15	503.06	1342.46	2237.78	4395.3	6.5
牛奶产量	吨	4100	900	900	700	—	2500	4800	−14.6
禽蛋产量	吨	46415	15199	13199	9122	11994	10100	44500	4.3
水产品产量	吨	113631	47663	35282	13893	21790	30285	101881	11.5
# 鲜鱼	吨	96984	35099	23107	13334	21420	27131	92071	5.3

说明：畜禽类指标数据均来源于国家统计局长沙调查队；水产品指标数据来源于市农业农村局；“#”表示其中主要项

（资料来源：市统计局）

【农产品质量建设】 2020年，长沙市保持农产品质量总体安全的良好形势，省、市农产品质量安全例行监测总体合格率均99%以上。推进“两证+追溯”工作，2321家企业入驻平台。组织开展农产品质量安全检测监测，抽检样品4764批次，总合格率99.66%。开展农产品质量安全专项检查和整治，出动执法人员2.7万人次，开展执法检查2308次，检查责任主体4957家，立案487起，移送司法案件64起。组织开展“建设质量强国决胜全面小康”为主题的“质量月”活动、国家农产品质量安全县“响亮行动”系列宣传活动和为期6个月的农产品质量安全系列宣传活动。推进“两品一标”认证工作，新增绿色食品76个。浏阳市、宁乡市分别被评为国家和省级农产品质量安全县。（范朝朝）

【现代农民培训】 2020年，长沙市完成市级以上农业农村人才培训56期，培训3269人，其中部省高素质培训34期，培训1850人，依托市农业技术推广中心开展新型职业农民与乡村振兴人才培训22期，培训1419人（其中省外培训10期611人、市内培训11期745人，承担省委培任务1期63人）。优化更新培训内容，将“农业+互联网应用”纳入全市高素质农民培训的规定课程，开办“农业+互联网应用”电商专题班9期。学员对培训的满意度创历年新高，全国农民教育培训信息平台总体培训效果评分4.98分（5分制）。（范朝朝）

【农技推广】 2020年，长沙市加强基层农技推广体系队伍建设。重点推广22项农业主推技术，建设7个长期稳定的农业科技示范基地，组织140名指导员服务500个新型农业经营示范主体，辐射带动种养专业大户1960户。开展五星级基层农技推广机构创建，浏阳市金刚镇农业综合服务站等被评为“湖南省五星级服务乡镇农技推广机构”，宁乡市双江口镇农民田间学校等被评为“湖南省农民田间学校示范校”。开展农技人员集中脱产培训225人（其中骨干人员培训115人），开展在职农技人员学历提升教育。推广运用“互联网+农技推广”模式，播出线上农技课程130余场，在线听课农民逾80万人次。制定《长沙市2020年农业转基因生物监管工作方案》，加大转基因生物安全宣传，将转基因生物安全纳入新型职业农民培训规定课程。加强农业极端天气预警与重大气象信息预报，发布农业气象灾害预警15期，发布农业气象专题报告90余期。（范朝朝）

2020年10月30日—11月3日，第22届中国中部（湖南）农业博览会在长沙国际会展中心举行　市农业农村局　供图

【村级集体经济】 2020年，长沙市农村村级集体经济快速发展，新消除20万元以下村416个，超年度任务3倍。全面实现村级“行政账”“经济账”分设。依法按要求落实852个村党组织书记兼任集体经济组织负责人。铺排“四型”集体经济项目351个，探索形成特色养殖“双江口模式”、产业带动“乔口模式”、农旅结合“慧润模式”、资源开发“梅田湖模式”等一批可复制、可推广的成熟模式。（范朝朝）

【第22届中国中部（湖南）农业博览会】 2020年10月30日—11月3日在长沙国际会展中心举行。由农业农村部、湖南省人民政府主办，湖南省农业农村厅、长沙市人民政府、中国农产品市场协会、中国国际贸易促进委员会湖南省分会承办，以“办好中部农博会，助力脱贫奔小康”为主题，重点展示“十三五”期间脱贫攻坚和农业农村经济发展成就，全面展示消费扶贫与产业扶贫成果、农林产品成果、新农村建设成果、农业科技成果、农业装备成果、农业配套服务成果，通过线上线下互动融合模式，打造永不落幕的农博会。展馆总面积11万平方米，设立中部·省际馆、湖南主题馆、品牌茶业馆、品牌农机馆等8个主题展馆，参展企业4161家，合同成交额165.86亿元，意向协议120.56亿元。（范朝朝）

【首届乡村旅游节】 2020年11月7—15日，开福区联合沙坪湘绣小镇、汉回民俗文化园两大国家AAA级旅游景区，以金秋赏菊为主题，举办“美丽乡村 畅游沙坪”2020年首届乡村旅游节，玖花金丝皇菊产业园等多个“网红”景点首次集体宣传，推出美食街、

全牛宴夜市、金丝皇菊种植园供拍照打卡、观赏书法、“非遗”湘绣同绣“中国福”等多样形式，让游客吃好、玩好，感受美景、美食、游学、优品等一应俱全的乡游体验，形成“特色文化+生态旅游”模式，打造玖花金丝皇菊花海新的网红景观打卡地。“旅游节”期间，接待游客12万余人次，带动乡间、网间、夜间消费2000万余元。（杨　杰　陈　蓉）

【“菜篮子”稳产保供】　2020年10月9日，长沙市印发《长沙市“菜篮子”稳产保供若干政策》，重点扶持畜禽产业产能建设、蔬菜产业规模生产、水产产业规模生产三类“菜篮子”稳产保供基地，扶持稳产保供基地111个，下达扶持资金合计4125万元。

（范朝朝）

种植业

【粮食生产】　2020年，长沙市完成粮食种植面积31.27万公顷，粮食产量211.78万吨，其中水稻播种面积28.63万公顷，产量197.47万吨。高档优质稻面积比重增幅明显，全市高档优质稻面积6.93万公顷，比2019年增加16.85%，高档优质稻占水稻播种面积比重提高到24.57%。

【油料生产】　2020年，长沙市油料作物播种面积5.96万公顷，总产量11.02万吨。其中，油菜播种面积5.47万公顷，总产量9.58万吨；花生播种面积4120公顷，总产量1.28万吨；芝麻播种面积620公顷，总产量0.08万吨。

【蔬菜】　2020年，长沙市推进专业化蔬菜保供基地建设，扩大蔬菜播种面积，提高蔬菜产量，进一步提高蔬菜供应能力。重点推进望城蔬菜“一县一特”工作，建设完成标准化蔬菜基地20个，设施蔬菜示范园一期建设完成并投入生产。全市蔬菜播种面积15.86万公顷，比2019年增长4.8%，总产量553.09万吨，比2019年增长4.8%，总产值219.46亿元，比2019年增长6%。

【茶叶】　2020年，长沙市重点推进长沙绿茶“一县一特”工作，全年新改扩茶园1400公顷。全市茶园总面积1.58万公顷，比2019年增长1.89%，其中良种茶园面积1.13万公顷。全年茶叶总产量4.37万吨，比2019年增长9.9%；茶叶总产值32.92亿元，比2019年增长14.7%；其中名优茶产量3848吨，比2019年增长12.06%，名优茶产值6.55亿元，比2019年增长14.88%。

【水果】　2020年，长沙市水果产业重点发展“四区”，即长沙县开慧白沙时鲜水果产区、浏阳市浏东线水果产业示范区、宁乡市西部（黄材、沩山、巷子口）水果集中产区、望城区近郊休闲水果产业园区。全年全市果树种植面积3.24万公顷，比2019年增长0.96%；总产量40.79万吨，比2019年增长3.2%；总产值13.92亿元，比2019年增长16.9%。其中全市时鲜水果种植总面积2.56万公顷，比2019年增长2.34%。时鲜水果总产量20.86万吨，比2019年增长9.33%，时鲜水果产值13.98亿元，比2019年减少7.97%。

【中药材】　2020年，长沙市中药材种植重点优化“两园”，即宁乡市青山桥中药材产业园、浏阳市北部道地药材产业园。发展中药材种植基地，建成中药加工优质原料基地，逐步形成中药材产业带。全年全市中药材（不包括林木类中药材）总面积0.55万公顷，比2019年增加3.44%，产量6.86万吨，比2019年增加6.08%，总产值5.34亿元，比2019年减少2%。

【经济作物种植结构调整】　2020年，长沙市调整种植结构面积1.97万公顷。结构调整区替代种植作物种类多样，其中花卉苗木、草皮、果树、湘莲等多年生作物种植5720公顷，高粱、烤烟、大豆、蔬菜等一年生作物种植1万公顷，水产养殖1527公顷，稻渔综合种养2333公顷。发挥新型农业经营主体的主导作用，全市有258家企业、249家专业合作社、289家种植大户和家庭农场参与种植结构调整，1.72万公顷签订土地流转协议，保障种植结构调整工作稳步持续推进。

【化肥农药减量行动】　2020年，长沙市综合运用绿肥种植、水肥一体化、农作物病虫害专业化统防统治等措施，推动农药化肥用量减量增效。推广测土配方施肥面积46.67万公顷次，其中水稻测土配方施肥技术覆盖率96.9%；农作物病虫害专业化统防统治推进面积15.2万公顷，统防统治覆盖率55.6%；推广农作物绿色防控技术18.81万公顷，覆盖率68.8%；农药使用量4267.7吨，比2019年降低6.7%。

【耕地质量保护与提升行动】　2020年，长沙市秸秆还田面积33.33万公顷，酸性土壤改良面积1.24万公顷，绿肥种植还田面积5.53万公顷，深翻耕1.17万公顷，占耕地面积70%以上，建立耕地质量保护与提升集成技术推广示范区，全市耕地平均质量比2019年提升0.2个等级。

【岳麓山种业创新中心成立】　2020年5月18日，岳麓山种业创新中心在长沙挂牌成立。副省长朱忠明，中国工程院院士袁隆平、邹学校、官春云、印遇龙、刘少军、刘仲华，副市长李蔚等出席挂牌仪式。岳麓山种业创新中心由湖南省人民政府联合中信集团共建，以“岳麓山种业创新中心有限责任公司”为实体运作平台，围绕种业创新重点问题，聚焦现有成果的转化、“卡脖子”重大技术攻关以及重大基础研究，着力提高种业自主创新和可持续发展能力。

（本栏撰稿　范朝朝）

林 业

【概况】 2020年，长沙市国土面积约118.19万公顷，林地面积60.29万公顷，占国土面积51.01%。森林覆盖率55%。活立木蓄积量3263.58万立方米，比2019年增长4.14%。湿地调查面积43373.8公顷，湿地保护率76.66%。全市油茶6.59万公顷、花卉苗木3.08万公顷、楠竹5.93万公顷。有国家级林业产业龙头企业6家。全市有自然保护地5类42个，批复总面积约10.96万公顷，其中自然保护区16个（省级1个、县级15个）、风景名胜区6个（国家级2个、省级4个）、森林公园12个（国家级4个、省级8个）、湿地公园6个（国家级5个、省级1个）、地质公园1个（国家级）。全市有国家保护植物14种，其中一级2种、二级12种；国家重点保护动物29种，其中一级2种、二级27种。古树名木6040株，其中古树5837株、名木203株。

2020年，全市林业系统深化林业改革，强化全方位生态保护，实施全范围生态提质，推进全领域生态惠民。生态保护。全年全市发生森林火灾3起，发生率低于20次/10万公顷的省控指标，森林火灾次数比2019年下降69.1%，无重特大森林火灾发生及人员伤亡。全市林业有害生物成灾率控制在1‰左右，低于省控4‰指标要求。种苗产地检疫率、松材线虫病监测普查率、枯死松木清除率均100%。落实野生动物“一封控四严禁”措施，封控率100%，指导完成退出人工繁育主体203家，补偿资金3312.89万元；新设立全市首个野生动物收容救护中心；森林违法图斑数从2019年全省第一位下降到第八位，变化图斑现地核实一致率100%，森林督查违法图斑整改到位率97.77%，林地违法违规案件查处率100%。生态修复。完成人工造林1213.33公顷、封山育林1633.33公顷、退化林修复3246.67公顷、森林抚育1.22万公顷，各类营造林任务完成率均逾100%。完成国家工程造林项目长防林建设866.67公顷、森林抚育3493.33公顷、森林质量精准提升200公顷，验收全部合格。生态惠民。按照乡村振兴和“一县一特”产业发展要求，制定全市“一县一特”油茶丰产林建设标准，完成油茶丰产林基地建设6666.67公顷，完成4个“一村一品”40公顷特色苗木基地提质改造；新建花卉基地66.67公顷、红花檵木产业园33.33公顷和智慧花木产业园20公顷产业项目。创建湖南省绿色村庄（森林乡村）237个、市级美丽宜居村庄11个。推进森林旅游与康养品牌建设，发布全市首批9条生态旅游精品线路。妥善处置“网传违法占用林地建飞机跑道”事件，全年全市未发生一起涉林重大负面舆情责任事故。2020年，大围山国家森林公园被评为“2019年度森林公园管理十佳单位”，浏阳湖国有林场被评为“2019年度国有林场管理十佳单位”，黑麋峰国家森林公园被评为“2020年度森林公园管理十佳单位”。

【涉林领域疫情防控工作】 2020年，长沙市开展全面禁食野生动物、打击非法转运及贩卖野生动物违法犯罪专项行动，全市林业系统出动执法人员1.4万人次，巡查清理市场、餐馆、超市3824家次，封控繁育场所703家，封控率100%；按省政府部署分两批完成禁食陆生野生动物人工繁育主体退出补偿及动物处置工作，指导完成退出人工繁育主体203家、处置野生动物15种，补偿资金3312.89万元；全市首个野生动物救护中心在长沙生态动物园授牌成立。

【森林公安管理体制调整】 2020年11月27日，中共长沙市委机构编制委员会印发《关于森林公安机关管理体制调整及相关机构编制事项的通知》要求，森林公安局由直属市、县林业主管部门管理调整为直属市、县公安部门管理。森林公安划归同级公安机关领导管理后，业务上接受同级林草部门指导，继续承担森林和草原防火相关工作。11月30日，市、县两级森林公安局全部完成划归同级公安局直接领导管理的转隶手续，森林公安管理体制调整工作全面完成。

【第12届长沙（浏阳）大围山国际杜鹃花节】 2020年4月20日—5月20日在浏阳市举办。以“最是一年春好处，万亩杜鹃映山红”为主题，通过推出

2020年4月20日—5月20日，第12届长沙（浏阳）大围山国际杜鹃花节在浏阳市举办

市林业局 供图

大围山美食节、“杜鹃花海”空中赏花、“杜鹃花海”文艺秀、“杜鹃花海”汉服体验秀、音乐焰火party、“杜鹃花海”抖音摄影大赛、抖音网红真人秀等活动，打造集花海观光、文化体验、互动娱乐为一体的综合性节会活动。

【长沙生态动物园极地馆建成开馆】 2020年8月18日，湖南省规模最大的以极地动物为主题的海洋动物集中展示馆——长沙生态动物园极地馆建成开馆。极地馆总投资额5909万元，总建筑面积6796.47平方米，经长沙市人民政府批准由湖南威虎文化传播有限公司投资建设并运营管理。馆内有企鹅16只、海狮7只、海豹5只、北极狼8只、北极狐10只、鲨鱼20条。该馆是国内同时拥有4头北极熊标本，且标本体量最大的唯一场馆，具有较高的社会价值和科普价值，对于馆藏、教学科研、科普教育，践行生态平衡理念和科学健康文明的生活方式具有现实意义。

【湘赣边首届花木博览会】 2020年12月18日在“中国花木之乡”湖南省浏阳市柏加镇举行。为期4天，以“‘浏’有青山花木满城”为主题，由湖南省林业局、长沙市林业局指导，浏阳市委、市政府主办，举办湘赣边区域林业生态圈联盟创建工作协商会、媒体采风团探访“满城花木”、花木实体展销会、花卉苗木产业发展论坛、首届湘赣边生态音乐节等七大主题活动，推动湘赣边革命老区经济绿色发展。期间，浏阳发起成立湘赣边区域林业生态圈联盟倡议，湘赣边17个县（市、区）参与协商组建湘赣边区域林业生态圈，共建绿色发展和生态文明建设示范区，推动湘赣边县域城市协同发展。

【“茶油开榨了”长沙首届油茶文化节暨茶油品牌推介活动】 2020年12月29日在长沙火宫殿举行，活动由长沙市林业局主办。活动推出纯茶油及精深加工产品展示展销、定制茶油宴、茶油小吃、“大师教你来做菜”、美肤产品体验等一系列互动体验。通过活动宣传油茶文化、推介茶油品牌、提高公众认知度、促进茶油绿色产品消费和产业发展。

【浏阳市小河罗汉松古树公园被评为湖南省第一批古树主题公园】 2020年，湖南省绿化委员会办公室公布全省第一批10个古树（名木）公园名单，浏阳市小河乡的罗汉松古树公园为长沙地区唯一上榜公园。小河罗汉松古树位于小河乡田心村，胸径1.49米，树高14米。经湖南省野生动植物司法鉴定中心鉴定，该棵罗汉松树龄约1900年，是湖南省寿命最长的罗汉松，在2018年湖南省林业局主办的“湖南省十大树王”评选活动中被评为“罗汉松王”。古树名木对研究区域植物、地理、水文、气候、生态、文化具有重要参考价值。

【浏阳河湿地公园晋升国家级】 2020年12月25日，国家林业和草原局发布《关于国家湿地公园试点验收结果的通知》，浏阳河湿地公园通过评估验收，晋升“国字号”，成为继宁乡市金洲湖国家湿地公园、望城区千龙湖国家湿地公园、岳麓区洋湖国家湿地公园、长沙县松雅湖国家湿地公园之后，全市第五个国家级湿地公园。2015年12月，浏阳河国家湿地公园成为国家湿地公园试点建设单位。经过5年建设，公园占地面积2361公顷，其中湿地面积1423.4公顷，湿地率60.29%。园内有维管植物124科374属576种，野生脊椎动物5纲27目73科185种。

【首批9条生态旅游精品线路发布】 2020年12月3日，长沙市林业局、长沙市文化旅游广电局印发关于发布《长沙市生态旅游精品线路》的通知，发布全市首批9条生态旅游精品线路。长沙市生态旅游精品线路核心内容是依托森林公园、湿地公园、地质公园、自然保护区、风景名胜区，以具备旅游基础和特色的特色小镇、国家级森林乡村、美丽宜居乡村等为景点集群，以串点成线的旅游空间布局，促进生态旅游和森林康养高度融合。其范围是以长沙市主城区为中心，覆盖岳麓区、开福区、雨花区、望城区、长沙县、宁乡市、浏阳市7个区县（市）乡村或近乡村区域，打造东、西、南、北9条生态旅游精品线路，推动生态旅游产业发展，让人民共享生态文明建设成果。

2020年12月25日，浏阳河湿地公园成为国家级湿地公园。图为浏阳河湿地公园全景
市林业局　供图

【长沙生态动物园启动华南虎种群繁育及野化习性技术研究工作】 2020年12月10日，湖南省林业局党组书记、局长胡长清率队，组织省林科院、省野生动植物救护中心、湖南师范大学、中南林业科技大学、长沙市林业局、长沙生态动物园、壶瓶山管理局相关领导及专家现场考察壶瓶山自然保护区，了解华南虎栖息地情况。成立“放虎归山”积极保护华南虎极度濒危的珍稀野生动物的6个科技攻关课题组，长沙生态动物园承担华南虎种群繁育及野化习性技术研究工作，纳入长沙市“十四五”发展规划中。长沙生态动物园2010年搬迁天心区暮云街道后，先后引进华南虎3只并精心饲养，2019年3月20日、2020年5月21日先后成功繁殖7只华南虎，为开展华南虎种群繁育及野化习性技术研究工作奠定基础。2020年12月29日，长沙生态动物园启动步行区虎馆外场丰容工作，计划修建水池、栖息平台、攀爬设施等，绘制华南虎前期训练场平面示意图，提升华南虎生存福利。

【《关于进一步加强森林资源保护管理的实施意见》发布】 2020年4月25日，长沙市人民政府办公厅印发《关于进一步加强森林资源保护管理的实施意见》（以下简称《意见》），将森林督查纳入到对各区县（市）人民政府的绩效考核负面清单。《意见》明确属地责任，各级职责，按级负责，分级监管，实现审批权、监管权、执法权“三权协同”，完善森林资源保护行政执法和刑事司法衔接机制，确保森林资源保护管理工作“有人做事，有力量查处，有能力落实”，为全市森林资源保护管理工作奠定基础。《意见》自2020年5月1日起施行，有效期5年。

【《长沙市生态廊道建设规划（2020—2023）》发布】 2020年12月8日，长沙市林业局、市发展改革委发布关于印发《长沙市生态廊道建设规划（2020—2023）》的通知，标志着长沙市在全省率先完成生态廊道建设规划的编制工作。未来5年，长沙市将重点打造“一江”“六河”水系生态廊道，“两环”“九廊”道路生态廊道，“一心”“七楔”生态绿心及楔形绿地，“多点”自然保护地，建设“城在林中、林廊环绕”的生态空间，基本构建长沙市市域范围内生态安全格局。 （本栏撰稿 文露清）

畜牧业

【概况】 2020年，长沙市生猪、牛、羊、家禽分别出栏275.34万头、5.97万头、64.29万只、4678.92万羽。长沙市完成生猪养殖复工复产工作，促进生猪生产和保障市场供应，以生猪标准化生态环保养殖场建设为重点，推进现代化万头生猪标准化环保生态养殖场建设，全年新扩建29个，其中9个建成投产，新增产能15万头。开展畜禽标准化示范创建，长沙市推荐湖南百柯农业科技有限公司申报创建为国家级畜禽标准化示范场，长沙县盛大蛋鸡饲养专业合作社、湖南新康畜牧养殖有限公司、宁乡市现代农业投资开发有限公司双江口宁乡花猪养殖场申报创建为省级畜禽标准化示范场。

【宁乡花猪产业发展】 2020年，长沙市围绕“出栏百万头、产值百亿元”的宁乡花猪产业发展目标，推进宁乡花猪产业发展。规划建设20个宁乡花猪养殖场，建成2个。加快宁乡花猪全产业链发展，全年全市累计出栏宁乡花猪约32万头，产业综合产值约35亿元，销售宁乡花猪产品3137吨，累计开设商超专柜50个、专卖店26家、体验馆9家、合作餐饮门店158家。

【非洲猪瘟防控】 2020年，长沙市在严格落实非瘟防控常态化防控措施的基础上，督促养殖企业通过改造防疫设施、健全防疫制度等措施全面提升生物安全水平，完成生物安全防护示范场建设12家。举办长沙市非洲猪瘟无疫小区创建与防控培训研讨会，推进长沙市非洲猪瘟无疫小区创建。安排专项经费，完成浏阳大瑶和大围山南两个省级指定通道检查站建设并启动运行。在浏阳市无害化处理中心建成洗消中心1个。

【第18届（2020）中国畜牧业博览会】 2020年9月4—6日在长沙举行。农业农村部副部长于康震，湖南省人民政府副省长隋忠诚，省委农办主任、省农业农村厅党组书记、厅长袁延文等领导出席。畜博会以“净化复产保供给、扶贫增效惠民生”为主题，展位数量逾上届近8%，展位近6500个，展览面积近14万平方米，参展企业1200余家，美国、法国、荷兰、丹麦等国家展团及众多外企的国内代表参展。展会设猪业展区、禽业展区、集团/大企业特装展区、动保展区、饲料综合/环保处理等展区。参展范围涵盖国内外畜牧业全产业链各环节的产品、信息与服务，包括国内外种畜禽、兽药、疫苗、动物保健品、饲料企业，环保、粪肥处理设备、生物质能源企业，畜牧业综合服务等企业。 （本栏撰稿 范朝朝）

水产业

【概况】 2020年，长沙市深化渔业供给侧结构性改革，推动水产养殖业健康发展。全市水产养殖面积2.13万公顷，水产品总产量11.4万吨，水产品总产值23.52亿元，比2019年增长12.15%，渔业经济总产值41.38亿元。

【水产健康养殖】 2020年，长沙市推广设施渔业、休闲观光渔业、稻渔综合种养等水产绿色健康养殖模式，建成池塘循环微流水槽61条，推广稻渔综合种养8666.67公顷，工厂化养殖面积4.8万立方米，基地规模、养殖技术在全省领先。建成湖南（中部地区）首家进境水生动物（观赏鱼）A级隔离场。组织开展全国水产健康养殖示范创建活动，2020年创建11个国家级水产健康养殖示范场。启动实施水产绿色养殖“五大行动”，全市创建8个示范基地推广生态健康养殖模式。完成环洞庭湖生态环境治理466.67公顷池塘标准化改造任务，承办全国水产种业质量提升暨尾水治理模式现场会。

【水生生物保护】 2020年，长沙市加强水生野生动物经营利用的监督管理，印发《长沙市加强水生生物保护工作的实施方案》，办理水生野生动物人工繁殖和经营利用许可证71本。开展增殖放流活动，全年投放四大家鱼等鱼种3150万尾，为修复湘江流域渔业资源发挥作用。

【长江“十年禁渔”】 2020年，长沙市落实省委、省政府禁捕退捕工作要求，完成退捕渔民协议签订、证件回收，1058艘涉渔“三无”船舶清理处置等工作，实现有意愿的退捕渔民100%就业。全市设置禁渔宣传牌（栏、标识）3385块，发放宣传资料14万份，制作宣传视频15个，公交、地铁播放宣传片20万余次，媒体报道禁渔工作400余次。农业农村、公安、市场、交通、生态、城管、水利（河长）等执法机构开展禁捕执法巡查、检查3.8万余次，开展联合行动1067次，出动巡查、执法人员7.8万人次，陆上巡查里程21.4万千米，水上巡查里程8.1万千米，查办各类涉渔案件286起，刑事拘留95人，清理取缔涉渔“三无”船舶1058艘、违规网具5492张顶，收缴垂钓工具1477个，劝离、警告垂钓人员17330人次。长沙“一江六河”基本实现“四清”“四无”目标。

（本栏撰稿　范朝朝）

农产品质量监管

【概况】 2020年，长沙市100个涉农乡镇（街道）建立乡镇农产品质量安全监管站，村级配备协管员队伍，巩固市、县、乡、村四级监管体系。检测体系同步健全，形成以市级检测中心为龙头，县级检测机构为骨干，乡镇和生产基地速测为基础的四级检测体系。农业综合行政执法能力增强，成立长沙市农业综合行政执法局并被评为全国农业综合行政执法示范窗口。实施“两证＋追溯”工作。全市960家企业在国家农产品质量安全追溯管理信息平台登记注册；1020家单位纳入食用农产品合格证主体名录，累计开具合格证11万张，附带合格证上市农产品1.75万吨；341家企业1057个产品入驻省农产品“身份证”管理平台，32家企业的128个产品实现赋码销售。全市蔬菜播种面积15.86万公顷，总产量553.09万吨。全市定点屠宰安全肉品上市量59万头，做到肉品检验检疫率100%，出厂肉品合格率100%，屠宰环节无害化处理100%。实施农村乡镇“放心肉”服务网点建设，全年新建16个，全市共建成41个，覆盖长沙县、望城区、浏阳市、宁乡市、雨花区和岳麓区，其中宁乡市实现乡镇全覆盖。

【农产品质量安全专项整治】 2020年，长沙市组织开展农产品质量安全专项整治“利剑”行动、大排查大整治百日行动、巡查暗访行动、农村假冒伪劣食品治理行动等专项整治行动，其中“利剑”行动出动监管执法人员1.48万人次，检查生产经营主体6006家次，媒体宣传23次，发放宣传材料2.39万份，指导培训157场4301人次，发现质量安全问题37个，行政执法案件33个，移送司法案件3个，销毁问题产品数量6.18吨，涉及金额19.2万元。抽检样品4764批次，总合格率99.66%，其中蔬菜样品1932批次，合格率99.48%；水果样品220批次，合格率98.18%；茶叶样品65批次，合格率100%；水稻样品61批次，合格率100%；畜禽样品1777批次，合格率99.89%；水产样品460批次，合格率100%；市农产品监测中心开展畜禽及其产品和水产品定性检测249批次，合格率100%。全市定性检测约23.1万批次，其中种植业约11.7万批次，养殖业约11.4万批次。

【农产品品牌建设】 截至2020年年底，全市有“两品一标”农产品296个，其中绿色食品260个、有机农产品27个、农产品地理标志9个。2020年新增绿色食品76个，“宁乡花猪”入选中国百强农产品区域公用品牌。

（本栏撰稿　范朝朝）

农机管理

【概况】 2020年，长沙市新增各类农业机械3322台（套），农机总动力613.99万千瓦；水稻耕种收综合机械化水平81.94%；油菜耕种收综合机械化水平76.19%。乡村农机从业人员8.9万余人，农机专业合作组织585个，实现农机服务收入预计45.28亿元。

【农机购置补贴】 2020年，长沙市落实“331”机制，提高农机购置补贴资金使用比例。全年落实补贴资金5424.8万元，完成率98.4%，比2019年提高51.5%，全年购置各类农机具3322台（套），购机总额1.63亿元，受益农户和农机服务组织1685个。浏阳市、望城区开展机抛秧作业补贴试点，实施机抛作业补贴4853公顷。长沙县自筹资金350万元，实施机抛秧装备购置补贴和作业补贴。为应对中晚稻收获期间异常天气，制定中晚稻烘干作业补助实施办法，全市补助526个主体，补助资金总额197.88万元。

【水稻全程机械化】 2020年，长沙市

新建连栋育秧大棚11个，总面积1.32万余平方米，先后在浏阳市、望城区举办两期有序机抛秧技术培训和机抛秧农机装备现场演示活动，推广购置有序抛秧机62台，实施机抛秧面积4853公顷。宁乡市新建3个水稻全程机械化生产示范基地、3个333.33公顷油菜全程机械化示范区，被农业农村部认定为“全国第五批率先基本实现主要农作物生产全程机械化示范县（市）”。全年全市水稻机插机抛机械化水平40.4%，比2019年提高4个百分点。

【农机专业化合作组织】 2020年，长沙市创建省级现代农机合作社3个、省级现代农机示范合作社5个、全程机械化综合农事服务中心2个。全市省级现代农机合作社139个、省级示范合作社38个。

【平安农机建设】 2020年，长沙市创建“平安农机”示范乡镇2个、示范村9个、示范户79户（示范合作社13个）。全年组织5次农机隐患大排查行动，排查一般隐患3271起，发放农机安全宣传资料22588份。开展拖拉机安全顽瘴痼疾专项整治工作。全市排查变型拖拉机6820台，形成问题清单2950台，完成整改2950台，整改率100%；全国变拖系统登记6344台，完成注销4213台，注销率66.41%。

（本栏撰稿 范朝朝）

农田水利

【河湖长制推行】 2020年，长沙市四级河湖长巡河湖10.75万人次，解决问题940个。全市投入治水资金60亿余元，完成市管“一江一湖六河”综合治理任务227项，推进县乡两级河湖综合治理，强化沟渠塘坝等小微水体日常管护，实现“干流—支流—小微水体”全方位系统治理。2020年，26个国、省控水质监测断面水质优良率连续两年均100%，湘江、浏阳河稳定达到Ⅲ类水质以上。推进河湖“清四乱”专项行动，将“清四乱”行动向中小河流、农村河湖延伸，排查整改“四乱”（在河湖乱占、乱采、乱堆、乱建）问题58个，实现“四乱”问题动态清零；完成161座小水电清理整改工作，其中退出35座，整改126座；全面清查市、县明确的禁渔区域及水生生物保护区内非法设置的用于捕捞、养殖的矮围。加强专项执法和联合执法，全市办理涉水案件536个，罚款909.75万元。投入8.46亿元完成35项任务，浏阳河创建成为全国示范河湖。全市各级投入3.4亿元，打造30个小微水体示范片区、10条市级美丽河流、136条乡镇“示范河湖”。省政府第五次全会在长沙公布2019年度真抓实干成效明显地区予以表扬激励的名单及激励措施，长沙市被评为全面推进河长制湖长制工作成效明显的市及省控考核评价断面水环境质量改善明显的市。小微水体治理经验入选水利部《全面推行河长制湖长制典型案例汇编》。“清四乱”工作获全国河长制湖长制工作简报专刊推介。在全国“建设幸福河湖”交流研讨会作典型发言。湖南省长沙市河长制办公室被评为“长江经济带全面推行河（湖）长制先进单位”。《人民日报》《光明日报》《经济日报》等中央主流媒体宣传推介河湖长制工作55次。

【水利工程建设】 2020年，长沙市重大水利工程推进。全年完成重点水利建设项目54个，投资17.48亿元。椒花水库开工建设，白石洞水库实现下闸蓄水。农村饮水安全工程建设提速。贫困人口饮水安全问题动态清零，30个单村供水工程提质改造项目全部完工，新增农村自来水入户人口10.98万人，超额完成省市重点民生实事任务。水库移民工作稳步开展。申报移民项目474个，涉及移民资金6169万元，实现移民村主导产业发展、基础设施改善、移民收入增加、村容户貌改观。

【涉水监督管理】 2020年，长沙市节水型社会建设取得成效。制定《国家节水行动长沙市实施方案》，全市水利行业节水机关建设全面完成。编制完成市级河流水量分配方案，高质量完成取水工程核查登记整改提升，公布市级重点监控用水单位名录。小水电清理工作完成。落实清理整改任务，同步开展全市小水电站规范化运营管理及验收，提升清理整改的质量，全市31个退出类电站、130个整改类电站全部完成清理整改任务。放管服改革推进。落实审批服务“就近办”，将取水许可审批等4个高频办理事项，下放到全市所有区县（市）、园区，推行“区域评估”和“承诺制”审批，审批时效提升600%，审批率高出全市25个百分点。水土保持监管提升。推行“天地一体化”遥感监测，实现水土保持卫星监测全覆盖、“两单”惩戒无死角，实时监管常态化。全年完成监管项目1625个，追缴水土保持补偿费925万元，整治问题项目494个。行政执法推进。推进河道、水资源和水工程执法，累计出动执法船（车）1200余艘（台）次、出动执法人员4200余人次，执法检查项目203个，维护正常水事秩序。创建百座放心满意小型水库。创建放心满意小型水库100座，长沙县被评为全国小型水库管理体制改革示范县，推动水库管理单位工程组织管理、安全管理、运行管理和经济管理方面全面提升。

【水利工作宣传】 2020年，《瞭望》刊登市委副书记、市长郑建新署名文章《以高水平水生态建设推动城市高质量发展》。《人民日报》《光明日报》《经济日报》分别专题或头版报道长沙市浏阳河治理成效、小微水体管护及长沙治水等工作。中央媒体“逐梦幸福河湖”主题采访活动首站到长沙，浏阳河治理经验得到新华社、人民网、中新社推介。长沙市受邀参加首届湖南节水论坛，作为唯一节水城市代表作报告。参加全国建设幸福河

2020年9月28日，湖南椒花水库工程开工仪式在浏阳市达浒镇举行　市水利局　供图

湖交流研讨会并作典型发言。全国河长制湖长制工作简报向全国推介长沙河湖“清四乱”工作成效。长沙创新小微水体管护治理实践入选水利部《全面推行河长制湖长制典型案例》。

【《国家节水行动长沙市实施方案》出台】 2020年4月8日，经长沙市人民政府同意，市水利局、市发展改革委联合印发《国家节水行动长沙市实施方案》，针对水资源时空分布不均、社会节水意识不强、水资源利用效率与国际先进水平存在一定差距等问题，提出总量强度双控、农业节水增效、工业节水减排、城镇节水降损、重点地区节水开源、科技创新引领六大重点任务，并细化2020年、2022年、2035年工作目标。

【白石洞水库工程下闸蓄水】 白石洞水库工程总投资8.7亿元，工程自2006年12月启动前期工作，2013年2月开始移民搬迁，2016年12月开启大坝工程建设。2020年4月，移民搬迁安置通过省级终验，2020年5月13日通过下闸蓄水阶段验收，每年将为长沙县新增1600万立方米水量。

【湖南椒花水库工程开工】 2020年9月28日，湖南椒花水库工程开工仪式在浏阳市达浒镇举行。省委副书记、省长许达哲宣布开工。副省长隋忠诚讲话，省政府秘书长王群主持开工仪式。长沙市委副书记、市长、湖南湘江新区党工委书记郑建新出席开工仪式并讲话。市领导黎春秋、李蔚参加。椒花水库工程坝址位于浏阳河上游大溪河流域左岸一级支流椒花河下游，总投资59.07亿元。水库大坝高69.5米，正常蓄水位180米，总库容1.7亿立方米，控制流域面积132.5平方千米，为大（2）型水库，工程任务以城镇供水、防洪为主，兼顾灌溉和下游生态环境补水。项目建成后，椒花水库将向浏阳主城区、金阳新区、长沙县城区年平均供水8130万立方米，其中浏阳主城区多年平均供水量2220万立方米；金阳新区多年平均供水量3710万立方米；长沙县城区多年平均供水量2200万立方米，有效解决该地域枯水期水源性缺水问题；另外可向水库下游龙潭坝灌区年平均供水490万立方米，提高灌区673.33公顷农田灌溉保证率。

【长沙在首届湖南节水论坛作主旨报告】 2020年10月16日，以“坚持节水优先，守护美丽家园”为主题的首届湖南节水论坛在长沙召开。该次论坛在全国节约用水办公室、湖南省水利厅、中国水资源战略研究会暨全球水伙伴中国委员会等单位的指导下，由湖南省水利学会、湖南省水利水电科学研究院共同主办。论坛采取“1个主题论坛+3个专题论坛”的组织形式，围绕节水政策、新时期全省水资源节约利用、农业节水与现代化管理、多功能高效灌溉关键技术、金融与节水、节水型社会建设思路与实践、节约用水与水安全战略等话题展开讨论和交流。长沙市应邀在论坛作主旨报告，介绍长沙市节水型社会建设实践与成效。

【株树桥水电站创建全国绿色小水电示范电站】 2020年12月15日，水利部公布2020年度绿色小水电示范电站名单，株树桥水电站成为长沙市第一家“国字号”绿色小水电示范电站。株树桥水电站位于浏阳河南源小溪河下游，1991年第一台机组并网发电，总装机容量2.4万千瓦，年均发电4555.5万千瓦时。株树桥水电站通过构建智慧生态基流监测体系、完善各项规章制度、完成安全规范整改和厂区环境整治等，全站实现微机综合自动化，提高电站规范化管理水平，充分发挥水电站的生态效益，有效保护河流水生态环境，为电站实现绿色可持续发展提供保障。

【浏阳河创建全国示范河湖】 浏阳河是全国17个第一批示范河湖之一，是湖南省唯一入选河湖。自2019年列入全国示范河湖创建以来，长沙市推进浏阳河流域综合治理工作，围绕“截污、提标、调水、监管”八字治水方针，在治理实践中形成“河长领治、大小统治、部门联治、上下齐治、三口同治、全民共治”的工作模式。2020年11月16—18日，水利部长江水利委员会组织验收组通过现场查看、走访群众、听取汇报、资料查阅和会议讨论等方式，从责任体系、制度体系、基础工作、管理保护、空间管控、管护成效和示范性七个方面对浏阳河创建全国示范河湖进行验收。18日，验收组宣布验收鉴定意见，浏阳河全国示范河湖建设通过国家验收。

（本栏撰稿　刘铁伟）

工业·建筑业

INDUSTRY AND CONSTRUCTION

编辑　刘盼盼

工业经济运行

【概况】 2020年，长沙市规模工业增加值比2019年增长5.1%，分别高于全国、全省2.3和0.3个百分点，增速在全省各市（州）位列第五位、中部六省会城市位列第三位，在全国省会城市位列第十位；工业增加值占GDP比重为28.5%，较2019年提升0.4个百分点；制造业增加值占GDP比重为27.2%，较2019年提升0.2个百分点；工业投资同比增长3.9%，其中工业技改投资同比增长29.4%，增速较2019年提升4个百分点；工业税收856.3亿元，比2019年增长4%，增速较2019年提升10.9个百分点；工业税收占全市税收比重为44.3%，较2019年提升2.7个百分点；工业用电量168.9亿千瓦时，比2019年增长7.6%，增速较2019年提升2.2个百分点；制造业用电量114.3亿千瓦时，比2019年增长8.9%，增速较2019年提升3.4个百分点。

【智能制造】 2020年，长沙市获批省级智能制造示范企业4家，省级智能制造示范车间8家，新增市级智能制造试点企业373家，总数1041家。

【产业链建设】 2020年，长沙市以产业链建设为抓手，推动先进制造业高质量发展的做法先后被国务院办公厅、省政府办公厅通报表扬。2020年全市产业链引进过2亿元项目97个，计划总投资1385.84亿元。其中过50亿元以上项目8个，100亿元以上项目2个。投资160亿元长沙三安第三代半导体项目填补了长沙市集成电路产业链空白。三安第三代半导体、比亚迪锂电池等制造业标志性项目抓紧建设，格力智能装备已完成建设竣工投产，豪恩声学智能制造项目已投产五条生产线，蓝思智能机器人与智能装备设备项目全面竣工投产，鲲鹏计算机项目从筹建到交付总用时120天。

【新一代信息技术】 2020年，长沙市建成5G基站（含宏站和室分站）36124个，覆盖强度与上海、杭州等发达城市对标，居全国省会城市前列。出台《长沙市软件和信息技术服务业发展三年（2020—2022年）行动计划》，围绕智慧城市、智能制造、智能产业等领域发布三批247个应用场景，投资额超80亿元。全市软件业从业人员总数达到13.36万人，承载空间约185.68万平方米，主营业务收入逾1000亿元。工业互联网发展迅速，根云、中科云谷、中电互联平台获评全国工业互联网30强。全市"上云""上平台"企业数量达到23513家。人工智能及机器人（传感器）产业占据国产本体、智能激光、喷涂、焊接、3C等行业领先地位。超高清视频领域形成以马栏山视频文创园为核心的超高清视频产业集聚区，建立5G高新视频国家广电总局实验室。新一代半导体及集成电

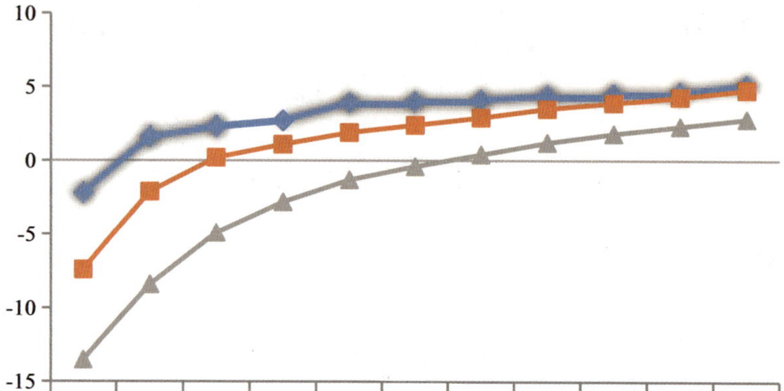

	1—2月	1—3月	1—4月	1—5月	1—6月	1—7月	1—8月	1—9月	1—10月	1—11月	1—12月
长沙	-2.2	1.6	2.3	2.7	3.9	4.0	4.1	4.4	4.5	4.6	5.1
湖南	-7.4	-2.1	0.2	1.1	1.9	2.4	2.9	3.5	3.9	4.3	4.8
全国	-13.5	-8.4	-4.9	-2.8	-1.3	-0.4	0.4	1.2	1.8	2.3	2.8

2020年全国、全省、全市规模工业增加值增速对比图（%）

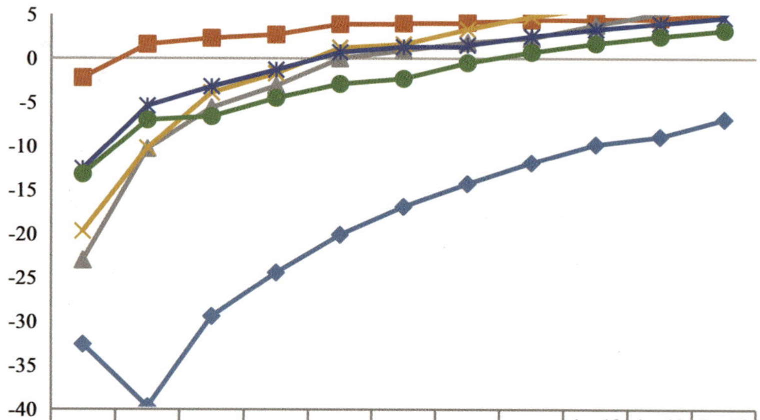

	1—2月	1—3月	1—4月	1—5月	1—6月	1—7月	1—8月	1—9月	1—10月	1—11月	1—12月
武汉	-32.6	-39.7	-29.4	-24.4	-20.1	-16.9	-14.3	-11.9	-9.8	-8.9	-6.9
长沙	-2.2	1.6	2.3	2.7	3.9	4	4.1	4.4	4.5	4.6	5.1
郑州	-23	-10.3	-5.6	-3.1	0.0	0.9	1.8	2.3	3.8	5.2	6.1
合肥	-19.7	-10.2	-3.9	-1.7	1.2	1.6	3.3	4.8	5.8	7.2	8.3
南昌	-12.6	-5.4	-3.2	-1.3	0.7	1.3	1.5	2.5	3.3	4	4.7
太原	-13.2	-7	-6.6	-4.5	-2.9	-2.3	-0.5	0.7	1.7	2.5	3.2

2020年中部六省会城市规模工业增加值增速对比图（%）

路产业规上企业产业规模突破30亿元，长沙成为全国唯一实现CPU、GPU、DSP三大芯片设计国产自主的城市。

【企业规模】 2020年，长沙市新增规模以上工业企业253家，全市规模工业企业数量逾3000家。圣湘生物、安克创新、松井股份、宇新股份、和顺石油、南新制药、威胜信息上市，增量居中部城市第一位，爱威科技、华纳大IPO成功过会。三一重工市值首次超过日本小松公司，排名世界工程机械市值第二位；中联重科市值首次逾千亿元。长沙市新增国家小巨人企业13家，省级小巨人企业65家，市级小巨人企业202家，4家企业获评国家级单项冠军企业（产品）。

【企业帮扶】 2020年，长沙市在全国率先推动工业企业复工复产，选派4292名驻企防疫联络员，帮助企业协调联系疫情防控、政策衔接、服务保障等工作。疫情期间114家重点工业企业反映的212个问题全部解决。5月全市规模以上工业企业复工率100.3%，员工到岗率106.9%，工业企业复工复产水平在全国全省保持前列。组织开展六批次技改贴息申报工作，为企业贴息近3.1亿元，按照《关于应对新型冠状病毒感染的肺炎疫情支持中小企业共渡难关的若干意见》，争取财政统筹追加资金近1亿元，给予1188家（次）企业贷款贴息6158万元。截至2020年年底，风补基金向4520家小微企业发放信用类贷款5827笔，放款金额61.73亿元。中小企业转贷引导基金累计服务企业223家，转贷金额66.27亿元，为企业节约转贷成本6970万元。小微企业天使投资引导基金投资6142万元。

【出台系列政策】 2020年，长沙市出台《长沙市加快推进食品产业转型升级若干政策》《关于加快推进生物医药产业高质量发展的若干政策》《长沙市高层次人才创新创业动态支持实施办法（试行）》《长沙市关于加快网络安全产业发展若干政策实施细则》《长沙市关于加快新一代半导体和集成电路产业发展的若干政策实施细则》《长沙市重点行业低挥发性有机物（VOCs）含量原辅材料替代应用项目的若干支持政策》《长沙市进一步

表16　2020年长沙市规模以上工业增加值统计表

指标	企业单位数（个）	增加值比2019年增长（%）
规模以上工业企业	3016	5.1
在总计中：芙蓉区	61	1.6
天心区	39	0.9
岳麓区	312	8.0
开福区	88	6.9
雨花区	69	2.8
望城区	370	7.0
长沙县	455	6.3
浏阳市	1005	6.3
宁乡市	617	1.1
按经济类型分：国有企业	7	4.6
集体企业	12	3.3
股份合作企业	2	−55.7
股份制企业	2607	7.0
外商及港澳台投资企业	144	−0.3
其它企业	244	−4.9
在总计中：国有及国有控股企业	149	0.4
大中型企业	290	9.4

（资料来源：市统计局）

支持工业企业加快技术改造贷款贴息实施办法》《长沙市智能网联汽车道路测试管理实施细则（试行）V3.0》《长沙市关于深化北斗应用若干政策实施细则》《长沙市关于推进智能网联汽车应用示范的指导意见（试行）》《长沙市软件和信息技术服务业发展三年（2020—2022年）行动计划》《关于印发长沙市大力推动制造业高质量发展"七大工程"三年（2020—2022年）行动计划的通知》等系列政策，形成推动制造业高质量发展政策体系。

【3家企业被评为国家工业质量标杆企业】 2020年10月14日，工业和信息化部科技司公布2020年全国质量标杆典型经验遴选结果，金杯电工股份有限公司、湖南中南智能装备有限公司、九芝堂股份有限公司被评为国家工业质量标杆企业。

【12家公司列入国家绿色制造名单】 2020年10月16日，工业和信息化部办公厅公布第五批绿色制造名单，长沙12家公司列入绿色制造名单，山河智能装备股份有限公司、湖南顶立科技有限公司、上汽大众汽车有限公司长沙分公司、博世汽车部件（长沙）有限公司、广汽三菱汽车有限公司、盐津铺子食品股份有限公司、九芝堂股份有限公司、湘北威尔曼制药股份有限公司、湖南长远锂科股份有限公司、湖南湘投金天钛金属股份有限公司、华自科技股份有限公司、湘江涂料科技有限公司。

【4家企业技术中心被评为国家企业技术中心】 2020年12月22日，国家发展改革委、科技部、财政部、海关总署、税务总局联合发布第27批国家企业技术中心名单，长沙4家企业技术中心获国家企业技术中心，分别是：三诺生物传感股份有限公司技术中心、湖南九典制药股份有限公司技术中心、湖南国科微电子股份有限公司技术中心、长沙景嘉微电子股份有限公司技术中心。

表17　2020年长沙市规模以上分行业工业增加值统计表

指标	企业单位数（个）	增加值比2019年增长（%）
规模以上工业企业合计	3016	5.1
按工业行业中类分组		
（一）采矿业	24	−9.6
1. 黑色金属矿采选业	2	−1.1
2. 有色金属矿采选业	3	−20.6
3. 非金属矿采选业	19	5.4
（二）制造业	2933	5.3
1. 农副食品加工业	188	−6.5
2. 食品制造业	108	−0.7
3. 酒、饮料和精制茶制造业	50	−3.2
4. 烟草制品业	2	5.0
5. 纺织业	26	−40.1
6. 纺织服装、服饰业	16	−19.0
7. 皮革、毛皮、羽毛及其制品和制鞋业	5	−23.0
8. 木材加工和木、竹、藤、棕、草制品业	43	−9.0
9. 家具制造业	39	4.4
10. 造纸和纸制品业	76	−1.4
11. 印刷和记录媒介复制业	76	−5.3
12. 文教、工美、体育和娱乐用品制造业	17	26.0
13. 石油加工、炼焦和核燃料加工业	12	4.4

续表 17

指标	企业单位数（个）	增加值比 2019 年增长（%）
14. 化学原料和化学制品制造业	541	−1.5
15. 医药制造业	100	−17.4
16. 橡胶和塑料制品业	94	−11.5
17. 非金属矿物制品业	280	−5.2
18. 黑色金属冶炼和压延加工业	6	−10.4
19. 有色金属冶炼和压延加工业	49	−4.3
20. 金属制品业	172	−10.4
21. 通用设备制造业	252	9.1
22. 专用设备制造业	220	23.0
23. 汽车制造业	163	−7.8
24. 铁路、船舶、航空航天和其他运输设备制造业	20	3.6
25. 电气机械和器材制造业	156	−2.4
26. 计算机、通信和其他电子设备制造业	135	30.6
27. 仪器仪表制造业	68	−1.1
28. 其他制造业	9	−23.5
29. 废弃资源综合利用业	10	28.9
（三）电力、燃气及水的生产和供应业	59	1.6
1. 电力、热力生产和供应业	22	1.5
2. 燃气生产和供应业	15	−12.7
3. 水的生产和供应业	22	9.8

（资料来源：市统计局）

表 18　　长沙市主要工业产品产量统计表

指标	单位	1978 年	1985 年	1990 年	1995 年	2000 年	2005 年	2010 年	2015 年	2019 年	2020 年	比 2019 年增长（%）
原煤	万吨	196	178	240	354	173	297	420	23	—	—	—
发电量	万千瓦小时	11551	12214	14581	21505	6036	33702	584611	535860	838000	771187	−8.0
饮料酒	万吨	0.68	2.47	2.54	6.53	6.05	16.79	34.07	6.84	9.26	9.07	3.5
纱	吨	—	10314	12238	11970	17115	18899	36443	100130	137642	13117	−90.5
棉布	万米	3185	4885	5688	5367	63.57	225.00	326.16	—	—	—	—
印染布	万米	1930	2922	2507	2561	2749	2259	2908.0	—	—	—	—
服装	万件	—	—	—	1539	1315	1886	3706	4540	2304	2633	14.3
皮鞋	万双	145	306	548	1443	338	496	892	2479.00	288.79	233.87	−7.9

续表 18

指标	单位	1978年	1985年	1990年	1995年	2000年	2005年	2010年	2015年	2019年	2020年	比2019年增长（%）
人造板	立方米	—	2444	20526	61003	102149	47358	25892	—	27592	10497	−62.0
机制纸及纸板	万吨	1.88	4.33	6.13	13.02	3.09	14.38	21.36	32.73	31.51	36.22	5.9
硫酸	万吨	5.52	3.91	7.61	12.58	10.92	3.61	—	4.22	3.35	2.71	−19.1
涂料	吨	5667	12377	13586	19548	20214	49155	139323	549780	309902	391222	6.7
肥皂	吨	10356	23511	21593	20866	7912	8697	—	—	—	—	—
合成洗涤剂	吨	8087	15646	26411	44432	71323	94069	130297	170175	159452	113851	39.0
牙膏	万支	3313	5746	6071	3510	2300	836	—	—	—	—	—
水泥	万吨	22.31	54.27	89.32	248.00	313.81	537.37	1462	1167	694	677	−0.1
钢材	吨	16062	28420	55428	19849	18449	19443	94218	159993	6111	25952	52.0
金属切削机床	台	2486	4723	1332	1460	858	1246	2963	2108	2502	1346	−47.3
泵	万台	0.48	0.90	1.15	1.72	0.42	0.74	0.76	4.80	24.06	24.09	−0.3
风机	万台	0.32	1.14	0.94	1.22	0.22	0.59	0.49	15.97	15.87	3.26	−79.6
汽车	辆	502	3402	1103	2076	1377	61823	100388	233093	437049	360016	−17.5
交流电动机	万千瓦	31.0	50.8	59.4	62.0	35.0	165.0	215.0	266.1	29.1	36.7	25.9
变压器	万千伏安	33.55	35.38	40.51	38.61	124.99	147.16	14.71	0.53	41.31	68.6	−22.7
家用电冰箱	万台	—	—	16.40	21.83	44.54	55.54	31.31	8.91	—	—	—
彩色显像管	万只	—	—	—	0.32	371.18	690.93	4.72	—	—	—	—

说明：由于此表工业产品名称多年没有变化，而统计这个统计产品名称每年都在变化（跟企业变的），没有数据的表示已无此工业产品了

（资料来源：市统计局）

【国家级制造业单项冠军示范企业和产品】 2020年12月25日，工业和信息化部、中国工业经济联合会公布第五批全国制造业单项冠军示范企业和产品，长沙的蓝思科技为单项冠军示范企业，三一汽车的混凝土泵车、湖南中联重科履带起重机有限公司的履带起重机、中联重科环境的清洁车辆，分别获得单项冠军产品称号。

【省级制造业单项冠军产品】 2020年12月29日，湖南省工信厅发布第一批湖南省制造业单项冠军产品名单，共20个，其中，长沙有9个产品榜上有名，分别为：湖南长城信息金融设备有限责任公司智能型自助终端、世邦通信股份有限公司IP网络音频通信系列、湖南邦普循环科技有限公司再生产品三元前驱体、湖南长远锂科股份有限公司三元正极材料、湖南五新隧道智能装备股份有限公司隧道（隧洞）衬砌台车、湖南星邦智能装备股份有限公司臂式高空作业平台、湖南九典制药股份有限公司洛索洛芬钠凝胶膏、九芝堂股份有限公司六味地黄丸、圣湘生物科技股份有限公司病毒性肝炎核酸检测试剂盒。

（本栏撰稿　阳　娟）

工程机械工业

【概况】 2020年，长沙市工程机械规模以上企业主营业务收入逾2500亿元。三一集团、中联重科、山河智能、铁建重工蝉联“全球工程机械制造商50强”。工程机械产业能够生产涵盖十二大类、100余个小类的产品，产品覆盖全球180个国家和地区，是仅次于美国伊利诺州和日本东京的世界第三大工程机械产业集聚地。中联重科位列2020中国企业专利实力500强第56位，持续占据行业榜首；建筑起重机械、长臂架泵车保持行业第一。三一集团混凝土机械、挖掘机械产品在全球近30个国家和地区做到市场第一。三一智联重卡及工程机械扩产项目下线全球首台国六大跨度举高喷射消防车。山河智能旋挖钻机是行业一线品牌，液压静力压桩机是国内行业第一品牌。铁建重工大直径TBM（全断面岩石掘进机）市场占有率保持在85%以上。星邦智能的曲臂式高空作业平台打破了高度最高、伸距最

2020年12月31日，首台中大型挖掘机在中联智慧产业城挖掘机械园区下线

市工信局　供图

长、载荷最大自行曲臂式高空作业平台3项世界纪录，臂式高空作业平台稳坐国内产品市场的头把交椅，产品远销欧洲、北美、澳洲等高端市场。金龙智造的智能井盖出口全球32个国家和地区，175个城市。

【中联重科智慧产业城挖掘机械园区首台中大挖机下线】　2020年12月31日，中联智慧产业城挖掘机械园区首台中大型挖掘机下线仪式举行。此次下线的两款产品分别为20吨和48吨级挖掘机，两台挖掘机均属于中联重科E-10系列产品。20吨产品机型为ZE205E-10，整车重21.5吨，是中联重科针对土石方工程研发的中型挖掘机，有着节能、高效、可靠等特点。另一款大挖产品为ZE485E-10，整车重48.5吨，主要应用于矿山破碎开采、装车运输等工况，有着“矿世英雄”的美称。两台中大挖产品由中联智慧产业城首开区挖掘机械园区中大挖装智能配车间生产制造。该车间面积为3.6万平方米，生产覆盖13.5吨到48吨的挖掘机产品。该车间AGV全自动机器人、RGV有轨输送小车、涂胶机器人等各类工业机器人广泛应用，让上车、下车、合车、配送等各工序更加自动化、智能化。挖掘机园区首台产品下线，填补湖南本土大型挖掘机智能制造的空白。

【2020长沙国际工程机械后市场交易大会】　2020年6月4—5日，2020长沙国际工程机械后市场交易大会在长沙国际会展中心举办，展会面积近4万平方米，共展出200余台（套）二手工程机械设备。工程机械后市场是一个万亿元级市场，其主要包括工程机械售后服务（维修及保养）、零配件供应、租赁、二手机交易和再制造业务。展区展品包括二手混凝土泵车、二手挖机等，大部分是卡特彼勒、中联重科、三一重工等国际知名品牌。该展会是国内疫情防控常态化后工程机械行业第一个大型展会，也是亚洲规模最大的二手设备交易展。大会由展览展示、产业峰会、产销交易、现场竞拍、机主party五大部分组成，同期举办第三届亚洲工程机械二手设备交易大会、湖南省工程机械产业链发展大会、首届中国机主节、中国工程机械租赁商协会联盟成立大会、第二届中国工程机械后市场千人峰会、长沙二手挖掘机行业发展论坛等活动。

【长沙市工程机械（装备制造）关键技术供需对接会】　2020年8月28日，长沙市工程机械（装备制造）关键技术供需对接会举行，80余家链上企业和高校院所达成技术接洽意向十余项。长沙经开区被认定为长沙市技术转移转化基地并授牌；中南大学、湖南大学、长沙理工大学、长沙学院、长沙矿山研究院、中国航天科工集团七八〇一研究所以及亿美博公司7家高校院所和企业进行技术路演，共发布超宽带雷达、高端制造机器人、惯性导航以及矿山机械、液压技术等产业关键技术29项；三一集团、恒天九五、铁建重工、启泰传感4家装备制造企业发布技术需求16项。

【长沙工程机械企业参展美国拉斯维加斯工程机械展】　2020年3月10日，2020年美国拉斯维加斯工程机械展（以下简称“美国拉展”）举办。美国拉展作为仅次于德国宝马展的全球第二大工程机械类展会，每三年举办一次，是中国企业主动参与国际市场竞争，展示中国品牌形象的重要舞台。长沙市工程机械行业协会会长单位三一集团、中联重科、山河智能、副会长单位星邦智能4家长沙工程机械企业携60余款产品参展，收获大额订单。其中，三一集团旗下挖掘机、压路机、桩机、港机、履带起重机等27款产品亮相，展位面积2500平方米，是“参展面积最大、参展设备最多”的中国展商。27台产品展会首日即售罄，订单及意向订单金额超1亿元。中联重科14款产品参展；既有传统强势板块起重机和塔机等产品，也有针对北美市场定制研发的4款高空作业平台。山河智能由公司董事长何清华带队，携满足美国最新排放标准要求的T4F全系列挖掘机、滑移装载机、伸缩臂履带起重机、高空作业平台、旋挖钻机等20余款产品参展。作为中国高空作业平台领域的知名企业，星邦重工首次亮相美国拉展，携6款重点产品参展。　（本栏撰稿　阳　娟）

汽车及零部件工业

【概况】 2020年，长沙市汽车产业营收逾千亿元，拥有汽车及零部件配套规模以上企业200家左右，已成为全国汽车产业重要集聚地之一，生产能力涵盖轿车、轻中重载货汽车、越野车、客车、新能源汽车等领域，聚集了上汽大众、广汽菲克、广汽三菱、长沙比亚迪等知名整车企业及博世汽车、住友橡胶、索恩格等知名零部件生产企业。随着智慧交通、智慧道路等应用场景的丰富和升级，长沙汽车及零部件产业迎来新一轮发展机遇。（阳 娟）

【与浙江吉利控股集团签署战略合作协议】 2020年4月27日，湖南省政府、长沙市政府与浙江吉利控股集团签署战略合作协议。根据协议，吉利集团将托管位于长沙经开区的长丰集团下属湖南猎豹汽车股份有限公司，从事新能源汽车整车生产和销售，并致力打造吉利中部区域新能源产业链战略基地。（阳 娟）

【比亚迪IGBT项目开工建设】 2020年4月28日，比亚迪IGBT项目开工建设。比亚迪IGBT项目涉及的IGBT（绝缘栅双极型晶体管）属于新能源汽车最核心的技术之一，其性能好坏直接影响电动车功率的释放速度，与动力电池一道，都决定着电动车的性能。该项目计划总投资10亿元，建设年产25万片8英寸新能源汽车电子芯片生产线，投产后可满足年装车50万辆新能源汽车的产能需求。

（阳 娟）

【广汽三菱新能源车项目开工】 2020年7月8日，广汽三菱新能源车项目开工活动在长沙经开区举行，此次开工的新能源车项目，利用广汽集团和三菱汽车各自优势联合开发首款新能源车型，总投资10亿元。

（李钒激）

【天际汽车长沙新能源项目首车下线】 2020年9月29日，天际汽车长沙新能源项目首车下线，天际汽车长沙新能源项目总占地面积33.33公顷，总建筑面积约13万平方米，总投资51亿元，主要建设焊装车间、涂装车间、总装车间及其生产线等。（阳 娟）

【全球首款定制网约车D1投产首批新车交付】 2020年12月25日，比亚迪与滴滴出行联合打造的全球首款定制网约车D1在长沙比亚迪基地投产，首批新车交付。长沙市委副书记、市长、湖南湘江新区党工委书记郑建新宣布车辆投产。比亚迪股份有限公司董事长兼总裁王传福致辞，副市长邱继兴出席。作为第一代定制化的共享智能汽车，D1基于滴滴平台上5.5亿名乘客、上千万名司机需求、百亿次出行数据，结合比亚迪的e平台、刀片电池等尖端技术，在车内人机交互、司乘体验、车联网等多方面进行定制化设计。首批D1车型在长沙率先投入运营。年产量10万辆以上，新增产值超100亿元。（张文香）

【长沙发放全国首批试运营和无驾驶人测试通知书】 2020年9月15日，长沙市发布《长沙市关于推进智能网联汽车应用示范的指导意见（试行）》《长沙市智能网联汽车测试及示范区域拓展方案》《长沙市智能网联汽车无驾驶人自动驾驶功能测试规程—乘用车版》《长沙市智能网联汽车无驾驶人测试道路选线方案》4个文件。并基于严格的技术评估和专家论证，负责运营百度Robotaxi项目的湖南阿波罗智行科技有限公司在发布会现场获得《智能网联汽车试运营通知书》；长沙还为该公司运营的两辆百度Robotaxi发放《智能网联汽车无驾驶人测试通知书》，允许其凭现有道路测试牌照启动无驾驶人测试。（阳 娟）

【湖南（长沙）国家级车联网先导区揭牌】 2020年9月30日，工信部批复支持湖南（长沙）创建国家级车联网先导区。工信部明确，湖南（长沙）国家级先导区的主要任务和目标是：在重点高速公路、城市道路规模部署蜂窝车联网C-V2X网络，结合5G和智慧城市建设，完成重点区域交通设施车联网功能改造和核心系统能力提升，带动全路网规模部署。11月3日，工业和信息化部党组成员、副部长王志军一行调研国家智能网联汽车（长沙）测试区，并和湖南省人民政府副省长陈飞一起为湖南（长沙）国家级车联网先导区揭牌。湖南（长沙）成为全国第三个获批的国家级车联网先导区。（阳 娟）

食品工业

【概况】 2020年，长沙市食品产业有规模以上重点企业363家，其中年销售亿元以上企业58家。全市食品产业（含烟草产业）实现税收609.35亿元，全市食品产业已基本摆脱疫情影响，整体实现生产销售稳步回升，市内龙头企业更呈现引领行业增长的较好态势。食品产业获批国家级平台2个，省级平台126个，整体呈现稳中有增态势。

【益海嘉里湖南粮油食品生产加工基地落户】 2020年1月5日，望城经开区与益海嘉里集团举行签约仪式，益海嘉里湖南粮油食品生产加工基地项目落户长沙。该项目位于望城经开区铜官园区，总投资15亿元以上，用地70公顷，主要从事压榨、油脂、面粉、水稻加工等生产业务，将打造集区域总部经济、智能制造、现代农业和现代物流为一体的食品加工全产业链旗舰项目。

【生猪产业链项目开工】 2020年6月28日，泰国正大集团投资的宁乡市100万头生猪产业链项目开工，项目总投资36亿元，包含100万头生猪养殖项目、333.33公顷以上种植项目、100万头生猪屠宰场项目以及食品加工、冷链物流项目，产业链项目建成满产后年产值约 60 亿元。

【《长沙市加快推进食品产业转型升级若干政策》制定】 2020 年 2 月，长沙市制定《长沙市加快推进食品产业转型升级若干政策》，2020—2022 年，长沙每年将整合财政资金 5000 万元（产业智能化改造资金在智能制造专项中列支）设立食品产业专项扶持资金，用于支持全市食品产业的转型升级。政策适用对象为规模以上食品工业企业，需在长沙市内注册经营并依法纳税，未纳入诚信体系黑名单管理，无重大违法记录，具有独立法人资格、健全财务制度、实行独立核算。整个政策分为鼓励食品企业研发创新、加快食品产业智能化改造、支持食品企业兼并重组、研发创新和鼓励食品企业做大做强四大块，共 10 条。

【湖南小洋人二期项目投产】 2020 年 12 月 11 日，小洋人集团南区 2020 年度营销总结表彰大会暨湖南小洋人二期项目投产仪式在宁乡举行，来自小洋人集团南区的 600 余名经销商代表参加活动。小洋人集团于 1994 年成立，2015 年湖南小洋人投产运营，先后被授予湖南省高新技术企业、湖南省名牌产品、长沙市智能制造示范企业、宁乡市十强企业、宁乡经开区首届质量奖等荣誉，创造良好的经济效益和社会效益，成为宁乡经开区食品行业的新标杆。2020 年 8 月，湖南小洋人公司二期项目启动建设，12 月投产。湖南小洋人二期项目位于宁乡经开区创新路，总投资超亿元，建设三条顶级全自动生产线，主要生产高端乳饮系列产品。

（本栏撰稿　阳　娟）

烟草工业

【长沙卷烟厂】 长沙卷烟厂为湖南中烟工业有限责任公司（以下简称“公司”）下属不具有企业法人资格的卷烟生产点，是市内唯一烟草生产企业。2020 年，工厂主厂区占地面积 32.38 万平方米（减少的原因是洞井路建设导致产生一块飞地 779.94 平方米，解决建丰公寓出行雨花区政府回收 229 平方米，共计 1008.94 平方米），大托、圭塘、吉首仓库用地 43.65 万平方米。年卷烟生产能力 684.8 亿支（136 万箱 / 二班生产）。固定资产原值 85.69 亿元，净值 26.46 亿元。拥有 1 条 15000 千克 / 小时（联合工房）和 1 条 3600 千克 / 小时制丝生产线；1 条 570 千克 / 小时膨胀烟丝生产线，一条 300 千克 / 小时薄片线。进口及国产卷接机 46 台，进口及国产包装机 45 台，进口及国产滤嘴成型机 17 台，装箱机 16 台，建有原料高架库、辅料高架库、成品高架库及相关辅联设备、自动物流系统。2020 年，长沙卷烟厂落实湖南烟草工业工作会议精神，克服新冠肺炎疫情和公司案件的不利影响，完成各项目标任务。全年生产内销卷烟 115 万箱，合作生产卷烟 39.5 万箱，生产计划完成率 100%。顾客质量投诉零事故，成品外部抽检合格率 100%。安全实现“六无”目标。“和天下”系列连续 8 年保持全国高价位卷烟产销量第一。

【卷烟生产】 2020 年，长沙卷烟厂主要生产“白沙”“芙蓉王”“万宝路”3 个卷烟品牌。全年完成 26 个规格卷烟产品生产，含 3 个新品规格：HEO（茶香塞尔维亚）、HEO（原味塞尔维亚）、白沙（硬和天下尊享 84 毫米）的生产），停产 3 个规格：白沙（硬红运当头中支）、白沙（软和天下檀香）、芙蓉王（硬领航）。全年产量 575 亿余支（115 万箱），其中内销烟 575 亿支（115 万箱），出口烟 45 万支（0.0009 万箱）。按结构分：一类烟 118.74 亿支（23.75 万箱），二类烟 108.23 亿支（21.65 万箱），三类烟 348.04 亿支（69.61 万箱）。按品牌分：白沙系列 505.25 亿支（101.05 万箱），芙蓉王系列 58.24 亿支（11.65 万箱），万宝路系列 11.5 亿支（2.3 万箱）。万元产值综合能耗 5.23 千克标煤，万支卷烟综合能耗 2.4 千克标煤。平均每万支消耗烟叶 6.77 千克、嘴棒 2508.06 支、盘纸 592.09 米、水 0.0791 吨、电 11.05 千瓦时。

【易地技改项目推进】 2020 年，长沙卷烟厂推进易地技改搬迁工作。通过多次与湖南省、长沙市政府相关部门沟通协调，经过 5 轮选址，初步明确了新厂区选址意向。同时，联合行业内外专家，高质量编制项目立项报告，年内，项目整体方案、工艺方案顺利通过行业专家组评审论证。

【生产制造能力优化】 2020 年，长沙卷烟厂生产组织进一步优化，实施“223”柔性生产模式，在公司内部率先实现卷包部分区域转两班生产。优化盖烟机台生产组织，减少换牌改型 114 次。生产能力进一步增强，和天下生产专区建设基本完成。芙蓉王（硬细支）爆珠嘴棒自产率达到 76%。长株潭中心仓库日吞吐能力比 2019 年提升 25%。加热卷烟完成 2 批正品量产，形成半自动化生产能力。科研试验线具备三个牌号正品生产能力。新增芙蓉王香基、糖基生产任务安全高效完成。

【技术保障能力稳步提升】 2020 年，长沙卷烟厂强化技术攻关，软包硬化设备、国产高速机、M5 高速机台时效率比 2019 年分别提升 25%、4.7%、4.3%，和天下人机融合线平均台时效率达到 5.8 箱以上。精细设备维护，完成 1 台套中速卷包设备现场大修，10 台套中速卷包设备、5 台套成型设备项修，全年开展检修 579 项，有力保障设备正常运行。推动现有设备自主升级改造，开展 PROTOS70 新型风选技术料斗改造研究，“和天下”烟梗刺破、“三项废烟”剔除多等问题得到有效改善。

【企业发展环境稳定】 2020年，长沙卷烟厂按照公司统一部署，配合地方政府，完成退休人员社会化协议签订、档案移交、资产划转等工作，确保1374名退休人员社会化管理的平稳过渡。推进安全生产专项整治三年行动，深化安全隐患排查治理，确保厂泰民安。履行社会责任，落实国家局、公司精准扶贫工作要求，通过结对帮扶、消费扶贫、爱心捐款等方式，助力脱贫攻坚。（本栏撰稿 廖 劼）

生物医药产业

【概况】 2020年，长沙市有生物医药（含基因技术）企业1480家，其中规模以上企业290家（含规模以上工业企业和规服），上市企业13家，且爱威科技已成功过会，拟上市企业32家；老百姓、益丰位列全国药品零售连锁企业第一位和第五位，全国医药流通十强企业中已有4家在金霞设立区域总部；共拥有药品品种1500余个，医疗器械生产产品1587个，其中三类医疗器械31个，二类医疗器械280个；现有国家级技术服务平台28个，通过GLP认证的药品安全评价中心1个，国家企业技术中心7个、省级企业技术中心30余个，企业博士后科研站9个，获批国家和省级高新技术企业200余家，设有医药相关学科的高校和科研院所11所。生物医药产业链营收增速保持两位数的强劲增长。

【《长沙市加快推进生物医药产业高质量发展若干政策》制定】 2020年，《长沙市加快推进生物医药产业高质量发展若干政策》制定，长沙市每年拿出5000万元定向支持生物医药企业发展。《长沙市加快推进生物医药产业高质量发展若干政策》分为“着力招强引智、鼓励做大做强、鼓励研发创新、支持市场拓展”四大块，共11条。第一大块，是着力招强引智。鼓励世界500强、中国医药工业百强或境内外上市生物医药企业在长沙市设立地区总部、投资新项目，鼓励生物医药领域权威专家带技术团队和创新引领型成果在长沙市落地转化，做好生物医药产业增量。第二大块，是鼓励做大做强。根据生物医药重点企业的现有规模，从中药、原（辅）料、医疗器械三个优势细分领域，差异化给予分档奖励，激励龙头企业做大做强，进一步提升产业竞争力和带动力。第三大块，是鼓励研发创新。支持成立生物医药产业研究院，激发创新活力，打造生物医药创新高地。针对企业当前研发创新迫切需要支持方面，重点支持创新药、改良型新药的研发、仿制药一致性评价、创新成果产业化、第三类医疗器械品种研发注册，引导支持企业创新突破，提升核心竞争力。第四大块，是支持市场拓展。重点对“上市许可人委托生产、纳入基本药物目录、通过国际认证、单品种销售突破和医药流通本地产品销售”等方面给予支持，旨在引导企业提升市场拓展竞争力，帮助企业开拓国内外市场，提高市场占有率。

【圣湘生物登陆上交所科创板】 2020年8月28日，圣湘生物登陆上交所科创板，成为沪深两市“抗疫第一股”，当日市值逾500亿元。截至2020年，国内注册的新冠病毒检测试剂有44个（其中核酸检测试剂21个）。圣湘生物研发的新冠病毒核酸检测试剂盒产品于2020年1月28日获批上市，系国内新冠病毒检测产品最早获批上市的前6家企业之一。2020年3月，国家卫生健康委临检中心发布的《全国新型冠状病毒核酸检测室间质量评价结果报告》表明，使用圣湘生物新冠核酸检测试剂的实验室数量为258家，排名行业第一位。

【2020湖南生物医药与健康产业博览会在长沙举办】 2020年10月26日，2020湖南生物医药与健康产业博览会暨湖南（国际）生物医药产业发展大会在长沙举办。30个生物医药产业园区，10个国家和省级行业协会，1000余家企业，5万余观众参与，签订合作项目15个，媒体曝光量2400万次，百度搜索2140万次。大会下设医疗器械专题研讨会、中药分论坛、原辅料药分论坛、财务与金融分论坛等多个分论坛。在2020湖南（国际）生物医药产业发展大会上，来自生物医药产业、学术专家等就构建湖南生物医药产业发展新生态等议题进行讨论。2020“医药湘军总评榜”授牌仪式同期进行，评选出抗疫先锋榜、文化传承先锋榜、科技先锋榜、明星单品榜、产业工匠榜、中药材兴业先锋榜55个获奖企业及个人。

【三诺生物获2020年国家企业技术中心认定】 2020年11月10日，国家发展改革委创新和高技术发展司发布公告，三诺生物传感股份有限公司（简称“三诺生物”）入选企业技术中心名单。三诺生物总部位于湖南省长沙高新技术产业开发区，成立于2002年，致力于利用生物传感技术研发、生产、销售快速检测慢性疾病产品，2012年，在深圳证券交易所创业板上市，成为全国生物传感器上市第一股；三诺生物成为国内血糖监测系统行业龙头企业，国内市场占有率达到50%以上。

【楚天科技高端智能生物制药装备产业园四期项目开工】 2020年4月28日，楚天科技的高端智能生物制药装备产业园四期项目开工，该项目是长沙市制造业标志性重点项目，总投资16亿元，建设智能后包与医药机器人技术产品线等13条生产线。

【塞力斯医疗集团优质项目落户浏阳经开区】 2020年11月27日，塞力斯医疗集团研发中心与生产平台建设项目签约活动举行。该项目总投资1亿元，将在长沙e中心建设凝血诊断试剂、身免疫诊断试剂及配套仪器、快速诊断等产品线。塞力斯医疗集团是中部地区首家沪市主板上市的医疗集约化运营服务提供商和武汉第一家主板上市临床诊断产品（IVD）生产商，与西门子、德国BE、奥地利TC、碧迪、迈瑞、希森美康、强生等国内外知名IVD供应商建立了长期良好的合作关系，在全国20余个省份拥有控股子公司50余家，已为300余家医院客户提供医疗集约化运营服务。

（本栏撰稿　阳　娟）

材料工业

【概况】　2020年，长沙材料产业引进重大项目44个，计划总投资167.71亿元，其中，长远锂科电池正极材料生产基地项目投资70亿元，长沙新能源材料工业技术研究院及锂电池负极材料生产基地投资15亿元，邦普10万吨废旧动力电池拆解项目投资10亿元。比亚迪动力电池项目12月实现一期第一条产线竣工试投产，项目的投产实现动力电芯环节的重大突破，有力带动产业聚集发展。平台建设效果显著，长沙矿冶研究院获批国家技术创新示范企业；博信新能源、邦普循环、雅城新材料、长沙安靠电源等19家企业获批国家高新技术企业；黑金刚实业成功申报国家专精特新小巨人企业；长宁炭素入选国家单项制造冠军企业；长沙矿冶研究院、湘江涂料分别获批湖南省工程技术研究中心；泰嘉新材获批国家级博士后科研工作站；浏阳高新区获批国家新型工业化资源循环利用（再制造）示范基地；宁乡高新区获批全国电池产业集群示范区；长远锂科成为央企新能源材料首家科创板上市企业，锂电前驱体企业中伟新能源于2020年12月在创业板上市。

【长远锂科70亿元车用锂电正极材料扩产项目开工】　2020年4月28日，长远锂科车用锂电池正极材料扩产项目开工，将建设多座多元正极材料厂房、智能仓库、综合楼等，总投资约70亿元。项目致力于锂离子动力电池三元材料NCM和NCA系列产品的研发和生产，主要建设多元正极材料厂房、氧气站、110千伏变电站、检测研发楼等，全部建成后可具备8万吨/年动力电池三元材料产能，可实现年产值122亿元，解决1200人就业。项目一期用地约19.67公顷，建筑面积约21.29万平方米，总投资35.6亿元。

【比亚迪动力电池项目首条生产线投产】　2020年10月15日，比亚迪动力电池项目首条生产线投产仪式在宁乡高新区举行。长沙市委常委、常务副市长夏建平出席活动并宣布比亚迪动力电池项目首条生产线投产。比亚迪动力电池项目一期于2019年5月启动建设，总投资约50亿元，主要为比亚迪新能源汽车提供动力电池即“刀片电池”，项目达产后实现年产值约100亿元。

【长沙新能源材料工业技术研究院落户宁乡】　2020年5月22日，宁乡高新区与长沙矿冶研究院有限责任公司举行“长沙新能源材料工业技术研究院项目”相关框架协议的签约仪式。长沙矿冶研究院有限责任公司是世界500强企业中国五矿集团有限公司的直管二级单位。长沙矿冶研究院多年致力于从事新能源材料研究开发，形成了完整的“基础研究—技术开发—中试孵化—产业转化—龙头示范”创新创业链，成功孵化长远锂科等多家优质高新技术企业。此次长沙矿冶研究院有限责任公司在宁乡高新区建设长沙新能源材料工业技术研究院，主要定位为集新能源材料的技术研发、技术服务、产业孵化、产业示范及产业化于一体的协同创新平台。

【中科星城石墨5万吨负极材料项目落户】　2020年11月30日，“筑梦三载 与宁同行”2020年重大产业项目集中签约暨蓝月谷智能家电产业小镇招商推介会在宁乡举行。此次签约的重大项目涵盖智能家电、新材料、机械设备等多个领域。其中，中科星城石墨5万吨负极材料项目总投资10亿元，用地约10公顷，建设年产5万吨硅碳负极、石墨负极等锂电池负极材料生产基地。（本栏撰稿　阳　娟）

电子信息产业

【概况】　2020年，长沙市拥有以三一重工、中电互联、中联重科、山河智能等为代表的企业工业互联网平台近100个，工业App数量逾3000个，工业云平台线上注册用户数超4万个，接入云服务商100余家、工业设备5万余台。树根互联、中电云网、中科云谷入选全国工业互联网平台30佳，树根互联依托三一集团近30年的工业实践，成为三大国家级工业互联网平台之一。在“三智一自主”精准发力的带动下，全市工业互联网产业规模扩大，产品更新迭代加快，近3年来基本保持20%以上的年增长率，增速总体高于全国平均水平。长沙市工业互联网已覆盖汽车、工程机械、食品、电子、钢铁、能源等近40个重点产业领域和22条产业链相关环节。

移动互联网。自2014年省、市联动出台移动互联网产业政策以来，长沙移动互联网产业营业收入逾千亿元，企业总数发展到2020年3万余家，成长一批优秀的移动互联网上市企业，湖南快乐阳光互动娱乐传媒有限公司入选2020年中国互联网综合实力百强企业，湖南微算互联信息技术有限公司入选2020年中国互联网成长型企业。移动互联网龙头企业做大做强，威胜信息成为“科创板湖南第一股”，安克创新成为“湖南创业板注册制第一股”，兴盛优选、到家集团成为“独角兽”企业。草花互动、潭州教育等多家移动互联网及软件企业入选湖南省上市后备企业名单。CSDN 总部、万兴科技总部、文思海辉区域总部、京东云等一批重大项目相继落户长沙，移动互联网应用广度和深度不断拓展。

（阳　娟）

【2020 世界计算机大会在长沙举办】2020 年 11 月 3—4 日，由湖南省人民政府与工业和信息化部共同主办的 2020 世界计算机大会在湖南长沙举办。该届大会以“计算万物·湘约未来——计算产业新动能”为主题，设计大会开幕式暨主论坛、5 场专题论坛、产业对接会、2 场名家讲堂、成果展示等系列活动。大会聚焦计算产业新动能，围绕创新创造与生态构建、计算芯片与平台能力、网络安全与可信计算、工业互联与制造生态、5G 视界与应用生态、先进计算与跨界赋能、未来计算与产业变革等热点话题。中国电子信息产业发展研究院历时一年，首次发布《2020 先进计算百强榜》《先进计算发展白皮书》《2019—2020 年度中国计算机产业发展研究报告》以及《中国工业机器视觉产业发展白皮书》等前瞻性研究成果。大会采用现场论道与云直播相结合的方式，通过云端平台突破面对面的地域限制，实现屏对屏的互动交流，运用 5G、超高清、全息投影等新技术，实现参会报名、展览展示、论坛会议、内容传播、演讲交流等线上线下融合的服务全覆盖，通过大会官网、腾讯新闻、凤凰网湖南等十大媒体及平台进行直播，累计在线观看人次超过 500 万人次。

（阳　娟）

【2020 长沙网络安全·智能制造大会】2020 年 11 月 28 日，2020 长沙网络安全·智能制造大会在长沙国际会展中心举办，大会分享了网络安全和智能制造新技术、新产品和新应用，全面展示网络安全和智能制造新动态、新成果和新经验。大会以“创新引领 智造未来”为主题，以“全球视野、中国方案、湖南实践、长沙模式”为主线，涵盖开幕峰会、高峰论坛、主题论坛、展览展示、专项活动 5 个主要内容。大会聚焦工业互联网、智能网联汽车、5G、机器人、人工智能、网络安全、新基建、信创产业等产业热点，围绕构建网络安全和智能制造的战略布局、产业热点、前沿技术、未来前景等方面，举办 4 场高峰论坛、10 场主题论坛和 2 场专项活动。设有展览展示 4 个馆 8 大主题，分别是 E1 馆，网络安全和智能网联汽车主题；E2 馆，5G+ 和工业互联网主题；E3 馆，智能制造解决方案和智能装备主题；E4 馆，新基建和信创产业主题。大会布展面积 5.4 万平方米，参展企业近 500 家包括中国电子、奇安信、华为等。

（阳　娟）

【2020 互联网岳麓峰会在长沙举行】2020 年 9 月 8 日，2020 互联网岳麓峰会在长沙举行，以“数字新经济 云开看未来”为主题，中央网信办副主任、国家网信办副主任盛荣华出席开幕式并致辞。省领导胡衡华、谢建辉、张宏森、陈飞，中国网络社会组织联合会秘书长赵晖出席。华为技术有限公司副总裁、华为云与计算中国区总裁史耀宏，腾讯公司副总裁、腾讯云总裁邱跃鹏，中国移动通信集团有限公司党组成员、副总经理高同庆，阿里巴巴集团副总裁、阿里研究院院长高红冰，长沙智能驾驶研究院联合创始人、CEO 马潍，今日资本创始人徐新出席开幕式并作主题演讲。此次峰会包括开幕式、岳麓论坛以及 7 场专场活动。7 个主题分论坛分别是：新形势下的数字经济发展论坛、鲲鹏计算生态论坛、工业互联智造莲城论坛、国际音视频算法优化高峰论坛、科创未来资本论坛、智汇潇湘·车联未来论坛及软件产业再出发。阿里云、腾讯云、百度云、华为云、金山云等企业负责人参加此届峰会的圆桌论坛。

（李　欣）

【湖南首个“5G+ 工业互联网”先导区落户】2020 年 7 月 24 日，湖南省工信厅批复同意依托长沙经开区设立湖南省“5G+ 工业互联网”先导区（长沙星沙）。这是湖南省首个“5G+ 工业互联网”先导区，将进一步加快企业转型升级，提升企业智能化发展。长沙经开区与移动、联通、电信三大运营商积极合作，推进 5G

2020 年 11 月 28 日，2020 长沙网络安全·智能制造大会在长沙国际会展中心举行。图为展馆现场　　市工信局　供图

宏基站和企业微基站建设，5G基站覆盖范围包括三一集团、蓝思科技、山河智能、铁建重工、博世汽车、广汽菲克、广汽三菱等园区重点企业。至2020年年底，园区拥有5G基站1662个，覆盖范围进一步扩大到星沙产业基地及上汽大众片区，实现5G网络全覆盖。（阳　娟）

【长沙·中国1024程序员节】2020年10月23—25日，“长沙·中国1024程序员节”在长沙举行开幕式。活动以开源为主议题，包括2场岳麓尖峰对话、2020开源技术英雄会、10余场热门技术分论坛/峰会等。内容聚焦开源技术及生态建设、操作系统及硬件创新、开源社区及商业化发展等多个重要话题。在23日举行的“岳麓对话，见证技术新时代”峰会上，国内九大操作系统负责人共同讨论开源技术创新、操作系统新机遇，中国工程院院士倪光南、WPS之父求伯君等六代技术代表人物参加。华为鸿蒙、麒麟、阿里云OS、指令集、MiniGUI、RT-Thread、openEuler、SylixOS嵌入式、Deepin等九大操作系统负责人针对国内操作系统的发展现状、系统软件的生态建设、未来的机遇等三大主题，展开讨论。（阳　娟）

【2020中部（长沙）人工智能产业博览会暨创新发展论坛】2020年11月13日，2020中部（长沙）人工智能产业博览会暨创新发展论坛在长沙国际会展中心举办。该届博览会由湖南省网信办、湖南省工信厅等单位指导，湖南日报报业集团、长沙市工信局、长沙市人工智能机器人及传感器产业链办公室等单位主办。展会为期3天，以“智慧赋能，智造融合，智创未来”为主题，集中展示创新成果、分享实践经验、共商发展大计。博览会将为人工智能产业发展提供交流交易综合服务平台，推动人工智能赋能湖南高质量发展。（阳　娟）

烟花爆竹业

【概况】2020年，浏阳市烟花爆竹产业集群总产值实现202.9亿元，其中出口销售额29.8亿元，国内销售额127.3亿元，原辅材料及相关产业实现45.8亿元。浏阳市有烟花爆竹生产企业476家（含烟花爆竹产品生产企业456家，黑火药生产企业6家，引火线生产企业11家，单基粉生产企业3家），其中备案登记的出口烟花爆竹生产企业数230家。另有烟花爆竹经营（批发）单位401家，危货运输企业12家，烟花爆竹出口物流仓储基地3个，危险化学品原辅材料生产经营单位153家，烟花爆竹包装、印刷、机械生产等相关企业400余家，甲乙丙三级燃放企业92家。国际烟花爆竹标准化技术委员会ISO秘书处、全国烟花爆竹标准化技术委员会等标准制定权威组织均设在浏阳。浏阳花炮已形成一个集原材料供应、生产经营、科研检测、机械制造、包装印刷、仓储物流、焰火燃放、文化创意为一体的产业集群。吸纳就业人口30万余人，年发放社会工资100亿余元。

【政策调控】2020年，浏阳市鞭炮烟花产业发展中心协助长沙市人大立法委对烟花爆竹安全生产和转型发展进行立法，促进烟花爆竹安全生产有法可依。出台《浏阳市加速推进烟花爆竹产业转型升级实施办法》，促进烟花爆竹产业转型重塑。制定《关于落实湘赣边区域合作示范区建设三年行动计划之打造世界烟花之都工作方案》，科学编制《浏阳市烟花爆竹产业集群“十四五”规划》，为产业发展提供指南。组织召开15次转型升级工作调度会，编制烟花爆竹退出企业转型服务政策，对全市退出企业进行走访帮扶。截至2020年，全市退出烟花爆竹企业125家（含工区），完成兼并重组企业17家，转型发展企业13家。

【科技创新】2020年，浏阳市花炮产业研发创新工作领导小组成立，明确技术攻关方向，指导象形烟花等20家企业获评“国家高新技术企业”，东信烟花获评国家专精特新“小巨人”企业，提高产业科技化水平。组织开展第七届湖南省烟花爆竹新产品评比大赛（礼花弹专项）活动，最终评选出金奖1名、银奖2名、铜奖6名，并在2020浏阳焰火大会上进行获奖产品的集中展示。制定烟花爆竹专业技术特派员制度，赴科技创新项目企业进行技术指导，密切跟进气体发射烟花、再生植物纤维烟花外筒、安全环保鞭炮等15个重点科创项目30余次。组织企业参与2020年度长沙市创意烟花专项资金等奖项申报，全年协助企业争取省市资金1920万元，为烟花爆竹产业高质量发展提供资金保障。

【质量建设】2020年，浏阳市鞭炮烟花产业发展中心协同市场局开展烟花爆竹及原辅材料产品质量专项整治行动工作，对生产、经营、使用环节的原辅材料进行抽检，严查产品质量违法行为，对列入“黑名单”的企业实施惩戒。全年共抽检花炮原辅材料产品895个批次，公示公开72个批次、立案110起，罚没款84.8万元，集中销毁假冒伪劣产品1000余件，向应急局移送99家单位109批次使用不合格烟花爆竹原辅材料违法线索。组织浏阳市市场监督管理局、浏阳市公安局成立联合打假维权工作组，到湖北孝感市等地开展了打假维权行动。参与《烟花爆竹 安全与质量》《烟花爆竹燃放器材 安全与质量》《烟花爆竹原材料 安全与质量》等标准修订工作，指导庆泰花炮集团制定并发布全国首个城市烟花企业标准，加快推动城市烟花标准建设。

【焰火燃放】2020年，2020浏阳焰火大会举办，浏阳市鞭炮烟花产业发展中心召开专题调度会和方案评审会，仅用1个月的时间完成燃放比赛队伍征集等筹备工作。指导统筹花炮总会、燃放协会、浏发集团、《浏阳日报》、星辉公司联合运营，打造以“燃情时刻，乐享青春”为主题，一场集赏焰火、听音乐、品美食为一体的综合性烟花+文旅盛会，实现线上观看量2.9亿人次，提振行业信心，助推浏阳“三间”经济发展。打造“烟花进景区”花炮消费燃放新模式，协助市交通投成立星辉烟花公司，在全市设立12个烟花小屋，开展优质产品筛选评选活动，为花炮产业发展注入新活力。拓展小产品、城市烟花销售渠道和消费空间，指导花火剧团、银洋烟花、庆泰烟花等企业进行微焰火、城市烟花和小产品燃放。在五一、七夕、中秋、国庆期间，指导企业在国内各景区景点燃放小微焰火800余场，燃放业务总金额约1亿元。与方特主题公园、深圳世界之窗、珠海长隆海洋王国等国内18个景区景点进行合作，推动烟花文旅融合，有效延伸产业价值链。

【市场开拓】 2020年，浏阳市加强与辽宁、广东等省市花炮行业协会及职能部门的衔接沟通。组织400余家花炮生产企业参加福建省、重庆市等10余个省、市、自治区烟花爆竹订货会和长沙精品烟花大会，持续扩大浏阳花炮市场。推动浏阳花炮启用新版地理标志专用标志，强化浏阳花炮区域品牌建设。解决融资难题，督促“银企财园通”和“花炮信贷通”项目合作银行加大放贷力度。两个项目共放贷款9525万元。推进湘赣协作，参与组织召开湘赣边花炮主产区6次协作会议，研究应对河南省、山西省禁放对策，商讨安全管理、提质转型等产业发展问题，巩固和健全湘赣边协作机制。

【传统小产品扶持】 2020年，浏阳市加大浏阳花炮传统小产品奖扶力度，组织浏阳花炮传统小产品专项奖励申报评审工作，共有34家企业获专项奖励，共计奖励金额340万元。指导企业研发小产品全自动化生产机械，完成浏阳花炮传统小产品纪录片的拍摄与推广。

【宣传推广】 2020年，浏阳市组织策划专题宣传报道15场，中央、省、市各级媒体宣传报道累计120余条。其中包括新华社《浏阳花炮助脱贫》《人民日报》发表的《湖南浏阳：烟花里的“幸福密码”》以及央视新闻频道《新年第一晚 橘子洲浏阳焰火绽放》等，营造良好的舆论环境。加大新媒体宣传力度，“浏阳花炮”抖音发布75条视频，视频总播放量约为6000万次，其中最高视频浏览量单条为316.8万次。其中《浏阳烟花迎英雄》为题的抖音宣传获《人民日报》官方抖音号转发，央视“八一”军旗焰火抖音播放量4300万次。接待人民网、中央广播电视总台《中国国家地理》杂志、湖南卫视、英国独立电视台等近10批次国内外知名媒体来浏采访，展现浏阳花炮文化独特魅力。

【优化出口】 2020年，浏阳市协调争取湖南省、长沙市对烟花爆竹出口通道专题批示，解决霞凝港出口通道受阻问题，促成长沙霞凝港、岳阳城陵矶港换发《港口危险货物作业附证》，推动岳阳城陵矶港打造烟花爆竹永久性堆场和查验场。接待上海烟花爆竹外贸运输协会一行到浏阳考察，促成烟花爆竹上海口岸出口通道得以恢复。开辟出口新通道。到福建江阴港进行深入考察，探索开辟浏阳烟花爆竹出口海运新通道。加强与湖南湘欧快线物流有限公司、浩吉铁路股份有限公司的联系对接，推动烟花爆竹铁路集装箱运输，探索开辟烟花爆竹陆路运输通道。解决出口检验问题。推进镇头出口烟花爆竹试验场山火赔偿及改造升级建设，为出口产品检验提供有力保障，协调解决部分出口产品检验受阻和运输危险定级模式改变问题，有效缓解高峰期企业产品出口问题。

【2020浏阳焰火大会（LFC）】 2020年10月2—3日晚，2020浏阳焰火大会（LFC）在浏阳河畔观礼台举办。该次焰火大会有意大利、荷兰、芬兰、西班牙4支世界顶级焰火燃放队伍参赛，此次焰火大会不仅仅是一场国际音乐焰火比赛，更是浏阳花炮行业的一次创新，焰火大会邀请ISY三亚国际音乐节、芒果音乐节、长沙橘洲音乐节、浏阳河音乐节等多家音乐节共同参加。

【浏阳烟花爆竹产业集群“十四五”发展规划专家评审会】 2020年10月23日，烟花爆竹产业集群“十四五”发展规划专家评审会举行。会议邀请了相关领域的专家成立专家评审组，浏阳市鞭炮烟花产业发展中心主要领导和相关业务部室负责人参加会议。会上，浏阳市鞭炮烟花产业发展中心调控部汇报了浏阳市烟花爆竹产业集群“十四五”发展规划的基本思路、主要内容、总体情况，与会专家就发展规划的各个方面展开交流讨论，提出相关修改意见和建议，出具《浏阳市烟花爆竹产业集群“十四五”发展规划专家评审意见》。

【2019年度浏阳花炮传统小产品出口生产奖申报考核工作】 2020年，根据《浏阳花炮传统小产品保护与扶持实施办法》，浏阳市鞭炮烟花产业发展中心面向全市纳入传统小产品生产的企业开展2019年度浏阳花炮传统小产品出口生产奖申报工作。在企业申报资料初审结束后，12月14—16日，市花炮中心组织行业协会负责人、专家和花炮中心工作人员分组对申报奖励的企业进行了实地考核。此次考核内容包括核查企业商检台账、订单合同、出库单、查看企业生产车间及仓库等。根据实地考核情况填写《传统花炮小产品生产奖实地考核表》。经过企业申报、现场核实、专家评审等工作环

节后，确定对浏阳市文家市镇中山出口花炮厂等32家在传统小产品生产上取得良好成效的企业进行奖励，对湖南花火剧团有限公司等2家在小产品制作技艺与旅游开发取得良好成效的企业进行奖励，奖金总额340万元。

【浏阳日景烟花迎接首批驰援武汉医护人员】 2020年4月1日，在浏阳西高速进出口，一排排红、黄、蓝、绿、紫相间的环保日景烟花燃放，欢迎浏阳市驰援武汉第一批4名医护人员返回浏阳。整场烟花燃放以“欢迎英雄回家”字幕烟花和环保日景组合烟花的方式呈现，表达烟花人对英雄回家最真挚的情感。浏阳市倡导“烟花进景区”，引导烟花爆竹消费升级，提升浏阳“一河诗画·满城烟花”的城市魅力。

【烟花进景区产品燃放展示评比活动】 2020年4月9日，烟花进景区产品燃放展示评比活动举办。通过前期宣传和初评，有50家企业111款产品参评。经过对爆竹类、玩具类、旋转类、吐珠类、喷花类、组合烟花类、个性化订制类产品七大类适合个人消费者燃放产品的逐一燃放，现场评委评选出一批备选产品。为确保评选出的产品适用于烟花进景区项目，市花炮中心组织两组评委，一组技术专家评委对产品的安全性能、技术标准等专业内容进行评审；一组创意评委对产品的燃放效果、创意水平等内容进行评审。

【全国烟花爆竹标准化技术委员会第五届一次全体委员会议在浏阳举办】 2020年7月20日，全国烟花爆竹标准化技术委员会第五届一次全体委员会议暨国家标准审查会议在浏阳举办，重点围绕新修订的GB10631《烟花爆竹安全与质量》送审稿及编制说明进行审查、提出修改意见。烟花爆竹新国标《烟花爆竹安全与质量》当天通过技术审查。此次通过技术审查的《烟花爆竹安全与质量》标准，对专业燃放类的A级、B级产品和个人燃放类的C级、D级产品标准的每一级、每一类都进行修订完善。其中，新国标提出C2、D级产品，可适用于建筑密集区（如：城镇）燃放，其中D级还包括可在室内燃放的烟花。新国标将为烟花重回城市提供标准支撑，有效推动行业健康有序发展。

【第七届湖南省烟花爆竹新产品评比大赛（礼花弹专项）在浏阳举行】 2020年9月24日，第七届湖南省烟花爆竹新产品评比大赛（礼花弹专项）在浏阳举行。活动于9月9日启动报名工作，截至22日，共14家企业54款产品报名参赛。9月24日晚，评比大赛在浏阳河畔举行，来自行业管理部门和技术一线资深专家9人组成评委组，对参赛产品的新颖性、安全性、环保性和实用性进行综合评分，最终评选出金奖1名、银奖2名、铜奖6名、优秀奖若干名。

【浏阳花炮行业“烟花＋短视频直播”培训】 2020年10月16日，2020年第三季度“烟花＋短视频直播”花炮宣传联盟培训会议在市鞭炮烟花产业发展中心会议室举办，此次培训邀请了专业新媒体传播的专家顾问进行授课，中洲、花火、东信、庆泰等十余家浏阳花炮企业参加。国庆期间在浏阳举办的2020浏阳焰火大会就通过在抖音平台开设浏阳焰火大会话题，吸引各方投稿活动相关视频1641个，获得2.8亿次播放量，10月2日当天，登上抖音热点话题榜第一位。在抖音平台多账号同步直播，累计观看在线人数超过300万人次。

（木栏撰稿　石慧琼）

电力工业

【电力供应】 2020年1—12月，长沙市全社会用电量411.68亿千瓦时，比2019年增长3.98%。第一产业用电量1亿千瓦时，比2019年下降3.72%。第二产业用电量177.82亿千瓦时，比2019年增长7.77%；其中工业用电量168.88亿千瓦时，比2019年增长7.63%。第三产业用电量105.9亿千瓦时，比2019年增长1.02%。城乡居民生活用电量126.96亿千瓦时，比2019年增长1.52%。电网综合线损率5.6%。城市综合电压合格率99.99%。电网最高负荷839.3万千瓦，比2019年增长8.42%；最大日供电量1.73亿千瓦时，同比增长11.23%。

【电网建设】 2020年，长沙电网供电能力提升三年行动计划收官，连续3年打赢“630攻坚”战，长沙电网发展实现历史性突破。电网规模实现快速扩张。累计投产35千伏及以上电压等级项目136个，新改建110千伏及以上变电站71座、10千伏线路3690千米、配变6266台。1000千伏特高压工程落户长沙，长沙电网进入特高压时代。供电能力获大幅提升。长沙电网整体供电规模从2017年的635万千瓦跃升到2020年的920万千瓦，提升45%。供电能力从经常性“拉闸限电”到“略有富余”的紧平衡状态。供电水平从全国省会排名垫底到进入中游，各项指标得到较大改观。“630攻坚”形成品牌效应。电网建设“630攻坚”活动连续四年写入市政府工作报告，“政企合作、共建电网”的“长沙模式”成为长沙发展名片，获得湖南省委、省政府和国网公司肯定，成为中央企业与地方党委政府合作的典范。截至2020年年底，长沙电网拥有35千伏及以上变电站208座，10千伏及以上线路3176条，形成500千伏电网为主干、220千伏环网为骨干、110千伏及以下电网为支撑的多层次网架格局。

【抗疫保电】 2020年，国网长沙供电公司累计投入9336人次，出动车辆3159台次、应急发电车1371台次，确保全市76家定点救治医院、发热门诊、防疫物资生产企业和各级政府机关、重要媒体单位电力供应万无一失。“电雷锋”共产党员突击队奋战三天三夜，72小时内完成长沙市第一医院新增电源建设任务，为打赢疫情防控阻击战保驾护航。面对疫后经济恢复，国网长沙供电公司响应“百日竞赛”活动。紧急增补项目36个、提前开工项目19个，90个“630攻坚”项目在全市率先全面复工，带动上下游产业复工复产。降低企业用电成本。落实各类降价减费政策，为小微企业办电提供“优免服务”，减少2万余户低压客户投资7300万元，减少23万户大工业、一般工商业用户电费6.66亿元。保障防疫期间可靠用电。对长沙地区376.81万户居民和23.05万家企业实施“欠费不停供”。对疫情防疫物资生产企业扩大产能所需新装增容提供零上门、零审批、零收费“三零”服务。采取不停电方式处置缺陷隐患。无偿为有需要的企业提供内部用电设施巡视、检查等专业支持和技术服务。组织专业抢修队伍，协助复工复产企业开展内部用电设施故障抢修。提升服务质量和速度。开辟办电绿色通道，加快响应防疫相关的服务需求，持续推广“网上国网”App、“国网湖南电力”微信公众号等线上平台，推动服务事项“网上办、掌上办、指尖办”。向市委、市政府呈送全市企业复工电力指数日（周）报以及“电力看经济”专报，以电力数据助力经济分析研判和指挥调度。

【电力服务】 2020年，国网长沙供电公司响应“三高四新”战略服务经济发展。对自贸试验区、湘江新区、长沙经开区、临空经济示范区等重大片区、重点园区实施精准保障，完成62个项目。截至2020年年底，全市5个国家级园区均配套220千伏变电站，省级及以上园区均配套110千伏变电站，实现“电等发展”。服务产业升级。服务重点企业，集中精干力量加班加点新（改扩）建4座变电站，为蓝思科技、惠科、三安光电等产业链龙头企业，以及长沙高新区中联智慧产业城、宁乡经开区格力冰洗基地、浏阳经开区蓝思声学等制造业标志性重点项目提供可靠电力支撑。服务中小型企业，上门落实电价政策，排查隐患，提供可靠用能服务。发挥变电站分布广、流量集中等优势，开展数据站、储能站等“多站合一”建设，为智慧物流（湖南自贸区）、智慧驾驶（湘江新区）、视频媒体（马栏山文创园）、通信运营（全市5G布局）等产业场景应用，提供数据存储、边缘计算算力、城市物联基础设施共享等服务。服务新型智慧城市建设。加快推进企业数字化转型，数字化供电服务站成果在全市实现全覆盖，与浏阳市政府、宁乡经开区等19家单位签订新基础建设战略合作协议，与长沙经开区联动建设省内首个“区域能源数据中心”，政企共建丰泉古井智慧用能示范区，省内率先实现市政天网视频数据与政务电力数据双向互通，将“电力看经济、看环保”等数据产品推广部署到长沙市应急管理平台，助力长沙打造现代化数据治理之城。服务品质城市建设。投资近7亿元，开展老旧小区改造、专改公、“三供一业”改造，累计完成582个小区“三供一业”改造，完成韭菜园、解放西、太平街等老旧城区电力设施提质，惠及全市数百万居民。

【电力营商环境优化】 2020年，国网长沙供电公司市全面降低获得电力成本。深化零上门、零审批、零收费“三零”和省时、省心、省钱“三省”服务，惠及客户2万余户，直接降低客户成本约7300万元。推介市场化零售电交易，降低客户用电成本2.03亿元，对省级以上园区、产业链龙头企业、电动汽车充电设施和电能替代项目，主动延伸电网投资建设至客户产权红线，减少企业成本0.67亿元。为长沙地区102户企业减免高可靠性用电成本支出2.36亿元。提升供电可靠性。开展“向配网开战”专项行动，加强主配网建设、配网治理运维、停电计划管控和自动化建设，大力推行不停电作业，长沙地区10千伏配变平均停运时长比2019年压降37.53%，全市供电可靠性99.92%。全面推广“阳光业扩”服务。推出办电渠道、办电政策、电网资源、供电方案、工程造价、服务标准和服务过程“7个透明”的长沙服务新模式，实现17项简单业务“一次都不跑”、5项复杂业务“最多跑一次”，高、低压客户平均接电时长分别压缩33.49%、26.29%，办电环节由7个、5个压缩至3个、2个，为长沙地铁3号线等一批重大项目快建、快上创造条件。推行高效便捷的供电服务。依托“网上国网”、企业微信号开展线上服务，打通政企数据壁垒，与政务服务渠道融合，实现“零证”刷脸办电、业务“一网通办”、不动产转移登记与电力联动过户。

【湖南省首座全户内钢结构智能变电站投运】 2020年5月27日，长沙县220千伏开元变电站1号主变压器运行，该站为湖南省首座全户内钢结构智能变电站，开创湖南地区变电站建设的新工艺。220千伏开元变电站位于长沙县黄花镇黄花村，站址总征地面积9162平方米，该站110千伏送出工程于2019年10月开始建设，包含6回110千伏线路工程，为提升长沙县核心负荷区110千伏系统的载流供电能力，6条110千伏线路均为每相双分列导线。该期新建2台24万千伏安主变压器，220千伏出线2回，110千伏出线10回，10千伏出线28回，均采用GIS组合电器户内布置。同时，变电站采用最新的一键顺控模式设计，使用先进的通信、信息和控制技术，具备自动完成信息采集、测量、控制等功能。

【长沙电网2020年“630攻坚”总结暨现代化长沙智慧电网建设动员会】 2020年8月19日，长沙电网2020年“630攻坚”总结暨现代化长沙智慧电网建设动员会在长沙市会议中心举行，省委常委、长沙市委书记胡衡华，国网湖南省电力有限公司党委书记、董事长孟庆强，党委副书记、总经理李生权出席，长沙市委副书记、市长、湖南湘江新区党工委书记郑建新主持会议。从2017年开始，长沙以“630攻坚”行动为抓手，解决“电力脱贫”问题。3年来累计完成投资134亿元，启动500千伏宁乡、220千伏窑岭、马王堆等一批重点项目。长沙电网安全供电能力从2017年的635万千瓦提升至2020年900万千瓦，增幅45%，相当于再建一个岳阳电网。2020年夏天长沙电网负荷839.3万千瓦，再创历史新高，各级电网运行平稳，凸显了“630攻坚”卓越成效。为更好地满足人民群众美好生活用能需求，长沙市委、市政府联合省电力公司发布《加快建设现代化长沙智慧电网三年行动计划（2020—2022年）》，计划3年投资约310亿元，实施12大工程、建设5个示范区，建成满足1200万千瓦负荷安全可靠用电需求的现代化长沙智慧电网。（本栏撰稿　蔡　茂）

建筑业

【概况】　截至2020年年底，长沙市注册建筑业企业6722家，其中特级企业15家，一级总包企业365家，二级企业1023家，三级企业3880家。2020年，全市累计建筑业总产值6058.77亿元，比2019年增长10.8%。2020建筑业入库税收92.08亿元。长沙市建筑企业省内产值3264.34亿元、省外产值2794.73亿元。（李　仟）

【建设市场监管】　2020年为省委、省政府确定的招投标专项治理年。长沙市开展工程建设领域招投标专项整治工作，全年办理的案件线索、行政处罚案件数量和总罚款金额均创下历史新高，执法外调首次走出长沙、走出湖南，分三批对11个省、26个市的企业、项目进行实地调查，有力规范建设市场和行业秩序。2020年4月24日长沙市人民政府办公厅发布《长沙市企业投资建设项目告知承诺制信用监管实施办法（试行）》，自2020年6月1日起施行。（黄承志）

【建筑行业执法】　2020年，长沙市住建局“曝光台”对315条不良行为进行曝光，其中企业267家，个人48人。通过日常检查和专项检查相结合的方式，开展打击转包、违法分包的专项治理暨项目标后稽查工作，2020年全市共检查项目3772个。按照“双随机、一公开”的要求组织两次专项检查，共检查区（县、市）监管的15个项目，共发放执法建议书9份、整改建议书10份。（黄承志）

【施工许可管理】　2020年，长沙市住建局优化施工许可办理流程、精简办理前置条件、压缩审批时限，承诺时限压缩至2个工作日，取消施工图审查线下备案，资本金监控、开工安全条件审查、工伤保险等不再作为施工许可前置条件。2020年完成初步设计审查23项、施工图审查302项，招标控制价备案116项，招标文件告知性备案290项，施工许可202项，城建档案验收备案112项，竣工验收备案545项，办结率100%。（阎辉龙　李子薇）

【招投标管理】　2020年，长沙市办理招标备案项目424个，中标价337.14亿元，其中公开招标项目281个，中标价177.74亿元。应公开招标工程招标率达到100%，应招标建设监理项目招标率100%，应入场招标工程入场交易率100%。优化招标投标市场环境。全面落实省厅“1+X”系列政策，推进投标担保和履约担保承诺制、保函制，从2020年7月开始，进一步推行电子保函。推进远程异地评标工作。严格备案管理和开评标现场管理，坚持从严备案，2020年发出一次性工作联系单（告知函）140份，涉及整改问题404条。重拳整治评标专家违纪违规行为，查处通报了十批存在违法违规行为的评标专家，涉及49人次。（黄承志）

【施工领域环境整治】　2020年，长沙市印发《关于进一步加强建筑工地施工现场湿法作业管理的通知》《关于进一步加强线性工程扬尘防治管理工作的通知》《关于进一步加强预拌混凝土搅拌场（车）扬尘防治管理工作的通知》以及《长沙市线性工程施工现场扬尘防治管理办法（试行）》等系列文件，进一步严格扬尘防治监管标准、强化参建单位主体责任意识，确保工地扬尘防治“8个100%”落实到位。12月17日，经市人大代表现场投票，市住建局“蓝天保卫战”工作获评满意。（蒋明锋）

【工程质量管理】　2020年，长沙市住建局印发《2020年质量安全工作要点》，完善工程质量保证体系，进一步推动落实企业主体责任，突出建设单位首要责任，开展季度质量安全执法检查，对质量安全手册执行情况进行检查。9月，开展以“建设质量强市打造精品工程”为主题的宣传、服务、教育与专项检查活动，组织质量管理标准化观摩、建筑施工质量安全管理培训、“送服务下基层”，对竣工交付使用住宅开展质量回访，打造精品工程。（蒋明辉　姚宇嘉）

【工程安全管理】　2020年，长沙市成立建筑施工安全生产专业委员会。开展安全生产专项整治3年行动，制定《全市住建领域安全生产专项整治三年行动实施方案》和《长沙市建筑施工安全生产专项整治三年行动实施方案》。开展3次全市建筑施工安全执法检查，组织开展建筑起重机械专项整治，下发《关于加强建筑工地起重机械安全管理的通知》《关于开展建筑工地起重机械专项整治工作的通知》《关于开展建筑施工外脚手架和模板支架施工安全专项整治的通知》。加强雨季汛期监管工作，下发《关于加强汛期建筑施工安全生产监管工作的通知》。全市出动监督执法人员1.8万余人次，发现和消除建筑工地安全隐患4500余处，责令停工整改项目725个次、限制使用各类起重机械1080台次，认定上报不良行为99起。持续深入开展“打非治违”和“强执法防事故”行动，下达或移交行政处罚案件257起，有效打击安全生产违法违规行为。全年全市建筑施工领域未发生较大以上生产安全事故，2020年度安全生产考核为优秀。

（王曦平　姚宇嘉）

【混凝土行业管理】　2020年初，长沙市开展在建房屋和市政工程混凝土施工质量专项整治，质量监督机构委托第三方检测机构对施工现场混凝土质量进行抽检，检查混凝土搅拌站106家，在建项目996个，责令停工项目29个，处罚混凝土搅拌站26家，取缔无资质混凝土搅拌站1家，认定上报不良行为4起。7月，下发《关于开展2020年上半年预拌混凝土质量专项检查的通知》，检查预拌混凝土生产企业92家，下发整改通知书41份，停业整顿2家。对现有监管信息系统进行整合，进一步完善信息化监管手段，形成“长沙市预拌混凝土与检测监管服务系统”，新监管服务系统于9月1日全面启用。（姚宇嘉）

【建筑施工“安全宣传咨询日”活动】　2020年6月16日，长沙市建筑施工“安全宣传咨询日”活动在汇景发展环球中心项目举行。该活动由长沙市主办，长沙市建设工程质量安全监督站承办。长沙市住建和城市建设局党组书记、局长王伟胜出席，长沙市住建局质安处、宣教处相关人员参加此次活动。来自长沙各项目工友和周边市民300余人参加。活动现场设置VR体验馆和安全帽撞击体验区，还设有电梯失重坠落体验，综合用电体验等环节，市民体验“打卡”。安全互动体验馆设4个区域，参观者以打卡收集印章的方式全程体验。

（姚宇嘉）

表19　　长沙市资质建筑业基本情况统计表

指标	单位	2020年	2019年	2020年比2019年增长(%)
企业个数	个	943	857	10.0
亏损企业	个	15	102	-85.3
建筑业总产值	万元	60587739	54692126	10.8
竣工产值	万元	25108292	24635118	1.9
房屋建筑施工面积	万平方米	39550	37341	5.9
本年新开工面积	万平方米	12114	11527	5.1
房屋建筑竣工面积	万平方米	8031	7753	3.6
资产合计	万元	50313201	45076693	11.6
工程结算收入	万元	56669373	52431991	8.1
工程结算成本	万元	52352601	48497352	7.9
利润总额	万元	1760680	1679801	4.8
计算建筑业劳动生产率平均人数	万人	130.08	125.27	3.8

（资料来源：市统计局）

商贸服务业

TRADE AND SERVICE INDUSTRY

编辑　吴丫丫

商贸流通

【概况】 2020年，长沙市商贸流通产业克服疫情的不利影响，统筹开展防疫保供和企业复商复市，在多项政策促进下，全市消费品市场平稳复苏，商贸流通行业平稳有序发展。2020年，全市累计实现社会消费品零售总额4469.76亿元，比2019年下降2.6%，社会消费品零售总额增速与全省持平。全年新增限上企业683家。全市批发和零售业、住宿餐饮法人单位从业人员逾43万人，个体经营户从业人员逾84万人，商贸流通产业在全市十大税源中排第二位，贡献率仅次于房地产，商贸流通产业成为稳增长、调结构、惠民生的主要力量和重要支撑。2020年，长沙市商务局印发《关于有效降低疫情影响促进商贸流通产业稳定发展的政策措施》，拟定10条措施降低疫情影响促进消费复苏。修改完善《长沙市促进商贸流通产业发展专项资金管理暂行办法》，印发《长沙市商务局 长沙市财政局关于开展2020年长沙市有效降低疫情影响促进商贸流通产业稳定发展项目资金（第一批）申报的通知》及《长沙市商务局 长沙市财政局关于开展2020年长沙市有效降低疫情影响促进商贸流通产业稳定发展项目资金（第二批）申报的通知》，按照相关规定通过相关程序给予51个项目补贴830.1万元，拨付高新区、各区县（市）以及相关企业促消费活动奖励及活动经费546.2万元。开展住宿餐饮行业应对疫情影响加快复工复业新增就业补贴发放工作，补贴1092家住宿餐饮企业、个体工商户。开展“诚信之星”评选活动，评选出“诚信之星”企业120家。

全年统筹策划“春天有约”“夏季有礼”“秋天有韵”“冬季有味”长沙消费季4个系列主题促销活动，提前拨付并安排536.2万元用于全市系列促销活动。全市“春天有约·夏季有礼·秋天有韵·冬天有味”长沙消费季开展600余个系列子活动，投入资金30亿元（其中各级财政投入近1亿元，企业配套逾20亿元），通过红包、福袋、现金优惠券等发放给消费者，直接吸引和带动线上线下消费者逾1000万人次，撬动全市实体消费逾500亿元，仅“春回潇湘百业兴”和包购物活动使用3.62亿元消费券，消费券撬动全市实体消费近60亿元；首届“夜星城”消费节举办系列主题活动295场次，各级政府投入逾1亿元。中国城市夜间经济发展峰会等主题活动影响深远，中国商业联合会2020年第8期要报以《促进夜间经济健康可持续发展》为专题就长沙市夜经济高峰论坛及夜经济发展成果给予肯定，专题报送中央政策研究室、国务院办公厅、国务院研究室以及国资委、商务部等20余个国家部委，并作为成果经验推广。

表20　　长沙市社会消费品零售总额统计表

单位：万元

指标	1978年	1985年	1990年	1995年	2000年	2005年	2010年	2015年	2019年	2020年	2020年比2019年增长(%)
总计	77191	243928	513871	1655077	3321613	6912442	16220858	31502425	45894043	44697628	−2.6
一、按销售单位所在地分组											
市区	—	—	—	1256370	2669100	5199309	11799069	22605983	31686226	31024597	−2.1
县区	—	—	—	398707	652513	1713133	4421789	8896441	14207817	13673031	−3.8
二、按行业分组											
批发零售业	67281	191952	385805	1278041	2444695	5827325	14411005	28563406	41491804	40594288	−2.2
住宿餐饮业	2769	10593	27762	100585	382903	1020732	1809853	2939019	4402239	4103340	−6.8
其他	7141	41383	100304	276450	494015	64385	—	—	—	—	—

说明：从2010年开始取消行业分组中的“其他”；根据第四次全国经济普查结果对1993—2019年社会消费品零售总额进行了调整

（资料来源：市统计局）

【特色街区和商圈建设】 2020年，黄兴南路步行街入选全国第二批步行街改造提升试点。岳麓区阳光100凤凰街获批创建省级示范步行街。推进红星农副产品全球采购中心项目迁建工作、长沙黄兴海吉星农产品物流园二期项目和大河西农产品物流园项目建设工作。红星农副产品全球采购中心项目一期建成；项目二期办理报建手续，规划启动桩基础建设。长沙黄兴海吉星农产品物流园项目二期以水产海鲜批发为主，启动项目的桩基工程建设，计划2021年部分建成并投入运营。大河西农产品物流园水果、水产、农资三大市场启动规划设计和征地拆迁工作。全年通过组织"最美夜购示范"系列评选，评选出五一商圈、红星商圈、万家丽商圈等10个最美夜购商圈；评选出黄兴南路步行商业街、太平街、渔人码头等10个最美夜购街区；评选出超级文和友、茶颜悦色、国金街等30个最美夜购名片；评选出步步高超市金星店、长沙火宫殿坡子街店、盟重烧烤东瓜山店等50个最美夜购门店。

【品牌建设】 2020年，长沙市商务局通过疫情政策和相关程序支持12家企业、13个自有商贸品牌。给予火宫殿、玉楼东等老字号企业资金支持。组织老字号企业参展推介。组织市湘绣研究所、金井茶厂等老字号企业参加第16届中国中华老字号精品博览会；组织玉楼东、火宫殿等老字号企业参与"夜星城"购物消费节等主题促销活动及"最美夜购示范"系列评选；组织省湘绣研究所、蜜蜂哥哥等老字号企业参加2020年广州博览会；挖掘新品牌。根据省商务厅申报通知通过宣传发动，推荐全市10家企业列入第五批"湖南老字号"名单。通过政策引导支持中百罗森、千惠等品牌连锁便利店新建门店，全市"六个统一"标准的品牌连锁便利店门店2541个，其中24小时门店666个。2020年，引进国际知名品牌7-ELEVEn便利店且年内新建门店近17个。

【促进商贸流通产业高质量发展意见实施】 2020年1月1日，《长沙市人民政府办公厅关于促进长沙商贸流通产业高质量发展创建国际消费城市的实施意见》（以下简称《意见》）实施。《意见》提出"加强商贸流通载体建设、培育壮大商贸流通主体、推进商贸流通创新发展、努力繁荣消费市场、着力优化消费环境"五大板块18条具体措施，到2024年，将长沙打造成"消费之都""时尚之都""快乐之都"，基本建成具有一定全球影响力、特色鲜明的区域性国际消费中心城市。

【《关于积极做好商贸企业复工营业保障生活必需品市场供应有关工作的通知》发布】 2020年2月17日，长沙市商务局发布《关于积极做好商贸企业复工营业保障生活必需品市场供应有关工作的通知》（以下简称《通知》），推出系列措施帮扶具备条件的商贸企业尽快复工营业。《通知》要求全市商务部门全面掌握辖区内商贸企业防疫措施、返岗人员和商品储备情况，支持具备条件的企业恢复营业；各商务部门融合和利用资源优势，切实采取措施指导商贸企业做好货源组织、采购调运、物流配送以及防疫物资准备等工作，同时，加强产销对接、农超对接等，确保货源供应；各商务部门要加强辖区内商贸企业复工营业情况调度，及时掌握相关企业复工营业的实际情况和存在的实际困难、问题，对存在的人员招聘、原料采购、订单违约、交通运输、融资、产业链配套和防疫物品短缺等困难，要及时协调有关部门解决等。《通知》要求结合商贸企业特点，落实疫情防控。

【《关于有效降低疫情影响促进商贸流通产业稳定持续发展的政策措施》出台】 2020年2月28日，长沙市商务局印发《关于有效降低疫情影响促进商贸流通产业稳定持续发展的政策措施》。针对全市商贸流通企业，通过奖励保供零售企业、减轻税费租金负担、加大金融服务等十条措施，解决商贸企业面临的实际困难。

【首届"夜星城"消费节活动】 2020年7月26日—10月28日，长沙市"夏季有礼·秋天有韵"长沙消费季——首届"夜星城"消费节活动在长沙举办。活动由中国商业联合会、湖南省商务厅、长沙市人民政府主办，

2020年7月26日—10月28日，长沙市"夏季有礼·秋天有韵"长沙消费季——首届"夜星城"消费节活动在长沙举办 市商务局 供图

中国商业联合会商业创新分会、长沙市商务局、长沙市文旅广电局、长沙市会展工作管理办公室联合承办。期间举办系列主题活动295场次，各级政府投入逾1亿元，企业让利逾10亿元，直接参与商家12940余家，参与商家客流和销售均提升，其中商场客流量1.38亿人次，比2019年增长19.28%；营业总额279.7亿元，比2019年增长20.45%。评选出一批市内独具特色的夜间经济示范商圈、街区、名片和门店，并特设10万元大奖奖励10名“最美夜星城”打卡人，近480万人次参与投票。

【黄兴南路步行商业街入选全国第二批步行街改造提升试点】 2020年7月22日，商务部公布全国第二批步行街改造提升试点，长沙市黄兴南路步行商业街入选。黄兴南路步行街管委会按照规划，开展街区景观有机更新，初步优化业态、环境和消费体验，改善街区环境和面貌。入选商务部第二批步行街试点后，将借鉴国际国内先进步行街经验，推动改造提升，以黄兴南路步行街为主线，推进区域协同发展，调整丰富业态，创新商业模式，满足消费升级，打造具有千年湖湘风韵、国际知名的步行商业街区 。

【长沙10个品牌入选第五批“湖南老字号”】 2020年12月17日，湖南省商务厅官网公示第五批“湖南老字号”，68个品牌上榜。其中有大丰斋、天利、伊飞、雪辉、童年记、向博士沙田包子、王胖子牌、老一品香豆豉、江公、彭记轩10个长沙品牌。截至2020年年底，长沙有41个老字号品牌，其中“中华老字号”16个，占全省总数的80%；“湖南老字号”25个。 （本栏撰稿　何梦秋）

电子商务

【概况】 2020年，长沙市实现电子商务相关交易额逾10000亿元，比2019年增长20%，增速较前几年略有减缓；实现网络零售额1465.8亿元，比2019年增长6.8%，占全省比重57.4%，位居全省第一位。

龙头企业发展　长沙作为电商创新业态发源地，社区电商、直播电商均在全国展现“头雁”效应，兴盛优选平台交易量继续保持全国第一位；形成马栏山视频文化产业园、浏阳市5G直播基地等直播集聚区，出现湖南娱乐MCN、长沙妙趣新媒体等“带货量”超亿元的直播主体。生产型电商企业御家汇、安克创新发展成全国龙头企业。

线上线下产业融合度提高　工业电商增长迅速，从各实物行业网络零售同比增速上看，金属材料增速排名第二位，比2019年增长131%。农业电商快速发展，全市农产品网络零售额54亿元，比2019年增长24%。服务业电商发展多样化，渗透进交通、服装、餐饮、旅游等生活各领域，出现一批模式新颖的企业。伴随着消费升级的深化，消费者对于网购的品牌和品质关注度逐渐提高。

“上线”经营持续上升　服务型企业受疫情影响，实体店铺、餐饮娱乐长时间暂停经营，租金和人工的提高使得经营者和消费者转到线上。长沙在重点监测平台（天猫、京东等）上开设店铺数25.3万家，新增触网商家数量稳定增长。截至2020年12月，重点监测平台（天猫、京东等）中，长沙市网络零售企业数12556家，其中前20家企业的2020年网络零售额均逾1.4亿元。

【直播电商】 2020年12月，长沙市淘宝直播达人主播63名，自播店铺697家，均居湖南省第一位。2020年1—12月，长沙市直播16.1万场，吸引消费者观看83010.3万人次。长沙市人气较高的达人主播有“主持人马可”“汪涵—向美好出发”和“演员金铭”，当月观看均逾340万人次。人气较高的自播店铺有“美森活真皮包包”“大蓉家实体店女装DAR”和“佰草源生堂顶奢护肤”，当月观看人次均逾130万人次。

【跨境电商】 2020年，长沙市实现跨境电商交易额24.5亿美元，比2019年增长约90%，同比增速位居全国前列。2020年1—12月，长沙市跨境出口网络零售额61357万元，位居全省第一位。

市场主体发展　多家企业联合打造“中国（长沙）跨境电子商务综合试验区跨境电商企业联合运营中心”，海外返湘人才打造特色孵化中心，推动“湘商回归、湘品出海”，带动产业聚集。全市招培并举，安克、御家汇、三诺等一批当地企业跨境电商业务保持高速增长，主要园区在招商上有新进展，通邮跨境物流运营中心、天泽信息、环金、百事泰等一批优质项目落地金霞。58科创集团、井贝跨境电商产业园、云茂跨境综合服务平台等项目签约黄花综保区。全市企业在亚马逊平台品牌数353个，在阿里巴巴速卖通上开店数968家。

传统外贸企业上线　通过政策引导，大量传统外贸企业转型线上，阿里巴巴一达通新上线企业增速40%以上，三一重工、中联重科、山河智能等工业龙头企业借助互联网拓展海外业务。在产业对接、人才培训、优化营商环境等支撑服务方面，开拓创新，先行先试成效明显，企业满意度较高。

人才培养机制创新　全国首创建立人才评价体系。长沙市商务局联合市人力资源和社会保障局出台全国首个跨境电商技能人才培训及评价规范。认定人才孵化基地。全市认定5个跨境电商人才孵化基地，其中2020年新认定3个，分别为湖南农业大学、湖南工商大学、湖南财政经济学院。2019认定的长沙学院、长沙商贸旅游职业技术学院两个基地相关建设均有序推进，通过第一年项目验收。

举办人才双选会。12 月 1 日，举办长沙市首届跨境电商人才双选会，组织 40 余家当地企业和 1000 余名相关专业学生双向选择，缓解跨境电商人才缺乏难题。

【农村电商】 2020 年，长沙市实现农产品网络零售额 54 亿元，比 2019 年增长 24%，占全省比重 50.9%。2020 年省对市州、县市（区）电商扶贫考核，长沙市、望城区、浏阳市、宁乡市、长沙县均被评为优秀，为全省唯一优秀全覆盖市州。宁乡市、浏阳市、长沙县均获批国家电子商务进农村综合示范县，为全省唯一全覆盖市州。

市场主体发展　培育发展兴盛优选、惠农网、芒果生活、搜农坊等一批当地农产品交易第三方平台，其中兴盛优选领跑全国农产品社区团购，2020 年平台交易额逾 300 亿元。出现童年记、盐津铺子、俏巧楚、松桂坊等一批线上交易额逾亿元的农产品电商龙头企业，推动长沙市农产品规模化、标准化发展。加强与阿里巴巴、京东等全国龙头合作，阿里巴巴农村淘宝与浏阳市、宁乡市、望城区签订合作协议，开启全面合作。京东、拼多多等平台农产品电商业务在长沙市铺开。

网销品牌培育　推动区域网销品牌发展。有宁乡味道、农品浏香、星沙味道、望城味道 4 个特色区域网销品牌，实现长沙县、望城区、浏阳市、宁乡市全覆盖，有效整合地方农特产品资源上线销售。培育网销知名单品。推动大围山土蜂蜜、沩山茶叶、宁乡花猪、长沙绿茶、浏阳茶油等优势产品上线销售，提升品牌内涵和网销力度。例如宁乡毛尖开设的京东、天猫旗舰店年销售额逾 1000 万元。培育网销企业品牌。培育“蜜蜂哥哥”“蛋哥哥”“宁静之乡”“哲农粮食”“辣椒哥哥”等一批农产品销售网红品牌。

行业模式创新　“农产品＋直播＋电商”模式快速发展。全年组织农产品、扶贫产品直播 300 余场，由各县（市）分管副县（市）长、贫困村书记、当地“网红”等在线直播带货，覆盖抖音、快手、拼多多等多个平台。农产品社区团购领跑全国。长沙市为农产品社区团购发源地，兴盛优选连续多年领跑行业，出现牛壮壮、小步到家、实惠团等多个当地社区团购品牌。长沙市“互联网＋休闲农业＋乡村旅游”、农产品社交电商等模式发展快速。

配套服务优化　快递物流协同发展。农村快递布点加强，全市 74 个乡镇均开设快递服务网点，网点个数 324 个，乡镇快递服务网点覆盖率 100%。网络建设逐步完善。农村网络建设加快，全市 FTTH 光纤到户通达率 100%，实现乡镇及以上地区 3G/4G 网络全覆盖，光纤用户 221.6 万户。建设基站 5616 个站点，乡镇 4G 信号覆盖率 95% 以上。综合服务建设出成效。建有浏阳市、宁乡市、望城区、长沙县 4 个县级农村电商服务中心，具备技术支持、培训孵化、品牌建设、物流仓储等多个农村电商服务功能。通过在有条件的镇、村建设电商服务站，探索解决电商物流“最后一公里”的问题。例如宁乡市部分村设立电商快递物流服务点，由乡镇邮递员将该镇快递集中收集并统一送至村快递物流服务点，再由服务点工作人员统一派送至村民。

【中国（长沙）跨境电子商务综合试验区跨境电商企业联合运营中心启动】 2020 年 5 月 8 日，境由“芯”生·中国（长沙）跨境电子商务综合试验区跨境电商企业联合运营中心启动仪式在芙蓉区举行。湖南省商务厅副巡视员彭争，长沙市委常委、市委组织部部长张宏益，市商务局局长高伟，芙蓉区委书记于新凡等出席启动仪式。该运营中心位于芙蓉区五一大道中轴佳兆业广场，由芙蓉区政府、鲸鱼跨境公司、佳兆业地产三方联合共同打造。项目办公总面积近 5 万平方米，分 3 期 5 年内建设完成，可同时满足百家大中型跨境电商企业办公。该运营中心以“湘商回归，产业赋能”为服务宗旨，围绕跨境电商“企业孵化、人才孵化、产业孵化”，引进、培育跨境电商总部型企业和中高端人才，打造湖南跨境电商产业新增长极和跨境电商人才高地。启动仪式举行的运营中心入驻企业签约仪式上，粤港澳大湾区的棒谷科技、赛维科技、千岸科技等 8 家跨境电商企业与“中心”运营机构鲸鱼跨境签署项目入驻协议。

【湖南首批跨境电商 B2B 出口业务试单成功】 2020 年 9 月 1 日零时 3 分 34 秒，湖南加禾华供应链有限责任公司出口的 164 件手机壳、收纳袋等日用品，按“跨境电商 B2B 直接出口”（9710）贸易方式在长沙海关所属长沙黄花机场海关申报成功。该单是湖南省跨境电商 B2B（企业对企业）出口试单第一单，标志着湖南省跨境电商 B2B 出口试点业务启动。

【首届跨境电商人才双选会】 2020 年 12 月 1 日，中国（长沙）跨境电商综试区长沙市跨境电商人才座谈会暨首届跨境电商人才双选会在湖南工商大学举行。中国工程院院士、湖南工商大学校长陈晓红，长沙市委常委、组织部部长张宏益，副市长朱东铁等领导出席。双选会是长沙市举办的首届跨境电商相关专业高校毕业生供需见面双向选择大会，为学生和企业的双选搭建平台，既解决高校跨境电商相关专业毕业生的就业问题，也为企业选纳到满意的运营、设计、物料、产品开发等岗位急需的专业人才。40 余家当地企业和 1000 余名相关专业学生双向选择，缓解跨境电商人才缺乏难题。座谈会上，发布《长沙市跨境电商技能人才培训及评价规范》，长沙市委组织部副部长、市人力资源和社会保障局局长张白云作发布及解读。该规范为全国首个跨境电商专业人才评价规范，弥补专业人才培训无课程标准、等级评价无衡量标准的空白，让专业人才培训与评价走上规范化、标准化的道路。由长沙市人力资源和社会保障局牵头，长沙市商务局配合，推进它的实施和落地，打造成长沙自贸片区在全国可复制可推广的典型案例。张宏益为湖南工商大学、湖南农业大学、湖南财政经济学院授予“中国（长沙）跨境电子商务综合试验区人才孵化基地试点单位”牌匾。

【长沙市3个区县成为2020全国“百强县”】 2020年7月28日，在2020年全国县域经济创新发展论坛上，由赛迪顾问县域经济研究中心编制的《2020中国县域经济百强研究》发布。从全国1879个县级行政区中评选出的2020年百强县中，长沙市3地上榜，其中长沙县、浏阳市、宁乡市分别位列榜单第6位、第17位和第20位。（本栏撰稿 何梦秋）

物流业

【概况】 2020年，长沙市实现社会物流总额37693.1亿元，增长4.7%；社会物流总费用1752.1亿元，增长2.7%；物流业总收入1322.9亿元，增长2.5%；全年快递业务量累计完成9.3亿件，比2019年增幅45.09 %，快递业务量占全省比例63.27%。长沙在全国快递业务总量排名第22位，比2019年底上升4位。全市A级物流企业96家，其中AAAAA级9家，新增A级物流企业13家；全市星级仓储企业51家，其中5星级37家，新增星级仓储企业4家。

【物流产业招商】 2020年，长沙市引进独角兽菜鸟公司。引进签约荷兰跨特纳斯、新加坡银石集团华中智慧物流产业园、中外运跨境电商（湖南）有限公司、湖南医药集团、中南国际陆港集装箱拼箱基地项目、中邮物流智能终端配套项目，总投资32.16亿元。持续对接华南城乾龙物流地产项目、星沙物流总部基地项目、中通航空板块布局临空示范区项目等，促进项目落户长沙。

【物流产业项目建设】 2020年，长沙市纳入全市物流产业链的11个项目，年度投资38.68亿元，全年完成投资42.44亿元，完成预计投资的109%。其中，夸特纳斯（长沙）国际食材集采集配中心项目作为长沙市标志性重点制造业企业，完成投资6.85亿元，超过年度预计投资171%。顺丰电商产业园6月开园，推进二期建设，韵达湖南快递电商总部基地启动试运行。

【国家物流枢纽建设】 2020年，长沙市申报国家物流枢纽项目中央预算内资金，为两个项目获中央预算内资金3000万元。推进国家物流枢纽项目建设，指导陆港型国家物流枢纽实施方案落地，陆港型国家物流枢纽八大核心建设项目推进，基础设施日渐完善。推进一力物流开展生产服务型国家物流枢纽申报工作以及红星冷链开展国家骨干冷链基地项目申报工作。

【长沙市应急保供表彰暨社会物流统计工作培训会】 2020年10月22日在长沙市明城国际大酒店召开。会议由长沙市人民政府物流与口岸办公室主办、湖南省物流与采购联合会承办、中国物流信息中心指导。全市150家社会物流统计样本调查企业、12家抗击疫情应急保供受表彰企业以及各区县（市）、园区物流主管部门负责人200余人参加会议。市政府物流口岸办党组书记、主任杨莉，省物流与采购联合会会长尹国杰等出席并讲话。会上，表彰在抗击疫情应急保供中做出突出贡献的12家物流企业，并颁发奖牌。杨莉总结前段疫情防控工作，对下一步推进物流高质量发展提出具体要求，并就如何开展全市社会物流统计工作进行动员讲话和工作部署。中物联和湘物联专家详细解读统计指标、演示统计直报系统操作流程，并为企业答疑解惑。

【长沙现代供应链创新与应用高峰论坛】 2020年12月21日，长沙现代供应链创新与应用高峰论坛暨直播电商供应链产业联盟启动仪式在长沙学院举行。活动以“提升产业供应链，聚力赋能新时代”为主题，由长沙市科学技术协会、长沙学院主办，长沙市现代供应链创新与应用研究会、湖南兴元科技股份有限公司联合承办。行业内专家、企业家代表以及高校代表160余人参加会议。长沙市现代供应链创新与应用研究会会长、长沙学院教授杨芳主持会议。长沙学院党委委员、副校长胡石明致欢迎辞。中国（上海）自贸区供应链研究院院长、教育部新文科建设工作组副组长、教育部高校物流类专业教学指导委员会主任黄有方以“自贸区建设与国际物流供应链”为题发表主题演讲等，与会嘉宾围绕自贸区供应链、数字供应链、现代供应链复合型人才培养等行业热点、焦点与难点问题展开探讨。论坛期间举行“湖南直播供应链联盟”启动仪式。（本栏撰稿 刘志辉）

供销合作

【概况】 2020年，长沙市供销合作总社全年全系统实现营业总收入102.3亿元，增长29.4%；利润8.5亿元，增长20%，全省综合业绩考核获一等奖，排名第一位。

规范提质 出台《长沙市新型供销“三大体系”建设规范指南》，乡镇供销社按照“四有”（有乡镇领导分管、有站所人员兼职、有办公服务场地、有标识标牌），村供销社按照“三有”（有村支两委负责人兼主任、村专干兼工作人员、有服务场所）的标准建设，乡镇惠农服务中心“5+X”

和村级惠农综合服务社“4+X”惠农服务模式逐步推广，“三大体系”规范化建设推进，服务功能完善，为农服务能力增强。

示范创建　创建全国标杆基层社 4 个、农民专业合作社示范社 2 个，重点打造 10 个示范乡镇惠农服务中心，高质量建设 4 个村社共建项目。长沙县“百村供销工程”推进，望城区投资 1600 万元建成乌山综合市场，浏阳市依托农资供应和电商服务平台，将 32 个乡镇惠农服务中心和村级惠农服务社联合起来，形成一张惠农服务网，宁乡市通过开放办社、共同出资等方式，领办创办示范带动效应明显的农民专业合作社 69 家。

健全网络　全市“三大体系、上下贯通、覆盖到户”工作任务基本完成，新型组织体系更加健全，市、县供销社“三会”制度完善，监事会全部设立，市、县、乡三级供销社实现全覆盖，村级供销社覆盖率 80%；新型经营服务体系持续拓面，市、县成立惠农服务公司 5 家，建设乡镇惠农服务中心 91 个、村级惠农综合服务社 710 个；新型农合会体系加快构建，市县两级全部建立农合会，60% 以上的乡镇建立农合会。

【供销合作社综合改革】　2020 年，长沙市供销合作总社学习贯彻习近平总书记 2020 年 9 月对供销合作社工作的重要指示、李克强总理批示及全国总社“七代会”精神，邀请专家作专题辅导讲座，并在系统开展“学总书记重要指示、出供销改革金点子”征集评选活动，编制系统“十四五”发展规划，出台培育壮大工程实施方案。

中华全国供销合作总社党组成员、理事会副主任邹天敬，中华全国供销合作总社指导部部长刘进喜到长沙红星供销合作社考察，省社主要领导多次到长沙调研供销改革，肯定长沙市的供销改革工作，并表示在联合合作、冷链物流建设、“三大体系”建设等方面给予支持。市人大常委会主任谢卫东和市委常委、组织部部长张宏益先后多次听取供销改革工作汇报，市委常委、常务副市长夏建平要求加大对供销综合改革支持投入的力度，副市长李蔚主持召开全市深化供销综合改革领导小组会议，专题部署推进供销改革工作。市财政局、市人力资源和社会保障局、市市场监管局等市直相关部门在政策、资金、项目等方面持续加大支持力度，争取市级供销改革专项资金预算从 2021 年起提增到 1360 万元 / 年。

对标对表中央和省市关于供销改革的部署要求，梳理建立 110 项改革任务清单，强化供销改革督导通报，建立市社领导和业务处室指导联系区县（市）供销改革工作机制，对过去 5 年全市供销改革工作进行全面督导和评估验收，逐项对标、销号管理，推动各项阶段性改革任务完成，供销改革“长沙样板”在全国形成示范和影响，望城区社创建全国百强县级社，长沙县供销新三维公司、浏阳市大围山惠农服务中心获全国总社“金扁担改革贡献奖”，长沙县路口物资供销公司董事长黄晓钦获全国总社“红背篓”精神传承奖。

加强综合改革的宣传推介，制作长沙供销改革宣传片，扩大长沙供销的社会知名度和影响力；长沙供销综合改革的成效、经验、亮点在全国总社“七代会”专刊、全国总社信息专报、湖南全面建成小康社会专报、全省供销改革简报和长沙改革简报专题推介，《中华合作时报》、湖南红网、市委《长沙要情》、市政府《决策咨询》等媒体和报刊多次宣传报道全市供销系统改革发展的做法和成效。

【为农服务】　2020 年，长沙市供销合作总社建设惠农平台，提升为农服务水平。

农业社会化服务　推广“供销社 + 土地托管”模式，培育打造长沙县天健“服务大包干”、宁乡市道林“水稻生产全程农业社会化”、望城区云麓“9+N”、浏阳市金盾“无人机飞防服务”等一批托管服务品牌，全市 10 万农户与 103 个供销社土地托管中心签订土地托管合作协议，托管服务面积近 3.33 万公顷。宁乡市社探索“龙头企业 + 专业合作社 + 基地 + 农户”经营模式，促进农村土地流转，带动农户增产增收。

农产品流通服务　乐农汇、千农惠、围山公社、路口和通超市、久发连锁等流通服务品牌加快发展。市社、望城区社、千龙湖投资集团公司等合作成立长沙千农惠供销合作社农产品流通有限公司，经发公司与乐农汇公司合作组建长沙乐农汇供销合作社农产品电商有限公司，搭建系统农产品流通服务平台，并按照“统一标识标牌、注入供销元素、设置当地农产品专区、开设扶贫产品专区（专柜）”的标准要求，发展生鲜门店 30 余家，重点销售长沙当地农特产品，并组织 40 余种扶贫产品进入平台销售。市茶叶协会发挥协会作用，推动“长沙绿茶”产销对接和品牌推广，推动乡村振兴和农民增收。市蜂业协会组织蜂农资源共享，推动精准扶贫，促进蜂业产业稳健发展。

农村电商服务　筹建市级供销电子商务服务平台，支持区县（市）社发展农村电商服务。长沙县社争取中央财政资金 2000 万元，建设县级农村电商公共服务中心，创建全国电子商务进农村示范县，并入选“中国县域电商竞争力百强”；浏阳市社“浏通天下”“供销优选”电商服务平台稳步发展，惠农功能完善；宁乡市社与宁静之乡贸易公司合作建设网上电商平台，发展电商流通网点。

垃圾分类和再生资源回收利用服务　市再生资源协会完善长沙市再生资源回收利用体系信息平台建设，同时承担长沙市垃圾分类办公室可回收物管理平台工作。引导支持县、乡、村供销社建设农村垃圾和再生资源回收利用网络，推进乡村振兴和人居环境整治。

【供销企业改革】 2020年，长沙市供销合作总社推进社属企业转型。支持社属企业转型发展，推进经发公司“新供销大厦”项目建设的相关筹备工作；金苹果公司和日杂公司盘活存量土地资源，联合开发望城桥驿地块，共同合作办学；日杂公司滨江项目建设拆迁腾地全面完成，双塔建筑A塔完成主体工程，B塔开工建设；长沙大厦、经发公司、农资公司、顺民公司等企业物业经营调整；大托经理处机场口项目、洞天公司裕天国际二期项目建设推进。支持梦洁公司整合品牌、渠道、服务和信息系统，打造“一屋好货”家居生活服务云平台，领航中国家纺行业智慧新零售。加快解决新长久乔口商贸城用电、用水和办理产权证等问题，帮促北城供销经理处解困发展，与法院、银行沟通协调，稳步化解新长久、蓝天公司债务问题，促进东岸公司经济纠纷案三审胜诉，腾飞公司等其他涉诉案件向有利方向推进。（本栏撰稿　童　英）

粮食和物资储备

【概况】 2020年，长沙市完成粮食收购工作，全市收购原粮57.85万吨（早籼稻25.06万吨、中晚稻29.43万吨），销售贸易粮101.3万吨。完成各级储备粮轮换任务，市县级储备粮规模18万吨，储备油规模1.46万吨。建立粮食收购贷款信用保证基金，在全省率先印发基金管理的规范性文件《长沙市粮食收购贷款信用保证基金管理办法》。提高粮食应急保障，完善应急预案办法，修订《长沙市粮食应急预案》《长沙市粮食应急保障网点管理办法》，成品粮油储备满足全市15天以上应急市场供应量。

【粮油加工经营】 2020年，长沙市推动“优质粮油工程”，支持粮油科技平台项目建设，完善粮食产后服务体系。全年争取各类粮食项目资金4585万元，全市粮油加工总产值逾240亿元，比2019年增长6%以上。完成粮食安全责任制考核工作。

【物资储备投放】 2020年，长沙市出台肉食储备专项资金管理办法和市级储备肉管理办法，市级冻肉储备由500吨增至4500吨，落实生猪活体储备3万头，投放储备肉1387吨，保障两节、“两会”期间市场猪肉供应。在全省率先对市级冻肉储备组织新冠病毒核酸检测。（本栏撰稿　吴　慧）

专项经营

·烟草专卖·

【机构改革】 2020年，根据《国家烟草专卖局　中国烟草总公司关于设立长沙市烟草专卖局（公司）所属部分机构的批复》文件精神，报国家烟草专卖局、中国烟草总公司批准同意，2020年4月20日，中共长沙市烟草专卖局党组印发《长沙市烟草专卖局（公司）内设机构及主要职责、岗位设置、人员编制方案的通知》，设立芙蓉区烟草专卖局（分公司）、雨花区烟草专卖局（分公司）、天心区烟草专卖局（分公司）、开福区烟草专卖局（分公司）、岳麓区烟草专卖局（分公司），专卖局与分公司合署办公，隶属于长沙市烟草专卖局（公司）管理，负责辖区内的烟草专卖管理和卷烟营销工作。

【卷烟营销】 2020年，长沙市烟草公司全年实现税收25.66亿元，增幅5.52%。完成年度销售任务，卷烟销量、结构、省外烟比例、一类烟、二类烟销量占比实现增长。雪茄运营成为烟草行业标杆和典范，雪茄市场呈现高速发展态势，依托紫荆科创中心平台赋能，零售户和客户经理两支队伍素质稳步提升，“我与客户共成长”效能持续增强，全年培养职业化零售客户615位，内训师17名，国手1名，省手2名，卷烟零售终端体系建设课题成果获湖南省企业管理创新成果一等奖。卷烟供给体系更加规范完善，直营终端示范效应持续加强，全面试点商零网配；加盟终端高质量运行，优中选优吸纳加盟客户63位；合作终端规模持续扩充，累计开通525户；智能终端系统累计精准推广4758台，完成推广任务111.38%。

【烟叶生产】 2020年，长沙市收购烟叶22.12万担，增幅26%，实现恢复性增长。完成2019年度烟基项目投入1914.5万元，2020年度计划投入4286.18万元，比2019年增幅114%。浏阳金鸡水库水源性工程竣工，受益面积1400公顷。创新构建“合作社+互助组+家庭农场、种植专业户”的新型烟叶生产组织形式，提升烟叶生产全程组织化水平、专业化服务水平、规模化种植水平和烟农职业化程度。推进“两蜂一虫一诱一纸一制剂”绿色防控技术落地，推广增厚地膜回收再利用和生物质烤房建设。落实关键技术，提升烟叶质量、结构、效益。烤烟亩均产量2.66担，比2019年提高15%；亩均收入4449元，比2019年提高16%；户均收入14.86万元，比2019年提高27.6%；实现烟叶税6921万元，比2019年增加27%。烟农非烟辅业收入8324.93万元。湖南省烟草公司长沙市公司、浏阳市分公司、宁乡市分公司均被评为省政府“2020年度湖南省烟叶工作先进单位”。

【专卖监管】 2020年，长沙市烟草专卖局发挥烟草市场综合治理领导小组作用，多部门联合执法，全年查处涉烟违法案件1321起，查获违法卷烟14607万支，涉案金额11364万元。加强情报研判，强化跨区域协作，破获四级以上假私烟重大案件7起、省标网络案2起、真烟涉刑案件5起，刑拘54人，逮捕50人，判刑21人。宁乡市局“2020·8·18”销售假冒卷烟网络案列为部级督办案件，天心区局

"7·28"运输分销假烟案获公安部、国家局来信祝贺。强化电子烟全链条监管，不断规范电子烟发展。统筹推进执法规范管理，内五区局行政职权稳步承接，严格落实"三项制度"。推进"放管服"，发布《长沙市烟草制品零售点合理布局管理办法》，科学调整合理布局，加强许可证管理及后续监管，确保监管与服务有机结合。

【卷烟物流管理】 2020年，湖南省长株潭烟草物流有限责任公司主动对接片区功能重组和重点区域建设规划，推进精益物流、智能物流和绿色物流发展，区域物流、工商共库和区域分拨中心三大业务取得新进展，实现营业收入2.35亿元、利润总额2180.66万元。推进资源整合和调度能力优化，打造"同分拣、同装车、同送货"的全作业流程融合模式，实现长沙、株洲、湘潭三市跨行政区域配送。全年配送卷烟270.45万户次，配送卷烟63.19万箱，占全省卷烟年配送量的24.57%。增加广西中烟、河南中烟两家工业企业为区域分拨业务合作伙伴，拓展业务覆盖范围，稳固中南区域分拨中心地位。重构工商卷烟交接作业流程，创新打造联合运营工商共库卷烟仓储管理模式、同址共库多货主混仓管理，实现"一扫替两扫"和准运证模拟制证，省内工业卷烟直入商业库，拓展工商高效协同新路径。推广应用"云·大·物·移·智"等新技术，"数智签收系统""智能调度系统"等成果落地运用并对外推广。

（本栏撰稿　王　洲）

·成品油经营·

【概况】 2020年，中国石化销售股份有限公司湖南长沙石油分公司面对新冠疫情影响及其他多方面的困难，按照中国石化湖南石油分公司"1234567"的战略发展思路，以"攻坚创效"为全年工作主线，推动企业有序稳定发展。全年成品油经营总量比2019年增长4%，非油品销售额约6亿元。疫情防控实现"零疑似、零感染、零停业"，全年未发生安全、环保、数质量、资金、媒体负面曝光等事故事件。

拓展经营　采取联营合作、"他有我营"等多种模式进一步拓展加油网络，扩大市场份额，提升经营量。以客户为中心，采取"一站一策"、差别化营销、"红亮热洁"提升服务等措施稳定客户、拓展市场，拓展非油品新业务，增强客户新体验。在做好资源供应的基础上，较好地提升了企业经营业绩，实现国有资产的保值增值。配合市、区、县等政府部门开展"打非治违"，取缔自建油罐14个，扣押非法流动加油车39台，查处非法经营黑窝点7个。

提升安全、环保、数质量管理　全年贯穿安全环保数质量管理，推行实施安全生产三年整治行动方案，整治隐患；确保油品质量"三百一无"（库站进油质量100%合格，库存油品质量100%合格，销售油品质量100%合格，无重大的油品质量纠纷）；贯彻落实国家反恐法和省市政府职能部门、上级公司对公共安全工作的部署，加大人防、技防、物防公共安全的管控力度，该公司被评为长沙市2019年度反恐怖工作先进单位；协调政府应急管理部门、消防应急救援等职能部门，在库站进行应急救援联合演练；10月通过中国石化集团公司"绿色企业"行动复审检查；所辖长沙油库获全国"安康杯"竞赛优胜班组；支持配合市委、市政府"蓝天保卫战"工作，完成6座加油站的三级油气回收装置。

现代化信息管理　在省公司的支持下，逐步应用一键加油、石化电子钱包、智慧加油站、ETC"无感"支付等信息技术，推进加油站信息化管理，提升消费者体验感。

【"为最美逆行天使加油"IC卡充值活动】 2020年4月17日，中国石化湖南长沙石油分公司上门服务，主动进入中南大学湘雅附一等医院开展"为最美逆行天使加油"IC卡充值活动，为医护人员提供上门办理加油卡服务，为他们送去实惠和便利。据统计，该公司为湘雅医院、浏阳市人民医院1000余名员工办理加油卡1200余张。该公司青年志愿者到医院门诊大楼参与引导就医等服务，给连夜加班的护士们送去牛奶、枸杞、红枣等营养品。

【与2020湖南汽车展览会达成战略合作】 2020年4月30日—5月5日，2020湖南汽车展览会暨长沙市首届汽车消费节在湖南国际会展中心举行。中国石化湖南石油分公司作为该届车展的战略合作伙伴，在湖南车展现场全程参与，为广大购车消费者提供实惠，并借车展平台合力促进汽车消费，提振市场信心。活动现场，长沙石油分公司青年志愿者为消费者办理享受积分优惠的IC卡，并指导注册绑卡"加油湖南"App，介绍各类线上优惠活动，为消费者提供服务。

【湖南石油第八届易捷年货节爱心义卖】 2020年12月18日在长沙石油分公司合峰加油站开展。活动联合扶贫企业，通过易捷便利店平台以超低的价格让利广大消费者，推动精准扶贫。爱心义卖活动是中国石化湖南石油分公司消费扶贫、助力地方经济发展的举措之一。该公司以第八届年货节为契机，将湖南地方名优特产纳入省内1700余座易捷便利店销售。拓展"湘品出湘"业务，将产品向全国2.8万家易捷便利店推广，从源头上为贫困地区解决产品销路问题，为振兴乡村、服务地方经济发展助力。

（本栏撰稿　蓝　海　黎娜娜）

会展业

【概况】 2020年，长沙市连续5年城市会展业综合竞争力指数排名123个省会城市及地级市第一名。展览方面，受疫情影响，全年展览个数202个，比2019年下降26.5%；展览面积246.27万平方米，比2019年下降28.2%；成交金额1493.38亿元，比2019年增长20.23%（2019年展览275个，展览面积343万平方米，成交金额1242亿元）。在展览个数和展览面积下降的情况下，成交金额较2019年大幅增长，表明长沙会展逆势上扬，展会现场交易活跃度提升，体现长沙市展览活动由数量增长向质量增长的转变趋势。会议方面，受疫情影响，2020年上半年会议产业没有启动。7月，市防疫指挥部批复同意恢复举办各类展览会议活动，至此会议行业复工复产走出低谷。2020年，长沙市会议产业协会23家会员企业接待会议1994个，主要酒店接待会议近5万个，节事活动320余个。

【年度重要会展】 2020湖南汽车展览会暨长沙市首届汽车消费节4月30日至5月5日在湖南国际会展中心举办。展会吸引100余个汽车品牌参展，参展车辆近600台，展位面积6万平方米，观展人数6.24万人次。展会销售车辆2.39万台，销售金额52.68亿元，平均每3个观众就有一辆新车订单，成交比率38%，创下历届最高。国际展览联盟（UFI）官方杂志、英国知名杂志《展览世界》等中外主要媒体头版报道。

第22届中国中部（湖南）农业博览会10月30日至11月3日在长沙国际会展中心举办。以“办好中部农博会，助力脱贫奔小康”为主题，展览面积约11万平方米，4000余家企业参展，到会采购商和专业观众5.8万余人次，实现合同成交额165.86亿元（含招商引资项目），意向协议120.56亿元，现场零售额逾7.21亿元。

2020中国国际食品餐饮博览会9月18—20日在长沙国际会展中心举办。展览面积10万平方米，16个国家和地区以及国内31个省（自治区、直辖市）2060家企业参展，观众人数20万人次，展览面积、参展企业、观众人数分别较2019年增长23.4%、29.6%、3%，对促进长沙市食品餐饮产业转型升级、稳定和扩大消费、提升会展业发展水平发挥重要作用。

2020互联网岳麓峰会9月7—9日在长沙举办。峰会以“数字新经济 云开看未来”为主题，省内外7000余人报名参加，191位业界人士，华为、腾讯、京东、百度、阿里巴巴等互联网巨头参加互联网岳麓峰会，中国移动、中国联通等央企代表和数百名互联网及IT业界人士、投融资机构代表、高等院校科研机构的专家参会。

第15届中国成长型医药企业发展论坛11月13—16日在长沙国际会议中心举办。该论坛是长沙国际会议中心落成使用后举办的首个大规模、高层次、专业型的国际高端大会，也是全国规模最大、影响最深远的业界盛会之一，6000余位国内外医药领域顶尖专家、企业家、业界精英参加，追踪行业发展热点，分享医药产业发展新思维、新模式、新技术。

【重大项目竣工】 2020年10月30日，长沙国际会议中心投入运营，填补长沙承办中高端国际会议硬件设施场地的空白，提升长沙乃至中部地区会议产业发展水平。长沙国际会议中心单体项目投资30亿元，规划总用地面积21.2万平方米，总建筑面积约17万平方米。主要包括一个7800平方米主会场、3400平方米宴会厅、5100平方米的会展厅、1800平方米圆桌会议厅、总面积7000平方米的户外屋顶花园，及入口门厅、礼仪大厅、多功能厅、贵宾室及其他功能工作间共60余个厅室。可满足万余人的同时会议需求，为中部地区面积最大的会议中心。该项目为拟申报2021年中非合作峰会主会议场地，将与长沙国际会展中心形成联动，推动会展、会务双引擎，形成长沙高铁会展新城高端服务业集聚格局。 （本栏撰稿 曹艳青）

表21 2020年度长沙市重点会展项目一览表

序号	项目名称	举办时间	举办地点
1	2020湖南汽车展览会暨长沙首届汽车消费节	4月30日—5月5日	湖南国际会展中心
2	2020中部（长沙）建材新产品暨全屋定制博览会	5月15—17日	长沙国际会展中心
3	2020长沙婚博会	5月15—17日	湖南国际会展中心
4	第13届中国（长沙）国际孕婴童产业博览会	5月29日—6月2日	长沙红星国际会展中心
5	中国（长沙）国际园林绿化产业博览会	6月13—15日	湖南国际会展中心
6	2020中国湖南（第十届）旅游产业博览会	6月19—21日	湖南国际会展中心
7	世界烟花大会暨全球精品烟花产业博览会	7月16—18日	湖南国际会展中心
8	2020中国（长沙）国际智能制造博览会	8月20—22日	长沙国际会展中心

续表 21

序号	项目名称	举办时间	举办地点
9	第 18 届中国畜牧业博览会暨 2020 中国国际畜牧业博览会	9 月 4—6 日	长沙国际会展中心
10	2020 第 12 届湖南茶业博览会	9 月 11—14 日	湖南国际会展中心
11	2020 中国国际食品餐饮博览会	9 月 18—20 日	长沙国际会展中心
12	第二届长沙婚博会暨首届名品家居展	9 月 19—20 日	湖南国际会展中心
13	2020 中国（湖南）“一带一路”绿色发展博览会	9 月 24—26 日	湖南国际会展中心
14	2020 芒果（长沙）国际汽车博览会	10 月 1—5 日	湖南国际会展中心
15	2020 湖南（长沙）国际智慧交通暨智能网联新能源汽车产业博览会	10 月 16—18 日	长沙国际会展中心
16	2020（长沙）国际稻作发展论坛暨中国乡村产业博览会	10 月 16—18 日	长沙国际会展中心
17	第 27 届长沙图书交易会	10 月 22—24 日	湖南国际会展中心
18	长沙未来城市品质家居博览会	10 月 23—25 日	长沙国际会展中心
19	2020 第 22 届中国中部（湖南）农业博览会	10 月 30 日—11 月 3 日	长沙国际会展中心
20	2020 第六届湖湘动漫月暨长沙（国际）动漫游戏嘉年华	10 月 30 日—11 月 1 日	湖南国际会展中心
21	第三届新材料大会	11 月 6—8 日	湖南国际会展中心
22	2020 中部（长沙）人工智能产业博览会暨创新发展论坛	11 月 13—15 日	长沙国际会展中心
23	2020 中国休闲旅游博览会	11 月 27—29 日	长沙红星国际会展中心
24	中国（长沙）网络安全·智能制造大会	11 月 28—30 日	长沙国际会展中心
25	2020 芒果儿童博览会	12 月 4—6 日	湖南国际会展中心
26	中国（长沙）国际汽车博览会	12 月 9—14 日	长沙国际会展中心
27	2020 一乡一品国际商品博览会	12 月 11—13 日	湖南国际会展中心

（资料来源：市会展办）

邮　政

【概况】　2020 年，中国邮政集团有限公司长沙市分公司有服务设施完善的城乡邮政服务网点 233 个，其中纯邮务类网点 42 个、叠加邮政储蓄的网点 193 个；有邮政报刊亭 253 个、邮政渠道站点 3704 个、邮乐购服务站点 1153 个、邮筒信箱（筒）312 个；有各种邮政运输车辆 324 辆、各类邮政投递车辆 1385 辆、投递人员 1807 人、投递段道 1709 条。2020 年，全市邮政企业累计实现业务收入 13.5 亿元，收入增幅 10.17%。

【业务发展】　2020 年，中国邮政集团有限公司长沙市分公司新增余额 32.4 亿元，从 2019 年的全省第八名提升到第二名。2020 年新增总资产 53.82 亿元，居全省第二位。实现保费 13.46 亿元，比 2019 年多增 1.73 亿元，排全省第一位。销售基金 4.52 亿元，比 2019 年多增 1.82 亿元。全年新增收单商户 5.95 万户，绝对值排全省第一位，三方绑卡客户绑卡率排全省首位。全市通过调整存款结构，加快保险发展，实现金融业务现金收入 5.73 亿元，比 2019 年多增 3203 万元，增幅 5.9%，排名第九位。其中非息差收入占比 28.9%，排全省第一位。全年新增价值存款占比 85%，排全省第一位，三年期定期比 2019 年少增 15.96 亿元。全年全市点均新增存款排名从 2019 年的全省第 11 位提升到第九位。2020 年，全市寄递业务实现收入 5.56 亿元，增幅 18%，收入较 2019 年多增 8479 万元。完成年利润预算的 106%，累计超产 30 万元。其中速递账自专业化经营以来，首次实现盈利。特快业务高速增长。全年实现收入 1.64 亿元，增幅 27%，排全省第二位，排全国省会城市第三位。政务市场以“互联网 +”平台共建为依托，实现业务收入 5055 万元，增幅 25%。商企市场优化服务，完成收入 4271 万元，增幅 30%。大众散户市场引入机制主动获客。在全力推动揽投部标准化建设的基础上，借助“众创众享”和创业计划机制，引导“最后一公里”转型，末端服务能力持续增强，全年散户市场实现业务收入 2902 万元，增幅 188%。快包业务量质并重，全年实现收入 3.15 亿元，增幅 23%。“双 11”期间，快包收寄峰值逾 106 万件，实现收入 2464 万元，增幅 11%。仓配能力持续增强，仓储客户日寄递量逾 6 万件，实现日均仓配比平效 1:1.5 的目标。2020 年，全市渠道平台累计完成收入 5793 万元，完成省定计划的 100.9%，排名全省第二位，其中分销、增值、普包 3 个板块进度均高于全省平均进度。加速推进农村电商 3 个生态圈构建。发挥支局同心圆作用，易邮自提业务叠加站点 1695 个，完成年进度 169.5%，数字化优质站点达标 905 个，完成年进度 120%，地推率与巡店率均 100%。平台批销以项目为引领推进，湘窖美酒嘉年华单场实现销售额 367.2 万元；“清凉一夏”创维 & 美的电器内购会召开 5 场，销售 1100 万元；推动麻阳冰糖橙、炎陵黄桃和“七八农品”的返城，销售 266 万元。2020 年，增值业务累计完成收入 1498 万元，完成省定计划的 104.02%，进度排全省第一位，是全省唯一完成增值收入计划的单位。其中累计代收简易险保费 1314 万元，创收 475.6 万元，完成省公司计划 108.1%，增幅 312%，进度和增幅均排全省第一位。5 个区县分公司进入全省简易险“百万俱乐部”。2020 年，文传专业实现收入 1.51 亿元，增幅 13%。集邮专业通过集邮网厅、邮三湘、淘宝网、邮乐网等线上营销渠道累计创收 3600 万元。通过直播带货 46 场，创收 380 万元。报刊发行专业推进 2021 年度报刊大收订，累计实现流转额 1.66 亿元。函件专业加快新媒体业务发展，全年全市新媒体业务实现收入 1152 万元，增幅 228%，规模及增幅均排全省首位。集团六大项目实现收入 9375 万元。其中惠农项目极速鲜和易邮箱业务实现收入 1145 万元，汽车产业链项目实现收入 730 万元，政务服务项目实现收入 6327 万元，电商项目实现寄递收入 1045 万元，新增金融贷款 410 万元，医药项目实现收入 128 万元。营销项目推进，集邮、金融、寄递三大专业协同开展“一月一品”爆点地推活动近 600 场，创收逾 700 万元。渠道、寄递板块联动，跑通邮政社区团购全流程，在“邮乐优鲜”社区团购、邮乐优选 App 中引入抗疫消费券，订单金额 96.22 万元。

【邮政企业管理】 2020 年，中国邮政集团有限公司长沙市分公司完善人力资源体系建设。严格控制用工总量，全年用工总量实现零增长，对寄递板块新增人员实行速递、邮政双重审核。强化专业能力提升，组织开展全市金融综合素质提升、邮政揽投业务管理及作业系统操作等各类线上线下专业培训 20 余场。全市 15 人取得 AFP 资格证书、556 人通过银行从业资格考试，聘用理财经理 180 人。强化财务管理体系建设。推进寄递板块降本增效工作，全年通过作业组织模式调整（“跨机构混合收寄 + 集包”）、压降集包单价（下降 4 分 / 件）、加强委运费的管控（下降 7 分 / 件）、调整“众创众享”创业创收政策，下调投递单价等措施，压降寄递业务成本 1400 万余元。强化资产管理，对全市固定资产进行一次“摸家底”活动，全面清理所有账外资产、有账无实物的资产、出租资产及闲置的资产，防止国有资产流失。

【邮政服务能力建设】 2020 年，中国邮政集团有限公司长沙市分公司落实“政企三联”工作机制，加强与邮政管理部门的沟通汇报，实现普服行政监管零处罚。开展普遍服务集中整治整改工作、给据邮件丢损率压降、扫黄打非等专项活动，提升普遍服务质量。全年检查普服班组 306 个，下发整改通知书 101 份，通报及整改问题 649 件。233 个邮政营业网点均开办普服四项业务，乡镇网点覆盖率和四项业务开办率均 100%。全市邮政营业网点签到签退率、运营率、建制村通邮率均 100%，条码平信信息断点率 0.17‰（达标值 1‰），普服给据邮件丢损率 0.03‰（达标值 0.1‰），县及县以上城市党政机关《人民日报》当日见报率 100%。2020 年，16 项网运指标全年达标。15 项重点服务指标均达到且远超达标值，全省排名进入前两位。2020 年下半年 20 个重点城市满意度测评中长沙排名全国第八位。加快网点优化布局和升级改造，搬迁网点 5 个，原址改造网点 11 个，建成 1 个轻型化网点，微整修网点 9 个，改善网点形象。智能化设备实现网点全覆盖，全年新增配置 ITM150 台、移动展业设备 111 台、CRS248 台。运用 CRM 系统，精准维护客户。加大风控检查力度，市公司对 192 个金融网点实现检查全覆盖，全年检查频次 312 次，集中整改风险防控类问题 2094 条。全市金融从业人员轮岗率 100%。落实安全防范、群防群治、联防共保等各项规定，全年一般以上的各类案件发案为零、责任事故为零。

【社会服务】 2020 年疫情期间，长沙市城区网点错峰营业，乡镇网点正常营业，保障广大人民群众的用邮需求。全市累计派车到武汉 193 台，免费承运各类防疫物资 28.14 万件，累计为省、市各级政府等部门免费派车 40 余台，承运防疫物资 4.5 万件。向全市 32 家医院 800 余名抗疫一线医务者捐赠“众志成城、抗击疫情”纪念邮折。完成建设行动三年规划指标和 2020 年绿色邮政“9792”工程目标。向电商大客户倡导使用窄胶带和减重包装箱，抵制使用黑色、深墨绿色塑胶袋，推广科学打包法，45 毫米以下“瘦身胶带”封装比例、电商快件不再二次包装率、可循环中转袋使用率、网点包装废弃物回收装置设置率均达到集团标准。定点扶贫点宁乡市黄材镇龙泉村脱贫摘帽，长沙邮政扶贫三年规划完成。3年来，累计投入扶贫资金10万余元，各级干部员工走访扶贫点120余次，通过农村电商渠道销售助农惠农产品3238万元。实行“线上+线下”服务模式，面向全市群众和企业提供便民服务。全年累计线上受理快递送达350万件，较2019年增长42.6%，事项办理环节平均压缩70%以上，办理时间平均缩减80%以上。推进“智慧法院”建设，为3家启动集约送达、法院材料收流转等服务；对接电子税务局平台，配合长沙市税务局摸索开展发票集中处理中心“仓配一体”运行模式，累计邮寄发票22.8万单。文传专业利用邮政特有的文化资源，为全市政府单位设计制作关于时政热点、抗击疫情、社会风貌等邮品、明信片2万余套；创新建设“橘子洲头、火宫殿、省博物馆、雷锋纪念馆、杨开慧纪念馆、铜官窑”6家连锁主题邮局，全年接待游客逾5000人，成为长沙网红打卡新地标，实现收入逾160万元。

（本栏撰稿　唐　嵘）

通　信

·中国电信股份有限公司长沙分公司·

【市场经营】　2020年，中国电信股份有限公司长沙分公司（以下简称“长沙电信”）下辖长沙县、望城区、浏阳市、宁乡市4个县级分公司，12个城市分局、3个县域分局、8个行业特征分局/分部，覆盖长沙地区“五区四县”行政区划范围及公众/政商校各类客户群体。全年完成业务收入33亿元；期末固网用户规模380万户，移动用户规模352万户，宽带用户规模150万户，天翼高清用户规模130万户。2020年9月，由长沙电信承建的长沙市应急指挥中心投入运行，建立健全上下对接、横向交互、统一联动的长沙市应急指挥体系。

【网络建设】　2020年，长沙电信累计开通5G室外基站3386个、5G室分基站384站套；完成长沙市三环以内城区，长沙县、望城区、浏阳市、宁乡市4县县城，全部乡镇5G室外连续覆盖；市内149个小区光网千兆能力达成（万兆端口占比>70%，其中87个小区100%万兆端口覆盖）；与联通对等共享载波1881个小区；全区完成10207个自然村4G信号覆盖，覆盖率95.82%，无线接入速率达42兆比特率。长沙电信在加快部署5G网络同时，推进5G应用，与三一重工、长沙智能驾驶研究院等多家国内著名企业签署5G战略应用协议，开展5G+智慧工业、5G+智慧交通等方面应用。

【网络安全】　2020年，长沙电信网站备案率提升，不良信息处置及时率4季度完成率100%。网站备案接入IP地址准确率持续上升，建立备案网站IP地址详帐，做到常态化稽核、清理，防范打击通信诈骗投诉通报号码持续压降。国务院联席办下发涉案开卡地线索，长沙市联席办通报数据中长沙电信为三家运营商中最少，多次作为防范打击通信诈骗工作先进典型在长沙市联席办工作会议上发言。

【客户服务】　2020年，长沙电信通过强化各客户触点的规范服务，改进各流程环节的服务短板；开展客户工单十分满意行动，暗访跟踪实时改进效果；全年客户满意度有较好提升，公众客户满意度表现值由行业第二位提升至行业第一位，实体渠道满意率、营业交付满意率均逾95%，政企交付满意率100%，修障满意率较2019年提升0.5PP，装移满意率持续保持在98%以上。做好通信保障支撑，全年支撑完成重要通信保障200余次，确保“零服务事件”；完成十八洞村脱贫攻坚、岳麓峰会、长沙“小汤山”医院应急、计算机大会等各项通信保障支撑。2020年1月始，长沙电信保障人民群众正常通信，保障重点抗疫单位抢应急通信。实施“十大举措”为代理商减免房租，追加积分激励，渠道核心门店提供防疫物品。

【长沙疫情防控医院网络建设】　2020年年初，在疫情最关键时期，长沙电信为长沙县新冠肺炎唯一定点救治的长沙县第一人民医院和沙坪新医院开通安装定点监控和病房的网络及无线信号覆盖，安装隔离人员监控摄像头316户，提前24小时完成政府指定的防疫隔离长沙“小汤山”沙坪医院网络建设，2天时间内完成长沙县路口医院新冠肺炎备用病房网络建设。1月30日，长沙市第一医院北院实现内外网通信，32间收治病房ITV正常播放；1月31日，完成北院基站升级，优化无线网络信号覆盖；2月4日，开福区沙坪街道卫生中心备用医院完成弱电改造、机房建设、三网接入、无线信号覆盖及院区视频探头补盲，150间病房ITV全部正常播放。长沙电信提前完成通信建设任务，保障星城“小汤山”通信安全网。对疫情防控起到防控保障作用，长沙县电信分公司被评为长沙县“战疫先锋”先进单位。

（本栏撰稿　夏锡纯）

·中国移动通信集团湖南有限公司长沙分公司·

【市场经营】　中国移动通信集团湖南有限公司长沙分公司（以下简称“长沙移动”）是中国移动在长沙的市级分支机构，下辖天心区、芙蓉区、雨花区、开福区、城西、长沙县、望城区、浏阳市、宁乡市9个区县（市）分公司。2020年，完成通服收入60亿元。全年5G资费客户规模近200万户；全年净增宽带30万户，期末规模150万户；信息化收入比2019年增幅20%，拓展信息化大单近350个；签订5G战略合作协议20个，2

个项目入选省工信厅“5G+ 制造业”典型应用场景；疫情期间，完成“春回潇湘”消费券发放活动，累计发券近 5 亿元。

【网络建设】 2020 年，长沙移动累计开通 5G 基站 1.8 万个，家庭宽带整体覆盖率 96%，城区宽带覆盖率 99%，农村宽带覆盖率 90%，集客重点场景预覆盖率 99%。

【客户服务】 2020 年，长沙移动投诉客户满意度表现值改善 26PP。难点投诉下降，不知情定制、费用质疑、业务营销三项重点投诉较年初分别下降 50%、65% 和 5%。电信用户申诉率、携号转网申诉率、影响用户感知服务问题申诉率三项红线指标均同比下降。以结果为导向加强协同，提升满意度，常态化开展潜在不满意客户修复，提升客户感知，常态化组织“走进移动”、“总经理直播”、服务月刊、公益短信等主题活动。统筹推进疫情防控“三个保障”，协助政府部门向移动手机客户发送疫情公益短信逾 750 万条。保障重点医院、疾控中心、发热门诊、党政军等近 300 个重点场景的网络质量。联合长沙市教育局开展“停课不停学”，服务师生近 10 万人次。建成第五批电信普遍服务基站；完成岳麓峰会、世界计算机大会、农博会等系列通信保障工作百余次。集中整治不良信息，推进“断卡行动”，拦截骚扰、涉诈电话号码近 40 万个，垃圾短彩信 6000 万条，“12321”诈骗举报持续降量。

【“学子课堂”公益四大服务】 2020 年 2 月，长沙移动启动“学子课堂”公益四大服务，支持学校“停课不停学”工作，与行业直录播领军企业合作，上线中小学初三、高三等年级个性化定制直播课堂，开通 50 台云主机、百 G 出口满足各学校的网络需求，向多所学校提供网络云课服务。面向老师提供网络课程录制的技术支持服务，可将学校原有录播设备利旧，或接入移动云视讯平台，通过软终端实现课程录制与云平台点播服务。开展学校师生流量赠送服务，为线上教学服务的教师提供 50G“助教流量包”；为家庭经济困难学生提供 20G“助学流量包”。与长沙市教育局推出“停课不停学”课程服务，电视端、和教育微信端累计服务师生逾 5000 万人次。

【12 小时建成“超级”战疫光路】 2020 年 2 月 12 日凌晨 5 时 30 分，长沙移动历时 12 小时“跳通”（意指光缆主要硬件已连接）湖南省通信管理局至国家超级计算长沙中心的光路，建成“超级战疫光路”，提升超级计算中心在战疫工作中的运算能力。

2020 年 2 月 12 日凌晨 5 时 30 分，长沙移动历时 12 小时“跳通”湖南省通信管理局至国家超级计算长沙中心的光路 长沙移动 供图

【长沙移动推动“春回潇湘百业兴”活动】 2020 年 4 月 1 日，“春回潇湘百业兴”活动启动。长沙移动结合市政府打造“移动支付第三城”的战略规划，推动“春回潇湘百业兴”活动，市民通过“和包支付”App 能享受商超、餐饮、加油、药房、便利店、农家乐等类型近 100 家商户各种满减福利。市民在手机上下载并打开“和包支付”App，按提示完成用户注册，首页点击“长沙和包券”或“春回潇湘百业兴”专题入口，便可以一键查看和领取和包消费券的余额和有效期。点击“适用商户”可查询适用的消费门店。截至 3 月 31 日，和包消费券可在全市 50 家连锁商户及 5.63 万个签约商家使用。

【长沙移动利用“5G+ 云视讯”推动天心区百个新基建项目“云开工”】 2020 年 4 月 8 日，长沙市天心区 106 个重大“新基建”项目在湖南省建工集团多媒体大厅通过 5G 视频技术在大屏幕上宣布开工。长沙移动利用“5G+ 云视讯”推动天心区百个新基建项目“云开工”，逾 100 家新基建企业通过现场 + 云端的方式参加该次会议，长沙移动对 5G 建设及发展情况进行介绍，邀请参会企业加入 5G 移动朋友圈，共筑 5G 生态。该次仪式完成 100 余个重点项目开工，涉及投资总额逾 28 亿元，涵盖 5G 建设及相关领域。

【中国移动（湖南长沙）数据中心开工建设】 2020 年 5 月 5 日，中国移动（湖南长沙）数据中心在长沙国家高新技术产业开发区举行开工奠基仪式。市委副书记、代市长、湖南湘江新区党工委书记郑建新，湖南省通信管理局副局长谢小鹏，副市长邱继兴，长沙国家高新技术产业开发区管委会主任郭力夫，中国移动湖南公司党委书记、总经理丘文辉以及长沙市、高新区相关政府部门的负责人出席开工仪式。中国移动（湖南长沙）数据中心是湖南移动按照“2+X”布局建设的两大核心数据中心之一。项目规划总用地面积4.33公顷，总建筑面积7万平方米，项目建设总投资13亿元。该中心是湖南承载业务最全、服务辐射最广的数据中心，中国移动IT云华南中心、移动云中心节点、中移电子商务全国中心均在该中心落户，并将全面承载华为云、阿里云和腾讯、百度、爱奇艺、金山等互联网企业的核心业务，可以同时满足企业自身以及省内、全国乃至全球行业客户对数据中心资源与应用能力的需求，可以为全省5G、4G网络和光纤网络快速发展提供最广泛、最坚实的基础设施资源。

（本栏撰稿　彭亚利）

·中国联合网络通信有限公司长沙市分公司·

【概况】　中国联合网络通信有限公司长沙市分公司（以下简称“长沙联通”）是中国联合网络通信有限公司在长沙的市级分支机构。2020年，长沙联通实现主营业务收入增长5.36%、利润增长23.20%、收入利润率增长2.76%。长沙联通发挥5G网络和新技术优势，通过阵地建设与平台创建，打造集政治文化馆、雷锋主题公园、智慧文明园区、新时代培训学院以及职工之家于一体的5G⁺新时代文明实践基地，2020年被评为“全国文明单位”。

【联通无人机首次投入长沙防汛抢险】2020年4月10日，联通无人机配合长沙防汛抗旱指挥部在宁乡黄材水库开展一场特殊的防汛应急演练，以应对即将到来的汛期。无人机首次成为高空“哨兵”，实时监测防汛隐患，展现联通在“无人机+行业应用”的专业能力。

【长沙联通新时代培训学院揭牌】2020年6月28日，长沙联通新时代培训学院揭牌。长沙联通利用5G网络及信息化技术优势，打造前沿教育服务系统，实现“人人皆学，处处能学，时时可学”的新型智慧教育学堂。长沙联通新时代培训学院智慧教室以5G为网络依托，基于智慧实训平台，搭配实训助手系统，结合智慧实训设备，包含理论教学、示范教学、分组教学等多个方面的信息化建设，贴合实训所需各类场景的教学应用，提高讲师教学质量，促进学员专业技能提升，形成智慧实训信息化教学全环节的闭环生态。揭牌仪式上，工作人员现场展示智慧教室教学功能。一体化智慧终端展示无人值守录播、远程多方互动、AI无感考勤、移动终端投屏；全无线移动实训推车演示360度灵活拍摄，细节动作图像进行重点放大、大屏投放、逐屏投放；无人机拍摄传回户外高清教学场景，实现远程互动。随后，在场人员参观学院纸质阅读区、电子阅读区、研讨室以及培训大厅。

【中国联通“匠心网络万里行2020”活动长沙站】　2020年9月20日在长沙滨江文化园举行。配备中国联通最尖端通信保障装备的“汽车人部队”为星城市民带来高速的5G网络和5G应用展示。该次匠心网络万里行活动从重庆出发，途经张家界、长沙、湘潭、萍乡、南昌，最终抵达赣州，持续10天，行程2000余千米。是中国联通第二次在长沙开展以“匠心网络”为主题的大规模应急通信演练展示。

【长沙市人民政府与湖南联通签订“新基建”联合建设行动计划合作协议】2020年11月17日，长沙市人民政府与湖南联通签订“新型基础设施联合建设行动计划”协议。市委副书记、市长、湖南湘江新区党工委书记郑建新，湖南联通党委书记、总经理谭明出席并见证签约。副市长邱继兴参加。根据协议，长沙联通贯彻落实国家“新基建”战略部署，推动新基建项目建设与经济社会各领域的融合发展，加快推进长沙现代产业高质量发展。

（本栏撰稿　欧阳犇）

居民服务业

·住宿餐饮·

【住宿】2020年，长沙市装机开业的旅馆数8170家，其中，传统旅馆2263家，家庭式旅馆5455家，网约房、民宿11200间，总床位数367169张。旅馆平均入住量43.41%以上。2020年，各分县市公安局每日进行工作调度，主动严肃查处，全方位无死角的培训，前台从业人员履职尽责的意识有转变，旅馆的负责人加强对内部人员的管理，自行制定处罚机制，严肃追责的观念提高，公安机关的相关指令均能传达并落实到每个从业人员，逐步形成公安机关与酒店从业人员联动落实实名制管理的良好局面。公安机关要求各旅馆业经营业主在下一步的经营过程中，加强酒店内部管理，确保实名制管理工作落到实处，加强对酒店的检查力度，确保检查不流于形式

旅馆业疫情管控　2020年1月23日疫情发生以来，长沙市公安局针对全市旅馆业落实实名制工作迅速开展分析研判，每天核发异常数据，成立核查组，每天不间断地对全市约9500家旅馆和44000条网约房住宿数据展开核查。1月27日至3月8日，核发旅馆业实名制指令72次，甄别湖北籍异常入住数据23158条。核查组出动警力364人次，检查旅馆业683家、网约房373家，发现问题260个，核发问题交办单51份，摸排湖北籍人数366人，为旅馆业出台指导防疫工作举措30份（规范性文件4份，通知、通报等其他26份），为旅馆业落实实名制工作解惑释疑50余次。

实名制管理工作　经过一年多持续不间断对全市旅馆业落实实名制工作进行整治，全市旅馆业经营业主落实实名制的意识提升，有效遏制“甲

证乙人”“一证多人”“未登记入住信息”等实名制管理工作中的问题。旅馆业实名制核查结果的合格率上升。市公安局从2020年3月起，随机检查全市约200家旅馆业落实实名制情况，其中未落实实名登记的旅馆8家，占检查总数的4%，合格率96%。市公安局先后制定《关于进一步规范全市旅馆业治安管理的通告》《长沙市旅馆业治安检查规范》等，探索基于“居民身份网络验证+智能门锁”的网约房管控新模式，健全旅店业基础信息核查制度，加大异常数据查处力度，为全市实名制管理提供遵循。人证核验设备的推广运用逐步提升。人证核验设备已安装5417家，占比62.6%，安装数量和家数领先全省各州市。

2020年，钟点房、麻将房、长租房不如实登记的问题比较突出，家庭式旅馆从业人员少，临时顶班、操作不熟练等问题突出，加大落实“四实”登记的难度。个别分县市公安局核查发现，无证经营的现象仍然存在，主要集中在网约房、电竞酒店（长沙市雨花区斯塔克旅馆）和一些分布在商住楼、“住改商”的小区里（主要案例：长沙市雨花区金轮星光名座的家庭旅馆），全市约20余家的规模，每家床位数30~50个，有时为了不办特种行业许可证，变相地把一家旅馆分成两家或者更多旅馆（长沙市雨花区盛港家庭旅馆）进行经营，店内各种配套设施设备缺乏，管理人员少，从业人员几乎均没有经过严格培训就从业上岗。在下一步工作中，公安机关严把家庭旅馆、电竞酒店、网约房、民宿的审批关、报备关，防止出现漏管和引发安全事故的案例。对一些还未安装系统的网约房、民宿，每日提前向辖区所在地的派出所报备住宿人员的身份信息。 （包　宇）

【2020中国国际食品餐饮博览会】 2020年9月18—20日在长沙国际会展中心举办。2020中国国际食品餐饮博览会（以下简称“食餐会”）由商务部、湖南省人民政府主办，商务部流通产业促进中心、长沙市人民政府、湖南省商务厅等承办。食餐会以“创新融合 品质消费”为主题，展览总面积10万平方米，设展位约4200个。聚合16省主要食材供应商资源，展品逾5万种，16个国家和地区以及国内31个省（自治区、直辖市）的2000余家企业参展，近万家企业采购，专业买家逾7万人，3天接待观众201594人次。第四届湖南名优特新粮油产品展示展销会作为食餐会的精品同期展会，在现场设置6000平方米精品粮油展示区。展会期间，举办2020中国国际食品餐饮业创新发展大会、2020餐饮业厉行节约和品质提升座谈会、“厉行节约，品质提升”2020全国餐饮业烹饪大赛等近30场专业活动和重点活动。 （何梦秋）

·家政服务·

【概况】 2020年，长沙市商务局启动家政服务业信用体系建设专项扶持项目申报工作，奖励46家单位。组织长沙市家政企业在商务部“家政服务信用信息平台”录入有效家政企业信用信息近150家，录入有效家政服务员信息2万余条，并对家政企业及家政服务员信用信息进行动态管理，充分保证信用信息数据的真实有效。2020年9月18日，在长沙市商务局官网公布全市参与商务部家政服务信用信息平台的家政企业名单，并组织名单内企业在门店醒目位置公示。 （何梦秋）

【《长沙市家政服务业提质扩容“领跑者”行动试点工作方案（2020—2022年）》印发】 2020年6月19日，长沙市发展和改革委员会、市商务厅、市教育局、市人力资源和社会保障局、市妇女联合会联合印发《长沙市家政服务业提质扩容“领跑者”行动试点工作方案（2020—2022年）》（以下简称《方案》），《方案》提出“产业规模快速增长、培训体系建立健全、服务质量全面提升”3个发展目标；围绕提高家政从业人员素质、发展员工制家政企业、改善服务人员从业环境、健全信用体系等7个方面提出26条具体措施要求；并从强化组织领导、政策保障、宣传报道等方面，全力保障各项工作落到实处。公布长沙市推进家政服务业提质扩容“领跑者”行动领跑企业、领跑社区、领跑学校创建名单。 （吴丫丫）

【中国家政2020年终盛典】 2020年12月19日在长沙国际会展中心举行。年终盛典以“家政·未来”为主题，由湖南省商务厅、湖南省发展改革委等政府单位指导，中国家庭服务业协会主办，湖南省家庭服务业协会承办。中国家庭服务业协会会长王淑霞、湖南省原商务厅副巡视员刘飞、湖南家庭服务业会长黄跃佳出席。全国各省市家协负责人近千人参加。上午举办的“中国首届家政产教融合峰会”上，江苏家政发展研究院执行院长、南京师范大学金陵女子学院教授熊筱燕、吉林农业大学人文学院院长吴莹、湖南女子学院社会发展与管理学院常务副院长邵汉清、宁波卫生职业技术学院高职研究所所长朱晓卓4位业界专家，分享各自院校在完善家政专业学科体系、培养复合型高素质人才、实现人才输送等方面的经验。首次面向全国家政企业开启产教融合合作，发布中国首个家政产教融合云平台。

（吴丫丫）

·养老服务·

【概况】 2020年，长沙市完成新改扩建特困人员集中供养机构省级民生实事项目3所，分别是长沙县江背镇敬老院、高桥敬老院和浏阳市洞阳中心敬老院（一期）。长沙市民政局联合发改、财政、人社、卫健部门出台《长沙市特困人员供养服务机构提质升级三年行动计划（2020—2022年）》，下发《关于开展农村特困人员供养服务机构（敬老院）转型试点工作的通知》在望城区、长沙县、浏阳市、宁乡市各试点5家，推动敬老院转型为乡镇综合性养老服务中心，在满足特困人员集中供养需求的基础上，拓展社会寄养、日间照料、上门照护等养老服务功能，试点时间为2020年11月至2021年10月。完成新建成社区养老服务设施100家市重点民生实事任务，全年全市新增养老机构5家，新增养老床位2462张。推动区县（市）社会福利中心主体工程建设，芙蓉区、天心区、岳麓区、望城区、浏阳市、宁乡市6个区县（市）完成主体工程建设，开福区完成正负零。推动《长沙市居家养老服务条例》立法，拟定草案并多次召开由人大、司法、民政、法律专家参与的专题讨论会。全年完成300家社区居家养老服务中心的摄像头、人脸识别等设备安装，长沙市养老服务监管平台上线运营。选取开福区、雨花区，开展老年人助餐配餐试点，并从市级福彩公益金中给予试点区县各100万元的资金支持。委托第三方评估机构，对养老机构接收的本市户籍老年人和申请享受政府购买居家养老服务的老年人进行能力等级评估。印发《长沙市防范以养老名义非法集资宣传工作方案》，实现防非宣传“七进”（进机关、进企业、进机构、进乡村、进社区、进小区、进家庭），排查名称或业务范围中含有“养老”二字的企业3300余家。组织100名乡镇敬老院养老护理员（初级）进行职业技能培训，举办全市养老护理员职业技能竞赛，开展2020年“十佳养老护理员、百名优秀养老护理员”评选活动。开展第四届“最美夕阳红”特困养老护理员慈善救助工作，专项援助100名在长沙市养老机构从事一线护理服务的贫困养老护理员。实施困难老人家居适老化改造1002户，被新华社作为《总书记推动改革的身边事》典型案例予以推介。截至2020年12月底，有社区居家养老服务中心350家、农村居家养老服务中心651个、养老床位48247张、养老机构199家（其中市级养老机构3个、区县福利中心3个、民办养老机构93个、敬老院100个），发放养老机构补贴2591.79万元，发放24336.13万元。（李文祥）

【老龄健康】2020年，长沙市贯彻落实健康中国战略部署，围绕全市卫生健康工作总体要求，完善老龄健康政策制度，健全老年健康服务体系，创新推进医养结合发展，满足老年人多层次、多样化的健康养老服务需求。

老年健康服务体系建设　推进老年医学科建设，全市二级及以上综合医院开设老年病科比例59.3%。开展老年人心理关爱项目试点，全市选取6个社区开展2020年度老年人心理关爱项目试点工作。加强老年人健康管理，为65岁以上老年人建立电子健康档案，开展健康状态评估、健康体检和健康指导，推行家庭医生签约服务，落实建档立卡贫困老年人照护工作，联合民政等部门指导全市医养结合机构、养老机构按照相关要求做好疫情防控工作。开展“安宁疗护标准病房”创建工作，推动安宁疗护机构标准化、规范化建设，长沙市第三医院、长沙老年康复医院、长沙康乃馨护理院、长沙睦邻康复医院、浏阳市脑科医院5家机构被确定为湖南省首批“安宁疗护标准病房”创建机构。

医养结合　探索创新服务模式，加快医养结合机构布局建设，截至2020年年底，全市“双证”（“医疗许可证”和“养老许可证”）齐全或已备案的医养结合机构22家。长沙老年康复医院、湖南康乃馨养老社区综合运营有限公司、长沙市第三医院、长沙县果园镇卫生院、湖南睦邻大康医疗健康养老服务集团有限公司、湖南红枫养老服务有限公司6家机构被评定为市级医养结合示范单位。总结、推广全市医养结合服务成功经验和创新举措，长沙市医养结合工作经验被国家卫生健康委确定为“全国医养结合典型经验”；长沙县果园镇的农村医养结合模式在全国医养结合高峰论坛作经验交流发言。鼓励社会力量举办医养结合机构，支持社会资本进入医养康产业，联合市发展改革委、市民政局开展城企联动普惠养老专项行动。

老龄事业发展　健全老龄工作机制，调整市老龄委成员单位，明确成员单位工作职责，发挥沟通协调作用。开展老年健康宣传周活动和“敬老月”系列活动，指导市老年保健协会开展“提高健康素养，争做阳光老人”活动，指导市老年协会举办长沙市首届老年农民书画展，加强老年健康知识和老年健康服务政策宣传，营造敬老爱老孝老的良好社会氛围。优化老年人社会服务，将“老年人优待证”办证权限下放至各村、社区，方便老年人就近申请办理；推动老年人意外伤害保险工作开展，为老年人提供安全保障。（肖昭宇）

【雨花区社会福利中心被评为“全国公办养老机构养老服务改革典型案例”】2020年9月24日，民政部办公厅、国家发展改革委办公厅公布《关于公办养老机构改革优秀案例的通报》。遴选出北京市第五社会福利院等49家公办养老机构改革优秀案例，其中长沙市雨花区社会福利中心被评为“全国公办养老机构养老服务改革典型案例”。2008年，该中心由雨花区民政局建成投入使用后即实行公办养老机构改革，由湖南康乐年华养老产业集团有限公司旗下机构中标运营，是湖南首个公建民营的老年福利机构。公建民营12年来，中心贯彻公办养老机构优先保障政府兜底功能，彰显福利性质、普惠养老特色；床位利用率始终保持在93%~99%，确保养老资源充分利用并向社会实现有效供给；发挥辐射功能，向周边小区、社区老年人家庭开放并开展接送日托、短托和居家养老上门送餐和照护服务，300张床位放大到能让3000人次享受养老服务的区域辐射和受益能力。（李文祥）

金　融

FINANCE

编辑　刘盼盼

综　述

【概况】　2020年，长沙市金融业实现增加值920.32亿元，比2019年增长8.6%，占GDP的比重为7.6%，较2019年末提升0.26个百分点。全市金融业实现税收219.8亿元，比2019年增长29.4%，占全市同期税收的11%。全市金融机构各项存款余额2.3万亿元，各项贷款余额2.4万亿元，存贷比持续高于100%。全市新增9家上市公司，A股上市企业70家，占全省总数的六成，居中部六省省会首位、全国省会城市第五位，获“2020上市竞争力领先城市奖”。全市新增直接融资2143.7亿元，比2019年增长200.8%，对实体经济造血、输血和活血的能力不断增强。全年设立产业投资子基金6支，主要投资于生物医药、软件等行业，产业投资基金子基金投资范围已覆盖长沙市22条新兴及优势产业链。子基金累计对外投资项目38个、金额9.4亿元。全市证券交易量占全省比重57.41%，年成交量逾6万亿元、比2019年增长56.94%。全市原保费收入524亿元，占全省原保费收入的34.61%。保险深度提升至4.31%，保险密度5951元/人。　（聂　娟）

【金融组织体系】　2020年，长沙市形成了多形式、多结构和多功能的金融组织体系。截至2020年年末，各类金融机构近380家，涵盖银行、证券、保险、信托、期货、资产管理、财务公司、汽车金融和消费金融等多类持牌金融机构。其中银行机构41家（法人11家）、证券机构49家（法人3家），保险机构58家（法人1家），信托机构1家，期货公司16家，资产管理公司6家，财务公司5家，汽车金融公司1家，消费金融公司2家，融资担保公司46家，小额贷款公司57家，典当行57家。　（聂　娟）

【金融服务实体经济】　2020年，长沙市组织金融战“疫”银企对接会暨重点项目签约活动，现场48家企业与14家银行签约，签约总金额502亿元。创新升级“金融服务节”，以“同心战疫，金融担当”为主题，以“1136”为整体框架，整合银证保等多业态金融资源，打造企业融资的全链条金融服务。仅市本级就先后举办人工智能及机器人（含传感器）产业链银企对接会、湘江基金小镇碳基材料与集成电路项目路演、金融大篷车进社区等12场次主题活动，累计参与金融机构137家、签约企业481家，现场签约及意向融资金额160亿余元。促优惠利率贷款，协调人民银行长沙中心支行安排专项低息再贷款，引导银行机构发放政策性优惠利率贷款，加大续贷及延展期支持力度。全年发放抗疫复产专项贷款376.9亿元，为在长企业提供续贷1772.7亿元，办理展期130.4亿元，安排延期还本付息155亿元。跟进抗疫复产不同阶段的重点，协调在长银行机构为技改及商贸领域企业新增授信122.5亿元，为193家企业发放贷款198.8亿元，在“双过半”竞赛办活动中解决重点企业融资难题34个。助推企业上市。率先全省成立企业上市服务中心，持续深化工作联席会议机制，多次提请市政府召开联席会议，为松井新材料、长远锂科、圣湘生物、红星冷链等企业协调解决实际问题。精准提供服务，开展注册制、财税、REITs培训、“走进上交所”观摩等；与上交所、深交所共建交易所资本市场服务基地，为万鑫精工、军信环保等70余家企业进行新政讲解和业务指导，提供精准专业的“保姆式”服务。在疫情带来极大冲击的背景下，全市新增9家上市企业（首发上市7家，境外迁入2家），7家企业首发上市融资93.98亿元，为历年首发融资额最多的一年。全市上市公司总市值超过1.3万亿元，过千亿市值上市公司3家；形成263家拟上市企业名单，辅导报备企业占全省六成以上，梯队建设更加科学合理。全市企业上市工作得到省局通报表扬和交易所的肯定，突出成绩成为长沙在全国城市营商环境评优评先的“加分项”，被广泛推介宣传。融资服务。制定长沙市优化获得信贷营商环境实施办法，提升企业融资便利度。12月末，中小微企业贷款余额9741亿元，比2019年增长20.1%，增速持续高于一般贷款增速，融资难、融资贵问题得到有效缓解。推动市政府与农业银行湖南省分行签署框架合作协议，未来三年将为长沙提供新增意向融资1600亿元；推动市政府与中国长城资产管理股份有限公司签署合作框架协议，为市政府与金融资产管理公司的首次签约合作。扩大惠企宣传，举办“普惠中小微金融润星城”金融惠企政策知识竞赛活动，26支银行、11支园区代表队参赛，37.2万人在线观看决赛，有效扩大金融惠企政策宣传面和影响力。在重点监测扶贫小额信贷的基础上（全年新增贷款3888笔15610万元，全市到期贷款逾期率为0.01%），开展“扶贫特惠保”续保工作，建档立卡贫困户免费参保实现全覆盖，为全市打赢脱贫攻坚战贡献金融力量。充分发挥保险治理功能。出台专项政策，率先全省制定下发保险行业支持抗疫复产的专项政策，通过财政的杠杆激活保险保障和资金融通作用，助推企业融资和社会发展。全市两级财政统一为4939家中小微企业购买防疫复产综合保险，为全市132万师生购买新冠肺炎附加险。推进试点探索，选取望城区和浏阳市先行开展农村基础保险服务“村村通”试点。　（聂　娟）

【金融改革发展】　2020年，长沙市获批中国人民银行数字人民币试点。抢抓央行金融改革试点政策机遇，开展数字人民币试点申报及落地准备的相关工作。向省、市人民政府、中国人民银行长沙中心支行多次汇报，争取上级支持，省市联动高位协调推进，并起草申请报告以市政府名义向人民银行总行申报试点；制定试点工作方案和细化落实方案，建立健全试点工作机制，组织7家试点金融机构开展试点场景落地准备。长沙市在众多申报城市中脱颖而出，最终获批第二批试点地区，成为中部唯一的试点城市。试点快速推进，已经落地场景13类，累计交易超过2.23万笔。助推湖南自贸区长沙片区金融改革创新。围绕自贸区建设以制度创新为核心的要求，针对长沙金融发展实际，深入研究长沙市可复制、可争取的金融领域创新举措，连续8次反馈市自贸办，为完善修订长沙市自贸区实施方案提供参考。率先推出全省首个金融领域引才政策。为加快金融人才聚集，充分发挥金融人才在金融改革发展中的智力支撑作用，市金融办落实长沙"人才新政"总体战略，对全市金融业人才现状和金融机构引进人才的需求进行调查摸底，全面统计分析在长金融机构的资产规模、税收贡献度等情况，并广泛征集各类型金融机构意见，制定《长沙市金融业高层次人才分类认定目录》，以市委人才工作领导小组名义印发。这是长沙首个金融领域引才政策，将为促进金融业发展、更好服务实体经济提供人才支持。配合市人才服务中心完成23名金融高层次人才申报材料审核。

（聂　娟）

【防范化解金融风险】 2020年，长沙市不断优化机制，推动市级层面"双牵头"机制的建立，优化全市打非工作机制，修订平安建设考核细则，充分发挥绩效考核指挥棒作用，统筹调度全市防非处非工作。开展排查，坚持常态化摸排和网格化摸排相结合，日常排查和专项排查互为补充，全年专项排查摸排机构11335家，排查出问题机构121家、重点风险企业49家；针对金融放贷领域27家风险企业，约谈企业负责人43次，整治关停11家。加大打击，行政处置和刑事打击双管齐下，有效化解存量风险，遏制增量风险。市监部门部署开展涉嫌非法集资广告资讯信息专项排查活动，对涉非违法违规行为不断加强行政监管；公安部门对涉非犯罪行为持续保持高压态势，集中优势警力开展专案攻坚，切实强化追逃挽损。效扩大宣传，以"守住钱袋子，护好幸福家"为主题，发挥"长沙打非专线"微信公众号和志愿咨询服务工作站作用，依托四级联动机制，与《快乐老人报》、地铁公交、电视等合作，线上线下举办公益活动约600场次，参与17万人次，发放资料80万余份。推进互联网金融风险整治。面对全省大部分P2P网络借贷整治任务在长沙的严峻形势，继续坚持网贷机构全部退出不动摇，以督促退，防控重点平台风险；以谈促退，加快存量机构清退；以惩促退，维护投资人合法权益，存量规模大幅压降，网贷风险稳步出清。打击金融领域扫黑除恶。以整治"一非三贷"为重点，推动金融领域扫黑除恶专项斗争。通过多方联动打击，长沙市金融领域扫黑除恶特别是非法放贷领域战果凸显，达到打击一批、震慑行业的效果。中央、省委督导组对市金融办工作给予肯定，市金融办在全市扫黑除恶专项斗争推进会上作典型发言。地方金融监管。加大创设，长沙湘江资产管理有限公司于6月挂牌营业，成为全省第二家地方资产管理公司；英大泰和人寿保险湖南分公司获批开业，全市保险机构达到57家；全年支持设立和改制政府性融资担保公司3家、新设及筹建小额贷款公司4家。支持奖补，给予（推荐）19家融担公司奖补1215万元、27家小贷公司补偿802万元。强化监管，

表22　**长沙市金融、保险统计表**

单位：亿元

指标	2020年	2019年	2020年比2019年（±%）
一、金融业			
金融机构存款余额（本外币）	23316.81	21048.45	10.8
住户存款	7572.18	6600.39	14.7
金融机构贷款余额（本外币）	24261.26	21248.71	14.2
#短期贷款	5032.76	4477.58	12.4
中长期贷款余额	18407.53	15917.02	15.6
二、保险业			
保费收入	523.66	471.10	11.2
赔付款	152.90	126.05	21.3

说明："#"表示其中主要项

（资料来源：市统计局）

针对融资租赁、商业保理、典当行等新纳入管理的机构，厘清监管思路，制定行业监管措施，开展专项清理规范和整治，行业生态环境逐步净化。 （聂　娟）

【长沙湘江资产管理有限公司授牌】 2020年6月11日，湖南省第二家地方资产管理公司——长沙湘江资产管理有限公司在湖南湘江新区举行授牌仪式，并与工商银行、农业银行、中国银行、建设银行、交通银行等12家银行签订战略合作协议，授信总额超200亿元。长沙湘江资产管理有限公司是湖南省第二家经省人民政府批准设立、中国银保监会核准公布的具有金融不良资产批量收购处置业务资质的金融服务机构，公司经营范围为收购、管理、经营和处置不良资产；基于不良资产业务开展的追加投资；债务重组、债权转股权，并对企业持股或追加投资；资产管理业务；托管与救助困境企业；财务、投资、法律及风险管理等咨询、顾问以及其他综合服务；经有关部门批准担任破产管理人。湘江资管的成立对于防范化解区域金融风险、完善湖南省金融业态具有重要意义。 （聂　娟）

【长沙市银行保险机构助力自贸试验区建设】 2020年，长沙市银行保险机构优化网点布局。在湖南银保监局督导下，各大型银行和重点保险公司积极向总行（总部）争取机构和业务政策，完善金融服务和产品，开发“云链保理”“票据池”“税壹贷”等产品，立足长沙“工程机械之都”定位为相关产业链上下游企业提供金融服务。合理运用出口买方信贷、促进境内对外开放贷款、制造业专项贷款等信贷资金支持境内企业出口设备、技术服务和高新技术产品。引导保险公司发展首台（套）重大技术装备保险、重点新材料应用保险、出口信用保险和关税保证保险，提高进出口贸易金融服务质效。 （袁　湖）

银　行

【概况】 截至2020年年底，长沙市有3家政策性银行、6家大型商业银行、12家全国性股份制商业银行和6家外资银行，4家金融资产管理公司和1家财务公司的分支机构，以及19家地方法人银行业金融机构。法人机构包括：城市商业银行2家，民营银行1家，省联社1家，农村商业银行5家，村镇银行3家，信托公司1家，财务公司4家，汽车金融公司1家，消费金融公司1家。全市有银行业金融机构网点1716个，从业人员37411人，网点和人数分别占全省总数的17.6%和27.7%。

截至2020年年底，全市银行业各项存款2.33万亿元、占全省的40.26%，比年初增加2268.36亿元、占全省新增存款的43.2%，比2019年增长10.78%、比2019年同期低2.17个百分点；各项贷款2.43万亿元、占全省的49.1%，比年初增加3012.55亿元、占全省新增贷款的43.11%，比2019年增长14.18%、比2019年同期低1.37个百分点。

全市银行业非金融企业和机关团体中长期贷款增长14.99%，较2019年同期增长3.6个百分点，基础设施行业贷款增长15.6%，较2019年同期增长4.3个百分点，消费贷款增长14.66%，较2019年同期下降5.1个百分点。棚改贷款下降5.2%。加强对小微企业、“三农”等薄弱环节的金融支持。2020年末，小微企业贷款余额5806.91亿元，增长15.16%；小微企业贷款户数34.6万户，比2019年增加4.13万户。涉农贷款稳步增长，全年新增涉农贷款454.72亿元，比2019年增长11.6%，较2019年同期上升2.9个百分点。

2020年，全市银行业机构实现利润323.3亿元，比2019年多盈18.6亿元，盈利占全省银行业盈利的47.7%，比2019年升高4.4个百分点。全市银行业不良贷款率0.84%，比全省平均水平低0.51个百分点，信用风险总体可控。 （袁　湖）

【知识产权质押融资“入园惠企”活动】 2020年，长沙市银行业机构优化服务体系，在湖南银保监局督导下，加强产品创新，健全风险管理，支持发展知识产权融资业务。推动21家商业银行向参会的19个国家级园区和43家科技型企业宣传推介知识产权专项产品服务，华融湘江银行等7家银行与省知识产权质押融资风险补偿资金签订了合作协议，长沙银行等4家银行为8家企业现场签约发放知识产权质押贷款。 （袁　湖）

【中国人民银行长沙中心支行】 2020年，长沙市金融运行总体平稳。存款增速快于全省平均水平。2020年年末，全市金融机构存款余额23316.8亿元，比2019年增长10.8%，高出全省存款增速0.8个百分点。全年新增2268.4亿元，比2019年少增144.4亿元。其中，住户存款新增971.8亿元，比2019年多增65.3亿元；非金融企业存款新增253.7亿元，比2019年少增252.6亿元。贷款增长态势良好。2020年末，全市金融机构贷款余额24261.3亿元，比2019年增长14.2%。全年新增3012.5亿元，比2019年多增158.5亿元。其中，非金融企业及机关团体贷款新增2033.6亿元，比2019年多增200.8亿元；住户贷款新增1024.5亿元，比2019年少增9.7亿元。

信贷结构优化　基础设施类贷款投放力度加大。2020年年末，基础设施类贷款余额比2019年增长17.6%，较2019年同期提高6.1个百分点。全年基础设施类贷款新增1262.3亿元，比2019年多增521.3亿元。制造业贷款比2019年多增。2020年年末，全市制造业贷款余额比2019年增长17.1%，增速较2019年同期提高9.8个百分点。全年制造业贷款新增242.9亿元，比2019年多增146.5亿元。个人住房消费贷款增速有所回落。2020年年末，全市个人住房消费贷款余额比2019年增长11.7%，较2019年同期下降0.9个百分点。全年个人住房消费贷款新增452.9亿元，比2019年多增20.1亿元。普惠领域贷款均比2019年多增。2020年，全市涉农贷款新增477.6亿元，比2019年多增165.0亿元；民营企业贷款新增866.7亿元，比2019年多增247.2亿元；小微企业贷款新增665.6亿元，比2019年多增306.4亿元；普惠口径小微企业贷款新增335.1亿元，比2019年多增127.5亿元。

支持疫情防控和实体经济发展　保障疫情防控和企业复工复产金融服务。第一时间开通支付清算、国库资金拨付、现金供应、征信报告查询、外汇收支等绿色通道，做好窗口服务、线上服务工作，确保疫情期间金融服务不断档，满足疫情防控和人民群众需要。出台《湖南省金融支持疫情防控和企业复工复产的若干措施》，从8个方面提出具体措施，引起社会广泛关注。强化逆周期调节。全省法人金融机构新增贷款1799亿元，比2019年多增97.3亿元。落实人民银行总行一揽子货币政策工具，推动3000亿元专项再贷款政策快速落地，全省发放专项再贷款101亿元，加权平均利率2.77%，支持企业235家；用好5000亿元再贷款再贴现专用额度，全省发放贷款160.8亿元，加权平均利率4.09%，支持市场主体1.5万户；做好5000亿元、10000亿元普惠性再贷款再贴现新增额度的衔接，全省发放贷款620.6亿元，加权平均利率4.54%，支持各类市场主体13.9万户。全省累计办理再贷款再贴现1050.6亿元，是2019年的1.6倍。建立健全金融支持稳企业保就业工作机制。制定《湖南省金融支持稳企业保就业工作实施方案》，联合印发《湖南省进一步强化中小微企业金融服务的若干措施》，推动省政府建立中小微企业金融服务工作联系机制。制定《湖南省小微企业融资情况监测评价办法》，推动银行机构提升小微企业金融服务能力。全省发放普惠小微信用贷款118万笔、贷款本金545亿元，惠及小微企业70.8万户；对6.8万笔普惠小微贷款进行延期，涉及本金339亿元，惠及小微企业4.9万户；累计向法人金融机构提供信用贷款支持计划激励资金20.1亿元，延期支持工具激励资金2.3亿元。推动建立金融支持稳企业保就业"1+N"政银企对接机制（"1"即省政府举办首场对接活动，"N"即联合多部门分行业、分园区、分市州、分县域组织开展多个专场对接），举办各类对接会432场，走访园区224个，相关工作经验两次被总行推介。提前完成法人金融机构浮动利率存量贷款LPR转换工作。组织金融机构开展定价行为评估和合格审慎评估。推动贷款利率下行，全省各金融机构贷款加权平均利率比2019年下降46个BP，其中小微企业贷款加权平均利率比2019年下降51个BP，普惠小微贷款加权平均利率比2019年下降60个BP。加强利率定价自律管理，推动辖内法人金融机构建立运用LPR的FTP定价机制、存款创新产品压降及贷款利率明示等工作，贷款利率明示年化利率整改基本完成。

风险防控　牵头成立金融委办公室地方协调机制（湖南省），促进成员单位共享风险信息，推动解决高风险机构风险处置过程中的突出矛盾及问题。建立与湖南省金融稳定发展改革联席会议机制的常态化信息对接机制。作为湖南省打好防范化解重大风险攻坚战前线指挥部联合办公室两个成员单位之一，与省地方金融监管局议定联合办公室议事规则，制定攻坚战联席会议制度，推动攻坚战实施方案落实落细。加强突发风险事件应急机制建设。组织全省完善各层级应急预案，配合省政府修订《湖南省金融突发事件应对预案》，实现应急演练辖内市州全覆盖。重点领域金融风险防控。全力推动法人机构风险化解。建立"专员＋主监管人"动态监测机制，落实"4+1"风险处置机制。建立政府性债务全口径季度监测体系，制定落实总行防范化解地方政府隐性债务金融风险应急处置预案的实施方案。推进武冈包商村行大股东股权转让工作，武冈包商村行已正式更名为武冈发展村镇银行，市场反应平稳，机构经营正常。全面动态监测辖内系统性风险。建立新冠疫情对银行资产质量影响监测制度和农商行资金业务季度监测制度，按季开展大型企业风险监测。规范完成季度央行评级及年度现场定性评价工作，标准化评级工作举措获金融稳定局推介。开展省内法人银行压力测试和全国公募基金流动性压力测试，设计开发敏感性压力测试应用程序，获金融稳定局推介。对全省42家银行机构开展年度综合评价。有序做好存款保险制度实施工作，组织辖内法人投保机构上划保费5.15亿元；制定存款保险基金试点处置方案；作为全国11家试点单位之一，有序推进存款保险标志启用工作，辖内196家银行机构1.23万个网点全部完成存款保险标识启用工作。加大反洗钱监管力度。金融机构洗钱风险监测评估试点在全省铺开，实现对省市县三级11个行业2000余家机构风险监测评估工作全覆盖。完成法人义务机构2019年洗钱风险状况评估，义务机构反洗钱分类评级除新设机构外实现全覆盖。推动湖南省反洗钱厅际联席会议工作机制建设，加强与省公安厅、省检察院反洗钱合作机制建设。加大对洗钱犯罪的打击力度，全省新增洗钱罪判例7起。开展扫黑除恶专项行动，协助对涉黑案件开展调查11批次；持续开展打击利用离岸公司和地下钱庄转移赃款、反腐追赃追逃、打击虚开骗税等专项行动，移送线索134份，据此立案31起。

金融管理和服务　推进金融业综合统计工作，高质量完成县域法人金融机构考核工作。建立湖南省1.5万户园区企业融资统计监测制度和湖南省市场主体融资支持情况监测制度，继续做好环湖粮价和有色金属特色监测工作。加强支付领域风险防控。推进电信网络新型违法犯罪和跨境赌博打击治理工作，实施“断卡”行动，累计排查银行账户2.9亿户，对11.3万户可疑账户采取管控措施，协助公安机关破获案件239起，移送线索9157条，约谈涉案账户银行115家。优化支付市场环境。推进移动支付便民工程，“云闪付”App注册用户排名全国第八，扫码金额79.7亿元。加快电子支付示范县建设，银行卡助农取款点实现行政村全覆盖。优化银行账户服务。将开户预约纳入企业开办“一网（窗）通办”事项，推动辖内银行接入“湖南省企业开办并行一站式服务平台”。引导银行进一步改善农民工工资支付环境。提升支付清算服务质效。开通农村金融机构在线办理资金转账业务，优化ACS业务流程，业务处理成功率99.9%。全省支付系统处理业务量比2019年增长11.1%，同城票据交换业务20.9万笔。

经理国库水平提高　推进信息化建设。自主研发国库现金流预测系统（TMSS），获人民银行总行推广。开展“国债服务进乡村”试点行动，“国债下乡服务站”覆盖268个乡镇，销售储蓄国债15.3亿元。开辟小微企业退税工作“绿色通道”，办理退税业务156.9万笔，金额10.5亿元。开辟纾困资金拨付“快速通道”，办理直达资金8个批次，合计金额519亿元。建成“红色国库事业奠基人——毛泽民”事迹陈列室。2020年，长沙市国库收入3565.93亿元，比2019年增长11.6%、下降3.7个百分点。其中，一般公共财政预算收入2227.87亿元，比2019年增长2.1%；政府性基金预算收入1143.12亿元，比2019年增长25.7%；国有资本经营预算收入12.73亿元，比2019年增长173.8%；经由国库代收的社会保险基金收入182.22亿元，比2019年增长74.5%。全市国库支出3044.78亿元，比2019年增长27%、提高6.3个百分点。其中，一般公共预算支出1502.01亿元，比2019年增长8.4%；政府性基金预算支出1414.57亿元，比2019年增长51.9%；国有资本经营预算支出35.72亿元，比2019年增长1127.3%；债务支出3.65亿元，比2019年下降70.8%；由国库划转的社会保险基金支出88.84亿元，比2019年增长37.1%。年末，全市国库库存余额121.9亿元（不含社保余额），比2019年增加21.98亿元、增长22%。

征信服务质效提升　推进征信为民，实现全省县域地区自助查询全覆盖，上线“全省征信电话咨询语音导航云服务平台”。推进区域一体化企业征信体系建设，授信总金额逾20亿元。推动中小微企业信用体系建设。建立省市县各级地方征信平台8个。深化应收账款融资专项行动，通过平台开展应收账款融资576.2亿元，其中中小企业融资新增占比73.1%。引导供应链融资健康发展，2020年1—11月“中企云链”累计开立授信额度206.3亿元。因地制宜推动农村信用体系建设，实现农村信用体系建设全覆盖。提高央行内部（企业）评级质量，上传企业评级信息6939家，据此发放信贷资产质押再贷款22.9亿元，相关工作获《金融时报》推介。从严开展合规监管，对1家征信机构和19家接入机构开展现场检查，清理3家不符合要求的信用评级机构。

货币发行管理　全省发行基金投放2013.2亿元，回笼2156.7亿元、净回笼143.5亿元，比2019年分别下降10.3%、15.6%、53.6%。完成新版5元纸币发行，稳步推进纪念币发行改革。优化人民币流通环境。新增18个现金服务示范区，回笼10元及以下残损人民币29.6亿元。2020年全省流通中人民币总体整洁度比2019年提升4个百分点。持续推进整治拒收现金工作，制定《湖南省整治拒收人民币现金工作方案》。加强发行库管理。组织开展发行库安全风险大排查，共查出问题441项，12月底前全部整改到位。加大假币犯罪打击力度。协助公安机关收缴假币259.4万元，破获假币违法犯罪案件11件。建立货币真伪鉴定工作室4个。配合做好数字人民币试点工作。截至12月底，全省试点落地场景14类，累计交易2.6万笔。

金融科技发展　升级上线清算、支付大数据应用，自主开发创新履职类系统4套，建成数字化综合服务平台一期工程，完成TIPS二代SM密码应用等多项人民银行总行试点工作。建成异地数据备份中心，完成“两地三中心”总体布局。完成全省204条网络通信线路提速提质替换升级。组织省内部分分支机构完成核心网络虚拟化改造，实现同城“双活”。组织IPv6规模部署专项摸排。金融领域企业标准“领跑者”活动成效显著，13家机构跻身全国“领跑者”名单，金融标准化创新建设成果被总行录入专项报告。金融IC卡新增发卡国密卡占比100%，组织指导的农业银行湖南省分行发展数字普惠金融案例入选全国金融科技发展规划实施典型案例。

金融消费者权益保护　湖南省“12363”咨询投诉电话累计处理投诉941个。联合省高级人民法院建立诉调对接工作机制，成立金融调解委员会市州工作组，共调解金融消费纠纷180笔。统筹推进金融知识纳入湖南省国民教育体系“三个一百”工程，做好国家级、省级金融教育示范基地创建工作，组织开展“2020年湖南省金融知识普及月”直播活动和抖音话题视频征集大赛。在全国率先开发金融消费权益保护环境评估管理信息系统，依托系统完成湖南区域金融消费权益保护环境评估。严查侵害消费者金融信息安全权重大案件，罚款533万元。完成湖南省普惠金融发展规划实施情况评估工作，配合人民银行总行推进世界银行普惠金融全球倡议（FIGI）中国项目平江试点。　（郑建强）

【中国农业发展银行湖南省分行营业部】　2020年，中国农业发展银行湖南省分行营业部（以下简称“农发行省分行营业部”），全年累放贷款183.19亿元，较2019年增幅30.29%。年末各项贷款余额457.36亿元，比年初净增107.14亿元。各项存款余额76.44亿元，存款日均余额108.01亿元，比年初增加24.93亿元。办理国际业务5743万美元，实现FTP利润5.03亿元，贷款规模、贷款累计投放、存款余额、存款日均余额与增量、FTP利润排名均为本行全省系统内第一位。不良贷款继续保持零余额。

业务发展　支持粮食安全，2020年，农发行省分行营业部累放各级储备、轮换贷款10.73亿元，地方调控粮贷款0.79亿元，支持粮食收购41万吨；发放市场化收购贷款19.3亿元，支持收购、调销粮食66万吨；完成2017年度及2018年中晚籼稻超标稻划转29万吨，发放地方调控粮贷款7.64亿元。支持粮食收购市场份额占比90%以上，为稳定长沙乃至湖南地区粮油市场物价水平、保障老百姓“米袋子”“菜篮子”提供资金保障。支持重点领域项目建设，累计投放基础设施类贷款92.23亿元。支持疫情防控和复工复产，利用“两个通道”优惠政策，投放疫情防控应急流动资金贷款9.3亿元，向38家企业投放贷款55.11亿元支持其复工复产，落实“六稳”“六保”政策。支持恢复生猪产能，共发放贷款11.69亿元用于支持饲料生产、生猪养殖加工和冷链物流等，保证生猪市场供应。支持脱贫攻坚，投放扶贫贷款98.13亿元，其中产业扶贫贷款占比达到95.89%。支持长江大保护，累放贷款35.97亿元，累放额居农发行全省系统内第一位。继续服务小微企业，小微企业贷款净增4508万元。

政银企合作　参加长沙市金融战“疫”对接会暨重点项目签约仪式，与市发改委开展合作洽谈。2020年末，全行客户数量120家，较年初增加24家，增幅25%。

风险防控　继续执行信贷全流程标准化管理，按管理部门和上级行相关要求做好评级授信、信贷审查审议审批、作业监督、贷后管理等各项工作，确保流程合规、优质办贷管贷。配合地方政府隐性债务清理，强化存量项目后续管理。（刘慧琳）

【中国工商银行长沙分行】　2020年，中国工商银行长沙分行（以下简称“长沙工行”）实现拨备前利润46.18亿元，净利润23.86亿元，中间业务收入11.45亿元（计算还原影响中收为7.99亿元）。全部存款余额1591.46亿元，较年初增长123.94亿元，其中：储蓄存款时点余额522.7亿元，较年初增长41.3亿元，比2019年多增2.1亿元；公司存款时点余额310.9亿元；机构存款时点余额573.94亿元，较年初增长71.44亿元，总量排名可比同业第一名；同业存款时点余额159.99亿元，较年初增长46.42亿元，总量、增量均排名可比同业第一名。各项贷款余额2053.49亿元，较年初增长310.93亿元，其中：公司贷款余额1490.2亿元，较年初增长281.5亿元，比2019年增加115.3亿元，增量在全国28家直属分行、省会城市行中排名第八位，连续七年可比同业排名第一位；个人贷款余额为512.07亿元，证券化还原后较年初增长41.33亿元。不良贷款余额12.21亿元，不良率0.59%；累计清收不良贷款5.41亿元，其中：清收法人客户不良贷款1.21亿元，清户13户，法人不良客户户数较年初下降3户，达到股改以来的最低值。基本解决法人客户不良贷款长账龄历史遗留问题贷款，23家支行中有13家支行法人客户不良贷款清零。

市场拓展　截至2020年年末，累计发放制造业贷款109.3亿元，比年初净增30.9亿元，比2019年增加22.9亿元，完成年度任务的172%；累计发放民营企业贷款153.3亿元，比年初净增72.9亿元，比2019年增加32.1亿元，完成年度任务的405%。抓住平台化债业务机遇，先后为长沙市、六区、三县重点平台，提供“融资＋融智”服务，全年累计发放平台公司贷款130亿元，其中：南湖新城化债项目14.42亿元，是全国首笔小口径平台政府化债项目，获2020年度“湖南省融资创新一等奖”。疫情期间，开通信贷绿色通道，协调解决疫情期间金融服务难题，对金融支持疫情防控和复工复产进行统筹部署和推动，为19户全国全省疫情防控企业发放优惠利率贷款16.45亿元，为92户复工复产企业发放贷款182.7亿元。坚持做大做强普惠金融事业，人行降准贷款余额63.91亿元，较年初增长25.33亿元；银监普惠口径贷款余额64.79亿元，较年初增长26.3亿元。自2015年获湖南省地方政府债券主承销商资格后，5年来始终坚持做好地方政府债券发行承销工作，2020年承销431.63亿元，居同业第一位，缓解全省特别是长沙市重大项目建设资金需求压力。中标湖南省医保局“公务员医疗补助费收支户”开户银行，打破建行省医保领域的垄断地位，开启工行与湖南省医疗保障局合作关系。截至2020年年末，个人全量客户519.63万户，较年初增长13.59万户。私人银行时点达标客户302户，较年初增长58户，增幅23.78%，增幅在全国28家直属分行、省会城市行中排名第二位。日均金融资产5万元以上公司客户比年初增加1154户，日均金融资产50万元以上公司客户比年初增加271户。三方存管新增拓户57901户，完成年度任务的110%。普惠贷款户数7143户，较年初增长2768户。做好重点客户的维护工作。疫情期间，先后为湖南省军区、湖南省武警部队以及国防科技大学等重点军队客户提供优质高效的金融服务，得到各部队单位的高度赞誉。2020年2月，湖南省武警总队专门在内部刊物《湖南武警》刊文向长沙工行致谢，国防科技大学特别委派保障中心副主任专程到长沙工行送上感谢信。储蓄存款在2020年一季度增量首次超过“百亿元”，创长沙工行历史记录，位列可比同业第一位。公司外汇存款余额2.56

亿美元，比 2019 年增长 239.15%，较年初增长 1.81 亿美元，创近 3 年新高，完成年度任务的 821%。

创新转型　多项业务取得新的突破。完成长沙市轨道集团 15 亿元融资租赁项目的投放，是近两年来湖南分行落地的首笔融资租赁业务；完成湖南湘江新区冰雪世界 10 亿元融资租赁项目，实现湖南分行文旅租赁项目的零突破；投放芙蓉城投 2.7 亿元理财直投，实现全省首单理财资金搭桥融资业务以及全省首单由理财子公司投资的理财直投业务落地；联席主承三一重工 3 亿元超短融（第三期）并推荐总行金融市场部投资 3 亿元，实现三一重工与工行合作以来的首笔债券承销业务落地；推荐工银安盛保险资金通过信托计划投资长沙城市发展集团有限公司首笔 5 亿元融资，实现全省首单险资撮合顾问业务落地，也是湖南工行与工银安盛行司联动的首次突破。办理全省首笔创新业务“付款票据通”，并通过此创新业务，提高票据贴现服务效率，拓展新的贴现路径。截至 2020 年年末，累计办理票据贴现 67.86 亿元，比 2019 年增长 7.93 亿元，完成年度任务的 104.4%，同业排名第一名。率先创新拉通“云信贷”供应链融资，建立核心企业供应链 25 条，累计为 3331 户核心企业供应商客户发放线上供应链融资 45 亿元。截至 2020 年年末，个人金融资产总量 689.44 亿元，较年初增长 60.5 亿元，比 2019 年多增 18.91 亿元。累计实现本外币理财产品、代理基金、代理保险及国债等重点产品销售 133.9 亿元，比 2019 年多增 8.6 亿元。个人业务营业贡献净增 13.7 亿元，营业贡献占比 31.3%，比 2019 年提高 3.32 个百分点。人民币业务发展与外汇业务市场竞争力提升，推进境内外汇业务首选银行落地。截至 2020 年年末，实现国际结算量 66.49 亿美元，比 2019 年增加 5.87 亿美元，增幅 9.68%；实现跨境融资表内外累放 3.8 亿美元，比 2019 年增加 5.52%；办理全省首笔人民币非贸易项下风险参贷业务；开通全省首个金融市场电子交易平台。推广数字人民币。落地长沙地区第一个数字人民币支付场景——长沙分行智慧食堂，产生长沙地区的第一笔支付交易与第一批体验客户。共开立个人钱包 3192 户，对公钱包 141 户，落地场景 91 个。成立全省首家互联网金融专业化支行，并重装升级为全省首家 5G 智慧银行，实现多项智慧银行功能。入驻省政府政务服务中心大厅，设立业务咨询平台，是全省系统内首家依托省级政务服务中心建立的驻点金融服务窗口。

风险管控　开展“从严治党从严治行，提升内控案防水平”案防风险治理专项行动，对发生的重大风险事件和案件及时进行复盘和警示；按时召开案防分析会，抓好“四项专项行动 两项强化措施”活动和员工异常排查，压实“格长责任制”，提升内控案防工作水平，为全辖健康持续发展提供良好内控环境和有力合规保障。2020 年，长沙工行操作风险损失率及监管处罚率均在控制标准以内，未超过限额预警值。做好信贷基础管理，防控化解重大风险，保持资产质量相对稳定。（龙　灿）

【中国农业银行长沙分行】　2020 年年末，中国农业银行长沙分行（以下简称“长沙农行”）存款规模逾 1200 亿元，较年初净增 175 亿元；实体贷款余额 1114 亿元，较年初净增 156 亿元。实现中间业务收入 5.6 亿元，比 2019 年多增 9712 万元，增幅 20.4%。实现营业收入 33.4 亿元，比 2019 年多增 2.77 亿元。实现净利润 14.3 亿元，为企业减费让利 1.7 亿元。不良贷款较年初下降 3.3 亿元，不良贷款率较年初下降 0.38 个百分点，不良贷款实现大幅“双降”。

业务产品创新　数字化转型加速突破，先后与美团、到家集团等互联网头部企业达成深度合作。建成全省农行首个 AI 远程客户中心，首批上线 6 个场景，客户营销、管理效率大大提高。研发上线“I 知否”全员在线考试平台，成为提升队伍素质的利器。与此同时，一系列产品创新率先落地，全国农行首创个人工程机械按揭贷款在线调查、签约模式，率先落地全国农行首笔“新才 e 贷”、首笔权益类投资业务，率先全省农行落地家族信托、私行尊享贷、“商圈 e 贷”、省直公积金组合贷、房抵 e 贷、自接自盘隐性债务置换贷款，发放辖内首张私人银行绿钻信用卡。上线全省农行首家信用卡商城商户、并自主创新二手车分期业务实现超千万分期业务投放、创新信用购分期项目。

服务乡村振兴　金融服务乡村振兴工程全面铺开，覆盖长沙 35 个镇、210 个村，乡镇网点进一步融入当地经济、融入村支两委，乡村振兴带头人快农贷余额超 3 亿元，支持各类乡村振兴带头人超 3000 户，新开对公账户 80 户，其中村级集体股份经济合作社账户 56 户。助力脱贫攻坚，设立金融扶贫服务站 40 个，精准扶贫贷款净增 4.8 亿元，增速 91%，带动贫困人口超 8000 人，帮助销售贫困地区农产品 1305 万元。

基础设施建设　长沙农行新办公楼完成装修、入驻及揭牌，本部内外形象大幅跃升。湘江新区分行办公楼落成并完成入驻、揭牌及开门营业，省会城市行改革迈出关键性一步。着手组建四大直营中心，私行中心已完成建设并挂牌。先后对 5 个支行本部大楼进行修缮，解决了支行大楼外观昭示性弱、员工工作环境不佳等问题。年内 59 个网点装修改造完工，至此，辖内网点装修改造基本完成，网点面貌焕然一新。全行学习教育基地圆满建成，新内部网站上线，文化建设跃上新台阶。中心金库启动建设，打造为全省农行首个区域性智能化金库。

风险和疫情防控　内控案防水平持续提升，内控评价保持“一类行”。强化运营风险管控，运营操作风险预警量大幅下降，预警率压降 11%。全年未发生重大违规违纪问题、重大负面舆情，未发生案件和事故，实现安全平稳运营。获评总行2018—2019年度运营业务先进集体、计划财会先进集体、安全保卫先进集体，长沙市金融系统唯一安全保卫标兵单位。金融服务疫情防控措施有力，防控资金紧急拨付和清算高效完成，发放疫情专项贷款6.24亿元，以最低价发行全国农行首支民营企业疫情防控债，向疫情一线捐款44.6万元。（彭威霖）

【中国银行股份有限公司湖南省分行】截至2020年年底，中国银行湖南省分行在长沙地区人民币各项贷款时点余额1741.7亿元，较年初增长138.2亿元，增幅8.6%；实现业务净收入45.7亿元，增幅2.8%。

支持湖南经济　多措并举支持抗疫复工，加大防疫重点企业授信支持，助力金融抗"疫"，为湖南的全国性防疫企业投放专项再贷款5.1亿元；联合省商务厅开展"防疫情、促开放—中银速贷"专项融资服务，全年累计投放"稳外贸"进出口融资业务折合人民币51.82亿元；配合省发改委推出800亿元"抗疫情、促复工、稳增长"专项信贷支持计划，批复授信650亿元。联动集团附属公司中银保险组成抗"疫"工作小组，为省疾控中心、长沙市公共卫生救治中心（新冠肺炎的省级、市级定点救治医院）等14个市州的47家医疗机构无偿赠送保险6000份，其中保障奔赴湖北医护人员149份，保障总额57.64亿元。持续加大基础设施补短板领域信贷支持，加大优质在湘高铁项目投放，全年沪昆系累计投放31亿元，市场份额居第一位；中标长沙轨道交通10亿元中期流贷，支持轨道系贷款余额41.07亿元，较2019年增长22%。落实国家发展战略，加大对民企、制造业和扶贫贷款投放力度，紧跟国家发展战略和行业趋势，拓展批发零售业、信息技术服务等行业优质民企，截至12月末，民企贷款余额357亿元，较年初新增37亿元。推动奥士康项目、蓝思科技、黄花项目等制造业贷款投放，12月末制造业中长期贷款余额40亿元，较年初新增10亿元。做好扶贫贷款识别认定工作，加大对贫困地区农村电网、水利设施、教育医疗等领域贷款投放力度，12月末扶贫贷款余额56.2亿元，较年初新增9.6亿元。搭建"银政企"互通桥梁。协助省商务厅、长沙高新区管委会举办"走向欧洲"湖南进出口名品交流周，助力湖南与欧洲乃至世界各国企业合作多元化发展，增强湖南省经济发展内生动力。承办自律机制"汇智聚力、开放发展"湖南省金融稳企业、保就业涉外专场活动，银政企170余人参会，现场签约金额82.5亿元。服务外贸新业态试点、自贸区发展，成为外贸市场新业态金融试点单位；实现湖南自贸区业务长沙、岳阳、郴州"三地首发"。加大外贸新业态客户授信支持力度，先后为中芯供应链、岳阳观盛、湘江新区先导国贸、临空综保供应链等4家大型外贸客户提供授信，2020年授信金额20.63亿元。

业务发展　围绕"三医"联动发展目标，以医保支付为起点，沿医保资金流向，推动"三医"联动各领域实现突破，获得全国首批12家医疗场景试点一级分行资格。首发中银文旅创新项目。实现韶山智慧景区首发上线，成为首家入驻中国银行总行中银文旅平台项目，打造了湖南行特色的"红色教育基地＋智慧景区"文旅场景样板。创新公积金保函场景，叙做保函特色产品住房公积金保函91笔、省财政厅电子卖场入驻保函50笔。iGTB一站开户功能实现网点全覆盖，对公结算账户开立时间缩短至半小时内，更好地服务湖南企业开立结算账户。有效借助企业网银金融活客，客户7.41万户，比2019年增速33.6%，为数字化湖南建设添砖加瓦。重点业务取得新突破，喀麦隆出口买方信贷1.28亿美元项目取得实质性进展，以实际行动支持中非经贸博览会重点项目落地，助力湖南企业走出去；作为联席主承销商参与长沙银行20亿元双创金融债项目发行，支持湖南创新创业领域信贷投放；为中联重科发行2020年度第一期资产支持票据，以湖南省ABN同期限票面利率的历史最低价格的发行成绩助力省属国企抗击疫情、复工复产。密切与中银理财、中银金租、中银证券等附属公司联动，为长沙麓谷建设投资三安光电定向增发非标理财业务，为全国首笔获批的中银理财资金参与定向增发资产。创新融资方式，为财信金控和益阳高新区信维声学项目提供非标授信，有效支持省内重点产业项目落地。密切与中银证券联动，共同推进华融湘江银行无固定期限资本债项目落地，支持湖南省本土金融企业做大做强。

重要活动　2020年10月27日，中国银行"新基建、新机遇、新发展"工程机械业务发展论坛在长沙召开，湖南省工程机械工业协会、徐工集团、三一集团、中联重科、山河智能、广西柳工、山东临工、神钢建机等来自政府、银行、企业100余人参加此次活动。此次论坛围绕国家新基建战略下工程机械发展趋势及金融服务机会展开。近年来中国工程机械制造企业积极提升自主研发能力，创造多个世界第一，从"跟跑"到"并跑"再到"部分领跑"，越来越多的企业进入国际化、智能化发展阶段。作为中国跨境金融服务优势银行，中国银行致力于以金融推动行业发展，截至2020年，中国银行工程机械行业对私累计业务投放超过150亿元，全口径贷款余额227亿元。（李　行）

【中国建设银行湖南省分行】　2020年，中国建设银行湖南省分行（以下简称"建行湖南省分行"）一般性存款余额7824亿元，比同业第二名多2600亿元，新增826亿元，系统第九位，四行占比46%；全年累计投放各类贷款4785亿元，贷款余额6210亿元，比同业第二名多1700亿元，新增866亿元，新增系统第七名，中部第一名，四行占比35%；实现中间业务毛收入66亿元，四行占比48%，实现拨备前利润193亿元，增幅16%，账面利润四行占比42%，实现经济增加值63亿元，增幅7.9%。不良率1.08%，低于全行0.48个百分点，逾期贷款率0.76%，较年初下降0.3个百分点，低于全行0.38个百分点，完成总行计划，疫情影响下资产质量实现有效管控。

服务地方经济发展　累计向184个省级重点建设项目投放贷款225亿元，“两新一重”领域投放335亿元，“五个100”项目投放225亿元，“一湖四水”治理投放398亿元，战略新兴产业投放230亿元，民营企业贷款投放2300亿元，确保有建行支持的项目和企业就无资金问题，起到示范和引领作用，推动全省金融行业快速发展，助推全省经济较快恢复性增长。协助长沙市政府推进中央财政支持住房租赁市场发展试点工作，承接中央财政奖补项目资金5亿元。与长沙市住建局签订战略合作协议，联合共建住房租赁平台和“数字房产”系统，上线住房网签交款一站式服务平台，实现新房、二手房交易全覆盖，已在长沙46个楼盘投放228台终端POS。持续搭建或深化平台超900个，实现对公获客5.2万户，个人获客173万户，日均金融总量提升736亿元。先后与省科技厅、省发改委等签订全面战略合作协议，打造“科技+金融+产业”的新生态，探索出信息共享及智慧政府服务合作模式。善行宗教平台在3000余所宗教场所上线，安心养老平台在2600家养老机构上线。搭建系统内首个服务省联社及农合机构的金融生态圈，发展“蓝色共享”会员10户。打造湖南招商云平台，被省政府誉为湖南招商引资新名片，获首届“中非经贸博览会”先进单位。自主研发政银通企业开办数字化一站式平台，服务客户能力进一步增强。普惠金融授信客户8.7万户，较年初新增1.64万户，普惠贷款余额635亿元，余额四行占比超50%，超额完成国务院关于普惠小微企业贷款新增不低于40%的任务，获人民银行普惠金融发展突出贡献奖

新金融推动业务发展　乡村金融打造个人和对公客户服务体系相融合的完整新生态，构建组织、制度、产品、运维、风控、培训六大服务体系，创新经营管理模式。累计获客424万户，新增212万户，累计沉淀存款267亿元，新增137亿元，实现交易1284万笔，占全国建行系统23%，其中民生类交易占比58%；研发出18款特色信贷产品，三资监管、产权交易、乡村产业大数据三大平台全部上线。乡村金融工作得到总行的肯定和省委、省政府的认可，新华社专题调研并形成国内动态清样上报中央，湖南省代省长毛伟明、常务副省长谢建辉作专门批示，大型银行下沉重心服务乡村金融的重大课题被湖南建行破解。积极践行“建生态、搭场景、扩用户”九字方针，数字化经营以平台搭建和圈链拓展形式在全行落地生根，全年数字化经营综合排名第五位，其中新客、资金协同、信用卡、平台、商户等战机排名保持前5名。搭建湖南省侨联、长沙地铁、湖南联通多个金融生态圈，个人活跃账户数系统第一位，个人客户分层分群维护明显提升，AUM5-20万客户分配率92.38%，系统第一位。实现场景用户到银行账户的进阶探索，与多个互联网头部企业搭建线上服务场景，获客超155万户且70%为他行获客，系统内唯一破百万分行，个人手机银行用户新增217万户，系统第三位，总量跨越2000万户大关。抢拓衣食住行等高频、高流量消费场景，信用卡十项关键指标四行第一位，中收等6项指标四行占比超过50%。依托“惠市宝”打造多个支付结算场景，“三一云商惠”入围总行十大优秀案例，“易食纵横”高铁一站式餐旅出行场景被复制推广。“智慧关系链”数据项目拓展私行客户1618户，新拓客户占比86%。加大项目建设投入，支持建成131个金融科技社会化平台，敏捷创新申报项目780个，孵化完成230个。推进数字人民币试点工作，钱包开立、场景搭建和结算交易同业领先。

风险内控管理　“315工程”不断做实，研发推出“315工程”线上管理系统。信贷业务大检查发现问题268个，整改率93.28%。授信审批充分发挥把关、传导、参谋作用，坚持随到、随审、随批，人均信贷审批量超出系统平均3.4倍，审批时效高于系统平均。审核放款业务1.6万余笔，比2019年增加60%，平均耗时下降42%。二十大风险项目化解133亿元。主动对接全部市州政府，支持政府债务风险化解金额84.39亿元，让息减费超3亿元，认购政府债517亿元，比2019年增加76%。共处置不良贷款85.9亿元，比2019年多处置39.6亿元。实现已核销资产现金回收7.2亿元，比2019年多3.4亿元，回收金额占全行系统的6%。员工行为管理“三级网格”全面建立，员工100%覆盖，机构行为管理观念与机制逐渐形成。安全生产平稳运营，全年未发生信息安全事件。消保投诉管理质效稳步提升，监管转办的升级投诉减少23%，未出现一例重大风险投诉。处置各类舆情217起，实现属地媒体“零转发零炒作”。化解5批次协解人员拟进京上访事件。机要保密和印章管理更加规范。安全生产实现零案件、零上访、零重大事故，连续10年被省委、省政府评为“平安单位”。

防疫抗疫　湖南分行细化落实总行疫情防控“十项措施”和省委、省政府相关要求。与民政厅联合推广智慧社区平台，实现全省6.4万个社区、村委会全覆盖，建融慧学App累计收集疫情上报信息超千万条。通过“劳动者港湾”免费向广大客户和户外工作者提供便捷防疫服务，对外捐赠口罩数十万个、各类防疫物资超百万元。携手子公司累计为超13.7万名援鄂医护人员及防疫相关人员免费提供300亿元风险保障。同业最早全员复工，

营业网点和自助设备坚持对外营业。开辟绿色服务通道，为防疫重点保障企业优先发放贷款200亿元，疏通产业上下游融资链条，为150家核心企业提供供应链融资214亿元，为9496户小微企业提供95亿元“云义贷”信贷支持，独家承销步步高疫情防控债7亿元。主动延、转、展各类贷款280亿余元，最大限度让利实体经济，累计为企业和居民减费让利25亿元。

履行社会责任 脱贫攻坚，派出扶贫干部66人，帮助110个对口帮扶村实现脱贫，捐赠专项资金300万元。组织购买扶贫产品1037万元，完成善融电商扶贫交易9.6亿元。创新造血式金融扶贫模式，扶贫贷款余额142亿元，连续3年获总行“扶贫组织奖”。金湘通服务点入驻村级党群服务中心和政务服务中心，打造基层政务“一门式”综合服务窗口。独家承建智慧政务移动端建设，“新湘事成”App和“一件事一次办”小程序如期上线，省政府举行新闻发布会。公务员等高信誉客群服务全面铺开，开发出“湘家和”系列产品并在全省推广。乡村信用系统建设稳步推进，一期项目即乡村积分系统在智慧政务渠道成功部署，12月28日在衡阳县梅花村上线试运行。创建千佳网点5家，调整新老城区网点12家，整治低产低效网点20家，网点建设周期平均减少22天，客户平均等候时间明显下降，劳动者港湾新增用户26.8万户，获“社会责任担当品牌”奖。（彭新伟）

【交通银行湖南省分行】 截至2020年年底，交通银行湖南省分行本外币资产总额1946.82亿元，较年初增加247亿元，增幅14.5%；人民币存款余额1828.26亿元，较年初增加233.01亿元，增幅14.6%，市场占比提升25个基点；人民币贷款余额1767.93亿元，较年初增加271.64亿元，增幅18.1%，市场占比提升3个基点。

服务湖南经济社会发展 围绕基础设施建设、制造业等领域和优质实体企业，加大重点项目储备和投放。制造业贷款、实体贷款占比分别较年初提升11.7%、6.67%，实体企业贷款余额占全部贷款增量的60%。发挥线上抵押贷、普惠e贷，及“税融贷”、“交湘e贷”、烟草贷、军民融合贷等创新产品优势，普惠“两增”贷款、有贷款余额客户分别较年初新增31.3亿元、3497户，全面达成监管要求，获人行“推进湖南省普惠金融发展贡献奖”。支持地方政府平滑债务17笔、金额80亿元。作为主承销商，共承销政府债122.59亿元。支持省高速集团债务优化降杠杆，提供有追索国内保理卖方融资额度200亿元。对接乡村振兴战略，为27笔乡镇污水处理、城乡垃圾焚烧发电、燃气管网下乡，以及民生用电项目提供71.46亿元授信支持；为省粮食集团、佳和农牧等省内农业企业提供19.8亿元综合授信，生猪养殖类贷款余额较年初增幅147.6%。

防范化解金融风险 对接地方政府开展债务控制与化解，推进风险排查、监测，落实“三早”要求，建立本地数据库及内评模型，减少信息不对称及系统的滞后性。定期召开资产业务临期管理检视会议，开展疫情风险滚动摸排，对2019年以来新发放的授信业务进行全面排查。持续强化内控案防，建立良性风险合规文化，开展“五大领域”专项治理行动，依托大数据筛查拓宽“员工异常行为”排查渠道；加强警示教育，按月发布《案防工作任务清单》，结合同业违法放贷案例开展全行大讨论。

改革转型 落实组织架构改革要求，在分行层面搭建“事业部＋专业中心＋直营团队”的多轮驱动模式，调整大客户部、同业部职能定位，成立长沙营管部，组建个贷服务中心、零售外拓直营团队和普惠专营团队。完成授信、风险、保全条线架构改革，单设授信审批部、资产保全部，整合风险与授信管理部，提升授信、风险管理专业性和精准度。按照“操作集中、责任下沉、政策统一、管理统筹”原则，调整优化反洗钱组织架构和业务流程。修订员工职位管理办法，以及客户经理和营运人员职位管理实施细则，推进队伍建设。

履行社会责任 落实减费让利政策，2020年新发放贷款平均利率较上年下降0.43个百分点，减费让利金额21180万元；普惠两增口径贷款融资成本下降1.01%，高于国务院提出的普惠小微贷款综合融资成本降低0.5个百分点的要求，截至2020年年末有740户小微企业贷款在交行享受延期还本付息优惠政策，延期还本付息贷款累计1694笔、本金余额累计61049万元。做好省直单位定点扶贫村沅陵县文家村帮扶工作，2020年年底完成全部脱贫，人均纯收入由0.58万元增长至1.3万元。（高　莹）

【中国民生银行长沙分行】 截至2020年12月31日，中国民生银行长沙分行资产总额738.3亿元，负债总额714.26亿元。有全功能网点26家，其中二级分行3家，异地支行2家，县域支行3家，长沙同城支行14家，异地机构辖属支行4家。另有社区支行17家、小微支行2家，覆盖长沙、衡阳、株洲、湘潭、常德、岳阳6个市。

服务实体经济发展 树立省内重点项目金融服务品牌。与省市各级政府建立战略合作关系，提升分行在湖南省重大项目建设的品牌影响力。2020年，向公共基础设施、高端装备制造、医疗保障、棚户改造、电力交通等领域给予授信超600亿元，为湖南经济社会发展贡献金融力量。升级民企服务。贯彻落实《关于加强金融服务民营企业的若干意见》文件精神，扩容迭代战略民企客户名单，强化“五位一体”团队综合化服务，通过制定一户一策的定价策略、风险策略和资源配置方案，保持民企贷款持续健康增长。参与化债业务。响应政府号召，先后为衡阳、长沙、岳阳、常德、株洲、湘潭等多地发放隐性债

务化解贷款。截至2020年年末，授信总金额118亿元，投放金额80亿元。推进小微金融。立足湖南区域特色，围绕“政策倾斜、客群经营、产品迭代、流程优化、管理机制”5个方面，持续推进专业化建设，打造涵盖“线上+线下”、“生意圈+生活圈”、“结算+授信+财富”、以“数字化+专业团队”为支撑的小微3.0模式，致力于成为中小微企业的首选银行。截至2020年年末，共有近100人小微专业营销团队，累计为近14万户小微企业提供金融服务，累计近1000亿元的融资支持。

履行社会责任　支持疫情防控和复工复产。加强重点民生领域、重点保障企业、重点建设项目支持力度，第一时间为老百姓大药房、步步高集团、湖南省高速、三一集团、衡阳城投办理融资服务。向省内1.4万余名医护人员赠送30亿元新冠肺炎意外险，为重点机构客户和防疫单位湖南省肿瘤医院捐赠医用口罩、防护帽、手术衣等物资，向地级市政府捐赠6万只医用口罩等防疫物资。多措并举落实减费让利。进一步规范信贷融资收费，取消信贷资金管理等费用，严禁强制捆绑销售，严禁收取合同约定外其他费用；切实降低客户融资成本，实行差异化定价，并对暂时经营困难诚实守信的客户，在政策允许范围内提供展期、调整还款方式、罚息减免、征信保护等支持措施，保障企业正常运转。2020年度累计为客户节约贷款利息支出5800万余元。完成决胜扶贫攻坚任务。精准扶贫对口怀化通道县，捐资100万元，切实展现金融扶贫担当，确保完成扶贫攻坚任务。推动金融宣教活动。组织开展“金融3·15”消费者权益日、“金融知识万里行”、“金融知识宣传月，守住你的钱袋子”等专题宣教活动；通过微信公众号、短视频、纸媒、网媒等形式展示宣教成果，宣传稿件约37篇，赢得社会公众、监管机构和总行肯定和认可；结合热点事件和典型案例，及时发布5期消保风险提示，促进投诉管理水平和消保风险防范能力的提升。

依法合规经营　落实监管机构和总行规章制度。对照内外部检查存在的短板，建立合规问题整改长效机制，解决屡查屡犯、前清后犯问题。紧盯金融消保、反洗钱、财富销售、账户管理等重点工作，执纪问责，做到“无禁区、全覆盖、零容忍”。在开展好“依法合规整改年”工作的同时，突出做好两项“自选动作”，开展内控合规大检查和理财业务专项检查，做到业务全面覆盖、全面检视、全面整改。（谭　拓）

【长沙银行】　截至2020年年底，长沙银行一般性存款余额5321.83亿元，比年初增加776.40亿元，增长17.08%。其中，储蓄存款1732.03亿元，增长28.26%，湖南区域储蓄存款余额在全省储蓄存款余额的占比首次逾5%，达到5.21%；公司存款2499.21亿元，增长14.52%。贷款稳步增长。全行表内外授信1779.28亿元，比年初增加604.24亿元，增长14.47%。其中，表内贷款余额3212亿元，增长20.38%，其中零售贷款余额1293.63亿元，增长26.83%，公司贷款余额1703.68亿元，增长18.40%。质效持续优化。资产总额7042.47亿元，增长16.98%。实现归属于上市公司股东的净利润53.38亿元，增长5.08%；集团实缴各项税款33.01亿元，增长9.49%。不良率1.21%，比年初下降0.01个百分点；拨备覆盖率292.15%，比2019年增加12.17个百分点，抵御风险能力进一步增强。在英国银行家“2020年全球银行1000强”排名中位列第229位，较2019年提升44位；位列“2020中国银行业100强”第37位和“2020中国服务业企业500强”第205位。在麦肯锡“2020年中国TOP40家银行价值创造排行榜”中，经济资本回报率（RAROC）和经济利润核心指标排名，分别位列第七位和第15位，行业排名和品牌影响持续进位。

服务实体　支持复工复产。推出“暖心助企”9条措施，积极开展“暖春行动—我们在一起”主题活动，累计为4.38万户中小企业发放贷款1237.32亿元，为2300余家制造业企业提供融资超过240亿元；为71户重点防疫企业发放26亿元专项再贷款，为1674户小微企业发放13.7亿元支小再贷款，发放金额位列全省法人金融机构第一位。累计为4921户中小微企业提供138.89亿元延期还款和续贷服务；全年累计对中小企业减费让利超过2.54亿元。全行普惠贷款余额较年初新增79.93亿元，民营企业贷款余额较年初新增178.67亿元，被人民银行授予“推进湖南省普惠金融发展（2016—2020）”突出贡献奖。服务政务金融。加快农村三资管理系统平台建设，新开基层机构账户6410个，新增资质类账户193个，政府机关和事业单位新开账户125个。积极对接服务医保市级统筹改革，新开立区县级医保账户113户，独家对接省公共资源交易中心医药采购结算平台系统，成为省本级、长沙、常德、株洲首批电子保函合作银行，成为省税务官方渠道社保微信缴费唯一清算行。促进产业发展。聚焦美食、文教、医疗、商贸零售、高创组建5个产业部落群，深耕本地优势产业和生活场景。投行转型加快，主承销债券发行22支，较2019年增加120%。强化产业金融和国际业务服务，新增供应链投放41.6亿元，新增科技金融投放66.79亿元，新增国际贸易融资投放75.64亿元。2020年全省新增的11家A股上市公司中有8家获得长沙银行的综合金融服务。

改革创新　壮大基础客群。深化零售优先、县域优先、社区优先战略，全年新设立县域支行10家、乡镇支行6家，农金站开业3978家。全面推动社区网格化，对接482家社区，覆盖长沙城区88%的社区，客群规模、口

碑形象显著提升。零售客户达到1467万户，较年初新增140万户。推出京东系列联名卡和“喝呗卡”等特色信用卡，全年新增信用卡发卡67.4万张，获中国银联“2020年度信用卡业务突出贡献奖”。完善基础设施。推进“两地三中心”建设，新数据中心建成并投入运营。推进智慧化网点转型，升级企业、个人e钱庄，e钱庄超级App获2020中国金融科技创新大赛“综合智能平台金奖”。升级长行智慧大脑，实现AI能力多场景应用，智能外呼覆盖33个场景，整体外呼量达到168万。联合腾讯、阿里、华为、中国银联等48家企业成立“金融科技湘江生态联盟”，组织“长沙银行杯”腾讯云启创新大赛，联合打造“数字英雄”栏目，与CSDN联合举办全国程序员节，助力中小企业数字化发展；联合爱尔眼科、芒果TV等本土68家品牌成立“湘江新势力品牌联盟”，开展“长沙很行”系列宣传，助力城市品牌打造。成立长行研究院，联手开展产业研究，实现对内、对外研究赋能。设立全国首家上市银行投资者教育基地，打造跨界投教平台。

从严治行　修订完善党委议事规则、“三重一大”事项清单，确保全行重要事项党委前置审议。2020年召开党委（扩大）会议27次，集体决策重大事项130余项，确保党委把方向、管大局、保落实。发布《长沙银行党员干部宣言》，领导班子带头，以上率下。推进脱贫攻坚，鸿富村整村实现脱贫摘帽。风险防控。完善全面风险管理机制，筑牢风险管理三道防线。加强对重点领域、重点机构、重大风险处置化解。推进“以案促改”，严格落实“靠企吃企”专项整治要求。对4家分支机构开展内部巡查并督促问题整改到位。制定长沙银行新三年战略规划并推动落实。顺利实施定向增发，发行60亿元非公开发行股票。深入推进人才盘点，加强人才梯队建设，加大核心人才引进力度，共引进核心关键岗位人才62人，数字化人才148人。组织开展“大走访、大调研、大提升”活动，回复、解决各类问题807条。（徐　磊）

【长沙农商银行】　截至2020年年末，长沙农商银行资产总额1478亿元，较年初增加150亿元，增幅11%；存款余额1136亿元，较年初增加116亿元，增幅11%；贷款余额801亿元，较年初增加108亿元，增幅16%；不良率1.40%，低于全国银行业平均水平0.52个百分点；实现财务总收入67亿元，净利润12亿元。

金融支持复工复产　全年累放各类贷款1346.61亿元，较2019年增加248.61亿元，增长22.64%，为地方实体经济复苏注入了一剂强心剂。获省政府授予的“全省防疫先进集体”称号，全省银行业唯一一家获此荣誉。获全省首批疫情防控专项再贷款资金9亿元、全省首批防疫再贴现专用额度2286万元、支小再贷款10亿元，发行全省首批疫情防控专项同业存单1亿元，所有资金均100%投放支持本地企业复工复产。响应中央“向实体经济让利1.5万亿元”的号召，与市场主体同呼吸、共命运。全年贷款加权平均利率6.17%，较2019年下降0.17%，其中普惠型小微企业贷款利率较年初下降0.27%。通过下调贷款利率、无还本续贷、延期还本付息、取消或降低收费、减免租金等方式，为民营小微企业减负超1亿元。火速推出防疫快贷、复工闪贷、烟火闪贷、随薪贷战疫守护专款等四大战疫专项产品，高效率、低利率发放15.81亿元。

金融普惠　开展“党建共创、金融普惠”行动，实施“夯基拓面六大计划”，义利兼顾、以义统利。累计走访13.5万户，采集录入数6.86万户，开立村级经济合作组织基本账户188个、一般账户26个。微电影《山里山外》获“与扶贫同行”金融故事短视频大赛全国二等奖、“脱贫攻坚、决胜三湘”金融扶贫短视频大赛全省一等奖。上线助农商城，帮助浏阳市小河乡皇碑村发展产业，顺利脱贫摘帽，赢得村民的一致信赖和感激。“5050项目”以“战区”模式迅速推进，“六大战区”司令靠前指挥，各部室、各支行全体下沉，与90家目标对象建立了战略合作关系，包括高桥、红星、邵阳商会等25个商圈（商会、协会），红星村、潭阳社区等65个村（社区），覆盖超17.76万人、5.6万户、1.66万商户。“拓优计划”拓展优质小微企业客户998户，发放贷款15.60亿元，户均贷款余额156.32万元。“星火计划”拓展客户919户，贷款金额2.03亿元，户均22万元。“一主一特”按照“一行、一策、一品、一专、一特”，确定13条主打产业链、11条特色产业链、150余家产业链潜在客户。

创新转型　多项产品捧回大奖，“1+10+100”吸引更多同业关注，“1”是一枝独秀，即“Q闪贷”系列产品获“2020年度最佳普惠金融实践奖”，系全国唯一获此荣誉的市级农商银行，风控模型获“零售银行智能风控先锋奖”；“10”是农商十强，即理财业务收益能力、投资者服务体系能力进入全国农商银行前10强；“100”是全国百强，即债券业务连续3年被评为中债成员结算100强、本币市场交易全国300强。科技创新提速加力，赋能水平明显增强，业绩计量、电子验印、固定资产等7个重要系统上线或试运行，小微信贷、产品定价等5个系统加快建设，长沙快贷和电子挎包项目启动；RPA流程机器人应用到全行45个工作场景，工作效率平均提升90%以上；“六平台四体系”启动建设，科技向生产力的转化进程加快、效率提升。（颜　彪）

保　险

【概况】　截至2020年年底，全市有1家法人保险公司，58家省级保险分公司，其中财产险公司24家，人身险公司34家。中心支公司23家，支公司（营业部）191家，营销服务部197家。保险专业中介法人机构33家，其中保险代理公司17家，保险经纪公司9家，保险公估公司7家。全市有保险从业人员23.5万人，保险业资产1101.32亿元，分别占全省总数的42.83%和32.75%。

2020年，全市保险业实现原保险保费收入523.66亿元，占全省的34.6%，比2019年增长11.16%。财产险公司实现保费收入186.77亿元，比2019年增长12.89%，占全市总保费的35.67%；人身险公司实现保费收入336.9亿元，比2019年增长10.22%，占总保费的64.33%。2020年，全市累计赔（给）付支出152.9亿元，占全省的31.7%，比2019年增长21.3%。其中，财产险公司赔付支出101.92亿元，首次突破百亿元，比2019年增长22.12%。人身险公司赔付支出50.98亿元，比2019年增长19.78%。

全市提供财产风险保障32.44万亿元，比2019年增长205%。全市寿险业期末有效保险金额13.78万亿元，比2019年增长128.87%。保险业服务经济社会发展能力不断增强。服务“三农”发展。2020年农业保险累计为长沙市208.3万户次农户提供124.29亿元的风险保障，向9.15万户次农户赔付2.1亿元。服务实体经济。2020年，全市寿险保单质押贷款余额56亿元，比2019年增长23.29%；出口信用保险为全市732家企业提供410.6亿元风险保障；信用保证保险为527家小微企业提供信用保证风险保障32.6亿元。参与社会治理。2020年，全市保险业代收车船税9.27亿元；安全生产、环境污染、食品安全等责任险保险为全社会提供风险保障15.28万亿元，比2019年增长284.7%，支付赔款4.9亿元，比2019年增长37.87%

2020年，全市财产险公司综合成本率为98.75%，较2019年同期增加2.65个百分点。业务及管理费用率为23.3%，较2019年同期增加1.6个百分点，高于全省平均水平1个百分点。承保利润率为1.25%，较2019年同期下降2.67个百分点。实现承保利润2.05亿元，比2019年下降61.9%，占全省财产险公司承保利润的13.4%，比2019年下降14.7个百分点。人身险公司寿险业务新单期交保费占新单保费的59.88%，续期保费比2019年增长15.63%，较全省平均增速高出4.8个百分点。退保率为2.0%，低于全省平均水平0.4个百分点。（袁　湖）

【中国人民财产保险股份有限公司长沙市分公司】 中国人民财产保险股份有限公司长沙市分公司（以下简称“人保财险长沙市分公司”）下辖10个支公司、16个直属业务部、24家社区门店、21家“三农”营销服务部、68个保险服务站、425个保险服务点，服务网络遍及城乡。2020年，中国人保财险在长沙地区实现保费收入48.53亿元，累计承担风险责任近5万亿元，缴纳和代收税款超3.62亿元。2020年，被雨花区人民政府评为“发展区域经济贡献奖”、获“守合同重信用”公示企业证书。3月5日，人保财险长沙市分公司承保全市系统第一单建设工程完工履约保证保险，为后续提标建设工程完工履约保证保险奠定良好的基础。

服务实体经济　人保财险长沙市分公司发展实体经济，险种覆盖面近年来稳步提升，开拓财产险业务规模。通过开办首台套、新材料、关税保险等险种，为中联重科、三一集团、山河智能、长沙轨道集团等辖内支柱企业提供风险保障超500亿元。2020年，承办长沙市城区城镇职工生育津贴项目，以及宁乡市城镇职工、城乡居民基本医疗非联网非即时结算项目和城镇支公司生育津贴项目，并以第一名中标承保长沙县城乡居民和城镇职工意外伤害项目。

民生保障　人保财险长沙市分公司开办民生保险、治安保险、巨灾保险等一系列民生类险种，织密长沙市民生保障网。针对2020年疫情特殊情况，在民生保险领域有重大创新。与开福区政府续签辖区二元民生保险，在基础上附加了法定传染病条款，为政府部门及社区防疫工作人员、志愿者和辖区居民提供安全保障。

扶贫工作　联合浏阳、望城、宁乡、长沙县联合各乡镇扶贫办一道对贫困孤寡老人进行走访。“三农”营销服务部积极配合，依托政企合作平台，主动承接政府职能，致力于建立起渗透城乡的医疗、救助、扶贫等全方位的社会服务网络，提供更加充足和全面的保险保障。

支农惠农　人保财险长沙市分公司在县域推行“一县多品”发展战略，沟通协调当地政府及财政部门，做好新增规模和新增险种申报工作，宁乡2020年新增中药材保险，长沙县报提标生猪价格，浏阳报油茶保险，望城报新增生猪价格保险。在2020年政策性农业保险承保机构公开竞争性遴选工作中，浏阳支公司取得55.4%的规模份额，望城支公司取得41.32%的规模份额。长沙县遴选也在预期范围进行中，2020年重回当地市场第一名。

防灾救灾　人保财险长沙市分公司发挥人民保险的价值属性，奋战在防灾减灾与抗灾抢险第一线。制定符合长沙实情的《协作方案》，并根据《协作方案》成立长沙市分公司防灾防损作战指挥中心。9月10日，长沙市分公司防灾防损作战指挥中心启动，并运用“人保智慧平台”以及“物联网预警响应”进行预警临灾布控，在低洼地段、停车场以及企业单位等高风险区域布设水位传感器，实时监控涉水情况。

防疫工作　人保财险长沙市分公司积极履行社会责任，在疫情期间，向防疫物资供应不足公司捐赠防疫物资，并为长沙市新型冠状病毒定点防控机构的医护人员及家属的抗疫人身安全提供500万元的专属保险保障，其所属医护人员、省外参与医疗援助的医护人员均为被保障对象。4月底，为长沙县辖区上千家企业提供超3000万元保额的复工复产综合保险。5月初，长沙市望城支公司签单全区复工复产企业疫情防控综合保险，为辖区348家企业提供复工复产综合风险保障。（吴紫微）

【中国人寿保险股份有限公司长沙市分公司】 2020年，中国人寿保险股份有限公司长沙市分公司（以下简称“长沙市分公司”）总保费收入40.59亿元，比2019年增长11.24%；长险首年标保4.3亿元，预算达成率100.05%，比2019年增长1.51%；保障型业务10年以上首年期缴3.29亿元，预算达成率114.25%，比2019年增长27.5%，位居全省系统第一位；短险保费4.49亿元，预算达成率105.29%，比2019年增长12.34%；政策性健康险业务1.47亿元，预算达成率103.42%，比2019增长10.29%。个险渠道：全年长险首年标保4.15亿元，预算达成率96.48%；保障型10年以上期缴3.28亿元，预算达成率113.82%；个险短险保费1.47亿元，预算达成率107.38%。其中：营销长险首年标保2.63亿元，预算达成率91.93%；保障型10年以上首年期缴2.01亿元，预算达成率108.09%；短险1.01亿元，预算达成率100.86%。收展长险首年标保1.52亿元，预算达成率105.54%；保障型10年以上首年期缴1.26亿元，预算达成率124.34%，排名全省第一位；短险4598万元，预算达成率125.19%。个险渠道10年以上保障型业务、短险业务等关键指标超额达成年度预算目标，增幅高于全省平均水平，个险渠道内涵价值持续提升。

银保渠道　全年首年期缴1.19亿元，预算达成率115.6%；5年期以上首年期缴5399万元，预算达成率168.73%；银保短险365万元，预算达成率152.27%。团险渠道：全年大短险业务4.49亿元，预算达成率105.29%，比2019年增长12.34%，跻身全国大中城市第四名（不含直辖市和计划单列市）；团险短险业务2.98亿元，预算达成率103.13%，比2019年增长12.43%。健康险渠道政策性健康险保费1.48亿元，比2019年增长10.29%，位居全省前列。

销售队伍量质提升　2020年，个险渠道在稳定队伍规模的前提下，提升队伍质态，增强队伍硬实力。全年营销队伍重点经营指标均超额达成全年预算目标：增员率达到8.6%，达成率107.5%；季均有效人力达成4102人，达成率104.5%；年度月均星级人力达成873人，达成率109.95%。全年营销总监队伍增幅33%，有力推动了家族式新增及育成；新晋组经理277人，批量晋升取得显著成效。全年收展队伍主要经营指标呈现良性态势：收展人力月均增员率12.24%，月均持证人力5585人，比2019年增长53.5%；收展季均有效人力2541人，目标达成率102%，比2019年增长7.4%；收展月均星级人力347人，目标达成率119.2%，比2019年增长42.8%；收展月均举绩人力1482人，目标达成率91.6%，比2019年增长8%。

成本管控　长沙市分公司强化成本控制，提升经营效益。通过优化业务结构提升效益：10年期以上首年期缴保费在全省贡献度为15.72%，较2019年增长0.87个百分点；10年期以上保障型业务在全省贡献度为14.96%，较2019年增长2.69个百分点；通过长险业务结构优化，长险新单创费比2019年增加28万元。严把短险入口、出口关，全市短险保费比2019年增长明显（费用考核口径）；短险创费率22.21%，比2019年增长3.64个百分点，有效提升经营效益。严控一般行政费用，优化成本费用资源配置结构，通过费用预算和职能考核政策引导，行政费用整体预算在省公司年初批复的基础上下降22%。通过做实队伍、狠抓考核、强化管控，有效降低推动和费用成本，全年分公司经营管理费用实现结余，变动类费用和固定类费用两项均结余，其中变动类费用预算控制率为81.6%，固定类费用预算控制率为95.8%。

运营服务　2020年，长沙市分公司全面推进客户服务工作。通过投诉处理新举措，全年监管有效投诉比2019年下降15%；借助第三方平台处理客户投诉件，通过公安派出所成功调解1件，通过省保险行业协会调解52件，为公司挽回经济损失146万余元。运营服务部还联合各业务销售渠道，对各积分区间客户进行深度挖掘，渗透各支公司、柜面、职场，开展各种客养活动100余场次，线上线下活动报名人数40万余人，新增客户11万余人，新单长险客户增长4万余人，新增保费达3950万余元。全年调查案件8796件，直接拒减付金额（含寿险）700万余元。通过运营风险管控，两年内合同风险排查解约保单142件；查处保险欺诈案件17件，化解风险金额270万余元，其中四件被总、省公司列为经验典型推广学习。通过深化运营服务创新，分公司无纸化投保率、智能化核保通过率、理赔E化率大幅提升，理赔时效始终保持在行业前列。

竞争能力提升　长沙市分公司上下内比系统、外比市场，通过“开门红”“五六联动”“八九联动”“年度收官”等阶段战役创新突破，保障型10年期以上期缴业务跻身并稳居全省第一位，个险新单期交市场份额比2019年上升近10个百分点，对标值比2019年上升0.47，较好地发挥省会城市分公司的担当作用。

风险防控　强化风控责任。进一步强化风控主体责任，明晰“一岗双责”履职清单，完善考核激励和荣誉体系。聚焦销售误导、虚列费用、给予保单以外利益等违法违纪问题，强化综合治理和问责处理，规避监管处罚风险；强化销售末端管理，打击非法集资、承诺保单收益等违法行为；关注客户投诉风险高发的苗头，建立首问责任制，源头治理客户投诉问题，提升舆情应对能力，切实保护客户权益；加强考核数据真实性监督检查，坚决杜绝虚假增员、虚假举绩等弄虚作假行为。创新风控手段，提升风险监测、预警提示效果；加强和监管机构的沟通对接，推动偿二代风险综合评级、人行反洗钱评价结果最优。加强资产管理和留存资产处置。加强基建项目序时进度管理，严格资产项目流程审批和风险管控，以高度的责任感，稳妥、有序、合规、快速完成留存资产处置。（阳爱萍）

【中国太平洋财产保险股份有限公司长沙中心支公司】 2020年年末，中国太平洋财产保险股份有限公司长沙中心支公司（以下简称“太平洋产险长沙中支”）下辖3县6区10个支公司：宁乡支公司、浏阳支公司、长沙县支公司、岳麓支公司、天心支公司、湘江新区支公司、开福支公司、雨花支公司、望城支公司、芙蓉支公司。2020年，太平洋产险长沙中支完成入账保费11.31亿元，比2019年增长8.6%。其中：车险保费8.43亿元，同比增长1.4%；非车险保费2.72亿元，比2019年增长42%；农险保费1706万元，比2019负增长9.5%。综合成本率94.83%，承保利润4668万元。市场份额：6.54%，比2019年（6.62%）下降了0.08个百分点，份额排名第四位；累计增幅：保费增速8.62%；经营指标：2020年太平洋产险长沙中支行业口径综合成本率优于行业5.48%，综合赔付率和综合费用率均优于行业；2020年太平洋产险长沙中支赔款总额56964万元，税务贡献总额11480万元（含代扣代缴）。

业务发展　车险方面：建立30人规模的“湖南网销微中心”，承接微保、蚂蚁电焊、码上保商机，拓宽转保渠道。通过太平洋产险长沙中支本部车商抓集团、抓其他，调模式打节点，强化考核，精准送修等措施。成立三一重卡专业化团队和货车专业化团队，同时采取团电（网）联动模式，线下引流线上触客，推进私家车团购项目，着力打造综改后新的业务增长点。“产寿协同，一个家园”。强化“一个太保，一个家园”理念，整合产寿客户资源，深度开发客户，实现产寿共赢。通过加大团队裂变建设，增加渠道人力发展，强化培训管理。网点建设。布局扩面，业务下沉，以实现“乡乡通，镇镇通，村村通，个代团队乡镇全覆盖”为目标，加快乡镇营销服务部、三农服务站、警保联动站的建设，同时以个代基本法为牵引，组建乡镇营销队伍。从二季度强化线上化率工作，将线上化引流作为一项规定动作纳入销售环节中，引导客户实现线上化缴费、官微关注、增值服务享权。通过建设专业化续保团队，落实规定动作，强化督导检视，强化续保过程管理及奖惩考核，推动全量客经项目等措施，切实推动续保率提升。

非车险方面　打造10支专业化特色团队，明确各团队主攻业务方向、带队领导、团队总监、客户经理、蜂巢队员以及3年目标等；保费规模达到1000万元的专业化团队3个，700万元以上团队5个，200万元以上团队2个。秉承“一区一县一政保”的经营思路，成功突破开福区7~10级退役军、优抚对象补充医疗保险，宁乡“扶贫特惠保”，长沙县城乡居民医疗保险等项目，共实现保费1330万元；市本级和宁乡的大病保险项目本年续保3287万元，较2019年度增加1290万元。成功突破洞株城际公路改扩建工程（长沙段）、长株潭城际轨道交通西环线一期工程、长沙市轨道交通3号、5号、6号线运营险、常益长铁路标段、国银租赁船舶险等新项目。提前布局规划，年初即制定学平险专项竞赛方案，2020年在已有芙蓉区、雨花区、浏阳的学平险统保基础上新中标天心区，新开拓长沙医学院、湖南工业职业技术学院、湖南城市学院等大专院校及英蓝教育集团旗下100家幼儿园、1家职业技校。通过工保网与长沙市公共资源交易中心实现网络对接，开拓日常流量型业务。五八公司已将所有家政业务切换转至太平洋产险长沙中支。

重要事件　2020年6月16日，太平洋产险长沙中支芙蓉支公司开业。标志着长沙地区3县6区的四级机构已全面铺设完成。7月15日，太平洋产险长沙中支承保的长沙湾田国际机电仓库起火，无人员伤亡，仓库财产损失较严重。作为该仓库的承保公司，接到报案后，太平洋产险长沙中支总经理江青华立即带领查勘员到往现场。此事件预计需赔付2390万元，为受灾企业及个人提供有效的财产损失保障服务，最大限度地弥补受灾企业及个人经济损失。（刘芳芳）

证　券

【概况】 2020年，长沙市证券交易量6.02万亿元。全市证券交易量占全省比重由2016年的50%，逐年递增至2020年末的57.41%，年成交量逾6万亿元、比2019年增长56.94%。2020年新增直接融资2143.7亿元、比2019年增长201%，对实体经济造血、输血和活血的能力不断增强。全市有131家获批证券营业部。2020年全市新增A股上市公司70家（占全省的60%），另有6家过会待发，A股上市企业数量稳居中部地区第一位、全国省会城市第五位，千亿元级市值龙头企业4家、数量高居全国第五位。培育和储备200余家各梯队上市后备企业，其中有近30家在审核辅导报备企业。上市服务工作得到沪深两大交易所和省市的肯定，2020年率先全省设立专门政府工作机构长沙市企业上市服务中心、交易所长沙服务基地，获“2020上市竞争力领先城市奖”，成为长沙在全国城市营商环境评优评先的“加分项”。长沙企业上市工作已成为城市高质量发展的“名片”之一。

【企业上市培育推进】 2020年，市金融办作为企业上市培育和推进工作的牵头部门，以促上市强力推进经济产业发展。建立企业上市的政策扶持体系。制定促进资本市场发展的系列文件，通过对企业上市前期费用给予财政补助，对企业股改相关税费依规进行减免和返还等措施，促进企业上市的积极性。率先全省成立企业上市专门机构。2019年底，长沙市批准新设了长沙市企业上市服务中心，作为金融办的二级机构，为企业提供从培育、股改、辅导、上市和上市后再融资等全链条服务支持，成为全国为数不多为企业上市设立单独服务机构的城市之一。打造推进企业上市工作的政务服务“绿色通道”。牵头协调由市委网信办、市税务局、市住建局等20余个部门，对企业上市涉及的合规证明开具、房产权证办理、相关证照审批等给予提速和业务指导。精准施策培育上市资源。每年调整和充实全市拟上市企业名单，对拟上市企业按照培育时间拟定短、中、长期上市计划，按不同上市板块要求组织有针对性的上市培训。建立高层合作对接机制。与湖南证监局建立资本市场高层对接和日常沟通机制，分别与上海、深圳和香港股票交易所签订战略协议，推动上海、深圳交易所在长沙设立资本市场和企业上市服务基地，为企业对接资本市场提供一站式、高效率服务。

【创设基金推进产业发展】 2020年，为满足全市处于不同发展阶段企业的直接融资需求，长沙市加快创设各类基金。如设立主要投资于成熟期企业的长沙市产业投资基金、投资于初创期企业的天使基金、投资于早中期企业的中小微企业发展基金等。截至2020年年末，产业投资基金子基金累计对外投资项目38个、金额9.4亿元，主要投资于生物医药、软件等行业，并覆盖长沙市22条新兴及优势产业链。打造基金聚集平台，推动基金投资。打造湘江基金小镇和麓谷基金广场两个基金集聚区，充分利用两个基金集聚区的路演中心，举办“岳麓峰会”“我要投资”等各类投融资活动，加快基金投资进度。创新基金设立模式，助力龙头企业发展。创新“政府产业引导基金＋上市公司＋基金管理公司”合作模式，聚焦上市公司和龙头企业发展，带动相关产业及产业链发展。已与华自科技、天舟文化、三一重工、中广天择4家上市公司和龙头企业分别合作设立子基金。

【长沙市企业上市服务中心成立】 2020年6月，全省第一家企业上市专门工作机构——长沙市企业上市服务中心成立，成为长沙市上市服务跨越式发展的一个重要里程碑。长沙市建立建立企业上市（挂牌）联席会议和绿色通道制度，全面打通市级与各区县（市）、园区纵向联动，市直各主要部门横向协同的工作机制。在专业服务方面，市企业上市服务中心将为企业提供从培育、股改、辅导、上市和上市后再融资等全链条服务支持。长沙在组建的中介机构、投资机构两个专家服务团，将为全市上市后备企业提供无偿、专业的咨询和指导服务。2020年6月、9月深交所和上交所资本市场服务基地陆续落户市企业上市服务中心，缩短拟上市企业与交易所的服务半径。

【长沙市拟上市企业财税专题培训】 2020年11月26日，长沙市拟上市企业财税专题培训举办，该培训由长沙市人民政府金融工作办公室举办，长沙市企业上市服务中心、芙蓉区金融事务中心、长沙市碳基材料产业链推进办公室、天健会计师事务所联合承办。湘江新区、各园区、区县（市）金融事务中心负责人和工作人员和拟上市企业财务负责人参加培训。长沙市税务局和天健、信永中和、上海德勤和天职等会计师事务所进行了股权转让管理办法、注册制下上市审核重点、上市财务规范、上市前税务考量和内部控制等方面展开培训。

【走进上交所暨观摩圣湘生物上市仪式活动】 2020年8月28日，为更好服务实体经济，引导长沙市各梯队拟上市企业、市各有关部门更加深入了解企业上市流程、科创板注册制改革等资本市场相关知识和政策法规，市金融办联合上交所发行上市服务中心结合长沙市圣湘生物科创板首发上市契机，组织辖内7家企业、5家市直单位相关部门负责人开展为期3天的走进上交所暨观摩圣湘生物上市仪式活动。长沙市代表团一行先后参观中国证券博物馆、张江科学城展示厅、长三角资本市场服务基地，现场观摩圣湘生物首发上市仪式。上交所党委委员、副总经理阙波等相关领导与长沙市参加活动的企业家和市直单位部门负责人进行面对面的交流座谈。发行上市服务中心相关负责人围绕“企业上市之利及对地方经济的促进作用”“科创板制度优势及审核要点”等主题为长沙市开展专场培训。

【长沙市基础设施领域不动产投资信托基金（REITs）培训】 2020年11月20日，长沙市基础设施领域不动产投资信托基金（REITs）培训举办，该培训旨在帮助全市各级业务部门和政府投资公司深入了解相关政策，推动长沙开展基础设施领域不动产投资信托基金试点工作。此次培训由长沙市企业上市服务中心、中金公司联合承办。深圳证券交易所固定收益部刘敏敏、湖南证监局周晟、中金公司投资银行部董事总经理翟赢分别就《基础设施公募REITs试点相关政策、配套规则解读及工作安排》《REITs政策讲解》《基础设施公募REITs讲解》进行培训，讲解基础设施领域不动产投资信托基金（REITs）相关政策及案例。湘江新区、各国家级园区、省级园区发改和金融工作部门及各区县（市）发改局和金融事务中心等分管负责人和相关工作人员，市级国有投资公司及湘江新区、各国家级园区、省级园区、各区县（市）所属国有投资公司分管负责人共百余人参加此次培训。（本栏撰稿　熊旭霖）

旅 游

TOURISM

编辑 江 雷

综　述

【概况】　2020年，面对新冠肺炎疫情影响，长沙市强化省市县联动，广泛参与湖南文旅网络消费季等活动，联动区县（市）及湘江新区、高新区举办各类文旅活动400余场次；强化部门联动，联合市发改委等单位推出“夜星城”消费节、休闲农业与乡村旅游等活动；强化政企联动，鼓励行业协会和景区、企业优惠让利，市导游管理服务中心、市饭店协会组织开展金牌导游进景区、充值巨惠活动，有效刺激消费。年内长沙市共接待游客1.52亿人次，实现旅游总收入1661.32亿元，比2019年分别恢复90.27%和81.88%。

（陆明榜　刘　婷）

【文旅主题活动】　2020年，市文旅广电局推出“夏之恋·在长沙”、“五一”文旅主题活动，通过景区畅游体验、文博活动、非遗活动、文艺活动、创建文化旅游消费示范点等方式，推动“湖南人游长沙、长沙人游长沙”。“乡约长沙”休闲农业与乡村旅游主题活动，通过推介100个乡村景点，推出10条休闲农业线，举办40场节会活动，开展和包支付“农家乐踏青”特别活动，推动休闲农业与乡村旅游全面复苏。“嗨购星城”、“五一”促消费主题活动，引导和激励各类商业综合体、知名餐饮门店等结合线上线下开展形式多样、不间断促销，打造各类特色购物节，丰富消费者购物体验。其中，市文旅广电局针对“五一”小长假，整合全市文旅优质资源，集中发布等级景区、乡村旅游、“百场惠民演出进景区”、文博场馆、市非遗保护中心及各区县市开展的特色活动，给广大市民、游客“五一”小长假出游提供丰富文旅“套餐”。（刘　婷）

【中国自然公园博览会落户长沙】　2020年6月12日，2020中国（长沙）自然公园博览会新闻发布会在北京举办，发布会上宣布该届博览会以“追寻自然 灵动世界”为主题，于11月20—22日在长沙国际会展中心举行，全面展示各地自然公园的自然风貌、历史变迁、生态资源、人文特色，促进自然公园经验交流，提振绿色消费，推进生态文明和美丽中国建设。2020中国（长沙）自然公园博览会由中国林学会、中国林业产业联合会、长沙市人民政府联合主办，湖南新觉会展服务有限公司执行承办，展出面积11万平方米，参展商3000家，专业观众3万人次，普通观众30万人次。作为国内首届自然公园类博览会，该博览会采取以展带会、展会结合的模式举办，共设自然公园展馆、配套设施消防展馆、园林园艺展馆、户外旅游及用品展馆四大展馆，全面展示各地自然公园丰富的地文资源、水文资源、生物资源及人文资源。博览会秉承“绿水青山就是金山银山”宗旨，围绕自然公园保护、开发、运营等方面进行展示，打造集观赏、教育、科普、旅游、娱乐多功能为一体的世界级展会平台。展会同期举办专业论坛，以森林公园、地质公园、海洋公园、湿地公园、冰川公园、沙漠公园等为基础，围绕生态旅游、自然保护地与生物多样性、文化与自然遗产、森林疗养等热点议题展开讨论，共同探讨行业新业态和新发展。博览会围绕生态旅游、林特产品采购、民俗表演、技能比赛、美食品鉴等多个板块打造特色活动，举办全国自然公园宣传推介网红大赛、全国自然公园摄影大赛、全国自然公园讲解大赛、全国自然公园网络投票大赛等系列大赛，搭建行业交流合作平台，提升展会知名度和品牌影响力。

（刘　婷）

【2020湖南（国际）文旅产业博览会开幕】　6月19日，2020湖南（国际）文化旅游产业博览会暨文化和旅游装备展在湖南国际会展中心开幕，来自全国100余家投资金融机构、386家展商、200余家采购商参与旅博会。长沙市以“山水洲城 快乐之都”为主题，布置长沙形象展示馆，展现省会城市魅力与风采。长沙馆总体造型宛如琴键与折扇，黑白琴键上跳动着一个个叫快乐的音符；“扇”与“善”谐音，扇子也寓意“善良”“善行”。琴键与折扇意喻张开的双臂拥抱八方来客，表达出长沙人民的善良热情、长沙城市的宜居宜业，长沙文化旅游的诗与远方。整个展馆分为“春之声、夏之恋、秋之颂、冬之约”四个版块进行展示。“春之声”主要展示内容有漫江碧透的AAAAA级景区桔子洲、万山红遍的AAAA级景区大围山等；“夏之恋”主要展示内容有“夏日荷花别样红”的烈士公园及湘江欢乐城之欢乐水寨、欢乐雪域；“秋之颂”主要展示内容有“惟楚有才，于斯为盛”的岳麓书院、洋湖湿地、天心阁、黄兴路步行街、第一师范、湖南省博物馆及华谊兄弟电影小镇；“冬之约”主要展示内容有新华联铜官古镇、后湖国际艺术区、方特东方神画、宁乡密印寺，石燕湖及网红打卡地国金中心IFS及炭河古城等。滨江文化园“三馆一厅”、杜甫江阁、橘子洲头及梅溪湖大剧院四大文化地标分布在展馆四翼。还有湘绣、湘瓷、湘茶、菊花石、夏布及宋旦、李自健、橘子洲、文和友、雨花非遗馆等单位的文创精品点缀其中。整个长沙馆通过春、夏、秋、冬四季美景更换，展示长沙文化旅游特色。长沙还布置望城区、浏阳市两个全域旅游成果展示馆，浏阳市文家市镇、望城区铜官古镇、长沙县果园镇3个特色文旅小镇展示馆。

（刘　婷）

旅游资源

【概述】　2020年，长沙市编制《长沙市景区及精品线路创建培育计划》。浏阳苍坊旅游区通过国家AAAAA级景区景观质量评审；铜官窑国家遗址公园、光明大观园晋升国家AAAA级景区；花田厝、梅兰坊、凤凰部落等 7 家景区被评为国家 AAA 级景区；长沙县开慧镇锡福村、浏阳市张坊镇田溪村被评为第二批全国乡村旅游重点村；浏阳、宁乡被评为省级全域旅游示范区；7 家单位被评为省四星级乡村旅游区；长沙县开慧镇被评为湖南省特色文旅小镇，长沙省级特色小镇总数升至 4 个。（刘　婷）

【长沙 3 个乡村列入第一批湖南省乡村旅游重点村名录】 2020 年 1 月 3 日，湖南省文化和旅游厅公布第一批湖南省乡村旅游重点村名单，决定将长沙市长沙县开慧镇锡福村、宁乡市黄材镇黄材村、浏阳市张坊镇田溪村等 36 个乡村列入湖南省乡村旅游重点村名录。（刘　婷）

【长沙 20 家 A 级景区恢复开放】 截至 2020 年 3 月 10 日，长沙市有序开放或部分开放 A 级旅游景区有 20 家，占全市 A 级景区 34.5%。绝大多数是大空间、自然类景区。除 A 级景区外，一些乡村旅游点、民宿也在部分复工、陆续开放，包括金太阳现代休闲农庄、湘都生态农业园、石仑关竹苑民宿、灰汤华天城温泉度假酒店、皇龙峡生态旅游区、浏阳石牛寨，浏河第一湾、西溪磐石大峡谷等。各大景区从硬件和软件上精准防控，采取严格消毒、无接触服务，严控景区点、游乐项目和交通观光车承载量等措施，以安全运营、有序开放为原则，客流量正在理性缓步回升。佩戴口罩的游客在 1.5 米间隔线前有序排队、无接触手机验票入园，温控仪监测通道及时掌握入园游客体温情况，核载 18 人的观光车限载 6 人并要求游客“隔位就坐”，一艘游船最多同时承载 3 人，餐厅采取单独分餐和分时段就餐相结合措施，餐桌间距不少于 1.5 米。（刘　婷）

【岳麓山风景名胜区 5 月 1 日起限流】 从 2020 年 5 月 1 日起，岳麓山风景名胜区在麓山景区、橘子洲景区和桃花岭景区实行游客流量上限控制机制，当游客流量达到景区日最大承载量的 30% 时，采取限入措施。随着消费升级，岳麓山风景名胜区游客量逐年递增。2019 年，岳麓山风景名胜区麓山景区游客量 753.01 万人次，橘子洲景区 784.9 万人次，重要节假日两个景区日游客量峰值 10 万人次以上，呈井喷之势，开始超过景区生态承载预警阈值，一定程度上影响游客体验质量，并存在较大安全隐患。岳麓山风景名胜区管理局优化应急处置措施，为保障游客安全，建立健全预测、预警机制，依托智慧文旅平台，实时监测游客量，进行统计和分析，当游客量达到预警级别响应时，启动应急预案，进入预警状态，根据相应等级预警启动指令，发布预警信息，采取限入措施。建立健全应急响应机制，根据应急事件分级标准，按照不同响应级别，适时启动应急预案。建立健全应急事件处置机制，成立相应的市区两级层面组织机构，明确各自职责，实现突发事件联防联控机制。加强事件管理，突出加强日常节庆活动管理，突出加强游客流量过程管理，突出加强游客秩序管理。完善游客应急疏散预案，做好紧急情况时人员疏散和紧急救援工作。市民、游客可以通过关注岳麓山、橘子洲旅游区微信公众号进行线上预约或现场扫码入园，并提示游客朋友到岳麓山、橘子洲核心景区游览时提前关注相关导流疏解信息，或者选择如后湖、咸嘉湖等非核心景区参观游览。（刘　婷）

旅游业态

【长沙成为全国旅游十大热门城市之一】 在国内疫情形势持续向好、政府助力旅游复苏的背景下，长沙迎来春节后的清明小长假旅游热。据统计，清明 3 天假期全市共接待游客总量约 80 万人次，恢复到 2019 年同期水平的 70%，高出全省平均水平 28% 以上。携程发布的《2020 清明小长假复苏报告》显示，长沙成为出游最热的十大城市之一，仅次于广州、深圳、成都、上海、重庆、杭州。在做好复工复产工作的同时，长沙做好旅游行业疫情防控，外防输入，内防反弹。强化防疫管理，加强防疫物资保障和场所消毒，使广大游客时时处处感受到文明安全健康旅游的浓厚氛围。携程发布的《2020 清明节旅游复兴人气报告》显示，清明节前后一周内湖南景区门票销量环比增长 132%，长沙、张家界等地景区门票销量高。（刘　婷）

【“旅行组团赏长沙·金牌导游进景区”活动】 2020 年 3 月 28 日，由长沙市人民政府指导，长沙市文化旅游广电局、长沙县人民政府主办的山水洲城·沁园春——长沙文化旅游月之“旅行组团赏长沙·金牌导游进景区”活动在长沙县田汉艺术小镇启动。该活动吸引众多游客走进长沙周边景区，旅游升温令人振奋。活动当天长沙市各旅行社共组织 500 名游客和 150 名长沙市金牌导游参加活动，长沙市外的旅行社组织游客参与田汉文化园、浔龙河樱花谷 1 日游，该批游客是长沙市景区恢复开放以来迎来的首批大型团队游客。该活动是贯彻落实中央、省、市关于有序推进各行业复工复产重要举措，是长沙市文旅行业在经受疫情洗礼后的一次全新展示。活动现场，长沙金牌导游代表推介长沙文化旅游活动月的旅游线路，包括田汉文化园、浔龙河樱花谷 1 日游，浏阳市网红打卡之旅（大围山国家森林公园、皇龙峡生态旅游区、周洛大峡谷），望城区陶城体验游（新华联铜官窑古镇、铜官古街、靖港古镇、乔口古镇、新康戏乡和书堂山小镇），华谊兄弟电影小镇——意大利小镇游，寻味天心游（太平街 + 坡子街 + 火宫殿 + 文和友 + 步行街 + 茶颜悦色 + 东瓜山），寻古芙蓉游（都正街 + 化龙池 + 白果园巷 + 登隆街），开福亲子游（长沙世界之窗、海底世界），橘子洲、岳麓山游，踏青游（湖南省森林植物园 + 石燕湖风景区），青铜红色文化游（花明楼、炭河古城、炭河千古情）等。

（刘　婷）

【长沙文旅“五一”假期迎高峰】“五一”假期，长沙市文旅市场迎来小高峰。全市接待游客362.38万人次，实现旅游总收入35.38亿元，分别达到2019年同期水平的81.48%和80.19%，均高于全省平均水平10%以上。与清明节相比，“五一”假期游客人数和旅游收入分别增长10%和20%以上。全市列入省文旅厅统计监测范围的景区共接待游客36.76万人次，实现门票收入1126.58万元。长沙成为“五一”全国旅游最热门的城市之一。截至2020年5月1日，全市59家A级旅游景区有序开放57家，开放率96.6%；全市旅游星级饭店45家，开业40家，复工率88.9%；全市旅行社433家，开业94家，复工率21.7%；全市娱乐演艺场所537家，开业418家，开业率77.8%；全市网吧1388家，复工1212家，复工率87.3%。长沙旅游景区复工率在全国35个重点城市中排名第四位。节前，长沙向广大游客市民推出“夏之恋·在长沙”“五一”文旅主题活动、“乡约长沙”休闲农业与乡村旅游主题活动、“嗨购星城”、“五一”促消费主题活动三大主题活动。通过景区畅游体验、文博活动、非遗活动、文艺活动、创建文化旅游消费示范点等方式，推动文化旅游业发展。各区县（市）紧扣“夏之恋”主题，依托各自资源优势和地域特色，开展各式各样主题活动。长沙交响乐团、长沙市花鼓戏保护传承中心、长沙市湘剧保护传承中心、长沙歌舞剧院等文艺院团分别在景区策划40场精彩演出，长沙交响乐团橘子洲景区举办户外音乐会受到市民游客热烈欢迎。除文艺进景区，还有焰火进景区、美食进景区、互动游戏进景区和网红直播进景区等各类文旅融合新业态呈现，宁乡首场户外婚礼直播“玫瑰恋人情定湘都”网络直播点击量40万余人次；新华联铜官窑古镇推出“国风之美景、美食、美曲、美颜、美酒、美趣”六大主题活动，铜官窑首届国风焰火节“五一”准时上演；长沙方特东方神画夜场开园，上演“华裳盛典”大型华服秀。长沙滨江文化园入园总人数2.28万人次。市图书馆、市群艺馆开展诗词大会、书赠有缘人等文旅惠民活动16场，场馆入馆人数（参与活动人数）3.23万人次；开展线上美育展览、语言星球等线上活动25个，点击浏览量2.11万人次。长沙博物馆推出“晚清民国时期湖南绘画艺术特展”；长沙简牍博物馆假期举办5场直播活动，参观总人数1.78万人次；新民学会、李富春故居、湖南自修大学等近现代文博场馆正常开放；湖南升印轩米升文化博物馆、玉和醋文化博物馆等全市非国有场馆参观人数过万。李自健美术馆开展文旅消费节、视频互动录制等活动；谢子龙影像艺术馆开放展览《荒木经惟花幽》《人民世纪》等；谭国斌当代艺术博物馆开放3个展览。长沙市非遗展示馆推出长沙中医药主题临展，开展各类非遗项目体验活动15场；雨花非遗馆举办“非遗之旅”主题活动24场。

（刘　婷）

【母亲节游客复苏】　5月10日是“五一”小长假后首个周日，恰逢母亲节，长沙大力促进文旅复苏，各个旅游景点人数持续攀升。母亲节全市共接待游客86.78万人次，实现旅游总收入8.06亿元，与“五一”小长假的第二天高峰时段相比，游客人数和旅游收入分别增长12%和21%以上，恢复到2019年同期水平的85%以上。“百村千场文化进万家”文艺演出进景区走进湖南省森林植物园，吸引1.2万名游客欣赏，达到控制数30%的峰值。截至5月10日下午4时，麓山景区接待游客2.23万人次，橘子洲景区接待游客1.2万人次，海底世界、世界之窗共接待游客0.86万人次。为确保景区安全有序开放，坚决落实游客最大承载量不超过30%的要求。

（刘　婷）

【长沙端午假期游客接待倍增】　端午假期，长沙市接待游客262.3万人次，恢复到2019年同期的85.97%；实现旅游收入23.39亿元，恢复到2019年同期的84.38%。相比清明假期，全市游客接待人数增长2.6倍，旅游收入增长2倍。端午节前夕，长沙市文旅广电局推出2020年“夏之恋·湖南人游省会、长沙人游长沙”假日文旅消费引导活动，整合全市文旅优质资源，集中发布景区产品、优惠政策、重点活动、宣传推介等相关内容。端午节假期，长沙以祭祀屈原、赛龙舟、品粽子等为主题的民俗游、祈福游走俏。铜官窑古镇举行首届国潮龙舟电音节，全球首部激光焰火水舞秀《梦幻铜官窑》上演。世界之窗举办火人节活动，点燃长沙人夜生活。关山古镇推出品味端午艾香、体验品学三国文化有奖小游戏等活动，长沙方特迎来“龙腾端舞欢庆夜”，炫彩夺目的夜景让人流连忘返。据统计，端午节期间橘子洲景区共接待游客4.67万人次，岳麓山景区接待6.18万人次，新华联铜官窑古镇接待3.36万人次，靖港古镇接待2.1万人次。假日期间，长沙文旅活动丰富。“夏之恋·端午行——越老越有味”打卡游活动，假期里持续火热。活动选址白果园、苏家巷、登隆街和黄兴南路步行商业街等繁华之地，通过将“非遗老手艺”“百年老字号”的城市老味道糅合到有机更新后的老街新巷中，让市民和游客畅游长沙各个历史文化街巷，领略长沙独特魅力和韵味。该活动发放的50万元文旅惠民消费券短时间内被“一扫而光”。长沙市旅行社组团接待游客1.1万人次。全市文化娱乐KTV营业单位共接待游客约10万人次，上座率40%。大围山森林公园共接待游客3.06万人次，实现门票收入395万元。华谊兄弟小镇共接待游客2.5万人次，实现收入430万元。世界之窗共接待游客

1.3 万人次，实现门票收入 217 万元。长沙滨江文化园开展“艾叶飘香迎端午，红绳传福系滨江”主题活动，吸引 28025 人次入园，对比清明、五一假期，分别增长 215.42%、104.73%；长沙图书馆开展“抗疫情·颂祖国”书画展、端午关键词大挑战、“悦享·新知深阅读”等线下线上活动 10 场，6284 人次参加。李自健美术馆开展“风雅端午——民族室内乐音乐会”等活动，长沙市群艺馆、市歌舞剧院、市花鼓戏保护传承中心等组织“百场千村文化进万家”公益惠民演出，长沙博物馆、简牍博物馆、贾谊故居等文博场馆均开展内容丰富、形式多样的民俗活动。（刘　婷）

【长沙中秋、国庆长假旅游“爆红”】 2020 年中秋、国庆长假，长沙首次排名国内酒店预订最多的十大城市；除北上广深外，长沙是车票到达目的地最多的城市；长沙地铁单日客流量创下 200 万乘次的历史新高，太平街接待人数 165 万人次，岳麓山景区累计接待游客 39.64 万人次。2020 年 10 月 1 日零时至 8 日零时，长沙城市轨道交通总计发送乘客 706.3 万乘次，长沙黄花机场进出港总人数 508.1 万人次。在全省接待游客数量排名前十的景区中，橘子洲景区、岳麓山景区连续 8 天位居前列。10 月 2 日中午，橘子洲景区管理处紧急发布信息：橘子洲景区入园网上预约人数接近景区最大承载量，没有网上预约成功的游客无法入园。按照文旅部相关要求，国庆假期，橘子洲景区每日最大预约人数为 6 万人次。美团外卖数据显示，10 月 1—5 日，长沙的旅行外卖订单位列全国第八位，热门景区外卖订单量比 2019 年增长一倍以上。10 月 1 日零时至 8 日零时，长沙市纳入全省统计范围的 48 家监测单位情况显示，景区接待游客 122.1 万余人次、博物馆 11.8 万余人次、图书馆 8.7529 万人次、文化馆 1.1636 万人次、乡村旅游景点 4.06 万人次、四星级酒店 5489 人次、五星级酒店 4428 人次。国庆期间，长沙市 59 家 A 级旅游景区全部开放营业，AAAA 以上景区实现分时段预约，游客进入景区大门需进行体温检测，室内场馆要求佩戴口罩。各景区景点严格执行预约制度，引导游客间隔入园，游客佩戴口罩有序排队并保持间隔进行购票和验票，文明旅游，井然有序。（刘　婷）

【长沙获“2020 年度中国高铁旅游名城”称号】 2020 年 12 月 26 日，第五届吉林国际冰雪产业博览会、第八届中国旅游产业发展年会暨第二十四届长春冰雪节在长春市开幕。该会由文化和旅游部批准，中国报业协会指导，中国旅游报社、吉林省文化和旅游厅主办，全国政协副主席、民盟中央常务副主席陈晓光宣布开幕，文化和旅游部党组书记、部长胡和平出席开幕式并致辞，文化和旅游部副部长杜江出席年会主体环节并致辞。会议梳理和总结 2020 年旅游行业积极应对新冠肺炎疫情、加快转型升级等方面的举措和各地在常态化疫情防控下推动旅游业恢复振兴的经验成果，提振行业信心，来自全国文化和旅游、传播和营销领域的专家学者及企业集团代表出席年会。会上，长沙获“2020 年度中国高铁旅游名城”称号。（刘　婷）

表 23　　长沙市旅游业情况统计表

指标	单位	1985 年	1990 年	1995 年	2000 年	2005 年	2010 年	2015 年	2016 年	2017 年	2018 年	2019 年	2020 年
一、接待境外旅游者人数	人次	20257	51000	119122	221772	255475	702141	1203141	1215203	1292000	1303686	1329766	36297
1. 外国人	人次	9706	13103	54444	128105	182656	459228	690102	692827	713834	703576	664640	18053
2. 港、澳、台同胞	人次	10551	37879	64678	93667	72919	242913	513039	522376	578166	600110	665126	18244
二、接待境外旅游者人天数	人天	85079	204000	416975	652576	1098542	2643911	4126091	4167000	2487692	3236182	3291054	79552
1. 外国人	人天	41501	85082	226975	384315	785421	1699145	2484367	2511000	1425095	1783903	1747326	41783
2. 港、澳、台同胞	人天	43578	118918	189952	268261	313121	944766	1641724	1656000	1062597	1452279	1543728	37769
三、旅游外汇收入	万美元	1446	2897	4500	11900	20198	52878	79312	79628	51661	61988	65932	1098

说明：2017 年开始旅游数据统计口径发生变化。按照原口径：接待境外旅行者人天数是 4217430 人天，其中外国人 2555158 人天，港澳台同胞 1662272 人天；旅游外汇收入 84519 万美元

（资料来源：市统计局）

旅游推介

【概况】 2020年，长沙融入国内国际双循环，开展全方位旅游促销推广。长沙到京津冀、长三角、中三角、成渝、粤港澳大湾区、东北三省六大板块核心城市开展“韵味长沙”推介活动，长沙加入“澜湄旅游合作联盟城市”，加强与东亚文都城市文明互鉴，到扬州、西安、绍兴等地开展交流，与全球四大主流社交媒体及英国旅游网站合作，向25个国家进行推广，平台浏览总人数约128万人次。广泛开展文旅季宣传推广，投入1500万余元，在全市公交车身、商圈户外广告、交通枢纽站及地铁专列，投放文旅广告1000余块。推出“与其仰望，不如到来”等三个系列宣传片，在全省各地市州主流媒体滚动播放，举办“长沙的美 百里挑一”线下影展活动等。年内长沙文旅在中央新闻媒体发稿60余篇，省级新闻媒体发稿150余篇，市级新闻媒体发稿600余篇。（陆明榜 刘 婷）

【山水洲城·沁园春——长沙文旅月】 2020年3月24日，市文旅广电局召开“山水洲城·沁园春——长沙文旅月”新闻发布会，旨在以发布会为抓手，全市文旅行业积极投身“大干一百天，实现双过半”竞赛活动，推进国家文化旅游消费示范城市创建，不断满足人民健康生活消费需求，为全省文旅产业振兴发展做出省会担当。该发布会抓住文旅市场提前到来的恢复期、窗口期、机遇期和清明小长假等市场营销节点，打好组合拳（市级和9个区县市及湘江新区的“1+10”组合拳、政府和企业的组合拳、城市和乡村的组合拳、夜间和网间的组合拳），演好连续剧（营销长流水、宣传不断线、关键节点起高潮，以长沙文旅月为起点，以橘子洲焰火晚会为引爆点，陆续开展贯穿全年、四季主题特色鲜明的“山水洲城 沁园春·长沙”文化旅游主题宣传营销活动），奏好交响曲（文旅融合、产业强链等各个元素的交响曲），掀起长沙文化旅游复苏高潮，推动全市文化旅游经济快速、平稳增长。发布会上，长沙市文旅广电局发布各区县市特色文旅活动，开放的景区、休闲农庄、乡村旅游，文化旅游购物店、餐饮店、网红店、文化旅游街区和小镇及其开展的特色活动。（刘 婷）

【“夏之恋·在长沙”文化旅游季】 2020年4月17日，“体验时尚都市·拥抱健康生活”湖南历史文化游暨“夏之恋·在长沙”文化旅游季在橘子洲头青年毛泽东雕像前广场启动。省文化和旅游厅厅长陈献春、长沙市人民政府副市长刘明理等领导出席活动。在启动式上，长沙集中发布“感恩逆行者——沁园春·长沙免费游”活动及文旅行业推出的亮点活动，区县（市）十大主场特色文旅推广活动，“夏之恋·在长沙”夏季精品文旅路线，市属文化场馆公益演出及“百场惠民演出进景区”活动等文化旅游季内容。市文旅广电局向驰援武汉的一线医务人员代表赠送包括景区门票、酒店房券、餐饮券等价值20万余元的旅游消费券，授予郑能量2020长沙文化旅游形象大使证书，郑能量是湖南建工集团员工，在疫情期间逆行武汉做志愿者，义务帮助市民出行、接送医护人员上下班、运送物资、为孤寡老人提供帮助，他是长沙90后的优秀代表。市文旅广电局特别推出“感恩逆行者——沁园春·长沙免费游”活动，全国医护人员2020年可在长沙市所有等级景区和4个大型游乐场所免费旅游。该启动式由长沙市交响乐团进行开场演奏，市歌舞剧院编排情景剧，讲述文旅系统抗疫的感人故事，市花鼓戏保护传承中心以“抗疫”为主题，原创花鼓戏歌《最美逆行人》，市歌舞剧院表演舞蹈《彩陶俑》，以大型配乐诗朗诵《沁园春·长沙》将启动式推向高潮。“夏之恋·在长沙”文化旅游季意在向业界、市场和游客释放长沙文化旅游全面复苏、可游宜游的讯号。从4月17日开始，市文旅广电局开启为期两个半月的宣传推广行动，对全市33家景区（点）、文旅地标和公共文化场所在市内主要街道公交车及候车亭、地铁1号、2号、4号线以及五一商圈、河西步步高商圈、长沙火车站等大型综合体户外电子屏进行品牌形象宣传，在《长沙晚报》、星辰在线等媒体开设专版专栏报道。启动仪式上，湖南省文化和旅游厅、湖南省文明办向全社会提出文明旅游倡议书。（刘 婷）

【老街新巷打卡游活动新闻发布会】 2020年6月17日，市文旅广电局召开“夏之恋·端午行越老越有味”非遗老手艺·百年老字号·长沙老街巷——老街新巷打卡游活动新闻发布会。该活动以文旅融合为主线，以非遗老手艺、百年老字号、长沙老街巷等文化遗产为内容，以白果园、苏家巷、登隆街等老街巷为载体，以现代传播媒介为手段，采取展播展销、视频直播、文旅直播排位比赛和短视频征集大赛等方式，集中展示长沙地区深厚的非物质文化遗产和丰富的区域旅游资源，留住老长沙记忆和老长沙味道。让市民和游客充分领略长沙城市风貌，区域风土人情。发布会上，长沙市文旅广电局发布老街新巷打卡游活动、文旅惠民消费券发放、文旅直播排位赛和短视频征集大赛等特色活动。（刘 婷）

【助推景区旅游和文旅融合】 2020年，市文旅广电局从“五一”长假起持续到10月底，组织长沙交响乐团、长沙歌舞剧院、市湘剧保护传承中心、市花鼓戏保护传承中心以及市群众艺术馆深入全市31个景区（点）开展百场舞台艺术演出，结合景区（点）特点，应景创作歌舞、戏剧、综艺等精品节目，采取灵活新颖、与景相融的形式深入下去，促进文艺与景区的创新发展和品位提升。“五一”期间，分别在橘子洲头、新华联铜官窑、世界之窗、巴溪洲等12个景区，安排策划40场精彩演出，其中长沙交响乐团、长沙歌舞剧院等市属院团21场，区县文艺团队19场，合力营造良好的景区氛围，助推景区旅游升温和文化旅游深度融合。为推进博物馆、纪念馆免费开放工作，提升公共文化服务水平，市文旅广电局组织全市36家博物馆在“五一”小长假对外开放，推出陈列展览40余个，丰富和助力市文旅产业融合发展。（刘　婷）

【区县旅游主题活动】　2020年，长沙市各区县（市）紧扣文旅主题，依托各自资源优势和地域特色，开展各式各样主题活动。岳麓区、芙蓉区、天心区以及长沙县以“五一”小长假为节点，提前启动“1+N”计划，开展“花开四季·畅享岳麓”文旅消费节、“夏之恋·在长沙”之“芙蓉等你来”文旅活动、文旅联盟“天心嘉年华”启动式、“夏之恋·心之旅”长沙县夏季旅游线路发布暨2020年全民阅读启动式等系列文旅活动，持续刺激旅游行业回暖。开福区在长沙园林生态园举办“幸福向北，畅游开福”汽车文旅美食节和花卉展；望城区精心设计“五一去哪儿，望城很好玩”吃、住、行、游、购、娱六大版块主题活动；雨花区举办“谁是雨花文旅网红”评选活动；宁乡市开展“相约四季·生日免票游宁乡”活动，并启动“心宁之乡、美好时光”——2020宁乡赏花踏青系列活动。浏阳大围山杜鹃花节以“最是一年春好处，万亩杜鹃映山红”为主题，将杜鹃花节与花海文艺秀、汉服体验秀、抖音网红真人秀等八大系列主题活动同步推出，诚邀广大游客、市民登山、赏花，玩转浏阳。（刘　婷）

【“邂逅美景 畅游雨花”嗨玩旅游季】　2020年5月19日，湖南·中国旅游日活动暨“邂逅美景 畅游雨花”嗨玩旅游季启动，省委宣传部副部长、省文化和旅游厅党组书记禹新荣宣布活动开幕，长沙市副市长刘明理，长沙市政协副主席、市体育局局长李平等领导出席启动式。活动中有文创博览、移动非遗集市等内容，棕编、滩头年画、扎染等非遗技艺展示，还有雨花区特色打造的手绘文旅地图现场派送给市民，城东南生态游、休闲游、工业游、文化游等各“打卡点”在图上，让不少市民爱不释手。雨花区委、区政府举办该活动，旨在有效整合全区文旅优质资源，推出丰富多彩的主题活动。该活动也标志着雨花区第四届全民健身文化旅游节启动，还将举行“飞梦雨花”文化艺术节、2020年全国男子篮球联赛等文体活动。（刘　婷）

【“旅行社总部组团引流游长沙”活动】　2020年7月18日，长沙市“旅行社总部组团引流游长沙”活动启动式在湘江欢乐城举行，来自北京市、广东省、江西省等长沙主要客源地的旅行社代表400余名嘉宾参加活动。“旅行社总部组团引流游长沙”是长沙市文化旅游广电局贯彻落实党中央统筹疫情防控促进经济社会发展的政策方针，落实市委、市政府统一部署，组织全市旅行社充分发挥总部优势，发动组织各大旅行社在各市州的分社、门市部引流组团游长沙，旨在迅速抢占国内旅游市场高地，推动长沙文化旅游市场健康有序发展。7月1日至8月31日期间，凡长沙市各旅行社组织出发地为长沙行政区外各市州10人以上团队游长沙，在长沙行政区域内住宿1晚和游览2个以上景区（其中1个以上有门票），组织接待5000人次（含）以上的每社奖励5万元；组织接待1万人次（含）以上的每社奖励10万元；组织接待2万人次（含）以上的每社奖励20万元。为满足群众夏季暑假出行需求，长沙市推出“夏之恋·湖南人游省会长沙人游长沙”假日文旅消费引导活动。长沙文化旅游专列抓住长沙夏季旅游消费市场新亮点，以戏雪冲浪夏日游为主题，重点推介湘江欢乐城欢乐雪域、欢乐水寨、欢乐天街、方特东方神画、新华联铜官窑古镇、华谊兄弟（长沙）电影小镇等景点，用全景列车的形式将列车内景包装成夏日清凉、戏水冲浪场面，让乘客在列车中感受夏日清凉。为推进湖南人游省会、长沙人游长沙，打造优质区域旅游形象，提升对外知名度与影响力，长沙集中推出一批“一日游”和“多日游”精品线路，鼓励景区针对团队和自驾游，推出不同优惠价格产品，如都市风情亲子游、美食购物体验游、网红打卡体验游、老街古镇风情游、都市娱乐夜色游、避暑采摘近郊游、历史名城经典游等。（刘　婷）

【“秋之颂·赏长沙”文旅季】　2020年9月27日，“秋之颂·赏长沙”文旅季暨“新青年·新文旅·新长沙”人文艺术节开幕式在长沙市岳麓区凤凰街303剧场举行。该活动由湖南省文化和旅游厅、中共长沙市委宣传部指导，长沙市文化旅游广电局、中共长沙市岳麓区委、岳麓区人民政府主办，岳麓区委宣传部、岳麓区文化旅游体育局、共青团长沙市岳麓区委、岳麓街道办事处承办，凤凰街303阳光剧场执行。开幕式上集中发布和推介“秋之颂·赏长沙”文旅季系列活动和长沙秋季文化旅游新产品线路等。该文旅季共推出人文艺术季、乡村旅游季、金秋文博季、嗨游打卡季、璀璨烟花季等系列活动。其中，人文艺术季包括“百村千场文化进万家”惠民演出、长沙音乐厅5周年音乐季、纪念贝多芬诞辰250周年系列音乐会、湖南省会大学生交响音乐周等；乡村旅游季联动全市120家各类民宿推出古镇古村、山水生态、温泉康养、亲子体验、休闲度假等旅游产品；金秋文博季联动全市博物馆、美术馆、图书馆、群艺馆举办百场展览千场活动，推出各类经典朗读、群文节目、文博展览、非遗表演；嗨游打卡季举行“长沙热门打卡点”活动，寻找“长沙锦鲤”，招募网红达人推介长沙最美景区、最具魅力乡村和最具人气网红打卡地；璀璨烟花季在国庆期间联动浏阳市举办“2020浏阳国际焰火大会”，联动方特东方神画、新华联铜官窑景区举办焰火晚会，推出数字影像艺术焰火秀。（刘　婷）

【2020“韵味长沙”文化旅游（上海）推介会】 2020年10月22日，“山水洲城·快乐之都”2020“韵味长沙”文化旅游（上海）推介会举行，以“韵味长沙”为主题进行全方位展示和推介，为上海游客献上丰富的文旅视听盛宴。上海市文化和旅游局推广中心主任李平，长沙市文化旅游广电局局长郭润葵、副局长余岚，长沙区县（市）文旅部门负责人、沪长文旅企业和媒体代表等200余人参加推介会。为了方便游客深度畅游长沙，湖南金牌导游现场推介湘楚名城文化游、山水洲城风光游、星城百味美食游、古镇老街风情游、网红打卡个性游5条“韵味长沙”精品旅游线路，生动彰显书香韵味厚、清新韵味醇、烟火韵味浓、老街韵味足、新潮韵味丰的长沙文旅特色，向上海游客发出“打卡”邀约。打卡“韵味长沙”精品旅游线路，移步皆是美景，处处蕴藏文化。长沪两地，一江相连，渊源深厚，联系紧密，文旅领域合作空间和潜力巨大。推介会现场，古典舞《彩陶俑》曼妙婀娜，非遗表演长沙弹词唱腔甜美圆润，花鼓戏曲调热情轻快，经典歌曲《浏阳河》余音袅袅，多彩多姿的特色节目向上海来宾展示长沙浓厚的历史风情和文化魅力。长沙市旅行社协会与上海市旅游行业协会旅行社分会签订送客协议，为深化两地文旅合作催生更多新机遇。据携程大数据统计，上海成为2020年“国庆最爱去长沙top5”外地游客来源地之一。

（刘　婷）

【2020中国红色旅游博览会在长沙举行】 2020年11月14日，2020中国红色旅游博览会主会场开幕式在长沙举行，湖南省委副书记、省长许达哲，文化和旅游部党组成员王晓峰，湖南省委副书记乌兰，江西省委常委、常务副省长殷美根分别致辞。江西省领导施小琳，湖南省领导冯毅、王柯敏、谢卫江、戴道晋出席。湖南省委常委、省委宣传部部长张宏森主持开幕式。长沙市委副书记、市长、湖南湘江新区党工委书记郑建新宣读《红色旅游创新发展长沙宣言》。湘赣边红色文化旅游融合发展创新区揭牌。该届红博会以“红色土地·全面小康”为主题，线上展馆通过电商平台常年推介和展示湘赣两省红色文创产品、旅游商品，线下展区分“江山多娇”全国展区、“芙蓉朝晖”湖南展区、“风景独好”江西展区等8个展区。其中“红旗如画”红色文物展区深度融入湖南文化特色，展示湖南红色革命文物中所蕴含的感人红色故事。红博会展览以时间为轴、空间为面，将有代表性的红色历史事件和24省市红色旅游景点串联，通过微缩景观、图文介绍和各种声光电手段展示，带领观众重走这片镌刻着红色记忆的土地，重温伟大的中国革命历史。红博会参展种类2900余种，现场交易额8200万元，10大龙头旅行社意向签约洽谈2600万元，全省1032家企事业单位作为主题党日活动组织观展，3万余名群众接受教育。11月16日下午，为期三天的红色旅游博览会展览在湖南国际会展中心闭幕。（刘　婷）

【长沙非遗展品亮相澳门国际旅游（产业）博览会】 2020年11月6—8日，由文化和旅游部支持，澳门特区政府旅游局主办的第八届澳门国际旅游（产业）博览会在澳门举办。湖南省文化和旅游厅组织长沙市文化旅游广电局、省旅行社协会、部分景区和旅行社参展。澳门国际旅游（产业）博览会是展示澳门世界旅游休闲中心形象和推动区域旅游交流合作的重要平台。该博览会有来自内地和澳门的352家线下展商参展，展场面积2.2万平方米，共设展位668个。文化和旅游部以“美丽中国·心睇验”为主题，展示疫情后内地旅游产品、景区恢复情况和安全防疫措施，共组织内蒙古、江苏、福建、河南、湖北、湖南、广东、重庆、四川、陕西10个省份参展，展位面积超过1000平方米。湖南展团在中国内地馆设置标准展位3个，6日开幕当天发放旅游指南、旅游地图折页、旅游画册等宣传资料1000余份，累计循环播放旅游形象宣传片约600分钟。精美的湘绣小屏风、手包等展品吸引公众驻足欣赏。小贝公仔、辣椒优盘、钥匙扣等赠品受到澳门公众喜爱。6日下午，长沙市文化旅游广电局在展厅舞台举行一场小型推介会。（刘　婷）

旅游管理

【疫情期间旅游投诉处理工作】 2020年，受疫情影响，长沙市累计取消境内外旅游团队6.4万人次，这个数字意味着旅游业面临巨大压力和考验，也是对长沙市旅游投诉受理部门为民服务的一次严峻考验。市文化市场综合行政执法局奋战抗疫一线，时刻关注全市旅游投诉受理动态，构建起游客和旅行社沟通的桥梁。湖南宝中国际旅行社、湖南海外国际旅行社、湖南新康辉国际旅行社、湖南中青旅、湖南中铁国际旅行社等40余家旅行社带头给市民游客发出《延期出团、退团退费说明书》，将大量旅游投诉化解在萌芽状态。从2020年1月23日开始，市执法局简化投诉程序，利用电话、微信等互联网手段，第一时间将交通运输部中国民航局有关退费政策传达到企业，第一时间对疫情引发的旅游纠纷给予企业法律指导。投诉工作严格按前端化解、中端协商和末端诉讼的规范操作。截至2020年2月25日，长沙市文化市场综合行政执法局共接到因疫情退团退费的咨询及投诉

158 件，做到件件有落实，事事勤沟通，保障社会和谐稳定，杜绝旅客聚众投诉等集体聚集状况。（刘 婷）

【暗访星级酒店疫情防控措施落实情况】 2020 年 1 月 27 日，长沙市文化旅游广电局局长杨长江、党组书记李文格、调研员唐彬带队先后到喜来登、潇湘华天等 12 家酒店暗访督查疫情防控措施落实情况，详细检查体温监测、信息登记、按时消毒等方面工作情况，询问了解遇到新型冠状病毒感染者的应对措施。杨长江要求，各星级酒店要严格落实主体责任，落实“零报告”制度，全面配合做好新型冠状病毒防控工作，全力以赴打赢疫情防控阻击战。

【暗访督查旅游景区】 2020 年 1 月 27 日，长沙市文化旅游广电局党组成员、副局长谭旭带领资源开发处到岳麓山、橘子洲、世界之窗和海底世界四个景区进行现场督察。主要检查各景区是否严格遵守上级关于疫情防控要求，对于新冠肺炎疫情的防控措施是否科学有力。（本栏撰稿 刘 婷）

文旅产业

【概况】 2020 年，长沙市铺排重大文化旅游产业项目 110 个，其中投资 10 亿元以上的特大型文化旅游项目 27 个。长沙市戏剧艺术中心基本完成年度改造工程，浏阳河文化旅游产业带规划建设取得新进展，智慧文旅项目完成全部开发工作并初步验收，指导湘江欢乐城、洋湖水街等重大文旅项目建成开放，3 个项目入选“一带一路”文旅产业国际合作重点项目。开展全市文旅消费示范提升行动，投入 600 万元评选认定 65 个示范项目。马栏山视频文创园入选国家文化产业示范创建园区。天心区文化广告产业园 42 家企业年内累计营业收入超 25 亿元。发展夜间文旅经济，长沙获评夜间经济二十强城市，五一商圈获评游客喜爱的十大夜商圈，岳麓山橘子洲旅游区获评游客喜爱的十大夜景区。编制《长沙市景区及精品线路创建培育计划》，浏阳苍坊旅游区通过国家 AAAAA 级景区景观质量评审，铜官窑国家遗址公园、光明大观园晋升国家 AAAA 级景区，花田厝、梅兰坊、凤凰部落等 7 家景区获评国家 AAA 级景区，长沙县开慧镇锡福村、浏阳市张坊镇田溪村获评第二批全国乡村旅游重点村，浏阳、宁乡获评省级全域旅游示范区，7 家单位获评省四星级乡村旅游区，长沙县开慧镇获省特色文旅小镇，长沙省级特色小镇总数升至 4 个。（陆明榜 刘 婷）

【2020 年文旅消费示范行动项目申报工作】 2020 年 3 月 13—20 日，长沙开展 2020 年文旅消费示范行动项目申报工作，创建示范区 25 个，每个项目支持 10 万元，其中，夜间文旅消费集聚区 3 个，文化产业园区和旅游景区 12 个，文旅消费特色小镇（街区）10 个。创建十佳旅游购物示范点，每个示范点支持 5 万元。创建示范项目 30 个，每个项目支持 10 万元，其中，夜间、网间、乡间经济示范项目各 10 个。全市文旅企事业单位、旅游景区、特色小镇（街区）等可申报。（刘 婷）

【长沙名列 2020 网红城市】 2020 年 7 月 6 日，21 世纪经济报道、21 财经客户端联合知乎和快公司共同发布《中国潮经济 · 2020 网红城市百强榜单》，从网络热度指数、直播指数、潮生活指数、产业发展指数、印象指数 5 个维度，设置 18 个二级指标，为研究各城市影响力塑造和产业布局提供综合视角。长沙排名全国 8 强，名列中部第一位。榜单结果显示，北上广深等一线城市包揽前四，杭州、成都、西安、长沙、南京、重庆等新一线城市进入十强。网红指数超过 80 分的城市，除西安外，均进入 GDP 万亿俱乐部。上述城市的 2019 人均 GDP 基本超过 10 万元，属于第一梯队。据统计，长沙拥有 1800 余名网红 KOL，其文娱产业上市公司市值 1543 亿元，位居全国第四位。（刘 婷）

【长沙入选“2020 中国夜间经济二十强城市”】 2020 年 10 月 26 日，在中国旅游研究院主办的“2020 中国夜间经济论坛”上，长沙入选“2020 中国夜间经济二十强城市”。在无锡论坛现场共发布“2020 夜间经济二十强城市”“2020 游客喜爱的十大夜市”“2020 游客喜爱的十大夜间演艺”“2020 游客喜爱的十大夜商圈”“2020 游客喜爱的十大夜景区”等系列奖项。其中，长沙位列“2020 中国夜间经济二十强城市”第八位；长沙五一商圈入选“2020 游客喜爱的十大夜商圈”；长沙岳麓山橘子洲旅游区入选“2020 游客喜爱的十大夜景区”。“2020 中国夜间经济论坛”相关奖项是由文化和旅游部直属专业研究机构中国旅游研究院通过在文化和旅游部重点实验室的旅游数据与监测系统技术支持下，经过专业数据监测、分析、处理及模型构建等多维度评测选出，在行业内具有较高权威性。“2020 中国夜间经济二十强城市”为：北京、上海、成都、广州、杭州、重庆、深圳、长沙、南京、昆明、西安、苏州、青岛、福州、贵阳、郑州、宁波、佛山、厦门、无锡。（刘 婷）

【长沙市文化旅游产业工作会议】 12 月 24 日，长沙市文化旅游产业工作会议暨 2020 年文旅消费示范行动授牌仪式在湖南雨花非遗馆召开。该会议由市文旅广电局党组成员郭学稳主持，省文化和旅游厅产业发展处处长胡丕志出席会议并讲话，市委宣传部、市财政局相关处室负责人，各区市县文旅（广）体局、高新区社会事业局分管领导、产业科科长，2020 年文旅消费示范行动获评项目单位负责人参加会议。会议回顾2020年全市文化旅游产业工作，谋划2021年工作思路，并向获评2020年文旅消费示范行动项目授牌。为进一步激发文化和旅游消费潜力，长沙开展文旅消费示范行动，评选3个夜间文旅消费集聚区、12个文旅产业融合发展示范区、十佳旅游购物示范点、10个夜间经济示范项目、10个网间经济示范项目、10个乡间经济示范项目。（刘　婷）

【长沙获评首批国家文旅消费示范城市】 2020年12月29日，国家文化和旅游部召开推动文化产业高质量发展座谈电视电话会议，宣布国家文化和旅游消费示范城市、试点城市，以及国家级文化产业示范园区、创建园区名单，长沙获评首批国家文化和旅游消费示范城市，马栏山视频文创产业园获批创建国家文化产业示范园区。2016年长沙成为首批国家文化消费试点城市，试点以来，长沙注重从供给侧发力，形成“供给引导消费，创新驱动发展”长沙模式，先后获“世界媒体艺术之都”“东亚文化之都”、入选中国旅游影响力城市前10强，连续13年被评为中国最具幸福感城市，长沙文化消费试点获评国家一档奖励、进入全国第一方阵。长沙跻身国庆酒店预订量全国前十强；清明、五一假期入选全国十大最受欢迎出游目的地城市，端午假期位列旅游消费全国夜间旅游热门城市榜第一名，暑期位居全国旅游度假十大热门目的地第七名；获2020年夜间经济二十强城市、长沙五一商圈获2020年游客喜爱的十大夜商圈、长沙岳麓山橘子洲旅游区获2020年游客喜爱的十大夜景区；在2020网红城市百强榜单中，长沙名列全国八强，中部第一位。疫情以来，长沙坚持把文旅消费作为拉动内需主要动力、推动内循环主要抓手、实现经济转型升级主要推力，借湖南获批自贸区东风，为推动长沙高质量发展贡献文旅消费力量。从试点迈向示范，长沙将围绕建设国家创新创意中心、区域性国际消费中心城市战略布局，不断激发文化和旅游消费潜力，努力使长沙文化和旅游消费设施更加完善、结构更加合理、环境更加优化、供给更加丰富，文化和旅游消费规模保持快速增长态势，对长沙经济增长带动作用持续增强。长沙坚持防疫和发展并重，坚持品质建设和业态升级并重，坚持示范创建和引领创新并重，坚持内需拉动和对外营销并重，坚持产业集聚和特色建设并重，推动国际国内双循环。（刘　婷）

表24　长沙市A级景区信息一览表

序号	景区名称		等级	地址	所属区县（市）	评A时间	最大承载量（万人）
1	岳麓山风景名胜区管理局			长沙市岳麓区潇湘中路259号	岳麓区		18.55/ 5.5650
	岳麓山·橘子洲旅游区	麓山景区	AAAAA	长沙市岳麓区登高路58号	岳麓区	2011	9
		岳麓书院		麓山南路2号	岳麓区	2011	1.5
		橘子洲景区		长沙市岳麓区桔子洲头2号	岳麓区	2011	8
		新民学会成立会旧址		岳麓区新民路周家巷2号	岳麓区	2011	0.05
2	湖南省长沙市花明楼景区		AAAAA	长沙市宁乡市花明楼镇	宁乡县	2013	9/4.8
3	长沙世界之窗		AAAA	长沙市开福区三一大道485号	开福区	2001	5/3.5
4	长沙海底世界		AAAA	长沙市开区福三一大道501号	开福区	2002	3.49/1.5
5	长沙天心阁		AAAA	长沙市天心区天心路17号	天心区	2005	0.5/0.05
6	长沙市雷锋纪念馆		AAAA	长沙市望城区雷锋街道正兴路42号	望城区	2005	2/0.5
7	湖南省博物馆		AAAA	长沙市开区福东风路50号	开福区	2006	1.5/0.6
8	长沙市大围山国家森林公园		AAAA	浏阳市大围山国家森林公园管理处	浏阳市	2007	5/3
9	长沙市杨开慧纪念馆		AAAA	长沙县开慧镇开慧村178号	长沙县	2011	1.5/0.6
10	长沙市浏阳市胡耀邦故里旅游区		AAAA	浏阳市中和镇苍坊社区	浏阳市	2011	3/0.5

续表 24

序号	景区名称	等级	地址	所属区县（市）	评 A 时间	最大承载量（万人）
11	长沙市靖港古镇景区	AAAA	长沙市望城区靖港古镇景区管理委员会	望城区	2011	8/2
12	长沙市石燕湖生态旅游景区	AAAA	长沙市雨花区跳马镇石燕湖村	雨花区	2012	5/2
13	湖南省森林植物园	AAAA	长沙市雨花区洞井铺	雨花区	2012	7.5/2
14	宁乡紫龙湾旅游区	AAAA	宁乡市灰汤镇汤泉社区将军路 2 号	宁乡县	2012	0.5/0.22
15	长沙生态动物园	AAAA	长沙市天心区芙蓉南路四段 729 号	天心区	2012	5/1.5
16	长沙市沩山密印景区	AAAA	宁乡市沩山乡	宁乡县	2012	1.5/0.5
17	长沙市洋湖湿地景区	AAAA	长沙市岳麓区洋湖大道 680 号	岳麓区	2013	7.3/1.825
18	长沙市关山旅游区	AAAA	宁乡市金洲镇关山景区	宁乡县	2013	1/0.5
19	长沙市关山旅游区	AAAA	宁乡市金洲镇关山景区	宁乡县	2013	1/0.5
20	长沙市千龙湖生态旅游区	AAAA	长沙市望城区靖港镇格塘水库	望城区	2015	3/1.5
21	长沙市浏阳秋收起义纪念园景区	AAAA	浏阳市文家市镇人民路 34 号	浏阳市	2017.9	3/0.6
22	长沙市新华联铜官窑古镇景区	AAAA	望城区铜官街道铜官窑路 1 号	望城区	2019	3/1
23	长沙市田汉文化园旅游区	AAAA	长沙县果园镇	长沙县	2019	1.1/0.23
24	长沙滨江文化园景区	AAAA	开福区新河三角洲	开福区	2019	3.5/0.85
25	长沙铜官窑国家遗址考古公园	AAAA	长沙市望城区铜官街道彩陶源村	望城区	2020/2017	0.5/0.3
26	长沙市望城光明大观园景区	AAAA	望城区白箬铺镇光明村	望城区	2020	
27	长沙宁乡千佛洞	AAA	宁乡市黄材镇石龙洞村	宁乡县	2007	0.19/0.038
28	长沙宁乡回龙山景区	AAA	宁乡市双凫铺镇回龙山村	宁乡县	2007	0.61/0.16
29	长沙园林生态园	AAA	长沙市开福区捞刀河罗汉庄	开福区	2010	1.5/0.3
30	长沙沙坪小镇	AAA	长沙市开福区沙坪街道沙坪社区	开福区	2010	0.1/0.05
31	长沙汉回民俗文化景区	AAA	长沙市开福区沙坪街道汉回村	开福区	2011	0.1/0.05
32	长沙宁乡东鹭山景区	AAA	灰汤温泉核心度假区	宁乡县	2012	0.5/0.19
33	长沙市官渡古镇景区	AAA	浏阳市官渡镇	浏阳市	2013	3/0.6
34	浏阳河婚庆文化园	AAA	长沙市芙蓉区浏阳河大道二段 300 号	芙蓉区	2013	1.8/1.3
35	望城新康戏乡景区	AAA	望城区高塘岭街道新康社区	望城区	2014	3.2/1

续表 24

序号	景区名称	等级	地址	所属区县（市）	评 A 时间	最大承载量（万人）
36	长沙宁乡天紫漂流景区	AAA	宁乡市黄材镇镇石龙洞村	宁乡县	2014	0.46/0.13
37	浏阳石霜寺	AAA	浏阳市金刚镇石霜村	浏阳市	2014	2/0.8
38	浏阳象形风景区	AAA	浏阳市达浒镇象形村	浏阳市	2014	0.56/0.38
39	望城区书堂山欧阳询文化园	AAA	铜官街道书堂山村、何桥村	望城区	2015	0.8/0.5
40	长沙县锦绣江南生态农庄	AAA	长沙县江背镇梅花社区	长沙县	2015	0.5/0.3
41	浏阳市赤马湖风景区	AAA	浏阳市长春社区	浏阳市	2015	2/0.6
42	长沙县黄兴故居纪念馆	AAA	长沙县黄兴镇黄兴新村	长沙县	2016	0.5/0.2
43	望城区柏乐园生态旅游区	AAA	长沙市望城区乔口镇雷锋大道北端	望城区	2016	1.8/0.8
44	周洛大峡谷景区	AAA	浏阳市社港镇周洛村	浏阳市	2016	0.45
45	巴溪洲生态旅游景区	AAA	长沙市岳麓区坪塘街道 083 县道东（巴溪洲水上乐园）	岳麓区	2017	1.2
46	浔龙河生态艺术小镇	AAA	长沙县果园镇双河村朱术组 283 号	长沙县	2017	1.7/0.5236
47	湘丰茶博园	AAA	湖南省长沙县金井镇湘丰村	长沙县	2017	12.21/2.44
48	中澳蓝鹰国防主题公园	AAA	浏阳市古港镇两型产业园	浏阳市	2017	0.5/0.3
49	金科·山水洲	AAA	浏阳市柏加镇仙湖村	浏阳市	2017	8/5
50	湖南省科学技术馆	AAA	天心区杉木冲西路 9 号	天心区	2018	1.2
51	天华山景区	AAA	长沙县青山铺镇天华村	长沙县	2018	0.3
52	影珠山旅游景区	AAA	长沙县福临镇福青路 223 号	长沙县	2018	0.4
53	长沙渔人码头旅游景区	AAA	岳麓区潇湘北路 1088 号	岳麓区	2019	0.8
54	湖南雨花非遗馆	AAA	雨花区杉木冲东路 198 号	雨花区	2019	0.4
55	长沙县紫竹山旅游区	AAA	长沙县高桥镇	长沙县	2019	1
56	花田厝鲜花艺术小镇景区	AAA	长沙县路口镇	长沙县	2020	1
57	中建梅澜坊景区	AAA	岳麓区梅溪湖环湖路 918 号	岳麓区	2020	1
58	阳光壹佰凤凰部落景区	AAA	岳麓区南二环阳光壹佰新城一期	岳麓区	2020	5
59	浏阳石牛寨风景区	AAA	浏阳市社港镇石牛村上屋组	浏阳市	2020	0.5
60	西溪磐石大峡谷风景区	AAA	浏阳市张坊镇西溪村桥头组	浏阳市	2020	0.8
61	皇龙峡生态旅游区	AAA	浏阳市古港镇梅田湖村	浏阳市	2020	1.4
62	花炮文化博览园	AAA	浏阳市大瑶镇汇丰社区	浏阳市	2004/2020	0.5/0.1
63	浏阳古风洞	AA	浏阳市高坪镇沿甸村	浏阳市	2004	1（洞内 0.6）/0.2（洞内 0.08）

（资料来源：市文化旅游广电局）

房地产业

REAL ESTATE

编辑　周海波

房地产开发

【概况】 截至2020年年底，全市有房地产开发企业1415家，其中一级开发企业20家，二级开发企业110家；有房地产开发项目1251个，其中在建项目798个。2020年完成房地产开发投资1868.4亿元，比2019年增长12%；施工面积12652.1万平方米，比2019年增长7.4%。

【交房交证改革】 2020年9月14日，长沙市市政府办公厅印发《长沙市新建商品房交房交证实施方案》。长沙市交房交证改革的试点工作完成，进入推行“交房即交证”阶段。11月26日长沙金茂地产金茂湾项目举行交房交证仪式，5栋住宅530户实现交房即交证。

【装配式建筑】 2020年，长沙市城区采用装配式技术进行建造的面积1331.9万平方米，占新建建筑比例的51.6%，比2019年增长39%；完成总产值约1220亿元，比2019年增长43.5%。与上下游产业链企业家座谈交流，鼓励企业增强行业自律意识和法律意识，由长沙市造价站发布市场信息价，构件市场信息价实现从无到有的突破。长沙市装配式建筑国家级产业基地增至13个，省级产业基地增至30个。筑友集团等6家企业被人社部认定为“国家级博士后科研工作站”；中机国际等4家企业被住建部认定为国家级产业基地。与三一工学院、湖南省工程职业技术学院等平台对接装配式建筑人才培训，探索建立政校企协合作机制。

【2020长沙未来城市品质家居产业博览会开幕】 2020年10月23日，2020长沙未来城市品质家居产业博览会（以下简称“长沙产博会”）在长沙国际会展中心启幕，为期3天。此次产博会由湖南省住建厅、自然资源厅、商务厅、工商联、长沙市人民政府指导，长沙市住建局、会展办主办，以“精美建设、品质长沙”为主题，参展企业超500家。

2020年10月23日，2020长沙未来城市品质家居产业博览会在长沙国际会展中心启幕
市住建局 供图

长沙产博会是国内首个以“未来城市”为题材的大型专业博览会，以产业基础为导向，整合未来城市品质人居全产业链上下游资源。长沙产博会同步举办“主题论坛”“展览展示”“供需对接”三大活动。

【闲置楼宇处置】 2020年，长沙市下发《长沙市闲置楼宇项目处置工作流程》《长沙市闲置楼宇处置项目清单》《关于加快推进第一批闲置楼宇处置工作的通知》《长沙市第一批闲置楼宇处置工作责任清单》。对全市38个闲置楼宇处置项目，分类分步处置，完成闲置楼宇处置3个，启动6个。

（本栏撰稿 蒋 菁）

房地产市场管理

【概况】 2020年，长沙市坚持房住不炒，执行国家、省、市房地产市场调控政策，巩固扩大“反炒房”攻坚战成果，开展全市房地产销售市场和中介机构执法检查，深入城区各楼盘和中介总部和门店进行现场执法服务和监督，确保房地产调控政策落实到位。检查房产销售项目576个，督促整改近500个，检查中介项目310个，督促整改近300个。（刘 俊）

【房地产市场专项整治行动】 2020年7月—9月30日开展为期两个月的房地产销售市场专项整治执法行动。重点整治公示不规范不齐全、夸大或虚假宣传、违规预售、拖延网签备案为无购房资格客户提供便利、商业公寓售后包租等12个方面突出问题。11月20日—12月底开展为期1个多月的房地产经纪市场专项执法检查行动。期间，出动336人次，检查房地产经纪机构100家次，下达工作联系函4份、责令改正通知书9份，上报曝光7个中介门店和16名从业人员，责令3家中介门店关门停业整顿。（刘 鸿）

【二手住房买卖水电气联动过户】 2020年8月5日，长沙市不动产登记中心举行“不动产二手房转移登记与水电气联动过户”开通仪式。

长沙市发展改革委、资规局、数据资源管理局、优化办、不动产登记中心以“一窗受理”为目标，联手长沙市供电公司、供水集团、新奥燃气，采取“数据共享、服务集成”的方式，让群众“只跑一个窗口、只提一次申请”，即可完成二手房和水电气联动过户。申请人可就近到不动产登记网点，在签订购房合同时，勾选水电气过户选项。长沙市不动产登记中心在登簿后，即向数据中台推送数据，各部门获取数据后联系客户，按流程上门办理过户。通过下述方式查询不动产和水电气过户情况：“长沙不动产登记”微信公众号、“长沙不动产”App、“网上国网”App（电力）、供水服务热线“96533”和“长沙水业96533”微信公众号、燃气服务热线“95158”。（谭江涛）

【不动产登记电子证照推行】 2020年，长沙市发布《关于推行不动产登记电子证照的通知》（以下简称《通知》）。根据《通知》，自2020年10月1日起，长沙市不动产登记新受理的登记业务，除军产不动产及集体土地登记业务暂不提供电子证照外，其他不动产登记业务（含商品房预告登记、抵押登记和转移登记等）颁发电子证书或证明。该通知自2020年10月1日起施行，为期十年。

市民可通过实名认证登录“我的长沙”App、“长沙市不动产”App、微信公众号，查看、下载本人名下新颁发的电子证书及电子证明。入网的开发商及金融机构需通过登录公司账户实现电子证照查看或下载。未入网机构新办业务所发证照由该业务代理人按个人方式查询领取。不动产登记电子证照包括不动产权电子证书和不动产登记电子证明。电子证照记载的事项与纸质不动产登记证书和证明，具有同等法律效力。（谭江涛）

【不动产登记改革】 2020年，长沙市推进登记信息共建共享，推出“长沙不动产”App，实现二手房转移登记“全程网办”“跨国通办”，拓宽“云抵押登记”范围，“水电气”联动过户成功落地。“长沙市不动产登记平台”获2020地理信息产业优秀工程金奖。筹备不动产登记业务进驻内五区政务服务中心，方便群众办事。所有登记业务时限平均压缩为2.3个工作日，抵押注销等部分登记即来即办、全程网办、当天取证。（谭江涛）

【房地产办证信访突出问题化解】 2020年，长沙市制定房地产办证信访突出问题化解工作实施细则，坚持“一案一策”，推动疑难问题化解，全市纳入化解范围项目167个，其中85个完全化解，化解率51%。（谭江涛）

【房屋安全管理】 截至2020年年底，长沙市城区危房1390处，面积682830.37平方米，其中C级危房643处，面积204588.38平方米，D级危房420处，面积290383.54平方米，疑似危房327处，面积187858.45平方米。加强疫情期间隔离点，房屋安全隐患排查工作，对存在问题的隔离点，责任单位整改完毕。加强雨季和雨雪冰冻天气房屋安全管理，治理危房隐患23起。举办房屋安全监管及危旧房屋改造业务专题培训。加强鉴定单位名录管理，规范房屋安全鉴定工作，印发《关于申报列入2020年度长沙市房屋安全鉴定机构名录的通知》，公布2020年长沙市房屋安全鉴定名录单位43家。（李　铖）

【“长沙不动产”App上线】 2020年5月28日，“长沙不动产”App上线。长沙市不动产登记中心在“云抵押登记”基础上，利用“人脸识别”“电子签名”“互联网+”等技术，将“群众跑腿”转变为“数据跑路”，推出全程线上办的便民利民“长沙不动产”App。

“长沙不动产”App本期上线业务包括“移动网签+转移登记（个人业务）”“购房资格审核（二手房）”“线上预约”“线上查询”“线上淘房”等服务。市民通过应用程序下载使用“长沙不动产”App，实名认证后，可办理“购房资格核验（二手房）”“移动网签+转移登记”等业务。转移登记从之前的4个工作日办结提速到最快当天办结。“长沙不动产”App将人脸识别、移动电子签名、短信平台、移动缴税嵌入系统，通过数字证书为线上办理的不动产登记业务进行数字签名，作为不动产登记数据性验证凭证。利用电子签名技术保障电子信息的真实性和完整性以及签名人的不可否认性。（谭江涛）

物业服务

【物业管理】 2020年，长沙市有物业服务企业1095家，管理各类物业项目3832个，其中物业住宅小区2222个，物业管理覆盖率80.32%，总面积累计2.5亿平方米，物业管理现有从业人员17万余人，行业总产值60亿余元。业主委员会成立1229个；小区党组织成立1748个，党员人数10.71万人，打造小区“邻里中心”878个，小区党支部、业委会、物业公司“多方共治”的机制逐步建立。

【老旧小区加装电梯】 2020年，长沙市既有多层住宅增设电梯开工建设1005台，其中竣工投入使用603台。联合印发《长沙市既有多层住宅增设电梯工作实施方案》。简化办理流程，由被动审批转变为上门，由街道社区负责统筹具体事务。

（本栏撰稿　王兆韬）

交 通

TRANSPORTATION

编辑　吴丫丫

综　述

【概况】　2020年，长沙市交通基础设施建设投资完成49.58亿元（不含高速公路），比2019年增长67.67%。其中国省干线公路建设28.06亿元，比2019年增长157.2%；农村公路建设7.18亿元，比2019年增长44.76%；路网结构改造2.94亿元，比2019年增长40.67%；客货站场建设10.2亿元，比2019年减少6.25%；水运0.91亿元，比2019年增长24.66%。地铁、磁浮快线、城铁等轨道交通运输与全市约88%的公交线路实现接驳。城市公交日均客运量124.6万人次，地铁日均客运量121万乘次。全市纯电动公交车占公交车总量的69.6%，新能源和清洁能源公交车占公交车总量的100%。

【春节运输】　2020年春运始于1月10日，止于2月18日，为期40天，长沙市完成旅客发送量699.09万人次，比2019年减少49%，其中道路运输完成客运量218.92万人次，比2019年减少55.6%；铁路完成旅客发送量328.56万人次，比2019年减少43.3%[长沙站119.66万人次（其中普铁69.48万人次，比2019年减少55.5%，长株潭城铁50.18万人次，比2019年增长40.4%），比2019年减少37.6%；长沙南站208.9万人次，比2019年减少46%]；民航完成旅客吞吐量151.6万人次，比2019年减少49.4%。城市公共交通方面，公交客运量2475.21万人次，比2019年减少57.6%；出租客运量1432.6万人次，比2019年减少51.7%；地铁客运量1548.22万人次，比2019年减少34.2%；磁悬浮客运量25.09万人次，比2019年减少45.2%。

【交通运输信息化】　2020年，长沙市交通综合运行协调与应急指挥中心（TOCC）实现运行，日均交换数据200TB，在全国属于先进行列。依托长沙铁路南站（黎托）综合客运枢纽信息服务与协同管理系统试点工程和长沙市城市公共交通智能化应用示范工程，开发公交监管、运行监控、调

表25　　长沙市交通运输情况统计表

指标	单位	1990年	1995年	2000年	2005年	2010年	2015年	2019年	2020年
货物运输量	万吨	1215	6419	5910	10991	22947	33932	49017	—
铁路	万吨	364	284	206	218	167	138	127.51	—
公路	万吨	446	5376	4972	9833	19270	30412	46497	—
水运	万吨	405	758	729	934	3369	3159	2122	—
货物周转量	万吨千米	—	601306	1404785	1003793	2192193	3861850	5674719	—
公路	万吨千米	13439	306737	308200	447386	1285375	2898609	5000574	—
水运	万吨千米	59367	288791	1094511	99596	369090	546979	176890	—
旅客运输量	万人	3942	8935	9052	10895	33984	13078.37	12705	—
铁路	万人	672	785	981	1218	1642	3633.37	6049	—
公路	万人	3036	8021	7825	9228	31257	8606	5351	—
水运	万人	219	44	43	7	18	—	20.6	—
航空	万人	15	85	203	442	1066	839	1284.62	926
旅客周转量	万人千米	—	348951	348315	995729	1945489	2436877	3062983	—
公路	万人千米	117989	267579	275029	469947	1130305	517020	301250	
水运	万人千米	10322	6325	3580	1211	141	—	246	—

说明：1. 2016年公路、水运客货运输统计指标统计口径和计算方法变更，2016年数据与以前年度不具可比性。铁路旅客发送量从2018年报起，采用广铁集团报送省统计局数据，2018、2017、2016、2015、2014年实际数为5392.31万人、4769.52万人、4102.51万人、3633.37万人、3053.42万人

2. 2020年，水运沿海部分的货运周转量数据省局不再分市州；疫情期间高速公路免费通行，无法获取客货运数据；全省铁路相关数据未分市州

（资料来源：市统计局）

度系统等功能，公交智能监管覆盖率100%。长沙“自动驾驶与车路协同创新示范城市”试点项目完成100千米智慧高速及100千米城市开放道路车路协同建设，49家企业226种车型在长沙开展3200场测试。已改造2072辆智能公交车，30辆无人驾驶出租车接受市民预约试乘。3189台客运车辆接入省厅交通运输智能监管平台，实现对营运车辆的全时段、全方位实时监控。（本栏撰稿　刘晔城）

公　路

【公路建设】　2020年，长沙市公路总里程16255千米，自然村通水泥（沥青）路比例100%。其中国道1076千米、省道1757千米、县道2165千米、乡道2707千米、村道8550千米。2020年8月，长益扩容高速建成通车；江杉及宁韶高速公路全面建设；绕城高速大托收费站改造工程提前完工，开放运行。长株潭一体化建设中，洞株公路改扩建项目8月完工，比省委、省政府的目标提前2个月。全年国省干线建成通车里程102千米，为目标任务的240%，新开工里程61千米，为目标任务的122%，全年完成投资28亿元，为目标任务的134%。完善农村公路路网，全年完成农村公路新改建1509.64千米，为目标任务的151%，完成投资9亿元，实现25户及100人以上自然村通水泥（沥青）路；完成安防工程821千米，为目标任务的136.8%，实施四类、五类危桥动态清零。开展“四好农村路”示范创建，全年创建“四好农村路”市级示范乡镇4个。实施“路长制”，县乡道纳入“路长制”管理比例100%，长沙市被评为全省唯一的全国深化农村公路管理养护体制改革试点市。

【公路养护】　2020年，长沙公路养护强化乡村道路的乡镇管养责任主体，逐步实现乡村公路路况管理常态化和“有路必养、养必到位”的目标。全年干线公路投入近5.2亿元，完成干线公路大中修83.78千米，超考核目标19.68%；省计划下达预防性养护29千米，以及3个国省道服务区建设的任务全部完成，实施危桥改造6座，更新1321千米的普通国省道大中修基础项目库，年度养护计划内项目开工率、批复工期内完工率、危桥隧处治率、干线公路养护项目交（竣）工验收完成率均100%。全年省、市、县三级财政投入农村公路养护资金1.19亿元。农村公路列养率100%，县乡道经常性养护率100%，村道经常性养护率92%，乡镇管养机构的设置达100%。新创建“四好农村路”管养示范乡镇4个（长沙县金井镇、望城区白箬铺镇、宁乡市流沙河镇、浏阳市北盛镇），文明示范路120千米（长沙县、望城区、浏阳市、宁乡市各30千米），为目标的120%。根据年末第三方路况检测结果，长沙市国省道PQI值91.45，超出目标值2.45，优良率96.69%，超年度目标7.69%，农村公路年末路况PQI中等路率77.5%，超年度目标2.5个百分点。在2020年度全省公路工作评价中，被评为“红旗单位”。

【交通行政执法】　2020年，长沙市查处违法违规行为2694起（不含船舶），其中非法营运667起、道路旅客运输违规294起、出租汽车行业违规（含网约车行业）876起、道路货物运输违规808起、公交线路违规33起、机动车维修行业违规13起、公路养护行业违规2起、驾培行业违规1起。

2020年，长沙市提升治理体系和治理能力水平现代化，构建5个超限检测站自动进站检测、29套不停车超限检测、多个流动点检测、228家货物源头视频监管和称重检测、64个高速入口称重检测的科技治超体系，形成运用大数据精准治超的新模式、新常态。开展路警联合7987次，检测货运车辆268万余台，查处超限超载车辆5405台、非法改（拼）装车辆781台，吊销（注销）车辆营运证、驾驶人从业资格证36本，处罚（责令改正、责令停业整顿）货物源头54家，普通公路超限超载率控制在0.34%，高速公路超限超载率控制在0.46%，非现场执法当地结案率96.3%，上升33%。治超全省排名实现“五年冠”，全省科技治超现场会在长沙召开。

【客货运输】　2020年，长沙市有营运客车3628台、货车49025台（不含4.5吨以下车辆）。2020年，省重点营运车辆平台入网率100%，上线率100%；超速、疲劳驾驶报警由214台次和16台次，下降至161台次和3台次；年度超速报警率与疲劳驾驶报警率分别由3.82%和0.29%，降到2.7%和0.06%。2020年，完成82台新增“两客”车辆，累计完成3189台车辆安装智能监控车载终端。为2312台危险货物运输车辆安装主动安全防范系统车载设备，实现驾驶员行为视频智能识别，对驾驶员的危险驾驶行为进行事前预警，有利于通过对危险驾驶行为的预警提醒对事故进行预防预控，降低交通事故发生概率。

【货运物流】　2020年，长沙市推进网络货运创新发展，推行网络货运平台，提高货运物流在集聚税收、拉动GDP方面做出的积极贡献。长沙市有10家企业获网络货运经营资质，有6家企业向省厅提交线上服务能力认定资料，占比全省38%，有7家企业获规模化发展奖励合计90万元，2家企业获税收贡献奖励合计351万元。创建部省“司机之家”项目试点，湖南通服星沙智慧物流园司机之家试点项目通过验收。

【城市绿色货运配送】　2020年，长沙市推进城市绿色货运配送示范工程创建，以货运配送枢纽建设为基础，以运输组织模式创新为引领，以信息系统平台应用为支撑，整合货运配送资源，优化货运配送车辆城区通行管控措施，推广新能源和达到国六排放标准清洁能源货运配送车辆，实现城际干线运输和末端城市配送的有机衔接，基本建成集约高效、服务规范、低碳环保的城市绿色货运配送体系。2020年12月2—5日，初步通过交通运输部、公安部、商务部三部委专家组验收，其中《城市配送企业运营服务规范》（DB43/T 1863—2020）作为地方标准发布，规范长沙市城市配送企业的运营和服务，为湖南省其他市州货运配送行业规范发展提供参考和指导。

【驾培管理】　2020年，长沙市驾培行业招生22.1万人，新增9所驾培机构（城区6所、长沙县1所、望城2所），全市有驾培机构162所、教练员9368人、教练车9685辆。道路运输驾驶员从业资格及继续教育、出租汽车驾驶员从业资格（含网约车）培训考点14家，全年组织各类考试437场次，考试合格23979人，完成道路运输驾驶员安全文明驾驶教育培训7811人，整理各类驾驶员从业资格证档案28710份，办理道路运输驾驶员诚信考核签章4649人次。

（本栏撰稿　刘晔城）

铁　路

【概况】　2020年，长沙在建铁路1条，常益长铁路；开通运营铁路1条，长株潭城际铁路与石长铁路联络线；开展立项前期铁路1条，长赣铁路。全年境内铁路建设完成投资25.7亿元，其中工程投资20.7亿元、征拆投资5亿元（常益长铁路3亿元，长株潭城际铁路与石长铁路联络线2亿元）。截至2020年年底，经长沙通车运营的铁路有8条：洛湛铁路、石长铁路、京广铁路（普铁）、京广高铁、沪昆铁路、长株潭城际铁路、长株潭城际铁路与石长铁路联络线、浩吉铁路，境内运营里程约486.3千米。市委书记、市长、常务副市长、分管副市长积极调度，多次现场调研、现场办公、召开专题会议等形式研究推进常益长铁路、长沙西站、长赣铁路建设及涉铁有关工作。长沙市铁路建设办公室（以下简称“市铁办”）按照省、市政府下达的重点项目建设目标，做好项目前期、施工建设、征拆扫尾、涉铁协调等各项工作，针对重点工作和重点项目，提前谋划，制订详细的工作计划，及时研究解决项目推进中的困难问题，倒排工期，联合各相关单位推进铁路建设工作。长赣铁路长沙段的线型方案优化，最大限度地避免了线路方案对城市土地分割影响；长沙西站确定建设规模，明确长沙西站建设需提前实施的城际线“一台两线”动组线以及动车所建设资金来源；常益长铁路省市出资分摊方案确定；长株潭城际铁路、西延线以及长株潭城际铁路与石长铁路联络线项目完成征地拆迁结算工作；长株潭城际铁路与石长铁路联络线施工遗留问题解决。铁路物流基地、马栏山文创园云巴项目、湘府路快改、芙蓉大道快改、伊莱克斯大道、长托公园、省植物园北门停车场、火车南站市武广公司与广铁集团的土地置换、长沙县武广高铁隧道上方绿化工作等20余个涉铁项目协调推进。

长沙车站管辖京广线普铁长沙站及13个长株潭城际车站（分别为长沙城际场、树木岭站、香樟路站、湘府路站、洞井站、先锋站、开福寺站、观沙岭站、八方山站、谷山站、尖山站、麓谷站、长沙西站。为满足新建常益长铁路工程建设需求，根据国铁集团客运部批复，长沙西站2020年5月8日起停办客运业务）。截至2020年12月31日，车站实现连续无责任铁路交通一般D类及以上事故2024天，实现安全年。疫情防控方面，长沙车站与地方防疫部门和长沙疾控中心保持协调联动，为现场配备测温仪、口罩、手套、84消毒液等物资，落实测温、通风换气、消毒、卫生保洁、职工内部防护等常态化防控措施，加强疫情信息报告和应急处置，全年排查转运发热旅客143人，无确诊病例，全站职工及结合部一体化管理人员均未受到感染，严防疫情通过铁路传播。加强重点运输保障，全年累计向武汉、哈尔滨等地区发送防疫物资9.5万件，共1130吨。生产经营方面，及时掌握复工复产复学、跨省旅游等政策动态，把握小长假、暑运、国庆黄金周等关键时期，发挥长株潭城际、黔常、石长线的省内短途运输优势，实施“一日一图”，使运力安排适应疫情形势变化和市场需求，推动运输生产经营稳健恢复。全站全年累计发送旅客1547.6万人，超年度奋斗目标153.6万人，比2019年减少25.3%；全年完成运输收入10.38亿元，超年度奋斗目标1.42亿元，比2019年减少42.6%。建设发展方面，长沙车站落实普铁电子客票实施要求，车站管内各站和经停列车自2020年6月20日起全面实施电子客票。2020年9月至2021年1月，配合地方政府按照“提质形象、交通优先、空间有序、智慧广场”的原则，实施整体提质改造，包括东西广场地面铺装、公交车和社会车辆停车场维修，以及站房和周边商铺外墙刷漆、更换玻璃等项目，优化站场及周边的交通组织，完善配套设施，提升长沙车站的环境和形象，更好地满足城市发展和旅客出行需求。

（唐　灿　吴　婵）

【常益长铁路建设】　2020年，长沙市组织征地拆迁扫尾。其中涉及宁乡市6个企业个案，经市铁办反复协调，宁乡市先提供项目施工用地，后续再协商补偿方案，保障项目施工顺利。项目前期业主单位怀邵衡公司提供的征地拆迁摸底表有遗漏，市铁办多次组织现场核对，完成现场确认及漏项实物量五方认证工作，并就拆迁费用预算不足的问题多次向省重点办报告，以及提请市政府进行研究。截至12月底，常益长铁路全线开累完成路基土石方1052万立方米，桩基35758根、承台3904个、墩身3705个、隧道5073成洞米、制梁1929孔、架梁1304孔，累计完成工程投资68亿元。其中长沙境内开累完成路基土石方540万立方米，桩基11981根、承台1298个、墩身1190个，制梁770孔，架设504孔、安岭隧道624.95洞米全部贯通，累计完成工程投资22.6亿元，其中2020年完成20.7亿元。（唐 灿）

【长沙西站建设】 2020年1月18日，湘江新区管委会代表市人民政府与怀邵衡铁路公司签订《长沙西站站房及相关工程合作建设协议》。4月23日，湖南城际铁路有限公司考虑长沙西站是长株潭铁路枢纽总图规划中最后一个新建的大型高铁客运车站，根据地方经济社会发展及国家铁路规划网，提议调整长沙西站站场设计和实施方案。经研究，9月4日，国铁集团和省政府议定：长沙西站近期按照12台22线实施（其中，高铁场6台11线，一次建成；城际场3台6线，预留3台5线），远期按16台20线进行规划预留，总投资按32亿元控制。有关站场规模调整引起的、城际场与高铁场1台2线及城际站场预留城际3台5线同步实施所增加投资，由长沙市暂时垫付，待后续项目启动后再进行铁路及省市有关资金分摊。高铁、地铁相邻结构所引起的投资增加由轨道公司出资。有关城际预留3台5线有关问题由长沙市以及城际公司、怀邵衡公司、湘江新区共同研究，形成意见，进行建设。关于工程投资增加的垫付协议，由湘江新区与怀邵衡公司签订，垫付分摊比例按照有关会议纪要执行，并进行资金筹措。根据议定内容，设计单位将长沙西站站房初步设计上报国铁集团审批。片区规划方面，长沙高铁西城片区控规基本完成编制，并纳入《长沙市国土空间规划（方案）》。长沙西站和益阳站的规划建设由铁路方负责实施，由于建设规模有调整，铁路方建设主体未明确，2020年未开工建设。为满足常益长铁路长益段2022年6月底建成通车、2022年底常益长全线通车要求，长沙西站城际场采取过渡方案，以达到车站运营的目标要求。有关市政配套工程在2020年6月28日先期启动，以确保工期。（唐 灿）

【长赣铁路建设】 2020年4月21—22日、6月17日、7月21日，国铁集团多次召开长赣铁路工可鉴修的电视电话会议，要求铁四院再进一步优化北三环方案。经设计院与省市相关单位研究、优化，项目线型基本确认为北三环方案，并报国铁集团审批。关于长赣铁路的线型比选及优化，经市铁办协调铁四院、广铁集团和沿线政府，基本解决铁路线型对城市规划的影响及对土地的切割。其中开福区境内的线型问题，铁四院和广铁集团同意线型在京广铁路和石长铁路夹心地通过，减少线型对开福区多块个地块的切割，尤其是湘粤村的安置用地，确保农民的合法利益，维护社会的稳定。长沙县境内的物流大道建设与长赣铁路线型冲突的问题，通过市铁办协调水利部门、海事部门及铁四院，在满足水利水运的情况下，通过局部优化线路，同时满足物流大道和长赣线型的要求。关于长赣铁路黄花机场站的问题，铁四院的预可研方案中对高铁、地铁的竖向关系布置方面，将黄花机场站高铁设在负二层，地铁设在负三层。为方便群众的出行及运行安全，市铁办协调国铁集团、铁四院，最终国铁集团同意高铁设在负三层、地铁设在负二层，因此增加的费用由湖南省承担。高铁机场站的建设与黄花机场T3航站楼同步建设，建设工作已启动。（唐 灿）

【长株潭城际铁路与石长铁路联络线建设】 2020年1月10日，项目开通以后，市铁办协同望城区政府陆续处理施工遗留问题，确保群众的合法利益。市铁办推进乌山站站房建设，协调望城经开区做好乌山站市政配套（广场、道路、给排水管网）建设。乌山站市政配套建设全部完成。（唐 灿）

【普铁安全隐患整治】 按照中央、省、市工作部署安排，长沙市从2020年起开展3个批次的普铁安全环境隐患整治工作。根据省整治办交办任务清单，影响铁路安全的彩钢瓦、塑料大棚、违章建（构）筑物等各类安全隐患任务分解到各区县（市）进行整治，完成省整治办交办长沙市的各类安全隐患572处，并在广铁集团长沙各铁路站段、市直各有关部门和各区县（市）政府、街道和乡镇的配合下，长沙市9月19日全部完成高铁安全整治，提前11天完成预定目标任务。各区县（市）投入经费2250.8万元，拆除违建违占建（构）筑物约1.05万平方米、彩钢瓦等硬质漂浮物约2.15万平方米、塑料大棚等轻质漂浮物1.8万平方米，总价值2551万元；加固合法彩钢棚等硬质漂浮物约13.02万平方米，加固合法塑料大棚等轻质漂浮物3.64万平方米。（唐 灿）

【铁路建设协调服务】 2020年，市铁办作为长沙市铁路建设临时的协调机构，确保项目工作推进。

项目进度 加强在建项目推进，重点保障常益长铁路建设。根据项目可研批复的工期时间及国铁集团、省委、省政府下达的通车目标任务，施工单位在项目疫情后复工复产，市铁办协调做好征拆扫尾、施工、资金等方面保障，解决用地手续办理、三电迁改、隧道、涵洞建设等影响工期进度的20余个问题。

工作调度 通过提请省市领导高位协调、坚持周例会、月调度的机制，以及现场办公、现场踏勘等形式，协调解决铁路项目前期规划、征拆、建设工作中有关临时用地手续办理以及征拆漏项确认等30余个问题。在协调涉铁工作中，市铁办20余次组织路地双方对接，争取涉铁问题达成共识，保证市政项目的推进。

遗留处置　解决长株潭城际铁路与石长铁路联络线施工遗留（水利水系、道路恢复，临时用地复垦）的20余个问题，以及城铁施工遗留问题。

环境维护　施工环境方面，强调施工单位文明施工、安全施工，确保不扰民，不影响工程进度。铁路运行环境方面，配合国铁集团开展铁路沿线综合环境整治工作，配合城际公司、广铁集团优化城际铁路运行环境。舆论环境方面，搭建与老百姓、人大代表、政协委员良好的沟通桥梁，重视人大建议、政协提案、市民热线工单办理以及信访工作。2020年，市铁办回复市民问件322件；完成省市建议、提案5件（会办5件），其中省建议2件、省提案1件、市建议2件，均按规定、按流程及时办结，确保办理工作效率和满意度。　（唐　灿）

【铁路春运服务】　2020年春运始于1月10日，止于2月18日，为期40天。春运期间，长沙车站累计发送旅客119.7万人（日均2.99万人），完成运输收入1.18亿元（日均294万元）。

创造舒心出行环境　重点保障客服设备优良、候乘环境、厕所动态达标、重点服务到位。在保障基础服务的基础上，推出重点旅客服务系统、厕所智能引导系统服务亮点。

推进畅通出行配套服务　丰富信息渠道，利用线上、线下评价系统和其他信息平台，补强车站信息渠道，畅通旅客资讯渠道。优化安检、验证、换乘流线，对站场进行改造，以扩充安检通道，方便旅客换乘。

提升出行良好体验　推出电子客票乘车、候补、自助服务和违禁品暂存领取服务，提升旅客体验。

打造“广铁U彩”品牌　在普速线售票处、进站口旁、进站大厅以及城际各站均设置“广铁U彩”服务点，为旅客提供咨询服务；将遗失物品查找、特殊重点旅客帮扶以及畅行会员常旅客服务导入“U彩”服务范畴。

（吴　婵）

航　空

【概况】　2020年，长沙黄花国际机场完成旅客吞吐量1922.4万人次、运输起降15.5万架次、货邮吞吐量19.2万吨，比2019年分别下降28.6%、20.5%和上升9.3%。旅客吞吐量全国排名第13位，比2019年提升两位。因疫情影响，全年完成营业收入8.95亿元，发生营业总成本11.56亿元，比2019年分别下降28.63%和8.48%。长沙黄花国际机场两个项目入选全国民航四型机场标杆示范项目，长沙黄花国际机场工会被评为全国模范职工之家，长沙黄花国际机场疫情防控联合指挥部被评为全国抗击新冠肺炎疫情先进集体，长沙黄花国际机场被评为全省抗击新冠肺炎疫情先进集体、全省先进基层党组织和全国交通系统抗击新冠肺炎疫情先进集体。

安全形势　创建法定自查信息系统，实现线上系统全流程管理。健全安全风险与隐患排查双重预防机制，加强道面病害、机坪运行、不停航施工等重大安全风险管控。建立安全管理交流机制，推进“平安民航”建设，开展自长沙黄花国际机场通航以来演练科目最全的应急救援演练——“雷霆2020”应急救援演练。2020年，长沙黄花国际机场首次被评为“全国民航安全生产月先进单位”。

运行保障　2020年，长沙黄花国际机场营运国内外航空公司68家，通航171个机场，其中国内119个、国际及地区52个。E类飞机起降5395架次，比2019年下降25.19%。中转旅客吞吐量76万人次。推动“油改电”项目和桥载项目，桥载设备对接率100%，年减少碳排放3万余吨，“蓝天保卫战”三年行动完成，被评为全国民航“打赢蓝天保卫战”先进单位；建成口岸通关能力提升项目，西北站坪运行，并新增6个停机位；12月31日，长沙黄花国际机场高峰小时容量标准由37架次增至41架次，提升机场保障能力。

服务品质　优化机场运管委协调机制，提升机场运管委协同决策能力。航班放行正常率90.68%，比2019年提升3.8个百分点。创建长沙机场“乐星程”统一服务品牌，打造机场服务新格局。加大行李服务、特殊旅客服务、航延服务改进力度，推出国际先期机检、“徒手出行、行李无忧”等服务项目，实现旅客无感出行。推进绿化景观提质、卫生保洁提品、楼内广告整治等行动，升级打造“星级卫生间”。

航空货运逆势增长　因新冠疫情，国内与国际出台系列禁止国际转机、出入境的相关政策，国际客运航线航班遭受重创。长沙黄花国际机场对接境外航空公司与各货代企业，通过“客改货”的方法提升机场航空货运能力。2020年，长沙黄花国际机场保障长沙至莫斯科、吉隆坡、内罗毕、东京、伦敦、洛杉矶等地的“客改货”航班起降469架次，“客改货”航班货邮吞吐量5395.6吨。

【长沙黄花国际机场改扩建暨综合交通枢纽工程启动】　2020年12月3日，湖南投资规模最大的单体项目——长沙黄花国际机场改扩建暨综合交通枢纽工程启动。长沙机场改扩建工程按满足年旅客吞吐量6000万人次、货邮吞吐量60万吨目标设计。主要建设内容包含机场工程、空管工程、供油工程、汽车加油站工程，总投资约444.83亿元。整个改扩建项目建成投运后，长沙黄花国际机场将形成3条跑道、3座航站楼、东西航站区整体联动运营的区域综合交通枢纽。

【“经长飞”中转服务品牌转型升级】　长沙黄花国际机场作为民航局“跨航司行李直挂试点单位”，2020年，升级“经长飞”品牌，优化中转服务举措，推动“四免”（免费住宿、免费餐食、免费行李寄存和免费休闲服务）产品中转旅客全覆盖。率先完成

2020年12月1日，湖南首家本土航空公司落地长沙　　长沙黄花机场　供图

“智慧中转系统”搭建，成为全国首家上线该系统的机场，开通省内机场经长沙黄花国际机场中转至全国的行李直挂业务，持续缩短MCT时间（最短衔接时间），并增设智慧中转指示屏幕。2020年，长沙机场中转旅客吞吐总量76万人次，占旅客吞吐量比例4%，比2019年下降0.2个百分点；中转衔接成功率96%，比2019年增长1.6个百分点；跨航司中转占比82.3%，比2019年增长4.8个百分点。

【湖南首家本土航空公司落地长沙】2020年12月1日，湖南航空（前身为红土航空）完成补充运行合格审定工作，拿到主运营基地和航空承运人名称变更后的运行合格证，更名手续全部完成，湖南首家本土航空公司落地长沙。2020年，长沙黄花国际机场为加大对本土航空支持力度，为湖南航空开展首航、业务用房、基地建设、运力投放、时刻申请等给予保障，并协助湖南航空在春夏航季接连开通长沙—昆明、长沙—沧源、长沙—烟台、长沙—海拉尔等长沙始发航线，冬春航季再次增加长沙过夜运力投放，优化运力布局和航线网络结构，新开长沙—成都、长沙—沧源—丽江航线，优化长沙—昆明直飞航线等。

注：湖南航空前身为云南红土航空股份有限公司，2016年5月首航，原主运营基地位于昆明长水国际机场，2017年同程航旅入股后，成为全球首家由互联网新经济企业控股的航空公司，2019年9月，湖南省政府旗下的财信新兴产业基金入股，并成为第二大股东。（本栏撰稿　欧阳婷）

水　路

【概况】　2020年，长沙市有湘江、浏阳河、捞刀河等通航河流12条，通航里程538千米，其中湘江段74千米为二级航道，浏阳河段30千米、捞刀河段12千米为四级航道。全市有码头21个、泊位137个，水运企业31家，注册资本4.6亿元，在册营运船舶总数251艘，合计52.8万总吨，载重71.2万吨。

【水运管理】　2020年，长沙市加强水路运输企业管理。对31家水运企业、14家水运辅助业备案企业进行上门年度核查，指导15家水运企业开展“安全生产标准班组”建设。开展非法码头渡口专项整治。推进长沙港总体规划修编，实施长沙市非法码头渡口专项整治，取缔类非法码头湘之杰临时码头完成拆除复绿，13处规范提升类非法码头基本完善相关手续，7处渡口关停撤渡。加强港区巡查检查。落实船舶进出港报港制度，全年受理注册船舶39艘，船舶进出长沙港报告25230艘次；出动巡查人员861余人次，检查港口码头1218家次，督促整改安全隐患12处、环境污染隐患2处，纠正违章作业行为6起，维护水运安全畅通。全年港口实现吞吐量2629万吨，比2019年下降15.11%；外贸吞吐量95万吨，比2019年下降8.13%；滚装汽车吞吐量3.06万辆，比2019年增长644.31%；集装箱吞吐量14.5万标箱，比2019年下降12.26%；货物运输量2021万吨，比2019年下降4.79%；货物周转量171617万吨千米，比2019年下降2.98%。落实港区污染物接收、转运、处置监管联单制度和联合监管制度，全年对12797船次船舶回收污染物504.2吨，未发生水运污染事故。

【水上执法】　2020年，长沙市开展执法行动3620余次，出动执法人员18534余人次，检查生产经营单位和船舶32172余家（艘），水上交通处罚176起，罚款实缴金额201.27万元。落实禁捕退捕工作，牵头起草并发放《共同呵护湘江长沙段水域安全告市民书》。组织开展汛前安全检查，汛期辖区水域未发生水上安全事故。

【水上救援】　2020年，长沙市修订《长沙市水上搜救应急预案》和《长沙市船舶污染事故应急预案》。5月25日，长沙市水上应急救援中心挂牌成立，整合组建一支由水运专职队伍、企业兼职队伍和社会公益队伍组成的水上应急救援队伍；打造20米级应急救援艇等一批救援装备，实施24小时值守与定期巡航。稳妥做好东屯渡人员落水搜救和湘江油污处置行动，完成2020年度水上搜救和水域环境污染处置应急演练。

（本栏撰稿　刘晔城）

经贸合作

ECONOMIC AND
TRADE COOPERATION

编辑　吴丫丫

招商引资

【概况】 2020年，长沙市实际利用外资及港澳台资、外商直接投资、实际到位省外境内资金分别为72.8亿美元、10.67亿美元、1507.9亿元，比2019年增幅分别为14.3%、31.9%、20.4%，占全省的比重分别为34.68%、76.16%、17.26%。全市新增209家外商投资企业，续存外资企业1110家。根据2019年外资企业年报，全市外资企业营业收入2110.53亿元，纳税138.78亿元，吸纳就业人数逾18.6万人，成为推动全市经济社会发展的主要力量。

“三类500强”项目 2020年，全市引进“三类500强”企业投资项目87个，总投资额823.5亿元，完成省“5个100工程”年度目标任务的248%。“三类500强”投资项目数量较2019年增加47个，增幅117.5%。世界500强新加坡益海嘉里、日本永旺，中国500强爱奇艺科技、扬子江药业，民营500强欣旺达电子、国泰国际、开元旅业首次在长沙市落户。落户长沙市的世界500强企业173家，其中境外世界500强99家。

重大项目引进 2020年，全市引进重大招商引资项目138个，总投资额2052亿元，其中既有益海嘉里、五矿新能源等强链条、增动能的智能制造项目，也有京东智联云、深信服等潜力足、活力强的新兴产业项目；既有国药集团湖南总部、山海经等辐射广、带动强的总部项目，也有复星湖南金融科技城、浏阳河科创基地等投资大、效益高的片区开发项目。投资额10亿元以上项目49个，其中投资额50亿~100亿元以上项目9个，投资额100亿元及以上项目3个，分别是蓝思科技智能终端基地（200亿元）、三安光电第三代半导体项目（160亿元）、浏阳水佳片区开发项目（100亿元）。

外资项目建设 广汽三菱研发大楼竣工，卓伯根中国总部项目3号楼、总部办公楼、A5栋商业街区完成封顶，惠科光电实现竣工投产，广汽三菱新能源车、益海嘉里粮油食品生产加工基地、澳优乳业三期项目开工，舍弗勒研发中心开始办公。2020年，兴盛优选、达运物流外资到位逾2亿美元，广汽菲克外资到位逾7000万美元，道依茨、到家悠享外资到位逾5000万美元，外资实现梯度到位。

投资来源 长沙市续存的外资及港澳台资企业1110家，投资来源于69个国家和地区，新增土库曼斯坦、贝宁、肯尼亚、加蓬、扎伊尔、亚美尼亚等来源地。全市有港资企业464家，占全市比重41.8%。随着“一带一路”建设及中非合作的推进，新加坡、马来西亚、印度尼西亚、泰国、伊朗、乌兹别克斯坦、捷克、乌克兰、罗马尼亚、丹麦、波兰等国家加大在长沙市的投资，主要是轻资产的贸易及商贸服务型企业。

产业结构 2020年，全市服务业实际利用外资及港澳台资49.55亿美元，占利用外资及港澳台资总量的68.06%，其中，科学研究和技术服务业，交通运输、仓储和邮政业，信息传输、软件和信息技术服务业增长较快，增速分别为1458.38%、45.74%、12.51%。第二产业实际利用外资及港澳台资23.16亿美元，占利用外资及港澳台资总量的31.8%，其中制造业实际利用外资及港澳台资22.99亿美元，占利用外资及港澳台资总量的31.57%。

产业园区和主城区承载作用 从园区分布看，391家外商投资企业落户在长沙市国家级、省级园区，占全市外商投资企业总数的35.22%；其中322家外商投资企业落户在5家国家级园区，占全市外商投资企业总数的29%。从行政区域分布看，652家落户在芙蓉区、天心区、岳麓区、开福区、雨花区，主城区外资企业占比58.7%；136家落户在长沙县、望城区、浏阳市、宁乡市（以上不含国家级园区），占比12.3%。

【招商全局】 2020年，市委、市政府主要领导分别任市招商引资工作领导小组组长、第一副组长，推进华为、比亚迪、深信服、三安光电等重点项目。市招商引资领导小组办公室实行周调度、季通报的常态化工作机制，2020年编制《长沙市招商引资动态信息专报》45期，及时掌握全市招商引资工作动态，跟踪落实重点项目推进情况和重要企业投资信息，追踪三井物产收购湘研种业股权、十荟团等项目落地情况。常态化沟通汇报，超额完成省对市各项指标任务。开展“大干一百天，实现双过半”大竞赛活动，发挥考核指挥棒作用，对新引进过亿元招商引资项目、“三类500强”企业投资项目情况一月一排名。应对疫情影响，出台《关于坚决打赢新冠肺炎疫情防控阻击战创新做好招商引资工作的通知》《关于有效化解疫情影响开展重点地区总部企业招商引资工作的通知》，指导各区县（市）、园区招商。各开发园区围绕“两主一特”“一主一特”产业定位，绘制作战图，制定任务书，确定时间表，围绕产业定位精准招商。湖南湘江新区示范作用持续增强，全年新签约项目243个，引进投资50亿元（含）以上项目17个、世界500强企业11家，智能网联汽车签约头部企业逾20家。岳麓山国家大学科技城新增科创企业1241家，引入京东智联云、华瑞金融、神漫文化等标志性企业20余家。马栏山视频文创产业园新注册企业761家，引进爱奇艺、快手、创梦天地等头部企业14家。临空经济示范区引进重大项目18个，黄花综合保税区新增注册企业230余家。高铁会展新城引进社会投资项目82个，长沙国际会议中心投入运营。湖南金融中心引进金融机构及配套企业112家，复星金融科技城项目落地，湘江财富金融中心竣工。

【产业链招商】 2020年，长沙市加快优势产业链价值链高端项目引进，扬子江药业，湖南迪诺抗癌、心脑血管及皮肤病创新药原料药及部分制剂生产基地，三诺生物CGMS生产基地，湖南医药集团总部及智能物流产业园等项目落户，推进全市生物医药产业链发展。“软件业再出发”实施，湘江鲲鹏、阿里巴巴、CSDN等知名企业先后落户。加快补齐补强产业链发展短板，长沙三安第三代半导体项目，其建设具有自主知识产权的衬底（碳化硅）、外延、芯片及封装产业生产基地，填补全市集成电路产业链空白。比亚迪IGBT项目，生产自主研发的车用IGBT，解决新能源汽车电子核心功率器件“卡脖子”问题。隆平高科技园引进速生丰产林种苗龙头企业泓森林业，引进全国唯一微藻类种业企业耕天下，填补林果花草种业、微生物种业的产业布局空白。

聚焦“供应链”，加快国产配套　长沙高新区组织PK、鲲鹏两大生态重点企业参与长沙信创工程建设，推动鲲鹏生态，围绕鲲鹏计算引进聚集软通动力、科蓝、创博龙智等20余家生态企业。长沙经开区推进链上企业开展供需对接，引导产业链企业加大当地采购、开展链内合作。望城经开区引进瑶华科技射频功率芯片封测、科谱激光通信光芯片、联超光电光学元器件等10余个半导体项目，推进智能终端配套发展。浏阳经开区促成一批区内企业再投资，如天地恒一投资12亿元建设坎地沙坦酯、甲苯磺酸妥舒沙星等高端化学原料药生产基地；开元医药投资10亿元建设抗艾滋病、糖尿病等口服制剂生产基地等。

聚焦“生态圈”，培育产业集群　长沙高新区打通“苏州独墅联盟”信息渠道，引进和锐生物、丞辉威世、万灵帮桥等一批优质的苏州生物医药企业，为建立全链条生物医药产业链奠定基础。浏阳经开区以蓝思科技为龙头，引进惠科、日写蓝思、欧智通、豪恩声学等一批重点企业，实现由单一企业向产业集群发展。宁乡经开区引进欣旺达、哈啰智能出行、小佩科技等项目，为园区智能家电产业拓展新板块。天心经开区营造全产业链生态，吸引南方测绘、中纬测绘、广州绘宇等国内行业领头企业入驻。宁乡高新区引进五矿工研院等世界500强项目，形成以邦普循环、中锂新材、中科星城、博信等行业领先企业为中心的产业集群。

【招商拓展】　2020年，长沙市以外资招商为重点，拓宽利用外资领域。严格贯彻外商投资企业准入前国民待遇加负面清单管理制度及外商投资信息报告制度，全面取消针对外商投资企业设立及变更事项的审批或备案，全年新注册成立外商投资企业209家，比2019年增长30.6%。围绕重点国家，加强智能制造产业化合作。紧盯日本、德国等先进制造业强国，引进一批产业链高端项目、龙头企业和世界500强，日本三井物产株式会社、德国道依茨在长沙投资，中日企业家俱乐部在长沙成立。召开日本企业家座谈会，理光软件研究所、富士胶片投资有限公司等知名日本企业家代表参会。

重大节会　2020年，全市组织参加各类招商活动、举办重大项目签约开工仪式130余场。长沙市“大干一百天、实现双过半”百日竞赛重大项目集中签约仪式，广汽新能源汽车、创梦乐谷（长沙）动漫产业园等20个优质项目签约，总投资额173.3亿元，呈现出“三类500强”项目多、产业项目占比大、外向型项目来势好的特点。第六届中国民营企业合作大会，京东南方科创总部、费森尤斯梅溪湖国际医院等31个项目签约，总投资额392.47亿元，项目数量、质量、投资额均超往届。长沙临空国际贸易合作推介会、第四届中德汽车大会、2020互联网岳麓峰会等重大招商活动均顺利完成。博鳌亚洲论坛全球经济发展与安全论坛首届大会落户长沙。

资本招商　全市产业投资基金子基金对全市22条产业链实现全覆盖，支持实体经济发展的作用逐步显现。2020年，全市新设立产业投资子基金6支，主要投资生物医药、软件等行业，子基金累计对外投资项目38个，投资金额9.41亿元，推动星邦智能装备、耐普泵业、鑫广安农牧、慧润农业科技等一批全市优质拟上市企业发展。望城经开区通过参股金浦、玖月泉等专业化基金，引进华太电子、南京贝迪、科众惯导等一批产业项目。

线上招商　加大招商项目整合和网络发布力度，通过政府门户网站、新媒体、境内外机构和商协会等网络渠道发布《2020长沙重大招商引资项目册》《2020投资长沙》《长沙招商引资政策汇编》等。推行网上招商，疫情期间，全市组织线上招商会、云端签约会等10余场线上招商活动。利用商务部投促局产业招商平台，与自贸区投资合作部、机械产业部等12个产业部门，驻韩国办事处、欧洲代表处、德国投资促进中心3个驻外机构及16个国家级跨境平台打通对话通道。

【营商环境】　2020年，长沙市优化营商环境，长沙经验成全国典型。依据《外商投资企业投诉工作办法》，初步设立市本级及各区县（市）外商投资企业投诉受理机构，明确专人开展工作，建立外商投资企业投诉工作机制。《后疫情时代中国城市营商环境指数评价报告2020》中，长沙位列中国100城市营商环境指数榜第12名，比2019年上升3位；在营商环境指数省会城市榜单中，长沙排名第六位。《2020中国城市营商环境发展评估报告》中，长沙位列第八位，被评为“2020年中国国际化营商环境建设标杆城市”并作推介发言。《2020年中国296个地级及以上城市营商环境报告》中，长沙排名第九位，排名中部第一位。在国家营商环境测评中，长沙被评为“包容普惠创新标杆城市”，外资工作亮点入选国家发展改革委发布的《中国营商环境报告2020》先进经验。

外企服务　建立健全重点外资外贸企业市领导联点机制，以两办名义出台《长沙市2020年市领导联点重点外资外贸企业实施方案》，明确由33位市领导“一对一”联系重点外资外贸企业，企业提出的问题基本实现清零。建立健全市级重点外资企业帮扶机制，与233家规模以上外资企业及时对接。对60家重点外资企业和25家重点外资在建项目进行月调度，为企业提供保姆式服务。抗疫期间，组织为蓝思科技、广汽三菱、博世汽车等在长沙重点外资企业解决抗疫物资需求；简化广汽菲亚特、肯德基等外资企业门店复工流程；为索恩格、碧辟公司等10余家外资企业的20余名高端人才到长沙办理入境手续；协助碧辟公司办理增资手续，从收到请求到完成变更仅用时一天半。

政策引领　贯彻执行《外商投资法》及其《实施条例》《国务院关于进一步做好利用外资工作的意见》《国务院办公厅关于进一步做好稳外贸稳外资工作的意见》等文件精神；提请以市开放型经济领导小组办公室的名义，对全市各级、各相关部门进行责任分解，组织开展与《外商投资法》不相符的地方性法规、规章和规范性文件的清理工作。完善招商引资政策。制定并出台《长沙市进一步扩大利用外资促进经济高质量发展的若干措施（试行）》，围绕外资项目“进得来、落得下、长得大”，提出16项措施，兑现奖补资金约1600万元。修订并出台《长沙市开放型经济发展专项资金（招商引资部分）管理办法》，兑现政策资金2200万元。修订并出台《推动长沙黄花综合保税区高水平开放高质量发展招商引资若干政策措施》。完善全流程管理制度。配合完成长沙市总部企业认定和政策兑现相关工作，研究《长沙市招商引资项目引进事前评估及事中事后监管办法（试行）》，推动项目评估全覆盖。被评为市重点工程项目推进先进单位，联点全市制造业标志性重点项目，服务惠科第8.6代超高清新型显示器件生产线、豪恩声学项目。

【“益海嘉里湖南粮油食品生产加工基地”落户望城经开区】　2020年1月5日，望城经开区与益海嘉里集团举行签约仪式，“益海嘉里湖南粮油食品生产加工基地”项目落户长沙。省商务厅党组成员、副厅长王庭恺，副市长李蔚，益海嘉里集团总监、益海嘉里（岳阳）粮油工业有限公司董事长邵斌等出席签约仪式。益海嘉里湖南粮油食品生产加工基地项目由世界500强企业新加坡丰益国际集团投资建设，至此，在长沙投资落户的世界500强企业增至165家。丰益国际集团是世界领航的农业综合型跨国粮油企业集团，为全球“一带一路”沿线提供粮油制造服务。益海嘉里集团作为丰益国际集团在中国的子公司，是中国最强食用油供应商之一，自20世纪90年代以来，先后在深圳等主要城市投资设立40余家工厂和多家贸易公司，并塑造出“金龙鱼”“欧丽薇兰”等国内著名品牌。益海嘉里湖南粮油食品生产加工基地，择址望城经开区铜官园区，总投资15亿元以上，用地23.33公顷，主要从事压榨、油脂、面粉、水稻加工等生产业务，将打造集区域总部经济、智能制造、现代农业和现代物流为一体的食品加工全产业链旗舰项目。

【《关于坚决打赢新冠肺炎疫情防控阻击战创新做好招商引资工作的通知》发布】　2020年2月14日，长沙下发《关于坚决打赢新冠肺炎疫情防控阻击战创新做好招商引资工作的通知》，指导各区县（市）、园区招商，将敲门招商转为宅家招商；提出加大招商项目整合和网络发布力度，推动网上招商，组织“线上招商会”等线上推广活动；利用电话、微信、邮件等方式对接企业和有关各方，根据问题导向制订每个项目推进计划，持续推进投资促进和招商工作。

【湖南—长三角经贸合作洽谈周长沙分会场活动】　2020年6月29日，湖南—长三角经贸合作洽谈周（“沪洽周”）长沙分会场活动暨长沙市

2020年6月29日，湖南—长三角经贸合作洽谈周长沙分会场活动暨长沙市“大干一百天、实现双过半”百日竞赛重大项目集中签约仪式在长沙举行　市商务局　供图

"大干一百天、实现双过半"百日竞赛重大项目集中签约仪式在长沙举行。市委副书记、市长、湖南湘江新区党工委书记郑建新，市委常委、常务副市长夏建平，副市长朱东铁出席活动。中交第二航务工程局有限公司、水利水电第八工程局有限公司、中国医疗器械有限公司等60余家企业代表参加。20个重点投资项目现场签约，总投资额173.3亿元。签约项目既有强链条、增动能的智能制造项目，也有大数据、移动互联网等新兴产业项目。其中广汽新能源汽车项目，拟依托长沙经开区广汽三菱现有场地研发、生产新能源车。项目计划总投资10亿元，其中设备投入5亿元、研发费用投入5亿元，计划2020年下半年启动研究、开发等相关工作。创梦乐谷（长沙）动漫游戏产业园项目总投资20亿元，选址马栏山文化创意产业园，打造"动漫+游戏+影视"主题乐园，建立IP内容生产公司，开发AR相关游戏等，使长沙成为电竞之都。

【长沙临空国际贸易合作推介会】 2020年7月16日在上海举行。该次推介会是2020湖南—长三角经贸合作洽谈周（"沪洽周"）重大招商活动之一，由湖南省人民政府主办，湖南省商务厅、长沙市人民政府承办。副省长朱忠明、副市长朱东铁等出席活动。12个重大项目现场签约，涉及高端商务区、国际贸易、加工贸易、生物医药、跨境电商、展示展览、保税研发等多个领域，总投资额116亿元。其中，华远集团临空国际高端商务区项目是总投资最大的一个项目，投资额约100亿元，项目体量大、引领性强，发挥临空、临铁交通区位优势和外向型经济门户优势，构建长沙国际现代化的城市服务体系，打造湖南最大的外向型经济发展高地。

【长沙市投资环境推介及合作项目签约仪式】 2020年11月14日在长沙举行，为第六届中国民营企业合作大会主体活动之一。签约仪式上，长沙市从交通区位、产业基础、营商环境等方面，重点推介长沙打造全球高端装备制造业基地、内陆地区高端现代服务业中心、中非经贸深度合作先行区和中部地区崛起增长极的发展战略。京东南方科创总部、费森尤斯梅溪湖国际医院、雪松控股中南区域总部经济聚集区、南京贝迪5G新材料生产基地等21个项目现场签约，总投资额352.97亿元。该次签约的京东南方科创总部项目由世界500强京东集团投资建设，总投资额50亿元，选址湖南湘江新区洋湖片区，设立京东南方科创总部，并建设全国首个定制设计开发的京东超级体验店。绿地集团在梅溪湖二期开发的国际康养城项目将引入费森尤斯旗下奥美德公司，共建梅溪湖国际医院，重点打造国际医学中心、绿地康养中心，总投资13.5亿元。（本栏撰稿　何梦秋）

对外贸易

【概况】 2020年，长沙市对外贸易实现进出口总额340.15亿美元（2350.46亿元），比2019年增长17.4%。其中出口1548.72亿元，比2019年增长10.8%；进口801.74亿元，比2019年增长32.5%。2020年，全市有外贸进出口实绩的企业3156家，较2019年增加457家。其中1000万美元以上企业531家，较2019年增加47家，1亿美元以上企业57家，较2019年增加10家。

提升外贸存量和增量　支持蓝思科技等生产型企业，中芯等供应链公司稳外贸订单、稳市场份额，实现进出口稳定增长。发挥园区外贸综合服务中心的作用，推动"破零倍增"工作，全年实现破零企业800余家，倍增企业300余家。落实《商务部 海关总署 国家市场监督管理总局关于进一步加强防疫物资出口质量监管的公告》，为企业加快通关出口提供便利支持，累计向省商务厅上报23批申请纳入商务部防疫物资白名单企业，全市上榜企业92个（全省195个），上榜企业数占全省的47.17%，在全球新冠疫情背景下，全市防疫物资出口企业成为外贸出口增量的新生力量。

发展外贸新动能　发挥特殊监管区的作用。依托黄花综保区和金霞保税中心两个海关特殊监管区的优势，2020年分别实现进出口额75亿美元和24亿美元，比2019年增长均在20%以上。推进湖南高桥市场采购贸易方式试点。全年累计申报放行2万余票货物，申报金额9.86亿美元，比2019年增长51.7%，逐步形成市场采购贸易方式试点规范运行"长沙样板"，先后接待广州、宜昌、蚌埠等兄弟城市到长沙市学习交流经验。获批两个国家级平台。新增生物医药和新材料两个国家外贸转型升级基地，基地总量5个，为外贸高质量发展奠定基础。

【服务外包】 2020年，长沙市服务外包总执行额实现39.46亿美元，比2019年增长25.2%，其中承接国际服务外包执行额实现8.89亿美元，比2019年增长13.58%，承接在岸服务外包执行额实现30.57亿美元，比2019年增长30%。知识流程外包（KPO）完成执行额13.99亿美元，比2019年增长64.5%，占服务外包总执行额的35.46%，占比较2019年提升8.5个百分点，信息技术外包（ITO）完成执行额16.88亿美元，比2019年增长18.2%，业务流程外包（BPO）完成执行额8.59亿美元。2020年，全市新增服务外包企业主体120家，比2019年增长14.3%，服务外包总执行额1亿美元以上的企业9家，5000万美元以上的企业22家，较2019年分别增加5家和7家。截至2020年年底，全市纳入商务部服务外包管理信息系统进行合同登记的企业主体1438家。

品牌效应　2020年，全市新获国际资质认证企业数量33家，新增国际资质认证 87 个；每万人发明专利拥有量 40.05 件 / 万人；拥有知名品牌企业 12 家，其中湖南省一建园林建设有限公司被评为“2020 年度中国服务外包成长型百强企业”。技术先进型服务企业和高新技术企业 176 家，占全市服务外包企业总量的 39.7%。服务外包从业人员 23.18 万人，其中本科及以上学历 11.01 万人，占比 47.52%。

产业环境　2020 年 9 月，经国务院批准，中国（湖南）自由贸易试验区设立，成为全市发展服务外包的重要平台。2020 年，长沙市出台《长沙市人民政府办公厅关于加快推进长沙市服务外包产业转型升级的若干意见》，修改完善《长沙市服务外包公共平台支持专项资金管理办法》，健全服务外包产业支持政策体系。

克服疫情影响，及时做好政策需求收集与落实服务工作，推动企业复工复产。市级服务外包专项资金财政预算由 400 万元扩增至 800 万元。

【中国（湖南）自由贸易试验区长沙片区揭牌】　2020 年 9 月 24 日，中国（湖南）自由贸易试验区长沙片区揭牌仪式暨建设动员大会举行。市委副书记、市长、湖南湘江新区党工委书记郑建新为“中国（湖南）自由贸易试验区长沙片区”揭牌。市领导夏建平、卢鸿鸣、朱东铁出席。中国（湖南）自贸试验区实施范围为 119.76 平方千米，其中长沙片区 79.98 平方千米。根据湖南自贸试验区功能定位，长沙片区的战略定位是：对接“一带一路”建设，突出临空经济，重点发展高端装备制造、新一代信息技术、生物医药、电子商务、农业科技等产业，基本建成“一基地一中心一先行区一增长极”，即打造全球高端装备制造业基地、内陆地区高端现代服务业中心、中非经贸深度合作先行区和中部地区崛起增长极。

【长沙组团参加第三届中国国际进口博览会】　2020 年 11 月 5—10 日，第三届中国国际进口博览会在上海举行。长沙市成立进口博览会湖南交易团长沙分团，组织企业参会。活动期间，长沙市举办中国（湖南）自贸试验区长沙片区黄花综合保税区招商推介会，澳洲、非洲国家和地区企业代表、国际商协会以及湖南省内、长三角地区企业代表等 100 余名嘉宾参加活动；举办中国（湖南）自由贸易试验区长沙片区·高桥中非经贸合作创新示范园及市场采购贸易试点推介对接会，并启动 2020 中非经贸博览会云上会展系列活动，包括中非线上供需对接会、2020 中非网上购物节（湖南—肯尼亚专场）、2020 中非进出口商品线上展等，为境外采购商开辟全新的采购通道。（本栏撰稿　何梦秋）

2020 年 9 月 24 日，中国（湖南）自由贸易试验区长沙片区揭牌仪式暨建设动员大会在长沙举行　　市商务局　供图

境外经济技术合作

【概况】　2020 年，长沙地区累计新增备案境外投资项目 42 个，新增长沙方合同投资额 18.19 亿美元。项目分布在柬埔寨、美国、德国、尼日利亚、乌干达等国家，涉及专用设备制造、医药制造、农业、服务业等行业。“一带一路”沿线国家和地区是投资热点区域，2020 年长沙市有 28 个项目分布在“一带一路”沿线国家和地区，占境外投资项目总数的 66.7%。受疫情影响，境外园区建设有所放缓，仍持续推进中。阿治曼中国城经营情况自第三季度开始复苏，客流量逐步回升，二期新建项目已立项，完成可研设计工作；乌干达湖南工业园项目加快推进，“湖南工业园（乌干达）有限公司”在乌干达坎帕拉注册成立，与当地政府合作推进土地过户事宜。

【对外承包工程】　2020 年，长沙地区对外承包工程龙头集聚效应显著，主力为在长沙央企、湘企等大型企业。大型企业凭借在市场开拓和经营中的资源整合优势，承揽项目建设。2020 年，中国电建中南院承揽越南禄宁 550 兆瓦光伏发电项目，湖南建工集团签约加纳 8800 万美元电网项目和 1.3 亿美元伊拉克巴格达空军俱乐部购物中心项目。对外承包工程市场以“一带一路”沿线国家、非洲、拉美地区为主，主要涉及建筑工程、水利、电力、道路桥梁等基础设施建设领域。

【对外劳务合作】　2020 年，长沙市对外劳务队伍扩大，新增湖南中筑实业有限公司办理对外劳务合作经营资格证书。受疫情影响，外派劳务业务严重受阻，外派劳务人数锐减，劳务合作主要分布在尼日利亚、马来西亚、日本、新加坡等地。长沙对外劳务合作企业联盟，结合劳务企业实际，通过企业间互相协作、资源整合，开展境外安全风险防范、“走出去”企业税务风险与应对策略等业务培训，指导劳务企业积极“走出去”。

【外经平台服务】 “湘企出海 +”综合服务平台“长沙专区”功能完善。截至 2020 年 12 月底，“湘企出海 +”综合服务平台“长沙专区”累计上传 5912 条国内外双向信息，完成境内外 838 个信息渠道库；驻外之家中非经贸合作服务平台建设推进，依托已建设的 18 个驻非经贸服务站，促进长沙与非洲经贸往来；发挥长沙市对外投资及经济合作企业协会作用，及时向外经企业传递政策信息，搭建政企沟通桥梁。全年相继举办 2020 泰国—湖南（长沙）经贸与投资合作推介座谈会、第三届中肯合作论坛暨肯尼亚—中国（湖南）农业合作推介会等 9 场线上线下推介活动，深化合作；公共服务平台、市外经协会、“走出去”联盟发挥作用，举办 2020 年湘企出海 · 后疫情时代的发展之路暨非洲市场的实战培训等 11 场培训。

【湖南—非洲三国贸易合作推介会】 2020 年 8 月 18 日，湖南—非洲三国贸易合作推介会暨非洲咖啡街、非洲可可中国营销中心开业仪式在湖南高桥大市场举行。坦桑尼亚驻华大使姆贝尔瓦 · 凯鲁基、加纳驻华大使爱德华 · 博阿滕、埃塞俄比亚驻华使馆公使盖布鲁 · 阿莱穆以及湖南省商务厅厅长徐湘平、副厅长李心球等出席推介会。推介会主要为加强湖南对非洲非资源型产品的进口，以非洲可可中国营销中心及非洲咖啡街在湖南落地为范例，打造非洲非资源型产品集散交易加工中心。坦桑尼亚、加纳和埃塞俄比亚等各国代表分别进行贸易合作推介。该次活动是疫情防控常态化背景下，湖南 2020 年首场对非重大经贸活动，湖南高桥大市场非洲咖啡街、可可营销中心开业运营，标志着非洲非资源性产品集散交易加工中心首批子中心落户湖南。

【2020 中非经贸合作线上磋商会】 2020 年 12 月 17 日在长沙高桥大市场国际商品展示贸易中心举办。磋商会由湖南省人民政府和中国工商银行股份有限公司共同主办，湖南省商务厅、标准银行集团、联合国国际贸易中心国别项目司以及中非跨境人民币中心具体承办。商务部副部长钱克明通过视频方式出席磋商会。副省长何报翔出席会议并致辞。86 家非洲部委或企业、131 家中国能源企业或中资贸易企业参与磋商会。主办方成功匹配并邀请 26 个非洲主要经济体的项目主管部门、56 家主要“走出去”中资企业、60 家非洲贸易企业和 75 家中资贸易企业，依托工商银行“环球撮合荟”平台开展线上对接，为中非政府和企业打造高效、安全和经济的交流渠道。

【第三届中肯合作论坛暨肯尼亚—中国（湖南）农业合作推介会】 2020 年 12 月 8 日，第三届中肯合作论坛暨肯尼亚—中国（湖南）农业合作推介会以视频会议方式在中国湖南长沙与肯尼亚首都内罗毕同步召开。活动由湖南省商务厅、肯尼亚东非共同体事务及区域发展部指导，长沙市商务局和肯尼亚农业部农业食品司主办，肯尼亚中华总商会、湖南省中非经贸合作研究会、驻外之家中非驻地服务中心和“湘企出海 +”综合服务平台“长沙专区”联合承办。中国驻肯尼亚大使馆经济商务处公使衔参赞张益俊、肯尼亚东非共同体事务及区域发展部副部长约翰 · 穆文德瓦、肯尼亚农业部农业食品司司长安东尼 · 穆瑞斯、湖南省商务厅副厅长李心球等参加活动。100 余家国内外企业参与，袁氏种业等多家中国湖南农机企业代表以及肯尼亚咖啡、茶叶、蜂蜜等种植生产企业代表参与分享经验，挖掘双方农业合作潜力，旨在为中肯农业技术和农产品贸易等合作便利搭建桥梁。

（本栏撰稿 何梦秋）

经贸促进

【概况】 2020 年，中国国际贸易促进委员会长沙支会（以下简称“市贸促会”）加强贸易投资促进和商事法律服务工作，创新工作理念，发挥职能作用，完成各项工作。“平安长沙”考核被评为“优秀”等次，被评为 2020 年度全省贸促系统法律服务工作先进单位。

国际商事法律发展 举办线上“2020 国际商事法律合作论坛”，市委副书记、市长、湘江新区党工委书记郑建新出席开幕式并致辞，邀请 52 个国家 120 位嘉宾演讲，32 万人次在线观看；开展“守望相助、齐心战‘疫’”系列涉外商事法律直播讲座活动 20 期，开通“12348”涉外法律咨询专线，组建涉外公益法律服务团，帮助企业妥善应对经贸纠纷。

长沙产业强链补链 加大对日本经贸机构的对接联络，促成日本乐敦与源品生物签订合作协议，打造中国版“德克萨斯医学城”，拟于 2021 年召开“中日干细胞产业峰会”；推动首个互联网 + 国际医疗项目终端在柬埔寨落地；指导推动东非第一电商平台 kilimall 举办“2020 中非网上购物节（湖南—肯尼亚专场）”。

投资贸易和风险防控项目研发 以中非经贸博览会落户长沙和湖南自贸区设立为基础，开展《非洲重点国家投资贸易白皮书》及《贸易风险防控项目》的研发工作，涉及 8 个非洲重点国家，及 16 个环节 80 余个风险点，指导企业国际贸易实践，促进企业合法合规经营，研发成果汇编成册免费发放给全市外向型企业。

巩固基础推动国内大循环 组织 150 余家企业参加 8 个展博会开拓国内

2020 年 12 月 1—3 日，2020 国际商事法律合作论坛以在线形式举办　市贸促会　供图

市场；完成长沙国际商会届中选举，增选理事 48 名；加大对外向型企业的服务和调研力度，形成高质量调研报告，提出“外贸六条”建设性建议，推动长沙外向型经济高质量发展。

【2020 国际商事法律合作论坛】 2020 年 12 月 1—3 日以在线形式举办，由中国国际贸易促进委员会主办，中国国际贸易促进委员会法律事务部和商事法律服务中心、长沙市人民政府承办，长沙市贸促会执行承办。中央委员、全国政协社会和法制委员会主任沈德咏，中国贸促会副会长卢鹏起，中国法学会副会长甘藏春，市委副书记、市长、湘江新区党工委书记郑建新，新加坡律政部部长唐振辉，联合国全球契约组织亚太区总代表刘萌，新西兰驻华大使馆大使傅恩莱出席论坛开幕式并致辞。论坛以“新格局·新合作·新机遇”为主题，围绕“法治与营商环境优化”“新发展格局下的企业合规”“国际商事争端预防与解决”和“企业国际化经营知识产权保护”举办四大平行论坛，举办非洲、欧洲、东盟—南亚、美洲、日本、墨西哥 6 场国别法律制度与营商环境暨贸易投资推介会。50 个国家 120 余位政要、知名专家、外企负责人、律师、顾问开讲，线上直播有 32 万人次观看，首日突破 18 万人次。

【长沙国际商会完成届中补选】 2020 年 9 月 29 日，长沙国际商会三届四次理事会议召开，会议改选长沙市贸促会党组书记、会长唐志远为会长，增选湖南佳兴投资集团有限公司董事长虢德贵为执行会长，增选副会长 18 名，增设监事会，增选理事 48 名，聘请中车城市发展（天津）股权投资基金管理有限公司总经理、深圳和兴资本管理公司合伙人、珠海和君同兴城市发展股权投资基金管理合伙企业（普通合伙）总裁王琪为顾问。

【推动长沙生物医药企业与日方开展技术合作】 2020 年，就日本乐敦投资（中国）公司有意在长沙建立“医疗技术研发中心”的意愿和构想，长沙市贸促会与其 3 次互动拜访，搭建交流合作平台。到上海协调日本乐敦投资到长沙考察事宜，邀请其董事、总经理横井正纪到长沙调研生物医药产业，副市长彭楠会见。对接湘江新区、高新区、浏阳生物医药园及中南大学、湖南中医药大学、新城医疗、华大基因、源品生物科技、九典制药、方盛制药等企业，促成乐敦投资与源品生物签订战略合作协议，推动与日本干细胞产业链深度合作。派员参加中日韩企业交流中心组织的“2020 中日韩绍兴工商大会”。聘请横井正纪、中日韩企业交流中心主任史铭等为长沙市贸促会对日“招商大使”。

【首个互联网 + 国际医疗项目终端在柬埔寨落地】 2020 年，在长沙市贸促会指导下，由湖南聚德堂科技发展有限公司与长沙市企业海外利益保护促进会共同打造的首个“医程无忧”国际医疗投资项目——“柬埔寨 Wecare 维康国际医疗体检检验中心”在柬埔寨首都金边完成基本建设，并投入运营。该中心包括国际医疗远程会诊中心、健康管理中心、第三方医学检验 3 个部分，总投资 250 万美元，项目为当地华人华侨等人群提供远程咨询、诊断会诊、国际转院等医疗服务，推动长沙医疗服务贸易的国际发展，带动中国医疗科技的海外布局。11 月 22 日，该中心在柬埔寨首都金边开业。　　（本栏撰稿　杨易霖）

开发区

DEVELOPMENT AREA

编辑　刘盼盼

综　述

【概况】　2020年，长沙有国家级园区5个（长沙高新区、长沙经开区、宁乡经开区、浏阳经开区和望城经开区）；省级园区5个（雨花经开区、金霞经开区、天心经开区、宁乡高新区和岳麓高新区），参照省级园区管理1个（隆平高科技园）。2020年园区完成规模工业总产值6620亿元，完成规模工业增加值1684亿元，占全市规模以上工业增加值70%以上，规模以上工业增加值增速7.2%，高于全市2.1个百分点，规模工业企业1568家，占全市比重超50%。长沙经开区稳居全国218家国家级经开区前20强（2019年、2020年均排名第17位）；长沙高新区在“2020中国先进制造业百强园区”中排名第十名，成为湖南唯一进入前十的园区；宁乡经开区被评为中国食品工业示范园区；三大园区均入围“2020中国先进制造业百强园区”；望城经开区获批国家新型工业化产业示范基地；浏阳经开区（高新区）被评为国家再制造高新技术产业化基地；隆平高科技园获批国家级现代农业产业园，成为全国首批创建成功的三个种业园之一；雨花经开区获批国家绿色工业园区；宁乡高新区被评为全国电池产业集群示范区；岳麓高新区获批国家技术标准创新基地。

国家级园区按照“两主一特”、省级园区按照“一主一特”进行产业功能分区，实现差异化发展。长沙经开区工程机械产业实现产值1615.2亿元，增长22.8%，创历史新高。长沙高新区“两主一特”产业累计完成产值869.6亿元，占规模工业总产值的85.3%，加速迈向千亿阵营。浏阳经开区（高新区）电子信息实现产值287.63亿元，比2019年增长67.24%，占园区总产值的34.5%。宁乡经开区主特产业产值583.71亿元，占比达到85.1%。望城经开区智能终端产业预计可实现产值130亿元，二特产业产值占比81.1%，成为拉动经济增长的“主引擎”。宁乡经开区国内首家智能家电产业小镇全面启航；金霞经开区被评为全国优秀物流园区；隆平高科技园创建成为国家现代农业产业园；宁乡高新区被评为全国电池产业集群示范区。各园区“政企分开”推进顺利，平台公司市场化转型步伐加快。长沙经开区相对集中行政许可权改革，入选全市改革发展稳定攻坚克难案例。望城经开区搭建“四零”采购对接平台，促成企业开辟本地市场，达成合作额超过35亿元，“四零”采购模式被评为人民网全国“落实‘六保’”任务创新案例。

【长沙雨花经济开发区、浏阳经济技术开发区被评为国家级绿色工业园区】2020年10月16日，工业和信息化部办公厅公布第五批绿色制造名单，长沙雨花经济开发区、浏阳经济技术开发区被评为国家级绿色工业园区。长沙雨花经开区为湖南省获此殊荣的唯一省级工业园区，区别于单纯依靠增加要素数量驱动经济增长的“外延型”经济增长方式，雨花经开区主要依靠技术进步、劳动者素质提高和全要素生产率改进等方式，促进产业提质增效，推动产业向价值链中高端跃升。2019年园区高新技术产业产值占工业总产值93%以上，绿色产业增加值占工业增加值的22%左右。浏阳经开区作为国家新型工业化产业示范基地、国家级长江经济带转型升级示范开发区、国际绿色范例新城试点园区，依托现有产业，发展和壮大绿色产业，建设绿色园区。通过设立绿色发展办公室，组织编制绿色园区发展规划，设立产业发展基金并成立绿色产业发展有限公司等举措，浏阳经开区实现经济发展质量明显提升、绿色质量持续改善、资源能源节约利用水平显著提高、绿色发展机制日趋完善、基础设施建设绿色化比例逐步加大。

【望城区发布“四零”采购模式】2020年4月28日，长沙市望城区发布“四零”采购模式，以“零障碍、零仓储、零物流、零损耗”采购供应链，为园区和企业减支增效，打造更好营商环境。在“四零”采购供应链中，望城区鼓励和帮助企业整合优质资源，精准开展供需对接，提倡区内企业间就近采购、就近合作、就近服务，缩短运输距离，降低仓储占地、建设、囤货和转运等成本。企业之间从“互为邻居”变成“互为生产车间”，大大减少原材料、半成品、成品等方面的损耗，提高效率，提升效益。越来越多的零散企业融入产业链，中小微企业与大企业互为供应商，产业生态互为补充、不断丰富。望城本土企业华腾包装通过“四零”采购路径，已成为区内澳优乳业、中粮可乐、中茶茶业、京东等20余家大中型企业的稳定供应商。通过“四零”供应链与望城经开区湘江涂料达成采购协议后，全区130余家建筑类企业直接到厂家提货，压缩了10%~15%的成本，每年可节省费用近300万元。湘江涂料、建发集团、澳优乳业、湾田国际等16家区内企业签订采购合作协议，总金额2.83亿元。

【全市重大项目集中开工】　2020年4月28日，全市重大项目集中开工活动举行，80个项目集中开工，总投资388亿元。省委常委、长沙市委书记胡衡华宣布项目开工，省委常委、常务副省长谢建辉出席并讲话，长沙市委副书记、代市长、湖南湘江新区党工委书记郑建新主持。长沙的集中开工活动在主会场长沙高新区及其他区县（市）、园区分会场同期举行。长沙此次集中开工的项目中，总投资额10亿元以上项目9个，包含产业类、市政基础设施类和民生及其他类项目80个项目。80个项目中，产业类项目43个，总投资276亿元。其中，总投资约70亿元的“巨无霸”项目——长远锂科车用锂电池正极材料扩产项目建成后预计可实现年产值122亿元，全部建成后可具备年产8万吨电池三元正极材料产能。位于宁乡的楚天科技第四期工程总投资 12 亿 ~16 亿元，计划 3~4 年完成建设，该项目将进一步提升楚天科技的技术研发水平，提高国际国内市场竞争力。此外，当天开工的还有金桂小区三期农民安置房项目等一批民生类、市政基础设施类及其他类项目。2020 年长沙铺排重大项目 1320 个，总投资 16245 亿元，年度投资 3592 亿元。（本栏撰稿　阳　娟）

国家级开发区

·长沙高新技术产业开发区·

【概况】　2020 年，长沙高新技术产业开发区（以下简称“长沙高新区”）实现企业总收入 2820 亿元，增长 23.9%；规模工业总产值 1019.4 亿元，增长 8%；规模工业增加值增长 8.3%；完成固定资产投资 315 亿元，增长 12.7%；实现高新技术产值 1470.4 亿元，增长 6.9%；实现财政总收入 239.35 亿元，一般公共预算收入 135.45 亿元，增长 15.97%。在全市“大干一百天实现双过半”竞赛中，夺得小组第一名。

产业发展　“两主一特”产业持续壮大，实现产值 869.1 亿元。生物医药产业化危为机，增速创历史纪录 43.6%。“互联网岳麓峰会”等重大节会成功举办，坚定推动“软件业再出发”，引进 CSDN（中文软件开发互联网社区）、文思海辉等一批重大软件项目，为再创高新区软件业辉煌积聚力量。企业“入规、升高、上市、扩面”取得新成绩，新增 3 家上市企业。

项目建设　全年引进重大项目 89 个，总投资 548.76 亿元。其中“三类 500 强”项目 13 个，过 100 亿元项目 1 个，过 50 亿元项目 3 个，过 10 亿元项目 8 个。五大牵头产业链引进项目 124 个，总投资 687.9 亿元。实现新开工项目 36 个、竣工项目 27 个。中联智慧产业城、湖南三安、天际汽车、长远锂科、航天环宇 5 个全市制造业标志性重点项目，占全市近 30%，中联智慧城首台中大挖机和天际汽车首台纯新能源车成功下线。

科技创新　新增加柳枝行动等 3 个国家级创新平台，新获批国家海外人才离岸创新创业基地，国家网络安全产业园揭牌运营。高端人才加速聚集，新增省“五个 100”科技人才、市高精尖等各类人才 239 人，在全市占比均突破 50%。科研投入强度加大，完成规模工业企业研发费用 50.69 亿元，增长 25%。科工贸一体推进，获批立项各级科技计划项目 746 个，中联重科、华曙高科、圣湘生物等企业研发推出一批高端科研产品，实现技术交易额 55 亿元，增长 23%。

营商环境　实施“三联”帮扶机制，帮助企业解决产业链供应链问题 2000 余个，出台“援企稳岗 16 条”“金融 8 条”“黄金 11 条”等政策，兑现落实扶持资金 43.24 亿元，帮助企业战胜困难。科技金融深化服务，帮助企业实现股权融资 175 亿元、债权融资 176 亿元。营商环境年度测评获全市第一名，企业对园区营商环境满意率达到 99.2%，长沙高新区优化营商环境的系列举措被树为典型在全省作经验推介。

社会民生　着力解决群众“急难愁盼”之事，建成 13 所学校（幼儿园）；提质改造小区及楼道 453 个；建成安置保障房项目 13 个，其中 2019 年启动建设的金南家园三期等 5 个保障房实现交房；落深落实“房住不炒”，长沙高新区公租房建设工作被中央电视台《焦点访谈》报道；新增城镇就业 8651 人，发放创业资金 2034 万元；新增参保企业 1693 家，城乡居民养老保险 3.1 万人，发放社会救助资金 2046.2 万元。持续抓好法治园区、平安园区建设，推进国家安全、扫黑除恶、禁毒战争、安全生产、食药安全、信访攻坚、整治施工环境等专项工作，全力维护社会安宁。

产城融合　按照“四精五有”要求，推进产城融合发展。交通路网加快优化，24 条道路建成通车，岳麓大道提质改造六大产业片区路网框架基本成形。公共服务设施逐步完善，电力“630 攻坚”，220 千伏雷锋变电站建成投产。智慧园区建设初显成效，建成 5G 基站 1671 个；人居环境持续优化，主干道路绿化提质 4.65 公顷，空气优良率 84.3%，行政村垃圾分类减量覆盖率 100%，雷锋河、肖河水质指标改善幅度位居全市第二位。

深化改革　行政机构改革，新组建高新区自然资源与规划局、市场监督管理局，调整优化应急和环保部门的职能职责，行政资源配置更趋合理。“放管服”改革，打造“无费园区”，优化“一网通办”，网办率 99%。“多审合一”“多证合一”改革，办理各类审批事项 1111 个，项目建设实现“拿地即发证”。全年累计办件 16 万件，日均 620 件。国企重组改革，集合园区国有平台公司资源，新组建麓谷发展集团，释放融资能力近 60 亿元。

要素保障　加大财政资金保障力度，累计支出 176.3 亿元，加强项目配套融资服务，争取到位政府债券 29.61 亿元，化解隐性债务 30.97 亿元。土地挂牌出让，累计出让经营性用地 112.7 公顷、工业项目用地 182.33 公顷，回笼资金 100.94 亿元。加快盘活存量土地资源，累计处置闲置土地 57.47 公顷。拆迁任务年度翻番，完成征拆项目 43 个，拆迁腾地 733.33 公顷，铺平项目建设“最先一公里”。

【新冠肺炎疫情防控工作】　2020 年，长沙高新区率先全市推出“援企稳岗 16 条”“金融 8 条”“黄金 11 条”等一系列举措，落实各项政策资金 43.24 亿元，为企业减免社保费 14.68 亿元，返还失业保险费 1.7 亿元，减税降费 8.77 亿元。下派 206 名驻企联络员，帮助企业解决抗疫复工困难问题 1876 个，409 家重点企业 2 月底前率先全市实现复工复产，主要经济指标从4月份起由负转正大幅增长。抗疫期间，长沙高新区出台四项举措，在做好疫情防控工作的前提下，促企业复工复产，维护正常经济社会秩序。成立由党工委书记任组长的企业复工复产领导小组，下设6个工作组，先后于1月29日、2月4日和2月9日动态发布复工复产指导意见，科学统筹企业复工复产工作。筛选出623家重点企业，并按照“重大骨干企业、重要贡献企业、重点关注企业”三个层次，积极稳妥、科学有序地推进企业复工复产。抓好物资保障等硬件建设。通过设立海外和国内两个物资采购小组、成立生产要素外协工作组，收集企业防控应急物资需求和物资储备、做好沟通协调，解决复工复产企业供应链、上下游出现的困难问题。注重政策供给等软件建设。2月7日，高新区在园区全市率先出台《关于有效应对疫情促进企业平稳健康发展的意见》，从减轻企业负担、稳定职工队伍、加大金融支持、优化政务服务等方面援企稳岗。抓好“面对面”防疫指导，制作详细的防控工作图解；开展“一对一”蹲点帮扶，现场解决企业困难问题，保障复工复产所需的水、电、气、物流等生产要素；做好“键对键”审批服务，推行全程“不见面”无纸电子化登记和“非接触式”办税缴费服务，以掌上办、网上办、键上办构筑企业设立登记、业务办理。

【20个项目集中开工】 2020年3月25日，长沙高新区“大干一百天实现双过半”项目集中开工动员活动在九芝堂项目现场举行，20个项目总投资151亿元。长沙市人民政府副市长邱继兴、长沙高新区党工委书记周庆年出席。长沙高新区领导陈大庆、崔晓、漆曙光和企业及项目代表200余人参加活动。此次总投资100亿元的十大产业项目中，有总投资50亿元的清控科创项目，九芝堂项目、航天凯天项目；总投资51亿元的十大政府投资项目主要以基础配套和民生重点项目为主。此次活动是长沙高新区“百日会战”期间首批重大项目集中开工动员活动。

【“柳枝行动”双创平台被认定为国家备案众创空间、湖南湘江新区重大双创示范基地】 “柳枝行动”是湖南省、长沙市、长沙高新区三级财政联合支持的双创平台，致力于提升信息产业中小微企业融资能力，由长沙高新区信息产业园下属国有投资公司长沙麓谷高新移动互联网创业投资有限公司负责运营。对于符合条件的移动互联网早期初创项目，提供20万元的专项财政资金扶持，帮助企业渡过创业初期的艰难。2020年，“柳枝行动”双创平台以湖南省内第一的成绩被科技部认定为国家备案众创空间、湖南湘江新区重大双创示范基地。9月16－18日，中共中央总书记、国家主席、中央军委主席习近平到湖南考察，并主持召开基层代表座谈会。长沙高新区企业家周博文向总书记汇报“柳枝行动”孵化平台主动上门考察并给公司20万元无偿补贴的故事，该平台为初创企业的生存和发展保驾护航，累计被中央、省、市媒体报道近百次。

【国家网络安全产业园长沙揭牌】 2020年6月18日，国家网络安全产业园区揭牌仪式在麓谷举行，湖南长沙成为继北京之后全国第二个获批国家网络安全产业园区的地区，标志着长沙网络安全产业与先进制造业、新基建、数字经济跨领域高质量融合发展进入崭新阶段。湖南省副省长陈飞出席揭牌仪式。文思海辉、麒麟软件、长城科技、中电软件园三期、光环新网、深信服、同有科技、国泰新点等园区首批引进项目与高新区管委会现场签约；中国长城、景嘉微、奇安信、天融信、湘江鲲鹏、创智和宇、金盾信息等30余家重点企业作为首批入驻园区企业集体亮相。

【长沙高新区首张“一业一照”营业执照发放】 2020年11月23日，长沙高新区首张“一业一照”营业执照发放，标志着“行业综合许可登记”改革措施的落地。此次改革涉及药品经营、医疗器械经营、食品经营（销售）、小餐饮4个行业，将同一行业的经营许可、经营备案和市场主体登记事项合并办理为一张综合许可证。申请人合并办理的多个事项，按照“一次表单、一次申请、一次受理、一次核查、一次办结”的模式，将原来的146个细分事项整合为35个事项，精简材料85.5%、压缩时限65.6%、减少跑动次数71.8%。综合许可证上加载集成法定许可证书的二维码，实现许可信息的一码全覆盖，企业可自行下载、打印相关许可证书，实现“拿证即经营”，进一步营造宽松便捷的市场准入环境，提升企业满意度和获得感。长沙古早食品贸易有限公司获长沙高新区首张综合许可证。

【湖南首家国家级离岸创新创业基地设立】 2020年12月11日，湖南第一家国家级离岸创新创业基地——长沙国家海外人才离岸创新创业基地经中国科学技术协会批准设立，在长沙高新区揭牌。省科协副主席傅爱军，市委常委、市委组织部部长张宏益出席。海外人才离岸创新创业基地是指海外高端人才可留在海外创新创业，将成果在国内落地；针对海外项目采取“区内注册、海内外经营”等离岸模式，对接海内外创新资源。

（本栏撰稿　李　欣）

·长沙经济技术开发区·

【概况】 2020年，长沙经济技术开发区规模工业总产值2530.5亿元，增长6.2%；规模工业增加值56.1亿元，增长8.1%；全社会固定资产投资311.6亿元，增长7.6%，其中工业投资174.4亿元，增长10.5%%（含工业技术改造投资93.4亿元，增长25.9%）；财政总收入210.4亿元，增长9.7%，其中税收171亿元，增长9.9%；进出口总额55亿美元，增长10.82%；实际利用外资8.15亿美元，增长10.46%。在商务部2020年国家级经开区综合发展水平考核中稳居第十七位；21世纪经济研究院发布的《2020年全国经开区营商环境指数报告》中位居全国第九位、蝉联中部第一位；推动产业发展、招商引资、科技创新、项目建设成效明显，被省政府列入2020年度真抓实干成效明显地区予以表扬激励。

疫情防控和经济发展　坚持区县一体联防联动，选派309名防疫联络员派驻园区235家规模以上企业开展全方位服务。组织5129名企业涉疫及重点岗位人员进行免费核酸检测，完成绿码注册11万余人。为企业、项目提供防护口罩30余万个、额温枪1000余把、消毒液6000千克、防治中药4.5万份。园区未出现确诊、疑似病例。三一集团、山河智能等产业链头部企业在全省率先复产。园区规模以上工业企业3月底基本实现全面复工复产。88个市重大项目一季度开工率达95%，22个原计划下半年开工的项目，提前到上半年开工。服务助力"准"字为先，出台《全力支持企业复工复产的十二条措施》，重点从疫情防控、稳岗招聘、金融帮扶、提升本地配套率等方面进行精准支持。设立"复工复产政策兑现专窗"，综合受理各级复工复产政策兑现事项。集团公司对入驻名下经营性用房的141家中小企业减免租金746.67万元。19支招工小分队到32个贫困县开展劳务协作，帮助企业招工2.2万余人。依托"金融集市"推出"云金融集市""连线审批"等服务，帮助企业融资4987万元。8000余家企业享受疫情期间社会保险减免政策红利，减免社保费用5亿余元。经济企稳"实"字发力，推进"大干一百天、实现双过半"竞赛活动，区县一体强力实施"信心提振""项目提速""产业提效""城市提质"四大行动。以新项目引进、新建设推进、新技改促进，全面打造智慧园区、生态园区和宜居园区，着力在疫情防控常态化条件下抓项目、稳投资、兴产业。上半年园区经济发展逐步复苏回暖、企稳向好，规模工业总产值、工业企业用电量等指标全面增长，特别是工业技改投资增长32.4%。

产业创新发展　主特产业稳步回升，工程机械产业产值1615.2亿元，增长22.8%，创历史新高。其中三一集团、山河智能、中联工起、铁建重工产值分别增长24.2%、41%、19.9%、8.3%。三一集团跻身全球工程机械前三强，成为世界工程机械市值第二大企业。汽车及零部件产业产值508.5亿元，下降25.3%。三一重卡全年产销量突破2万台，保持100%的增速。电子信息产业产值236.3亿元，增长3%。其中蓝思科技实现产值160.6亿元，增长3%。新兴产业创新突破。新引进区块链企业48家，企业总数突破100家，获批设立湖南省区块链产业园（长沙星沙）。以三一云谷为载体，与三一集团共建区块链产业园。开发区块链底层联盟链，成立院士专家领衔的区块链专家委员会。区块链安全技术检测中心、天河国云等牵头起草的省级地方安全技术测评标准正式发布，是全国首个区块链安全测评地方标准。发布《2020年中国城市区块链综合指数》，园区政务应用和政策环境指数位居全国前列。生物技术及生命健康产业依托重大项目加速布局。源品生物建成储存量500万份以上的"细胞组织库"，海凭国际（星沙）医疗器械产业园开工建设，微智医疗美籍科学家在长沙完成世界首创"IMIE智能视觉植入器"手术。招商引资成效显著，新引进1亿元以上项目33个，总投资额约210亿元，其中三类500强项目8个，包括上汽大众新能源车、吉利新能源车、广汽三菱新能源车、铁建重工长沙第三产业园、比亚迪IGBT、中电长沙信息科技园、国药集团长沙医疗器械、湖南凯杰科技电子信息制造业创新中心等。实施日系、德系汽车产业招商，举办中国民贸中日企业家中秋联谊暨长沙经开区专场交流会活动，承办第四届中德汽车大会。服务国家总体外交，向疫情严重的园区外资企业母国捐赠100万元防疫物资。做好稳外贸、稳外资工作，向194家企业拨付外贸及增量奖励资金4046万元，全年完成外商直接投资9816万元。抢抓重大项目战略布局。在三一智能装备制造（含三一智联重卡、三一云谷）、蓝思科技视窗触控玻璃面板扩产、比亚迪新能源汽车电控及智能化系统核心器件研发及产业化、山河工业城（三期）等4个项目纳入市制造业标志性重点项目的基础上，增加吉利帝豪新能源汽车导入项目，形成"4+1"项目建设推进机制，开展全要素、全过程管理服务。聚焦代办服务、直接服务、协调服务、延伸服务，主要领导现场调度、每周主任会议调度重大产业项目形成常态化机制。三一智联重卡和工程机械扩产、吉利新能源汽车等项目实现当年开建、当年投产，蓝思科技黄花生产基地、顶立科技等26个产业项目集中竣工，广汽三菱研发中心完成主体建设。园区纳入市发改委考核的88个重大项目，完成投资222.76亿元，完成率132%。推进星沙商务中心区土地收回、招商安置。完成14家企业16宗土地44.55公顷土地收回、收购，完成5家腾退企业的项目引进，新增投资6.6亿元。产业项目集聚新动能。吉利集团托管长丰集团下属猎豹汽车长沙分公司，导入新能源汽车生产，5个月实现全线投产。比亚迪IGBT项目利用创芯资产，建设新能源汽车电子核心功率器件生产线，加快核心部件国产化。安排4.13亿元用于化解隐性债务本息，并完成所有隐性债务置换工作。出台《打造具有核心竞争力的高科技园区实施办法》《促进集成电路产业发展的实施办法》等政策，支持更加精准有力。

制造业转型升级　推动智能制

造、智慧园区、工业互联网“三位一体”迭代升级，以“5G+AI+区块链”新“三位一体”赋能制造业创新发展。获批全国首个省级“5G+工业互联网”先导区，入榜工业和信息化部国家新型工业化产业示范基地发展质量五星评价，发布全国首个结合区域产业特色的“5G+”工业应用场景体系性文件，5个项目列入全国工业互联网试点示范，17个项目入围全省“数字新基建”100个标志性项目。6家优势企业打造“5G+工业互联网”标杆示范项目。推进5G宏基站和企业微基站建设，园区主要区域实现5G全覆盖。智能制造和工业互联网领域示范项目数、系统集成商数、工业互联网平台数、数字新基建标杆项目数、5G+工业互联网应用场景数均位列全省园区第一位。科技创新夯实产业支撑，园区被认定为全市首家技术转移转化基地，引进国家级技术转移转化示范机构。规模工业企业完成研发投入95亿元，占营业收入比重3.7%，总量占全市国家级园区40%；新增省级企业技术中心1家、省级工业设计中心4家。园区企业新研发省、市首台（套）智能制造装备19件，专利申请量、授权量分别为3031件，2665件；知识产权质押融资额5.89亿元，排名全省第一位。湖南省知识产权综合服务中心长沙经开区分中心挂牌成立。高峰智能制造产业园等工业地产项目加快建设，新增投资17.4亿元，新增工业地产建筑面积37.1万平方米，各创业基地新引进小微企业223家。商事主体集聚内生动力，将企业“入规、升高、上市、扩面”作为园区经济发展的重要抓手，全年新增规模以上工业企业32家，新增高新技术企业153家，总量分别达245家、357家，五新隧装进入新三板创新层。新增国家智能制造示范企业1家、省级智能制造示范车间2家、市级智能制造试点企业48家，省级上云上平台标杆企业4家，总量分别为15家、14家、140家、6家，智能制造产值占规模以上企业产值比重90%。全年新增商事主体（企业）2360家，总量12668家，首张核名湖南自贸试验区企业营业执照在园区颁发。

营商环境优化　延伸产业链，围绕采购供应链、生产制造链、终端销售服务链，多措并举优化产业发展生态。采购供应链方面，区县组织召开汽车、工程机械、先进轨道交通、新一代半导体及集成电路4条产业链企业供需对接会，现场签约金额20.96亿元。举办工程机械关键技术供需对接会、“星‘芯’相链扬帆未来”集成电路产业对接沙龙活动，畅通产业链上下游企业的协同联动。生产制造链方面，围绕“三智一芯”紧抓支撑项目、配套项目的引进和落地，提升关键零部件本地配套。聚焦工程机械液压油缸、液压阀、液压马达等高端装备设备，引进凯恩利工程机械液压件、德国托马斯、盈旺车身、视比特机器人、威科赛尔光电等产业链项目。三一重卡联合玉柴推出燃气发动机、与赛轮轮胎达成战略合作。终端销售服务链方面，落地实施市民购买本地产汽车消费优惠政策，兑现2504辆园区产汽车销售补贴700万元。提质环境链，深入贯彻“四精五有”理念，全力打造宜居园区，公共服务、基础及配套设施建设品质进一步提升。湖南第一师范学院星沙实验小学、康礼·克雷格学校开学，长沙师范学院附属经开区幼儿园完成建设，南雅星沙实验学校、长沙师范学院幼儿园双双落户星沙产业基地，湘之雅国际医院投入运营。“一圈两场三道”建成停车场4个、自行车道和人行道28.1千米。“两水”扩容提质有序推进，星沙污水处理厂扩容（四期）提标项目实现试通水，星沙水厂改扩建工程完成9个单项主体建设。长沙经开区产业员工生活配套园公租房项目一期建成，黄金人才公寓（一期）投入使用。持续打通园区堵点，拉通盼盼路（黄兴大道以东）、天华路、东十一路等道路；推动11条道路提质改造，机场高速北辅道、红树坡路、黄山坡路、螺丝塘路提质改造道路工程完成建设。优化服务链，全力打造“五零”（“建设园区零杂音、服务项目零延误、维护企业零干扰、扶持发展零争利、行政事务零收费”）园区。出台《关于严格规范涉企检查的通知》并开发“涉企检查云备案”平台，推行涉企检查清单制和备案制。成立长沙县社会矛盾纠纷调处中心驻经开区蓝思科技调解工作室。与国网湖南综合能源服务有限公司在湖南首创“区域能源数据中心”，以“能源+经济数据”的“活水”赋能产业链价值增生创效。启动企业服务卡试运行，为园区企业提供高铁、机场出行、入学就医服务。智慧园区二期项目完成验收，三期项目启动，“综合能源e管家”电力管理平台初具成果。推进涉企事项归集办理，推出外贸、金融、政策兑现、预服务等系列综合窗口，4区域开发与园区经济打造园区特色“一件事一次办”综合窗服务矩阵。拓展资金链，试点“制造业资金合作计划”，总规模40亿元（首批规模10亿元）。与国家开发银行、长沙银行、星沙农商行等金融机构签订战略合作协议，形成一系列金融产品资源库。创建金融集市产品创新研发中心，开启“云上集市”，零接触进行放款，开展20场金融集市活动，惠及700余家企业，共促成企业融资近20亿元。丰富服务形式和内容，创新推出“金融集市云平台”“金融产品超市”“金融产品研发创新中心”，实现企业融资需求“线上申请、线下对接、一站式服务”，服务企业近400家，发放风补、转贷基金8.5亿元，新增担保14.1亿元。落实减税降费政策，新增减税降费11亿元。向企业拨付本级扶持资金32.44亿元，协助企业争取上级财政资金5.56亿元。建立盘活“三资”联席会议工作机制，全年盘活各类资金60亿元。打通人才链，围绕引育留用全流程持续优化服务链条。出台《长沙经开区建设国际人才港加快人才集聚发展若干措施》，对海外人才和高端人才实施差异化支持举措，打造园区招才引智政策“升级版”。国家级人力资源服务产业园集聚各类人力资源机构180余家，年招聘服务能力达4万人。支持组建国有平台人力资源服务公司“星城人才集团”。信息化人才市场全面投入使用，引才5500余人。全面推广青年人才驿站，为来区求职青年大学生免费提供驿站入住、就业指导、园区融入等服务。持续深化校企人才联合培养，新增47位产业教授。获批“机械与动力工程专业高级职称评审委员会”。专业技术人员职称评审申报人数连续五年蝉联全市园区第一位。三一集团向文波、铁建重工刘飞香、山河智能郝鹏获全国劳动模范。探索“员工共享”模式，实现汽车与工程机械企业400余名产业人才在区内流动循环。

相对集中行政许可权改革　将派驻园区的国土、规划、工商、质监等市直驻区机构全部成建制划为园区管委会内设机构。将自然资源和规划、市场监管等市直部门30项权限，由委托派驻机构改为直接授权管委会行使。成立行政审批服务局，将市场准入、工程建设、生态环保等原分散在8个部门的75项行政许可及关联事项划转至行政审批服务局，实现“一枚印章管审批”。推动“两水”上市，星沙水务公司迎战股改，“两水”特许经营权授予完成。发展保障持续夯实，发展引领方面，高质量编制园区“十四五”发展规划。土地要素方面，聚焦土地报批、出让、征拆全流程发力，为产业项目落地建设提供强有力支撑。全年供应土地735.13公顷，35个在拆项目共拆除房屋708栋，完成拆迁腾地231.67公顷。资金要素方面，争取地方政府专项债券28.17亿元、抗疫国债1亿元。集团公司获批15亿元项目建设专项债和9亿元片区开发项目资金。双创工场及配套设施PPP项目列入全省综合性项目，与社会投资方签约开建。规划要素方面，园区国土空间规划研究成果成为全省城镇开发边界模拟划定工作的依据，三一智联重卡片区控规、大众片区长沙磁浮绿带生态走廊控制线规划修改获市政府批复。电力要素方面，电网“630攻坚”36项任务全部完成，110千伏黄花蓝思专变110千伏曹临线、榔广线、榔达线，35千伏黄冶仙线改迁完成建设，保障重大项目和相关企业的电力建设和能源供应需求。突出抓好臭氧和颗粒物管控，空气质量持续改善。经开区国控站点优良天数305天，优良率83.3%。持续开展双桥港、梨江港、杨家湾排水调查和截污治污工作，梨江港等流域所有涉及园区企业的错混接情况基本完成整改，杨家湾渠道水质持续稳定改善。园区污水处理“一园一档”管理工作通过集中审核。

【自贸试验区建设】　2020年长沙经开区聚焦重点抓项目推进。编制“1+2+4”发展规划和实施方案体系，即全球高端装备制造业基地发展规划；支持先进制造业高质量高端化发展实施、支持区内装备制造企业建设全球售后服务中心2个子方案，以及4个国际功能性平台建设方案。高标准推进平台建设，以建设国际金融港、国际人才港、国际先进制造业总部经济中心、国际人才社区为抓手，着力夯实自贸试验区平台支撑。高质量推进项目落地，引进落地微智医疗创新科技园、中国—丹麦ECO产业园、夸特纳斯长沙智慧冷链产业园、丰树星沙国际食品智能制造产业园等重大项目15个，投资总额323.52亿元，其中三类“500强”项目3个。聚焦创新抓改革推进。全面落实长沙片区113项改革事项，确定“6+14”总目标（力争3年内累计向国家报送制度创新案例和可复制可推广经验6项以上；经开区区块可承接长沙片区改革事项14项重点任务），初步形成探索数字知识产权、工程机械二手设备出口、工业大数据等赋能先进制造业领域的制度一批创新点。

【首届星沙海外高层次人才创新创业论坛】　2020年1月10日，“创业潇湘 智汇星沙”首届星沙海外高层次人才创新创业论坛在长沙经开区举办，7名企业家分享创业心路历程。5位专家及海外人才代表围绕“海外高层次人才创新创业新机遇”主题进行研讨。长沙市、长沙经开区分别颁发用人单位引才，重点人才项目扶持等5项奖项，资金3079万元。

【国产最大直径盾构机下线】　2020年9月27日，一台最大开挖直径16.07

2020年9月27日，国产最大直径盾构机下线　　长沙经开区　供图

米的超大直径盾构机在长沙经开区铁建重工下线。该机整机长150米，总重量4300吨，是继6月28日下线湖南制造最大开挖直径15.01米盾构机后又一重大科研成果，是中国至2020年研制的最大直径盾构机。该设备由铁建重工、中铁十四局集团联合研制。

【区县重大产业项目集中开工】 2020年1月12日，长沙经开区、长沙县2020年一季度10个重大产业项目集中开工，总投资100.25亿元。此次集中开工项目中，长沙经开区汽车产业项目4个。其中，世界500强企业德国大陆集团投资建设的中央电子工厂项目应用大陆汽车系统最新的工厂设计标准，从物流和产线的布局，到厂房各个系统的设计，都以高效节能作为目标。

【国家级经开区排名第17位】 2020年1月27日，商务部召开《2019年国家级经开区综合发展水平考核评价结果》新闻发布会，发布整体考核评价结果及219家国家级经开区综合和单项排名情况，长沙经开区综合排名第17位，较2019年提升3位。2020年，长沙经开区经济呈现快速企稳、持续向好的良好态势，园区全年规模工业总产值2530亿元，其中工程机械产业产值1615亿元，创历史新高，增长22.8%。

【星沙区块链产业园建设项目签约】 2020年4月8日，长沙经开区与三一汽车制造有限公司、树根互联技术有限公司签订战略合作框架协议，以三一云谷为载体，共建星沙区块链产业园，该项目总占地面积144公顷，总投资180亿元，计划到2030年聚集3万名高新创意人才，拓展100万平方米新型研发区域，年产值过千亿元。

【“5G+工业互联网”先导区落户】 2020年7月24日，省工信厅批复同意依托长沙经开区设立湖南省首个“5G+工业互联网”先导区（长沙星沙）。长沙经开区将依托先导区，大力开展基于5G的工厂内外网络改造，加快工业互联网在优势产业集群推广应用，推动“5G+工业互联网”融合创新。

【海凭国际医疗器械产业园开工】 2020年9月10日，长沙经开区海凭国际医疗器械产业园项目开工。该项目位于人民东路与东十一路交汇处，总占地面积7.66公顷，建筑面积23万平方米，是集研发、生产、技术成果转让、企业孵化、交易展示、行业交流等功能于一体的专业生态医疗器械产业园。建成后将引进医疗器械企业及相关配套企业300余家，实现园区年产值100亿元以上，打造成为高科技、高产值、高税收的医疗器械标志性专业园区。

2020年12月29日，全市重大产业项目流动观摩会在长沙经开区举行

长沙经开区　供图

【丰树智能制造产业园项目落户】 2020年9月24日，长沙经开区管委会与上海丰树管理有限公司举行签约仪式，丰树星沙国际食品智能制造产业园项目落户星沙产业基地。该项目主要经营运营及管理生鲜食材采购、自动化生产及加工、标准化集中检验、新食品研发、食品冷链、智能供应链等产业平台的建设、运营及管理，并建成集采购、生产、加工、研发、配送、销售、外卖于一体的智能化中央厨房，通过运用信息管理系统，打通从田头、工厂到餐桌的一体化产业链，为园区发展带来更多新产业、新业态和新模式。

【中国（湖南）自由贸易试验区长沙片区揭牌】 2020年9月24日，中国（湖南）自由贸易试验区长沙片区揭牌仪式暨建设动员大会举行。“中国（湖南）自由贸易试验区长沙片区”揭牌。长沙片区实施范围79.98平方千米。其中长沙经开区占地47.17平方千米。战略定位是对接“一带一路”建设，突出临空经济，重点发展高端装备制造、新一代信息技术、生物医药、电子商务、农业科技等产业，基本建成“一基地一中心一先行区一增长极”，即打造全球高端装备制造业基地、内陆地区高端现代服务业中心、中非经贸深度合作先行区和中部地区崛起增长极。

【全市重大产业项目流动观摩会】 2020年12月29日，2020全市项目建设流动观摩现场会在长沙经开区三一智联重卡和工程机械扩产项目举行。总投资220亿元的三一智联重卡和工程机械扩产项目厂房投产。流动观摩现场，观摩团共同见证三一集团全球首台国六大跨度举高喷射消防车下线，该消防车水平跨度大、跨障能力强、动作灵活，精准灭火，已形成21米至62米全系列产品。

【长沙吉利首批新能源车下线】 2020年9月29日，长沙吉利新能源汽车项目全线投产，迎来首批新车下线。4月27日，省政府、市政府与浙江吉利控股集团签署战略合作协议。吉利集团托管位于长沙经开区的长丰集团下属湖南猎豹汽车股份有限公司，从事新能源汽车整车生产和销售，并致力打造吉利中部区域新能源产业链战略基地，通过对长沙分公司的总装、涂装、物流、路试跑道等主要设施进行适应性改造，导入吉利新能源汽车及技术，从事新能源汽车整车生产和销售。

【第四届中德汽车大会在长沙经开区举行】 2020年10月16日，第四届中德汽车大会在长沙经开区举行，该大会由长沙经开区管委会、汽车产业投资促进委员会、中国国际投资促进中心（德国）、德国CAR汽车研究中心承办。大会以“创新、转型、跨越”为主题，聚焦新形势下中德汽车产业创新合作新机遇，探讨数字化升级、商用车智能化、产业链投资并购、氢能源汽车发展等领域的相关话题。大会设置3场专题分论坛，分别关注商用车智能化、中德（欧洲）汽车投资合作、氢能产业发展等主题，安排中德连线专场，两国嘉宾在“云端”实现对话。中德两国专家、企业、行业组织及专业服务机构代表300余人参加。

（本栏撰稿　李钒溦）

·宁乡经济技术开发区·

【概况】 2020年，宁乡经济技术开发区（以下简称“宁乡经开区”）实现规模工业总产值697.2亿元、工业增加值168.7亿元，固定资产投资239.1亿元、财政收入60.3亿元、税收28亿元。在工信部赛迪研究院发布的“2020中国先进制造业百强园区”中排名88位。

疫情防控　突出工厂、工地、公寓三个重点，选派170余名干部和医务人员，成立20个企业指导组、15个重点企业防疫工作服务站，下沉一线、包企负责，实现企业全覆盖、员工全覆盖、防疫举措全覆盖。组织1.7万名企业员工免费检测核酸，免费为企业发放餐桌隔板、口罩等应急物资，发动企业捐款捐物1800万余元，全区实现零输入、零感染、零传播，新华社、《人民日报》、央视新闻等先后报道园区防疫举措。食品产业发挥优势，粮油米面乳企业迅速复工满产，全力保障了民生物资供应。妇孕婴童企业迅速转型，上马口罩、消毒液等防疫物资生产线。2月22日，湖南省再次紧急支援湖北保供应，宁乡经开区特事特办、急事快办，建立绿色通道，派专人上门指导康师傅等重点企业进行网上申报，基本实现当日审批当日办结，全力保障企业复工满产支援湖北疫情防控。加加食品、格力盛世欣兴被评为长沙市“抗击疫情先进基层党组织”，楚天科技被评为中国食品和包装机械行业“抗击新冠疫情先进单位”。

品质招商　在广州、顺德等智能家电、美妆产业集聚地开展驻点招商，成功引进格力第二研发中心、百庄新材等优质产业链项目。围绕“两主一特”产业，聚焦三类500强、上市公司、行业龙头精准招商，全年签约中电互联、欣旺达、小佩科技、哈啰出行等产业项目33个，合同引资103亿元，其中三类500强项目5个、上市企业和行业头部企业11个。

项目建设　成立产业项目服务和营商环境优化联合指挥部，组建8个帮扶小分队，全面推行项目领衔制、问题交办制、限时办结制、督查考核制、讲评通报制，为58个重点产业项目提供保姆式服务。智能家电产业园、楚天华兴等28个项目竣工投产，湖南建工产业园、欧标化妆品、联塑科技二期等17个项目开工建设，实现了安全零事故、服务零缺位。两个长沙市标志性项目加快推进，格力冰洗基地11月全面进场施工，楚天科技四期完成主体建设。

企业发展　上市阵营持续壮大，园区本土上市企业3家，上市公司投资企业23家。松井股份成为宁乡首家科创板上市企业，市场占有率居全球第四位、国内第二位；投资主体位于园区的中伟新材料登陆创业板，将成为全球最大正极材料生产基地之一。重点企业持续倍增，格力电器、楚天科技、中伟新能源、松井股份等重点企业持续投资，康师傅、小洋人、好益多等11家食品企业启动或完成二期项目。创新驱动持续增强，新增入规企业13家，高新技术企业53家；获批市级智能制造38家，市级以上智能制造示范试点企业103家；完成技术交易合同成交额6.2亿元，比2019年增长93.1%。桑铼特获省专利二等奖，楚天科技、百川超硬获省专利三等奖，长沙格力、百川超硬获批省知识产权重点企业；中伟新能源获批省企业技术中心。

要素保障　创新模式抢抓融资机遇，平台公司主体信用评级提升至AA+，到位资金综合年利率比2019年下降26%。开展“三资”盘活和“亩均效益”改革，增强造血功能。坚持依法、阳光、精准征拆，全年完成拆迁423户、征地149.73公顷、腾地141.87公顷、报批227.27公顷、办证340.67公顷，储备成熟用地86.67公顷，有力保障渝长厦高铁工程建设。持续推进“名校进园区”，明德蓝月谷学校开工建设；出台“劳动用工保障战”奖补政策，安排专项资金3000万元，为长沙格力、康师傅、欣音科技等重点企业招聘5000余人次；启动电力配网专项建设，格力1线投入使用；新增租赁住房1200套，开通两条直达长沙市区的免费通勤巴士线路。

优化环境　提升行政效能，推行“企业承诺+部门容缺”审批，工业项目审批缩短至29个工作日。建设"24小时自助服务区"，完成节能、地震、环评、水保等区域评估，为企业审批提速降费。降低企业成本，推进"无收费园区"建设，实现工业项目建设阶段"零收费"，为企业节约费用8440万元。全面促推复工复产，为企业减免房租710万元、补贴水电气费用580万元、争取上级资金1.74亿元。提质服务环境，在全省园区中设立首家巡回法庭；污染防治攻坚三年行动圆满收官；开展企业体检式预警检查，聘请第三方机构开展标准化施工、安全生产检测，主动清查整改涉企权证办理、合同兑现等事项，让企业放心发展、安心经营。

深化改革　编制园区"十四五"发展规划，参与宁乡市创建第六届"全国文明城市"。树立实干实绩导向，坚持凡进必考、凡提必竞，完成第三轮全员竞聘。深化平台公司市场化改革，小镇公司挂牌并纳入长沙市拟上市企业名单，金玉公司进入改革阶段。

【宁乡经开区企业驰援武汉火神山医院建设】　2020年1月27日，园区企业建益新材、中财化建向武汉输送了10万平方米土工膜，30万平方米土工布和HDPE波纹管等多批建材，火线驰援火神山医院建设。

【松井股份登陆科创板】　2020年6月9日，湖南松井新材料股份有限公司登陆A股市场科创板，是宁乡首家登陆科创板的上市企业，证券代码"688157"。首次发行股票1990万股，首次公开发行价格34.48元/股。

【长沙格力被评为国家绿色供应链管理企业】　2020年9月24日，工信部公示第五批绿色制造名单，长沙格力被评为国家绿色供应链管理企业。长沙格力将太阳能光伏发电系统、室外绿化节水喷灌系统、雨水回收利用系统等系列技术进行应用。其中厂区内光伏系统日供电量6000~8000千瓦时，年发电量100万千瓦时。

【明德蓝月谷学校开工】　2020年10月23日，宁乡经开区明德蓝月谷学校开工建设，学校位于宁乡大道西侧，永佳西路北侧，总建筑面积4.5万平方米，共开设54个班，将新增学位2550个，2021年将于6月全部完工，实现园区营商环境再升级。

【蓝月谷智能家电产业园建设】　2020年7月16日，长沙蓝月谷智能家电产业园顺利竣工。项目开工以来，8个月时间完成全部主体结构封顶。长沙蓝月谷智能家电产业园项目总投资13.4亿元，占地18公顷，总建筑面积29.8万平方米。主要以生产厂房、综合楼及配套用房等为主要布局，形成"办公—生产—配套"的完备生产体系。

2020年7月16日，长沙蓝月谷智能家电产业园竣工。图为竣工园区全景

宁乡经开区　供图

【美妆谷广州招商推介会】　2020年11月13日，宁乡经开区美妆谷广州招商推介会在广州举办，200余位湘籍美妆企业家参加。"美妆谷"总投资30亿元，规划面积346.67公顷，集单独购地区、标准厂房区、人才公寓、研发大楼、展示中心等综合功能配套区于一体。会上，宁乡经开区分别与铭颜生物科技（广州）有限公司、广东英腾生物科技有限公司等8家企业签订合作协议。

【蓝月谷智能家电产业小镇招商推介会】　2020年11月30日，宁乡市重大产业项目集中签约暨蓝月谷智能家电产业小镇招商推介会召开，国内首家智能家电产业小镇亮相。会上有48个项目落户，总投资177亿元，涵盖了智能家电、新材料等领域，格力第二研发中心、中电互联、小佩科技等行业领先项目正式入驻智能家电产业小镇。小镇总体规划区12.1平方千米，计划总投资68.14亿元，分为智能制造区、配套服务区、生态涵养区三大功能片区，将打造智能家电全产业链生产要素承载平台。

（本栏撰稿　羊惊涛　黄　亮）

·浏阳经济技术开发区·

【概况】　2020年，浏阳经济技术开发区（以下简称"浏阳经开区"）实现规模工业总产值832.6亿元，比2019年增长12.5%，规模工业增加值278亿元，比2019年增长8.1%；完成固定资产投资433亿元，比2019年增长15.2%。完成进出口总额17亿美元，比2019年增长29%；完成实际利用外资28014万美元，其中外商直接投资完成6380万美元。完成财政总收入76.5亿元，比2019年增长6.5%，其中税收收入56.4亿元，比2019年增长11.6%，税收收入占浏阳市的比例首次超过50%。获批国家新型工业化产业示范基地、国家绿色工业园区和国家再制造高新技术产业化基地。

项目建设　紧扣“三主两特三链”精准发力，引进项目 78 个。144 个产业项目全年完成总投资 330 亿元，占年度计划的 116.5%。蓝思新材料、豪恩声学、泰科天润等 35 个项目实现竣工或投产。其中长沙惠科项目提前 35 天封顶，提前 1 个月点亮投产，并在 2020 年长沙市项目建设流动观摩评比中获园区项目第一位。

转型升级　新增规模企业 37 家、高新技术企业 73 家。南新制药登陆科创板，华纳大药厂 IPO 成功过会。省、市级智能制造示范企业（车间）182 家，占长沙市总量的 18%。规模工业研发支出 35 亿元，新增发明专利申请 240 件、授权 102 件，35 家企业获批省、市级“小巨人”。完成 12 家僵尸、低效企业处置退出，盘活土地 36.33 公顷。

“三大攻坚”　政府性债务余额比 2019 年下降 14.5%，未发生区域性、系统性风险。投资 3.6 亿元的北园污水处理厂运营，在全省率先完成排污许可证登记率、发证率“双 100%”，投资 3300 万余元的智慧环保应用平台在全省率先建成投入使用，引进“环保管家”对 72 家重点企业提供一站式环保服务。帮助对口扶持的龙山县苗儿滩镇 13 个贫困村整体稳定脱贫，贫困发生率由 30.5% 降至 1%，小河乡乌石村贫困发生率由 10.8% 降至 0%。

营商环境　指导企业降低成本，节约资金约 8200 万元，减租免租约 1000 万元。协助企业申报各类项目扶持奖励资金近 3 亿元，70 余家企业纳入防疫重点保障企业，完成争资 3.2 亿元，助力 86 家企业融资 4 亿元。兑现税费征收政策，全年为企业减税约 3 亿元、减免社保费用 2 亿元。组织招聘会 35 场，推荐就业 1.2 万人。

体制改革　浏阳经开区、浏阳高新区两园平稳有序完成合并，机构完成调整设置，人员快速到岗到位。园区与永安镇等周边乡镇财税、管理等体制机制进一步理顺，8 家国有企业整合优化为 3 家。全面推行工业投资建设项目“容缺许可，拿地开工”“先建后验”审批服务，审批时限全流程压缩至 30 天内。

新城建设　金阳新城被长沙市委十三届十次全会纳入长沙市“十四五”重点建设片区，空间战略规划通过长沙市委常委会审议。在长沙市工业园区中率先实现 5G 信号全覆盖，搭建园区云计算中心和数据中台。优化园区教育资源配置，浏阳首所本科院校湖南电子科技职业学院以及湘麓医药专科学校、长郡浏阳附属第二小学启动建设。

疫情防控　在全省率先建立防疫督导和复工复产两支队伍下沉服务企业，率先提出全面落实企业签订疫情防控承诺书、员工签订返厂承诺告知书“两个 100%”，探索大数据疫情预警防控，编制《企业复工防疫实操手册》并被中央电视台新闻联播宣传推介，率先实现企业复工复产的满员超产。在全省统筹推进新冠肺炎疫情防控和经济社会发展工作新闻发布会上，作为唯一园区代表作先进典型发言。

【长沙惠科项目封顶】　2020 年 7 月 22 日，长沙惠科光电有限公司第 8.6 代超高清新型显示器件生产线项目举行主体厂房举行封顶仪式，比原定计划提前 1 个月。该项目总投资 280 亿元，占地约 80 公顷，总建筑面积超过 70 万平方米，将建设全国首条 8.6 代大尺寸 OLED 面板生产线。

【入选国家新型工业化产业示范基地】
2020 年 1 月 16 日，工业和信息化部公布通过评审的第九批 39 家国家新型工业化产业示范基地公示名单，园区成为此次入选的唯一一家湖南省园区。国家新型工业化产业示范基地，是指现有产业园区（集聚集群区）按照新型工业化要求改造提升，经省级示范基地培育创建，形成的主导产业特色鲜明、发展水平和规模效益居行业领先地位，在协同创新、集群集约、智能融合、绿色安全等方面具有示范作用，走在全国前列的产业集聚集群区。此次浏阳高新区因资源循环利用（再制造）优势入选。浏阳高新区作为国家再制造产业示范基地，一直将再制造产业作为特色产业培育，并规划面积为 4.5 平方千米的再制造专区。重点发展了以轩辕春秋、中大机械等为代表的工程机械整机及零部件再制造，以法泽尔、博大机械为代表的汽车零部件再制造，以宇环数控、哈镘数控为代表的数控机床再制造三大再制造

2020 年 7 月 22 日，长沙惠科光电有限公司第 8.6 代超高清新型显示器件生产线项目封顶

浏阳经开区　供图

细分领域。园区不断完善从研发、孵化到产业化的体系，不断吸引高端智能再制造企业和项目落户，产业聚集效应进一步增强。

【南新制药登陆科创板】 2020年3月26日，湖南南新制药股份有限公司在上海证券交易所上市，登陆科创板，股票代码“688189”，成为园区第七家A股上市企业。南新制药成立于2006年，是一家专注于化学药物的研发、生产与营销的创新型制药企业，致力于重大疾病、突发性疾病的新药和特效药研发和产业化，掌握抗感染、心脑血管、抗肿瘤等药物的多项核心技术。

【长沙市百日竞赛现场推进会】 2020年4月9日，长沙市“大干一百天实现双过半”竞赛活动现场推进会（长沙高新区＋长望浏宁组）在浏阳经开区举行。省委常委、长沙市委书记胡衡华，长沙市委常委、常务副市长夏建平，长沙市委常委、浏阳市委书记黎春秋，长沙市委常委、市委组织部部长张宏益等领导出席会议。会议对长沙高新区、长望浏宁组竞赛活动开展情况进行点评。与会人员在会前调研了长沙惠科第8.6代超高清新型显示器件生产线项目和天地恒一制药股份有限公司，观摩项目建设和企业技改情况。

【浏阳经开区、浏阳高新区实现合并】 2020年4月24日，浏阳经开区、高新区合并工作推进会议召开，推动两园全面合起来、彻底融起来，标志着浏阳经开区、高新区合并。浏阳经开区成立23年（1997年）、浏阳高新区成立17年（2003年）以来，以全市0.76%的土地，创造50%的工业产值和32.75%的财政税收，实现从小到大、由弱到强的跨越腾飞，进入强强联合的新阶段。

（本栏撰稿　袁村平）

·望城经济技术开发区·

【概况】 2020年，望城经济技术开发区（以下简称“望城经开区”）实现企业总收入978.2亿元，比2019年增长15.2%，规模工业总产值比2019年增长18.8%，固定资产投资比2019年增长13.1%，限额以上社会消费品零售总额比2019年增长25%，税收收入比2019年增长23.4%，外贸进出口总额比2019年增长38.9%。经济运行逆势而上，主要指标增速领跑全市。成功创建国家级大中小企业融通型创新创业载体，位列湖南省级及以上产业园区综合评价第一位，获全省园区产业高质量发展奖，经济密度、创新浓度、开放程度持续领先。

复工复产　率先在全市启动复工复产，全体驻企防疫联络员紧急下沉；14个工作组到全省各地，接返、新聘员工过万人，以“先手棋”助力企业“赢先机”；“六个必须、七个到位”“望十条”相继出台，帮扶企业真抓实干；稳投资、活资金、强信心，“双统筹”工作得到省市主要领导点名表扬，被评为全市百日竞赛活动优胜集体，园区经验多次在全省推介。

项目建设　创新中层干部“一对一”联点和“日巡查、周通报、月讲评”机制，以项目强引擎构筑发展硬支撑。63个新建项目开工，年度投资272亿元；益海嘉里、永杉锂业、立邦涂料筑牢产业新生态，戴湘、金龙等项目加码望城智造，发展气场加速升腾。68个项目竣工投运，释放产能230亿元，吴赣、德赛、瑶华为“两主一特”补链强链，京东、宝湾再添电商物流生力军，一批层次高、能量大、动力足的项目落地开花，助推当下，引领未来。

招商引资　保持高质量发展定力，聚焦“两主一特”定位，突出智能终端首位度，以产业新活力铸就经济牵引力。全年引进项目81个，投资过亿元项目21个，三类500强项目3个，智能终端、新一代半导体产业链项目51个。贝迪电子、瑶华半导体、天玥科技等携自主技术抢滩望城；益海嘉里、松森精材助优势产业羽翼渐丰；引进澳优三期等6个项目盘活闲置土地；实施中建重机、长缆电工等16个项目二次开发；精明增长释放发展新空间，亿达、金桥、高星等优质总部经济基地相继成立，近30家企业入驻。

提质扩容　铜官港、三环线互通开启对外开放新窗口；长益复线连接线隧道全国首创4连拱双向十车道洞通，段家冲路、金亮路等10条道路竣工通车，高铁西城震撼开启，大交通格局脉络清晰、生动有序。南雅、明德、雅礼名校汇聚，人才公寓高标准建设，1300余名企业职工获购房资格，309名职工子女实现就学，真正让人才住有所居、幼有所育。北片区环境综合整治、马桥河环境整治、绿化310精品工程稳步实施，“四精五有”园区篇章精彩纷呈。水、电、气配套持续发力，电力“630攻坚”领跑全市，园区以基础建设筑牢发展“底座”，骨架不断拓展，能级持续提升，活力竞相迸发。

改革创新　推动两园融合，构建“一江两岸、东西互动、优势互补、功能集成”发展格局。提速平台公司市场化转型，多元布局经营性业务提升造血能力，AA+主体信用评级助力国有企业迈向资本市场取得新突破。向存量要增量，促进内涵增长。“新技改”发力，撬动产业结构升级。深入推进“入规、升高、上市、扩面”，联智科技等7家企业入选全市上市后备企业库，新增34家省、市小巨人企业；泰嘉科技、黑金刚分别入选工信部“单项冠军培育企业”“专精特新小巨人”名单。加速构筑创新高地。新增国家级博士后工作站2家，市级以上企业技术中心、工程研究中心8家，高精尖人才各展所长，本土创新融合互动，催生质量变革、动力转换的跨越突破。

优化服务　全年开展企业走访纾

难解困，收集、解决问题318项，一批群众关切的“急难愁盼”问题得以回应，一批积压多年的遗留难题及时化解。深化效能提档提速，发放全市首张电子施工许可，实现首批“交房即交证”，探索实施“拿地即开工”，承接省市下放“一件事一次办”56项，推行并联审批、容缺受理，材料提交“零重复”，审批环节平均提速3~5天。要素保障筑牢筑实，重大风险防范有力，控总量、化存量、调结构，到位融资64.6亿元，专项债资金15.7亿元。扶贫攻坚精准发力，对口帮扶的3个单位建档立卡贫困户实现全面脱贫。土地资源保障给力，全年铺排征拆项目23个，实现“四清交地”191.33公顷，招拍挂出让土地17宗43.33公顷，集约节约用地连续6年蝉联全省园区第一位。

【五八科创新经济智慧产业园项目落户】2020年4月24日，五八科创新经济智慧产业园项目签约落户望城经开区。该项目的落户将引领望城经开区互联网+现代服务业的快速发展，吸聚大批新经济科创企业入驻，助推园区产业转型升级和“四新”经济发展。湖南五八科创有限公司成立于2016年，是58集团的全国性科创服务和产业发展平台。公司首创“政府+平台+产业”的科创服务模式，专注服务新经济企业，引领科技赋能产业，助力区域产业与经济的发展，公司旗下拥有58众创、58科创和58小镇三大品牌。五八科创新经济智慧产业园项目总投资1.5亿元，将在望城经开区打造互联网+现代服务总部基地、58人才实训基地、电商直播基地。项目全部投运后，每年营业收入6亿元，税收2000万元以上。

【立邦集团华中区域总部项目启动建设】 2020年4月26日，立邦集团华中区域总部项目启动建设。长沙市副市长邱继兴宣布项目开工，望城区委副书记、区长范焱斌，立邦投资有限公司副董事长邢荣华，立邦新型材料（湖南）有限公司总经理李国栋等出席开工仪式。立邦集团华中区域总部项目总计划用地16.67公顷，总投资10亿元，全面建成后年产各类水性涂料、真石质感涂料、干粉砂浆产品190万吨，节能保温装饰一体化板300万平方米，年销售额20亿元，一期项目于2020年年底前建成投产。新材料产业作为望城经开区铜官工业园的主导产业，已有五矿新能源、湘江关西等颇具实力的企业投产运营，立邦新型材料的入驻和开工，将进一步放大产业聚集效应。

【永杉锂业年产4.5万吨锂盐项目开工】2020年4月29日，永杉锂业年产4.5万吨锂盐项目在望城经开区铜官工业园的开工。市委副书记、代市长，湖南湘江新区党工委书记郑建新宣布项目开工。该项目投资20亿元，年产4.5万吨锂盐，用地23.33公顷，将建成领先于全球锂盐行业的知识密集型高科技办公研发总部。

【德赛电池长沙基地暨望城经开区产业项目集中投产仪式举行】 2020年7月31日，德赛电池长沙基地暨望城经开区产业项目集中投产仪式在长沙智能终端产业园举行。市委常委、统战部部长谭小平宣布德赛电池长沙基地项目投产。望城区区委书记刘拥兵，区领导喻志军、周剀、郑以仁、杨钦涵，广东德赛集团有限公司董事长、总裁姜捷，华为公司终端采购认证部部长程律等出席。德赛电池是中国500强企业德赛集团旗下上市公司，全球中小型锂电池领域龙头企业。其产品广泛应用于智能手机、平板、无人机等终端设备，客户涵盖华为、苹果、小米等顶级电子厂商。德赛电池长沙基地项目总投资3亿元，于2019年年初签约落户望城，项目一期过渡工厂同年4月底投产，截至2020年6月，锂电池出货量2360万块，实现产值7.62亿元。二期入驻长沙智能终端产业园，已布局10条高速自动化产线及SMT线，员工400余人，产能产线持续扩张中。全面投运后可实现年产1亿块锂电池，产值40亿元以上。此次德赛电池、华为HUB仓、吴赣药业、宝湾国际物流电商港等18个产业项目，运发包装自动化生产线等7个技改项目集中投产，释放产能95.8亿元。

【戴湘600万只个性化车轮项目开工】2020年12月10日，中信戴卡南方智能制造基地戴湘600万只个性化车轮项目在望城经开区开工。依托长沙中部地区重要中心城市定位和长沙汽车产业链加速聚集的叠加优势，着力打造车轮、铸件两个百亿元级汽车配件研发制造基地。中信集团党委副书记、副董事长、总经理奚国华出席。副省长谢卫江宣布项目开工。中信集团党委委员、副总经理徐佐，副市长邱继兴等参加开工动员活动。项目计划总投资50亿元、规划用地46.67公顷，建设年产2000万只铝车轮以及高端装备、模具制造的生产基地。项目于2017年入驻望城经开区，7个月建成300万只车轮项目，创造了“当年规划、当年设计、当年施工、当年投产、当年盈利”的速度。2018年、2019年，中信戴卡持续投入建设，已形成900万只车轮产能。

（本栏撰稿　陈柄丞）

·长沙黄花综合保税区·

【概况】　2020年，长沙黄花综合保税区（以下简称“长沙黄花综保区”）实现进出口总额75.19亿美元，比2019年增长33.13%。完成入库税款9.14亿元，比2019年增长73%；实现地方财政收入4337.4万元，比2019年增长53.36%；新增注册企业287家，累计注册企业752家，比2019年增长61.7%；实际利用外资6100万美元。被评为2020年度全省商务系统稳外贸考核优秀单位，长沙县十佳宣传工作先进单位，长沙县党委信息、政务信息工作优秀单位。

项目建设 政府投资项目与社会投资项目建设齐头并进，全年铺排进出口商品展示交易中心、A区房建五标、C区跨境电商综合配套服务中心、C区配套市政基础设施建设项目、综保区A区二期（一标段）、综保区A区二期（二标段）6个政府投资项目，完成固定资产投资13亿元，其中PPP子项目进出口商品展示交易中心、A区房建五标段项目达到可交付标准。社会投资项目全年累计完成投资3亿元，连年有鱼海鲜分拨中心建成并投入使用，面积6000平方米；宝能智慧物流产业园项目建设全面铺开，其中1–1#库及1–4#五层主体结构完成。争取专项债和特别国债12.6亿元，推进综保区A区二期、C区及相关配套设施建设，确保2021年如期实现全园封关验收。

招商引资 围绕综合保税区“五大中心”发展目标及“21项举措”，出台《关于推动长沙黄花综合保税区高水平开放高质量发展招商引资若干政策措施》及其实施细则。加大“走出去”招商，小分队外出招商85批次，主办或承办沪洽周长沙临空国际贸易合作推介会、第三届药物相互作用评价研究暨新药创制论坛、第三届国际进博会黄花综保区专题招商推介会、湖南省跨境电商重点产业带对接会（邵东站、株洲站）活动，组团参加2020中国国际电子商务博览会暨数字贸易博览会、首届湖南（岳阳）口岸经贸博览会，接待和考察重点企业310余家。新引进投资额1亿元以上项目1个。

产业发展 加工贸易产业转型升级取得阶段性成果，全年完成加工贸易类进出口额45.36亿美元，4家加贸企业成功申报长沙县工业技改项目，5家企业获得市级加贸项目资金支持，新入规工业企业2家，湖南握瑜科技有限公司成为园区首家高新技术企业。口岸及一般贸易形成地方税收3215万元，占园区总税收的74.13%；挖潜拓新，新引进马克凯文、瑞德体外、雅萃文化等重点新业态项目，与长沙经开区企业联动开展工程机械出口相关业务；克服疫情影响全年海鲜采购量逾万吨，连年有鱼、环海渔业两家海鲜企业完成专项采购3000吨海鲜产品紧急任务。跨境电商“9710”“9810”出口业务模式首批申报成功，“9610”出口大幅增长，“1210”进口逆势上扬，成功签约长沙黄花井贝跨境电商产业园、58科创黄花数字贸易港项目，完成跨境电商总额10.5亿美元。进口工业品国内分拨中心持续为周边园区蓝思科技、三一重工等企业做好物流保障和进出口服务，助推“两主一特”壮大。水果集散中心全年实现进出口额3200万美元。进出口商品展示交易中心全面进入招商项目入驻装修阶段。

优化服务 为中小企业融资约10亿元，减税退费4500万余元，减免（缓交）租金700万余元，帮助企业紧急接返、招聘员工近200人，解决住房需求250余套。通过系列举措，企业迅速稳产达产，园区业绩由负转正，并在大竞赛考核中夺得外贸组第一名。推动新开复开国际（地区）全货机货运航线、跨境陆运卡班各9条，进一步畅通对外贸易通道。疫情期间推出无接触远程代办，协调县直部门上门服务，为区内20余家公司办理医疗器械经营资质，助力出口防疫物资1.2亿美元。联系多家银行构建银企对接平台，推出“云义贷”“政府奖补贷”等多类金融产品，助企融资2.8亿元；坚持按季度兑现政策奖补资金2.59亿元，高效兑付县级配套航线奖励资金1.08亿元，其他补贴资金2.1亿元，切实缓解企业资金周转难题，支持相关产业发展。

改革创新 对照省市自贸工作方案要求，先行先试和梳理承接临空区块17项重点改革试点任务，逐项制定课题方案并加快推进。完成长沙片区首个创新案例“‘邮快跨’集约式发展新模式”“文物回流及文化艺术品交易”“区港联动”等9项取得实质性进展。推进国务院“21项举措”落地，探索融资租赁、保税维修等外贸新业态。推动区内企业与经开区中电凯杰进行业务合作，开展SMT委内加工，促进区区融合。围绕推动“湘品出海”，依托新航路、58科创等园区企业加强与地市（邵阳、株洲）重点产业对接，助力本地传统外贸、制造业企业抢占国际市场。推动中国（长沙）国际贸易“单一窗口”功能向国际贸易全链条延伸，园区企业“单一窗口”上线率提升至83.7%以上。

运营管理 制定《帮代办服务工作实施办法》《外贸综合服务工作考核办法》，进一步规范帮代服务管理，把好项目引进关。定期组织企业开展外汇、税务、财务等方面培训，通过部门联审规范政策兑现，引导企业完善管理制度，促进合规经营。委托第三方对园区财政财务收支情况进行审计，主动接受市委第一巡察组驻场巡察。强化安全综合监管，升级视频监控系统，协同相关部门开展专项联合检查，并定期组织宣传培训和应急演练。探索建立智能化办公系统，提升办公效率。与专业公司合作制定智慧能源管理方案，降低园区综合能耗。牵头承办“聚焦高质量，走进长沙县”粤港澳大湾区主流媒体采访活动，推出优质报道30余篇/件，促进园区品牌宣传、招商引资效果双丰收。

疫情防控 园区内外兼顾，服务疫情防控大局。1月27日，长沙黄花国际机场疫情防控联合指挥部成立。作为长沙县首批支持单位之一，黄花综保区管委会主任王国良代表地方政府现场指挥，另抽调7人参与机场疫情联防联控相关工作。落实日常联防联控，守护空中通道。3月26日，完成机场疫情防控工作任务，全员顺利交接、撤回。朱世朝因在机场抗疫一线表现突出被“火线”提拔。园区本级成立疫情防控暨复工复产工作领导小组，统筹园区疫情防控和复工复产工作。筹措防疫物资价值近200万元，做好园区公共区域常态疫情防控，同时为区内企业提供应急物资保障。12名副科级以上干部担任驻企防疫联络员并分别成立帮扶企业小分队，组团指导企业做好疫情防控。引导和推动区内弘楚医药、汇东医药、迈伦商贸等企业参与疫情疫情防控重点保障物资生产和国际采购，完成省市调配任务。

【新版招商引资政策出台】 2020年8月17日，长沙市人民政府办公厅印发《关于推动长沙黄花综合保税区高水平开放高质量发展招商引资若干政策》。此次政策修订后共18条，其以长政办发〔2017〕10号为基础，结合综保区招商发展新形势及招商实践，以突出产业特色、聚焦平台建设、注重招商实效为修订原则，增加积极发挥指定口岸功能作用条款，对已形成优势产业的项目及投资商重点关注的内容进行提标，加大招商引资的扶持力度，更好地吸引国内外企业入驻，推动综保区高水平开放高质量发展。

【长沙临空国际贸易合作推介会在上海举办】 2020年7月16日，长沙临空国际贸易合作推介会在上海举办。该次推介会是2020湖南——长三角经贸合作洽谈周（“沪洽周”）重大招商活动之一。副省长朱忠明出席并致辞，长沙市副市长朱东铁介绍长沙市基本情况和投资环境。会上发布14个招商项目，其中长沙黄花综保区推出具有保税特色的八大招商项目。现场12个优质项目签约落户长沙临空经济示范区及长沙黄花综保区，涉及高端商务区、国际贸易、加工贸易、生物医药、跨境电商、展示展览、保税研发等多个领域，总投资额116亿元。

【长沙黄花综保区跨境电商B2B出口业务启动】 2020年9月1日，长沙黄花综保区跨境电商B2B出口启动，首批出口货物总货重21吨、总货值190万元，斑鹿、高朋等企业通过B2B模式将服装、玩具、手机配件等货物运达跨境电商监管中心申报通关并发往美国等地，标志着跨境电商B2B模式在长沙黄花综保区落地。

【第三届药物相互作用评价研究暨新药创制论坛】 2020年10月10日，第三届药物相互作用评价研究——新药创制论坛暨长沙黄花综合保税区医药医疗专题推介会在长沙举行，由中国药理学会药物代谢专业委员会（CSSX）和长沙黄花综保区共同主办，全天举行6场专业研讨，与会专家学者借鉴国际相关指导原则、结合新药创制的具体实践和案例作经验分享和深入探讨。药物相互作用（DDI）评价研究是新药创制的关键之一，目的是阐明当多药同时服用时（包括中药和化药同时服用时）的药效和安全。这是湖南自贸区获批以来，长沙黄花综保区举行的首次大型专业论坛暨专题推介活动，对于推动长沙乃至湖南医药医疗产业跨越发展具有重要意义。

【长沙株洲联手助推湘品出海“稳外贸”】 2020年10月19日，万企融网闯国际——湖南省跨境电商重点产业带对接暨成果转化活动在株洲市希尔顿大酒店湖南厅举行。成果转化会上，湖南省跨境电子商务协会、南亚Perfee平台（启南信息技术）、58科创集团、万成云商等长沙的企业和机构与株洲当地企业楷芮服饰、鼎创跨境电商、印同学印章、金信硬质合金等达成意向签约。该次活动由湖南省商务厅指导，长沙市商务局、株洲市商务和粮食局、长沙县人民政府主办，长沙黄花综保区承办，重点围绕跨境电商相关领域向株洲企业进行推介和对接，推动传统企业触网上线，以完善跨境电商产业链和生态圈，助力湖南跨境电商产业发展。

【第三届进博会湖南首场推介活动】 2020年11月4日，中国（湖南）自贸试验区长沙片区长沙黄花综合保税区招商推介会在第三届进博会举办，大洋洲、非洲多个国家和地区的企业代表、国际商协会及长三角地区企业代表等100余名嘉宾参加。这是湖南自贸试验区获批以后，长沙黄花综保区主动对接大型国际展会特别是对非经贸资源，助推湖南自贸区建设以及长沙外向型经济发展而开展的又一重大招商活动。 （本栏撰稿 刘塑琪）

2020年7月16日，长沙临空国际贸易合作推介会在上海举办 长沙黄花综保区 供图

省级开发区

·长沙高新技术产业开发区隆平高科技园·

【概况】 2020年，长沙高新技术产业开发区隆平高科技园（以下简称“隆平高科技园”）完成技工贸总收入256.3亿元；完成规模工业总产值48.6亿元，比2019年增长2.2%，规模工业增加值增长4%；完成“四上”服务业总营业收入160亿元，增长20%，服务业增加值增长17%。其中，完成社会消费品零售总额18亿元，增长14%。完成限额以上批发额100亿元，增长15.8%。完成其他营利性服务业营业收入9.5亿元，增长20%。完成高新技术总产值50亿元，增长10%；完成固定资产投资45亿元，增长9%。完成全口径税收17.8亿元，增长35.44%，亩均税收44.34万元，继续领跑省级园区。全年新引进企业954家，园区企业总数3454家。全年引进产业项目77个，较2019年增长140%，总投资约74亿元，其中10亿元以上项目3个，2亿~10亿元项目3个。新引进“三类500强”企业投资的企业或项目6个，新引进税收过百万元企业8家、外资企业14家，实际利用外资2.42亿美元，新增外贸破零企业8家，完成外贸进出口额2.6亿美元。园区创建的国家现代农业产业园获批，成为全国首批创建成功的三个种业园之一。园区获批省服务业示范集聚区。

防疫复工 1月27日，成立疫情防控工作领导小组并制定防疫工作方案与应急处置方案，安排所有干部职工分成4个片、5个小组下沉到企业开展防疫工作，及时为企业调配口罩、测温仪、消毒液等防疫物资，并为园区企业重点人群进行免费核酸检测。推动、引进园区企业生产或转产口罩，加快应急物资本地供应。加快复工复产。2月6日组织企业复工复产，2月10日出台支持企业复工复产的“隆七条”，制作惠企“政策包”，搭建政策宣讲“云平台”，开设复工复产政策兑现专窗，发放防疫补贴800万元。提前兑现2019年度高质量发展奖励政策资金1520万元，惠及企业150家。开展援企稳岗春风行动，制定企业员工返岗交通补贴政策，建立领导联项目、干部联企业帮扶机制，解决企业用工、交通、生产、采购等困难问题220个。至3月底，园区规上工业企业员工到岗率、复工率100%。

项目建设 广发隆平现代服务业产业园项目零星用地和湖南一带一路科贸有限公司生产基地项目规划审批手续办理中；仁孚汽车项目、大红陶瓷新建胚体仓库、湖南嘉庆德隆公司龙璟汇等项目完成规划总平面图及方案审批及规划工作联系单等手续；国药集团意向项目用地完成用地性质兼容的批复意见。隆平生物种业创新中心完成工程总包招标；隆平生物种业产业园启动建设；琴海数码、凯德自控、丰兴实业（三期）主体封顶，平商创智超预期推进；湖南银通科技有限责任公司总部基地项目一期已建成验收投入使用；华智生物种业硅谷企业总部基地建成投入使用。

“种业硅谷”建设 争取专项资金。到位2019年市财政专项资金5000万元。制定《2020年专项资金申报指南》，对四大类53个项目完成资金拨付4328.13万元。征集“种业硅谷”核心区项目46个，辐射区项目38个。全年引进产业链企业68家，新引进生猪育种领军企业湘猪科技、生猪市场前十强扬翔农牧、汉唐农牧和佳和股份、家禽养殖全省前三强中晟农牧等龙头企业，畜禽水产成为园区种业第二大支柱板块。引进全国唯一的微藻类种业企业耕天下、中部地区种苗龙头企业泓森林业，补齐苗木、微生物链条空白。全年引进产业链项目36个，完成实际投资额28.07亿元。产业链34家“四上”企业实现规模总产值46.7亿元，比2019年增长17.6%。全年签约重点项目21个，总投资49亿元；获批省级以上平台39个；组织开展产业联盟活动21次，创新性活动32次。全面更新“四两”数据，收集整理全市种企409家，更新客商库招商对象至267家，优化人才池、资金池，争取各类政策奖补资金超1.6亿元。累计报送简报23份、月报11份，《长沙市工业产业链工作动态专报》（共14期）刊登现代种业产业链信息25条。过全面摸排，整理园区现代种企名录213家，其中农作物54家，畜禽水产19家，林果花草21家，微生物13家，种业服务106家，“农作物种子生产经营许可证”企业25家。起草《现代种业产业链创新地图》《隆平园现代种业企业现状分析报告》及《长沙市现代种业产业链发展研究报告》。创建“国家级”牌子。全面对标国家级现代农业产业园9大创建内容、54项考核指标，高效推进项目建设。12月14日，国家现代农业产业园获批，成为全国首批创建成功的三个种业园之一。

创新驱动 支持企业入规、升高、上市及智能化改造扩面，引导企业提档升级，新增入规企业35家，市级智能制造试点企业9家，上市后备企业17家，升高企业32家，完成高新技术总产值50亿元，增长10%。争取专项资金4360万元，支持提质改造第三代杂交水稻选育等科技平台8个及新品种、新设备研发项目12个，新增省、市创新平台4个；新增省“百人计划”等高精尖人才21人，总数达96人。推动园所、园校融合，支持6位院士种业项目资金600万元，挑选17名专家到企业任科技特派员，转化产学研成果30项，专利申请量比2019年增长5.6%。创建省知识产权（隆平园）综合服务分中心，全年园区企业专利授权量161件，其中发明专利授权45件，授权量比2019年增长13.3%。组织47家企业申请科技、知识产权类项目15项，获批资金356万元。协助103家企业申报科技项目66项，获批上级资金近3000万元。

环境优化 优化政务服务。推

行“三集中三到位”和综合窗改革，实行“一号申请、一窗受理、一网通办”，网上办结率100%；发布54项政务服务、42项企业服务事项目录清单和办事指南，涉企事项“一件事一次办”。开展企业帮代办服务，企业开办不见面，4小时办结。打造全省首家省级知识产权综合服务分中心；整合升级芙蓉智能办税厅功能，建立24小时“不打烊”自助政务服务大厅，企业办事不求人、不限时、不出园。深化金融服务。组建隆平担保公司，开设隆平网上“金融超市”，交通银行、建设银行等10家银行入驻平台，组织政策宣讲、银企对接活动10次，帮助企业新增融资7.6亿元。落实惠企政策。搭建网上政策申报平台，发放各类奖补扶持资金1.2亿元；指导32家企业申报中小企业贷款、技改贴息，到位资金400万元；指导企业申报工信、发改、科技、人才、知识产权等项目87项，获补助资金4568万元；指导16家企业申报纳入防疫重点保障企业，争取补助资金1.5亿元。慰问困难职工167名。

园区建设　人民东路220千伏星芙、鼎黎高压杆线下地工程完成初步设计，长农路、东湖路加快建设，纬十五路建成通车，对山路、经九路、长榔路启动前期工作，人民东路片区“四纵五横”路网骨架基本形成。优化调整隆平巴士线路；雨污分流改造即将完工，张公岭片区10千伏电力增容工程投入使用，彻底解决银通科技、英氏股份等10家企业双电源用电需求。开展“防电信诈骗”“非法集资”“禁毒”等专题宣传活动，举办“隆安杯”平安园区知识竞赛活动。在元旦、节后复工复产等重点时节组织开展多次专项检查活动，所有班子领导带队到企业督查安全工作，全年排查企业62家次，发现隐患260处。摸排、调解涉及园区企业的矛盾纠纷57起。处理7起信访及5起、“12345”投诉53起，满意率98.11%。全年园区未发生重大恶性案件，治安形势持续平稳。开展2020年园区固定污染源排污许可清理整顿，51家企业完成排污许可申领工作。开展园区企业危险废物大排查大调查，29家企业完成湖南省危废系统申报、填报工作，配合市、区检查园区5家企业。在全国第二次污染源普查工作中，园区获市先进集体荣誉，个人获先进个人荣誉。

【《关于支持企业复工复产的七条措施》发布】　2020年2月9日，针对大批量企业集中复工的情况，园区迅速出台《支持企业复工复产的七条措施》（提前兑现奖补资金；提供复工复产保障；给予疫情防控补贴；降低企业生产成本；加大金融信贷支持；加强企业法律服务；优化企业服务模式），确保防疫生产“两手抓两不误”。同时，进一步落实县级领导、部门负责人联点帮扶重点企业责任制，有序有力推动企业复工复产。

【岳麓山种业创新中心挂牌运行】　2020年5月18日，湖南省政府联合中信集团共建的岳麓山种业创新中心在隆平高科技园挂牌成立。袁隆平到场致辞，副省长朱忠明发表讲话，中信集团总经理、中信农业董事长王炯视频讲话。官春云、印遇龙、邹学校、刘少军、刘仲华等院士出席挂牌仪式。该中心首期聚焦关键共性技术和优势物种领域攻关，启动水稻、油菜等8个专业研究中心建设，二期拟启动其他物种领域关键技术等研究。在5年内创制出100个以上具有重大应用价值的新材料、新品种等，实现种业产值超过500亿元。

【湖南省知识产权（隆平园）综合服务分中心项目挂牌】　2020年7月13日，湖南省市场监督管理局发布《关于2020年湖南省知识产权战略推进专项项目立项的通知》，湖南省知识产权（隆平园）综合服务分中心项目获批立项，隆平园成为长沙市唯一获得该批公共服务平台建设项目立项的省级园区。9月28日，通过验收挂牌成立，并获得首批20万元资金扶持。

【隆平生物种业产业园项目地块出让】　2020年7月24日，通过公开挂牌出让的方式，隆平生物种业产业园一期项目地块在长沙市国土资源网上交易系统成功交易。武汉东湖高新集团股份有限公司与长沙城开控股有限公司共同投资成立的联合体公司湖南信东开发建设有限公司、湖南东湖信城科技发展有限公司以8.6亿元的价格摘牌。

【隆平生物种业产业园开工】　2020年9月23日，“长沙·中国隆平种业硅谷”的标志性工程——隆平生物种业产业园开工暨签约仪式在隆平高科技

2020年9月23日，隆平生物种业产业园开工。图为开工签约仪式现场

隆平高科技园　供图

园举行。市人大常委会副主任黄佳惠出席，长沙市人民政府副市长谭勇出席并讲话。隆平生物种业产业园项目是长沙·中国隆平种业硅谷的核心平台，位于芙蓉区浏阳河东岸，由世界500强中信集团旗下中信城市开发运营有限责任公司携手专业产业运营商武汉东湖高新集团股份有限公司联合投资、建设、运营。项目总投资120亿元，总建筑面积110万平方米，依托袁隆平等六大院士领衔的生物育种科研团队，借助中科院亚热带研究所、湖南农大、省农科院等高校院所的科教资源，汇聚转化岳麓山种业创新中心的创新成果，打造长沙生物种业科技创新中心、企业孵化中心、公共服务中心和人才聚集高地。中信农业科技股份有限公司、岳麓山种业创新中心有限公司、国药种业有限公司、中农发种业股份有限公司等8家企业现场签约入驻。

【芙蓉区现代农业产业园入选国家现代农业产业园】 2020年12月14日，农业农村部下发通知，公布第三批国家现代农业产业园认定名单，芙蓉区现代农业产业园入选，为此次长沙市唯一入选产业园。芙蓉区现代农业产业园位于湖南省长沙市芙蓉区，以隆平高科技园为核心区，总面积42.8平方千米，主要发展水稻种业产业。产业园以“一中枢、两平台、两基地”为建设任务，目标是全面做强水稻种业产业链，将产业园打造成为国际一流的水稻种业科技创新示范区。

（本栏撰稿　周　密）

·长沙天心经济开发区·

【概况】 2020年，长沙天心经济开发区（以下简称“天心经开区”）完成技工贸总收入350亿元，比2019年增长10%；完成服务业主营业务收入198亿元，比2019年增长15%；实现税收收入35.91亿元，比2019年增长36%；完成外贸进出口总额2.17亿美元，为年度计划的103.52%；实际利用外资1.24亿美元，为年度计划的102.55%。11月，长沙市天心区委办公室长沙市天心区人民政府办公室印发《关于天心经开区和天心文化（广告）产业园实行统筹管理体制改革的工作方案》的通知，对天心经开区、天心文化（广告）产业园实行统筹管理体制改革，实现一个机构运行、一套人马运转。2020年，天心经开区被评为“2020年度长沙市媒体艺术示范园区”“2020中国人力资源服务产业园最具特色园区”，湖南省人工智能产业园被评为“2020年度市级产业示范集聚区”，天心软件产业园顺利接受市产业项目观摩。

招商引资　争取省自然资源厅、省发展改革委支持，研究出台支持地理信息产业发展的专项政策；争取市委、市政府支持，制定《中共长沙市委常委议事协调会议纪要》，明确在土地收储税收返还、项目手续办理等方面给予园区支持；争取区委区政府制定《关于支持天心经开区改革创新发展的若干意见（试行）》，支持园区发展。园区制定《关于大力支持高技术服务业发展的若干政策》等6个产业招商政策。以“访厅拜院、产业链招商”的思路，实施“以平台换产业、以市场换产业”的举措精准招商，开展小分队招商、以商招商、协会招商，领导班子带队外出招商50余次，接待客商400余次，实现招商量与质的双飞跃。围绕以地理空间信息为特色的数字经济主产业，全年新引进湖南思极、绿盟科技、东方至远等企业574家，新增年度税收超过1.7亿元。其中，包括互联网巨头百度打造的全国最大的云手机基地项目、全球最大的投资基金软银推动的智慧机器人和高精度地图项目、国内技术顶尖的湖南麓星光电科技有限公司、首家登陆中国创业板的民营集成电路设计企业欧比特宇航科技公司等。

数字经济发展　率先打造长沙天心软件产业园，形成“一核多点”产业格局，软件企业快速集群，新增软件业企业121家。加速“天空地一体化”数据资源集聚，自然资源湖南省卫星应用技术中心、高分气象卫星应用中心建成，湖南能源大数据中心入驻，湖南地质大数据中心、湖南气象大数据中心加快落地。推动5G建设发展，与长沙理工大学、百度云手机等5家企事业单位合作建设5G创新应用示范区。推广“酷哇智慧环卫”等20个应用场景项目落地。肯耐珂萨是HCM SaaS行业唯一获2020“新基建”产业独角兽（人工智能）企业，绿盟科技入选工信部2019—2020年度物联网关键技术与平台创新类示范项目，“V零工平台”蚂蚁天承实现高速发展，长沙人力资源创新中心等3家入选长沙市众创空间。全年新增规上服务企业17家，新认定高新技术企业57家，提交上市辅导报告1家，新增智能制造试点项目5个；获得知识产权质押融资6.45亿元，创年度新高；区校合作实质性突破，投入1500万元推动湖南大学红外薄膜技术光学器件产学研一体化基地建设。

项目建设　2020年，新增产业投资项目84个，其中产业链项目43个，主特产业项目41个。申报总部企业20个，500强企业投资项目4个。远航健康城等4个项目竣工，全省唯一的数据要素与数字资产交易场所湖南大数据交易中心启动建设，五江国际商业广场、中交国际等21个项目建设加快推进。

营商环境　落实“放管服”“最多跑一次”改革要求，搭建“一窗式”服务模式，全面应用“一网通办”“多规合一”平台，实现“园内事园内办”，办理办结审批事项278件。国家商标局长沙商标受理窗口被国家知识产权局评为“全国商标受理工作先进单位”，累计为企业办理8217件，业务量在全国窗口中排名第三位；全面完成长沙地区全部地理标志证明商标、集体商标授权备案工作。省市产业链及各园区复工复产提供精准人力资源服务，获央视新闻联播报道。建立大数据（地理信息）专家智库和湘籍游子人才库，举办精准供需对接活动近20场次，解决184名人才购房资格、47名人才子女就学问题。助力高校毕业生就业，云研科技“快招聘”小程序覆盖全省85%以上高校，服务高校学生近50万人次，发布2020年长沙市对应届毕业生人才吸引力报告。聚焦行业人才培养，累计线上线下公益培训100余场，服务人数超2万人。推荐企业32人次参加高层次人才认定培训工作。推行全员联点服务机制，联点产业平台18个，为355家企业主动问需，解决问题200余件。强化金融保障，组织银企对接会3场，协助企业融资2.67亿元，指导万睿等10家企业获长沙信贷风险补偿基金3590万元，落实政策兑现资金2349.38万元，落实绿心工业企业土地收储资金近15亿元。率先全市成立“诉源治理工作室”，化解相关矛盾216件，营造良好法治环境；打造天心周末大讲堂，开展“璀璨天心 才聚经开”企业赋能等培训活动，为企业发展持续赋能。牢固树立底线思维，狠抓安全生产和信访稳定工作，深入开展“安全生产专项整治三年行动”活动，建立园区安全预防控制体系，建设平安园区，广泛开展文明创建活动，全年未发生安全生产事故和重大群体性事件。

【长沙天心软件产业园（筹）挂牌】 2020年2月24日，长沙天心软件产业园（筹）在鑫远国际大厦挂牌，长沙市副市长邱继兴，长沙市副市长、天心区委书记朱东铁，长沙市工信局局长康小平，天心区委副书记、区长黄消出席揭牌仪式。天心经开区党工委书记吴江以及区直、园区相关部门负责人参加活动。揭牌仪式现场发布了《天心区大力支持软件产业发展的十条措施》（以下简称“十条措施”），设立不低于1亿元的软件产业发展专项扶持资金支持软件产业发展。“十条措施”还包括办公用房补贴、优秀项目奖励等多项专项扶持政策，而且紧贴产业发展实际，如为鼓励软件企业扩大专业人员规模，将给予最高500万元的奖励；鼓励企业入驻，根据企业软件人才规模，将连续3年给予每月30元每平方米的租金补贴，300元/平方米的一次性装修补贴，最高500元/平方米的购置办公用房补贴等。根据规划，天心区将聚集一批龙头企业，壮大一批中小软件企业，打造一批应用场景，加快提升软件产业规模化、高端化、服务化、集聚化发展水平，加快建设天心软件产业园。

【22个重大项目集中签约】 2020年3月31日，长沙天心区22个重大项目集中签约，其中17个软件产业项目，引进核心研发人员1000人以上。项目涵盖软件和信息技术服务、新基建、人工智能、人力资源服务、金融服务、文化创意等。长沙市政府副市长、天心区委书记朱东铁等出席签约仪式。天心经开区党工委书记吴江作专题招商推介。

【天心经开区“诉源治理”工作室揭牌成立】 2020年4月23日，天心经开区“诉源治理”工作室揭牌成立，省高级人民法院党组成员、立案信访局局长李立新局长，长沙市中级人民法院副院长邹剑钧，天心经开区党工委书记吴江，天心区委常委、政法委书记黄文先、天心区人民法院院长谭剑辉出席揭牌仪式。“诉源治理”工作室是社会管理、深化多元化纠纷解决机制的创新改革，解决企业发展中的各种法律问题，为园区发展保驾护航，营造公平高效的法治环境，促进园区高质量发展，具有重大的现实意义。园区将在法院支持下畅通绿色通道，优化法治服务，从纠纷调解、绿色立案通道、企业信用分级等方面为园区企业提供法治保障。加强诉源治理信息化建设，打造人民法院诉源治理、多元化纠纷解决机制改革的优秀试点实践园区。

【大数据（含地理信息）产业链法律服务团成立】 2020年6月2日，由长沙市司法局和市律师协会招募组建的大数据产业链法律团在天心经开区成立，并发布“六个一”服务活动。即举办一次法治论坛；开展一次公益法律服务进企业活动；组织一次法律法规公益宣讲沙龙；免费审查规范一批合同；搭建一座政企沟通桥梁；深度服务一批链上企业。

【湖南大数据交易中心项目开工】 2020年7月15日，湖南大数据交易中心项目开工暨全国首个市场化开放式场景“酷哇”智慧环卫项目启动仪式在天心经开区举行。长沙市委常委、市委统战部部长、市大数据（含地理信息）产业链链长谭小平宣布项目启动，省自然资源厅一级巡视员王善明，省工信厅党组成员、总经济师熊琛，副市长彭楠出席活动。湖南大数据交易中心是以全国地理空间信息数据（包括通信、导航、遥感测绘等数据）为基础，整合各级政务数据、通信运营商数据、互联网企业数据、金融数据等，打造具有全国、全球影响的数据集聚、流通、应用的数据资源交易场所。该中心总投资3亿元，规划总建筑面积4.5万平方米。已规划为全省唯一的数据要素与数字资产交易场所，也将是国家地理空间信息中心的南部分中心，建成后将汇聚湖南、福建、广东、海南等南方9省的数据资源。“酷哇”智慧环卫项目也于当天落地天心区。该项目是全国首个市场化开放式场景，标志着无人驾驶技术在开放式场景下的运用实现重大突破。

【湖南能源大数据中心有限公司揭牌】 2020年12月26日，湖南能源大数据中心有限公司揭牌暨湖南能源大数据智慧平台上线发布会举行，副省长朱忠明出席发布会并为公司揭牌。省直相关部门负责人及股东单位负责人等参加活动。湖南能源大数据智慧平台面向政府、能源企业、用能客户、社会公众等提供全方位能源数据服务，包括能源总览、电力实时监测、服务政府监管、服务经济分析、服务精准扶贫、服务能效优化、电力直通车7个功能模块。平台汇聚全省煤、电、油、气、水、新能源等近5年宏观数据，展现全省能源发展情况。为支撑平台运营工作，由国网湖南省电力有限公司发起，联合湘投控股集团、国网信产集团、湘水集团、五凌电力、大唐华银电力、新奥数能科技共同出资，组建国内首家多元化混合所有制的能源大数据公司——湖南能源大数据中心有限公司，公司作为平台“建管用”的运营实体，负责湖南能源大数据智慧平台的数据资产管理，并依法合规开展数据产品运营。作为平台“建管用”的运营载体，湖南能源大数据中心落户园区，更加丰富园区大数据业态，形成集信息采集、加工、储存、开发、应用等“天空地”一体化大数据支撑、上中下游产业链齐头并进的“一核多点”发展格局。

（本栏撰稿　江玉洁）

·长沙金霞经济开发区·

【概况】　2020年，长沙金霞经济开发区（以下简称“金霞经开区”）实现物流产业营收478.94亿元，比2019年增长10.27%；规模工业总产值（含商贸物流）576.36亿元，比2019年增长10.24%；规模工业增加值（含商贸物流）144.15亿元，比2019年增长6.7%；固定资产投资333.37亿元，比2019年增长14.4%；税收34.35亿元，比2019年增长20.1%；完成外贸进出口额26.3亿美元，比2019年增长28.8%。年初园区率先集中开工、集中签约，为长沙稳投资促发展代言，中央电视台《新闻联播》的持续报道，全年央媒报道20余次。被评为全国优秀物流园区、全省商务工作先进园区、全省商务系统“两稳一促”考核优秀单位、全市商务工作先进单位、长沙市工程建设项目审批制度改革工作先进集体、开放型经济目标考核优秀单位、全市安全生产和消防工作优秀单位、全市平安建设（综治工作）考核优秀单位。

战略地位　2020年初，市委、市政府主要领导明确“金霞等重点片区要成为长沙投资新的增长极”“在金霞建设世界级消费类电子产业基地”，市政府出台会议纪要明确“将产业集聚区纳入长沙市‘十四五规划’和长沙市重大产业布局”，全市首批17个制造业标志性重点项目，金霞占据两席。同时，市委十三届十一次全会报告中明确“加快推进金霞新城建设”，确立了长沙城市未来发展“北进”的基调，金霞在长沙产业战略布局和城市发展战略中的地位显著提升。

招商引资　全年新引进项目101个（供地项目14个），总投资约550亿元。其中，投资200亿元的集聚区龙头企业1个，“三类500强”项目7个，投资100亿元以上的项目2个，项目的数量、总投资等均创历年之最。2020年，主板上市、跨境电商龙头企业天泽信息将总部整体从南京搬迁到开福，恒昌医药、德荣医疗、友谊咨询等3家企业即将上市，园区上市工作在全市得到通报表扬。

项目建设　开展“百日竞赛”、“433”产业攻坚、“项目建设大会战”，四大家领导联点园区重点项目、解决项目难题、促推项目建设。2020年，园区深入项目一线调研走访200余次，组织召开产业项目调度会50余次，研究解决项目建设诉求问题110余个，正大、三能房屋一期等项目实现当年开工、当年竣工，华升物流、平瑞医药等一批项目竣工达产，全年重点管理和推进产业项目53个，实际完成产业投资161.7亿元；铺排拆迁项目50个，总面积307.33公顷；续拆扫尾项目10个，总面积58.4公顷，完成结算30个，交地16个，累计腾地276.33公顷。

营商环境　行政审批改革得到深化。全年完成807项行政审批工作，工业投资建设项目审批时间从44个工作日压缩至36个工作日。金融服务更加多元。中小微企业信贷风险补偿基金为企业授信4600万元，出口退税资金为企业垫税6261万元，新拓展供应链金融服务，开发“跨境薪资贷”金融产品，满足企业个性化融资需求。配套服务更加完善。围绕重特大产业进行基础设施配套，全年推进基础设施项目29个、投资8.57亿元，莫凡咖啡、兰舍咖啡、无人超市、人才之家、企业员工第三食堂等均投入使用，园区的人气逐步提升。

对外开放　陆港型国家物流枢纽初步成型。编制陆港型国家物流枢纽建设3年规划，完成核心区与功能互补区3条连接干道建设。长沙新港三期南片区3个泊位及堆场投入试运营，启动“水铁联运”铁路专用线建设。全年“中欧班列”共开行530列，比2019年增长29%，进入全国同类班列第一阵营。“跨境电商第三城”实质性启动。在全省率先实现跨境电商B2B9710/9810业务申报通关，实现跨境电商出口业务全模式试通。设立跨境电商产业基金，引进跨境电商上市企业天泽信息等9家行业龙头落户，实质性启动“跨境电商第三城”建设。外贸基础进一步夯实。引入夸特纳斯、依讯诺、环金科技等一批外贸实体，全年实际利用外资3.06亿美元，外商直接投资1971万元，实际利用省外境内资金52.4亿元，在省级园区排名前列。

疫情防控　严格落实中央、省、市疫情防控措施，采取“不漏一企、不漏一人、不漏一环”闭环式工作法，实现了零传染、零疑似、零确诊。同时，统筹医药物流企业为医疗机构提供口罩逾6200万只、防护装备760余万套，捐赠医疗物资230万余件。全方位暖企纾困，出台10条举措，兑现惠企资金4219.6万元，为企业免租800万元，园区企业整体复工率在3月中旬为100%。

【10个项目集中签约】 2020年2月25日，开福区项目集中签约、开工暨产业集聚区征拆动员活动举行，金霞经开区新加坡银石集团华中智慧物流产业园、湖南医药集团总部、华南光电装备产业基地等10个项目集中签约，总投资382亿元；10个重大项目集中开工，总投资40.18亿元。集中签约的10个项目类型广，涵盖消费电子、医药物流、冷链物流、智能制造、开放型经济、片区开发等诸多类型。项目投资均过亿元，过10亿元项目6个，过20亿元项目1个，过百亿元项目2个。2个片区开发项目将立足打造“长沙北中心”“金霞产业集聚区”，从基础设施、产业配套等方面发力，助力金霞经开区创建国家级园区。

【2个项目被确定为长沙市制造业标志性重点项目】 2020年6月11日，长沙市委、市政府发布《关于强力推进制造业标志性重点项目建设的通知》，将金霞经开区金霞产业集聚区——消费电子产业、夸特纳斯（长沙）国际食材集采集配加工中心2个项目纳入长沙市17个制造业标志性重点项目。金霞消费电子产业集聚区项目建成后，将为长沙打造一个世界级消费电子终端产品及装备研发、制造基地，在长沙城北崛起一个布局合理、功能齐全、宜居宜业、产城融合的现代化产业新城。夸特纳斯（长沙）国际食材集采集配加工中心设置国际食材加工中心将打造国际食材加工中心、高端冷链储存分拣及新能源集采集配中心和食品安全质量大数据中心。

【金霞消费电子产业集聚区建设、项目大会战动员令】 2020年7月15日，长沙（金霞）消费电子产业集聚区建设、项目建设大会战动员会在金霞经开区召开。从7月15日起，集中120天时间，动员园区上下力量，组织开展项目建设大会战、项目单位大竞赛、项目服务大比武活动。按照签约一批、开工一批、竣工一批、手续突破一批、培育促进一批、服务对接一批的“六个一批”总体思路，强化项目保障、化解实施障碍、突破建设瓶颈，加快新一轮有效实际投资，掀起项目建设高潮，力争月月有签约、月月有开工、月月有竣工。园区领导以上率下，提前认领攻坚项目，同时对每一个产业项目和入园产业平台推行“AB角”工作机制，明确由1名管委会领导和1名部门负责人联点，以“一周一督办、一周一统计、一周一通报”的方式，加大项目督办落实力度，为项目排忧解难，高效推进项目建设。

【全国首家医疗器械物流产业园落户】 2020年9月19日，德荣医疗智慧物流产业园奠基仪式在长沙金霞经开区举行。德荣医疗智慧物流产业园是湖南德荣医疗集团布局“数字化供应链”战略的重要组成部分，是全国首家数字化、智能化的医疗器械物流产业园。该项目占地面积4万平方米，拟建总建筑面积10万平方米，计划总投资6亿元。2021年12月前部分智慧仓投入使用，园区整体竣工。项目建成后可降低医疗器械企业储存及运输成本，有利于吸引优质医疗器械企业进驻湖南。

【产业升级、区域振兴领军人才“百人培养计划”专题研修班（二期）】 2020年12月24日，金霞经开区产业升级、区域振兴领军人才“百人培养计划”专题研修班（二期）开班仪式在湖南大学举行。此次专题研修班由金霞经开区联合北京大学新媒体研究学院组织，从园区现代物流、智能制造、开放型经济的主特产业中精准推选30名企业家学员，科学设置形势政策、人文素养、数字化、金融资本、公司管理等课程模块，采取情景体验、案例分析、建模推演等教学方式，促推企业家实现思想观念、知识储备、职业技能、管理水平等方面的提升。2019年参加首期研修班的企业家学员利用外出学习考察的机会，为园区提供20余条重要招商信息并引进3个重大项目。

【数字跨境·金霞领航·跨境电商第三城发布暨重大项目签约活动】 2020年12月3日，数字跨境·金霞领航·跨境电商第三城发布暨重大项目签约活动举行。湖南省商务厅厅长徐湘平、副厅长周越，长沙市副市长朱东铁，开福区委书记曹再兴等省市区领导、银行代表、企业代表280余人参加启动仪式。现场天泽信息总部项目、泽

2020年12月3日，数字跨境·金霞领航·跨境电商第三城发布暨重大项目签约活动举行

金霞经开区　供图

汇跨境电商项目等6个跨境电商项目在长沙金霞经开区落户签约，项目业务范围涵盖跨境总部经济、平台、物流、金融等方面。

【市重大产业项目流动观摩会观摩金霞消费电子产业集聚区】 2020年12月29—30日，长沙市举行2020长沙重大产业项目流动观摩会，长沙市领导及各区县（市）、园区、市直部门和相关国有企业负责人组成“观摩团”，市委副书记、市长、湖南湘江新区党工委书记郑建新带队，对全市重大产业项目进行观摩点评。12月30日，金霞消费电子产业集聚区接受观摩团观摩。产业集聚区作为全市17个制造业标志性重点项目之一，3月初启动，10个月实现从原生态工业地块到产业新城的转变。　（本栏撰稿　蒋　溪）

·长沙雨花经济开发区·

【概况】 2020年，长沙雨花经济开发区（以下简称“雨花经开区”）完成规模工业总产值410亿元，比2019年增长7.5%；其中，新能源汽车及零配件产业实现产值增长7%；人工智能及机器人产业（含传感器）产值比2019年增长28%，“一主一特”企业产值占到园区规模工业总产值的95%。其中大族激光增长145%，可孚医疗增长137%；完成固定资产投资100亿元，比2019年增长8.3%；完成全口径税收38.69亿元，增长19.97%。在近7年全省134个产业园区综合评价中，5次位列全省省级园区第一位；在工业和信息化部发布的第五批绿色制造名单中，园区被评为“国家绿色工业园区”，是湖南省获此荣誉的唯一省级工业园区；雨花经开区在湖南省2020年度开发区土地集约利用评价工作中排名省级园区第一位；获批创建“湖南省机械基础零部件创新中心”、湖南省“双创”示范基地；在上半年全市“大干一百天，实现双过半”竞赛活动中，获全市优胜奖；在2020年全市重点产业项目观摩，获内五区第一位，园区参选项目连续4年位列内五区第一名；园区联合工会作为全市两个园区代表之一，获全省百佳园区工会。2020年新增入规企业7家，新增“升高”企业49家。推动正著智能、安信生物科技等12家市智能制造试点企业完成技术改造，顺利实施东相智能、隆深智能、长泰智能等14个市智能制造专项支持项目。高新技术企业总数达到147家，位居全市省级园区第一位，规模工业企业高新产值占规模工业总产值的比重97.4%，产业结构日益优化。

招商引资　锁定机器人本体、控制系统、核心软硬件等关键节点开展靶向招商。全年引进产业链重点项目27个，总投资51.18亿元，其中“世界500强”项目1个（航天科技全资子公司湖南航智科技），机器人本体龙头企业1家（新松机器人华中区域总部），“卡脖子”项目1个（华鸿锐光先进半导体基地）；可孚智能医疗装备产业新基地、申亿高端零部件智能制造生产基地、湖南凤河智能制造基地等投资过亿元项目11个。

项目建设　全年铺排各类产业项目94个，其中新能源汽车及零配件产业7个，人工智能及机器人产业60个，其他产业27个；新开工项目45个、新竣工项目44个，当年新开工即实现竣工项目12个。市标志性项目长步道机器视觉光电产业生产基地竣工投产，广州总部搬迁至长沙；雨花智能制造中心（大族激光二期）入选省“五个100”重大产业项目，实现两栋主体厂房封顶。突出“活”字育项目。按照项目签约即开工的要求，推出项目报建报批帮代办服务；绿心调规后，在用地和产业发展紧张情况下，为可孚医疗、长步道、宏禹水利、申亿五金一批重大产业项目供地约33.33公顷（其中长步道当年拿地、当年建设、当年投产）；完成中南智能、湘能楚天等5个重点项目的规划修改；完成华宇、兴马二次开发项目规划修改；完成16号地旭辉雨金广场的用地出让，回笼资金5.8亿元；完成绿心地区退出工业企业奖补资金1024.32万元的申报核定；园区控规提升已完成批前公示。

企业服务　响应全市“百日竞赛”活动号召，创新开展“四个一百”竞赛活动，100名园区干部作为“店小二”联点100个企业、100个项目，切实做到企业大小事项“店小二”包干解决，并将服务贯穿全年，打造园区企业服务特色。活动中共收集问题364个，解决339个，解决率93%，在全市百日竞赛考评中，获得优胜奖。发布《推动制造业高质量发展扶植奖励办法》，实施头羊打造、冠军培养等6个高质量发展计划，单个项目最高奖励2000万元；发布《促进工业软件发展三年行动计划（2020—2022）》，着力将园区打造成为中部地区有影响力的工业软件及智能机器人装备产业基地；上线雨花经开区企业综合服务信息管理平台，湖南首个省级园区24小时政务自助服务厅实现开放。

放管服改革　围绕“一件事一次办”提升政务水平，从承接直接授权35项拓宽服务到79项，按照企业的招商阶段、落地阶段、成长阶段，分类梳理79项“一件事一次办”服务事项，这种服务创新模式，在全市“一件事一次办”改革经验交流会上作为经验进行推广。全年办件量3195件，其中行政审批事项319件，超2019年全年办件量256件。疫情期间，设置复工复产政策兑现“一件事一次办”服务专窗，受理政策兑现资料150件，惠及企业数151家；申报2020年长沙市相对集中行政许可权改革试点单位，成为全市省级园区第一家改革试点推荐单位。推进企业投资建设项目实施告知承诺制，制定《雨花经开区企业投资项目告知承诺制审批实施办法》，制定“告知承诺制审批事项清单”。已采用告知承诺制方式核发长步道、湘能楚天等4个项目的施工许可证以及审批了拓野机器人、大捷智能等4

个项目的水土保持方案。

高新技术企业认定　2020年高新技术企业总数142家，位居全市省级园区第一位，高新产值占规模工业总产值的比重97.4%；全年新增入规企业7家，新增“升高”企业49家。推动正著智能、安信生物科技等12家市智能制造试点企业完成技术改造，顺利实施东相智能、隆深智能、长泰智能等14个市智能制造专项支持项目。中国工程学会长沙服务站、“院士专家（长沙）科技服务中心”等在园区授牌；企业关键核心技术不断取得突破，中南智能牵头研发的高端振镜“卡脖子”项目入选省重点领域研发计划，申亿五金解决了工程机械核心部位关键连接件问题，晓光模具研发的间接热成型项目属国内第一家；园区获批创建“湖南省机械基础零部件创新中心”、湖南省“双创”示范基地，创新创业集聚效应增强。

金融服务　兑现2019年涉企资金2146.14万元，促进汽车消费奖补48万余元；举办8场银企活动，为产业链企业签约授信240亿元，为园区企业总授信金额63.24亿元，总放款金额28.55亿元，续贷展期1.84亿元，降息1413万元，为企业发展注入强劲动能。新松机器人华中区域总部、蜂巢互联工业软件总部、华鸿锐光等项目落户；红星冷链上市辅导确认，深交所受理可孚医疗提交创业板IPO申请，将于2021年一季度实现上市。突出节会带动，举办制造业高质量发展推进大会、“2020中部（长沙）人工智能产业博览会暨创新发展论坛”等活动20余场，推动科技、人才、技术持续向雨花区集聚。

基础设施建设　全年铺排重点项目16个，累计完成投资约1.8亿元。2020年完成长郡雨外扩建工程、圭白路商贸学院人行天桥、商贸学院电力增容、洪塘学校便道及给水亮化工程4个学校配套项目。完成可孚医疗总部基地、申亿五金装备基地、湘能楚天工业园等4个产业项目的交地及89号地边坡支护、人工智能和传感器产业园高压外线工程3个产业配套项目建设，加快推进环保大道东延线、白秋路、晓光路3条市政道路的建设，完成振东路的全线通车。电力“630攻坚”项目强势推进，完成高塘变电站配套路由、白田输变电工程110千伏塔基交地等市电力“630攻坚”考核任务。完成环保大道（雨花经开区段）及白秋路的雨污水管道建设，实现湖南省省级及以上工业园区水环境整理的整治销号。完成雨花经开区一站式服务中心立体车库项目前期手续及基础土建施工；完成京广高铁堰塞湖排水工程的涉铁手续，并开工建设，该项目的建设将消除园区长期存在的京广及沪昆高铁桥墩被堰塞湖浸泡的隐患及比亚迪厂区的内涝隐患问题。完成荷新路、杨洪路下穿高铁方案的审批，和广铁安茂公司签订涉铁代建协议，实现园区道路涉铁项目零的突破；在3个农安小区提质改造中，投入经费约370万元，组织安装590余个摄像头；持续加大对联点地区的支持力度，共拨付资金约1110万元（龙山县550万元、桑植县500万元、宁乡市沙田乡石笋村60万元），助力基础设施、产业发展建设，全乡669户贫困户实现摘帽脱贫。

环境整治　加强环境巡查监管，完成40余处裸露黄土清零，重点企业5万风量以上排污口实现在线监测，制定‘一企一策’，完成废气污染物有效整治。完成5万风量以下34家企业，110个点位的用电监测安装，实现污染源在线监管；开展“蓝天保卫战”工作，全面开展碧水行动，建成污水管道3.3千米。组织及配合检查110余次，检查企业200余家，督促整改问题30余个，完成园区“巨目整治”工程、拆围透绿工程、圭塘河风光带工程、圭塘河河道治理工程、圭塘河比亚迪厂区段河道清淤工程，居民开门见绿成为现实；听取企业建议，优化免费通勤巴士路线，从园区出发直达地铁站；加强交通顽瘴痼疾整治，开展专项整治30余次；在万家丽路、环保大道提质改造中，投入资金400万余元，在46个点位组织安装49个监控摄像机，入网增大监控范围。

拆迁安置　完成环保大道东延线跳马段国有企业签约工作，及时拆除线内建筑，电力“630攻坚”杆线铺设顺利进行。跳马段集体土地多次协调处理拆迁问题，及时协调处理园区建设项目纠纷问题10余起，保障环保大道东延线同升段、环保大道东延线跳马段、白田变电站、晓光路等项目的正常施工。完成60号地挂牌拆迁成本报审事项，完成同升村村民联盟佳苑分房工作。完成园区晓光路清表工作，协调处理道路路幅上遗留问题2处。全面完成环保大道东延线项目集体土地和国有土地征收腾地。协调解决环保大道沿线建设施工纠纷10余起，拆除申亿五金用地违章建筑，解决可孚医疗用地洞建集团拆迁遗留问题，确保申亿五金、可孚医疗、白田变电站、高塘变电站等省市重点项目有序推进。完成晓光路、旭辉国际等项目前期清表。

【重点产业项目签约】　2020年2月23日，长沙雨花经开区举行重点产业项目签约仪式。市人大常委会主任、市人工智能机器人及传感器件产业链链长谢卫东出席签约仪式。可孚智能医疗装备产业新基地、湖南恒康智慧医疗产业基地、中机申亿检验检测及智能制造生产基地3个重点项目签约，预估总投资约45亿元。3个项目均是依托人工智能及大数据平台的重要延链、强链项目，深度融合“人工智能+医疗产业”或“人工智能+智能制造”，对打造长沙人工智能医疗设备及智能装备产业基地具有十分重要的意义，并将为人工智能机器人及传感器件产业链向“智慧医疗”方向延伸注入强劲动力。

【晓光模具超高强度钢智能成型项目建设】　2020年4月，湖南晓光智能成型有限公司成立，分两期建设完成，一期

2020 年 3 月 10 日，长沙市雨花工业软件及智能机器人装备产业基地授牌签约活动举行　雨花经开区　供图

项目于 2020 年 12 月 30 日前完成建设，总投资约 5 亿元。晓光模具超高强度钢智能成型项目聚焦模具研发技术创新与智能制造升级，对大型数控加工生产线全面进行自动化改造，新增投资建设小数控自动化无人加工车间，研发全球领先、国内首创的“超高强度钢智能成型”技术并实现产业转化。

【欧洲（德国）企业线上招商恳谈会】 2020 年 4 月 2 日，雨花经开区与欧洲（德国）企业线上招商恳谈会举行，这是雨花经开区一周内举行的第三场国内外企业线上招商恳谈会。参加恳谈会的有中国科学院计算所、德国西门子、德国威图、中信证券投行委员会、中南智能等企业机构以及市科技局、雨花经开区相关负责人。双方就促进德国企业和项目与园区合作、在园区落地等事宜进行洽谈。

【长沙市雨花工业软件及智能机器人装备产业基地合作共建签约】 2020 年 3 月 10 日，长沙市雨花工业软件及智能机器人装备产业基地授牌签约活动举行。省委常委、市委书记胡衡华为基地揭牌，12 个项目签约，涵盖工业软件、5G 基建、云平台、大数据中心、工业互联网、智能机器人装备六大类型。活动现场，雨花经开区对外发布两项政策。《促进工业软件发展三年行动计划（2020—2022 年）》从聚焦规模扩大、加快内培外引等 5 个方面提出 15 条举措，通过 1 年搭平台，2 年扩规模，3 年树品牌，到 2022 年打造成为中部地区有影响力的工业软件及智能机器人装备产业基地。

【长沙市 2020 年“星城杯”百万职工劳动竞赛】 2020 年 5 月 22 日，长沙市 2020 年“星城杯”百万职工劳动竞赛暨“十行状元、百优工匠”职工职业技能竞赛启动仪式在雨花经开区企业湖南晓光汽车模具有限公司举行。省总工会党组副书记、副主席王邵刚宣布竞赛启动。市委常委、组织部长张宏益等领导参加活动。此次技能竞赛，目的是通过劳动竞赛、技能比武传承和创新，全面提升广大企业职工专业素质，建设一支技术过硬、数量充足、结构合理的劳动者队伍，为长沙产业长足发展提供坚实的人才保证。

【长沙市人工智能及机器人（含传感器）产业链重点项目签约】 2020 年 5 月 28 日，长沙举行机器视觉及精密光学项目集中签约活动，6 个精密光学项目落户雨花经开区。市人大常委会主任、市人工智能机器人及传感器件产业链链长谢卫东出席签约仪式。签约的 6 个项目，包括医疗导航设备、超精密光学制造研发中心、机器视觉精密零部件加工等，均为机器视觉及精密光学细分领域重要的延链、强链的代表性项目。

【首届“同升湖杯”职业技能大赛】 2020 年 6 月 18 日，雨花经开区首届“同升湖杯”职业技能大赛举办，比亚迪、中南智能、晓光模具、驰众机器人等企业的 24 支代表队、169 人参与。大赛设有技术实操和理论知识考试，竞赛内容为焊工、装配钳工、工业机器人运用与维护 3 个项目。近年来园区不仅构建设计产业园“青年创客平台”、晓光模具“工匠学院”，设立一批院士工作站、科学实验室、工程技术中心，还成立企业家协会等，为人才创新提供机会和平台。

【制造业高质量发展推进大会】 2020 年 8 月 21 日，推进制造业高质量发展大会在雨花经开区举行，并发布头羊计划、凤凰计划、深蓝计划等 6 个高质量发展计划。市人大常委会主任、市人工智能及机器人（含传感器）产业链链长谢卫东出席会议并讲话。会上表彰了雨花工匠、科技带头人、发展贡献奖、优秀企业家等制造业先进单位和个人，一批制造业企业代表上台领奖，政策兑现总金额超 2000 万元。会议现场发布《推动制造业高质量发展扶植奖励办法》，雨花经开区企业综合服务信息管理平台及蜂巢工业互联网平台启动上线。

【全球首款 1.5 亿像素大靶面工业镜头下线】 2020 年，全球首款 1.5 亿像素大靶面工业镜头在长步道下线，小到手机屏幕、大到 100 英寸液晶面板，均可通过该镜头检测出瑕疵。长步道机器视觉光电产业基地 2019 年 10 月启建，建筑面积 4.21 万平方米，两个月便完成一期项目里的 1.5 万平方米工业厂房封顶，原定于 3 年后建设的二期提前开工。不到 1 年时间，包括工业厂房、办公用房、研发中心、光电检测中心等在内的长步道机器视觉光电产业基地竣工投产。长步道机器视觉光电产业基地在2020年度全市项目观摩中，代表雨花区获内五区第一位。2020年9月，公司总部从广州迁到长沙。

【长沙雨花经济开发区监察工作委员会揭牌】 2020年9月25日，长沙市雨花区监察委员会长沙雨花经济开发区监察工作委员会挂牌成立。雨花区委常委、园区党工委书记郭四军，党工委委员、管委会副主任李剑刚共同为雨花经开区监察工作委员会揭牌，党工委委员、管委会副主任邓波等领导参加揭牌仪式。新成立的雨花经开区监察工作委员会与园区纪检机构合署办公，监察工作委员会设主任1名，由纪工委书记兼任，设副主任1名，由纪检监察负责人兼任，监察工委专职工作人员5人。园区纪工委、纪检监察室以问题为导向，抓中央、省、市纪委抓党风廉政责任的责任落实；抓廉政风险项目的监督检查；抓制度建设；抓关键少数；抓审计监察延伸；抓廉政警示教育，构筑不敢腐、不能腐、不想腐的工作机制。

【新松机器人华中区域总部项目落户】 2020年11月30日—12月1日，新松机器人华中区域总部项目在沈阳签约，沈阳新松机器人自动化股份有限公司总裁曲道奎，市人大常委会秘书长柳美景，雨花区委副书记、区长刘素月，雨花经开区管委会主任曾红鹰出席签约。雨花经开区是湖南省首家也是唯一一家获省政府授牌的机器人产业集聚区，而新松机器人隶属中国科学院，是中国技术实力最雄厚的机器人龙头企业，同时也是中国首家机器人上市公司，在规模上居全国第一位。

（本栏撰稿 张文香）

·宁乡高新技术产业园区·

【概况】 2020年，宁乡高新技术产业园区（以下简称“宁乡高新区”）实现规模工业总产值568亿元；固定资产投资增长7.1%；工业技改投资增长55.6%；主体园区实现税收18.7亿元，增长6.37%；工业用电、用水、用气量分别比2019年增长16.8%、14.9%、19%。获批全国首个电池产业集群示范区，成为全市唯一省级园区获省工信厅园区产业高质量发展一等奖，连续两年获省科技厅创新发展绩效评价综合排名省级高新区第一名，作为长沙唯一省级高新区代表在省科技创新工作推进大会上作典型发言。

无疫园区 宁乡高新区严防疫情输入扩散，科学组织复工复产。社会秩序逐步恢复，经济发展平稳增长，没有发生一例确诊或疑似病例，实现“无疫园区”目标，在国家、省、市各级媒体上发表抗疫报道182篇，骏越科技提前复工复产被中央电视台《战疫情》现场连线报道，“大干一百天实现双过半”建设成果纳入《长沙晚报》“5+1”专题专版报道，宁乡高新区作为省级园区唯一代表与全市五个国家级园区同台展示。

招商引资 重点引进符合产业发展方向、投资强度大、有辐射带动作用的大项目、好项目，“引进一个项目、带动上下游产业形成集聚”的“联动效应”不断显现。全年完成合同签约项目46个，合同引资212.61亿元。其中，亿元以上项目22个，10亿元以上项目6个，50亿元以上项目1个。三一中起、三一“两室”落地，中国五矿矿冶研究院实现世界500强企业零的突破。

项目建设 全年调度项目98个，其中产业用地项目39个、产业租赁项目18个、政府投资项目41个，总投资442.27亿元，年计划投资116.17亿元，总规划面积436万平方米；新开工项目34个，竣工42个，投产38个，实现竣工面积77万平方米，完成投资56.58亿元。比亚迪动力电池和三一中起双双入长沙市制造业标志性项目，是宁乡唯一入选的两个项目，其中比亚迪动力电池第一条生产线投产；三一中起创造了6个月从启动建设到竣工投产的新速度；三一“两室”作为长沙主会场成功举办长沙市奋力实施“三高四新”战略全面推进高质量发展暨重大项目集中开工仪式。

创新发展 出台《关于加快推动宁乡高新区高质量发展的政策意见》，从全面鼓励企业提升科技创新能力、推动科技创新人才引进、推进智能制造提质升级等7个方面，全力支持企业创新升级。2020年，园区财政科技投入约1.2亿元，惠及100余家企业。全年专利申请、授权1139件，技术合同交易6.6亿元；高企申报通过46家，超额完成年度目标任务；星邦重工、万鑫精工、中谷科技上市工作加快推进；智能制造试点企业获批25家，位居长沙省级园区第一位。万鑫精工获批国家“专精特新”小巨人企业、省级企业技术中心；邦普循环再生产品三元前驱体和星邦智能的臂式高空作业平台入选第一批湖南省制造业单项冠军产品。委属平台公司新城公司率先完成市场化转型、基金公司获全国性基金管理人牌照，湖南省知识产权（宁乡）综合服务中心挂牌。

营商环境 2020年，宁乡高新区创新开展党员“三联”活动，组织201名干部联点394家企业、45家项目，全参与、全覆盖、全方位聚焦企业诉求，精准服务企业，全年解决企业项目问题395个，解决率98%。湖南一师云起实验小学9月实现开学，金洲中心消防站投入使用；免费通勤巴士日发车90趟，为园区企业累计节约通勤车运行成本2401.6万元；建设67万平方米标准厂房，引进130家企业拎包入住，配建10.3万平方米人才公寓，为三一公司等60家企业提供住宿用房1585套；出台《宁乡高新区关于开展“夜市经济”助推园区高质量发展的工作方案》，举办龙虾节、黄桃节、相亲会、寻找高新之声系列活动。

【三一中起项目落户】 2020年3月18日，“大干一百天、实现双过半”2020年宁乡市招商引资项目集中签约暨开工仪式在宁乡高新区三一中起项目现场举行，宁乡高新区有包括三一中起项目、邦普循环10万吨/年废旧动力电池拆解项目、长沙烨海机械总部基地及升级扩产项目等10个项目集中签约，签约总投资56亿元。其中三一中起项目由三一汽车起重机械（以下简称“三一重起”）有限公司投资33亿元、用地约26.67公顷建设大吨位起重机械生产基地。三一重起是三一集团的核心事业部，主要从事汽车起重机、全地面起重机、越野起重机、特种起重机及塔式起重机产品的研发、生产及销售，是全球最大的轮式起重机制造基地。

【湖南省知识产权（宁乡）综合服务中心成立】 2020年4月24日，宁乡高新区创建湖南省知识产权（宁乡）综合服务中心启动仪式暨中心标准化建设及政策宣讲活动举办。湖南省知识产权局促进处副处长王顺其，国家知识产权局专利局长沙代办处处长何丽娟，湖南省知识产权局信息中心主任李锋，市委常委、宁乡高新区党工委书记郑旗等出席活动。中心创建后，将承接国家知识产权局专利局长沙代办处、湖南省知识产权信息服务中心、湖南省知识产权维权援助中心的部分职能，整合专利信息、代办、维权援助等资源，为企业提供一站式服务。

【湖南一师云起实验小学落成开学】 2020年9月8日，宁乡高新区举行庆祝第36个教师节暨湖南一师云起实验小学落成开学庆典活动。湖南一师云起实验小学由宁乡高新区、宁乡市教育局和湖南第一师范学院联合创办，以“给孩子一个幸福而有意义的童年”为办学理念，以“好好学习、天天向上”为校训，是宁乡高新区推动教育均衡发展，打造现代化教育的重要项目，也是园区完善教育配套、优化营商环境的又一重大成果，在园区即将升级为国家高新区的新的发展里程中具有十分重要的意义。学校于4月8日开工，规划面积3.75公顷，总投资约为1.5亿元，规划建设36个教学班级，可容纳1600余名学生，能够有效解决附近小区及周边村（社区）适龄儿童入学的问题。9月开学，招生595人，涵盖1~6年级16个班级。

【比亚迪动力电池首条生产线投产】 2020年10月15日，长沙市重大项目集中竣工宁乡主会场活动暨比亚迪动力电池项目首条生产线投产仪式在宁乡高新区举行，长沙市委常委、常务副市长夏建平宣布比亚迪动力电池项目首条生产线投产。比亚迪动力电池项目规划总投资100亿元，用地66.67公顷，设计年产20亿瓦时新能源汽车动力电池，达产年产值200亿元，可带动储能材料产业链上游配套增加年产值60亿元。

【第八届中国（长沙·宁乡）电池新能源产业国际高峰论坛】 2020年10月27—29日，第八届中国（长沙·宁乡）电池新能源产业国际高峰论坛暨2020湖南（长沙）电池产业博览会在宁乡高新区举行。省委常委、省国资委党委书记姚来英，中国科学院院士、中国科技大学教授钱逸泰，加拿大国家工程院院士、加拿大皇家科学院院士、上海大学可持续能源研究院院长张久俊，工业和信息化部节能与综合利用司副司长儿勇，省工信厅党组书记、厅长曹慧泉，省商务厅副厅长周越，长沙市委常委、常务副市长夏建平，宁乡经开区党工委书记、市委书记于新凡等出席开幕式。中关村新型电池技术创新联盟授予宁乡高新区为“全国电池产业集群示范区”，钱逸泰、张久俊分别就高安全性水系二次电池研究和产业化、全球车用锂电池发展的最新成果进行讲授。宁乡高新区作为全省先进电池产业链最为集中和完备的园区，园区相关负责人在开幕式上做经验分享和招商推介。开幕式上举行重大项目签约仪式，湖南中科星城石墨有限公司、卫蓝新能源等九大项目签约落户宁乡高新区，总投资额28.7亿元。中南大学、科陆中电绿源新能源汽车有限公司、湖南三讯新能源科技有限公司、北京祥德投资管理有限公司达成战略合作，签约共建“湖南动力储能创新研究院”。

【万鑫精工入选国家专精特新“小巨人”企业】 2020年11月13日，工业和信息化部中小企业局公示第二批

2020年10月27—29日，第八届中国（长沙·宁乡）电池新能源产业国际高峰论坛暨2020湖南（长沙）电池产业博览会在宁乡高新区举行 宁乡高新区 供图

专精特新"小巨人"企业名单，万鑫精工（湖南）有限公司（以下简称"万鑫精工"）入选为第二批专精特新"小巨人"企业，是长沙市第二家入选的国家专精特新"小巨人"企业。万鑫精工于2014年进驻宁乡高新区，自主研发有微型减速机、行星减速机、谐波减速机及四大系列减速机等。

（本栏撰稿　宾玉洁）

·岳麓高新技术产业开发区·

【概况】　2020年，岳麓高新技术产业开发区（以下简称"岳麓高新区"）完成规模工业产值13.76亿元，增长85.27%；规模以上服务业营收12.07亿元，增长15.03%；高新技术产业产值119.45亿元，增长14.01%；全社会固定资产投资134.1亿元，增长9.1%；全口径税收18.41亿元，增长31.3%；引进外资4155万美元，全年目标完成率133.82%，主要经济指标实现逆势正增长。拥有各类注册企业3725家，规模以上企业61家、高新技术企业38家、上市企业25家，产业工人约2.1万人。2020年，检验检测产业生态提质增效。集聚检验检测企业145家，包括SGS、夏衡—天祥、苏州苏试等国内外知名企业，继善高科、赛恩斯环保、中大检测等本土行业龙头，中国计量院长沙基地、国网电科院湖南检测中心等重大平台项目，检测服务领域涵盖全省重点产业领域，检验检测全链产值与中游服务业产值分别为67.2亿元与18.1亿元。园区实现快步高质量发展，在湖南省高新区创新发展绩效评价综合排名中位列全省第二名，在全市重大项目流动观摩活动中获内五区第二名，在市对园区绩效考核中获得内五区第二名，在市营商环境综合评价和全区"开门竞赛"活动中获"双冠军"。

招商引资　园区实施项目招引。坚持"一主一特"产业链精准招商，瞄准"三类500强"、产业链龙头企业、总部经济等招大引强，开展云招商、小分队招商和以商招商，组织小分队外出招商12次，参与广洽周、岳麓峰会等节会招商5次，引进鑫高益、华晟医学等检验检测产业链企业30家，舍弗勒、时空基准等人工智能产业链相关企业38家，新增投资约25亿元。

项目建设　2020年，园区铺排项目94个（其中社会投资项目55个、基础设施投资项目39个），总投资226.47亿元，年度投资79.37亿元。38个省市重大项目中，湘投天然气等11个新建项目实现竣工，杨柳公园等6个预备项目转开工，涉市项目开工率100%，实际完成投资91.98亿元，投资完成率117.9%。市制造业标志性重点项目湘江鲲鹏软硬件生产线项目用120天实现建成投产，创下全市项目建设的"鲲鹏速度"。湘江智谷·人工智能科技城工业一期18栋建筑拔地而起，接受全市项目观摩大检阅；国网电科院一期、中通智慧物流园、星云互联等32个产业项目实现竣工。人工智能安居工程等3个安置房项目有序推进，望江路北片6条市政道路全部进入路基建设，四通八达的路网格局正在形成；临时排污管道完成施工，麦州变110千伏变电站建成，学士路10千伏电力埋管改造工程启动，湘江智谷供水中心临时泵站实现供水，基础配套逐渐完善。

人工智能　智能网联汽车产业发展 园区内人工智能关联企业68家，包括磐云数据等前端数据运营商，湘江鲲鹏等智能设备制造企业，百度阿波罗、德国大陆、舍弗勒、希迪智驾等技术应用企业，打造国内道路总里程最长、测试场景类型最多、市场需求结合度最高、国内领先的智能系统测试区，开通试运行全国首条开放道路智慧公交示范线、国内领先100千米智慧高速、100平方千米开放道路，长沙建设"自动驾驶之城"的产业内核在园区加速集聚裂变。

产业培育　园区全年加大培育力度，推动"一主一特"产业链提质发展，碧桂园湖南科技公司、湘江鲲鹏等19家企业晋升"四上"，协助艾科瑞等28家企业获批高新技术企业，希迪智驾等4家企业完成智能化改造，助推力得尔科技受理上市新三板，达嘉维康完成深交所第四轮问询，赛恩斯环保准备IPO资料报送，中大检测有序推进内审、股改等上市进程。出台专属配套政策，支持智能网联汽车产业集聚发展，湖南（长沙）国家级车联网先导区落地揭牌。实施重点培育，推动中小企业向"专精特新"发展，湘江智能等7家企业入选全市第一批"火炬计划"；阿波罗智行获批全国首批智能网联汽车试运营许可；希迪智驾获2020年度"中国科创企业百强"；磐云数据中心成为长沙新一代数据中心的创新基地；赛哲长沙超级工厂树立公共卫生"新基建"大潮的智造范本。多措并举之下，主特产业持续扩容升级，如医疗器械与医疗检测企业在疫情下实现高速增长，艾瑞特生物和比扬医疗产值分别为2.73亿元和1.75亿元，增幅达到1068.95%和167.34%，检验检测服务业保持平稳增长，安卓特检、宏特检测营收分别增长171.64%和153.71%。搭乘"软件再出发"东风，人工智能相关产业顺势上扬，新增入规的湘江鲲鹏完成产值2.68亿元，希迪智驾、艾佳通信分别完成营收8096万元和4572万元，比2019年增长275.67%和357.22%。

企业服务　完成企业（党群）服务中心整体改造，建成24小时自助政务服务区，开通24小时服务热线，硬件设施不断升级。坚持"一个微笑、一声问候、一次引导、一杯暖茶"标准化服务流程，推行容缺、承诺、集成审批，压缩审批时限、简化审批流程，提升审批质量，每月向企业投送"一封家书"，暖心服务拉近企业距离。培育"全能"型审批队伍，建立"一对一"对口帮扶模式，设立法律诉源治理工作站，市市场监管局、市税务局进驻大厅，实现进窗业务"一窗通办"，让企业"少跑路"，打造最有温度的政务服务体系，全年受理业务5483笔，新增市场主体1865家。创新人才服务。在全市省级园区中率先提供职称全流程免费帮代办服务，发证200余本，指导认定通过率100%，为企业减成本10万余元。举办第三届“青春岳麓 才聚湘江”校企人才对接会，为46家企业招聘644人，填补人才缺口。实施人才安居计划，为技术工人提供购房贷款利息补贴，为190位企业人才解决首套房购房资格，为9名企业高管解决子女就学需求。建成188套人才公寓，企业人才实现拎包入住，减轻人才购房负担百万余元。通过构建全方位、最贴心、有温度的服务体系，园区营商环境更加高效便捷，在全市“放管服”和“一件事一次办”改革年度工作中成为唯一被通报表扬的省级园区。

财政运行　强化收支管理，严控“三公”经费支出，启动财政绩效评价，严格财评审计、预结算审核和非招标政府采购，核减金额1亿余元。强化税源管理，园街联动协税护税，确保税源颗粒归仓，全年完成全口径税收18.41亿元，比2019年增长31.3%。强化债务管理，防范债务风险，明晰关注类债务与经营性债务界限，全年化解隐性债务4400万元。强化财源建设。搭建银企对接桥梁，设立信贷风险补偿基金，累计向40家企业放款5455万元。智谷公司完成融资授信33.7亿元，新增贷款平均融资利率5.18%；发行企业债8亿元，发行利率4.79%，创2020年湖南地区AA平台非公开发行公司债最低利率。争取资金保障。申报发行专项债券资金7.17亿元，争取广发银行专项资金400万元、上级补助资金5591万元，资金保障更加充沛。盘活物业资产。实现天串楼等闲置物业招租、出售，盘活面积逾5.69万平方米，实现经营性收入2.38亿元。

征拆安置　征拆腾地有力实施，全年拆迁项目投入资金10.18亿元，完成征拆扫尾110.29公顷，10月底新启动东西片16个拆迁项目88.36公顷，东西片分别完成签约356户和80户，基本实现清零，落实6个项目31.33公顷土地征收审批，高标准完成大和钻具国有土地征收，为后续项目建设和片区开发留足用地空间。土地出让有序推进，出让一宗商住用地及四宗工业用地，全年预计返还土地成本8.66亿元。望江路北片教育综合体地块已实现挂网，长潭西片两宗地块已过市土委会，筹备挂牌前期工作，白鹤片区一宗商业地块进行规划调整前研究论证。

疫情防控　2020年疫情防控期间，严格贯彻落实上级决策部署。抽调29名精兵强将加入高速出口值守盘查，深入167家企业、74个工地指导防疫复工，引导1186名重点人员开展核酸筛查。组建11支帮扶小分队，帮助企业、项目解决实际问题86个，为困难企业减免物业租金341万元。

【中国电信磐云大数据中心启用】
2020年6月5日，5G“新基建”项目——中国电信磐云大数据中心启用，并被中国电信云计算公司授予中国电信天翼云湖南节点。省领导黄芳、熊琛，市领导谭小平等以及中国电信、腾讯科技、字节跳动、拼多多等多家生态合作企业的嘉宾代表参加仪式。启用仪式上，中国电信、腾讯、华为、磐云数据等企业举行了生态伙伴入驻和新一代数据中心创新基地项目签约，相关领导为新一代数据中心创新基地揭牌。启动仪式后，举行了以“磐如基石、云聚潇湘”为主题的新一代数据中心研讨会，与会嘉宾就5G应用、大数据中心运营、新基建投资建设等议题开展研讨，共同推动5G时代的大数据交流与合作。

【希迪智驾（智能驾驶研究院）被评为2020年度“中国科创企业百强”】
2020年6月20—21日，《中国企业家》杂志社在2020（第20届）中国企业未来之星年会暨中国企业家生态大会上公布了2020年度“中国科创企业百强”（以下简称“科创百强”）评选结果。作为国内率先将自动驾驶技术带入实际商业应用的企业之一，希迪智驾从2000家参选企业中脱颖而出，入列科创百强。

【中大检测ZDLIMS系统应用入选工信部“2019年企业上云典型案例”】
2020年7月1日，工信部按照《工业和信息化部办公厅关于组织开展企业上云工作情况报送及典型案例征集工

2020年6月5日，中国电信磐云大数据中心启用。图为生态伙伴入驻和新一代数据中心创新基地项目签约仪式现场
岳麓高新区　供图

作的通知》要求，经企业申报、地方推荐、形式审查和专家评审等环节，选出 2019 年企业上云典型案例，园区企业湖南中大检测技术集团有限公司的《ZDLIMS 系统在检验检测行业的应用》名列其中。ZDLIMS 系统是由中大集团自主研发，可对现场实施项目动态云端监管，将项目实施时的人员、设备信息、数据实时传送到云端，相关方可从云端实时查看人员、设备和现场情况，是一套集收样管理、实验流程管理、报告管理等功能的相互融合，协作办公与客户服务一体化的成熟系统。系统基于云计算架构，已存储多家公司委托、样品、参数、标准、任务流程记录等数据，以及客户回访、电话、评价等记录，形成多项问题解决方案。

【2020 年高考评卷首次使用湘江鲲鹏服务器】 2020 年 7 月 6 日，湘江鲲鹏合作伙伴深圳市海云天科技股份有限公司中标《贵州省招生考试院对贵州师范大学评卷基地服务器进行更新采购》项目，将在贵州省 2020 年高考网上评卷中部署应用国产化、自主创新、安全可靠的湘江鲲鹏服务器，这也将成为鲲鹏服务器首次在全国高考中的应用实现。选用鲲鹏服务器进行网上评卷，是基于湘江鲲鹏服务器具有高性能计算、高可靠性、高能效和开放生态的优势，能够满足高考大数据中心多样性计算、绿色计算的需求。

【长沙智能驾驶研究院获 2020“AI+智能网联”最佳壁垒成长奖】 2020 年 8 月 7—9 日，深圳市人工智能与机器人研究院协办的第五届 CCF-GAIR 全球人工智能与机器人峰会在深圳举办。该次峰会上，希迪智驾从 452 家参评企业中脱颖而出，获“AI+ 智能网联”最佳壁垒成长奖。AI 最佳壁垒成长奖从核心竞争力、研发技术、产品销售、渠道链条成熟度、融资能力跟同行业务和巨头业务差异点等维度进行评选。

【湖南阿波罗智行入围“双创大赛”全国总决赛】 2020 年 12 月 10 日，首届“清华大学国强研究院杯”全球人工智能与机器人双创大赛晋级赛（中西部赛区）在岳麓高新区湘江智谷·人工智能科技城举行，长沙、杭州、西安、重庆等地的 10 个参赛项目，共同竞争 3 个入围总决赛的名额。经过路演，湖南阿波罗智行的“限定场景低速自动驾驶小车应用项目”在比赛中脱颖而出，顺利晋级全国总决赛。限定场景低速自动驾驶小车应用项目是阿波罗智行推出的适用于封闭或半封闭园区的 L4 级自动驾驶智能应用，包括无人售卖车、无人快递车、园区物流运输车、园区安防车等。此次“双创大赛”由清华大学国强研究院与广东省国强公益基金会共同主办，有 190 个国内外项目参加比赛，初选环节选拔出 68 个项目入围晋级赛环节。

（本栏撰稿　李嘉欣）

·马栏山视频文创产业园·

【概况】 马栏山视频文创园是全国首家国家级广播电视园区、全国重要的视听节目制作输出基地，于 2017 年 12 月 20 日挂牌成立，是国家广电总局和湖南省部省共建重大项目。园区面积 1575 公顷，其中核心区约 500 公顷，由湖南广电为核心的建成区（约 200 公顷）和浏阳河“第八湾”鸭子铺的新建区（约 300 公顷）组成；功能区约 1000 公顷，覆盖月湖、山鹰潭、长沙大学一带，承担生态文旅、产业辐射、生活配套、人才培育等四个大功能。按照省委、省政府对园区的发展定位，园区对标“中关村”发展模式，坚持“政府引导、企业主体、市场运作”的原则，按照“布局集中、产业集聚、土地集约”的要求，统筹产业布局、完善产业链条，推动产城融合、产业融合，促进产业结构创新、链条创新、业态创新，加速产业集聚、企业集聚、人才集聚、创意集聚，打造“先进内容创新制造高地”“文创科技研发应用高地”“文化产业改革发展高地”。被评为国家文化和科技融合示范基地、中国创新创业典型示范基地、湖南省大数据产业园、湖南省服务业示范集聚区等，入选国家级文化产业示范园区创建名单。2020 年实现企业营收 431.98 亿元，2 年增幅近 30%；完成固定资产投资 132.6 亿元，2 年增幅近 106%；实现税收 25.1 亿元，2 年增幅近 30%；完成重大项目投资 81.49 亿元，占年度计划的 130.66%。9 月 17 日，习近平总书记在湖南考察期间，到园区视察指导，考察园区党建工作、内容生产、技术研发以及人才培养等情况。习近平肯定园区“文化＋科技”的发展模式，强调“文化和科技融合，既催生新的文化业态、延伸文化产业链，又集聚大量创新人才，是朝阳产业，大有前途。谋划‘十四五’时期发展，要高度重视发展文化产业。要坚持把社会效益放在首位，牢牢把握正确导向，守正创新，大力弘扬和培育社会主义核心价值观，努力实现社会效益和经济效益有机统一，确保文化产业持续健康发展”。

项目建设　克服疫情影响，铺排 34 个重大项目，按项目建设关键节点挂图作战、对表攻坚。完成“一带一桥，两翼五道七支路”建设，形成“三纵三横一环”的交通大格局。率先全省完成区域节能、区域水土保持评估。东二环鸭子铺立交改造工程建成通车，北区智慧能源站竣工，220 千伏电力隧道加快建设，鸭子铺片区市政配套日趋完善。星城光塔、芒果马栏山广场、聚恒集团总部等项目有序推进，中广天择总部（一期）、创意设计总部大厦、兴旺通讯总部大楼实现封顶。马栏山人才公寓项目封顶，建成后将为园区近千名青年人才提供租赁住房，实现“拎包入住”。13 个重大项目总体量超过 196 万平方米，占鸭子铺片区建设总体量的 47.5%，总投资 293 亿元。

招商引资　坚持“文化＋科技”产业链靶向招商，重点针对视听技术头部企业、重点科研机构、研发平台型企业等高端项目进行“双招双引”（招商引资、招才引智）。新注册企业794家，累计新注册企业1600家（含软件类企业426家），初步形成小企业“铺天盖地”、大企业“顶天立地”的发展格局。新增41家“四上”企业、30家高新技术企业。新签约重点项目31个，预计总投资额101.2亿元，其中20亿元以上项目2个、10亿元以上项目2个、5亿元以上项目3个、2亿元以上项目6个、1亿元以上项目2个。举办首届“马栏山杯”国际音视频算法大赛、2020中国新媒体大会等多场大型活动赛事。全国第二个“国字号”的网络文学示范基地“中国网络文学小镇”授牌成立。园区2家企业入选第12届“全国文化企业30强”。

创新驱动　投入2.2亿元建设超高清视频共享制作云平台，视听节目制作周期和成本分别减少30%，打造“拎包入住”的“云空间”。成立5G高新视频国家广电总局实验室，研发5G+4K背包，形成数字医疗系统基础框架和产品体系。推动马栏山新媒体学院与央视网签约，就媒体学院建设开展技术创新研发、应用场景开发、专业人才培养等多方面合作。5G智慧电台签约27个省、283频，为全国177家县级融媒体中心提供服务，获国家广电总局“智慧广电”传播分发类先进案例。“先进制造业5G云VR公共服务平台”联手头部制造企业，探索视频技术与先进制造融合发展，获评2020湖南省“5G+制造业”应用场景示范。千博信息技术公司AI手语产品进入长沙特教学校和政务服务大厅，为联合国南南合作办公室视频会议提供手语翻译。

营商环境　省委宣传部、省文旅厅、省广电局联合出台《关于提高行政审批效能优化马栏山视频文创产业营商环境的若干措施》，助力园区实现48项文化审批事项全程“帮代办”服务，行政效能持续提速。推荐5名高层次人才申报湖南省“白人计划”。制定《马栏山视频文创产业园支持总部经济发展的若干办法》，兑现奖补政策资金5170.75万元。支持11家企业申报专项资金5600万元，为企业提供3699万元风险补偿贷款资金。推动马栏山新媒体学院开展4K修复、DIT数据管理等专业技能实训。引进会计师事务所、律师事务所、专业咨询公司等专业服务机构，导入协会、企业和科研院所等资源，为企业成长“保驾护航”。创建国家版权保护示范区，成立“中国V链”数字资产交易中心，举办版权保护论坛，建成“优版权”服务平台，完成版权确权存证近80万件。

【5G高新视频多场景应用国家广播电视总局重点实验室落户】　2020年3月31日，5G高新视频多场景应用国家广播电视总局重点实验室在长沙马栏山视频文创产业园举行挂牌仪式。国家广电总局党组成员、副局长朱咏雷通过视频连线参加仪式，湖南省委常委、省委宣传部部长张宏森，副省长吴桂英现场出席。中国工程院院士高文、中国科学院院士龚新高等实验室专家委员和部分互联网行业领军企业家通过VCR致贺。5G高新视频多场景应用国家广播电视总局重点实验室是经国家广播电视总局批复同意、唯一一家面向5G高新视频的国家级实验室，由湖南省人民政府和国家广播电视总局共同建设，由湖南广播电视台、湖南广播影视集团统筹实施。

【长沙先进制造业5G云VR公共服务平台发布】　2020年4月23日，“长沙先进制造业5G云VR公共服务平台”在马栏山视频文创园月湖文创小镇发布，为长沙智能制造转型升级再添新助力。中联重科、比亚迪、三菱、格力、远大等26家智能制造业企业，华融湘江银行、长沙银行、长沙高新创投基金等金融机构，长沙五大国家级开发园区和中南大学、湖南大学的高等院校有关领导和专家等参加此次活动。“长沙先进制造业5G云VR公共服务平台”由HTC威爱公司与湖南大学院士王耀南领衔的“机器人视觉感知与控制技术国家工程实验室”共同研发，数字科技、智能制造行业的最新前沿成果。其5G+虚拟现实技术可大幅提升设计效率80%，同时节约企业70%的设计成本。

【23个项目集中签约开工】　2020年6月28日，马栏山视频文创产业园举行重大项目集中开工、签约仪式。马栏山动漫影视游戏总部基地、金色马栏山数字经济产业总部基地、光芒空间智能时尚科技平台等23个项目集中开工或签约，总投资125.8亿元。长沙市委常委、市委宣传部部长陈刚等市区、园区领导参加。其中，神幻九州文化传媒将投资4亿元，在马栏山建设湖南省最大的动漫影视游戏总部基地，占地1.75公顷，预计2021年12月完成主体建设。基地建成后，能容纳上千家与动漫游戏产业相关的内容策划公司、内容生产公司、发行公司、投融资公司和平台公司入驻。由北京金山云网络技术有限公司投资的金色马栏山数字经济产业总部基地及科创中心，重点打造云计算中心和大数据基地、视频产业数字金融平台和未来社区示范基地、区块链及人工智能技术等。

【首届“马栏山杯”国际音视频算法优化大赛颁奖盛典暨高峰论坛】　2020年9月8日，首届“马栏山杯”国际音视频算法优化大赛颁奖盛典暨高峰论坛长沙马栏山举行。此次大赛由中国工业与应用数学学会、中国网络社会组织联合会作为指导单位，湖南省互联网信息办公室、湖南省科学技术协会主办，中国（长沙）马栏山视频文创产业园、芒果TV承办，麻省理工学院、卡耐基梅隆大学、北京大学、清华大学、中国科学院等为代表的知名高校、科研院所、互联网企业团队近1300支队伍参赛。颁奖典礼上，图像、画质、推荐三大赛道的优胜选手到现场参与颁奖仪式，并与观众一起分享和展示了此次大赛的创新技术成果。在该次大赛中，芒果TV提供大量真实、高价值的脱敏数据，让开发者以真实数据为对象进行分析和研究，为全球的算法精英们提供一个展示、交流、切磋的平台，让更多业界人士关注到马栏山。大会现场，马栏山视频文创产业园与北京易华录、浪潮集团、HTC威爱教育、当虹科技等公司现场合作签约。

2020年9月8日，首届“马栏山杯”国际音视频算法优化大赛颁奖盛典暨高峰论坛在马栏山举行

马栏山视频文创产业园　供图

【2020中国·湖南创新创业大赛总决赛在马栏山举行】　2020年10月27—28日，2020中国·湖南创新创业大赛总决赛在马栏山视频文创园举行。副省长朱忠明出席并颁奖。2020年中国·湖南创新创业大赛是中国创新创业大赛的地方赛，作为推动“双创”升级版的具体举措，坚持贯彻落实创新驱动发展战略，以“创新创业，圆梦湖南”为主题，以中国创新创业大赛为统领，以市州赛和专业赛为基础。该次大赛有2321个项目报名参赛，比2019年增加54%，报名总数位居全国第四位，中部第一位，创历史新高。大赛按新一代信息技术、数字创意、生物、新材料、节能环保、新能源和新能源汽车、高端装备制造七大战略性新兴产业征集项目。经过角逐，12个初创企业和19个成长企业进入总决赛。大赛有195个创投机构、245名投资人参与赛事评审，共达成意向投资18.5亿元，达成意向授信贷款20.6亿元。

【2020中国新媒体大会在长沙举行】　2020年11月19日，2020中国新媒体大会在湖南长沙举行。中国新媒体大会是由中宣部批准的最具权威性、标志性、专业性的中国新媒体行业盛会。大会旨在打造内容精品的创作盛典，创建队伍建设的交流窗口，开拓融合发展的合作渠道，搭建行业引领的权威平台。大会以“守正聚力 创新共融”为主题，由中共中央网络安全和信息化委员会办公室、国家广播电视总局、湖南省人民政府指导，中华全国新闻工作者协会、湖南省委宣传部主办。会议发布《全国视频文创产业发展指标体系研究》（“马栏山指数”），并举行“走进马栏山”主题展示活动，邀请与会人员走进马栏山视频文创产业园，通过“牢记总书记嘱托 建好马栏山”“科技赋能内容 内容服务人民”“守正创新 讲好中国故事”3个主题展示板块，全方位展示马栏山产业技术底座，及园区在经典电影4K修复技术、人工智能实时新闻手语播报、5G+VR工业渲染技术在先进制造业领域应用、5G智慧电台、4K超高清视频加全景声音效等代表性技术融合成果。

【马栏山节目交易中心（筹建）签约揭牌】　2020年12月25日，湖南马栏山广播电视网络视听节目交易中心（筹建）签约暨揭牌仪式在马栏山创智园举行。省人大常委会党组副书记、副主任王柯敏出席仪式并揭牌。省委宣传部副部长、省广播电视局党组书记、局长张严出席仪式。加快建设节目交易中心是落实省委、省政府重大决策部署的重要举措，是《2020年湖南省政府工作报告》明确的年度重点工作任务。此次举行的签约暨揭牌仪式标志着节目交易中心（筹建）取得阶段性成果。

【“视频文创示范数据湖”产学研用基地落户】　2020年12月31日，马栏山视频文创示范数据湖启动暨产学研用基地落成仪式在马栏山创智园举行。仪式上，马栏山视频文创产业园与北京易华录信息技术股份有限公司（以下简称“北京易华录公司”）就加快马栏山视频文创产业园数字化建设签订《示范湖合作备忘录》，湖南师范大学信工院与北京易华录公司就加快马栏山视频文创产业示范数据湖人才培养签订《产学研用合作协议》。马栏山视频文创示范数据湖落成后，将提供全介质、一揽子的超级服务，有效解决数据存储问题，降低企业投入和成本，为园区企业提供家门口的便宜、好用、安全的存储服务。此外，通过中央研究院长沙分院和数据资产研究院，3~5年内引进100名博

士和博士后，助推文创产学研用赋能马栏山发展。（木栏撰稿　朱冰彬）

·长沙天心文化（广告）产业园·

【概况】 长沙天心文化（广告）产业园位于长株潭融城核心区域，是集国家文化产业示范园和国家广告产业园区于一体的产业发展平台。2020年1月，被国家知识产权局商标局授予“2019年度商标受理工作先进单位”；7月园区作为全国国家级文化产业园区的唯一代表在文旅部电视电话会议上做典型发言，并成功创建“长沙市媒体艺术示范园区”与“长沙市研学旅行基地”，通过“长沙市现代服务业示范集聚区”复核且排名前列。11月，长沙市天心区委办公室长沙市天心区人民政府办公室印发《关于天心经开区和天心文化（广告）产业园实行统筹管理体制改革的工作方案》的通知，对天心经开区、天心文化（广告）产业园实行统筹管理体制改革，实现一个机构运行、一套人马运转。统一集中办公。将两个园区管委发展规划，统一招商引资平台和政策，协调推进两个园区经济发展和项目建设。

招商引资　截至2020年年末，园区有企业833家，其中上市挂牌企业6家，规模以上服务企业43家，高新技术企业31家，产值过亿元企业9家。2020年园区企业总营收53亿元，其中规模以上企业营收28亿元，完成全口径税收1.22亿元。

营商环境　组织金铠、中合慧景等园区企业申报2020年度省现代服务业发展专项资金项目；组织山猫吉咪、金铠文化、亚文传媒申报长沙市2020年度拟上市（挂牌）企业；为山猫吉咪、启善尚行等8家园区企业申报天心区信贷“白名单”；为8家企业完成长沙市2020年中小企业贷款贴息（第一二批）申报工作；指导山猫吉咪上报重点项目参与湖南省金融支持稳企业保就业政银企对接会；为金铠文化、锄禾展示、亚文传媒、知唐文化、山猫健卫、金贝基业、晨铭体育等企业落实风补资金1000万余元。知识产权长沙商标窗口接待咨询2846人次，完成商标申请受理7396件，其中商标注册业务4493件，商标后续业务2903件；版权窗口接待咨询200余人次，登记办理湖南省版权42件，国家作品版权21件，国家计算机软件版权84件。推进“最后一公里”，新增园区巴士一台，在原有巴士运行班次基础上翻一番。对接区住保局，为企业做好公租房保障。管委会采购服务，为所有入园企业免费提供工商、税务等帮代办业务，为园区企业免费提供形式多样的线上线下人才招聘服务。联系区检察院的监察联络站、司法局纠纷调解中心、法院庭前调解室以及法律服务站为企业做好法律服务保障。园区企业服务中心与园区财政局牵头，对园区经济工作进行评选，37家企业分别获“综合实力十强奖”“经济发展奖”“税收贡献奖”“税收新秀奖”。园区企业服务中心与园区企业党委牵头，评选园区优秀青年企业家，从对口扶贫单位内蒙古阿尔山采购物品，给获奖企业家送奖杯、奖品。

疫情防控　整个疫情防控期间，文广园为助推企业复工复产，免费为园区复工企业“三类人员”提供核酸筛查检测，共计员工823人。为30余家企业615名员工采购中药3690份。对九峰园区在期月租车650余辆车免收1个月的停车费，减免费用12余万元。所有租赁国有企业土地的入园企业落实2月租金免费，3、4月租金减半政策，共为企业减免租金900万余元。编制政策汇编并送达每家复工企业。园区防疫指挥部、物业与园区大唐先一为代表的企业开展疫情防控应急处置演练。园区企业湖南森麦项目管理有限公司负责人丁光辉全家春节在泰国旅游期间，主动延迟归国时间，通过挨家挨户走访、询问，采购防疫物资口罩10万只，体温枪300支，于2月5日12时送达天心区防疫指挥部。

【2019广告湘军总评榜颁奖盛典暨广告湘军创新大会】 2020年1月9日，2019广告湘军总评榜颁奖盛典暨广告湘军创新大会在长沙梅溪湖国际艺术文化中心举行，大会由长沙天心文化（广告）产业园与湖南省广告协会联合举办。大会邀请广告行业权威宣讲嘉宾丁俊杰，长沙天心文化（广告）产业园负责人谢巍以及文和友、茶颜悦色等湖南本土知名企业的创始人进行演讲和圆桌对话。长沙天心文化（广告）产业园作为湖南省唯一“国家广告产业园区”，在基础设施、发展环境、政策体系和企业服务等各方面具有领先示范作用，而湖南省广告协会作为湖南省级广告协会，拥有强厚的行业资源优势，为促进区域经济发展，共享行业资源优势，结合各自功能定位，谋划产业发展布局，共同打造产业化平台，在该次大会上完成签约。大会评选出2019年度广告湘军综合实力十强、2019年度广告湘军十大最具成长性企业、2019年度广告湘军十大公益创意作品、2019年度广告湘军十大新星等13个类别奖项。

【全国商标受理窗口工作座谈会在长沙举行】 2020年1月14日，全国商标受理窗口工作座谈会在长沙举行，长沙商标受理窗口被评为2019年度优秀窗口，长沙天心文化（广告）产业园作为该窗口的运营单位，在会上作典型发言。湖南省市场监督管理局党组成员、知识产权局局长段志雄，天心区委副书记、区人民政府区长黄滔，天心区人民政府副区长张建，长沙天心文化广告产业园负责人谢巍等参加调研座谈。长沙窗口年度受理量连续4年在全国同类窗口中排名前三位，占湖南省全省窗口受理总量的68.2%。截至2020年，长沙窗口已累计完成商标受理19560件。在商标专用权质权登记方面，长沙窗口为省、市企业办理商标质押11批次，合同备案总金额6.62亿元。长沙天心文化（广告）产业园通过引进商标评估、交易及商标行业协会会员机构，在全国同类窗口率先建成集商标“咨询、受理、评估、质押、交易”于一体的“一站式商标服务平台”。并联合入驻企业东道集团在园区打造集商标评估交易、优质品牌展示、品牌专业培训、品牌企业孵化于一体的“创谷商标品牌双创中心”。截至2019年年底，该中心已孵化、聚集商标品牌相关企业、机构89家，为隆平高科、老百姓大药房、张家界旅游、湘雅医院、五一商圈等企业提供商标设计、品牌策划等服务，有效促进区域经济高质量发展。

【音频产业系列沙龙第六期暨首期企业路演活动】 2020年8月14日，“移动音频产业系列沙龙第六期暨首期路演”在创谷长沙天心文化（广告）产业园举行。沙龙采用线上线下相结合的模式，打破地域限制，实现高效沟通。天心区人民政府副区长黄会，园区管委会主任谢巍，园区管委会副主任刘湘俊，区商务局、区教育局、区科技局、区文体局等相关负责人出席活动。此次沙龙活动上，分享嘉宾、投资大咖、路演企业等通过直播连线的方式与在场领导、嘉宾进行交流互动。原上海电台交通广播《都市夜归人》主持人叶杨做“从声音的世界走出”主题分享，天津琅声文化传播有限公司、湖南潭州教育网络科技有限公司、北京巨有文化传媒有限公司、拾月之音（北京）文化传媒有限公司、深圳市声耐科技有限公司在活动上展开企业路演，文娱价值官创始人、盈顺资本总裁张曙东，创享投资总监何君霆，启迪之星创投副总经理尹颖从商业模式、盈利模式、行业合作、资源对接等方面与企业负责人进行探讨。移动音频产业系列沙龙活动开展以来，以音频沙龙为纽带，结合线下走访、企业座谈等方式，园区和筹委会深度链接聚集80余家音频企业。

【陇湘川蒙文旅产业合作平台发布会】 2020年10月11日，陇湘川蒙文旅产业合作平台发布会在长沙天心文化（广告）产业园举行。会议旨在搭建陇湘川蒙四地文旅产业合作平台，促进文旅消费，拉动陇湘川蒙文旅产业大循环，并助力全国文旅产业发展。陇湘川蒙四地相关领导、专家、企业家参加活动，特邀中国工程院院士袁隆平视频连线参与活动。长沙天心文化（广告）产业园管委会主任谢巍为活动致辞。

【长沙创谷音频产业展示交易基地启动】 2020年12月8日，长沙创谷音频产业展示交易基地启动仪式在长沙天心文化（广告）产业园举行，天津琅声腔文化传播有限公司等企业签约入驻。此次活动启动“第二届中国长沙文化创意之声创大赛”，以线下线上相结合的形式面向全国（球）范围征集声创项目。主要范围包括：音频技术、音频内容创作、声音传播载体及设备、音频直播平台、版权经纪、声优人才孵化等创新、创投项目。园区已成立创谷音频产业协会暨湖南省音频产业协会筹委会，全面落实协会专门人员、办公场地、协会章程、发起单位等工作，建立音频产业一站式服务平台；开展音频产业系列沙龙活动，聚集了湖南本土、省外音频产业链上的项目、平台、声优人才、基金近60个。 （本栏撰稿 肖 婧）

2020年12月8日，长沙创谷音频产业展示交易基地启动仪式在长沙天心文化（广告）产业园举行 天心文化（广告）产业园 供图

湖南湘江新区

XIANGJIANG NEWLY DEVELOPED ZONE OF HUNAN PROVINCE

编辑　刘盼盼

综　述

【概况】 2020年，湖南湘江新区（以下简称“湘江新区”）实现地区生产总值增长4%，规模以上工业增加值增长5.1%，固定资产投资增长6.4%，财政一般公共预算收入增长5.9%，主要经济指标高于省市。全年新增上市企业7家，占全市的58%；新增高新技术企业674家，高新技术产业增加值占GDP比重34.1%；产业投资占固定资产投资比重50.3%，民间投资占固定资产投资比重62.1%。发展合力不断增强。长沙高新区获全省园区产业高质量发展奖；宁乡经开区建成全国首个专业智能家电产业小镇；望城经开区获评全省省级及以上产业园区综合评价第一位；宁乡高新区获批全国首个电池产业集群示范区；岳麓高新区打造了全国唯一的“双国家级”平台检验检测特色园区，整体合力不断增强。湘江新区本级建立重点企业“五个一”帮扶机制和涉企问题快速响应机制，筹措提供防疫物资，解决企业开复工问题200余个。

【项目建设】 2020年，湘江新区抓项目、稳投资，实施容缺审批、“多审合一”等超常规举措，为255个案卷办理了容缺审批，为142个项目缓期缴纳报建费6.1亿元。全年完成投资1450亿元，超年度计划12%。新建项目加速开工。加强项目前期工作，多措并举筹措资金，梅浦联络线、大王山片区交通提质等56个项目开工，23个预备项目转化至年内开工，转化率24.5%。续建项目推进。大王山云巴、潭州大道快改第二段等重大项目加快推进；湘府路快速化改造、潇湘大道三段全面通车；麓景路隧道完成主体建设；“一圈两场三道”“智慧电网630攻坚”“断头路、瓶颈路”等工作全面完成。标志性项目推进。中联智慧产业城首台中大型挖掘机、天际汽车首车下线；湖南三安、长远锂科、航天环宇、楚天科技等项目提速；鲲鹏计算硬件产线从筹建到厂房交付仅用时120天，中央电视台《新闻联播》进行专题报道。

【产业链条延展完善】 2020年，湘江新区统筹全域范围内的9条产业链，聚焦“2+3”特色产业，推进建链强链补链延链，产业生态更趋完善。招商引资。组织开展产业项目集中签约活动，举办岳麓峰会、腾讯生态大会等招商推介活动。全域签约项目284个，总投资1055亿元，其中投资50亿元以上项目5个，世界500强项目21个。主导产业发展。长沙高新区移动互联网产值500亿元，生物医药产业比2019年增长45%。宁乡经开区引进格力第二研发中心，智能家电产业链配套企业60余家。望城经开区围绕“两主一特”引进各类产业链项目81个。宁乡高新区三一集团宁乡事业部产值接近500亿元。岳麓高新区检验检测产值占全市四分之一。特色产业。智能汽车产业，“火炬计划”“头羊计划”有序实施，智慧高速等六大项目稳步推进，签约头部企业22家，获批全国第三个国家级车联网先导区，国家智能网联汽车（长沙）测试区综合实力位列全国第二位。现代金融产业，获批2020年度财政支持民营和小微企业金融服务综合改革试点，成立金融科技湘江生态联盟，湖南金融中心税收比2019年增长25.17%。文旅产业，湘江欢乐城开园，接待游客约50万人，营收超过8000万元。健康医疗产业，引进中电数据、当代医药等十大项目。

【城市建设】 2020年，湘江新区按照“四精五有”的要求，提升城市品质。组织编制“十四五”发展规划，完成湘江智谷、高铁西城等重点片区控规编制，形成新区重点片区邻避设施规划、核心片区智慧城市建设规划等成果。建立城市设计管控平台、交通数据库模型平台，以及片区规划总控、老旧社区周边规划管控等机制。滨江片区，观沙岭路等基础设施项目加快建设。洋湖片区，洋湖水街建成开园，洋湖湿地品质提升项目加快推进。大王山片区“四纵四横”主干路及城市次干道基本建成；湘江女神公园等项目建成完工。启动长株潭融城小镇和湘阴新片区建设前期工作。梅溪湖二期，地铁2号延长线建设中。高铁西城，产业新城一期开工建设，站前北路等配套项目启动建设。月亮岛文旅新城，足球文化园、法网公园等一批项目建成开放，举办2020中国网球巡回赛等大型国际赛事活动。

【改革创新】 2020年，湘江新区岳麓山大科城创新动能。完成技术交易合同1486件，成交额23.25亿元，比2019年实现翻番，获批国家首批科技成果转化和技术转移示范基地。新增新型研发机构13个，科创企业1294家。中南大学科技转化基地转化落地企业393家，7个院士项目实现就地转化，申报国家级大学科技园。德必人工智能产业中心当年入驻率100%，后湖艺术园吸引上百名知名艺术家和60余家文创类企业入驻。双创品牌影响持续扩大。湖南省首个国家基础科学中心揭牌，三诺生物、景嘉微电子成功获批国家企业技术中心，湘江科创基地（一期）等重点双创基地相继建成，新区创新创业平台600余个。全年举办“创响中国”湘江新区站、“智汇湘江 科创新区”等项目路演活动50余场次。重点领域改革推进。建立专利统计分析机制，强化知识产权运营服务，为300余家创新型企业提供知识产权综合服务。国企改革不断深化，原先导集团完成内部组织架构重塑，行业竞争力进一步加强。湘江集团市场化转型成效明显，跻身全省纳税百强企业，湘江资管公司首年实现净利润1.8亿元。湘江国投获得“国家级新区引导基金5强”。湘江智能获批国家技术标准创新基地（长株潭）智能网联汽车标准创新中心。

【环境优化】 2020年，湘江新区化解年度隐性债务34.68亿元，7.54亿元的高息负债置换成低息负债。盘活“三资”3.82亿元，超年初目标四分之一。污染防治。重点推进工地裸露黄土、施工围挡整治，空气优良率84.4%。南园路水系污水干管完善工程、龙王港枯水期河道应急补水工程建成通水投运，智慧水务平台建成投入使用。肖河、龙王港问题完成整改销号，龙王港干流水质稳定达到地表Ⅳ类及以上，水质达标率首次达到100%，龙王港系统、源头、协同治理经验获《人民日报》报道2次。原铬盐厂铬污染治理稳步推进。精准扶贫。聚焦“产业扶贫”和“就业扶贫”，投入260万元支持龙山里耶新建产业路80千米，带动扩大柑橘种植面积近万亩，3个贫困村全面脱贫。沩水源村水果、茶叶等收入逾100万元，村级集体经济不断壮大。

【发展保障】 2020年，湘江新区强化工作创新，以超常规举措确保经济平稳发展。土地保障。完成潇湘大道三段防洪工程等7个项目101.53公顷土地的报批，超年初计划近30%；启动27个项目拆迁，岳华路、长望路西延线等12个项目实现拆迁腾地。挂牌土地成交20宗，实现土地成交金额211.19亿元，落实耕补指标35.53公顷。资金保障。建立项目储备库，加大专项债申报力度，6个申报项目争取债券资金23亿元。争取国家和省级预算内资金3.3亿元，超过去5年总和。落实国家减税降费政策，全年减免税费10.72亿元；安排产业扶持资金19.46亿元，扶持高端制造业项目34个、创新创业项目33个。政务保障。新政务大厅建成投入使用，审批服务“三集中三到位”改革推进，47大项、67个办理子项和23名首席审批员、工作人员进驻政务大厅，实现办事“只进一扇门”。完成全国营商环境评价服务和参评工作。人才保障。新认定长沙ABCD高层次人才278名，占全市52.5%。深入探索区校企联合培养人才新模式，举办创业就业学院和人工智能学院培训。为重点企业协调解决人才引进、安居及子女入学等问题。安全保障。推进安全生产专项整治3年行动，对建筑施工领域开展专项排查整治，建立实施“一单四制”重大安全事故隐患清单管理，全年未发生较大以上安全事故。出台改革创新风险备案等“五位一体”激励干部担当作为机制，创新“1+4”联动监督机制，政治生态持续优化。

重大项目建设

【长沙市无人驾驶出租车开启试乘】 2020年4月19日，由湖南阿波罗智行科技有限公司运营的国内首批量产无人驾驶出租车Robotaxi开启试乘运营升级版，面向长沙市民开启免费试乘。在湖南湘江新区开放道路智能驾驶长沙示范区内，市民可以用百度地图及百度App的dutaxi、星智行小程序一键约车。此次开放打车范围约130平方千米，行车路线覆盖长沙市本地居民区、商业休闲区及工业园区等多维度实用生活场景。

【湘江鲲鹏计算机产业软硬件生产线建设项目一期厂房交付】 2020年4月20日，湘江鲲鹏计算产业软硬件生产线建设项目一期实现厂房交付，同时，首条服务器生产线进入试运行工作。该项目作为湖南省新基建重点项目，是长沙市、湖南湘江新区引进的重大战略性产业项目，集研发、生产、销售为一体，基于华为鲲鹏处理器研发和生产“湘江鲲鹏”自主品牌的服务器、PC机产品。湘江鲲鹏公司和湖南鲲鹏生态创新中心的成立，是湖南省与华为公司深度合作，推动鲲鹏生态系统在湖南落地生根的重要成果。项目从2月19日第一根钢柱开始吊装，到3月20日主体封顶完成，湘江鲲鹏建设项目以“鲲鹏之势”按照既定目标全速推进，在4月20日完成项目交付。从筹建到一期厂房交付120天，从生产线安装到产品下线完成用时20天。

【湘江鲲鹏首台服务器下线暨湖南省鲲鹏生态创新中心落成及展厅启用】 2020年4月28日，湘江鲲鹏首台服务器下线暨湖南省鲲鹏生态创新中心落成及展厅启用仪式在湘江鲲鹏产业园举行。湖南省委常委、长沙市委书记胡衡华，湖南省委常委、常务副省长谢建辉，华为公司高级副总裁、Cloud&AI总裁侯金龙及相关生态伙伴企业代表出席。服务器采用2U双路机架式产品形态，系统最高能够提供128核、2.6吉赫主频的计算能力，最多28个NVMe SSD（Non-Volatile Memory Express Solid State Disk，非易失性内存主机控制器接口固态硬盘）硬盘，具有高性能、低功耗以及灵活的扩展能力等特点，适合为大数据分析、软件定义存储、Web等应用场景的工作负载进行高效加速，能够满足数据中心多样性计算、绿色计算的需求，将在多个行业的数字化转型过程发挥重要作用。首条生产线进入投产运行后，三年产服务器50万台，实现产值100亿元，推动湖南产业经济的高速发展。

【长沙市开通全国首条智慧公交线路315线】 2020年4月30日，长沙市智慧公交315线首发仪式在天马山首末站举行。智慧公交315线西起于雷锋汽车站，东止于天马山首末站，共计10台公交车，线路里程15千米，28个站台，24个交叉路口。智慧公交面向市民开放运营，标志着智能网联公交信号优先技术进入实际应用轨道。湖南妇女儿童医院赴武汉抗击疫情的医护人员代表和部分普通市民，成为智慧公交315线的首批乘客。

2020年7月11日，湖南首个世界级大型综合旅游产业项目——湘江欢乐城开园

湘江新区　供图

【湖南首个世界级大型综合旅游产业项目“湘江欢乐城”开园】 2020年7月11日，由湖南湘江新区发展集团有限公司投资建设运营的湖南首个世界级大型综合旅游产业项目——湘江欢乐城开园，欢乐雪域、欢乐水寨、欢乐天街、桐溪湖、欢乐广场等多个旅游项目一同开门迎客。湖南省委常委、长沙市委书记胡衡华宣布开园。省委常委、省委宣传部部长张宏森为6位湘江欢乐城欢乐领航员颁发证书。欢乐雪域面积3万平方米，分为娱雪区及滑雪区，内部有上下两座阿尔卑斯小镇以雪国缆车和滑索相连，是国内娱雪滑道最多、滑雪体验最丰富、最多样的室内冰雪世界。欢乐雪域的上方“屋顶”欢乐水寨，面积8万平方米，分为合家欢区、巨浪湾区和尖叫谷区三大主题区域，集合20余项精品娱水设备。

【湘江科创基地举行项目集中签约仪式】 2020年12月24日，湘江科创基地举行项目集中签约仪式，以“科创赋能 智汇湘江”为主题，酷陆科技、佑湘智能等18家企业（项目）与湖南湘江新区发展集团有限公司子公司长沙岳麓山国家大学科技城建设投资有限公司进行现场签约，入驻湘江科创基地。湘江科创基地集创新孵化、产城融合、产教融合、科创金融、配套服务等功能于一体，是岳麓山大学科技城最大的科创基地。基地位于岳麓山大学科技城核心区，占地面积1平方千米，总建筑面积70万平方米，总投资120亿元，分为三期建设，一期主要提供创新孵化和创新链配套服务，二期、三期重点聚焦新一代人工智能技术等前沿新兴产业，打造中国人工智能和数据产业集聚区。整个基地建成后，可聚集科创型企业5000余家，新增就业岗位10万余个，实现年产值100亿元，年创税收10亿元，有力推动科技成果转移转化。

产业发展

【长沙高铁西站产业新城整体开发项目签约】 2020年3月28日，长沙高铁西站产业新城整体开发项目合作协议签约仪式在湘江豪生酒店举行。湖南湘江新区管理委员会、长沙市望城区人民政府、长沙城市发展集团有限公司共同签署《长沙高铁西站产业新城整体开发项目合作协议》。长沙高铁西站的建成，将实现国家一纵一横两大高铁干线在长沙交汇，对推动长沙真正成为国家级高铁枢纽意义重大。

【腾讯云启产业基地（长沙）启动仪式暨腾讯生态项目签约】 2020年4月27日，腾讯云启产业基地（长沙）启动仪式暨腾讯生态项目签约仪式在洋湖柏宁广场举行。腾讯云启产业基地（长沙）位于长沙市洋湖总部经济区柏宁地王广场北栋，一期运营面积约4700平方米，可容纳办公人员500余人，基地配备一批资深的高级技术服务支撑人员和一支专业运营管理团队，可同时为20余家腾讯生态合作伙伴提供办公场地、办公配套等服务。长沙市政府与腾讯于2018年11月28日签署合作协议，双方计划携手打造长沙城市超级大脑，而腾讯云启产业基地（长沙）是腾讯和长沙市、湖南湘江新区合作的重要组成部分。

【长沙湘江资产管理有限公司举行授牌仪式】 2020年6月11日，湖南省第二家地方资产管理公司——长沙湘江资产管理有限公司在湘江新区举行授牌仪式，并与工商银行、农业银行、中国银行、建设银行、交通银行等12家银行签订战略合作协议，授信总额超过200亿元。省政府副秘书长张志军为公司授牌。长沙湘江资产管理有限公司是湖南省第二家经省人民政府批准设立、中国银保监会核准公布的具有金融不良资产批量收购处置业务资质的金融服务机构，公司将聚焦不良资产收购处置主责主业，充分发挥逆周期调节作用，聚焦防风险、降杠杆、促发展的政治使命和社会责任，专注做好不良资产收处、地方政府化债、问题企业纾困托管等业务。湘江资管的成立对于防范化解区域金融风险、完善湖南省金融业态具有重要意义。

【“智汇梅溪 健康未来”湖南湘江新区2020年健康医疗产业发展大会】 2020年6月16日，“智汇梅溪 健康未来”湖南湘江新区2020年健康医疗产业发展大会在梅溪湖金茂酒店举行。国家科技部战略规划司副司长介健，国家卫生健康委统计信息中心副主任周恭伟出席。该次活动由湖南省发展改革委、湖南省科技厅、湖南省卫健委、湖南省贸促会指导，湖南湘江新区管理委员会主办，湖南湘江新区发展集团承办。活动分为“大会开幕式暨重点产业项目签约仪式”和“新区健康医疗产业发展合作论坛”两大板块，现场举行医疗健康大数据运营仪式。湘江新区管委会、湘江发展集团与湖南省卫健委、湖南省贸促会、中电数据、中以生物等10家单位企业进行了项目集中签约仪式，十大医疗健康领域项目落户新区国际医疗健康城。长沙市政府授权中电湘江数据服务有限公司运营长沙市健康医疗大数据。

【上海证券交易所资本市场服务湖南基地落户湘江基金小镇】 2020年9月9日，上海证券交易所资本市场服务湖南基地在湘江基金小镇揭牌成立。上海证券交易所党委副书记、监事长潘学先和湖南省委常委、常务副省长谢建辉一同为基地揭牌，并调研长沙市企业上市服务中心和湘江基金小镇。设立湖南基地，其主旨是以湖南服务基地为载体，按照服务前移、服务赋能的理念，为湖南优秀的企业和企业家提供全程化、精准化和专业化服务。服务基地将按照主板、科创板上市公司的标准进行培育，为科创板和主板输送源头活水，助推更多湘企登陆上交所主板和科创板。同时，为湘企提供更加多元化债券融资品种的选择，支持符合条件的湘企到上交所发行债券。

【2020年第七届海归论坛在长沙举办】 2020年9月26—28日，以“海聚湘江，智造未来”为主题的第七届海归论坛在湖南湘江新区举办。开幕式上，全国政协常委、港澳台侨委副主任、致公党中央副主席闫小培作视频讲话，湖南省委常委、省委统战部部长黄兰香，省政府侨办主任符俊根主持开幕式。该次论坛由致公党湖南省委会牵头，致公党中央留学生委员会、省政府侨办、省侨联、湘江新区管委会、湖南欧美同学会·湖南留学人员联合会联合举办，设置开幕式、专场推介会、开放兴湘海归谈、人才洽谈会、项目路演、闭幕式等主题活动，约1200人次参加。通过此次论坛，13名海归人才与湖南省各用人单位签订入职协议，近20人次海归人才与湖南省各用人单位达成意向协议，收获意向投资额1.35亿元。

【城市级大规模智能网联汽车示范应用发布】 2020年10月22日，城市级大规模智能网联汽车示范应用发布会议在长沙市举行。工业和信息化部装备工业一司副司长陈克龙等领导出席发布会。发布会上，长沙市、株洲市、湘潭市、岳阳市工业和信息化局签署《城市级大规模智能网联汽车道路测试及示范应用共建倡议书》，四市将在智能网联汽车产业测试体系、应用场景、技术标准、商用示范、品牌活动等领域合作共建共享。该次发布会圆桌论坛环节，清华大学教授姚丹亚、大陆集团副总裁卡尔·福克斯等专家围绕如何助力城市级智能汽车测试示范应用，构建开放融合、创新发展的产业生态主题，从产业生态情况、示范应用落地和产业内容发展展望等方面做深度解读。

【2020年第四届湘江金融发展峰会】 2020年11月6日，2020年第四届湘江金融发展峰会在湖南湘江新区湘江基金小镇举办，峰会由湖南省地方金融监督管理局、长沙市人民政府、湖南湘江新区管理委员会联合主办。以“湘江论道·科技赋能 产融共生”为主题，活动邀请中国金融40人论坛学术顾问、复旦大学特聘教授黄奇帆等行业专家作主旨演讲，省委常委、常务副省长谢建辉出席活动并讲话。该活动有600余家金融机构、金融科技企业及产业链企业参加。 （本栏撰稿 何 慧）

2020年11月6日，2020年第四届湘江金融发展峰会在湖南湘江新区基金小镇举办

湘江新区 供图

城乡建设

URBAN AND RURAL DEVELOPMENT

编辑　周海波

规划设计

【概况】 2020年，长沙市自然资源和规划局（简称“长沙市资规局”）分别在芙蓉区、天心区、岳麓区、开福区、雨花区、望城区6个城区及宁乡市经济技术开发区、高铁新城、马栏山（长沙）视频文创园派驻分局。另辖长沙市规划勘测设计研究院、长沙市国土资源执法监察支队、长沙市规划监察执法支队、长沙市土地整理中心、长沙市不动产登记中心、长沙市土地储备中心、长沙市自然资源交易事务中心、长沙市地质灾害监测评价中心、长沙市城市规划研究室、长沙规划展示馆、长沙市规划信息服务中心、长沙市土地信息中心12个直属单位。（谭江涛）

【国土空间规划编制】 2020年，长沙市确定市级总体规划“1+1+3+6+1”（市级国土空间总规划1个主体成果，1个信息平台，3个专项规划，6个专题研究，1个国土空间开发保护评估）内容体系。完成市级主体规划成果上报省自然资源厅，在自然资源部国土空间规划工作会议专题汇报。县级国土空间总体规划编制形成阶段性方案，推进开慧镇、镇头镇2个试点乡镇国土空间规划编制。统筹开展长沙市生态保护红线评估调整和自然保护地整合优化。完成《长沙市综合交通体系规划（2017—2035）》《长沙市轨道交通线网规划修编》《长沙市电力设施专项规划（2019—2035）》《长沙市幼儿园布局规划（2017—2020）》等专项规划编制，完成高铁西城、大学城科创服务区、绿心地区等17片控规编制。推进村庄规划全覆盖，出台《长沙市乡镇国土空间总体规划编制技术导则（试行）》《长沙市村庄规划编制技术导则（试行）》，启动60余个乡镇国土空间总体规划和700余个“多规合一”村庄规划编制，完成“多规合一”村庄规划修编125个。清理“一户多基”“空心房”3400余户。（谭江涛）

【战略规划和政策研究】 2020年，谋划长沙市自然资源和规划“十四五”规划、长沙市基础测绘“十四五”规划。完善自然资源和规划研究机制，推进“长沙市空间规划体系与管控要素研究”“长沙市密度分区研究”“长沙市历史资源普查”“向往之城：长沙城市之心的规划愿景”“关于加强长沙市经营性用地全生命周期管理的调研”等重大课题研究。（谭江涛）

【国土空间规划管控】 2020年，长沙市按照“一级规划，二级建设，三级管理”的要求，提高规划实施的严肃性。定期向长沙市委城乡规划工作领导小组汇报重大规划工作。完善规划委员会制度和专家库建设，召开规委会全会3次，须表决事项48项，表决通过45项；组织召开各类咨询、评审、论证会议138次，审议项目273个。控规修改，召开控规修改前置审查会议2次，审查议题19个。完成控规修改项目128个，其中非经营性用地项目104个，占81.25%。（谭江涛）

【重点片区规划实施】 2020年，长沙市完成长株潭战略规划编制并上报省政府，紧扣长沙“一体两翼”战略指引，基本完成金阳新城和金洲新城战略规划编制，推进南部片区、临空经济示范区、苏托垸、解放垸等重点片区和区域规划编制。（谭江涛）

【设计审查】 2020年，长沙市完成政府投资建设工程设计审查608.94万平方米，完成建筑工程施工图审查备案7022.6万平方米。建筑工程勘察设计施工图文件数字化审查覆盖率100%，提升“联合审图”效率，消防设计审查全过程纳入施工图审查管理信息系统，项目办理总用时较2019年减少32.88%。同时启动BIM（Building Information Modeling 建筑信息模型）施工图审查工作，并组织对湖南省施工图管理信息系统5.0版暨BIM审查进行宣贯培训。（姚 琴）

【市政基础设施设计审查】 2020年，长沙市下达24个市政项目的方案设计审查意见、10个市政项目的设计批复，完成72个市政项目（含项目分项）的施工图设计审查备案。长沙地铁4号线BIM技术设计施工运维一化中的应用获中国勘察设计协会“创新杯”建筑信息模型（BIM）应用大赛二等成果。（刘祖江）

城市建设

·建设管理·

【基础设施建设】 2020年，长沙市以支撑国家交通物流中心和国家中部连接枢纽城市建设为目标，谋划长沙市综合交通体系。开展长沙市轨道交通工程实施性研究及用地控制规划编制，围绕智慧城市、智能城市建设目标引领基础设施扩容创新，完成“630攻坚”智慧电网三年建设行动年度工作任务。

2020年，长沙市铺排项目553个（其中续建项目304个、新建项目249个），2020年度预计投资484.65亿元。2020年完成投资564.44亿元，占年度计划的116.5%，超额完成2020年计划任务。其中，万家丽路快改北延线完成投资7.2亿元，占年度计划的103%，湘雅路过江通道完成投资12.8亿元，占年度计划的135%，中意路完成投资1.9亿元，占年度计划的111%。芙蓉大道、洞株公路、潭州大道化改造路段建成通车。打通“断头路”“瓶颈路”2020年打通城区“断头路”“瓶颈路”20条，完成年度计划。新改建自行车道2020年完成新改建自行车道143.4千米，占年度计划的104.6%，超额完成年度计划任务。

（臧 勇）

【海绵城市建设】 2020年，长沙市通过海绵城市建设自评估工作验收。长沙建成区28.52%面积达到国家海绵城市建设目标要求。望城区滨水新城北部27个海绵城市示范项目全部完工，其中22个项目竣工并投入使用；高铁会展新城17个政府投资项目完成海绵设计，中轴公园、敢胜垸防洪堤景观工程、匝道合围调蓄水体等项目全部建成；圭塘河井塘段、植物园段城市"双修"及海绵城市建设有序推进，井塘段基本完工；湘江新区各海绵城市示范标杆的项目正在有序建设中，红枫路、桐溪湖一期和女神公园基本完成。 （严洪志）

【城建重点工程】 2020年，长沙市1320个重大项目累计完成投资4498.5亿元（数据来源于重大项目信息系统，下同），占年度计划的125.2%。其中政府投资类项目420个，年度预估投资1016亿元，累计完成投资1103.8亿元，占年度计划的108.6%。 （吴 慧）

表26 2020年长沙市10亿元以上政府投资重大项目清单一览表

单位：万元

序号	项目单位	项目名称	2020年建设内容	起止年限	项目预估总投资	本年预估投资
1	省机场管理集团	长沙黄花机场改扩建	完成前期工作，开工建设	2020—2024	4060000	142725
2	市轨道交通集团	地铁6号线工程	完成大部分车站主体工程、区间工程	2017—2022	3694302	460000
3	市轨道交通集团	地铁3号线一期工程	7月实现初期运营	2014—2020	2602807	120000
4	市轨道交通集团	地铁5号线一期工程	7月实现初期运营	2015—2020	1633024	285000
5	市城发集团（新河三角洲公司）	黄兴北路棚户区改造工程	继续开展征地拆迁工作	2011—2021	978066	5000
6	市轨道交通集团	地铁2号线西延二期工程	开工建设	2020—2024	951300	10000
7	市轨道交通集团	长株潭城际轨道交通西环线一期工程（全线）	部分主体结构、区间施工	2019—2023	950000	50000
8	长益扩容高速公司	长益高速扩容项目	基本完成建设	2017—2020	780000	30800
9	市城发集团（城乡公司）	朝正垸城中村改造及环境整治工程	继续开展征地拆迁工作	2012—2021	757658	5500
10	市城发集团（长沙先导恒伟房地产开发有限公司）	湘江财富金融中心	完成主体工程及部分装饰装修、设备安装工程	2016—2020	734323	110000
11	怀邵衡公司	常益长铁路项目	完成拆迁扫尾，开工建设	2018—2021	730000	76500
12	长沙供电公司	长沙市输变电新建工程	开工建设	2020—2021	619237	185771
13	市轨道交通集团	地铁1号线北延一期工程	开工建设	2020—2024	611100	10000
14	市城发集团（项目管理公司）	湘府路快速化改造工程	桥梁工程、道路工程、绿化工程及亮化工程的收尾工作，开始管线入廊建设	2016—2020	603381	12500
15	市城发集团（湖南椒花水利枢纽开发建设股份有限公司）	椒花水库枢纽工程	完成坝址建设范围征地移民，进行临建工程建设。	2019—2024	591781	104786
16	长沙供电公司	长沙市输变电续建工程	建设投产	2019—2020	567188	395628
17	市交通集团/湘行建设公司	长益复线至兴联路大通道工程	研究确定桥、隧方案后，完善前期工作，开展征地拆迁，开工建设	2020—2025	538663	50000

续表 26

序号	项目单位	项目名称	2020 年建设内容	起止年限	项目预估总投资	本年预估投资
18	市城发集团（项目管理公司）	湘雅路过江通道工程	完成河西始发井及后配套施工，完成井下盾构组装，河东接收井基本完成施工	2019—2023	532780	95000
19	市城发集团（机场迁建公司）	牛角塘村城中村改造项目	牛角塘村城中村改造项目一期征地拆迁及第一批次 260 亩土地用地手续办理	2019—2024	500000	20000
20	各区（县、市）政府、相关市直部门	长沙夜间经济发展建设项目——子项目 1 城管	夜游湘江等文旅场景打造	2020—2025	500000	20000
21	长沙供电公司	湖南长沙县果园 1000 千伏输变电工程	建设投产	2019—2021	487853	341497
22	宁韶高速公司	宁韶高速公路	路基工程施工	2019—2021	470000	96500
23	湖南梅溪湖新城医疗有限公司	梅溪湖基因谷	年内开工项目开工建设	2020—2024	450000	27000
24	市公共工程建设中心	芙蓉大道（长沙段）快速化改造工程	一期工程主线通车	2019—2021	347639	100000
25	芙蓉棚改投资有限责任公司	蔡锷中路两厢棚改项目	完成部分征收	2017—2021	330000	50000
26	市直各相关单位（市数据资源局统筹）	信息化项目建设	启动建设	2020—2021	310663	135056
27	长沙梦想滨水湾有限公司	梦想滨水湾	完成部分基坑及部分主体工程	2020—2023	310000	206000
28	市城发集团（会展公司）	湘府东路（浏阳河—黄兴大道，含湘府路浏阳河大桥）	开工建设	2020—2023	300300	48000
29	天心区城投集团	天心区城中村拆迁改造拆迁	完成部分征迁	2018—2021	300000	80000
30	长沙茂想置业有限公司	梦想金茂华府	部分主体结构封顶	2019—2022	283900	51000
31	市城发集团（长沙先导恒伟房地产开发有限公司）	洋湖人才公寓项目	完成项目营销中心建设完成；完成部分主体工程	2020—2022	269046	83960
32	长沙县重点建设项目事务中心	万家丽路快速化改造北延线	完成部分电力隧道、完成部分受地铁 5 号线影响的桥梁桩基	2019—2022	255788	70000
33	芙蓉新城置业有限公司	隆平新区城中村改造	完成部分征收	2019—2021	255540	50000
34	浏阳交通运输局	G319、S109 浏阳集里至蕉溪公路建设项目（金阳大道三期工程）	完成部分建设	2016—2022	246967	26000
35	湘江新区投资集团有限公司	潇湘大道三段（含堤防工程）	道路部分完成建设，堤防工程根据拆迁情况适时开工建设	2017—2021	243529	54000

续表 26

序号	项目单位	项目名称	2020 年建设内容	起止年限	项目预估总投资	本年预估投资
36	湖南浦湘环保能源股份有限公司	长沙市污水处理厂污泥与生活垃圾清洁焚烧协同处置二期工程项目	土建施工完成冷却塔、烟囱主体工程；卸料大厅竖向工程；汽机房、中控室及附屋间砌体；垃圾区主体工程；设备安装；完成水压试验	2018—2021	235800	100000
37	望城区水利投	大众垸防洪整治工程	完成部分建设	2016—2021	226747.6	46747.6
38	长沙经济技术开发区项目开发建设管理有限公司	黄花及大众片区 PPP 项目	按投资进度完成部分工程	2017—2021	223875	61200
39	湘江新区投资集团有限公司	大王山片区交通提质及停车设施配套工程 PPP 项目	山塘（北部）游客集散中心完成 30% 基础施工；观音港（南部）旅客集散中心、大王山社会停车场工程完成 10% 基础工程；欢乐城社会停车场工程完成 30% 基础施工	2019—2021	219913.26	61600
40	江杉高速公司	江杉高速公路	路基工程施工	2019—2021	215000	55000
41	长沙梦茂置业有限公司	梦想金茂玺悦	部分主体结构封顶	2019—2022	210700	34000
42	长沙麓谷建设发展有限公司	和润园三期	基本完工	2019—2020	210329	70000
43	长沙市开福棚改投资有限责任公司	德雅路片区棚改项目（丝茅冲地块）二期	完成部分征收	2019—2021	208000	3000
44	市城发集团（站场迁建公司）	中意路（新岭路—伊莱克斯大道）	一标段完成新岭路至圭白路段管廊主体及道路西侧雨污水管施工；二标段开工管廊建设和一期交通疏解工程	2018—2022	202112	17100
45	市城发集团	马栏山小运量项目	先由市城发集团开展前期工作，确定社会资本方后，开工建设	2020—2022	200000	50000
46	湘江新区投资集团有限公司	大王山北片土地储备项目	开工 2 个征地项目折迁腾地工作	2014—2021	200000	11000
47	长沙金洲新城开发建设投资有限公司	宁乡金洲职教城产教融合项目	开展一期工程建设	2019—2022	200000	50000
48	长沙市雨花城市建设投资集团有限公司	园博家园	完成西片区部分基础工程，开始主体工程建设	2019—2023	199759.59	27000
49	长沙含浦科教产业园开发建设有限公司	翰林苑安置房	完成安置房部分主体工程建设	2019—2021	190303	38360
50	市城发集团（项目管理公司）	新韶山南路（西湖路—昭山大道）	在完成土地手续办理的前提下，适时开工建设	2020—2023	189000	18130

续表 26

序号	项目单位	项目名称	2020 年建设内容	起止年限	项目预估总投资	本年预估投资
51	长沙高新控股集团有限公司	真人桥家园	基本完工	2019—2020	175178	77000
52	市城发集团（长沙市铬污染物治理有限公司）	原长沙铬盐厂铬污染整体治理项目（第一阶段）	柔性垂直风险系统完成 60% 工程量；污染介质治理工程完成工程量 40%	2017—2021	169900	46000
53	长沙含浦科教产业园开发建设有限公司	人工智能科技城安居工程	完成安置房部分主体工程建设	2019—2021	169255	50962
54	市城发集团（长沙先导高铁西城建设投资有限公司）	高铁西站市政综合配套工程（一期）项目（PPP 包内项目）	1. 完成已征地拆迁段设计工作。开工站前北路的道路建设。2. 开展部分前期工作	2020—2023	160850	31800
55	长沙欢乐海洋公园有限公司	欢乐海洋	完成土方清运及部分基础工程	2019—2022	160000	32000
56	湘江新区投资集团有限公司	长沙市大王山旅游基础设施项目	完成腾地范围内符合土规部分的基础工程	2019—2021	156176	40700
57	市城发集团（项目管理公司）	红旗路（战备路—绕城高速）道路工程	红旗路一期完成建设，二期实现主线通车	2018—2020	155340	30000
58	长沙市雅塘新城建设投资有限公司	中城苑安置小区	项目一区完成建设，二区完成基础工程，进行主体建设，三区完成主体部分建设	2016—2021	154000	17000
59	长沙经济技术开发区项目开发建设管理有限公司	盼盼路及其片区提质改造 PPP 项目	基本完成建设	2017—2020	150584	38342
60	湖南信息职业技术学院	湖南信息职业技术学院新校区建设项目（一期）	楼栋房建工程建设	2019—2022	150000	35000
61	湘江新区投资集团有限公司	梅浦联络线	北段完成道路段路基，南段开工南段隧道出口建设	2020—2023	148000	9000
62	长沙经济技术开发区项目开发建设管理有限公司	黄兴大道及其片区改造 PPP 项目	基本完成建设	2017—2020	147763.87	32796
63	湘江新区投资集团有限公司	长望路西延线（西二环－黄金大道）	望城区段完成建设，岳麓区段完成腾地范围 70% 路基土方	2017—2021	147375	10000
64	浏阳市住保局	浏阳市城镇棚户区改造项目	完成建设	2020—	145000	145000
65	市城发集团（长东公司）	东六线（湘府东路－机场高速）	劳动东路以南完成建设，劳动东路以北完成部分路基及排水工程	2016—2021	140300	19400
66	望城区交建投	湘江大道北延线二期（彩陶路至誓港大道）	完成部分路基工程	2019—2021	140000	20000

续表 26

序号	项目单位	项目名称	2020 年建设内容	起止年限	项目预估总投资	本年预估投资
67	芙蓉区公共工程建设中心、区棚改办	韭菜园街道棚改安置小区	完成部分主体工程	2017—2021	139667	19000
68	湘江新区投资集团有限公司	麓景路南延工程（南接含浦大道）	隧道完成除路面以外的主体建设，道路完成腾地范围道路主体工程建设	2017—2021	136000	27000
69	湘江新区投资集团有限公司	湘府路（河西段）快速化改造	完成建设	2017—2020	134000	15000
70	市交通投资集团(置业公司)	湘雅路公共停车综合体	开工建设	2020—2022	130000	10000
71	宁乡市水利建设投资开发有限公司	沩水流域综合治理工程（宁乡段）	完成河道堤防加固、护坡护岸工程约 20 千米的建设	2018—2021	130000	20000
72	市公共工程建设中心	红旗渠水系改造项目	开展红旗渠结构加固与修复试验段工作；开工截污干管施工	2019—2022	130000	2000
73	湘江新区投资集团有限公司	朗豪五星级酒店	完成建设	2014—2020	128378	10000
74	芙蓉新城置业有限公司	芙蓉生态新城四号安置小区（一期）	完成部分主体工程	2018—2021	127709.42	12000
75	长沙麓谷建设发展有限公司	桥头家园二期	主体施工	2019—2021	126000	20000
76	长沙市开福棚改投资有限责任公司	六堆子巷周边地块棚改项目（一期）	完成部分征收	2019—2021	120000	6000
77	长沙幼儿师范学校	长沙幼儿师范高等专科学校建设项目	完成土方及基础工程，进入主体施工	2020—2021	120000	45000
78	长沙梅溪湖金晟置业有限公司	梦想新天地	一期完成主体工程，开展二期工程建设	2018—2021	116500	24900
79	天心棚改公司	碧湘街周边地块棚改项目（二期）	完成部分征拆	2016—2021	116000	30000
80	长沙市排水有限责任公司	花桥污水处理厂改扩建工程（三期）	完成主要工艺建构筑物土建主体施工	2019—2021	115687	50000
81	长沙县公路建设养护中心、长沙县星城发展集团	物流大道二期西段	完成土地调规、可研、设计工作	2020—2022	115000	7000
82	湘江新区投资集团有限公司	靳江河路	北段完成北段腾地范围内道路主体，南段视拆迁情况适时开工建设	2019—2023	114711	3500
83	长沙麓谷建设发展有限公司	真人桥家园二期	主体施工	2019—2021	114000	20000
84	市城发集团（长东公司）	东四线（湘府东路—滨河东路）	完成建设	2016—2020	113900	16900

续表 26

序号	项目单位	项目名称	2020 年建设内容	起止年限	项目预估总投资	本年预估投资
85	市交通集团／湘行建设公司	洞株城际公路（长沙段）改扩建工程	完成建设	2019—2020	112231	64231
86	市轨道交通集团	市轨道交通第二控制中心	完成土石方、基坑支护	2019—2022	110000	4000
87	长沙市忠冶管廊建设开发有限公司	红枫路（黄桥大道—碧桃路）含综合管廊 PPP	建成通车	2018—2020	110000	10000
88	市城发集团（会展公司）	高铁会展新城城中村改造项目（一期）	完成部分拆迁	2019—2022	110000	54514.2
89	长沙市开福棚改投资有限责任公司	幸福桥片区棚改项目（含凯雪地块）	开展征收工作	2020—2022	110000	8000
90	岳麓区住房和城乡建设局、岳麓区市政设施维护中心	龙王港两厢（岳麓区）市政污水系统修复及南园路水系污水支管完善工程	开工建设	2020—2021	110000	10000
91	长沙梦程置业有限公司	梦想枫林湾	完成部分主体结构封顶，完成部分粗装修	2019—2021	109940	21000
92	宁乡经济技术开发区建设投资有限公司	宁乡经开区城市智能配电网项目	部分变电站建成	2020—2021	108000	50000
93	天心区棚改公司	湖南机床厂及周边地块棚改项目	开展征收工作	2020—2022	106100	50000
94	长沙麓山投资控股集团有限公司	岳麓山国家大学科技城—大科城保障性住房	完成保障性住房部分主体工程建设	2018—2021	105494	40000
95	长沙高新控股集团有限公司	金南家园三期	基本完工	2019—2020	100809	40000

（资料来源：市发展改革委）

【地下管廊建设】 2020 年，长沙市印发《长沙市政府办公厅关于加强长沙市通信管道工程管理的通知》。加大对“630 攻坚”电网项目建设的支持力度。综合管廊可视化运控平台在 2020 年世界物联网博览会上被评为“创新奖”，综合管廊试点项目获 2020 年“国家优质投资项目奖”。长沙市是国家首批地下综合管廊试点城市。截至 2020 年年底，全市建成管廊长度 58.8 千米，开展电力、给水等管线入廊 36 千米，综合管廊工程安全运营 1200 天。启动中意路、月季路等试点外综合管廊项目建设。2020 年，长沙市下发《长沙市 2020 年城市地下管线工程建设计划》。开展管线建设及运维环节的相关协调工作。（毕怡楠）

【美丽宜居城市建设】 2020 年，长沙市资规局完成《提升城市空间品质，建设美丽宜居长沙》课题研究。推进《长沙市户外广告总体布局规划》《长沙市户外广告设置技术导则》《重点片区（中央 CBD）城市设计》等规划编制，开展《长沙市近十年城市设计、建筑和景观发展研究》《长沙市街道品质提升研究》《“一江六河”周边重要城市景观界面及天际线优化研究》等研究工作。出台《长沙市城市和建筑景观风貌品质提升行动方案》，实现全市统一部署、相关职能部门分线统筹、区县（市）园区共同推进“四精五有”（四精：精准规划、精美建设、精致管理、精明增长；五有：有颜值、有气质、有内涵、有格调、有品位）大美长沙“一盘棋”格局。出台《长沙市城市和建筑景观风貌品质管控有关规定》，印发《关于实施建筑方案分级审查管理的通知》，健全规委会审查城市和建筑景观风貌专题审查会制度，召开专题审查会 2 次，审查项目 28 个。

建设长沙市城市与建筑风貌管控系统，实现城市建筑风貌管控向精细化转型。2020年，长沙市结合“一圈两场三道”、厕所革命、小区垃圾站管理、幼儿园配套等工作新要求，完成《长沙市居住公共服务设施配置规定》修订。提质“15分钟生活圈”186个，升级项目设施389个。落实“四增两减”政策（增加公共绿地、增加公共空间、增加配套设施、增加支路网密度，减少居住人口密度，减少开发强度），增加市政及公共服务设施用地47.6万平方米，增加市政及道路面积5.4万平方米，增加公共绿地9.3万平方米，减少住宅建筑面积22万平方米。（谭江涛）

【自然资源信息化建设】 2020年，长沙市完成自然资源和规划一站式管理服务平台和“多规合一”信息平台升级改造，通过“月清三地”系统、自然资源和规划执法监察指挥中心、土地市场监测分析系统、国土空间规划“一张图”实施监督系统、农村建房占用耕地专项整治系统等多个子系统建设，推动信息化技术在自然资源和规划领域各项工作中的深入应用。推进时空信息云平台、时空大数据库建设，创新数据脱密脱敏、安全共享工作，融入智慧城市超级大脑，以满足全市域企事业单位对地理空间数据的需求。（谭江涛）

【自然资源法治建设】 2020年，长沙市出台《关于贯彻实施新〈土地管理法〉规范用地报批工作的通知》，推动《长沙市征地补偿安置条例》《长沙市征地补偿实施办法》修订。开展规范性文件清理，推进《长沙市规划管理技术规定》、长沙市农村土地流转政策修订，参与制定《长沙市农村村民住宅建设管理条例》。完善重大行政执法决定法制审核制度、规划行政执法全过程记录制度以及重大行政执法决定法制审核目录清单。做好行政复议、行政诉讼工作，办理行政诉讼案件89件，以长沙市资规局为复议机关的行政复议案件58件，以长沙市资规局为被申请人的行政复议案件28件。设计《自然资源和规划法规知识问答》宣传册，进行法治宣传。（谭江涛）

【“工改”推进】 2020年，长沙市在市级、区县和园区政务大厅设立工程建设项目审批综合服务窗口，分四个审批阶段实行“前台综合受理、后台分类审批、材料网上流转、窗口统一发件”。依托长沙市工程建设项目审批管理系统推进申报材料共享，实行各审批阶段“一份办事指南、一张申请表单、一套申报材料、完成多项审批”。汇交总规、详规等现有规划成果，涵盖“五规融合”成果、核心管控要素成果以及各类专项规划成果，统筹融合形成统一带坐标的国土空间规划“一张蓝图”数据库，为空间管控、规划编制、用地平衡分析、控制线统计等工作提供有力支撑。推行多图联审、多验合一、多测合一、多证合一。（阎辉龙 李子薇）

【城建档案管理】 2020年，长沙市城市建设档案馆馆藏档案126.7万卷，照片档案31.5万张，数字化比例46.24%，并进行备份。验收项目104个，出台《关于强化区管建筑工程档案验收备案工作主体责任的通知》，规范档案验收程序。对区（园区）开展业务指导18次，举办城建档案业务管理工作培训班，开展区（园区）城建档案管理工作调研检查，形成调研报告。推行建设工程档案“双套制”归档与移交，出台《关于实行建设工程档案“双套制”归档与移交的通知》，自6月1日实施“双套制”归档以来，接收电子档案1.25万卷。加快推进档案信息化建设，城建档案管理业务系统升级项目进入项目招标阶段。筹集资金购买档案整理设备，动手整理扫描档案，整理档案2000余卷。切实加强档案工作宣传，2020年“国际档案日”宣传活动举办。新馆建设项目启动。（邓安时）

·道　路·

【概况】 2020年，长沙市完成修补路面35.8万平方米，修补人行道10.3万平方米，更换维修侧平石1.7万套米，维修、调整、更换市政类井座井盖7316套，保证城区道路平整、畅通，路面、人行道、侧平石等相关市政设施完好率97%以上。

【消火栓管理】 2020年3月，长沙市出台《关于进一步加强长沙市居民住宅区消火栓管理的通知》。截至2020年年底，完成全市15290座消火栓普查摸底，完成1254座消火栓维修；对2516个消防栓采取试水、加装铅封等措施，与物业公司签订471份协议。设计消火栓封盖，完成招采、生产流程及专利申请。（本栏撰稿 陈 欢）

·公共交通·

【公交都市建设】 2020年，长沙市推广定制公交、园区公交、旅游公交，打造“公交都市”升级版，新增公交线路11条，优化调整公交线路75条，调整公交站点121个，更新站牌339块，88%以上公交线网覆盖到地铁，公交车支持多种支付方式，支持微信、支付宝、和包支付等多种支付方式，不带现金也能坐上地铁、公交车。（刘晔城）

【城市公交】 2020年，长沙市城区有3家公交企业，公交车辆7577台，从业人员1.04万人，公交线路289条，运营线路总长度5122.66千米，客运总量约3.86亿人次。2020年，长沙市公共交通机动化出行分担率54.3%，中心城区公交站点500米覆盖率100%。制定地铁3号、5号线公交接驳方案，并于6月28日与地铁3号、5号线同步开通。推动“长沙市智能汽车与智慧交通融合产业头羊计划”在公交领域落地，4月30日开通智慧公交315线，通过对所有智慧公交线的调查研究和数据分析，智慧公交线路在可靠性、安全性、体验感等方面有明显优化，在可靠性方面，公交运行平峰行程时间减少13.4%，高峰行程时间减少11.8%，平峰准点率优化40%，高峰准点率优化84%，截至12月31日完成73条公交线路、2072台公交车智能化改造，占市区公交车的28%。（刘晔城）

【城市出租汽车】 2020年，长沙市出租汽车行业有出租汽车经营业户数19户，有出租汽车8520台。长沙市城区（含长沙县）出租车行驶总里程12.44亿千米，其中载客里程7.77亿千米。载客车次总数1.15亿车次，客运量2.53亿人次。（刘晔城）

【城市网约出租车】 2020年，长沙市累计授予神州、首汽、曹操、斑马快跑、万顺叫车、滴滴出行、天津出行、大连天方、久柏易游、上海路团、南京领行、杭州携华、天津海豚、长燃智享、云南天谷、山东及时雨、昆明盛智易联、威海兴安达及本土企业“妙盛出行”“长沙嘟嘟”“天下易达”“先导快线”“玖玖华安”“湖南飞豹”“浏阳市和兴”“光彩神舟”“億行天下”27家平台公司经营许可证。取得网约车驾驶员证54543人（含巡游车驾驶员换发网约车驾驶员证的2885人）。（刘晔城）

【地铁运营】 截至2020年12月31日，长沙地铁安全运营2439天，累计发送乘客约14.82亿人次。2020年，地铁1号、2号、3号、4号、5号线运营正点有序、安全平稳。2020年线网运送乘客3.82亿人次，日均121.15万人次，12月31日创单日新高265.69万人次；地铁1号线日均客运量比2019年下降13.16%，地铁2号线日均客运量比2019年下降15.53%，地铁4号线日均客运量比2019年下降7.39%。线网最短行车间隔压缩至3分钟29秒。2020年开行列车47.92万列次，运营正点率99.9%，运行图兑现率99.9%。长沙轨道交通集团有限公司（以下简称“长沙轨道交通集团”）获国家级荣誉42项，省、市级荣誉88项，其中：长沙轨道获得交通运输部“优质服务品牌”，获全国城市轨道交通行业劳动竞赛“先进班组”集体荣誉6项，获全国城市轨道交通行业劳动竞赛“服务明星”“列车先锋”“维修能手”称号21人，2020年全国城市轨道交通行业“我是城轨好讲师”大赛获奖9人。（王　颂）

【磁浮运营】 截至2020年12月31日，长沙磁浮快线安全运营1701天，累计发送乘客约1510万人次。2020年，长沙磁浮快线发送乘客327.1万乘次，日均8939人次，比2019年下降17.83%。其中，10月1日创单日新高16829乘次。中国首列商用磁浮2.0版列车在长沙磁浮快线跑出160.7千米/小时的速度，完成最高设计速度160千米/小时的提速测试；完成互联网售检票系统全线iTVM（互联网售取票机）、iAGM（互联网自动检票机）软件升级及硬件改造工作；公司车辆运管部检修工班被评为“2019—2020年度全国城市轨道交通行业劳动竞赛先进班组”；“EMS型磁浮列车悬浮系统关键技术及应用”项目获2020年度上海市技术发明奖二等奖。（王　颂）

【地铁基础设施建设】 2020年，长沙地铁3号线一期工程线路全长36.5千米，起自岳麓区山塘站，止于长沙县广生站，设站25座，为地下站。地铁5号线一期工程线路全长22.5千米，起自雨花区毛竹塘站，止于长沙县水渡河站，设站18座，为地下站。地铁6号线工程线路全长48.11千米，起自高新区谢家桥站，止于长沙县黄花机场西站，设站34座，为地下站。长株潭城际轨道交通西环线一期工程线路全长17.3千米，起自湘潭市湘潭北站，止于长沙市岳麓区山塘站（不含），设站8座，其中地下站4座。地铁1号线北延一期工程起于金盆丘站，止于开福区政府站（不含），线路全长约9.84千米，设站5座，其中地下站3座，高架站2座。地铁2号线西延二期工程线路全长约13.82千米，起于长沙西站，止于梅溪湖西站（不含），设

2020年4月28日，中国首列商用磁浮2.0版列车在长沙磁浮快线跑出160.7千米/小时的速度，完成最高设计速160千米/小时的提速测试。图为测试现场

长沙轨道交通集团　供图

站 11 座，为地下站。（王　颂）

【轨道交通重点项目建设】　2020 年，长沙轨道交通集团完成长沙市重大项目投资 172.7 亿元，占年度计划的 170%。地铁 3 号、5 号线一期工程于 2020 年 6 月 28 日开通初期运营。地铁 6 号线工程 31 座车站主体封顶（占比 91%），附属结构累计开工 205 个，区间工程累计完成 64.2 千米（占比 82%），41 个单线区间洞通，黄梨路车辆段综合楼、宿舍楼、食堂、派出所、物资总库完成主体施工，梧桐路停车场进行综合楼、运用库等单体施工，高架桥完成 198 米。长株潭城际轨道交通西环线一期工程 8 座车站开展主体工程施工，6 个区间开展桥梁上部结构箱梁或主体围护结构施工。地铁 1 号线北延一期工程 5 座车站展开主体桩基施工，沙河停车场进行土方开挖。地铁 2 号线西延二期工程开工建设，进行麓学路站首期交通疏解施工。高铁片区铺排重大项目 27 个，其中续建项目 15 个，新建项目 4 个，预备项目 4 个，预开工项目 2 个。2020 年，地铁 4 号线一期工程机电安装及设备区建筑装修工程第四、六标段获“中国安装工程优质奖（中国安装之星）”；车站公共区装饰装修施工项目七标段获“中国建筑工程装饰奖”；“基于实时以太网控制的永磁牵引系统城轨新型列车研究及应用”获“城市轨道交通科技进步一等奖”；机电 10 个项目获“湖南省优质工程”；5 个项目获“湖南省建设工程芙蓉奖”。5 号线一期工程一标三工区获“2020 年湖南省优秀质量管理小组”；二标 15 个项目获“长沙市优质工程”。地铁 6 号线六—文区间盾构被评为“省住房和城乡建设厅标准化示范观摩工地”，中心城区段、中段土建一标、中段土建二标等 3 个标段被评为施工质量管理标准化“年度项目考评优良工地”；东段土建一标、中段土建一标、中段土建二标等 3 个标段被评为安全生产标准化“年度项目考评优良工地”；7 个工地被评为“长沙市建筑施工绿色工地”。长株潭城际轨道交通西环线一期工程 15 个工地被评为“长沙市建筑施工绿色工地”。武广片区地铁消防站建设工程项目被评为“长沙优质结构工程”；黎托生态公园项目被评为“长沙市建筑施工安全生产标准化示范观摩工地”；4 个项目被评为“长沙市建筑施工绿色工地”。（王　颂）

【地铁经营开发】　2020 年，实业（房地产）公司实现收入约 13.1 亿元，3 个合作开发房产项目实现销售，完成地铁 5 号线车站商业开发项目（站厅层）招商和站厅层便利店项目拍卖。广通商资源收入 1.25 亿元，实现连续 4 年广告经营收入逾亿元。物业经营收入 1895.47 万元。武广片区完成土地挂牌项目 2 个，完成零星地整合项目 1 个，完成土委会审议项目 2 个，签订产业协议项目 3 个，2020 年成交土地价款 19.36 亿元。2020 年，公司推进潭阳洲的开发论证和招商对接，与万科、明昇、复星、恒万、湖南低碳交易中心等单位开展多轮次的概念方案论证，基本明确潭阳洲产业方向，启动潭阳洲产业规划及城市设计招标工作；锁定 5 个产业项目，与 3 个产业投资商签订产业合作框架协议（长沙之门项目、长托项目、城市金融广场项目）。（王　颂）

【地铁拓展经营】　2020 年 11 月，长沙市地铁 1 号线五一广场站与国金中心地下空间开发建设项目（即国金街项目）被评为城轨交通商业示范街，2020 年全国获此殊荣的地铁商业街仅 3 处。9 月 16 日，长沙轨道万科置业有限公司以底价 20.19 亿元摘牌地铁 1 号、6 号线文昌阁上盖（开福区黄兴北路的〔2020〕长沙市 054 号商住用地—812 号地块），2020 年 10 月 25 日，文昌阁 TOD 项目开工。该项目是轨道集团与长沙万科合作开发的高端房地产项目，是轨道集团融资化债的重要项目之一。9 月 20 日，万科天空之境推出 249 套住宅，建面约 110~156 平方米，首日成交 224 套，成交均价 9300 元 / 平方米，首日实现认购金额 2.94 亿元，推售认购率 90%。该项目是湖南省第一个车辆段上盖开发项目，是公司第一批采取外部合作模式开发的房地产项目，在激烈市场竞争中去化率（某一特定时期内某产品的销售量占总量的百分比）良好。（王　颂）

【轨道交通筹资融资】　2020 年，长沙轨道交通集团融资资金 231 亿元，其中间接融资 186 亿元、直接融资 45 亿元，到位市、区（县）分摊资金 32.71 亿元。获批 150 亿元直接融资产品。其中，2020 年 10 月 9 日 30 亿元优质企业债获国家发展改革委批复；2020 年 11 月 11 日、17 日 50 亿元中期票据及 50 亿元超短融、20 亿元并购中票分别获银行间交易商协会注册批复。争取地方政府专项债资金。地铁 3 号、5 号线、西环线及磁浮东延线项目成功发行 52.7 亿元地方政府专项债，发行期限 20 年，最低一期发行成本仅 3.46%。申请复工复产流贷 15 亿元（11 亿元利率 2.5%、4 亿元利率 3.4%）；向金融机构争取，免收地铁 1 号、6 号线项目一个月银团贷款利息约 400 万元；到位“融资再安排”贷款项目 69.543 亿元，全部提前置换前期存量高息债务，每年可节约财务支出约 1.25 亿元。（王　颂）

【长沙地铁 3 号、5 号线一期工程初期运营】　2020 年 6 月 28 日，长沙地铁 3 号线、5 号线一期工程开通载客初期运营。地铁 3 号线一期工程全长 36.5 千米，线路自广生站至山塘站，设车站 25 座。地铁 5 号线一期工程全长 22.4 千米，线路自水渡河站至毛竹塘站，设车站 18 座。自此，长沙市轨道交通运营里程 161 千米，车站 114 座，其中换乘站 12 座，实现主城区“六区一县”全覆盖，“全面网络化”运营时代开启。（王　颂）

【长沙地铁客流超越公交客流】　2020 年 7 月，长沙公共交通出行总量较 6

月增加超过1877.57万人（单）次，环比增长23.4%。其中，地铁日均客运量由6月的84.4万人次增加至135.23万人次，总客运量增加约1660万人次。7月，长沙地铁总客运量4192.05万人次，公交车总客运量3807.56万人次，地铁在公共交通（含地铁和公交）内部分担率52.45%。长沙地铁客运量占比首次超越地面公交，成为全市载客量最多的公共交通工具，标志着长沙成为继北上广深等城市之后第8个地铁客运量反超公交车，进入轨道交通为骨干的公共交通出行模式的城市。12月31日，长沙地铁线网单日客流突破至265.69万人次，创历史新高。

（王　颂）

【长沙市轨道交通线网规划修编获批复】　2020年12月，长沙市轨道交通线网规划修编获长沙市人民政府批复。长沙市轨道交通线网规划形成“一横两纵”的快线方案和“环＋放射”的普线方案。远景线网规模890千米，其中，规划快线4条223千米；规划市区普线14条667千米。2035年规划线网规模794千米，其中规划快线4条182千米；规划市区普线13条612千米。（王　颂）

【长沙地铁6号线开始铺轨】　2020年12月23日，长沙地铁6号线B部分PPP项目轨道工程启动，长沙首条采用PPP模式建设的地铁项目进入铺轨施工的阶段。长沙地铁6号线西起梅溪湖国际新城，途经桐梓坡路、湘雅路、迎宾路、人民路，东至黄花机场，全长48.11千米，设车站34座，其中换乘站13座。主要分A、B两部分招标，A部分为土建施工，B部分采用PPP模式建设，主要包括车辆、轨道及通信、信号、供电、给排水、自动售检票系统等设备资产的投资、建设，整条线路的运营维护、更新追加以及沿线广通商经营等。（王　颂）

【云闪付乘车码落地长沙】　2020年9月2日，“云闪付App上线长沙公交乘车码”启动仪式暨中国银联与湖南财信金融控股集团、长沙轨道交通集团签约仪式举行。长沙市公交受理云闪付App扫码支付和银联手机闪付，使用上述支付方式可享受每周一1分钱乘车、每日5折乘车等优惠活动。全省有12个市（州）、62个县（市、区）上线云闪付乘车码，使用银联移动支付产品乘坐公交日均超20万人次。（王　颂）

·供　气·

【概况】　2020年，长沙市管道天然气供应7.5亿立方米，液化气销量约6.7万余吨，城区车用燃气销售5500万平方米，与2019年相比有所减少。长沙市制定天然气供应应急预案，督促企业争取上游气源，科学调度下游供应，动员外采气源补充，保障民生和重点保供单位用气。

【燃气安全检查】　2020年，长沙市检查通报全市8家液化气企业及充装站3轮次，联合有关部门对液化气经营企业的危险货物运输“四必查”制度（必须查验车辆“道路运输证”、驾驶人、押运人员及装卸作业人员的从业资格证是否与承运的货物相适应便发货或充装危险货物；必须查验压力容器是否在检验合格期内便发货或充装危险货物；必须查验车辆是否悬挂符合国家标准《道路运输危险货物车辆标志》要求的标志便发货或充装危险货物；销售剧毒化学品、易制爆危险化学品的企业，发货或充装时必须查验相应的购买许可证件或证明文件）落实情况及安全生产专项整治三年行动工作开展专项督查，督促相关企业对排查的27处隐患进行整改。组织召开液化气行业安全管理会议6次，对9家供应站、1台运输车辆和4名从业人员的违规经营行为进行记分管理，取缔无证经营液化气网点44家，查处非法运输液化气车辆31台，暂扣液化气钢瓶3118个和大量倒气工具。对管道燃气行业进行三轮安全监督检查，抽查燃气场站、大型工商用户、在建工地等60余次。设立专门的车用燃气部，加强对车用燃气的日常监督，2020年对车用燃气行业开展三轮安全生产监督检查及规范化服务考评，完成对8家车用燃气经营企业及其20个加气站的安全生产监督检查，发现问题和隐患215项。分行业开展应急演练。

【燃气事故预防宣传】　2020年，长沙市开展“安全生产月”系列活动，在大型社区、公共场所等地开展宣传咨询日活动。组织在加气站、大型社区、主要公共场所、企业营业厅等地开展宣传咨询日活动，累计发放宣传资料1.27万余份，设置展板、标语等274块、接受群众咨询6000余人次。印制燃气安全常识大型海报1万份、天然气居民用户宣传单60万份、瓶装液化气宣传单60万份、小学生燃气安全知识笔记本4万本等一大批安全宣传资料，分对象分行业组织发放到位；在长途客运站等人流密集场所，进行燃气安全知识户外广告宣传展播90天；在公交、地铁上通过LED移动视频进行燃气安全知识宣传，每天黄金时段播出，计54天。邀请省、市电视，报纸和网络媒体，通过事故案例，做好燃气安全宣传教育。

【安全常识宣讲进商场】　2020年12月21日，由长沙市城市管理和综合执法局（以下简称“市城管执法局”）主办、湖南省长沙燃气燃具监督检测中心承办的“燃气安全情系万家”——燃气具安全使用知识宣传活动在望城区举行。湖南省长沙燃气燃具监督检测中心和长沙华润燃气有限公司的工程师为现场市民讲解家用灶具和燃气热水器用气安全的实用“干货”。在选购和安装燃气灶具、燃气热水器等家用燃气具时，通过湖南省住建厅和长沙市城管执法局官方网站查询《长沙市管道燃气燃烧器具气源适配性目录》《长沙市燃气燃烧器具安装维修服务机构名单》。长沙燃气燃具安装推进电子化安装合格证。用手机扫一扫燃气具的二维码，追溯燃气燃具、安装单位是否合规。燃气具烟气中的一氧化碳含量应当低于0.05%。燃气设施安装的场所内不得使用瓶装液化气、煤、油等其他燃料，不能住人和堆放杂物。按照燃气热水器安装要求，所有燃气热水器在使用中都必须有烟管将废气排放至室外，严禁安装在浴室内（平衡机除外）。燃气具不符合《长沙市管道燃气燃烧器具气源适配性目录》名单，或者遇到不规范安装、无证安装等违规情况，可通过湖南省长沙燃气燃具监督检测中心电话0731-84125060进行投诉。

【燃气“安全生产宣传咨询日”活动】 2020年6月16日是全国“安全生产宣传咨询日”。长沙市燃气行业围绕“消除事故隐患，筑牢安全防线”主题，面向社会公众和企业从业人员开展系列宣传咨询服务活动，宣传安全生产方针政策、法律法规和安全知识。全市各燃气企业结合自身实际，在社区、人员密集等公共场所，通过现场咨询服务、发放宣传资料、设置专栏、张贴挂图、播放宣传片等形式，宣传燃气安全知识，搭建企业与社会公众的沟通桥梁，面对面解答群众关心的燃气安全使用问题。此次活动涵盖管道燃气、汽车加气、液化石油气三大行业，设置集中宣传点16个，悬挂横幅41条，布置展板43块，张贴海报35张，发放宣传资料400余份，现场答疑1000余人次。

【燃气充装销售黑窝点取缔】 2020年12月10日，长沙市城管综合执法支队联合市燃气热力事务中心，岳麓区城管、公安和望城坡街道城管中队，在岳麓区望城坡街道望新社区早谷塘二期小区附近查处一个非法储存、充装和销售的黑站点。执法人员到达现场后发现，瓶库内有3处正在进行非法倒装，且存储大量液化气钢瓶和倒气工具。经查，发现50千克钢瓶73个、13千克钢瓶513个、5千克钢瓶14个。城管执法人员现场告知当事人违法事实和依据，依法依规依程序对钢瓶予以暂扣，并对所有钢瓶进行安全转移，消除安全隐患。

【燃气专项执法督导】 2020年，市城管执法局办理燃气执法案件80起（市级办案2起，区级办案78起），处罚40万余元，其中管道燃气案件21起，管损率比2019年下降55%，液化气违法案件59起，违法率比2019年下降56.7%，暂扣违法车辆13辆，收缴暂扣液化气钢瓶2747个。

（本栏撰稿　李　敏）

·供　水·

【水厂建设】 2020年，长沙市城区有水厂9座，南湖水厂、洋湖水厂、猴子石水厂、银盆岭水厂、新河水厂、秀峰水厂、南托水厂、廖家祠堂水厂、望城水厂，总设计供水设计能力260万立方米/日。启动洋湖水厂二期扩建，预计新增供水规模25万立方米/日。

2020年，长沙市有市政供水管网6541.51千米（DN75及以上），覆盖区域1186平方千米。全年完成新建管网153千米，改造管网7.6千米。在高远程地区建设区域性加压泵站进行局部加压供水，截至2020年年底，建成运行的区域性加压泵站有10座：尖山加压泵站、金沙加压泵站、环科园加压泵站、新中路加压泵站、桂芳加压泵站、红星加压泵站、兴联加压泵站、桂花坪加压泵站、白田加压泵站、长韶娄加压泵站。

【二次供水管理】 截至2020年年底，长沙市累计接管居民小区泵房1196个，其中属统建统管的242个、户改的362个、自建统管的358个、“三供一业”两水分离的207个、其他方式的27个。针对接管的泵房按照相关政策文件要求，定期进行泵房巡检及维护保养。水箱清洗一年不少于2次，定期进行二次供水水质检测。2020年完成接管泵房技术改造157个，维修抢修3913次，维护保养902次。建立二次供水管理平台，将二次供水泵房逐步接入平台，实现二次供水设备在线监测、自动报警、远程控制等功能。

【供水行业管理】 2020年，长沙市供水、排水、燃气、通信、供电、广播电视6个市政公用服务嵌入长沙市工程建设项目审批管理系统，达到一件事一张网一次办的高效服务。2020年，长沙市供水服务报装在长沙市“工改”系统上办件量为112个。完成水厂出厂水检测120个批次，管网水检测分析2712个批次，管网水全分析96个批次，二次供水检测3347个批次，全年城区供水水质合格率100%。强化非居民用户单位用水计划与定额管理，2020年给全市3600余个非居民用户单位下达用水指标。开展城镇供水安全及规范化管理评估工作，长沙市在全省供水安全及规范化管理考核中被评为第一名，长沙市“城乡供水提质”获湖南省政府2020年度真抓实干表扬激励。

【长沙市苏托垸污水处理厂一期工程实现通水】 2020年6月3日，苏托垸污水处理厂一期工程实现通水。该污水处理厂一期日处理规模10万立方米，出水指标执行湖南省地标一类水标准，是长沙市“一江六河一湖”流域综合治理任务中的重点建设项目之一。

苏托垸污水处理厂位于开福区楚家湖与捞刀河交汇处东南角，地处桃花港入捞刀河“几”字形驼峰东北部。项目规划总规模为40万立方米/日，总用地面积35公顷，纳污范围约109.94平方千米，服务人口约67.67万人。其中一期设计规模10万立方米/日，出水指标执行湖南省地标一类水标准。通水后项目建设工作转入调试运行阶段，以实现污水处理厂达标稳定运行。

（本栏撰稿　臧　勇）

·排水与污水处理·

【概况】 2020年，长沙市入选“省政府关于对2020年度真抓实干成效明显地区予以表扬激励的通报”中“污水治理和黑臭水体整治等城乡环境基础设施建设工作成效明显的市、县市区”，对污水治理、黑臭水体整治等城乡环境基础设施建设工作予以肯定。

【污水设施建设】 2020年，长沙市苏托垸污水处理厂工程建设完成，达到准四类排放标准。岳麓区、开福区、花桥镇、新开铺镇等污水处理厂建设稳定推进，岳麓区前期手续基本办理完成。长沙市主城区污水处理厂建成并运行14座，长沙市主城区污水处理能力提升至247.5万吨/日，处理污水8.6亿吨，日均处理污水235万吨，城市污水处理率98.4%，处理水质达到一级A或优于一级A标排放标准，出水在线平台检测合格率100%。累计处理处置分散污泥14.17万吨（含水率80%），平均日产泥388吨；集中处置（黑麋峰垃圾填埋场）污泥（含水率80%）32万吨，污泥无害化处置率100%。

【防涝排渍演练】 2020年，长沙市成功应对17次重大雨情，各城区防办出动巡查、处置人员2.18万人次，出动各类巡查、应急车辆4816台次。全市城区排水管网完成清浚208.75万米，清淤1.64万吨，清掏雨水篦子19.78万个，清掏明沟17.34万米。

（本栏撰稿 刘玉京）

·垃圾处理·

【首家社区垃圾分类科普体验馆开馆】 2020年6月8日，长沙市第一家社区垃圾分类科普体验馆开馆。居民走进梅溪湖街道阳明山庄社区新时代文明实践站内的垃圾分类科普体验馆感受垃圾分类“新时尚”，现场通过体验式互动，普及垃圾分类知识。

长沙市垃圾分类科普体验馆位于阳明山庄社区邻里中心一楼，占地面积约30平方米，以代表环境保护的绿色为主色调，将垃圾分类相关知识多形式多载体进行展示。科普体验馆分为科普区与互动区，其中科普区以“文字+图片+实物”的形式展示各类垃圾处理全流程、不同种类垃圾降解所需时间等。互动区以垃圾分类的游戏竞赛为主，依托区域化党建共建单位长沙民政职业技术学院大学生志愿者研发的垃圾分类小助手，通过“帮垃圾找到它们的家”互动游戏在娱乐中检验参与者会不会分类。长沙市阳明山庄社区依托微信群打卡、志愿者桶边督导、小小志愿者“敲开邻家门”“美丽楼道我先分”自编自导“给我一个桶”等形式和活动，提高垃圾分类的知晓率、参与率。

【首个生活垃圾分类有害垃圾收运处置项目启动】 2020年9月4日，长沙市生活垃圾分类有害垃圾收运处置项目在岳麓区。在岳麓区有害垃圾收运处置项目在远离居民区西二环线桥下，按照环保要求对转移站进行密闭建设、设立围堰、做好地面硬化及三防措施（防扬散、防流失、防渗漏），现阶段岳麓区有害垃圾转移站投入使用。岳麓区城区范围内的13个街道有害垃圾集中点都建设完成，由湖南瀚洋环保科技有限公司每月2次及以上对各街道设置的有害垃圾集中投放点进行上门收集，第三方公司还对街道集中点的管理人员进行培训。

【垃圾分类“法治时代”】 2020年9月28日，《长沙市生活垃圾管理条例》（以下简称《条例》）宣传贯彻动员电视电话会议召开。会议由市政府副秘书长卢兴映主持，副市长朱东铁出席。市生活垃圾分类工作领导小组成员单位分管负责人、各区县（市）城管执法人员代表参加会议。

10月1日，《长沙市生活垃圾管理条例》实施，标志着长沙市生活垃圾分类管理将进入规范化、制度化、法制化阶段。单位和个人是垃圾分类投放的责任主体，应当按照相关规定将生活垃圾分类投放。《条例》依据行政处罚法，对违反生活垃圾管理规定的行为规定处罚措施。对不按规定分类投放生活垃圾行为，情节严重的，将对单位处5万元以上50万元以下罚款，对个人处

2020年3月，长沙市各片区防涝排渍抢险分队开展2020年防涝排渍演练。图为3月23日武广片区防涝排渍抢险队演练现场

市住建局 供图

50 元以上 200 元以下罚款。

【生活垃圾分类执法】 2020 年，长沙市贯彻落实《长沙市生活垃圾管理条例》，指导各区推进生活垃圾分类普法执法。落实执法普法主体职能，实施普法宣讲进机关、进企业、进学校、进小区、进村组，提高社会公众对生活垃圾分类和《条例》的知晓程度。开展生活垃圾分类“地毯式”“全覆盖”检查，查找和整改生活垃圾分类问题短板。秉持“教育劝阻为主，处罚惩戒并举”的原则，循序渐进推进生活垃圾分类执法工作。加强对生活垃圾产生量大、问题多的重点行业、重点区域、特殊对象的监管执法，办理一批有影响力、有警示意义的典范案件。全市进行《长沙市生活垃圾管理条例》“五进”宣传宣讲 1710 次，周末设点宣传 701 次，对单位（门店）实施垃圾分类检查 10261 家次，下达责令整改 741 起，办理生活垃圾分类案件 261 起罚款 9.8 万元。

【垃圾分类收集（小区）清运车交车仪式】 2020 年 12 月 24 日，长沙市生活垃圾分类收集（小区）清运车交车仪式在中联重科环境产业有限公司举行。经各区县申报、市垃分办现场核实，为全市 662 个社区（村）各配备一辆垃圾分类收集车。此次集中交车的 662 辆纯电动三轮垃圾分类收集车主要适用于生活小区、各类广场、狭窄巷道、主次干道的垃圾分类收运。此次集中采购车辆由盈峰中联环境团队自主设计，采用知名品牌的智能控制器，有自保护功能，及防电磁干扰、防飞车、启动延时和倒车减速等安全保护功能。此外，因采用行业领先的自动化生产工艺，使用国内先进的漆面设备和工艺生产，车辆具有光泽度好、附着力强等优势。

【长沙地铁“生活垃圾分类专列”】 2020 年 7 月 7 日，湖南省城市生活垃圾分类工作现场推进会暨“新湖南·新时尚”城市生活垃圾分类地铁专列发车仪式在长沙地铁 4 号线观沙岭站举行。

长沙垃圾分类工作第一个阶段：起步阶段（2012 年 6 月—2014 年）。2012 年，长沙餐厨垃圾处理项目建成投产，它开启长沙垃圾分类第一步。第二个阶段：改革推动阶段（2014 年 10 月—2016 年 10 月）。2014 年，长沙市委将生活垃圾分类工作纳入生态文明改革事项，2015 年，长沙市人大常委会启动《长沙市生活垃圾管理条例》立法的相关调研和准备工作。市城管执法局委托第三方开展课题研究，形成调研报告。第三个阶段：试点分类阶段（2016 年 10 月—2019 年 12 月）。2016 年 10 月，长沙市在城区 10 个街道的 57 个社区启动生活垃圾分类试点。2017 年，出台生活垃圾分类制度实施方案。2018 年，在 342 个社区进行四分类试点，重点打造 62 个示范社区；创建一批示范机关；建成一批大件垃圾、装修垃圾、园林绿化垃圾资源化利用项目。第四个阶段：全面覆盖（2019 年 5 月—2020 年）。2019 年，全市 633 个社区实现“组织发动、设施投放、居民参与、分投分收”面上全覆盖。长沙市构建“4+X”的垃圾分类处置体系，即以“可回收物、有害垃圾、厨余垃圾、其他垃圾”4 类为生活垃圾的基本类型，同时将“大件垃圾、装修垃圾、农贸市场垃圾、园林绿化垃圾”从源头分流就近处置，称为“X”，不同类型的垃圾分别建立分类投放、分类收集、分类运输、分类处置全链条体系，让各类垃圾“各回各家”。

地铁专列每一节车厢两侧展示生活垃圾分类相关内容，并设置有二维码，扫描二维码即可学习生活垃圾分类知识，学习长沙生活垃圾分类做法和经验。 （本栏撰稿 李 敏）

·园林绿化·

【概况】 2020 年，长沙市推动国家生态园林城市创建工作，制定《关于印发长沙市创建国家生态园林城市工作方案的通知》《关于成立长沙市创建国家生态园林城市工作领导小组的通知》，成立创城工作组，明确各组工作职责，制定相关工作机制。组织召开全市创建国家生态园林城市工作动员部署会议。制定各责任单位任务分解清单。完成创城技术服务机构聘用，启动编制创城规划、遥感调查等工作。组织高新区和城五区重点提质提标 10 条门户干道、打造 28 个重要节点。7 月启动制定

2020 年 7 月 7 日，湖南省城市生活垃圾分类工作现场推进会暨“新湖南·新时尚”城市生活垃圾分类地铁专列发车仪式在长沙地铁 4 号线观沙岭站举行 市城管执法局 供图

《"五纵五横"门户干道品质提升设计指引》，落实"四精五有"工作理念，组建工作专班，联合各区组建由湖南省建筑设计院、长沙市规划设计院等7家省、市优秀设计单位组成的"设计工厂"，以绿化品质提升为核心，结合慢行系统、机动车道、城市家具、建筑立面、退缩空间等进行全要素品质提升。开展区县（市）10个"创建人民满意公园"行动（2020年为雨花区沙湾公园、开福区长沙园林生态园、高新区尖山湖公园、长沙县徐特立公园、浏阳市长兴湖公园、雨花区桂花公园、岳麓区八方公园、望城区斑马湖公园、宁乡市亮月湖公园、开福区秀峰公园）。以"五纵五横"城市门户干道（五纵：花侯路、车站路—开福大道、芙蓉路、湘江大道、金星路—梅溪湖路—麓谷大道；五横：岳麓大道—三一大道、五一路—枫林路（含八一路、韭菜园路）、湘府路、长沙大道、晚报大道—营盘路—咸嘉湖路）为重点，建设提质60个街角花园，其中高新区建设提质6个，岳麓区建设提质14个，芙蓉区、天心区、开福区、雨花区每区建设提质10个。

【园林绿化顶层设计】 2020年，长沙市启动《长沙市公园管理办法》2021年立法计划，完成调研和草稿。启动《长沙市园林绿化专项数字化信息管理系统建设》项目建设，指导协调各区逐步解决养护方式落后、用水用电体制不畅、建养交付存在空档期等问题。加快制定《长沙市园林绿化维护标准导则》《长沙市花卉植物养护技术要点》《长沙市常绿草坪管理养护导则》《长沙市林荫路养护管理细则》，制定应急管理机制，保障冰灾、旱灾、洪灾、风灾、虫害等自然灾害防范处置能力，避免次生灾害发生。

【公园管理】 2020年，长沙市推进《长沙市公园管理办法》制定。完善市区两级对城市公园的管理机制，推进下放公园的行业归口管理。突出公益服务功能。完善休闲、健身等公益服务配套设施。立足休闲游憩、生态景观、植物观赏、爱国教育等公园功能主题，完善长沙市公园各类主题体系。加强公园经营项目管理，落实公园经营项目审批制度和程序，逐步减少存在安全隐患、管理难度大的大型游乐经营项目，清理整顿大型餐饮场所及向少数人开放的会所等。建立健全安全管理制度，完善突发事件应急处置机制和安全督查机制。定期开展公园整治行动，集中清理整顿乱堆物、乱搭建、乱牵挂、乱设置广告等违章行为。创建人民满意公园。立足城市综合公园"环境美、绿化美、服务美"目标。

【城市绿化管理】 2020年，长沙市推进应用先进机械设备和专业作业设施。制定月、周养护计划。优化科学流程，确保道路绿化、公共绿地形成层次分明、色彩调和复层植物群落。优化树木修剪方案，做好灌水、排涝，加强生长季节不间断中耕除草，做好相应施肥和浇水，清理绿带浮土、覆盖树池，清理植物树干及叶面积尘。以"一点三线""五纵五横"为重点，打造市区出入城口及主城区10条精品维护样板路段。以精品样板路段为标杆，逐步延伸至其他路段。推动园林式居住区（单位）创建活动，推动区（县市）创建国家级、省级园林城市创建活动，推动区（县市）园林绿化品质提升。开展绿化维护专业知识培训，加强安全教育，开展维护人员作业技能大比武活动。建立辖区内绿地附属设施台账，定时开展绿地附属设施维护集中行动。拆除影响美观、妨碍市民参与的护栏等障碍设施。对绿地破损的附属设施进行更换、翻新。完善市级绿化维护考核标准与细则，建立市、区（县市）两级绿化维护日常巡查机制，加强日常巡和数字化采集力度，实现整治、整改城市绿化斑点。健全全市园林绿化管理与执法协同工作机制，加强园林绿化专业执法队伍建设。加快智慧园林建设。加快推进市区两级园林绿化专项数字化信息管理系统建设。 （本栏撰稿　李　敏）

·市容管理·

【"蓝天保卫战"执法】 2020年，长沙市累计组织整治行动1400余次，办结渣土扬尘类案件4241件，处罚到位1200.4万元。推进餐饮门店排查覆盖及油烟设施安装任务动态"清零"，加大油烟净化器正常开启使用、定期清洗监督检查。摸底餐饮单位2.03万家，其中安装总任务数1.51万家，实际完成安装1.51万家，安装率100%，油烟净化设施安装任务完成，办结餐饮油烟类案件45起，处罚到位19.35万元。推进夜市规范点日常管理，应对地摊经济热潮，落实长沙市政府"不跟风、不作秀"的指导原则，在批准设置25处夜市规范点的基础上，指导各区设置摊贩疏导点41处。累计组织整治行动3200余次，出动5万余人次，查处违规夜市、露天烧烤1.1万余处，办结案件105起，处罚到位金额9.9万元。开展露天焚烧垃圾防治视频高位监控（8处）试点，探索科技化监管方式；加大乱倾倒垃圾、露天焚烧垃圾违法行为查处和惩治力度。教育整改焚烧垃圾行为1165起，办结案件283起，处罚到位金额23.65万元。按照《长沙市人民政府关于重新划定高污染燃料禁燃区范围的通告》，开展禁燃区经营户使用散煤及其制品整治月工作，排查经营户1.97万户，发现整改经营户使用散煤问题82起。

【市容环境卫生】 2020年，市城管执法局落实周一至周五的环卫专业部门常规清洗作业机制和周末大扫除活动，坚持周六周日全天候、全覆盖清洗作业模式。建立保洁处置机制，加强主次干道清扫、清洗、清洁和环卫设施消杀，增加道路机械化洗扫作业频次，特别是商圈、农贸市场、火车站及医院周边等重点区域和场所加强保洁力量。对环卫工作间、清扫保洁工具、车辆及垃圾转运站进行消毒，严禁生活垃圾滞留，做到日产日清。公共厕所设施完好，保持通风，定时消毒处理。道路两侧果皮箱和其他垃圾收集容器进行常态化消杀处理。加强各区县（市）河湖保洁工作的监管、巡查。加强对渣土运输路线、工地周边、城区道路和城乡接合部道路进行清洗清扫和洒水降尘。同时，加强夜间道路冲洗作业、清扫保洁处置突发污染等方式控制渣土扬尘污染。

市城管执法局开展“清洁长沙”活动，集中所有设备和人员开展“大清扫、大清洗、大清理、大清运”。每周五下午对全市主次干道开展大扫除，周末进行大清洗。重点开展街巷清洁行动，组织工作人员、门店业主及志愿者等对各个街道、乡镇进行街头巷尾卫生大扫除活动。深度清扫、清洗街巷道路，清理裸露垃圾、非法小广告，清理小区垃圾堆物，清洗小区道路、地下车库。对全市农安小区、城中村以及拆而未建工地开展积存垃圾的自查自纠工作，通过数字城管对全市垃圾乱倾乱倒、建筑垃圾混投、不规范垃圾投放点等问题进行三轮普查采集。第一批整改 1071 处问题，第二批整改 1097 处问题，第三批整改 1874 处问题。

市城管执法局下发《关于明确全市城区 2020—2022 年环卫设施建设项目具体任务的通知》，建设完成公共厕所 25 座、垃圾收运站 9 座，配置新能源环卫车辆 50 台，解决长沙市公厕数量不足，公共垃圾站配套不足，环卫作业车辆老旧等问题。

【市府片区城管综合提质整治】 2020 年，长沙市开展市容秩序整治、环卫保洁、园林市政府设施维护及交通疏导工作，整治市容、交通违法行为；开展片区提质改造，启动金星路亮化提质、含光路市实验小学（二小）路段绿化提质、龙泊湾门店招牌规范提质、杜鹃路枫林美景沿线人行道设施提质改造、八方小区围墙灯修复等系列工作；做好周边小区环境优化，打通观沙路北段堵点，启动观沙路与茶子山路交汇处西北角“城中村”闲置地块建设，整治优化金岭小区等周边安置区人居环境。完成市府片区城市管理综合提质各项整治任务。

【夜市示范街区建设】 2020 年，长沙市制定《长沙市夜市街区改造提升工作实施方案》；会同湖南省建筑设计院，研究出台《夜市街区建设改造提升规划与标准体系》；会同各区依托现有夜市餐饮及夜市经营业态，确定芙蓉区沁园夜宵街、扬帆市场等 10 处示范街区建设目标，通过局部改造、综合提质等措施，从“环境建设”“配套服务”“安全管理”“交通支持”方面着手，打造湖湘夜市餐饮品牌。

【交通问题顽瘴痼疾整治】 2020 年，长沙市围绕“人、车、路、桥、隧、企”等方面存在的交通问题顽瘴痼疾，明确“4+1”（马路市场、城市桥梁隧道、渣土运输交通安全隐患、环卫园林作业车辆安全隐患，以及城管领域重大、重点问题及隐患）为重点整治内容，对照湖南省厅及长沙市行动方案工作步骤时间节点铺排落实工作。突出渣土运输企业及行业车辆整治。建立市区（县、市）城管、交警、交通部门联合执法机制，对渣土车超限超治、违反交通规则、违反渣土运输规定等行为进行联合整治。市城管执法局进行 61 次督查、241 次联合整治，对渣土运输车事故多发的 16 家渣土运输企业进行约谈及通报。市城管执法局对芙蓉区城管委办下达《重大城市管理问题的督办通知》，整治占道为市隐患问题；疏导化解“地摊经济”热点舆情，确保占道经营问题不反弹。对照市整治办整改通知，完成全市 369 处道路交通安全隐患点段设施改造、湘府路大桥非机动车道隔离护栏交通安全隐患整治、东二环人民路至鸭子铺路段交通安全隐患整治、清理遮挡交通信号灯树枝等工作。

【渣土运输车辆数字“身份证”运输管理】 2020 年 12 月起，长沙市高新区和内五区范围内的渣土运输车辆，统一悬挂“长沙市城区渣土运输车辆专用标识牌”（长沙市城区渣土运输车辆专用标识牌上印有“长沙渣运”四字、编码以及车辆专属二维码。其中，编码的第一个数字代表车辆所属公司注册地行政区域，芙蓉区为“1”、天心区为“2”、岳麓区为“3”、开福区为“4”、雨花区为“5”、高新区为“6”）。专用标识牌在渣土车运输车的右侧前挡风玻璃下方，车身两侧标识内容喷绘放大。标识牌为白绿渐变色，与新型智能环保渣土车的主要配色一致。手机扫码可以查询渣土运输车的运输核准证信息、车辆行驶路线以及定位信息。长沙的新型智能环保渣土车 3600 余台，将安装“长沙市城区渣土运输车辆专用标识牌”。市城管执法局联合交警、交通等部门，对渣土专用运输车辆统一安装电子车牌（RFID: Radio Frequency Identification，射频识别）和渣土行业准入牌照。

【渣土车超限超载运输治理】 2020 年 3 月 26 日，市城管执法局、市交通运输局、市公安局交警支队开展渣土车超限超载运输问题首次市级集中整治。联合整治行动将每周开展不少于 1 次，重点查处城区渣土运输车超限超载、非渣土专用车辆运输渣土以及渣土运输其他违法行为，从重实施处罚，并将违法信息通报相关渣土运输企业及渣土管理部门。

联合整治组执法人员在岳麓区泉水路附近临时设置卡口，由交通警察和城管执法、交通执法人员联合对过往的渣土运输车辆实施检查，重点核查运输车辆证照办理、渣土装载、运输合规等情况。

长沙市城管、交通、交警三部门采取设点守卡、检查消纳场、机动巡查等方式，检查渣土运输车辆 19965 辆，发现并查处违规运输行为 203 台次，无证运输行为 47 台次，超限超载行为 11 台次，监控装置不完善 7 台次。市渣土事务中心结合整治情况，责令涉事 11 家渣土运输公司对违规车辆司机进行安全生产教育，对超速车辆做出停止营运3天处理。

【共享单车整治】 2020年11月23日起，市城管执法局会同交通、交警部门开展共享单车无序投放、停放乱象联合整治。实施集中减量治理，按电单车牌照管理规定督促企业清退无牌违规共享电动车，对各共享单车企业逾期不自行清理和回收无牌照电单车的，组织实行集中清理保管，截至12月10日，全市清退无牌电动车39万辆。规范共享单车运维方式，要求企业加强运维力量配备，运维能力不足的，必须委托由资质企业开展第三方清理调度服务，城区运营企业全部与达人救援签订服务合同，实现城管、交警部门监督调度，第三方转运清理的模式。市城管执法局配合市交通局，实施总量控管和配额管理；制定停放管理指导意见，启动共享单车监管平台建设；推进常态检查执法。

【机动车违停专项整治】 2020年，市城管执法局与交警部门做好支路街巷违停执法移交对接，明确整治重点、措施。对接交管平台，实现违停信息同步导入交警处罚系统，与交通违法行为同等对待实施联动处罚，抄牌2.17万起。推进违停执法整治重点路段常态检查考核，交办督促违停问题处置。

【路内停车泊位收费管理】 2020年，长沙市开展停车泊位收费管理工作。授权长沙城市发展集团有限公司（以下简称“城发集团”）使用长沙市智能对讲与停车收费管理系统，并借用相关设备，配合完善停车收费系统环境建设；组织各区城管执法部门，配合城发集团对辖区内支路街巷停车泊位施划底数进行摸排，形成可施划路段62条5008个泊位审批成果；协调交警部门做好实施方案规划编制及报审工作，并启动岳麓区支路2000余处泊位车位线施划工作。

【“牛皮癣”小广告治理】 2020年，市城管执法局结合《长沙市打击整治“发卡招嫖”专项行动实施方案》《关于印发〈长沙市“文明城市提质年”行动实施方案〉的通知》要求，制定《关于开展“牛皮癣”非法小广告专项治理的通知》，组织各区清理城区“牛皮癣”，查处违法乱账贴行为，实施无“牛皮癣”非法小广告小区创建工作。开展整治行动2108次，清理非法小广告12.33万处，立案查处行政案件92件，实施行政处罚10450元，向相关部门移送违法线索32起。同时，经各小区申报、各区城管局审定、市城管执法局抽查检查、综合评审，岳麓区阳明山庄等28个小区被评为2020年全市无“牛皮癣”非法小广告小区。

【校园周边食品护苗治理】 2020年，长沙市制发《关于实施2020年长沙市学校校园及周边食品安全护苗行动的通知》《2020年“三考”及评卷工作期间城管工作暨校园周边集中整治工作的通知》《关于整治校园周边安全问题的通知》《长沙市校园食品安全“护苗”行动实施方案（2020—2022年）》等文件，组织各区加强学校及周边食品安全整治工作，开展校园周边店外经营、无证经营、流动摊贩、餐饮门店餐厨垃圾整治行动，协助相关部门做好校园周边文化环境整治及市直28所学校周边安全整治，完成开学市容秩序保障及各重点考试期间市容监管。市城管执法局配合市教育局开展校外培训机构、无证幼儿园专项整治行动，开展督查督导和现场检查工作。

【食品安全专项行动】 2020年，长沙市履行《长沙市食品安全委员会成员单位食品安全工作主要职责（修订）》，加强流动食品摊贩定点、定时规范管理。制定《2020年餐厨垃圾专项整治实施方案》，开展餐厨垃圾专项整治，定期进行餐厨执法工作调度和督导，查处非法收集运输处置餐厨垃圾、垃圾混装、非法提炼地沟油潲水油的违法行为。专项整治期间，全市开展餐厨执法行动105次，出动执法人员1165人次，暂扣非法收运餐厨垃圾车辆39台次，办理执法案件88个，罚款6.61万元。城六区打击捣毁非法提炼“潲水油、地沟油”窝点5处。

【《长沙市养犬管理条例》实施执法】 2020年，市城管执法局印发《关于落实〈关于印发长沙市养犬管理条例实施方案的通知〉的通知》，在全市城市公园、56个广场设立禁止犬只进入标志401处，组织各区在橘子洲景区、火车南站、烈士公园及城区重点部位设置宣传点和劝阻岗，开展日常志愿宣传服务及犬只禁入劝导。

【违建建筑专项治理】 2020年，长沙市督导各区违法建设拆除，1—10月拆除违法建设18.65万平方米。2016年以来，长沙市拆除城市建成区违法建设530.37万平方米，超额完成2016年上报湖南省住建厅的454.63万平方米的拆违任务。开展“无违建住宅小区”创建工作，各区申报创建“无违建住宅小区”43个。组织数字化城管进住宅小区采集在建违建信息7批次，采集涉嫌违建问题267处，交办各区处置。2020年11月开始，对数字化城管采集私搭乱建类案卷中以“进入执法程序”方式结案的案卷进行交办督办，交办两批次74处违建案卷。办理14件涉及违法建设的市民投诉信访件。特别是就长沙市纪委《关于2016年以来物业管理领域信访举报形势分析》中列举的9处违建问题进行督办和“回头看”。联合长沙市纪委驻局纪检组调查回复天心区比华利山违建问题。办理湖南省住建厅转办违建信访事项5件次。

【户外广告管理】 2020年，长沙市开展违规户外广告招牌整治和广告招牌示范路建设。印发《长沙市户外广告招牌品质提升工程实施方案》，在全市开展违规户外广告招牌整治和广告招牌示范路建设，重点对全市14条主要道路两侧的违规户外广告、楼顶发光字、墙面招牌进行整治拆除，打造12条广告招牌示范路，下发违规广告招牌拆除清单二批240处，要求各区在年底前完成整治任务，整治情况纳入市对区城管工作考核。拆除违规户外广告招牌1975处，面积约5.7万平方米。打造观沙路、黄兴路、西湖路、车站路等多条户外广告招牌示范路。对纳入规划点位非市属产权的湖南日报墙面LED、雨花大厦、粮贸大厦、金旺阁4处户外广告进行公开出让，除湖南日报点位流拍外，其余3处点位合计成交金额334.3万元。结合三资盘活工作，将全市市属产权（红线）范围商业性户外广告20年运营权及其他商业性户外广告设置位置使用权20年收益整体打包有偿授予城发集团。会同长沙市自然资源和规划局等部门及各区人民政府，编制完成绕城高速、五一路、解放路、韶山路、芙蓉路户外广告控制性布点规划，并组织相关部门和专家进行论证。受理临时户外广告申请1808件。落实有关“迎接抗疫英雄”“迎国庆灯光秀央视直播长沙”、文明创建、征兵、农博会、餐博会、一乡一品博览会等80余次国家、省、市重大会议、活动的户外宣传任务。

【保洁员技能竞赛长沙赛区选拔赛】2020年11月16日，长沙市城管执法局举行2020年湖南省住建行业保洁员技能竞赛长沙赛区选拔赛。本次选拔赛组织长沙各区县（市）20名环卫作业一线员工及相关工种工作人员进行参赛。大赛采用个人竞赛形式，由理论考试和技能操作两部分组成。选手们通过理论考试和模拟清扫保洁、垃圾分类、新能源环卫车，公厕保洁，环卫应急处置5个实操技能比拼，选拔出6名选手，代表长沙参加湖南省住建行业保洁员技能竞赛。此次省级决赛设团体和个人奖项。获该次比赛个人前6名的选手代表市级参加省级决赛，获省级总成绩个人前3名的选手，经湖南省总工会核准后，授予“湖南省五一劳动奖章”，由省组委会颁发一、二、三等奖获奖证书。省级决赛总成绩4到8名选手，由大赛组委会颁发“湖南技能大赛优秀选手”证书；省级决赛总成绩其他名次的选手，按规定给予一定奖励。

（本栏撰稿　李　敏）

表27　　长沙市公用事业情况统计表

指标	单位	2020年	2019年	2020年比2019年增长（%）
一、自来水				
全市水厂个数	个	8	8	0.0
全市自来水生产能力	万吨/日	240	240	0.0
年末供水管总长度	千米	7533	5885	28.0
二、公共交通				
全年客运总量	万人次	98765	142104	−30.5
年末实有公共汽车营运车辆	辆	11858	11486	3.2
年末实有出租汽车	辆	8080	9128	−11.5
三、天然气、液化气				
（一）天然气供气总量	万立方米	84475	88998	−5.1
#家庭用量	万立方米	35495	37017	−4.1
家庭用天然气人口	万人	333	322.83	3.2
（二）液化气供应总量	吨	69187	73572	−6.0
#家庭用量	吨	39459	56868	−30.6
家庭用液化气人口	万人	61.2	59.19	3.4
四、年末城市住宅建筑面积	万平方米	34712.27	32848.4	5.7
人均住房面积	平方米	41.2	41.3	−0.2
五、城市供电				
全年用电量	万千瓦时	4116782	3959312	4.0

续表 27

指标	单位	2020 年	2019 年	2020 年比 2019 年增长（%）
#工业用电	万千瓦时	1688776	1569024	7.6
城乡居民生活用电	万千瓦时	1269589	1250627	1.5
六、道路				
年末实有铺装道路总面积	万平方米	4084	4950	—
七、城市下水道长度	千米	3521	3198	10.1
八、年末实有永久性桥梁	座	—	236	—
九、城市环卫				
生活垃圾无害处理量	万吨	257.4	285.5	-9.8
生活垃圾无害化处理率	%	100	100	0.0
十、城市园林绿化				
园林绿化地面积	公顷	20639	13324	54.9
#公共绿化地面积	公顷	5427	4444	22.1
人均公共绿地面积	平方米	—	—	—

说明：从 2014 年起，全年客运总量包括轨道交通客运量；“#”表示其中主要项　（资料来源：市统计局）

美丽乡村建设

【乡村产业】　2020 年，长沙市推动“一县一特”产业优化提质。铺排“一县一特”产业链重点项目 165 个，打造 3 个千亩连片茶叶生产示范基地，建成标准化蔬菜基地 20 个、高标准小龙虾示范养殖基地 10 个，新增宁乡花猪养殖产能 25 万头，正大集团 100 万头花猪产业链项目落地，“长沙绿茶”名优茶技术创新中心挂牌运行，“一县一特”产业规模化、标准化、设施化、品牌化水平提高。推进一、二、三产业深度融合，实现农产品加工业总销售收入超过 2700 亿元，望城区乔口镇获批创建国家农业产业强镇，浏阳市官渡镇、长沙县路口镇成功创建省级农业产业强镇，长沙县金井绿茶小镇被评为省级特色农业小镇。农业电商实现跨越发展，本土电商平台“兴盛优选”成为估值超过 10 亿美元的独角兽企业。组织“春暖花开・乡约长沙”“夏之恋・乡约长沙”等主题活动，实现休闲农业总经营收入比 2019 年增长 7.6%。新型农村经营主体发展，新增国家级农业龙头企业 1 家、省级 29 家、市级 76 家，新增家庭农场 1540 家、农民专业合作社 385 家，创建国家级示范合作社 7 家，培训新型职业农民 2048 人，全市新型农业经营主体总数超过 2.8 万家。全市农村创业创新日渐活跃，全市农村创新创业园区和实训孵化基地 112 个，农村双创经营主体 2.78 万个，比 2019 年增长 4.9%；农村双创总人数 3.85 万人，比 2019 年增长 12.1%。　（范朝朝）

【农村人居环境整治】　2020 年，长沙推进农村厕所革命，完成无害化厕所改造完成 22 万户，全市卫生厕所覆盖率 100%，无害化厕所覆盖率 88%。推行农村改厕后续管护网格化管理模式，实现厕所粪污就地就近资源化利用，建立健全农村改厕管护和粪污资源化利用机制。2020 年 7 月和 9 月全省改厕培训会和首厕过关制培训会分别在望城区、浏阳市召开，长沙改厕经验成为全省样板。2020 年新增实行农村生活垃圾分类减量行政村 85 个，全市 871 个农村行政村（社区）全部按 1 人 /150 户标准配备保洁员，村庄日常保洁机制、垃圾收运处理机制健全，农村生活垃圾实现无害化处理，实现市级垃圾分类减量示范村全覆盖。长沙县被评为全国农村生活垃圾分类和资源化利用示范县。在 125 个村开展以“生态优、村庄美”为主题的美丽屋场创建活动。长沙市被评为 2020 年度全省农村人居环境整治先进市、省级美丽乡村建设示范市，宁乡市、浏阳市被评为全国农村人居环境整治成效显著激励县，望城区、长沙县、宁乡市获全省农村人居环境整治先进县市。（范朝朝）

【休闲农业】　2020 年，长沙市休闲农业与乡村旅游接待游客 3867 万人次，比 2019 年增长 6.1%；实现经营收入 70.8 亿元，比 2019 年增长 7.6%。创建“国五星”农庄 1 家（总数 25 家）、“省五星”农庄 10 家（总数 66 家），创建省

级休闲农业示范农庄6个、休闲农业集聚发展示范村4个。（范朝朝）

【中国休闲旅游博览会】 2020年11月27日，中国休闲旅游博览会在长沙红星国际会展中心开幕。2020年11月27日，2020中国休闲旅游博览会（以下简称“休博会”）在长沙红星国际会展中心开幕。本届休博会以“创新融合绿色发展”为主题，展览面积2.5万平方米，有休闲农业与乡村旅游企业展区、特色小镇展区、湖南市州展区、兰花休闲观赏交易展区、湘瓷精品展区、休闲旅游商品展区、景观设施设备展区七大展区，100余家休闲农业与乡村旅游企业参展。（范朝朝）

【特色小城镇建设】 2020年，长沙市命名5个市级特色小城镇，累计命名19个市级特色小城镇。引导各区县（市）将特色小城镇的整体功能、主导产业、资源禀赋、生态环境、配套服务等进行统筹定位，在产业、文化、生态、生活等方面通盘考虑。（罗莎莎）

【新型城镇化】 2020年，长沙市城乡功能品质优化。“一轴两带”城市空间格局逐步形成。湖南湘江新区、东部开放型经济走廊“双核驱动”，岳麓山大学科技城、马栏山视频文创产业园、高铁会展新城、长沙临空经济示范区、湖南金融中心、南部融城片区六大片区加速发展。开展国家新型城镇化综合试点，城镇化水平居省会城市前列。新型智慧城市建设取得明显成效，“我的长沙”城市移动综合服务平台用户301.4万户，网上政务服务第三方测评排名全国前十。现代立体交通更加便捷，长沙机场迈入“双跑道双航站楼时代”，高铁米字交汇，客运量稳居中部第一位，地铁连线成网，通车里程161千米，全国首条中低速磁浮快线和长株潭城际铁路投入运营。长沙临空经济示范区获批建设，入选首批国家物流枢纽建设名单。（罗莎莎）

【农村危房改造】 2020年，长沙市抓好4类重点对象农村危房改造扫尾工作。出台《2020年长沙市4类重点对象农村危房改造全覆盖工作方案》和《长沙市农村危房改造挂牌督战工作方案》，2020年实施4类重点对象农村危房改造1074户，实施边缘户危房改造19户。开展质量安全大排查大整改，全市抽查1027户。完成全市4.68万户建档立卡贫困户住房安全有保障情况的核验及录入工作。（罗莎莎）

【乡镇污水设施建设】 2020年，长沙市完成100千米乡镇污水支管网建设；完成10座小型分散式污水处理设施建设；5座污水处理厂提标改造。截至2020年年底，长沙市建成乡镇污水处理厂98座，建成乡镇污水管网1150千米，率先在全省实现建制镇污水处理厂“全覆盖”。发布《关于印发〈长沙市乡镇污水处理厂及管网普查工作实施方案〉的通知》，启动乡镇污水处理厂主支管网普查工作和湖南省乡镇污水治理信息平台数据采集工作。（罗莎莎）

表28 长沙市农村基本情况统计表

指标	单位	2020年					
		全市	市区	望城区	长沙县	浏阳市	宁乡市
一、农村乡（镇）个数	个	74	8	5	13	28	25
村（居）民委员会数	个	983	249	119	146	310	278
二、乡村户数	万户	118.01	26.82	15.30	18.23	35.86	37.10
乡村人口数	万人	391.01	85.30	49.12	63.79	125.72	116.20
乡村劳动力资源数	万人	259.93	53.43	30.71	38.74	79.16	88.60
三、年末耕地面积	千公顷	—	—	—	—	—	—
#水田	千公顷	—	—	—	—	—	—
水浇地	千公顷	—	—	—	—	—	—
旱地	千公顷	—	—	—	—	—	—
四、养殖水面	千公顷	21.55	7.32	5.89	2.98	3.85	7.40
五、农业机械总动力	万千瓦	—	—	—	—	—	—

说明：养殖水域面积数据来源于市农业农村局；由于第三次全国国土调查，2019年开始，市自然资源和规划局没有提供耕地相关数据；“#”表示其中主要项

（资料来源：市统计局）

生态环境

ECOLOGICAL
ENVIRONMENT

编辑 周海波

环境状况

【环境质量】 2020年，长沙市空气质量优良天数累计309天，较2019年增加34天，优良率84.4%，比2019年增长9.1个百分点，$PM_{2.5}$（可入肺颗粒物）为41微克/立方米、PM_{10}（可吸入颗粒物）为48微克/立方米，比2019年分别下降12.8%、15.8%，2020年没有重污染天气。26个国、省控监测考核断面（国控断面：橘子洲、樟树港、浏阳三水厂、金牌村、三角洲、石塘铺、捞刀河口、胜利、靳江河口、澄潭江村；省控断面：猴子石、五一桥、三汊矶、望城水厂、乔口、株树桥水库、韩家港、石桥、槼梨、星沙水厂、石子、鳝鱼洲、沩丰坝、宁乡双江口、石灵桥、千龙湖）水质达标率保持100%，县级及以上集中式饮用水水源地水质达标率100%，龙王港口水质由2019年劣Ⅴ类提升至Ⅱ类，浏阳河被评为全国首批示范河湖。土壤环境质量总体安全稳定，受污染耕地安全利用率91%以上，城市生活垃圾无害化处理率100%。

【空气质量】 2020年，长沙市城区（高新区、经开区、内五区：芙蓉区、天心区、岳麓区、开福区、雨花区，下同）空气质量优良率为84.4%，优良天数为309天，无重度及以上污染天气。与2019年相比，优良率增加9.1%，优良天数增加34天，重度及以上污染天气减少8天。城区空气质量主要监测指标中，$PM_{2.5}$、PM_{10}、NO_2（二氧化氮）、SO_2（二氧化硫）的年平均浓度分别为41微克/立方米、48微克/立方米、27微克/立方米、7微克/立方米，O_3（臭氧）浓度（指日最大8小时平均第90百分位数，下同）为146微克/立方米，CO（一氧化碳）浓度（指日均值第95百分位数，下同）为1.2毫克/立方米。城区环境空气质量未达到《环境空气质量标准》（GB3095—2012）中的二级标准，不达标项目为$PM_{2.5}$（年平均浓度超标0.17倍）。

【水环境质量】 2020年，长沙市地表水水质总体为优。湘江长沙段、浏阳河、捞刀河、沩水、靳江河、渌水澄潭江年度水质为优，浏阳河下游、沩水下游水质改善；千龙湖、年嘉湖年度水质维持良好，综合营养状态为中营养。集中式生活饮用水水源地水质达标率保持100%。2020年，长沙市26个国控、省控考核断面年度水质优良率100%，其中Ⅰ类水质断面1个，占3.8%；Ⅱ类水质断面21个，占80.8%；Ⅲ类水质断面4个，占15.4%；Ⅳ类、Ⅴ类、劣Ⅴ类水质比例为0%。昭山（入境）及4个趋势科研断面（黄花洞、小溪、黑石渡、年嘉湖）年度水质符合或优于Ⅲ类标准。长沙市市级集中式生活饮用水水源地——湘江长沙段长沙七水厂、猴子石、橘子洲、五一桥断面及浏阳河株树桥水库年度水质符合《地表水环境质量标准》（GB3838-2002）Ⅱ类标准。县级集中式生活饮用水水源地——湘江长沙段望城水厂、浏阳河浏阳三水厂及槼梨水厂、捞刀河星沙水厂及黄花水厂、沩水鳝鱼洲断面年度水质符合《地表水环境质量标准》（GB 3838-2002）Ⅱ类标准，沩水黄材水库、田坪水库、洞庭桥水库年度水质符合《地表水环境质量标准》（GB3838-2002）Ⅲ类标准。长沙市市级、县级集中式生活饮用水水源地月度水质达标率保持100%。

【声环境质量】 2020年，长沙市城区噪声源以社会生活噪声源为主（占77.4%），其次为交通噪声源（占13.7%），声源构成状况较2019年无明显变化。2020年长沙市城区区域声环境质量为“好”“较好”“一般”“较差”“差”的测点分别占测点总数的10.5%、50.0%、30.6%、7.3%、1.6%。超过55dB（A）测点所占百分数为39.5%，与2019年持平。2020年长沙市城区道路交通噪声昼间平均等效声级为69.3dB（A），昼间道路交通噪声强度等级为二级，道路声环境质量良好。与2019年相比，昼间平均等效声级下降0.1dB（A）。长沙市城区道路交通噪声昼间平均等效声级超过70dB（A）的测点数占总测点数的35.4%，超过70dB（A）的道路长度占总路长的40.4%，分别较2019年下降6.1个、2.4个百分点。长沙市城区功能区噪声昼间、夜间点次达标率分别为78.3%、50.0%。与2019年同期相比，昼间噪声点次达标率增加3.3个百分点，夜间噪声点次达标率无变化。（本栏撰稿 张 茜）

生态建设

【自然资源调查监测】 2020年，长沙市第三次国土调查统一时点更新调查成果通过国家级内外业核查。完成金井镇自然资源资产清查试点，弥补省级试点中镇村单元空白，探索自然资源资产管理从宏观到微观的途径，推动镇、村干部自然资源保护责任上肩。构建长沙市自然资源和规划监测指标体系，制定业务运转监测指标手册并上线运行。（谭江涛）

【国土空间生态修复】 2020年，长沙市完成全市54个矿点、80个图斑、总计171.16公顷的修复任务。开展长沙市湘江流域和洞庭湖生态保护修复工程试点攻坚行动，工程整体进度100%，项目资金拨付率88.9%。开展污染地块安全利用率统计核算和建设用地安全利用。（谭江涛）

【自然资源开发利用】 2020年，长沙市出台《长沙市国有建设用地使用权价款委托评估实施暂行办法》，开展基准地价更新和标定地价编制，实施公服用地基准地价。完成集体土地增量、修改控规未完善土地手续地块摸底调查。修订《长沙市建设用地节约集约利用考核办法》，开展闲置土地和低效利用土地资源调查和再开发规划。严格“净地”供应，推进存量土地和闲置土地专项调查和处置。

（谭江涛）

【耕地资源保护监督】 2020年，长沙市开展全市耕地保护及粮食安全考核。全市经批准新增建设用地占用耕地1495.86公顷，连续21年实现耕地占补平衡。完成全市永久基本农田储备区划定及成果上报。开展城乡建设用地增减挂钩，验收项目36批次，复垦新增农用地1845.99公顷，新增耕地821.71公顷。完成全市历年来“旱改水”491个项目2298.67公顷的承诺兑现任务。加强耕地保护监督，建设耕地保护监测监管信息系统，规范补充耕地指标和城乡建设用地增减挂钩节余指标管理。完成64个高标准农田建设项目（涉及建设规模30334.56公顷）验收并上图入库。开展全域土地综合整治试点申报，4个项目获批部级试点。 （谭江涛）

【生态环境宣传教育】 2020年，长沙市开展《长沙市机动车和非道路移动机械排放污染防治条例》《长沙市餐饮业油烟污染防治条例》立法立项。加强普法宣传，被评为2020年长沙市“谁执法谁普法”优秀责任单位。推进修订生态环境保护责任规定和较大生态环境问题责任追究办法。推进生态环境损害赔偿，办理3起赔偿案件，开福分局完成长沙市首例通过磋商签订赔偿协议的生态环境损害赔偿案件。2020年，长沙市组织6场新闻发布会，开展“六五”环境日长沙主场活动，在国家、省、市媒体发表新闻宣传报道470余篇，“长沙环保”微信公众号发布文章1067篇，粉丝数增至25万余人。组织评选40名最美蓝天卫士并予宣传表彰。 （张　茜）

【生态环境政务服务】 2020年，长沙市优化营商环境，推进以排污许可为核心的“一证式”管理，完成长沙市所有行业14708家固定污染源清理整顿和排污许可发证登记工作，被生态环境部授予固定污染源排污许可全覆盖工作表现突出集体荣誉称号，邓琴等2名被评为表现突出个人。完成长沙市“三线一单”（生态保护红线，环境质量底线，资源利用上线和生态环境准入清单）环境分区管控编制工作，发布并实施《长沙市人民政府关于实施“三线一单”生态环境分区管控的意见》。实行生态环境领域诚信动态管理，完成长沙市695家企业环境信用评价分级。推进排污权交易，2020年收缴排污权金额359.97万元。 （张　茜）

【生态环境基础建设】 2020年，长沙市完成第二次全国污染源普查，长沙市生态环境局和岳麓区、望城区、浏阳市分局被评为国家二污普（第二次全国污染源普查）表现突出集体，芙蓉区、雨花区、宁乡市分局被评为省级先进集体，刘英杰等28名被评为全国、全省先进个人。“智慧环保”投入试运行。加强污染源监测，开展监测专项检查，编制“十四五”生态环境监测能力建设规划，生态环境监测网络完善，天心区配合省生态环境厅建成湖南省首个大气复合监测站。推进科技治污，长沙市安装挥发性有机物在线监控系统31套，治污设施智能监控电表387套，推进省级以上工业园区大气污染防治综合平台建设。完成长沙市大气污染源清单、颗粒物和臭氧源解析项目。 （张　茜）

【农村生态环境建设】 2020年，长沙市落实“三级执法、两级巡查”制度，出动巡查人员2万余人次，立案处罚32起，露天焚烧秸秆现象基本消除。推进秸秆综合利用重点县项目，建设37个乡镇秸秆收储站、14个村级收储点，组织60余家农业废弃物综合利用服务站承担收集清运工作，秸秆综合利用率提升到90.7%。组织规模养殖场及中小散户完善粪污处理装配设施，全市746个畜禽规模养殖场粪污处理设施装备配套率100%，畜禽粪污综合利用率93.25%，2020年畜禽粪污资源化利用工作被评为全省优秀。完成受污染耕地安全利用和管控3.53万公顷，其中轻中度污染耕地安全利用3.48万公顷，重度污染耕地管控506公顷，省定任务全部完成。受污染耕地安全利用区农产品检测达标率93%；全市受污染耕地安全利用率91%以上。 （张　茜）

节能减排

【建筑节能管理】 2020年，长沙市制定出台《长沙市建筑节能和绿色建筑领域信用管理暂行办法》，建立和完善长沙市建筑节能和绿色建筑领域信用体系，规范市场秩序，营造公平竞争、诚信守法的市场环境。

【绿色建筑发展】 2020年，长沙市执行《关于落实〈湖南省住房和城乡建设厅等六部门关于大力推进建筑领域向高质量高品质绿色发展的若干意见〉的通知》，执行绿色建筑标准。2020年市中心城区新开工绿色建筑2518.79平方米，占新开工建筑面积的比例100%，全市新开工二星级以上绿色建筑24个（含1个三星级）。

【建筑垃圾治理试点城市建设】 2020年，长沙市编制《长沙市建筑垃圾治理示范实施方案》。长沙市政府审定《长沙市建筑垃圾资源化利用特许经营项目实施方案》，长沙市联席会议办印发《2020年长沙市建筑垃圾管理和资源化利用工作要点》。印发《关于开展施工现场建筑垃圾分类管理工作的通知》《关于在开福区开展工程弃土资源化利用试点的通知》《关于印发建筑垃圾资源化利用特许经营项目绩效考核办法（范本）的通知》。6月8日印发《关于推进及规范各区（县）建筑垃圾资源化利用特许经营项目实施运作的通知》。岳麓区、长沙县、雨花区完成特许经营企业招标，天心区招标公告经挂网。12月9日，全省建筑垃圾资源化利用现场推进会议在长沙市召开，长沙市作为承办单位并在会议上作典型发言。

（本栏撰稿　韩湘逸）

污染防治

【水污染防治】 2020年，长沙市启动“一江六河”（（湘江长沙段、团头湖、浏阳河、捞刀河、沩水河、靳江河、龙王港、沙河））排口截污回头看，开展湘江及其支流入河排污口排查、饮用水水源地环境问题专项整治等行动，长沙市生态环境局被评为长江、渤海入河（海）排污口排查专项工作表现突出单位，岳麓区分局谭星明名被评为表现突出个人。按“一园一策”要求推进工业园区水环境综合治理，完成省级以上工业园（产业园）“一园一档”集中审查、雨水管网排水专项调查。建成主城区第一批93个入河排口视频监控系统，新增12个市控监测断面，建成水质自动监测站58个。主城区建成污水处理厂14个，污水处理能力247.5万吨/天，污水处理率98.4%。

【大气污染防治】 2020年，长沙市制定《长沙市2020年臭氧污染防治专项工作方案》《2020年度长沙市空气质量奖惩办法》，编制《长沙市2020年重污染天气应急减排清单》等。落实“六控”（控尘：抓好建筑工地、施工道路等扬尘污染源综合治理；控车：禁限行黄标车和老旧车，严管渣土车、搅拌车和物流运输车；控排：强力推进“散乱污”企业整治；控烧：对秸秆焚烧、垃圾焚烧、露天烧烤等监管、严厉处罚和问责；控煤：严禁在禁燃区内经营和使用散煤；控油：提高燃油标准和品质）“十严禁”（严禁渣土车、混凝土搅拌车、运砂车等各类车辆带泥上路；严禁违法倾倒渣土；严禁工地裸露黄土；严禁重污染天气下土石方施工；严禁燃烧散煤；严禁露天焚烧垃圾；严禁露天烧烤；严禁露天焚烧秸秆；严禁拖拉机等高排放车辆进城；严禁在禁燃区域时段燃放烟花爆竹），开展“三级执法、两级巡查”［市级、区县（市）、街道三级执法；市级、区县（市）两级巡查制度］，推动“十大”专项整治行动［柴油货车污染、工业企业非法排气、预拌混凝土搅拌场和混凝土搅拌车、机动车维修行业涉环境问题、建筑工地场内非道路移动机械、建筑工地场内转运车辆、非法加油车（站）、线性工程扬尘污染防治、运砂车涉环境问题、渣土专项整治］。率先在湖南省推行空气质量国、省控监测站“点长制”，雨花区“点长制”经验在《中国环境报》刊发推介。推进生态环境部第五轮臭氧帮扶交办的问题企业整改，立行立改类61家，完成整改60家，跟踪督办类322家，完成整改313家。完成1130台燃气锅炉低氮改造，减少氮氧化物排放量500余吨。完成机动车排气检测108.6万台次，完成机动车尾气遥感监测2206万台次。发布《关于划定禁止使用高排放非道路移动机械区域的通告》，查验使用非道路移动机械工地1122个，完成非道路移动机械编码登记15541台，未编码登记和排放不达标非道路移动机械实现“双清零”。开展大气污染传输通道城市联防联控。编制长沙市温室气体排放清单。

【土壤污染防治】 2020年，长沙完成25家重点行业企业地块布点采样调查。开展第五轮涉镉等重金属污染源排查，3家涉镉污染源地块完成整改。完成123个村生活污水治理。稳步推进土壤污染治理修复与风险管控项目，原长沙铬盐厂铬污染整体治理等项目进展，浏阳七宝山重金属监测断面超标问题整改推进，宝山河断面稳定达标、铁山桥断面改善。完成10645家企业危险废物大调查大排查。10个纳入长江经济带尾矿库污染防治范围的尾矿库全部完成污染防治工作。土壤环境质量总体安全，受污染耕地安全利用率91%以上，污染地块安全利用率90%以上。

【噪声污染防治】 2020年，长沙市城区区域环境噪声昼间平均等效声级为54.3dB（A），总体水平为二级，区域声环境质量良好。与2019年相比，昼间平均等效声级下降0.1dB（A）。开展“三考”（高考、学考、中考）静音联合执法，除抢修、抢险作业和因生产工艺上要求或者特殊需要连续作业的外，原则上禁止夜间进行产生环境噪声污染的建筑施工作业。完成9个区县（市）噪声示范控制区建设，区域环境、道路交通噪声达国家声环境质量标准要求。

【核与辐射和固体废弃物污染防治】 2020年，长沙市印发《长沙市2020年危险废物规范化管理督查考核工作实施方案》，举办长沙市2020年危险废物规范化管理视频培训会议，组织完成示范单位和标准单位的申报，按要求建立“四个清单”（危险废物产生单位清单（3354家）、拥有危险废物自行利用处置设施单位清单（8家）、危险废物经营单位清单（21家）、重点监管单位清单（100家）），对各园区和分局进行危险废物规范化管理考核排名并进行内部通报，将考核情况在官网进行公示；督促2296家企业完成2019年危险废物申报和年度管理计划申报登记工作。印发《长沙市关于贯彻落实〈湖南省危险废物专项大调查大排查工作实施方案〉的通知》和《关于做好长沙市危险废物专项大调查大排查工作的通知》，召集专项调度会，通报工作进展情况。铺排自查调查，长沙市实际自查调查单位数1.06万余家，确定危险废物产生单位3354家。

【生态系统保护和修复】 2020年，长沙市“绿盾2018”专项行动自查发现53个问题完成整改销号51个。做好生物多样性保护宣传，5月22日，湖南省生态环境厅联合省农业农村厅、省林业局等部门，在湖南省植物园樱花湖广场组织举办“国际生物多样性日”宣传活动。湖南省生态环境厅党组成员、副厅长刘群，生态环境厅、农业农村厅、林业局相关处室负责人，以及来自长沙环境保护职业技术学院、雨花区人民政府、长沙市生态环境局等相关单位的嘉宾参加活动。探索开展市级生态文明建设示范镇（乡）、村建设，宁乡市被评为“第四批国家生态文明建设示范市”，望城区生态文明建设成果在中央媒体专题报道，并在湖南省第六届生态文明论坛做经验分享。

【生态环境问题整改】 2020年，长沙市将生态环境保护督察及“回头看”反馈问题、长江经济带警示片披露问题、全国人大执法检查指出问题、审计及巡视巡察反馈的生态环境问题等一并纳入突出环境问题整改，统一调度、一体推进。中央层面反馈的25个问题，完成整改22个，暂缓销号1个，达到序时进度2个按整改方案实施。湖南省环保督察反馈问题62个，完成整改并上报销号50个，剩下12个有序推进。中央环保督察、省级环保督察、中央生态环保督察“回头看”3639件信访件，全部办结。完成省生态环境保护督察“回头看”相关工作，450件信访件办结323件，21个交办件、2个督办件、2个典型案例都按要求进行整改。湖南省污染防治攻坚战“2020年夏季攻势”下达长沙的6大类87个项目任务全部完成。配合长沙市纪委监委开展“洞庭清波”专项行动，采取挂牌督办、按旬调度等方式，强化监督、压实责任，推动突出水生态环境问题整改，湘江新区、高新区、岳麓区协同治理龙王港的成果和经验在《人民日报》专题报道。

【首例生态环境损害赔偿磋商案件】 2020年7月28日，长沙市首次生态环境损害赔偿磋商会议在长沙市生态环境局开福分局召开，约定赔偿义务人以货币赔偿的方式承担超标排污所产生的生态环境损害赔偿责任。7月31日，赔偿义务人将5.18万元环境损害赔偿金缴纳到市财政专用账户。

2019年7月，原开福区环境保护局联合市公安局开福分局执法人员依法对赔偿义务人经营的印刷制版模具厂进行执法检查，发现该模具厂在作业过程中将工业废水直接排放进入市政污水管网，并进行取样检测。经检测，该厂外排工业废水中重金属锌的含量为490毫克/升，超过《污水综合排放标准》（GB8978-1996）表4三级标准排放值97倍。根据最高人民法院最高人民检察院《关于办理环境污染刑事案件适用法律若干问题的解释》第一条第（四）项之规定，该案达到污染环境罪的入罪条件。原开福环境保护局随即将此案移送司法机关提起刑事诉讼。案件发生后，赔偿义务人立即停止违法行为，并于2020年7月申请承担生态环境损害赔偿。

7月21日，长沙市生态环境局邀请有关专家对赔偿方式和金额进行论证。7月24日，长沙市生态环境局向赔偿义务人发出《生态环境损害磋商会议邀请函》和《生态环境损害赔偿意见书》，赔偿义务人书面同意磋商时间及意见书的主要内容。7月29日，双方签订《生态损害赔偿协议》。

2020年12月29日，长沙市各生态环境监测站挂牌成立。图为长沙市岳麓区生态环境监测站挂牌仪式现场

市生态环境局　供图

【排污“一证式”管理推行】 2020年10月1日起，长沙市生态环境保护综合行政执法局结合日常执法检查和“双随机、一公开”开展排污许可专项执法，查处无证排污、超标排污等生态环境违法行为。根据生态环境部发布的《固定污染源排污许可分类管理名录（2019年版）》（以下简称《名录》），对列入《名录》的所有行业排污单位应于2020年9月30日前依法领证或登记。《名录》实施前按规定申领的排污许可证依然，排污单位申请变更的应当按照《名录》规定的管理类别执行。新建排污单位应当在启动生产设施或者发生实际排污之前申请取得排污许可证或者填报排污登记表。排污许可申报和登记采取网上填报方式。企业完成排污许可证申领和排污信息登记后，其信息（除涉密类外）在“全国排污许可证管理信息平台——公开端”的“许可信息公开”和“登记信息公开”模块公开。根据《排污许可管理办法（试行）》，对于发证的排污单位应当在生产经营场所内方便公众监督的位置悬挂排污许可证正本。持证后排污单位应“按证排污、自证守法”，按照证书或监测技术指南等的规定开展自行监测、保存原始监测记录；按照证书中环境管理台账要求做好记录并保存不少于三年；按照规定执行报告内容和频次要求，编制排污许可证执行报告，在排污许可证管理信息平台上按时填报、提交并公开。

【长沙市各生态环境监测站挂牌成立】 2020年12月29日，长沙市各生态环境监测站挂牌成立。长沙市原各区县（市）环境监测机构调整为长沙市生态环境局驻区县（市）生态环境监测机构，监测工作迈入新阶段。调整后长沙市各生态环境监测站主要职能为

2020年，长沙市生态环境局环境监察支队与长沙市公安局交通警察支队开展联合整治行动。图为3月6日，联合执法分队在岳麓区雷锋大道执法　　市生态环境局　供图

执法监测，支持配合属地生态环境执法，同时按要求做好生态环境质量监测、污染源监测和应急监测等相关工作。成立后，长沙市各生态环境监测站加强数据质量监督管理，把握生态环境监测“支撑、引领、服务”的职责定位，协助属地政府和分局打好污染防治攻坚战。

【超标柴油货车尾气污染整治】 2020年3月6日起，长沙市生态环境局环境监察支队与长沙市公安局交通警察支队按照“环保部门检测取证、公安交警依法处罚”的执法模式，联合开展排放检验不合格机动车上路行驶的整治行动。长沙公安交警以辖区大队为单位，抽调警力与生态环境部门组建联合执法小分队，结合交通大数据研判，对重点嫌疑车辆实行拦截，运用尾气检测遥感设备进行尾气检测。生态环境部门人员在现场筛查疑似尾气超标车辆后，交由具有资质的第三方检测机构进行现场检测，发现尾气超标的车辆，出具带CMA认证的检测报告单，再由交警依据检测报告，现场作出处罚决定。在执法过程中，尾气超标车辆有其他交通违法行为的，一并依法处罚；对达到强制报废标准的车辆，依法予以强制报废。依据《中华人民共和国大气污染防治法》第113条、《中华人民共和国道路交通安全法》第90条规定，对驾驶排放检验不合格的机动车上道路行驶的，可对当事人处以200元罚款。联合执法分队以进出城通道和大型货运站场周边道路为重点，每周开展不少于10场次的执法行动。　（本栏撰稿　张　茜）

环境监管

【环境执法】 2020年，长沙市针对重点行业、重点领域、重点区域，通过随机抽查、交叉检查、“回头看”、集中执法、督巡查等方式开展专项执法和联合执法行动519次，出动执法人员1.06万余人次，检查企业5156家次。落实“双随机、一公开”（监管过程中随机抽取检查对象，随机选派执法检查人员，抽查情况及查处结果向社会公开）制度，依法依规办理环境违法案件517起，其中一般罚款案件466起，处罚金额1592.67万元；按日计罚1起，罚款3万元；查封扣押6起；移送行政拘留36起、移送涉嫌环境污染犯罪8起，处罚案件总数、罚款总金额居全省首位，长沙市生态环境保护综合行政执法局蝉联湖南省“生态环境保护执法大比武”一等奖，被评为2019年全国生态环境保护执法大练兵市级表现突出集体，浏阳区分局连续三年被评为县级表现突出集体。

【环境信访投诉】 2020年，长沙市制定《长沙市生态环境违法行为举报奖励办法（试行）》和《长沙市生态环境违法行为举报奖励工作实施规程（试行）》《长沙市生态环境信访投诉举报办理工作规程（试行）》等制度文件，妥善处置“12345”市民服务热线、“12369”环保举报平台、来信来访等多渠道的环境污染投诉举报。2020年受理投诉举报4907件，比2019年下降14.99%，按时办结率100%，做到“事事有回应，件件有答复”。被湖南省信访局评为“百佳业务规范单位”，被生态环境部评为“2019年生态环境信访工作表现突出集体”。

【生态环境保护综合行政执法局挂牌】 2020年4月29日，长沙市生态环境保护综合行政执法局挂牌成立。长沙市政府副市长陈澎出席揭牌并讲话，长沙市政府相关负责人、生态环境局全体班子成员、生态环境保护综合执法局全体干部职工参加。长沙市生态环境保护综合执法局是在原长沙市环境监察支队基础上，整合生态环境、自然资源、农业、水利、林业等部门相关污染防治和生态环境保护执法职能组建而成。成立后，长沙市生态环境保护综合执法局职责：承担全市生态环境保护综合行政执法业务指导、组织协调和考核评价等职能；以长沙市生态环境局名义，统一行使芙蓉区、天心区、岳麓区、开福区、雨花区以及长沙高新区范围内污染防治、生态保护、核与辐射安全的行政处罚权及与之相关的行政检查、行政强制权等执法职能；完成市生态环境局交办的其他执法任务等。

【“六五”环境日长沙主场活动】 2020年是第49个世界环境日。6月5日，以“美丽中国，我是行动者”为主题的2020年“六五”环境日长沙主场活动在岳麓区洋湖国家湿地公园启动，长沙市委副书记、市长、湖南湘江新区党工委书记郑建新出席并宣布长沙

2020年“六五”环境日主题活动启动。活动现场发布《2019年长沙市生态环境状况公报》。2019年，长沙生态环境质量总体稳中向好，城区空气质量优良率为75.3%，环境空气质量基本稳定；全市地表水水质总体优良，水环境质量改善，31个国、省控断面水质优良率100%，集中式生活饮用水水源地水质稳定达标；土壤环境总体安全；城区声环境质量维持良好水平。活动现场还设置环保知识展和第二次全国污染源普查成果展，宣传生态环境保护法律法规等多方面环保科普知识；并对2019年最美蓝天卫士候选人和长沙市生态环境系统相关荣誉进行展览。

2020年“六五”环境日长沙主场活动在岳麓区洋湖国家湿地公园启动

市生态环境局　供图

【第二届湖南生态环境新技术论坛召开】 2020年12月26日，第二届湖南生态环境新技术论坛在长沙举行。来自国内生态环境及科技领域的各级领导、专家学者、企业代表、院校代表及其他相关人士360余人参加该次论坛。论坛颁发“2020湖南榜样公益社团奖、公益人物奖、公益企业奖、优秀公益企业”“长沙市生态环境技术奖”，并授予罗岳平等46人“湖南生态环境保护奖”，授予长沙市生态环境保护行业协会等28家单位“生态湖南贡献奖”，授予姜志雄等8人“湖南生态文明传播奖”。长沙市生态环境保护行业协会与湖南省环境科学研究院在会上签署战略合作。湖南省环保产业协会副秘书长杨良发布《湖南省2020生态环保产业年度报告》。生态管家党建联盟在论坛上进行启动。生态管家党建联盟由长沙市生态环境保护行业协会协同省、市相关部门、专家智库及生态环保行业相关企事业单位组成。论坛邀请到国内生态环境领域、科技领域、健康领域的领导、专家向与会代表阐述领域内相关政策、技术及新冠疫情防控等方面的知识。力合科技（湖南）股份有限公司研发中心总工程师黄海萍、湖南沃邦环保科技有限公司首席技术官、博士生导师曹磊分别发言。（本栏撰稿　张　茜）

表29　　长沙市环境污染及治理情况统计表

指标	单位	1979年	1985年	1990年	1995年	2000年	2005年	2010年	2015年	2018年	2019年	2020年
一、工业废水排放总量	万吨/年	5000	6394	13878	6298	5533	4065	4336	5102	3475	3954	4537
#符合排放标准的	万吨/年	200	2342	10259	3804	4213	3562	3955	—	—	—	—
二、工业废气排放量	万标立方米/年	115000	839385	1441740	1890488	2624324	3078324	6269499	4803775	8775533	12311700	11973900
三、工业粉尘排放量	万吨/年	6	1.26	4.61	0.85	7.81	10.06	10.52	1.16	0.55	0.66	0.40
四、工业固体废物产生量	万吨/年	47	39.49	57.07	75.18	137.53	109.7	148.8	107.6	148.7	161.6	141.9
#综合利用量	万吨/年	23.97	2.79	15.49	58.13	101.79	98.4	148.4	92.7	122	113.7	114.1
五、锅炉总数	台	666	1046	819	489	407	307	284	272	239	370	345
#达标数	台	220	597	647	433	359	243	256	—	—	—	—
六、工业窑炉	台	670	683	578	395	465	222	219	124	147	331	259
#达标数	台	73	91	288	271	232	117	151	—	—	—	—

说明：从2011年起，工业粉尘排放量（去除量）指标已改为工业烟尘排放量（去除量）；“#”表示其中主要项（资料来源：市统计局）

长株潭城市群

CHANGSHA-ZHUZHOU-XIANGTAN
CITY GROUP

编辑　刘盼盼

综　述

【概况】　2020年，湖南省全年地区生产总值41781.5亿元，长株潭三市地区生产总值17591.5亿元，占全省比重42.1%。长株潭两型试验区改革如期完成。长株潭一体化发展加快推进，长沙下发《长株潭城市群一体化发展工作实施方案》，编制《2020年长株潭城市群一体化发展30项重点任务工作方案》，编制确定长沙市《2021年推进长株潭区域一体化重点工作》《长株潭城市群一体化发展行动计划（2020—2021年）》《长株潭区域一体化发展政策清单》。出台《长沙市2020年度绿心地区保护工作方案》《长沙市绿心地区生态修复治理实施方案》，推进绿心地区生态保护及修复治理。推进南部融城片区建设，初步形成以总体规划为统领、以专项规划为支撑、以详细性规划为重点的“2+7+N”规划体系。

【长株潭城市群一体化发展第二届联席会常务副市长会议】　2020年6月29日在株洲召开。株洲市委常委、常务副市长何剑波主持会议，长沙市委常委、常务副市长夏建平，湘潭市委常委、常务副市长杨广出席，长株潭三市政府分管副秘书长、三市发改委主要领导和分管领导、相关处（科）室负责任人，以及长株潭城市群一体化发展重点任务各任务牵头单位主要负责人参加会议。会议通报长株潭城市群一体化发展第二届联席会议以来工作进展情况及下步打算，通报长株潭城市群一体化发展重点任务工作进展情况，审议通过推进长株潭城市群一体化发展2020年重大活动安排清单、推进长株潭城市群一体化发展三市拟联合签署的相关协议清单。

【长株潭城市群一体化发展第二届联席会议重点工作推进会】　2020年9月27日在株洲召开。省委常委、长沙市委书记胡衡华，株洲市委书记毛腾飞，湘潭市委书记曹炯芬，长沙市委副书记、市长、湘江新区党工委书记郑建新，湘潭市委副书记、市长张迎春出席会议并讲话。株洲市委副书记、市长阳卫国主持会议，长株潭三市分管副市长及相关市直部门参加会议。会议通报三市在规划对接、基础共建、产业协同、民生共享、环境共治、战略协同等方面取得重要进展，并就加速构筑长株潭一体化高质量发展新格局，在“公共资源交易”“保产业链供应链稳定”“知识产权运营和保护”和“委托管理办学”等方面达成共识，签署《长株潭城市群公共资源交易市场一体化发展合作协议》《长株潭城市群一体化保产业链供应链稳定战略合作框架协议》《长株潭知识产权运用和保护合作协议》等相关协议。

【长株潭国家自主创新示范区成果展（2015—2020）开展】　2020年9月29日，长株潭国家自主创新示范区成果展（2015—2020）在长沙举行。省委书记杜家毫，省委副书记、省长许达哲出席开展仪式并参观展览。省领导乌兰、胡衡华、张剑飞、朱忠明一同观展。该次成果展位于中电软件园总部大楼一楼，展馆面积近2000平方米，设工程机械与轨道交通装备、新一代信息技术、深海深地深空及新材料等4个展区，共129件展品，集中展示自创区建设5年来的部分重大创新成果。　（本栏撰稿　胡功明）

长株潭一体化建设

【概况】　2020年，长株潭三市30项合作事项稳步实施。合作事项纳入三市市委经济工作会议报告和政府工作报告，明确具体责任单位。下发《长株潭城市群一体化发展工作实施方案》，编制《2020年长株潭城市群一体化发展30项重点任务工作方案》，明确年度目标、工作任务、时间节点和保障措施，通过明确牵头单位责任、倒排任务工期、加快工作推进，确保长株潭城市群一体化发展30项重点合作实事全部完成年度目标任务。长株潭三市共同签署《长株潭城市群一体化保产业链供应链稳定战略合作框架协议》，推进长株潭产业链供应链稳定。《长株潭城市群公共资源交易市场一体化发展合作协议》《长株潭知识产权运用和保护合作协议》《长沙市雅礼中学对株洲雅实学校进行委托管理办学的合作协议书》等合作协议也在三市联合召开的新闻发布会上对全社会发布。

建立长株潭三市规划对接联合小组，对接湖南省《长株潭城市群国土空间规划》《长株潭区域一体化发展规划纲要》和湖南省“十四五”规划编制等，联合三市提出一批“十四五”重大政策、重大改革、重大项目清单，并上报国省相关部门。“三干两轨四连线”交通路网建设进展顺利，10月23日，洞株路、潭州大道、芙蓉大道快速化改造项目集中通车；长株潭轨道交通西环线项目建设加快推进；长株潭城际铁路升级改造实现“公交化”运营，三市城区内每个城轨站均有公交线路接驳，接驳率100%；潇湘大道—滨江路连接线项目通车运行；红旗路南延线、新韶山路—昭山大道、昭云大道—云峰大道加快推进。“十四五”国省干线公路规划建设项目库专门开辟长株潭一体化道路专栏，一体化项目全部上报入库。

研究制定《落实长株潭产业协同创新平台共享、重大关键共性技术联合攻关、工业品相互采购、新产品示范运营等“四清单”工作方案》，并发布第一批“四清单”名单。不断强化知识产权保护运用，三市在执法协作、调节咨询、宣传培训等方面开展交流合作。图书馆、文化馆、博物馆等80个公共文化场馆向市民免费开放，长沙财经学校等11个基地成为首批长株潭共建共享实训基地，51个首道门票免费景区名单发布，推出3条精品旅游线路，取消6个景点门票，降低3个景点门票或服务价格。长沙市优秀教育资源在株洲市、湘潭市合作办学。人社“一卡通”全面实现异地就医即时结算，社保关系即时转移，社会保障实体卡三市通办。长株潭“潇湘一卡通”使用范围进一步拓展。“移动支付第三城”有序推进。三市开展大气污染联防联控和水污染联防联治，共同守护好城市群绿心，共同维护一江碧水、一片蓝天，打造城市群绿色发展的全国标杆。

围绕长株潭三市未来共推共建的重点合作事项，编制确定长沙市《2021年推进长株潭区域一体化重点工作》《长株潭城市群一体化发展行动计划（2020—2021年）》《长株潭区域一体化发展政策清单》以及《长株潭区域一体化发展五年行动计划（2021—2025）重点建设项目清单》，将长株潭城市群一体化发展的相关事项转化为具体项目，明确实施主体、完成时限，有序推进。省、市主要媒体围绕长株潭城市群一体化均开设专栏进行组合报道，各级媒体推出的相关策划、宣传报道、转载转播近700余篇章，网络点击率500万余次。

【湖南省长株潭一体化“三干”项目集中通车】 2020年10月23日，长株潭一体化“三干”项目（即芙蓉大道、洞株路、潭州大道快速化改造项目）集中通车。芙蓉大道、洞株路、潭州大道的通行时间将由原来的1小时左右减少至半小时以内，长沙株洲湘潭“半小时交通圈”加速形成。芙蓉大道、洞株路、潭州大道快速化改造项目是推动长株潭一体化、打造“半小时交通圈”的重点骨干工程。项目采用在既有道路上通过交叉节点改造、主辅道分离、增设辅道、强化智能交通管理、畅通起终点等措施进行快速化建设，建设/改造总里程约86.1千米（长沙市45.45千米，株洲市13.98千米，湘潭市26.67千米），由长株潭三市按市域范围自行批复实施。项目自2019年7月开工，历时1年3个月全部建成。

【长株潭签署4项合作协议】 2020年9月27日，长株潭城市群一体化发展第二届联席会重点工作推进会在株洲召开，长株潭三市签署4个涉及一体化发展重点领域的合作协议，包括由长沙市公共资源交易中心牵头起草的《长株潭城市群公共资源交易市场一体化发展合作协议》、湘潭市发展改革委牵头起草的《长株潭城市群一体化保产业链供应链稳定战略合作框架协议》、长沙市知识产权局牵头起草的《长株潭知识产权运用和保护合作协议》、长沙市教育局牵头起草的《长沙市雅礼中学对株洲雅礼实验学校进行委托管理办学的合作协议》。

2020年10月23日，长株潭一体化“三干”项目集中通车。图为通车仪式现场

市发展改革委　供图

《长株潭城市群公共资源交易市场一体化发展合作协议》（以下简称《协议》）旨在推动长株潭公共资源交易市场一体化取得实际成效，增强三市市场主体获得感。《协议》按照3个共享（共享专家资源、共享信用资源、共享数据资源）、3个促进（促进电子保函应用、促进公共资源跨区域交易、促进CA跨区域互认）、3个统一（统一制度规则、统一服务标准、统一技术标准和数据规范）的发展规划，加快推进三市优势互补、平台互通、资源共享、规则统一，并着力推动常态化开展远程异地评标等9项合作事项。

根据《长株潭城市群一体化保产业链供应链稳定战略合作框架协议》，三市将建立“链长”工作机制，共商共认三市一体化主特产业链，由每条产业链龙头企业所在城市的市级领导为链长，每年年初共同研究共同推进事项。此外三市还将建立包括战略合作委员会、常态化链链融合发展推进平台、产业链供应链联合招商制度、鼓励产业配套协作优惠政策等。通过该《协议》，三市将以资源整合，信息共享为抓手，结成深度融合的战略合作伙伴关系。

根据《长株潭知识产权运用和保护合作协议》，三市将发挥各方优势和特色，打破地区保护，加强交流合作，推动知识产权运用和保护，规范市场经济秩序。合作内容包括开展三市跨区域案件联合执法，加强知识产权执法部门间案件线索移交与信息共享；共享调解组织和平台，分享知识产权纠纷调解经验；开展知识产权线上培训，加强培训资源和信息共享；开展定期交流与考察学习，提升企事业单位知识产权制度运用和保护能力水平。

根据《长沙雅礼中学与天元区合作办学协议》，该所合作创办的学校是独立法人资格的民办学校（含小学、初中、高中），性质为民办非营利，校址位于株洲市天元区湘水湾片区，凿石路与昆山路相交处西南地块（原南塘学校），总规划面积 15.33 公顷，学校名称暂定为“株洲雅实学校”。

【长沙市雨花区与株洲市石峰区、株洲经开区签署框架协议】 2020 年 12 月 22 日，长沙市雨花区、株洲市石峰区、株洲经开区签署框架协议，共同打造长株潭一体化样板区、高端服务业集聚区、创新开放自贸协同示范区、宜居宜游休闲度假区。三地均位于长株潭城市群核心区域，地理位置毗邻，发展理念相通，建设互补性和融合性较强。三地将在重点产业协作融合、城际交通便利互联、生态绿心保护发展、文旅康养合作发展、乡村振兴统筹推进等领域开展合作，构建沟通协调、合作共享、创新融合机制。该机制将发挥雨花区“一主一特”（新能源汽车及零配件、智能工业型机器人及传感器产业链）、石峰区轨道交通千亿元产业集群、株洲经开区人工智能和大数据产业的优势，以信息技术、人工智能为纽带，促进智能制造错位发展、相互补充，形成协同效应、聚集效应和规模效应。同时，加大绿心保护，在绿色基础设施建设、产业发展和民生改善等方面加大倾斜力，并整合优质资源，发展生态旅游、文化创意和健康服务业。此外，还规划环绿心地区轨道线建设，打通两地通行瓶颈；构筑互联互通的乡村道路网络，推进乡村道路“白改黑”升级改造；开通雨花区至石峰区，以及高铁南站—跳马石燕湖—方特—九朗山城际公交线路。

【长沙市发布首批长株潭城市群产业协同“四清单”】 2020 年 9 月 27 日，长沙市发布首批长株潭城市群产业协同“四清单”，内容包括开放共享创新平台清单、重大关键共性技术联合攻关清单、工业品相互采购清单、新产品示范运营清单。长株潭城市群产业协同“四清单”是《长株潭城市群一体化发展行动计划（2019—2020 年）》中明确的一项重要任务，由株洲市工信局牵头，联合长株潭三市工信、科技、财政、两型服务中心等单位共同提出推进。开放共享创新平台 128 家，重大关键共性技术联合公关 45 项，可相互采购工业品 318 种，可示范运营新产品 102 项。

（本栏撰稿　高　雅）

绿心生态保护

【概况】 2020 年，《长沙市 2020 年度绿心地区保护工作方案》出台，明确相关区（市）政府和市直单位年度绿心地区保护工作职责。对“天眼”监测土地使用变化情况核查认定，现场踏勘绿心地区建设项目，38 个符合条件的建设项目获省发改委批准准入。率先在长株潭绿心地区建立生态补偿机制，《长沙市绿心地区生态补偿机制创新》经中共湖南省委生态文明体制改革专项小组审定作为湖南省第四批生态文明改革创新案例典型经验在全省发布推广。协调市级财政下拨 2020 年绿心地区工业企业退出奖补资金 9258.5 万元，累计拨付市级财政奖补资金 3.16 亿元。完成绿心地区 2019 年度生态评估，协调市区两级财政下拨 2019 年度生态补偿资金 3907 万元，对绿心地区乡镇（街道）和群众进行系统补偿；争取省级生态补偿资金、绿心生态修复治理等“两型”专项资金 2680 万元，对申报的绿心地区 19 个民生项目给予资金支持。出台《长沙市绿心地区生态修复治理实施方案》，推进绿心地区生态修复治理。推进绿心保护标识智能化改造，开发长沙市生态绿心智能保护标志管理系统。

（陈泽宇）

【绿心整改】 2020 年，长沙市落实中央环保督察反馈绿心问题整改工作任务，压实整改责任，567 家工业企业 2019 年年底全面退出。用地处理成效显著，天心区 164.27 公顷用地处理实现突破，占总任务的 87%，雨花区 150.33 公顷用地处理取得进展，占总任务的 73%。

（陈泽宇）

【《长沙南部融城片区生态绿心保护与发展专项规划》公布】 2020 年 9 月，长沙市南部融城片区建设工作协调领导小组办公室组织编制的《长沙南部融城片区生态绿心保护与发展专项规划》（以下简称《绿心专项规划》）公布。《绿心专项规划》提出，要通过守底线、促生态保值，重提升、促生态提质，将片区打造为具有区域引领性的“两山”理念实践示范区，建设高品质的长株潭生态服务集群样板区，创建长株潭生态保护新机制改革创新实验区。《绿心专项规划》对绿心禁开区、永久基本农田、国家级生态公益林等法定刚性生态要素进行整合、梳理，要求从严管控建设行为。提出采用生态恢复、景观改造、生态项目、再生利用等策略，对 80 余处 146.67 公顷矿坑进行生态修复。构建“一江两湖两垸（湘江、冬瓜湖、天心湖、解放垸、南托垸）、五湖多廊多点”水系空间格局，河港达到水质功能的要求，总体稳定在地表Ⅳ类以上。提出采用“林地增量”与“林相改造”相结合的策略，实现增设林木面积约 333.33 公顷，改善洞株路、暮石路、跳马大道等重要交通沿线的林相品质，打造进出片区的优质景观带。提出以保护优先、生态服务为主线，通过生态公园的集群化、延伸生态产业链条、引导多类型文旅产品集合，打造长株潭大文旅片区，并重点布局生态公园、田园综合体、其他特色类三类产业项目。

（陈泽宇）

【雨花经开区被授予“国家绿色工业园区”称号】 2020 年 10 月 16 日，根据国家工业和信息化部发布的第五批绿色制造名单，雨花经开区被授予“国家绿色工业园区”称号，为湖南省获此荣誉的唯一省级工业园区。雨花经开区紧靠长株潭生态绿心，有 31 家企业退出绿心区域，关停并转企业 5 家，转型18家。从2017—2019年清洁能源占比均为100%；按照创建要求，水资源产出率引领值1500元/立方米，2019年，雨花区经开区这一占比为3726.08元/立方米；按照创建要求，水利用率引领值应达30%，雨花经开区水回用率超过90%。2019年，园区高新技术产业产值占工业总产值93%以上，绿色产业增加值占工业增加值的22%左右。（张文香）

“两型”建设

【概况】 2020年，长沙市着重在村庄、社区、学校和企业开展“两型”示范创建工作，被评为省级示范创建项目9家、清洁技术推广项目5家、专项奖补项目8个，培育市级“两型”示范创建项目29家，累计培育省、市级“两型”单位1085家。牵头推进老旧小区居民家庭餐厨油烟净化治理，按照市政府工作部署，完成2020年度油烟治理任务5.56万户，全市主城区老旧小区基本完成改造任务，被授予2020年“最美蓝天卫士”称号，在“蓝天保卫战”工作简报上刊发经验文章。为进一步确保项目质量和巩固治理效果，委托第三方检测机构和专家对2019年安装情况进行市级验收，对油烟净化设备质保期满后的维修保养等工作提出建议报市政府。（陈泽宇）

【清洁低碳技术推广】 2020年，根据省长株潭两型社会建设服务中心和省财政厅联合下发的《关于尽快开展2020年两型社会建设专项资金申报评审工作的通知》，长沙市申报5个清洁低碳技术推广试点项目，分别为：湖南东尤水汽能节能有限公司——直燃型溴化锂供冷供暖空调替代技术项目、湖南惟创环境科技有限公司——VFL（垂直流迷宫）工艺技术项目、湖南潇湘茶业有限公司——清洁化生产技术改造项目、湖南潇湘茶业有限公司——清洁化生产技术改造项目、长沙四丰农业开发有限公司——四丰有机茶叶生态种植及清洁加工清洁低碳技术推广示范项目。（胡功明）

【长沙市9家单位被评为省级“两型”示范创建项目】 2020年，省长株潭两型社会建设服务中心公布30个“两型”示范项目、30个“两型”创建项目，长沙市9家单位入选。“两型”示范项目：芙蓉区东岸街道东宜社区、天心区大托铺街道桂井村、开福区新河街道陈家湖社区、雨花区洞井街道丰园社区、望城区丁字湾街道石韵社区、望城区丁字湾街道金云村、长沙县新明村。“两型”创建项目：天心区城南路街道工农桥社区、宁乡市油麻田村。（胡功明）

【662台纯电动三轮垃圾分类收集车投入使用】 2020年12月24日，长沙市生活垃圾分类收集（小区）清运车交车仪式在中联重科环境产业有限公司举行，662台纯电动三轮垃圾分类收集车在全市投入使用。作为全国46个生活垃圾强制分类重点城市之一，2020年长沙基本建成生活垃圾分类处理体系，不断完善终端处理设施，并逐步增加专业运输车数量。为从源头进一步防止生活垃圾“先分后混、混装混运”的问题，长沙市城管执法局统一采购，为全市已实施生活垃圾分类的社区各配备1台小区清运车。垃圾分类收集小区清运车由长沙中联环境公司湖南分公司研制，颜色蓝白相间，全部统一样式、规格和标识符号，采用脚踏式快速装桶装置，可装载4个240升厨余垃圾桶及其他垃圾桶。此次完成车辆交接后，长沙市城管执法局将加强指导、督促，确保车辆投入使用、发挥效益，进一步完善垃圾分类收运环节。（陈泽宇）

【长沙市农村人居环境整治“美丽行动”】 2018年，长沙市启动农村人居环境整治三年行动（2018—2020年），开展治厕、治垃圾、治水、治房、治风“五治”行动。截至2020年年底，长沙市累计完成无害化厕所改造45万余座，卫生厕所覆盖率近100%；871个村推行生活垃圾分类减量工作，实现全域覆盖；新建乡镇污水处理厂14座、管网300千米、小微水体管护示范片区50个，在全省率先实现建制镇污水处理设施、行政村（社区）小微水体管护全覆盖；完成“多规合一”实用性村庄规划编制150个，拆除“空心房”2.7万余栋；各村（社区）红白理事会、道德评议会、村民议事会、禁毒禁赌协会及村规民约“四会一约”实现全覆盖。（陈泽宇）

2020年12月24日，长沙市生活垃圾分类收集（小区）清运车交车仪式在中联重科环境产业有限公司举行

市发展改革委　供图

【“两型”建设宣传】 2020年，市两型中心以长沙“两型社会”（资源节约型、环境友好型社会）建设13周年为主题，创新宣传引导方式、健全公众参与机制，“两型社会”和生态文明建设的影响力、参与度全面提升。举办“两型”宣传月、“两型”地铁宣传活动，依托“两型”地铁专列，滢湾镇文化墙、灯箱、视频等全面展示长沙“两型社会”建设成果，累计覆盖1080万人次。组织媒体宣传报道，在《湖南日报》上刊登“两型”建设专版文章，学习强国平台同步转载；组织多家中央、省、市媒体深度报道推介长沙“两型”工作亮点；结合“两型”地铁宣传活动，发布线上H5“两型”地铁专列，微信朋友圈投放“两型社会”建设13年长图，在腾讯大湘网设置“两型”专栏，曝光量1200万人次。搭建共建共享平台，培育“两型”宣教基地3家，支持“两型”公益合作项目4个，遴选“两型”公益宣讲员19名，面向基层开展“两型”宣讲101场，“两型”公益活动219场，投放“两型”公益广告570幅，直接带动约10万人参与“两型社会”建设，公众参与机制逐步完善。（陈泽宇）

南部融城片区建设

【概况】 长沙市南部融城片区地处长株潭三市交界处，规划范围为南三环以南，浏阳河—跳马镇行政边界以西，湘江以东（含兴马洲）的天心、雨花行政区域，总面积约294平方千米，其中80.6%为长株潭生态绿心，剩余可开发城镇建设用地约28平方千米。2020年，片区初步形成以总体规划为统领、以专项规划为支撑、以详细性规划为重点的“2+7+N”规划体系。专项规划有序编制，统筹部署七大专项规划，综合交通规划、绿心保护规划经市规委会审议通过，水系统规划、智慧城市规划形成成果。片区重新划定为10个控规单元，推进详细规划。跳马镇国土空间规划和禁、限开区村庄规划启动编制。

【项目建设】 2020年，长沙市南部融城片区基础设施建设累计完成投资59.74亿元。市政基础设施建设逐步加速，融城道路骨架逐步构建，洞株公路和芙蓉南路快改项目全线通车，中意路（新岭路—伊莱克斯大道）城市化改造（含综合管廊）工程项目一标段放开通车，伊莱克斯大道西延线全面拉通。公共配套建设逐步完善。城南（寺冲）220千伏变电站建成运行，结束长沙南城无220千伏变电站的历史。市七水厂通水运行，有效解决南城用水难题。起步区建设实质性启动，加速推进牛角塘城中村改造，截至2020年年底已完成征地拆迁34.2公顷。

【产业招商】 2020年，长沙市南部融城片区立足特色优势产业，加快新兴产业导入，促进产业转型升级。推进招商引资，全年引进项目140个，完成投资约48.3亿元。引进外部资金，天心区、雨花区积极谋划招商引资，全年片区引进外部资金约122.67亿元。

【牛角塘城中村改造】 2020年，牛角塘村城中村改造项目涉及区域以天心区南托街道牛角塘村为主，项目具体区域范围为：东至芙蓉南路、北至万家丽南路、南至黎塘路（规划中）、西至京广线，规划总面积680.73公顷。该项目是长株潭生态绿心地区第一个成片开发的城中村改造项目，也是全市第一个获得政策性贷款资金的城中村改造项目。2020年1—10月，牛角塘村城中村改造项目完成投资5.64亿元，完成率282%，累计完成投资9.66亿元。牛角塘村城中村改造项目一期中7宗土地及代征土地已有73.33公顷273户完成签约，签约率98.5%。

【伊莱克斯大道西延段工程建设】 长沙市伊莱克斯大道西延段工程西起湘江大道，东至中意三路，全长约1.573千米，规划路幅宽度46米，设计车速50千米/小时，为城市主干路，设计为双向6车道。工程包括道路、桥梁、护涵、排水一体化配套设施工程。2020年3月中旬，工程开始首联现浇连续梁砼浇筑；4月初，108根桩基完工；7月29日，首梁架设成功；9月24日桥梁合龙；12月31日，项目基本完工，具备全线通车条件。作为长株潭融城“六横八纵”战略部署的骨架路网之一，伊莱克斯大道西延段放开交通后，成为暮云片区首条贯穿东西的城市主干道。市民通过该道路从107国道向西可直达湘江南路，极大缓解暮云片区交通压力，方便周边市民出行。（本栏撰稿　陈泽宇）

2020年12月31日，伊莱克斯大道西延段基本完工，具备全线通车条件

市两型中心　供图

科学技术

SCIENCE AND TECHNOLOGY

编辑　刘盼盼

综　述

【概况】　2020 年，长沙市获国家各类科技奖 22 项，其中主持完成 13 项，国防科技大学获国家科技进步一等奖；有效高新技术企业总数 4142 家，较 2019 年增加 32.5%；全社会研发（R&D）经费投入总量预计达到 340 亿元，较 2019 年增加 7.6%，占 GDP 比重 2.8%；共完成技术合同认定登记 7203 份，合同成交额 336.7 亿元，较上年增长 43.98%；全市有 59 所高校，97 个独立科研机构，3 所高校入选“双一流大学”建设名单，12 个学科入选“双一流学科”名单；全市有 61 名两院院士，73 万余在校高校学生，市场主体逾 118 万家，高新技术人才净流入量稳居全国前列。在 2020 国家创新型城市评价中，长沙创新能力在 72 个国家创新型城市中继续排名第八位，稳居全国第一方阵。

创新创业载体建设　推进战略功能载体创建。长株潭国家自主创新示范区成为全国 3 个快速增长自创区之一。深入推动创新型城市建设，岳麓区获批实施建设省级创新型区。湘江新区获批国家级车联网先导区。争创国家新一代人工智能创新发展试验区。推动实施科技部“百城百园”行动。岳麓山国家大学科技城获批国家首批科技成果转化和技术转移示范基地，争创国家级大学科技园。马栏山视频文创产业园获批国家科技与文化融合示范基地。粤港澳科创产业园落户岳麓山大学科技城。科技创新平台建设。市级技术创新中心第一批出库评审 29 家并将择优立项。获批省部共建木本油料资源利用国家重点实验室，向省科技厅推荐科技创新平台项目 34 项。筹建新型研发机构。依托湖南大学、吉林大学等单位在新一代半导体、智慧新能源汽车等领域，推动组建 5 家新型研发机构；向省科技厅推荐备案新型研发机构 15 家。支持创业孵化平台发展。全年认定市级孵化器 5 家、众创空间 26 家；推荐省级孵化器 5 家、众创空间备案 21 家；已获批国家备案众创空间 8 家，推荐国家级科技企业孵化器 1 家。

创新发展　高新技术产业蓬勃发展。2020 年，长沙高新技术产业总产值增长 9.4%；高新技术产业增加值增长 10.5%。先进制造与自动化、新材料、电子信息、生物与新医药 4 个高新技术领域的 7 大产业集群已成为千亿元产业。强化高新技术企业梯队建设，新增入库科技型中小企业 2621 家，采用“大数据”等技术精准服务，持续推进“升高”工作。企业创新能力持续提升。疫情期间，对规上工业企业研发投入增量 5% 给予最高 50 万元研发奖补，2020 年度补贴企业 391 家，资金 5191 万元。对 2019 年认定的高新技术企业共计发放研发经费补贴 1.65 亿元。核心技术成果丰硕。飞腾 CPU、麒麟操作系统、国科微固态硬盘、景嘉微 GPU 等形成自主可控软硬件生态体系，金属基压敏芯片技术突破并量产，比亚迪 IGBT（绝缘栅双极型晶体管）项目开工建设，第三代双季杂交稻亩产突破 1500 千克。收集产业“卡脖子”技术问题 663 项。实施重大科技攻关。2020 年科技重大专项聚焦先进制造、信息技术、新材料等重点产业领域，以“三智一芯”为主攻方向，立项重大专项 62 项，资金 8150 万元。服务产业重大项目。长沙市 44 个省“五个 100”重大科技创新项目加速实施，全年完成投资 27.38 亿元，完成研发投入 9.31 亿元，项目销售收入 65.26 亿元。联系帮扶 2 个市重点项目和 4 个制造业高质量发展标志性项目。科技助力企业发展。推进“两型”产品认定工作，第一批认定 49 类 345 个产品，推荐 194 个产品申报第十批湖南省两型产品。向 76 家单位拨付省大型仪器设备共享补贴资金 244 万元。兑付 2019 年度长沙市科技创新券资金 179.1 万元。向 22 条产业链派驻 22 名工业科技特派员，新组建 5 家产业技术创新战略联盟。4 家科技服务业企业获评 2019 年市科技服务业龙头企业。

优化创新生态　科技财政投入稳步提升。市本级科学技术支出预算 24.81 亿元，市本级科技发展专项资金 5.05 亿元，争取省级以上资金超 6 亿元。创新人才加速集聚。新认定科技领军人才 29 名，长沙杰出创新青年 24 名。长沙市持有有效外国人来华工作许可证人数 468 人。全年立项海外专家引智项目 34 个，获批国家高端外国专家项目 10 个。联合共建长沙（洋湖）国际人才创新创业服务基地。举办 2020 年海归人才云聘会等人才活动。推动科技成果转化。设立市自然科学基金，每年安排 2000 万元专项资金支持前瞻性基础研究。制定《长沙市促进科技成果转化实施细则》，促进科技成果就地转化产业化。支持相关高校、园区组建技术转移转化基地，加大对技术交易相关主体和人员的奖励力度。新认定技术交易服务机构 19 家，增设一处技术合同认定登记点。全年下达技术交易奖励资金 2335.65 万元。举办科技成果对接活动 11 场，推动与中科院、上海交通大学、深圳清华大学研究院等研发机构深度合作。组织发动 505 家企业参加国家、省创新创业大赛，获国家优胜奖 13 个、省优胜奖以上 75 个。举办第 17 届大学生科技创新创业大赛。推进科技金融结合。新设科技金融专门机构，强化科技金融工作职能，举办银企对接会和签约仪式 2 场。长沙科技创新基金启动运作，一期投资 5000 万元，首批 2500 万资金完成募集并投资长沙 4 个项目 2300 万元。长沙市高新技术企业信贷风险补偿资金池累计为 102 家企业授信 2.24 亿元，市科服创新创业投资基金累计投资 2800 万元。制定《长沙市科技保险费补贴办法》，对补贴险种和补贴比例进行调整，2020 年补贴 300 万元。优化科技服务平台。长江中游城市群省会城市科技资源共享平台及科技服务机构共享子平台上线试运行，启动长沙市科技创新综合信息平台建设。

创新体制改革 优化科技管理机制。以新修的《长沙市科技项目管理办法》等规范性文件为依据，全面构建新的科技计划项目管理体系。科技发展资金配置进一步优化，全年支持企业经费和园区立项经费占比均为80%以上，部分项目资金直接下拨到企业，普惠性资金占比超半数。出台《长沙市科技项目科研诚信管理办法（暂行）》，加大科研失信惩戒力度。全年开展项目立项现场监督13批次，涉及项目2107个，集中验收科技项目1010项。完善政策保障体系。出台《大力推动制造业高质量发展之科技创新引领工程三年行动计划（2020—2022）》《长沙市技术创新中心认定和管理办法》《有效降低疫情影响支持企业提升创新能力的实施细则》等多个政策文件。

【科技政策体系】 2020年，长沙市推进科技体制机制建设。结合全面深化改革工作任务，统筹实施“深化科技改革”事项，推进长株潭自主创新示范区建设，全面梳理科技发展重点工作。公布《长沙市2020年科技工作要点》，推进成立长沙市软件与信息服务业专家咨询委员会，并组织召开委员会第一次会议。谋划打造具有核心竞争力的科技创新高地工作思路。推进营商环境建设，迎考全国营商环境评价，完成“包容普惠创新”指标科技部分的填报。根据市委、市政府精神，制定《关于落实〈关于支持长沙学院建成特色鲜明的高水平应用型地方大学的意见〉的实施细则》，支持长沙学院建设。梳理科技发展思路。撰写向市委、市政府汇报材料，起草经济运行情况、科技体制机制改革及创新体系建设情况等材料。总结归纳各项科技发展成果，整理科技发展思路。完成政府工作报告、省发展中心长株潭一体化、省科技厅科技体制改革等调研材料。梳理出台《长沙2020年科学技术发展报告》，整理编纂《长沙市志》《长沙年鉴》《地方志资料年报》《湖南科技年鉴》《〈2020年长沙市国民经济和社会发展报告〉部门篇——科学技术》等相关科技资料。

【培育科技创新创业人才】 2020年经过初审、考察、复审、评审等环节，经局党组研究讨论，并按照管理办法报市政府审定和公示，认定明德祥等29人为长沙市第八批创新创业领军人才。

【科技与金融融合】 2020年初，市科技局与长沙市风险投资管理有限公司合作发起设立的长沙科技创新基金—“长沙科服创新创业投资合伙企业（有限合伙）”开始运作。基金总规模3亿元，一期投资5000万元。2020年重新修订发布《长沙市科技保险费补贴办法》，对补贴险种和补贴比例进行调整，长沙市对高新技术企业投入的科技保险保费给予70%的补贴（最高20万元/年）。设立“长沙市高新技术企业信贷风险补偿资金池”，2020年新冠病毒疫情爆发后，先后发布《关于利用高新技术企业信贷风险补偿措施推动企业恢复生产的通知》《关于推进高新技术企业优惠信贷和风险补偿的通知》，发动各区县（市）科技局、园区科技管理系统收集高新技术企业的融资需求，帮助企业复工复产。截至2020年12月底，经过风补审核通过的贷款102家，授信22400.5万元，发放信用贷款20352.4万元。

【区域科技合作】 长沙市科技局受南昌市科技局委托，完成南昌市2020年科技计划软科学研究项目网络评审，评审项目14项，参评专家长沙专家6名。在2020年长沙市科技重大专项的立项评审中，长沙市科技局聘请武汉、南昌两地科技管理部门推荐的5位专家参与评审。2020年长沙市科技计划网络评审、自然科学基金网络评审中，聘请武汉、南昌、合肥的41名专家参与评审。

【国际科技合作】 2020年11月13日，国际产业创新领先技术项目路演对接会暨第18届中国国际人才交流大会长沙分会场活动举行，超过100名企业、高校、投融资机构代表现场参加活动，超过1万人次线上观看直播。活动前期，联合联合国际技术转移协作网络等机构在全球征集2400余个创新项目，并根据情况甄选12个项目进行线上路演，现场收集对接意向22个。同时借助中国国际人才交流大会平台，开展云聘会活动，组织91家长沙企业和高校参加线上招聘活动，签约入职8人。

【抗疫专项】 2020年2月7日，长沙市科技局向全社会发布新型冠状病毒感染的肺炎疫情应急专题项目申报指南。按照特殊时期“特事特办”有关要求，专题项目申报开启“绿色通道”，简化推荐程序。申报指南发布以后，收到医疗机构、高校、科技企业申报项目450个，经形式审查、专家评审等，安排680万元新冠病毒肺炎疫情应急专项资金，支持新冠肺炎基础科研、临床应用及科技攻关项目72个，多个项目成果在疫情防控中发挥积极作用。2月2日，长沙市科技局发布《关于新型冠状病毒肺炎疫情防控期间外国人来华工作许可相关工作的通知》，此通知是国家外国专家局“两证合一”之后，在行政许可办事流程、材料要求、办理时限及接受方式上的巨大突破，目的是响应国家防疫工作，保护好人民群众生命和身体健康。

【与上海交通大学签署全面合作协议】 2020年1月3日，长沙市政府与上海交通大学在长沙湘麓山庄签署全面合作协议。上海交通大学常务副校长丁奎岭、长沙市政府副市长邱继兴代表双方签订全面合作协议。根据协议，长沙市将与上海交通大学针对长沙22条工业新兴及优势产业链建设、岳麓山国家大学科技城建设、马栏山视频文创产业园建设等战略任务，围绕长沙科技成果转化、产教融合、人才引进、社会治理、基层党建等方面重大需求，服务上海交通大学“双一流”建设目标，促进上海交通大学科技成果转化，构建全面战略合作关系和长效合作机制，共同开展全方位、多领域、深层次合作。

【参加“湖南—香港城市大学深化合作推进会”】 2020年1月4日，“湖南—香港城市大学深化合作推进会”举行，长沙市政府副秘书长王体泽、长沙市科技局局长郭埗带领相关部门到香港城市大学深圳研究院参会，就进一步落实长沙与香港城市大学合作落地进行深入洽谈。座谈会上，长沙市科技局通报战略合作备忘录执行情况，各方讨论香港城市大学创新科技中心（长沙）建设方案，并就港城大项目落地长沙的支持方式、配套服务、优惠政策等内容初步达成共识。

（本栏撰稿　左　列）

表30　　2020年长沙科技重大专项（含滚动支持）一览表

单位：万元

序号	计划编号	项目名称	项目承担单位	推荐单位	立项年度	金额	备注
1	kq2006001	支持PCIe3.0的新一代高性能固态存储控制芯片研发及产业化	湖南国科微电子股份有限公司	国家级长沙经济技术开发区管委会	2017	100	
2	kq2006002	米面主食产业化共性关键技术研究与示范	湖南农业大学	湖南农业大学	2017	100	
3	kq2006003	基于北斗大数据云平台的交通基础设施实时监测预警系统关键技术研究	湖南联智桥隧技术有限公司	望城区科技局	2017	100	
4	kq2006004	煤矸石—粉煤灰—脱硫石膏—硅砂尾矿基新型建材关键制备技术及其工程示范	湖南博世科环保科技有限公司	长沙国家高新技术产业开发区管委会	2017	100	
5	kq2006005	城市防涝排渍网格化管理信息平台的研发及推广示范	华自科技股份有限公司	长沙国家高新技术产业开发区管委会	2017	100	
6	kq2006006	智能型混凝土喷射装备研制	中国铁建重工集团有限公司	国家级长沙经济技术开发区管委会	2017	100	
7	kq2006007	高效耐磨矿山开采金刚石绳锯的研发	长沙百川超硬材料工具有限公司	宁乡市科技局	2017	100	
8	kq2006008	再生铜铝材制备高端电工产品研究与应用	湖南金龙国际铜业有限公司	望城区科技局	2017	200	其中100万元为2018年后补助资助资金
9	kq2006009	安全、环保、新型、高效微量元素饲料添加剂及畜禽养殖金属元素污染防治及循环综合利用的技术研发与产业化	长沙兴嘉生物工程股份有限公司	国家级浏阳经济技术开发区管委会	2017	200	其中100万元为2018年后补助资助资金
10	kq2006010	基于平衡理念的茶籽油精准创制与智能调控关键技术研究及产业化	湖南省美津园粮油食品有限公司	浏阳市科技局	2017	200	其中100万元为2018年后补助资助资金
11	kq2006011	无线多普勒胎心智能监护系统	中聚科技股份有限公司	长沙国家高新技术产业开发区管委会	2018	100	

续表 30

序号	计划编号	项目名称	项目承担单位	推荐单位	立项年度	金额	备注
12	kq2006012	焦化塔智能环保密闭除焦系统的研究	湖南万通科技股份有限公司	国家级长沙经济技术开发区管委会	2018	100	
13	kq2006013	基于增材制造的新概念仿生口腔种植体关键技术研究及应用示范	中南大学	中南大学	2018	100	
14	kq2006014	真空磁浮列车试验线项目	远大科技集团有限公司	国家级长沙经济技术开发区管委会	2018	100	
15	kq2006015	装配式建筑密封新材料研发及产业化项目	湖南柯盛新材料有限公司	国家级长沙经济技术开发区管委会	2018	100	
16	kq2006016	中药丸剂绿色智能制造关键技术集成示范研究	九芝堂股份有限公司	长沙国家高新技术产业开发区管委会	2018	100	
17	kq2006017	治疗骨性关节炎创新药物关键技术研究及产业化	湖南方盛制药股份有限公司	长沙国家高新技术产业开发区管委会	2018	100	
18	kq2006018	工地智能抑尘降尘成套技术研发及产业化	湖南九九智能环保股份有限公司	长沙国家高新技术产业开发区管委会	2018	100	
19	kq2006019	年产30吨高纯度天然甜味剂的技术创新及产业示范	湖南华诚生物资源股份有限公司	长沙国家高新技术产业开发区管委会	2018	100	
20	kq2006020	高效低耗智能化碾米装备关键技术研究及产业化	湖南省湘粮机械制造有限公司	国家级长沙经济技术开发区管委会	2018	100	
21	kq2006021	基于高效节能型高端发泡模具设备研究及产业化	长沙金镂机械科技有限公司	长沙县科技局	2018	100	
22	kq2006022	主要农作物种子活力及其保持技术研究与应用	袁隆平农业高科技股份有限公司	长沙高新技术产业开发区隆平高科技园管委会	2018	100	
23	kq2006023	新型装配式建筑外墙保温装饰一体化板研发及智能制造	筑友智造科技投资有限公司	开福区科技局	2018	100	
24	kq2006024	木本油料剩余物制备3D打印材料关键技术研究与示范	湖南省林业科学院	湖南省林业科学院	2018	100	
25	kq2006025	全印刷制备固态柔性石墨烯基超级电容器的关键技术研究与应用	湖南大学	湖南大学	2018	100	
26	kq2006026	镉污染稻田微生物萃取快速修复技术的推广与示范	湖南省农业生物技术研究中心	湖南省农业科学院	2018	100	

续表 30

序号	计划编号	项目名称	项目承担单位	推荐单位	立项年度	金额	备注
27	kq2006027	基于机器视觉的核燃料元件智能检测与定位装备开发	湖南大学	湖南大学	2018	100	
28	kq2006028	航空发动机用高性能压力传感器开发及应用	中南大学	中南大学	2018	100	
29	kq2006029	基于知识库和机器学习的大数据精准服务技术及其示范应用	湖南大学	湖南大学	2018	100	
30	kh2003001	5G 环境下可信智能视觉关键技术研究及应用	智慧眼科技股份有限公司	长沙国家高新技术产业开发区管委会	2020	150	
31	kh2003002	高性能嵌入式图形处理芯片研制及产业化	长沙景嘉微电子股份有限公司	长沙国家高新技术产业开发区管委会	2020	150	
32	kh2003003	全球首颗 12/14 纳米的北斗三号军民两用抗干扰高精度导航芯片研发及产业化	长沙海格北斗信息技术有限公司	长沙国家高新技术产业开发区管委会	2020	150	
33	kh2003004	遥感大数据 SAR 卫星关键技术及应用研究	长沙天仪空间科技研究院有限公司	长沙国家高新技术产业开发区管委会	2020	150	
34	kh2003005	面向智慧健康医疗的大数据分析平台及应用系统关键技术研究	湖南创星科技股份有限公司	长沙国家高新技术产业开发区管委会	2020	150	
35	kh2003006	智慧园区可控物联及智能服务关键技术研究与产业化	湖南华宽通科技股份有限公司	长沙国家高新技术产业开发区管委会	2020	150	
36	kh2003007	智慧型高压开关物联网技术应用研究与产业化	湖南长高高压开关有限公司	望城区科技局	2020	150	
37	kh2003008	猴头菌丝体及其制剂产业化与新药创制	湖南新汇制药股份有限公司	望城区科技局	2020	150	
38	kh2003009	新型小分子靶向药物托法替布原料药研发及产业化	湖南华纳大药厂手性药物有限公司	国家级望城经济技术开发区管委会	2020	150	
39	kh2003010	免电子媒介的微创 CGM（连续动态血糖监测）关键技术研究及产业化	三诺生物传感股份有限公司	长沙国家高新技术产业开发区管委会	2020	150	
40	kh2003011	智能辅助诊断仪器在新发和突发传染病防控中的应用	圣湘生物科技股份有限公司	长沙国家高新技术产业开发区管委会	2020	150	
41	kh2003012	高档优质杂交稻资源创制、新品种选育及产业链开发	湖南金健种业科技有限公司	长沙高新技术产业开发区隆平高科技园管委会	2020	150	
42	kh2003013	高镉、低值稻米高值化利用技术研究与产业化	中南林业科技大学	中南林业科技大学	2020	150	

续表 30

序号	计划编号	项目名称	项目承担单位	推荐单位	立项年度	金额	备注
43	kh2003014	金属粉末注射成形多孔载药镍钛合金血管支架的制造及研究	中南大学湘雅二医院	中南大学湘雅二医院	2020	150	
44	kh2003015	三相仿生套筒 ACL 重建移植物构建及其功能活性优化研究	中南大学湘雅医院	中南大学湘雅医院	2020	150	
45	kh2003016	激光 3D 打印钽金属医用植入体关键技术的研究和应用	中南大学湘雅医院	中南大学湘雅医院	2020	150	
46	kh2003017	7.0T 超高场脑谱核磁共振的研发及神经科学应用的研究	中南大学湘雅医院	中南大学湘雅医院	2020	150	
47	kh2003018	高导热油基中间相沥青碳纤维的研发及产业化	湖南大学	湖南大学	2020	150	
48	kh2003019	大型固体运载火箭发动机喷管用碳 / 碳喉衬材料制备关键技术	湖南博云新材料股份有限公司	长沙国家高新技术产业开发区管委会	2020	150	
49	kh2003020	冶金装备长寿命耐热铸钢研发及其产业化	湖南精量重工科技有限公司	宁乡市科技局	2020	150	
50	kh2003021	新一代高镍低钴化锂电池正极材料关键技术研发与产业化	湖南杉杉新能源有限公司	宁乡高新技术产业园区管理委员会	2020	150	
51	kh2003022	装配式建筑隔离型绿色节能饰面材料关键技术研究与产业化	湖南固特邦土木技术发展有限公司	长沙国家高新技术产业开发区管委会	2020	150	
52	kh2003023	4D 打印 AlON/AlN 陶瓷粉末及制品关键技术研究与应用	香港城市大学	香港城市大学	2020	150	
53	kh2003024	大型紧缩场测试系统研制与应用	湖南航天环宇通信科技股份有限公司	长沙国家高新技术产业开发区管委会	2020	150	
54	kh2003025	高端智能液压挖掘机关键技术研究及产业化	中联重科股份有限公司	中联重科股份有限公司	2020	150	
55	kh2003026	面向重大疫情的应急防控救护智能机器人	湖南大学	湖南大学	2020	150	
56	kh2003027	地下无人矿山关键技术及装备研发	湖南创远高新机械有限责任公司	长沙国家高新技术产业开发区管委会	2020	150	
57	kh2003028	新一代智能居家健康服务机器人关键技术研究与应用	湖南超能机器人技术有限公司	开福区科技局	2020	150	
58	kh2003029	高效精密磨削抛光关键技术研究及其应用	宇环数控机床股份有限公司	浏阳高新技术产业开发区管委会	2020	150	

续表 30

序号	计划编号	项目名称	项目承担单位	推荐单位	立项年度	金额	备注
59	kh2003030	新一代 LKJ 列车运行控制系统关键技术研究及产业化	湖南中车时代通信信号有限公司	国家级长沙经济技术开发区管委会	2020	150	
60	kh2003031	重型卡车整车集成和整车控制器关键技术研究和产业化	三一集团有限公司	国家级长沙经济技术开发区管委会	2020	150	
61	kq2011001	自主无人系统智能导航与测姿关键技术研究和产业化	长沙学院	长沙学院	2020	150	
62	kq2011002	长沙段湘江古镇群数字化重建技术与网络虚拟旅游的产业化实现	长沙学院	长沙学院	2020	150	

（资料来源：市科技局）

表 31 2020 年长沙市科技创新创业领军人才一览表

序号	姓名	申报单位
1	明德祥	湖南矩阵电子科技有限公司
2	曾建国	湖南美可达生物资源股份有限公司 / 湖南农业大学
3	周丰良	爱威科技股份有限公司
4	杨　峰	长沙天仪空间科技研究院有限公司
5	梁　威	长沙博为软件技术股份有限公司
6	孙赛武	湖南大麓科技有限公司
7	程泽能	湖南慧泽生物医药科技有限公司 / 中南大学
8	丁劲松	长沙晶易医药科技有限公司 / 中南大学
9	周立波	湖南环球信士科技有限公司
10	杨国庆	湖南融创微电子有限公司
11	陈江波	湖南孝文电子科技有限公司
12	张宝堂	湖南绿蔓生物科技股份有限公司
13	陈练兵	湖南长信畅中科技股份有限公司
14	黄凯兵	长沙乐远化工科技有限公司 / 湖南大学
15	胡祥龙	湖南顶立科技有限公司
16	李慧源	长沙金域医学检验实验室有限公司
17	罗继全	三诺生物传感股份有限公司
18	任会礼	中联重科股份有限公司
19	蒋剑虹	中机国际工程设计研究院有限责任公司

续表 31

序号	姓名	申报单位
20	李绍斌	长缆电工科技股份有限公司
21	范　律	威胜信息技术股份有限公司
22	黄承焕	湖南长远锂科股份有限公司
23	蒋国民	赛恩斯环保股份有限公司
24	郑自儒	湖南航天磁电有限责任公司
25	刘寿兵	湘江涂料科技有限公司
26	余　鹏	长沙都正生物科技有限责任公司／中南大学
27	刘自逵	湖南加农正和生物技术有限公司／湖南农业大学
28	吴得轶	湖南红太阳光电科技有限公司
29	高　狄	长沙长泰机器人有限公司

（资料来源：市科技局）

科技平台

【技术研发平台】　2020年，长沙市有国家级重点实验室11家，工程技术研究中心14家，工程研究中心（工程实验室）15家，企业技术中心26家，临床医学研究中心3家；省部共建重点实验室2家，工程研究中心（工程实验室）23家；省级重点实验室238家，工程技术研究中心259家，工程研究中心（工程实验室）140家，企业技术中心114家，临床医学研究中心57家；市级工程技术研究中心194家，企业技术中心378家，市级技术创新中心26家。通过持续支持，长沙科技创新研发平台已形成一定规模，总量已近1500家。2020年，湖南省林业科学院“省部共建木本油料资源利用国家重点实验室”获批省部共建重点实验室；湖南农业大学“水稻逆境生物学湖南省重点实验室”等23个科技平台获批省级重点实验室，湖南汇湘轩生物科技股份有限公司“湖南省调味料绿色制造工程技术研究中心”等15个科技平台获批省级工程技术研究中心，中南大学湘雅二医院“湖南省医学影像临床医学研究中心”等10个科技平台获批省级临床医学研究中心，长沙市第一医院“湖南省呼吸道传染性疾病临床医疗技术示范基地”等4个平台获批湖南省临床医疗技术示范基地，共计新增52家省级科技研发平台。

【企业孵化平台】　2020年，长沙市科技企业孵化器、众创空间建设持续推进，曾氏企业创业园申报国家级科技企业孵化器，获科技部认定。柳枝行动众创空间、草莓V视众创空间、企业广场·众创新城等8家众创空间获得科技部备案。中南大学科技园（研发）总部孵化器、湖南麓谷信息港科技企业孵化器、湖南省检验检测特色产业园孵化器、长沙九天银河产业园科技孵化器等4家孵化器，长沙高新区中关村湘军创业园、中国五矿麓山科创园众创空间、湖南农业大学大学生创新创业众创空间等21家众创空间获得湖南省科技厅认定。五矿有色科技企业孵化器、湖南中德科技孵化器、浏阳两型产业科技企业孵化器、智汇开福·湘域创新创业基地、58小镇5家孵化器，亿达汇智众创空间、湖南北卡国际创新中心、湖南雨花非遗众创空间、五矿·旷物光廊青年手艺创客空间、海外人士外贸产业（长沙）基地等26家众创空间通过评审和考察，获长沙市科技局认定。2020年长沙市科技企业孵化器和众创空间210家。长沙市有经认定的科技企业孵化器51家，其中国家级科技企业孵化器15家，省级科技企业孵化器20家，市级科技企业孵化器16家。有经认定（备案）的众创空间159家，其中国家备案众创空间31家，省级认定众创空间67家，市级认定众创空间61家。

【新型研发机构】　2020年，由市科技局牵头，联合湖南大学、吉林大学、湖南农业大学和湖南华腾制药有限公司，开展“湖南大学·长沙半导体技术与应用创新研究院”“吉林大学·长沙智慧新能源汽车创新研究院”“湖南农业大学·长沙现代食品创新研究院”“长沙创新药物工业技术研究院”4个新型研发机构的筹建工作，市政府已召开市长办公会，原则同意组建。长沙经批准建设的新型研发机构8家。　　（本栏撰稿　左　列）

表 32　　2020 年新增市级以上科技创新平台一览表

序号	平台名称	依托单位	平台类型
1	长沙市新型装配式建筑技术创新中心	湖南建工集团有限公司	市级技术创新中心
2	长沙市高盐有机废水综合治理及资源化利用技术创新中心	中蓝长化工程科技有限公司	市级技术创新中心
3	长沙市智能 AI 环卫机器人技术创新中心	长沙中联重科环境产业有限公司	市级技术创新中心
4	长沙市汽车摩擦材料技术创新中心	湖南博云汽车制动材料有限公司	市级技术创新中心
5	长沙市智能交通技术创新中心	湖南省交通科学研究院有限公司	市级技术创新中心
6	长沙市有色金属尾矿资源综合利用工程技术创新中心	湖南有色金属研究院	市级技术创新中心
7	长沙市智能矿山技术创新中心	长沙迪迈数码科技股份有限公司	市级技术创新中心
8	长沙市数据中心冷却节能技术创新中心	长沙麦融高科股份有限公司	市级技术创新中心
9	长沙市先进锂电材料技术创新中心	金驰能源材料有限公司	市级技术创新中心
10	长沙市绿色表面活性剂技术创新中心	湖南丽臣奥威实业有限公司	市级技术创新中心
11	长沙市散料装备智能制造技术创新中心	湖南长重机器股份有限公司	市级技术创新中心
12	长沙市餐厨垃圾处理技术创新中心	湖南北控威保特环境科技股份有限公司	市级技术创新中心
13	长沙市轨道交通通信信号系统技术创新中心	湖南中车时代通信信号有限公司	市级技术创新中心
14	长沙市应急排水抢险设备技术创新中心	长沙迪沃机械科技有限公司	市级技术创新中心
15	长沙市特种防护涂料技术创新中心	湖南航天三丰科工有限公司	市级技术创新中心
16	长沙市中高压大功率变频软起技术创新中心	长沙奥托自动化技术有限公司	市级技术创新中心
17	长沙市能源智慧运营技术创新中心	五凌电力有限公司	市级技术创新中心
18	长沙市药食两用资源高效提取及综合开发利用技术创新中心	绿之韵生物工程集团有限公司	市级技术创新中心
19	长沙市建筑固废资源化利用技术创新中心	湖南云中再生科技股份有限公司	市级技术创新中心
20	长沙市飞机起落架系统技术创新中心	中航飞机起落架有限责任公司	市级技术创新中心
21	长沙市有机废弃物基料化技术创新中心	湖南省湘晖农业技术开发有限公司	市级技术创新中心
22	长沙市电力物联网技术创新中心	威胜信息技术股份有限公司	市级技术创新中心
23	长沙市金融终端设备技术创新中心	湖南长城信息金融设备有限责任公司	市级技术创新中心
24	长沙市空气治理技术创新中心	航天凯天环保科技股份有限公司	市级技术创新中心
25	长沙市高空作业平台技术创新中心	湖南星邦智能装备股份有限公司	市级技术创新中心
26	长沙市高精密减速器技术创新中心	万鑫精工（湖南）有限公司	市级技术创新中心
27	水稻逆境生物学湖南省重点实验室	湖南农业大学	省级重点实验室
28	基因诊断技术湖南省重点实验室	圣湘生物科技股份有限公司	省级重点实验室
29	有色金属增值冶金湖南省重点实验室	中南大学	省级重点实验室
30	轨道交通工程结构防灾减灾湖南省重点实验室	中南大学	省级重点实验室

续表 32

序号	平台名称	依托单位	平台类型
31	高端智能装备关键部件湖南省重点实验室	湖南大学	省级重点实验室
32	高性能智能传感器及检测系统湖南省重点实验室	中国电子科技集团公司第四十八研究所	省级重点实验室
33	丘陵地区城乡人居环境科学湖南省重点实验室	湖南大学	省级重点实验室
34	纳米光子学与器件湖南省重点实验室	中南大学	省级重点实验室
35	应急管理智能决策技术湖南省重点实验室	湖南大学	省级重点实验室
36	智慧教育湖南省重点实验室	湖南新云网科技有限公司	省级重点实验室
37	媒体融合内容感知与安全湖南省重点实验室	湖南日报社	省级重点实验室
38	肿瘤代谢湖南省重点实验室	湖南省肿瘤医院	省级重点实验室
39	衰老生物学湖南省重点实验室	中南大学湘雅医院	省级重点实验室
40	器官纤维化湖南省重点实验室	中南大学	省级重点实验室
41	慢病诊疗小分子药物发现与转化湖南省重点实验室	中南大学	省级重点实验室
42	抑郁类疾病中医药防治湖南省重点实验室	湖南中医药大学	湖南省重点实验室
43	新型纳米光电信息材料与器件湖南省重点实验室	中国人民解放军国防科技大学	湖南省重点实验室
44	高能量物理及应用湖南省重点实验室	湖南大学	湖南省重点实验室
45	分析数学及其应用湖南省重点实验室	中南大学	湖南省重点实验室
46	科技考古与文物保护利用湖南省重点实验室	湖南省文物考古研究所、湖南省博物馆	湖南省重点实验室
47	湖南省调味料绿色制造工程技术研究中心	湖南汇湘轩生物科技股份有限公司	省级工程技术研究中心
48	湖南省眼视光工程技术研究中心	爱尔眼科医院集团股份有限公司	省级工程技术研究中心
49	湖南省天然甜素工程技术研究中心	湖南华诚生物资源股份有限公司	省级工程技术研究中心
50	湖南省地质新能源勘探开发工程技术研究中心	湖南省煤炭地质勘查院	省级工程技术研究中心
51	湖南省退役电池梯次利用工程技术研究中心	长沙矿冶研究院有限责任公司	省级工程技术研究中心
52	湖南省智能环境感知与信息处理系统工程技术研究中心	长沙景嘉微电子股份有限公司	省级工程技术研究中心
53	湖南省密码工程技术研究中心	长沙中安密码检测有限公司	省级工程技术研究中心
54	湖南省变频电量智能测试与计量工程技术研究中心	湖南银河电气有限公司	省级工程技术研究中心
55	湖南省高端电磁能装备工程技术研究中心	通达电磁能股份有限公司	省级工程技术研究中心
56	湖南省鞭炮烟花智能制造与安全环保工程技术研究中心	浏阳市华冠出口花炮集团有限公司	省级工程技术研究中心

续表 32

序号	平台名称	依托单位	平台类型
57	湖南省高效精密硬质合金工模具工程技术研究中心	湖南博云东方粉末冶金有限公司	省级工程技术研究中心
58	湖南省工程机械涂料工程技术研究中心	湘江涂料科技有限公司	省级工程技术研究中心
59	湖南省医学影像临床医学研究中心	中南大学湘雅二医院	省级临床医学研究中心
60	湖南省儿童肝病临床医学研究中心	湖南省儿童医院	省级临床医学研究中心
61	湖南省甲状腺疾病临床医学研究中心	中南大学湘雅医院	省级临床医学研究中心
62	湖南省重症医学临床医学研究中心	中南大学湘雅医院	省级临床医学研究中心
63	湖南省食管肿瘤精准诊疗临床医学研究中心	湖南省肿瘤医院	省级临床医学研究中心
64	湖南省肾脏肿瘤临床医学研究中心	湖南省肿瘤医院	省级临床医学研究中心
65	湖南省心力衰竭临床医学研究中心	湖南省人民医院（湖南师范大学附属第一医院）	省级临床医学研究中心
66	湖南省母胎医学及高危妊娠孕产妇救治临床医学研究中心	湖南省妇幼保健院	省级临床医学研究中心
67	湖南省普外智能医疗临床医学研究中心	中南大学湘雅二医院	省级临床医学研究中心
68	湖南省中医骨伤临床医学研究中心	湖南中医药大学第二附属医院	省级临床医学研究中心
69	湖南省性与生殖健康中医临床医学研究中心	湖南中医药大学第一附属医院	省级临床医学研究中心
70	湖南省呼吸道传染性疾病临床医疗技术示范基地	长沙市第一医院	省级临床医疗技术示范基地
71	湖南省辅助生殖与再生医学临床医疗技术示范基地	长沙市妇幼保健院	省级临床医疗技术示范基地
72	湖南省心肌损伤应急处置临床医疗技术示范基地	湖南医药学院第一附属医院	省级临床医疗技术示范基地
73	湖南省骨科疾病中西医结合治疗临床医疗技术示范基地	长沙市中医医院（长沙市第八医院）	省级临床医疗技术示范基地

（资料来源：市科技局）

表 33　　2020 年长沙市科技企业孵化器一览表

序号	单位名称	级别
1	长沙高新技术产业开发区创业服务中心	国家级
2	长沙新技术创业服务中心	国家级
3	湖南岳麓山国家大学科技园创业服务中心	国家级
4	浏阳经济技术开发区产业化服务中心	国家级
5	湖南麓谷科技孵化器有限公司	国家级
6	湖南广发隆平高科技园创业服务有限公司	国家级
7	长沙湘能科技企业孵化器有限公司	国家级

续表 33

序号	单位名称	级别
8	湖南妙盛企业孵化港有限公司	国家级
9	湖南长海科技创业服务有限公司	国家级
10	长沙黄金创业园置业有限公司	国家级
11	长沙中电软件园有限公司	国家级
12	长沙软件园有限公司	国家级
13	湖南豪丹科技园创业服务有限公司	国家级
14	湖南三一众创孵化器有限公司	国家级
15	湖南省曾氏企业有限公司	国家级
16	湖南大学科技园有限公司	省级
17	长沙高新开发区橡树园企业创业服务有限公司	省级
18	长沙恩吉创业服务有限公司	省级
19	宁乡经济技术开发区创业服务中心	省级
20	湖南麓谷国际医疗器械产业园有限公司	省级
21	湖南省大中专学校学生信息咨询与就业指导中心	省级
22	浏阳高新科创服务有限公司	省级
23	岳麓高新技术产业开发区管理委员会	省级
24	湖南新长海科技产业发展有限公司	省级
25	湖南金丹科技投资有限公司	省级
26	湖南山河生物医学技术孵化中心	省级
27	长沙广发隆平标准厂房开发有限公司	省级
28	长沙启迪科技孵化器有限公司	省级
29	湖南汇智科技孵化器有限公司	省级
30	长沙金达创意文化产业发展有限公司	省级
31	湖南西湖双创孵化基地有限公司	省级
32	中南大学科技园（湖南）发展有限公司	省级
33	湖南麓谷信息港开发有限公司	省级
34	湖南慧谷实业有限责任公司	省级
35	长沙市云海通讯设备有限公司	省级
36	长沙经济技术开发区和祥科技园	市级
37	长沙东湖高新投资有限公司	市级
38	湖南环保科技产业园开发建设投资有限责任公司	市级
39	德邦（湖南）生物科技有限公司	市级

续表 33

序号	单位名称	级别
40	长沙夏铎铺建设开发有限公司	市级
41	湖南金荣生产力促进中心有限公司	市级
42	湖南金贝基业集团有限公司	市级
43	湖南五八科创有限公司	市级
44	湖南同天投资管理有限公司	市级
45	长沙中关村湘军创业服务有限公司	市级
46	国科高精科技集团有限公司	市级
47	湖南有色中央研究院有限公司	市级
48	湖南中德科技孵化器有限公司	市级
49	浏阳市广宇建设投资开发有限公司	市级
50	湖南国科启航科技发展有限公司	市级
51	湖南五八科创有限公司	市级

（资料来源：市科技局）

表 34　2020 年长沙市众创空间一览表

序号	众创空间名称	运营主体名称	级别
1	三湘汇	湖南三一众创孵化器有限公司	国家级
2	麓谷创界众创空间	长沙高新技术产业开发区创业服务中心	国家级
3	湖南影像创客空间	湖南弗彗影像文化传媒有限公司	国家级
4	湘能智能电力创客空间	长沙湘能科技企业孵化器有限公司	国家级
5	设计引擎	湖南省工业设计协会	国家级
6	中电云创空间	长沙中电软件园有限公司	国家级
7	中南大学学生创新创业指导中心	中南大学	国家级
8	梅溪湖九合众创	湖南九合创造商业管理有限公司	国家级
9	麓客众创	湖南枫树创业服务孵化有限公司	国家级
10	麓风创咖	长沙金创创业服务有限公司	国家级
11	优创星空间	湖南广发隆平高科技园创业服务有限公司	国家级
12	湖南麓谷众创空间	湖南曾氏生物医药孵化器有限公司	国家级
13	“机会”创空间	长沙生产力促进中心	国家级
14	阿里云创客＋众创空间	湖南融港信息科技有限公司	国家级
15	魅创	长沙黄金创业园置业有限公司	国家级
16	君定众创空间	君定文化传播有限公司	国家级

续表 34

序号	众创空间名称	运营主体名称	级别
17	湖南商学院众创空间	湖南商学院	国家级
18	58 众创空间	湖南五八小镇产业发展有限公司	国家级
19	生物医药众创空间	浏阳经济技术开发区产业化服务中心	国家级
20	五矿有色众创空间	湖南有色中央研究院有限公司	国家级
21	启迪之星（长沙）	长沙启迪科技孵化器有限公司	国家级
22	新长海创客总部	湖南长海科技创业服务有限公司	国家级
23	菁芒众创空间	湖南卡拉赞信息科技有限公司	国家级
24	柳枝行动众创空间	长沙麓谷高新移动互联网创业投资有限公司	国家级
25	草莓 V 视众创空间	湖南智创视通企业管理运营有限公司	国家级
26	企业广场·众创新城	湖南汇智科技孵化器有限公司	国家级
27	长沙理工大学大学生创新创业园	长沙理工大学	国家级
28	智造创客学院	湖南机电职业技术学院	国家级
29	睿空间	浏阳高新科创服务有限公司	国家级
30	百度（长沙）创新中心	湖南百创信息科技有限公司	国家级
31	智慧浏阳河文化创意孵化中心	浏阳市文化产业园管理委员会	国家级
32	“创谷众创空间”孵化平台	长沙广告产业园管理委员会	省级
33	菜园财信众创空间	湖南财政经济学院	省级
34	蓝月谷众创空间	宁乡经济技术开发区创业服务中心	省级
35	湖南省残疾人创业孵化基地	湖南省残疾人劳动就业服务中心	省级
36	远大 P8（噼啪）星球众创空间	长沙噼啪星球文化传媒有限公司	省级
37	新世界夸克仓库原创设计创客空间	长沙拼图商业管理有限公司	省级
38	八戒湖南文创 O2O 众创空间	湖南西湖双创孵化基地有限公司	省级
39	西班国际跨境电子商务大学生创业孵化空间	湖南西班优生活电子商务有限公司	省级
40	D1 设计工场	湖南南庭投资有限公司	省级
41	新大众创	湖南恒诚伟业众创孵化器有限公司	省级
42	星车都专用汽车众创平台	湖南星通汽车制造有限公司	省级
43	书院九号众创空间	湖南书乡文创工业设计有限公司	省级
44	浏阳国际智能家居众创空间	湖南万士吉商业运营有限公司	省级
45	融点空间	湖南融点空间平台服务有限公司	省级
46	大汉金桥创客大学	湖南百家汇投资有限公司	省级
47	凌云志众创空间	湖南豪丹科技园创业服务有限公司	省级

续表 34

序号	众创空间名称	运营主体名称	级别
48	易·创大学生众创空间	湖南嘉德投资置业有限公司	省级
49	2025 智造工场	长沙智能制造研究总院有限公司	省级
50	蓝鹰众创空间	长沙航空职业技术学院	省级
51	麓山创新工坊	长沙智能机器人研究院有限公司	省级
52	阿里巴巴创新中心长沙高新基地	湖南维迪亚科技有限公司	省级
53	湖大科技工场	湖南大学科技园有限公司	省级
54	长沙集成电路设计产业化基地	长沙经济技术开发区投资控股有限公司	省级
55	湖南健康产业国际创新中心	大国传奇（湖南）健康产业投资有限公司	省级
56	中南林业科技大学大学生创业中心	中南林业科技大学	省级
57	飞马旅 & 德思勤创业基地	长沙飞旅德投企业管理有限公司	省级
58	湖南财政经济学院众创空间	湖南财政经济学院	省级
59	弘德视媒体创智空间	湖南弘德视媒体创业服务有限公司	省级
60	国家超级计算长沙中心众创空间	湖南大学	省级
61	芒果视频文创园	湖南芒果视界传媒有限公司	省级
62	湖南师范大学大学生创新创业孵化基地	湖南师范大学	省级
63	国科开福创新创业基地	国科高精科技集团有限公司	省级
64	马栏山视频文创产业园创智园	湖南马栏山商业管理有限公司	省级
65	长沙中电软件园云孵化平台	长沙中青云图企业管理有限公司	省级
66	创客周末	湖南职予者文化传播有限公司	省级
67	木本粮油众创空间	湖南省林业科学院	省级
68	58 小镇	湖南五八科创有限公司	省级
69	宝成众创空间	湖南宝成电商科技有限公司	省级
70	红辣椒众创空间	湖南省红辣椒旅游科技发展股份有限公司	省级
71	矿冶园创新中心	湖南中矿智园信息科技有限责任公司	省级
72	斗腐倌众创空间	湖南斗腐倌品牌运营管理有限公司	省级
73	雪峰社交电商孵化平台	长沙云珏网络科技有限公司	省级
74	湘江新区科创服务中心	长沙岳麓山国家大学科技城建设投资有限公司	省级
75	银河创新中心	长沙银河众创科技信息有限公司	省级
76	湘丰智能装备众创空间	长沙湘丰智能装备股份有限公司	省级
77	集拓众创	湖南集拓科技股份有限公司	省级
78	长沙高新区中关村湘军创业园	长沙中关村湘军创业服务有限公司	省级

续表 34

序号	众创空间名称	运营主体名称	级别
79	中国五矿麓山科创园众创空间	长沙矿冶研究院有限责任公司	省级
80	湖南农业大学大学生创新创业众创空间	湖南农业大学	省级
81	长沙人力资源创新中心	长沙创客加速企业管理有限公司	省级
82	开福区军民融合众创空间	湖南喜韵隆高端科技集群孵化有限公司	省级
83	山河医药健康产业园众创空间	湖南山河生物医学技术孵化中心（有限合伙）	省级
84	湘商创业园	湖南商务职业技术学院	省级
85	湖湘精英会创新中心	湖南省湖湘精英会企业管理顾问有限公司	省级
86	湖南省海峡两岸青年创新创业基地	芙蓉区两岸青年文化产业孵化基地	省级
87	V 谷众创	湖南喜安居商业管理有限公司	省级
88	五矿二十三冶创业创新中心	五矿二十三冶建设集团有限公司	省级
89	绿色湘军众创空间	湖南三分地环保信息科技有限公司	省级
90	岳麓智客众创空间	湖南麓客企业管理咨询企业（普通合伙）	省级
91	筑梦之星众创空间	长沙市毫米创业服务有限公司	省级
92	长沙君竹众创空间	长沙市君竹创业服务有限公司	省级
93	湘雅健康护理协同创新中心	湖南平方米孵化器管理有限公司	省级
94	湖南省大学科技产业园云起众创	湖南省潇湘高等学校知识产权有限公司	省级
95	马栏山视频文创产业园・弗彗谷	湖南弗彗谷传媒有限公司	省级
96	后湖国际青年创业合作中心	湖南麓山国际贸易有限公司	省级
97	辉章众创空间	湖南辉章农牧科技股份有限公司	省级
98	半边天创新创业园	长沙半边天创新创业园管理有限公司	省级
99	“北斗 +”众创空间集群	湖南省导航仪器工程研究中心有限公司 长沙北斗产业安全技术研究院有限公司	市级
100	湖南中医药大学大学生创新创业孵化基地	湖南中医药大学	市级
101	鹏翔星通众创空间	湖南鹏翔星通汽车有限公司	市级
102	麓谷创咖啡・创空间	湖南天合众创创业服务有限公司	市级
103	中健众创空间	湖南中健众创创业服务股份有限公司	市级
104	湖南省电子商务创新创业孵化基地	湖南省商务人才交流中心	市级
105	湘君众创空间	湖南和湘君行咨询有限公司	市级
106	都客众创空间	湖南都客创业服务有限公司	市级
107	丰兴机械电子产业园众创空间	湖南丰兴实业有限公司	市级
108	湘商众创空间	湖南湘商众创企业管理有限公司	市级

续表 34

序号	众创空间名称	运营主体名称	级别
109	万科教育众创	长沙市万科商业管理有限公司	市级
110	思洋电商创客空间	湖南思洋信息技术有限公司	市级
111	宁乡圆梦众创空间	宁乡圆梦众创空间创业服务有限公司	市级
112	浏阳市易达众创空间	浏阳易达众创智能科技有限公司	市级
113	星火众创空间	长沙建农生物科技有限公司	市级
114	汇博体育智库	湖南掌播体育科技有限公司	市级
115	慧润乡村旅游创客示范基地	湖南慧润农业科技有限公司	市级
116	SEEDER 众创空间	湖南先导电子陶瓷科技产业园发展有限公司	市级
117	五矿·麓谷科技产业园众创空间	湖南金拓置业有限公司	市级
118	薪火众创空间	湖南薪火信息技术有限公司	市级
119	云图众创空间	长沙云图孵化器有限公司	市级
120	小火炬众创空间	湖南小火巨创业服务有限公司	市级
121	创富港众创空间旺德府中心	长沙鑫港商务服务有限公司	市级
122	邦和众创	湖南邦和企业孵化器有限公司	市级
123	南梦宫众创空间	长沙南梦宫物联科技有限公司	市级
124	恰到好处众创空间	湖南省恰到好处创业服务有限公司	市级
125	弘高车世界众创空间	湖南多力物业经营管理有限公司	市级
126	百川汇智慧商贸电商众创空间	湖南百川汇供应链管理有限公司	市级
127	智汇开福·湘域创新创业基地	湖南国科启航科技发展有限公司	市级
128	映客众创空间	湖南蜜莱坞网络信息有限公司	市级
129	COFOLAND 海梦岛创新社区	湖南领众信息科技发展有限公司	市级
130	锦绣潇湘库可咖啡文创空间	长沙市库可创客文化发展有限公司	市级
131	湾田国际双创中心	长沙港湾置业有限公司	市级
132	中和大汉健康城中医药众创空间	湖南中和大汉健康产业运营管理有限公司	市级
133	世和众创空间	湖南拓盛科技发展有限公司	市级
134	铜官创新中心众创空间	湖南金贝蜂巢企业服务有限公司	市级
135	铭诚·绿谷众创空间	长沙铭诚绿谷运营管理服务有限公司	市级
136	湖南创大基地众创空间	长沙中部智谷企业管理有限公司	市级
137	湖南加盛安全食品产业中心众创空间	湖南加盛农业投资开发有限公司	市级
138	供销食品众创空间	长沙供销食品有限公司	市级
139	亿达汇智众创空间	长沙亿达产业运营管理有限公司	市级
140	湖南北卡国际创新中心	湖南北卡国际创新创业服务有限公司	市级

续表 34

序号	众创空间名称	运营主体名称	级别
141	湖南雨花非遗众创空间	湖南雨花非遗文化传播有限公司	市级
142	五矿·旷物光廊青年手艺创客空间	长沙五矿商业管理有限公司	市级
143	海外人士外贸产业（长沙）基地	湖南华友时代企业管理服务有限公司	市级
144	谷山·芯谷众创空间	湖南天玥科技有限公司	市级
145	浏阳市农业品牌运营中心众创空间	浏阳市永康电子商务有限公司	市级
146	马栏山直播产业基地	长沙天衍文化传播有限公司	市级
147	月湖文创小镇众创空间	湖南马栏山商业管理有限公司	市级
148	长沙蓝色产业园众创空间	长沙蓝色置业有限公司	市级
149	开福区中小微企业科技创新中心	长沙市开福区中小微企业服务中心	市级
150	长沙科技新城众创空间	湖南金科景朝产业运营管理有限公司	市级
151	华信无忧众创空间	湖南大汉无忧智慧科技有限公司	市级
152	迈科技·迈空间（长沙）	湖南迈坦科技服务有限公司	市级
153	马栏山视频文创产业园博创园	湖南博皓商业管理有限公司	市级
154	创富港通程国际众创空间	长沙宝港科技有限公司	市级
155	长沙隆平园区众创空间	隆平园企业服务中心（长沙）有限公司	市级
156	天格众创空间	湖南天格物资贸易有限公司	市级
157	宝锋众创空间	湖南七宝商务服务有限公司	市级
158	创梦者空间	长沙新创梦者教育科技发展有限公司	市级
159	光谷创业咖啡（岳麓科创港）众创空间	长沙创米创业服务有限公司	市级

（资料来源：市科技局）

表 35　　2020 年长沙市星创天地认定一览表

省级星创天地名单			
序号	星创天地名称	建设主体	所属区域
1	利农“花木 +”星创天地	浏阳市利农种植专业合作社	浏阳市
2	望城荷花虾星创天地	湖南望联农业科技发展有限公司	望城区
3	中望优农星创天地	长沙市中望优农农业发展有限公司	望城区
市级星创天地名单			
序号	星创天地名称	建设主体	所属区域
1	联彩现代农业星创天地	长沙联彩农业开发有限公司	长沙县

续表 35

市级星创天地名单			
序号	星创天地名称	建设主体	所属区域
2	望城荷花虾星创天地	湖南望联农业科技发展有限公司	望城区
3	隆平蛟麟星创天地	长沙市望城区隆平蛟麟种植专业合作社	望城区
4	跃博水果种植星创天地	浏阳市跃博农业科技开发有限公司	浏阳市
5	沩印星创天地	长沙沩印电子商务有限公司	宁乡市
6	柳吉农业星创天地	湖南柳吉现代农业科技股份有限公司	长沙县
7	联农设施蔬菜种植星创天地	浏阳市联农种养专业合作社	浏阳市
8	阿螺哥哥星创天地	浏阳市阿螺哥哥食品有限公司	浏阳市
9	花园星创天地	长沙市望城区花园生态养殖基地	望城区
10	翰林蔬菜种植星创天地	长沙市翰林农业开发有限公司	浏阳市

（资料来源：市科技局）

科技成果

【技术创新战略联盟】 2020年，长沙市新增人工智能、鲲鹏计算等4家产业联盟，完善人工智能及机器人、移动互联网、信息安全及生物医药等产业领域联盟建设。智能电力设备联盟、集成电路设计与应用联盟、先进电池材料及电池联盟、新材料检验检测联盟和人工智能联盟5个联盟在共融共建合作事宜上开辟先例。装配式建筑联盟、海绵城市生态联盟、建筑节能与绿色建筑联盟、无人系统联盟和机器人联盟5个联盟达成跨行业跨领域的战略合作协议，并在长沙智博会筹备工作上达成合作意向。创建国家（长沙）北斗特色产业园产教融合示范基地、湖南省智能电力装备创新中心、新药药效与安全性评价湖南省重点实验室、北斗芯片筛测试生产线和整机环境实验室、长沙市国链安全可靠计算机产业促进中心等多个国家、省、市级创新示范平台。

【技术市场】 2020年，长沙市制定《长沙市促进科技成果转化实施细则》，进一步明确对技术交易活动和技术服务主体的支持政策，增强科技成果在本地转化的动力，全年完成技术合同认定登记7203份，成交额突破336亿元，占全省的45.75%，“十三五”规划期间实现年均增速60%。下达2019年第二批长沙市技术交易奖励资金616.94万元，奖励技术交易机构36家，下达2020年第一批长沙市技术交易奖励资金1646.86万元，奖励149家技术交易机构、7家技术交易服务机构，两批次奖励机构192家，资金2263.8万元；疫情防控期间，安排补贴资金71.85万元，帮扶6家技术承接机构渡过难关。推动科技成果就地转化、产业化，现有7家技术转移转化基地和12家市外高校技术转移机构，2020年新认定技术交易服务机构19家，总数达到30家。

【科技成果对接活动】 2020年，长沙市举办电涡流阻尼新技术产业化研讨会、长沙市人民政府——湖南师范大学科技成果转化对接活动、长沙市工程机械（装备制造）关键技术供需对接会、长沙市人民政府—长沙学院科技成果转化对接会等活动，150余家企业、30余家投融资机构600余人参加，路演20个项目，发布技术成果和技术需求300余项，现场签约项目34项。 （本栏撰稿 左 列）

科技创新

【高新技术企业培育】 2020年，长沙市创新培育方式，高新技术企业数高速增长，推荐2086家企业参加高新技术企业评审认定，经国家认定高新技术企业1838家，全市有效高企数量达到4142家，全市高新技术企业净增1100家左右；加强兑现政策，引导企业的高质量发展，对2019年认定的高新技术企业发放奖补资金16504万元；克服疫情影响，通过有效政策激励、大力挖潜培育、精准对接服务等积极措施，全力推进“升高”及梯队建设。新增入库科技型中小企业2621家，入库数较2019年增长130%。

【重大科技创新项目建设】 2020年，长沙市44个“五个100工程”省重大科技创新项目总投资112.78亿元，2020年计划投资26.04亿元，计划研发投入6.35亿元。2020年全年完成投资27.38亿元，占年度计划的105.18%；完成研发投入9.31亿元，占年度计划的146.61%。通过项目持续实施，申请专利465件，授权专利283件，实现销售收入65.26亿元，贡献税收3.54亿元，完成技术合同交易额14亿元，突破关键技术111项，新增就业7620人，引进人才263人。

【科技服务业发展】 2020年，长沙市科技服务业发展势头良好，技术合同成交额336.7亿元，比2019年增长43.98%，占全省的45.75%，在2019年度全市服务业发展综合考核中，市科技局获评产业牵头部门一等奖。根据《长沙市科技创新券实施办法》和《2019年度长沙市科技创新券申报指南》规定，兑付2019年度82家单位165个项目的科技创新券资金179万元，全市科技创新券服务单位总数达到124家。

【长沙市战略金属新材料产业技术创新战略联盟揭牌仪式暨联盟建设发展研讨会】 2020年5月15日，长沙市战略金属新材料产业技术创新战略联盟揭牌仪式暨联盟建设发展研讨会举行。作为国内有色金属行业首家战略金属新材料联盟，长沙市战略金属新材料产业技术创新战略联盟由五矿集团成员企业湖南有色中央研究院有限公司牵头，相关高校科研院所、30余家战略金属新材料企业以及部分综合服务机构等41家单位参与。联盟以长沙市战略金属新材料产业上中下游企事业单位为核心服务对象，通过建立和完善战略金属新材料工业互联网平台，集聚政策、人才、技术、市场、资金、创业者等产业链全要素优势资源，专注于供方和需方的有效对接，形成政府与企业、央企与民企、大型企业与中小型企业、实体企业与现代服务业融通发展的新模式，重点解决战略金属新材料产业企业转型和发展过程中遇到的技术转移转化、人才引进和培育、融资和市场拓展等共性问题。

【悉尼科技大学新能源与智能底盘领域的线上成果推介会】 2020年6月30日，由长沙市科技局主办，悉尼科技大学长沙技术转移中心、长沙市汽车及零部件产业技术创新战略联盟、长沙市新能源装备产业链推进办公室、长沙高新区创业服务中心联合承办的悉尼科技大学新能源与智能底盘领域的线上成果推介会举行。悉尼科技大学机械与机电工程学院教授Paul Walker，悉尼科技大学双聘教授、澳大利亚伍伦贡大学电子计算机通讯与遥感工程学院教授杜海平及悉尼科技大学机械和机电工程学院、声学和振动研究中心副主任季进臣分别做了相关领域的成果推介。中联重科、长沙汽车联盟、北汽福田汽车公司、广汽三菱汽车等60余家企业参会。

（本栏撰稿 左 列）

表36　长沙市2020年产业技术创新战略联盟一览表

序号	名称	成立年份
1	长沙市先进电池材料及电池产业技术创新战略联盟	2007
2	长沙市汽车及零部件产业技术创新战略联盟	2007
3	长沙市农产品精深加工产业技术创新战略联盟	2007
4	长沙市泵阀产业技术创新战略联盟	2008
5	长沙市高端化学原料药产业技术创新战略联盟	2008
6	长沙市钻凿机械产业技术创新战略联盟	2008
7	长沙市数控装备产业技术创新战略联盟	2009
8	长沙市中药产业技术创新战略联盟	2009
9	长沙市现代农业特色产业科技示范基地创新战略联盟	2009
10	长沙市集成电路设计与应用产业技术创新战略联盟	2010
11	长沙市有色金属新材料及精深加工产业技术创新战略联盟	2010
12	长沙市建筑节能与绿色建筑产业技术创新战略联盟	2011
13	长沙市智能电力设备产业技术创新战略联盟	2013

续表 36

序号	名称	成立年份
14	长沙市机器人产业技术创新战略联盟	2014
15	长沙市海绵城市生态产业技术创新战略联盟	2016
16	长沙市北斗导航产业技术创新战略联盟	2016
17	长沙市生物育种产业技术创新战略联盟	2016
18	长沙市 3D 打印产业技术创新战略联盟	2017
19	长沙市工程机械再制造产业技术创新战略联盟	2017
20	长沙市新材料检验检测产业技术创新战略联盟	2017
21	长沙市药物评价产业技术创新战略联盟	2017
22	长沙市自主可控及信息安全产业技术创新战略联盟	2018
23	长沙市装配式建筑产业技术创新战略联盟	2018
24	长沙市无人系统产业技术创新战略联盟	2018
25	长沙市兵工特种装备产业技术创新战略联盟	2018
26	长沙市杂交水稻机械化制种产业技术创新战略联盟	2018
27	长沙市大数据产业技术创新战略联盟	2018
28	长沙市土壤修复产业技术创新战略联盟	2018
29	长沙市碳基材料产业技术创新战略联盟	2019
30	长沙市环保管家产业技术创新战略联盟	2019
31	长沙市战略金属新材料产业技术创新战略联盟	2019
32	长沙市植物提取物产业技术创新战略联盟	2019
33	长沙市护理产业技术创新战略联盟	2019
34	长沙市人工智能产业技术创新战略联盟	2020
35	长沙市鲲鹏计算产业技术创新战略联盟	2020
36	长沙市商用密码产业技术创新战略联盟	2020
37	长沙市葛根资源高值化利用产业技术创新战略联盟	2020

（资料来源：市科技局）

表 37　　2020 年湖南省“五个 100”重大科技创新项目一览表（长沙地区）

序号	项目名称	项目实施单位
1	超大规格高空作业设备关键技术研发及应用	湖南星邦智能装备股份有限公司
2	固体火箭冲压发动机	湖南宏大日晟航天动力技术有限公司
3	电磁推射微小卫星	湖南省军民融合装备技术创新中心

续表 37

序号	项目名称	项目实施单位
4	磁浮列车悬浮控制系统研制	湖南凌翔磁浮科技有限责任公司
5	钻爆法隧道智能装备关键技术研究及应用	中国铁建重工集团股份有限公司
6	组合烟花全自动安全生产线研发及示范	浏阳市中洲烟花集团有限公司
7	高端智能挖掘机研发	中联重科股份有限公司
8	新型诊断试剂盒及新试剂的研发与应用项目	湖南霖德医疗产业有限公司、湖南光琇高新生命科技有限公司、湖南光琇未来医疗健康产业有限公司、中信湘雅生殖与遗传专科医院
9	烟花爆竹“烟火药”安全环保技术研发及产业化	东信烟花集团有限公司
10	北斗＋安全智能监测预警云平台研发与应用	湖南联智科技股份有限公司
11	智慧城市地下管网工程监测新模式应用研究及产业化项目	长沙金龙铸造实业有限公司
12	植物提取物深加工关键技术的研究与推	湖南华诚生物资源股份有限公司
13	中药配方颗粒研发及产业化	湖南春光九汇现代中药有限公司
14	7.0T 超高场核磁共振 & 脑影像研究中心	湖南迈太科医疗科技有限公司
15	智能化医学检验、图像识别处理系统的开发与应用项目	爱威科技股份有限公司
16	中药材基因鉴定与品质评价中心	长沙都正生物科技股份有限公司
17	高端原料药关键技术研究及产业化	湖南华纳大药厂手性药物有限公司
18	茶产业链技术创新项目	湖南省茶叶研究所
19	异种胰岛移植关键技术研究及产业化	中南大学；湖南赛诺生物科技股份有限公司
20	岳麓山国家大学科技城科创服务中心建设	湘江新区、湖南岳麓山国家大学科技园创业服务中心、长沙市麓山城市建设投资有限责任公司
21	省部共建淡水鱼类发育生物学国家重点实验室建设	湖南师范大学
22	军民科技协同创新平台建设	湖南省产业技术协同研究院
23	基于人工智能氘代技术新药开发平台	湖南华腾制药有限公司
24	封闭特定场景无人驾驶通用底盘平台开发关键共性技术研究与应用	湖南湖大艾盛汽车技术开发有限公司
25	主要农作物种子活力及其保持技术研究与应用	袁隆平农业高科技股份有限公司
26	重点区域速丰林丰产增效技术集成与示范	中南林业科技大学
27	畜禽营养代谢与中毒性疾病防控技术研究	中国科学院亚热带农业生态研究所
28	优质地方猪品种选育与高效安全养殖技术应用与示范	湖南省流沙河花猪生态牧业股份有限公司
29	“三分地养活一个人”粮食高产绿色优质科技创新工程	湖南杂交水稻研究中心等
30	水稻优质绿色高效种质创制与重大新品种培育	袁隆平农业高科技股份有限公司、湖南农业大学、湖南杂交水稻研究中心、湖南省水稻研究所、湖南希望种业科技股份有限公司、湖南金色农丰种业有限公司、湖南亚华种业科学研究院。

续表 37

序号	项目名称	项目实施单位
31	夏秋茶综合高效利用关键技术研究与示范	湖南省茶业集团股份有限公司
32	主要农产品安全检测与控制关键技术研究与示范	湖南省农产品加工研究所
33	特种功能树脂及汽车部件涂料研发及产业化	湖南松井新材料股份有限公司
34	银河飞腾 DSP 科技成果转化与产业化项目	国防科技大学、湖南长城银河科技有限公司
35	多系统融合的高精度北斗导航定位系列芯片研发及产业化	湖南国科微电子股份有限公司
36	光纤通信器件封装制造技术与装备研制及其产业化	中南大学
37	湖南省电子信息供应链金融创新服务平台	湖南中芯供应链有限公司、湖南湘芯科技有限公司、湖南大学、深圳站华芯技术有限公司
38	物联网网络层关键技术产品研发及扩产技改项目	威胜信息技术股份有限公司
39	高镍多元复合正极材料合成关键技术与产业化集成应用	湖南杉杉能源科技股份有限公司
40	海洋工程特种电能变换关键技术与重大装备研发	湖南大学、湖南中科电气股份有限公司
41	农田面源污染防控与综合治理	中国科学院亚热带农业生态研究所
42	江河湖库水网连通环保清淤关键技术与装备研究	湖南省交通水利建设集团有限公司
43	新一代 LKJ 列车运行监控系统关键技术研究及产业化项目	湖南中车时代通信信号有限公司
44	智慧能源系统关键技术、装备研发与应用示范	湖南大学、国网湖南综合能源服务有限公司、湖南世优电气股份有限公司

（资料来源：市科技局）

科技服务

【科技特派员】 2020年，市委人才工作领导小组修订出台《长沙市市派农业科技特派员工作组织实施细则》。按照“按需选派、双向选择”的原则，选派59名农业科技特派员，安排工作经费590万元，组建蔬菜、畜牧加工、水产、水稻等8个专家服务团队，全方位服务“一县一特”特色农业产业链，并争取市人才发展专项资金114万元。开展科技服务1206次，组织各类培训931次，培训技术人员、农民、农民工2.4万人次，引进新技术（新品种、新产品）172项、推广125项，帮助派驻单位实现销售收入4.03亿元、利润3303万元，示范带动15356户，带动收入8076万元，帮扶贫困户1133人。

【农业新科技开发】 2020年，长沙市以高校和科研院所为技术依托，开展蔬菜、生猪、水果、食品加工、病害防治等“菜篮子”领域的关键技术研发攻关和科技成果转化，立项支持73个项目1110万元，兑付99个后补助项目1540万元。推荐41个项目争取省科技资金支持。湖南农业大学组织申报各级各类科技项目1300余项，立项600余项，到账经费2.3亿元，其中纵向经费1.7亿余元，横向经费5229万元，项目与经费均实现稳步增长。长沙市农业科学研究院S14丝瓜等多个品种被确定湖南省蔬菜产业技术体系重点推广品种。“长研”系列辣椒新品种选育及配套栽培技术推广应用通过湖南省农学会组织的成果评价，成果达到“国内同类研究领先水平”，并获“湖南省农业技术推广成果”三等奖，2020年获7项丝瓜、苦瓜种植技术有关的国家实用新型专利。

【农业科技服务体系建设】 2020年，长沙市认定长沙联彩农业开发有限公司等10家单位为“长沙市星创天地”，推荐长沙市中望优农农业发展有限公司等4家单位申报2020年“湖南省星创天地”，安排经费55万元补助资金支持2019年认定的3家省级和8家市级“星创天地”，2019年认定的8家市级星创天地实现累计投资额2823万元，服务场地面积由25.8万平方米增至59.9万平方米，实现收入1112万元，引进转化新技术、新品种20个，举办创新创业活动和培训50余次、培训人员1744人，在孵企业（创客）52家（人），毕业30家（人），孵化企业实现销售3464万元，解决就业473人。

【科技精准扶贫】 2020年，长沙市科技局多次专题研究部署盘龙岭村脱贫攻坚工作，严格实施《盘龙岭村精准扶贫帮扶工作三年规划》。局主要领导多次到盘龙岭村进行调研走访，推进脱贫攻坚工作，13位帮扶责任人多次到帮扶对象家中走访、慰问、宣传扶贫政策，帮助贫困户解决具体问题12个，为贫困户提供慰问物资约3200元/户，为贫困户苏正青提供助学金1500元。驻村队员每月驻村工作不少于20天，协助支村两委开展帮扶工作，全年入户走访500余次，服务好全村44户建档立卡贫困户、52户低保户、16户五保户、重度残疾32人，掌握其家庭具体情况，及时化解矛盾和解决实际困难。申请产业扶贫资金30万元，为盘龙岭村土地专业合作社建立扶贫产业基地。开展义务植树活动，为"美丽屋场"种植各类树木1200余株，申请资金60万元支持基础设施建设，动员干部职工为村贫困户代销莲子、土鸡、鸡蛋约4350元。向有关单位推销扶贫产品，为村贫困户代销土鸡、村土地专业合作社代销鱼11243元。

（本栏撰稿　左　列）

表38　　2020年长沙新增工业特派员及派驻单位一览表

序号	特派员姓名	派出单位	派驻产业链
1	雷　飞	湖南大学	汽车产业链
2	刘　敏	湖南大学	人工智能及机器人（含传感器）产业链
3	黄　毅	长沙理工大学	工程机械产业链
4	陈召勇	长沙理工大学	先进储能材料产业链
5	廖　蕾	湖南大学	显示功能器件产业链
6	唐　卓	湖南大学	大数据（含地理信息）产业链
7	肖　晟	湖南大学	自主可控及信息安全产业链
8	吴　迪	湖南大学	移动互联网及应用软件产业链
9	李江胜	长沙理工大学	生物医药（含基因技术）产业链
10	雷东阳	湖南农业大学	现代种业产业链
11	秦　拯	湖南大学	航空航天（含北斗）产业链
12	马子骥	湖南大学	先进轨道交通装备产业链
13	王　锋	湖南农业大学	食品及农产品加工产业链
14	牛秋雅	湖南大学	环境治理技术及应用产业链
15	卢继武	湖南大学	新一代半导体及集成电路产业链
16	陈　如	湖南大学	碳基材料产业链
17	马　高	湖南大学	装配式建筑产业链
18	戴恩勇	长沙学院	物流产业链
19	何赟泽	湖南大学	检测检验产业链
20	孙秋芹	湖南大学	新能源装备产业链
21	颜　志	湖南大学	5G应用产业链
22	黄宏文	湖南大学	新型合金（含3D打印）产业链

（资料来源：市科技局）

表 39　　2020 年长沙新增农业特派员及派驻单位一览表

序号	名称（开始年份）	特派员姓名	派出单位	区域
1	长沙市望城区思贤生态种植专业合作社（2018）	王红权	湖南农业大学	望城区 12 家
2	长沙市望城区益仕兴农业发展有限公司（2018）	李　鑫	湖南省农业科学院	
3	长沙市望城区阁外香农业科技发展有限公司（2018）	赵正洪	湖南省农业科学院	
4	长沙市望城区湘淋生态农业有限公司（2018）	彭　瑛	湖南广播电视大学	
5	长沙市千龙湖生态农业开发有限公司（2018）	伍远安	湖南省水产科学研究所	
6	长沙市望城区胜绿红薯种植专业合作社（2019）	李安平	中南林业科技大学	
7	长沙市望城区广华农业科技开发有限公司（2019）	江　辉	湖南农业大学	
8	长沙市霖逸农业科技发展有限公司（2019）	谢仲桂	湖南生物机电职业技术学院	
9	湖南乌山贡茶业有限公司（2020 新增）	王坤波	湖南农业大学	
10	长沙市望城区梅树湖生态农庄有限公司（2020 新增）	谭泗桥	湖南农业大学	
11	长沙奕辉农业科技发展有限公司（2020 新增）	周书栋	湖南省农业科学院	
12	长沙立旺农业科技有限公司（2020 新增）	陈开健	湖南农业大学	
13	湖南宇田农业股份有限公司（2018）	戴思慧	湖南农业大学	长沙县 12 家
14	湖南柳吉现代农业科技有限公司（2018）	翁　波	湖南农业大学	
15	长沙泽航农业科技有限公司（2018）	曾国清	湖南省水产科学研究所	
16	长沙县金井镇蒲塘村村民委员会（2019）	蒋桂韬	省畜牧兽医研究所	
17	长沙县开慧镇白沙村村民委员会（2019）	李　泽	中南林业科技大学	
18	长沙萨默农业发展有限公司（2019）	傅爱斌	湖南省生物机电职业技术学院	
19	湖南百海农业科技有限公司（2019）	朱耀武	湖南农业大学	
20	长沙联彩农业开发有限公司（2019）	周清华	长沙市蔬菜科学研究所	
21	湖南首善红种植专业合作社（2020 新增）	李健权	湖南省农业科学院	
22	长沙县绿叶农业科技有限公司（2020 新增）	徐　丰	湖南农业大学	
23	湖南康丰生态种养有限公司（2020 新增）	彭亮跃	湖南师范大学	
24	湖南天府生态农业有限公司（2020 新增）	陈清华	湖南农业大学	
25	浏阳市天晨农业开发有限公司（2018）	张世辉	湖南省农业科学院	浏阳市　13 家
26	浏阳市浏安农业科技综合开发有限公司（2018）	娄爱华	湖南农业大学	
27	浏阳市白驹种养专业合作社（2018）	邓灶福	湖南省生物机电职业技术学院	
28	浏阳市秘景种植专业合作社（2018）	黄艳宁	湖南省农业科学院	
29	长沙市好爸妈种养专业合作社（2019）	刘双清	湖南农业大学	
30	浏阳市施绿农业开发有限公司（2019）	邓稳桥	长沙市蔬菜科学研究所	
31	浏阳市鼎达种植专业合作社（2019）	张良波	湖南省林业科学院	
32	浏阳市裕和种植专业合作社（2019）	王安乐	长沙市蔬菜科学研究所	

续表 39

序号	名称（开始年份）	特派员姓名	派出单位	区域
33	浏阳市雪辉种养专业合作社（2019）	贺　喜	湖南农业大学	
34	浏阳市水林种养专业合作社（2020 新增）	曹基武	中南林业科技大学	
35	浏阳宏尚生物科技有限公司（2020 新增）	彭可为	湖南农业大学	
36	浏阳市成浩生态园林有限公司（2020 新增）	王晓明	湖南省林业科学院	
37	浏阳市绿然养蜂专业合作社（2020 新增）	何国华	湖南蜜蜂哥哥蜂业有限公司	
38	长沙康禾农业开发有限公司（2018）	李绍明	湖南省水产科学研究所	宁乡市 11 家
39	长沙圆润农业开发有限公司（2018）	伍小松	湖南农业大学	
40	宁乡县洞冲养鹅专业合作社（2018）	彭福元	湖南省农业科学院	
41	长沙益菌堂食用菌开发有限公司（2018）	夏志兰	湖南农业大学	
42	宁乡市灰汤镇杏村村民委员会（2019）	唐建洲	长沙学院	
43	长沙沩山炎羽茶业有限公司（2020 新增）	林海燕	湖南农业大学	
44	长沙聚农农业发展有限公司（2020 新增）	谭远宝	长沙市蔬菜科学研究所	
45	长沙湘宁玫瑰生态农业开发有限公司（2020 新增）	王　华	湖南农业大学	
46	宁乡县关山农业科技有限公司（2020 新增）	苏小军	湖南农业大学	
47	宁乡县共心水稻种植专业合作社（2020 新增）	朱校奇	湖南省农业科学院	
48	长沙盛裕生态农业发展有限公司（2020 新增）	方热军	湖南农业大学	
49	长沙市启程农业科技有限公司（2018）	李四元	湖南农业大学	开福区 5 家
50	湖南禾顺农业科技有限公司（2018）	王晓清	湖南农业大学	
51	湖南河村农业科技发展有限公司（2019）	瞿符发	长沙学院	
52	长沙市齐泰水产养殖有限公司（2019）	肖亚梅	湖南师范大学	
53	湖南渔斯特农业科技有限公司（2020 新增）	欧东升	湖南省水产科学研究所	
54	长沙市岳麓区学士街道学华村村民委员会（2018）	李　翀	湖南农业大学	岳麓区 4 家
55	长沙金霖农业专业合作社（2018）	罗　坤	湖南农业大学	
56	长沙新中荷生态农业有限公司（2019）	胡秋龙	湖南农业大学	
57	湖南雨泽养殖农民专业合作社（2020 新增）	肖调义	湖南农业大学	
58	湖南林科达农林技术服务有限公司（2020 新增）	林文力	湖南省农业科学院	天心区 1 家
59	湖南碧庭苗木专业合作社（2020 新增）	肖建武	中南林业科技大学	雨花区 1 家

（资料来源：市科技局）

科学技术普及

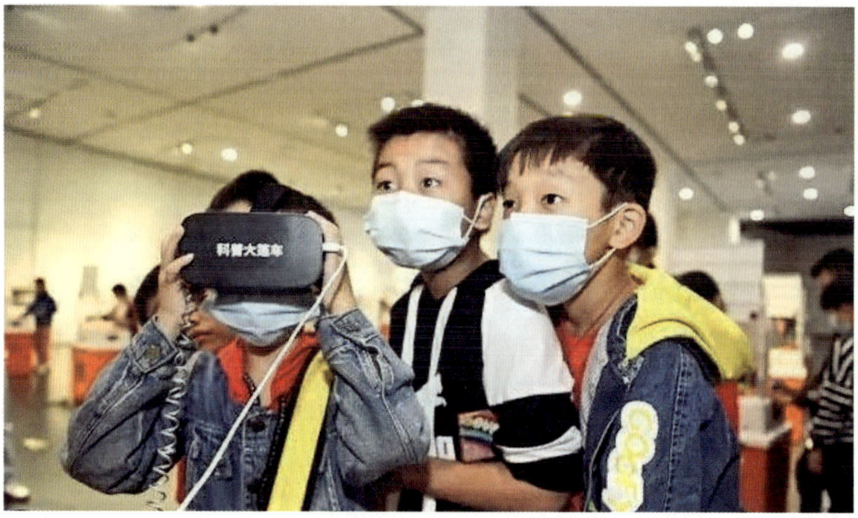

2020 年 9 月 19 日，2020 年全国科普日长沙主场活动在芙蓉区隆平水稻博物馆举行。图为活动现场　　市科技局　供图

【科技活动周】　2020 年，长沙科技活动周期间以“科技战疫 创新强国”为主题，市级举办 25 个科普活动，各区县（市）和科技园区开展 78 个主题科普活动。全国科普日期间重点组织“全国科普日”长沙主场活动、星城科学讲堂“我的理想上太空活动”等 70 余场活动，参与单位 200 余家，参与实名超 10 万人次。有 2020 年长沙市科技活动周启动式、第九届中国创新创业大赛长沙市赛、“百企百馆”开放、“科技战疫”主题宣传活动、新一代半导体产业发展论坛、后疫情时代医药原辅料产业创新与发展论坛、工程机械重大关键技术对接活动、卫生科普系列活动、长沙市青少年科技研学活动、中小学生人工智能校外观摩、青少年素质教育活动、节能小课堂、星城科学讲堂、文化科普系列活动、食品安全科普宣传、环保科普专项宣传、防震减灾知识普及宣传、长沙市第 17 届大学生科技创新创业大赛、气象科学知识普及宣传、保护野生动物宣传月、特警科技装备展示、法治知识主题宣传、知识产权宣传进企业活动、创客教育与学科融合、全国无线电宣传月等活动。其间，学习强国、《科技日报》、红网、华声在线、新湖南、《长沙晚报》、《潇湘晨报》、长沙新闻广播电视台等新闻媒体围绕全市开展的一系列重点科技科普类主题活动，通过开设报道专栏、发表新闻通讯，利用报纸、网站、客户端等及时报道全市科技创新和科普工作的突出成果。

【科技创新创业大赛】　2020 年 9 月，长沙市启动科技创新创业大赛，有 27 所高校报名参赛，长沙市技术评估论证中心遴选出 18 位专家（每领域 3 位），从选题、系统性、创新型、科学性、实用性、可行性、创业基础等八个方面，对新一代信息技术、生物（含生物农业）、高端装备制造、新材料、新能源（含新能源汽车）、节能环保六大领域 131 个参赛项目进行复评。经过复评等环节，38 个项目进入决赛，涌现一大批优秀的科技创新项目。大赛为大学生创新创业搭台，持续激发高校学生创新创业热情，促进大学生创新创业工作，加快培养创新创业人才。

【科普阵地建设】　2020 年，市科技局指导市科普场馆（基地）开展近百场科普活动。新认定市级科普场馆（基地）10 家，有市级科普场馆（基地）55 家，并对 21 家已认定的市级科普场馆（基地）进行评价。完成 82 家长沙市省级科普（含青少年科技教育）基地绩效评价。征集并遴选中南大学科技园（研发）总部科技成果展示馆、简牍文化科学技术普及场馆、长沙规划展示馆等 18 家专业科普场馆（基地）在活动周期间向社会免费开放。遴选了炭河里青铜博物馆、沙坪湘乡博物馆等 10 家专业科普场馆（基地）制作成科普云展厅，以线上平台展示与线下场馆开放相结合的形式向社会免费开放。

（本栏撰稿　左列）

表 40　　长沙市 2020 年科普专业场馆（基地）一览表

序号	场馆（基地）名称	依托单位
1	非物质文化遗产—湘绣科学技术普及场馆	湖南省沙坪湘绣博物馆
2	蜂业科学技术普及场馆	湖南省明园蜂业有限公司
3	医药科学技术普及场馆	浏阳汇远实业有限公司
4	林业生态科学技术普及基地	湖南省林业科学院

续表 40

序号	场馆（基地）名称	依托单位
5	水生生物科学技术普及场馆	海底世界（湖南）有限公司
6	昆虫科学技术普及场馆	湖南农业大学
7	果茶良种繁育科学技术普及基地	湖南省优质果茶良种繁育场
8	长沙生态动物园	长沙生态动物园
9	湖南中医药大学中药标本馆	湖南中医药大学
10	水利水电科学技术普及场馆	华自科技股份有限公司
11	长沙窑陶瓷文化科学技术普及场馆	长沙铜官窑遗址管理处
12	简牍文化科学技术普及场馆	长沙简牍博物馆
13	花炮科学技术普及场馆	花炮文化博物馆
14	植物科学技术普及场馆	湖南省森林植物园
15	动植物标本科学技术普及场馆	湖南师范大学
16	全球制冷科技体验馆	湖南盛世欣兴格力贸易有限公司
17	无土栽培科学技术普及场馆	湖南柯柯农艺梦工厂有限公司
18	名优苗木花卉培育科普示范基地	长沙市苗圃（长沙园林生态园）
19	光明大观园蝴蝶谷	长沙市望城区白箬铺城建投资开发有限公司光明大观园分公司
20	长沙比亚迪新能源汽车工业旅游基地	长沙市比亚迪汽车有限公司
21	茶叶科学技术普及场馆	湖南省茶叶博物馆
22	光伏新能源科学技术普及场馆	湖南红太阳光电科技有限公司
23	污水处理科学技术普及基地	湖南先导洋湖再生水有限公司
24	特种动物科学技术普及场馆	湖南省柏乐文化投资有限公司
25	面制食品科学技术普及场馆	长沙克明面业有限公司
26	废弃物资源化科学技术普及场馆	湖南万容科技股份有限公司
27	炭河里青铜博物馆科普基地	炭河里遗址管理处
28	宁乡凤凰青少年素质教育学校科普基地	宁乡市凤凰青少年素质教育培训学校
29	隆平水稻博物馆	隆平水稻博物馆
30	隆平高科关山核心研发基地	袁隆平农业高科技股份有限公司
31	雨花非遗馆	湖南雨花非遗文化传播有限公司
32	浏阳市农业科普展馆	浏阳市车田土地专业合作社
33	长沙市示范性综合实践基地科技体验馆	长沙市示范性综合实践基地
34	九芝堂中医药文化宣传教育基地	九芝堂股份有限公司
35	贝拉小镇集合空间科普场馆	湖南酷贝岛景区运营管理有限公司

续表 40

序号	场馆（基地）名称	依托单位
36	长沙航空职业技术学院航空馆	长沙航空职业技术学院
37	湖南省蚕桑科技文化中心	湖南省蚕桑科学研究所
38	长沙规划展示馆	长沙规划展示馆
39	天仪航天科普基地	长沙天仪空间科技研究院有限公司
40	长沙中联重科工程机械科普基地	中联重科股份有限公司
41	中南大学"铁路园"科普教育基地	中南大学
42	防灾应急体验馆	湖南咸亨国际应急技术服务有限公司
43	长沙市盛砚砚台博物馆	长沙市盛砚砚台博物馆
44	湖南省宋旦汉字艺术博物馆	湖南省宋旦汉字艺术博物馆
45	浏阳夏布文创及推广中心	浏阳心之夏文化创意有限公司
46	中南大学科技园（研发）总部科技成果展示馆	中南大学科技园（湖南）发展有限公司
47	青少年智慧教育科普基地	湖南创智慧教育有限公司
48	园艺园林科普基地	湖南省园艺研究所
49	智能制造与创新教育科普基地	长沙学院
50	创新设计教育科普馆	湖南同天投资管理有限公司
51	海洋采矿科普基地	长沙矿冶研究院有限责任公司
52	浏阳菊花石地质博物馆科普基地	长沙烟花石文化传播有限公司
53	北斗探梦科普基地	长沙学院
54	工业 4.0 创新技术科普基地	湖南中南智能装备有限公司
55	浏阳夏布科普馆	浏阳市梁氏夏布发展有限公司

（资料来源：市科技局）

气　象

【气象现代化建设】　2020 年，长沙市科学谋划气象事业发展"十四五"规划，研讨明确发展思路、目标、重点任务和重大工程。围绕气象现代防灾减灾能力提升，6 项重点工程项目纳入政府项目储备库。"推进智慧气象建设，提升气象预报准确率和应对极端天气气候事件能力""推动建设洪涝干旱、森林火灾等自然灾害防御工程，增强气象灾害、生物灾害、地质灾害、地震灾害等防治能力"纳入市级规划纲要。参与、全面对接水利、生态保护与建设、农业农村发展等相关重点专项规划。"强化气象精准预报技术"写入 2021 年政府工作报告。长沙市副市长李蔚专题协调解决项目建设推进中的困难，并对气象项目纳入"十四五"规划问题予以明确。市、县两级落实地方经费。防汛大会商平面投入使用；完成局院提质改造工程，院内面貌焕然一新、基础设施得到明显改善；推动局院周边环境优化整治、完成道路修缮工作。气象科普馆室内装修基本完成。

【气象服务和保障】　2020 年，长沙市气象综合监测能力持续增强。实现地面观测自动化，观测业务质量保持全省前三位，气象观测质量管理体系通过第三方现场审核。做好实时监控，"风云三号""风云四号"卫星接收站等业务系统运行正常；新建或升级 30 套区域自动站；建成 21 套道路交通气象监测站，实现数据上传。优化网络结构、购置安全保护产品，网络安全防护能力大幅提升。连续 14 年获全国酸雨观测质量样品考核优秀。预报服务能力提升。长沙精

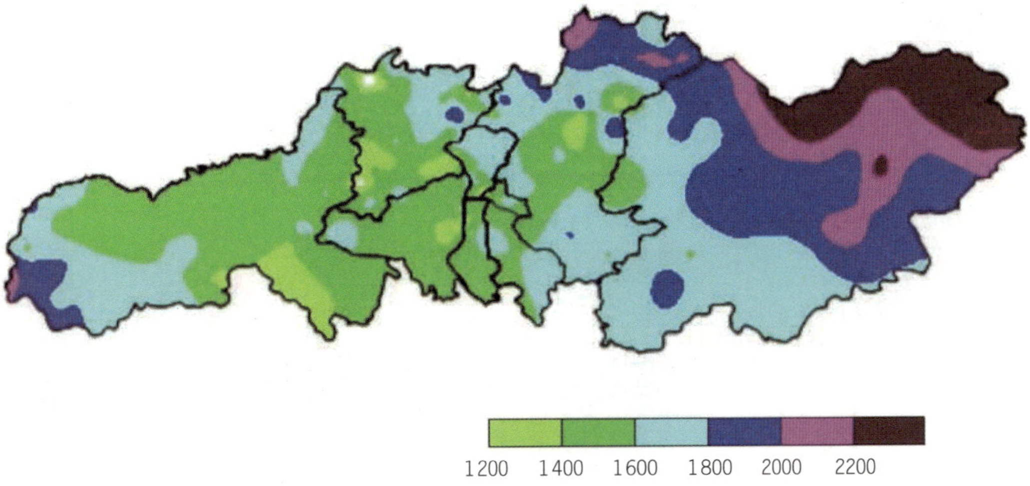

2020 年长沙市地区降水空间分布（单位：毫米）　　市气象局　供图

准气象预报系统和长沙天气新媒体服务平台投入应用，在汛期服务中发挥重要作用，得到市领导和市直单位的好评。城镇预报质量较 2019 年提升 3 个名次。有线电视预警信息发布渠道投入试运行。基层防灾减灾“六个一”标准化建设实现全覆盖。与水利、水文、消防支队等单位建立联动机制。在市政务云中建立气象资源池，完成数据归集。多次开展现场培训，有效推动气象服务落地。梅溪湖街道润龙社区评为全国气象科普教育基地。气候影响评价质量被省局评为一等。防灾减灾气象服务。全年 31 次重大灾害性天气过程预报精准、服务及时，发挥气象防灾减灾第一道防线作用，保障人民群众生命财产安全。6 月 9 日晚，长沙城南突发短时强降水，在各家模式未报出强降雨的情况下，长沙精准预报系统当天 21：12 分报出 50 毫米的降雨中心，市气象台及时向城防办通报强降雨预警信息，未出现大范围城市积水，被省气象局定为典型服务案例。完成习近平总书记在湖南考察调研期间重大气象服务保障。气象服务保障重点行业。融入经济社会发展大局，紧跟行业、部门需求变化，在原有服务基础上不断拓展、深化。专业气象服务效益持续稳定增长，实现两年翻一番。做好与应急、自然资源、农业等部门信息共享、联合会商和应急联动，及时发布森林火险、地质灾害、农业气象灾害等预警信息，创建助农增收的“气候好产品”——长沙绿茶，气象为农服务获人民网报道肯定。开展空气质量预报、重污染天气预警和气象影响评估，常态化开展人工增雨改善空气质量作业 188 次，市气象台被授予“长沙最美蓝天卫士”称号。城市气象服务中心对接内五区，开展区一级精细化气象服务。完成望城经开区气候可行性论证。长沙基地功能有效发挥。中国气象局局长刘雅鸣、副局长余勇高度认可基地“大气探测、研究试验、气象科普和实训教学”的功能定位。与南京大桥、无锡无线电、湖南宜通华盛、国防科大等 17 家单位合作开展观测设备试验。完成北斗自动探空系统建设，全年开展北斗自动探空、凝冻等 7 项试验项目。接待中小学科普教育 5000 人次，承接湖南分院实地教学及国防科大气象海洋学院学生实习任务 400 人次。

【防雷安全监管】 2020 年，长沙市全年开展气象执法、检查 783 次，立案 7 起，处罚 4 起。中纪委驻农业农村部纪检组对长沙市防雷体制改革给予高度评价。市、县两级防雷审批委托经费全部纳入地方财政预算。连续多年获全市安全生产考核优秀。

（本栏撰稿　卢晓晴）

教育

EDUCATION

编辑　吴丫丫

综 述

【概况】 2020年，长沙市有各级各类学校3769所，在校学生272.78万人，教职工19.17万人。其中，普通高校52所，普通在校大学生77.63万人，教职工5.59万人；成人高校4所，在校学生27.39万人，教职工264人；中职学校57所，在校学生11.46万人，教职工0.58万人；普通中学345所，在校学生44.15万人，教职工4.14万人；小学951所，在校学生71.02万人，教职工3.58万人；幼儿园2355所，在园幼儿40.76万人，在职教职工5.19万人；特殊教育学校4所，在校学生3559人，教职工413人。2020年，全市教育经费总收入309.7亿元，其中国家财政性教育经费243.32亿元。

疫情防控与教育教学　全市教育系统统筹推进新冠疫情防控工作。建立疫情联防联控、联点督查、常态长效机制，4批次错峰开学平稳有序，无一例校园防疫责任事件。开福区聘请医疗专家担任区属学校卫生健康副校长，芙蓉区为每所学校配备校医。推出同步网络课3346节，保障全市中小学生“停课不停学”。

基础教育学校建设　新改扩建公办幼儿园39所，新增公办幼儿园学位39420个，公办园学位达16.49万个。新扩建义务教育学校31所，新增学位4.8万个。完成所有城区学校厕所提质改造及98所标准化学校、93所“薄改与能力提升”项目校、961套教师周转房建设任务。

教育教学及招生改革　智慧教育体验中心初步建成，27所学校入围智慧校园，21所学校通过未来学校遴选；雨花区智慧教育经验在全国推介。在全国首发劳动教育状况评价指标，基础教育成果推广应用、高中新课程新教材实施成为全国示范区。47所学校挂牌全国体育特色校。城区民办初中、子弟学校电脑派位7833个，解决“占坑班”问题。“公民同招”改革入选省教育体制改革重点项目，民意调查支持率99%。

职业教育产教融合　遴选14个校企合作实习实训基地，成立5G应用产教融合联盟，立项市级高职特色专业群2个、精品网络共享课程20门，高校知识产权在长沙转化数量6304项，合同成交额313.2亿元。中、高职业学校毕业生在长沙就业率分别为84.85%、53.57%。

教育治理工作　无证培训机构和无证幼儿园动态清零。整合或取消涉校涉教“督检考评”项目26项、各类教育“进校园”项目64项，比排查项目分别减少50%和84%。217辆旧标校车全部退出，校园及周边综治工作连续14年在全省排名第一位。教育脱贫攻坚省检、国检获满分。包容普惠创新工作入选《中国营商环境报告2020》，受到市优化营商环境工作领导小组办公室通报表彰。

教育成果及宣传推介　未成年人思想道德建设、职业教育改革等19项工作获省以上奖励。网络教学、优质均衡发展监测等入选教育部相关工作典型案例。学前教育普惠发展、民办学校风险防范、智慧教育、学校减负等35项工作在省以上推介。国家级权威媒体报道长沙教育78次。

存在的问题　城市扩容、人口增速较快，城区公办幼儿园、中小学学位供给压力大，中小学教师编制标准与现代教育发展不相适应，优质教育资源供给难以满足人民群众日益增长

表41　长沙市各类学校基本情况统计表

单位：人

指标	2020年				2019年			
	学校数（所）	在校学生数	毕业生数	教职工人数	学校数（所）	在校学生数	毕业生数	教职工人数
总计	3769	2727844	687036	191714	3552	2542216	639143	179573
普通高等学校	52	776319	196053	55925	51	739011	189089	55207
成人高等学校	4	273881	101129	264	4	244684	81958	267
中等职业学校	57	114643	35337	5844	57	116484	31715	6136
普通中学	345	441520	130240	41429	341	417674	128695	30616
小学	951	710213	93230	35843	944	666506	90654	32991
特殊教育学校	4	3559	476	413	4	3234	320	347
专门学校	1	67	25	50	1	35	17	50
幼儿园	2355	407642	130546	51946	2150	354588	116665	45959

（资料来源：市统计局）

的需求；乡村教师队伍建设有待进一步加强；人才培养供给的结构性矛盾仍然突出；科学的教育政绩观、育人观还没有全面普及，素质教育没有全面落实等。（汪建业）

【机构调整】 2020年3月，经市委编办同意，设立长沙市一中城南中学，为市教育局直属正科级公益二类事业单位。撤销3个直属单位，经市委编办同意，1月，撤销长沙市教育考试服务中心；4月，将中共长沙市教育局委员会党校并入长沙教育学院，不再保留中共长沙市教育局委员会；7月，撤销长沙市教育建筑设计研究所。6月，经市委编办同意，将长沙市新城学校（长沙市工读学校、长沙市青少年法治教育中心）由市司法局所属调整为市教育局所属，仍为正科级公益一类事业单位。12月，经市委编办同意，长沙市雅礼芙蓉中学更名为长沙市东雅中学。（江　晨）

【大中专毕业生就业创业】 2020年，长沙市大中专院校毕业生总数229348人，就业人数（含升学）192596人，就业率83.98%，当地就业率49.9%。其中中职学校毕业生总数33920人，就业人数（含升学）33684人，就业率99.3%；直接就业人数13472人，其中在长沙就业人数11431人，在长沙就业率84.85%；全日制普通高校毕业生总数195428人，就业人数（含升学）158912人，就业率81.31%；能划分就业地域的就业人数123925人，其中在长沙就业57149人，在长沙就业率46.12%。（李　滔）

【高考录取】 2020年，长沙市高考报名人数73767人，较2019年增加6131人，其中应届生60901人，占考生总数的82.56%，往届生12866人，占17.44%；文科考生24102人，占32.67%，理科考生34204人，占46.37%，职高对口类考生15461人，占20.96%；单招提前录取13887人，实际参考人数56279人。全市设9个考区、11个中心保密室、34个考点、1970个考室。全市录取考生65114人，总录取率88.26%，其中本科录取38133人、专科录取26981人，全市空军招飞录取44人（含少年航校生），民航招生录取64人。（陈慧敏）

【教育督导】 2020年，长沙市开展县域义务教育优质均衡发展监测，完成市级、9个区县（市）和高新区监测报告，指导区县（市）推进优质均衡发展。对申报义务教育优质均衡发展区县（市）的芙蓉区、天心区、雨花区进行市级评估初核。长沙市《义务教育优质均衡发展监测案例》被国家教育行政学院征集为教学案例。11月5日，教育部党组成员、副部长、教育部总督学郑富芝考察长沙市义务教育均衡发展情况并给予肯定。完成2020年义务教育标准化学校、公办幼儿园建设等教育专项工程评估验收。对中小学幼儿园实施素质教育督导评估。9月30日，召开全市幼儿园责任督学挂牌督导工作推进会，通过现场观摩、经验交流等方式推动幼儿园责任督学挂牌督导工作。长沙市3篇责任督学挂牌督导案例被国务院教育督导委员会办公室评为2019年度优秀案例。11月24日，教育部在全国深化教育督导体制机制改革会议上以宣传片形式推介。加强义务教育质量监测结果应用，遴选2个市级实验区和9个实验校。9月28日，完成全市9个区县（市）和高新区2020年国家义务教育质量监测工作，长沙市教育局被评为“市级优秀组织单位”。12月8日，召开全市国家义务教育质量监测结果解读会，12月25日召开以“研数据·精诊断·探路径”为主题的长沙市国家义务教育质量监测结果应用现场推进会。（周　波）

【教育资助】 2020年，长沙市193.58万人次义务教育学生享受免杂费入学，180.29万人次公办义务教育学生享受免“一费制”入学，补助8.8万人次义务教育家庭经济困难学生生活费。发放2.97万人次普通高中学生国家助学金，免除1.06万人次普通高中建档立卡等家庭学生学杂费，免除0.79万人次普通高中建档立卡等家庭学生教材费、教辅材料费。发放5.4万人次中职（技校）学生国家助学金，补贴0.2万人次长沙户籍中职（技校）学生学费，免除19.1万人次中职（技校）学生学费。发放4.77万人次市属高校学生国家奖、助学金，为1831名高校学生办理生源地信用助学贷款。发放2.74万人次家庭经济困难学前幼儿资助金。全年投入免费入学和资助经费16.65亿元，较2019年增长5.78%。（张京民）

【教育扶贫】 2020年，长沙市全面梳理帮扶龙山县教育脱贫工作情况，持续拨付龙山县教育基础建设资金150万元，400名贫困学生助学金120万元，新增拨付36所长沙市各区县（市）结对帮扶学校帮扶资金360万余元。做好结对帮扶宁乡市沙田乡宝云村有关工作，协调争取基础设施资金50万元，帮助贫困户销售农产品40万元，10户贫困户实现全部脱贫。（杨群义）

【教育民生服务】 2020年，长沙市教育阳光服务中心受理各类服务事项9424件，其中政策咨询4406件、投诉举报3117件、求助帮扶1353件、意见建议548件；接待群众到访1070人次（含重复上访159人次），接待集访22批541人次；办理省长信箱转送信访事项31件；所有事项，做到件件有着落，事事有回音，办结率100%。应对疫情，发挥线上服务功能，全年通过网上办理档案调出3189份，占调出档案总数（5810份）的55%，比2019年（1902份）多40.36%。全年受理现场咨询8853人次、电话咨询20367人次，分别比2019年增加41.61%、14.04%。2020年度长沙市教育局被评为网络问政优秀单位；长沙市教育公共服务中心服务窗口被评为湖南省文明窗口单位；长沙市教育系统教育阳光服务行业被评为长沙市文明行业。（陈 亮）

【长沙市学校安全专业委员会成立】 2020年4月3日，长沙市组织召开全市学校安全委员会第一次全体会议暨2020年全市学校安全、校园周边综合治理工作会议，部署2020年校园安全管理、校车安全监管和校园周边整治工作；会议审议通过《长沙市学校安全专业委员会工作规则》，决定成立由分管副市长担任组长、市直相关部门参与的长沙市学校安全专业委员会，明确部门职责，健全工作制度，制定工作规则，搭建工作网络。学安委成立后先后出台集中整治学生安全重点问题防范化解重大安全风险“三项措施”、预防溺水等工作措施；组织开展校园周边隐患摸排1次，向区县（市）和相关职能部门移交并协调解决周边问题200余个，维护校园及周边安全稳定。（姜赐坤）

【长沙搭建跨部门青少年法治教育合作平台】 2020年11月30日，长沙市教育局、市中级人民法院、市检察院、市司法局联合举行2020年长沙市教育系统“宪法宣传周”启动仪式，现场签订《长沙市青少年法治宣传教育跨部门合作框架协议》。根据框架协议，各部门将建立青少年法治教育的联合领导机制，定期通报情况、研究工作；建立联络机制，指定跨部门联络员，加强日常沟通交流；建立资源整合机制，为学校提供法治教育的师资、资源和实践机会。（邓 琼）

【境外交流与合作】 2020年，协同长沙市科技局、市委外事办、市公安局入境支队共同举办的“长沙市外国人来华相关政策培训班”，对全市100余所学校的外事专干进行专业培训；疫情期间，根据省、市委联防联控指挥部工作要求，指导全市中小学校的外事专干，做好涉外防控的统筹协调工作。面对受疫情影响延迟开学和外教不能按时回校开展教育教学的情况，及时思考和商量应对措施，充分利用网络多媒体和空中课堂，指导外教开设网课线上教学；协助省、市政府做好“第一届中非经贸博览会”接待工作，长沙市教育局被湖南省人民政府评为第一届中非经贸博览会筹办“先进单位”并进行全省通报表扬；对接中国对外友好合作服务中心和国家留学基金委东方国际教育交流中心，推荐长郡滨江中学、长沙市第六中学、长沙市第二十一中学、湘府中学、周南梅溪湖中学为“一带一路人才培养计划”示范校。（周卓莹）

【市教育局被评为第五届“全国未成年思想道德建设工作先进单位”】 长沙市教育局围绕培育和践行社会主义核心价值观，常态开展“扣好人生的第一粒扣子”“我们的节日”等主题教育实践活动，组织参与“我是接班人”湖南省网络大课堂“少年志”等栏目，举办“成长季”学雷锋志愿服务项目展示暨实践活动，开展爱心助学、护考等志愿服务，创建活动被国家、省级以上主流媒体报道100余次。出台《长沙市文明（标兵）校园动态管理操作办法（试行）》，为基层减负70%。贯彻落实“两个纲要”及《长沙市文明行为促进条例》，加强公民道德建设。《未成年人思想道德建设工作调研报告》在《长沙调研》刊发，《长沙市未成年人心理健康教育工作调研报告》获市主要领导肯定性批示。成功申报并开展省重大科学规划课题“城乡家庭教育指导服务体系构建的研究”。20余所学校被评为长沙市未成年人思想道德建设创新案例，市教育局获特等奖。2家单位被评为“省文明窗口单位”“湖南省新时代实践志愿服务示范点”，1个项目被评为“省最佳文明实践志愿服务项目”。80人被评为省、市“新时代好少年”“长沙好人·身边雷锋”等荣誉；2名师生分别被评为“全国未成年人思想道德建设工作先进个人”“全国新时代好少年”；118所学校被评为市级文明校园，4家单位被评为湖南省文明（标兵）单位，23所学校被评为省级文明（标兵）校园，已有10所“全国文明校园”教育督导荣誉称号学校。完成省检、国检各项任务。2020年11月20日，全国精神文明建设表彰大会在北京举行，长沙市教育局被评为第五届“全国未成年思想道德建设工作先进单位”。（曹 攀）

基础教育

【概况】 2020年，长沙市有各级各类幼儿园2355所，其中公办幼儿园829所、民办幼儿园1526所（普惠性民办幼儿园1203所），全市公办幼儿园和普惠性民办幼儿园占幼儿园总数的86.3%。在园幼儿40.76万人，园长及专任教师2.74万人，学前三年毛入园率95.9%。公办幼儿园在园幼儿数16.49万人，占全市在园幼儿总数的40.5%。完成新改扩建公办幼儿园39所，完成率133%，扩大优质公办学前教育资源覆盖面。长沙《推动“幼有所育”迈向“幼有优育”》在湖南省基础教育工作现场会上作主题经验分享。

2020年，长沙市有公办中小学1353所（含小学教学点），其中小学938所、小学教学点113个、初中189所、九年一贯制学校39所、完全中学34所、高级中学39所、十二年一贯制学校1所；小学班级16058个，小学在校人数675457人，初中班级5142个，初中在校人数244792人；全市公办中小学教职工68145人，其中专任教师66421名。全市民办中小学56所，其中小学13所、初中5所、九年一贯制学校14所、完全中学7所、高级中学10所、十二年一贯制7所。小学班级877个，小学在校生34756人，初中班级823个，初中在校生36887人；民办中小学教职工9127人，其中专任教师6995人。全市初中和高中学业水平考试一次性合格率分别为95.1%、

99.9%，全市义务教育阶段巩固率113.66%，高中阶段毛入学率96.3%。

《中国教育报》以《在线课程：主题式学习新体验》专题报道长沙“停课不停学”工作；民办学校招生改革入选湖南省教育体制改革重点项目。全国第33届中招政策研讨会上，长沙作《稳妥推进公民同招，确保义务教育入学公平》经验推介。《网络学习空间支持下的学生综合素质评价研究实践共同体》入围教育部2019年教育信息化教学应用实践共同体项目；雨花区、天心区、芙蓉区入选教育部融合信息技术新型教学模式实验区，雨花区及3所学校被教育部评为网络学习空间应用示范区（校）；雨花区长塘里小学等2所学校被评为“全国中小学人工智能教育实验校”（全省2所，全国33所）；在2020全球智慧教育大会和教育部“智慧教育示范区”创建项目第二次工作会上，长沙作《空间赋能，构建教育发展新生态》主题推介。（吴三文　雷　俐）

【特殊教育】　2020年，长沙市有4所特殊教育学校，5个校区（其中长沙特校一校两址），1182名在校学生。根据长沙市残联开发的《长沙市残疾儿童信息管理平台》中的数据统计，全年全市持证适龄残疾儿童3672人，已入学3503人，未入学169人，入学率95.4%。已建资源教室81间，招收5名以上残疾儿童的普通学校资源教室覆盖率93%，配套建立特殊教育研究培训中心11个。按属地原则继续推进送教上门工作，市特殊教育研训中心开展送教上门工作实地评估与指导，全市送教上门学生996名。提升融合教育质量，印发《长沙市残疾儿童少年随班就读工作实施方案》，开展随班就读工作实地评估与指导。组织开展各级师资培训25次，参培人数约2500人次，提升特殊教育专业水平。加大特殊教育投入力度。市县（市、区）级财政每年为特殊教育安排专项经费，建设无障碍设施、教育教学设施设备，改善特殊教育办学条件，提升教师待遇，健全随班就读支持保障体系。逐年提高公用经费标准。（刘建洪）

【普惠性幼儿园发展】　2020年，长沙市新增公办园学位39420个，公办园在园幼儿数占比40.5%，较2019年提高5.2个百分点。全市普惠性民办幼儿园1203所，其中一级、二级普惠性民办幼儿园463所，公办幼儿园和普惠性民办幼儿园在园幼儿数占比86.6%；市本级安排普惠性民办幼儿园奖补资金2.13亿元，较2019年增加1.09亿元。出台《长沙市普惠性民办幼儿园管理办法》，明确普惠性民办幼儿园申报与认定、经费使用、退出机制、监督管理等方面的要求。（雷　俐）

【学校建设】　2020年是标准化学校建设规划的收尾之年，11月底，长沙市教育局组织专家对全市项目学校进行插标评估验收，年度建设标准化学校98所，“十三五”规划期间，全市建设义务教育标准化学校1216所，标准化学校覆盖率98%，完成既定建设目标任务。全年完成义务教育扩容建设项目校31所，增加学位47985个，完成率120%，为全市消除义务教育阶段大班额从学位供给上提供保障。2019年，长沙市制定《长沙市义务教育薄弱环节改善与能力提升项目规划（2019—2020年）》，规划项目学校93所，截至2020年年底，长沙市教育局组织专家对全市项目学校进行评估验收，93所项目学校提前省定时间完成建设任务。2020年如期完成厕所提质改造工程，完成447所学校沟槽式厕所改造，改造蹲位47232个，改造小便斗22131个，投资31815万元。2020年，推进一批市直单位重大项目建设，长郡湘府中学地下车库、长沙市中小学生科技活动中心和素质教育基地、雅礼中学综合楼、二十一中地下车库等项目按期完工。（王仁彪）

【学生德育工作】　2020年，长沙创建省级戏曲特色校9所、省级心理健康示范校5所；创建市青少年科技教育特色校10所，评选市级心理健康示范校14所、知识产权示范校8所、垃圾分类示范校15所、书香校园89所；《“一体两翼”行动德育》获市未成年人思想道德建设创新案例特等奖、推广奖；市教育局被评为全省国防教育工作先进集体；市教育局获湖南省第五届中学生班级合唱比赛优秀组织奖；《湖南教育快讯》第188期（总第288期）推介《长沙市首推中小学校劳动教育评价》。（胡　平）

【心理健康教育】　2020年，长沙市高中心理健康教育教师专业能力竞赛活动举办，选送5名长沙市心理老师参加省赛均获一等奖。评选18个长沙市首批未成年人心理健康辅导示范站（点）；评选14所长沙市心理健康教育示范校，其中长沙市周南中学等5所学校被评为省级特色校；建立教育系统心理危机干预机制，成立心理危机干预专家团队，开展全市教育系统心理危机干预培训，参训教师逾2万人；开展长沙市中小学校心理健康状况调研和中小学生心理健康状况调研；代市委、市政府两办草拟《进一步加强新时代学生心理健康的实施意见》。（胡　平）

【劳动教育】　2020年，长沙市将劳动教育纳入学生、学校工作重点，引导学校组织学生开展学校劳动、家务劳动和社会劳动，布置劳动作业。出台《长沙市中小学校劳动教育评价细则》，全国首推；评选劳动教育实践场所18个，补助经费90万元；开展劳动教育教师培训；申报全国中小学劳动教育试验区。（胡　平）

【特色学校创建】　2020年，长沙市推进校园足球、篮球、排球、冰雪特色校创建工作，创建全国篮球特色校11所、排球特色校8所、冰雪运动特色校3所、足球特色校25所；复核148所足球特色校，推动落实“教会、勤练、常赛”。开展“戏曲进校园”“非遗进校园”“媒体艺术进校园”等活动，9所学校被评为湖南省戏曲特色校，形成“一校多品、一区一特色”格局。（胡　平）

【课后服务推行】 长沙市各区县（市）教育局和市直学校将课后服务作为民生工程，2020年秋季全市929所中小学校参与，占长沙市义务教育阶段学校总数的79%；参与服务教师43943人，参与学生547211人，占全市义务教育阶段学生人数的67%。疫情形势下，学校严控收费标准，上半年均在600元以下。为减轻家长接送负担、降低疫情防控风险，学校通过增强食堂供餐力度或采取配餐的形式解决学生午餐问题，有的区县和学校采取“一拖多”的方式解决，由一所有食堂的学校为周边几所学校提供午餐。从调研情况看，群众满意率较高。（胡　平）

【青少年科技创新】 2020年，长沙市举办第37届长沙市青少年科技创新大赛，收到作品1301件，送省赛作品93件，其中86件作品在省赛获奖，获奖率92%。组织第13届“奇思妙想”纸质结构模型普及竞赛，全市90%的学校组织初赛，参与学生逾50万人，148支队伍入围决赛，考察学生的创造力、探究能力和动手能力，给了学生创意空间，成本低、参与度高。组织第15届现场创意编程竞赛，贯彻生活科学的理念，着力于引导学生运用科学常识解决生活中的问题，249件作品获奖，55位教师获优秀指导老师奖。评选开福区四方坪小学等10所科技教育特色学校。中国（国际）发明展上，获金奖6个、银奖25个、铜奖20个、专项奖2个。（胡　平）

【研学实践活动】 2020年，《长沙市中小学校研学实践管理办法》出台，完善长沙市综合实践服务管理系统，严格研学实践活动申报、审核，规范研学承办机构产生方式，明确追责事项。联合长沙市发展改革委、市文化旅游广电局开展第四批中小学生研学实践（创建）基地遴选，认定44家研学创建基地（营地）；复核第一、二、三批创建基地，确定77家为研学实践基地（营地）；安排25所市直学校初二年级学生到市综合实践示范基地开展“2+2”模式研学实践活动，促进学生在实践中成长和发展。（胡　平）

【2020年湖南省“诵读中国”经典诵读大赛】 2020年5—10月在长沙举办，其中“诵读中国”经典诵读大赛、“诗教中国”诗词讲解大赛、“笔墨中国”汉字书写大赛等板块收到各类作品逾千件，评选出一等奖85个、二等奖101个、三等奖151个、优秀组织奖11个。12月25日，2020年湖南省“诵读中国”经典诵读大赛决赛暨颁奖典礼在长沙学院举办。11支代表队参加决赛，决赛分“诵读经典”“谱写新篇”“时代精神”3个篇章。湖南信息学院的《班佑河边的红军雕塑》获冠军，湖南第一师范学院《岳阳楼记》等5件作品获亚军，湖南工商大学《月光下的中国》等5件作品获季军，张家界敦谊小学《我的“自白”书》和浏阳市浏阳河中学《电波忠魂》分别获最具人气奖和最佳风采奖，长沙市教育局等6家市州教育局和湖南幼儿师范高等专科学校等20所高校获2020年湖南省“诵读中国”经典诵读大赛优秀组织奖。（雷　俐）

【长沙市寒假名师公益课堂首次采用线上线下联动模式】 2020年1月15日，长沙市中小学生在线学习中心进行公益网络教学，由长郡中学高级教师喻建军主讲高一化学公益课，首次采取线上线下混合式教学，3000余名学生参与课堂。线下课堂通过互动教学、小组协助探讨、虚拟实验实操探究等方式让课程生动有趣；线上则通过在线学习中心以网络直播的方式面向全市中小学生免费开放，无法到现场参与学习的学生可以在虚拟的课堂中跟随教师的节奏在线参与学习，远程互动交流、在线虚拟实验、网络助教答疑，提升线上课堂的体验感，获得学生的认可。包括课前在线导学、课中互动交流、课后助教答疑，该堂课融合多种技术手段，渗透证据推理和模型认知等核心素养的培育，让学生体验“观察预测→实验设计→数据处理→分析解释”等研究物质性质的方法和程序。寒假期间，长沙推进全市公益网络教学服务，500余位教师在线报名参与，最终遴选100余位学科骨干教师，按照学科核心素养提升要求，结合学生实际需求，由学科教研员设置课程内容，一线教师通过在线学习中心，以网络教学方式为学生免费提供课程服务，解决学生课后学习的需求，减轻家庭课外培训负担。（吴三文）

【《关于疫情防控期间“停课不停学”网络教育活动的实施方案》发布】 2020年2月3日，《关于疫情防控期间“停课不停学”网络教育活动的实施方案》发布。做好疫情防控期间教育教学活动组织，各区县（市）教育局、各级各类学校利用“互联网+教育”方式，确保延期开学期间“停课不停教、不停学”。其中，2月10日起直至复学期间，全市各中小学生按照教学进度安排全面开展在线教学。根据该方案，在教学安排上，在前期开展寒假公益课堂的基础上，从2月1日开始，由长沙市中小学在线学习中心组织第二轮寒假公益课堂，为全市小学三年级至高二年级开展知识梳理、在线答疑等假期培训服务。同步网络教学2月3日开始，高三毕业年级开始试用IPTV在线教学活动，2月10日起直至复学期间，全市各中小学生按照教学进度安排全面开展在线教学。开展同步网络教学，依托湖南电信、湖南移动、长沙广电等，通过IPTV与有线电视网络进行免费同步在线教学，通过电视端、移动App端（手机或iPad）、PC端（WEB版）为全市中小学生开展视频教学服务。学生可通过电视的“停课不停学”入口，或登录长沙市人人通云平台，或进入长沙教育服务平台微信公众号人人通“停课不停学”菜单，登录后进入学习。IPTV同步网络课堂由市教科院按照课程教学计划安排课程，组织全市名优、骨干教师开展公益教学，并引进部分优质课程资源，按年级编排课表，提供全市各中小学生选播。各区县（市）教育局、各中小学校可按照全市部署，以学校为主体，组织学生按年级按课表参与网络同步教学，分班级进行教学管理。全市开辟IPTV录播点播线路65路，5个入口（城区及4县市区），每个入口包括从小学一年级到高三年级13路。城区由市教科院根据教材统一录制课程，面向全市点播使用，IPTV同步网络教学统一播放时间原则上在15：30以前结束，15：30以后由各学校组织在线答疑或个性化辅导。长沙县、望城区、浏阳市、宁乡市4个区县（市）由所属教研部门，根据区域实际制定分年级教学计划和课程安排表，录制相应课程，服务区域中小学生学习需求；也可使用全市录制点播课程。

（吴三文）

【延迟开学期间长沙开展网络教学】应对新冠肺炎疫情，2020年2月10日起，长沙市启动延迟开学期间中小学网络教学工作。长沙首推同步网络课堂，组织名优骨干教师录制课程，依托湖南电信、湖南有线电视等平台播出。学生打开有线电视、手机、平板或电脑，即可免费接收视频教学。同时，学校根据实际，可通过国家、省、市公共教学平台构建虚拟学校，引进优质教育资源，做到“一区一案、一校一策”，满足学生学习需求。课程安排上，除高三、初三年级外，其他年级暂不按教学计划进行教学，以科普、心理健康、居家锻炼、综合实践、知识梳理、知识拓展、阅读指导、寒假作业讲评等为主。根据孩子的生理规律，对课时进行调整，小学、初中、高中的课时安排分别为20分钟、30分钟、40分钟。小学仅安排上午授课，中学的授课时间在15：30以前结束。为确保学生每天锻炼一小时落实到位，既安排课间操和眼保健操，还安排居家锻炼课程。

（黄军山）

【长沙中考时间延至7月16—18日】2020年4月16日，长沙市教育局印发《关于做好2020年春季学期中小学教育教学工作的通知》，将2020年长沙市中考时间确定为7月16—18日进行，暑假放假时间调整为小学7月17日、中学7月24日。

（吴三文）

2020年5月22日，2020年长沙市中小学招生入学政策发布　　市教育局　供图

【2020年长沙市中小学招生入学政策发布】2020年5月22日，2020年长沙市中小学招生入学政策发布。2020年，全市有小学生毕业生93354人，其中城区小学毕业生45715人（不含外地回长生及进城务工人员随迁子女）、4个区县（市）小学毕业生47639人；全市有初中毕业生84963人，其中城区初中毕业生41534人（不含外地回长生和进城务工人员随迁子女）、4个区县（市）初中毕业生43429人。与2019年相比，城区小学毕业生约增加1500人，城区初中毕业生约增加1350人。望城区自2020年起高中招生纳入城区统一管理，望城区初中毕业生5564人。小学继续实行公示学区、划片招生、注册入学政策。区县（市）教育行政部门按照相对就近的原则，合理划分小学学区，保障每个适龄儿童（少年）平等享受良好教育。小学升初中继续按照单校划片（对口升学）、多校划片和配套入学相结合的方式进行。多校划片的方式为“相对就近、免试入学、指标到校、微机派位”。高新区、望城区按照单校划片的方式入学。长沙县、浏阳市、宁乡市原则上按照单校划片（对口升学）的方式进行。初中学业水平考试的考试科目、命题组考、成绩呈现等基本保持不变，高中招生继续实施“学业等级+综合素质评价”录取。2020年招生入学政策的调整主要基于两个方面原因：受疫情影响，适当调整招生考试时间、流程、优待等方面。按照国务院和湖南省关于规范普通中小学招生入学工作的要求，部分调整义务教育招生政策。照高考、学考时间安排，全市中考时间延期1个月举行，具体时间安排在7月16—18日，中考成绩7月31日揭晓。城区小学升初中联合微机派位时间在7月4日，8月中旬进行初中、高中招生

录取工作。2020年开始，全面取消义务教育学校特长生招生。初中学校（含民办学校、子弟学校）原体育、艺术、科技等各类特长生招生项目全部取消，不再安排相应招生计划。对报名人数超过招生计划数的民办初中学校，实行电脑派位随机录取；对报名人数少于招生计划数的，在接收全部报名学生后，富余学位面向全市征集志愿，征集志愿数大于富余学位数的，实行电脑派位随机录取。民办义务教育学校主要接收当地生源，不跨市州招生。从2020年起，望城区招生入学工作纳入城区统一管理。（肖碧芳）

【2020年长沙疫情防控一线人员子女入学享受政策优待】 2020年，对获表彰的援鄂及长沙市公共卫生救治中心疫情防控一线医务人员，其子女限在2020年招生录取时享受优待政策。入读义务教育阶段可在其父母或其他法定监护人住房周边，按照相对就近原则，安排在教育质量较好的公办学校就读，不能跨行政区域择校；在高中学校招生录取时，可享受在同等条件下优先录取。（吴三文）

【国防科技大学附属中学纳入长沙市教育局直属学校】 2020年7月1日，国防科技大学和长沙市教育局签订"双拥共建框架协议"，将国防科大附中委托长沙市教育局管理。协议明确，双方共建期6年，共建期从2020年8月至2026年8月。共建期间，国防科大附中的现行管理体制不变，委托长沙市教育局管理。集中长郡、雅礼等优质学校资源，选派名校长、名师到校任职从教，教职工参与教育系统各类评优评先，毕业生享受中考指标生政策等。（黄军山）

【《2019年普通中学教育质量综合评价报告》发布】 2020年7月10日，《2019年长沙市普通中学教育质量综合评价报告》发布。报告包括品德行为、学业水平、身心健康、兴趣特长、学业负担、智慧教育、综合素质评价、教育均衡发展八大主题，以大数据形式，考察学生学业能力和综合素养。全市255所普通初中和78所普通高中的109372名中学生及学生家长、28464名专任教师参加测评。经过标准化工具研发、信息化施测、数据处理和分析、自动化报告生成，量化与质性经验互证，明晰学校教育发展的"真状况"，找到"真问题"。2019年评价报告，新增体质健康专题，引导学生重视视力改善。新增智慧教育发展专项和劳动教育评价等内容。测评结果显示，学生公民素养较高，遵纪守法，八成以上学生具有良好的网络行为习惯。学生学业质量总体良好，与2018年相比，2019年学生学业表现稳中有升。近3年学生体质健康水平逐年提升。学生爱好特长广泛，八成以上学生有一项及以上的爱好或特长。学生具有正确的劳动价值观，但学校劳动教育、学生劳动习惯有待加强。学生综合素质评价校本化实施有效落实，"1+N"综合改革推进。重视学业增值，关注减负提质。三成以上学校学业成绩呈现正增值，一批低入口正增值学校发展突出。五成初中生、三成高中生参加文化课外培训班。睡眠时间达到规定标准的学生比例上升，但未超过五成。部分学生存在学习焦虑，四成学生表示希望得到专业的压力疏导。智慧教育基础环境、资源供给优化，四成学生经常使用市网络学习资源。八成以上教师主动应用信息技术促进教学模式变革，但技术与教育的深度融合、师生信息素养仍需加强。学生好奇心求知欲较强，六成学生会自主探究课本以外的知识。（邹 良）

【长沙市教育局加入未来学校研究共同体】 2020年7月20日，未来学校研究共同体成立大会在中国教育科学研究院举行，教育部科技司、中国教育科学研究院及全国未来学校共同体成员单位的专家学者和共建企业代表通过线上线下相结合的方式参加会议。作为未来学校研究共同体成员单位，长沙市教育局组织各区县（市）教育局及15所未来学校创建校负责人，在长沙市考试院一楼会议室集中参加视频会议。长沙市教育局副局长缪雅琴作代表发言，她从评价体系建设顶层设计、评价内容、评价流程、评价落地实施4个角度分享基于大数据初中综合素质评价的思考，介绍长沙初中综合素质评价改革实践探索经验与实施效果。（吴三文）

【初中学业水平考试及高中阶段招生录取行政决策听证会】 2020年11月3日在长沙市教育局召开。市教育局采取自愿报名和推荐相结合的方式产生17名听证会代表参加听证会。具体包括民办学校校长代表2名、公办学校校长代表4名、家长代表2名、教师代表2名、人大代表1名、政协委员代表1名，区县教育行政部门代表1名，市司法局和市政府研究室各1名，教育领域专家2名。听证会主要对长沙初中学业水平考试及高中阶段招生录取政策调整听取公众代表意见，具体内容有：初中学业水平考试成绩的呈现方式、学科分值，初中综合素质评价的实施，高中学校招生录取方式及工作进程等。听证代表达成统一认识，等级制、分数制是成绩的两种呈现方式，分数是精细的等级，等级是粗略的分数，无论实行等级制还是分数制，均不影响对学生全面发展、个性发展的培养和塑造。该次调整改革，是基于新高考背景下推进人才培养的需要，也是对百姓诉求的回应。（肖碧芳）

职业教育

【概况】 2020年，长沙有市属高职高专10所、中职学校56所、技工类学校38所。全市中高职在校学生近40万人，教师7123人，开设18个专业大类，共136个专业。

【职业教育招生】 2020年，长沙市下发《2020年长沙市中等职业教育招生工作实施方案》，文件中出台《长沙市中等职业学校招生经费使用与管理办法》，确保全市中等职业教育招生规范有序进行，提高招生经费使用效益，做到投入经费专款专用。每年对民办学校开展年度办学检查，对民办中职学校的财务制度、财务执行情况进行检查，确定民办中职学校年检结果并对社会公布。

【职业教育改革】 2020年，以长沙市政府办公厅名义下发《长沙市职业教育改革发展行动方案（2021—2025年）》。从完善职业教育制度体系、构建职业教育标准、促进产教融合、建设多元办学格局4个方面，10项重点任务具体细化解决长期制约职业教育发展的体制机制难题的政策措施。

【校企合作】 2020年，根据长沙市教育局、市财政局、市人力资源和社会保障局、市工业和信息化局联合出台的《长沙市职业院校校企合作实习实训基地认定和管理办法》文件，经过申请资料、资料考察、现场审核、研究评估和公示。最终4家单位联合下发《关于公布2020年长沙职业教育校企合作实习实训基地入围名单的通知》，评选出中建五局、中联重科、三一集团、威胜集团等第一批14家企业。开展项目审计，规范校企合作管理。2020年4月，市教育局下发《开展校企合作项目专项排查工作的通知》，从项目企业资质、项目协议主要内容、校企合作形式、项目实施情况、项目监管情况5个方面开展学校自查。11月，委托大宇联合会计师事务所对长沙市直中职学校校企合作开展专项审计，对长沙民办中职学校分批开展办学审计。

【职业院校竞赛成绩】 2020年，长沙市承办2020年全国职业院校技能大赛中等职业学校班主任能力比赛、湖南省文明风采篮排球比赛等国家级、省级赛项10余个，在中职教师职业能力竞赛、学生技能竞赛、线上教学优秀案例、省级精品课程等多个重大项目中取得优秀的成绩，在2020年全国职业院校技能竞赛教学能力比赛获3个国赛一等奖，在2020年全国职业院校技能大赛中职班主任能力比赛中获1个国赛一等奖，全部参赛选手获奖率100%。参加湖南省教育厅“黄炎培职业教育奖创业规划大赛”，在2020年省赛中，长沙市职业院校获一等奖9个，其中主体赛5个、专项赛4个，长沙市获优秀组织奖。

【长沙市5G应用产教融合联盟成立】 2020年7月15日，长沙市5G应用产教融合联盟成立大会暨第一次理事会在长沙航天学校举行。湖南首个5G产教联盟——长沙市5G应用产教融合联盟成立。该联盟由长沙航天学校牵头成立并担任理事长单位，湖南师范大学工程与设计学院、湖南信息学院、湖南工业职业技术学院、湖南信息职业技术学院等50余所院校加盟。中国移动、中兴教育、湖南胜翔智创科技有限公司、哈尔滨工业大学机器人研究院是联盟企业发起单位，有80余家企业为联盟成员单位。会议旨在促进联盟成员之间的信息共享与合作创新，加强各院校和企业之间的联系，共同发挥校企双方人才、智力、资源优势，强强联合，优势互补，增强职业教育内驱力，服务区域经济发展，培养5G市场所需求的高素质技能人才，走出一条可持续发展、可推广的道路。联盟成立后，每年定期召开相关常务理事会及理事成员大会，对大家共同关心的重大议题，对5G时代技能人才急缺的现状，依托5G联盟合作发展平台，以常态管理为目标，建立健全产教联盟机制。 （本栏撰稿 李智琼）

高等教育

【概况】 2020年，长沙市辖区内有全日制高校58所，包括本科院校23所（含国防科技大学、5所独立学院）、高职专科院校35所（含5所民办高职院校）。其中市属高校11所，含1所公办本科院校、1所公办高职高专院校和5所民办高职院校。2020年在长沙高校新增省重点实验室18个、省工程技术研究中心3个、省科技资源共享服务平台3个。 （李 滔）

【长沙学院】 2020年，长沙学院占地约131.33公顷，校舍建筑面积约40万平方米，教学科研仪器设备总值约2.2亿元，藏书140万余册。有16个学院，48个本科专业，全日制本科生15412人，联合培养硕士、博士研究生423人。有教职工1100余人，其中专任教师910人。专任教师中具有正高级专业技术职务110余人，具有副高级专业技术职务250余人，具有博士学位教师330人。学校有国家一流本科专业建设点1个、省级一流本科专业建设点18个，教育部大学生校外实践教育基地1个，国家精品视频公开课1门、国家级线上一流课程1门。拥有省“双一流”应用特色学科7个，建有国际合作科研平台——联合国教科文组织国际自然与文化遗产空间技术中心长沙工作站等省部级及以上科研平台16个。截至2020年年底，学校获各级各类纵向科研项目1800余项，纵向科研项目经费近2亿元。学校教师承担国家自科基金和国家社科基金项目101项，承担省部级科研项目600项。获科研成果奖励200余项，获国家发明专利授权194项。

教育教学综合改革和产教融合转型发展，应用型人才培养能力提升。实现湖南省本科第一批次招生，省内文科、理科投档线分别高于省控线7分和13分，2020届毕业生初次就业率79.79%。应对疫情开展线上教学工作，开设在线课程696门，加强质量监控确保教学质量。开展审核评估整改工作，坚持问题和目标导向，完成各项评建整改任务。新增本科专业1个，获批立项建设11个省一流本科专业；获批国家精品在线开放（线上一流）课程1门、省级一流本科课程12门。教师教学能力提升，获第五届全国高校青年教师教学竞赛二等奖等多项奖项；师德师风建设推进；学科竞赛获省级以上奖励300余项，其中国家一等奖12项、省级一等奖40项，居全省同类院校前列。国际合作交流稳步开展。马栏山新媒体学院建设推进，遴选配备了学院党总支书记和副院长，遴选首批毕业生进行特色化培养并全部毕业。妥善处理专升本学生住宿、录取系列问题，录取专升本学生764人，协调处理学生住宿问题，完成教育厅下达的招生计划，确保学生入校学习。

“双一流”建设推进，学校核心竞争力提升。新增硕士学位授予单位申报工作开展，“双一流”建设推进，做好湖南省高水平应用特色学院的建设工作，完成“双一流”建设中期自评等工作。学科平台建设工作推进，组织申报省级、市级各类科研平台23个，立项省级、市级科研平台7个，学校重大科研基础设施和大型科研仪器开放共享工作首次获省科技厅评价考核良好等次。科技创新工作取得成果，145项纵向项目获立项，其中国家自然科学基金项目13项、国家社会科学基金项目6项、教育部人文社会科学研究项目2项，创历史新高，在2020年5所新升一本高校中领先；全年横向科研项目合同金额约2158万元；实现科技成果转化2项、专利许可2项，获专利授权75项。完成“引才引智”工作，引进学科带头人1名、优秀博士24人。推进“教师培优”工作；开展职称评审与人才项目遴选推荐工作；完成2016年、2017年共39名引进人才和“青年英才计划”入选者的中期考核工作。

推进治理体系和治理能力现代化。推进现代大学制度建设，修订《长沙学院党委领导下的校长负责制实施细则》及党委会、校长办公会议事规则等制度，加大督查督办工作力度，推动学校党委行政决策部署落实落地。科学编制学校“十四五”暨中长期发展规划，明确学校未来15年发展要坚持“升硕、升大学、升博”的战略目标。加强财务管理、资产管理与审计工作。抓好校园基础设施建设和校园设施提质改造，工程实训中心竣工验收，东校区围墙全面完成，完成原附中教工宿舍的征拆工作。“平安校园”建设水平提升，被评为2020年度全省平安建设（综治工作）先进单位。妥善解决“商翔驾校”处置和湖南科录普作物品质研究中心有限责任公司解散清算等历史遗留问题。学校研究部署、落实防疫举措，没有发生1例疫情应急情况。校园信息化工作推进。开展图书情报服务和学报工作。发挥工会桥梁纽带作用，开展教职工全民健身及文娱活动。做好离退休工作。附属中学稳步发展。（鲁沙沙）

【长沙职业技术学院】 2020年，长沙职业技术学院在校学生11094人，教职工594人，其中副高及以上专业技术职称教师129人、专任教师480人。设特殊教育学院、学前教育学院、智能制造工程学院等28个专业。全年招收三年制新生3031人、五年制新生104人、退役军人学生1000人，2020届毕业生2813人，就业率89.51%。2020年，学校新冠疫情防控实现零感染，被评为长沙市平安建设（综治工作）优秀等次单位。学校入围《湖南省高等职业教育质量年度报告（2020）》发布的“育人成效20强”名单。学校“雷锋精神传承与创新工作室”立项为2020年湖南省高校思想政治工作名师工作室项目，被评为“2019—2020年度湖南省高校心理健康教育先进单位”、湖南省高校就业创业工作“一把手工程”优秀单位、“长沙市文明标兵校园”、“长沙市事业单位服务脱贫攻坚记功单位”、“长沙市阳光服务平台建设先进单位”等，获长沙市教育系统绩效考核优秀等次。

教学科研　立项计算机网络技术、机械制造与自动化、特殊教育3个省级专业教学团队，立项“民族文化传承与创新库——雷锋精神传承与创新”“职业教育早期教育”省级专业教学资源库。28个专业人才培养方案全部通过省教育厅合格性评审，其中4个专业人才培养方案被评为优秀，位居全省并列第三名。认定2门、立项建设5门湖南省精品在线开放课程。2本教材被评为湖南省优秀教材。全年新建网络课程220余门，在线课程资源建设总量113385个，其中视频类资源40860个，平台访问量逾5200万人次。立项省级课题22项，其中省自科基金科教联合项目1项、省社科评审委员会课题6项、省教育规划课题4项、省社科基金外语联合项目1项、省思政项目2项、教育厅科学研究项目8项。立项市社科规划课题37项。立项横向科研项目8项。发表论文353篇，其中SCI-2区论文1篇、EI论文3篇、全国中文核心（北核）5篇、《湖南日报》文章4篇、一般期刊论文340篇。获批专利64个、软件著作权14个。

人才培养　组织学生参加湖南省职业院校技能竞赛，获奖44项，其中一等奖4项、二等奖21项、三等奖19项，获团体三等奖。参加2020年湖南省高职高专院校信息素养大赛，学生组获一等奖1个、二等奖3个、三等奖3个，2名学生入围全国百强选手。参加2020年湖南省“建设杯”装配式建筑职业技能竞赛暨第三届全国装配式建筑职业技能竞赛预选赛，获团体一等奖1个、二等奖1个，个人一等奖1个，3位一等奖获奖者晋级国赛，获国赛个人一等奖1项、团体二等奖1项。参加2020—2021年全国啦啦操联赛（长沙站），3个项目获冠军。参加2020年全国插花花艺职业技能竞赛初赛（华中赛区），获二等奖，成绩位居职业组第八名。参加第六届中国高等职业院校健美操锦标赛（云比赛），获二等奖2个、三等奖1个。参加湖南省大学生研究性学习竞赛，获三等奖 1 个。学生参加专升本考试，11 人获免试入学资格，173 人以优异成绩被录取。

师资建设　开展师资培训工作，招聘教师 46 名，柔性引进行业企业技术专家、能工巧匠。参加湖南省教师职业能力竞赛，获一等奖 3 项、二等奖 1 项、三等奖 5 项。1 人晋升专技三级岗位，1 人通过正高级职称评审，7 人通过副高级职称评审，18 人通过中级职称评审。陈莉、李花、欧阳叶入选湖南省青年骨干教师培养对象，李奇、刘海燕、刘潇女入选 2020 年度湖南省青年骨干教师国内访问学者。罗浪被湖南省委、湖南省人民政府授予“湖南省先进工作者”称号，杨琼获“九芝班主任奖”，肖红菊被评为“长沙市优秀教育工作者”。

校企合作　拓展园企校合作，新签订德爱慧汽车有限公司等 20 余家校企合作单位，与湖南强智科技有限公司共建软件开发技能培训基地、项目研发中心，与长沙中联环境等企业签订订单培养协议。中国汽车流通协会 2 位技能大师受邀为听障汽车专业学生提供培训并帮助实现对口就业。

（李芳玉）

【长沙商贸旅游职业技术学院】　2020 年，长沙商贸旅游职业技术学院在校学生 9242 人。设湘菜学院、湘商学院、湘旅学院、会计金融学院、文化创意学院、软件学院、创业学院、马克思主义学院（课程思政研究中心）和公共课教研部 9 个教学部门。教职工 518 人，其中专任教师 406 人，教授、副教授职称教师 141 人，中青年教师基本具有博士或硕士学位，12 位知名专家或行业大师担任客座教授。

招生与就业创业　年度招生总计划数 3400 人，实际录取 3394 人。省内文科投档线 453 分、理科 384 分，文科最高分 530 分、理科最高分 441 分，文科平均分 464 分、理科平均分 395 分。2020 届毕业生 2750 人，就业人数 2219 人，初次就业率 80.69%，省内初次就业人数占比 76.66%，长沙市初次就业人数占比 60.84%。12 月，学校被省教育厅评为湖南省普通高等学校就业创业工作“一把手工程”优秀单位。

队伍建设　7 月，学校组织 100 名中层干部竞聘上岗工作。湘商学院院长邓子云认定为湖南省 2020 年度科技创新领军人才、被评为长沙市第十七届社会科学优秀青年人才。

教育教学管理　学校有 4 个教学团队（思想政治教学团队、餐饮管理教学团队、市场营销教学团队、旅游管理教学团队）入选湖南省高职院校专业教学团队；由中国贸促会商业行业委员会立项、学校牵头组织 36 家行业机构和 53 所本专科院校共同起草的《会展项目管理职业技能等级标准》团体标准，4 月 8 日发布为全国标准。9 门课程认定为省精品在线开放课程，5 门课程立项为省级建设项目。《Java 程序设计基础（第二版）》入选“十三五”职业教育国家规划教材。《旅游市场营销学》《Java 程序设计基础（第二版）》《食品营养与卫生》《三湘大学生就业指导》被评为湖南省优秀教材。《立足国情民情助力培养信念坚定、意志坚强、德才兼备的有为青年——疫情期间〈创业基础〉线上教学组织实践》《课证融通育训并举协同，战疫”——会展资源库助力全国会展院校在线教学和企业内训》被评为湖南省高职院校线上教学案例。学校被评为国家职业院校数字校园建设样板校，易班被评为湖南省高校易班建设先进单位（高职高专组），学校教育信息化案例被评为省优秀典型案例（《以智慧校园建设支撑学校质量水平提升》案例入编《湖南省教育信息化优秀典型案例成果集 2018》）等。受疫情影响，开展在线教学课程 1104 门次，占比 71.92%，开展在线教学活动教师 382 人，占比 90.09 %。

科研学术交流　6 月 4 日至 7 月 2 日，科研处组织举行 2020 年“学术活动月”系列学术讲座活动。教授邓子云课题试点工作监督与评估工具开发项目立项教育部“1+X”证书制度 2020 年度专项研究课题，课题经费 80 万元。

成绩及荣誉　2020 年湖南省教师教学能力大赛获 2 金 7 银 1 铜，其中陈桂林教师团队晋级国赛并获国赛二等奖；湖南省高职院校信息素养大赛获 2 金 1 铜，教师毛静、朱慧明进入国赛并分别获全国信息素养大赛二等奖和三等奖；省思政教育教学能力比赛获 3 个二等奖；省教师专业技能比赛获 2 金 3 银 1 铜。学生竞赛方面：2020 年高职院校职业技能竞赛获 13 金 15 银 21 铜；湖南省第六届大学生思想政治理论课研究性学习成果展示竞赛获高职高专组 1 个特等奖；2020 年“建行杯”第六届“互联网 +”大学生创新创业大赛获 4 个三等奖；2020 年湖南省黄炎培职业教育奖创业规划大赛获 1 金 1 银 1 铜及获优秀组织奖；2020 年湖南省高职高专院校信息素养大赛获 8 金 1 银及优秀组织奖，李旭婷、郭振威进入国赛并获国赛特等奖及二等奖。体育竞赛方面，2020 年湖南省体育舞蹈比赛、田径比赛、第四届高职高专学生篮球赛（男子组）各获 1 个一等奖，2020 年湖南省高职院校足球赛获二等奖。

重点项目建设　学校入围湖南省级示范性职业教育集团，并被推荐为国家示范性职业教育集团（联盟）培育单位。与湖南餐饮协会合作，成立湖南湘菜产业学院。《“双高”计划背景下高职院校教师管理关键问题研究与制度创新》立项 2020 年度湖南省教育体制改革试点项目。成功申报“1+X”职业技能等级证书试点，三批共申报 10 个试点。在建设的试点是物流管理、智能财税、财务共享服务、网店运营推广、电子商务数据分析 5 个试点，覆盖 7 个专业，且均已申报考点，组织考试。会计学院现代学徒制试点项目完成验收工作。11 月，省教育厅专家组对学校国家第三批现代学徒试点进行验收。学校被评为国家职业院校数字校园建设样板校，《以智慧校园建设支撑学校质量水平提升》

案例入编《湖南省教育信息化优秀典型案例成果集 2018》。（鲁 曼）

【长沙卫生职业学院】 2020 年，长沙卫生职业学院（以下简称“长卫职院”）设 5 个二级学院、两部、两中心、一所 10 个教学部门，在校全日制学生 7102 人，建制班 133 个，教职工 362 人（含编外），其中，具有专任教师 202 人，正高职称 22 人，副高职称 70 人，高级职称人员占专任教师总数的 46%。长卫职院按医、药、护、技四类开设临床医学、预防医学、口腔医学等 15 个专业。长卫职院被评为湖南省现代大学制度建设先进高校、湖南省高校思想政治理论课教学先进单位等，获湖南教育好新闻“三等奖”、长沙市扶贫嘉奖等。工作经验和理论研究先后被“学习强国”、《湖南日报》、《新湘评论》、《长沙调研》等推介。

专业及专业群建设 推进湖南省高等职业教育一流特色专业群建设，打造与湖南省健康服务业及养老产业发展高度契合的健康照护、基层医疗服务、药品技术与服务 3 个特色专业群，优化专业课程设置、人才培养方案，增加设置预防医学专业，护理、药学专业人才培养方案获优秀等级，护理、临床、药学、口腔、康复技能考核标准与题库获省级优秀等级。对接健康产业升级，调整护理专业的方向设置，增加康复、药学、眼视光技术、临床医学和口腔医学专业招生规模，均衡各专业发展。口腔医学技术专业资源库立项为省级资源库。学院在 2020 年湖南省专业人才培养方案评价中好评率 100%。

教师队伍建设 全年公开招聘博士 2 名、高职称技术人员 2 名，培养省级访问学者、骨干教师 4 名。组建以专业带头人为首，课程负责人与骨干教师为两翼，青年教师紧随其后的专业教学团队 18 个，实施青年教师导师制培养工程，鼓励教师攻读博士、硕士学位，开展双师素质培养。注重教师素质能力提升，提拔年轻干部 10 名。实施“引才引智”工程，引进高端人才 5 名，建成名师工作室 4 个。教师在湖南省职业院校教师教学能力比赛等省级以上竞赛中获奖 71 项。

教育教学改革 深化教育教学改革，推广翻转课堂、混合式教学、理实一体化等新模式，强化实习实训考核评价。学院康复治疗技术专业“基于慕课平台的互动式教学在康复教学中的应用”的教学成果获 2020 年度中国康复医学会教学成果三等奖。立项省级精品在线课程建设项目 5 门，学院立项省级精品在线课程 10 门、市级精品在线开放课程 5 门。护理专业教学团队获批“2020 年省级专业教学团队立项建设项目”。

人才培养质量 推进“1+X”证书试点，首批幼儿照护证书通过率 91.7%。护士执业资格考试合格率 99.4%，全省毕业设计考核 100% 合格，临床医学专业助理执业医师资格证获证率全省排名第一位，专升本录取率 61%，学生在技能竞赛中获省级以上奖项 36 个，其中国家级奖项 4 个。

招生就业 长卫职院在湖南单招计划 1064 人，高招计划 1729 人，录取学生 2767 人，其中录取郴州、张家界、娄底、怀化地区 11 个贫困市（县）免费临床医学考生 90 人，招录湘西自治州孤儿 11 人。被省卫生健康委评为“全省基层卫生本土化人才培养 2019 年度招生工作先进单位”。落实就业“一把手”工程，推动更充分更高质量就业，2020 年毕业生初次就业率 83.2%，处于全省同类院校前列。

科研工作 全年立项科研项目 70 项，其中省部级课题 19 项、市厅级课题 33 项、院级课题 18 项。专业技术人员公开发表论文 187 篇，其中 SCI3 篇、CSCD2 篇、北大中文核心 2 篇、科技核心 10 篇、《湖南日报》5 篇。学院理论文章《完善高校治理要把握好五个重点》《抗疫大考彰显“中国之治”的优势和伟力》分别在《湖南日报》《新湘评论》发表。

竞赛获奖 长卫职院在中国康复医学会教学成果比赛中获三等奖；在全国医药行业特有职业技能竞赛中获二等奖 1 个、三等奖 8 个；在湖南省大学生学习贯彻习近平新时代中国特色社会主义思想成果展示竞赛中获一等奖；在湖南省职业院校教师职业能力竞赛思想政治教育教学能力比赛中获三等奖；在湖南省高职高专院校信息素养大赛中获二等奖 4 个、三等奖 3 个；在湖南省肿瘤医院护理实习生风采展活动中获一等奖；在“黄炎培杯”全国大学生投资理财技能大赛中获一等奖 1 个、二等奖 2 个、三等奖 1 个、优秀指导教师奖 1 个；在湖南省高校思想政治理论课数字化教学资源评选中获二等奖 2 个；在湖南省职业院校技能竞赛高职中药传统技能比赛中获一等奖 1 个、二等奖 2 个；在湖南省职业院校技能竞赛高职护理技能比赛中获二等奖、优秀指导老师奖各 1 个；在长沙市健康科普宣讲大赛中获优秀作品奖 2 个、优胜奖 1 个。（朱亚君）

【独立学院转设工作启动】 2020 年 5 月，教育部下发《关于加快推进独立学院转设工作的实施方案》，提出“转为公办、转为民办、终止办学”的转设路径，明确“鼓励各地积极创新，可探索统筹省内高职高专教育资源合并转设”的指导意见。湖南省教育厅启动全省 14 所独立学院的转设工作，按照省教育厅转设方案，长沙市辖区内的 4 所独立学院启动转设工作，市政府成立长沙市独立学院转设工作领导小组。（李 滔）

【长沙学院实现本科一批招生】 2020 年 7 月，湖南省教育厅印发《关于湖南工程学院等五所普通高校调入我省本科一批录取的通知》，决定 2020 年长沙学院调整到本科一批招生。9 月招生工作结束，学校 2020 年度本科录取投档线、投档位次均位列省内新升一本院校首位。（李 滔）

【市属高职院校参加全省职业院校技能竞赛】 2020年，长沙市高职院校在湖南省教育厅组织的职业院校技能竞赛中取得较好成绩，尤其是长沙商贸旅游职业技术学院、长沙职业技术学院和湖南信息职业技术学院3所公办高职，在全省70余所高职的获奖统计中总分排名进入前十位，获湖南省职业院校技能竞赛团体二等奖1个、三等奖1个；获个人团体赛一等奖15个、二等奖32个、三等奖37个；获个人赛一等奖4个、二等奖8个、三等奖6个。 （李 滔）

【长沙高校参加第六届湖南省“互联网+”大学生创新创业大赛】 2020年8月31日，“我敢闯我会创”为主题的“建行杯”第六届湖南省“互联网+”大学生创新创业大赛暨全国选拔赛在南华大学举行。大赛由湖南省教育厅主办，省就业指导中心和南华大学承办。大赛分为高教主赛道、“青年红色筑梦之旅”赛道和职教赛道3条赛道，共10组。大赛利用新媒体、线上课堂、5G虚拟现实等线上工具扩大赛事影响力，110所高校、7.7万余个项目、近3万名学生报名参赛，最终384个项目进入决赛。长沙高校在大赛各赛道中获一等奖40个。

（李 滔）

表42 2020年长沙市普通高等学校一览表

（截至2020年6月30日）

序号	学校名称	学校标识码	主管部门	所在地	办学层次	备注
1	湖南大学	4143010532	教育部	长沙市	本科	
2	中南大学	4143010533	教育部	长沙市	本科	
3	长沙理工大学	4143010536	湖南省	长沙市	本科	
4	湖南农业大学	4143010537	湖南省	长沙市	本科	
5	中南林业科技大学	4143010538	湖南省	长沙市	本科	
6	湖南中医药大学	4143010541	湖南省	长沙市	本科	
7	湖南师范大学	4143010542	湖南省	长沙市	本科	
8	湖南工商大学	4143010554	湖南省	长沙市	本科	
9	长沙医学院	4143010823	湖南省教育厅	长沙市	本科	民办
10	长沙学院	4143011077	湖南省	长沙市	本科	
11	湖南财政经济学院	4143011532	湖南省	长沙市	本科	
12	湖南警察学院	4143011534	湖南省	长沙市	本科	
13	湖南女子学院	4143011538	湖南省	长沙市	本科	
14	湖南第一师范学院	4143012034	湖南省	长沙市	本科	
15	湖南涉外经济学院	4143012303	湖南省教育厅	长沙市	本科	民办
16	湖南师范大学树达学院	4143012652	湖南省教育厅	长沙市	本科	民办
17	湖南农业大学东方科技学院	4143012653	湖南省教育厅	长沙市	本科	民办
18	中南林业科技大学涉外学院	4143012656	湖南省教育厅	长沙市	本科	民办
19	湖南中医药大学湘杏学院	4143012661	湖南省教育厅	长沙市	本科	民办
20	长沙理工大学城南学院	4143013635	湖南省教育厅	长沙市	本科	民办

续表 42

序号	学校名称	学校标识码	主管部门	所在地	办学层次	备注
21	长沙师范学院	4143013806	湖南省	长沙市	本科	
22	湖南信息学院	4143013836	湖南省教育厅	长沙市	本科	民办
23	长沙民政职业技术学院	4143010827	湖南省	长沙市	专科	
24	湖南工业职业技术学院	4143010830	湖南省	长沙市	专科	
25	湖南信息职业技术学院	4143010865	湖南省	长沙市	专科	
26	湖南税务高等专科学校	4143011601	湖南省	长沙市	专科	
27	长沙航空职业技术学院	4143012055	空军装备部	长沙市	专科	
28	湖南大众传媒职业技术学院	4143012300	湖南省	长沙市	专科	
29	湖南科技职业学院	4143012304	湖南省	长沙市	专科	
30	湖南生物机电职业技术学院	4143012343	湖南省	长沙市	专科	
31	湖南交通职业技术学院	4143012397	湖南省	长沙市	专科	
32	湖南商务职业技术学院	4143012401	湖南省	长沙市	专科	
33	湖南体育职业学院	4143012423	湖南省	长沙市	专科	
34	湖南工程职业技术学院	4143012425	湖南省	长沙市	专科	
35	保险职业学院	4143012596	湖南省	长沙市	专科	
36	湖南外贸职业学院	4143012597	湖南省	长沙市	专科	
37	湖南网络工程职业学院	4143012598	湖南省	长沙市	专科	
38	湖南司法警官职业学院	4143012601	湖南省	长沙市	专科	
39	长沙商贸旅游职业技术学院	4143012603	湖南省	长沙市	专科	
40	湖南邮电职业技术学院	4143012845	湖南省	长沙市	专科	
41	长沙环境保护职业技术学院	4143013031	湖南省	长沙市	专科	
42	湖南艺术职业学院	4143013032	湖南省	长沙市	专科	
43	湖南机电职业技术学院	4143013033	湖南省	长沙市	专科	
44	长沙职业技术学院	4143013036	湖南省	长沙市	专科	
45	长沙南方职业学院	4143013041	湖南省教育厅	长沙市	专科	民办
46	长沙电力职业技术学院	4143013938	湖南省	长沙市	专科	
47	湖南水利水电职业技术学院	4143013939	湖南省	长沙市	专科	
48	湖南现代物流职业技术学院	4143013940	湖南省	长沙市	专科	

续表 42

序号	学校名称	学校标识码	主管部门	所在地	办学层次	备注
49	湖南安全技术职业学院	4143014025	湖南省	长沙市	专科	
50	湖南外国语职业学院	4143014072	湖南省教育厅	长沙市	专科	民办
51	湖南都市职业学院	4143014121	湖南省教育厅	长沙市	专科	民办
52	湖南电子科技职业学院	4143014122	湖南省教育厅	长沙市	专科	民办
53	湖南三一工业职业技术学院	4143014322	湖南省教育厅	长沙市	专科	民办
54	长沙卫生职业学院	4143014358	湖南省	长沙市	专科	
55	湖南食品药品职业学院	4143014359	湖南省	长沙市	专科	
56	湖南劳动人事职业学院	4143014508	湖南省	长沙市	专科	
57	长沙幼儿师范高等专科学校	4143014692	湖南省	长沙市	专科	

说明：名单不含国防科技大学

（资料来源：市教育局）

社会教育

【概况】　2020年，长沙市重视社区教育和市民终身学习工作，连续11年举办长沙市全民终身学习活动周，均获全国全民终身学习活动周优秀组织奖。全市建成全国社区教育示范区3个、全国社区教育实验区2个、全国数字化学习先行区3个、全国社区教育示范街镇17个、全国创建学习型社区示范街镇2个、省级社区教育实验区5个。覆盖全市城乡的四级社区教育网络基本形成，全市有社区大学1所、区县（市）社区学院10个、市级示范性社区学校100所、市级示范性社区学习中心107个、社区老年教育基地36个。

【开展疫情防控线上学习】　2020年疫情期间，长沙市组织线上学习培训，及时推送最新防疫知识，服务复工复产。社区大学主动与国家数字化学习资源中心对接，引进60门“新型冠状病毒防控公益系列课程”微视频，并通过“乐学长沙”公众号发布《疫情防控倡议书》《停课不停学，我们在努力》等信息，宣传引导百姓学习疫情防控知识。开展线上学习竞赛活动，组织学员创作抗“疫”作品，传递正能量。各区县（市）通过微信、QQ、直播等多种线上课堂形式，开设家庭教育系列精品微课程、新冠疫情心理辅导、农民“指尖课堂”等课程，为全民学习提供更好的服务。

【精品课程进社区活动】　2020年，长沙市面向全市征集社区教育优秀教师248名，扩充社区教育师资库。组织完成2020年长沙社区大学“终身学习精品课程进社区”送课活动，推出61门精品课程，暑期和全民终身学习活动周前后，送课211次，覆盖116个社区，参与人次4500余人次。

【社区教育项目建设和品牌培育】　2020年，长沙市开展社区教育优秀微课程遴选，培育终身学习品牌及优秀学习团队，举办味道长沙社区美食烹饪大赛、全市摄影大赛等竞赛活动，打造老年教育、农民教育、新市民教育、青少年课后教育等具有本土特色的社区教育模式，促进社区教育内涵发展。雨花区“非遗梦工厂”获全国“特别受百姓喜爱的终身学习活动品牌”，邓运姣被评为全国百姓学习之星，长沙县“槊梨古镇轶事”被评为全国精品乡土课程；长沙社区大学被评为“湖南省社区教育培训基地”，岳麓区梅溪湖街道社区学校等4所社区学校被评为省级优秀社区学校，“互联网+老年教育的实践与探索”等8个工作案例被评为省社区教育优秀案例，“幸福读书会”等4个学习活动品牌、“红飘带艺术团”等3个优秀学习团队、石彪家庭等3个家庭分别被评为省终身学习品牌、优秀学习团队、学习型家庭等。

【全民终身学习活动周】　2020年11月20日，由长沙市委、市政府主办，长沙市教育局、市文明办承办，长沙社区大学协办的“全民智学，助力双战双赢”为主题的2020年长沙市全民终身学习活动周启动。开幕式上，长沙市示范性社区学习中心、老年教育基地、学习型家庭、优秀学习团队、终身学习品牌和百姓学习之星等一批先进集体和个人受到表彰。活动周期间，市直部门和各区县（市）开展370余项学习活动，其中各类赛事活动11场次，各类展示活动12场次，论坛、观摩、咨询、交流、活动102场次，各类讲座22场次，培训辅导92场次，送教活动145场次。

【首届长株潭城市群社区教育发展论坛】 2020年12月18日在浏阳市集里街道龚家桥社区举行，长株潭教育局和社区大学的代表共同研讨社区教育发展。论坛以“加强区域合作 促进社区教育发展”为主题。全国社区教育专家、教育部社区教育研究中心原主任周延军，以《教育现代化背景下的社区教育创新发展》为题作主旨报告。长株潭代表结合自身实际，从不同角度介绍社区教育工作情况以及对未来工作的思考。

（本栏撰稿 李 滔）

民办教育

【概况】 2020年，长沙市有教育行政部门审批管理的各级各类民办学校3211所，其中高职院校5所、专修学院30所、中职学校30所、中小学52所（含国际学校1所）、幼儿园1563所、培训学校1530所。市教育局直管民办学校（含市县共管）87所，包括高职院校5所、专修学院31所（含长郡卫星远程学校）、中职学校28所、中学23所（含国际学校1所）。对2019年度办学情况进行评估，市本级75所参评学校中，15所学校被认定为“优秀”，42所学校被认定为“合格”，13所学校被认定为“基本合格”，5所学校被认定为“不合格”。召开市管民办学校负责人会议，讲评年度评估情况，并一对一下发整改通知书，要求学校限期整改，强化年度评估的导向作用，督促民办学校依法办学。邀请省委教育工委维稳办负责人为民办学校董事长和校长作安全管理工作主题讲座，强化安全意识，提升安全管理能力和水平。完成10所民办义务教育学校和12所民办中职学校专项审计，并下发整改通知书督促学校限期进行整改。印发《关于建立长沙市民办学历教育学校教育阳光服务平台的通知》，要求学校建立阳光服务站，明确专人，落实学校处理投诉的主体责任，将处理投诉的关口前移，减少越级投诉举报。联合市发展改革委出台《关于长沙市2019年秋季公参民办学校学费收费标准及相关事宜的通知》，审批和备案公参民办收费标准。召开规范民办学校办学行为工作推进会，梳理、通报和讲评全年有责投诉，并邀请市发展改革委相关处室负责人解读和培训收费政策。落实市改革重点项目任务，配合出台《关于进一步加强长沙市民办学校教师队伍建设的若干意见》，就教师聘任、教职工管理、职称评定、继续教学学分等方面出台措施，召开专题会议就文件落实进行政策解读培训，规范民办学校教师队伍建设。统筹省、市民办教育专项资金，按照向学历教育学校和非营利性学校倾斜的原则，重点扶持53所民办学校（幼儿园、培训学校），其中用于支持规范优质民办学校发展、鼓励有担当有责任的民办学校550万元，用于支持重大项目建设的150万元，发挥民办教育专项资金的引导作用。在2020年湖南省民办教育工作大会上，长沙市作题为《多措并举 精准施策全力防范化解民办学校办学风险》的典型经验介绍。

【校外培训机构和无证幼儿园专项治理】 2020年，长沙市印发《2020年度校外培训机构专项治理方案》和《2020年长沙市无证幼儿园专项治理实施方案》，市教育局联合市民政局、市市场监督管理局、市公安局、市住建局、市城管局等联席会议成员单位对专项治理情况开展督查。全年全市查处违规办学机构58家、无证办学机构147家，其中查处培训机构超前教学行为并予以行政处罚的34起，查处无证机构办学行为并予以行政处罚的35起，全市无证办学机构实现动态清零。全年全市排查摸底出的98家无证幼儿园，全部治理到位，其中44家作为公办幼儿园的教学点纳入监管，24家审批办证，30家取缔关停，如期完成省政府的交账任务。

【《关于降低疫情影响做好民办幼儿园和培训学校帮扶工作的通知》出台】 2020年5月22日，通过市政府会议审议，长沙市教育局联合13家市直部门印发《关于降低疫情影响做好民办幼儿园和培训学校帮扶工作的通知》，要求各区县（市）通过拨付资金、减免租金、延期纳税、金融扶助等措施，为民办幼儿园和培训学校纾困，帮助平稳运转。将全市各级各类民办学校纳入全市疫情统筹防控体系，防控任务统一部署、统一培训、统一调度、统一检查，确保全市民办学校平安、有序、顺利开学。

【首届全市民办教育法律法规知识竞赛】 2020年7月，长沙市教育局印发举办全市民办教育法律法规知识竞赛活动的通知。9月27日，由长沙市教育局主办、湖南师大二附中承办的民办学校教育法律法规知识抢答赛决赛开赛。经过初赛选拔，从区县（市）组、高职中职组、中小学组和专修组4个组别中选拔出的274名民办学校教师和管理人员进入复赛。复赛以集中笔试的方式进行，选拔出的8支代表队在长沙市湖南师范大学第二附属中学进行决赛。决赛设置必答题、抢答题等多个环节。最终产生团体一等奖1名、团体二等奖3名、团体三等奖4名以及优秀组织奖3名；产生个人一等奖3名、个人二等奖9名、个人三等奖12名。

（本栏撰稿 王 威）

师资建设

【概况】　2020年，长沙市各级各类学校有教职工19.21万人。新增市级卓越教师105名，正高级教师、省特级教师各37名；市直学校引进世界学科前百名的和国内“双一流”高校研究生236名；招（转）聘备案制教师336名，望城区120名编外合同制教师转聘备案制，长沙县校聘教师占比低于15%。市政府表彰优秀教师259人；新建市级名师农村工作站10个，培养定向公费师范生399人。组织市级以上教师培训近6万人次。　（汪建业）

【长沙市遴选第三批市级卓越教师】　2020年7月13日，根据长沙市教育局、市财政局、市人力资源和社会保障局印发的《长沙市中小学（幼儿园）卓越教师队伍建设实施方案》和长沙市教育局发布的《关于遴选第三批长沙市中小学（幼儿园）卓越教师的通知》精神，经个人申报、单位推荐、专家遴选，市教育局发文确认入选的第三批市级中小学卓越教师105人，其中学科带头人10人、骨干教师45人、教学能手45人。　（张　群）

【第四届第二批市级中小学名师工作室和第一个中职学校技能名师工作室成立】　2020年9月29日，长沙市教育局公布成立第四届第二批市级中小学名师工作室，分别为张洁学前教育名师工作室、何灵芝中学英语名师工作室、王柱根初中历史名师工作室、旷海彬小学数学名师工作室；同时公布成立第一个中职学校技能名师工作室：姚博瀚汽车制造与检修技能名师工作室。名师工作室的任期从2020年9月30日起至2023年9月30日止。　（张　群）

【第五批10个名师农村中小学工作站设立】　2020年，长沙市教育局在长沙县、望城区、浏阳市、宁乡市、岳麓区5个有农村乡镇学校的区县（市），建设第五批10个市级名师农村中小学工作站，20位城区学校特级教师、正高级教师、卓越教师驻站工作，204位农村骨干教师成为名师农村工作站入选学员，设站学校为长沙县第二中学、长沙县福临镇中心小学、望城区白箬中心小学、浏阳市第四中学、浏阳市高坪初级中学、浏阳市大圣初级中学、宁乡市龙田九年制学校、宁乡市第五高级中学、宁乡市五里堆初级中学、岳麓区莲花实验中学。9月25日，在长沙教育学院举行授牌仪式。12月30日，湖南省委教育工作领导小组在《湖南教育快讯》推介长沙市名师农村工作站建设经验，文章标题为《长沙：名师工作站为农村教育发展赋能》。　（陈利群）

【首批市级名校长工作室任期考核】　2020年，长沙市教育局组织对2017年成立的首批7个市级名校长工作室开展任期考核，李素洁校长工作室、刘维朝校长工作室、曾庆桂校长工作室、龙继红校长工作室、李臻校长工作室、周大战校长工作室、罗晓红园长工作室被评为优秀等次。　（江　晨）

【在职中小学教师违规补课专项整治】　2020年，长沙市教育局将在职中小学教师违规补课专项整治列为年度重点工作。市教育局教师工作处牵头推进该项工作，主要采取以下措施：实行违规补课情况周报制，各区县（市）教育局在辖区内、各中小学校在校园周边进行常态化巡查，并在每周一上报巡查和查处情况，及时掌握了全市在职教师违规补课整治数据；加强巡查暗访，市教育局督查组先后在长沙市南雅中学等学校及周边小区巡查16次，现场查获多名违规补课教师；委托长沙电视台政法频道，暗访违规办学的培训机构，同时调查参与违规补课的在职中小学教师；在开学工作督导中，专项检查各市属学校和区县（市）教育局师德师风建设、特别是学校在违规补课专项整治中的履责情况；暑假前专题部署违规补课整治工作，要求各区县（市）教育局、各学校落实主体责任，提交整治方案，成立督查组，明察暗访区域内和学校周边的违规补课现象，及时查处违纪教师和违规补课机构。2020年，全市处理、处分违规补课的在职中小学教师55人，其中公办教师被记过处分32人，党内严重警告并记过1人，行政警告2人，公办学校临聘教师被辞退处理20人，查获的6名外地在长沙违规补课的教师上报省教育厅处理。　（曾召文）

【乡村教师公费定向培养师范生招生】　2020年，长沙市省级乡村教师公费定向培养年度计划招生399人，满额完成招录任务，高中起点毕业生招生录取145人；初中起点毕业生招生录取254人。　（黄雪蕾）

【市直单位用人选人工作】　2020年，市直单位公开招录备案制教师154人，择优转聘备案制教师45人，引进公费师范生33人、“双一流”高校研究生64人、优秀教育人才10人。在人才引进工作中，进行两点改革创新：扩大优秀人才的引进范围，新增对世界学科排名前100名的国（境）外高校研究生开展引进工作；扩大用人单位选人、用人自主权，由用人单位根据单位实际，到高校或面向社会开展公费师范生、“双一流”高校研究生和国（境）外高校研究生的引进工作。　（郑　敏）

【备案制教师管理工作】　2020年，长沙市教育局出台《关于规范长沙市公办学校备案制人员备案事项的通知》，指导和督促市直各学校、各区县（市）教育行政部门开展备案制教师管理工作。截至2020年12月20日，芙蓉区、天心区、开福区、高新区、望城区、长沙县6个区县（市）已经开展备案制教师的招录和转聘工

作，全市招录（转聘）备案制教师336名，消化公办学校编外合同制教师3396名。（郑　敏）

【支教工作】　2020年，长沙市选派348名教师到邵阳等地开展“三区”支教工作，组织支教教师参加全省2019—2020学年“支教路·‘三区’情”征文，全市261篇优秀作品获奖，长沙市教育局获“优秀组织奖”，人事处报送的《人民教师为人民　不忘初心勇担当》获管理类征文一等奖。市教育局人事处组织编印《长沙支教印记（2019—2020学年）》。组织选派新一批16名教师到新疆开展支教工作，对山南地区“组团式”援藏开展对口支援工作，由长沙市实验小学对接山南三小，实现山南湖南优质教育资源共享。开展对国防科大附属中学的支教工作，在市直属学校选派1名校长、1名副校长、6名教师到国防科大附属中学开展为期3年的支教工作。根据《关于做好2020年“三区”支教工作的通知》文件精神，经与对口支援地教育局协商，安排绥宁、新邵、武冈三地22名教师到长沙进行跟岗培训。为加强跟岗培训教师的管理，促进跟岗培训教师专业素养的全面提升，制定《长沙市教育局直属学校跟岗培训教师管理办法》。（郑　敏）

【第36个教师节暨优秀教师表彰】　2020年9月9日，长沙市庆祝第36个教师节暨优秀教师表彰大会在长沙市会议中心举行。474名优秀教师、优秀教育工作者、优秀校长和10个名师团队、59个单位、45个教育科研项目受到表彰奖励，总奖金453.5万元。（郑　敏）

2020年9月9日，长沙市庆祝第36个教师节暨优秀教师表彰大会在长沙市会议中心举行　　市教育局　供图

【从教满20年乡村教师统计工作】　长沙市教育局组织开展“乡村学校从教满20年教师荣誉证书”符合条件的教师对象摸底造册工作。截至2020年6月30日，全市在县市区人民政府驻地以外的乡镇中心区、村庄学校任教年限累计满20年、不满30年的在职在编教师（含学校管理干部）和离退休教师9694人。经县、市级教育行政部门、人力资源和社会保障部门审核通过，并公示无异议后，上报到湖南省教育厅。（郑　敏）

【公办学校教师医疗保险困难解决】　2020年，针对公办学校教师参加公务员医疗补助待遇存在差别对待的现象，长沙市教育局与市财政局、市人力资源和社会保障局、市医保局、市医疗保障事务中心等单位进行协调，并报请市政府召开2次专题会议研究，形成《关于公务员医疗补助有关问题的会议纪要》，同意市本级未纳入公务员医疗补助的财政全额拨款单位正式在编人员和市本级公办学校备案制教职工纳入享受公务员医疗补助相关待遇范围，明确经办流程，解决教师信访难题。（郑　敏）

【教师公寓管理】　2020年，长沙市教育局组织开展教师公寓租住情况清理及第四批租住申请工作。修订完善《长沙市青年教师公寓管理办法（试行）》，加强对公寓的管理和督查，清退37名不符合条件人员；组织开展第四批租住人员申报工作，计划2021年1月初安排入住。（李　彤）

文 化

CULTURE

编辑 江 雷

公共文化

【概况】 2020 年，长沙市完成 100 个标准化村（社区）综合文化服务中心建设，建成旅游厕所 135 座，提质升级图书馆分馆 100 家，文化馆分馆 50 家，补充新图书 6 万余册，更新设备 30 余套。长沙图书馆总分馆服务体系建设被文化和旅游部评为 6 个典型案例之一。全市 170 个乡镇（街道）文化站、1565 个村（社区）文化服务中心全部实行免费开放，年服务群众 2000 万余人次。年内开设百姓大讲堂、公益培训班、抖音直播课等培训班 114 个，开展阅读活动 4163 场。浏阳市被评为全国书香城市。长沙县文化馆被评为第八届全国服务农民、服务基层文化建设先进集体。浏阳市图书馆、长沙县福临镇综合文化站入选全国文化和旅游公共服务机构功能融合试点单位。实施数字文旅“云游”计划，推出抗疫作品 458 件，37 件作品获优秀；开展“云游长沙”、云直播等活动 500 余个，推出“在线艺术课堂”，线上服务 435 万余人次。线下策划实施长沙群众文艺轻骑队走基层、“百姓大舞台·有艺你就来”等活动。滨江文化园入园人数 352 万余人次。市电影发行放映中心、银宫影剧院完成公益电影放映任务 6368 场。

（陆明榜　刘　婷）

【长沙市图书馆庆祝建馆 60 周年】 2020 年 12 月 27—28 日，长沙市图书馆举办以“文脉菁华·悦读华章”为主题的庆祝建馆 60 周年系列活动。湖南省政协原副主席、省文联原主席谭仲池，湖南省文化和旅游厅党组成员、副厅长尚斌，长沙市委常委、宣传部部长陈刚，省文化和旅游厅公共服务处处长龚铁军等出席启动仪式，长沙市委宣传部常务副部长杨长江主持启动仪式。中国图书馆学会理事、南开大学教授、长江学者柯平，湖南图书馆馆长贺美华，湖南省图书馆学会理事长邹序明等专家，湖南省各地州市图书馆馆长，长沙市各区县（市）文旅广体局负责人，长沙市图书馆金牌阅读推广人、优秀读者、退休老馆员、总分馆馆员代表共 200 余人参加活动。馆庆期间，新开 5 家地铁自助图书馆，推出“云锦传福”总分馆网借平台，策划组织经典文学读演市集、剧本阅读解谜游戏、VR 数字阅读大冒险、寻宝地图、童书盲盒拆拆乐、“长图 666”换个大包来借书等活动，启动文学影视主题展、“纸短情长——湖湘党史人物红色诗文主题书法展”等展览 。《长沙市图书馆 60 年》一书已出版。举办“新时代·新机遇·新发展——‘十四五’时期公共图书馆高质量发展论坛”。馆庆期间收到来自国家图书馆及全国其他省市图书馆、著名作家、社会名人、各行从业人员 70 余份祝福、祝贺。长沙市图书馆 1960 年建馆，馆舍面积增长 370 倍，馆员增长 41 倍，藏书增长 36 倍，年服务读者增长 90 倍，数字资源 200TB，事业经费从 1.45 万元提高到 3700 万元，图书馆数量从 5 家发展到 130 家。

（周　微）

【第七届长沙阳光娱乐节】 2020 年 1 月 14 日，由长沙市委宣传部、市文旅广电局等多个单位联合主办的长沙市第七届阳光娱乐节闭幕，数十家优秀文旅企业在闭幕式上受到表彰。第七届长沙阳光娱乐节，主动响应国家文旅部、省文旅厅和市委、市政府阳光娱乐新要求，发挥长沙娱乐品牌优势，开展七大系列活动，突破传统行业壁垒，组织近千家企业参与，展示长沙形象，体现省会担当。百万游客“赏”长沙系列活动，累计接待旅游团队 1000 个，接待游客 3000 万人次；10 万群众进歌厅暨寻味夜色下老歌厅系列活动，有琴岛、红太阳、温莎、魅力四射等 100 余家文化旅游企业参与，在长沙市各大区县组织现场赠票活动 10 余场，向当地群众及到长沙游客赠票 1 万余张；阳光相伴 · 乐享长沙——旅游饭店消费季，组织各大旅游饭店推出系列惠民政策，吸引广大到长沙游客，同期推出“舌尖上的中国”酒店美食活动及网红进店打卡活动；英雄联盟电子竞技大赛暨 COSPLAY 巡展，组织长沙五区各大网吧参赛队伍共计 165 支，举办比赛 50 余场；大美长沙“醉”美星城——网红短视频传播大赛，利用新媒体平台，有效带动广大年轻人群及文旅企业参与，有 224 个视频参赛，视频传播总量 849 万次，点赞总量超过 20 万次，单视频点赞 4.4 万次。

（刘　婷）

【长沙美术馆开馆展】 2020 年 9 月 12 日，长沙美术馆搬迁至新场馆后举办开馆首展，举行“长沙美术馆开馆展言事言情总断魂——走入齐白石的艺术境象”开幕式。该展览通过精心筹划，从北京中艺达晨艺术品投资管理有限公司、湖南省博物馆、湖南省图书馆共借展 93 组件，涵盖山水、花鸟、瓜果、虫鱼、书法、篆刻等题材，配以艺术年表、画语录、珍贵视频等文献资料，是齐白石艺术作品较为完整、内容层次多样的一次珍贵展览。特邀北京画院院长、北京画院美术馆馆长吴洪亮作为策展人，以“行尽烟波家万里”“瓜土桑阴俱似旧”“虫入藤溪是雅君”“何处名园有佳果”“昆刀截玉露泥痕”五个单元进行深入策展。展览开篇和尾声分别是齐白石 2 幅具有特殊意涵作品《樱桃》和《葫芦》，《樱桃》点题，《葫芦》升华主题，形成首尾呼应。为让观众切身感受齐白石画作情趣，展览还从齐白石的花卉藤木作品中提取意象，在展厅中搭建竹篱、廊架，以沉浸式体验让观众身临其境地进入齐白石艺术境象。展厅出口附近设置公教互动区域，借用齐白石篆刻作品元素，使观众参与其中，寓教于乐。

（刘　婷）

【长沙“书香夜市”】 2020 年 8 月 7 日，长沙“书香夜市”亮相，充分利用热门“摆摊”方式，为游客、市民提供乡音读诗、雕版印刷、生僻字和成语挑战等文化互动体验。挑战成功的参与者能在特别定制的知识盲盒里，抽取包括30余本文旅类电子书、畅销有声读物以及茶艺、书法等主题慕课在内的“知识礼物”作为奖励。知识盲盒还加入古麓山寺钟声、潮宗街故事等长沙声音，让游客能够将不一样的书香长沙带回家。为增强市民的人文素养，树立城市“主人翁”意识，长沙“书香夜市”面向全市招募120余名志愿者摊主，邀请爱书人、有才艺的市民一同推广阅读。“书香夜市”展示地方文化IP形象“文人猫”，其设计灵感来源于唐朝潭州临湘（今湖南长沙）人——著名书法家欧阳询，展现长沙文人气质；摊位的桌布和门头图案也属于长沙文创之一，其主体图案取材于长沙马王堆出土的食器、酒器。器皿上的“君幸食”（即劝君进食之意）、“君幸酒”（即请君饮酒之意）几个字，代表长沙热情的待客之道，亮相火宫殿夜市不仅十分应景，也颇具长沙地方特色；摊位上的广告语“多读书，不得输”来源于长沙民谚，展现长沙读书人的调子，表达长沙人一种不轻易放弃的精神。2020年，“书香夜市”走进火宫殿坡子街、新国潮汉服文化节，吸引来自沈阳、广东、江西、黑龙江、武汉以及湖南各地的10万余名游客驻足体验。通过“卖”知识、“卖”故事，展现长沙书香文化与美食历史文化融合魅力；通过让“诗”和“远方”牵手，让长沙这座网红城市成为游客心中最美的目的地。长沙市图书馆用书香点亮长沙城市的夜晚，也以书香文化向全国游客传递文明长沙的良好城市形象。（周　微）

【第八届长沙阳光娱乐节】　2020年12月31日，由湖南省文化和旅游厅、长沙市人民政府指导，长沙市委宣传部、市文旅广电局、市公安局、市市场监管局、市文化市场综合执法局等单位联合主办的第八届长沙阳光娱乐节在湖南华天大酒店开幕。在疫情防控常态化背景下，随着文化和旅游进一步融合，消费潜力被逐步激发，拉动内需，构建发展新格局，赋能区域经济高质量发展，文旅行业无疑是重要引擎。该届阳光娱乐节系列活动是长沙主动对接国家战略、拉动内需刺激消费的有效载体；是赋能经济提质升级、落实文旅惠民战略的有益尝试，主要包含启动仪式、“文旅联盟惠万家”长沙市文化旅游联盟秋冬消费季、“镜像文旅·大美长沙”第八届阳光娱乐节摄影大赛暨“大美长沙”图片展、长沙文化旅游市场转型升级创新发展研讨会暨第八届阳光娱乐节闭幕式等主题活动。阳光娱乐节围绕“以人民为中心，让大众享文化”宗旨，将文化情怀与旅游魅力紧密融合，提供更多优质的公共文化服务，提供更多更好的文旅消费产品，让文化消费真正地成为市民新期待、时代新风尚，全面提升人民群众的幸福感和获得感。启动式上，发布该届长沙阳光娱乐节系列活动内容，推介文旅消费新产品，成立文旅消费联盟，推出文旅惠民新政策，进一步搅动市场参与，提升市场活力，促进文化旅游领域经济发展，树立全市文旅产业健康文明形象，共同应对后疫情时代长沙文旅行业的新机遇、新挑战。市委常委、市委宣传部部长陈刚表示，文化旅游业是社会经济活力的重要风向标，是刺激消费、推动发展的重要途径，也是各级政府创新实施文化惠民工程、努力提升人民获得感和幸福感的重要保障，希望长沙文旅系统以阳光娱乐节系列活动为契机，增强文化自觉、坚定文化自信，坚定走文化与旅游融合之路，推动各类市场主体发展壮大，坚持社会效益和经济效益有机统一，努力实现文旅产业高质量发展，以优异成绩向建党100周年献礼。（刘　婷）

【长沙图书馆信息咨询服务】　2020年，长沙图书馆依托馆藏文献与数字化资源，编印《2020年长沙市“两会”专题资料汇编》，选取创新驱动、产业经济、民生关切、文旅融合与文化产业、城市管理与社会治理5个专题，聚焦智能制造、脱贫攻坚、优化营商环境、数字文化产业等热点，搜集业界最新发展动态、专家权威观点、国内外成功案例、其他省市经验，供政协委员履职参阅。在长沙市“两会”服务现场，长沙图书馆为代表、委员办理免押金“一卡通”借阅证，提供“两会”热点相关图书借阅、电子书刊阅读及下载服务，参考咨询馆员现场为代表、委员撰写提案、议案提供信息检索和咨询、文献下载服务，为委员办证120余张，借出图书300余册，提供信息咨询400余人次。市图书馆还根据代表、委员需求，建立长期服务档案，根据课题、工作、学习需求推荐阅读书单，进行课题跟踪咨询等服务。长沙图书馆拥有纸质馆藏170万余册，数字资源存储总量超过100TB，推动智慧图书馆建设，以智能管理和智慧服务为目标，利用人工智能、可视化、个性化、机器学习等技术，在数据开放环境下，增强图书馆资源发现、信息提供、知识获取效能，为市民终生学习提供资源和服务保障，为智慧城市发展提供智力支撑。2020年1月7日，省委常委、长沙市委书记胡衡华参加市政协十二届四次会议第一联组讨论后，在市政协主席文树勋陪同下，到长沙图书馆开设在枫林宾馆的“两会”信息咨询服务点视察指导，对市图书馆开展决策参考咨询工作、进驻“两会”现场服务给予肯定。（刘　婷）

【长沙图书馆馆员高级研修班】　2020年2月，受疫情影响，公共图书馆处于暂时闭馆状态，长沙图书馆启动馆员高级研修班线上课程，依托公共文旅云，向省内相关从业人员开放。长沙图书馆馆员高级研修班由长沙市文化旅游广电局主办，长沙市图书馆、中南大学医药信息系承办，长沙市图书馆学会执行。为实现“延期开馆不停学”，高级研修班授课模式从面授调整为线上直播，签到、授课、互动、汇报均在线上完成，做到“标准不降低、学习不停顿”，线上课程为期5天，共20个课时，邀请中南大学文庭孝、李后卿、胡德华3名教授为学员讲授图书馆学的学科专业知识，包括知识管理、《公共图书馆法》解读、信息检索与利用。第一堂线上直播课吸引130名学员观看，第二堂课听课人数160余名，学员中有长沙图书馆总分馆馆长、馆员，还有株洲、衡阳、常德等省内其他地市的图书馆员。

（刘 婷）

【“长沙的美 百里挑一”系列影展】 2020年8月11日，“长沙的美 百里挑一”系列影展在长沙图书馆四楼展厅开幕。该影展由长沙市文化旅游广电局指导，中国城市新闻网媒联盟和星辰在线联合推荐，长沙市图书馆支持。图片均为公益鉴赏，线上展出的原100余幅长沙百景图系列海报基础上，精心挑选61幅适合线下影展的高清大图进行呈现，用一幅幅大气磅礴、生动活力的影像，带市民游客近距离探索长沙“山水州城”的魅力。长沙百景图系列海报主要分为“吃住行游购娱”等几大类，自3月线上推出以来，点击率1000万余人次，“刷爆”长沙人朋友圈，让网红城市长沙不断升温。（刘 婷）

【第六届“百姓大舞台·有艺你就来”群众文艺团队展演】 202年12月14日，2020第六届“百姓大舞台·有艺你就来”群众文艺团队展演活动在长沙实验剧场上演，来自全市优秀群文团体为观众送上16个精彩节目。该活动由长沙市文旅广电局主办，长沙市群众艺术馆承办。展演活动分“序”“湘情湘韵”“红色记忆”“为了人民”“祝福祖国”5个部分，展演包含16个节目。整场晚会约500人的演出阵容，700余人观看演出。晚会还通过国家公共文化云、湖南文旅云、“长沙群艺馆”微信公众号同步直播，没有到现场的观众可以在网上收看晚会。展演活动经过各区县（市）文化馆选拔，44支团队、44个节目入围群众文艺团队大赛，最终选出16个节目进入展演，266万余观众在线观看演出并为团队节目投票。“百姓大舞台·有艺你就来”千团万户百万市民才艺大赛是长沙市自主打造的群众文化品牌活动，成为全市群众文艺爱好者以“艺”会友、展示风采的重要平台。（刘 婷）

【2020年长沙市公共图书馆馆长暨县域图书馆总分馆交流会】 2020年5月21日，2020年长沙市公共图书馆馆长暨县域图书馆总分馆交流会在长沙县召开。会上，长沙市图书馆馆长通报2019年全市总分馆效能情况，部署2020年主要工作，长沙各区县馆长对上一年工作作了经验总结和交流，长沙市文化旅游广电局局长杨长江对长沙县总分馆建设给予充分肯定，对其他区县建设工作提出相关要求。参会人员参观长沙县图书馆“悦读”空间、总分馆运营监控现场，到长沙县安沙分馆、福临分馆交流长沙县县域总分馆建设成果。长沙县图书馆是国家一级图书馆，依托长沙图书馆总分馆服务体系，打造中西部一流县域中心馆。长沙县图书馆建设面积1.3万平方米，藏书80万册、电子图书100万册、数字资源17个，拥有多主题多学科借阅室、专题文献室、体验式视听室、自修室，众创空间等设施设备完善。（周 微）

【流动图书馆进校园】 每年5月的最后一周是全国公共图书馆服务宣传周，市图书馆流动图书车开进各个学校、社区、广场，推出“传承文明、服务社会”为主题的服务宣传周系列活动，引导市民阅读。2020年5月27日，流动图书车开进博才西湖小学，学生们排成一队有序上车借书。该活动是“馆校共建”活动的一部分，针对长沙市各中小学6–15岁且暂未办理长沙图书馆读者证学生，免押金办读者证，并可借阅2本书籍，借阅期为30天，每册图书限续借1次，续借期为30天。持证者可在长沙图书馆130个成员馆通借通还书籍。校方可收集学生信息报送图书馆办理团体办证。学生除享受免费借书外，还可到长沙图书馆总分馆参加青苗计划、圈圈故事会、阳光周末公益课、小小管理员、阅天下邂逅图书馆之美等各种青少年阅读活动。公共图书馆服务宣传周期间，除流动图书车定点宣传外，长沙图书馆总分馆104家成员馆恢复开放，推出以线上活动为主的各类阅读推广活动。（周 微）

文化场馆

【长沙博物馆】 2020年，长沙博物馆参与全国博物馆评估定级工作，完成300余项测评资料上报。12月21日，经国家文物局审核，晋级国家一级博物馆。落实各项疫情防控措施，闭馆期间“停工不停业”，推出11个“云展览”，在线浏览量30万人次。3月20日，恢复开放后，继续推行线上线下双通道服务模式，年内接待观众56万人次，观众满意度97.9%。21场线上“云直播”“云导赏”总观看量728万次。推出党建特色品牌“长博红”，与机关、社区和社会团体联合开展“主题党日”活动32场，受众5000余人次。年内举办“丝路宝藏”“雪漠玲珑”“粟特人在大唐”“西京烟云”等12个特展。日本驻华大使横井裕、市人民政府市长郑建新出席“丝路宝藏”文物展开幕式并致辞。“粟特人在大唐”文物特展获评国家文物局2020年度“弘扬优秀传统文化、培育社会主义核心价值观”主题展览推介项目。社会教育“湘城”品牌持续满足市民高端文化需求，邀请国内知名历史文化学者举办“湘城讲坛”12场。以博乐园为教育阵地，创造儿童友好空间，举办“哇哦 博物馆”“瑞鼠吐宝”等儿童展览，推出穿越小达人、艺术体验等多种儿童活动，举办各类教育活动500余场，获“长沙市创建儿童友好城市十大创新品牌”。全馆官网、微博、微信、抖音等自媒体关注用户42万余人次，2020年推送各类推文1500余条，阅读量4000万余人次，入选2020年全国博物馆“热搜百强榜”。馆内展览、教育等活动吸引中央、省、市媒体采访报道200余次，发表原创报道246篇。与新湖南、新华网、潇湘晨报等融媒体平台联手推出多个博物馆专栏，与《潇湘晨报》合作的“丝路宝藏”特展宣传，通过潇湘晨报分发平台（头条、腾讯、百度）推广，展览在全域综合点击量1218.26万次。文物库房基础设施建设取得阶段性成果，完成文物库房柜架的设计生产和安装工作，文物保存环境得到改善。完成2.24万件套文物上架工作，同步实施藏品保存状况腐蚀度调查，完成15件馆藏文物修复。面向公众征集抗击新冠肺炎疫情的见证物及实物资料161件套。智慧博物馆二期项目如期完成。建立起文物预防性保护数字化平台，实现文物全生命周期监测与智能管理。联络长沙市内20家国有、非国有博物馆，牵头成立长沙市博物馆联盟。与社区互动，开展11场“馆区携手共建 同享厚德开福”馆区共筑共建活动。向“最强蜗牛”手机游戏授权10项馆藏资源进行游戏植入、应用推广，下载用户10万余人次。参加《湖南省文物保护利用创新发展百佳案例》评选活动，长沙市博物馆“湘城讲坛”、新媒体矩阵建设、程潜遗物捐赠等11个项目入选。

（刘　婷）

【长沙图书馆】　2020年，疫情期间闭馆不闭服务，长沙图书馆将资源、服务甚至馆员“搬”到线上，“宅约书香”图书包邮到家、云讲座、云剧场、数字资源“云阅读”等助力市民居家抗疫。全市总分馆成员馆130家，24小时自助图书馆49个，流动图书车服务点91个，总分馆实现统一平台、统一配送资源活动、统一管理考核。年内开展阅读活动3500余场次，到馆读者745万人次，文献流通721万册次。在全市推广RFID自助办证借还书，总分馆实现“一卡通”，人脸识别、移动扫码借书等系统软件实现无感借阅。后疫情时期指导和带动全市总分馆举办线上线下活动3800余场，注册读者比2019年逆势增长15.1%，微信粉丝增长40%，总分馆到馆人次增长6%，有声阅读量增长150%。截至2020年年底，全馆注册读者55万，微信粉丝30万，发展“和阅联盟”30余个。新建分馆15家，其中高新区24小时自助图书馆10个，新建地铁自助图书馆5个，新增流动服务点5个，全市总分馆130个，自助阅览室36个，地铁自助图书馆12个。启动“智慧长图”项目建设，主要应用系统投入使用，网上交费、OTO送书方便读者利用图书馆，自主研发书架智能服务终端为全国首创。完成岗位竞聘与绩效改革，成立政府、专家和读者代表参与的图书馆理事会。全民阅读志愿者联合会注册志愿者累计4463人、志愿服务团队38个，志愿服务品牌8个，年服务时长3万小时。智慧长图、云锦飞书“手机借书，快递到家”上线服务。新入藏图书15万册，图书总藏量200万册（件）。“你的book我买单”读者自主选书覆盖线上线下，活动门店增至8家。推出“农村双创信息服务”和农民信息素养培训、“抖音带货”课程，助力农村电商，为乡村旅游、农产品营销出招。新设立“乡土文献专区”，举办“纸短情长——湖湘党史人物红色诗文主题书法展”，数字化珍贵文献3万余页，老照片3.2万余张，拍摄《长沙记忆·百优工匠》系列微视频43集。全国首创“书香夜市”，“阅读，一个都不能少”入选长沙市儿童友好型城市建设“十大创新案例”，青苗计划入选长沙市全国社会心理服务体系建设试点第二批重点项目。与湖南广播电视台合作的《泡在图书馆》馆员做客节目收听占有率突破8.0%。“阅读扶贫 点亮心灯”——“阅读伙伴·共同成长”案例入选全国图书馆扶贫服务案例。《人民日报》7月10日文化版头条报道长沙图书馆《服务走出去，读者请进来》。长沙图书馆总分馆建设经验在国家公共文化服务体系示范区改革图书馆创新发展研讨会上作经验交流。

（周　微）

【长沙简牍博物馆】　2020年，长沙简牍博物馆严格执行防疫要求，工作专班以馆领导及中层干部为主力，实行24小时值班制度。疫情平稳后，按要求博物馆有序开放，严格执行预约参观、戴口罩参观制度，继续做好消杀、通风换气、流量控制等工作。加速智慧博物馆推进工作，完成智慧博物馆整体建设向国家局省局申报立项方案。启动“长沙简牍博物馆云游虚拟数字展览”建设。策划、录制抖音短视频等直播活动，开展直播37场，吸引线上观众168万人次。利用云观博AR智慧导览系统、超星学习通App和数字一体机实现观众线上线下互动游览。继续开展“简博俱乐部”“小小讲解员”等品牌活动，创新推出一系列活动，如：融合了拓片、皮影、剪纸等7大项传统活动的“年味大街”，“千年磨砺 温润有方——玉璧纹饰导赏”，“跟我游秦朝”；创新宣传模式，与938潇湘之声、芒果动听App联合推出《简牍的100种声音》节目，用声音演绎简牍故事，实现全民参与，累计收听人次上百万次。基本陈列《湘水流过——湖南地区出土简牍展》获“湖南省‘十三五’全省博物馆十大精品陈列”。举办“书道圭臬——中原巨碑名志拓片展”“十二花神——醴陵釉下彩绘瓷迎春展”“童年的天空”儿童原创书画艺术展等特展、临展25场。完成外展《书于竹木》内容方案修订，基本完成展陈形式设计。联系筹办《荆州出土楚汉文物精华展》《从建业到临湘——吴主孙权经略江南展》《故宫馆藏甲骨文展》。继续组织开展走马楼西汉简整理项目，完成走马楼西汉简发掘简报，发表走马楼西汉简研究论文章5篇；年内完成文物总账1200条，文物分类账1.16万条；上传1.3万条吴简数据至中国简牍数据库平台；完成吴简有机玻璃盒的包装更换，并对该批简牍进行修复保护；完成馆藏2188枚大木简有机玻璃盒包装，以及整形修复工作。稳步推进渔阳墓发掘资料的整理等工作，有计划、分步骤地对已脱水漆木器进行保护修复工作。《长沙走马楼吴简保护整理项目》获省文物局颁发的“优秀文物研究与修复技术案例”十佳奖。全面实行免费开放，年内免费接待线下观众64.78万人次，线上观众168.22万人次。开展博物馆社教活动468场，其中包括简博俱乐部常设活动及专场活动52场、“小馆员岗位实践活动”292场、简牍小课堂共30余节、简牍文化巡展（流动博物馆）3场。长沙简牍博物馆与湖南大学岳麓书院合作，挂牌“中国简帛书法艺术研究中心”。邀请国内知名简牍研究专家，举办3期走马楼西汉简读简会和两次学术讲座；年内派员参加国内外学术会议2次。完成特展厅改造和阳光房装修；完成游客服务中心的设施设备的调试工作，并交付使用；维修升级消防安防系统；完成一楼展厅部分灯光和“异形柜”改造，完成二楼展厅声、光、电及展墙维护。完成地下饱水库房以及字画库房等升级改造工程。　（刘　婷）

【长沙音乐厅】　2020年，长沙音乐厅完成“雅韵三湘”系列和文化惠民、“送文艺”进机关下基层项目等演出，不断扩大音乐品牌效应。参加长沙市文旅广电局组织的“百村千场文化进万家”百场文艺演出进景区系列演出，推动文旅业复工复产和文化旅游消费。承办第二届中国城市交响乐团长沙峰会，峰会的开幕式演出由长沙、苏州交响乐团联合演奏，著名指挥家于海、许忠联袂执棒。中国交响乐发展基金会理事长、苏州交响乐团团长陈光宪与长沙交响乐团团长王智互赠苏绣、湘绣，两团正式结为友好乐团。在长沙音乐厅举办2020年湖南新春音乐会、第二届“碧桂园·2020湖南新年音乐周”，完成“庆祝八一建军节”——长沙交响乐团改革发展汇报演出。9月16日，由湖南演艺集团、宁夏演艺集团共同主办的“湘”遇宁夏——2020宁夏第二届湖南文化艺术活动周交响音乐会在宁夏人民剧院开幕，长沙交响乐团和宁夏交响乐团共同担纲演奏。11月14日，完成2020中国红色旅游博览会“江山如此多娇”红色交响音乐会，推出纪念贝多芬诞辰250周年专场音乐会。受新冠疫情冲击，在正常演出受困情况下，长沙音乐厅参与由湖南省演艺集团发起，长沙交响乐团首倡，全国各大院团接棒的“天下一家”系列线上演出，通过“一通文化”平台播放4期，在线观看人数累计34.2万余人次。2020年6月20日，长沙交响乐团打破单一线下表演模式，携手抖音直播平台、一通文化、“恋与白侍从”组合，进行抖音直播音乐会，在线观看人数40万余人次。　（刘　婷）

【长沙市群众艺术馆】　2020年，疫情期间，市群众艺术馆组织实验剧场设施设备维修，完成综合楼提质改造工程验收、VI形象设计、环境治理等工作。2月1日，通过微信公众号向全市群众文艺骨干和文艺爱好者发出倡议，组织开展“以艺抗疫”文艺作品创作，征集歌曲、诗歌、快板、朗诵等作品280余件，汇编成册；在线上开展“线上朗诵 致敬春天”“云享文艺 致敬劳动者”、公益艺术培训抖音直播、“我和我的文化馆”随手拍等活动，推出“共同战疫，我们在一起”主题原创作品展示6期及“在线艺术课堂”等海量数字文化资源，线上服务50万余人次。严格落实防疫措施，采取实名登记、预约使用的方式，3月底向群众文艺团队有序开放。年内完成全市1000余支群众文艺团队摸底调查，举办线下“以艺抗疫”群众书画作品展、“行走青山绿水间”肖宏中油画作品展。实验剧场完成“百村千场文化进万家”惠民演出活动100余场。征集“欢乐潇湘·品质长沙”新创原创作品113件，通过专家评审，录制24件优秀作品推荐到省文化和旅游厅，小品《蹚出新路子》、相声《别偷懒》参加全省“欢乐潇湘”精准扶贫文艺巡演，《蹚出新路子》、歌曲《小康中国》、小品《负“鸡”请罪》入选全省展演。开展春季、暑期和秋季公益艺术培训，开办培训班50余个，通过抖音直播。15所公益艺术培训社区分校秋季恢复招生，开设45个班。组织开展群众文艺进景区活动3场，“百姓大讲堂 打开艺术之门”公益系列讲座举办8期，完成长沙市第五届文化（群艺）馆（站）专业技能竞赛，组织参加湖南省第五届文化（群艺）馆（站）专业技能竞赛。　（刘　婷）

艺术创作

【概况】　2020年，长沙市文艺系统围绕全面建成小康社会、建党100周年、抗击疫情等主题，创作《半条红军被》《拜年》《最美逆行者》等作品，湘剧《国歌时候》、花鼓戏《瓜子红》完成首演，抗疫歌曲《守望汉江》在“学习强国”平台推介，花鼓戏《存款风波》入选文化和旅游部“百年百项”小型作品创作计划，举办国际音乐艺术季、长沙音乐厅五周年音乐艺术季等活动，岳麓山青年戏剧节被中央电视台专题报道。市歌、市湘、市花、市群艺馆、长沙交响乐团等市县文艺院团完成“送戏下乡”惠民演出1248场，长沙音乐厅年内演出活动241场。长沙美术馆正式挂牌并举办开馆展。艺术研究院艺术讲座惠及30万余群众。推动省市共建长沙交响乐团，完成第二届城市交响乐团长沙峰会、新年音乐会、红色交响音乐会、纪念贝多芬诞辰250周年系列音乐会、省会大学生交响音乐周等活动，全面实施杜鹃花人才工程。

（刘　婷）

【湘剧《国歌·时候》首演】　2020年7月1日，一部集中国精神、湖湘风格、长沙特色于一体的文艺精品原创大型现代湘剧——《国歌·时候》在长沙实验剧场首演。该剧以中国现代戏剧三大奠基人之一、湖南长沙人田汉为核心人物，阐述田汉撰写歌词的创作背景，展现革命者为国家独立、民族解放而做出的伟大牺牲，诠释共产党人崇高理想，围绕1949年开国前夕《义勇军进行曲》被定为国歌这一时刻，扣准“中华民族到了最危险的时候”这一时代命题，借助湘剧这一传统舞台艺术，结合现代剧场时空交错的表现形式，展现会议现场激烈讨论、田汉歌词创作背景下战争年代的残酷与热血，警醒国人时刻保持忧患意识、永远秉持爱国情怀。该剧塑造徐悲鸿、赵逸清、司徒绍通、方若鸣、安娥、李沐阳、方馨、司徒晓东等主要人物，由长沙市湘剧保护传承中心、长沙市艺术创作研究院共同创排，由著名剧作家、国家一级编剧盛和煜担任艺术总监，青年编剧钱珏担任编剧、国家一级导演童晓阳担任导演，青年导演宋纪刚担任副导演，国家一级舞美设计徐兴加担任舞美设计，国家一级舞美灯光设计安小华担任灯光设计，国家一级演奏员陈明担任作曲，国家一级舞美设计师江霞担任造型设计，创作历时3年，于2020年3月27日在长沙启动创排，4—6月完成剧目排练、制作、舞台合成等工作，7月进行剧目首演。在完成首轮演出后，剧组从剧本开始进行二度创作，在保持原有立意基础上，将《国歌·时候》打造成思想精深、艺术精湛的精品之作。湘剧是国家级非物质文化遗产剧种，是湖南重要地方戏曲，国歌代表一个国家文化与精神传承，用湘剧形式呈现其来龙去脉是一种创新。（刘　婷）

【2020年复工音乐会】　2020年6月10日，由湖南省演艺集团、中共长沙市委宣传部、长沙市文化旅游广电局、北京保利剧院管理有限公司主办，长沙交响乐团、长沙音乐厅、长沙滨江文化园承办的“长沙音乐厅、长沙交响乐团2020年复工首演音乐会”在长沙音乐厅·湘江大厅上演。该音乐会由长沙交响乐团音乐总监、首席指挥肖鸣执棒指挥，作为20世纪80年代后崛起的著名钢琴家宋思衡担任音乐会独奏，长沙交响乐团担任演奏。疫情发生后，乐团艺术工作者在做好防护措施前提下，开展排练，为乐迷们献上一场视听盛宴。（刘　婷）

2020年7月1日，湘剧《国歌·时候》的长沙实验剧场首演

市文化旅游广电局　供图

【长沙市杜鹃花艺术节】　2020年11月28日，2020世界媒体艺术之都·长沙市杜鹃花艺术节开幕。该艺术节以“创新领潮流 艺术惠万家”为主题，由中共长沙市委宣传部、长沙市文化旅游广电局主办，于11月28—12月31日在长沙举行，为期一个余月。艺术节期间，推出开幕式、“艺韵长沙”专业文艺院团展演、“戏韵长沙”戏曲院团经典传统剧目展演、“青春长沙”2020年长沙市“杜鹃花奖”青年戏剧大赛暨杜鹃花人才工程验收展演、“人文长沙”系列高雅艺术普及讲座、“水墨长沙”系列艺术展览活动、“和鸣长沙”群文艺术团队系列演出、“创意长沙”长沙首届岳麓山青年戏剧节、“雅韵长沙”高端剧场精品演出活动、闭幕式等主体活动，包括各类文艺演出78场、主题艺术展览5个、高雅艺术讲座5场，涵盖音乐、戏剧、美术等艺术门类，市直剧团、区县（市）剧团、民办公助长沙人艺团、部分群众文艺团队、市内大型美术场馆、音乐厅、大剧院等艺术单位参与，集中展示2020年度长沙市艺术工作成果，满足群众欣赏高雅艺术文化需求。为突出惠民效果，2020年杜鹃花艺术节期间对重点演出、讲座等同步进行网络直播，进一步扩大活动覆盖面，让群众足不出户即可享受优质艺术资源。

（刘　婷）

【2021长沙新年音乐会】　2020年12月28日，由长沙市委、市政府主办的

2021 长沙新年音乐会在长沙音乐厅举行。该音乐会由长沙交响乐团音乐总监、首席指挥肖鸣，上海爱乐乐团副团长、常任指挥张亮担任指挥，长沙交响乐团担任演奏，长沙交响乐团歌剧中心合唱团、长沙市直机关星辰合唱团、雨花教师合唱团担任合唱。音乐会以中外经典曲目为主旋律，将不同时代、不同风格的曲目融汇一堂，曲风多元，形式多样，热烈欢快的节日气氛里，交响之音奏响中西合璧艺术盛宴。音乐会上半场，一首管弦乐《我的中国心》拉开序幕，表达亿万中华儿女对伟大祖国深情；中央民族歌舞团女高音歌唱家刘一祯女声独唱《永远跟党走》，唱出信仰、忠诚与力量；湖南省昆剧团团长罗艳演唱《牡丹亭·游园》选段《皂罗袍》，洋溢着浓郁“中国风”，表现中国女性温柔典雅美丽形象；中央音乐学院副教授高参小提琴独奏《梁山伯与祝英台》，缠绵悱恻，丝丝入扣，高参所使用的小提琴，制作于 1617 年，是首演贝多芬作品 18 四重奏的小提琴，被琴界称为“梦幻之琴”。男中音歌唱家张峰男声独唱《黄河颂》，混声合唱《保卫黄河》，音乐会在交响合唱《歌唱祖国》的优美旋律中结束。 音乐会下半场，节奏轻快的管弦乐《金银圆舞曲》，荡漾着春风轻拂般的欢快；堪称古典音乐史上最优美间奏曲的管弦乐《乡村骑士》，让人沉醉；旅欧男高音歌唱家石倚洁男声独唱《鼓舞》磅礴恢宏。市领导郑建新、谢卫东、夏建平、谭小平、陈刚、张宏益、廖建华、谭勇、沈裕谋与复工复产企业代表、医护人员、扶贫干部、先进模范、见义勇为代表、引进人才、道德模范等各会各界人士代表出席音乐会。　（刘　婷）

文物保护

【概况】　2020 年，长沙市博物馆联盟正式成立，全市 36 家文博单位参观人数 1000 万余人次，开展活动 1100 余场。市博物馆推出大型国际文物展《丝路宝藏》，《粟特人在大唐》获国家文物局主题展览推介项目，长沙简牍博物馆《湘水流过》展获“湖南省博物馆十大精品陈列”，宁乡罗家冲遗址获“十三五”湖南省十大考古新发现。全市 24 个项目被评为湖南文物保护利用创新发展百佳案例。实施炭河里青铜器出土地点、铜官窑陈家坪遗址、长沙国王陵桃花岭墓园二期环境整治等重要工程，完善贾谊故居二期工程概念性规划编制，建成炭河里考古工作站，完成 9 处文物保护单位修缮。年内调查与勘探面积分别为 793 万平方米、190 万平方米。制定革命文物保护利用工作导则，完成全市 260 处革命文物调查登录工作。湘赣边红色文化旅游融合发展创新区揭牌，近现代文物保护中心开展李富春同志诞辰 120 周年纪念活动，承办中国红色旅游博览会，展览吸引 1200 余家企业参展，现场交易额 8200 万元，3 万余名群众参观。文化和旅游部领导表示“此次展会全面提升了中国红色旅游博览会水准”，杜家毫、许达哲等省领导出席多场活动并给予肯定；市长郑建新代表中国红色旅游推广联盟发布《长沙宣言》。

（陆明桥　刘　婷）

【平山郁夫丝绸之路美术馆藏文物展】　2020 年 6 月 12 日，“从地中海到中国：丝路宝藏——平山郁夫丝绸之路美术馆藏文物展”开幕式在长沙博物馆大厅举行。开幕式以湖南省歌舞剧院原创音乐节目《从地中海到中国》、男声四重唱《格列高利圣咏》、古筝与尺八演奏《行者》、民乐重奏《丝绸之路》拉开序幕。日本驻华大使横井裕，中国文物交流中心副主任赵古山，市委副书记、市长、湖南湘江新区党工委书记郑建新，湖南省人民对外友好协会副会长郭向丽，副市长刘明理，省文物局副局长江文辉，长沙市人民政府秘书长张能峰，长沙市委外事办主任郑力虎，长沙市文化旅游广电局局长杨长江，日本平山郁夫丝绸之路美术馆代表姚岚，长沙市文博系统相关单位领导出席仪式。该展览分“文明海洋——多元文明交汇的地中海”“辉煌河流——两河流域与伊朗地区”“佛的微笑——东西文化交融的中亚地区”“梦回敦煌——平山郁夫生命中的艺术信仰”四个单元，共展出平山郁夫丝绸之路美术馆珍藏的丝绸之路沿线文明古国文物精品 192 件（套），展品年代上起公元前 2000 年，下至公元 8 世纪，包括环地中海地区、两河流域和伊朗地区以及阿富汗、巴基斯坦和印度地区的丝路艺术，种类涵盖希腊彩陶、罗马与波斯玻璃器、波斯金银器、丝路金银币、中亚织锦以及印度佛教造像等，也包括部分平山郁夫敦煌写生作品。

展览由中国文物交流中心、日本国驻华大使馆和长沙市文旅广电局指导，日本黄山美术社策展，长沙博物馆和平山郁夫丝绸之路美术馆主办，北京鉴钟文化传播有限公司、北京百军文化发展有限公司承办，荣宝斋文化投资有限公司、潇湘晨报社协办。展览从 6 月 13 日起向公众开放，持续展出至 10 月 8 日，观众可通过大麦网、美团网线上购票。长沙博物馆馆长王立华表示，平山郁夫是享誉世界艺术家，出于对丝绸之路历史文化热爱，多次遍访丝路沿线国家和地区，在创作大量精美作品同时，致力于丝绸之路文化遗产保护，收集许多散落在丝路沿线不同文明的古代文物进行保护和展示，展览的文物展品就来自平山夫妇的收藏。受新冠肺炎疫情影响未能出席开幕式的平山郁夫丝绸之路美术馆馆长平山东子及日本前文化厅长官、平山郁夫丝绸之路美术馆常务理事青柳正规通过视频表达对展览的祝福。

（刘　婷）

【长沙简牍博物馆与湖南大学共建“中国简帛书法艺术研究中心”】　2020 年 12 月 18 日，“湖南大学中国简帛书法艺术研究中心”签约揭牌仪式在长沙简牍博物馆举行，以充分发挥长沙简牍博物馆资源优势和湖南大学岳麓书院人才优势，形成优势互补，弘扬中华民族优秀传统文化和湖湘简牍文化。简牍博物馆与岳麓书院友好协商，达成共识，将“湖南大学中国简帛书法艺术研究中心”挂牌于长沙简牍博物馆，由双方共同建设管理。湖南大学社科处处长侯俊军、长沙市文旅广电局党组成员曹凛、中国社会科学院古代史研究所副所长邬文玲、清华大学出土文献与保护中心教授李均明、岳麓书院副院长陈仁仁、贺志军、湖南大学中国简帛书法艺术研究中心主任陈松长、长沙简牍博物馆馆长李鄂权、副馆长毛志平、杨亚峰等领导，以及来自河南、山东的简帛书法家、湖大岳麓书院师生等嘉宾50余人出席签约揭牌仪式。简牍具有巨大的书法艺术价值，从战国古文至篆、隶、真、行、草都有墨迹存在，是研究书体演变发展、创新书法路径的第一手材料；而且这些墨迹本身，往往就是杰出的艺术作品，具有极高的审美价值，在中国书法艺术史上占有重要的地位；各种书体的简牍，因为材料不同、内容不同、形制不同和书写者身份不同，因而表现出不同的艺术风格，也是书家研习、临摹和欣赏的重要书法资料。长沙简牍博物馆馆长李鄂权在讲话中指出，长沙简牍博物馆作为国家一级博物馆，馆藏简牍文物资源占全国简牍总量近三分之一。每一枚小小的简牍，都承载厚重的书法艺术底蕴，值得后人去学习与传承。简牍博物馆在学术研究方面与岳麓书院保持长期深度合作。“长沙走马楼西汉简牍的整理与研究”就是由简牍博物馆与湖南大学岳麓书院共同申报，并立项的国家社科基金重大项目。仪式现场，长沙简牍博物馆与湖南大学签订共建协议，双方共同开展简帛书法艺术学术研讨、中国简帛书法高级培训班、书法展览等相关活动，加强简牍书法资料整理、推进学术研究，策划特色展览，培养优秀人才，提升湖南简牍书法创作和学术研究水平，推出一批文化精品。

（刘　婷）

【长沙市博物馆定级国家一级博物馆】 2020年12月21日，中国博物馆协会发布《关于第四批国家一、二、三级博物馆名单的公告》。经材料申报、书面审查、现场评估、数据比对和综合评定，并报请国家文物局备案，在全国近千家博物馆激烈竞争中，中国博物馆协会核定长沙市博物馆为国家一级博物馆。长沙市博物馆是一座城市历史博物馆，成立于1986年，2008年3月20日向社会免费开放，2015年12月28日长沙市博物馆新馆开放。市博物馆工作人员以评定国家一级博物馆为中心任务，在陈列展览、开放教育、典藏研究、文物科技保护、智慧博物馆建设、综合管理等方面凝心聚力、团结奋进。五年来，举办各类特展52个、社会教育活动2800场；接待海内外观众556万人次。5万件馆藏文物顺利搬迁新馆、新征集藏品2049件、修复藏品617件。出版学术刊物10本，完成各类学术课题24项，发表论文165篇。官方自媒体平台共有关注用户40万人次，总阅读量6000万人次。

（刘　婷）

【文物消防安全检查】 2020年4月1日，市文旅广电局、市消防救援支队联合下发《关于加强全市文物火灾防控和隐患排查整治工作的通知》。4月16日，市消防救援支队副支队长李文才、市文旅广电局党组成员曹凛带队，对岳麓区全国重点文物保护单位湖南大学早期建筑群、省级文物保护单位湖南人民革命大学红楼和礼堂旧址，开展联合检查。市文旅广电局、市消防救援支队相关处室负责人参加行动。联合检查组先后到湖南大学早期建筑群、湖南人民革命大学红楼和礼堂旧址，详细询问文物保护单位日常消防安全管理和消防安全责任落实情况，重点对用火用电是否规范、电气线路敷设是否符合要求、灭火器材是否完好有效、消防专干是否熟悉操作消防设施进行检查。联合检查组对检查发现的问题，明确责任人限期整改，确保彻底消除隐患。文物是不可再生资源，文物安全是文物工作的红线、底线和生命线，消防安全更是重中之重，各级文物行政部门和文物博物馆单位管理机构要高度重视，提高站位，严格落实省市相关文件精神，加强与属地消防救援部门的沟通与合作，借助消防救援部门专业力量，发现并整改一批文物消防安全隐患，提高本地区本单位文物消防安全管理能力，确保市文化遗产安全。各单位要结合季节特点和对外开放管理情况，认真分析研究恢复开放后可能面临的疫情、复工、安全等新风险，切实加强日常安全管理工作。通过联合检查，及时帮助文物博物馆单位发现并消除一批消防安全隐患，有效督促落实消防安全主体责任，提高文物博物馆单位对消防工作的重视。

（刘　婷）

【长沙“文物医院”公众考古活动】 2020年6月11日，紧扣“全民参与保护 资源你我共享”这一主题，长沙市文物考古研究所组织策划“妙手回春——邀您深度体验长沙‘文物医院’”公众考古活动，长沙市文物考古研究所（长沙市文物科技保护中心）望麓园文物保护修复基地向公众开放。该活动将理论与实践相结合，在文物修复专家进行深度培训后，志愿者得到亲手体验修复文物真品机会。活动吸引社会各界人士及长沙市民参与，更有志愿者连夜从外省赶到长沙参加活动。活动设置解说、观看、体验、实际操作等环节，内容丰富多彩，形式生动活泼，媒体关注度高，公众参与兴趣浓厚，取得良好效果。活动向公众开放望麓园文物保护修复基地，并且配备文物保护专家现场指导。活动现场配备多名文物修复专家指导，融知识性、科学性、趣味性于一体。通过公众考古活动，揭开文物修复神秘面纱，让公众对文物保护修复全面了解，并在亲身参与中增强文物保护意识。长沙市文物考古研究所（长沙市文物科技保护中心）是国家首批获得可移动文物保护修复资质单位，具有饱水漆木器、陶器、铜器、瓷器四类可移动文物的保护修复资质，先后承担“长沙望城风篷岭M1出土饱水漆木器文物保护修复”“长沙12·29系列古墓被盗追缴饱水漆木器保护修复”“长沙五一广场东汉简牍及木器文物保护修复”等重大文物保护修复项目。（刘　婷）

【长沙市博物馆联盟成立】　2020年10月23日，长沙市博物馆联盟成立大会在长沙市博物馆一楼博学园举行，长沙市文化旅游广电局党组成员曹凛、长沙市文化旅游广电局博物馆和社会文物处处长吴文峰，长沙市博物馆、长沙简牍博物馆等20家长沙市国有博物馆、纪念馆代表和长沙市非国有博物馆代表出席成立大会。会上，联盟牵头单位长沙市博物馆馆长王立华宣读《长沙市博物馆联盟宣言》，与会代表依次在宣言上签名。长沙市博物馆联盟是由长沙市内20家国有、非国有博物馆共同发起，由长沙地区各博物馆自愿加入成立的公益性非营利联合体，联盟旨在保护、传承、弘扬长沙历史文化，促进联盟成员单位间交流与合作，是长沙地区博物馆交流、合作服务平台。联盟成立后，围绕长沙历史文化遗产研究、宣传、保护、展示、利用等主题开展活动，全方位、多视角诠释长沙历史文化深刻内涵、精神实质和时代价值，更好地为长沙文化繁荣和文旅融合创新服务，发挥长沙地区博物馆社会效益。（刘　婷）

非物质文化遗产保护

【概况】　2020年，长沙市非物质文化遗产（以下简称“非遗”）被认定为国家级“非遗”代表性项目1个，被评选认定第四批市级“非遗”代表性传承人52名，策划“越老越有味”“非遗”老手艺·百年老字号·长沙老街巷活动，发放50万张消费券，抖音播放量1.4亿人次。长沙“非遗”馆与芒果影业合作拍摄《“非遗”潮起来》，引入少儿“非遗”节目公益演出。长沙市文化旅游广电局被评为全省“非遗”保护工作先进集体。

（陆明榜　刘　婷）

【优秀青年“非遗”传承人颁奖典礼】2020年1月8日，非你莫属——长沙市优秀青年非物质文化遗产传承人颁奖典礼在长沙市图书馆举行。该活动由中共长沙市委宣传部指导，长沙市文化旅游广电局、长沙晚报社主办，长沙市非物质文化遗产保护中心承办、《长沙晚报》星恒传媒执行。活动现场，国家级、省级、市级“非遗”项目代表性传承人为10名长沙市优秀青年非物质文化遗产传承人颁奖。长沙市优秀青年“非遗”传承人评选活动共有29名优秀青年“非遗”传承人通过初评入围，经过投票评选，传承湘绣技艺的吕妮、刘雅、吴宁、蒲宇凤，传承铜官窑陶艺的刘嘉豪，传承乔氏正骨术的乔寅飞，传承核雕的马罗成，传承湘剧的周帆，传承花鼓戏的文君，传承面塑的陈金成等10名优秀青年“非遗”传承人代表脱颖而出，他们涵盖传统美术、传统戏剧、传统技艺、传统医药等多个“非遗”门类，都是近年长沙地区涌现出的青年“非遗”传承人中的佼佼者。颁奖典礼上，湘绣大师刘爱云、柳建新、湘剧大师曹汝龙、长沙市铜官陶瓷烧制技艺大师刘坤庭等10名国家级、省级、市级“非遗”代表性传承人为10名优秀青年“非遗”传承人授予奖杯，并与青年“非遗”传承人一起，在奖杯上按下手印，象征着“非遗”技艺代代相传。活动现场，还为3名长沙市更具人气代表性青年“非遗”传承人进行颁奖，周帆、刘雅、刘嘉豪3人分获传承青匠、守艺青匠、创新青匠。“非遗”传承人是非物质文化遗产的重要承载者和传递者，掌握并承载着非物质文化遗产的历史信息和精湛技艺。长沙市国家级、省级、市级非物质文化遗产代表性项目代表性传承人中，大多数代表性传承人年岁已高，“非遗”传承面临后继乏人的严峻形势，该次评选颁奖旨在增强“非遗”保护责任意识，弘扬工匠精神，激发长沙青年传承人传承热情和创新意识，营造全社会“非遗”保护良好氛围，为长沙“非遗”传承注入动力。

（刘　婷）

【橘洲“非遗”体验周】　2020年9月30日—10月4日，为弘扬中华优秀传统文化，促进文旅深度融合，长沙市“非遗”馆举办“我们的节日——国庆中秋振兴传统工艺、留住老长沙味道”橘洲“非遗”美食传统工艺体验周活动。该活动以2020年国庆、中秋为契机，结合“非遗传承、美好生活”主题，倡导橘子洲头度佳节，玩转老长沙手艺，品尝长沙美食，欢购文创产品，创新“网红打卡＋非遗体验”文化惠民消费模式，鼓励市民在节假日走进“非遗”馆、亲身体验“非遗”美食和工艺。活动期间参与人数12万余人，展馆接待市民游客7万余人，馆外有16个“非遗”体验项目和30个展销项目组成“非遗”集市，参与游客5万余人。文旅中国、新湖南、红网、湖南卫视、星辰在线、《长沙晚报》、智慧长沙、长沙发布等新闻媒体宣传报道，拓展长沙文旅消费市场，擦亮长沙“非遗”名片。

（吕红绰）

【长沙传统医药展】　新冠肺炎疫情发生后，中医药在战“疫”中贡献中国智慧，成为疫情防控中的亮点。为聚焦“非遗”在人民大众生活中重要作用，宣传“非遗”在防控新冠肺炎疫情人民战争中发挥的积极作用，2020年5月1日—7月31日，长沙市非物质文化遗产保护中心举办以中医药为主题的临时展览，即“千年瑰宝·医心遗艺——长沙传统医药展”，还开展湘艾制作、中医正骨等中医药项目现场传习，线上医药知识介绍等活动，取得积极的舆论效应和社会影响。（吕红绰）

【寻找“非遗”小传人】 2002年9月6日，2020年长沙市第二届“寻找非遗小传人”线下体验活动——“跟着大师学非遗”在长沙市“非遗”馆开启，100名通过线上答题甄选出的“非遗”小传人跟随“非遗”大师现场体验“非遗”项目，感受湖湘“非遗”魅力。（吕红绰）

表43　长沙市国家级非物质文化遗产代表性项目代表性传承人一览表

序号	姓名	项目名称	批次
1	刘爱云	湘绣	第一批
2	曾金贵	长沙湘剧	第三批
3	曹汝龙	长沙湘剧	第三批
4	钟自奇	浏阳花炮制作技艺	第三批
5	柳建新	湘绣	第四批
6	江再红	湘绣	第四批
7	曹明珠	菊花石雕	第五批
8	刘坤庭	长沙窑铜官陶瓷烧制技艺	第五批
9	邱少求	浏阳文庙祭孔古乐	第五批

（资料来源：市文化旅游广电局）

表44　长沙市省级非物质文化遗产代表性项目代表性传承人一览表

序号	姓名	项目名称	批次
1	杨天福	麻山锣鼓	第一批
2	陈继武	菊花石雕	第一批
3	黄蔚德	浏阳花炮制作技艺	第一批
4	左季纯	湘绣	第二批
5	陈玉莲	湘剧	第三批
6	贺艾云	长沙花鼓戏	第三批
7	毛　珊	湘绣	第三批
8	黄　笛	湘绣	第三批
9	秦石蛟	民间剪纸（望城）	第三批
10	王文定	长沙棕叶编	第三批
11	罗志勇	湘剧	第四批

续表 44

序号	姓名	项目名称	批 次
12	刘志广	长沙窑铜官陶瓷烧制技艺	第四批
13	江 林	浏阳江氏正骨术	第四批
14	李 艳	湘绣	第四批
15	许菊云	湘菜烹饪技艺	第四批

（资料来源：市文化旅游广电局）

表 45 长沙市市级非物质文化遗产代表性项目代表性传承人一览表

序号	姓名	项目名称	批 次
1	敖耀寰	长沙谜语	第一批
2	汪 辉	湘剧	第一批
3	黄耀华	湘剧	第一批
4	彭若君	湘绣	第一批
5	邹建美	湘绣	第一批
6	罗利香	湘绣	第一批
7	彭望球	长沙窑铜官陶瓷烧制技艺	第一批
8	张仕其	杨裕兴鸡蛋面及五大油码制作技艺	第一批
9	吕望国	杨裕兴鸡蛋面及五大油码制作技艺	第一批
10	王美莲	长沙花鼓戏	第二批
11	李国安	杨裕兴鸡蛋面及五大油码制作技艺	第二批
12	周海泉	巫家拳	第二批
13	周伴霖	长沙棕叶编	第二批
14	王 炜	长沙谜语	第二批
15	喻继贤	长沙谜语	第二批
16	羊定国	八拳	第二批
17	佘建辉	天顶杂技	第二批
18	朱国强	望城影戏	第二批
19	胡 建	新康木雕	第二批
20	周 旭	丁字湾麻石雕刻技艺	第二批
21	吴乐华	长沙县双江滚灯车	第二批
22	周长树	长沙绿茶制作工艺	第二批
23	陈江柱	腊八豆制作工艺	第二批

续表 45

序号	姓名	项目名称	批次
24	熊梦鹤	长沙快板	第二批
25	陈克辉	长沙山歌	第二批
26	卢炳辉	浏阳花炮制作工艺	第二批
27	李　舟	浏阳菊花石雕刻工艺	第二批
28	王娜娜	浏阳文庙祭孔音乐	第二批
29	张文清	浏阳客家山歌	第二批
30	李武伟	浏阳小曲酒法酿造技艺	第二批
31	高天佑	浏阳花鼓戏	第二批
32	高佩山	沩山擂茶	第二批
33	姜红兵	黄材山歌	第二批
34	阳许华	宁乡对子花鼓	第二批
35	周忠瑞	周氏双龙舞	第二批
36	谭建国	湘剧	第三批
37	莫雪美	湘绣	第三批
38	宋志辉	湘绣	第三批
39	雍起林	长沙窑铜官陶瓷烧制技艺	第三批
40	谭异超	长沙窑铜官陶瓷烧制技艺	第三批
41	张明星	长沙弹词	第三批
42	王志敏	长沙弹词	第三批
43	余小平	长沙山歌	第三批
44	杨世德	长沙山歌	第三批
45	李建均	麻山锣鼓	第三批
46	周招弟	洞井龙舞	第三批
47	毛甲玉	长沙花鼓戏	第三批
48	冯正和	长沙花鼓戏	第三批
49	何志明	望城皮影戏	第三批
50	宋伟军	浏阳皮影戏	第三批
51	秦岭春	望城剪纸	第三批
52	彭泽林	捞刀河刀剪制作技艺	第三批
53	吴干军	捞刀河刀剪制作技艺	第三批
54	何谷良	火宫殿八大传统小吃制作技艺	第三批
55	马　力	火宫殿八大传统小吃制作技艺	第三批

续表 45

序号	姓名	项目名称	批次
56	黄小平	长沙棕叶编	第三批
57	胡立东	长沙玉和醋传统酿醋技艺	第三批
58	沈宗武	唐市金银首饰加工技艺	第三批
59	蔡颖强	长沙童谣	第三批
60	尹海军	长沙谜语	第三批
61	龚阳初	密印寺传说故事	第三批
62	周　毅	长沙古琴艺术	第三批
63	吴金刚	北山布龙	第三批
64	卞定福	望城花鼓戏	第三批
65	羊　帆	八拳	第三批
66	汪国义	湖南埃山子午棍	第三批
67	吴学光	自然门功夫	第三批
68	曾强胜	褚桂亭太极拳	第三批
69	余安仁	太乙游龙拳	第三批
70	赵双午	湖南柔术	第三批
71	文志飞	手工杆秤制作	第三批
72	李科洪	唢呐制作技艺	第三批
73	杨　奇	麻山鼓制作技艺	第三批
74	李正才	流沙河十花猪饲养技术	第三批
75	彭雪辉	宁乡四碟加工技艺	第三批
76	梁长进	浏阳夏布	第三批
77	谭智祥	浏阳夏布	第三批
78	梁源根	浏阳油纸伞制作工艺	第三批
79	李忠国	浏阳油纸伞制作工艺	第三批
80	王金山	浏阳豆豉传统手工技艺	第三批
81	黄迪全	浏阳豆豉传统手工技艺	第三批
82	黄隆根	浏阳手工造纸制作技艺	第三批
83	彭长林	浏阳油饼制作技艺	第三批
84	罗俊扬	长沙棕编	第三批
85	黄　刚	湘绣用线漂染技艺	第三批
86	刘灿庄	药用湘艾	第三批
87	李祝意	雨花区手工棕垫制作技艺	第三批

续表 45

序号	姓名	项目名称	批次
88	刘上四	堆字匾牌制作技艺	第三批
89	苏　波	石雕（菊花石雕）	第四批
90	林旭平	长沙篆刻	第四批
91	罗光磊	长沙篆刻	第四批
92	刘　雅	湘绣	第四批
93	吴　宁	湘绣	第四批
94	昌　妮	湘绣	第四批
95	蒲宇凤	湘绣	第四批
96	肖　瑛	湘绣	第四批
97	李杏芳	湘绣	第四批
98	胡义平	湘绣	第四批
99	徐向荣	湘绣	第四批
100	袁　苹	湘绣	第四批
101	万　勇	靖港纸扎	第四批
102	周　帆	湘剧	第四批
103	郭川南	湘剧	第四批
104	万铁军	宁乡皮影戏	第四批
105	魏慈英	宁乡花鼓戏	第四批
106	文　君	花鼓戏	第四批
107	胡建忠	花鼓戏	第四批
108	陈年秋	花鼓戏	第四批
109	付国成	宁乡木偶戏	第四批
110	胡利忠	春华皮影	第四批
111	张阳华	浏阳弹词	第四批
112	游流辉	浏阳祭孔大典	第四批
113	王天鹏	浏阳青面狮表演	第四批
114	程一夫	湖南埃山子午棍	第四批
115	王绍钦	王家拳	第四批
116	刘晓军	刘氏烧烫伤疗法	第四批
117	李剑波	李氏正骨术	第四批
118	石定平	祖塔喉科	第四批
119	江　涛	江氏正骨术	第四批

续表 45

序号	姓名	项目名称	批 次
120	周庆冬	浏阳洞阳山道教音乐	第四批
121	张运舟	长沙山歌	第四批
122	罗立忠	浏阳河酒制作技艺	第四批
123	徐　明	徐长兴烤鸭制作技艺	第四批
124	韦佳辰	南一门老料法饼制作技艺	第四批
125	刘正华	榫卯结构小木作技艺	第四批
126	李　旭	陶蔬恋窖藏罈子菜	第四批
127	雷运华	谷山砚	第四批
128	肖　力	靖港八大碗	第四批
129	易国宁	怡华楼祖传杠子面	第四批
130	赵海臣	郭福娭毑小钵子甜酒	第四批
131	刘嘉豪	长沙窑铜官陶瓷烧制技艺	第四批
132	周世洪	长沙窑铜官陶瓷烧制技艺	第四批
133	沈颖利	长沙窑铜官陶瓷烧制技艺	第四批
134	高炜强	高家甜酒酿造技艺	第四批
135	吴汉涌	浏阳木活字印刷术	第四批
136	张　冬	浏阳牛肮膏传统制作技艺	第四批
137	杨　斌	德胜斋浏阳茴饼制作技艺	第四批
138	黄隆信	浏阳手工造纸制作技艺	第四批
139	杨六纯	青山竹编	第四批
140	周　宇	金井绿茶制作技艺	第四批

（资料来源：市文化旅游广电局）

社会科学

【概况】　2020 年，长沙市社会科学界以中共十九大精神和习近平新时代中国特色社会主义思想为指引，在全面抗疫和复工复产新形势下，在落实意识形态责任、创新社科研究、深化社科普及、完善组织管理体系等方面成效显著。开展理论研究与阐释，巩固思想引领阵地。市社科联组织开展理论研究阐释工作，依托中特中心长沙市基地立项课题 40 个，在各级报刊网络发表理论文章 120 篇，其中在中央“三报一刊”推出理论成果 6 篇、省“一报一刊”发表 50 篇、市报刊网站发表 64 篇。在抗击疫情时期，长沙市基地及各分基地研究人员在省市党刊发表 10 篇抗击新冠肺炎疫情和复工复产理论文章。开展党的十九届四中、五中全会宣讲工作，年内宣讲 50 余场。编辑《牢记使命学以致用，推动哲学社会科学繁荣发展》学习读本，将《长沙社科》打造为党的创新理论宣传阐释新窗口。关注社会热点时事，履行社会责任。落实疫情防控工作。疫情期间及时成立防疫工作组，到荷花园街道、马坡岭街道西龙村协助开展电话排查、巡逻防控、宣传劝导等工作。多方筹措防疫急需物资，为荷花园街道、马坡岭街道和西龙村捐赠酒精、消毒水、艾条、口罩等物资。做好精准扶贫工作。增派 2 人到浏阳市官桥镇石灰嘴村联点帮扶，班子成员 3 次前往调研，对贫困户进行慰问、捐献衣物与图书。市社科联向石灰嘴村投入扶贫经费9万余元，协调筹集修路资金15万元，为村里带货销售本地土特产60万元。派驻干部到多家公司进行复工复产帮扶。

【社科普及活动】 2020年，市社科联注重打造社科普及载体，认定长沙市实验小学等14家单位为2020年度长沙市社会科学普及基地，新创建湖南宋旦汉字艺术博物馆等5家社科普及基地，拓宽社科普及基地覆盖面。强化社科普及基地管理，修订完善《长沙市社科普及基地管理办法》，针对2016—2019年获“长沙市社会科学普及基地”称号的36家基地组织考核评估，对不合格者按规定做了取消基地称号处理。推进社科普及活动，结合疫情防控创新线上普及形式，与红网合作举办社科理论知识网络竞赛，答题参与人数12万余人，答题次数60万次。指导长沙市尚上心理公益科普中心开展湖南省“12320”热线心理援助活动、潇湘诗会举办湖湘少儿千人云合唱活动，指导雷锋纪念馆等一批社科宣传普及活动100余场次。

【科研能力建设】 2020年，市社科联以重大项目为抓手，开创新局面。2019年2个重大项目《长沙园区转型发展升级研究》和《长沙创新生态建设研究》完成结项，形成《成果要报》送市领导审阅，获市领导重要批示。2020年2个重大项目《长沙建设“国家软件名城”研究》和《长沙加快建设现代化宜居都市研究》完成立项并按要求有序推进。精选年度重大项目成果和典型，汇编《长沙市哲学社会科学优秀成果文库精选（2019—2020）》。围绕“十四五”规划重点和前瞻问题、打赢“三大攻坚战”、智能制造等重大理论和现实问题，制定年度哲学社会科学选题参考。2020年社科规划立项重大项目2个、一般项目48个，自筹项目76个。组织开展优秀社科人才评定工作，评出长沙市第17届社会科学优秀人才和社会科学优秀青年人才。组织开展社会科学科研骨干培训班，对2019年度哲学社会科学重大项目成果进行宣讲推介。

【“文艺大讲堂”公益培训】 2020年4月21—24日，2020年第一期“文艺大讲堂”公益培训在长沙市社科普及基地浏阳文化馆举办，该培训设置声乐、舞蹈、书法、摄影、戏曲等课程，包括“浏阳古乐舞”等富有特色的项目，增设“非遗”类如武术、油饼和夏布制作等课程，弘扬优秀传统文化，提升市民文化素养。

【长沙市社会科学普及基地评估会】 2020年6月5日，2020年长沙市社科普及基地评估会在长沙市社科活动中心三楼会议室召开，36家社科普及基地参评。该评估的对象主要是2016—2019年获“长沙市社会科学普及基地”称号的36家社科普及基地，评估会采用“基地代表现场陈述、评审专家现场评分”相结合的方式进行，相互交流，彼此监督，专家现场提出评价意见并打分，确保考核评估过程公开公平公正。会议指出要按照“五个更加”开展工作：更加突出社会科学普及主题，社科普及工作计划、活动、资料整理、汇报要更加充分、精炼，更加突出特色亮点工作的宣传和品牌打造，更加规范经费的使用和管理，更加注重打造专业的社科普及志愿者队伍。

【劳动教育研学活动】 2020年8月11日，长沙市社科普及基地胡耀邦纪念馆组织200余名学生参与“学习农耕文化，争当劳动能手”劳动教育研学活动，讲解员讲述农耕文化发展历程、二十四节气由来、教唱《二十四节气歌》并带领学生实地种植，让学生感受劳动乐趣，亲身体会粮食来之不易。

【全市社科类社会组织骨干培训暨经验交流会】 2020年8月12日，市社科联在秋收起义文家市会师纪念馆召开全市社科类社会组织骨干培训暨经验交流会。市社科联党组成员、副主席吴昌伟出席会议，市社科联所属社会组织30余名骨干参加。市委党校教师贺先国作了《社科类功能型党组织的党务干部业务与素质提升》专题辅导授课，从“明确职责担使命、建好支部强基础、强化引领增效能、发挥作用作表率”四个方面，阐述了加强社科类社会组织党建工作的重要性及党建工作的基本业务。秋收起义文家市会师纪念馆、市健康管理学会、市尚上心理科普公益服务中心进行工作经验交流，结合自身工作实际，从立足现有平台、整合社会资源、强化阵地建设、打造特色亮点、主动担当作为、服务社会大众等方面畅谈体会，介绍经验。会议肯定全市社科类社会组织在组织建设、学术研究、社科普及等方面取得的成绩，分析了社科类社会组织党建工作现状、形势、任务，会议指出要加强新形势下社科类社会组织建设，坚持党建引领，发挥党组织和党员在社会组织中的作用。通过完善社科类党组织党务工作组织基础、制度基础、人员基础，确保社科类社会组织党建工作有序推进、健康发展。

【参加全国城市社科院第30次院长联席会议】 2020年10月14—16日，2020全国城市社科院第30次院长联席会议暨全国城市智库联盟第六届年会在郑州召开。长沙等全国31家城市社科院领导、专家学者共100余人参加会议。该会议主题是“加快智慧城市建设，推进城市治理体系和治理能力现代化”，长沙市社科院作为6家发言城市社科院之一在会上作了交流发言，分享打造智慧城市生态经验。活动现场，长沙市社科院等31家单位被评为“全国城市社科院先进单位”。

（本栏撰稿　周青青）

新闻出版

【“书香长沙”建设】 2020年，长沙市印发《2020年“书香长沙”全民阅读活动方案》，以“书香飘满星城，阅读筑就梦想”为主题，谋划八大主题活动。围绕4月23日世界读书日，在市图书馆举办“书香长沙2020年‘4·23’世界读书日”系列活动；继续开展“红书签·爱满星城”公益阅读活动，11月在钰龙社区开展“红书签·爱满星城”全民阅读公益活动首批爱心阅览室捐赠仪式，为30个图书受捐点捐赠图书100万余元；推介2019年长沙人最喜爱的10本书，为“长沙市书香民营企业”（10家）、“长沙最美书店”（10家）、“长沙市全民阅读体验基地”等授牌；举办“书香长沙”全民阅读购书节活动，给广大市民免费发放30万现金购书券，全场通用、无门槛、不设限，样书现场让利，刺激广大市民购书愿望，有效拉动文化消费；下发《关于开展2020年度长沙市实体书店扶持专项资金申报工作的通知》，下拨扶持资金290万元；上报省对实体书店疫情补贴，长沙市37家书店共获省补助金额100万元。受疫情影响，各实体书店纷纷开展各类有针对性读书活动，年开展活动量1200余场次。浏阳市、长沙县入选2020年“书香城市（区县级）”名单，成为全国14个入选城市之列。 （曾艳华）

【版权示范城市创建】 2020年，为努力推动版权服务水平提升，长沙市举办全市文化行业协会版权保护培训，发布《长沙市版权产业报告（2015—2017）》；举办首届长沙市优秀版权奖评选活动，收集参赛作品153件，共有18件优秀作品获奖。2020年完成作品登记5668件，为2621件作品发放著作权补助37.91万元。前三季度全市完成软件著作权登记1.8万余件。发挥版权协会和马栏山版权服务中心作用，调动中心人员深入218家企业进行面对面服务，委托服务中心组织驻长各高校参加第十二届全国大学生版权征文活动，获一等奖1名，二等奖1名，三等奖3名。2020年3月启动版权

表46 长沙市文化、新闻、出版事业情况统计表

指标	单位	1978年	1985年	1990年	1995年	2000年	2005年	2010年	2017年	2018年	2019年	2020年	2020年比2019年增长（%）
一、电影放映单位	个	484	844	807	644	458	—	—	—	—	—	—	—
电影院影剧院	个	31	42	47	29	20	—	—	—	—	—	—	—
电影观众人数	万人次	11272	9325	10728	2261	—	—	—	—	—	—	—	
二、艺术表演团体	个	13	14	12	12	13	12	12	12	12	12	12	0.0
艺术表演观众人数	万人次	351.0	207.0	118.6	130.3	121.0	247.0	271.2	170.6	163.5	135.8	101.8	−25.0
三、公共图书馆	个	5	7	7	7	7	12	12	12	12	12	12	0.0
图书馆藏书数	万册	—	—	—	—	480.10	521.00	633.10	—	1084.77	1158.78	1210.09	4.4
四、文化馆	个	10	11	11	11	11	10	10	10	10	10	10.00	0.0
五、图书出版印数	万册	1983	18850	32135	33677	24844	30483	31109	45869	42906	48747	48269	−1.0
六、杂志出版印数	万册	2680	5149	5144	7636	10404	10925	12540	11473	8616	9272	9414	1.5
七、报纸出版印数	万印张	30057	59431	40325	55721	62354	75309	101861	65592	59510	55316	48754	−11.9

（资料来源：市统计局）

示范城市创建工作，6月30日市第十五届人民政府第四十次常务会议审议通过《长沙市创建全国版权示范城市工作实施方案（送审稿）》。12月15日国家版权局局长于慈珂到长沙考察长沙市创建全国版权示范城市工作开展情况，听取长沙市创建工作汇报，实地考察马栏山视频文创园和3家文创企业，对长沙市创建工作给予肯定，明确表示支持长沙市成为全国版权示范城市创建市。

（曾艳华）

【中部（长沙）印刷产业博览会】 2020年6月8—10日，2020年世界媒体艺术之都·中部（长沙）印刷产业博览会（以下简称“长沙印博会”）在省国际会展中心举行。该印博会由中国印刷及设备器材工业协会、湖南省新闻出版局、湖南省印刷协会、中南出版传媒集团股份有限公司共同指导，长沙市委宣传部、长沙市新闻出版局、长沙晚报社、长沙市文化旅游广电局、长沙市文化市场综合行政执法局等单位共同主办，省印刷物资有限责任公司、省展览馆、市印协、北京中印协华港国际展览有限公司、东莞市中印协国际展览有限公司、亚硕（上海）会展服务有限公司、长沙星恒文化传媒有限公司共同承办。该届印博会围绕“智能创新 绿色发展”主题，设立印刷包装品牌综合特展区、印刷包装设备区、VOCs一治理区/印刷企业形象区、印刷包装耗材及纸张展示区、数码企业形象区/数码快印设备区、图文广告区、广告标识展区、印刷媒体形象展示区八大版块，展出规模1.8万平方米，参展品牌238家，观众2万余人，成交额5500万余元。展会期间同期举办中部（长沙）印刷包装设备展览会、中部（长沙）图文广告展览会、中部（长沙）数码快印设备展览会，打通行业上下游领域，打造大行业平台，创造更多贸易商机。

（曾艳华）

【第27届长沙图书交易会】 2020年10月22—24日，第27届长沙图书交易会在湖南国际会展中心举办。该届图书交易会以“世界媒体艺术之都——长沙人爱读书”为主题，展厅面积4万平方米，设特装展位170个、国际标准展位500个，参展商800家，分布全国24个省、市、自治区，其中国营出版社26家，参展商、供货商、下游经销商共2万余人带动长沙及周边酒店住宿、餐饮会务、商贸物流、人员就业、旅游娱乐、交通运输、广告印刷、会展设计等相关服务消费近千万元。中国书刊发行业协会首次在北京地区外书展指导该届图书交易会。河北省发行业协会组图参展观摩，天津市、济南市新闻出版部门到长沙图书交易会学习交流。（曾艳华）

【农家书屋】 2020年，长沙市开展第六批“示范性农家书屋”评选工作。评选出芙蓉区东湖街道姚托湾社区等14家示范性农家书屋。为进一步推动长沙市全民阅读活动广泛深入开展，解决部分务工农民阅读需求，营造全民读书、终身学习社会氛围，表彰先进，发挥示范引领带动作用，长沙在全市继续开展“长沙市十佳书香民营企业”评选活动，评出第五批“长沙市十佳书香民营企业”。这些企业涵盖酒店、建筑材料、文化传播、旅游开发、实体书店、文化教育等方面，其共同特点是企业领导班子及成员高度重视全民阅读活动，有健全的职工读书学习制度，有专门的职工书屋，藏书量500册以上。经过认真审查，评选出湖南北纬三十文旅股份有限公司等10个民营企业为第五批长沙市十佳书香民营企业。为贯彻落实中央宣传部办公厅、农业农村部办公厅《关于开展2020“新时代乡村阅读季”活动的通知》精神，根据中共湖南省委宣传部、湖南省农业农村厅要求，联合长沙市农业农村局制定《关于开展2020“新时代乡村阅读季”活动的通知》，发动全市农家书屋参与阅读季各项活动。在全市评选200名“乡村阅读榜样”、20个优秀组织单位和20个特别组织单位，市委宣传部和市农业农村局共拿出18万元，对评选出的“乡村阅读榜样”个人每人奖励价值500元图书；对评选出的优秀组织单位和特别组织单位每个分别奖励价值2000元图书。

（曾艳华）

广播电视

【概况】 2020年，长沙市广播电视台（集团）聚焦主责主业，巩固壮大主流舆论阵地，推进深度融合，构建长沙广电融媒体生态体系。新闻宣传守正创新，各媒体开设《奋进！为了总书记的嘱托》《决战决胜脱贫攻坚》《抗击疫情 长沙在行动》等重大主题宣传策划40余个，制作播出全民抗疫纪录片《守护我的城》、新闻广播剧《青春战“疫”》，《守护解放西》（第二季）全网热播，中广天择参与拍摄大型电视纪录片《为了和平》，获解放军新闻传播中心专门致函感谢。推出融媒体新闻栏目《总编辑调查》，年内推出报道稿件50余条，总阅读量近1000万次。各媒体联动开展《抗击疫情，长沙在行动》《深度融合：媒体的力量》等多场全媒体直播。中广天择MCN获全国广播电视媒体融合典型案例。举办承办“就认这个理”全市理论微宣讲、长沙市“3·15”晚会等大型活动30余场。2020年，长沙广电集团共获飞天奖、星光奖、中国广播电视大奖等全国性大奖14件，获省级政府奖39件次，连续8年被评为国家广电总局“年度最具综合实力城市台”。深度融合持续推进，长沙广电以大数据为核心，整合本土资源，强化用户连接，打造长沙广电融媒体生态体系。中广天择MCN旗下共有账号45个，全网总粉丝量7500万，开启品牌推广全案、短视频定制服务、直播服务等MCN多维度变现新模式。产业发展稳中向好。2020年，长沙广电持续深化体制改革。长沙广播电视发射中心变更为公益一类事业单位，集团原全额拨款事业编制全体在职人员编制关系转移至发射中心，部分集团原全额拨款事业编制退休人员同步完成编制关系转移。田汉大剧院、湖南城市广播电视报社等经营类事业单位改革完成。2020年，长沙广电大力推进经营转型，克服严峻疫情形势和经济下行影响，整体呈现稳中向好发展趋势。台（集团）全年收入8.55亿元，比2019年增长17.34%。互联网新媒体收入已占到媒体收入三分之一。把握“文化+科技”融合发展方向，抓紧做实人工智能手语电视播报系统、中广天择5G+4K高新视频生产基地等融合发展重点项目。（彭爽爽）

【长沙广电在“TV地标（2020）”成果发布会上获奖】 2020年12月15日，由国家广播电视总局《中国广播影视》杂志社主办“TV地标（2020）”中国电视媒体暨“时代之声”全国广播业综合实力大型调研成果发布会举行。“TV地标”大型调研活动的目的是通过深度调查，全景扫描全国影视发展版图，勾勒行业第一阵营，定义市场价值新标杆，是电视行业发展重要风向标，也是中国广电调研活动一大品牌。该成果发布会上，长沙市广播电视台获“年度综合实力城市台”，融媒体新闻栏目《总编辑调查》获“年度城市台优秀节目”，中广天择获“年度优秀节目制作机构”，中广天择消防真人秀节目《冲呀，蓝朋友》获“年度优秀纪录片”。2020年，长沙市广播电视台（集团）瞄准建设全国一流新型媒体集团目标，以大数据为核心，打造长沙广电融媒体生态体系，牢牢把握“文化+科技”发展方向，推出人工智能（AI）手语播报项目，完成人工智能手语翻译技术在全国城市电视台直播新闻节目中“首秀”。依托自身视频内容制播优势，发挥马栏山视频文创产业园政策、人才和技术优势，加快建设5G+4K高新视频产业平台，打造媒体深度融合发展“长沙模式”。（彭爽爽）

【《总编辑调查》上线】 2020年3月24日，《总编辑调查》专栏上线，该栏目是长沙广电倾力打造的一档有思想、有温度、有品质的新闻深度调查类融媒体品牌栏目，年内策划推出《这个春天，第一书记在忙啥》《核心技术是怎样炼成的》《产业链风云》等10余个系列深度调查，播发报道40余篇，每期报道均获中宣部“学习强国”平台首页重点推荐，总点击量2.2亿次人才，多条稿件单篇阅读量突破100万余人次。（彭爽爽）

【《冲呀，蓝朋友》消防员职业纪实片】

2020年，经历疫情冲击后，中广天择打造一档纪实片《冲呀，蓝朋友》。该片是中广天择与西瓜视频联合出品的消防员职业纪实片，被网友称为是“一档能救命的真人秀”，节目摆脱“脸谱化”，用360度拍摄的细腻视角，记录热血的消防职业日常，在节目中看到的不再是消防员救援抢险的单一维度，而是有血有肉、真实生活的一面，制作团队采用真人秀表现手法，从人物刻画、内容梳理、剪辑方法方面，将纪实、真人秀两者优势进行结合，实现既纪实又不失趣味性的双重内容呈现。（彭爽爽）

【《长沙新闻》栏目启用人工智能手语电视播报系统】 2020年6月22日，长沙广播电视台新闻频道《长沙新闻》栏目启用人工智能手语电视播报系统，该系统将人工智能手语翻译技术应用于电视新闻播报，通过对新闻内容的精准摘要、智能翻译，转换成听障人群通用的国标手语，并输出为AI虚拟主播的手语动作，在新闻直播中与画面合成，让听障人群能够无障碍地获取新闻信息。9月17日，中共中央总书记习近平在马栏山视频文创产业园考察调研时，察看长沙广电启用人工智能手语播报项目演示，亲切询问技术和推广等有关问题，对该项技术成

表47　　长沙市广播、电视基本情况统计表

指标	单位	1978年	1985年	1990年	1995年	2000年	2005年	2010年	2016年	2017年	2018年	2019年	2020年
市台平均日播音时长	分′秒″	—	10'45"	11'30"	16'30"	37'40"	88'96"	139'71"	165'34"	—	—	—	—
市电台覆盖率	%		76.00		95.00	95.00	96.88	99.14	99.41	99.48	99.76	100	100
县（市）区广播台、站	个	5	5	5	5	4	4	4	4	4	4	4	4
市电视台每周播出时长	分′秒″	—	16'00"	56'00"	42'00"	206'30"	858'12"	1060'47"	1164'17"	—	—	—	—
市电视台覆盖率	%	—	23.60	90.00	98.00	97.30	97.88	98.49	99.04	99.13	99.73	100	100

（资料来源：市统计局）

功运用于电视新闻直播表示肯定。（彭爽爽）

【《守护解放西》（第二季）全网热播】2020年10月30日，警务纪实观察节目《守护解放西》第二季上线哔哩哔哩视频弹幕网，节目全网总播放量超过3亿次，豆瓣评分9.6，延续“守护系列”IP爆款影响力，全方位推介互联网时代群防群治工作“长沙样本”。节目播出后，省市领导多次做出批示肯定，《人民公安报》刊文点赞称“《守护解放西》是警察故事的轻盈表达”，“学习强国”平台重点推荐《守护解放西，火就火在“不正经”》一文，认为“节目用与传统法制类新闻节目风格迥然不同的风格，平实的视角，塑造了一群普通的民警形象”。作为一档警务纪实观察节目，《守护解放西》第二季延续第一季的火爆与口碑，用最具烟火气的警察故事传递社会正能量。（彭爽爽）

【长沙广电融媒体生态体系建设项目被评为全国广播电视媒体融合成长项目】2020年，长沙广电以大数据为核心，整合本土资源，强化用户连接，打造长沙广电融媒体生态体系，可触达注册用户规模超过1000万户，初步实现智慧宣传、智慧政务、智慧服务和智慧商务，被评为2020年全国广播电视媒体融合成长项目，媒体深度融合发展模式获国家广电总局认可。长沙广电“中台系统”汇集用户数据300万户，并与长沙城市超级大脑对接数据共享。长沙广电依托区域大数据资源和本土新闻宣传优势，通过大数据分析、用户画像等加快探索实现对舆情精准追踪、精准传播、精准引导。长沙城市移动综合服务平台“我的长沙”App实现1628项政务服务和235项公共服务的在线办理，注册用户超过300万人，实名认证用户220万户，年度累计服务用户3000万人次。全面打通长沙广电内部新媒体矩阵，并与长沙本土多个百万用户级App互联互通，研发民众呼声、维权问法等互联网产品，初步搭建根植于广电体系的城市综合服务应用平台。（彭爽爽）

【浏阳市融媒体中心被评为全国广播电视媒体融合先导单位】2020年1月17日，国家广播电视总局办公厅公布全国广播电视媒体融合先导单位、典型案例、成长项目征集评选结果，浏阳市融媒体中心被评为全国广播电视媒体融合先导单位，居全国第九位。（刘　婷）

【2020年全国“两会”重要保障期广播电视安全播出工作】2020年全国“两会”期间，长沙市文旅广电局按照国家广电总局和湖南省广电局部署要求，保障全国“两会”重要保障期广播电视安全播出工作。市安全播出指挥部组织召开全市广播电视机构安全播出会议，专题部署全国“两会”安全播出工作，在疫情防控和汛期防控情况下，启动重要保障期安全播出应急机制，全市各广电安全播出责任单位明确职责任务，提前围绕广播电视播出传输发射等各重点环节排查隐患和整改问题，采取有效措施提升保障能力。落实各广播电视播出机构领导带班及各重要播出传输环节24小时值班制，做好重点机房及光缆传输线路巡检保障。部署市安播（监测）中心对各场次重要直播节目转播传输保障及时调度，对各播出转播传输单位转播中央广播电视台节目情况以及省广电局转播任务进行实时监播。全国“两会”期间，全市各级广电部门安全播出指挥部成员坚守播出、传输、监测一线，各级广播电视台、转播发射台、有线电视网络、视听新媒体等广播电视制作播出传输相关单位和监测监管部门工作人员1583人次参加保障。各广播电视播出传输机构按要求做好央视《新闻联播》和中国之声《新闻报纸摘要》节目完整转播，各广播电视台主频道在“两会”期间完成《湖南卫视12:10午间新闻全国两会专题报道》和《湖南卫视18:30新闻联播》临时转播任务。（刘　婷）

史志档案

·党史研究·

【概况】2020年，长沙市委党史研究室坚持以习近平新时代中国特色社会主义思想为指导，发挥党史“存史、资政、育人”功能，统筹推进全市党史工作发展。市本级及宁乡、长沙、浏阳3个区县（市）获全省党史工作先进单位，长沙市委党史研究室被评为全市平安建设（综合治理）优秀单位。深入开展学习教育。室机关年内集中开展学习研讨13次；组织开展党史、新中国史、改革开放史、社会主义发展史宣传宣讲150余场，为《学习强国》题库提供党史题目上百个；室班子先后到浏阳、宁乡等地开展中共十九届五中全会和习近平总书记湖南考察时的讲话精神宣讲解读。深化党史征编研究。完成《湖湘红色基因文库》系列丛书中长沙承担的《中国共产党长沙历史1920—1949（第一卷）》（修订本）、《湘鄂赣革命根据地》、《秋收起义》、《红军两次攻打长沙》4本书的编撰工作。推进《湘区丰碑》专题陈列项目建设，开展项目建设招标、展陈方案拟制、文物征集、周边环境治理等工作。及时征集疫情防控工作相关实物，整理专题资料。指导长沙党史馆和各区县（市）党史部门开展业务工作，亮化党史工作特色。开拓党史宣教阵地。加强长沙党史网站和微信公众号、《长沙党史》季刊等平台建设。协助中央党史和文献研究院、省委党史研究院拍摄微纪录片《百炼成钢》；联合市直工委举办“弘扬党史文化，传承红色基因，坚定理想信念”长沙红色文化宣讲大赛；联合市委组织部开展全市“红色村”的打造；联合“廉洁长沙”共同推出“追寻长沙老一辈革命家初心故事”专栏；

联合市委宣传部、团市委、《长沙晚报》等部门开展纪念中国人民志愿军抗美援朝出国作战70周年和建党百年等纪念专版、专栏和专题片的打造。强化机关党建工作。落实“一岗双责”责任制，进一步细化党风廉政建设责任清单和任务分解。协助湘湖街道和左家塘街道开展疫情防控和复工复业工作，4月17日，首场新冠肺炎防疫工作物证集中捐赠仪式在长沙党史馆举行，共征集190件相关实物。选派1名中层骨干参加市委巡察工作。积极督战宁乡市灰汤镇竹田村的脱贫攻坚工作。开展清水塘社区党建共建活动。

（王长盈）

【党史联络工作】　2020年，全市党史联络工作坚持以习近平新时代中国特色社会主义思想为指导，服务协调联络组老领导学习中共十九大和十九届二中、三中、四中、五中全会精神，贯彻落实习近平总书记关于党史和党史工作重要论述精神，协助市委党史研究室做好党史专题的征研、撰写工作和相关学术研讨活动。加强党史联络组的自身建设，完成新一轮市委党史联络组成员调整，制定《2020年长沙党史联络工作要点》，拟定《中共长沙市委党史联络组工作规则》。组织党史联络组老同志参加长沙党史系统学习贯彻习近平总书记在湖南考察调研时重要讲话精神。做好联络组党史专题调研指导和服务，组织赴各区县（市）开展党史及党史联络工作调研。组织召开2020年长沙市党史暨党史联络工作年会。

（葛　浪）

【《中共长沙市委工作纪事》（2020卷）编撰出版】　2020年3月，市委办公厅发出《关于做好中共长沙市委工作纪事（2020卷）编纂组稿工作的通知》（以下简称《纪事》）。《纪事》2020卷共设置“领导关怀”“要论选编”“决策回眸”“执政纪事”“基层组织”“群英荟萃”“文献辑览”“大事记述”“星城风采”9个栏目。该书主要内容包括市委、市政府各部门、各区县（市）年度工作综合性概况，重点反映本系统、本部门在贯彻落实中央和市委工作部署过程中所采取的有特色的措施、做法、经验以及成效。着力全面客观地反映市委的年度大事要事、热点亮点和党建工作先进典型和创新成果，突出市委工作特色和长沙地方特色。《纪事》2020卷由市委办公厅和市委党史研究室合编，经多次编撰工作会议，多方协作，于2020年12月完成组稿、编纂及出版工作。

（戢伟豪）

【《长沙重点工程建设项目纪实2020》编撰出版】　2020年4月29日，长沙市委党史研究室会同长沙市发展和改革委员会、长沙市重点建设项目事务中心，邀请全市30余家重点工程相关单位的有关负责人员，召开编撰《长沙重点工程建设项目纪实2020》征编工作会，提出要求，明确任务。截至8月上旬，完成基本资料的收集。《长沙重点工程建设项目纪实2020》由湖南大学出版社公开出版，收录全市136个重大项目建设情况，主要编录项目计划中的投资额度大、带动效应明显的重大项目，涵盖基础设施建设、社会民生、服务业、高新技术产业等13个领域。

（胡　慧）

【围绕重大主题开展系列学术研讨会活动】　2020年，长沙市委党史研究室承办两大全国性学术研讨会和3个专题座谈会。5月22日，由市委党史研究室、市委党史联络组、市中共党史学会联合主办的李富春同志诞辰120周年生平思想研讨交流座谈会在长沙党史馆召开。6月29日，由市委党史研究室和市委党史联络组联合举办的庆祝中国共产党长沙地方组织创建百年座谈会在长沙党史馆召开。8月19日，由中央党史和文献研究院第二研究部、湖南省委宣传部、湖南省委党史研究院、湖北省委党史研究室、江西省委党史研究室、湖南省中共党史学会主办，长沙市委宣传部、长沙市委党史研究室、浏阳市委和市人民政府承办的纪念红一方面军成立90周年暨第六届湘鄂赣苏区历史研讨会在浏阳市召开。8月27日，由省中共党史学会、市委党史联络组、市委党史研究室共同主办，宁乡市委党史研究室承办的欧阳钦同志诞辰120周年生平思想研讨会在宁乡市召开。12月17日，市委党史联络组、市委党史研究室、长沙党史馆联合举办的清水塘的历史地位及意义专题座谈会在长沙召开。

（汪继业）

【长沙党史馆积极发挥红色教育基地作用】　2020年，长沙党史馆接待观众40.6万人次，其中青少年人数13.1万人次，开展宣教活动近百场。开发具有基地特色的微党课、微故事。原创微党课《探秘长沙和平解放》《大美清水塘》在长沙市党员教育本土“名师名课”竞赛活动分别获评名牌课程、优秀课程；《清水塘畔叩问初心》获市委宣传部“就认这个理理论微宣讲”红色传承·信仰力量主题第一名以及2020年长沙市“学习新思想 理论微宣讲”视频大赛市直单位选拔一等奖，并被推送至学习强国；围绕抗击疫情创作《长沙战疫十七勇士》《来不及脱下的毛线衣》等一系列微故事，微故事《挚爱》走进社区，纪念党史人物李富春、蔡畅，得到社会一致好评。自主创编、演绎开发红色党史节目，音乐快板舞《横塘明月映初心》、歌舞节目《英雄赞歌》、朗诵节目《清水塘，我的青春与你作伴》等。开展青少年党史宣传教育。开展网上网下爱国主义教育主题实践活动、“红色文化进校园”活动，开发“开学第一课”“党史知识趣味问答”“党史谜语猜猜猜”等课程；开发青少年讲解词，开展寒暑假社会实践活动，举办“小小红色讲解员培训班”。2020年被授予“湖南省直机关党员干部党性教育现场教学点”“长沙市爱国主义教育基地”“长沙市关心下一代基地”、开福区清水塘教育集团“德育

基地”等，发挥党史宣教主阵地作用，打响长沙党史红色品牌。（罗晨瑶）

·地方志工作·

【概况】 2020年，长沙市地方志工作坚持以习近平新时代中国特色社会主义思想为统领，深入贯彻中共十九大和十九届五中全会精神，抗疫、修志两手抓，两不误，完成全年工作任务，市县两级综合志书全部完成出版，《长沙年鉴（2020）》《浏阳年鉴（2020）》分别入选第五批中国年鉴精品工程“中国精品年鉴”。室党组书记、主任王习加在全国年鉴研讨会议上受邀介绍《长沙年鉴（2020）》编纂情况及编纂经验，进一步提升长沙年鉴在全国影响力。

【市志编修】 2020年，长沙市地方志编纂室抢抓进度，稳抓质量，对已验收分志稿进行修改和规范，加强分纂稿质量把控，对因自身原因导致进度严重滞后的单位，采取勤上门、找外援、动手写等方式，力促分志稿验收。4月，《长沙市志（1988—2012）》全部分纂稿完成验收。成立总纂修改规范小组，5个编辑室各确定一名编辑参与，参照“中国志书精品工程”的质量要求，对市志评审稿进行细致的修订和完善，并收集整理入志照片，核实照片的详细资料，规范表格等，提升评审稿质量。请市领导、市直相关部门审阅志稿，严把志稿意识形态关、保密关、史实关。4月，全套《长沙市志（1988—2012）》（评审稿）完成简装编印，分篇装订成30册，总文字量约800万字。5月22日，《长沙市志（1988—2012）》省级评审会召开。会后，根据湖南省地方志编纂院和省内各地（州）、市地方志部门的专家意见对志稿进行多轮多次修改。6月，《长沙市志（1988—2012）》通过省级验收。总纂第二稿报送中指组精品志书评审专家和方志出版社评审，并根据7名全国方志专家和出版社3次评审意见对志稿的内容和版面继续进行修改、校对。年内，制定《长沙市志（1988—2012）》排版设计方案，确定设计排版公司，并就卷首彩色图片的排版和插文图片等进行沟通，完成志书审校和版式设计。

【年鉴编纂】 2020年，《长沙年鉴》优化框架设计，结合专家意见与长沙实际情况，规范篇目设置，凸显年度特色与中心工作。《长沙年鉴（2020）》设有36个类目，232个分目、41个子目。设置“70年长沙”“产业项目建设年”“营商环境优化年”“长沙夜经济”“2019年度事件”5个图片专题。深化组稿指导，研读政府工作报告、党报党刊、政府网站部门有关资料，注重在宏观上把握全市经济社会发展脉络。综合年度大事记资料，重点关注组稿单位网站及报纸、电视、网络等主流媒体，深化形成组稿指导意见，向全市组稿单位印发撰写要求，提供框架、条目参考模板。强化编辑审校，采取多轮审校、多方集成工作模式，吸收、落实中国精品年鉴专家评审意见和全国年鉴大会评议结果，严把质量关。美化装帧设计，展现长沙历史文化底蕴。封底嵌入“方志长沙”微信二维码，可扫码阅读。开展中国精品年鉴区域试点工作，研究形成“总结经验，以市带县；重点指导，以点带面；定期督查，全面推进”的工作措施，总结市本级经验，对各区县（市）年鉴编纂工作开展调研，加强针对性指导。召开区县（市）综合年鉴评审会，促进互鉴提升。2020年3月，《长沙年鉴（2019）》入选第四批中国年鉴精品工程“中国精品年鉴”，12月，在第七届全国地方志优秀成果（年鉴类）评比中《长沙年鉴（2019）》和《长沙县年鉴（2019）》被评为特等年鉴。

【资料年报工作】 2020年，长沙市资料年报完成2018年度年报资料整理归档工作，移交手续齐全，入库120家单位年报资料。以邮寄等形式向全市131家地方志资料年报承报单位下发通知、注意事项以及2019年度地方志工作情况的表彰通报。平时及时对接催稿，强化业务指导。至2020年12月，收到102家单位的资料年报，完成年报资料审查。

【特色志书编纂】 2020年，长沙市地方志编纂室坚持质量第一的原则，做好乡镇简志编修出版工作。《湖南乡镇（街道）简志·长沙卷》数易其稿，历经4次审校，10月公开出版，全书近160万字，250余张图照，记载168个乡镇（街道）2015年乡镇区划调整前的区域概况、经济发展、基础设施等情况。稳步推进名镇名村志编纂工作，加大指导力度，实地调研浏阳市沙市镇秧田村和东门村，审读《南山村志》《秧田村志》等志稿；印发“凡例”“编纂规范”“基本篇目”，召开编纂规范培训暨推进会，邀请专家进行授课。开展第一批名镇志名村志申报工作，公布11部第一批入选名镇志名村志名单；启动第二批名镇志名村志申报工作。推进开发区志系列丛书及图志编修工作。年内，《长沙天心经济开发区志（2002—2012）》《浏阳经济技术开发区志（1997—2017）》《隆平高科技园志（1997—2012）》《长沙雨花经济开发区志（2002—2015）》《长沙金霞经济开发区志（1992—2012）》5部开发区志公开出版；召开《长沙市开发区图志》编纂工作推进会，部署下一阶段工作任务；至12月，长沙高新区、长沙经开区、金霞经开区、浏阳经开区基本完成初稿。

【地情资源开发利用】 2020年，长沙市地方志编纂室组织出版发行《点墨长沙》1万套，协助开展3场地方志文化进校园活动并赠书，在全市引起热烈反响，甚至一度出现“一书难求”的热销盛况。组织点校清同治《宁乡县志》。

【方志文化宣传】　2020年，长沙市地方志编纂室发挥地方志资源在公共文化服务中的重要作用，组织开展3次地方志书进校园活动，增进青少年对湖湘文化的了解，加深对祖国和家乡的热爱。以制作宣传短视频、悬挂横幅标语等形式，在全市范围内集中开展地方志“5·18”宣传活动，营造学志用志良好氛围。开展《湖南乡镇（街道）简志·长沙卷》发行工作，向全国、省、市、区县级地方志机构，市内各大图书馆、长沙市农家书屋以及社会各界等赠阅志书，至12月底，已向全国110个地方志机构，全国17家方志馆，省内13个地方志机构，130家市直机关单位，省内31家高等大专院校图书馆，市、区县两级10家图书馆，长沙市农家书屋及个人，赠阅交流志鉴刊物近1.7万余册。

（本栏撰稿　刘　般）

·档案工作·

【概况】　2020年，长沙市档案馆成功创建“全国示范数字档案馆”，国家级编研项目“抗日战争档案汇编”持续推进并实施，长沙记忆工程逐步完善，档案保管保护条件不断提升，与中南大学合作共建校外实践教学基地，年内接待杭州市档案馆、山东大学等多批次交流学习。档案接收征集工作，根据机构设置调整进馆工作领导小组，印发《关于做好档案依法移交进馆的通知》，全市档案进馆流程更加规范、渠道更加畅通。实现实体档案和电子档案同步规范进馆，各进馆单位实施档案数字化之前，提前介入目录审核、现场验收，把好整理和数字化质量关。2020年，市档案馆共接收43家单位11.8万卷档案进馆。省档案馆副馆长罗碧野专程带队到市档案馆交流学习档案业务。市档案馆加强社会征集力度，打造长沙特色“长沙记忆”工程，重点打造公务档案、抗战档案、“非遗”档案数据库，建立健全“长沙记忆”专题数据库，完成湖南省级“非遗”项目浏阳江氏正骨术的影像资料拍摄、口述采访、文献资料、照片和实物资料收集。面向社会开展防控新冠肺炎疫情档案资料征集工作，征集到照片1147张、视频321个、文字资料78件、书画作品10幅，建立突发事件专题档案数据库，征集到2017—2020年市“两会”视频资料43个、2016—2019年市政协会议照片1031张。对全部馆藏档案进行清点，按照档案存放相对集中、利用方便的原则，对档案存放位置进行调整，累计搬运档案13.56万余卷，调整后的馆库存放更加合理，管理更加规范。完成133号全宗旧工商档案3.06万页的档案修复工作，有效保护珍贵历史档案。完成5楼3个库房维修改造工作，新增库房监管控管理系统一套，更换消防保险门，档案安全管理万无一失。

【档案编研展览工作】　2020年，根据《长沙记忆工程总体实施方案》分步实施，市档案馆推出《一部书，一座城——民国长沙城市档案展》，展示长沙城市近代化发展历程，湖南新闻频道、《长沙晚报》等多家媒体进行报道和推荐。国家重点档案保护和开发项目《长沙抗日战争善后与祭悼英烈档案汇编》一书通过湖南省档案局复审和国家档案局终审程序，《长沙抗日战争人口伤亡和财产损失档案汇编》纳入国家重点档案保护与开发任务，完成初稿并提交省档案馆复审；推出市档案馆专题宣传片《逐梦兰台，砥砺前行》，全面展示新时代国家综合档案馆风貌。作为全市爱国主义教育基地，市档案馆依托馆藏资源，在寒暑假连续举办“品读红色档案，传承红色基因”“档案馆开放日活动”等多场青少年爱国主义教育实践活动，来自师大博才、中加中学、德润园小学等学校学生分批次参加活动，联手《湖南日报》为小记者们打造专场活动，为市生态环境局、市供水公司策划主题党日爱教活动，为社会打开了解长沙历史、接触档案文化的“大门”。

【档案查阅利用工作】　作为长沙市政府公开信息查阅中心，市档案馆编印《长沙市档案馆指南》《2019年长沙市委、市政府惠民政策汇编》向市民免费发放。2020年，档案查阅窗口共接待人民群众查阅档案3000余人次，调用档案4520卷。查阅窗口收到表扬留言44篇、表扬信2封、锦旗3面，档案公共服务水平不断提高。

【长沙市档案馆被评为“全国示范数字档案馆”】　2020年11月，在国家档案局组织的全国示范数字档案馆系统测评会上，长沙市档案馆高分通过专家组测试，被评为“全国示范数字档案馆”，成为全国3300余家综合档案馆中第34个通过测试验收的国家综合档案馆，在全国省会城市中得分排名第三位，国家档案局正式下发通知，省、市相关领导作了批示。截至2020年年底，市档案馆全面搭建满足“收、管、存、用”全流程管理应用档案信息化管理体系，基本建成架构科学、运行高效、运维安全数字档案馆，累计目录数据529万条，数字化档案超过5200万页，建立涵盖全部馆藏文件级目录数据库和全文数据库，馆藏目录和全文数字化率分别为100%和98.8%，推进数字档案资源总库建设，在档案缩微数字一体化、原生电子档案接收和长久保存等方面有所创新和突破，建设基于局域网、政务网、因特网、涉密网“四网”服务平台，实现馆室、馆际的数字档案资源管理与共享，提升档案公共服务能力和水平，为全省乃至全国提供长沙档案示范样板。

【民国长沙城市档案展】　2020年7月31日，长沙市档案馆在市图书馆推出《一部书，一座城——民国长沙城市档案展》，该展览通过开启一本80余年前的档案——1934年《长沙市指南》，以一部书展示一座城，还原长沙城的民国记忆，展示长沙城市近代化发展历程。

【《湖南日报》小记者走进市档案馆】 2020年8月14日，长沙市档案馆联合《湖南日报》特别策划“品读红色档案，传承红色基因”暑假爱国主义教育实践活动，来自《湖南日报》的40余名小记者走进市档案馆“打卡”，学习档案知识，了解红色档案背后的故事和本土历史文化。

【市档案馆与中南大学共建校外实践教学基地】 2020年12月29日，市档案馆与中南大学携手共建校外实践教学基地签约授牌仪式在市档案馆三楼会议室举行。党组书记、馆长袁健康出席并主持仪式，党组副书记、副馆长陈艳芳，中南大学湘雅医学院医学信息系主任胡德华，市档案馆职能部室负责人参加仪式。市档案馆作为国家一级档案馆、全国示范数字档案馆、全市爱国主义教育基地，积极履行行业担当和岗位职责，发挥示范性、专业性和带动性作用，在促进高校产学研与行业岗位技术性人才方面，搭建平台，优势互补，友好合作，构建长沙市档案事业人才发展新格局。（本栏撰稿　杨　佳）

文化交流

【概况】 2020年，长沙市融入国内国际双循环，开展全方位文化交流与营销推广活动，到京津冀、长三角、中三角、成渝、粤港澳大湾区、东北三省等板块核心城市开展“韵味长沙”文化交流与推介活动，长沙加入“澜湄旅游合作联盟城市”，加强与东亚文都城市文明互鉴，到扬州、西安、绍兴等地开展交流，与全球四大主流社交媒体及英国旅游网站合作，向25个国家进行推广，平台浏览总人数近128万人次。

（陆明椤　刘　婷）

【长沙文艺院团到长沙舰驻地慰问演出】 应长沙舰邀请，受市委、市政府委托，2020年1月19—21日，市双拥办、市文化旅游广电局、市退役军人事务局组织市属文艺院团到长沙舰驻地开展新春慰问演出，参加该舰所在部队20日组织的“不忘初心、砺剑深蓝”新春文艺晚会，为驻地官兵和家属送上长沙人民深情厚谊和祝福。喜庆热烈的舞蹈《盛世欢歌》、具有浓郁湘情湘韵的歌舞《浏阳河》、精湛的杂技表演《肩上芭蕾》、再现楚汉风情的舞蹈《盛汉遗风》等节目掀起晚会现场高潮。该慰问演出活动是长沙市继承弘扬双拥传统、促进军民军地融合共建有力举措，有效促进军民融合发展，展现长沙人民与长沙舰鱼水深情，推动双拥共建。长沙市连续6次获全国双拥模范城称号。长沙舰历史悠久，被誉为航母编队“带刀护卫”“中华神盾”三代长沙舰见证新中国海军从无到有、从小到大、由弱变强成长道路，见证在中国共产党坚强领导下，人民海军一路劈波斩浪，纵横万里海疆，大踏步赶上时代发展潮流，取得举世瞩目伟大成就壮观历程。（刘　婷）

【长沙交响乐团“云”合唱为武汉祝福】 新冠肺炎疫情防控期间，长沙交响乐团发出号召，鼓励艺术工作者在家进行针对性练习，提高演奏、演唱水平。交响乐团、歌剧中心、歌剧中心合唱团演员们响应号召，在家认真钻研专业。长沙交响乐团歌剧中心青年演员在家中通过网络，“云”合唱一首《让世界充满爱》，15名歌剧中心演员与驻团青年钢琴家伍睿合作同一首歌，在这特殊时期，歌剧中心青年演员们希望通过自己歌声为武汉送去温暖与祝福，全国人民同舟共济，坚信一定能够打赢这场疫情阻击防控战。（刘　婷）

【长沙市2019年度对外传播十大优秀案例】 2020年9月3日，经公开征集、专家评审等程序，长沙市2019年度对外传播十大优秀案例揭晓，向世界讲述长沙故事、传播长沙声音、擦亮长沙名片。长沙市2019年度对外传播十大优秀案例是：1.芒果龘龘狂想，天生青春星城——芒果TV“青春芒果节”，报送单位：湖南快乐阳光互动娱乐传媒有限公司；2.长沙C位亮相中美创投大会——创新型城市建设迈出国际化步伐，报送单位：长沙市科技局；3.“新长沙人”主题系列外宣报道，报送单位：香港《凤凰周刊》；4.让港澳台同胞和海外侨胞爱上长沙——《一眼千年》长沙对外推广书籍，报送单位：中共长沙市委统战部；5.第一届中非经贸博览会焰火晚会，报送单位：长沙市文旅广电局；6.擦亮营商环境的长沙名片——粤港澳大湾区主流媒体聚焦“营商环境”采访长沙行，报送单位：长沙市发改委；7.“工程机械之都”品牌传播推广平台打造，报送单位：中联重科股份有限公司；8.“茶颜悦色”——“一杯饮料”推介一座城市，报送单位：湖南茶悦餐饮管理有限公司；9.“一带一路”主流媒体聚焦“乡村振兴”星沙行，报送单位：中共长沙县委宣传部；10.《流动的永恒》新媒体艺术群展，报送单位：湖南华年文化旅游投资有限公司。（刘　婷）

【长沙城市文化推介会】 11月23日，“2020广州文化产业交易会·长沙城市文化推介会”在广州举行，该推介会旨在深化长沙、广州两地宣传思想文化领域战略合作，建立文化互融、产业互促、影视互通、人才互动文化发展合作体系，携手促进两地文化产业合作、推动文化艺术繁荣发展。长沙市委常委、市委宣传部部长陈刚，广州市委宣传部副部长朱小燚出席活动。推介会上，长沙、广州两地签署文化战略合作协议，长沙交响乐团与广州交响乐团签订合作协议，马栏山园区与穗相关合作项目签约，马栏山视频文创园、长沙市广播电视台、长沙市文旅广电局进行相关推介活动。

根据战略合作协议，长沙与广州合作推动文艺精品创作与交流，合作推动文化产业高质量发展，合作推动影视产业繁荣发展，合作推动动漫游戏产业协同发展，共同加强国际传播能力建设。推介会上，马栏山（长沙）视频文创产业园与凯撒（中国）文化股份有限公司、广州钰顺科技信息服务集团有限公司、恒企（广州）教育培训有限公司、广州蜜蜂文化传媒有限公司、深圳智能思创科技有限公司五家企业实现签约。文艺精品创作与交流方面，长沙交响乐团、广州交响乐团签订合作协议，双方从演出交流、人才推荐、作品共享方面进行深度交流，包括定期互访交流演出、乐团原创音乐作品交流演出、演奏人才交流、互派指挥演出、共同筹办或参与对方重要的音乐节（会）、共同举办音乐比赛或学术论坛。推介会后，长沙代表团参观广州部分重点文创园区、重点文旅项目以及重点视频、动漫类文创企业。陈刚指出，长穗两地战略性合作是为新时代而合、为新思想而作，是同频共振而合、守正创新而作，是为幸福感而合、为获得感而作；以新发展理念开创新发展格局，以技术服务内容、内容服务人民，两地高质量发展的发力点高度契合；广东湖南地缘相连，星城羊城文脉相通，期待长穗两地合作书就新时代合作共赢“双城记”。（刘　婷）

【岳麓山青年戏剧节】　2020 年 12 月 4 日，“青年艺潮，戏韵长沙”长沙岳麓山青年戏剧节在长沙网红文艺街长沙阳光壹佰凤凰街开幕。该戏剧节由长沙市委宣传部、中国艺术节基金会指导，长沙市文化旅游广电局、长沙市岳麓区委员会、岳麓区人民政府共同主办，长沙市岳麓区委宣传部、长沙市岳麓区文化旅游体育局、长沙市岳麓区教育局共同承办，阳光壹佰（湖南）置业有限责任公司、长沙叁零叁文化传播有限公司共同执行。邀请国内知名艺术家、戏剧匠人，结合嘉年华演出、大咖交流会、国内顶尖戏剧作品邀请展、群众戏剧交流以及青年戏剧人才孵化等板块，以舞台剧、音乐剧、舞剧、戏曲等艺术形式，为长沙戏剧爱好者奉献一场视听结合的艺术盛宴，近距离感受浓厚戏剧文化的无尽魅力。戏剧节期间，全国优质文化艺术资源以及众多国内艺术名家、知名戏剧人汇聚长沙，著名戏剧导演袁野、资深编剧西岭雪携代表作与长沙戏剧爱好者面对面交流。（刘　婷）

【2020 年城市交响乐团“长沙峰会”】2020 年 11 月 3—4 日，2020 年城市交响乐团“长沙峰会”在星城举行。该峰会由中国交响乐发展基金会、中国音乐家协会管乐学会、湖南省演艺集团、中共长沙市委宣传部、长沙市文化旅游广电局主办，长沙交响乐团、长沙音乐厅承办。北京、长沙、哈尔滨、黑龙江、河南、宁波、内蒙古、上海、陕西、沈阳、苏州、天津 12 家交响乐团齐聚长沙。11 月 3 日开幕式音乐会由长沙、苏州交响乐团联合演出，多首交响合唱是该场音乐会最大亮点，在著名指挥于海、许忠带领下，两家乐团与长沙交响乐团歌剧中心合唱团共同为观众带来《义勇军进行曲》《东方红》《浏阳河》《祖国颂》《没有共产党就没有新中国》等红色经典乐曲。11 月 4 日，举行 2020 城市交响乐团“长沙论坛”，中国交响乐发展基金会理事长陈光宪，副理事长、著名作曲家关峡，副理事长、中国音协管乐学会主席于海，以及长沙、北京、天津、上海、陕西、哈尔滨、苏州等乐团负责人和其他与会嘉宾就相关话题作主题发言。（刘　婷）

市场管理

【概况】　2020 年，长沙完成“综合窗”改革任务，常态化运用“互联网 + 政务服务”一体化服务平台，年内办结事项 202 件。加强政风监督，妥善办结“12301”“12308”“12345”热线投诉事项，累计受理事项 1500 余件，为群众挽回经济损失 433 万余元。加强法治建设，市文化旅游广电局获评长沙市落实“谁执法谁普法”责任制优秀单位。提升服务水平，组队参加省旅游饭店业职业技能大赛，长沙获团体一等奖，包揽全部比赛项目一等奖。在省文化市场综合行政执法技能比武中获团体第一名和所有单项第一名。加强联防联控，疫情期间及时关停文化娱乐场所、叫停旅游组团经营活动，做好涉疫区游客安置等工作，确保全市文化旅游场所无一起交叉感染事例。开展“扫黄打非”“利剑行动”等专项行动，年内共出动执法人员 9.81 万余人次，检查文化和旅游经营场所 3.17 万余家次，立案查处违法经营 132 起。一个案卷获选全国文物行政处罚案卷评查十佳案卷。市文化旅游广电局被评为全市行业禁毒工作先进单位。年内文化旅游市场无重大事故和负面舆情。未发生因履职不到位引起的较大文物安全事故，实现“文物安全年”。严格落实意识形态工作责任制。新冠疫情发生后，广电行业管理与监测工作保持连续作战状态，年内发布各类文件信息 3000 余条，全市 2.6 万只“村村响”广播发出抗疫最强音，年内未发生意识形态问题和安全播出责任事故。（陆明榜　刘　婷）

【市文旅广电系统应急防控疫情工作】2020 年，长沙市文旅广电系统上下一心、众志成城，为抗击疫情贡献文旅广电人力量。1 月 23 日，召开疫情防控工作紧急会议，贯彻落实市委、市政府关于应对新型冠状病毒感染的肺炎疫情重要指示，对春节期间文化旅游系统疫情防控工作进行安排部署，制定下发疫情防控工作的紧急通知，要求星级饭店、旅行社、景区、网吧等文化娱乐场所，以高度的责任感，提高政治站位，密切关注疫情形势，主动做好防控工作。1 月 26 日，对文化旅游系统疫情防控工作再安排部署，强化干部职工疫情防控责任意识，全面配合做好全市新型冠状病毒防控工作。市文旅广电局对各景区和文化娱乐场所关停情况及演出市场进行持续督导巡查，累计出动执法人员7906人次，检查文化经营单位3461家次，责令整改29起，警告10起，立案查处5起。截至2020年2月12日，全市关停旅游景区景点56个、网吧1486家，娱乐场所812个，演艺场所11个，全市431家旅行社暂停旅游经营业务，累计取消10.26万名游客旅游业务。暂停举办大型文化旅游演出活动。市公共文化服务领域闭馆不闭网，向群众公布数字资源链接，让群众足不出户即可享受文化服务。长沙图书馆提供丰富的线上资源，10万余册电子书，3000余种原版电子期刊可以让读者在家阅读，还可以通过长沙图书馆官网免费访问“中国知网”“读秀”等学术科研资源。长沙博物馆利用自媒体平台、互联网多媒体信息技术，加强线上文化信息传播，开发网上虚拟展览，打造“24小时线上博物馆”，使市民不出门看尽长沙千年。长沙非物质文化遗产展示馆推出《“非遗”网课 非常体验》系列线上体验课程，长沙市民在家就可以免费学习各种“非遗”技艺。长沙群艺馆推出线上艺术课堂，免费向市民提供器乐、声乐、舞蹈、戏曲、书法等多个门类的艺术课程，满足长沙市民的艺术需求，舒缓社会紧张情绪。面对春节期间返乡人员多、农村防控疫情意识弱、基层医疗水平有限等实际情况，市文化旅游广电局认识到农村防疫形势的严峻性，要求各区县（市）在利用传统广播电视媒体进行防疫宣传的同时，充利用“村村响”系统覆盖面广、通俗便捷优势，发挥好“村村响”应急广播功能，把党和政府防控疫情声音传递到农村千家万户，正确引导舆论，加强政策宣传，及时播报疫情防控知识，增强群众防疫意识，筑起防疫钢铁长城。全市2.6万只高音喇叭加上流动广播，实现行政区域全覆盖。市文旅广电局鼓励全市广大文艺工作者，发挥各自优势，创作各类优秀作品，丰富广大群众精神文化生活，用真情为抗击疫情擂鼓助威，长沙文艺工作者先后创作歌曲《守望汉江》《我的英雄》《大爱撑天》《集结之歌》《天下平安》《等你》；长沙弹词《众志成城战疫情》《抗新型肺炎》《致敬逆行者》；传统戏曲莲花闹《戴口罩》，花鼓戏《疫区儿女情》《抗疫情》《团结一心抗疫情》；湘剧《七律二首·送瘟神》《楚汉齐加油》；麻山锣鼓《劝夫》；快板《向白衣天使们致敬》《同舟共济抗病毒》；诗朗诵《这样的人》《严冬终将过去》《我们一定可以》；诗歌《等你，春暖花开》；大兵创作的《防疫顺口溜》在全国范围刷屏。还有书法、美术、篆刻作品、剪纸画等饱含深情的艺术作品，为共同抗击疫情传递精神力量。

（刘　婷）

【长沙网吧及娱乐场所有序开放】 从2020年3月24日起，根据市文化旅游广电局、市文化市场综合行政执法局《关于网吧、娱乐场所有序开放的通知》，在确保新冠状肺炎疫情防控措施落实前提下，以区县（市）文旅（广）体局为主体组织辖区内互联网上网服务营业场所、娱乐演艺场所有序开放。《通知》提出，要严格落实防控责任、严格评估开放条件、严格落实入场要求、科学安排接待人数、加强卫生安全管理、落实防控应急机制、强化执法检查监督，督促做好开放前的准备和营业期间的防控工作，对辖区内开放单位和场所进行事中事后监管。各网吧和文化娱乐场所主要负责人切实承担起疫情防控工作主体责任，建立完善的内部疫情防控工作体系，落实疫情防控主体责任，加强对顾客和员工的管理，指导做好个人防护，确保疫情防控各项措施落实到位。按照务实精简、有序高效和属地管理的原则，各区县（市）文旅（广）体局应对辖区内的网吧、娱乐演艺场所进行开业前的条件评估，指导各场所做好开业所需的员工摸排、物资储备、场所消毒、防控预案等相关工作，对符合开放条件的场所科学有序安排复工。各场所要按区县（市）统一安排落实复工前准备，做好员工返岗前摸排工作和健康登记，配备测温仪、口罩、消毒液等防疫物资，加强对设施设备消杀防疫，确保复工前防疫工作落实到位。各经营场所对进入网吧、娱乐场所的客人要严格按照所在地防指关于佩戴口罩、防控检测等要求，做好人员入场管理。场所入口处须配备体温检测设备，对所有进入场所人员进行体温检测，体温检测异常者不得进入场所，并迅速引导至临时隔离点，报所在地疫情防控部门妥善处置。各经营场所要根据包（房）间情况科学安排消费者人数，网吧应实行隔位就座，KTV包间人与人之间保持1米以上距离，游戏游艺场所在每台游艺机前设置1米线。在二级响应解除以前，各场所接待人数不超过总接待量的60%。可采取预约、网上预订、错峰消费等形式，减少人员聚集，避免人员接触。各经营场所要严格落实场所防控消毒措施，做好每日场所清洁消杀，保持环境卫生清洁，公共空间、卫生间、电梯等部位每日消毒不少于3次。接触类设备如电脑键盘鼠标、手持话筒等设备做到一客一消毒，话筒建议采用一次性防护罩，一客一换。场所须按要求保持通风，在条件许可的情况下首选自然通风，空调系统按防指要求规范使用。网吧和文化娱乐场所要根据疫情防控要求，编制应急预案，科学设计疫情突发情况处置流程，强化应急预案演练与员工培训，提升应急处置能力。各区、县（市）文旅（广）体局和文化旅游市场综合执法部门要切实加强执法监督，在规范市场经营的同时要加强防疫工作落实检查力度，杜绝疫情防控工作漏洞，防止反弹现象发生。（刘　婷）

卫生健康

MEDICAL TREATMENT
AND PUBLIC HEALTH

编辑　吴丫丫

医疗机构

【概况】　2020年，长沙市辖区内有注册登记的各级各类医疗卫生机构4681个，其中三级医院27家、二级医院45家、社区卫生服务中心84个、社区卫生服务站225个、乡镇卫生院98个、村卫生室1280个。全市医疗卫生机构实有病床8.32万张，在岗职工10.61万人，其中卫生技术人员8.8万人。平均每千人口有卫技人员8.76人、每千人口执业医师数3.26人、每千人口护士数4.25人、每千人口床位数8.28张，居中部省会城市前列，高于全国平均水平。全市医疗卫生机构总诊疗人次4953万人次，门急诊人次数4727.44万人次，出院人数245.71万人次，分别较2019年下降9.05%、8.81%和8.78%（受新冠肺炎疫情影响）。全年出生人口8.14万人，符合政策生育率96.68%，出生人口性别比109.71。孕产妇死亡率1.66/10万，5岁以下儿童死亡率3.61‰，均低于全国平均水平。全市居民健康素养水平27.94%，较2019年末提高2.84个百分点，人均预期寿命80岁。

2020年，长沙市医药卫生体制改革以“健康长沙”建设为统揽，围绕全省医改重点任务和总体要求，坚持把深化医药卫生体制改革作为保障和改善民生的重要举措，进一步创新医疗服务体制机制，完善医疗服务体系建设，深化医疗保险制度改革，加强医疗卫生行业管理，全市深化医改工作取得良好效果。调整长沙市深化医药卫生体制改革领导小组成员，由市长郑建新担任医改领导小组组长。由副市长刘明理分管市卫生健康委员会（以下简称“市卫生健康委”）和市医疗保障局（以下简称“市医保局”），实现一名政府分管领导统一分管“医疗、医保、医药”工作。建立长沙市深化医药卫生体制改革领导小组办公室工作制度，健全卫健、医保、财政、人社等部门医改议事协调机制，并将医改任务完成情况纳入市委全面深化改革和市政府目标管理绩效考核的重要内容。长沙市公立医院综合改革成效明显，受到省政府真抓实干表彰激励。（万　胜　罗国清）

【全面实施健康长沙行动】　2020年，长沙市成立健康长沙行动推进委员会并设立15个专项行动工作组和专家咨询委员会，制定《健康长沙行动实施方案》，针对重大疾病和一些突出问题，聚焦重点人群，通过实施健康知识普及行动、合理膳食行动、全民健身行动、控烟行动、心理健康促进行动、健康环境促进行动、妇幼健康促进行动、中小学健康促进行动、职业健康保护行动、老年健康促进行动、心脑血管疾病防治行动、癌症防治行动、慢性呼吸系统疾病防治行动、糖尿病防治行动、传染病及地方病防控行动15个重点行动，政府、社会、个人协同推进，促进以治病为中心向以健康为中心转变，提升人民群众健康水平和幸福感、获得感、安全感。（钟玲俐）

【医疗卫生项目建设】　2020年，长沙市推进医疗卫生重大项目、中央预算内投资计划项目和“健康长沙”建设PPP项目建设，不断完善长沙市卫生健康服务体系。全年全市卫健系统有续建、预备、前期研究重大建设项目15个，计划完成投资8.02亿元，实际完成投资8.08亿元，完成年度投资计划的100.75%。截至2020年年底，6个中央投资项目全部开工，其中望城区疾病预防控制中心业务用房建设、浏阳市人民医院县级医院救治能力提升、宁乡市人民医院县级医院救治能力提升3个项目竣工，宁乡市妇幼保健院门诊住院综合大楼建设项目主体封顶，望城区人民医院异地新建项目、长沙县第一人民医院县级医院救治能力提升项目开工。“健康长

表48　长沙市卫生事业基本情况统计表

指标	单位	1978年	1985年	1990年	1995年	2000年	2005年	2010年	2017年	2018年	2019年	2020年	2020年比2019年增长（%）
卫生机构数	个	1195	1403	1346	1100	1036	1519	2655	4493	4523	4633	4681	1.0
#医院、卫生院	个	248	291	297	205	263	260	255	287	331	336	339	0.9
床位数	张	12976	13743	18349	21378	20590	27395	42629	73711	77253	81242	83180	2.4
#医院、卫生院	张	11036	11503	14766	17594	17281	25501	39983	66458	69913	73664	76122	3.3
卫生工作人员	人	21583	29620	34190	37115	36225	37711	59738	93540	98486	103086	106139	3.0
#卫生技术人员	人	16068	21611	26307	27553	27460	28943	48791	77442	81548	85866	87987	2.5
#执业医师和执业助理医师数	人	7247	10187	12423	12107	12345	12088	18258	29265	30793	32286	32785	1.5

说明：“#”表示其中主要项　　（资料来源：市统计局）

沙”建设PPP项目推进，截至2020年年底，已批准实施的一期、二期项目中，市级项目12个，其中主体工程完工4个、启动实施7个；区县项目24个，其中启动实施9个。市三医院门急诊业务用房维修改造项目竣工投入使用，市中心医院医疗综合楼、市一医院新住院大楼、市四医院滨水新城院区项目主体完工，市妇幼保健院河西新院、市口腔医院河西分院、市中医医院东院区门急诊住院大楼、市一医院科教肿瘤综合楼等建设项目前期工作均取得实质性进展。

（钟玲俐）

【公立医院改革】 2020年，长沙市制定《关于全面开展建立健全现代医院管理制度改革试点的通知》，在全市二级以上公立医院全面开展现代医院管理试点工作，探索医院管理模式，并借助HRP、6S、信息平台等现代化管理手段，实现医院全方位管理。全面推进公立医院薪酬制度改革，落实“两个允许”（允许医疗卫生机构突破现行事业单位工资调控水平，允许医疗服务收入扣除成本并按规定提取各项基金后主要用于人员奖励）政策，核定7家直属公立医院2018年、2019年薪酬总量，指导医院制定相应的院内薪酬分配办法，建立薪酬动态调整机制。探索实行公立医院主要负责人年薪制，所需经费不纳入该单位薪酬总量，在政府安排的财政经费中调剂解决。健全公立医院及其主要负责人考核评价机制，考核结果与公立医院薪酬总量及主要负责人年薪挂钩。统筹编内外人员待遇，实行相同的薪酬结构，逐步推进编内外人员同岗同薪同待遇。2020年，全市公立医院药占比（不含中药饮片）23.07%，远低于30%的要求；医疗服务收入（不含药品、耗材、检查、化验收入）占比37.24%（省里要求高于32%）。 （万　胜　罗国清）

【县域综合医改】 2020年，长沙市按照“县强、乡活、村稳、上下联、信息通、模式新”的思路，围绕优化资源配置、提升基层服务能力、激发基层运行活力，推进县域综合医改。制定《长沙市县域综合医改试点工作实施方案》，全面开展县域综合医改试点，落实省、市关于加强基层医疗机构能力建设的系列政策措施，通过建立县乡、乡村一体化服务体系，提升基层医疗卫生服务能力。全市县域内就诊率90%，浏阳市县域内就诊率逾95%，基本实现“小病不出乡、大病不出县”。 （万　胜　罗国清）

【三医联动改革】 从2020年起，市财政连续6年每年安排6000万元支持鼓励市县级医院加强重点学科（专科）建设。加快推进以按病种付费为主的多元复合式医保支付方式改革，2020年，在原有708个按病种付费病种基础上增加54个病种，调整8个病种。参保居民在协议基层医疗卫生机构门诊就诊不设起付线，年度最高支付额度以下政策范围内门诊医疗费用的医保支付比例达到70%。制定远程诊疗收费标准，并纳入医保报销。发布《长沙市公立医疗机构取消医用耗材加成同步调整医疗服务价格实施方案》，从2020年1月1日起全面取消公立医疗机构医用耗材加成，调整医疗服务价格，全年降低费用逾3000万元。制定《长沙市医疗保障局治理高值医用耗材改革实施方案》，在全市开展高值医用耗材专项整治活动，全面深入治理高值医用耗材。承接并做好低值耗材采购管理，最终价格较省内外其他市州中标价低20%。

（万　胜　罗国清）

【分级诊疗】 2020年，长沙市以公立医疗卫生机构为主体，以区域医疗卫生规划框架为蓝本的网格化医联体模式基本建立，医联体网络诊断平台逐步搭建。根据网格化布局，中心城区建立由5家市级综合公立三级医院牵头的城市医联体；2家市级专科医院与基层医院建立专科联盟2个。全面覆盖所有基层医疗卫生机构。望城区、长沙县、浏阳市、宁乡市4个区县（市）县域内的医共体初步形成。搭建心电远程会诊、影像远程诊断、超声远程诊断、病理远程诊断、远程胎心监测、疑难病例远程会诊平台共19个。各医联体牵头单位向成员单位派驻专业技术人员及管理人员逾1300人次，开展远程培训96次，开展义诊、业务指导、教学查房约1500人次。通过搭建医联体平台促使优质医疗资源向基层下沉，使居民在“家门口”即可享受三级综合医院同等的医疗服务。发挥县级医疗机构龙头作用，建立县域医疗中心。重点加强县域内常见病、多发病相关专业，以及传染病、急诊急救、重症医学、妇产科、儿科、中医、康复等临床专科建设，长沙县妇幼保健院创建成为三级妇幼保健院。全面推进“互联网+”家庭医生签约服务工作，提升家庭医生签约服务质量，扩大签约覆盖面，确保签约一人、履约一人、做实一人，居民对签约服务的满意度和获得感不断提升。全市组建家庭医生团队1479个，193.72万名城乡居民与家庭医生团队建立稳定的健康管理服务关系。基层首诊、双向转诊、急慢分治、上下联动的分级诊疗格局初步形成。 （陈　胜）

新冠肺炎疫情防控

【概况】 2020年1月21日，长沙市确诊首例新冠肺炎病例，2月20日实现新增确诊病例清零，3月14日实现住院确诊病例清零，全市累计确诊242例，治愈240例，救治成功率居全国确诊病例200例以上城市前列。国际客运航班落地转运“长沙模式”获国务院联防联控机制肯定。长沙市第一医院、长沙黄花国际机场疫情防控联合指挥部被评为“全国抗击新冠肺炎疫情先进集体”，张锡兴、张更姣、安志、康姣被评为“全国抗击新冠肺炎疫情先进个人”。2020年9月，习近平总书记在湖南考察，对长沙疫情防控工作给予肯定。

【疫情防控组织体系构建】 2020年1月24日，长沙市启动重大突发公共卫生事件一级应急响应，成立市委新冠肺炎疫情防控工作领导小组并设立市新冠肺炎防控指挥部，领导小组及指挥部办公室设在市卫生健康委，统筹调度12个工作小组和各区县（市）防控指挥部，及时部署推进全市防疫工作，全年召开疫情防控调度会101次，根据疫情形势变化精准指挥调度防控工作，有效组织全市上下按“三不两防”（队伍不散、机制不变、思想不松；外防输入，内防反弹）策略，落实“四方责任”“五有一网格”举措，做好疫情防控工作。

【新冠肺炎患者医疗救治】 2020年，长沙市按照“集中患者、集中专家、集中资源、集中救治”原则，整合优势医疗专家和技术资源，创新实施上下结合、内外结合、中西结合的“三结合”救治模式，全力救治确诊患者，并邀请14名部省级医院专家、组织25名市级专家定期开展指导会诊。贯彻落实全国、全省“一盘棋”部署要求，将外省、兄弟市州输入性病例和省部级医院疑似病例149例确诊后，全部转至长沙定点医院长沙市公共卫生救治中心集中收治。仅用3天完成长沙版“小汤山”医院改造，5天完成后备医院改建。组织1000余名医护人员充实一线救治力量，抽调300余名医护人员组建医疗救治后备梯队。发挥中医药作用，推出两版中医药针对性救治方案，中医参与率93.8%。在重症多、体量大的情况下，仅用54天实现在院确诊病例清零，确诊病例平均住院天数8天、最快5天治愈出院，医务人员零感染。

【人员管控】 2020年，长沙市科学研判疫情形势，在全省率先加强人员管控。第一时间取消文化娱乐活动和大型室外活动、取消橘子洲元宵节等重大节假日焰火晚会，减少人员聚集、流动。对流动人员特别是确诊病例、疑似病例的流动轨迹进行大数据分析，全面掌握接触史。率先设置13个集中隔离场所，实施密切接触者“定点、集中、单人、单间”的隔离管理办法，及时落实监管场所、养老机构、救助机构等特殊场所防控和服刑人员、进京人员等重点人群管控要求，并在特殊时段对重点小区实行封闭管理，对重点人员实施“四包一”（一名党政干部、一名社区干部、一名民警、一名医生负责一名重点人员）管控措施，有效防止疫情传播扩散。率先对入境人员实行“14+7”管理措施，全年累计集中隔离医学观察6337人。

【人物同防】 2020年，长沙市根据疫情传播新特点适时调整防控策略，率先出台冷链食品及相关环境作业人员新冠病毒监测办法，进一步加大进境海鲜、冷冻食品以及非冷链进口货物的抽检力度，做好作业人员防护措施。截至2020年12月31日，检测各类样本48612份，其中食品样本17973份、环境样本14324份、人员样本16315份，结果均为阴性。

【重点场所管控】 2020年，长沙市科学调配防疫人员，配齐防疫物资，对“三站一场”（火车站、高铁站、长途汽车站、机场）等重要关口持续实行24小时监控，做好到长沙人员的体温检测、旅居史报告、健康码查验等工作。做好自贸区各进境口岸的海鲜、冷冻食品及其他货物的检验检疫工作，防止携带病毒的货物进境。加强全市各医院、景区景点、宾馆酒店、文娱场所、大型商超等重点场所人员进出管理，全面落实消毒通风、查验健康码、规范佩戴口罩、减少集聚等防疫措施。完善村级疫情防控举措，提倡红白喜事简办，逐一追踪筛查、登记建档春节返乡人员及流动人口，尽可能减少人员聚集、流动，守住农村疫情输入关口。

【日常监测】 2020年，长沙市做好电子健康码查验工作，累计发放658.44万张，亮码应用2.45亿次。强化外事、公安、边检、交通等部门数据衔接，做好防疫信息大数据分析核查，先后分析相关信息24万余条，排查23.9万人次，查实从高、中风险地区到长沙、在长沙的10792人。动员全市具备核酸检测资质的66家机构，每天最大单样本核酸检测能力达22.6万份，截至2020年12月31日，完成核酸检测239万人次。规范设置医疗机构发热门诊39个，累计接诊发热患者15.8万人，做到发热人员全管控、零漏报。加强流行病学调查，组建72支应急机动队，实行24小时值守，流调及时率、病例网络审核及时率、聚集性疫情规范处置率等均100%。

【应急能力提升】 2020年，长沙市市本级安排公共卫生应急物资储备金5396万元，各级医疗机构、疾控机构均按不少于30天的用量储备防疫物资，并实行全市统一调配。完善全员核酸检测方案和四种情景应急处置预案，全市组织开展应急演练1989次，突出疫点快速管控、人员追踪大数据摸排、社区综合管理等关键环节，进一步提升意识、检验预案、磨合机制、锻炼队伍。设置接种点63个，有序铺开疫苗接种工作。

【国际客运航班落地转运“长沙模式”】 2020年，长沙市做好疫情期间国际客运航班到长沙旅客防控接待常态化管理。长沙市成立疫情期间国际客运航班来长旅客防控接待工作领导小组，下设综合组、现场组、防疫组、医疗组、外事组、隔离服务组、安保组7个工作小组，规范机场转运、医疗救治、酒店隔离3个重要环节工作流程，各成员单位、工作小组各司其职、分工合作。按照"市级统筹调度、各区县（市）政府轮流承接"的模式，由长沙县政府代表市级调度指挥机场现场，负责与口岸等相关单位衔接，由承接区县（市）政府负责旅客接收、转运和隔离。全年接待临时入境航班32批次、国际货运航班1259批次，累计安顿转港、滞留长沙人员2万余人次。

【长沙医护人员援助武汉】 2020年2月21日，长沙市援助武汉抗击新冠肺炎医疗队35名队员集结出发。医疗队队员分别来自长沙市中心医院、浏阳市人民医院、浏阳市中医医院、宁乡市人民医院、宁乡市中医医院、浏阳市妇幼保健院、浏阳市集里医院等，涵盖重症医学、呼吸、感染等专业类别。该医疗队是长沙市在严峻疫情防控形势下派出支援武汉的首批医疗队。2020年，长沙市先后派出103名医疗医护人员援助湖北武汉、黄冈等地。（本栏撰稿 钟玲俐）

疾病预防控制

【概况】 2020年，长沙市疾控工作围绕"健康长沙"主题，树立"守土有责、守土负责、守土尽责"意识，坚决守住疾病防控底线，统筹做好新冠肺炎疫情防控和常规防病工作。高效应对新冠肺炎疫情，实现1个月新增确诊病例清零、连续10个月无新增本土确诊病例，科学应对国内多地多次反弹疫情，全市疫情防控整体平稳。出台有关指南文件，推动全市复工复产复学，促进经济社会秩序较快较早恢复。科学高效处置突发公共卫生事件，所有事件均得到及时有效处置，未发生次生、衍生事件。免疫规划工作稳妥开展，未发生接种事故或重大影响事件，免疫规划疫苗接种率95%以上。艾滋病、结核病等重点传染病防治工作推进，寄生虫病、地方病防控成效显著。全面加强幼儿园、中小学疾病防控工作，完成2.5万余名学生的近视、常见病及健康危害因素调查。长沙市社会心理服务体系建设试点工作，试点重点项目由11项扩展至22项。雨花区、浏阳市被评为国家级慢性病综合防控示范区，国家级示范数量5个，居全省第一位。创新健康教育载体，开出全国首趟健康科普专列（"中国公民健康素养66条"地铁3号线专列）。（龚 鹏）

【急性传染病及重点疾病防控】 2020年，长沙市应对突如其来新型冠状病毒肺炎疫情。坚持"思想不松、机制不变、队伍不散"，践行"外防输入、内防反弹"防控策略，抓好常态化疫情防控。加强境外到长沙航班人员闭环管理、国际货运航班管理、入境返长沙人员管理。保障必要活动开展。印发有关文件、指南、方案，推动全市复工复产复学，指导聚集性活动开展，支持经济社会秩序有序恢复。开展新冠病毒监测，定期开展重点岗位人员和重点场所环境核酸检测。有序应对流感流行季节呼吸道传染病防控工作。强化监测预警，抓好霍乱、手足口病、狂犬病、流感等重点传染病监测工作，及时开展疫情分析及风险评估，完成疫情月分析12期，风险评估报告11期。推进全国艾滋病综合防治示范区创建工作，制定《长沙市第四轮全国艾滋病综合防治示范区工作实施方案》，探索预防艾滋病新模式。推动乡镇（社区）开展艾滋病快速检测及以自我风险评估和自我检测为核心内容的"互联网+"干预工作。针对青年学生和老年群体开展防治艾滋病有效模式探索，开展2020年秋季"大学新生第一课"主题巡讲，覆盖全市20所高校逾10万名学子。推进全市肺结核改革试点工作。实现肺结核病患者"应筛尽筛、应治尽治、应管尽管"改革目标。落实学生、流动人口等重点人群筛查工作，及时发现、预警和处理结核病疫情，守住不发生重大结核病疫情和学校结核病突发公共卫生事件的底线。以"世界防治结核病日"宣传为重点，多途径、多方式、多方法开展结核病知识宣传和教育活动，营造全社会参与结核病防控良好氛围，提高公众结核病知识知晓率。（龚 鹏 黄 妍）

【免疫规划】 2020年，长沙市开展疫苗国家监管体系（NRA）评估人员培训，收集完善2015—2020年相关资料，配合市市场监督管理局完成NRA评估准备前期工作。完成疫苗代储代运新一轮招标工作，有效发挥第三方公司冷链专业性、容量充足性、温度实时监控、全程溯源等优势，提升冷链管理水平和效能。推进"长沙市疫苗冷链监测信息平台"建设，完成芙蓉区、天心区、岳麓区、开福区、望城区、宁乡市、浏阳市的冷链监测设备安装部署工作。开展预防接种知识宣传，在长沙县湘龙街道社区卫生服务中心开展全省"4·25"全国儿童预防接种日主题现场宣传活动，宣传免疫规划知识。规范高效开展预防接种服务，各区县（市）免疫规划疫苗接种率95%以上，均达省级要求。组织参加2020年湖南省预防接种职工职业技能竞赛，获团体一等奖。（龚 鹏）

【精神卫生与心理健康服务】 2020年，长沙市规范严重精神障碍管理服务、健全精神卫生防控网络。长沙市建立健全精神障碍预防、治疗和康复工作体系，加大对严重精神障碍患者管控力度，规范基层医疗卫生机构随访管理及康复指导服务，降低肇事肇祸事件水平。在册患者规范管理率、面访率等各项指标均达省级工作要求。市卫生健康委、市公安局联合发文建立信息交换机制，加强信息沟通和部门合作。开展长沙市社会心理服务体系建设试点工作，试点重点项目由11项扩展至22项，新增项目涉及多部门、多行业，探索抑郁症、老年痴呆症等新型干预路径及管理模式。通过党政领导、部门协同、社会参与的联动机制，全方位推动实施试点工作，不断完善全市社会心理服务体系，有效维护社会和谐稳定。

（黄舒瑶）

【慢病防控与健康教育】 2020年，长沙市以示范区创建为基础，推进慢性病综合防控实力提升。全市9个区县（市）均被评为省级慢性病综合防控示范区，芙蓉区、天心区、长沙县、雨花区、浏阳市被评为国家级慢性病综合防控示范区。芙蓉区、宁乡市对照示范区复核评估标准做好迎接国家级、省级复核评估准备。长沙县连续4年在全国“万步有约”健走激励大赛中取得优异成绩，获“健走示范城市”“金银铜牌健走示范区”“示范区优秀组织奖”“创新奖”等10余项国家级荣誉。城市癌症早诊早治项目连续多年获省级肯定，其中内五区获国家癌症中心颁发的“肿瘤登记工作进步奖”。慢性病及危险因素监测、肿瘤防治、儿童口腔窝沟封闭、脑卒中防治、心血管病防治等项目工作推进。开辟运用多个阵地开展健康促进活动。地铁3号线开通国内首趟健康科普专列，宣传“中国公民健康素养66条”，在高校开展50场健康教育讲座，基本实现大一新生全覆盖，《长沙晚报》的《健康长沙周报》和《一周健康预报》栏目进行宣传，编印并免费发放《健康生活方式》2万册，综合运用官方网站、微博、微信等平台开展健康教育。指导区县（市）建成健康机关37个、健康学校70所、健康社区（村）62个、健康企业3个、健康主题公园12个、健康步道14条。编写《长沙市2019年度卫生与人群健康状况报告》，进一步梳理全市人群健康现状，充实卫生健康大数据，为党委政府卫生健康工作决策提供科学参考。

（龚　鹏）

【职业病防控】 2020年，长沙市推进尘肺病防治攻坚行动。成立长沙市尘肺病防治攻坚行动领导小组，制定出台《长沙市尘肺病防治攻坚行动方案》，开展粉尘危害专项治理、尘肺病农民工救治救助、职业病防治监管执法、促进用人单位主体责任落实、防治技术能力提升五大专项行动，协调推进攻坚行动工作落实。全面完成国家、省下达的攻坚任务，市卫生健康委被评为2020年度全省职业病防治工作先进单位。开展尘肺病患者随访与回顾性调查工作，完成中华人民共和国成立以来4327例职业性尘肺病患者的随访与回顾性调查，以“应治尽治、应保尽保、应助尽助”为基本原则，继续开展尘肺病农民工基本医疗救治救助工作，全市救治救助农民工尘肺病患者287例，完成全年工作任务的245%（全年任务117例），减轻患者医疗负担，维护患者健康权益。坚持预防为主，对新建、扩建、改建放射诊疗建设项目依法进行卫生审查，全年审核批复职业病危害放射防护预评价报告22件，保障放射诊疗工作人员、患者和公众的健康权益。组织开展职业性放射性疾病监测、医疗卫生机构医用辐射防护监测、非医疗机构放射性危害因素监测工作。开展第18个《职业病防治法》宣传周活动。全市各级卫健、人社、总工会等部门和用人单位，以“职业健康保护，我行动”为主题，新闻宣传报道20余次，发放宣传资料7.9万余份，出动宣传人员450人次，涉及单位近600个，直接受益群众8万余人。

（邱　玲）

【血吸虫病及地方病防控】 2020年，长沙市坚持“预防为主、标本兼治、综合治理、群防群控、联防联控”工作方针，有效采取血吸虫病地方病综合防控措施，查灭钉螺、查病化疗、疫情监测等年度项目任务均超额完成。全市查螺10866万平方米，药物灭螺（蚴）887.06万平方米；人群血检59730人，扩大化疗1458人，全市未发现急性血吸虫病病例和感染性钉螺，岳麓区、宁乡市达到血吸虫病防治国家消除标准。检测8~10岁儿童的甲状腺容积600人，检测尿碘2700份，入户采集检测盐样2700份，各项指标均达到国家碘缺乏病消除标准要求。开展8~12岁儿童氟斑牙调查472人，结果达到国家控制标准。

（吴帮文）

基层卫生

【概况】 2020年，长沙市健康扶贫、基层医疗卫生综合改革、基层医疗卫生服务体系建设和基层医疗卫生服务能力提升等工作全面推进，基层卫生服务网络体系不断完善、服务能力不断提升。全市设置乡镇卫生院84个，在岗乡村医生1384名；社区卫生服务中心98个，社区卫生服务站283个，全市“1530”就医服务圈基本形成，城乡居民在家门口就能享受优质医疗卫生服务。

【基层卫生服务能力建设】 2020年，长沙市印发《关于推进紧密型乡村卫生一体化管理的通知》，加强和规范乡村卫生管理，加强乡镇卫生院和村卫生室的协同服务，提升基层网底的服务能力，群众满意度和获得感“双提升”。规范开展“优质服务基层行”活动，创建“推荐标准”并获国家通报表扬的机构17所，通过湖南省社区医院建设试点评审评估的社区卫生服务中心（乡镇卫生院）5所。推行基层医疗卫生机构规范化建设三年行动，全面实施基础设施改造和提标。全年新改扩建乡镇卫生院9所、社区卫生服务中心4所、村卫生室48所，总建设面积3.53万平方米。实施村卫生室标准化建设“清零”行动，完善功能区域规划布局，实现行政村卫生室标准化建设全覆盖，所有建制乡镇卫生院（街道社区卫生服务中心）至少配有2名全科医生。

【基本公共卫生服务】 2020年，长沙市以目标绩效管理为导向、以动态监测评价为抓手、以市民均等化享受基本公共卫生服务为最终目标，推动基本公共卫生服务精准落实。以实施高血压患者医防融合项目为切入点转变基层医疗卫生机构服务模式，引导患者基层首诊，提高国家基本公共卫生服务项目实施效果。截至2020年年底，全市电子健康档案覆盖率88.37%，推进居民电子健康档案向居民个人开放；高血压、糖尿病等慢性病患者健康管理分别为52.32万人和18.67万人；为61万名65岁及以上老年人提供健康体检；适龄儿童国家免疫规划疫苗接种率保持在95%以上，各项指标完成情况均处于全省前列。

【健康扶贫】 2020年，长沙市聚焦决战决胜脱贫攻坚收官之年重点任务，实现贫困人口基本医疗有保障，市卫生健康委基层卫生健康处被省委、省政府评为“湖南省脱贫攻坚先进集体”。全面开展健康扶贫“回头看”工作，上下联动，依托大数据建立健全因病返贫风险预警机制，扩大农村贫困人口大病救治病种范围，完善新增大病救治病种的临床路径。全面落实“三提高、两补贴、一减免、一兜底”保障措施、农村贫困人口县域内住院“先诊疗后付费”和健康扶贫“一站式”结算工作，落实“一站式”结算专户资金。对农村贫困人口实现家庭医生签约服务应签尽签，开展健康扶贫政策及典型事迹的宣传，建立健全健康扶贫长效机制，保障贫困人口能够享有基本医疗卫生服务。据湖南省健康扶贫信息管理系统统计，全市大病专项定点医院救治率99.13%，4类慢病（贫困人口高血压、糖尿病、重型精神病、结核病）患者签约服务率100%，贫困人口县域内就诊率98.33%。

（本栏撰稿　黄云霞）

妇幼保健

【概况】 2020年，长沙市助产机构活产数89823人，户籍活产数60397人，住院分娩率100%，孕产妇死亡率1.66/10万，5岁以下儿童死亡率3.61‰，婴儿死亡率1.92‰，出生缺陷总发生率175.99/万，活产出生缺陷发生率147.73/万。全市孕产妇死亡率、5岁以下儿童死亡率和婴儿死亡率3项核心指标创历史新低；适龄妇女“两癌”（宫颈癌和乳腺癌）免费检查、孕产妇免费产前筛查两项省重点民生实事超额完成目标任务，妇幼健康工作各项指标控制有效，重点项目超额完成，改革创新推进。

【妇幼健康体系建设】 2020年，长沙市以绩效考核、分级管理和等级评审为切入点，加强全市妇幼保健机构的标准化建设和规范化管理，以公益性导向、同质化考核、信息化支撑为保障，提高妇幼保健机构运行效率和服务水平。指导浏阳市开展国家妇幼保健机构体制机制改革创新试点，推进妇幼保健机构等级建设工作，长沙县和浏阳市妇幼保健院申报“三级”创建，长沙市妇幼保健院、长沙县妇幼保健院和雨花区妇幼保健所代表湖南省迎接国家卫生健康委妇幼司对妇幼保健机构绩效考核预检。加强妇幼健康专业人才队伍建设，推进“互联网+N”的健康教育；基于“互联网+学习+妇幼健康培训及健康教育”模式，以线上培训和健康教育为主，线下培训及实践为辅，组织开展网络学校学习，加强母婴安全、优生优育和妇幼保健知识宣传，市级举办各类业务培训班24期，参训人数6500余人。

【妇幼健康管理】 2020年，长沙市推进妇幼健康服务管理。规范母婴保健专项技术服务管理，严格母婴保健技术服务机构和人员准入，依法做好全市婚前医学检查、助产技术、计划生育技术等执业机构和执业人员许可审批。组织专家对湖南省中医附二院等4家母婴保健技术服务机构进行机构校验，新审核批准1家母婴保健技术服务机构（湖南妇女儿童医院）。提高出生医学证明的首次签发率，严格废证管理，开展出生证明签发管理及现场督导及质量控制，未发现违规办证现象。2020年，全市签发出生医学证明93877张，废证率仅0.16%。加强母婴妇安全管理。2020年，全市户籍孕产妇死亡1例，将疫情防控工作落实与日常母婴安全管理工作相结合，坚持“两手抓”“两不误”；明确全市新冠肺炎孕产妇定点分娩机构、危重孕产妇和危重新生儿救治机构，实行“日报告、零报告”制度，全市孕妇实现“零感染”。坚持落实母婴安全五项核心制度，全面分析调研全市辖区助产机构产科服务能力，定期开展急救演练和技能培训，健全红色预警及危急重症孕产妇和新生儿转诊三级网络，推进新生儿复苏管理；成立长沙市助产机构孕产妇妊娠风险管理能力分类工作领导小组和专家组，探索开展全市助产机构产科服务能力分级分类管理。多例危重孕产妇和新生儿得到全力诊治，获良好的妊娠结局，有效避免孕产妇和新生儿死亡。开展妇幼健康宣传教育。市、县、乡、村四级妇幼健康教育网络健全，定期开展辖区妇幼健康教育质量控制与评估，母婴保健核心知识知晓率91.3%。编辑印发12期《长沙市妇幼健康信息简报》，编印长沙市孕前优生手册和长沙市出生缺陷防治手册5000余册。

【妇幼公共卫生服务】 2020年，长沙市加强孕产妇及儿童健康管理。严格执行《国家基本公共卫生服务规范》，全面落实孕产妇和0~6岁儿童的基本公共服务。推进早孕健康管理和产后访视质量提升，及时发现早孕和产后异常，降低不良事件发生。每月抽查核实孕产妇健康管理服务及档案录入情况，长沙市孕产妇健康管理工作在省级抽查中获肯定，芙蓉区孕产妇档案录入规范详细、随访到位。2020年，全市母子健康手册使用率100%，早孕建册率95.14%，早孕检查率97.6%，孕期规范产检率98.12%，产后访视率98.01%，孕产妇系统管理率96.78%，均超过工作目标要求。加强0~6岁儿童健康管理。2020年，全市0~6岁儿童保健管理率96.48%，3岁以下儿童系统管理率92.52%，新生儿访视率99.22%，0~6岁儿童血红蛋白检测率91.74%，5岁以下儿童贫血患病率5.16%；低体重率0.35%，生长迟缓率0.44%，儿童健康各项指标控制在较好水平。组织全市托幼机构卫生保健人员进行上岗培训，649人通过考试，合格率85.5%；制定《长沙市托育机构卫生评价标准（试行）》，在全市推广。规范实施0~6岁儿童眼保健和视力检查工作，全市0~6岁儿童眼保健及视力筛查保健覆盖率94.82%。推进“艾梅乙”重大公共卫生服务项目。全市艾滋病感染产妇所生婴儿抗病毒用药率100%、梅毒感染孕产妇梅毒治疗率98.83%、所生儿童预防性治疗率98.74%、乙肝表面抗原阳性孕妇所生儿童乙肝免疫球蛋白注射率99.98%。开展2个项目试点工作。在开福区、长沙县辖区开展产后抑郁症调研，分析产前产后多方面因素对产后抑郁的影响，为围产期妇女心理卫生保健提供依据；在长沙县开展国家青少年生殖健康项目试点工作，为国家出台青少年生殖健康相关政策提供技术支撑。

【“两癌”检查及产前筛查】 作为省市重点民生实事项目，构建“免费券申领—审批—使用—结果查询—随访管理—统计报表—结算数据统计”一站式的服务模式，保质超量完成全年目标任务。2020年，长沙市为67679名孕妇进行免费产前筛查服务，目标人群覆盖率109.87％，高危人群干预诊断率98.77％，妊娠结局随访率100%；发现产前筛查异常人数17603人，转诊人数17493，接受产前诊断人数17387人，高危人群干预诊断率98.77％，妊娠结局随访率100%。检查诊断出52例染色体异常和开放性神经管出生缺陷胎儿，全部终止妊娠，有效避免严重缺陷儿的出生。为151800名35~64岁适龄妇女进行两癌检查，为111201名35~64岁农村和城镇低保适龄妇女进行“两癌”检查，目标人群覆盖率126.83％，宫颈癌早期诊断率96.21%，宫颈病变治疗随访率99.9%，乳腺癌早期诊断率79.25%，乳腺病变治疗随访率100%。实施长沙市遗传性妇女肿瘤综合防治项目。为全市所有乳腺癌/卵巢癌患者及其一代女性直系亲属提供遗传咨询、基因检测服务；对基因检测阳性服务对象提供个性化健康管理，为有生育需求的对象提供生育指导，实现遗传性乳腺癌/卵巢癌高风险人群的精准预防，降低发病率和死亡率。2020年，完成遗传性妇女肿瘤综合防治项目检查2376人，进行健康教育和遗传咨询2356人，进行基因检测1665人，发现阳性242人，完成全外显子测序检测1379人，发现阳性患者46人，完成基因突变携带者家系检测286人，检出98位阳性家庭成员，发现初诊异常对象12人，已转诊，对242名阳性基因突变进行健康管理。

【出生缺陷综合防控】 2020年，长沙市全面构建出生缺陷三级综合防控体系，依托婚前医学检查、孕前优生健康检查、血清学产前筛查、孕妇外周血胎儿游离DNA产前筛查（NIPT检测）、新生儿遗传性耳聋基因检测、新生儿多种遗传代谢病串联质谱筛查、结构性畸形筛查和干预治疗等妇幼公共卫生服务项目，统筹推进出生缺陷防治工作，做到婚检、孕检、产前筛查、产前诊断、新生儿疾病筛查、出生缺陷儿救治工作有效衔接；做到出生缺陷一、二、三级预防有机衔接。2020年，全市完成NIPT检测73367人（其中NIPT升级版检测5801人），发现21－三体高风险127例、13－三体高风险38例、18－三体高风险48例和其他染色体异常536例；通过产前诊断，确诊21－三体83例、13－三体7例、18－三体23例、其他染色体异常159例。全市完成孕前优生健康检查45837人，目标人群覆盖率105.62%；叶酸服用率98.03%，服用依从率93.19%；完成免费婚前医学检查67944人，婚检率93.1%；完成新生儿多种遗传代谢病筛查77883人，发现初筛阳性儿童4503例，确诊先天性甲低75例、G－6PD 317例、先天性肾上腺皮质增生症2例、新生儿串联质谱遗传代谢性疾病23例，对确诊困难家庭开展救助，对7岁以下的甲低和PKU患儿免费药物治疗或化验检查；完成新生儿遗传性耳聋基因检测77830人，发现初筛阳性儿童3813人，其中先天性重度或极重度感音神经性耳聋1971例、后天高频感音神经性耳聋236例、药物敏感性耳聋263例；参与省免费新生儿先天性心脏病筛查试点项目，率先开展先天性免疫缺乏病筛查项目，完善新生儿听力筛查信息系统开发。

（本栏撰稿　刘翔燕）

卫生监督执法

【概况】 2020年，长沙市卫生监督执法工作以重点难点问题为导向，以信息化建设和卫生监督多元化改革为切入点，创新监管体制机制，全市卫生健康综合监督执法水平和能力提升。长沙市卫生健康委被评为“全省卫生健康综合监督工作先进单位”“长沙市食品安全工作优秀单位”，医疗服务多元化监管作为试点城市在全国会议上作典型发言；长沙市卫生计生综合监督执法局被湖南省卫生健康委评为“依法办事示范窗口”，长沙县卫生健康综合事务中心被评为“全省卫生健康监督执法工作十佳机构”。

全市办理各类卫生违法案件 901 件，其中一般程序案件 746 件，吊销“医疗机构执业许可证”7 起，吊销“医师执业证书”2 起，吊销诊疗科目 1 起。2 个行政处罚案件分别获“湖南省卫生健康监督执法案例”一等奖和三等奖。

【监督执法体系建设】 2020 年，长沙市推进监督机构规范化建设，完善市、县、乡、村四级监督执法体系。开展医疗服务多元化监管试点。通过强化行业自律，加强部门联合执法，探索“专家 + 监督”方式和精准普法模式，推进智慧卫监信息化建设，完善工作制度，开展法治医院创建和警示教育等举措，进一步规范医疗服务市场秩序，全行业、全过程监管理念进一步深入人心，机构自治、行业自律、政府监管、社会监督相结合的多元化综合监管体系初步建立，各方齐抓共管的工作格局初步显现。

【医疗执业监督】 2020 年，长沙市开展打击非法医疗美容、口腔医疗机构依法执业专项整治等行动。全年查处无证行医案件 126 起，罚没款 213.29 万元，向公安机关移送案件 2 起。开展扫黑除恶专项斗争。全市出动监督执法人员 9696 人次、检查医疗机构 5069 家，收集非法行医、医托等线索 107 条，办理案件 113 起，罚没款 108.62 万元。有效整治医疗行业乱象。开展近视防治、保健市场乱象、眼科质量和打击“黑救护车”“号贩子”“医托”等专项检查，严厉查处违法违规行为。强化放射卫生监管。开展放射卫生、个人剂量监测等专项检查。全市办理放射卫生类行政处罚案件 23 起，罚没款 10.1 万元。严厉打击“两非”（非医学需要的胎儿性别鉴定、非医学需要的人工终止妊娠）。开展母婴保健、人类辅助生殖技术服务机构等专项检查。全市查处计划生育类案件 4 起，罚没款 6.77 万元。

【传染病防治监督】 2020 年，长沙市开展消毒产品专项整治工作，全年全市出动卫生监督员 2526 人次，检查各类消毒产品经营单位 757 家次、医疗卫生机构 974 家次，检查消毒产品 5730 个次，针对消毒产品整治立案查处 17 宗，罚款金额 3.64 万元。组织开展新冠肺炎疫情防控卫生监督，着重监督检查医疗机构、“三站一场”、学校、企业等重点场所，并配合市疫情防控指挥部开展全市疫情防控工作督查，全市监督检查各类单位 9691 家次。开展传染病防治监督抽查工作，2020 年国家卫生健康监督信息平台下达双随机抽查任务共 169 家检查机构（15 家二级以上医院、6 家一级医院和 148 家其他医疗机构），双随机抽查工作按时完结率 100%；将传染病防治监督抽查工作与医疗卫生机构传染病防治分类监督综合评价工作相结合，评价各级各类医疗卫生机构 165 家。组织开展 3 次病原微生物实验室生物安全专项检查，检查单位 39 家，出具卫生监督意见书 30 份。加强医疗废物监管。全市检查医疗机构 3271 家，立案查处 75 家。针对因医疗废物、医疗污水处置不规范已被处罚的医疗机构，开展不定期突击检查，确保工作实效。

【公共场所和学校卫生监管】 2020 年，长沙市办理行政处罚案件 307 起，罚款 43.24 万元。对全市 10573 家单位开展量化分级工作，其中 A 级单位 90 家。开展公共场所新冠肺炎疫情防控卫生监督、住宿场所专项监督、游泳场所专项监督、爱卫专项检查、控烟专项检查等专项整治。推行公共场所卫生许可告知承诺制，落实“先审批后核查”原则，简化群众办事流程，全市完成 2752 家许可承诺制办理公共场所卫生许可证的现场核查。加大学校卫生监管力度。完成辖区内全部中、小学校的学校卫生综合监督评价工作（共 1372 所），实现国家卫生监督“十三五”规划确定的目标要求。组织开展开学复课前卫生安全监督检查、近视防治监督、“三考”保障、校园及周边综合整治、学校饮用水卫生专项整治、食品安全“护苗”行动 6 次专项行动，消除学校卫生安全隐患。

【食品安全保障】 2020 年，长沙市检查单位 100 余家次，下达监督执法文书 105 份，出动监督执法人员 252 人次，出动执法车辆 64 车次。实验室检测集中消毒餐饮具样品 483 批次，合格率 97.31%；现场感官检测 547 套，合格率 98.17%。采取多种形式开展食品安全标准跟踪评价工作。各级卫生健康行政部门均在官网链接食品安全国家标准跟踪评价及意见反馈平台，宣传食品安全国家标准和地方标准，并发动相关单位、企业、广大群众通过平台反馈针对食品安全标准的意见和建议。采取问卷调查和座谈访谈等形式及时征集相关食品监管部门、行业协会（学会）、生产经营者等针对食品安全标准的意见和建议。在食品安全宣传周活动期间，宣传相关食品安全国家标准和地方标准。

【饮水安全保障】 2020 年，长沙市监督检查集中式供水单位 170 余家次、二次供水单位 1116 家次，抽检二次供水样品 143 批次，合格 143 批次，合格率 100%。监督抽检农村集中式供水单位样品 126 批次，合格 67 批次，合格率 53.17%。监督检查其他供水单位如现制现售饮用水等 240 家。严格处罚违法行为，办理生活饮用水行政处罚案件 26 起，罚没款 5.74 万元。开展农村集中式供水单位专项检查。重点巡查农村集中式供水单位或设施的水质净化消毒设施的配备与运行、日常水质自检、供管水人员健康体检等情况。开展城区集中式供水单位卫生监督。全市城区范围内有 7 家集中式供水单位，其中 6 家市政供水单位、1 家小型集中式供水，对城区集中式供水单位持续实施季度监督模式，开展针对性监督指导。推进学校分质供水卫生许可工作，以市政供水为原水，取得分质供水卫生许可的学校由2019年底的244家上升至401家，许可率82.17%。

（本栏撰稿　张长翃）

中医药事业

【概况】　截至2020年年底，长沙市有各级各类中医医疗机构622家，其中中医医院16家（政府办6家，社会办10家）、中医门诊部96家、诊所510家（只提供传统中医药服务诊所376家）；全市162个建制乡镇卫生院和社区卫生服务中心均开设中医科和中药房，1249个村卫生室（社区服务站）均有1名中医或能西会中的乡村医生。

【基层中医药建设】　2020年，长沙市实施基层中医药服务能力提升工程，建立健全基层中医药服务网络，提升基层中医药服务能力。100%的乡镇卫生院和社区卫生服务中心建立中医馆，能够开展6类以上的中医药适宜技术，80%以上的村卫生室和社区卫生服务站能够提供4类以上的中医药服务。全年新建和改扩建中医馆项目10个。开展全国基层中医药工作先进单位创建工作，长沙县通过全国基层中医药工作先进单位的评审，截至2020年年底，全市88%以上的区县被评为全国基层中医药工作先进单位。开展基层中医药公共卫生服务。推行“治未病”中医药预防保健服务试点，在中医医院和部分乡镇卫生院、社区卫生服务中心建立“治未病”中心（科），提供中医体质辨识、冬病夏治、火罐、敷贴、膏方等“治未病”服务。开展中医药健康管理试点，重点对高血压、糖尿病、孕产妇3类人群提供中医药健康管理服务。2020年，中医药基本公共卫生服务对0~36个月儿童中医药健康管理服务人数21.47万人，65岁以上老年人中医药健康管理服务人数55.21万人。全市基本形成预防保健、中医药服务、医疗康复、健康教育“四位一体”的中医药公共卫生服务体系。

【中医药传承创新】　2020年，长沙市实施“五名”（名医、名科、名院、名方、名药）工程。截至2020年年底，全市有省级名中医和基层名中医14人、市级名中医（药师）16人、基层名中医9人，建立市级名中医传承工作室19个。建设“名科”方面，全市建成国家级中医重点专科2个、国家农村中医特色专科（专病）1个、省级“十三五”中医重点专科14个、市重点中医专科6个，辐射带动全市中医药事业发展。争创“名院”方面，市中医医院建成长沙名老中医馆，浏阳市骨伤科医院建有省级重点骨伤科，开设6个病区。收集“名方”方面，收集名方15个，其中外用药方10个、内服药方5个，均是在民间享有一定声誉的经验方。开发“名药”方面，将临床应用多年、疗效显著、组方相对固定的中医药处方和制剂转化为中药产品，将收集的名方进行临床验证，评估临床疗效，开发成医院制剂，形成长沙独有的名药品牌。长沙市中医医院有常年生产的特色制剂11种，宁乡市中医医院23种，浏阳市中医医院38种。加强中医药专家经验传承工作。截至2020年年底，培养全国、省名老中医药专家经验传承人15人，市名中医传承工作室传承人21人，乡镇卫生院中医骨干200人、中医类别全科医生260人。师承过程中与湖南中医药大学合作集中理论培训100人、中医药知识与技能培训2000人。通过有计划地实施不同层次的中医药人才培养政策，有效推动中医药事业发展。传承中药炮制技术。市卫生健康委联合市总工会、市人力资源和社会保障局、市市场监管局开展长沙市职业技能竞赛中药炮制大赛，是长沙市在中华人民共和国成立以来开展的唯一一次中医药技能竞赛，宁乡市中医医院王建华、湖南药圣堂中药科技有限公司陈正华分别获医疗机构组和中药饮片企业组第一名，并被授予长沙市技术能手称号和长沙市“五一劳动奖章”。

【中医药内涵建设】　2020年，长沙市加强中医特色优势建设。“十三五”规划期间的14个重点中医专科建设项目全部通过验收，浏阳市中医医院开设传统手法整复科和中医经典病房。长沙市中医医院、宁乡市中医医院开设中医护理门诊，开展中医护理技术28项，提供中医护理服务100万余人次。构建区域医疗联盟。芙蓉区与市中医医院成立中医药发展联盟，促进医疗资源整合和优质医疗服务推广，与区域内40余家基层医疗机构建立医联体。岳麓区与省中医药研究院附属医院共建紧密型医联体。雨花区与省中医附一开展结对共建，由中医附一安排专家到7个公立基层医疗机构担任业务副院长，共同开展中医药科室建设。宁乡市中医医院与15家基层医疗卫生机构构建紧密型医共体。浏阳市中医院与基层医疗机构建立心电诊断中心，免费为基层判图1万余人次。推动中医药多元发展。长沙县依托省中医药大学在和平村开展中药材选育、栽培、种植、产地初加工等项目，建设铁皮石斛、红豆杉科普基地。长沙市中医医院设立中医药事业发展办公室，开设“健康驿站”。加强质量控制体系建设。依托市中医医疗、中医药事、中医护理3个质量控制中心举办中药炮制、中药煎煮、罐法精品和传统文化与中医护理专题培训5个培训班，对103家基层医疗机构进行医疗质量和药事管理指导。开展中药资源普查。承担国家第六批长沙市4个区域的中药资源普查工作，完成1500余个中药标本的采集、50余个中药样方的调查。

【中医药抗疫】　2020年，长沙市加强中西医协同，发挥中医药抗疫作用。新冠肺炎疫情发生以来，定点医院采取中西医结合治疗，中医参与治疗病例数93.8%；中医参与治疗后，症状改善及治愈出院的病例占比99.6%；全市发放预防性中药助推复工复产，4家定点中医医院为全市复工复产的4760家企业免费提供预防新冠肺炎中药111万余人份。援助一线抗击疫情。长沙市、浏阳市、宁乡市3家中医医院支援市定点收治医院医护人员43人，支援市120急救中心2人；浏阳市、宁乡市中医医院援助湖北开展新冠病人救治工作13人。

【中医药文化宣教】 2020年，长沙市开展湖南省实施《中华人民共和国中医药法》办法的系列宣传活动。印发各类宣传品6.36万份，开辟宣传专栏、投放宣传板100余个，组织各级专家200余名开展义诊、咨询、讲座121场次，群众体验项目10余种，参与群众1.3万人，接受咨询的群众4万人。长沙市组队参加《湖南省实施〈中华人民共和国中医药法〉办法》知识竞赛获亚军。加强中医药文化基地建设。浏阳市中医医院将烈士公园作为中医药文化园进行改造，总投资680万元，建设百草园、健身养生广场等中医药文化宣传教育基地。加强中医药文化宣传。长沙市中医医院与多家媒体合作科普专栏，22部科普视频被“学习强国”App采用。编写的《中医药发展纪实系列丛书》被评为第二届湖南省健康科普作品评选大赛图文类“十佳作品”。浏阳市中医医院拍摄防控疫情健教养生MV短视频3个，举行杏林健康大讲堂活动8期，提高中医药防治知识宣传力度。宁乡市中医医院开展“慢病学校进基层”活动，将慢病课堂深入到乡镇、村组、社区，日均服务群众约200余人次，开展高血压及糖尿病健康宣教课堂20余次，各类中医操作0.2万余人次。各中医医院举办膏方节，开展专家义诊团队、膏滋展示、体质辨识、名贵中医药材辨识、中药腊叶标本展、中医药文化展示等特色文化活动。

（本栏撰稿　许　佳）

医政管理

【概况】 2020年，长沙市医疗管理工作推进疫情防控，并推动医疗质量和服务提升。在抗疫斗争取得重大战略成果的同时，继续实现医疗核心工作“三升一降”，即全市医疗服务质量得到持续提升、老百姓就医满意度进一步提升、全市医疗秩序稳步提升、全市医疗纠纷及安全事件不断下降。长沙市第四医院通过湖南省卫生健康委三甲医院初评，长沙南雅医院通过二甲医院评审，浏阳市大瑶卫生院通过二级医院认定。长沙市卫生健康委被评为全国平安医院创建示范单位。

（陈　胜）

【医疗服务体系建设】 2020年，长沙市医疗核心竞争力不断增强。长沙市第四医院通过湖南省卫生健康委三甲医院初评，长沙南雅医院通过二甲医院评审，浏阳市大瑶中心卫生院通过二级综合医院认定，长沙市中心医院心血管内科、长沙市第一医院神经内科、长沙市第三医院临床药学等10个专科通过省卫生健康委省级临床重点专科验收，10个专科通过市级省临床重点专科验收，15个专科通过县级省临床重点专科验收。完善院前急救体系建设，增设急救站点、缩短急救半径，新增3个急救站点、2个急救分站，组织全市各急救网络医院专业人员培训500余人次。实施改善医疗服务行动计划，推进远程医疗、预约诊疗、日间手术等医疗服务新模式，改善人民群众就医的等待体验、诊疗体验、人文体验和费用支付方式体验。提高疾病应急救助基金补助标准，全年救助513人次、支付267万余元。强化医疗服务能力提升。开展各类专科培训45次，培训8000余人次。组织开展2020年“中国医师节”“国际护士节”等庆祝活动，评选“优秀医师”100名、“德艺双馨优秀医师”10名、抗击新冠肺炎疫情“特殊贡献医师”50名、“最佳护理工作者”20名、“优秀护理工作者”180名、“特殊贡献护理工作者”100名，营造尊医重卫良好氛围。

（陈　胜）

【医疗机构行业监管】 2020年，长沙市强化落实“巡查、点评、通报、处罚、约谈”质控管理5项核心制度。强化日常监督管理，约谈医疗机构13家。发挥医疗质量控制中心作用，开展新冠肺炎医疗救治工作督查4次以及核酸检测、精神专科、医疗美容机构麻醉科及精麻药品、消毒供应、眼科角膜塑形镜、口腔种植等专项检查，开展健康管理、医疗美容机构麻醉科及精麻药品、眼科、医疗质量控制与纠纷防范、护理、泌尿外科、放射、妇科、消毒供应、肿瘤化疗、院感等培训班20余期。健全医院感染管理及质量控制工作体制机制，建立9个市直（管）医疗机构片区群，落实感控督导员制度。严格药事监督管理。强化抗菌药物、辅助药物、精麻药品等管理。提升医疗机构抗菌药物合理使用意识，综合医院抗菌药物住院使用率、门诊使用率、抗菌药物使用强度分别控制在48.12%、8.56%、36.2DDDs，远低于国家60%、20%、40DDDs的要求。加强辅助用药管理，开展辅助用药合理应用点评，加强精麻药品管理，开展2次精麻药品专项督导，确保药品安全。（陈　胜）

【“平安医院”建设】 2020年，长沙市卫生健康委与市公安局联合下发《关于进一步加强我市医疗机构安全保卫工作的实施意见》，构建市、县级、属地公安、卫健和医院三方警医联动机制建设，对医院突发性事件进行分级应急响应处置。完善“四室”（警务室、投诉接待室、调解室、监

2020年5月11日，长沙市纪念第109个国际护士节大会举行　市卫生健康委　供图

控室）建设，重点医院警务室有民警值守，全部医疗机构做到统一投诉渠道，部分重点医院设立统一投诉处理中心，重点医院基本实现医疗场所监控摄像全覆盖并不断升级，重要区域安装110联网报警装置。发挥省市、区县、街道、医院四级医疗纠纷调解体系作用，2020年长沙医疗纠纷调解中心接待咨询159人次，受理案件80起，调解结案76起，有效化解长沙地区部、省、市各级医院重大医疗纠纷。开展扫黑除恶斗争，协调交警部门清理涉嫌“黑救护车”线索，打击处置有关车辆139台。（陈　胜）

【血液管理】　2020年，长沙市统筹做好疫情防控与用血保障工作，确保非常时期全市临床用血的供应与安全，并联动全省多次援助武汉、北京等地。制定《湖南省新冠肺炎康复患者恢复期血浆临床治疗方案（试行第一版）》，在全省率先采集第一例新冠肺炎恢复期血浆，设立新冠肺炎恢复期血浆采集专用献血屋，全年采集恢复期血浆2400毫升，7名患者接受血浆治疗。开展“抗疫情、捐热血”志愿服务活动、“6·14”世界献血者日、“我为祖国献热血”、“热血青年成人礼”高三学子无偿献血等系列活动及常态化疫情防控期间全省高校无偿献血工作，全年全市累计无偿献血15.17万人次，献血量53.08吨，千人口献血率18.07，保持全国前列水平；供应临床各类血液品种109.36吨，在全市临床用血平稳有序供应的基础上，先后3次联动全省援助武汉血液100万余毫升。通过开展核酸检测、常态审核及临床科学用血督查指导等工作，全年血液检测零差错、血液供应零事故，及时安全供应全市临床用血。2020年，长沙血液中心通过“全国文明单位”复评验收，长沙市连续7届被评为“全国无偿献血先进市”。（陈　胜）

【实验室生物安全管理】　2020年，长沙市加强新冠肺炎防控期间实验室生物安全工作，规范新型冠状病毒检测样本运输，加大对核酸检测机构实验室生物安全的督查力度，重点排查人员防护措施、样本采集和运输、样本保藏和处置、实验室废弃物处置、实验室规范消毒等风险隐患。组织开展全市病原微生物实验室生物安全专项检查。组织举办3期病原微生物实验室生物安全培训班，培训实验室人员600余人。推进核酸检测能力建设。指导建设各级各类医疗卫生机构核酸检测实验室80余家。协调省临床检验质控中心联合举办长沙市新冠核酸检测实验室人员培训班，培训近400人。（周　璐）

【长沙市纪念第109个国际护士节大会】　2020年5月11日在长沙市会议中心召开。省委常委、市委书记胡衡华在会上鼓励广大护理工作者继续深入践行南丁格尔精神，在常态化疫情防控和“健康长沙”建设中不忘初心、再立新功。市委副书记、代市长、湖南湘江新区党工委书记郑建新主持会议。大会对彭立明等20名最佳护理工作者、杨爱平等180名优秀护理工作者、燕曦等100名特殊贡献护理工作者进行通报并颁奖。获奖护理工作者代表张更姣、张雯、陈科文作典型发言。（钟玲俐）

药政管理

【概况】　2020年，长沙市各级公立医疗机构在药品、医用耗材及检验试剂集中采购、管理和使用方面严格贯彻执行上级有关政策，国家基本药物制度顺利实施。在湖南省对长沙市药政工作和基本药物制度实施情况绩效考核中，长沙市获全省第一名，迎检的3个区（开福区、望城区、岳麓区）分别获全省第一名、第二名、第四名。

【基本药物制度】　2020年，长沙市落实国家基本药物制度。通过省网平台及各医疗机构上报的财务数据，掌握全市各级公立医院基本药物配备使用比例的采购基本情况及委直单位药占比、耗占比等数据情况，结合省里和市政府的绩效考核要求，对全市各级公立医疗卫生机构全面执行国家基本药物制度情况不定期开展督查指导，确保各级医疗卫生机构基本药物配备使用比例达到省里规定要求。督

促各区县（市）实施国家基本药物制度解决基层临床用药问题。对各区县（市）基层医疗机构进行基本药物实施情况绩效考核，各区县（市）基本能按要求抓好基本药物制度和其他各项药物政策的落实。推进国家基本药物制度综合试点项目的实施。长沙县和芙蓉区作为长沙市基本药物制度综合试点区县，2020 年 11 月启动国家基本药物综合试点工作，在基本药物配备使用、供应保障、监测评价等方面开展试点。

【药品采购管理】 2020 年，长沙市推进药品采购“两票制”和省际价格联动。按照国家、省关于推进药品采购“两票制”和省际价格联动等政策要求，不定期调度全市各级各类公立医疗卫生机构对药品采购“两票制”和省际价格联动等政策落实情况。为贯彻落实国家组织药品集中采购和使用工作要求，按照上级有关文件精神，不定期监管督查全市各医疗机构采购进度，全面推进药品集中带量采购落实，该年度国家集中采购中选药品和省抗菌药的采购完成情况在全省市州排名第一位。严查药品网外采购、零差率销售，加强对医疗机构合理用药督查督导，规范药品采购销售和药品的合理使用。

【药品保供稳价】 2020 年，长沙市落实国务院办公厅《关于进一步做好短缺药品保供稳价工作的意见》精神，做好短缺药品监测和保供工作。及时掌握公立医疗卫生机构短缺药品信息，加强监测预警和分级应对管理，加强与药品配送企业的协调，探索短缺药品保供配送新机制，并将短缺药品监测和保供工作纳入区县(市）卫健部门和医疗机构绩效考核重点内容，推动解决医疗机构临床用药短缺问题。按时在国家、省级平台上报短缺药监测信息、价格非正常上涨药品信息，为国家、省两级及时统筹协调和分类有效应对药品短缺问题奠定基础，并做好药品配备使用情况监测及药品替代工作。全年处置和上报药品短缺信息 279 条、价格非正常上涨药品信息 37 条，制定 12 个药品替代方案。启动处方流转试点工作，在市中心医院、市一医院、市三医院开展试点。患者凭医院线上开具的常见病、慢性病处方和智能提示信息，可自主选择在医疗机构或者零售药店购药，为患者提供更为便捷的“互联网 +”处方药品购买服务，改善就医体验，提高用药安全，提升医疗健康便民惠民服务水平。

【医用耗材管理】 2020 年，长沙市深入治理高值医用耗材，规范医疗服务行为，控制医疗费用不合理增长，维护人民群众健康权益。长沙市医疗保障局、市卫生健康委、市财政局联合制定《关于长沙市公立医疗机构取消医用耗材加成同步调整医疗服务价格实施方案》，全市各级各类公立医疗机构从 2020 年 1 月 1 日起全面取消医用耗材加成，公立医疗机构所有允许单独向患者收费的医用耗材，以实际购进价格为基础实行“零差率”销售。加强对委直单位医用耗材和检验试剂采购管理和医用耗材阳光挂网采购工作，并将医用耗材网采率纳入绩效考核内容，杜绝网外采购行为。

【基层药事管理】 2020 年，长沙市加强基层医疗卫生机构药事管理，定期对基层医疗卫生机构贯彻执行《湖南省基层医疗卫生机构药事管理规定》情况进行监督检查，重点强化药事管理与药物治疗学委员会在医疗机构药品采购、使用等方面的作用。加强药师培养培训，发挥药师在促进合理用药中的重要作用。组织召开长沙市短缺药品供应保障和医疗机构药事管理相关政策培训会议，全市 280 余名药政、药学人员参加培训，通过业务培训提升药学人员业务水平。

（本栏撰稿 凌 轶）

医学科研教育

【概况】 2020 年，长沙市统筹推进重点学科建设、科技创新、医教协同、生物安全、人才培养等工作。截至 2020 年年底，全市有 2 个国家级重点专科、49 个省级重点专科（建设项目）、19 个市级重点学科（建设项目）、43 个市级重点专科。全年立项科研课题国家级 3 项、部（省）级 71 项、市（厅）级 133 项，获省科技奖 5 项、实用新型专利 55 项。加大全科医生培养，截至 12 月 31 日，全市注册全科医生 1942 人。

【医学科研】 2020 年，长沙市突出重点学（专）科建设优先发展战略。将“支持市、县医院重点临床学科建设”写入市政府工作报告，制订《长沙市深化医学重点学科建设五年（2020—2024 年）行动计划》，出台《长沙市医学重点学科建设管理办法》市财政从 2020 年起连续 6 年每年安排 6000 万元支持鼓励市、县级医院加强重点学科（专科）建设。在“十三五”工作基础上，确立 20 家医疗卫生单位 33 个医学学（专）科为“十四五”期间重点建设单位和建设项目。市、县两级医疗机构获省级医学重点专科 24 个、市州级医学重点专科 10 个、县级医学重点专科 15 个。科研工作取得新进展。全年各医疗卫生机构立项项目 248 项，其中国家级立项 3 项、省部级立项 79 项、市厅级立项 166 项。获得湖南省科学技术进步 1 项。医学伦理工作建设加强。各医疗卫生机构分别建立医学伦理委员会，在国家全民健康保障信息平台医学研究登记备案信息系统全市共提交医学伦理委员会备案 27 家，其中备案成功 22 家，待审核 6 家。科技特派员工作持续发力。在长沙市第一医院、长沙市第三医院、长沙市第四医院、长沙市妇幼保健院的骨干专家中明确 24 名中青年骨干为市派科技特派员进行专项扶持，服务年限 1 年。科普宣传工作常态化。2020年是全国科技活动周举办20周年，长沙市卫生健康委围绕“科技战疫，创新强国”活动周主题，开展卫生科普知识宣传，长沙市第四医院“心手相连，点亮生命”急救科普进校园活动被评为“2020年全国科普日优秀活动”，长沙市妇幼保健院《孕妇外周血胎儿游离DNA产前筛查》等4个视频被评为“第九届湖南省优秀科普作品”。

【医学教育】 2020年，长沙市健全全科医生培养体系。加大对2个住院医师规范化培训基地全科专业基地和4个助理全科医生培训基地培训工作的督导评估，各培训基地完成标准化全科教学门诊的建设改造，开通全科门诊，开设独立全科病房。长沙市第四医院被确立为第三批助理全科医生培训基地，全市全科医生培养体系基本构建完善。长沙市第一医院被评为“全省优秀全科专业住院医师规范化培训基地”，长沙市第三医院被评为“全省优秀助理全科医生培训基地”，各基地在“优秀全科医生培训管理工作者”“优秀全科医生专业指导老师”“优秀全科医生”等方面均有获奖。全科培训教学质量进一步提高，医师资格考试通过率、全科培训毕业考核合格率在全省排名前列。全年招录住院医师规范化培训全科专业学员20名，招录助理全科医生培训学员153名，招录全科转岗培训学员281名，招录农村订单定向免费医学生20名。深化医学教育教学改革。长沙卫生职业学院推进“三教改革”，制定并实施《学院教育教学改革创新提升工作方案及其子方案》《学院创建特色高职院校三年行动工作实施方案》，创建省级口腔资源库，认定省级精品课程7门，护士执业考试通过率持续领先。长沙市中医医院住院医师规范化培训首次参加理论考试结业通过率逾97%，实践技能考试通过率100%。长沙市中心医院“全科医学生临床能力实训平台”项目获南华大学实验教学平台项目立项，并进入2021—2023年发展经费三年滚动预算项目库。推进医教协同发展。长沙市第三医院成为湖南中医药大学非直属型附属医院，进一步深化双方在医教研方面的合作。长沙市妇幼保健院与湖南师范大学签约成为湖南师范大学非直属附属医院，4名医师率先获高校教师资格。长沙市口腔医院挂牌“湖南中医药大学口腔医学院”，并取得国家第三批住院医师规范化培训基地资质。长沙市中心医院、长沙市第三医院依托高校平台，相继取得国家自然科学基金面上项目的突破。长沙市第一医院《神经病学总论》一课被评为“南华大学在线教学优秀案例”。长沙市第四医院新增内科学、外科学科学硕士学位招生点。长沙市疾控中心进一步扩大研究生招录和培养规模。组织委直属单位参加全省卫生健康系统“拥抱世界”首届英语竞赛，长沙市8名选手进入决赛，取得集体三等奖的成绩。

【国际交流合作】 2020年，长沙市第四医院李书萍完成第21批援塞拉利昂任务，被评为全省“援外医疗先进个人”，市卫生健康委被评为全省“援外医疗先进单位”。市中心医院唐勇等4人被省卫生健康委选派参加第22批援塞拉利昂医疗队开展医疗援助。

（本栏撰稿 周 璐）

健康促进

【概况】 2020年，长沙市爱国卫生工作围绕全市中心工作，以卫生创建、病媒生物预防控制和群众性爱国卫生活动为重点，推动卫生基础设施建设，改善城乡环境卫生面貌，提高群众文明卫生意识，推进健康长沙建设。

【卫生城市、乡镇创建】 2020年，长沙市及时调整市爱卫会组成，协调有关成员单位和区街爱卫会围绕卫生城市标准巩固提升各项工作，长沙市通过省级卫生城市复审。浏阳市创建成为国家卫生城市，实现长沙市国家卫生城市创建零突破。长沙县金井镇、果园镇，浏阳市北盛镇、大围山镇、中和镇、文家市镇，宁乡市夏铎铺镇7个镇创建成为国家卫生乡镇，国家卫生乡镇数量居全省第一位。创建省市级卫生先进单位120个，其中湖南省卫生乡镇4个、湖南省卫生村30个、湖南省文明卫生单位11个、长沙市卫生乡镇11个、长沙市卫生村34个、长沙市文明卫生单位30个，通过基层卫生创建推动健康细胞创建，推进健康长沙建设。

【病媒生物预防控制】 2020年，长沙市组织第三方评估公司对农贸市场、垃圾站厕、居民小区等重点场所病媒生物密度开展应急监测，指导各区县（市）开展应急消杀工作。组织有害生物预防控制专业机构，到疫情防控一线，为黄花机场、长沙高铁南站、湘雅三医院等重点单位开展环境消毒工作，为长沙百所中小学开展入学免费消毒防疫。研究出台《农村集镇病媒生物防制标准》《城区住宅小区病媒生物防制规范》等规范文件，指导各地开展春季灭鼠、夏秋季灭蚊灭蝇灭蟑、秋季灭鼠等病媒生物预防控制活动。在全市开展病媒生物预防控制设施建设工作，市级奖补60万元，区县配套130万余元，建成示范小区20家，新增太阳能灭蚊灯300盏、诱蝇笼120个、毒饵盒2万余个。长沙市通过蚊蝇密度控制水平B级达标考核，全年未发生虫媒传染病暴发流行。

【群众性爱国卫生活动】 2020年，长沙市组织开展“共建卫生家园、共享健康佳节”为主题的冬春季爱国卫生运动、疫情防控期间爱国卫生运动、第32个爱国卫生月活动、以防蚊灭蚊为重点的夏秋季爱国卫生运动、迎中秋庆国庆爱国卫生运动、2020年冬季爱国卫生运动等一系列群众性爱国卫生活动，围绕环境卫生整治、农贸市场管理、公共场所消杀、健康教育宣传、病媒生物预防控制等重点，发动群众参与，为长沙市新冠肺炎疫情防控创造良好环境。 （本栏撰稿 钟玲俐）

体 育

SPORTS

编辑　周海波

体育产业

【长沙市直机关工间操指导员培训班开班】 2020年6月11日，由长沙市直机关工作委员会、体育局、总工会联合主办的2020年长沙市直机关工间操指导员培训班开班仪式在麓谷体育公园举行，长沙市体育局党委委员、工会主席钟国林，长沙市体育局群体处处长傅结胜，长沙市直机关工委市直工会副主任丁泽权，长沙市总工会宣教文体部部长周婷等出席开班仪式。工间操培训选用国家体育总局发布的第九套广播体操，培训三期，每期两天，有200多人报名参加训练。培训结束后，对每名学员进行考试，考试合格者，颁发国家二级社会指导员证书。

【国家体育消费试点城市入选】 2020年8月26日，国家体育总局发布《体育总局关于公布国家体育消费试点城市名单的通知》，包括长沙市在内的40个城市为国家体育消费试点城市，在推动体育消费机制创新、政策创新、模式创新、产品创新等方面落实和开展试点工作。国家体育消费试点城市的工作要求包括建立强有力的试点工作推进机制，强化体育设施用地保障，完善促进体育消费政策措施，创新体育产品和服务供给，健全体育消费数据统计调查制度和建立试点工作绩效评估制度。首批试点周期为2020—2022年，为期3年。

【长沙马拉松获中国田径协会“金牌赛事”】 2020年10月9日，中国田径协会公布“2019中国马拉松等级赛事及特色赛事评定结果的通知”，2019长沙国际马拉松（以下简称“长马”）获得中国田径协会“金牌赛事”的荣誉称号，这是继2019长马被评为世界田径路跑“银标赛事”之后再获殊荣，标志着长沙体育事业和长马再次获得认可，得到国际和国内协会组织最高规格的认证。

【NYBO篮球公开赛】 2020年12月2日，经过6个周末423场比赛的激烈角逐，长沙市第九届全民健身节系列活动——NYBO（National Youth Basketball Open）青少年篮球公开赛长沙赛区在长沙市薪火阵营·易建联长沙篮球训练营落幕。赛事吸引来自长沙各学校、体育俱乐部的96支代表队1000余名篮球小将参加。U8组的冠军被长沙薪火阵营获得，博才小学U9在U10组夺魁，长沙市桂冠俱乐部在U10混合组中拿下第一名，U12男子组和女子组的冠军归属博才阳光蜗牛兄弟和和平小学，明德华兴中学包揽U14和U16组的宝座。NYBO青少年篮球公开赛是在国家体育总局《青少年体育“十三五”规划》和中国篮协“小篮球规则”指导下应运而生，由国家体育总局青少年体育司、中国篮球协会、中国中学生体育协会联合支持的一项专属青少年的篮球赛事。此次赛事由国家体育总局青少年体育司、中国篮球协会、中国中学生体育协会支持，湖南省体育局青少年体育处、湖南省篮球协会、湖南省学生体育协会指导，北京众辉体育文化有限公司主办，长沙市篮球协会承办，湖南锥远体育文化有限公司执行。

【“长沙银行杯”2020长沙体育产业论坛举行】 2020年12月20日，由长沙市体育局、长沙市体育总会主办的“长沙银行杯”2020年长沙体育产业论坛在中南林业科技大学举行。本次论坛以“洞察体育力量实现产业价值”为主题，近300人参加。长沙市政协副主席、体育局局长李平出席。上海体育学院教授曹可强作《大国新时代——我国经济发达地区公共服务体系与供给模式研究》主题演讲；清华大学体育产业发展研究中心主任王雪莉对“体育赋能城市，消费拉动发展”主题进行深度阐述；湖南师范大学教授李艳翎通过《2019年长沙市体育产业统计报告》，用数据对长沙市体育产业现状进行分析。论坛见证“全城长行热练体育消费平台”的上线仪式，“全城长行热练”作为一个以小程序为服务载体的体育消费平台，由长沙市体育产业协会负责运营，长沙银行作为技术开发方、金融服务提供方参与其中。平台通过线上、线下为企业以及广大市民提供赛事报名、体育资讯、场馆服务、支付结算、会员导流等全方位服务。

（本栏撰稿　段　龙）

群众体育

【2020陆上赛艇全民挑战赛·长沙站开赛】 2020年8月18日，“划船重走长征路，再现湘江大会战”2020陆上赛艇全民挑战赛·长沙站在长沙市西湖文化公园领客体育全民水上运动基地开赛。吸引近300名来自专业运动队、企业队以及民间代表队的参与。中国赛艇协会主席刘爱杰，湖南省体育局党组书记、局长李舜，湖南省体育局党组副书记、副局长熊倪，湖南省体育局党组成员、副局长龚旭红，长沙市政协副主席、长沙市体育局局长李平，湖南省体育局竞技与科技处处长罗器宇，湖南省水上运动管理中心主任罗跃龙，长沙市体育局副局长覃事平等领导，以及杨霞、龚智超、龙清泉、王明娟等湘籍奥运冠军出席开幕式。刘爱杰宣布赛会开幕。赛事由中国赛艇协会、中国皮划艇协会、湖南省体育局主办，湖南省水上运动协会、长沙市体育局协办，长沙领客体育文化传播有限责任公司执行。开幕式上，进行Team China陆上赛艇“百日创纪录赛”（以下简称“百创赛”），熊倪、杨霞、龚智超、龙清泉、王明娟等多名湘籍奥运冠军参与“百创赛”。比赛分为专业组、社会组和企业组。赛事目标距离1700千米，由近300名运动员参赛。

2020年12月19日，“长沙银行杯”市直机关冬季长跑暨2020长沙马拉松系列活动在长沙市橘子洲景区举行　　市体育局　供图

【长沙市第22届门球大赛开赛】 2020年11月2日，长沙市第22届门球大赛在长沙市老年人体育活动中心开赛。大赛为期5天，来自省、市、区各行业、系统、单位75支队伍、800余名运动员参赛。长沙市人大常委会原副主任、长沙市老体协顾问何迎春，湖南省门协副主席、长沙市老体协名誉主席刘治华，长沙市门协主席、市老体协顾问宋白其，长沙市老年人体育活动中心主任申建国，裁判长、国家级裁判员柴丛义等领导、嘉宾出席开幕式。开幕式由长沙市老年人体育活动中心副主任刘暾主持，申建国致开幕辞，何迎春宣布开幕。门球运动在长沙方兴未艾，门球是一项寓智、体、乐于一体，特别适合老年人参与、有益于老年人身心健康的体育竞技活动，深受广大中老年人的喜爱，现成为长沙市老年体育项目中开展最好、参与人数最多的项目之一。长沙市门球大赛一年一届，成为长沙市门球爱好者的交流盛会，比赛不限制年龄、不限区县，向社会开放，其中具有代表特色的队伍有湖南省委机关80后队，所有的参赛队员年龄在80岁以上。

【长沙市直机关冬季长跑赛举行】 2020年12月19日，“长沙银行杯”市直机关冬季长跑暨2020长沙马拉松系列活动在长沙橘子洲景区举行，2000多名市直机关干部及路跑爱好者参赛。2020长沙马拉松线上赛也在当天同步举行，全球的路跑爱好者为长沙马拉松加油。赛事全长8千米，比赛分为男子青年组、女子青年组、男子中年组、女子中年组等4个组别。2020长沙马拉松系列活动举办两站，“长沙银行杯”市直机关冬季长跑是2020长沙马拉松系列活动第三站。

（本栏撰稿　段　龙）

竞技体育

【2020中国网球巡回赛·长沙望城站开赛】 2020年9月19—27日，2020中国网球巡回赛·长沙望城站在月亮岛红土网球公园举行，含CTA1000、CTA500两站比赛。其中，CTA1000赛事是国内最高级别职业网球赛事，也是湖南举办的最高级别网球赛事，CTA500为疫情防控常态化期间首次面向业余选手开放的网球赛事。比赛由国家体育总局网球运动管理中心、中国网球协会、中央广播电视总台体育青少中心、湖南省体育局、长沙市人民政府主办，长沙市体育局、望城区人民政府承办，北京中网巡体育管理股份有限公司、国际传媒港（上海）文化发展有限公司运营，湖南红土体育文化传播有限公司协办。9月21日，比赛开幕，国家体育总局网球运动管理中心副主任、中国网球协会副主席黄玮，长沙市委副书记、市长、长沙湘江新区党工委书记郑建新，湖南省体育局党组书记、局长李舜，湖南省体育局党组成员、副局长龚旭红，长沙市人民政府副市长刘明理，政协副主席、体育局局长李平，湖南工商大学党委书记唐亚阳，国家体育总局网球运动管理中心竞赛部主任万建斌，长沙市体育局党委书记易冒，长沙市望城区委书记刘拥兵，长沙市望城区委副书记、区长范焱斌等出席。大赛450场比赛，438名选手参赛，产生9个冠军。11月29日，国家体育总局网球运动管理中心及中国网球协会授予长沙望城站“优秀赛区”荣誉。

【2020年鄂湘皖赣城市冠军杯足球赛在长沙举行】 2020年10月23—25日，2020鄂湘皖赣城市冠军杯足球赛在长沙贺龙体育中心举行。2017年，4个城市（武汉、南昌、合肥、长沙）在长沙市召开长江中游省会城市体育联盟会议，提出举办鄂湘皖赣4省会城市足球赛及相关交流活动，2017年4月在武汉，4城市体育局签署2017—2020年鄂湘皖赣城市冠军杯足球赛的合作协议。2020年，4个城市约120名运动员组成业余成年组足球赛城市冠军代表队，进行积分制单循环比赛。经过3天的角逐，武汉东风本田队夺得比赛冠军。

【2020“佳贝艾特”杯青少年儿童体操总决赛】 2020年10月24日，2020年“佳贝艾特”杯湖南省青少年儿童体操类项目总决赛在长沙举行。来自全省各市州的19支队伍、200余名小运动员参赛，分为集体自由操赛、全能宝贝赛和亲子家庭赛。该次比赛由湖南省体操运动管理中心、湖南省

2020 年 12 月 12 日，“2020 年长沙市青少年 U 系列冰雪轮滑锦标赛”在岳麓区潭州实验小学举行　　市体育局　供图

体操运动协会主办，长沙保利 mall 协办，中国体育彩票、海普诺凯营养品有限公司、北京红牛饮料销售有限公司湖南分公司支持。

【2020 年湖南省青少年足球赛决赛在长沙举行】　2020 年 12 月 4 日，2020 年湖南省足球协会青少年足球锦标赛（男子甲组）决赛在雨花区同升湖实验学校举行，比赛由湖南省体育局主办，湖南省足球协会协办，雨花区同升湖实验学校和湖南君曜体育文化发展有限公司承办，全省地州市 13 支球队，在雨花区同升湖实验学校和长郡雨外洪塘校区足球场进行单循环比赛，各小组前两名出线交叉淘汰争夺冠军。最终长沙市队 4 ∶ 0 战胜雨花区同升湖实验学校以全胜战绩获冠军。

【2020 年青少年 U 系列冰雪轮滑锦标赛】　2020 年 12 月 12 日，由长沙市体育训练竞赛管理中心、长沙市学生体育协会主办，长沙市岳麓区教育局、长沙市冰雪运动协会承办，长沙市潭州实验小学协办的“2020 年长沙市青少年 U 系列冰雪轮滑锦标赛”在“全国青少年冰雪运动示范学校”岳麓区潭州实验小学举行。长沙市体育局副局长覃事平致辞，湖南省学生体育协会秘书长金彪宣布比赛开幕。比赛有 38 支中小学校代表队，496 名中小学生参加比赛。比赛为期两天，分为陆地冰壶、短道速度轮滑、速度过桩小学、初中、高中组等竞赛项目。

【2020 长沙红色半程马拉松赛开跑】　2020 年 12 月 26 日，长沙农商银行 · 2020 长沙红色半程马拉松赛在橘子洲开跑，4500 余名跑者参与赛事。赛事由长沙市体育局、长沙市岳麓区人民政府、长沙市岳麓山风景名胜区管理局、湖南省上市公司协会主办，湖南新动体育文化发展有限公司承办，北京来跑吧体育文化发展有限公司运营。长沙市政协副主席、体育局局长李平，湖南证监局副局长戚力，长沙农商银行党委书记、董事长胡善良，长沙市岳麓山风景名胜管理局党委书记喻中文，国家体育总局全民健身活动推广委员会副主任、中国龙狮运动协会主席沈冬生，岳麓区人民政府副区长李舜，特步（中国）有限公司副总裁吴联银等领导出席活动，为赛事鸣枪。男子组选手向清，以 1 小时 10 分 51 秒的成绩，获半程男子冠军，亚军、季军分别由谭奇、石琪获得。女子组选手张妮以 1 小时 21 分 34 秒的成绩，获半程女子冠军，邓超群获亚军，麻老妹获季军。

【2020 长沙马拉松线上赛举行】　2020 长沙马拉松调整为长沙马拉松线上赛（以下简称“长马”）和 4 站配套小型的长沙马拉松系列活动。长马系列活动于 8 月在西湖公园开展长沙马拉松系列活动赛暨长沙王府井亲子运动季；10 月开展长马系列赛暨“RUNFOR 长沙”万科酷跑活动；12 月在橘子洲开展“长沙银行杯”市直机关冬季长跑暨 2020 长沙马拉松系列活动和洋湖开展“穿越洋湖跑进新年”暨长沙马拉松系列活动，近 1 万名选手报名参赛。2020 长沙马拉松线上赛由长沙市人民政府主办，长沙市体育局、长沙市产业投资集团有限公司承办，长沙体育产业经营有限公司负责运营推广，赛事设置为欢乐跑（5 千米和 10 千米）、半程马拉松（21.1 千米）、全程马拉松（42.2 千米），愈 20 万名选手报名参赛。（本栏撰稿　段　龙）

人民生活

PEOPLE'S LIFE

编辑　吴丫丫

人口家庭

·生育健康服务·

【概况】 2020年，根据全员人口信息平台统计，全年度出生人口81378人，符合政策生育率96.68%，出生人口性别比109.71，婴幼儿照护机构备案登记7家，计生特殊家庭特扶资金发放和“三个全覆盖”落实到位率100%，全员人口数据与公安匹配率95.49%，生育服务落实到位率86.74%，母婴设施建设335个，人口监测工作规范开展，计划生育服务优化提升，婴幼儿照护服务推进。

【计划生育服务管理】 2020年，长沙市按照2020年市州卫生健康重点工作目标管理考核要求，推动各项责任目标按计划完成。遵循“依法依规、职责相应”的原则，做好计划生育审查工作，全年审查单位2000余家、5000余人次。2次与市统计和公安部门通报共享人口数据，比对纠错和入户核实，提升全员人口数据质量，完成国家监测点工作任务。按照“新国优”创建的要求，长沙市推荐雨花区和长沙县申报“国优”单位，在省级验收中综合评分排名前列，工作成效获评审组领导肯定。在全省业务培训会上，长沙市财政投入支撑计划生育基层基础工作的做法被省人口家庭处向全省推介。优化生育服务登记流程。全市“生育证”登记全面实行“承诺制”和“只跑一次”服务，全年全市生育一孩36585人、二孩40151人，生育登记63122人，多孩生育4642人，办理“再生育证”1660本，没有逾期未办结和省级交办未落实个案。

【计划生育技术服务】 2020年，长沙市实施计划生育基本技术服务项目。全年全市开展的免费计划生育手术中，计划生育手术并发症发生率为零，围绝经期免费取环6079人，目标人群覆盖率134.05%；开展爱心助孕特义诊5次，全年有1371个不孕不育家庭、19个失独家庭得到优惠和免费的援助。创新推动“互联网＋药具”服务。在全省率先推出免费避孕药具线上申领服务系统，在“我的长沙”App上线“药具申领”服务，并获“2020‘我的长沙’十佳服务”奖。截至12月31日，系统访问量18.27万人次，2.3万人提交订单，累计领取各类免费避孕药具99878盒。

【婴幼儿照护服务】 2020年，长沙市印发《长沙市人民政府办公厅关于大力推进3岁以下婴幼儿照护服务发展的实施意见》，制定《长沙市托育机构登记和备案实施细则》，婴幼儿照护服务发展有章可循。开展支持社会力量增加普惠托育服务供给专项行动，与21家托育机构签订合作协议，争取国家中央补贴资金1755万元。制定托育机构卫生评价报告标准，开

表49　　2020年长沙市人口自然变动情况统计表

地区	年末总户数（户）	年末总人口（人）	全年出生人数（人）	全年死亡人数（人）	年出生率（‰）	年死亡率（‰）	年自然增长率（‰）
总计	2474943	7472869	75123	64308	10.11	8.66	1.46
市区	1327401	3737939	41247	24676	11.18	6.69	4.49
芙蓉区	142332	428143	3575	2995	8.36	7.00	1.36
天心区	198506	516990	4916	3526	9.61	6.89	2.72
岳麓区	305016	852631	10914	4906	12.93	5.89	7.04
开福区	205026	526292	5534	3920	10.63	7.53	3.1
雨花区	276105	759867	8390	4114	11.2	5.49	5.71
望城区	200416	654016	7918	5215	12.4	8.18	4.21
县（市）	1147542	3734930	33876	39632	9.07	10.61	−1.54
长沙县	283418	826417	8931	6523	10.86	7.93	2.93
浏阳市	414167	1488160	12779	14317	8.58	9.61	−1.03
宁乡市	449957	1420353	12166	18792	8.54	13.19	−4.65

（资料来源：市统计局）

展婴幼儿照护服务培训，评选市县两级示范托育机构，通过纳入政府民生实事项目推动示范引领以点带面。工作获国家卫生健康委、省卫生健康委肯定，在省人口家庭工作会议上，长沙市以《完善生育支持体系　提升优质服务水平》为题作典型发言，推介长沙做法和经验。规范母婴设施建设使用。市卫生健康委、市住建局、市总工会等部门联合制定《长沙市公共场所母婴室的室内设计参考标准》，市文明委将母婴设施建设纳入城市规划建设测评内容，要求机场、车站、政务大厅、医院、景区景点和大型商场设母婴室。截至2020年年底，建成各类母婴室363个，其中标准化母婴室335个，“双万”（日均人流量1万人次、面积1万平方米）公共场所实现应建尽建。

（本栏撰稿　谢　靖）

·婚姻家庭·

【概况】　2020年，长沙市登记结婚47575对，比2019年下降0.44%；登记离婚24064对，比2019年上升2.93%，补录历史婚姻登记数据66631对，各区县（市）的婚姻登记机关基本完成中华人民共和国成立以来至今的历史数据补录。全市有AAA级以上婚姻登记机关6个，其中1个AAAAA级、2个AAAA级、3个AAA级，受场地限制，如芙蓉区、岳麓区、开福区没有参加等级评定工作。做好集中登记期间，婚姻登记服务保障工作，“2020·5·20”全市办理结婚登记2743对，创日登记量历史新高。按照民政部、省民政厅《关于深入开展婚姻登记领域突出问题摸底排查的通知》要求，开展婚姻登记领域突出问题摸底排查工作，完成全市婚姻登记机关自查整改。指导各婚姻登记机关在婚姻登记大厅播放防范电信网络诈骗宣传片并发放宣传手册，在婚姻登记窗口对市民开展防范“杀猪盘”诈骗精准宣传工作。　（李文祥）

【家庭发展能力】　2020年，长沙市聚焦三个“全覆盖”，加强扶助关怀。全面落实双岗联系人制度、就医“绿色通道”和家庭医生签约服务，确保实现“全覆盖”。在全市开展计生特殊家庭关怀关爱“火把传递”行动，创新建立计生特殊家庭之间互帮互助的“群体自助”服务新模式，有18名骨干和619人的团队与19家公益社会组织签约开展“火把传递”行动，各级政府投入300万余元用于购买服务，联合市慈善会线上筹款11万余元，惠及计生特殊家庭人员5000余人。全年全市确认计生奖扶对象39.38万人，发放资金44000.61万元，调整计生特殊家庭扶助标准到910元/月并纳入财政预算确保资金按时足额发放。将计生特殊家庭人员纳入“三无”和“五保”供养对象，免费入住养老机构提供养老和临终关怀服务。全市计生特殊人群住院护理补贴项目推进，发放重病大病住院护理补贴资金208.44万元，涉及补贴对象1696人次。开展幸福家庭以评促创活动，结合城乡实际，定义“幸福家庭”新标准，11月在长沙市2020年“生育关怀·幸福家庭”表彰会上，表彰25个先进集体、200户幸福家庭。国家卫生健康委人口家庭司高度评价长沙特殊家庭关怀扶助工作，多次在全国工作会议上推介长沙的“火把传递”行动、无陪护病房和养老关怀等特色工作。　（谢　靖）

·殡葬管理·

【概况】　2020年，长沙市火化遗体46720具，城乡平均火化率93.48%，较2019年提高2.58%。全年新建成农村公益性墓地3个，截至2020年年底，全市建成乡镇农村公益性墓地53个。惠民殡葬补贴人数26240人，惠民殡葬支出3079.5万元。完成全市9家经营性公墓开展年检评估，下发《开展违法违规私建“住宅式”墓地、硬化大墓、活人墓等突出问题专项整治工作方案》，对前期摸排出的违规私建硬化大墓和活人墓开展整治行动。联合市文明办印发《殡葬改革宣传月活动方案》《清明节文明祭扫倡议书》，倡导预约祭扫、限流入园、文明祭祀、移风易俗。

【清明祭扫服务】　2020年3月25日—4月25日，长沙晚报社、市民政局联合推出“星城清明风”栏目，在全市倡导文明祭扫、安全祭祀新风尚，引导市民自觉地以绿色、文明、低碳、安全形式进行祭扫、祭奠。3月25日—4月25日，在做好疫情防控工作的前提下，长沙各殡葬服务机构向市民有序开放清明祭扫服务，提醒市民预约祭扫，倡导提前或推后祭扫。全市各殡葬服务单位，实行按日分时段预约祭扫。没有预约的不安排祭扫。市民可通过全省统一网络祭扫平台“云上清明”微信公众号和各殡葬服务机构预约电话进行预约。全市各殡葬服务单位采取限流措施。根据部署，各殡葬服务单位根据实际情况设定每日入园人数上限，每个墓穴每天入园祭扫人员不超过3人。清明节期间，湖南革命陵园免费提供毛巾、小水桶擦拭墓碑，免费提供一次性雨衣；宁乡万寿陵园赠送鲜花、矿泉水、急救药品等；长沙市殡葬事务中心下辖两家公墓开展鲜花换纸钱活动。唐人万寿园推出3个“100”惠民公益活动，即在100个社区开展惠民公益活动，为100位困难老人提供100个全免费生态环保葬位。市内一些墓园为抗击新冠肺炎疫情的医护人员及家属提供惠民便利。其中，福泽园为抗疫一线医护人员及家属提供现金减免优惠，因抗疫感染或殉职的医务人员落葬或选择福泽园青龙人文纪念园墓区的全程免费。在长沙潇湘陵园，为直系亲属购买墓地的抗疫一线医生、护士，为直系亲属购买墓地的军人、退伍军人，凭有效证件可享受总墓价款优惠；为直系亲属购买墓地的特困家庭，为直系亲属购买墓地的三级以上（含三级）伤残人士、五保户、低保户，经核实后可享受总墓价款优惠。

【“致敬——2020清明祭英烈”网上祭扫通道开通】 2020年3月19日，长沙市退役军人事务局发布《“致敬——2020清明祭英烈”网上祭扫倡议书》，倡议全社会在清明期间开展网上祭扫，致敬英雄烈士。从3月开始，全市开展“致敬——2020清明祭英烈”网上祭扫活动。市民可以进入中华英烈网（网址：http: //www.chinamartyrs.gov.cn）进行祭扫，长沙市退役军人事务局官方网站（网址：http://tyjr.changsha.gov.cn）及微信公众号“便民服务”栏目同步开通祭扫通道。（本栏撰稿　李文祥）

就业创业

【概况】 2020年，长沙市落实就业优先政策，有效应对疫情影响，全年城镇新增就业13.83万人，超额完成目标任务；城镇调查失业率5.5%，为全省最低。

加大政策保障　率先出台“有效应对疫情影响援企稳岗13条”及其配套细则，出台“减免缓返补”政策，落实阶段性减免社保费政策，扩大失业保险稳岗返还受益面，保障促进就业的吸纳补贴、培训补贴等。全年减免企业社保费111.57亿元，发放稳岗返还9.12亿元，支出就业补助资金3亿元。

加强创业扶持　向省级部门争取创业载体入孵企业场地租金、水电费等补贴1535万元。认定市级创业孵化基地63家，扶持创新创业带动就业项目390个，发放扶持资金3104万元。项目企业的参保人数总体呈上升态势。选送的2个项目分别获第四届“中国创翼”创业创新大赛二等奖、优秀奖。

拓宽就业渠道　开展高校毕业生就业服务季、“聚才星城 筑梦长沙”走进校园系列活动，将全市事业单位60%的招聘计划岗位专项招聘应届毕业生，新增就业见习基地72家，促进高校毕业生就业。建立农民工集中出行需求、农村劳动力资源供给、企业用工需求“三个清单”，引导农民工安全有序返岗复工。创新实施零就业家庭就业援助“三级响应”服务，零就业家庭实现动态清零。全市失业人员再就业6.32万人，就业困难对象实

表50　长沙市年末分行业单位从业人数统计表

单位：人

行业	1978年	1985年	1990年	1995年	2000年	2005年	2010年	2017年	2018年	2019年	2020年	2020年比2019年增长（%）
总计	563950	744994	845916	914026	684907	729738	1105562	1233178	1194467	1368477	1425867	4.2
#国有经济	367858	513354	605100	677857	535949	360468	414172	301506	308315	366128	—	—
集体经济	196092	231623	237748	207917	88107	47315	48184	15661	14484	16802	—	—
按行业分												
（一）农、林、牧、渔业						3004	505	1407	1090	986	1257	27.5
（二）采矿业						11610	9954	421	264	388	469	20.9
（三）制造业						168420	305091	336828	268864	268376	278974	3.9
（四）电力、热力、燃气及水生产和供应业						7573	16147	8225	8018	8571	8917	4.0
（五）建筑业						122285	169912	224637	226245	218270	217543	−0.3
（六）批发和零售业						45294	66543	68510	72043	80041	84543	5.6
（七）交通运输、仓储和邮政业						30442	28120	47086	42423	62607	70740	13.0
（八）住宿和餐饮业						31889	44017	26194	28155	29959	33974	13.4
（九）信息传输、软件和信息技术服务业						10518	16945	20230	22319	32259	34836	8.0
（十）金融业						23398	53141	70620	71587	101878	95210	−6.5
（十一）房地产业						23064	41564	45555	50012	52632	62936	19.6
（十二）租赁和商务服务业						16334	21333	27810	33370	41320	40013	−3.2

续表 50

行业	1978 年	1985 年	1990 年	1995 年	2000 年	2005 年	2010 年	2017 年	2018 年	2019 年	2020 年	2020 年比 2019 年增长（%）
（十三）科学研究和技术服务业						24270	38114	49438	51353	63594	62069	−2.4
（十四）水利、环境和公共设施管理业						7530	17171	10593	11316	12395	14231	14.8
（十五）居民服务、修理和其他服务业						2417	5205	4070	5410	7006	7461	6.5
（十六）教育						83364	109835	110687	112492	157029	182289	16.1
（十七）卫生和社会工作						34838	57216	73495	76191	85705	86545	1.0
（十八）文化、体育和娱乐业						15737	19224	22803	22004	25635	23672	−7.7
（十九）公共管理、社会保障和社会组织						67751	85525	84569	91311	119826	120190	0.3
（二十）国际组织						—	—	—	—	—	—	—

说明：从 2003 年起开始启用国民经济行业新分类标准，2002 年及以前年份无同口径数据；“#”表示其中主要项

（资料来源：市统计局）

现就业 2.89 万人，新增农村劳动力转移就业 2.32 万人。

优化就业服务　将“春风行动”“百日千万网络招聘”“点亮万家灯火”就业帮扶等专项活动覆盖全年，推行线上人岗匹配、远程面试，举办线上线下招聘会 400 余场。推进职业技能提升行动，开展免费线上技能培训，将培训补贴标准提高 50%，认定 31 家重点企业职工培训中心，开展以工代训，组织各类政府补贴性培训 15.16 万人次。职业技能培训工作被《中国组织人事报》重点报道。

【援企招工小分队】　2020 年，根据《稳就业 促复工 长沙市“春风行动”援企招工工作方案》，从 2020 年 2 月 18 日起，长沙市人力资源和社会保障局组织 61 支援企招工小分队，到全省 51 个贫困县的乡镇、村组，开展劳务协作。招工小分队明确“就业扶贫帮扶员、企业招工联络员、用工信息宣传员、对口支援服务员”的定位，推行线上线下宣传、进村入户对接、“出家门、上车门、进厂门”输送。2 月 18 日—3 月 6 日为长沙各企业招聘 12810 人，其中贫困劳动力 2434 人，间接带动蓝思科技、比亚迪电子累计招聘近 6.57 万人，实现全省就业扶贫、长沙对口支援、企业用工服务的有机结合。招工小分队工作先后被中央电视台《新闻联播》《朝闻天下》《新闻直播间》《24 小时》《战疫情特别报道》等栏目，以及《人民日报》两次头版报道推介。

【高校毕业生就业服务季活动】　2020 年 5 月 12 日，由长沙市政府主办，长沙市人力资源和社会保障局承办，市委编办、市发展改革委、市工业和信息化局、市教育局、市国资委协办的 2020 年长沙市高校毕业生就业服务季系列活动启动，活动持续至 7 月底。该次为期 100 天的高校毕业生就业服务季活动，以“政企协作齐助力 引才就业促双赢”为主题，统筹开发各类适应高校毕业生的岗位近 2.8 万个，其中财政供养类岗位 3817 个，市属国有及国有控股企业岗位 1629 个，重点项目、重点企业岗位 2900 个，就业见习岗位 2162 个。举办线上线下

2020 年 5 月 12 日，2020 年长沙市高校毕业生就业服务季系列活动启动仪式举办

市人力资源和社会保障局　供图

招聘活动100余场，集中开展“六个一”（给高校毕业生一封信、发放一份就业服务清单、开展一次就业求职指导、制定一份就业求职计划书、推荐参加一次以上政府补贴性培训、扶持一批自主创业者）服务活动，针对1.67万名2020届离校未就业高校毕业生开展实名制就业帮扶。

【“聚才星城　筑梦长沙”走进校园系列活动】　根据中央组织部、人力资源和社会保障部等七部门《关于实施高校毕业生就业创业推进行动的通知》，2020年9月21日，长沙市人力资源和社会保障局启动“聚才星城　筑梦长沙”校园系列招聘活动。该次活动开展5站招聘活动，组织220家企业，提供上万个岗位信息进学校。其中，在湖南师范大学和湖南工商大学举办首届求职能量训练营，现场500余人参与，线上观看人数3万余人。

【《应对疫情援企稳岗十三条政策措施》出台】　2020年2月19日，长沙市人力资源和社会保障局出台《应对疫情援企稳岗十三条政策措施》，推出加大失业保险稳岗返还实施力度、延长失业保险金和技能提升补贴申领期限、减轻企业社保缴费负担、依法签订社保缓交协议、全力服务重点企业用工需求、加强异地劳务协作、强化岗位归集和信息公布、完善重点群体就业服务、做好就业形势分析研判、加大对创业载体支持力度、发挥创业担保贷款作用、推广线上技能培训模式、维护劳动关系13条援企稳岗措施，帮扶企业渡过难关、恢复生产、稳定发展。

【零就业家庭就业援助“三级响应”服务】　2020年7月8日，长沙市人民政府办公厅印发《关于进一步推进零就业家庭就业援助工作的通知》，明确建立零就业家庭即时动态清零机制、潜在零就业家庭监测预警机制，畅通自主申报渠道，加强动态管理，推行零就业家庭社区、街道（乡镇）、区县（市）“三级响应”标准化服务，确保零就业家庭在21个工作日内实现动态清零。工作做法被人社部《各地就业工作快报》第8期刊发推介。

【第四届“中国创翼”创业创新大赛长沙市选拔赛】　2020年8月5日在长沙举行。经初赛、复赛层层选拔，从590个报名项目中选出的20强选手参加决赛。该次大赛考虑疫情影响，调整赛事规模和组织形式，全市设立11个赛区进行初赛选拔，并首次设立创业扶贫专项赛。除设置丰厚奖金外，获奖选手可获荣誉称号、专家指导、创业培训、优先扶持、媒体宣传等。大赛组委会准备了为期3天的创业训练营，安排商业模式打磨、路演技巧培训、投融资见面会、商业实战PK等配套活动。最终长沙经开区湖南兴芯微电子科技有限公司的自主创新车规级图像视觉处理芯片项目获创业组一等奖；长沙高新区中南大学圣尤里塔团队的死海水活性敷料关键技术及产业化项目获创新组一等奖。第四届“中国创翼”创业创新大赛湖南省选拔赛中，长沙市推荐的12个项目有8个获奖项，其中一等奖1个、二等奖1个、三等奖3个。国赛中，长沙选送的2个项目分别获创新组二等奖和创业组优秀奖。

2020年8月5日，第四届“中国创翼”创业创新大赛长沙市选拔赛在长沙举行

市人力资源和社会保障局　供图

【创业孵化基地建设】　2020年11月16日，长沙市人力资源和社会保障局组织召开2020年全市创业孵化基地建设工作会议。会上，对部分市级创业孵化基地进行授牌，中南大学、“智慧浏阳河”文化创意基地、三一众创、马栏山众创园作经验交流分享。截至2020年年底，长沙市有国家级创业孵化基地3家、省级创业孵化基地15家、市级创业孵化基地63家。

（本栏撰稿　李敏楚）

脱贫攻坚

【贫困人口概况】　截至2020年年底，长沙市现行标准下4.66万户13.42万名农村贫困人口全部脱贫，84个贫困村全部出列，1228户脱贫监测户和1107户边缘易致贫户全部消除返贫致贫风险。

【精准扶贫】 易地扶贫搬迁 按照“搬迁一户、稳定脱贫一户”的要求继续完成对1078户搬迁人口的后续帮扶工作，实现“稳得住、有就业、逐步能致富”的目标。11月，在国家发展改革委通报的全国“十三五”时期易地扶贫搬迁典型案例中，宁乡市黄材镇“千手”爱心大屋入选“美丽搬迁安置区”。

产业扶贫 全年实施“四跟四走”产业扶贫项目721个，打造油茶、绿茶、花猪、黑山羊、灰汤鸭、名特优水产、湘莲、小水果、中药材等特色扶贫产业，带动4.2万户有产业发展能力和意愿的贫困户户均增收逾3000元。

教育扶贫 全年全市义务教育阶段建档立卡贫困家庭学生39266人次，发放教育扶贫补助2013.03万元；抓实控辍保学工作，严格执行“三帮一”劝返复学工作，建档立卡贫困家庭学生无一例失学辍学。

社会保障兜底 实现城乡低保一体化，低保标准提高至650元/月/人，新纳入低保兜底建档立卡贫困户10640人，发放低保补助资金1.3亿元，实现应保尽保、精准兜底。

健康扶贫 实现贫困户100%全额资助参保，100%纳入基本医保、大病保险和医疗救助范围，贫困人口县域内就诊率98.55%；建档立卡贫困人口、特困人员、低保对象大病保险起付线降低50%，支付比例提高到65%；大病专项定点医院救治率98.89%，4种慢性病患者签约服务率100%。

危房改造 全年改造4类重点对象农村危房1074户，竣工率100%，1.3万户建档立卡贫困户危房实现应改尽改。

就业扶贫 精准实施“311”就业援助，全市4.76万名贫困劳动力实现就业4.69万人，就业率98.5%。全年完成贫困劳动力技能培训1850人、贫困家庭“两后生”技能培训155人，分别占目标任务的264.28%和110.71%。

金融扶贫 全年新增扶贫小额信贷3442笔1.36亿元，对有贷款意愿且符合条件的贫困户和边缘户实现“应贷尽贷”，贷款逾期率控制在可控范围。

支持深度贫困地区 省委常委、市委书记胡衡华多次到龙山县调研指导；市委副书记、市长、湘江新区党工委书记郑建新到龙山指导推进对口帮扶工作。有“携手奔小康行动”任务的各区县（市）主要领导多次到帮扶县开展互访活动。制订年度对口帮扶和“携手奔小康行动”工作计划，突出抓好产业扶贫、就业扶贫、民生事业和基础设施帮扶工作。全年实施对口帮扶龙山县项目163个，投入帮扶资金1.76亿元；实施“携手奔小康行动”帮扶项目117个，投入帮扶资金1.17亿元。

【社会力量扶贫】 2020年，长沙市通过组织开展“万企帮万村”“户帮户亲帮亲互助脱贫奔小康”等专题活动，动员社会力量参与脱贫攻坚。全市发起扶贫众筹项目4个，筹集资金689万余元。社会爱心人士捐款捐物价值逾4489万元，惠及2万余户贫困家庭。市工商联组织249家民营企业、直属商会与全市307个村及龙山县10个贫困村进行结对，落实帮扶物资价值1715万元，帮扶贫困人口1.5万余人。

【扶贫对象动态调整】 2020年，长沙市根据省扶贫办的统一部署，在年中和年底分别组织开展扶贫对象动态调整。年中动态调整，全市贫困户自然减少198户、915人，贫困户数量调整为46637户134759人。年底动态调整，全市贫困户自然减少109户、567人，贫困户数量调整为46564户134192人。

【扶贫干部培训】 2020年，长沙市分级分类开展扶贫干部培训。围绕驻村帮扶、专项（行业）扶贫、扶贫资金管理、扶贫对象动态管理等主题开展培训35场次，其中市级3场次、望城区3场次、长沙县8场次、浏阳市3场次、宁乡市5场次、雨花区6场次、天心区7场次，建设一支懂政策、会帮扶、作风硬的扶贫干部队伍。

（本栏撰稿　范朝朝）

移民开发

【概况】 2020年，长沙市收到各类移民资金8856.34万元，其中用于大中型水库移民直补资金2580.5万元（直补人口42675人），淹地不淹房的连带影响人口口粮补贴107.32万元（涉及人口17772人），用于移民后扶项目建设6034.52万元（实施移民项目481个），用于监测评估、信息系统建设等专项资金134万元。完成2018年6个重点移民村建设验收，推进2019年8个重点移民村建设，确定7个移民村纳入2020年整村推进重点移民村建设。全年编制5个批次的移民项目计划，申报移民项目481个，包括农田水利配套、道路交通、安全饮水、搬迁安置、新农村建设、移民培训、生产开发等项目，涉及移民资金6034.52万元。投入移民资金600万元，用于全市大中型水库移民避险解困搬迁安置工作。

【新建水库移民搬迁安置】 2020年，长沙县白石洞水库工程下闸蓄水阶段移民安置验收工作完成，推进湖南省椒花水库工程移民安置工作，签订《湖南省椒花水库工程建设征地与移民安置协议》，审查《湖南省宁乡市大坝塘水库工程建设征地实物调查细则》。

【移民培训】 2020年，长沙市开展各类移民就业技能培训，培训移民1218人，其中中长期职业教育278人、短期就业技能培训194人、自主培训16人、农业技能培训730人。推荐19人参加省库区移民事务中心举办的各类移民培训班，包括电梯安装与维修班7人、电商培训班8人、植保无人机班1人、致富带头人培训班3人。

【重点移民村建设】 2020年，长沙市推进重点移民村建设，初步实现“主导产业发展、基础设施改善、移民收入增加、村容户貌改观、移民素质提高”的目标。2020年验收的6个重点移民村“村村有特色、处处有景色”，长沙县江背镇惠农村围绕“村要美，民要富”的目标，引进龙头企业，做优蔬菜产业；望城区桥驿镇杨桥村形成民宿、餐饮、高山水果、旅游服务等为主的特色产业；浏阳市道源湖村以企业带动村级集体经济发展，与公司签订道源湖村移民后期产业扶持资金保本分红协议；浏阳市农大村流转沼泽农田，栽种“湘南红”柑橘；宁乡市巷子口镇官山村以南轩文化园建设为依托，鼓励移民种植黄桃、中药材，引入种蜂、发放鸡苗，带动周边群众致富；岳麓区雨敞坪镇新卯村扶持有机稻基地、核桃基地和油茶基地等产业项目，移民群众通过入股的形式获项目分红，提高移民收入。重点移民村均实现“三改”（改水、改路、改厕）、“四通”（通水、通路、通电、通电视）、“五化”（道路硬化、路灯亮化、村庄绿化、环境净化、庭院美化），生产、生活环境改善。统计显示，重点移民村移民人均纯收入比2019年增加25.6%，增速超过当地农村居民以及未实施整村推进项目的移民。

（本栏撰稿　刘铁伟）

收入消费

【城镇居民生活状况分析】 2020年，长沙城镇居民人均可支配收入57971元，比2019年增长5.0%；城镇居民人均消费支出39133元，比2019年下降1.0%。2020年初发生新冠肺炎疫情，使社会经济发展和人民生活受到一定影响，长沙城镇居民收入增速放缓、消费支出下滑。

居民收入　工资性收入稳步提升。长沙城镇居民人均工资性收入32543元，比2019年增长6.7%，占城镇居民人均可支配收入的比重56.1%，对收入增长贡献率73.9%，是拉动居民可支配收入增长的主要来源。2020年初疫情发生后，长沙率先推出26条措施降低疫情影响、稳定经济运行，出台《长沙市有效降低疫情影响稳定经济运行实施方案》和《有效应对疫情影响援企稳岗十三条政策措施》，制定《稳就业　促复工　长沙市“春风行动”援企招工工作方案》，推进复工复产，稳住就业基本盘。一系列稳岗就业政策有效落实和复工复产稳步推进，主要经济指标和就业指标呈现逐步回升、不断改善的态势，居民工资性收入稳步提高。经营净收入小幅下降。长沙城镇居民人均经营净收入7569元，比2019年下降4.4%，降幅比2020年一季度的-15.5%缩小11.1个百分点，经营净收入占城镇居民人均可支配收入的比重13.1%，对收入增长贡献率-12.5%。居民经营性收入在年初受疫情影响较大，不少实体店关门歇业达数月之久，部分企业经营收入明显下滑。长沙市印发《疫情期间加大金融支持工作方案》《加大对个体工商户扶持力度的通知》等文件，同时策划多个主题消费活动和消费节，帮扶受困企业和经营户，降低疫情对市场经营主体的影响。随着各项政策措施落实和提振消费的政策红利持续释放，复商复市步伐推进，社会消费市场加快复苏，长沙城镇居民经营性收入降幅不断收窄。财产净收入稳中有升。长沙城镇居民人均财产净收入7420元，比2019年增长4.6%，财产净收入占城镇居民人均可支配收入的比重12.8%，对可支配收入增长的贡献率11.7%。随着居民收入增加，投资理财意识日趋成熟，带动居民财产性收入增长。长沙居民消费价格指数显示2020年租赁房房租比2019年增长2.1%，推动长沙城镇居民出租房屋方面的财产净收入增加。转移净收入较快增长。长沙城镇居民人均转移净收入10439元，比2019年增长7.7%，占全体居民人均可支配收入的比重18%，对可支配收入增长的贡献率26.9%。企业退休人员基本养老金、城镇居民基本养老保险基础养老金上调和城镇低保标准再次提高，保障居民转移性收入持续增长。出台《关于开展城市特殊困难群体帮扶活动的实施方案》，实施急难、医疗、住房、就业和基本生活5项帮扶措施。

居民消费支出　2020年，长沙城镇居民人均消费支出39133元，受疫情影响，小幅下降1%。随着疫情防控逐步常态化，以及一系列促进居民消费、提振居民消费信心的政策措施的实施，城镇居民消费逐步回升。八大类消费支出中，食品烟酒和医疗保健消费保持增长，衣着、居住、生活用品及服务、交通通信、教育文化娱乐、其他用品和服务六大类消费降幅逐步收窄。食品烟酒、医疗保健消费保持增长。长沙城镇居民生活消费支出中，食品烟酒消费支出10568元，比2019年增长3.7%；医疗保健消费支出2922元，比2019年增长3.6%。新冠肺炎疫情期间，长沙保障居民“米袋子”“菜篮子”产品供应，居民主要生活物资供应充足，各类商场超市开通网络销售平台，一站式配送到小区，多项措施保障长沙城镇居民日常生活中的饮、食、防护保健等，“刚需”性消费受疫情影响较小。由于疫情因素的影响，居民医疗保健消费意识开始由被动就医向主动预防转变，相关医疗用具、防护用品的消费支出增加。从一季度开始，食品烟酒和医疗保健消费支出保持稳定增长，居民的保健防范意识加强，并逐步形成常态化。教育文化娱乐消费小幅下降。长沙城镇居民教育文化娱乐消费支出7180元，比2019年下降2.5%。

随着国内疫情防控形势持续向好，居民的各项消费需求释放，其中教育文化娱乐消费支出回升势头最为显著，降幅较2020年一季度、上半年和前三季度分别缩小30.6个百分点、22.2个百分点和0.8个百分点。进入“后疫情时期”以来，居民生活逐渐回归正轨，城镇居民在教育培训、外出旅游、体育健身、电影演出门票等方面的消费需求提升，促使长沙城镇居民的教育文化娱乐消费加快复苏。交通通信、生活用品及服务、衣着消费同步走低。长沙城镇居民交通通信消费支出4627元，比2019年下降8.1%；生活用品及服务消费支出2890元，比2019年下降5.2%；衣着消费支出2522元，比2019年下降1.6%。为配合疫情防控要求，居民们走亲访友、外出购物等活动骤减，城镇居民出行消费受到抑制。随着年内疫情得到有效防控，一系列提振消费的政策出台，居民消费环境持续恢复，各类消费场所、商业圈、景点景区相继开放营业，居民的交通通信、生活用品及服务和衣着消费支出恢复态势良好。

城镇居民生活质量提高　居民家庭信息化程度较高。截至2020年年底，长沙城镇居民每百户居民家庭有计算机94.6台，其中接入互联网的计算机88.8台，接入率93.9%；每百户居民家庭有移动电话268.2部，其中接入互联网的256.1部，接入率95.5%。长沙城镇居民家庭信息化程度提高，智能手机、电脑等信息化产品逐渐成为居民生活、工作的必需品，移动互联成为人们生活的重要组成部分。居民家庭现代化设备更加普及。随着居民收入及生活水平的提高，越来越多的家用电子电器产品进入居民家庭，耐用消费品的现代化程度越来越高，居民家庭设备更加齐全。截至2020年年底，长沙城镇居民每百户居民家庭有家用汽车63.5辆、洗衣机109.5台、电冰箱107.9台、彩色电视机117.2台、空调253台、排油烟机95.1台、热水器109.1台，耐用消费品的普及提升居民生活质量，家庭设备的智能化、多功能化使城市居民家庭生活更加便捷和舒适。（侯　璇）

【农村居民生活状况分析】　2020年，长沙农村居民人均可支配收入34754元，比2019年名义增长7.5%，扣除价格因素影响，实际增长5.6%；长沙

表51　　长沙市城镇居民家庭生活调查主要指标统计表

指标	单位	2020年	2019年	2020年比2019年增长（%）
一、调查户数	户	570	570	0.0
家庭人口数	人	1870	1835	1.9
#就业人口数	人	954	948	0.6
二、平均每户人口	人	3.3	3.2	2.5
平均每户就业人数	人	1.7	1.7	0.0
平均每一就业者负担人数	人	2.0	1.9	3.2
三、人均总收入（未扣除生产费用）	元	67577	68120	−0.8
人均可支配收入	元	57971	55211	5.0
四、人均消费支出	元	39133	39516	−1.0
（一）食品烟酒	元	10568	10188	3.7
（二）衣着	元	2522	2564	−1.6
（三）居住	元	7567	7620	0.8
（四）生活用品及服务	元	2890	3049	−5.2
（五）交通通信	元	4627	5037	−8.1
（六）教育文化娱乐	元	7180	7361	−2.5
（七）医疗保健	元	2922	2820	3.6
（八）其他用品和服务	元	857	869	−1.4

说明：“#”表示其中主要项　　（资料来源：市统计局）

农村居民人均生活消费支出24427元，比2019年名义增长5.8%，扣除价格因素影响，实际增长3.9%。

居民收入　受新冠肺炎疫情影响，2020年第一季度，长沙农村居民人均可支配收入比2019年增长2.5%。全市加大“六稳”工作力度，落实“六保”要求，推动农业高质量发展，加快乡村振兴步伐。至2020上半年长沙农村居民人均可支配收入增速加快回升，实现比2019年增长5.6%，全年实现比2019年增长7.5%，战胜疫情不利影响，农村居民可支配收入仍保持较快增长。从来源看，长沙农村居民四大类收入实现全面增长。疫情平稳后，推进复工复产，工资性收入稳步增长。受疫情影响，一季度长沙市农村居民人均工资性收入4669元，比2019年下降5.9%，上半年，长沙市农村居民人均工资性收入8829元，比2019年增长2.6%，工资性收入开始回升，占可支配收入的比重环比有所上升，2020年长沙农村居民人均工资性收入比2019年增长5.5%，占人均可支配收入的比重61%，是拉动农村居民可支配收入增长的主要动力。2020年，长沙市以稳定和扩大就业为目标，长沙率先推出26条具有本土特色的降低疫情影响、稳经济系统性解决方案；推进复工复产，稳住全市就业基本盘，主要经济指标和就业指标呈现逐月回升、不断改善的态势。随着稳岗就业政策的落实落地和复工复产的推进，居民工资性收入保持稳步增长。经营净收入增幅大，农村居民增收提速。长沙农村居民人均经营净收入10099元，比2019年增长11.7%，拉动可支配收入增长3个百分点，对农村居民人均可支配收入的贡献率43.7%，比2019年增长27.2个百分点。从收入来源看，经营净收入占农村居民人均可支配收入的比重29.1%，是农村居民增收的第二大动力。随着统筹推进疫情防控和经济社会发展成效不断巩固，居民消费需求逐步回升、新业态发展，叠加减税降费、企业帮扶等利好政策落实和新冠疫情常态化防控下的消费回补，推动居民经营净收入增长。居民收入结构优化，财产净收入平稳增长。长沙农村居民人均财产净收入由2019年的472元提高至497元，比2019年增长5.3%，拉动可支配收入增长0.1个百分点，对农村居民人均可支配收入的贡献率1%。随着居民可支配收入增长，投资理财观念日趋成熟，投资理财渠道拓展，随着各项宏观经济指标逐渐回升，金融机构各项存款余额增加，推动居民财产净收入平稳增长。转移净收入增速稳，补强居民增收短板。长沙农村居民人均转移净收入2948元，比2019年增长8.9%，占农村居民人均可支配收入的比重8.5%，拉动可支配收入增长0.7个百分点。2020年1月1日起，长沙市城乡居民基本养老保险基础养老金增加10元，由每人每月198元调整为每人每月208元，实现“15连调”，惠及全市近78万名城乡居保待遇领取人员。企业退休人员基本养老金、城乡居民养老保险基础养老金实现上调和城乡低保标准提高，确保居民转移性收入稳步增长。及时将五类受疫情影响困难群体纳入保障范围。多项政策举措为城乡居民转移性收入增长提供保障。

居民消费支出　2020年，长沙农村居民人均消费支出24427元，比2019年增长5.8%，比同期城镇居民消费支出增速高出6.8个百分点，特别是在一季度下降5.1%的形势下，实现全年增长5.8%，农村消费增速逐渐回升，消费活力较快恢复。农村居民八大类消费均保持正增长，医疗保健、其他用品及服务较2019年保持较高增速，增速分别为11.6%和25.5%，其余六大类消费支出较2019年同期均保持正增长，食品烟酒、衣着、居住、生活用品及服务、交通通信、教育文化娱乐分别增长5.4%、5.3%、4%、8%、7.1%、3.1%。食品烟酒、居住消费成为拉动消费增长的主要动力，饮食服务支出明显下降。长沙农村居民人均食品烟酒消费支出、居住消费支出分别比2019年增长5.4%和4%，分别占消费支出的25.3%和20.4%，为八大类消费支出中贡献率最大两项。受新冠疫情影响，农村居民居家时间增多，减少外出就餐，农村居民全年饮食服务消费支出下降43.5%，其中，其他在外饮食消费支出下降46.5%。医疗保健支出增速提升。长沙农村居民人均医疗保健消费支出1471元，较2019年同期增长11.6%，增速上升2.6个百分点。在疫情的影响下，城乡居民均呈现从被动就医向主动预防转变的态势，口罩、医用酒精、体温计等常用医疗用品，还有医疗检测费用带动医疗保健支出增速提升。文教娱受疫情影响最大，增幅明显降低。长沙农村居民人均教育文化娱乐消费支出4114元，较2019年增长3.1%，增速降低8.9个百分点。为做好常态化疫情防控，长沙许多校外培训机构将面授课程改为互联网教学，不仅减少家长和学生的外出次数，避免人员聚集，还减少机构的运营成本，降低课程的费用，为家庭消费节约开支。文化娱乐消费支出1626元，比2019年增长2.5%，增速较2019年下降9.2个百分点，文化娱乐消费增速下降的主要原因是国外疫情严重，国内疫情散发，防控对人群聚集和外出旅游的限制，居民消费缺乏安全感，文化娱乐消费增速下降。交通通信消费支出较快增长。长沙农村居民人均交通通信消费支出4441元，较2019年增长7.1%，占消费支出的18.2%。交通消费较快增长主要归因于家用汽车消费。在疫情背景下，居民为减少公共出行，选择家用汽车的需求增加，同时在各地促汽车消费政策落地及厂家提升优惠力度情况下，交通工具销售保持良好势头。每百户农村居民家庭有53.5辆家用汽车和295.2部移动电话。人均交通工具消费支出2116元，人均交通工具使用及维修费支出620元，其中车辆保险

表 52　　农村住户调查主要指标统计表

指标	单位	2020 年					2019 年
		全市	望城区	长沙县	浏阳市	宁乡市	全市
一、调查户数	户	310	—	—	—	—	310
家庭常住人口	人	1153	—	—	—	—	1126
平均每户人口	人	3.72	—	—	—	—	3.63
二、人均总收入（未扣除生产费用）	元	42031	—	—	—	—	42948
三、人均总支出	元	37181	40197	38191	38200	32764	39802
（一）消费支出	元	24427	24361	24086	21393	24676	23091
1. 食品烟酒	元	6177	6656	5950	5153	6397	5859
2. 衣着	元	1323	1226	1572	1055	1211	1257
3. 居住	元	4973	5104	5111	4331	4611	4780
4. 生活用品及服务	元	1572	1432	2365	1145	1544	1456
5. 交通通信	元	4441	3899	3573	4345	4754	4146
6. 教育文化娱乐	元	4114	4225	4383	3189	4435	3990
7. 医疗保健	元	1471	1521	914	1824	1398	1318
8. 其他用品和服务	元	357	299	219	351	327	284
（二）生产经营费用支出	元	3628	2744	1856	8918	905	7697
农民人均可支配收入	元	34754	37738	37141	37154	31568	32329
四、自有现住房建筑面积	平方米	62.40	—	—	—	—	58.05

（资料来源：市统计局）

消费支出 338 元，分别增长 16.4%、32.6%、41.5%。为配合疫情防控，省内居民居家办公、亲友联络、学生上网课等需要增长，全年通信工具和资费支出明显增长，包括智能手机、手表电话、平板电脑、网络流量等通信设备和服务费需求上升，带动居民通信消费增长。随着提振消费的政策出台，衣着消费、家庭器具消费、其他用品和服务消费稳步复苏。长沙农村居民人均衣着消费 1323 元，比 2019 年增长 5.3%，其中衣类人均消费支出 1078 元，比 2019 年增长 5.7%，鞋类人均消费支出 245 元，比 2019 年增长 3.3%。家庭器具追求品质，生活用品及服务支出增长明显。长沙农村居民生活用品及服务消费人均支出 1572 元，比 2019 年增长 8%，截至 2020 年年底，长沙农村居民平均每百户家庭有洗衣机 105.8 台、电冰箱 107.7 台、空调 171.9 台、微波炉 19.7 台。人均家用器具消费支出 390 元，比 2019 年增长 49.9%，人均家庭日用杂品消费 339 元，比 2019 年增长 12.3%，人均家庭服务消费支出 58 元，比 2019 年增长 50.2%。长沙农村居民人均其他用品和服务支出 357 元，比 2019 年增长 25.5%，为八大类消费中涨幅之首。其中，人均其他服务消费支出 186 元，比 2019 年增长 61.9%。

（许　婷）

社会保险

【概况】　2020 年，长沙市推进社保制度改革。社会保险费划转税务征收改革任务整体完成。在全省率先建立城乡居民养老保险待遇持续增长长效机制，以及老年基础养老金制度。出台退休人员社会化管理服务办法，完成驻长沙中央、省级国有企业退休人员社会化管理移交工作。实行工伤保险基金市级统筹，推进工伤保险职能下放改革，创新实施一批工伤预防项目，打造国内 2 家独创的工伤预防主题文创餐厅，《中国社会保障》杂志先后 4 次介绍长沙工伤保险工作经验。

提高社会保障水平 企业退休人员基本养老金、城乡居民基础养老金实现“16连调”，月人均养老金分别为2729元、218元。城区、三县（市）失业保险金标准提高到1530元/月、1386元/月，扩大失业保险保障范围，发放失业保险金、失业补助金、价格临时补贴6.95亿元。推进全民参保计划，实施城乡居民养老保险全覆盖专项行动，截至2020年12月底，全市养老、失业、工伤保险参保人数分别为677.4万人、182.8万人、171.3万人。做好退捕渔民安置保障工作，退捕渔民养老保险参保率、有就业意愿人员就业率均100%。

加强社保基金监管 开展社会保险“三个全面取消”、社保基金管理风险、企业职工提前退休问题等专项检查，引入第三方机构参与审计，强化基金监管软件应用，堵塞基金安全风险漏洞。长沙市作为全国唯一省会城市代表受邀参加人社部社保基金监管软件指标规则研讨会。

推进人社扶贫 “311”就业援助服务覆盖5万余人次，累计建成就业扶贫基地147家、就业扶贫车间171家，开发公益性岗位，吸纳安置贫困劳动力就业1.3万人，全市建档立卡正常贫困劳动力实现就业4.09万人。分别为6.5万名贫困人员代缴城乡居民养老保险费、8.3万名贫困人员发放养老待遇，代缴率、发放率均100%。城乡居民养老保险扶贫工作做法被人社部列入党员干部现代远程教育专题素材，并编入《消除老年贫困——城乡居民基本养老保险扶贫工作纪实》予以推介。（李敏楚）

【疫情防控医疗保障】 2020年，长沙市医疗保障局（以下简称“市医保局”）落实疫情防控医疗保障。医保资金全拨付。市本级就疫情防控启动定点医疗机构医保基金预拨1.5亿余元；对肺炎定点收治医院预拨疫情专项医保资金，全市预拨3730万元。抗疫用药全纳入。将新冠肺炎治疗所需药物和诊疗项目全部临时性纳入医保支付范围，保障抗疫医疗需求。患者就医全报销。所有确诊和疑似患者的医疗费用实现患者“零自付”一站式结报，未参保的患者突击参保后立即开通医保待遇。所有异地就医患者，医疗费用由医保全额垫付，统一先救治后结算。减缓政策全实现。对符合政策的全市各类企业、机关事业单位实施医保缴费减半征收和缓缴政策，减免参保费14.84亿元。工作指示全落实。联合市卫生健康委，督查全市定点发热门诊的技术规范，开展疫情防护医药用品价格专项检查逾20次，维护市场价格秩序稳定。（张一叶）

【医疗保障】 2020年，长沙市整顿医疗行业秩序。市医保局推进打击欺诈骗保重点工作。强化日常监管。启动飞行检查，对36家定点医疗机构，梳理问题线索400余条；省市联动飞检4次，并做好相关对接和后续处罚工作；组织775家定点医药机构开展自查自纠，主动退缴基金604.82万元；推进专项检查，全年检查次数6257家次。创新监管方式。与市市场监督管理局、市卫生健康委、市公安局签订联合备忘录，成立“反欺诈医疗大数据实验室”，建立医保疑点数据库，试点基金网格化社会监管云平台，加大精准打击力度；省内首创定点医药机构记分管理，在年终考核计分中；通过购买服务，引入第三方审计10家定点医疗机构；运用智能监管系统上线35条审核规则，审核违规单据1万张以上，拒付医保基金789.56万元；探索实施医务人员延伸管理机制，建立医务人员违规违法行为医保、卫健互移机制；建立“点对点”警示管理制度，通过“黑榜”名单曝光定点医药机构1家、个人8人。完善内控制度。建立监督检查和案件查处“办、审、定”三分离制度，排查日常管理风险点3项，落实防控和监督措施。2020年，市医保局检查定点医药机构4954家，处理1200家。其中，解除协议19家，暂停协议5家，移送司法和卫健4起，约谈284家404次，限期整改272家，通报批评133家，公开曝光案例73例，追回医保基金1.39亿元。9月，长沙市基金监管方式创新获国家医疗保障局表彰。10月，长沙市医保大数据分析实验室、医药机构记分考核的基金监管模式受到省局肯定并作全省推介。

推进市级统筹工作 以市政府名义印发《长沙市基本医疗保险和生育保险市级统筹实施方案》，联合市财政局、市税务局下发《长沙市基本医疗保险和生育保险市级统筹基金预（决）算与收支管理暂行办法》和《长沙市医疗保险市级统筹风险储备金管理办法》两个配套文件，促进市级统筹工作落地。政策清单促统一。将各县（市）医保待遇政策逐一比对，形成政策差异清单，明确在2021年12月31日前到位，实现同城同待遇。基金清单统收支。联合市财政局发文，制定基金收支结余明细清单，明确账户设置及管理等要求，上解医保基金21.41亿元，下拨第四季度医保基金7.75亿元，基金筹集归口到位。权责清单明职责。按照“责、权、利”相统一的原则，制定两级权责清单，强化市级医保部门业务统筹、指导职能，保持县（市）医保部门组织架构和职能职责不变，加强统筹衔接，节约行政资源。如建立全市统一的定点医药机构备案和发布机制，公布当前长沙市定点医药机构378家，避免市县（市）之间重复认定定点资格。问题清单保平稳。针对统筹前的历史遗留问题，由各县（市）人民政府牵头成立工作组，明确解决措施和承诺3年内解决到位。已清欠财政历年医保补助926万元，催缴机关事业单位医保欠费1.74亿元，支付定点医药机构7.13亿元，完成“僵尸企业”等参保数据清理，企业清欠稳步推进中。考核清单促工作。制定医保考核制度，将医保基金征缴、收支预算管理等纳入县（市）年度绩效考核，并与各县

（市）基金结余留存比例挂钩。

提升医保待遇水平　落实贫困人员参保补助政策。落实国家、省、市健康扶贫有关政策，取消贫困人口大病医疗费用封顶线，报销比例提高5%；按要求对7类问题，从县、乡、村3个层面对各区县（市）进行2轮密集督导，确保贫困人口100%参保。长沙市有建档立卡贫困人口参保人员13.42万人，14.32万名贫困人口享受扶贫报销，医疗总费用5.71亿元，综合报销比例92.58%。“两病”用药推进。实施“一周一调度、一月一通报”的常态化工作机制，落实高血压、糖尿病限额内的药品费用医保支付70%的保障政策，“两病”药品价格降幅逾40%，全市有23.45万人享受“两病”门诊待遇，就诊人次59.72万人次，统筹基金支出6145.42万元。提高职工待遇水平。着手研究在全市统一执行现行市级医保待遇政策，实行统一的基本医疗保险、生育保险筹资标准和缴费费率。在基金可承受范围内，拟从降低职工医保住院起付线、提高职工医保住院最高支付限额、提高部分特殊病种门诊待遇三方面调优待遇政策，按程序送市政府审批。

推进医保改革工作　推进药品集采工作落地。落实国家一、二、三批次和省抗菌药物及省际联盟300余个品规药品带量采购，200余家市级公立医疗机构超额完成采购量，药品平均降幅分别为53%、52%、53%、35%，阿托伐他汀等一批常用药品直接惠及患者。规范耗材治理工作。1月1日起，市级公立医疗机构耗材全部实现零差率销售。出台长沙市低值医用耗材备案管理办法，建立采、供与医保的三方定期沟通机制，完善月监测制度，全面规范低值耗材招采工作，全年完成备案产品4777个，中标（挂网）价较省内外其他地市低20%。在冠状动脉支架大幅降价基础上，完成吻合器、骨科创伤、冠脉扩张球囊三大类高值医用耗材报量工作。推进医疗价格调整。按照“同城同级别同价格”的原则，对市级公立医疗机构诊疗费、护理费等856个医疗服务项目一次调整到位。调整市基层医疗机构4400余个项目价格，解决基层医疗机构长期反映医疗项目价格偏低，18年未调价的历史遗留问题。编制并发布《长沙市现行医疗服务价格目录（2020）》，全面统一规范长沙市医疗服务价格管理。

优化医保营商环境　深化放管服改革。梳理经办事项，生育津贴申报等38个事项全部实现一窗式受理，并同步优化流程，压缩资料，提高服务水平，如生育津贴支付将支票转账改为银行直接拨付，办理时间从原45个工作日压缩为20个工作日。扩大特门定点，完善服务体验。从便民利民、布局合理的角度出发，扩大特门定点范围，由原来8家增加至56家，保障每个街道都有1~2家特门药店，方便患者就近购药。优化定点医疗机构准入办法。取消时间等待期，通过实行全市资格互认，明晰统一公示、统一开通信息系统、统一挂牌、统一规划实施支付方式改革的模式，建立起市、区县（市）一体化的准入管理体系。（张一叶）

【企业退休人员基本养老金调整】 2020年1月1日起，为2019年12月31日前已按规定办理退休手续并按月领取基本养老金的退休人员（含退职人员）调整增加基本养老金。调整标准为每人每月增加基本养老金50元，再按本人缴费年限（含视同缴费年限，不含折算工龄），每满1年月基本养老金增加1.4元，缴费年限不满1年的记为1年，同时以本人2019年12月的基本养老金为基数，每月再增加1.5%。在上述普调基础上，对2019年12月31日前年满70周岁以上（含70周岁）至80周岁以下的退休人员，每人每月再增加基本养老金23元；对2019年12月31日前年满80周岁以上（含80周岁）的退休人员每人每月再增加基本养老金34元。截至2020年，长沙市企业退休人员基本养老金连续16年调整，月人均养老金2729元。（李敏楚）

【失业保险金标准提高】 长沙市人力资源和社会保障局印发《关于调整我市失业保险金标准的通知》，自2020年3月1日起，全市失业人员失业保险金标准由最低工资标准的85%提高至90%。调整后，市城区失业金标准1530元/月，长沙县、浏阳市、宁乡市失业保险金标准1386元/月。

（李敏楚）

【工伤保险基金市级统筹】 2020年8月28日，长沙市人力资源和社会保障局、市财政局、市税务局联合印发《长沙市工伤保险基金市级统筹工作方案》，明确从2020年9月1日起实施工伤保险基金市级统筹，并确定统一基金收支管理、统一参保范围和参保对象、统一缴费标准、统一待遇支付管理、统一业务经办信息系统的“五统一”市级统筹模式。

（李敏楚）

【城乡居民基本养老保险待遇确定和基础养老金调整机制建立】 2020年12月4日，长沙市人力资源和社会保障局、市财政局联合印发《关于建立长沙市城乡居民基本养老保险待遇确定和基础养老金正常调整机制的通知》（以下简称《通知》），2021年1月1日实施。《通知》在完善待遇确定机制、建立基础养老金正常调整机制、建立个人缴费档次标准调整机制、建立缴费补贴调整机制、补缴与缴费约束机制、个人账户基金保值增值6个方面作出明确规定。其中，在完善待遇确定机制方面，对65岁及以上参保人员加发老年基础养老金，具体标准为65周岁至75周岁参保人员每月加发5元，76周岁至85周岁参保人员每月加发10元，86周岁及以上参保人员每月加发20元；在建立基础养老金正常调整机制方面，规定每年1月1日起提高长沙市城乡居民基本养老保险基础养老金10元。

（李敏楚）

【《保障农民工工资支付条例》宣传周活动】 为宣传贯彻《保障农民工工资支付条例》，维护农民工合法权益，确保社会和谐稳定，根据《长沙市〈保障农民工工资支付条例〉宣传活动工作方案》（以下简称《条例》）要求，长沙市、区（县、市）两级人社部门，市根治拖欠农民工工资工作领导小组各成员单位4月下旬启动《条例》宣传活动。活动期间，长沙市、区（县、市）两级人社部门开展进社区、进企业、进工地“送政策、送服务、解难题”行动，组织劳动保障监察员、网格协管员到建设、加工制造、餐饮等行业开展培训，向建筑总承包企业及项目负责人、农民工群体解读《条例》，引导用工单位知法守法，并现场进行答疑。向企业和农民工免费发放《条例》及答疑手册4万余份，张贴宣传漫画5000余份。2020年，长沙市贯彻落实《保障农民工工资支付条例》，创新建立联点承包责任制，对全市900余个在建工程项目实行A、B、C三级分类管理，具体由10个市领导小组成员单位分别联点一个区县（市），区县领导小组成员单位联点辖区街道、社区，各级监察员联点相应在建工程项目，压实人社部门牵头责任、区县（市）属地责任、主管部门监管责任和企业主体责任，推进根治欠薪长效制度落实。长沙市在湖南省2019年度保障农民工工资支付考核中获A级，被评为全省“真抓实干”督查根治拖欠农民工工资工作成效明显的市州。（李敏楚）

【退捕渔民安置保障工作】 2020年，长沙市人力资源和社会保障局贯彻落实中央、省、市决策部署，推进退捕渔民转产就业和安置保障工作。截至2020年12月底，全市276名退捕渔民中127名有就业意愿的渔民全部实现就业，10名有培训意愿的渔民全部完成培训，退捕渔民养老保险参保率、养老保险补贴发放率均100%。

（李敏楚）

社会救助

【概况】 2020年，长沙市民政局联合市财政局、市人力资源和社会保障局出台《关于进一步做好困难群众基本生活保障工作的通知》，将部分特殊对象参照“单人户”纳入低保，进一步扩大社会救助面。鼓励有就业条件的低保对象积极就业，并对就业后主动报告的给予6个月的渐退帮扶。修订《长沙市临时救助办法》和出台《长沙市社会救助申请家庭收入计算评估指导意见》，两个文件2021年1月1日起施行。2020年12月1日起，长沙市低保标准由650元每人每月提高至750元，特困供养基本生活标准由845元提高至975元。疫情特殊困难期间，向全市困难群体累计发放临时价格补贴5775万元。按照《长沙市民政局关于开展社会救助专项核查工作督查的方案》，采取“三个全覆盖”的方法（乡村自查、区县抽查、市级督查），对在保对象、未脱贫对象、边缘困难群体、重病重残困难家庭等特殊对象，采取线上信息比对与线下入户核查相结合的方式，开展专项督查，监督检查67批次，发现问题139个，督促整改到位问题数139个。实现建档立卡扶贫对象和低保对象“互为纳入”，零扣分通过国家、省脱贫攻坚专项核查。起草《关于进一步做好城市特殊困难群体帮扶工作的指导意见》，探索全面小康“一个都不掉队”的城市困难群体帮扶路径，实施急难、医疗、住房、就业和基本生活“五帮扶”，帮扶4万户次，发放帮扶资金1.47亿元。截至2020年12月底，全市有低保对象9.7万人、特困人员近2.9万人，临时救助1.6万人次，累计发放社会救助供养金10.6亿元，其中低保5.3亿元、特困3.5亿元、临时救助3300万元，低保新进10640人，及时动态退出9107人。

【流浪救助】 2020年，长沙市建立救助管理工作第三方监督制度，各级救助站均邀请第三方监督员参与对该站的工作监督。根据统一部署，开展救助管理服务质量大提升行动，印发《长沙市救助管理服务质量大提升行动实施方案》。开展“寒冬送温暖”“夏季送清凉”专项行动和救助管理机构“开放日”活动，全年流浪救助10790人次，支出1475.04万元，受疫情影响较往年出现较大幅度下降。

【慈善救助】 2020年，长沙市实施20个重点慈善项目，筹资1.12亿元，发放救助款1.09亿元，惠及困难群众5万余人次。发动抗疫募捐，累计接收款物价值2569万元。1月31日，向武汉市慈善总会捐款1500万元。截至2020年12月底，全市有慈善组织73家，其中市本级42家，具有公募资格的慈善组织11家，其中市本级5家。安排资金190万元，在全省首创实施“慈社联手·为爱同行”扶贫济困和“一老一小”志愿帮扶慈善援助项目，通过购买服务，探索慈善、社工、志愿服务融合发展的新模式。开展以“善耀星城”为主题的第二届大型公益慈善嘉年华活动，被评为2020年度湖南（长沙）十大公益新闻事件，组织开展2020年“长沙慈善榜”评选活动。“99公益日”期间，发布96个网络筹款项目，募集资金4965万元，排名全国第九位。举办6期“慈善沙龙”，就项目运作、网络筹款、风险防范等问题，对全市公益慈善组织进行业务培训，编发6000余册《慈善工作实操手册》。

【《关于进一步做好困难群众基本生活保障工作的通知》印发】 2020年9月23日，长沙市民政局、市财政局、市人力资源和社会保障局联合印发《关于进一步做好困难群众基本生活保障工作的通知》，从10月1日起适度扩大最低生活保障、临时救助、特困人员救助范围，确保城乡困难群众实现应保尽保、应救尽救。

（本栏撰稿　李文祥）

社会福利

【概况】　2020年1月1日起，长沙市将1066名事实无人抚养儿童纳入儿童福利保障范围，参照孤儿标准发放生活补助。2020年12月起开展新一轮孤儿、事实无人抚养儿童提标，对集中供养孤儿、事实无人抚养儿童按每人每月2250元标准保障到位；对散居孤儿和对已纳入低保、特困、建档立卡贫困户范畴的事实无人抚养儿童按每人每月1500元标准保障到位；对其他事实无人抚养儿童按每人每月750元标准保障到位。开展“福彩圆梦·孤儿助学”行动，全市有77名孤儿得到1万元/学年的助学专项资金。投入175万元，完成35家村级儿童之家提质改造。开展全市乡镇（街道）儿童督导员、村（社区）儿童主任集中轮训暨“政策宣讲进村（居）”集中宣讲活动。将全市728名农村留守妇女信息录入全国农村“三留守”人员信息系统。推进儿童福利院建设，12月31日新建长沙市儿童福利院项目北片区主体建筑封顶。截至2020年12月底，全市有集中供养孤儿365名、散居孤儿274名。

2020年12月，全市发放困难残疾人生活补贴66885人、重度残疾人护理补贴53790人，全年发放两项补贴1.43亿元。已运营的康复机构10家。下发《2020年残疾人两项补贴重点民生实事项目实施方案》，完成“两项补贴”提标工作，经市长办公会议通过，从2021年1月1日起，提高残疾人两项补贴标准，困难残疾人生活补贴由每人每月100元提高至120元，重度残疾人护理补贴由每人每月80元提高至100元。组织对全市12家精神康复会所调研检查，向符合要求的10家社区精神康复机构拨付建设补贴和运营补贴150万元，培训家属社工200人次。

【福彩公益】2020年，长沙市福利彩票销售16.97亿元，总销量排名全省第一位，占全省份额33.38%，比2019年增长3%，筹集公益金5.21亿元，其中市级1.3亿元。即开票销售2.42亿元，增幅18%，占全省即开票份额45%，居全国省会城市第六位。电脑票销售13.97亿元，占全省电脑票份额33.55%。全市19个中福在线销售厅全部按政策要求停销。投注站发展至1392个，较2019年净增17个。出台《长沙市福彩中心应对新型肺炎疫情福彩销售网点帮扶制度》，投入资金40万元帮扶困难站点200个。为全市1300余家投注站业主、销售员购买团体防疫险。发出减租倡议书，66家站点房东减免租金12万余元。开展“春光暖星城”慰问抗疫一线人员活动，慰问全市30余个一线抗“疫”团体、2000余人。联合市文明办，依托福彩投注站建设“雷锋公益驿站”，提供多项便民服务，全年建成10家并投入使用。

【首届“爱心助童”关爱农村留守儿童和困境儿童大型公益活动】　2020年5月29日在长沙市开福区举行。活动由湖南省民政厅主办，长沙市民政局、开福区人民政府承办，向公众宣传儿童关爱保护理念，推介优秀儿童服务类社会组织、儿童服务类品牌项目，旨在扩大社会公众的认知度，引导社会公众参与关爱留守儿童、困境儿童。湖南省民政厅党组成员、副厅长张自银出席并发表讲话。省检察院副检察长印仕柏、省妇联副主席方琼等领导，省委政法委、省高级法院、省发展改革委等单位的负责人，省民政厅相关处室单位、14个市州民政局、长沙市20个街道、社区负责人，20家优秀儿童服务类社会组织、11家爱心企业、基金会代表以及媒体代表共200人参加活动。活动中，“湖南儿童福利”微信上线，该微信设政务公开、经验交流、特别策划等栏目，全方位展示全省儿童福利工作。活动现场设置省、市儿童福利工作成果宣传展示区，展示近3年来全省各地儿童福利工作中的特色亮点和主要成果。20余家儿童服务类社会组织搭起展台，展示其在儿童服务领域的拳头服务和品牌项目，吸引参会的爱心企业、基金会、街道社区等开展供需对接洽谈。

【湖南省精神障碍社区康复服务平台启动】　2020年12月30日，湖南省精神障碍社区康复服务平台启动仪式在长沙市第三社会福利院（市第九医院）举行，标志着湖南省精神康复事业进入信息化发展新时期。启动仪式现场，民政部社会事务司残疾人福利处二级调研员尹冬华，湖南省民政厅副巡视员陈自力，长沙市民政局党委书记、局长陈昌佳等一行参观平台运行维护、咨询中心，实地了解精神障碍社区康复服务平台的操作和运营模式。该服务平台为湖南省精神病社区康复孵化基地、医疗卫生机构、社区康复机构、政府单位以及公众用户和家属提供线上康复服务、资讯共享、在线评估及培训、康复机构分布查询以及大数据统计分析展示等功能。为社区康复机构提供指导与支持，提高社区康复资源数据共享与交换的管理能力和服务能力；为患者及家属提供全方位高效便捷的精神障碍社区康复服务，有效解决精神障碍治疗康复周期长、患者因病耻感不愿就医等问题，让患者和家属足不出户就可以获得专业的远程培训、远程诊疗和服务工作等一系列云康复服务。该平台已开展远程培训96次，注册线上机构71家，服务对象逾300人。

（本栏撰稿　李文祥）

住房保障

【公租房建设】 2020年，长沙市建设公租房12个项目9594套，开工率100%。推进公租房（廉租房）实物配租和租赁补贴发放，重点保障中低收入住房困难家庭、外来务工人员、引进人才和新市民住房需求。印发《长沙市部分公益性岗位住房困难职工公租房租赁补贴定向发放工作方案》，第一批保障环卫、公交、卫生健康行业住房困难职工4000人。全年全市新增实物配租3358户，发放租赁补贴5255户。保障房资格审批规范有序，修订《长沙市市直行政事业单位职工住房补贴实施细则》，7月1日实施。落实《关于印发住房保障工作权限下放有关事项的通知》，现场指导各区负责住房保障资格准入和退出的工作人员。全年办理各类保障性住房资格准入、退出、认证等10618户。授权各区通过购买服务方式进行运营管理。健全公租房维修管理，全市公租房分配入住81478户，分配入住率94%；长沙市本级公租房分配入住15566户，分配入住率94%。

（夏梅元　肖　娟）

【住房租赁试点】 2020年，长沙市住房租赁市场发展配套政策逐步完善，从房源筹集、资金管理、土地供应、税费优惠等方面出台政策文件26个；培育专业化规模化住房租赁企业18家；中央安排租赁住房试点资金16亿元（含2019年8亿元）；累计新增筹集租赁住房65816套，为中央下达任务6.5万套的101.26%。

（夏梅元）

【住房公积金管理】 2020年，长沙市新增住房公积金开户单位4620家，新增开户职工25.24万人，完成归集170.71亿元，比2019年增长15.74%；发放个人住房贷款17140户，个贷金额74.3亿元；提取住房公积金94.45亿元，比2019年增长16.25%，占当年归集额的55.33%；完成业务收入16.27亿元，实现增值收益8.25亿元，比2019年分别增长14.96%、18.13%。

归集扩面　开展重点企业催缴。全年处理欠缴、未缴公积金有关投诉近400起，通过“非诉讼”模式、约谈模式等行政执法手段促使其规范开户缴存，维护职工合法权益，新增开户企业13家、开户人数744人，新增月缴存额30万余元，补缴住房公积金逾2000万元。开展政策宣传。在《住房公积金研究》、湖南省住房城乡建设厅官方微信、中房网、《湖南日报》等媒体开展宣传，实现“每月都见报”。分中心、各管理部“线上加线下”开展政策宣传，将政策送到园区企业、街道社区。

贷款业务　梳理信贷政策。《长沙住房公积金个人住房组合贷款管理办法》《长沙住房公积金个人住房贷款办法》出台，创新二手房贷款流程，从只允许过户后申请贷款的单一模式，到既允许过户后申请贷款又允许前置审批后再过户的二选一模式，为职工申请办理二手房业务提供便利。推进组合贷款“一件事一次办”。全年发放组合贷款3997笔、15.95亿元。保障新市民贷款，做好“新市民”等灵活就业人员的贷款审批工作，全年发放灵活就业人员贷款193笔、0.72亿元。

优化营商环境　2020年2月28日，发布《关于应对新冠肺炎疫情提供阶段性政策支持和服务保障的通知》，受新冠肺炎疫情影响的企业可按规定申请在2020年6月30日前缓缴住房公积金，缓缴期间职工贷款和提取权益不受影响；参加疫情防控工作人员、因感染新冠肺炎住院治疗或隔离人员、因疫情防控需隔离观察人员以及其他受疫情影响的人员，可申请缓还贷款。住房公积金阶段性政策实施后，长沙市有2273家企业办理缓缴，涉及职工25万人，累计缓缴金额11.4亿元。

风险防控　加强依法行政。打击骗提骗贷行为，阻止及追回骗提骗贷金额1638万元。全年申请法院强制执行9起，其中，长沙市首起拒不还贷款被法院强制执行的案例被省、市主流媒体报道，有效震慑了贷款后拒不履行还贷义务的违法行为。加强内部管理。开展审计整改，重点对审计署提出的4大项13个问题逐一排查整改，按照责任和整改时限，全部整改到位。建立健全长效机制，针对性出台业务办理操作规程、电子档案操作规程、改进稽核检查手段方案。抓好财务管理，依托资金实时结算平台，实现提取指令实时发送、个贷资金适时拨付、灵活就业人员缴存托收、资金流水及时推送等多种功能，建立便捷高效的收入支付体系。开展内部稽核，对网上业务办理以及商业贷款还贷提取等开展专项稽核，发布季度稽核通报，督促整改到位。加强对合作银行、担保公司考核管理。做好网络安全管理，及时升级和补充数据库防火墙等软件，顺利通过等保三级测评。及时修复高危漏洞，强化上网安全管理，购买外包服务提升中心信息安全应急能力。加强信息公开。在《长沙晚报》、长沙住房公积金管理中心官方网站披露《长沙市住房公积金2019年年度报告》，专题解读住房公积金年度报告。全年，中心官网发布信息249条，官方微博发布信息431条，通过微信公众号推送《热点月报》等信息27条，借助“12329”服务热线、“12345”市民热线、主任信箱、微信公众号等渠道，解答缴存单位和职工的各类疑难问题。

信息化建设　推广线上服务。截至2020年年底，长沙住房公积金管理中心微信公众号关注人数77.42万人，网上业务大厅个人版注册人数24.28万人，网上业务大厅单位版签约数2.06万家，缴存职工、缴存单位覆盖率提升。全年，处理省政府“互联网+政务服务”平台住房公积金相关业务74笔，处理“一网通办”平台住房公积金业务 1134 笔。通过网上业务大厅、微信公众号、“我的长沙”App、支付宝、一网通办平台五大线上渠道受理在线提取 75445 笔，审批通过 70637 笔，审批总金额 7.58 亿元。远程服务部受理各渠道工单 2307 条，协调解决群众各类投诉与建议。开通“跨省通办”业务，2020 年年底前，个人住房公积金缴存贷款等信息查询、出具贷款职工住房公积金缴存使用证明、正常退休提取住房公积金 3 项功能实现全程网办。推进共建共享。对接市政府“一网通办”、“我的长沙”App、支付宝生活号等工作。其中，“我的长沙”App、支付宝生活号实现公积金自助查询与在线提取功能；与省、市有关部门实现数据共享，在业务办理环节实现公安、民政、房产等信息在线核查。提升服务水平。推行标准化服务，完善“AB”岗、轮岗咨询制、主任值班岗等制度，继续为缴存职工提供延时服务、上门服务、绿色通道等特色服务。2020 年 11 月 19 日，在岳阳市设立异地贷款服务网点，解决异地铁路职工无法在购房地一次办结异地住房公积金贷款的难题，帮助铁路职工实现贷款业务“最多跑一次”。2020 年 11 月，中心“综合服务平台”建设以湖南省“优秀”等级通过住房和城乡建设部和湖南省住房城乡建设厅联合验收。

（郭　婷）

【住房公积金提取审批资料简化】 2020 年 2 月 1 日起，长沙市简化既有住宅增设电梯提取审批资料。职工家庭既有住宅增设电梯符合住房公积金提取条件的，不再需要提供建设工程规划许可证、建筑工程施工许可证、安装告知备案证，改为提供《长沙市既有多层住宅增设电梯联合备案和竣工验收表》，其他材料依然按照《关于印发〈长金管委〔2018〕2 号文件实施细则〉的通知》的规定执行。截至 12 月底，累计支持 132 户职工家庭提取住房公积金 586.34 万元用于既有住宅增设电梯建设；职工死亡或被宣告死亡后，其住房公积金账户余额 1 万元以下（含）的，继承人或受遗赠人可凭死亡证明或户口注销证明、继承人或受遗赠人身份证（多人继承均须身份证）、亲属关系证明申请提取被继承人账户余额，不再需要提供公证书。

（郭　婷）

【长沙首例拒不归还贷款的借款人被法院强制执行】 贷款申请人黄某某长期拒还住房公积金贷款，拒不履行还款义务，长沙住房公积金管理中心依法向法院申请强制执行。2020 年 12 月 10 日，芙蓉区法院执行局宣布，对黄某某宣布拘留 15 日、罚款 5000 元，并立即启动房屋拍卖程序，黄某某意识到自己违法行为的严重后果，立刻将逾期欠款偿还至法院专案账户中。该案例是长沙市首起住房公积金贷款不还款被法院强制执行的案例。

（郭　婷）

退役军人事务

【政策法规】 2020 年，长沙市制定出台长沙市退役军人思想政治工作年、基层基础基本建设年、常态化联系、困难资金管理办法等规范性文件，调整长沙市计划分配军队转业干部考核赋分标准，开展双拥示范点创建活动。出台《长沙市退役军人事务专项资金暂行管理办法》，规范专项资金的分配、使用、申报、审批、信息公开、绩效评价、检查监督等环节，并在现金管理支出、项目建设、自行采购出台配套文件。

【思想政治工作】 2020 年，长沙市部署实施“常态化联系退役军人”制度，全市确定先进典型、生活困难、矛盾突出等联系对象，按照“一季一联系、半年一走访”的要求，进行日常联系、走访慰问，对口开展思想工作，实行精准帮扶。退役季开展“返乡第一面”活动，为 2020 年度退役士兵提供车站迎接等“一站式”服务，部分人员返乡当天就办好报到手续，结合思想政治工作要求更新适应性培训内容和方式，帮助退役军人扣好退役“第一粒扣子”。强化典型引领，多地组织开展“最美退役军人”学习宣传活动，宣传退役军人在疫情防控、抗洪抢险、基层治理中的故事，若干名退役军人在“抗疫”一线、望城区“抗洪”老兵的故事登上《中国退役军人》杂志，芙蓉区“浏河赤子心”老兵工作室成为志愿服务的党建品牌。

【权益维护】 2020 年，长沙市妥善解决随军随调家属安置遗留问题，核查 2012 年以前安置的随军随调家属编制身份，对符合安置条件的人员进行纳编安置。市委退役军人事务工作领导小组下发通知，要求全市各级各部门在春节、“八一”建军节、烈士纪念日等普遍开展走访慰问，发放慰问金。设立市级退役军人及其他优抚对象困难援助资金。落实企业军转干部解困调待和增发生活困难补助费政策，受理医疗救助和遗属救助申请，拨付救助金。探索以医保托底为主、政府救济为辅、商业保险补充的三级医疗保障体系，为重点优抚对象购买重疾商业险。

【移交安置】 2020 年，长沙市接收计划分配军转干部安置任务若干人，全部安置在党政机关和全额拨款事业单位；接收符合政府安排工作条件退役士兵若干人，其中分别由事业单位接收、国有企业接收、财政保障专项岗位接收和自主就业；接收军休干部若干人，实现应接尽接。完成随调家属安置任务若干人、随军家属若干人，接收自主择业军转干部若干人，办理军队干部转改文职人员落户若干人、集体转制退役军转干部落户若干人。完成退役军人党组织关系转接。加强自主择业军转干部管理服务工作，审核发放自主择业军转干部退役金，落实医疗保险、年度体检等社会保障待遇。开展企业军转干部解困稳定工作，新增企业军转干部重阳节慰问，首次组织企业军转干部代表开展红色学习教育活动；完成在职企业军转干部全年待遇核算及发放工作。为自主就业退役士兵拨付相关经济待遇。开展下岗（失业）转业志愿兵和转业士官再就业及生活困难帮扶工作，新增再就业帮扶上岗若干人次，帮扶生活困难群体，落实工资补差及养老金补差。开展部分退役士兵社会保险接续工作，完成养老和医疗核查，认定低保特困人员，办结养老、医保，各级财政投入资金，收缴个人费用，缴费人数、缴费比例、实缴金额等主要指标位居全省第一位，8月接受国家调研检查，受到肯定。

【优待抚恤】 2020年，长沙市新增信息采集人数若干人，悬挂光荣牌若干块，长沙市累计若干名退役军人完成信息采集。拨付抚恤经费和医疗补助经费（含义务兵家庭优待金），优抚事业单位维修补助资金。评定调整伤残若干人，审批带病回乡若干人，新增年满60周岁农村籍退役士兵若干人。组织两次“关爱功臣送医送药”医疗巡诊活动，发放药品。开展重点优抚对象短期疗养活动20批次。发放3批次“中国人民志愿军抗美援朝出国作战70周年”纪念章。

【双拥共建】 2020年春节前夕，长沙市发放给驻长沙部队及伤病员的慰问物资及现金，组织召开军政座谈会。疫情期间，慰问援鄂一线抗疫的军队医务人员家属。开展“情系边海防官兵”拥军优属系列活动，对长沙籍在边防海岛部队服役的官兵建立联系卡，做好各项服务保障工作。制定下发《关于开展长沙市双拥示范点创建活动的通知》，在全省率先开展“双拥示范点”创建。

【就业创业】 2020年，长沙市组织自主就业退役士兵、自主择业军转干部、复员干部开展适应性培训，计划分配军转干部开展岗前培训。组织线上、线下招聘活动67次，提供就业岗位若干个，达成就业意向若干人，帮助2020年度退役军人实现就业、创业。举办首届长沙市退役军人创新创业大赛，长沙市推荐项目获国家级比赛二等奖2项、三等奖1项，获省级比赛一等奖3项、二等奖4项、三等奖1项。聘任81名企业家、行业领域专家、高校专业学者，组建退役军人就业创业专家指导团。通过“社会共建”，新建创业园区和创业孵化基地6家，确定退役军人职业技能定点培训机构12家，电子商务、汽车维修、健身教练等培训项目15个。开展长沙市“双带双促”评选表彰活动，表彰退役军人就业创业基地（专区）4个、退役军人自主创业企业21家、退役军人就业安置先进企业8家、优秀退役军人若干名，发放扶持奖励资金。

【褒扬纪念】 2020年，长沙市组织开展“致敬·2020清明祭英烈”网上祭扫活动，云祭扫平台总访问量724.9万人次，相关做法被退役军人事务部、湖南省退役军人事厅及新华社等主流媒体报道。加强疫情期间烈士纪念设施管理，普遍开展代为祭扫服务，祭扫烈士墓318座，代为祭扫烈士17321位（含合葬烈士墓烈士及英烈墙榜上烈士），对207名烈属、6名外省到长沙祭扫人员做好疫情防控措施。组织开展“9·30”烈士纪念活动，长沙烈士公园、湖南革命陵园、长沙县、浏阳市和宁乡市分别开展公祭活动，走访慰问783名烈士遗属。开展烈士纪念设施数据采集校核工作，校核保护单位管理的烈士纪念设施1173条、零散的烈士纪念设施311条。

【军休安置】 2020年，长沙市落实军休干部的“两个待遇”，分配下拨军休经费，坚持以党建为引领开展学习教育和主题党日活动，组织文娱活动。长沙市军休活动中心编辑出版4期《长沙军休》，被评为“2020年度长沙市优秀内刊”。加强基础设施建设，长沙市某离退休干部休养所购置湘域智慧南栋5层作为服务管理用房，长沙市某离退休干部休养所在营院内住房加装7台平层入户电梯。11月承办全国军休机构负责人培训班，全国167名军休工作人员现场参观“老首长工作室”和长沙市某离退休干部休养所。（本栏撰稿　李　竞）

社区建设

【概况】 2020年，长沙市指导区县（市）开展第十一次村民委员会和第十次居民委员会换届选举，选择12个乡镇（街道）110个村（社区）进行试点，完成村（社区）财务清查和村（社区）组织成员任期经济责任审计。以完善内容、规范程序、保障落实为重点，开展村规民约、居民公约集中清理、修订、宣传，实现村规民约、居民公约法制审核工作全覆盖。联合市委组织部出台《关于望长浏宁建立城市社区专职工作人员职业体系的工作提示》，在全市推行社区专职工作者员额制管理，建立职业化薪酬体系。联合市委组织部制定出台《关于规范村（社区）组织活动场所挂牌的工作提示》，协助制订全省基层群众自治组织依法自治事项清单、协助行政事项清单和负面事项清单，实现基层公共服务（一门式）全覆盖。出台《关于开展2020年城乡社区治理创新培育工作的通知》，全年征集优秀社区工作法案例41个，打造和谐社区示范社区33个、精品社区35个，农村幸福社区示范村54个，129个农村社区建设试点村，农村社区建设覆盖率100%。联合市委组织部、市住房城乡建设局出台《关于实施小区党建提升工程完善基层治理的指导意见》，举办2020年全市第五届“三社联动”社区服务供需对接活动，推行网上对接，打造30个“三社联动”社区服务类示范项目。

【社会工作】 2020年，长沙市有民办社工机构138家，社会工作从业人员1.5万人，持证社工6300人，本土社工督导65名，有171个乡街社工站，社工总站10个，实现乡镇（街道）社工站全覆盖。2020年，全市社工站社工入户探访10万余次、电话探访12万余次，开展个案3300余例、小组1300个、社区活动3400余场，服务25万人次，招募志愿者11万人，投入建设资金2000万元。组织社工机构社工、社区持证人员和民政系统工作人员60余人到广州、深圳、成都学习、参访。邀请社工领域知名学者、专家对社工人才开展继续教育培训41场，计4000余人次。10月17日，民政部加强乡镇（街道）社会工作人才队伍建设推进会在长沙召开，天心区作交流发言。会议前，民政部党组书记、部长李纪恒，民政部党组成员、副部长王爱文带队考察望城区靖港镇社工站建设情况，湖南省副省长朱忠明、湖南省民政厅厅长唐白玉、长沙市副市长李蔚陪同调研。

【第五届“三社联动”社区服务供需对接活动】 2020年，长沙市第五届“三社联动”社区服务供需对接会通过“云上三社”线上公益服务平台开展对接。该次线上供需对接会自7月下旬启动以来，入驻平台的社区总数696个，基本实现全市社区无死角、全覆盖，全市逾600家社会组织、社工机构完成入驻参会。供需对接会上，逾485家机构通过平台发布需求739个，社区发布的服务项目资金近3600万元。

【全国加强乡镇（街道）社会工作人才队伍建设推进会】 2020年10月17日在长沙召开。民政部党组书记、部长李纪恒出席会议并讲话，湖南省副省长朱忠明致辞，民政部党组成员、副部长王爱文主持会议。湖南、广东、浙江、广西、重庆、武汉6个省（自治区、直辖市）民政部门和湖南省长沙市天心区、汨罗市阳光社会工作服务中心代表交流发言。与会代表实地考察湖南“智慧民政”展厅、长沙市望城区乡镇（街道）社会工作总站、长沙市望城区靖港镇社会工作站。

（本栏撰稿　李文祥）

社会组织管理

【概况】 2020年，长沙市登记在册的社会组织5518家，其中社会团体1543家、民办非企业单位3948家、基金会27家。市本级登记注册社会组织1167家，其中社会团体566家、民办非企业单位583家、基金会18家。完成297家行业协会商会的脱钩“回头看”工作，其中42家行业协会商会已注销或撤销登记。按照行政审批改革“三集中三到位”要求，纳入社会事务综合窗集中办理，2020年，市本级办理社会组织登记审批事项232件，其中，成立登记58件，变更登记141件，注销登记33件。年检工作顺延至9月30日，市本级社会组织应年检1002家，全年实检915家，占应年检数的91.3%。抽查67家市本级社会组织，抽查比例6.7%。召开全市性行业协会商会评估动员暨法人治理培训会议，全市各级社会团体酌情减免会员单位会费。开展社会组织公益服务，立项44个，投入扶持资金210万元。完成第二批“十百千”示范社会组织创建工作，完成全市17家拟申报组织的现场核查及材料上报工作。推动社会组织孵化基地转型升级，项目经公开招标由湖南乐创公益慈善发展中心承接运营。按照“业务相近、区域相邻”的原则，试点成立城市建设类社会组织党总支。

【浏阳市“小城大爱　公益集市”活动】 2020年7月11日，在浏阳市民政局、浏阳市两新工委、浏阳市社会组织综合党委等单位的指导下，由浏阳市扶贫办、集里街道办事处主办，浏阳市义工联合会承办的“小城大爱　公益集市”启动。浏阳市6个乡镇的精准扶贫农户的50余个品类的农副产品，在志愿者的帮助下摆满36个摊位，全天销售额5万余元。设义卖、义剪、义诊等公益摊位6个，公益服务摊位均由爱心商家、企业和社会组织自愿申报开设，无偿为市民提供服务。“小城大爱　公益集市”每月第二个周末定期举行。

【长沙市城市建设类社会组织总支部委员会成立大会】 2020年12月3日在湖南高岭建设集团举行。长沙市城市建设类社会组织党总支成立，是长沙以行业分类创新成立的党总支部，并设立“长沙市城市建设类社会组织慈善基金”，用于开展扶贫帮困、助居援建、救灾抢险、改善生态环境等公益慈善事业。市委组织部副部长、两新工委书记、基层办主任杨俊，市民政局党委书记、局长，市委两新工委副书记（兼）陈昌佳等出席并讲话，会议由市民政局副局长伍仁华主持。会上宣读《中共长沙市社会组织综合委员会关于成立中共长沙市城市建设类社会组织总支部委员会的通知》，为市城市建设类社会组织党总支进行授牌。“长沙市城市建设类社会组织慈善基金”由党总支捐赠5万元为创始基金，并将通过网络筹款或发动行业内爱心企业、个人为基金捐款，扩大基金规模。基金实行专人管理、专款专用、专账记结。中共长沙市城市建设类社会组织党总支和长沙市慈善基金会设立的“长沙市城市建设类社会组织慈善基金”举行签约仪式。

（本栏撰稿　李文祥）

民族宗教事务

【民族团结进步创建工作】 2020年，长沙市民族宗教事务局（以下简称“市民宗局”）联合市委宣传部在重要时段、重点人流密集场所开展民族团结进步宣传，印制并发放《民族团结进步宣传手册》2000份。与星辰在线签订合作协议，加强新媒体新技术的运用，通过在线知识竞答、知识图解、在线直播等方式宣传推广《民族宗教工作知识手册》，增强民族宗教政策法规社会普及度，11月6—10日，开展民族政策法规知识在线答题和图解宣传。做好民族团结进步示范区（单位）的申报及创建工作，芙蓉区韭菜园街道军区社区被评为第八批全国民族团结进步示范区（单位）（全省共4个），长沙市雨花区民宗局被评为全国第四届民委系统先进集体，望城区高塘岭街道中南社区和天心区玉泉寺被评为全省第八批民族团结进步示范单位。下发《关于开展民族团结进步创建工作的实施方案》，经市局考察、区县推荐、街道社区具体实施创建，确定芙蓉区东湖街道东沙社区等9个社区（单位）为2020年市级民族团结进步创建示范社区（单位），按照创建标准，落实创建主体。12月18日召开经验交流会，并采取互观互检形式进行验收授牌，其中芙蓉区东沙社区和雨花区桔园小学被评为优秀示范单位。

（周红波）

【少数民族同胞服务】 2020年，长沙市在区县（市）设立少数民族群众服务站的基础上，新增5个少数民族群众服务站，继续开展提质改造工作，指导完善工作机制，提供优质服务。召开西北三地少数民族驻长沙工作人员座谈会，加强与新疆驻湖南工作组沟通对接，协调涉少数民族用工问题；共同举办新疆籍经商务工人员总结表彰大会，进一步发挥优秀典型示范作用，促进各民族交往、交流、交融。帮助少数民族同胞解决就业、就学等难题，妥善处置涉民族因素的矛盾纠纷，维护少数民族群众的合法权益，如指导雨花区协调处理少数民族群众因房屋租金产生的民事纠纷等。 （周红波）

【少数民族日常管理服务性工作】 2020年，长沙市发挥市民族联谊会载体作用，组织少数民族代表人士到古丈县、通道县开展爱心助学送温暖和捐赠等活动，并邀请长沙名校的少数民族名师开展“送课助教”教育扶贫活动，支持民族地区发展，促进各民族同胞交往、交流、交融。组织长沙市少数民族同胞参加全省第五届少数民族文艺调演和第六届“建设伟大祖国 建设美丽家乡”演讲比赛，分别获金奖和一等奖，受省民宗委的表彰。做好定居少数民族同胞日常服务管理工作，完成41名公民民族成分更改，审核760名普通高校招生享受民族优惠政策考生资格。按照财务要求发放2020年度清真肉食补贴6359人，委托长沙银行发放资金76.31万元。

（周红波）

【宗教工作法治化建设】 2020年，长沙市民宗局引导宗教与社会主义社会相适应，制定并下发《坚持宗教中国化方向主题征文暨举办交流研讨论坛活动方案》，在宗教界开展中国化主题征文活动及“五进五好”主题实践活动星级评定，制定评分细则。指导市道协举办道教时代化论坛、市佛协举办佛教中国化同题讲经交流会，市基督教“两会”举办“坚持宗教中国化方向”研讨会。11月26日，组织举办全市宗教界坚持我国宗教中国化方向研讨论坛暨“五进五好”主题实践活动星级评定表彰会，表彰通报先进场所和先进个人，征集的优秀论文在走宗教内部资料性出版物程序。加强宗教团体政治建设，组织宗教界代表人士到郴州汝城沙洲村（“半条被子”故事发生地）开展红色教育，组织宗教团体班子成员参加十九届五中全会精神宣讲会，配合市委统战部做好长沙市民族宗教界代表人士“看巨变、凝共识、谋发展暨谈心活动”。加大精准扶贫力度，组织市级宗教团体到市民宗局精准扶贫点——宁乡市青山桥镇花园村开展“助力扶贫·五教同行”慈善捐赠活动。

综合治理整改 落实宗教领域专项工作和省委统战工作领导小组交办事项，率先在全省开展菩提协会的查处工作。配合市委统战部召开驻长沙高校民族宗教工作联席会议；指导天心区首推“校地联盟”开展宗教工作新模式。开展治理情况“回头看”，局班子成员按照“四不两直”要求分别带队对全市2019年已完成治理的私设基督教聚会点实地明察式“回头看”，巩固前期整改成果。在湖南率先制定并印发《长沙市民族宗教事务局举报非法宗教活动奖励办法（试行）》。

完善管理机制 修订下发意识形态工作方案、实施细则、风险防控预案以及10个工作制度，下发《关于统计宗教界网络信息平台的通知》，强化民族宗教领域意识形态安全管理。以“安全生产月”及安全生产三年整治行动为基础，推进“微型消防站”建设，落实“一单四制”；结合平安寺院创建和综治维稳工作，通过日常调研、宣传、督查提升各场所的安全意识，推进问题整改，确保和谐稳定。18处宗教活动场所均完成危房修缮工作，15处场所完成财评，市县两级资金拨付到位；指导宁乡申报密印寺观音群像审批手续，获国家宗教局行政许可；推进宗教事务管理现代化建设，启动“宗教事务信息化综合运用平台”建设试点工作。以市民族宗教工作领导小组名义印发《长沙市民间信仰事务管理实施意见（暂行）》，对民间信仰工作的定位、各级各部门的职责、民间信仰活动场所分类管理与备案、场所管理和违规行为的处理等作出较详细的规定。制发《民间信仰活动场所安全管理标准》和《民间信仰活动场所管理组织岗位职责》规范文本至各民间信仰活动场所。

强化宣传培训 制定下发《长沙市2020年度民族宗教普法依法治

2020 年 10 月 23 日，长沙市民族联谊会在古丈县第一中学开展“爱心送温暖”助学活动

市民宗局　供图

理工作实施方案》，明确年度普法重点内容、形式和宣传标语等。10 月 28—29 日，举办民族宗教工作干部培训班。11 月 26 日，举办宗教团体与宗教活动场所负责人政策法规培训班，提升民宗干部及广大教职人员履职水平。12 月 8 日，邀请市委宣传部副部长、市社科联（院）党组书记李卫政为市级宗教团体班子成员专门作中共十九届五中全会及习近平总书记考察湖南重要讲话精神的辅导报告。（周红波）

【长沙市宗教界“助力扶贫 · 五教同行”公益慈善捐助活动】 2020 年 7 月 23 日，长沙市各宗教团体班子成员到宁乡市青山桥镇花园村，开展长沙市宗教界“助力扶贫 · 五教同行”公益慈善捐助活动，捐赠善款 10 万元，用于花园村精准扶贫工作。市民宗局党组书记、局长罗伟率局党组成员和各处室长参加公益活动。长沙市基督教三自爱国运动委员会主席黄克刚牧师代表长沙市宗教界致辞表示，该次活动是长沙市宗教界发扬“乐善好施、慈悲济世”优良传统的体现，是助力长沙市精准扶贫工作、践行社会主义核心价值观的实际行动。青山桥镇镇长和花园村党支部书记均对长沙市宗教界的扶贫善举表示感谢，并表示这笔善款全部用于扶贫事业基础设施建设。罗伟在肯定长沙市宗教界扶贫善举基础上作总结和要求。

（付长清）

【长沙市民族联谊会到古丈县一中开展“爱心送温暖助学”活动】 2020 年 10 月 23 日，长沙市民族联谊会在古丈县第一中学开展“爱心送温暖”助学活动。长沙市民宗局、长沙市民族联谊会、长沙铁路第一中学和望城区中小学教师发展中心等单位 19 人参加活动。捐赠仪式上，长沙市民族联谊会副会长叶征代表该次活动爱心人士向古丈县一中捐赠 1000 册图书和一批学习、体育用品。市民宗局二级调研员彭晓军代表活动捐赠方为古丈县一中 40 名贫困学生赠送书包、文具袋、笔记本、签字笔等爱心学习包，并对全体学生提出希望。古丈县一中校长彭晓军组织老师和学生参加捐赠仪式，并对长沙市民族联谊会送温暖助学活动表示感谢。长沙铁路第一中学和望城区中小学教师发展中心的老师们开展助教送课活动。活动安排 5 堂示范课、两场教学讲座。

（周红波）

【天心区首推“校地联盟”开展民族宗教工作新模式】 2020 年 11 月 3 日，湖南女子学院与天心区青园街道校地联盟开展民族宗教工作合作签约仪式在湖南女子学院举行。会上，湖南女子学院党委与青园街道工委签订《校地联合开展民族宗教工作合作协议》。根据合作协议，双方以互动融合、优势互补、互惠共赢为原则，开展 8 个方面内容的深度合作，形成一批合作长效机制，开展一批主题活动，打造智库形成课题研究，推动高校和地方做好新形势下民族宗教工作。作为校地联盟成立的首次会议，也是校地联盟第一次联席会议。会上，湖南女子学院党委书记罗婷，校党委委员、副校长周松涛及党委委员、宣传统战部部长向前分别介绍学院相关工作情况及下一步合作共建方向，师生代表就新形势下如何理解民族宗教工作发言。校党委表示以该活动为契机，共同探索民族宗教工作有机结合的校地合作共建共治共享新模式。（周红波）

【长沙市坚持我国宗教中国化方向交流暨“五进五好”主题实践活动表彰会】 2020 年 11 月 27 日，市委统战部、市民宗局在五强中心举办长沙市坚持我国宗教中国化方向交流暨“五进五好”主题实践活动表彰会。各区县（市）民宗局、市宗教界人士 160 余人出席会议。市委常委、统战部部长谭小平等领导到会祝贺并作讲话。在坚持我国宗教中国化方向交流会上，在论文征集中评选出的 11 位教职人员分别从各自的经典出发，围绕确立的论点，将习近平总书记关于宗教的论述、宗教法规政策、中华优秀传统文化等为论据，结合自己所思所悟，阐释和论证为什么以及如何要坚持宗教中国化方向。2020 年有 20 个场所、3 个团体、8 名个人进入先进行列，获牌匾或荣誉证书。

（黄鸣强）

应急管理

EMERGENCY MANAGEMENT

编辑　刘盼盼

防灾减灾

【防汛抗旱】 2020年，长沙市防汛抗旱以防为主，突出抓好三大工程、推进三个纵深、夯实三大保障，取得了未垮一库一坝、未溃一堤一垸、未发生群死群伤的防汛胜利。推进城乡防洪、水库保安和防涝排渍“三大工程”。完成大众垸等15个城乡堤防达标工程和黄材水库等除险加固工程，组织实施城区排水管网、涵闸、泵站改造，确保排涝“血管”畅通。推进领导联点、责任到人、隐患排查“三个纵深”。对全市9区县（市）明确市委常委牵头的防汛责任区，对全市627座水库、78个堤垸总长519千米的堤段明确以村、社区为单元的防汛责任管护段，对重点区域明确行政、技术和巡查三个责任人。汛前对全市所有在建重点工程、涉水项目、高排密封井进行排查，掌握防汛风险，落实度汛措施，消除风险隐患点。加强人员、物资、技术“三大保障”。组建市县防汛抢险技术支撑专家组，集结防汛抗旱队伍4.5万人。建立全市防汛抗灾物资联储联调体系，落实砂石和块石等主要防汛物资储备场地。建立覆盖所有重点水库、万亩堤垸、主要闸坝、重点截面的雨水情监测网络，做到实时、准确、全面监测雨水情信息。（刘铁伟）

【地质灾害防治】 2020年，长沙市完善地质灾害防治体系，压实各区县（市）地质灾害防治责任，提升地质灾害防治能力，全市统筹安排地质灾害防治资金290万元，有效排危除险30余处。排查地质灾害隐患点814处，防治宣传、培训及演练覆盖60余个乡镇，1900余人次。2020年发生达到统计标准的地质灾害25起，均为小型。（谭江涛）

【地震监测】 2020年，长沙市年度测震和地球物理场观测资料连续率达到99%以上；长沙台分析处理全球地震事件675次，邵阳台分析处理全球地震事件669次，桃源台分析处理全球地震事件418次；完成地球物理场观测数据零异常报告和周报；完成地震监测和地球物理场观测相关报告；核实“5·6”岳麓区莲花镇龙洞村黑翅土白蚁聚集地震宏观异常，向居民做好宣传和释疑；加强地震预测研究，落实地震趋势月会商，做好2020年中和2021年度地震分析预报会商工作；新购泰克示波器、宽频带地震计投入使用，配备倾斜仪探头和前置盒配件一套；完成13台（套）地震监测仪器的运维工作，各类仪器运维近60次，确保仪器连续运行率；完成测震和地球物理场观测仪器标定曲线绘制和报告；做好2020年度全国、全省测震和地球物理场观测资料评比；开展流动台野外观测4次；推进地震地质科学研究，申报2020年度湖南省防震减灾课题2个；开展业务交流学习。前往成都地震台、成都市应急管理局开展标准化台站建设调研，业务人员根据疫情防控要求，线上线下参加全国地震灾害损失现场评估、地震地下流体观测岗位技术骨干、国家地震烈度速报与预警工程项目台站智能电源、国家地震烈度速报与预警工程项目台站专业设备、湖南省地震预报业务综合、湖南省地震现场工作队等培训；接待中国地震局台网中心全流程一体化平台调研；配合中国地震局地球物理勘探中心、湖北省地震局开展第一期、第二期流动重力观测。（魏 箐）

【减灾救灾】 2020年，长沙市推动建立自然灾害监测预警联合会商机制，推进基层应急能力标准化建设，全面提升基层应急管理规范化、专业化、信息化和社会化水平。出台灾害信息员队伍建设实施意见，推动市、县、乡、村四级配齐配强灾害信息员队伍。推进市救灾物资储备清查和救灾应急物资管理平台建设，提高救灾物资调运效率。组织自然灾害风险形势综合会商与专题调度会50余次，发布各类预警短信、微信15万余条。组织开展各类综合性应急演练3598场次，参演人数36.76万人。全年未发生一起重大及以上森林火灾、汛旱失控等灾害事故。（张 娟）

【抗震设防管理】 2020年，长沙市推进地震安全性评价，宁乡经开区、岳麓山国家大学科技城和湖南金融中心等3个园区完成园区地震安全性评价工作；完成长沙市轨道交通2号线西延二期、长沙磁浮东延线接入T3航站楼、长沙市城市轨道交通接入T3航站楼等工程的地震安全性评价监管工作；推进长沙市轨道交通7号线的地震安全性评价监管工作；开展全市建设工程地震安全大检查，全市建设工程抗震设防率100%。（魏 箐）

【防震减灾宣传】 2020年，长沙市制订多平台全方位防震减灾宣传和应急演练实施方案，联合长沙市蓝天救援队、长沙市绿舟防灾减灾促进中心、大爱无疆文化促进会、长沙市民众应急服务中心等多家民间组织，号召全市各示范学校、社区在“5·12”防震减灾日、8月全国科技活动周、“10·13”国际减灾日期间，通过开放科普基地、组织活动、布置宣传展板、向市民发放宣传画册、专家答疑、赠送书籍等方式，开展多场地震专题演练、讲座，将防震减灾知识“七进”系列活动深入落实，营造全社会参与防震减灾的良好氛围，全市防震减灾宣传教育工作持续有效开展；在开福区烈士公园开展“5·12”防灾减灾日集中宣传活动；防灾减灾宣传周期间，市地震局指导全市示范单位开展防震减灾科普宣传系列活动；10月13日第31个国际减灾日期间，市地震局以全市27家地震安全社区、85所防震减灾科普示范学校为突破口，以点带面辐射周边，提高社会影响力，提升全市市民防震减灾意识和应对突发事件、自救互救、疏散救援的能力；市地震

2020年10月13日，清水塘街道四季花城社区在烈士公园开展第31个国际减灾日主题宣传活动　　丁岩　供图

局组织示范学校参加“2019年度全国科普微视频大赛”“2020年国际防震减灾科普作品大赛”；微信公众号累计关注人数18527人，比2019年增加21.29%，发布震情服务146条、震情应对27261条、科普服务30405条、信息推送1.92万条；开展微信有奖答题，参加人数6120人；依托科普基地扩大对中小学生防震减灾知识普及，为长沙市综合素质教育基地地震馆和芙蓉区素质教育基地配备地震波形模拟仪器。长沙市示范性综合实践基地地震专题教育馆和芙蓉区素质教育基地地震体验中心接待1.02万人次，受疫情影响比2019年减少37.82%。新建全省第一个民营地震科普教育基地——湖南兰天车城公共安全地震体验馆；向2019年度国家示范校发放省防灾体验馆体验券100张，组织师生进行防灾减灾体验进行防震减灾科普宣传、应急演练和体验；启动长沙防震减灾数字科普馆建设。（魏　箐）

【防震减灾示范点创建】　2020年，长沙市地震局联合与宁乡市应急局、宁乡市住建局、大屯营镇、灰汤镇和煤碳坝镇开展农居抗震设防情况调研，掌握宁乡市农居抗震设防基本情况；配合湖南省地震局参与援藏工作，对口帮扶藏区防震减灾科普示范学校创建；长沙市开福区新竹第二小学被评为“2020年度国家防震减灾科普示范学校”称号，长沙高新区明华小学等7所学校被评为“2020年度湖南省防震减灾科普教育示范学校”称号；长沙市开福区第一小学等7所学校被评为“2020年度长沙市防震减灾科普教育示范学校”；长沙市高新区雷锋街道荷花塘社区等6个社区被评为“2020年湖南省综合减灾示范社区”；长沙市岳麓区岳麓街道湘桥社区、梅溪湖街道云溪湾社区被评为“2020年度长沙市地震安全示范社区”称号；响应《长沙市乡村振兴战略规划（2018—2022）》，加强农村防灾减灾救灾能力建设。宁乡市大屯营靳江源集居点被评为“2020年度湖南省农村民居地震安全工程示范点”称号，浏阳市澄潭江镇煤矿沉陷区居民避险安置区项目被评为“2020年度长沙市农村民居地震安全工程示范点”称号。（魏　箐）

【防灾减灾日宣传活动】　2020年5月12日是全国第12个“防灾减灾日”，当日，由湖南省减灾委主办，湖南省应急管理厅、湖南省地震局、长沙市人民政府等单位承办的“5·12”防灾减灾日集中宣传活动启动仪式举办，该活动以“提升基层应急能力，筑牢防灾减灾救灾的人民防线”为主题，在现场发放防震减灾科普宣传品2300余份。5月9—15日防灾减灾宣传周期间，市地震局持续开展防震减灾科普宣传系列活动，指导市防震减灾科普示范学校、示范社区利用电子显示屏、升旗仪式、广播站、主题班会、少队课等多种方式开展宣传。（丁　岩）

【长沙市建设工程地震安全大检查】　2020年5月25日，根据湖南省开展全省建设工程地震安全监管检查工作的安排，长沙市人民政府开展动员部署，印发《关于开展建设工程地震安全监管检查工作的通知》，6月2日在全市防震减灾领导小组会议上强调和推进，市地震局、市发改委、市住建局、市教育局、市卫健委、市交通运输局、市水利局、湘江新区等部门密切配合、集整资料。经联合检查，全市建设工程抗震设防率100%，应评尽评，并将其成果用作为建设工程抗震设计的依据。通过检查，各相关部门及建设、设计、施工和监理单位全方位重视建设工程的地震安全，建设工程抗震设防要求落到实处。（刘北京）

【岳麓区莲花镇龙洞村黑翅土白蚁聚集异常】　2020年5月6日，岳麓区莲花镇龙洞村黑翅土白蚁聚集异常，经市地震局现场核实并结合相关资料分析，该次昆虫聚集现象系黑翅土白蚁正常繁殖活动，地震观测资料不足以证明这与地震前兆有关，市地震局及时回应社会关切，稳定当地社会秩序，形成《长沙市地震局关于岳麓区莲花镇龙洞村黑翅土白蚁聚集的宏观异常核实报告》报省地震局。（牛兆伟）

【湖南省第一个民营地震科普教育基地验收】　2020年，市地震局联合湖南兰天车城汽车销售服务有限公司，发挥地震部门专业引领和企业资金场地优势，共同创建湖南省第一个民营地震科普教育基地——湖南兰天车城公共安全地震体验馆，基地总投资500万余元、场馆建筑面积近500平方米，

年接待能力20万人次。基地于2020年11月通过考核验收，获“长沙市防震减灾科普示范基地”称号。

（刘北京）

【援藏帮扶山南市示范学校创建】2020年，市地震局配合省地震局援疆援藏工作，选派业务骨干前往西藏山南地区指导示范学校创建工作，对口帮扶指导西藏山南市乃东区中学、山南完全中学开展防震减灾科普教育示范学校创建，2所学校均通过2020年度西藏自治区防震减灾科普示范学校认定。（丁　岩）

【长沙市水利、气象、水文签订水旱灾害防御框架协议】2020年6月3日，长沙市水利局、长沙市气象局、长沙市水文局共同推进水旱灾害防御合作框架签约仪式举行，根据协议，长沙将建立水利、气象和水文部门水旱灾害防御监测预报预警联动机制，深入开展雨水旱情监测，暴雨洪涝、山洪、干旱预报与联合会商，水旱灾害风险预警信息发布和联防联动工作，推动水利气象水文部门多层面的合作和交流，提升长沙水旱灾害监测预报预警能力。三部门将围绕水旱灾害防御、水资源保护、水生态建设等工作，进一步深化技术合作交流，联合开展科技攻关，发挥部门间优势互补，实现互利共赢，为长沙防灾减灾和社会经济发展作出贡献。

（刘铁伟　卢晓晴）

安全生产

【概况】2020年，长沙市在经济总量占全省30%、市场主体110万余家（全省410万余家）、连续4年每年新增常住人口24万人、机动车30万台，经济高速增长的大背景下，基本实现安全平稳。全市安全生产事故起数、死亡人数、受伤人数、直接经济损失比2019年分别下降7.7%、11.8%、46.2%、12.5%，全年各区县没有发生较大以上生产安全事故（仅二环线道路交通较大事故1起）。长沙市应急管理局获年度省防汛救灾先进集体和市落实国家机关“谁执法谁普法”责任制优秀单位。6月，长沙市承办的全省抗洪抢险综合演练，以“新技术、新装备、新材料”为特色，被应急管理部评价为“全国防汛演练的范本”。

【安全生产管理】2020年，长沙市安委办印发《长沙市安全生产委员会成员单位安全生产职责规定》《全市渣土运输安全监管职责分工》，厘清行业部门职责边界，建立企业主体责任倒逼机制。率先全国在各行各业推广“一会三卡”制度，全市37万家企业、73万家个体工商事故总体下降60%以上，经验做法得到应急管理部的高度肯定。先后组织6个巡察组对市县单位开展专题巡察，交办、整改隐患632处。约谈企业1653家。依法依规开展事故调查，查处较大道路交通事故1起、一般生产安全责任事故10起，挂牌督办区县（市）一般事故32起，市本级立案处罚13起，移送法院强制执行1起，行政罚款214.9万元，移送司法机关追究责任7人，政务党纪处分和组织处理17人，对社会起到较好的警示教育作用。同时组织对2018年以来发生的较大生产安全事故和一般生产安全事故的调查处理和防范整改措施落实情况进行检查评估，促进相关工作落地见效。全市有4253家企业开展示范班组创建，121个班组通过创建验收。开展烟花、危化和矿山专项整治“三年行动”。印发《“浏阳烟花爆竹”传统文化保护和创新专项资金管理办法》《整治烟花爆竹顽瘴痼疾促进转型升级工作方案》，启动《市烟花爆竹安全管理条例》立法工作，有序推进“机械化换人、自动化减人”工程。印发《关于全面加强危险化学品安全生产工作的实施意见》，多次组织联合执法和检查督导行动。落实分级分类管控的措施要求，聘请第三方机构对危化生产储存企业进行安全风险辨识和隐患排查。2020年重大危险源企业数据已全部接入全国危险化学品安全生产风险监测预警系统，并实行在线不间断监控。截至2020年，全市烟花爆竹企业数量减少60%，其中，2020年退出烟花爆竹企业（工区）100家，完成“三统一”整治125家；2020年关闭煤矿2家，现全市煤矿已全部关闭到位，关闭非煤矿山26家，超额完成省厅下达的目标任务；城区5家危化生产企业全部搬迁。

【安全监管执法】2020年，长沙市落实行政执法“三项制度”，做到执法行为过程信息全程记载、执法全过程可回溯管理、重大执法决定法制审核全覆盖。全面推行“双随机、一公开”监管，建立市、县随机抽查事项清单，建立健全企业名录库和执法检查人员名录库。常态化开展行政执法质量考核和办案竞赛活动，探索试行工贸行业监管和执法分离新模式，行政执法工作取得良好成效。2020年，全市应急系统检查企业25.12万家次，发现问题2.94万条，责令限期整改9053家，责令停产停业整顿308家，立案961起，罚款2293.7万元。健全完善法规制度。推进全市应急管理专家智库建设，对重大政策进行严格专业把关，全年无因自身程序或实体违法导致的行政复议案件和行政诉讼案件。其中浏阳金祥烟花爆竹制造有限公司行政许可案例被评为市行政执法指导案例。

【三年专项整治行动】2020年，长沙市应急管理局召开4次会议传达学习、研究部署和会商调度3年行动工作，按照“1+3+10+N”主体框架，制定全市总方案，成立3年行动领导小组和工作专班，建立健全通报讲评、定期调度会商、督导督查等工作制度，组织联合督查6次，编制3年专班简报16期。协调开展“厂中厂、园中园”、有限空间、仓储物流、建设施工、消防安全等专项整治行动。2020年排查问题隐患8.35万处、整改7.05万处、责令停产整顿493家、暂扣吊销证照企业34家、关闭取缔55家。

【安全宣教】 2020年，长沙市应急管理局创新推出“三整三专”安全宣教模式，加强与人民网、长沙广电等10余家媒体战略合作，开设“应急管理看长沙”专栏，在各类媒体上稿3000余篇。推进“全民安全文明素质提升工程”，深化安全生产宣传教育“五进”活动，策划打造安全文化宣传专列、新闻发布会、在线访谈、“小杜”开讲、摄影作品评选等系列宣教精品项目，让大安全理念深入人心。组织开展安全生产送训“七进”活动，送安全生产课300余堂。推动全市安全体验场馆建设，其中指导长沙兰天汽车集团投资2亿元，建成全国首屈一指的公共安全体验馆，成为全市安全体验教学的优质基地。2020年，全市三项岗位培训2.09万人，实操考核1.13万人。组织开展“8·30”处突表彰会，对成功处置公共安全突发事件有功人员给予5万元奖励，号召全市人民充分发扬勇于担当、无私奉献的崇高精神，共同维护全市的安全稳定。

【科技兴安】 2020年，长沙市应急管理局编制《长沙市应急管理局信息化发展规划（2021—2023）》，建设两套视频会商、指挥调度系统。全面落实“三集中三到位”改革，推进一站式信息网络平台建设，办理行政审批和政务服务事项2.22万件。同时，运用物联网等技术，加强城市高层建筑、大型综合体、轨道交通、燃气设施、电力设施等基础设施的管理，提升城市安全运行水平。

【融合推进】 2020年，长沙市应急管理局在原有市安委办的基础上，又新增应急办、减灾办、森林防指等3个综合性协调、调度机构。2020年，市安委办组织参加国家、省、市安全生产视频会议15次，承办全市综合性大会1次、市安委会例会5次、调度会议、会商会37次、组织市级层面暗访督查11次，迎接上级调研督查（含国考、省考巡查）和暗访督查45次。牵头组织整改288处马路市场安全隐患。协调推进桥梁隧道、渣土运输等安全专项整治工作，全年督促销号重大隐患4处，其中督促开福区投入3亿元整改四方旧货市场重大消防安全隐患。应急办指挥调度事故200余起，参与应急演练20余次，指导各级各部门开展演练350余场次，完成重大活动及会议应急保障17余次，综合协调省抗洪抢险应急演练、京港澳高速柴油泄漏事件、湘江流域处置重金属污染事件等重点应急工作50余项；组织19支社会救援力量到1170余个社区、330于所学校进行应急知识宣讲和培训。减灾办发文调整市减灾委组成人员及成员单位工作职责，强力推进第一次全国自然灾害综合风险普查。与省有色地质勘查局协议挂牌成立市地震地质灾害救援服务中心，有效提升城市灾害的防控实力。承办省“5·12”全国防灾减灾日和“10·13”国际减灾日宣传培训演练活动。全市创建省级综合减灾示范社区6个，国家级综合减灾示范社区6个。 （本栏撰稿　张　娟）

卫生应急

【卫生应急体系建设】 2020年，长沙市修订《长沙市突发事件紧急医学救援应急预案》。梳理全市卫生应急力量基本情况，建立完善卫生应急救援专家库、卫生应急救援队伍库、突发事件典型案例库、卫生应急物资储备库，加强卫生应急储备物资的清查、盘点，及时根据需要补充添置消毒、检测、防护设备等物资。协同工信部门，共同做好公共卫生应急物资储备管理工作。

【突发公共卫生事件处置】 2020年，长沙市加强对呼吸系统疾病、肠道传染病、自然疫源性疾病的监测，定期开展疫情分析及形势研判。全市报告突发公共卫生事件相关信息99起，均为未分级事件。市疾控中心完成疫情动态分析345期，开展风险评估报告7期。高效开展突发公共卫生事件处置。市120急救中心及时将242名新冠肺炎确诊患者转运至定点救治医院，并在疫情防控进入常态化后，先后调派车辆300余趟次、800余人次，转运异常人员80余人次，保障8000余人次旅客的有序入境。

【卫生应急保障及紧急医学救援】 2020年，市120急救中心受理院前急救呼救电话58.8万个，派车8.19万次，110联动1.18万次，122联动180次，119联动150次；接诊无主病人275人次。参与突发公共事件（3人以上伤亡）应急医疗救援55次，救治伤病员240名，其中重伤患者54人，轻伤患者172人。参与各类应急演练、保障任务共103余次，出动救护车126趟次、急救人员378人次。

【卫生应急能力提升】 2020年，长沙市强化培训和演练。开展新冠肺炎等重点急性传染病监测、学校易发传染病防控、基层传染病防控等培训工作，针对院前常见病、多发病及突发事件紧急医学救援实行每月一次培训，不断提升院前急救医生现场诊疗水平及突发事件现场医疗救援的处置能力。推进现场救护第一目击者行动。开展《湖南省现场救护条例》宣传活动。开展120国家急救日倡议活动暨急救科普大课堂公益培训等活动。参与防灾减灾宣传活动。

（本栏撰稿　张华成）

应急救援

【概况】 2020年，长沙市建立健全“1+53”模式的应急预案体系，并率先在全国建成“1+5+N”模式的高标准

“市应急指挥中心”，实现“信息接收一张桌，指挥调度一个号，力量调配一张图，会议会商一个厅”，被省政府推广。市应急指挥中心已接入11个部门数据，全市任何地方发生突发事件，市领导都可以第一时间在应急指挥中心实时看到现场图像，远程决策指挥。按照“市区共建”模式，在全国率先投资2亿元建设的市应急救援（铜官）基地主体将竣工。依托湘江集团投资3亿元，建成长沙市航空应急救援基地，有效提升全市应急救援的综合实力。同时，在消防综合救援主力队基础上，引导和培育“省市国企、市属企业、民间救援队”200余家能力强、装备新、召之即来的各类救援力量。（张　娟）

【地震应急救援】　截至2020年12月31日，仪器记录长沙市行政区域内发生2级以上地震2次，最大震级2.3级（8月5日03点00分40秒，湖南省宁乡市，北纬28.23°，东经112.42°，震源深度6千米），地震发生后，市地震局派出现场工作队到地震现场，先后对双龙、贺石桥、砖塘、东山村4个村开展调查，除东山村反映有震感，其他村均无感，该次地震没有造成人员和财产损失；市地震局完成《长沙市地震应急预案》修订工作；完善《长沙市地震局应急预案》；增配地震应急装备；“5·12”在烈士公园多部门联合开展应急综合演练，现场模拟孤岛救援、地震应急疏散等演练，通过演练提升基层应急能力，筑牢防灾减灾救灾的人民防线；配合省地震局“7·30”地震应急演练；10月13日国际减灾日，长沙市地震地质灾害应急救援服务中心揭牌成立，中心在监测预警、人才培训、应急救援等方面为长沙市地震地质灾害应急救援工作提供人才技术支撑；通过政府购买服务的方式，继续与长沙蓝天救援队和大爱无疆开展科普宣传和应急演练的合作，支持和引导社会力量参与防震减灾活动。（魏　箐）

【突发环境事件应急处置】　2020年，长沙市制定《2020年环境应急管理工作要点》，完成《长沙市突发环境事件应急预案》《长沙市重污染天气应急预案》的修订工作。2020年完成57家企业市一级突发环境事件应急预案备案，加强应急预案备案及落实情况检查，对较大以上风险企业的环境安全工作与隐患排查工作定期开展实地督查。组织召开两次环境应急管理工作专题培训。9月28日，湖南省生态环境厅联合长沙市生态环境局、长沙县人民政府共同在长沙汇洋环保技术股份有限公司开展2020年湖南省突发环境事件应急演练。做好汛期、重污染天气、寒潮霜冻期，以及特护期的突发环境事件应对和保障工作，防止突发环境污染事故及次生灾害的发生，降低企事业单位发生环境安全事故的风险。做好突发安全事故中环境次生灾害的防范工作。2020年，长沙市未发生一般、较大、重大和特大突发环境安全事故事件。（张　茜）

【长沙市应急指挥中心挂牌成立】　2020年9月25日，长沙市应急指挥中心投入运行。省委常委、市委书记胡衡华为中心揭牌，并现场考察调研，市领导夏建平、陈刚、唐向阳、邱继兴参加调研。长沙市应急指挥中心按照“5+1模式”运行，由市委总值班室、市政府总值班室、市委网信办、市应急管理局、市人防办、市数据资源局开展联合值班。截至2020年年底长沙市应急指挥中心已初步实现“整合资源、横纵互通、多维值守、统一接报、指挥研判”于一体的信息接收、应急处置机制，该中心的成立走在了全国前列。（张　娟）

【湖南省首个市级航空应急救援基地在长沙成立】　2020年10月23日，长沙市应急管理局联合湖南湘江新区发展集团有限公司共同打造的长沙市航空应急救援基地成立。长沙市委副书记、市长，湖南湘江新区党工委书记郑建新出席仪式。长沙市航空应急救援基地以基地及市区范围内的13个临时起降点为依托，在接到指令30分钟内，备勤直升机快速响应，飞抵长沙全市及周边区域事故发生点展开应急救援任务。这是湖南首个成立的市级航空应急救援基地，标志着长沙应急救援力量由单一的陆地救援逐渐向空地一体化方向转型升级。（张　娟）

【长沙应急救援基地启动建设】　2020年6月30日，长沙在全省率先启动长沙应急救援基地建设（湖南危险化学品应急救援基地）。该基地位于长沙市望城经开区铜官片区，总用地3.27公顷，预算合计约1.72亿元，计划分两期建设。其中，一期用地约1.4公顷，主要建设内容包括一栋九层应急救援大楼、一层传达室和室外训练场地等配套设施，具备会议服务、救援指挥、办公、培训、宿舍、食堂等多种功能，可同时容纳400人进行培训或演练。（张　娟）

【湖南抗洪抢险应急演练在长沙举行】　2020年6月20日，“人民至上、生命至上”——湖南省2020年抗洪抢险应急演练在长沙望城区丁字湾街道翻身垸举行，国家综合性消防救援队伍、驻湘部队、湖南省应急管理厅航空应急救援队、医疗救援社会救援力量以及电力通信等保障队伍，总人数1800人参与演练，以实战化状态检验抗洪抢险应急能力。该次演练重点针对抢救“落水灾民”、转移“洪水”围困村民，快速抢通“水毁道路”，处置堤坝漫溢、管涌、崩岸、滑坡甚至决口等常见大堤险情，实用性强。演练科目设置上突出防汛抢险实战重点，着力于防汛应急处置能力的提升，注重防汛各类预警监测、抢险救援所需的新技术、新装备、新工艺的使用与展示。整个演练过程，突出“练指挥、练协同、练战法、练保障”，最大限度地模拟实战状态，检验和加强各类专业抢险队伍的应急反应和科学处置

能力，检验防汛应急处置手段和水平。（张　娟）

【“安全宣传咨询日”暨游乐设施应急救援演练活动】　2020年6月16日，湖南烈士公园管理处围绕“消除事故隐患，筑牢安全防线”主题，组织开展“安全宣传咨询日”和游乐设施“激流勇进”项目应急救援演练活动。管理处领导、相关工作人员、各班组长、安全员、经营项目负责人、外包公司代表参加活动。活动期间，湖南烈士公园管理处在公园大型游乐设施“激流勇进”项目进行应急救援演练。湖南烈士公园通过设立咨询台、悬挂横幅、设置展板、发放宣传资料等形式，向广大干部职工和市民游客普及安全生产法律法规以及游乐设施安全、消防安全、食品安全、用电用气安全、溺水应对知识、自然灾害应对知识、应急自救互救等多方面的安全知识，发放宣传资料300余份，宣传手册500余本。（李　敏）

消　防

【概况】　2020年，长沙市发生火灾618起，死亡8人，伤10人，直接财产损失5183万元，与2019年同期相比，火灾起数下降12.1%，亡人数下降42.8%，伤人数下降67.7%，直接财产损失下降0.23%。其中生产经营场所火灾188起，无人员伤亡，直接财产损失3035.4万元。全市消防救援队伍共接警出动1.29万起，出动消防车2.05万辆次，出动消防救援人员12.3万人次，抢救被困人员1077人，疏散人员5718人。

【作战训练业务】　2020年，长沙市消防救援支队被消防救援局评为执勤训练工作先进支队，蝉联总队应急通讯比武竞赛冠军。支队党委先后13次议战议训议安全，全年对各大队、消防站实战拉动150余次，普考指战员1.1万人次，与轨道集团、国金中心、中石油、六五一仓储、新奥燃气、湘江欢乐城等重点单位开展“六熟悉”工作10余次。完成梅溪湖实战演练、国金中心超高层建筑灭火供水测试等一系列大规模、高难度实战演练11次，出动86艘舟、艇和320名指战员，高质量完成“人民至上生命至上”湖南省2020年抗洪抢险应急演练。建强建精了重型化工、抗洪抢险、重型工程机械、无人机通信保障和模块化战勤保障等42支专业救援队，得到应急管理部副部长郑国光的充分认可。先后组织10批次、1100人次指战员开展指挥能力、绳索救援、危险化学品事故处置、水域救援、高扬程、远距离供水等专业培训，282人次获潜水、重型机械、绳索技术和冲锋舟艇等专业资质认证。推动“智慧消防”项目纳入长沙智慧城市顶层设计和建设3年行动计划，灭火救援智能指挥、火灾防控智能管理“两大平台”基本完成初步设计，消防车辆智能管理系统和人员智能管理系统上线运行，钉钉“网上订餐”开创全国消防系统信息化保障服务的先河。年内，成功处置经开区星沙包装厂火灾、望城区湾田国际仓储火灾等急难险重任务，特别是作为总队抗洪抢险救援主力军，先后驰援省内5个市（州）以及江西省九江市、四川省乐山市等地，以突出表现得到各级领导的高度评价。

【防火监督工作】　2020年，长沙市消防救援支队落实国办省办《消防安全责任制实施办法》，推动市政府召开政府常务会、市长办公会9次研究消防工作，市级党政领导深入一线带队开展安全生产和消防安全检查53次。全面摸排全市消防安全重点单位4541家、高层建筑1.33万栋，督促整改8850处火灾隐患，将2588个消控室、4329名操作人员进行登记并录入系统，公示消防安全领域信用信息3005条。开展消防安全专项整治三年行动，对全市4541家消防安全重点单位和2484家住宅小区进行消防车道划线和标识设置，办理行政处罚案件206起，罚款45.41万元，初步建成10个消防安全示范住宅小区，联合市应急局对全市577家易燃易爆场所开展了消防安全专项整治。年内，全市检查单位1.98万家，整改隐患1.50万处，立案2438家，查封657家，三停94家，罚款1060.9万元，拘留4人。完成重大火灾隐患立案243家、销案151家，所有新立案重大火灾隐患全部按照“一单四制”进行交办，推进四方旧货市场和三湘南湖大市场火灾隐患整改。

【消防执法改革】　2020年，长沙市制定《关于加快推进消防执法改革的实施意见》，探索湖南自贸区长沙片区营业前消防安全检查告知承诺制改革，全面完成市政府“综合窗”改革任务，全市受理行政许可项目697个。全面启动“双随机、一公开”监督检查模式，摸排录入50平米以上公众聚集场所1.03万家，开展优化消防执法营商环境专项行动，出台信息公开和举报投诉奖励办法，特别是在疫情期间，出台5项便民利企措施，按照“一点一策”为全市49家防疫单位开展上门服务。开展执法案卷清查行动，规范消防行政许可和处罚行为，优化消防执法营商环境，组织对2017—2019年消防监督执法案卷进行系统清理。规范火灾登记调查基础工作，强化火灾延伸调查和责任追究，全年组织火灾延伸调查118起，警告22人，立案处罚32起，移送追究刑事责任4起，约谈单位负责人14人，推动单位内部处理15人。

【消防宣传教育】　2020年，长沙市消防救援支队联合政法频道制作《火线》栏目，全年播出专题节目52期；联合中广天择、西瓜视频制作全国首档消防员纪实真人秀《冲呀！蓝朋友》，相关视频话题内容播放量超110亿次，并被评为中国电视媒体综合实力大型调研“年度优秀纪录片”。与省市级媒体建立长效曝光机制，全年播出消防安全专项整治行动稿件162条，专题节目50条，持续用好“双微一抖”平台，每日推送消防工作动态和典型火灾案例，粉丝关注数突破35.5万人，全年在中央级媒体发稿33篇，省级媒体发稿1378篇，市级媒体发稿574篇。全面开放消防科普教育馆，联合《长沙晚报》投入190万元打造支队“中央厨房”全媒体中心，组建消防宣传队伍12支，招募2212名消防宣传志愿者，全年开展社区巡回宣传630余场次，天心区消防宣传“三普一帮”新模式被评为《人民日报》“2020民生示范工程”。围绕119“关注消防、生命至上”主题，在全市部署开展消防车大巡游活动、全民消防大宣传活动等主题宣传活动，借助“五一”、国庆等法定节假日和“3·5”学雷锋、“5·12”全国防灾减灾日、“六一”儿童节等特殊时段策划和开展200余场次消防安全宣传活动，发放宣传资料20万余份。协调全市重点单位张贴各类消防宣传海报，占据全市218块户外LED显示屏高频次播放消防公益广告。

【基础设施建设】 2020年，长沙市消防救援支队推动市政府把消防基础设施建设纳入城市建设重要工程项目、民生保障项目。年内，11个应急取水设施全部建成投入使用，开福区潮宗街站投入执勤，湘江新区洋湖站、长沙县安沙站、望城区月亮岛站、芙蓉区张公岭站、天心区暮云站、开福区鹅秀站、宁乡市金洲站、雨花区洞井站、高新区中心站、洋湖垸地铁站、武广地铁特勤站、岳麓区麓山门站12个消防站全面建成，岳麓区谷山站、望城区铜官特勤站、宁乡市南太湖站3个消防站主体完工，长沙县鹏盛站、望城区桂芳站、宁乡市灰汤站、湘江新区坪塘站4个消防站主体动工。特勤三站培训基地项目建设完成项目立项可研、初步设计。将集专业训练、素质教育、安全培训、执勤备战、后勤保障五大功能于一身，占地面积31.07公顷的长沙市消防救援综合模拟训练基地，纳入2021年长沙市重大项目投资计划。健全应急救援装备物资和灭火药剂采购、储存、运输、调度机制，储备各类器材2万余件套、灭火药剂400余吨。建成1000平方米的战备长廊，配有包括防护、侦检、警戒、救生、破拆、转输、照明、排烟等器材装备共4000余件套。

2020年3月2日，长沙星沙包装有限公司发生火灾。图为消防员在对厂房纸箱堆垛进行灭火　　市消防救援支队　供图

【典型案例】 2020年3月2日18时56分，长沙县漓湘东路161号先锋集团长沙星沙包装有限公司发生火灾。接警后，支队立即调派泉塘、龙华、椝梨、东岸、星沙、特一、雷锋、战保、集里、重型机械大队10个消防站，28台消防车，320名消防指战员赶到现场处置。经过全体参战指战员的3天的奋力扑救，保护约1.4万平方米库房未受火势影响。此起火灾造成建筑物坍塌面积约5600平方米，烟熏面积约为7400平方米，无人员伤亡。

2020年4月15日13时08分，开福区月湖大市场烨海汽修厂维修车间发生火灾。接警后，支队立即调派丝茅冲、湘湖、特一、东岸、伍家岭、黄兴、特二、战保、泉塘、龙华、重型机械大队10个消防站，29台消防车，203名消防指战员赶到现场处置。经过3个小时的战斗，火势基本扑灭，无人员伤亡。

2020年5月15日凌晨2时50分左右，在建的长沙地铁3号线烈士公园东站4号出入口（非开通运营必开口）基坑东侧围护桩间出现管道涌水情况。危急时刻，长沙市消防救援支队支队长温国坤带领特一站、湘湖站、五里牌站、特二站、特三站、望城站、黄兴站、罗家坡站、战勤保障大队8辆消防车、7辆勤务保障车和13台大功率手抬机动泵，180名突击队员紧急赶到现场实施抢险。在市应急管理局、市住建局、市交警支队、市轨道集团和芙蓉区政府等单位部门的全力配合下，奋战40余小时，顺利将隧道内约1万立方米积水抽排空。

2020年7月15日8时39分，望城区湾田国际仓储C6栋发生火灾。接到报警后，支队迅速调集特二、书堂山、金霞、伍家岭、特一、高桥、特三、机械工程、战保、望城10个消防站，27台消防车、167名消防指战员到场处置。经过15个小时的奋力扑救，成功保卫该栋楼两层建筑总面积为9900平方米的消防安全，无人员伤亡。　（本栏撰稿　黎　双）

表 53　　长沙市 2020 年分地区火灾基本情况统计表

地区	2020 年火灾“四项指数”				2020 年火灾“四项指数”与2019 年比增长（%）				2020 年未成灾火灾数	2020 年火灾总数	火灾总数与2019 年比增长（%）
	起数	死亡	受伤	损失（万元）	起数	死亡	受伤	损失			
全　市	618	8	10	51830147	−12.1	−42.8	−67.74	−0.2	3020	3639	−18.5
芙蓉区	37	0	3	1850463	−15.9	净减 2 人	增加 1 人	73.1	272	309	−24.6
天心区	36	0	2	689693	−30.8	净减 4 人	减少 5 人	−66.7	272	308	−23.2
岳麓区	94	0	1	1058802	−5.1	净减 1 人	持平	−9.1	401	495	−15.0
开福区	46	2	0	7733849	15.0	净增 2 人	净减 1 人	23.5	333	379	−11.5
雨花区	54	2	3	7635521	8.0	持平	增加 2 人	1.3	450	504	−24.1
高新区	36	1	0	421736	50.0	净增 1 人	净减 2 人	−44.6	57	93	−3.1
经开区	25	0	0	8761860	−7.4	净减 1 人	—	−0.6	66	91	−22.9
公　交	1	0	0	—	—	—	—	—	—	1	—
长沙县	59	1	0	6027207	20.4	持平	净减 3 人	−10.0	220	279	−32.1
望城区	73	0	1	7637288	37.7		减少 3 人	63.2	192	265	−15.9
宁乡县	91	1	0	3088548	−40.3	持平	净减 2 人	−41.0	369	461	−6.7
浏阳市	59	1	0	6554792	−46.4	减少 1 人	净减 8 人	−8.9	388	447	−18.1
市重点单位	7	0	0	370388	600.00	—	—	−18.81	0	7	600.00

（资料来源：市消防救援支队）

区县概况

OVERVIEW OF DISTRICTS AND COUNTIES

编辑　陈晓红

芙蓉区

【概况】 芙蓉区辖湘湖、定王台、韭菜园、文艺路、朝阳、五里牌、马王堆、荷花园、东屯渡、火星、东岸、马坡岭、东湖13个街道和隆平高科技园（正县级），其中湘湖地区既设街道办事处，又设管理局（副县级）。全区面积43.88平方千米。2020年年末户籍人口42.81万人，常住人口64.2万人。人口出生率8.36‰，死亡率7‰，自然增长率1.36‰。

地区生产总值1163.28亿元，比2019年增长3.5%。其中，第一产业实现增加值0.01亿元，比2019年下降0.1%；第二产业实现增加值148.98亿元，比2019年下降1.2%；第三产业实现增加值1014.29亿元，比2019年增长4.1%。第一、二、三产业的比例为0.0 ∶ 12.8 ∶ 87.2。全年完成地方一般公共预算收入40.7亿元，比2019年下降3.4%，其中区级税收30.29亿元，比2019年下降4.6%;非税收入10.41亿元。

农林牧渔业总产值129万元，比2019年下降2.1 %，实现增加值74万元，比2019年下降2.3%。水产品产量48吨，蔬菜总产量5吨。

规模以上工业总产值54.1亿元，比2019年增长2.7%。实现规模以上工业增加值14.2亿元，比2019年增长1.6%。全区规模以上工业企业实现利润2.5亿元，实现利税总额5.2亿元。

社会消费品零售总额575.2亿元，比2019年下降3.3%。分行业看，批发业实现零售额121.6亿元，比2019年下降10.6%；零售业实现零售额386.6亿元，比2019年下降0.4%；住宿业实现零售额8.52亿元，比2019年下降8.1%；餐饮业实现零售额58.4亿元，比2019年下降4.9%。根据全区限额以上批发和零售企业商品销售情况统计，全年零售额10亿元以上的商品类别中累计增速前三位的是：日用品类零售额增长22.5%；汽车类零售额增长21.3%；通信器材类零售额增长14.6%。全年亿元以上商品交易市场11个，完成商品成交额307.42亿元，排名前三位的是湖南省三湘南湖大市场、马王堆海鲜水产批发市场、湖南黄金之城珠宝有限公司（黄金之城珠宝交易中心），共实现交易额220.2亿元。

固定资产投资366.5亿元，比2019年下降0.4%，其中非房地产投资260.5亿元，比2019年下降10.3%。全年施工项目354个，建成投产253个。全区铺排的110个重点项目中，可纳入统计口径的有90个，其中有投资发生的项目78个，占全部重点项目的86.7%，完成全年投资220.9亿元，占全年预计投资的146%。

【产业发展】 2020年，芙蓉区地区生产总值增长3.5%，完成规模工业增加值比2019年增长1.6%，固定资产投资和社会消费品零售总额实现正增长。全年新增市场主体1.6万户，其中新增企业8890户，比2019年增长6.2%。实现存量资源再开发。盘活存量楼宇27.1万平方米。出让存量土地16.75公顷。处置经营性资产69处。湘雅二医院门急诊医技楼等5个存量项目开工，撬动投资143亿元。现代服务业发展。引进东亚银行、中原证券、太平养老保险等省级总部。新培育人瑞潇湘国际、湖南投资大厦等税收亿元楼宇5栋，打造律政、房产等特色楼宇6栋。深入实施楼宇“挖潜增效”，10栋试点楼宇新增市场主体261家、协调转入税务关系58家、新增“四上”单位23家、楼宇税收比2019年增长58%。软件产业释放动能。谋划“一园四区”（长沙芙蓉软件产业园，国金中心聚集区、宇成朝阳聚集区、湘域中央聚集区、广发隆平聚集区）的空间格局，制定《芙蓉区加快软件产业高质量发展的扶持办法》，引进上海爱数、银鹏智投、北京神软等重点企业，新增软件和信息服务业企业2300家、从业人员2.2万人，实现软件产业营业收入40亿元。消费市场迸发活力。持续开展“春天有约·芯动芙蓉”“红五月”“‘湘’约芙蓉·惠聚精彩”“冬季有味·福满星城”等系列促销活动10余场，引导企业让利5000万余元，撬动市场消费近20亿元。发展夜间经济，打造“夜食、夜游、夜购、夜娱、夜行”等特色鲜明的消费点。湖南米粉街试运营，聚集7个市（州）10余家知名品牌，成为“网红”消费新热点。园区经济优化升级。引进湘猪科

表54　　2020年芙蓉区主要经济指标与2019年比较统计表

指标名称	地区生产总值（亿元）	农林牧渔业总产值（亿元）	社会消费品零售总额（亿元）	一般公共预算收入（亿元）	公共财政支出（亿元）	城镇居民人均可支配收入（元）
2019年	1126.32	0.01	955.77	99.96	58.88	59033
2020年	1163.28	0.01	575.20	109.53	56.20	61985
2020年比2019年增长（%）	3.5	−2.1	−3.3	9.57	−4.56	5.0

（资料来源：芙蓉区地方志编纂室）

技、泓森林业等现代种业产业链企业56家。完成规模以上产值38.84亿元，同比增长13.6%。新增国家级平台2个，省级平台4个。种业硅谷总部基地投入使用，新签约入驻企业25家。省政府联合中信集团共建的岳麓山种业创新中心在华智生物成立。芙蓉区现代农业产业园被农业农村部、财政部审核认定为国家现代化农业产业园。高新技术产业全面加速。全年认定高新技术企业110余家，全区已建成科技企业孵化器、众创空间29家（含2家国家级孵化器、2家众创空间），各类重点实验室、工程技术研究中心等100余家。全区技术交易合同累计成交额14亿元。帮助辖区155家企业获省、市研发奖补2323万元。推进自贸试验区建设。位于浏阳河以东1.86平方千米的区域纳入中国（湖南）自由贸易试验区长沙片区。结合区域实际，启用全省首个自贸试验区综合服务专窗，全面推进政策对接、制度创新、项目铺排、招商引资等工作。

【城市建设】 2020年，芙蓉区铺排重点项目169个，年度完成投资188亿元，完成率116%。其中68个重大项目完成投资110.1亿元，投资完成率121.4%。22个市重大新建项目均在4月底前实现开工建设（其中20个新建项目提前开工）。棚改项目加快实施。出让火星镇、五里牌肉联厂项目土地，黄土塘、蔡锷中路两厢一期实现清零，推进蔡锷中路两厢二期、袁家岭新华书店周边零星棚改项目。芙蓉生态新城、火炬村等4个片区安置房主体完工，1万余居民入住新家。完成杉木村、东湖村、张公岭村等“城中村”改造项目15个，全区集体土地征拆全面清零，在全省率先实现城市化。城市窗口品质提升。长沙火车站广场全面提质。基础设施持续完善，实施“五纵五横”道路空间品质提升工程和道路平坦行动，车站路、芙蓉路率先打造、东二环等道路完成提质。建成滨河路五标等道路7条。提质改造新桥、五矿等老旧小区10个。马拦片区项目一期、蔡锷中路两厢等城市有机更新项目加快扫尾，白果园、化龙池项目全面完成，历史老街焕发新颜。完成既有住宅加装电梯202台。新建街角花园10处。新建和提质垃圾站厕9处，垃圾分类持续推进。长沙协和颐养院投入使用，完成2家街道综合养老服务中心和14家社区居家养老服务中心建设。完成东郡小学、育才二小改扩建，启动东雅中学、育英三小建设。完成5G基站4268个，基本实现全区5G网络覆盖。电网“630攻坚”三年行动结束，新安变电站完成提质改造，韶光变电站竣工投产。惠泽园二期等5个遗留项目实现开工，惟楚文化广场启动征收，长株潭汽车站烂尾楼完成拆除，万象时代、芙蓉地下商业广场加快建设。

【社会事业】 2020年，芙蓉区稳步推进就业创业。开展失业人员“311”（3次职业介绍，一次就业创业培训，1次就业创业指导）就业援助，服务6576人次。帮扶城镇困难群众就业，发放补贴1842万元，补贴3889人次。开展“六个一”（给高校毕业生一封信、发放一份就业服务清单、开展一次就业求职指导、制定一份就业求职计划书、推荐参加一次以上政府补贴性培训、扶持一批自主创业者）服务，助力高校毕业生就业创业，达成就业意向520人。全年全区新增城镇就业1.5万余人，失业人员再就业4700余人，就业困难人员再就业2000余人。开展政府补贴性职业技能培训1.4万人次，“零就业家庭”动态清零，城镇登记失业率控制在3.5%以内。全面提质教育资源。入选国家级信息化新型教学模式试验区。完成全国义务教育优质均衡发展区市级评估。完成40所中小学厕所改造。新增公办幼儿园学位1533个，公办和普惠性民办幼儿园幼儿占全区幼儿总数92.6%。发展文体事业。区文化中心完成主体工程建设。隆平水稻博物馆被评为国家二级博物馆。5个社区综合文化服务中心、30处全民健身工程点和1条健身步道完成建设并开放。举办芙蓉区第12届全民健身运动会和芙蓉艺术节。推出古韵芙蓉、研学读行芙蓉、乐在芙蓉3条精品旅游线路，开展“畅享文旅季·芙蓉等你来”等文化旅游季活动11场，推动文化和旅游融合发展。提升基层医疗服务能力。13家社区卫生服务中心与省人民医院构建紧密型医联体，开放夜间门诊，方便群众夜间就医。完成区级新冠肺炎核酸检测实验室建设，疫情监测预警能力有效提升。深化社保体系建设。城乡居民养老保险实现全覆盖，参保人数1.28万人。企业养老保险征缴收入13.7亿元。推进基本医保全覆盖，参保率95%以上。加强养老服务保障。建成荷花园、东湖2家街道综合性养老中心和14家社区居家养老中心。长沙协和颐养院（区社会福利中心）投入运营，成为全省建筑面积最大、床位数最多的养老机构。推进法定救助，全年发放低保特困金1811万元。实施临时救助204人次，发放救助金63.5万元。开展“五帮扶”活动，帮扶困难群众504人次，发放帮扶资金112万元。落实助老、助贫等八大慈善救助政策，全年救助户籍低保群众1.63万人次，发放救助金1760万余元。严格把控安全生产。开展“六有”街道应急管理能力标准化建设，实现安全巡查全天候、全覆盖。在全市率先推行互联网+安全生产监管“安全心”平台，首批试点企业55家。全年开展安全生产督导检查501次、920家企业，排查整改安全隐患1240处。

【“三大攻坚战”】 2020年，芙蓉区持续推进“三大攻坚战”。防范化解重大风险。通过压减部门预算、优化投资规模、盘活存量资产、推动平台公司实质转型，逐步化解隐性债务，全区政府债务风险总体平稳可控。非法集资等专项整治效果明显，守住不发生系统性金融风险底线。污染防治。配合做好省环保督察“回头看”，32.5件交办件全部办结。落实“六控十严禁”要求，空气质量优良率83.9%以上。连续开展综合执法1178次，立案处罚1.36万起。完善“三长三员”（河长、河段警长、民间河长、监督员、巡查员、保洁员）体系，实施浏阳河综合治理任务19项，浏阳河芙蓉段水质稳定保持Ⅲ类标准，浏阳河入选全国第一批示范河湖。精准脱贫。全年投入2200万元，重点实施基础设施、民生保障、产业发展等帮扶项目40个，开展产业合作建设项目19个，惠及农户1.8万人，助力龙山县靛房镇、麻阳苗族自治县实现脱贫摘帽。

【营商环境优化】 2020年，芙蓉区出台《芙蓉区营商环境优化工程2020年行动方案》《芙蓉区营商环境指标长效工作机制》，持续深化“放管服”改革，确保每项指标任务有措施、有标准、有考核，优化营商环境。升级企业服务。进一步擦亮“520企业服务日”活动品牌，把2020年定为全区企业服务年，围绕企业全生命周期铺排182项具体任务。全区12个重点涉企服务部门结合企业需要和工作实际，推出“一年承诺一件事”的具体改革举措。落实惠企政策。在全市率先成立惠企政策落地办公室，编制《国家、省市疫情防控期间惠企政策》6期，梳理各级惠企政策70余条，出台芙蓉区应对疫情“7+3”暖企政策，降低新冠肺炎疫情对企业生产经营的影响，帮助企业走出困境渡过难关。先后抽调328名干部担任驻企（驻楼）联络员，各行业主管部门明确政策专员。开设“复工复产政策兑现”专窗，受理事项涵盖财政奖补、融资贷款、就业用工、税费优惠等省级事项27项、市级事项29项。打造智慧政务。发挥5G技术在智慧政务方面的优势，在全省率先打造首家5G智慧政务大厅，推行全流程电子化，设立“一件事一次办”企业开办综合窗口和24小时自助大厅，配备“互联网＋政务”一体化平台自助机，政务服务更加高效便捷。

【“放管服”改革】 2020年，芙蓉区持续深化“放管服”改革，科学下放审批权限，梳理各街道（局）公共服务事项51项、各村（社区）公共服务事项47项，制定《芙蓉区政务服务“就近办”事项目录（2020版）》。发布《保留的证明材料（事项）清单》《取消的证明材料（事项）清单》，在原有基础上，再次清理证明材料（事项），删减证明材料11项，2020年再精简比例42%，全区行政审批即来即办事项达到57%。承接市级下放的部分权限（第二批“一件事一次办”）32项。落实《市场准入负面清单（2019年版）》，制定《芙蓉区开展妨碍统一市场和公平竞争政策措施清理工作实施方案》，动态调整权责清单。推行依法行政，规范行政执法行为，出台《芙蓉区全面推行行政执法公示制度执法全过程记录制度重大执法决定法制审核制度的实施方案》。抓优化工程，推进四大专项行动，抓企业帮扶，推动政策落地兑现，全区各相关部门办理涉企政策10.57万件，惠及企业3.76万家，为企业争取、返还各类奖补资金7.56亿元。实行“集群登记注册”模式，放宽住所登记条件，降低准入门槛，为全区23家重点楼宇中选定具备孵化资质的托管机构代表企业授牌，从政策层面正式形成通过集群公司、代理机构向中小微企业提供市场主体集群的登记注册方式，降低市场主体成本，进一步激发市场活力和发展动力，全年新增集群企业6500余家。

【芙蓉区现代农业产业园获国家认定】 2020年12月14日，农业农村部下发通知，公布第三批国家现代农业产业园认定名单，芙蓉区现代农业产业园入选，为长沙市唯一入选产业园，全国首批创建成功的3个种业园之一。芙蓉区现代农业产业园，以隆平高科技园为核心区，总面积42.8平方千米，主要发展水稻种业产业。产业园以“一中枢、两平台、两基地”为建设任务，目标是全面做强水稻种业产业链，将产业园打造成为国际一流的水稻种业科技创新示范区。自2019年6月获批创建以来，隆平高科技园全面对标国家级现代农业产业园9大创建内容、54项考核指标，全面启动芙蓉区现代农业产业园22个项目建设，激发产品创新，打造公共平台，加速智造生产，推动生产要素向园区集中、种业总部向园区集聚。

【全省首家“5G+智慧”政务大厅运行】 2020年，芙蓉区发挥5G技术在智慧政务方面的优势，推进5G智慧政务大厅建设，在全省率先打造首家5G智慧政务大厅，政务服务更加高效便捷。6月，芙蓉区“5G+智慧”政务大厅投入运行，真正实现让信息多跑路、让群众少跑腿。与中国铁塔、中国移动等运营商合作，在区机关大院建设5G基站，安装5G增强设备分机及CPE（WIFI转化器），实现区政务服务大厅5G全覆盖，并提供掌上智能预约停取车服务。建设“蓉易办”智慧政务大厅，打造“AI智能秒办”系统，“公共场所卫生行政许可”等一批高频事项实现不见面“智能秒批”，推动政务事项由“一件事一次办”向“一件事一秒办”升级。建设“24小时自助不打烊”数字政府，政务大厅增设24小时自助服务区，新配备20余台自助设备，提供自助式查询、办事引导咨询、办证、打证等服务，可查询办理事项近2000项，增加提供8小时外“自助投件办理”服务，实现政务服务“全天候不打烊”。12月，设立全省首个芙蓉区5G智慧政务大厅自贸试验区综合服务专窗，在自贸试验区芙蓉片区开办企业在该专窗可同步申报“办理营业执照、申领发票、刻制印章、银行预约开户、社保、公积金”6个事项办理服务，并纳入“一件事一次办”套餐，办理时间缩短为1

2020年10月1日，湖南米粉特色街营业　　芙蓉区地方志编纂室　供图

个工作日，最快可2~3小时现场办结。芙蓉区“5G+智慧”政务大厅为企业群众提供一站式集成服务，高效推进“一件事一次办”“一业一证”“一业一照”改革，发挥芙蓉区相对集中许可权改革优势，围绕企业群众办事过程的痛点、难点、堵点，不断优化政务服务，实现高频事项“一次办”“跨域通办”，打造最省、最简、最快的芙蓉区政务服务“芙蓉样板”。

【湖南米粉特色街营业】　“湖南米粉特色街”位于芙蓉区韭菜园街道八一桥社区韭菜园北路，南连五一大道，北临八一路，全长约300米，沿街有门店71个。“米粉特色街”项目受启发于2020年4月举办的“米粉擂台赛”，初步成型建设“米粉博物馆”，并以“米粉博物馆”为龙头，配套建设“米粉特色街”。省、市、区领导多次专题调度“米粉特色街”项目建设，6月12日，市委常委议事协调会议原则通过“米粉特色街”和“米粉博物馆”概念性策划设计方案，相关规划设计方案由各级职能部门审定，明确街区设计方案、运营模式及未来发展定位等内容，打造集美食、文化、旅游、休闲于一体的长沙特色“米粉网红打卡胜地”。作为全市重点整改提质的街道，7月上旬，芙蓉区对已纳入城区“五纵五横”重点道路的韭菜园北路从道路绿化、道路路面、照明亮化、建筑立面、地下管网、空中线路等方面进行全要素提质，并按照“政府引导、企业主体、品牌带动、市场运作”的原则，有针对性地邀约省内各市州的特优米粉、特色小吃入驻，并搭配地方特优农产品、地方土菜等农副产品，打响米粉品牌，带动辖区周边餐饮、酒店等多产业协同发展。9月底完成项目建设，并引进商管公司负责整街的日常管理、维护。10月1日“街馆”开放，有14家米粉品牌店营业。其中，常德壹德壹8天营业额约26万元；湖南米粉博物馆日销1400份，8天营业额约22万元；其余门店日销售量逾1000份。

【隆平水稻博物馆获批国家二级博物馆】　2020年12月21日，中国博物馆协会发布第四批全国博物馆定级评估结果，其中隆平水稻博物馆为第四批国家二级博物馆。作为世界首个以水稻为主题的博物馆，隆平水稻博物馆以“传播稻作知识，弘扬农耕文化”为宗旨，2016年5月试开馆，2019年9月正式开馆，总建筑面积1.8万平方米，主体建筑面积1.1万平方米，分为陈列、库藏、公共服务、技术与行政管理5个功能区。其中展陈面积约6000平方米，设有中国水稻历史文化、水稻科技、袁隆平与杂交水稻3个基本展厅和1个临时展厅，通过1200余件文物展品和丰富的多媒体设备，集中展示与水稻相关的文化、知识以及袁隆平研制杂交水稻的故事。2020年，隆平水稻博物馆注重开发研学课程，构建以“春种、夏耘、秋收、冬藏”为框架的研学课程体系，包含春秋游、亲子游、研学旅行、社会实践、科普教育、劳作实践等，从一株稻的自然生长感受四季轮转，体会粮食生产不易，全年吸引研学和社会实践团队800余批，近10万人次。

【芙蓉区社会福利中心建设】　芙蓉区社会福利中心位于长沙市芙蓉区合平路1号，东临合平路，南邻滨河路，占地面积3.32公顷，建筑面积6.44万平方米，其中地上建筑面积5.35万平方米，地下建筑面积1.09万平方米。福利中心主体工程由区政府负责投资建设，通过公开招投标引入上海逸仙人寿堂养老服务（集团）有限公司投资约1.64亿元，负责区社会福利中心室内外整体装修、生活家具采购、设施设备采购安装等，采取公建民营的租赁形式组织运营。芙蓉区福利中心功能分布为基本养老楼、综合楼、养护中心和社会养老楼，设计养老床位1850张，其中基本养老床位300张，提供自理、半护理、全护理等照护服务，满足不同身体状况长者的照护需求。内设医疗机构，服务全市老龄人口，并与市三甲医院合作专家会诊及绿色转诊通道等服务。项目于2016年启动拆迁，2016年年底开工建设，总投资约3.4亿元，2020年11月完成建设并开始试运营，为全省建筑面积最大、床位数最多的养老机构。

【“春天有约·芯动芙蓉”美好生活消费月活动】　2020年3月15日—4月30日，芙蓉区开展“春天有约·芯动芙蓉”美好生活消费月系列活动。活动期间，区内7000余家商场门店积极参与、让利促销，累计发放 70 万元“芯动红包”，阿里本地生活公司配套 240 万元折扣直减和服务支持，线上消费 4300 万元。活动开展以来，国金中心、平和堂、友谊阿波罗等大型商场以及富丽华、新长福、徐记海鲜等餐饮门店客流量恢复到 90% 以上，全区生活性服务业恢复到 2019 年同期 85% 以上。长沙国金中心、阿波罗商业广场、万家丽商业广场获“最佳人气的商场”称号。经过阿里巴巴本地生活平台销售人气大数据分析，果呀呀万家丽店、E 佳鲜果蓉园店、家乐福长沙芙蓉店、颐而康保健等商家登上网红榜单，获得人气门店奖。芙蓉区拿出 30 万元用于发票抽奖。

（本栏撰稿　苏　洁）

天心区

【概况】　天心区下辖坡子街、城南路、裕南街、金盆岭、赤岭路、新开铺、文源、桂花坪、青园、黑石铺、大托铺、先锋、暮云、南托 14 个街道，土地面积 137.4 平方千米。2020 年年末户籍人口 51.7 万人，人口出生率 9.61‰，死亡率 6.89‰，自然增长率 2.72‰。

地区生产总值 1120.64 亿元，比 2019 年增长 3.6%。分产业看，第一产业实现增加值 1.5 亿元，下降 4.3%；第二产业实现增加值 342.22 亿元，增长 3.1%；第三产业实现增加值 776.91 亿元，增长 3.8%。第一、二、三产业分别拉动 GDP 增长 0 个、1.0 个和 2.6 个百分点，三次产业对 GDP 增长贡献率分别为 -0.2%、29.2% 和 71%。第一、二、三产业增加值占地区生产总值的比重分别为 0.1%、30.5% 和 69.3%。一般公共预算收入 150.18 亿元，比 2019 年增长 5.5%，其中地方一般公共预算收入 63.6 亿元，增长 6.2%。一般公共预算支出 68.05 亿元，增长 7.7%。

农林牧渔业增加值 1.57 亿元，比 2019 年下降 4.3%，其中，农林牧渔服务业增加值 0.06 亿元，下降 5.5%。全年粮食种植面积 0.26 千公顷，总产量 2058 吨，其中稻谷种植面积 0.25 千公顷，产量 1986 吨；蔬菜种植面积 1.22 千公顷，产量 3.45 万吨；生猪出栏 0.38 万头；家禽出笼 12.37 万羽。

工业增加值与 2019 年持平，其中规模以上工业增加值增长 0.9%。全区具有建筑业资质等级的独立核算企业 66 家，其中特级 4 家、一级 37 家。全年完成建筑业总产值 1260.12 亿元，比 2019 年增长 10.2%；实现建筑业增加值 227.7 亿元，增长 5.4%。

社会消费品零售总额 407.65 亿元，比 2019 年下降 3.5%，占全市社会消费品零售总额比重为 9.1%。按行业分，批发业实现零售额 42.05 亿元，增长 0.5%；零售业实现零售额 305.94 亿元，下降 4.2%；住宿业实现零售额 3.84 亿元，下降 8.8%；餐饮业实现零售额 55.81 亿元，下降 1.8%。

固定资产投资比 2019 年下降 4.1%。全区计划总投资超过 5000 万元的建设项目（不含房地产开发）107 个，完成投资占固定投资总额的 63.5%。分产业看，第二产业完成投资增长 80.4%，其中工业技术改造投资增长 143.3%；第三产业完成投资下降 34.1%。

【城乡建设】　2020 年，天心区发布《长株潭区域一体化发展规划纲要》，出台《暮云东、南、西三片国土空间控制性详细规划》，守住“三线一单”（生态保护红线、环境质量底线、资源利用上线和生态环境准入清单）编制成果。落实社保融资用地及建设用地 113 余公顷，铺排重大项目 150 个，完成征拆 1909 户，腾地 124.73 公顷，劳动广场、舒家桥等 31 个项目扫尾清零，新姚 2 号地、天悦 2 号、3 号地等 5 块土地挂牌出让；处置闲置土地 30 宗 140.46 公顷，盘活闲置楼宇 11.5 万平方米。推进有机更新项目，提质“15 分钟生活圈”34 个，改造城镇老旧小区 26 个。提质建设园区道路 17 条，国道 107 线城市化改造加快推进，暮坪湘江大桥、新韶山南路启动前期建设准备工作。电力“630 攻坚”三年行动计划全面完成。推进“厕所革命”，提质改造城区站厕 208 座。提速乡村振兴，出台发展壮大新型村级集体经济实施办法、乡村振兴项目以奖代补实施办法，推进冬春水利建设项目 37 个，提质改造农村公路 9.6 千米，无害化厕所改造 2290 座。整治农村人居环境，加快美丽“三园”（美丽家园、美丽菜园、美丽田园）建设，创建市级五星、四星美丽屋场 6 个。

【产业发展】　2020 年，天心区举办首届夜经济博览会，五一商圈、长株潭商圈“四上”企业商品零售额比 2020 年增长 7%、23.3%，黄兴南路步行街入选全国第二批步行街改造提升试点。发展数字经济，发布“天心软件 10 条”，在全省率先“云开工”重大新基建项目 106 个，完成 5G 基站建设 3829 个，数字经济相关企业逾 4000 家。夯实平台载体。天心经开区、文化（广告）产业园完成整合，湖南地理信息产业园年产值 85 亿元。长沙人力资源服务产业园被评为 2020 中国人力资源服务产业园“最具特色园区”。省人工智能产业园打造全国首个市场化开放式道路无人驾驶智慧环卫应用场景。在全市率先挂牌成立天心软件产业园，新增注册软件类企业 875 家，东方至远、绿盟、欧比特等行业龙头企业相继入驻。引进百度 ARM 云手机（将云计算技术运用于网络终端服务，通过云服务器实现云服务的手机）全球总部基地、省大数据交易中心、省卫星应用技术中心、省高分卫星气象应用中心、省能源大数据中心等一批重大产业项目，全国软件企业 50 强分（子）公司落户数量和全省互联网企业 50 强上榜数量全省区县（市）中最多。优化营商环境。在全市率先开展“15 分钟政务服务圈”试点，推出 24 小时自助政务服务厅和办税服务厅，

"网上办""一次办"比例98%以上。"三集中三到位"（审批服务工作向一个科室集中、审批服务科室向区政务服务中心集中、审批服务事项向区政务服务中心和电子政务平台集中；区直单位审批服务事项和人员入驻区政务服务中心到位、区直单位对区政务服务中心窗口授权到位、审批服务电子监察到位）和综合窗改革全面完成。设立"天心赢商学院"，搭建"天心金融"线上对接平台。把保市场主体作为保就业、稳发展的主要举措，新增"四上"企业118家、高新技术企业65家，R&D经费占GDP比重2.4%。加大总部企业招引力度，引进投资过亿元项目31个、"三类500强"（世界财富500强、中国企业500强和民营企业500强）项目10个。营商环境排名全国百强城区第43位，形成"一日一制一景三中心"（区长企业接待日、区领导联系走访服务企业制度、应用场景推广、企业服务中心、园企产销对接服务中心、夜间经济服务中心）天心营商模式，相关案例入选《中国营商环境报告2020》，市场主体"用脚投票"逆势增长23.8%，总数逾11万户，"营商环境最佳"成为天心核心软实力和最亮新名片。

【社会事业】　2020年，天心区完成学校建设、老旧小区改造、"爱心天心"帮扶、基层医疗卫生服务能力提升、南部饮水工程五个民生"三年行动计划"民生实事；开展民生实事项目人大代表票决制试点工作。新增城镇就业1.13万人，失业人员再就业6392人，保就业、保市场主体工作获国务院督查组现场检查肯定。发放城乡低保金2956.4万元、残疾人"两项补贴"735.7万元。出台百岁老人特别关爱政策，实施"爱心天心"困难群众帮扶工程，促成社会爱心力量结对帮扶特殊困难对象1014户，落实帮扶资金1975.3万元。雅礼书院中学、青园教育集团友谊校区等一批中小学校完成建设改造，新增学位6040个，新增公办幼儿园10所。大托铺、坡子街卫生服务中心完成建设。成立天心文旅联盟，打造标准化村（社区）综合文化中心5个。加装老旧小区电梯200部。设定每月28日为领导干部网格驻点日。开展"领导接访下访推动矛盾化解"攻坚年活动，化解信访积案38件。"铁腕治安"取得实效，天心区是全市唯一没有一、二类道路交通安全风险的区县，全年未发生较大及以上安全生产事故。在全国率先实现5G应急云广播小区全覆盖并获全市推广，暮云消防站完成建设，消防宣传"三普一帮"（通过开展全员普训、隐患普查、档案普建、精准帮教等系列活动，探索"政府购买、中介实施、综合监管、基层配合、全民参与"的消防安全宣传模式）新模式入选全国2020民生示范工程。在2020年度湖南省知识产权建设强县创建中被评为一类地区。开展扫黑除恶和禁毒人民战争，刑事案件发案率持续下降，污水涉毒成分检测值大幅降低。保持省"平安县市区"称号。

【"三大攻坚战"】　2020年，天心区注重重大风险防范，成立天心区国资公司，平台公司市场化转型全面完成，隐性债务有序化解，政府债务风险总体安全可控。搭建区级金融风险监测预警平台，及时处置非法集资风险企业14家，坚决守住风险底线。脱贫攻坚全面完成。区内313户建档立卡贫困户实现稳定脱贫，结对帮扶浏阳富溪村、龙山洛塔乡、怀化通道县提前脱贫摘帽，消费扶贫智能柜试点工作在全省推广。35户贫困户100%完成危房改造，零就业贫困家庭100%动态清零，贫困家庭学生基础教育入学率、巩固率100%，贫困户全部纳入基本医疗、大病保险和医疗救助。安排对口帮扶资金4300万元，打造迷迭香、华南锥栗、"侗嫂"等重点特色产业项目20余个。污染防治。推进大气污染防治专项行动，落实"六控十严禁"措施，安装老旧小区家庭油烟净化设施1.36万户，完成锅炉低氮改造107台，实现规模以上餐饮单位油烟在线监控185家，空气质量优良天数较2019年增加33天。持续推进河湖"长治久清"工作，启动污染防治项目29个，湘江天心段水质稳定达标。生态环境质量持续改善。建成全省首个大气复合监测站，$PM_{2.5}$、臭氧浓度大幅下降，空气质量优良率86%，国家、省、市控断面水质100%达标。

【票决民生实事项目】　2020年12

表55　　2020年天心区主要经济指标与2019年比较统计表

指标名称	地区生产总值（亿元）	农林牧渔业增加值（亿元）	社会消费品零售总额（亿元）	一般公共预算收入（亿元）	一般公共预算支出（亿元）	城镇居民人均可支配收入（元）
2019年	1080.64	1.52	603.51	142.33	63.19	59159
2020年	1120.64	1.57	407.65	150.18	68.05	62293
2020年比2019年增长（%）	3.6	−4.3	−3.5	5.5	7.7	5.3

（资料来源：天心区地方志编纂室）

月27日，长沙市天心区第五届人民代表大会第七次会议第三次全体会议举行，到会的193名人大代表对天心区政府所提交的12个民生实事候选项目进行票决。前期，区政府办下发《关于征集2021年人大代表票决民生实事候选项目的通知》，各街道通过走访、调研、座谈等形式，广泛听取辖区人大代表、居民群众的意见建议，征集梳理报送42个民生实事项目建议，经审核把关，最终筛选出12个项目作为2021年民生实事人大代表票决候选项目，经过票决，城镇老旧小区改造、教育供给和内涵发展优先提升计划、基层医疗卫生机构规范化和能力提升、农村自来水普及工程建设、“爱心天心”帮扶工程、健康天心建设、既有多层住宅加装电梯、城镇新增就业项目、提升残疾儿童康复救助水平、文化惠民工程10个项目最终入选2021年天心区民生实事项目。此举措改变以往政府为民办实事项目的决策方式，实现“为民做主”向“由民做主”、让“民声”决定“民生”的积极转变。

【全省首个大气复合监测站建成】 2020年11月28日，天心区政府与湖南省生态环境监测中心共同建成全省首个大气复合监测站。空气复合监测站位于区政府办公楼南栋楼顶，一期总建设面积约360平方米，可同时监测颗粒物、无机元素、阴阳离子、挥发性有机物等197种元素和物质，站内配有离子色谱分析仪、大气无机元素分析仪、元素碳/有机碳分析仪、黑碳仪、颗粒物激光雷达、挥发性有机物分析仪、NOy分析仪、PM_{10}分析仪、$PM_{2.5}$分析仪、PM_1分析仪、SO_2分析仪、NO_2分析仪、CO分析仪、O_3分析仪，实现24小时连续自动采样及分析。可进行细颗粒物组分及来源、臭氧前体物挥发性有机物、颗粒物垂直分布、外来源传输影响等方面的分析，为大气污染防治、区域联防联控、重污染预警、环境污染应急防范等管理提供数据和技术支撑。

【云手机产业基地建立】 2020年7月17日，ARM云手机产业基地在天心区揭牌，百度在天心经开区建成国内最大的云手机产业基地。百度首次在湘设立全资子公司——湖南微算互联信息技术有限公司，并投入20亿元建立百度云手机全国总部基地，旨在进一步巩固和提升百度在ARM虚拟化核心技术方面的能力，完善产品体系，拓宽服务边界，助力游戏、办公、营销等行业实现5G时代的智能化升级，为天心区发展数字经济增添新力量、形成新动能。

【消费扶贫智能柜试点工作在全省推广】 2020年，全省首批消费扶贫智能柜落户天心，在星城荣域、银桂苑、湘府文化公园、天心区机关大院等多处人流密集区域，建成全省首批消费扶贫智能柜，上线扶贫产品100余种，消费者刷手机即可就近买到原生态的水果蔬菜和高品质加工产品，打通扶贫产品“从田间到餐桌”“从偏远山村到城市万家灯火”的最后100米，构建网格化消费扶贫网络，人们在消费的同时也能为脱贫攻坚贡献力量，这是全省首批消费扶贫智能柜投放上市。天心区消费扶贫智能柜协调领导小组在产品投放种类和品质上进行要求和监督，产品采取直采直销，所有产品均经过市场监督管理局的检测，聘请专业冷链物流公司，实现果蔬、奶制品等商品全程冷链配送，生鲜果蔬一日一配送，未售出的产品当天统一下架。消费扶贫智能柜采用当下无人零售领域中的先进技术，集人工智能、物联网和互联网于一体，可实现24小时无人值守，是离消费者最近的无人“微缩超市”。

【《天心区支持软件产业发展的十条措施》出台】 2020年2月24日，天心软件产业园挂牌并发布《天心区支持软件产业发展的十条措施》，“十条措施”涵盖办公用房租金、装修、物业管理费及软件专业人才招引等方方面面的奖补扶持，设立不低于1亿元软件产业发展专项扶持资金支持软件产业发展。为鼓励软件企业扩大专业人员规模，将给予最高500万元的奖励。对软件专业人才的认定，由软件行业协会认定，强化市场认定人才的理念。鼓励企业入驻，根据企业软件人才规模，将连续3年给予每月30元/平方米的租金补贴，300元/平方米的一次性装修补贴，最高500元/平方米的购置办公用房补贴等。企业既可以享受入驻补贴又可以享受企业规模扩大补贴。同时设立1000万元的软件产业风险补偿基金，鼓励支持金融机构向软件企业提供融资需求，对以软著专利向银行质押融资的给予50%的贷款贴息。发挥中国长沙人力资源产业园优势，为软件企业提供专业化的人才招聘服务，并且组建“码农社区”灵活用工平台。对企业高管和专业人才所缴纳的个人所得税（市、区级财政所得部分）金额返还，奖励到个人。支持企业申报软件专利权、生产性软件著作权，发挥在天心文广园内的中华版权代理总公司长沙工作站的优势，对行政事业性收费全补，并给予资金奖励，对每年评选出的优秀项目给予最高100万元的奖励。天心区作为中部地区第一个5G信号全覆盖的市辖区，形成软件产业发展的良好基础、人才资源优势和服务配套优势，全国软件企业50强分（子）公司落户数量和全省互联网企业50强上榜数量全省区县（市）中最多。

【社工工作经验被全国推介】 2020年10月17日，全国加强乡镇（街道）社工人才队伍建设工作推进会在长沙召开，长沙市天心区作为全国唯一的区县市代表参会。会上，天心区委书记刘汇作典型发言，向全国推介天心区的社工工作经验。天心区设立区级社会工作局，将社工人才队伍纳入党管人才范围，建立区级社工总站为指导、街道社工站为骨干、社工下沉社区网格的“三位一体”社会工作格局，全区持证社工900余人，连续11年举办社工节，出台《天心区社会工作专业人才队伍建设中长期规划》，明确社工持证激励、购买专业服务等支持政策，并将社工站列为全区的重点民生工程。建立1个区级指导服务平台、14个街道社工站，制定《天心区街道社会工作服务站项目的实施方案》，编制《天心区街道社工站运营操作手册》，明确民政、街道、承接机构的职责，完善发展体系，以社会救助、困难帮扶、老年服务、困境儿童关爱为主要领域，着力打造群众“家门口”的民生服务站。

（本栏撰稿　李　强　袁　敏）

岳麓区

【概况】　岳麓区辖岳麓、橘子洲、望月湖、银盆岭、观沙岭、西湖、望城坡、望岳、咸嘉湖、梅溪湖、天顶、坪塘、洋湖、学士、含浦15个街道办事处，莲花、雨敞坪2个镇，并设岳麓高新区和岳麓山大学科技园岳麓分园创业服务中心，岳麓山风景名胜管理局（下设麓山景区、橘子洲景区和望月湖公园）。全区土地总面积558平方千米。2020年年末户籍人口85.26万人，常住人口153万人。人口出生率12.93‰，死亡率5.89‰，自然增长率7.04‰。

地区生产总值1360亿元，比2019年增长4.6%。其中第一产业增加值11.13亿元，比2019年下降0.1%；第二产业增加值382.31亿元，比2019年增长6%；第三产业增加值966.57亿元，比2019年增长3.8%。地方一般公共预算收入55亿元，比2019年增长3.75%，一般公共预算支出75.77亿元，比2019年增长16.1%。

农林牧渔业总产值16.9亿元，比2019年下降0.2%。其中农业产值12.66亿元，比2019年下降3.3%；林业产值4946万元，比2019年下降7.9%；畜牧业产值1.9亿元，比2019年增长23.4%；渔业产值1.13亿元，比2019年增长20%；农林牧渔专业及辅助性活动产值7108万元，比2019年下降4%。全年粮食总产量4.22万吨，出栏肉猪1500吨，肉禽出笼67.49万羽，水产品产量6722吨。

工业增加值246.61亿元，比2019年增长7.5%，其中规模以上工业增加值比2019年增长8%。全区建筑业增加值136.08亿元，比2019年增长1.3%，完成建筑业总产值589.02亿元，比2019年增长5.2%；全年房地产开发投资495.26亿元，比2019年增长13.1%；商品房销售面积493.03万平方米，比2019年增长2%，其中住宅销售面积434.43万平方米，比2019年增长9.6%；商品房销售额574.42亿元，比2019年增长0.2%，其中住宅销售额501.84亿元，比2019年增长9.8%。

社会消费品零售总额547.55亿元，比2019年下降0.2%。全年接待国内外旅游者1439.45万人次；旅游总收入160.72亿元。

固定资产投资比2019年增长7.4%。全年进出口总额（海关口径）56.3亿元（折合8.1亿美元），比2019年增长43%。

【社会事业】　2020年，岳麓区有区属中学18所，小学73所，幼儿园207所。全区投入学生免费入学和资助经费1.18亿元，所有义务教育阶段21.24万人次学生全部享受免杂费入学，全年接收外来务工人员子女2.09万名，全年建成开学学校1所，在建学校4所，新启动建设学校2所，扩建学校4所，提质建设维修改造100余所中小学运动场及校园，城区厕所改造62所学校。全区有群众业余文艺团体240个，区级文化馆1个，公共图书馆21个（含20个社区、村图书分馆），博物馆（纪念馆）1个，街道、镇文体站17个，社区（村）综合文化服务中心153个。全民健身工程点250余处。共有晨晚练点92处，健身驿站6个，健身步道3条。公共文化服务不断完善，已建成95个市级标准化社区（村）综合文化服务中心。

【社会保障】　2020年，岳麓区有各类医疗卫生机构902个，新增98个，其中一级及以上医院57个，疾病预防控制机构1个。卫生技术人员1.53万人，床位1.15万张，新增2036张。全区城镇居民人均可支配收入61835元，比2019年增长4.9%。城镇住户平均每百户家庭拥有家用汽车61.4辆，计算机101.4台，其中接入互联网的计算机98.6台，城镇居民人均自有现住房面积41平方米。全区有公办敬老院5家，有床位582张，入住老人238人。拥有各类社区服务设施540个，街道社区服务中心17个，社区公共服务中心120个。全年发放城乡居民最低生活保障金3473.1万元，居民得到政府最低生活保障70487人次，其中城市居民最低生活保障27551人次，农村居民最低生活保障42936人次。城市和农村低保对象月人均发放保障金分别达575.6元和439.5元。全区参加企业职工基本养老保险人数20.36万人，基本养老金社会化发放率100%；参加城乡居民养老保险人数12万人。参加区本级城镇职工基本医疗保险人数21.05万人，参加区本级城乡居民医疗保险人数29.74万人，基本医疗保险覆盖率96.7%。

【“三大攻坚战”】　2020年，岳麓区空气优良天数311天，优良率85%；完成燃气锅炉低氮改造，餐饮单位油烟在线监控系统建设，安装油气三级回收治理工作等30个环保重点项目；靳江河流域的东山湾泵站改建工程、学士污水提升泵站建设、龙王港流域南园路箱涵污水管网改造工程、湖南大学北校区雨污分流改造、西湖文化园汇水区雨污分流改造等整治项目均已完成；城区集中式饮用水水源地水质达标率100%，在省纪委“洞庭清波”督察中获好评，“一江两河”水质稳定达标，第二次全国污染源普查涉区工作获国务院表彰，龙王港流域综合治理经验获《人民日报》推介。防范化解重大风险攻坚战纵深推进，审计和评审财投资项目190个，核减金额1.2亿元，“三公”经费较“十二五”规划末下降70%；年度化解隐性债务4.9亿元，麓山控股信用等级为AA+，争取13亿元政府专项债用于刚需项目建设，化解非法集资陈案7起，守住了不发生系统性区域性风险底线。对口扶贫攻坚战取得决定性胜利，建成洗洛镇卫生院等帮扶项目17个，助推龙山百合、田溪水果等农产品触网营销，服务龙山县物流边贸产业发展，促推龙山县整体“脱贫摘帽”。

2020年12月8日，湘江财富金融中心竣工，交付使用　岳麓区地方志编纂室　供图

【湘江财富金融中心交付使用】 2020年12月8日，河西第一高楼的湘江财富金融中心（以下简称“湘江FFC”）竣工，交付使用。该中心高328米，其建筑外立面“束型”曲线，展示出蓬勃向上的朝气与活力，成为长沙又一地标性建筑。湘江FFC位于湖南金融中心茶子山路与观沙岭路交会处东北角，由长沙城发集团投资、城发恒伟置业开发建设，总建筑面积66万平方米，由A、B、C、D4座超高层建筑组成，定位为大型城市商业综合体，涵盖写字楼、商业、酒店、公寓四大核心业态。

【湖南妇女儿童医院开诊】 2020年7月29日，筹建6年的湖南妇女儿童医院开诊，湖南妇女儿童医院的开诊进一步完善了湖南湘江新区医疗保障体系，填补洋湖片区乃至河西专业妇儿医疗机构的空白。湖南妇女儿童医院是湖南省十大重点民生工程项目之一，是一所依照三甲医疗机构规模、JCI国际标准“高起点建设、高质量运营、高水平服务”的三级妇儿专科医院。医院计划总投资40亿元，总规划建筑面积40万平方米，床位1500张，停车位1900个。其一期工程中所包含的医疗综合楼，由19层住院楼和4层裙楼组成，开放床位350张，停车位900余个。医院专注于妇女儿童“全生命周期”医疗保健服务，致力于打造成中南地区“区域化妇儿医疗中心”；医院注重“学科体系化”建设，妇科、产科、儿科、外科、医学整形美容中心及中医科等核心学科，每个学科都不是单一的科室，而是一个较为完整的学科群。比如儿科就好比是一个独立的儿童医院，包含儿外科、儿内科、中医儿科、新生儿科、儿童保健科、儿童康复科、小儿耳鼻喉科、小儿口腔科、小儿眼科、小儿急诊科、儿童内镜中心及儿童生长发育中心等，服务对象从0~18岁，全覆盖儿童健康成长发育整个过程。除了核心学科建设外，医院配套成人急诊科、ICU、PICU、NICU等临床科室，在MDT多学科协同诊疗模式下，设立母胎医学中心、盆腔疾病中心、妇科肿瘤中心、孕产康复中心、儿童生长发育中心、美容抗衰中心、健康管理中心、私密整复中心等。开诊仪式上，湖南妇女儿童医院与湖南中医药大学附属医院签约授牌，湖南妇女儿童医院被授予“教学医院”称号。

表56　　2020年岳麓区主要经济指标与2019年比较统计表

指标名称	地　区生产总值（亿元）	农林牧渔业总产值（亿元）	社会消费品零售总额（亿元）	地方一般公共预算收入（亿元）	一般公共预算支出（亿元）	城镇居民人均可支配收入（元）
2019年	1288.20	15.75	441.26	39.27	65.26	58948
2020年	1360.00	16.90	547.55	55.00	75.77	61835
2020年比2019年增长(%)	4.6	−0.2	−0.2	3.8	16.1	4.9

（资料来源：岳麓区地方志编纂室）

【中南大学湘雅医院“全科住培基层实践基地”挂牌】 2020年12月28日，岳麓区天顶街道社区卫生服务中心授牌为“中南大学湘雅医院全科住培基层实践基地”。该合作推动三甲医院优质医疗资源下沉基层，提升基层卫生服务能力和全科医师的规范化诊疗水平。根据双方协议，基地挂牌后，中南大学湘雅医院与天顶街道社区卫生服务中心均定期选送医务人员到各自单位进行轮岗学习。其中，天顶街道社区卫生服务中心选送人员参加每周一举行的“中南大学湘雅医院疑难病例”讨论，并开通“绿色转诊通道”。此次紧密合作，培养更多的规范化全科医师，提高基层医疗服务与国家基本公共卫生服务的水平和质量，夯实“分级诊疗制度”“绿色通道”“双向转诊制度”，为辖区内居民提供更高效、优质、全面的全科医疗服务和基本公共卫生服务，做好社区“健康守门人”。

【湘江欢乐城开园试营业】 2020年7月11日，湖南首个世界级大型综合旅游产业项目——湘江欢乐城开园。湖南省委常委、长沙市委书记胡衡华宣布开园。湖南省委常委、省委宣传部部长张宏森为6位湘江欢乐城欢乐领航员颁发聘书。当天开园的是湘江欢乐城的两大核心项目欢乐雪域和欢乐水寨，其中，湘江欢乐城的核心项目欢乐雪域面积3万平方米，分为娱雪区及滑雪区，内部有上下两座阿尔卑斯小镇以雪国缆车和滑索相连。

【“洋湖国际社区（筹）”揭牌】 2020年12月26日，由湖南湘江新区和长沙市岳麓区政府联合打造的“洋湖国际社区（筹）”揭牌，该社区是湖南省第一个国际社区，为国际人才提供各种生活和工作便利。洋湖国际社区（筹）位于岳麓区洋湖街道，区域面积约0.75平方千米，辖区范围东起潇湘南大道，西至潭州大道，南接景园路—丰塘路—连山路，北抵洋湖大道，规划户数4000余户，社区居民约1.2万余人。洋湖国际社区（筹）将以卓伯根中国总部为核心，依托卓伯根中国总部项目为国际人才提供一站式生活配套，包括国际人才公寓、国际商业中心、国际美食街、国际人才活动中心、外国专家书屋等。“除了服务居民群众，还为外籍人士提供一站式服务平台，比如政策解读、证件办理、注册公司、出入境等在社区都可以一次性办好，让国际人才安心工作生活。”洋湖国际社区筹备组常务副组长欧阳艳芳表示，洋湖国际社区（筹）是产业园区、智慧城区、休闲商区、居住社区等多种要素相互融合、相互促进的集合体。社区以国际人才需求为中心，发展产业为目的，本地居民和国际人才通过思想交流，文化交融汇聚创新创业能量，推进长沙高端产业的发展。

【长沙首家社区垃圾分类科普体验馆开馆】 2020年6月8日，位于梅溪湖街道阳明山庄社区的长沙市首家社区垃圾分类科普体验馆开放。居民们走进科普体验馆感受垃圾分类“新时尚”，现场通过寓教于乐的体验式互动，普及垃圾分类知识。垃圾分类科普体验馆位于社区新时代文明实践站一楼，占地面积约30平方米，以代表环境保护的绿色为主色调，将垃圾分类相关知识多形式多载体进行展示。科普体验馆分为科普区与互动区，其中科普区以“文字+图片+实物”的形式生动展示各类垃圾处理全流程、不同种类垃圾降解所需时间等，让大家对垃圾分类的迫切性和现实意义有了更直观深刻的感受。互动区则以垃圾分类的游戏竞赛为主，依托区域化党建共建单位长沙民政职业技术学院大学生志愿者研发的垃圾分类小助手，通过“帮垃圾找到它们的家”互动游戏在娱乐中检验参与者分类能力。

【全国首个服务事实无人抚养儿童的成长营地投入使用】 2020年8月8日，以“飞翔吧，少年”为主题的麓山少年成长营启动仪式在长沙举行，此次开营标志着全国首个服务事实无人抚养儿童的成长营投入使用，落户于长沙市岳麓区坪塘街道太平村。湖南省民政厅儿童福利处处长张颖、慈善社工处副处长姜波以及部分爱心人士参加启动仪式。此次麓山少年成长营分为两个班，由海南成美慈善基金会和长沙慈善总会分别支持开展，将以“平等、尊重、合作、包容”的价

2020年7月11日，湖南首个世界级大型综合旅游产业项目——湘江欢乐城开园

岳麓区地方志编纂室　供图

值观，通过破冰团建、民主选举、安全小卫士、20千米徒步挑战、主题辩论赛、趣味运动会、户外研学、家宴、结营晚会等内容，为麓山少年们释压与赋能，培养麓山少年独立生活、社会交往、安全自护的基本能力，促进其心理健康成长。麓山少年成长营也面向湖南省内服务青少年的公益组织开放使用。

【岳麓区颁发首张股份有限公司营业执照】 2020年8月27日，岳麓区人民政府政务服务大厅内，湖南力得尔智能科技股份有限公司相关负责人取得首张岳麓区独立发放的股份有限公司营业执照，意味着以后岳麓区的股份制企业可以在“家门口”完成营业执照的办理。此前，股份有限公司注册登记的办理只能在省市市场监督管理局完成。在办理过程中，一旦经办人所提交资料需要弥补和更改，就不得不多次往返。自此，股份有限公司（内资非上市）的设立、变更（备案）、注销登记，皆可在岳麓区行政服务中心市场监管窗口办理。

（本栏撰稿　李　平）

开福区

【概况】 开福区辖2区1局1中心（金霞经济开发区、开福高新区、洪山管理局、金霞保税物流中心），16个街道（望麓园、清水塘、湘雅路、伍家岭、新河、东风路、通泰街、四方坪、芙蓉北路、洪山、月湖、浏阳河、秀峰、捞刀河、沙坪、青竹湖）。全区总面积188平方千米，其中建成区面积约80平方千米，耕地面积3.02千公顷。2020年年末户籍人口52.63万人，常住人口82.08万人。人口出生率10.63‰，死亡率7.53‰，人口自然增长率3.1‰。

地区生产总值1041亿元，比2019年增长3.5%，其中，第一产业实现增加值1.2亿元，比2019年下降0.7%；第二产业实现增加值152.8亿元，比2019年增长4.4%；第三产业实现增加值887亿元，比2019年增长3.3%。三次产业结构为0.1 ∶ 14.7 ∶ 85.2。三次产业对地区生产总值增长的贡献率分别为0%、18.8%、81.2%。一般公共预算收入132.8亿元，比2019年增长2.2%；其中税收收入114.8亿元，比2019年增长1.6%。地方一般公共预算收入60.5亿元，比2019年增长6.6%。

农林牧渔业总产值2.5亿元，比2019年下降0.8%。其中，完成农业产值1.3亿元，比2019年下降9.3%；完成林业产值0万元；完成牧业产值0.8亿元，比2019年增长13.7%；完成渔业0.19亿元，比2019年增长47.8%。全年粮食种植面积1.39千公顷；粮食总产量9736吨。生猪出栏2.5万头，家禽出笼14.6万羽。

规模以上工业产值比2019年增长9.6%，增速比2019年上升2.8个百分点；规模工业以上增加值比2019年增长6.9%。全年工业总产值过亿元的企业有27家，完成工业总产值87.4亿元，占全部规模工业总产值的77.6%。全年股份制企业完成工业总产值76.2亿元，占全部规模工业总产值的67.6%。全年新增规模工业企业10家。

社会消费品零售额511.4亿元，比2019年下降3.2%。增速比2019年下降13.2个百分点。其中限额以上企业完成零售额224.3亿元，比2019年增长3.4%。全年限额以上企业累计实现零售额居前四位的类别为石油及制品类、汽车类、中西药品类、粮油食品类，分别实现零售额77.1亿元、29.8亿元、36.5亿元和33.6亿元，分别增长-14.2%、37.1%、28%和18%，中西药品销售、粮油销售、网络汽车销售成为全区的行业特色。

固定资产投资比2019年增长7.3%。其中完成产业投资211.5亿元，占固定资产投资比重30.5%。实现商品房销售面积166.4万平方米，比2019年增长12.5%；其中实现住宅销售面积143.9万平方米，比2019年增长31.7%；实现商品房销售额189.8亿元，比2019年增长13.5%。

支柱产业　推进视频文创业发展，引进爱奇艺、创梦天地等企业793家，实现营收430亿元、增长16%。现代物流业发展，引进湖南医药集团等过亿元项目5个，实现营收605亿元、增长5%，其中医药物流业营收近300亿元，占全市份额上升至50%。金融商贸业规模扩大，引进长沙银行金融产业基地、天安财险等金融总部机构7个，实现金融业增加值142亿元、增长10%，税收过亿元楼宇12幢。智能制造业实现重大突破，引进消费类电子产业龙头企业、中国商飞等重大产业项目12个，金霞消费类电子产业集聚区1.1期配套企业生产车间和“三纵一横”［金霞路、钟石路、自安路（纵向），沙坪路（横向）］道路竣工，荷兰夸特纳斯项目加快建设，强链延链初见成效。

“三金”片区　马栏山视频文创产业园成立“中国V链”数字资产交易中心，建成高清视频共享制作云平台，集聚企业3000余家，举办中国新媒体大会、国际音视频算法大赛、长沙·中国1024程序员节等10余场品牌节会，入选国家级文化产业示范园区创建名单。金霞经开区新修市政道路26条，完成拆迁结算项目30个、腾地246.33公顷，被评为全省外贸十强园区。金融商贸区创新推行“楼长制”，成立商业综合体联盟，金融总部机构增至70余家，楼宇经济贡献率48.3%。开福软件产业园形成“两园两楼”发展格局，引进天津飞腾等重点企业1000余家，实现营收104亿元。

创新成果　马栏山4K频道在全国率先将人工智能AI手语翻译技术运用到电视直播中，戎腾科技公司研制的高速分流器打破国外对同类型产品的禁运，毂梁微公司获全国退役军人创新创业大赛二等奖，东晟南祥获“中国创翼”全国大赛二等奖、“创客中国”全国大赛三等奖，快乐阳光公司获省长质量奖，友谊咨询获省长质量提名奖。2个项目入选全省“100个重大产品创新”项目，2个企业获批省级工程技术研究中心。全年新增省市科技创新平台12家，新引进高层次人才29名，新认定高新技术企业130家。完成技术合同成交额14亿元，授权发明专利873件，万人有效发明专利拥有量居省市前列。全社会研究与试验发展经费增长35%以上。

对外开放　长沙国际铁路港、长沙新港（三期）项目加快建设，中南国际陆港集装箱拼箱中心项目落地开工。中欧班列（长沙）开行528列、货值20.61亿美元，分别增长33.8%、95.3%。跨境电商新引进天泽信息、通邮科技等龙头企业12家，完成B2B新模式全省首单测试，实现进出口业务全模式试通。主动融入中非经贸合作，湖南—非洲非资源型产品集散交易中心项目启动建设。

营商环境　推进“证照分离”“一件事一次办”等改革，不断深化“三集中三到位”（“三集中”：市直部门审批服务向一个处室集中、审批服务处室向市政务服务大厅集中、审批服务事项向市政务服务大厅和网上政务平台集中；“三到位”：市直部门审批服务事项和审批人员入驻市政务服务大厅到位、市直部门对审批服务处室及窗口授权到位、审批服务电子监察到位）和综合窗改革，政务公开标准化规范化落地见效，特种设备行政审批实现全程网办，为驻区企业定制抖音短视频推广活动受好评，全年新增上市企业1家、“四上”企业130家，市场主体逾11万户、增长8.7%。

【城市建设】　2020年，开福区加快实施城市“规划提升、风貌严控、特色塑造、形象提质”四大工程，推动金霞组团规划升级为城市副中心，金霞新城列入全市四大产业新城建设规划，地铁1号线北延一期、湘雅路过江通道等项目加快建设，实施湘江路、营盘路、车站北路等道路空间全要素提质，滨河北路、中青路北延等市政道路竣工通车，纸笔塘路等瓶颈路建成使用。吉祥巷有机更新基本完成，业态升级顺利推进，潮宗街片区运营活化持续深入。新建“15分钟生活圈”12个，老旧小区加装电梯200台。电网“630攻坚”三年行动收官。建成5G基站3755个，重点区域实现5G网络全覆盖。整治道路交通问题顽瘴痼疾，清理无牌共享电单车5.5万余台。规范市容秩序，打造精品夜市街区2个，整治“脏乱差”等问题348个。推进生活垃圾分类，厨余垃圾质量达标率逾99.5%。推进“厚德开福”建设，市民文明素质和文明程度提升，科大佳园社区被评为全国文明单位，清水塘社区被评为全国最美志愿服务社区。

【乡村振兴】　2020年，开福区农村“五治”（农村治厕、治垃圾、治房、治水、治“风”）持续推进，改造无害化厕所1272座，打造市级小微水体管护片区1个，完成农村违法用地整治32宗，农村垃圾分类减量实现全覆盖。持续推进乡村建设，完成“多规合一”村庄规划修编5个，新改建“四好”农村路24.9千米，建成市级美丽屋场2个，美丽乡村向“升级版”迈进。全面完成农村集体产权制度改革任务，消除年集体经济收入20万元以下“薄弱村”8个。发展精细农业，调整耕地种植结构420公顷，形成金丝皇菊、鱼虾养殖等特色农业产业链，创新举办特色乡村旅游节，乡村旅游实现营收30.2亿元。

【社会事业】　2020年，开福区新改扩建中小学、幼儿园17所，新增学（园）位7287个，被评为全省“平安校园建设先进县市区”，名校全域化初见成效。区公卫大楼建成使用，新改建街道社区卫生服务中心8个，组建家庭医生服务团队110个、重点人群签约覆盖率66.4%，健康开福稳步推进。提质社区（村）综合文化服务中心5个，新建健身驿站（点）80个，推出红色经典游等文旅线路5条，举办旅游消费节等文旅活动4场。

【社会保障】　2020年，开福区17项省、市民生实事全面完成。做好援企稳岗工作，新增就业8284人，零就业家庭保持动态清零，城镇登记失业率控制在4%以内。统筹抓好社会保障，城乡低保人均月提标112元，新建居家养老服务中心12家，完成老旧房屋

表57　**2020年开福区主要经济指标与2019年比较统计表**

指标名称	地区生产总值（亿元）	农林牧渔业总产值（亿元）	社会消费品零售总额（亿元）	一般公共预算收入（亿元）	地方一般公共预算收入（亿元）	城镇居民人均可支配收入（元）
2019年	1006.0	2.05	811.2	129.9	45.05	58334
2020年	1041.0	2.5	511.4	132.8	60.5	61075
2020年比2019年增长（%）	3.5	−0.8	−3.2	2.2	6.6	4.7

（资料来源：开福区地方志编纂室）

功能性改造560户，建成竹隐、天井保障性住房1153套，中岭景苑、滨河嘉园等项目实现分房，1862户拆迁群众实现安居。完善退役军人服务保障体系，“老兵心结老兵解”工作经验在全国推介。

【项目建设】 2020年，开福区实施“433”（“4”指现代物流、金融商贸、视频文创、智能制造四大支柱产业；第一个“3”指建设30个重大项目；第二个“3”是用三年时间打造3个以上500亿元到1000亿元产业集群）产业攻坚，36个重大产业项目超额完成年度任务，万科华升智慧物流园一期、城际科技等项目建成投产，湖南创意设计总部大厦、北辰国际会议中心等项目加速推进，全年实施重大项目227个，投资超360亿元。关公湖、广胜统征地等103个集体土地项目拆迁清零、腾地630.47公顷，天祥日杂、花鸟虫鱼市场等20个国有土地征收项目签约清零、腾地27.87公顷，439、中外运等15宗地块出让。

【10个项目集中签约】 2020年2月25日，开福区项目集中签约、开工暨产业集聚区征拆动员活动举行，金霞经开区新加坡银石集团华中智慧物流产业园、湖南医药集团总部、华南光电装备产业基地等10个项目集中签约，总投资382亿元；10个重大项目集中开工，总投资40.18亿元。集中签约的10个项目涵盖消费电子、医药物流、冷链物流、智能制造、开放型经济、片区开发等诸多类型。项目投资均逾亿元，逾10亿元项目6个，逾20亿元项目1个，逾百亿元项目2个。2个片区开发项目立足打造“长沙北中心”“金霞产业集聚区”，从基础设施、产业配套等方面发力，助力金霞经开区创建国家级园区。

【跨境电商第三城重大项目签约】 2020年12月3日，“数字跨境·金霞领航·跨境电商第三城发布暨重大项目签约活动”在长沙举行。湖南省商务厅厅长徐湘平、副厅长周越，长沙市副市长朱东铁，开福区委书记曹再兴等省市区领导、银行代表、企业代表280余人共同见证跨境电商第三城启动仪式。天泽信息总部项目、泽汇跨境电商项目等6个跨境电商项目在长沙金霞经开区落户签约。项目业务范围涵盖跨境总部经济、平台、物流、金融等方面。活动发布《开福区“十四五”跨境电商发展纲要》《开福区“十四五”跨境电商发展五年行动方案》《开福区“十四五”跨境电商专项发展产业扶植奖励办法》。活动由长沙市商务局、开福区政府主办，金霞经开区承办。

【2个项目被确定为长沙市制造业标志性重点项目】 2020年6月11日，长沙市委、市政府出台《关于强力推进制造业标志性重点项目建设的通知》，将金霞经开区金霞产业集聚区——消费电子产业、夸特纳斯（长沙）国际食材集采集配加工中心2个项目纳入长沙市17个制造业标志性重点项目。金霞消费电子产业集聚区项目建成后，可为长沙打造一个世界级消费电子终端产品及装备研发、制造基地，在长沙城北崛起一个布局合理、功能齐全、宜居宜业、产城融合的现代化产业新城。夸特纳斯（长沙）国际食材集采集配加工中心设置国际食材加工中心，将打造国际食材加工中心、高端冷链储存分拣及新能源集采集配中心和食品安全质量大数据中心

【“夏季有礼——火人节点燃开福夜生活”主题活动】 2020年5月30日—6月27日，开福区举办为期一个月的“夏季有礼——火人节点燃开福夜生活”活动，将十二兽酒吧顶级DJ、大虾驾到、三毛烧烤等区内的网红大咖、老字号美食集聚世界之窗，以千人点灯巡游、电音狂欢趴、夜光游乐开启开福人吃喝玩乐的一站式狂欢，点燃开福夜生活，启动式当晚世界之窗接待游客近万人。“火人节”期间，接待游客7.63万人次，实现营业收入1126.22万元，带动消费400万余元。

【开福区“非遗”项目网上宣传展示及评选活动】 2020年6月2—29日，开福区组织开展2020年“文化和自然遗产日”开福区“非遗”项目网上宣传展示及评选活动。将网络平台作为主会场，以全景“非遗”、走近“非遗”、点赞“非遗”、传承“非遗”四大版块，全面展示“非遗”项目的精彩面貌，访问人数10.25万人，评选出湖南八拳、湖湘古木帆船传统制作技艺、埃山子午棍3个最受欢迎奖，自然门功夫、湘绣、捞刀河刀剪等5个最有魅力奖，长沙花鼓戏、长沙童谣、长沙棕编技艺等5个最具特色奖，让市民游客感受更加真实、多样的“非遗”文化，打造“数字化+”“互联网+”经济新模式新业态。

【金霞首单跨境电商B2B9710/9810业务试单成功】 2020年9月1日凌晨零点零分，长沙金霞保税物流中心首单跨境电商B2B9710/9810业务由湖南讯亚电子商务有限公司申报通关，这标志着9710/9810跨境电商出口新政在长沙金霞保税物流中心落地实施。至此，长沙金霞保税物流中心跨境电商出口业务全模式试通，已具备完整的跨境电商业务通道，长沙跨境电商业务迎来全新的提档升级。此次，星沙海关金霞办公区共验放跨境电商B2B9710出口报关单1单，货值0.98万美元，主要商品为鲜花包装纸；跨境电商B2B 9810出口报关单1单，货值13万美元，主要商品为个人搅拌器、个人搅拌器配件、杯刷海绵、打印机碳粉盒。

【非洲文化交流体验中心授牌】 2020年12月24日，在长沙金霞保税物流中心举办的湖南—非洲进出口商品展示交易中心招商推介活动上，非洲文化交流体验中心授牌。该中心设在开

福区河村非洲园，建设规模为1000平方米，建设内容分为非洲商品展销平台、非洲文化体验中心和非洲留学生孵化基地3个板块。非洲商品展销平台将基于金霞保税物流中心的强大流通能力，依托河村非洲园“中非友谊馆”打造“非洲非资源性 产品展示体验中心”，承担非洲特色产品的原材料采购、展示贸易、营销推广和流通渠道建设等功能，拟筹建“咖啡、坚果、红酒”等各类非洲特色产品贸易中心。湖南省商务厅、长沙市商务局以及开福区商务局相关负责人出席此次活动。

【首趟湘粤非铁海联运测试班列启航】2020年9月24日，长沙湘通国际铁路港发运首趟湘粤非铁海联运测试班列。该班列运载电瓷绝缘子、服装等，经长沙铁路运输抵达深圳蛇口港，约18天到达南非。较传统江海联运相比，该趟班列可全程缩短约10天的在途时间，有效解决现有对非物流“时效低、成本高、集货难”等不利现状。此趟湘粤非铁海联运测试专列是湖南开行的首列铁海联运测试班列，班列的开行进一步提升湖南对非国际物流发展水平，推动建设非洲在华非资源性产品集散交易加工中心、中非经贸合作公共服务平台。湘粤非铁海联运通道建设是支撑湖南自贸试验区和中非深度合作先行区建设的重要通道，是全省对非国际物流体系建设的重点项目。9月24日下午，长沙湘通国际铁路港发运首趟湘粤非铁海联运测试班列。省商务厅、长沙海关、开福区政府、金霞保税物流中心共同见证。

（本栏撰稿　杨　杰　陈　蓉）

雨花区

【概况】　雨花区辖12个街道、1个乡级镇；辖区有1个省级工业园区（长沙雨花经济开发区）、1个市级物流产业园区（雨花区电子商务产业园区）。土地总面积292.2平方千米。2020年年末户籍总人口75.99万人，常住人口126.49万人。人口出生率11.2‰，死亡率5.49‰，人口自然增长率5.71‰。

地区生产总值2193.24亿元，比2019年增长4.5%。其中，第一产业实现增加值5.45亿元，比2019年下降0.4%；第二产业实现增加值1210.22亿元，比2019年增长4.6%；第三产业实现增加值977.57亿元，比2019年增长4.3%。第一、二、三次产业分别拉动GDP增长0个、2.6个、1.9个百分点，三次产业对GDP增长的贡献率分别为0.0%、57.3%、42.7%。一般公共预算收入162.84亿元，比2019年增长2.98%；地方一般公共预算收入78.05亿元，比2019年增长4.91%。一般公共预算支出106.38亿元，比2019年增长16.13%。高质量发展位列全国百强区第20位，位居中部地区第一位。城镇居民人均可支配收入62403元，比2019年增长5.1%。

农林牧渔服务业总产值8.49亿元，比2019年下降0.5%，其中，农业总产值7.63亿元，比2019年下降1.7%；牧业总产值0.26亿元，比2019年增长12.9%；渔业总产值0.23亿元，比2019年增长54.1%；农林牧副渔专业及辅助性活动产值0.36亿元，比2019年下降3.4%。

规模以上工业实现增加值比2019年增长2.8%；其中雨花经开区规模以上工业增加值增长5.5%。建筑业增加值比2019年增长8.7%。具有建筑业资质等级的独立核算企业完成建筑业总产值2184.37亿元，比2019年增长14.2%；其中在外省完成的产值1494.35亿元，比2019年增长19.9%。房屋施工面积19189.78万平方米，比2019年增长10.8%。雨花区加快产业转型升级，稳步提升发展质量。深耕“一主一特”产业链，新能源汽车及零配件产业链产值增长6%。人工智能及机器人产业链产值增长28%。长步道机器视觉光电产业生产基地竣工投产，大族激光二期、可孚医疗二期等项目加快建设。制定软件业发展三年行动计划，推动软件经济、工业经济、楼宇经济融合发展。新入驻软件和信息技术服务企业1800余家。新增“四上”企业120家，完成智能制造试点企业技术改造12家，引

2020年9月24日，长沙湘通国际铁路港发运首趟中非（湘粤非）铁海联运测试班列

开福区地方志编纂室　供图

进新松机器人华中区域总部等“一主一特”产业链项目27个。运达中央广场、商会大厦纳入长沙市特色楼宇和重点楼宇，引进中国照相馆等品牌首店20余个，楼宇去库存18万平方米。雨花经开区被评为国家绿色工业园区，综合评价位居全省省级园区前列。

开展“万商联动·振业兴市”消费活动，推出“嗨购雨花”线上平台。县级领导联点帮扶外贸企业，进出口总额增长23.5%。承办第22届中国中部（湖南）农业博览会。湖南消费扶贫示范中心开馆。持续推动消费升级，进一步优化营商环境，推行企业开办“线上线下”双通道“即办”改革实现线上即传即办、线下2小时办结。探索企业注销改革，实现“简易注销全程网办、一次都不跑；普通注销一窗通办、最多跑一次”。实施水电气“一张表单+联合踏勘”审批改革，探索工程项目审批承诺制、容缺制，保障项目建设加速推进。常态化开展企业（项目）服务日，雨花市场主体总量19.2万户，每万人拥有市场主体2007户，位居中部地区第一位。

社会消费品零售总额661.7亿元，比2019年下降2%。其中，城镇实现消费品零售额651.54亿元，比2019年下降2.1%；乡村实现消费品零售额10.16亿元，比2019年增长2.7%；批发业实现零售额81.35亿元，比2019年增长0.9%；零售业实现零售额528.92亿元，下降1.7%；住宿业实现零售额3.91亿元，下降15.8%；餐饮业实现零售额47.51亿元，下降8.8%。全部限额以上企业实现消费品零售总额258.55亿元，比2019年增长8.6%，占全部消费品零售总额的39.07%。大型商品交易市场稳定发展，全区有亿元以上商品交易市场9个。

固定资产投资比2019年增长5.7%，其中房地产开发投资增长3.1%。商品房销售面积371.81万平方米，比2019年增长4.7%，其中住宅销售面积321.79万平方米，增长1.8%；实现商品房销售额406.49亿元，增长11.7%，其中住宅销售额348.63亿元，增长14.5%。

【城市建设】 2020年，雨花区组织百日征拆大会战，38个集体土地项目拆除清零，13个国有土地项目签约清零。完成市重大项目投资310亿元，占年度计划137%。先锋路等10条市政道路竣工并交付使用。开展片区建设竞赛活动，高铁片区开展十大攻坚行动，加快推进44个新建（续建）项目，吾悦广场建成营业，绿地城际空间站等项目加快建设。浏阳河国际文化科创基地加快建设，黎托生态公园、浏阳河风光带建设进展顺利。电商物流园骨干路网基本贯通，盒马鲜生、东百集团等12家总部企业项目加快建设。红星片区首开区与省植物园总规优化提升，步步高星城天地项目快速推进，复地星光天地商业街开业运营。雅塘片区石马文化公园基本建成，长沙市儿童福利院完成主体建设。南部融城片区洞株路快速化改造竣工通车，完成绿心地区退出工业企业用地处置146.3公顷。电网“630攻坚”三年行动完成，建成5G基站4845个，37个电网“630攻坚”项目按时序进度完成。

紫薇路、石坝路、官寺冲路等10条市政道路竣工通车，花侯路、长沙大道、劳动西路等道路空间品质提升项目加快实施，洞井路人行天桥、航空职院地下通道等过街设施投入使用。打造“一圈两场三道”升级版，新建15分钟生活圈项目28个。老旧小区加装电梯200余台。完成赤新、五一等10个农贸市场周边街区“微改造”。完成桂花公园提质改造。开展城市体检，市政管网排水检测全部完成，主次干道路面隐患排查基本完成。推进户外广告、农贸市场、渣土运输、违法建设等领域专项整治，办理行政执法案件4000余起。依托城管数字化平台整改问题13万余个。高铁、高速沿线环境整治任务全部完成，普铁沿线环境整治推进。开工各类水利工程14处，完成土石方16万立方米。农村居民安全饮水率100%。城市生活垃圾无害化处理率100%。城市公园绿地面积356.53万平方米，比2019增长0.6%。

【社会事业】 2020年，雨花区有普通高中4所；初中学校15所；普通小学75所，比2019年增加3所；幼儿园266所，比2019年增加38所。普通高中在校生4449人，初中在校生22866人，普通小学在校生94034人，幼儿园在园幼儿52858人。全区各类民办学校

表58　2020年雨花区主要经济指标与2019年比较统计表

指标名称	地区生产总值（亿元）	农林牧渔业总产值（亿元）	社会消费品零售总额（亿元）	地方一般公共预算收入（亿元）	一般公共预算支出（亿元）	城镇居民人均可支配收入（元）
2019年	2075.77	5.56	827.85	61.36	91.61	59375
2020年	2193.24	8.49	661.70	78.05	106.38	62403
2020年比2019年增长（%）	4.5	−0.5	−2.0	4.9	16.1	5.1

（资料来源：雨花区地方志编纂室）

3所，培训学校189所。小学适龄儿童入学率100%，初中适龄人口入学率100%，高中阶段教育毛入学率100%。落实义务教育保障资金14.02亿元，义务教育阶段合格学校建设2所。

全社会研发经费投入增长31.8%。完成技术合同累计成交金额62.38亿元，增长34.4%。全省唯一一家区县级技术合同认定登记点落户雨花。2家企业获批省级工程研究中心，省、市科技创新平台63个。认定高新技术企业173家，和顺石油、宇新能源上市。专利申请4940件，比2019年增加51件；授权专利3955件，增加1110件；签订技术合同655项，比2019年增加268%。实现高新技术产业增加值同比增长15.9%。

全区有艺术表演团体13个，文化馆1个。拥有公共图书馆（区级）1个，图书分馆（含街道、社区两级）11个。拥有档案馆1个，已开放各类档案1.3万卷（件）。全区有体育场地1189个，比2019年增加185个；面积282.58万平方米，比2019年增加17.58万平方米，拥有体育馆19座。开展全民健身项目27项次，全区全民健身运动参加人数56.7万人。

【社会保障】 2020年，雨花区有医疗卫生机构666个。卫生技术人员1.96万人，比2019年增长3.9%；执业医师和执业助理医师2722人，增长3.8%；注册护士3494人，增长7.1%。医院、卫生院54个，床位1431张；社区卫生服务中心11个，床位585张；拥有疾病预防控制中心（防疫站）、卫生监督机构、妇幼保健院各1个。新增就业1.68万人，其中，城镇新增就业1.47万人。年末城镇登记失业率3.4%，安排失业人员再就业8019人。年末企业职工基本养老保险参保人数28.99万人，城乡居民社会养老保险参保人数6.95万人，工伤保险参保人数23.83万人，失业保险参保人数20.09万人，生育保险参保人数25.25万人。退役军人服务保障体系不断健全，建成退役军人服务中心（站）176个。各类收养性社会福利单位收养人员1153人，共有床位数1595张。城镇各种社区服务设施1027个，其中综合性社区服务中心134个。筹集社会福利资金38.38万元，直接接收社会捐赠362.13万元。全年社会救济总人数5139人，其中居民最低生活保障人数4573人、特困供养保障人数566人。农村低保覆盖率100%。

【"三大攻坚战"】 2020年，雨花区强化政府债务风险防控，风险等级处于绿色安全区域；加快推进国有平台公司市场化转型；政府债务规模逐步压减，风险等级处于绿色安全区域。做好金融、社会等领域风险防控工作，打击非法集资、传销、电信网络诈骗等违法犯罪行为，化解非法集资积案4起，捣毁涉传窝点4个，破获电信网络诈骗案593起。深化产业扶贫、就业扶贫等举措，"两不愁三保障"全面落实，保障水平位居全省前列。发展民宿旅游、苗木种植等产业帮扶项目24个，就业帮扶200余人；建立"1+3"（"1"即一个村，"3"即1个街镇、1个企业、1个社会组织）精准帮扶工作机制，保障高质量、可持续脱贫；湖南消费扶贫示范中心开馆。建档立卡贫困户361户1025人全部脱贫。雨花区代表湖南迎接国务院脱贫攻坚普查，实现入户登记主要指标达标率、贫困户满意率、省级事后质量抽查合格率3个100%。以产业扶持为重点开展对口帮扶，携手奔小康工作走在省市前列，连续两年获省"携手奔小康先进单位"。全区烟尘控制区5个，面积47.6平方千米。环境噪声达标区7个，比2019年增加2个；面积30.15平方千米，比2019年增加1.15平方千米。持续推进蓝天碧水净土保卫战，严格落实"六控十严禁"（"六控"：控尘、控车、控排、控烧、控煤、控油。"十严禁"：严禁渣土车、混凝土搅拌车、运砂车等各类车辆带泥上路，严禁违法倾倒渣土，严禁工地裸露黄土，严禁重污染天气下土石方施工，严禁燃烧散煤，严禁露天焚烧垃圾，严禁露天烧烤，严禁露天焚烧秸秆，严禁拖拉机等高排放车辆进城，严禁在禁燃区域时段燃放烟花爆竹），完成169台锅炉低氮改造、1.7万户餐厨油烟净化治理等项目，全区空气质量良好天数315天，空气质量优良率87.4%，空气质量位居中心城区前列。工业项目环保"三同时"（建设项目中防治污染的措施，必须与主体工程同时设计、同时施工、同时投产使用）执行合格率100%；工业固体废物综合利用率100%。浏阳河水质稳定达到Ⅲ类标准、圭塘河年度水质首次达到Ⅲ类标准，总体水质满足Ⅲ类标准的断面比例（省控）为100%。井塘海绵示范公园建设加快推进，完成跳马6个矿洞整治工作。完成时代阳光大道北幅截污干管扩容、石碑大港片区截污干管改造等工程。重点水域禁捕工作常态开展。违法用地整改推进，长江经济带废弃露天矿山生态修复项目全部完成，发放生态补偿资金1000万余元。推进农村"五治"，无害化厕所改造6730座，农村垃圾分类减量村覆盖率100%，跳马镇新田村小微水体管护示范片完成建设。

【自贸区建设】 2020年9月21日，国务院发布《中国（湖南）自由贸易试验区总体方案》，中国（湖南）自由贸易试验区建设启动，雨花区成为长沙内城区唯一一个被纳入自贸区范围的区县，中国（湖南）自由贸易试验区长沙片区雨花区块5.17平方千米，由高铁新城区块4.54平方千米和高桥区块0.63平方千米组成。

雨花区对标省自贸区实施方案、长沙片区实施方案，编制产业规划及实施方案，计划将高桥片区打造成中非经贸合作示范区和内外贸融合发展引领区，将高铁新城片区打造成省会城市商务客厅和高端现代服务业集聚新区，为湖南自贸区长沙片区雨花区块的长足发展奠定基础。高桥区块作为全国唯一的中非经贸深度合作先行

2020年10月16日，雨花区自贸试验区工作推进会召开　　雨花区地方志编纂室　供图

区，发挥自由贸易试验区、市场采购贸易方式试点、中非经贸博览会的叠加优势，打造中非经贸合作促进创新示范园及中非跨境人民币中心、中非供应链金融中心等金融服务平台，探索中非经贸合作新机制、新模式。高铁新城区块依托高铁和会展枢纽，引导企业总部、星级酒店、科技金融、创智产业等产业集聚发展，加快建设“国际文化科创基地”“国际高端人才基地”“国际总部经济中心”“国际专业服务业集聚区”，着力打造内陆地区高端现代服务业中心和中部地区崛起增长极，打造内陆改革开放新高地；雨花区承担全省自贸区建设三大战略任务中的“中非经贸深度合作先行区”“内陆地区高端现代服务业集聚区”2个核心任务，承接长沙片区113项改革事项中的96项。雨花区建立省市区企四级联动、定期会商、协同推进的工作机制。区委、区政府每周进行一次调度，快速推动工作落实落地。发挥高桥自贸试验区、市场采购贸易方式试点、中非经贸博览会的叠加优势，推进一般贸易、市场采购、跨境电商、易货贸易等融合发展。以中非经贸合作研究会为龙头，坚持研究实施总结创新同步开展，推进非洲在中国非资源性产品集散和交易中心建设，探索开展中非易货贸易，打造中非经贸合作公共服务平台等。中非经贸合作促进创新示范园一期15万平方米建成使用，二期9万平方米加快建设。举办示范园首批入驻企业集中签约暨一站式全程代办服务中心揭牌仪式。雨花区块新引进贸易类、跨境电商类龙头企业54家、服务类龙头企业20家；建立非洲咖啡加工中心；引进科特迪瓦咖啡可可产业委员会、驻外之家等行业商协会10余家，引进湖南中芯供应链公司、湖南财信观盛供应链公司等全链条金融体系牵头主体，引入中非跨境电商综合服务平台，成立湖南自贸区首个“湘字号”中非直播电商孵化平台。截至2020年年底，自贸试验区累计注册企业2290家，其中自贸区成立后新增注册企业93家。12月9日，湖南省委书记许达哲主持召开中国（湖南）自由贸易试验区工作领导小组第一次会议。雨花区作书面报告，工作汇报作为经验材料列入资料汇编。

【养老服务体系建设】　2020年，雨花区新建居家养老服务中心20家，居家养老服务中心总数72个，各类养老服务床位5156张，每千名老人拥有床位数38.2张，居全省前列。突出品牌带动、医养融合、打造“家门口”的养老院等方式，推动养老融合发展。全区80%以上的街道都分布品牌养老机构经营的居家养老服务中心，在3家老年养护院实行养老院和医院并轨共生的模式，社区居家养老服务中心与基层医疗卫生机构签约服务率100%。建成“邻家在线＋邻家照护”嵌入式养老机构3家，在筹在建项目10家。把服务放在突出位置，推动智慧养老、拓展上门服务、支持互助帮扶，实现“温暖”养老。投入600万余元建成区为老服务信息平台；发展22家社区居家养老服务中心开展送餐上门服务，受益老年人3.6万人次；探索“雨花时间银行”，组建老年志愿服务团队50余支，提高老年人的幸福指数。2020年，雨花区再次被评为全省真抓实干养老服务体系建设成效明显区。

【民政工作标准化创新实验】　2020年5月，湖南省民政厅遴选雨花区作为全省唯一区县开展乡镇（街道）、村（社区）民政工作标准化创新实验。6月，雨花区制定开展乡镇（街道）、村（社区）民政工作标准化实验方案，探索建立民政工作标准化体系。7月31日，省民政厅党组成员、副厅长游劲民带领省民政厅法规处、省质量和标准化研究院一行专题调研雨花区乡镇（街道）、村（社区）民政工作标准化试点工作，标准化实验提供指导意见。8—12月，雨花区通过多次召开会议研究讨论、开展试点推进，结合实际反复修订完善，全面梳理街道、社区服务管理规范，明晰职能权限，编制形成街镇、社区民政工作操作标准手册，使基层每项民政事项都有标准可遵循、可操作，达到方便服务对象、规范服务行为、提高服务质量的目的，被评为“2020年度全省五化民政建设创新实验先进区”。

【省植物园免费开放】　2020年1月1日，湖南省森林植物园“省市共建 免费开放”启动仪式举行，自2020年1月1日起，湖南省植物园免费对外开放，重大节假日及樱花节期间，实行网上预约入园；其余时间，游客可刷身份证或凭手机二维码直接入园，实行游客入园预约免费不免票。开园时间由8时至20时调整为6时至21时，入园方式由收费入园调整为免费入园，建设模式由以湖南省政府建设为主调整为省市共建，湖南省植物园对外开放运行，经费渠道由门票收费调整为长沙市政府及湖南省财政经费补助。湖南省副省长陈文浩宣布活动启动并致辞，省林业局党组书记、局长胡长清，长沙市委副书记、市长、湖南湘江新区党工委书记胡忠雄，市委常委、市委秘书长廖建华参加启动仪式。

湖南省森林植物园隶属湖南省林业局，是集物种保育、科学研究、科普教育、生态旅游、开发利用五大功能于一体的综合性植物园。位于湖南省会长沙市雨花区，1985年成立，占地面积119.3公顷，森林覆盖率90%。经过建设发展，湖南省森林植物园迁地保护和拯救一批区域性珍贵稀有和具有重要科学价值的野生植物及动物资源，收集保存植物4500余种，其中包括“植物界大熊猫”银杉、“活化石”珙桐在内的珍稀濒危树种178种，攻克银杉、观光木、绒毛皂荚、沉水樟、南方红豆杉、闵楠、乐东拟单性木兰等42种珍稀濒危植物和极小种群植物的繁殖问题，救护、驯养野生动物120余种9万余头（只），建成全球最大的国家一级保护动物“黄腹角雉”人工种群繁育基地。建设一批重要的省级研发平台，每年为国家生态网络平台提供120万余条城市生态数据。取得一批具有市场价值和知识产权的科研成果，先后支持科研项目300余项，取得省部级科技奖励53项，获专利17个，制定行业和地方标准32个，命名植物新品种18个。建成樱花园、杜鹃园、木兰园、珍稀植物园、观赏竹园、桂花园、世界名花园等15个植物专类园，举办“湖南世界名花生态文化节”，年接待入园游客超过80万人次。初步成为中亚热带珍稀濒危植物迁地保育和战略性植物资源储备基地。是国际植物园联盟（BGCI）会员单位、中国植物园联盟理事单位、湖南植物园联盟理事长单位和首批城市森林国家创新联盟理事单位，湖南省花卉协会、湖南省野生动植物保护协会会长单位，中南林业科技大学和湖南农业大学的校外博导、硕导单位。先后被授予国家生态文明教育基地、全国科普教育基地、国家AAAA级旅游景区、全国林业科普教育基地、全国中小学环境教育社会实践基地、全国林业信息化示范基地、国家重点花文化基地、湖南省文明风景旅游区、湖南省“两型社会”示范景区、湖南省知识产权密集型科研院所、省级文明单位等各级荣誉称号。免费开放后，湖南省森林植物园回归“迁地保育、科研科普”定位，加大收集保存珍稀濒危植物力度，强化科研科普功能，加快景区规划落地，进一步提升品质，加快创新游园模式，打造丰富多彩的文化体验活动。2020年，省植物园接待游客总数104万人次，免门票。

【长沙汽车南站试运营】 2020年1月1日，长沙汽车南站综合交通枢纽试运营开业仪式举行。长沙市委常委、市委秘书长廖建华主持，市委副书记、市长、湖南湘江新区党工委书记胡忠雄出席并宣布试运营开业，在长沙汽车南站过渡站发班的客运车辆、始发的公交车辆，均搬迁至长沙汽车南站综合交通枢纽（龙骧·汇金时代）始发。仪式结束后，胡忠雄一行到汽车南站综合交通枢纽售票大厅、候车大厅等地，体验新推出的市际临时班车服务，了解客运安全保障等相关情况。长沙汽车南站综合交通枢纽（龙骧·汇金时代）位于中意一路和时代阳光大道交叉口东南角，总用地14.47公顷，总建筑面积50.3万平方米，总投资约35.9亿元，是湖南龙骧交通发展集团有限责任公司打造的长株潭城市群一体化的重要交通基础设施，集客运、公交、地铁、城际铁路、空港直连、出租车、社会车辆（网约车）等“七位一体”运输方式，始发长短途线路110余条，日发送400余班次，可日均发送旅客4.47万人次。该站推出多条定制客运服务VIP热门班线，为乘客提供“点到点”“门到门”定制出行服务。旅客通过龙骧集团“96228”服务热线、龙骧集团微信公众号、“依畅出行”App、“依畅出行”微信公众号及小程序等渠道进行预订，即刻享受“上车立即走，送到家门口”的出行体验。长沙汽车南站综合交通枢纽配套建设21.8万平方米的商业。

2021年1月1日，长沙汽车南站综合交通枢纽试运营开业仪式举行

雨花区地方志编纂室　供图

【桂花公园提质改造】 2020年，雨花区推进“人民满意公园”创建，结合桂花公园海绵示范点项目提质改造桂花公园。公园从“三提”（提基础设施、提园容环境、提维护水平）出发，完善规划布局、改造基础设施、共享绿色空间、提升科学内涵。该项目于6月11日开始进场施工，由湖南省一建园林建设有限公司设计并建设，总投入资金434.88万元，总占地面积17649平方米。项目主要对桂花公园内水电设施、建筑、廊亭等结构物基础设施、绿化工程等进行提质改造。增设50立方米雨水收集池一座，排水管940米，雨水井45个，检查井38个，水景集水坑1座，给水喷灌550米，建设雨水循环系统，以雨水循环代替自来水循环，筑牢生态基底，持续提升环保品质。增加绿化面积5200平方米，垃圾桶10个，挂衣架20个，木坐凳95米，条石坐凳42米，石桌凳10套，广场、环湖路铺贴麻石板1850平方米；在公园西南角增设160平方米宣传栏，新建廉政文化宣传阵地，打造独具特色的廉政文化公园。11月1日，封闭改造后的桂花公园开园。

【长沙市雨花工业软件及智能机器人装备产业基地授牌】 2020年3月10日，长沙市雨花工业软件及智能机器人装备产业基地授牌签约活动举行。湖南省委常委、长沙市委书记胡衡华为基地揭牌，并见证12个项目签约。涵盖工业软件、5G基建、云平台、大数据中心、工业互联网、智能机器人装备6个类型，促进工业软件与智能机器人装备深度融合。现场发布《促进工业软件发展三年行动计划(2020—2022年)》《关于加快软件行业发展的若干政策》等惠企政策，从聚焦规模扩大、加快内培外引5个方面提出15条举措，通过一年搭平台，两年扩规模，三年树品牌，到2022年打造成为中部地区有影响力的工业软件及智能机器人装备产业基地。

【雨花盛世基金设立】 2020年，雨花区推进与社会资本合作成立引导基金。3月21日，启动雨花经开区产业引导基金设立工作，通过公开招标，采取竞争性磋商（采购项目编号：CSCG-GDJH-CSS2020012）的方式，于5月6日选定北京盛世宏明投资基金管理有限公司担任湖南雨花盛世股权投资基金合伙企业（有限合伙）（以下简称“雨花盛世”）受托管理机构，总规模1亿元，投资领域为新能源汽车及零部件、人工智能及机器人（含传感器）、工业软件、医疗及大健康等雨花经开区重点发展产业和战略新兴产业。7月23日，双方签署《长沙雨花经济开发区产业引导基金受托管理机构招标项目采购合同》及《湖南雨花盛世股权投资基金合伙企业（有限合伙）合伙协议》；8月3日取得营业执照；8月17日，完成募集账户的开立；8月25日完成托管账户的开立，8月26日雨花盛世完成在中国证券投资基金业协会的备案。雨花盛世首期实缴资金4000万元，2020年，完成对珠海纳睿达科技有限公司投资1800万元。

【湖南省首家技术合同认定登记点授牌】 2020年10月23日，湖南省长沙市技术合同认定登记点（雨花区）授牌仪式在长沙市雨花区中机国际工程设计研究院有限责任公司举行。会议由长沙市科技局副局长宋新和主持，长沙市雨花区副区长刘江红致辞，湖南省科技厅副厅长朱皖授牌、授章并讲话。雨花区登记点为湖南省各区县市首家技术合同认定登记点。该登记点的设立创新湖南省技术合同认定登记管理的新模式，是省市科技部门优化营商环境的重要举措，方便河东地区企业技术合同认定登记。

【雨花区推动中华优秀传统文化进课本、进课堂、进校园】 2020年，雨花区探索和尝试引导社会力量助力中华优秀传统文化进课本、进课堂、进校园。研究制定文化产业发展扶持奖励政策，鼓励中华优秀传统文化活态传承，通过政府引导、社会力量参与的方式，在全国范围内寻访、聚集“非遗”传承人200余名、“非遗”传承项目359个，逐步搭建湖南雨花非遗馆、宋旦汉字艺术博物馆、柳建新刺绣艺术博物馆、大观文化博物馆等平台，雨花非遗馆挂牌“全国中小学研学实践教育基地”“湖南省社会科学普及基地”“长沙市关心下一代传统文化教育基地”。整合社会各方力量，积极统筹协调，与高校合作，研发传统文化教育传承和对外传播的课程；推荐传承人与大、中、小学签约，担任客座教授，走进课堂参与教育教学；在学校设立传统文化传承基地，共建“传统文化特色校园”；结合传统节日、学校开放日、校庆日等，组织社会力量进校园开展传统文化主题活动；利用新媒体、新技术加大宣传力度，展示传统文化的内涵价值。首创体验式教学培训，鼓励社会力量开设传统文化研学项目助力“三进”（进课本、进课堂、进校园）。湖南雨花非遗馆开发“非遗”项目30余个，进入100余所大、中、小学校校本课程，开设公益课堂800余场次，吸引全国各地大中小学生到雨花区开展研学实践、春秋游、拜师学艺及大学生“双创”等体验式活动，学生在体验中学到“手艺”，“守艺人”在传授中获得经济效益与社会效益。2020年11月27日，雨花非遗馆作为现场，代表湖南省连线全国政协“推动中华优秀传统文化进课本、进课堂、进校园”网络议政远程协商会议，推介雨花区优秀传统文化进课本进课堂进校园成功经验，并在主会场同步播放砂子塘湘天小学学生现场体验国家“非遗”项目滩头木板年画创新课程视频，获全国政协领导的肯定。

【“中国著名作家雨花行”2020年采风活动】 2020年6月10—11日，雨花区举行“中国著名作家雨花行”2020年采风活动，邀请谭谈、王跃文等12

名作家到圭塘河、雨花非遗馆、高铁新城等实地采风写作，推出系列优秀作品，宣传雨花区的改革开放的成就与经验。活动通过中国著名作家们去感受“雨与花”厚道文化，用作家的“笔”，描写雨花区高质量发展的气象万千和全省第一强区的独特魅力。用作家的视角解读“厚道雨花”对中国改革开放的突出贡献和雨花的人文历史、创新发展的文化价值和推动社会进步的治理能力；用知名作家的文学影响力，提升雨花区的国际影响力；并将作家的作品汇编成册，以利于全面提升长沙厚道“雨与花”的品牌影响力，为雨花区的经济转型、跨越发展提供强有力的精神动力和文学支持。6月，作家们陆续推出《节奏，沐雨拾花》《回溯旧时光》等作品14篇。分别在人民网、《光明日报》、新华社、“学习强国”平台、《湖南日报》、湖南作家网、《新民晚报》、港中传媒通讯社、华人头条、《世界侨报》等80余家海内外报刊及网站上刊发。10月，编辑出版《中国著名作家雨花行》书籍，赠送给省、市党政领导和海内外投资商。长沙市委常委、宣传部部长陈刚为作品集作序《中国作家行·宝地雨花频》。

【长沙火车南站志愿服务开展】 长沙火车南站地区是集高铁、地铁、磁浮、航站楼、长途客运、公交、出租车、网约车“八站合一”的综合交通枢纽，是展现长沙形象的重要窗口。站区日均到发旅客约20万人次，2020年到发旅客5800万人次。2020年，长沙火车南站地区综合管理办公室把志愿服务作为“扮靓湖南窗口 打造全国标杆”的重要抓手，牵头成立的“和谐号”高铁志愿联盟为基础，积极开展春运、暑运及节假日“学雷锋”等系列志愿服务活动。站区8个学雷锋志愿服务岗亭，每天百余名志愿者积极开展志愿服务，全方位、多角度为旅客提供咨询引导、行李搬运、不文明行为劝导等服务，为重点旅客提供轮椅、接送站等服务，实现时段、区域全覆盖。疫情期间新增28名志愿者为旅客提供防疫咨询，帮助无码人员、老年人申领健康码，引导乘客有序排队。全年组织50余家社会团体和高校学生6000余名志愿者参与站区志愿服务，为旅客提供服务次数220万余人次，日均提供咨询服务6000余人次。长沙火车南站地区综合管理办公室获“第六批全国学雷锋活动示范点”国家级称号。“和谐号”高铁志愿服务联盟获2020年全国“四个100”（100个最美志愿者、100个最佳志愿服务组织、100个最佳志愿服务项目、100个最美志愿服务社区）最佳志愿服务组织。

【雨花经开区被评为国家绿色工业园区】 雨花经开区坚持走“低碳、两型、绿色”内涵式增长之路，在开发中保护、在保护中开发；不一味为了经济发展而破坏生态，不单纯保护而放弃发展。区别于单纯依靠增加要素数量驱动经济增长的“外延型”经济增长方式，雨花经开区主要依靠技术进步、劳动者素质提高和全要素生产率改进等方式，促进产业提质增效，推动产业向价值链中高端跃升。2019年园区高新技术产业产值占工业总产值93%以上，绿色产业增加值占工业增加值的22%左右。2020年10月16日，工业和信息化部发布第五批绿色制造名单，雨花经开区获“国家绿色工业园区”称号，为湖南省获此称号的唯一省级工业园区。

（本栏撰稿　刘科明）

2020年6月11日，长沙市雨花区“中国著名作家雨花行”活动。图为参加活动作家们合影

雨花区地方志编纂室　供图

望城区

【概况】 望城区辖11个街道（其中雷锋街道、白马街道由高新区托管），5个镇，91个行政村、19个农村社区、32个城市社区。全区总面积969平方千米，耕地面积31.33千公顷。森林覆盖率34.22%。2020年年末户籍人口61.43万人（不含雷锋街道、白马街道）。人口出生率12.4‰，人口死亡率8.18‰，人口自然增长率4.21‰。

是年，望城区入选2020年中国工业百强区、中国高质量发展百强城区、中国综合实力和投资潜力百强区、全国绿色发展示范案例，被评为第二批全国全域旅游示范区、2020年中国领军智慧城区及长沙市“百日竞赛”优胜集体。雷锋纪念馆、大汉金桥集团被评为全国文明单位，茶亭镇静慎村、铜官街道彩陶源村被评为全国文明村。

地区生产总值857.04亿元（含雷锋街道、白马街道），比2019年增长4.3%。其中，第一产业增加值56.65亿元，增长4.3%，第二产业增加值326.44亿元，增长6.3%，第三产业增加值473.94亿元，增长2.9%。第一、第二、第三产业分别拉动GDP增长0.2、2.6、1.5个百分点，三次产业对GDP增长的贡献率分别为5.2%、59%、35.8%。三次产业结构调整为6.6 ∶ 38.1 ∶ 55.3。与2019年相比，第一产业比重上升0.7个百分点，第二产业比重上升1.8个百分点，第三产业比重下降2.5个百分点。工业对经济增长的贡献率为54.2%，拉动GDP增长2.4个百分点，全部工业增加值占GDP比重24.5%，较2019年提升1.9个百分点。制造业增加值占GDP比重22.2%。一般公共预算收入115.23亿元，增长11.7%。其中地方一般公共预算收入63.91亿元，增长10%。实现全口径税收收入100.32亿元，税收收入占一般公共预算收入比重87.1%。一般公共预算支出110.7亿元，增长0.3%。全体居民人均可支配收入46615元，比2019年增长6%。其中，城镇居民人均可支配收入53876元，增长5.2%；农村居民人均可支配收入37738元，增长7.5%。全体居民人均消费支出30677元，增长3.3%。其中，城镇居民人均消费支出35844元，增长1.9%；农村居民人均消费支出24361元，增长5.9%。

农林牧渔业增加值60.24亿元，比2019年增长4.5%。完成农林牧渔业总产值99.1亿元，增长4.5%。其中，农业产值63.68亿元，增长6%；林业产值1.49亿元，增长8.4%；牧业产值20亿元，下降6.9%；渔业产值7.53亿元，增长14.3%；农林牧渔服务业产值6.4亿元，增长7.5%。年末，全区总播种面积8.89万公顷。全年粮食播种面积4.53万公顷，其中水稻播种面积4.37万公顷。全年粮食产量31.12万吨，其中水稻总产量30.28万吨。全年蔬菜播种面积3.37万公顷，蔬菜产量119.28万吨，比2019年增长8.3%；茶叶产量0.08万吨，增长16.6%；水果产量4.61万吨，增长2.1%。全年出栏肉猪26.74万头。肉类总产量2.51万吨。其中：猪肉产量1.77万吨，家禽产量0.68万吨，牛肉产量0.04万吨，羊肉产量0.02万吨。水产品产量3.5万吨，比2019年增长20.3%。

规模以上工业增加值比2019年增长7%。其中望城经开区规模以上工业增加值总量占全比74.1%。在规模以上工业中，按产品产量统计，移动通信手持机、锂离子电池、铝合金分别比2019年增长750.3%、101.4%和11.9%。按行业统计，非金属矿物制品业产值比2019年增长3.7%，占规模以上工业产值的11.4%；有色金属冶炼和压延加工业产值下降8.7%，占比11.1%；计算机、通信和其他电子设备制造业产值增长544.4%，占比9.8%；化学原料和化学制品制造业产值增长3.4%，占比8.1%。规模以上工业企业经营效益持续改善，全年实现营业收入770.72亿元，比2019年增长8.5%；营业成本630.48亿元，增长7.7%；利润总额50.17亿元，增长19.5%。

社会消费品零售总额397.94亿元，比2019年下降0.2%。按行业统计，批发业24.28亿元，下降3.5%；零售业348.68亿元，增长0.8%；住宿业2.97亿元，增长1.2%；餐饮业22.01亿元，下降11.2%。限额以上单位商品零售额197.84亿元，比2019年增长8.4%。全年完成房地产开发投资179.64亿元，比2019年增长11.6%。全区商品房销售面积409.15万平方米，增长0.1%。全区商品房销售额294.64亿元，增长5.1%，其中住宅销售额268.6亿元。全年完成邮政业务总量1.04亿元，比2019年增长1%。全年完成电信业务总量7.38亿元，年末移动电话用户90.34万户。

全区有各类景区、点91处。其中：AAAA级旅游景区5家（雷锋纪念馆、黑麋峰国家森林公园、千龙湖旅游度假区、靖港古镇、新华联铜官窑古镇景区），AAA级旅游景区7家（欧阳询文化园、铜官窑国家遗址考古公园、新康戏乡、乔口柏乐园、蝴蝶谷、光明松鼠谷、贝拉小镇）。全年接待游客2086.1万人次，实现旅游综合收入108.3亿元。（张姣美　肖　艳）

【城区环境建设】 2020年，望城区推进城区环境建设，固定资产投资比

表59　2020年望城区主要经济指标与2019年比较统计表

指标名称	地　区生产总值（亿元）	农林牧渔业总产值（亿元）	社会消费品零售总额（亿元）	一般公共预算收入（亿元）	一般公共预算支出（亿元）	人均可支配收入（元）	
						城镇居民	农村居民
2019年	809.23	83.06	398.84	103.16	110.32	51213	35106
2020年	857.04	99.10	397.94	115.23	110.70	53876	37738
2020年比2019年增长（%）	4.3	4.5	−0.2	11.7	0.3	5.2	7.5

说明：增长速度按可比价计算　　　　（资料来源：望城区地方志编纂室）

2019年增长10.1%。其中工业投资下降3.3%，工业技改投资增长40.9%。全区计划总投资额超过5000万元的在建项目（不含房地产开发项目）265个，完成投资占固定投资总额的65.9%。在固定资产投资中，第一产业完成投资比2019年增长1347.5%;第二产业完成投资下降16.5%;第三产业完成投资增长15.8%。全年基础设施投资建设完成投资增长56.4%。战略推进国家级望城经开区和滨水新城、高铁西城、铜官三大重点片区建设，一江两岸协调发展、一园三区协同并进的发展格局初步奠定。完成全区国土空间总体规划大纲，编制5个乡镇国土空间总体规划和76个“多规合一”（用村庄规划统筹引导规划区域内土地利用、村庄建设、环境保护、产业发展等工作）村庄规划，加快推进斑马湖片区和雷锋大道等主干道两厢城市设计，品质望城设计管理导则、城市建设品质管控办法全面推行。打造全国首个鲲鹏体系新型智慧城区，智慧望城鲲鹏云平台、智慧城市运营中心以及智慧医疗等应用场景投入运行。大泽湖生态智慧城综合开发建设项目启动，投资27.1亿元的香炉洲大桥项目实现最快报批动工。编制高铁西城控制性详规和综合交通规划、片区产业规划等17个专项规划，启动片区新基建、10千伏配电网等专项规划编制，投资59亿元的高铁西站产业新城一期PPP项目（政府方与社会资本方依法进行的项目合作）加快实施。长常北高速、星月路一期、月亮岛路普瑞隧道建成通车，常益长高铁、湘江大道北延线二期、桥汨线、铜官港二期等加快建设。金星北路、雷高路实施提质改造工程。开展“点亮望城”行动，城市主干道亮灯率98%以上。完成31个老旧小区提质改造、341户棚户区改造，依法拆除违章建筑31.7万平方米。渣土管理平台与市级平台顺利“接轨”。污泥与生活垃圾清洁焚烧二期主体工程加快推进，灰渣填埋场主体建设完成。完成电力“630攻坚”任务，实现500千伏电压等级双电源保障，220千伏电压等级变电容量增加47%。建成5G基站1450个。开展违建别墅清查整治、卫星照片违法用地整改等专项行动，盘活闲置土地279公顷，消化存量土地822.87公顷，完成用地报批350.13公顷。坚持刚性阳光征拆，推行高铁西城、大泽湖片区板块拆迁，全区腾地791.73公顷；全面推行征拆货币化安置，消化解决90万平方米存量限价房指标。（张婍美　肖　艳）

【社会事业】　2020年，望城区有普通中学34所，中等职业中学1所，小学79所。普通中学专任教师3214人，中等职业中学专任教师160人，小学专任教师2370人。普通中学在校学生人数29675人，中等职业中学在校学生2624人，小学在校学生数57135人。学龄儿童入学率100%;初中升学率99.6%。义务教育大班额全面清零，试点推进教师“区管校聘”改革，与长沙市主城区实现中招并轨。全年完成国家级、省级、市级以及区级各类重大体育赛事36场，送戏下乡119场，送电影下乡1492场，送图书下乡1399余册。建成市级示范性村（社区）文化服务中心15个，完成“一圈两场三道”（即15分钟生活圈，停车场、农贸市场，人行道、自行车道、历史文化步道）建设任务84处，全民健身工程覆盖率100%。全区拥有各类医院、卫生院、社区卫生服务中心39个，床位4050张，卫生技术人员4357人，其中执业（助理）医师2157人，婴儿死亡率2.08‰。城镇新增就业8063人，农村劳动力转移就业2886人，零就业家庭动态清零，城镇登记失业率3%。四项社会保险参保人数61.88万人，归集社会保险费17.32亿元，发放保险金9.22亿元。城乡居民养老保险参保率100%。基本医疗保险参保人数69.2万人，参保率95.4%。其中职工医疗保险参保人数17.47万人，城乡居民医疗保险参保人数51.73万人。区养老中心加快建设，建成居家养老服务中心6个，提质敬老院5个。完成农村危房改造245户，实现全区农村危房改造动态清零。落实法治政府建设年度报告公开制度，建立驻园区商事纠纷调解综合平台，调处纠纷352起。规范法治审查，全年审查文件220个、合同108件，涉及金额超300亿元。开展扫黑除恶行动，查封传销窝点45个。推进国家级食品安全城市创建，抽检食品合格率96.1%。全年化解信访积案67件，刑事发案数和万人发案率保持全市最低；综治民调全市第一位，被评为湖南省平安区县。（张婍美　肖　艳）

【“三大攻坚战”】　2020年，望城区完成政府性债务化解目标，化解金融风险隐患8起，处置涉众型非法集资陈案5起；水投集团、经开集团铜官公司实现隐性债务清零，水投集团在全省率先实现区级平台市场化转型，城投集团、经开集团获AA+主体信用评级。全区5475户16239名贫困人口全部脱贫，8个贫困村全部脱贫，实施产业扶贫项目122个，贫困劳动力稳岗就业4516人，贫困户户均年收入增加3000元以上。落实对口帮扶资金2000万余元，实施项目30余个，帮扶龙山县洗车河镇、农车镇顺利脱贫摘帽。发放残疾人两项补贴1535万元，教育扶贫资助1.29万人次，健康扶贫“一站式”结算住院费用综合报销比例89%，贫困人口饮水安全问题全面解决，扶贫政策应享尽享。“蓝天保卫战”十大专项行动深入实施，空气质量优良天数较2019年增加41天。实施“一江七河两湖库”（一江：湘江；七河：沙河、马桥河、老沩水河、沩水河、乔口撇洪河、八曲河、石渚河；两湖库：格塘水库、团头湖）综合整治，新建污水管网37千米；开展“洞庭清波”专项行动，推进湘江流域禁捕退捕，销毁涉渔“三无”（无船名船号、无船舶证书、无船籍港）船舶238条。（张婍美　肖　艳）

【香炉洲大桥建设项目完成EPC招标】
2020年12月7日，香炉洲大桥建设项目完成EPC（工程总承包）招标。中交第二航务工程局有限公司、湖南路桥建设集团有限责任公司、湖南省交通规划勘察设计院有限公司组成的联合体中标，中标金额19.55亿元。香炉洲大桥是望城规划的第5条过江通道，位于湘江长沙综合枢纽上游和兴联路过江通道下游，南距三汊矶大桥9.3千米，北距湘江航电枢纽8.4千米。东起望城区丁字镇，连接湘江大道与芙蓉北路；西至望城区大泽湖街道，连接潇湘大道和金星大道，部分桥体建于香炉洲上。项目工程等级为城市主干道，采用斜拉桥形式，主线长约3.24千米，主跨约300米，标准横断面34.5米，匝道长约3.85千米，宽9米，双向6车道，设计速度60千米/时，2023年12月31日前竣工验收。

（肖　艳）

【长沙高铁西站产业新城一期项目开工】 2020年6月28日，长沙高铁西站产业新城一期项目开工动员大会在望城举行。长沙高铁西站产业新城是以高铁长沙西站为依托，联动长沙高新区、望城经开区、宁乡经开区三大国家级园区，通过“站、景、产、城”融合，打造集商贸商务、科创研发、生态休闲等功能于一体的综合性城市功能区。由湖南湘江新区管委会统筹，与望城区、长沙城发集团共同开发建设。其规划核心区域约12.52平方千米，总投资约413.27亿元，开发建设内容主要包括长沙高铁西站站场站房及相关工程、长沙高铁西站产业新城一期项目、除长沙高铁西站站场站房及相关工程与起步区PPP项目之外的核心区开发建设。此次开工的长沙高铁西站产业新城一期项目，总投资约59.27亿元，主要包括长沙高铁西站市政综合配套工程及4.65平方千米范围内的部分市政和公共配餐设施等，项目采用PPP模式进行开发建设和运营。由长沙城发集团和望城区城投集团共同出资成立的长沙高铁西城建设投资有限公司作为政府出资代表，由中建国际投资集团有限公司、中国建筑第五工程局有限公司、中建国际工程有限公司组成的联合体单位作为社会资本方，共同成立项目公司负责合作区域的投资和开发建设。项目开工促进了国家“一带一路”战略的实施，为加速湖南中部崛起、加快建设现代化长沙提供更强劲的动力，注入更新鲜的活力。

（肖　艳）

【铜官草市开街】 2020年8月1日，铜官草市在AAAA级景区新华联铜官古镇景区开街。铜官石渚是长沙铜官窑边上的一个港湾，一千多年前已形成交易市场。铜官窑生产的陶瓷产品在石渚完成交易，通过海上丝绸之路运往世界各地。铜官草市项目从古镇内分划出专门区域约8000平方米，建有106个商铺，对公众免费开放。作为铜官片区文旅创新与乡村振兴的标杆项目，铜官草市引入了中国乡村旅游标杆地袁家村的优秀经验，融合铜官的“陶都”文化，营造接地气的市井生活场景；采取全天候开放式运营，实行“一店一品”、无同业态竞争、联营模式、无门票障碍；以当地特色小吃为主，主办常态化互动性强的新媒体演艺节目；邀请古法手作老匠人、文化创意创业新青年，结合周边剩余劳动力共同参与经营，解决文旅项目中的政企农问题，截至开街当日，草市新增注册公司和个体商户70余家，直接解决就业500余人，有效带动周边村庄土特产售卖、特色工艺品制作、房屋租赁等业态发展，成为长沙市民的周末假期休闲好去处，湖南乡村旅游新地标。

（肖　艳）

【500千伏望城变电站项目投运】 望城500千伏变电站（以下简称“望城变”）是“长沙电网供电能力提升三年行动计划”和“630攻坚”活动的重点项目，2019年6月27日开工建设。2020年6月投入使用，项目比原计划工期提前21天接网投运。“望城变”选址白箬铺镇古山村，红线内占地面积7.06公顷，围墙内4.1公顷，建筑面积1200平方米。该期建设主变2组，总容量200万千伏安；500千伏出线4回，分别至艾家冲、鼎功500千伏变各2回，线路全长129.62千米，总投资17.1亿元。“望城变”投运后，与500千伏艾家冲变电站构建河西主干网，提高供电能力150万千瓦，缓解复兴——沙坪双回线路的送电压力，提升湘东500千伏电网潮流疏散能力，为湘东500千伏电网构筑内外双环网的目标打下基础，改善区域内

2020年8月1日，铜官草市在AAAA级景区新华联铜官古镇景区开街

望城区地方志编纂室　供图

电网负荷趋于饱和的现状，提高供电稳定性。（肖　艳）

【中交长沙总部基地项目落户望城】 2020年3月25日，望城区政府与中交第二航务工程局有限公司通过视频连线，完成中交长沙总部基地项目“云签约”。该项目是2020年落户望城的第2个世界500强项目，由中交二航局投资建设，总投资约12亿元，用地约5.87公顷，主要建设总部办公楼、配套商业及公寓等，签约后其全资子公司注册至望城区。项目2020年启动建设，2023年建成投入运营。（肖　艳）

【汉唐丝路文物特展在长沙铜官窑博物馆开展】 2020年9月28日，“鎏金铜蚕·黑石号——汉唐丝路文物特展”在长沙铜官窑博物馆开展，展期至2020年12月28日结束。汉唐丝路文物特展是陆上丝绸之路的见证者“鎏金铜蚕”与海上丝绸之路的见证者“黑石号”文物首次联袂展出，由望城区委、区政府主办，长沙铜官窑遗址管理处、陕西历史博物馆、湖南省博物馆、广州博物馆、扬州博物馆、洛阳博物馆、宁夏回族自治区固原博物馆、广西合浦县博物馆联合承办。特展由“无数铃声遥过碛，应驼白练到安西”“万里人南去，开航逐便风”两个篇章组成，共展出“鎏金铜蚕”“黑石号”沉船文物、玻璃矛、水晶绿柱石串饰、玛瑙琉璃珊瑚珠饰、佛造像、拜占庭金币等文物28件（套）。特展向世人展现古丝绸之路开通后的商贸往来、文化交流与传播情况，重现汉唐丝绸之路繁盛与辉煌，彰显古代中国开放的文化品格和不朽的文明成果。（肖　艳）

【雷锋80周年诞辰系列缅怀纪念活动】 2020年12月18日在望城举办。中宣部宣教局、《光明日报》共同主办的“核心价值观百场讲坛”工程第106场活动在望城开讲，活动邀请解放军报社原副总编辑、《雷锋》杂志总编辑陶克作题为《以雷锋精神助力新时代公民道德建设》的演讲；湖南雷锋学院举行揭牌仪式，并被授牌“湖南省党性教育基地”；纪念雷锋80周年诞辰座谈会在望城举办，围绕“雷锋80正青春”主题，省市区相关领导、雷锋精神研究专家及雷锋亲属、同学、同事、好友、生前所在部队代表、学雷锋先进集体及个人、志愿者等参加纪念活动，追忆雷锋事迹，畅谈雷锋精神新时代内涵。《人民日报》、新华社、《光明日报》、《经济日报》、中央电视台、中新社等30余家媒体聚焦系列活动报道，扩大雷锋品牌影响力。（肖　艳）

【第二届书堂山文人书法周】 2020年11月22日，第二届书堂山当代文人书法周开幕式在望城举行，“人民艺术家”国家荣誉称号获得者、文化部原部长王蒙宣布书法周开幕。该届书法周活动由中国艺术报、《艺术品》杂志社、湖南省文学艺术界联合会、长沙市委宣传部、长沙市文化旅游广电局、长沙市文学艺术界联合会、望城区委、区政府联合主办，以“缘起楷圣 文撼书堂之老长沙·新味道”为主题，贯穿书法美术作品展、王蒙以《文字、文学与文化》为题的文化讲座、烧制“第二届书堂山当代文人书法周”收藏壶、“情系书堂山”文人书画家创作交流笔会、“当代著名作家望城行”座谈会及片区考察等系列活动。全国各地的著名作家、书画家、书法理论工作者及嘉宾相聚楷圣故里，以当代文人的笔墨情怀表达对唐代书法家欧阳询的怀念，向社会广泛传播中国传统书法的神韵精髓，以当代文人的履迹丰富书堂山的内涵，为湖湘文化增色。《光明日报》、央视频、《中国文化报》、《湖南日报》、红网等媒体进行了报道。（肖　艳）

【望城区被评为“2020中国领军智慧城区”】 2020年11月12日，在深圳举行的中国国际高新技术成果交易会——2020亚太智慧城市发展论坛上，望城区凭借在新型智慧城市建设上的规划创新和建设成果获“2020年中国领军智慧城区”，是湖南省2020年唯一入选城区。望城区作为国内首个采用全鲲鹏架构的区县级智慧城市，与华为技术有限公司合作，围绕“一云、一网、一屏，可视、数据、智慧，管用、爱用、受用”的建设思路，突出用户思维和问题导向，以小切口入手解决具体问题，推进鲲鹏体系新型智慧城市建设。智慧望城鲲鹏云平台、我的长沙App望城专版上线运行，智慧城市运营中心全面投运，智慧政务“七通八达”新模式（一局通、一窗通、一点通、一号通、一网通、一步通、一机通，为服务事项达村达户、服务速度达时达秒、服务水平达标达规、服务质量达心达意）成效彰显，智慧医疗、智慧政务、智慧交通、智慧园区、智慧水利、智慧社区等基于鲲鹏体系开发的应用场景上线运行，城市管理成效和市民生活质量得到整体提升。（肖　艳）

长沙县

【概况】 长沙县辖13个镇和5个街道办事处，有114个行政村和103个社区。全县面积1756平方千米，其中耕地面积34676.46公顷。森林覆盖率49.83%。2020年年末户籍人口82.6万人（城镇人口49.3万人），常住人口134.4万人。人口出生率10.8‰，死亡率7.9‰，人口自然增长率2.9‰。年均气温18.1℃，年内最高气温38.5℃，最低气温–4.1℃；年降水量1721毫米。

地区生产总值1808.34亿元，比2019年增长4.3%。其中，第一产业增加值87.13亿元，比2019年增长3.3%；第二产业增加值945.2亿元，比2019年增长5.4%；第三产业增加值776.01亿元，比2019年增长3%。三次产业对GDP增长的贡献分别为3%、

68.7%、28.3%。全县三次产业结构调整为4.8 ∶ 52.3 ∶ 42.9。财政总收入410.3亿元，比2019年增长1%。公共财政预算支出194.7亿元，比2019年增长4.5%。城乡居民人均可支配收入46587元，比2019年增长6.1%；城乡居民人均消费支出29738元，比2019年下降0.1%。

农林牧渔业总产值145.9亿元，比2019年增长3.5%。其中：农业总产值98.3亿元，增长7.9%；林业总产值4.6亿元，增长8.2%；畜牧业总产值33.1亿元，下降14.2%；渔业总产值2.8亿元，增长8.5%。粮食总产量49.2万吨，增长7.8%；蔬菜产量105.3万吨，增长4.8%；水果产量7.8万吨，增长6.3%。肉类总产量4.2万吨，下降22.3%。茶叶产量3.7万吨，增长11.5%。“长沙绿茶”技术创新中心成立，茶产业综合产值35亿元。新建高标准农田2000公顷，高标准农田累计2.85万公顷，农业机械化水平81.3%；新增市级以上农业龙头企业5家，全县各类新型农村合作经济组织2055家。

全县有长沙经济技术开发区、长沙临空经济示范区、黄花综合保税区3个国家级开发园区，另有星沙产业基地、榔梨产业基地、黄花产业基地、汨罗产业园、长鄯产业园、埃塞（湖南）工业园等产业园。规模以上工业增加值比2019年增长6.3%。工程机械、汽车及零部件、电子信息三大支柱行业规模工业总产值比2019年增长7.4%。其中，汽车及零部件产业产值下降18.2%；电子信息产业产值下降2.4%；工程机械产业产值逾1600亿元，增长24.4%。成为中国（湖南）自由贸易试验区核心区和主阵地，临空产业集聚区成立，引进湖南航空、湖南通用航空、快线航空、联邦快递等重大项目16个。黄花综合保税区跨境电商全模式基本打通，位列全国综合保税区第14位。全县外贸进出口总额占全省近1/5。梅花工贸新区纳入临空产业集聚区范畴，长沙经济技术开发区托管北山产业基地。长沙经济技术开发区稳居全国经开区17强。全县新增国家高新技术企业250家，年末总数569家。

社会消费品零售总额560亿元。举办汽车消费节、夜经济嗨购节、文化旅游节和网上房交会，汽车消费节销售额33.6亿元，星沙商圈被评为全市“最美夜购商圈”。长沙县被评为中国乡村旅游发展名县（区），开慧镇被评为湖南省特色文旅小镇。房地产开发投资265.6亿元，比2019年增长8%。商品房销售面积344万平方米，增长6.4%；商品房销售额266.9亿元，增长20%。全年接待游客1800万人次，旅游综合收入170亿元。年末全县有AAA旅游景区8处，AAAA级旅游风景区2处。邮电通信业务总量16.4亿元，比2019年增长1.2%。

固定资产投资比2019年增长9.1%。其中第一产业完成投资占全社会固定资产投资的1.9%；第二产业完成投资占全社会固定资产投资的33.3%；第三产业完成投资占全社会固定资产投资的64.8%。全年亿元以上投资项目380个。

交通邮电业 旅客周转量15336万人千米，公路客运量2242.9万人，货物周转量172440.6万吨千米，公路货运量3832.5万吨。全县通车总里程6342.5千米，行政村客运（公交）班线通达率100%，县乡道路硬化率100%。提质改造开元路、盼盼路等19条市政道路和国道319线等3条干线公路，会议会展城东四线、东六线等道路建成通车，地铁3号线、5号线建成投运，地铁6号线、万家丽路北延线快速化改造、江杉高速在建，新改建农村公路164千米。邮电通信业务收入16.4亿元。年末本地电话用户15.5万户（不含移动用户），移动电话用户168.3万户，互联网宽带用户52.8万户。

是年，长沙县稳居县域经济与县域综合发展百强第4位、县域经济基本竞争力和中国中小城市综合实力百强第5位，首次被评为县域发展质量优等级县市、企业家幸福感最强县；排名2020中国综合投资热力百佳县市第2位、2020中国未来投资潜力百佳县市第3位、2020中国社会保障百

表60　2020年长沙县主要经济指标与2019年比较统计表

指标名称	地区生产总值（亿元）	农林牧渔业总产值（亿元）	社会消费品零售总额（亿元）	地方财政收入（亿元）	公共财政预算支出（亿元）	城乡居民人均可支配收入（元）
2019年	1709.96	123.3	570.8	406.1	186.3	43920
2020年	1808.34	145.9	560.0	410.3	194.7	46587
2020年比2019年增长（%）	4.3	3.5	−1.89	1.0	4.5	6.1

说明：地区生产总值、各产业增加值绝对数按现行价格计算，增长速度按不变价格计算

（资料来源：长沙县地方志编纂室）

佳县市第5位，挺进2020胡润中国最具投资潜力区域百强榜；县域营商环境百强县排名由第12位升至第9位，长沙经开区蝉联全国经开区营商环境指数前十位，均居中西部第一位。长沙黄花国际机场疫情防控联合指挥部被评为“全国抗击新冠肺炎疫情先进集体”。

【城乡建设】 2020年，长沙县实施《一核三城空间发展战略规划》《星沙新城建设品质导则》，20个省级试点“多规合一”村庄规划形成成果。在全省率先成立交通委员会，提质改造开元路、盼盼路等19条市政道路和G319等3条干线公路，会议会展城东四线、东六线等道路建成通车，地铁3号线、5号线建成投运，地铁6号线、万家丽路北延线快速化改造、江（背）（干）杉高速加快推进，新改建农村公路164千米。水塘垸等堤防达标和金井水库除险加固工程完成，被评为全国小型水利工程管理体制改革示范县。建成“15分钟生活圈”16个，新建公园2座、人行天桥4座、自行车道23.9千米，新增公共停车位2379个，升级改造农贸市场22个，提质城区厕所124座。5G站点建设数量位居全省前列。1~6区提质改造基本完成，实现可视电子报警、雨污分流、油烟收集、海绵城市的有机融合。聚焦智慧城管，拆除违章建筑35.3万平方米、违章广告1.5万处。新建渣土消纳场19处，实现新型智能环保渣土车城区全覆盖。建设“美丽屋场”20个，改造农村户用无害化厕所5.27万座，打造市级小微水体管护示范片区10个，拆除“空心房”1385处，农村生活垃圾回收利用量增长27%，被评为全国农村生活垃圾分类和资源化利用示范县。全县城镇生活垃圾无害化处理率100%、污水处理率98.8%。新增高标准农田2000公顷，粮食产量连续6年增收，路口镇被评为省级农业产业强镇。新增有机认证企业30家，创建“星沙味道”区域公共品牌，被评为全国农村创新创业典型县。新增民宿床位1244张，创建长龙杨祠盈商小镇、高桥农科新城、福临影珠山等8个民宿集聚区，集中培育22个民宿示范村，慧润民宿规模和品牌效应显著提升。高质量完成国家农村综合性改革试点。农村集体产权制度改革和土地确权登记颁证完成，核查农村集体资产41.6亿元，所有村集体经济年收入逾20万元，其中19个村收入逾100万元。

【项目建设】 2020年，长沙县铺排市级以上重大项目141个，实际投资340.2亿元。上汽大众和广汽三菱新能源车、铁建重工第三产业园等重大项目落户，三一智联重卡建成投产，蓝思科技视窗触控玻璃面板扩产、山河工业城（三期）等项目加速推进。三一集团、山河智能、博世汽车等企业陆续开展“5G+人工智能”升级改造。铁建重工等16个项目，入围全省“数字新基建”100个标志性项目名单，下线国内最大直径盾构机。引进凯恩利工程机械液压件、德国托马斯、盈旺车身、视比特机器人、威科赛尔光电等高端配套项目，提高关键零部件本地配套率。探索“园区+平台”发展模式，搭建三一集团、远大科技、铁建重工、山河智能、航天凯天环保、国科微电子6个国家级企业创新平台，新增高新技术企业255家，专利质押融资排名全省第一位，蝉联国家知识产权强县工程示范县。推动三一树根互联建设全省产业互联网生态平台，C融资、青岛海尔卡奥斯等项目入驻。天河国云牵头起草的6项区块链省级地方安全技术测评标准，在全国首次发布。长沙经济技术开发区获批全国首个省级“5G+工业互联网”先导区、首批“上云上平台”先进园区。举办首届星沙海外高层次人才创新创业论坛。

【社会事业】 2020年，长沙县教育事业支出26.3亿元；新改扩建学校16所，新增义务教育公办学位1.26万个。各类全日制学校205所（不含幼儿园），其中职业中专10所、普通高中12所、乡镇农校1所、初级中学39所、小学142所、特殊教育学校1所。幼儿园347所（含公办幼儿园79所）。初中入学率100%、初中巩固率99.9%；小学学龄人口入学率、巩固率均100%。免除12.7万人次学生杂费，义务教育阶段学生杂费免除率100%。资助各级各类贫困学生金额1522.6万元。坚持新增财力的80%用于民生，民生支出155亿元。新增公办中小学学位1.2万余个、公办幼儿园学位6186个，实施公办学校安装空调“爽心工程”，惠及近10万名学生。

全社会研发投入占GDP比重4.2%。全县专利申请量和授权量各为7483件、5125件。其中，发明专利申请量2006件，发明专利授权量545件。

县人民医院主体封顶，新改扩建医疗机构10个，县精神病医院、公共卫生应急管理指挥中心在建，在全省率先将高血压、糖尿病用药纳入医保报销；29家发热门诊全部改造完成，核酸日检测能力6万人次。在全省率先出台应对疫情19条措施，召开银行机构、房东、重点企业、服务业座谈会，新增就业岗位2万余个，为1万余家企业减费11亿元，覆盖企业职工20万余人，惠企资金量和覆盖面居全省前列。坚持“房住不炒”，为30万产业工人提供公租房、廉租房；在城市社区推出长者餐厅，为23名“无名氏”流浪者落户。开展扫黑除恶，现行破案率比2019年增长14%，申报成为省级市域社会治理创新试点县。

全县文化设施面积156.2万平方米；有文化站20个、文化馆1个，公共图书馆1个，电影院16个，国家综合档案馆1个。全年送戏下乡78场、电影2746场。体育设施面积191.1万平方米。各类体育场地3206个，其中：标准体育馆5座，标准运动场

100个，标准游泳池6个，各种训练综合用房210个。开展大型群众体育活动23次，全民健身运动参加人数45万人次。广播综合人口覆盖率、电视综合人口覆盖率均100%。有线电视用户3.6万户，有线电视入户率10%。各类卫生机构583个，其中医院、卫生院40个，卫生防疫和防治机构1个，妇幼卫生保健机构1个，社区服务中心（站）8个。卫生人员8829人，其中执业医师、执业助理医师2959人，注册护士4520人，卫生防疫和防治机构卫生技术人员85人，妇幼卫生机构卫生技术人员630人。各类卫生机构拥有病床5839张，每千人拥有病床数6张，每千人拥有卫生技术人员数9人。

【社会保障】 2020年，长沙县公共财政预算支出194.7亿元，其中教育支出26.3亿元，医疗卫生支出10.4亿元，社会保障和就业支出13.1亿元。新增城镇就业1.7万人，各类城镇下岗失业人员实现就业再就业1.03万人，帮助就业困难人员再就业4076人。年末城镇登记失业率3%。高桥敬老院主体框架建成，江背敬老院建成运营。新增民办养老机构2家、居家养老服务中心11个，新增养老床位1335张。年末，全县有各类养老机构27个，社会福利收养性单位床位数5155张，收养1797人。贫困户全部免费纳入基本医保、大病保险和医疗救助，住院报销比例90%以上。年末参加全县劳动保障部门企业职工基本养老保险人数72.1万人，参加城镇职工基本医疗保险人数25.7万人，参加失业保险参保人数18.5万人。救助困难群体18.4万人次，累计发放低保13.4万人次，其中，城镇低保对象4285户次、6807人次；农村低保对象6.31万户次、12.77万人次。

【“三大攻坚战”】 2020年，长沙县推进“三大攻坚战”，压减县级一般性支出4亿元，防范化解政府债务风险考核成绩为优秀，隐性债务风险等级评定结果为绿色。贫困村全部摘帽、贫困户全部脱贫。持续推进沅陵县、龙山县水田坝镇和召市镇、科右中旗携手奔小康帮扶，在新疆鄯善县创办工业园，助力产业扶贫。省环保督察“回头看”交办问题全部办结。天气优良率92%以上。国、省控断面水质稳居地表水Ⅲ类以上，浏阳河创建成为国家首批示范河流，江背三叉河、金井河高桥段打造成市级美丽河流，高桥镇金桥村、福临镇双起村、路口镇麻林村等6处小微水体创建成为市级示范片区。椝梨镇被评为全省防汛救灾先进集体。

【长沙机场改扩建暨综合交通枢纽工程启动】 2020年12月3日，湖南投资规模最大的单体项目——长沙机场改扩建暨综合交通枢纽工程启动。长沙机场改扩建工程按满足年旅客吞吐量6000万人次、货邮吞吐量60万吨目标设计。主要建设内容包含机场工程、空管工程、供油工程、汽车加油站工程，总投资约430.2亿元。其中，机场工程投资415亿元，在现有第二跑道东侧2千米处新建1条长3.6千米、宽45米的第三跑道，新建50万平方米的T3航站楼和165个机位的站坪。T3航站楼定型方案总体形状为五指廊构型，取意“长沙之星”，面积是T1、T2航站楼总和的2倍多。

【中国（湖南）自由贸易试验区获批】 2020年9月21日，国务院发布《中国（湖南）自由贸易试验区总体方案》，批准设立中国（湖南）自由贸易试验区，湖南自贸试验区面积119.76平方千米，成为中国改革开放的“新地标”和“试验田”。中国（湖南）自贸试验区的实施范围119.76平方千米，涵盖3个片区：长沙片区79.98平方千米（含长沙黄花综合保税区1.99平方千米），岳阳片区19.94平方千米（含岳阳城陵矶综合保税区2.07平方千米），郴州片区19.84平方千米（含郴州综合保税区1.06平方千米）。

【长沙县被评为“2020中国最具幸福感城市（县级）”】 2020年11月18日，“2020年中国幸福城市论坛”在杭州举行，第14届中国最具幸福感城市调查推选活动结果揭晓，长沙县再次被评为“最具幸福感城市（县级）”。此外，长沙县还首次被评为“企业家幸福感最强县”荣誉称号（全国唯一获此荣誉的县级城市）。2020年中国最具幸福感城市（县级市）调查结果显示，长沙县的总体幸福度排名第三位。9项具体指标中，交通幸福度位列第一位，教育幸福度、就业幸福度均位列第二位，医疗健康幸福度、安全幸福度、城市吸引力幸福度均位列第三位，居民收入幸福度位列第五位，生态环境幸福度位列第

2020年12月3日，长沙机场改扩建暨综合交通枢纽工程启动

长沙县地方志编纂室　供图

六位，生活品质幸福度位列第七位。长沙经济技术开发区党工委书记、长沙县委书记、长沙高铁新城党工委书记沈裕谋出席论坛并作《在星沙，都挺好》主旨演讲。

【长沙黄花国际机场疫情防控联合指挥部被评为“全国抗击新冠肺炎疫情先进集体”】 2020年9月8日，全国抗击新冠肺炎疫情表彰大会在北京人民大会堂举行。大会对全国抗击新冠肺炎疫情先进个人、先进集体、全国优秀共产党员、全国先进基层党组织进行表彰。长沙黄花国际机场疫情防控联合指挥部被评为“全国抗击新冠肺炎疫情先进集体”。长沙县委常委、长沙黄花国际机场疫情防控联合指挥部指挥长赖坤明代表指挥部参加表彰大会。长沙黄花国际机场旅客吞吐量占全省机场80%以上，货运吞吐量占全省机场98%，其疫情防控工作成效直接影响到全省防控境外疫情输入工作大局。1月27日，长沙黄花国际机场疫情防控联合指挥部成立，由长沙县、机场集团（长沙机场）、机场海关、长沙边检站、机场公安、省红十字会、省药监局、市疾控中心等单位组成，主要负责开展进出港旅客疫情防控工作，督促各航空公司加强对其货运机组人员集中管控，统筹调度全省各市州和长沙市其他9个区县（含高新区）驻机场工作人员，确保机场疫情防控工作高效有序开展。长沙黄花国际机场疫情防控联合指挥部严格按照外防输入、内防反弹、队伍不散、机制不变、思想不松的“两防三不”总体要求，对涉疫地区和国际旅客做到精确排查、精准管控，坚决确保不造成漏管漏控和扩散感染，努力守护好湖南省最重要的空中通道，保障全省人民健康和经济社会发展。4月10日，长沙市县疫情防控联合现场指挥部暂将关口前移至黄花国际机场，相关工作及部分人员合并纳入黄花国际机场疫情防控联合指挥部统筹管理，进一步充实黄花国际机场疫情防控联合指挥部力量。

（本栏撰稿　周进银）

浏阳市

【概况】 浏阳市辖4个街道、27个镇、1个乡，326个行政村（社区），区内另设浏阳经开区、制造产业基地、两型产业园、大围山国家森林公园4个园区，全市总面积5007.75平方千米。耕地面积772.4千公顷。2020年年末户籍户数41.4万户，总人口148.8万人，常住人口142.94万人。人口出生率8.58‰，人口死亡率9.61‰，人口自然下降率1.03‰。年平均气温18.4℃，年极端最高气温37.2℃，极端最低气温-3.9℃。年降水量1953毫米。

地区生产总值1493亿元，比2019年增长4.7%。其中第一产业增加值128.8亿元，第二产业增加值764.6亿元，第三产业增加值599.6亿元，分别增长4.8%、5.8%和3.2%。三次产业对经济增长的贡献率依次为6.8%、66.6%和26.6%，分别拉动经济增长0.3个、3.1个、1.3个百分点；三次产业结构比为8.6 ： 51.2 ： 40.2。

农林牧渔业总产值222.4亿元，增长4.9%。其中，农业产值116.5亿元，增长5.6%；林业产值25.1亿元，增长7.8%；牧业产值63.9亿元，增长0.3%；渔业产值4.4亿元，增长8.3%；农林牧渔服务业产值12.4亿元，增长7.2%。全年粮食种植面积7.87万公顷，其中稻谷播种面积7.25万公顷；蔬菜种植面积4.31万公顷，增长4.9%；烟叶种植面积3.25万公顷，增长12.2%。全年粮食总产量55.7万吨，比2019年增长7%；烟叶0.67万吨，增长18.01%；蔬菜140.2万吨，增长5.4%；出栏肉猪103.9万头，下降7%；出笼家禽1039.8万羽，增长25.6%。

工业增加值增长5.9%。规模以上工业企业1005家，规模工业总产值增长5.8%，规模工业增加值增长6.3%。其中经开区（高新区）实现规模工业增加值增长8.1%。全市规模工业企业中，46家生物医药企业产值下降28.2%；44家智能装备企业产值增长22.7%；5家显示器功能器件企业产值增长85.2%；443家烟花爆竹企业产值增长0.7%；106家绿色食品企业产值增长7.6%；8家再制造企业产值增长6.1%。15条新兴及优势产业链总产值增长9.4%，显示功能器件、智能装备、碳基材料、5G应用产业链规模工业总产值分别增长85.2%、22.7%、12.6%、41.3%；新增规模工业企业50家、高新技术企业130家、智能制造试点企业75家、上市（过会）企业2家，培育省级以上“小巨人”企业33家、国家级“两化”融合管理体系贯标试点企业28家；投资320亿元的惠科项目主厂房于1月23日建成投产；年内，泰科天润、豪恩声学一期、韵达物流、蓝思新材料建成投产。经开区、高新区合并，获批“国家新型工业化产业示范基地”“国家绿色工业园区”和“国家再制造高新技术产业化基地”。

社会消费品零售总额382.4亿元，比2019年下降3.5%。实现销售额763.8亿元，比2019年增长3.8%。其中：批发业实现商品销售额461.7亿元，增长7%；零售业实现商品销售额261.1亿元，增长0.9%；住宿实现商品销售额5.4亿元，下降14.9%；餐饮业实现商品销售额35.6亿元，下降8.4%。

固定资产投资增长9.3%。其中工业投资增长13.3%。引进项目200个，其中亿元以上项目78个，10亿元以上项目10个，50亿元以上项目2个。实际使用外资金额3.76亿美元，增长17.9%，实际到位省外境内资金122.19亿元，增长19.8%。214个重点项目完成投资684.5亿元，占计划投资141.7%。全市建筑行业实现增加值34.96亿元，增长3%。拥有资质建筑企业48家，实现建筑业产值68.4亿元，增长7.3%。房地产业实现增加值47.04亿元，增长0.3%。拥有房地产企业85家，实现房地产投资额67.7

亿元，增长19.2%；商品房销售面积146.92万平方米，增长0.4%。

在全国百强县排名中，县域综合发展、县域经济基本竞争力、工业百强县、营商环境百强县分别跃升至第9位、第11位、第11位、第19位；被评为“国家卫生城市”“2020胡润中国最具投资潜力区域百强”，蝉联“国际化营商环境建设示范县（市、区）”

旅游业有A级景区15个，其中国家AAAA级旅游景区3家，国家AAA级旅游景区11家；国家地质公园1个，国家森林公园1个，全国红色旅游经典景区2家，湖南省文旅特色小镇1个，省五星级乡村旅游区（点）9个。五星级旅游饭店1家；星级乡村旅游区（点）16家，其中五星级9家；旅行社（独立旅行社、分社、网点）137家，其中5星级1家，4星级4家。2020年接待旅游人数3095.06万人次，增长3.1%；旅游产业收入316.39亿元，增长1.8%。年内先后举办红博会、消费节、大围山杜鹃花节、首届花木博览会、省文化旅游创新创意大赛等节会活动，被评为“省全域旅游示范区”，张坊镇田溪村被评为“全国乡村旅游重点村”，葛家镇金源村、淳口镇狮岩村、张坊镇富溪村、官渡镇观音塘村、沿溪镇沙龙村被评为“国家森林乡村”；胡耀邦同志纪念馆晋升国家一级博物馆，苍坊旅游区通过国家AAAAA级旅游景区景观质量评审，新增国家AAA级旅游景区4个；在全省率先建成网间经济孵化器和5G直播基地，实现网络零售交易额81.27亿元，增长18.9%；“智慧浏阳河”“睿空间”被评为国家级众创空间。

【社会事业】 2020年，浏阳市拥有普通小学305所（含教学点），教职员工5657人，2020年招生19018人，在校学生111065人，毕业17085人；普通初中52所，教职员工3376人，本年招生17039人，在校学生49859人，毕业15749人；普通高中15所，教职员工2226人，2020年招生9770人，在校学生27937人，毕业8081人；中等职业学校6所，教职员工682人，2020年招生4139人，在校学生10610人，毕业4003人；特殊教育学校1所，2020年招生17人，在校学生216人，毕业22人。

有文化馆站33个、艺术表演团体20个，艺术表演观众人次35万人次。全市广播综合人口覆盖率96%，电视综合人口覆盖率98.8%。年末，全市拥有公共图书馆藏书49.68万册。

有高新技术企业和生产高新技术产品的企业303家，高新技术增加值267.6亿元，增长19.9%，占地区生产总值的比重为17.9%。全年专利授权量2216件，其中发明专利授权191件，全年实用型专利授权1511件，外观设计专利授权514件。

【社会保障】 2020年，浏阳市城乡居民人均可支配收入45840元，增长6%，其中农村居民人均可支配收入37154元，增长7.5%；城镇居民人均可支配收入52811元，增长4.9%。城乡居民人均生活消费支出26406元，增长1.6%，其中农村居民人均消费支出21393元，增长5.4%，城镇居民人均消费支出30427元，下降0.6%。全市参加城镇职工基本养老保险人数16.76万人；城镇职工基本医疗保险的参保人数18.71万人；失业保险参保人数14.13万人。城乡居民基本养老保险参保人数81.53万人，城乡居民基本医疗保险参保人数119.24万人，参保率100.2%。新增城镇就业人员15001人，年末城镇登记失业率2.89%。全市拥有各种社会福利收养性单位40个，床位4763个。全年发放城乡居民最低生活保障经费1.45亿元，城乡居民最低生活保障人数30226人，城乡低保对象人均月补差标准分为528.8元和408.13元。

【“三大攻坚战”】 2020年，浏阳市贫困劳动力域内转移就业1.05万人，就地就近就业率71.2%，贫困户李忠国获“2020年全国脱贫攻坚奋进奖”，对口帮扶邵阳县、龙山县茅坪乡，完成新时代脱贫攻坚目标任务。推进生态环境综合治理，通过省级环保督察“回头看”，全年空气质量优良率99.7%；浏阳河创建成为全国首

表61　2020年浏阳市主要经济指标与2019年比较统计表

指标名称	地区生产总值（亿元）	农林牧渔业总产值（亿元）	社会消费品零售总额（亿元）	一般公共预算收入（亿元）	一般公共预算支出（亿元）	人均可支配收入（元）	
						城镇居民	农村居民
2019年	1408.8	184.4	387.2	128.4	142.1	50345	34562
2020年	1493.0	222.4	382.4	128.8	151.5	52811	37154
2020年比2019年增长（%）	4.7	4.9	−3.5	0.28	6.6	4.9	5.4

说明：地区生产总值、各产业增加值绝对数按现价计算，增长速度按可比价计算　（资料来源：浏阳市地方志编纂室）

批示范河湖，出境断面水质均值保持Ⅱ类；捞刀河、南川河出境断面水质均值达Ⅲ类；饮用水水源地水质达标率100%；宝山河市控断面稳定达标，铁山桥断面稳定向好；污染源普查工作获国务院表彰，浏阳河湿地公园晋升国家级湿地公园。加快推进政府性债务风险化解、平台公司市场化转型工作，组建浏发集团、金发集团，交建投获AA级信用评级；建立市镇村债务管理风险预警体系，三类债务之和下降32%，风险稳定可控。

2020年12月25日，浏阳河湿地公园通过验收，晋升国家级湿地公园

浏阳市地方志编纂室　供图

【全省首家县级退役军人就业创业促进会在浏阳成立】　2020年10月19日，全省第一家县级退役军人就业创业促进会——浏阳市退役军人就业创业促进会第一届会员大会第一次会议召开。浏阳市退役军人就业创业促进会由浏阳市部分退役军人企业家发起成立，丰日电气集团股份有限公司董事长黎福根、东信烟花集团有限公司董事长钟自奇、帅好农业科技发展有限公司董事长帅光明担任名誉会长。浏阳市飞鹰烟花有限公司董事长黄文辉当选为首任会长。浏阳市退役军人就业创业促进会将致力于积极宣传国家有关退役军人安置的法律、法规和政策措施，收集、交流、发布有关退役军人人力资源信息和地方用工需求信息，协助退役军人参加就业创业培训与辅导等，帮助退伍回乡老兵更好地实现就业创业。浏阳市退役军人在地方经济社会发展中作出独特贡献。浏阳市高度重视做好退役军人优抚及就业创业推动工作，2020年评选“人民功臣”甘厚美为浏阳市模范退役军人，评选伍国强、黄文辉、刘家扬等10人为浏阳市首届“十佳”最美退役军人。8月24日，全国退役军人事务系统学习推广新时代“枫桥经验”现场推进会在浙江绍兴召开，浏阳在会上作典型经验发言。

【“三集”审批被评为“营商环境特色50强政务环境创新案例”】　2020年11月26日，由中国社会科学院信息化研究中心、北京国脉互联信息顾问有限公司、舟山国脉集团联合主办的2020智慧中国年会在北京举行。浏阳工程建设项目“三集”审批长效机制获“营商环境特色50强政务环境创新案例”，浏阳市人民政府获营商环境进步奖。工程建设项目审批制度改革是推进政府职能转变和深化“放管服”改革、优化营商环境的重要内容。2020年，浏阳推行工程建设项目“三集”审批长效机制，按照“集中办公、集合查验、集成审批”原则，在浏阳市民之家设立集中审批服务区，全面加速项目落地进程。9月，工程建设项目服务中心成立，全市推出工程建设项目审批“容缺清单”59项、“豁免清单”63项，并推出“问题归集、移动公章、审批管家”等服务方式，提速项目审批时效。专人负责工程建设项目的全程帮代办工作，将审批过程中的难点、堵点问题进行归集，定期调度。对同类成批的项目，采取‘移动公章’一线集中审批，对重大招商引资项目，派驻‘专业管家’提前介入，靠前审批。通过“三集”审批长效机制，全市工程建设项目从立项、规划许可到竣工验收所有测量项目的时间和费用均压缩30%。

【《梅花小区志》出版发行】　2020年11月，由浏阳市淮川街道朝阳社区梅花小区志编委会编纂、方志出版社出版的《梅花小区志》出版发行。梅花小区地处淮川街道朝阳社区，它的名称缘起明清时期的浏阳梅花巷、胡家弄。《梅花小区志》采用条目体结构，全书分卷首、主体和卷末，按类目、分目、条目3个层次排列，设概述、大事记、基本地情、地方特色、社会百业、人民生活、人物家庭、民间文艺、艺文选录、参考文献、后记11个类目。全书成书30.7万字，以图文并茂的形式，全面系统地记载梅花小区的人文风貌、居民生活及发展变迁。在体例规范上，根据城市居民小区的特点，《梅花小区志》侧重以社会百业、人民生活、人物家庭为主体部分，略古详今，重点记载当今好人好事；在结构、章法、语言风格等方面进行探索与创新，适当追求言语的风趣、活泼和可读性，有利于让地方志走进千家万户。

【湖南“浏阳茶油”注册国家地理标志证明商标】　2020年9月18日，国家知识产权局正式下发浏阳茶油地理标志证明商标注册证，“浏阳茶油”成功注册国家地理标志证明商标，成为浏阳市第7个、长沙市第16个国家地理标志证明商标。油茶是浏阳传统的优势产业，浏阳市有油茶林5.2万公顷，年设计加工产能10万吨。浏阳独特的气候、土壤、地形水文条件，油茶籽加工过程中对加工工艺的细节掌控，以及独特的人文因素，成就浏阳茶油“不饱和酸、油酸、亚油酸和烟点均较高，优于普通茶油”的独特品质。2018年3月，多家企业牵头发起成立浏阳市茶油产业发展促进会。同年12月，协会申请注册“浏阳茶油”地理标志证明商标，历时近两年时间，终于注册成功。地理标志证明商标是一笔无形的财富。近年，浏阳坚持“品牌兴市、质量强市”战略，依托地理标志，培育培优特色产业，让地理标志成为金字招牌，让地标产业成为富民产业。除浏阳茶油外，浏阳还有浏阳花炮、浏阳烟花、浏阳鞭炮、浏阳夏布、浏阳蒸菜、浏阳菊花石雕等国家地理标志证明商标。

【浏阳被命名为全国无障碍环境示范县】 2020年12月21日，住房和城乡建设部发布《关于公示拟命名全国无障碍环境市县村镇名单的公告》，浏阳市和浏阳市大瑶镇分别被命名为全国无障碍环境示范县（市）和示范镇。近年，按照创建全国无障碍环境示范县（市）和示范镇工作要求，浏阳市对人民路、金沙路、将军路等多条主干道人行道实施无障碍改造，改造缘石坡道710处，路口坡化改造755处，改造率90%以上。在新扩改建的商业街等处的人行道设置提示盲道共125处，设置行进盲道共3.61千米，城区现有盲道120余千米。此外，在公共建筑、公共交通设施、福利及特殊服务建筑、居住区及居住建筑、信息交流等方面无障碍环境建设与改造上，浏阳也进行完善。作为无障碍环境创建乡镇；大瑶镇拨付专项经费超300万元，对集镇区域内花炮大道、思邈路等主干道的人行道、盲道、盲道出口进行改造修复，在全镇改造无障碍设施226处，并在集镇内选取8家单位作为示范代表进行改造，通过典型引路、以点带面，促进创建推进。

【浏阳河湿地公园晋升国家级湿地公园】 2020年12月25日，国家林业和草原局下发《关于2020年国家湿地公园试点验收结果的通知》公布2020年国家湿地公园试点验收结果，浏阳市的浏阳河国家湿地公园试点建设顺利通过验收，成为浏阳首个“国字号”的湿地公园。至此，长沙有5家“国字号”湿地公园。2015年12月，浏阳河国家湿地公园经国家林业和草原局批准开展试点建设。该公园地处浏阳东部，范围以株树桥水库为主体，包括浏阳河部分河段、小溪河全段、大溪河部分河段水域、滩涂和两岸部分耕地，总面积2361公顷，其中湿地面积1423.4公顷，湿地率60.29%。位于中亚热带常绿阔叶林地带，公园内野生动植物资源丰富，生态系统完整，是典型的南方低山丘陵森林—河流复合湿地公园。树种以马尾松、杉木、樟树、檫木、山乌桕、毛竹等为主，共记录到鸟类88种，其中不乏黑鹳、海南鳽、小天鹅等国家级保护动物。湿地公园分为保护保育区、恢复重建区、宣教展示区、合理利用区和管理服务区。湿地有着强大的的生态净化作用，因而又有“地球之肾”的美名。截至2020年年底，长沙有浏阳河国家湿地公园、宁乡市金洲湖国家湿地公园、长沙县松雅湖国家湿地公园、岳麓区洋湖国家湿地公园、望城区千龙湖国家湿地公园5家“国字号”湿地公园。

【浏阳被评为“全国农村生活污水治理示范县（市）”】 2020年12月2日，住房和城乡建设部公布2020年全国农村生活污水治理示范县（市、区）名单，全国有20个县（市、区）入选，浏阳榜上有名。加快农村生活污水治理，是改善农村人居环境、推进美丽乡村建设的重要一环。浏阳是全省人口第一位、面积第二位的县级市，乡镇人口多，污水排放量大。近年，浏阳践行习近平生态文明思想和国务院《打赢蓝天保卫战三年行动计划》要求，把加快乡镇污水处理设施建设列入重点工作，推进农村污水治理。截至2019年年底，浏阳累计建成生活污水处理厂31座，农村分散式污水处理设施10座，完成14个农村小微水体管护示范片区创建以及18个农村集中式生活污水处理站和配套管网约6463米，累计完成农村居民改厕1.24万座，城乡粪污无害化处理和达标排放率达到100%，农村新建住房、危房改造户、易地扶贫搬迁户100%配套卫生厕所。浏阳乡镇（集镇）污水处理已实现全覆盖、全收集、全处理，污水处理设施运转正常，出水水质达标排放。浏阳河干流浏阳出境断面水质已稳定达到Ⅱ类。

【大瑶南山村、永安坪头村入选全国文明村】 2020年11月20日，中央文明委在北京召开全国精神文明建

2020年11月，浏阳市永安镇坪头村入选全国文明村　　浏阳市地方志编纂室　供图

设表彰大会，表彰第六届全国文明城市、文明村镇、文明单位，第二届全国文明家庭、文明校园和新一届全国未成年人思想道德建设先进典型。其中，浏阳市大瑶镇南山村、永安镇坪头村入选全国文明村镇。大瑶镇南山村位于湘赣两省萍浏醴三市交界处，南与金刚镇接壤，北与大瑶镇中心相邻，村域面积6.7平方千米，辖10个村民小区，2020年有人口795户，共3607人。近年，先后被授予“国家级生态村”“湖南省十大明星村”“湖南省社会主义新农村示范村”“湖南省民主法治示范村”“湖南省卫生村”“湖南省生态村”“长沙市文明村”“长沙市美丽乡村示范村”等荣誉称号。浏阳市永安镇坪头村地处永安镇域中心地带，东临长沙黄花机场后勤保障基地，西靠捞刀河，永丰公路穿境而过，交通区位优势明显。2020年，坪头村探索“党建+微网格”工作机制，推动村民参与基层社会治理，扮靓村容村貌，让社会秩序更加和谐，邻里关系更加和睦。

【李忠国获“2020年全国脱贫攻坚奋进奖”】 2020年10月17日是第7个国家扶贫日，国务院扶贫开发领导小组在北京召开2020年全国脱贫攻坚奖表彰大会暨脱贫攻坚先进事迹报告会。浏阳市达浒镇椒花新村村民李忠国获“2020年全国脱贫攻坚奋进奖”。2015年，李忠国一家被纳入建档立卡贫困户。在椒花新村驻村帮扶工作队和支村两委的鼓励和支持下，李忠国创办达浒镇达兴工艺品厂，将“非遗”工艺与现代手绘创意结合，生产销售油纸伞等手工艺品。同时，李忠国将手艺传授给50余户贫困户，不仅自己摘掉贫困户的帽子，还带领乡邻脱贫致富奔小康。2019年，达兴工艺品厂实现年销售额500万余元，带动参与的贫困户人均年增收1万元以上。

（本栏撰稿　唐继武）

宁乡市

【概况】 宁乡辖25个乡镇、4个街道，220个村，54个社区。县域总面积2906平方千米，耕地面积95.83千公顷。2020年年末户籍人口142.04万人，常住人口142.04万人。人口出生率8.54‰，死亡率13.19‰（2020年公安户口整顿，销户2020年以前的年度死亡人口），人口自然下降率4.65‰。年内最高气温37.3℃，最低气温-2.6℃，年降水量1628.8毫米。

地区生产总值1105.92亿元，比2019年增长2.7%。其中，第一产业增加值131.6亿元，增长4.1%；第二产业增加值466.48亿元，增长3.8%；第三产业增加值507.84亿元，增长1.1%。三次产业结构调整为11.9 ∶ 42.2 ∶ 45.9。全年完成一般公共预算收入88.8亿元，比2019年增长0.9%。其中地方一般公共预算收入61.21亿元，增长1%；税收收入75亿元，增长1%。公共财政预算支出111.37亿元，增长5.9%。全年城乡居民人均可支配收入40488元，比2019年增长6.1%。城镇居民人均可支配收入49151元，增长4.8%；农村居民人均可支配收入31568元，增长7.6%。第20届县域经济基本竞争力居全国百强第21位，中部第3位；县域经济与县域综合发展排名居第16位。

农林牧渔业总产值224.45亿元，比2019年增长4.3%。其中，农业产值123.24亿元，增长6.6%；林业产值7.64亿元，增长8.7%；牧业产值75.03亿元，下降2.9%；渔业产值5.99亿元，增长14.9%；农林牧渔服务业产值12.55亿元，增长7.6%。全年粮食种植面积10.52万公顷，比2019年增长1.6%，其中稻谷播种面积9.91万公顷，增长3%；蔬菜种植面积4.57万公顷，增长3.7%；烟叶种植面积2473.33公顷，增长0.8%。全年粮食总产量70.26万吨，比2019年增长0.3%；烟叶0.52万吨，增长0.7%；蔬菜161.76万吨，增长3.5%；出栏肉猪96.66万头，下降14.3%；出笼家禽2237.78万羽，下降27.3%。宁乡花猪获中国中部知名农产品品牌、首批湖南省“一县一特”农产品优秀品牌，花猪全产业链产值35亿元。

工业增加值419.83亿元，比2019年增长2.5%。其中规模工业增加值348.09亿元，增长1.1%。全年全市园区（三区五园）规模以上工业增加值307.22亿元，占全部规模工业的88.5%。食品加工、储能材料、智能终端、装备制造、新材料、孕婴童及时尚鞋服六大主导产业增加值287.7亿元，占全部规模工业比重82.9%。建筑业增加值46.66亿元，比2019年增长22.2%。全市规模工业实现主营业务收入1202.71亿元，下降14.4%；利润总额91.59亿元，下降28.1%；利税总额125.31亿元，下降26.3%。获2020中国工业百强县第14名。全社会建筑业增加值46.66亿元，比2019年增长22.2%。52家具有资质等级的总承包和专业承包建筑业企业实现总产值145.76亿元，增长30.6%；房屋建筑施工面积1038.79万平方米，下降9.2%；竣工面积191.86万平方米，下降1.9%。

社会消费品零售总额424.4亿元，比2019年下降3.8%。限额以上单位实物商品网上零售额3.96亿元，比2019年增长15.2%。全年批发和零售业增加值123.12亿元，比2019年下降2.9%；交通运输、仓储和邮政业增加值29.98亿元，增长2.1%；住宿和餐饮业增加值39.42亿元，下降5.1%；金融业增加值24.01亿元，增长8.5%；房地产业增加值69.2亿元，下降4%；其他营利性服务业增加值132.63亿元，增长5.3%；其他非营利性服务业增加值82.48亿元，增长4.2%。

全年接待国内外游客1018.65万人次，实现旅游收入75.38亿元。新建游客咨询服务中心7处、旅游厕所等配套设施51处，启动智慧旅游系统建设。推出“乐游宁乡”经典线路5

条，举办“相约四季·生日免票游宁乡”“最美逆行者最暖宁乡情”和茶旅文化节、漂流文化节、民谣音乐节等主题活动。四羊方尊出土点遗址被评为省文物保护百佳项目。宁乡被评为中国旅游百强县、中国最佳全域旅游休闲目的地。

固定资产投资比2019年增长4%。其中，工业投资增长0.8%，占全部投资比重为50.6%；工业技改投资增长38.4%，占全部投资比重为37.9%。

全市有高新技术企业和生产高新技术产品的企业328家，实现高新技术产值1116.79亿元，比2019年下降2.6%；实现增加值265.03亿元，下降2.7%。全年授权专利2308件，增长46.9%，其中发明专利授权226件，增长47.7%；有效发明1280件。申报国家、省市各级科技项目537项，转化科技成果400项。全市有国家级高新技术产业化基地1个、国家级农业科技园区1个、国家级科技企业孵化器1个、博士后科研工作站4家、院士工作站9家、国家级工业设计中心2家、国家级企业技术中心3家，省级重点实验室3个、省级科技企业孵化器4个、省级企业技术中心28家、省级工程技术研究中心16家、省市众创空间4个。新增高新技术企业122家、智能工厂（车间）79家。通过国家知识产权强县工程示范县和湖南省知识产权强县复核验收。万鑫精工被评为国家“小巨人”企业。松井股份科创板上市。

是年，宁乡市被评为全国文明城市、国家生态文明建设示范市。被评为中国新型智慧城市建设百强县，中国社会保障百佳县。位居营商环境全国百强县第26位，中国乡村振兴百佳示范县第6位。宁乡花猪获中国中部知名农产品品牌、首批湖南省“一县一特”农产品优秀品牌。全省“双拥模范城”创建实现五连冠。大成桥镇鹊山村被评为全国文明村。

【城区建设】 2020年，宁乡完成第三次国土调查和空间总体规划大纲编制，启动高铁新城、金洲新城和“一江两岸”等片区规划和镇村规划编制。长益高速复线竣工通车。启动香山片区城市有机更新和楼台山公园建设，改造老旧小区24个、完成棚改1260户、新建公租房2110套，筹集租赁房源6213套，建成城市生活圈配套项目20个、“城市驿站”12座。城区餐厨垃圾收运处置全覆盖。创建文明停车示范街30条，改造老旧公厕8座、易涝点6处；整治违规户外广告3892处，拆除违建8.4万平方米，维修人行道2.3万平方米，栽植花卉苗木186万株。更新纯电动公交车51台。2020年入选全国县城新型城镇化建设示范县。

【乡村振兴】 2020年，宁乡市完成沩水流域综合治理、城市防洪圈建设、大中型水库除险加固、农村饮水安全巩固提升等重点项目18个，整修加固山塘232口、新建（扩容）骨干山塘11口、除险加固小型水闸27座、清理整改26座小水电站、清淤疏浚大中型灌区干渠100千米、建成小农水示范片区1处。农村自来水普及人数91.24万人，农村自来水普及率87%。新（改）建农村公路893.13千米，危桥改造25座。农村改水改厕1.65万座，建设乡镇公厕44座。建成高标准农田5600公顷。新增国家级农业产业化龙头企业1家、“一县一特”生产基地5家、新型职业农民650人、种粮大户200户、农民合作社145家、家庭农场66家，全市农产品加工业总产值逾500亿元。启动夏铎铺全域土地综合整治试点建设。推进农村宅基地和集体建设用地确权登记。整治农村乱占耕地建房行为，全面规范村民建房审批管理。新型村级集体经济组织全覆盖，完成村级集体资产清产核资23.04亿元，全市涉农村（社区）集体经济年收入均超10万元，50万元以上的15个。乡村振兴示范走廊建设基本完成。农村中小学改厕动态清零。深化农村垃圾治理，全年垃圾减量45%。创建长沙市“美丽屋场”37个，打造美丽河流12条、小微水体示范片16处。加固危桥25座，建成农村公路安防工程200千米。

表62　　2020年宁乡市主要经济指标与2019年比较统计表

指标名称	地区生产总值（亿元）	农林牧渔业总产值（亿元）	社会消费品零售总额（亿元）	一般公共预算收入（亿元）	公共财政预算支出（亿元）	人均可支配收入（元）	
						城镇居民	农村居民
2019年	1069.10	188.41	401.43	88.03	105.21	46900	29338
2020年	1105.92	224.45	424.40	88.80	111.37	49151	31568
2020年比2019年增长（%）	2.7	4.3	－3.8	0.9	5.9	4.8	7.6

说明：地区生产总值、各产业增加值绝对数按现价计算，增长速度按可比价计算　　（资料来源：宁乡市地方志编纂室）

【社会事业】 2020年，宁乡市有普通中小学291所，中职学校9所，特教学校1所。在校中小学生147744人，其中高中学生41789人（含中职学生16199人），初中学生38916人，小学学生83044人，特教学生639人。全市中小学教职工10500人，其中专任教师10009人。全市有幼儿园318所，在园幼儿4.14万人，教职工4190人，其中专任教师1756人。2019年适龄儿童入学率100%，九年义务教育完成率100%，小学升学率100%。高考一本上线1865人，上线率24.7%；二本上线4002人，上线率53.1%。中考合格率96.3%，比2019年提高0.1%。

有广播电台1座，电视发射台和转播台1座，广播、电视综合人口覆盖率均99.5%，有线电视用户9.55万户（在册用户）。公共图书馆1座，藏书量27万册；24小时自助图书馆3个。全年开展送戏下乡活动71次、图书流动服务100余场、公益电影放映3625场次。组织“木偶戏”“龙田扎肉”“皮影戏”等非遗项目参加2020“年味宁乡”喜乐会，举办宁乡市首届曳步舞公益展示活动，选送歌伴舞《勇往直前》、组唱《盛世盛颜》在全市全域旅游推介会上演出。创作《平安天下》《勇往直前》《老朋友》《宁乡等你》等作品20余个。年末有30余家群众文艺团队。

全市有体育场馆2座，400米田径场2个，乡镇门球场10个，拥有25个体育协会；新建92处全民健身工程点、1个智慧健身驿站。举办宁乡市首届全民运动会、舞龙舞狮大赛、广场舞大赛、干部职工篮球赛、气排球大赛等大型赛事；承办NBL全国男子篮球联赛宁乡赛区赛事。体育彩票销售额5000万元。

【社会保障】 2020年，宁乡市有医院、卫生院52个，市直医卫单位4个，乡镇卫生院29个，街道卫生服务中心4个，民营医院15个。全市医疗机构床位总数8325张，其中市直医疗单位4834张，乡镇卫生院3491张。在编在岗卫生工作人员3777人，所有工作人员6493人，执业医师及助理医师3375人，注册护士3221人。全年孕产妇住院分娩率100%，死亡率0%，5岁以下儿童死亡率3.57‰。2020年新（改）建乡镇卫生院5家，市人民医院健康管理中心投入使用。医疗机构全面开设发热门诊（诊室），设置定点救治医院和后备应急医院各1家、隔离病床112张，防疫物资四级储备体系基本健全。

年末全市参加城镇职工基本养老保险人数18.11万人，参加城乡居民基本养老保险人数79.93万人；参加城镇职工基本医疗保险人数16.12万人，参加城乡居民基本医疗保险人数106.2万人；参加失业保险人数7.74万人，领取失业保险金人数0.28万人；参加工伤保险人数11.33万人；参加生育保险人数11.11万人。

年末全市有1017人享受城市居民最低生活保障，1.88万人享受农村居民最低生活保障，1.04万人享受农村特困人员救助供养，全年临时救助5172人次。完成29项省市重点民生实事，建成示范性综合文化服务中心20家，新建停车位7652个，新增被征地农民社保9119人，适龄妇女“两癌”免费检查2.6万人次。实现社会保障全覆盖。城乡低保、特困人员基本生活保障标准分别为650元/月、845元/月，发放高龄津贴5100万元，城乡医保参保率95%，城乡居民养老保险参保率100%。建成市社会福利中心，新增养老床位498张。新增城镇就业1.06万人，城镇登记失业率4%，零就业家庭实现动态清零。被评为中国社会保障百佳县。

【产业项目】 2020年，宁乡市新引进产业项目221个，合同引资604.97亿元；其中工业项目118个，合同引资393.15亿元。实际到位省外境内资金89.09亿元，增长24.8%；实际利用外资2.16亿美元，增长14.8%；实际到位境外资金4.67亿美元，增长12.9%。铺排产业项目669个，累计完成投资403亿元，新开工格力冰洗、三一中起、欧标化妆品等项目58个，新投产比亚迪动力电池、中电互联等项目54个。举办第八届电池“达沃斯”论坛。

【“三大攻坚战”】 2020年，宁乡市厘清债务责任，盘活存量资源，优化债务结构，推进非标产品置换和降息，加快国有平台公司市场化转型，没有发生债务逾期现象，守住债务风险防范工作底线。2020年上半年，宁乡市债务风险等级下调至二类。严厉打击非法金融活动，巩固省级金融安全区成果。污染防治。空气质量明显改善，全年空气优良率95%。实施城乡排水一体化工程，新（改）建乡镇污水处理厂8座、管网30千米；沩水、靳江等主要河流出境断面水质稳定在Ⅲ类以上，饮用水水源地水质达标率100%。完成大坝塘石煤矿、胜溪电解锰厂污染土地修复；治理重金属污染耕地2826.67公顷、巩固调整种植结构6540公顷。脱贫攻坚重点推进产业扶贫、消费扶贫，实施产业扶贫项目174个，新增扶贫车间42家，实现贫困劳动力就业2万人，消费扶贫额逾1.6亿元，通过脱贫攻坚省检考核，全市建档立卡贫困户20087户53561人全部实现脱贫。对口帮扶的新化县和龙山县咱果乡均实现脱贫摘帽。

【国内首家智能家电产业小镇打造】 2020年11月30日，宁乡市举行“筑梦三载，与宁同行”2020年重大产业项目集中签约暨蓝月谷智能家电产业小镇招商推介会，48个项目落地宁乡，总投资额177亿元。其中15个产业项目集中签约，总投资额97.5亿元。此次签约的重大项目涵盖智能家电、新材料、机械设备等多个领域。会上，重点推介了宁乡经开区打造的国内首家智能家电产业小镇——蓝月谷智能家电产业小镇。蓝月谷智能家电产业小镇是宁乡市打造优势产业链的平台再集中、产业再集聚，是全省唯一的家电特色产业园区。蓝月谷智能家电产业小镇总体规划区为12.1平方千米，计划总投资68.14亿元，建设智能制造区、功能配套服务区、生态涵养区三大功能片区，旨在引进智能家电产业链上下游企业集聚发展，打造智能家电全产业链生产要素承载平台。其中重点建设的“一心三园”（蓝月谷双创孵化中心、智能制造产业园、智能家电产业园和智能家电配件产业园）2020年建成运营，在格力电器、中电互联、欣旺达等龙头企业的带动下，园区有楚天华兴、泰川钣金等60余家产业链企业入驻，SMT、注塑、钣金、线束等家电核心供应链基本齐全，从智能家电到智能家居、智能硬件的产业生态不断夯实。

【“过仙桥”北宋夫妻合葬墓发掘】 2020年5月，为配合宁韶高速公路建设，湖南省文物考古研究所与宁乡市文旅广体局对坝塘镇南芬塘村杨家湾地段墓群进行抢救性考古发掘，发现一座北宋夫妻合葬墓葬和一座汉代平民墓葬，北宋夫妻合葬墓设有特殊的“过仙桥”。在2007年全国第三次文物普查时，宁乡市文物部门就在该地段发现疑似古墓群。

北宋合葬墓有两个墓室，墓室既相连又独立，考古专家认定为并排的“夫妻墓”。其中一个墓室墓盖缺失，另外一个保存完整，考古人员在被盗的墓室内发现少许瓦片和陶片。根据墓葬的结构和特点及出土的器物等方面综合推断，此墓为宋代平民墓葬。相连的两个墓室之间有一扇小窗，民间俗称“过仙桥”。古时候，“过仙桥”寄托着夫妻死后再续姻缘的祝福，但在合葬墓中并不多见。杨家湾地段古墓群的发掘为研究汉代和宋代时期的历史、民俗、葬俗等提供重要的参考资料。5月19日，《宁韶高速二标段南芬塘地段发现古墓群》新闻刊发、播出后，受到广大读者、观众的关注，先后被新华社、中新社、湖南卫视、湖南都市、长沙电视台、《长沙晚报》等多家媒体转载、转播。5月25日，新浪微博转发这一条新闻，阅读量4.7亿次，“北宋古墓发现过仙桥”的话题登上微博热搜榜第一位。

2020年5月，湖南宁乡发掘出设有“过仙桥”的北宋夫妻合葬墓。图为发掘现场

宁乡市地方志编纂室　供图

【松井股份上市】 2020年6月9日，湖南松井新材料股份有限公司（股票简称“松井股份”）正式登陆A股市场科创板，证券代码“688157”。松井股份是中国“科创板UV涂料第一股”，是宁乡第一家科创板上市企业，是宁乡市第四家上市公司。松井股份首次发行股票1990万股，首次公开发行价格34.48元/股，发行市盈率为30.18倍，公司股票开盘涨139.41%，报82.55元/股。松井股份成立于2009年3月，注册地位于湖南省宁乡经济技术开发区，是一家以3C行业中的高端消费类电子和乘用汽车等高端消费品领域为目标市场，通过“交互式”自主研发、“定制化柔性制造”的模式，为客户提供涂料、特种油墨等多类别系统化解决方案的新型功能涂层材料制造商。其公司拥有自主知识产权的“手机壳用UV涂料系列产品”填补国内空白，是华为、惠普、小米、VIVO、MOTO、谷歌的核心涂料和特种油墨供应商。2020年，实现营业收入4.35亿元。

【宁乡入选第六届“全国文明城市”】 2020年11月10日，中国文明网发布《中央文明办公室公布第六届全国文明城市入选城市名单和复查确认保留荣誉称号的前五届全国文明城市名单》，全国133个城市入选第六届全国文明城市，全国151个往届全国文明城市复查确认保留荣誉称号，宁乡市入选第六届全国文明城市。11月20日，全国精神文明建设表彰大会在北京举行。中共中央总书记、国家主席、中央军委主席习近平会见参加大会的新一届全国文明城市、文明村镇、文明单位、文明家庭、文明校园以及未成年人思想道德建设工作先进代表。于新凡代表宁乡参加表彰大会，领取全国文明城市奖牌。

2012年，宁乡启动全国文明县城创建。2014年、2017年分别获全国文明城市（县级）提名，2018年起实施《宁乡市创建全国文明城市三年行动计划（2018—2020年）》，明确责任，逐年推进。2020年被评为全国文明城市（县级），测评成绩全省第一位，并作为全国18名优秀代表之一到北京领奖。

文明城市创建中，宁乡坚持“让城市更美好，让群众得实惠”的宗旨，为群众做好事、办实事、解难事，得到人民群众的支持。2013年实施创建“百件惠民实事”工程；2014年围绕“四小”（小巷、小区、小院、小店）办好“平整路面、疏通下水、亮化绿化、保洁环境”4件实事；2015年改造棚户区和城中村，全域进行农村环境综合整治，梯次推进实力园区、新型城镇、美丽乡村建设；2016年大幅改观生态环境，树立“绿水青山就是金山银山”的鲜明导向；2017年统筹推进城市管理进乡村，加快提升城乡管理水平，铺排49个老旧小区改造工程；2018年着力提升市民文明素养，狠抓移风易俗，创评“新风庭院”；2019年，统筹推进城市“一圈两场三道”、重大交通工程建设等工作；2020年聚焦民本民生和城乡建管，铺排36项重点任务清单，逐一加以解决。

宁乡是全国第二批、湖南省第一批建设新时代文明实践中心试点单位，2020年组织开展“全民志愿红动宁乡”学雷锋、“援茶企 采春茶”“徒步母亲河 志愿我先行”生态文明徒步行、“户帮户亲帮亲 互助脱贫奔小康”微心愿认领等形式多样、内容多元、效果多彩的主题志愿服务活动400余场次，参与志愿者15万余人次。

【宁乡连续五次被评为湖南省双拥模范城（县）】 2020年11月25日，湖南省第十届双拥模范城（县）命名暨双拥模范单位和个人表彰大会在长沙召开，会议宣读湖南受全国双拥模范命名表彰名单，宣布湖南省第十届双拥模范命名表彰决定。宁乡市被授予湖南省第十届双拥模范城（县），这是宁乡市连续五届被评为湖南省双拥模范城（县）。宁乡经开区党工委书记、市委书记于新凡参加会议并代表宁乡领取湖南省双拥模范城（县）奖牌。

宁乡市在深化改革中强化双拥领导，建立“1个县级退役军人服务中心、29个乡镇（街道）服务站、278个村（社区）服务站”的退役军人服务保障体系，形成党政机关有负责人、乡镇（街道）村（社区）有工作站、学校和企事业单位有联络员的双拥工作格局。

2020年，宁乡市接待到访人员近万人次、来电2000余人次，为立功现役军人送去立功喜报及慰问金，给4位武汉市一线抗疫军人送去双拥包，挖掘退役军人的先进事迹，评选省级模范退役军人1名、长沙市最美退役军人1名、县本级最美退役军人10人。完善“双拥一条街”“双拥天桥”“双拥公园”“双拥社区”“双拥广场”等配套建设，在广场、公园、街道和高速出口等人员密集场所悬挂标语、设置灯箱，在汽车站、停车场、商场、医院、旅游景点等单位设立“军车免费”“军人依法优先”等服务窗口，新冠肺炎疫情防控期间，走访慰问驻宁部队2次，送去口罩、消毒液、蔬菜等急需物资。

【宁乡被评为国家生态文明示范县市】 2020年11月30日，第四批国家生态文明建设示范市县、“绿水青山就是金山银山”实践创新基地和“2018—2019绿色中国年度人物”授牌活动在北京举行，会议宣读第四批国家生态文明建设示范市县名单，宁乡市被授予第四批国家生态文明建设示范市。宁乡市副市长李磊参加会议并代表宁乡领取国家生态文明建设示范市（县）奖牌。创建国家生态文明建设示范市，考量指标包括生态制度、生态安全、生态空间、生态经济、生态生活、生态文化6个方面，还涵盖生态文明建设规划、环境空气质量、生态环境风险防范等细则。

近年，宁乡市突出绿色发展，着力提升生态文明新实效。深入践行习近平生态文明思想，构建齐抓共管的生态环境治理格局。推进“蓝天保卫战”，实施秸秆禁烧、烟花鞭炮禁燃限放、裸露黄土植绿覆绿等举措，$PM_{2.5}$浓度均值由2016年的49微克/立方米降为2020年的31微克/立方米，年度空气优良率稳定在90%左右。推进碧水攻坚战，全域实施河（湖）长制，开展“除臭剿劣”，城区化粪池、黑臭水体、劣Ⅴ类排口整治动态清零，重拳整治挖山洗砂、河道非法采砂，统筹推进禁养区规模养殖退出和畜禽粪污资源化利用，从2018年起，全市主要河流出境断面水质稳定在Ⅲ类以上，饮用水水源地水质达标率100%。开展净土静音持久战，强化重金属污染耕地治理、农业面源污染治理、矿山污染专项整治和城市声环境功能区整治，累计治理重金属污染耕地1.66万公顷，土壤和声环境质量持续改善。

2020年，宁乡市城镇生活垃圾无害化处理率100%，饮用水源水质达标率100%。全年空气优良天数354天，空气优良率96.7%，细微颗粒物（$PM_{2.5}$）年均浓度31微克/立方米，较2019年同期下降9微克/立方米，可吸入颗粒物（PM_{10}）年均浓度49微克/立方米，较2019年同期下降13微克/立方米，二氧化硫年均浓度4微克/立方米，较2019年同期下降2微克/立方米。水环境质量方面，沩江、靳江等主要流域断面水质稳定达Ⅲ类标准，国家、省、市考核断面达标率100%，饮用水水源保护区水质达标率100%，其中双江口出境断面化学需氧量均值为13.5毫克/升、氨氮均值0.422毫克/升、总磷均值0.092毫克/升，较2019年同期分别下降3%、13.8%、10.6%。

（本栏撰稿　高　丽）

人 物

PERSONAGES

编辑　吴丫丫

全国劳动模范 先进工作者

【郝 鹏】 1979年4月出生，宁夏中宁人，中共党员，博士研究生文化，高级工程师，现任山河智能挖掘机研究院院长。先后获长沙市首批高层次人才、首届湖湘青年英才、“全国五一劳动奖章”等荣誉。2020年被中共中央、国务院授予“全国劳动模范”称号。他以系统匹配与节能、电液比例控制为主要研究方向，与挖掘机“深入交流”近20年，经常到制造现场、恶劣工况一线，因此得名“泥巴博士”。在工程机械常规产品上坚持集成创新、持续创新，开发出系列市场差异化程度非常高的产品：抗高温抢险救援机器人、湿地挖掘机、沿海地基施工插板机、矿山非爆破施工钩掘机等等。2015年以来，先后申报和参加3项国家级和省部级项目，申请专利5项，获湖南省科技成果1项、长沙市科技进步二等奖1项。作为科技工作者，他始终秉持“劳心尚需劳力、精品源自执着”的理念，把大量的时间和精力放在对科研一线的产品研发、生产、市场沟通上。将理论与实践有机结合，从产品设计、生产制造到使用全过程，不断追求精品，开发出满足不同国家和地区施工需求在可靠性、成本和性能都具有竞争力的20余款中大型挖掘机。

【刘飞香】 1963年5月出生，湖南湘阴人，中共党员，大学文化，十三届全国人大代表，现任中国铁建重工集团股份有限公司党委书记、董事长、国家级企业技术中心主任。先后获“全国五一劳动奖章”“全国优秀企业家”“央企楷模”“湖南省最美科技工作者”“湖南光召科技奖”。2020年被中共中央、国务院授予“全国劳动模范”称号。他2007年创立铁建重工，以艰苦奋斗、敢为人先的精神，开展自主创新。主持研发全球首台煤矿斜井双模式TBM、国产最大直径盾构机、全球首套钻爆法施工智能化成套装备等70余项国内和全球首台套产品。自主研制的掘进机产品国内市场占有率稳居第一位，打破国外装备几十年的垄断局面，推动中国掘进机实现从跟跑到全球领跑的大逆转。领衔突破100余项核心技术，把“卡脖子”关键技术牢牢掌握在自己手中。主持国家和省部级科研项目7项，主编或参编国家及行业标准7项，累计授权发明专利137件。在他带领下，铁建重工快速打造了隧道掘进机、钻爆法隧道装备、煤矿装备、绿色环保装备、高端农机、高速铁路轨道系统、新型轨道交通装备、新型工程材料等产业板块，产品出口到美国、俄罗斯、加拿大、土耳其、非洲、西亚等30余个国家和地区。

【刘习明】 1959年4月出生，湖南汉寿人，民进会员，研究生学历，医生、教授，现任长沙生殖医学医院院长，中国中西医结合治疗不孕症的首批拓荒者之一、生殖医学学科带头人，湖南省政协委员，湖南省医院协会副会长。先后被评为“中国优秀医院院长”“中国好人”“全国最美志愿者”“全国百姓放心示范医院优秀管理者”“全国文明家庭”等。2020年被中共中央、国务院授予“全国劳动模范”称号。1995年，他创建湖南省首家治疗不孕症的医院——长沙生殖医学医院，研制3种治疗不孕症纯中药制剂——生精素片、促排卵素片、圣尔康片，填补中国在该领域的空白。开展人工授精、试管婴儿技术，打造出中医中药、康复理疗、西医手术、宫/腹腔镜微创手术、人工授精、试管婴儿技术的不孕症治疗体系，获批湖南省三级生殖与遗传专科医院，建立长沙市和湖南省两级院士专家工作站并获中国科学技术协会认证。27年为3万余个不孕症家庭圆了生儿育女的梦想，为家庭的稳定、社会的和谐和民族的健康繁衍做出贡献。医院先后被评为“全国文明单位”“全国巾帼文明岗”“全国百姓放心示范医院”“全国诚实守信医院”等各级各类荣誉140余项。他发表学术论文60余篇，出版科普著作1部，获国家、省部级等多项奖励。担任区、市、省政协委员26年，撰写提案80余份，两次被评为“湖南省优秀政协委员”，获湖南省政协优秀提案奖和民进中央参政议政成果二等奖。

【喻乐康】 1964年5月出生，湖南长沙人，1986年7月本科毕业于上海交通大学起重机械专业，研究员，享受国务院政府特殊津贴专家，国家百千万人才工程人选，全国优秀科技工作者，有突出贡献中青年专家。现任中联重科股份有限公司建筑起重机械公司技术副总经理、中国工程机械工业协会建筑起重机械分会会长、全国起重机械标准委员会塔式起重机分技术委员会主任委员。2020年被中共中央、国务院授予“全国劳动模范”称号。他从事塔式起重机技术34年，获“国家科学技术进步奖二等奖”（第1完成人）、“湖南省科技进步奖一等奖”（第1完成人）等荣誉，主持“十一五”、“十二五”国家科技支撑计划课题，带领团队突破超高强钢桁架结构设计、大型塔机设计及控制、智能柔性制造等行业技术难题，打破国外品牌垄断，引领国内大型塔机关键技术达到国际先进水平。在专业领域制修订国家标准2项，以第一著作人出版专著《塔式起重机安全技术》，发表论文18篇，获专利授权8项。先后主导开发全球最大（52000千牛·米）上回转塔机、全球臂架最长塔机（臂长110.68米，2012年8月28日获吉尼斯世界纪录）、全球最大吨位内爬动臂塔机LH3350等里程碑产品。陆续开发出TC5610、TC6012、T7020等塔机产品40余款，仅2019年销售收入逾100亿元，助力中联重科塔机市占率稳居全球第一位，实现欧美高端市场的突破和批量销售，巩固国内塔机行业在国际市场的地位，带动中国塔机技术的全面升级换代，为行业发展做出贡献。

【刘玉辉】 1970年12月出生，湖南南县人，中共党员，大学文化，长沙轨道集团征拆事务部部长、支部书记。先后被评为长沙市劳动模范、湖南省劳动模范等荣誉。2020年被中共中央、国务院授予“全国劳动模范”称号。他所在部门承担着项目用地报批与拆迁腾地协调工作，工作任务繁重，“5+2”“白加黑”是工作常态，他任劳任怨，长期奋战在工作第一线。从地铁1号线、2号线到武广高铁枢纽，从磁浮快线到地铁3号线、4号线、5号线、6号线，他和他的团队完成一个又一个艰巨任务，保障项目用地需求，为省市重点工程建设打下基础。仅用3个月时间，他就完成长沙磁浮快线的腾地任务，为国内首条中低速磁浮商业运营线的建成立功；在地铁4号线通车倒计时的关键时刻，发生阻工事件，他连续20余个日夜坚守现场，因过度劳累而晕倒。作为一名支部书记，他严格履行“一岗双责”，坚持原则底线，部门办理用地手续数百项，完成征拆投资逾百亿元，未出现一起违纪违法现象。

【伍宁桥】 1968年12月出生，湖南衡阳县人，中共党员，大专文化，烟草行业高级技师，现任湖南中烟工业有限责任公司长沙卷烟厂动力车间主任。先后被评为“全国烟草技术能手”“湖南省劳动模范”，获“全国五一劳动奖章”等。2020年被中共中央、国务院授予“全国劳动模范”称号。他始终对工作认真负责，恪尽职守、谦虚谨慎、勇于担当。在技术创新方面，他带领团队，推行管理优化和技术革新，研究设备分段轮保模式，将原来每周停产6个小时的集中轮保，转变为每天生产结束后分段轮保，仅该一项制丝效率从6500千克/小时提升到8000千克/小时。在安全管理方面，他开拓创新，设计和推行《安全活动自检表》管理工具，对作业过程中的每一个安全隐患逐一自检，规范作业行为，有效防范安全风险，提高安全保障，作业类安全事故连续多年保持为零。在质量管理方面，他带领团队搭建车间“行为保证质量体系、设备保证质量体系、隐患产生与消除责任体系”三大体系，提升产品质量保障。在重大改革方面，他牵头主持职工家属区“三供一业”分离移交工作，虽然面临分离移交范围广、任务重、时间紧、政策性强等难点，但他带领团队，研读政策，常年坚守一线，用3年的时间，完成9个小区、49栋房屋、2603户的“三供一业”分离移交任务，为企业每年减少916万元支出，完成长沙卷烟厂职工家属区“三供一业”分离移交任务。

【孟德良】 1980年11月出生，湖南宁乡人，中共党员，高中文化，技师，现任湖南海通建设有限公司泥工班班长。先后获湖南省技术能手、湖南省“五一劳动奖章”、全国住房城乡建设系统劳动模范等。2020年被中共中央、国务院授予“全国劳动模范”称号。2004年1月，他加入湖南海通公司，不仅是公司一线中坚技术骨干，也是高水平的现场管理人员，工作积极主动，每天与班组员工同吃苦、同劳动，能认真协调组织好本班员工的现场工作，做到结合技术水平对人员合理统筹分配，以达到最高的工作效率，因其精湛的技术水平及优秀的带班能力，所领导的班组能严格按照施工规范标准要求出色地完成工作任务，其参与施工的多个项目均因过硬的质量获湖南省及长沙市多个工程类奖项。他所带班的宁乡经济开发区玉屏山国际产业园西区工程被评为长沙市2016度优良工程，宁乡县蓝城文化城项目为2016年宁乡观摩工地。2018年代表湖南省参加中国技能大赛第六届全国职工职业技能大赛，获砌筑工决赛第三名，为湖南代表团获一等奖。在长沙市2018年“十行状元、百优工匠”砌筑工竞赛活动中，担任宁乡代表队技术指导，宁乡10名选手参赛，有9名选手分别获第一至第九名的成绩。

【刘　辉】 1973年5月出生，湖南宁乡人，中共党员，大学文化，现任长沙市公安局交警支队指挥中心副主任。先后被评为全国特级优秀人民警察、湖南省优秀共产党员、湖南省先进工作者、湖南省优秀人民警察、湖南省公安机关爱民标兵等。2020年被中共中央、国务院授予“全国先进工作者”称号。面对杨家山等长沙最著名的几个“堵”点，他不分昼夜蹲点观察，细心捉摸，先后提出11项交通组织优化方案摘掉这几个“堵王”帽子。有一次因公负伤半月板撕裂，住院手术的当天就请求出院执勤。据统计，他5年站岗23000余小时，加班4200余小时，处理交通违法18375起，被同事送绰号“拼命三郎”。25年来，他纠正交通违法数万次，没有一起引起纠纷，创造“零投诉”。2019年初任支队指挥中心副主任，他潜心钻研信息平台大数据，第一届中非经贸论坛举办期间，他带领工作专班利用海量数据靠前指挥，科学调度确保700余趟牵引任务安全正点。

【刘激扬】 女，1975年12月出生，湖南宁乡人，博士研究生，主任技师，现任长沙市第一医院院长，民革市委主委、省政协委员。先后被评为湖南省巾帼建功十佳标兵、全国巾帼建功标兵等。2020年被中共中央、国务院授予“全国先进工作者”称号。她先后在湖南医科大学湘雅三医院、湖南医科大学学报编辑部、中南大学湘雅医学院办公室、长沙市政府办公厅工作，历任长沙市计生委副主任、长沙市卫计委副主任、长沙市卫健委副主任。她医者仁心，为卫生健康事业做出贡献。新冠战疫中，作为新冠肺炎救治唯一湖南省级定点医院、长沙市级定点医院院长，她积极应战，靠前指挥，带领全院职工科学、有序、安全、有效开展抗疫救治工作，为人民群众生命健康护航。担任长沙市第一医院院长以来，推进医院改革创新。任长沙市卫健委副主任期间，务实创新，促进卫生健康事业高质量发展。担任民革市委主委，团结带领全体党员，推动各项工作契合长沙经济社会发展中心任务、符合决策需要、体现人民心声。作为湖南省政协委员，咨政建言、忠诚履职。参与志愿服务，乐于奉献，助力慈善公益事业。注重个人修养，严于律己，树立当代优秀干部形象。

【龙继红】　女，1962 年 4 月出生，湖南长沙人，中共党员，大学本科文化，中小学正高级教师，现任长沙市芙蓉区大同小学校长。先后获“全国五一劳动奖章”，被评为湖南省先进工作者、湖南省特级教师等。2020 年被中共中央、国务院授予“全国先进工作者”称号。她先后担任芙蓉区 8 所小学校长达 26 年，所带学校曾连续 22 年获教育局年终绩效考核一等奖，举办全国优秀校长论坛、省特级教师首届论坛等大型活动 50 余场，获国际国内各级各类集体荣誉奖 400 余项。她先后主持研究课题 33 个，撰写著作 3 本，发表论文 39 篇，专题讲座 136 场。曾带领育才三校开发四类三层共 49 门魅力园体验课程，获教育部教育改革经典案例奖、湖南省第四届基础教育教学成果二等奖。主研的作文教学实践研究项目“日记小列车”成为享誉三湘的教研品牌，被评为“湖南省首批教育科学学科语文实验基地”（全省唯一）。作为市人大代表，她心系教育民生，建言教师编制配备、“进校园”乱象、三点半难题、化解大班额等均得以解决。指导数百名校长的成长。多年来行走在乡村、薄弱学校，足迹遍及内蒙古、新疆、广西、湖南诸多省份 100 余所贫困山区农村学校，帮他们问诊学校课程建设、乡村教师素质提升、校园文化建设等，用智慧和心血践行“公平优质教育”。

（本栏撰稿　陈劲飞）

全国优秀共青团员 共青团干部

【甘思奇】　女，1993 年 10 月出生，共青团员，本科学历，共青团员，长沙市第一医院中西医结合科、康复医学科护士，长沙市注册志愿者。自 2014 年 7 月进入医院工作以来，她时刻以一名团员的标准严格要求自己，积极参加院团委及上级团委组织的各项活动，多次被评为市卫生健康委优秀共青团员、最满意护士、星级护士，被评为 2018 年度长沙市十佳“优秀共青团员”。在抗击新冠疫情战役中，第一时间报名上战场，因为专业和科室工作需要，成为坚守大后方的“螺丝钉”，主动参与到院本部病房改建后康复病区科室筹备工作中。被评为 2020 年度“全国优秀共青团员”。

【陈　鹏】　1996 年 8 月出生，江西樟树人，毕业江西农业大学车辆工程专业，现任湖南省长沙经济技术开发区广汽三菱汽车有限公司发动机工厂品质科品质工程师兼公司团委委员、发动机工厂团支部书记。他自参加工作以来一直以“老老实实做人，勤勤恳恳做事”为原则，秉承“严谨、细致、真诚”的工作态度，认真完成本职工作，参与公司首款发动机国产化的导入工作，顺利地完成欧蓝德、劲炫两款车型发动机的量产工作，解决 10 余项发动机品质重难点课题。作为一名兼职团干，他以“既要当好青年人员的服务员，也要当好服务大局的推动者”为工作理念，真诚待人，认真做事，获得上级领导的认可和同事们的一致好评。被评为 2020 年度“长沙市优秀共青团干部”、2020 年度“全国优秀共青团员”。

【曾统坤】　1987 年 10 月出生，中共党员，本科学历，长沙市教育局团委宣传部长、名团干工作室成员、区域化团建城西滨江片组长、长郡双语团委书记、年级组长。他热爱共青团工作，热爱立德树人事业，秉承“见红旗就扛”的工作原则，爱岗敬业，打造的“长郡义工”志愿服务品牌及“绿色之旅”研学品牌在省、市产生广泛影响。疫情期间组织师生参与团省委、团市委发起的捐款共 52 万余元，协助组织橘子洲头 CCTV“我和我的祖国”快闪活动录制，参与录制长沙市首档云在线“国是千万家，家是最小国”主题团课，担任长沙市向日葵思想引领宣讲员多次走进小学宣讲，为岳麓区团委书记少先队辅导员开设业务讲座等。被评为 2020 年度“长沙市优秀共青团干部”、2020 年度“全国优秀共青团干部”。

【龙小佳】　女，1983 年 11 月出生，中共党员，研究生学历。湖南省兼职副总辅导员，湖南省、长沙市青联委员，湖南省、长沙市少先队名师工作室带头人，长沙共青团青年讲师团宣讲员，长沙市名团干专家库成员，现任湖南省长沙市芙蓉区教育局团委书记兼总辅导员。工作以来，她执教音乐课获全国一等奖，指导学生参加全国竞赛获特金奖。参与省、市级课题均获优秀课题奖，撰写论文 30 余篇，均获国家、省、市级奖项，经验文章多次在《湖南教育》等专业书刊上发表。先后组织 20 余场省、市、区级大型活动。多次在省少代会、省辅导员培训班作经验发言，在全国少工委全会上担任讲解员，是少先队工作的行家里手。疫情期间，她组织发动近 300 名青年志愿者参与学校、社区和当地村组的疫情防控工作，承担线上教学、校园疫情防控、社区志愿者、学生心理健康辅导等工作。被评为 2020 年度“全国优秀共青团干部”。

（本栏撰稿　陈　翼）

立功军人名录

【刘　晶】1981 年 10 月出生，邵阳市大祥区城西街道城西社区人。入伍 21 年来，一直勤勤恳恳奋斗在机务保障一线，逐步成长为电子专业领域内的骨干型人才。在部队历任电子师、电子队长、电子主任等职，先后立三等功 3 次，多次被评为优秀基层干部、优秀共产党员，并获“国防服役银质奖章、航空机务银质奖章”。截至

2020年年底，在一线基层部队连续安全保障飞行18年，立二等功1次。

【唐　嘉】女，1993年9月出生，长沙市芙蓉区东屯渡街道白沙湾社区人，某部队政治工作部宣传科干事，2020年9月参加第75集团军优秀“四会”政治教员评比竞赛，获比武第一名，被评为“集团军优秀‘四会’政治教员”。11月，参加南部战区陆军优秀政治教员评比竞赛，获第一名，被评为“南部战区陆军优秀政治教员标兵”，12月被评为第75集团军第四届“十大南疆先锋”，立二等功。

【姚璐遥】女，1989年6月出生，长沙市望城区白芙塘社区人，上尉军衔，某部队女子导弹连连长。精通多种语言，先后3次参加涉外活动演习，保障翻译工作；带兵能力强，所带连队9次受到集团军以上、51人次受到旅以上表彰奖励，个人立三等功1次，并多次受到战区陆军奖励表彰。2020年参加重大跨区演习，带领连队官兵创新战术战法，创破多次实弹射击记录，立个人二等功1次。

【吴　彬】1985年2月出生，长沙市浏阳市大围山镇大围山村人，在某部队服役。2019年立三等功，2020年在卫星测控任务中表现突出，立二等功。

【欧　锋】女，1991年10月出生，宁乡市喻家坳乡神武村人，某部队参谋。2018年到澳大利亚参加联训，获“最有本事奖”，被评为某集团军打赢先锋标兵，2020年立个人二等功。

【伍志斌】1988年4月出生，长沙市宁乡市龙田镇隔山村人，武警新疆总队塔城支队政治工作处新闻报道员，四级警士长警衔。入伍13年来，累计在中央电视台、《解放军报》《人民武警报》等媒体刊（播）发稿件800余篇（条），完成中吉“合作— 2019”联合反恐演练宣传报道任务。立个人二等功1次、个人三等功1次；7次获优秀士兵、优秀士官人才奖、优秀共产党员等表彰，8次获嘉奖；连续9年被武警新疆总队评为“新闻报道先进个人”；2020年，被评为武警部队“百名优秀士官”。

【贺　开】1988年10月出生，长沙市宁乡市菁华铺洪仑山村人，某部队政治教导员，2019年参加陆军“谋算—2019”战役参谋比武，被评为“陆军战役参谋标兵”和“集团军四个大抓先进个人”，2020年立个人二等功1次。

【杨兴科】1991年3月出生，长沙市宁乡市资福镇华宝村人，武警某部政治指导员。任职期间，带领部队获“武警部队基层建设标兵中队”“武警部队先进基层党组织”等荣誉，中队立集体一等功1次、集体三等功1次，个人被表彰为“武警部队‘四有’优秀个人”，因在推动基层建设实践中表现突出，2020年立个人二等功。

【唐湘峰】1982年4月出生，长沙市宁乡市资福镇七星村人，某部大队长，中校。服役期间，完成各项飞行保障任务。2020年飞行保障工作中，因表现突出，立个人二等功。

【吴　军】1972年2月出生，长沙市长沙县安沙镇和平村人，获军队科技进步一等奖1次、二等奖3次、三等奖2次，因获2018年度国家教学成果一等奖（第一完成人），并作为教研室主任带领全体人员获集体三等功1次、空军先进基层党组织等荣誉，2020年立二等功。

【王　勇】1975年11月出生，长沙市长沙县湘龙街道石子村人，正式飞行以来，累计安全飞行4900余小时，带头提升飞行技术水平，主动培养帮带年轻飞行员，素质全面过硬，为部队建设和任务完成做出突出贡献。2020年立二等功。

【陈晓瑶】女，1984年5月出生，专业技术少校军衔，中央军委训练管理部军事体育训练中心八一射击队运动员，长沙市雨花区人，在2019年第七届世界军人运动会，获射击女子飞碟双向个人、团体两枚金牌，破女子双向个人资格赛、决赛、团体3项记录，被授予最佳射手称号，2020年立一等功1次。

【田　凌】1991年9月出生，长沙人，武警常德支队执勤三大队临澧中队上尉政治指导员。中队党支部连续5年被总队表彰为“先进基层党组织”，中队连续15年被总队表彰为“基层建设先进中队”，多次被总队表彰为“执勤标兵中队”，连续2年被总部表彰为“基层建设标兵中队”，2020年被支队表彰为“四铁”先进单位，先后立集体二等功1次、集体三等功1次。

【李文江】1982年6月出生，长沙市雨花区洞井街道人，武警岳阳支队参谋部作训股股长。2019年11月，在武警部队“武教头—2019”教练员比武竞赛中，获执勤组第四名，被评为武警部队“标兵教练员”，2020年立个人二等功1次。

【杨　黎】1983年3月出生，长沙市雨花区人，武警湖南总队益阳支队某大队大队长。2019年11月，代表湖南总队在河南总队某训练基地参加武警部队举办的“武教头—2019”导调员比武，总分排名第三名，被武警部队表彰为“标兵导调员”，2020年立个人二等功1次。

（本栏撰稿　魏珉子）

其他先进人物

【“全国抗疫三八红旗手”文方】女，1962年7月出生，汉族，中央党校在职研究生，中共党员。长沙市妇女联合会党组书记、主席、二级巡视员。2017年，获长沙市全国文明城市创建突出贡献奖，被评为长沙市优秀政协委员，被评为长沙市文明家庭；2018年，被评为湖南省文明家庭，被评为长沙市优秀政协委员；2019年，被评为全国巾帼建功标兵；2020年，被评为“全国抗疫三八红旗手”、长沙市优秀政协委员。自2020年1月21日力主发布科学佩戴口罩微信帖起，使“长沙女性”成为全市率先响应抗疫的官方平台，随后1个月内她先后执笔发布14次同心抗疫倡议书和慰问信，充分发挥她着力推行的“一呼百应”微信工作法的作用，带领四级妇联组织3万余名执委和695支巾帼志愿服务队的5.7万余名志愿者在抗疫联防联控中主动作为。她既是一名宣传动员的妇联主席，又是一位身体力行的巾帼志愿者。58岁的她连续两个多月每天工作18个小时以上，在疫情高危期带头下沉社区，协助摸排防控，守小区、入楼栋、进门店、给居家隔离人员做心理疏导，发挥示范带动效应，写下136条近1.5万字的抗疫日志。她第一时间筹集抗疫亟需物资带队送到长沙确诊病例定点收治医院（一医院北院）、市四医院、市公共卫生救治中心等医护一线。她主持策划启动抗疫三八红旗手（集体）和抗疫最美家庭评选，使长沙为全省最早；为抗疫一线医护人员和社区工作者量身打造最康复关爱项目，长沙市妇联是全省唯一；不间断排发抗疫宣传帖，拍摄制作“最美巾帼逆行者”故事汇，上门慰问送奖，为长沙凝聚起更强大的战疫“她”力量。200余个日夜，她每天线上线下从未停歇，牵头组织开展“疫情防控在行动　美家美妇写家书”活动，征集抗疫家书，传递抗疫正能量；为因父母隔离而无人照顾的孩子急招“爱心”妈妈，30分钟内招到29位；开设“家庭教育微课堂”23期，帮助家长和孩子直面疫情、共同成长；为困难家庭送去爱心抗疫包，给环卫女工送去防护物资，为长沙援鄂医疗队家庭做好“菜篮子”保障。动员组织全市各级妇联执委、女企业家、女能手等爱心单位和爱心人士捐赠湖北和当地物资及资金约3160万元。助力复工复产，她为长沙优质农副产品代言直播带货销售额338.3万元，占全省妇联系统直播销售总额的25%。　（刘晶彦）

【“全国三八红旗手”周钰沂】　女，1988年9月出生，硕士研究生，中共党员。长沙市天心区裕南街街道办事处党工委副书记、办事处主任，正科级。获2012年长沙县个人年度考核评“优秀”等次，县政府嘉奖；被评为2013年8月长沙县委党校中青班“优秀学员”；被评为2015年度长沙市文明创建“先进个人”；2017年3月被评为长沙市2016年度“三八红旗手”；2019年5月获“湖南省五四青年奖章”；2020年1月被评为省委党校第57期中青班“优秀学员干部”，3月被评为湖南省2019年度“三八红旗手”；被评为2020年度“全国三八红旗手”。作为全区最年轻的办事处主任，她始终坚持以人民为中心的发展思想，俯下身子、撸起袖子，面对复杂街情和经济社会发展压力，针对各项具体工作“出实招、想新招、破难题”。创新基层治理，推进产业项目建设，不断优化营商环境；推动项目征拆，鼓风机厂及周边地块棚户区征收项目取得短短20天签约率75%的成绩；开展困难帮扶，创新“三社联动”和“医养结合”的工作新模式。街道被评为湖南省“百佳工会”、长沙市文明标兵单位、长沙市总工会“芙蓉标兵岗”、长沙市巾帼文明岗、天心区营商环境优化工作先进单位、天心区产业建设工作项目建设先进单位等。面对新冠肺炎疫情，她始终发挥一名基层共产党员的模范带头作用。带领全街上下300余人连续“作战”30余天，对辖区29161户63892人进行全覆盖、无死角的拉网式排查。为促进经济复苏，每天带队走访、指导企业复工复产，辖区7个项目在3月底全部全面复工复产，各行各业逐步恢复生产生活秩序。作为一名共产党员，她始终认真贯彻落实中央八项规定及省委、市委实施办法，自觉带头学习和执行中央和省、市、区委关于加强党风廉政建设的各项规定。作为一名女干部，她时刻要求自己要扬女性之长，补女性之短，以素质求平等，以作为求地位，以能力求发展，在中央环保督查、扫黑除恶专项斗争、巡视巡查和“不忘初心、牢记使命”主题教育，维稳、防汛等重大特护期等专项工作上，她始终做到亲自督办，坚守一线，面对诱惑从不动摇，面对困难从不退缩，以实际行动展示巾帼风采。　（刘晶彦）

【2020年“中国好人榜”长沙地区获奖人物】　中国好人榜是由中央文明办、全国总工会、共青团中央、全国妇联组织开展的“我推荐我评议身边好人”活动所产生，是群众身边的敬业奉献、诚实守信、助人为乐、孝老爱亲、见义勇为五类道德模范月度榜单。长沙市2020年度有4人入选“中国好人榜”，他们是深藏功名数十年的“人民功臣”不忘初心、甘于奉献甘厚美（2—7月“诚实守信”），“慈善达人”跨越17万千米把星城温暖搬上青藏高原的唐林（8—9月“助人为乐”），七旬老人42年如一日细心照顾重症脑瘫弃儿的彭连清（11月“孝老爱亲”），信守承诺37年如一日照顾烈士父母老兵徐正祥（12月“诚实守信”），他们的先进事迹在全市产生广泛而深远的影响。“中国好人榜”推荐评选活动，把雷锋精神融入长沙精神的血脉，用真情诠释“雷锋家乡雷锋多”，在全市涌现出许多品德高尚、事迹突出、社会形象好、群众认可度高的好人模范，在全社会营造学习好人、宣传好人、争做好人、礼遇好人的浓厚氛围，把先进典型人物的榜样力量转化为全市上下干事创业、勇争一流的生动实践，为建设现代化长沙做出重大贡献。

（胡文浩　何　军）

附 录

APPENDICES

编辑　周海波

重要文献

在市委十三届十一次全会暨经济工作会议上的讲话

长沙市市长　郑建新

（2021 年 1 月 8 日）

这次会议的主要任务是，深入学习贯彻习近平总书记考察湖南重要讲话精神，全面贯彻落实中共十九大和十九届二中、三中、四中、五中全会、中央经济工作会议、省委十一届十二次全会、省委经济工作会议精神，审议《中共长沙市委关于深入学习贯彻习近平总书记考察湖南重要讲话精神当好实施“三高四新”战略领头雁奋力建设现代化新湖南示范区的决定》《中共长沙市委关于制定长沙市国民经济和社会发展第十四个五年规划和二〇三五年远景目标的建议》，总结 2020 年工作，分析当前经济形势，部署 2021 年经济工作。下面，我受市委常委会委托，向全会报告 2020 年工作，并就做好 2021 年经济工作讲几点意见。

一、过去的一年，市委常委会总揽全局、协调各方，奋发作为、攻坚克难，推动各项工作取得重大成效

2020 年是长沙发展进程中极不平凡的一年。面对严峻复杂的国际形势，面对艰巨繁重的改革发展稳定任务，面对突如其来的新冠肺炎疫情，市委常委会坚持以习近平新时代中国特色社会主义思想为指导，深入贯彻落实党中央决策部署和省委、省政府工作要求，强化省会担当，统筹疫情防控和经济社会发展，扎实做好“六稳”工作，全面落实“六保”任务，推动各项工作交出了优异答卷。预计全年地区生产总值增长 4.0%，规模以上工业增加值增长 5%，地方一般公共预算收入增长 3%，固定资产投资增长 6%，全体居民人均可支配收入增长 6%，社会消费品零售总额增速与全省持平，总体呈现稳中有进、稳中趋优、稳中向好的态势。

*一是深入学习贯彻习近平新时代中国特色社会主义思想，践行“两个维护”的高度自觉不断强化。*坚持在学深悟透上下功夫。市委常委会坚持把学习贯彻习近平总书记重要讲话指示精神作为重大政治任务来抓，先后召开 23 次市委常委会会议、组织 10 次市委理论学习中心组集体学习，带头增强“四个意识”、坚定“四个自信”、做到“两个维护”。按照省委统一部署，高质量举办全市领导干部学习贯彻党的十九届四中全会精神专题培训班。采取学习研讨等多种形式，引领全市上下学好用好《习近平谈治国理政》第三卷。习近平总书记视察湖南后，第一时间召开市委常委会（扩大）会议、全市领导干部会议进行传达学习，并组织开展 11 场专题宣讲，推动总书记重要讲话精神进机关、进企业、进农村、进校园、进社区、进网站。党的十九届五中全会闭幕后，第一时间组织传达学习、集中宣讲，迅速在全市掀起学习宣传贯彻热潮。突出在知行合一上见实效。围绕深入贯彻落实总书记关于湖南工作的“一带一部”“三个着力”“守护好一江碧水”等重要指示精神，坚定不移推进三大攻坚战，坚定不移推进制造业高质量发展，坚定不移促进房地产市场平稳健康发展，不断增创长沙高质量发展新优势。围绕全面贯彻落实总书记考察湖南重要讲话精神，专门制定贯彻落实责任分工清单和深入学习贯彻决定，推动总书记重要讲话精神在长沙落地生根、开花结果。坚持把贯彻落实习近平总书记重要讲话指示精神情况纳入政治建设考察、市委巡察等工作内容，持续推动落地见效。

*二是坚持战疫情、促发展两手抓、两手硬，统筹疫情防控和经济社会发展取得重大成果。*坚决打好疫情防控人民战争、总体战、阻击战。坚决贯彻落实习近平总书记关于疫情防控系列重要讲话指示精神和党中央决策部署、省委工作要求，坚持人民至上、生命至上，强化战时思维、战时状态、战时作风，全面构建市、区县（市）、街道（乡镇）、社区（村）四级联动机制，全面落实“四早”防控要求和“四集中”救治要求，全面加强重要节点防控、物资保障和“大数据分析＋网格化排查”，用 30 天时间实现新增确诊病例清零，用 54 天时间实现住院确诊病例清零，医务人员“零感染”，救治成功率居全国确诊病例 200 例以上城市前列。主动服务全国抗疫大局，完成伊朗包机、美国包机等全省集中转运分流任务，国际客运航班落地转运“长沙模式”得到国务院高度肯定；先后派出 103 名医疗疾控人员驰援武汉、黄冈等地，向 30 多个国家和地区捐赠防疫物资，以实际行动彰显了长沙担当、贡献了长沙力量。2 个集体、4 名个人荣获党中央、国务院、

中央军委嘉奖。坚决打好经济发展攻坚战。率先部署复工复产，率先向企业派驻防疫联络员，率先推进产业链建设、企业上市、投资、软件业、会展业、生活性服务业、外资外贸外经工作，在全国主要城市中较早按下经济重启键。围绕保产业链、保供应链、保市场主体，出台“稳定经济运行 26 条”，开展“大干一百天、实现双过半”竞赛活动，千方百计帮助企业渡过难关，全力以赴促进经济加速恢复。全年累计为企业缓缴各类费用 7.8 亿元、减免各类费用 36.2 亿元、财政发放奖补资金 52.8 亿元。

三是全面贯彻新发展理念、积极融入新发展格局，经济高质量发展保持良好势头。大力推进制造业高质量发展。以“三智一芯”为主攻方向，以产业链为抓手，以标志性项目为牵引，推动重大项目引进建设取得新的更大成效。引进投资过 2 亿元重大项目 90 个、“三类 500 强”项目 87 个，省“五个 100”工程任务全面完成。中联智慧产业城、蓝思触控玻璃面板、比亚迪 IGBT、天际新能源汽车、吉利新能源汽车、长步道机器视觉光电、湘江鲲鹏、顶立科技 3D 打印、泰科天润等项目正式生产，惠科光电项目即将点亮投产，三一智能网联重卡、三安光电、荷兰夸特纳斯等项目加快推进。实施大力推动制造业高质量发展优秀人才集聚工程三年行动计划，引进高精尖人才 42 名、紧缺急需人才 33 名。成功举办世界计算机大会、2020 长沙网络安全·智能制造大会、第十五届中国成长型医药企业发展论坛、第六届中国民营企业合作大会、互联网岳麓峰会等重大活动。加快推进科技创新。成功获批全国第三家国家级车联网先导区，岳麓山大学科技城成为国家首批科技成果转化和技术转移示范基地，马栏山视频文创产业园入选国家级文化产业示范园区创建名单，全国首个木本油料资源利用国家重点实验室、全国首个 5G 高新视频多场景应用国家广播电视总局重点实验室在长揭牌。全市高新技术企业突破 4100 家，全社会研发经费投入强度预计达 2.8%。持续深化改革扩大开放。研究部署 10 项重点攻坚、30 项统筹实施改革事项，统筹推进 34 项中央和省级试点示范、67 项承接落实、13 项基层探索改革事项。全面深化“放管服”改革，“一件事一次办”成效突出，长沙再次获评中国国际化营商环境建设标杆城市。国资国企、公共卫生、民主法治、财税金融、园区体制、公交都市、农业农村等改革均取得新进展。湖南自贸试验区长沙片区正式挂牌并启动建设。外贸基本盘保持稳定，临空经济加快发展。中欧班列稳定运行，长沙成为疫情期间全国仅有的 4 个“天班”开行城市之一，有力保障了全省国际贸易通道畅通和供应链稳定。区域合作迈出重要步伐，融入粤港澳大湾区建设取得积极进展，湘赣边区域合作示范区建设进一步提速。牢牢把握扩大内需战略基点。抢抓“两新一重”等政策机遇，围绕 5G、人工智能、工业互联网等领域布局“新基建”项目 100 个、总投资近 1900 亿元，推动长沙机场改扩建工程、椒花水库等一批重大项目开工建设。制定系列促消费政策，实施系列促消费行动，推动消费持续升温。成功举办 2020 湖南汽车展览会暨长沙市首届汽车消费节，打响全国会展业复苏第一枪。黄兴南路步行街入选全国第二批步行街改造提升试点，湘江欢乐城欢乐雪域、欢乐水寨开园运营，长沙成为全国夜间旅游热门城市、入选全国十大最受欢迎出游目的地城市。

四是坚决打赢三大攻坚战，高质量发展基础更加牢固。全面高质量完成脱贫攻坚任务。派驻工作队 659 个、队员 1439 人，3.7 万名干部结对帮扶 4.65 万户贫困户，84 个省定贫困村全部摘帽，13.4 万建档立卡贫困人口全部脱贫。扎实开展脱贫质量“回头看”和督查普查，“两不愁三保障”问题整改全部清零。城市特殊困难群体帮扶实现全覆盖，形成“五帮扶”长效机制。用心用情开展对口帮扶工作，助推龙山等 8 个贫困县全部脱贫出列。实施发展壮大新型村级集体经济三年行动计划，铺排“一县一特”农业产业重点项目 165 个，全市村集体经济收入突破 20 万元的超过八成。纵深推进污染防治攻坚战。“蓝天保卫战”超额完成任务，全市空气质量优良天数达 309 天、优良率达 84.4%。碧水保卫战成果持续巩固，河湖长制全面落实，湘江保护和治理第三个三年行动计划有力推进，“一江六河一湖”综合治理持续开展，国控、省控监测考核断面水质优良率保持 100%，浏阳河获评全国首批示范河湖。净土保卫战全面深入推进，城乡垃圾分类减量全面推行，土壤环境质量状况总体稳定。环保督察问题整改扎实推进，“洞庭清波”专项行动深入开展，省“夏季攻势”任务全面完成。坚决防范化解重大风险。坚持底线思维，强化忧患意识，严格控制隐性债务增量、妥善化解隐性债务存量，完成轨道集团、城发集团、湘江集团市场化转型，政府债务风险总体可控。加强融资担保机构、小额贷款公司、商业保理企业监管，积极防范化解非法集资风险，牢牢守住了金融安全底线。

五是大力推进“四精五有”品质城市建设，城市更加宜居宜业。以新理念引领城市发展。高标准规划城市发展空间，国土空间总体规划形成阶段性成果，金阳新城、金洲新城战略规划编制基本完成，高铁西城、大学城科创服务区等控规编制完成。加快实施“城市规划提升、城市风貌严控、城市特色塑造、城市形象提质”四大工程，启动精美建筑、精美街道、精美社区、精美环境、精美生活等一批精美示范项目建设，城市风貌品质显著改善。落实“儿童友好”城市规划理念，加快创建儿童友好型城市。以组合拳提升城市能级。全面拉开城市交通骨架，统筹推进城际铁路、高快速路、轨道交通、过江通道等建设，长益高速扩容工程建成通车，常益长高铁、宁韶高速、江杉高速建设加快推进，地铁 3 号线、5 号线开通运营、6 号线加快建设，20 条城区瓶颈路、断头路全面打通。圆满完成第三轮电网建设“630攻坚”行动，城市供电能力显著提升。落实“四增两减”要求，持续推进棚户区、老旧小区改造和城区有机更新，打造“一圈两场三道”升级版，城市宜居指数、便利化程度明显提高。以特色化推进片区建设。国际会议中心正式投入运营，成为展示省会形象的新名片。岳麓山大学科技城、马栏山视频文创产业园、临空经济示范区、高铁会展新城、湖南金融中心、南部融城片区六大重点片区建设加快推进，公共配套更加完善，要素资源加快集聚。以大融入促进区域发展。长株潭一体化发展加快推进，九华、湘阴正式列入湘江新区新片区，“三干两轨”交通路网基本成型，都市圈公共服务“一卡通”覆盖面不断拓展，一体化高质量发展格局加速成型。长岳、长益合作不断深化，虞公港“飞地港”建设即将启动，区域经济互促效应不断彰显。长江中游城市群高质量发展稳步推进，重点合作事项取得实效，新一轮合作即将开启，省会城市合作迈入新阶段。

*六是持续加强宣传思想文化工作，文化建设成果丰硕。*巩固壮大主流思想舆论。围绕习近平总书记视察长沙和决胜全面建成小康社会、决战脱贫攻坚、疫情防控、复工复产等重点开展宣传，弘扬主旋律，传播正能量，讲好长沙故事。“就认这个理”理论微宣讲响彻星城大地，市委宣传部获评全国基层理论宣讲先进集体。严格落实意识形态工作责任制和网络安全工作责任制，开展落实意识形态工作责任制专项督查，确保了意识形态领域和网络空间安全。传承弘扬红色基因。举办李富春同志诞辰120周年、雷锋同志诞辰80周年纪念活动，承办2020中国红色旅游博览会，推进肖劲光故居等一批爱国主义教育基地提质升级，讲好红色故事，让红色基因代代相传。繁荣发展文化产业。坚持把社会效益放在首位、社会效益和经济效益相统一，牢牢把握正确导向，守正创新，大型史诗歌舞剧《大地颂歌》收获良好口碑，马栏山视频文创产业园“中国V谷”效应持续放大，中国新媒体大会、中国（长沙）青年戏剧节、长沙·中国1024程序员节等品牌节会成功举办，长沙继续蝉联全国文明城市、获评首批国家文化和旅游消费示范城市。

*七是深入践行以人民为中心的发展思想，群众获得感幸福感安全感不断提升。*千方百计稳就业。聚焦扩大就业容量、提升就业质量、促进充分就业，出台“有效应对疫情影响援企稳岗13条”，接续开展援企招工小分队、线上“春风行动”、高校毕业生就业服务季等活动，创新实施零就业家庭就业援助“三级响应”服务，扎实抓好重点群体就业，城镇新增就业13.8万人，城镇登记失业率控制在4%以内，零就业家庭实现动态清零。全面提升公共服务质量。城乡低保标准稳步提高，企业退休人员基本养老金、城乡居民基础养老金实现“16连调”，医保财政补助标准实现“10连调”。新增公办幼儿园学位3.9万个、义务教育学位4.8万个，“健康长沙”PPP项目加快建设，养老服务体系更加完善。多措并举创新社会治理。开展市域社会治理现代化试点，加强新时代县域警务工作，深入开展扫黑除恶“六清行动”，法治长沙、平安长沙迈向更高水平。坚持和发展新时代“枫桥经验”，扎实开展“领导接访下访推动矛盾化解”攻坚活动，实现“五个不发生”和特护期进京非访“零登记”、维稳处访“零事故”、涉稳舆情“零炒作”。深入开展安全生产专项整治三年行动，防汛救灾实现未垮一库一坝，安全生产形势总体稳定。长沙入选中国十大美好生活城市，连续13年被评为中国最具幸福感城市。

*八是积极发展社会主义民主政治，政通人和局面持续巩固。*听取市人大常委会、市政府、市政协党组和市中院、市检察院党组工作汇报，支持和保证同级国家机关及其他组织依法依章程履行职能。坚持和完善人民代表大会制度。支持和保证市人大及其常委会依法行使职权，围绕统筹疫情防控和经济社会发展、推动高质量发展、加强生态环境保护、创新社会治理等加强地方立法、开展人大监督。建立长株潭三市人大工作协作机制，推进生活垃圾分类、湘江水污染防治立法和监督工作协同，推动长株潭一体化发展迈入法治引领、区域治理新阶段。坚持和完善中国共产党领导的多党合作和政治协商制度。支持市政协履行政治协商、民主监督、参政议政职能，做好凝聚共识工作。巩固市政协民主评议“园区社会投资购地建设项目审批环境”成果，充分发挥政协民主监督在改进工作、转变作风中的重要作用。支持市政协解决基础工作薄弱、人员力量薄弱问题，营造加强和改进政协工作的良好环境。巩固和发展爱国统一战线。加强思想政治引领，支持各民主党派、工商联、无党派人士、新的社会阶层人士及所联系的海外侨胞积极参政议政、发挥作用。搭建常态化政企沟通平台，多渠道征求民营企业家意见建议，及时协调解决有关问题。构建亲清政商关系，建立完善民营企业合法权益保护体系，服务保障经济高质量发展。在全国率先开展基层统战工作示范区建设，城市民族工作成果突出，宗教领域“打非抵渗”专项行动成效显著。

*九是全面加强党的建设，政治生态更加山清水秀。*持续强化党的政治建设。出台加强党政领导班子建设若干措施，定期开展党政班子综合分析研判，着力选优配强领导班子。推动政治建设考察与绩效考核、市委巡察等相结合，切实推动政治建设考察常态长效。开展4轮对78家单位巡察，对4名市管班子成员进行了调整。持续激励干部担当作为。对在疫情防控一线表现优秀的干部，及时提拔重用、晋升职级、宣传表彰。强化优秀年轻干部培养措施，选派优秀年轻干部到脱贫攻坚、产业链建设、自贸区建设等战场经风雨、见世面、长才干。建立党政正职履职用权风险提示清单制度，强化对“一把手”和领导班子监督。开展选人用人专项检查，确保选人用人经得起检验。持续强力推进正风肃纪。坚决打好“红包礼金”“提篮子”“打牌子”问题攻坚

战，查处违反中央八项规定精神问题219起、处理468人、处分260人。坚决纠治形式主义、官僚主义，问责疫情防控责任落实不力党员干部21人、党组织1个。严肃查处曹莉芳、陈晓阳、詹立明等一批违纪违法案件，以高压反腐强化震慑效应。把握运用“四种形态”，全市立案1804件、结案1490件、处分1319人，其中县处级干部34人，挽回经济损失3.1亿元。持续夯实党的基层基础。扎实推进城市基层党建六项重点工作，抓好“街道吹哨、部门报到”、“三零”社区建设，社区党建引领社区治理水平不断提升。以村（社区）“两委”换届为契机，推行村（社区）主职“一肩挑”，强化基层党组织引领作用。全面摸排软弱涣散基层党组织，对37个软弱涣散村（社区）党组织进行整顿。针对农村、社区、两新组织党员和流动党员、年老体弱党员等重点群体，以建设“四个合格”党员队伍为目标，组织各类示范培训班，推动党内组织生活制度更好落地落实，党员作用进一步发挥。探索城市社区专职工作者员额管理机制，充分调动基层干部工作积极性。

同时，市委常委会充分发挥领导核心作用，统筹推进党管武装、群团等各项工作取得明显成效。我们也清醒地看到，市委常委会在自身建设、工作提升等方面还存在不足。对此，市委常委会将聚焦问题、强化举措，进一步提升领导水平和工作成效。

二、准确把握经济形势，科学谋划今年经济工作

谋划经济工作，必须全面、客观、辩证地分析经济形势，在观清大势中谋好大局、抓好大事。

一方面，我们要看到长沙发展正面临一系列重大机遇。重大机遇来自于习近平总书记对湖南、长沙的关怀和厚爱。近年来，总书记多次就湖南工作发表重要讲话，作出重要指示。特别是在“两个一百年”历史交汇的关键节点，总书记亲临湖南视察，提出“三个高地”、“四新”使命、“五项重点任务”等重要要求，为湖南锚定新目标、擘画新蓝图、赋予新使命，为湖南、长沙推进高质量发展和现代化建设注入了强劲动力。在湖南自贸试验区创建进程中，总书记先后两次作出重要批示，直接推动了湖南自贸试验区的落地。总书记对湖南、长沙工作的关怀和厚爱，必将激励我们以更加昂扬的姿态奋进新时代、铸造新辉煌。重大机遇来自于中央和省里支持的持续加力。今年，国家宏观政策保持连续性、稳定性、可持续性，积极的财政政策提质增效、更可持续，稳健的货币政策灵活精准、合理适度，同时在科技创新、产业发展、改革开放等方面谋划和部署了一系列重大战略和政策举措。长沙工程机械产业链、功率半导体产业链和工程机械关键零部件攻关都纳入了国家支持范围。中央即将印发关于新时代推动中部地区高质量发展的指导意见。省委将长株潭作为全省的“一核”，又将长沙作为“一核”的核心。达哲书记在多个场合明确要求长沙要当好实施“三高四新”战略领头雁、建设现代化新湖南示范区，对长沙发展的支持是前所未有。这些都为长沙发展带来了重大利好。重大机遇来自于中心城市和城市群建设迎来的历史性契机。党的十九届五中全会明确提出要“发挥中心城市和城市群带动作用，建设现代化都市圈”，中心城市和城市群正在成为承载发展要素的主要空间形式。这次总书记视察湖南，明确提出“长株潭一体化发展要继续抓下去，抓出更大成效”。达哲书记近期在省委十一届十二次全会、宣讲党的十九届五中全会精神、省委经济工作会议都强调要加快推进长株潭一体化发展。这些都标志着长沙建设中心城市和引领建设长株潭城市群迎来了千载难逢的历史性机遇。重大机遇来自于融入新发展格局带来的系列发展红利。去年我国成为全球唯一实现正增长的主要经济体，经济稳定恢复态势正在不断巩固拓展。长沙经济恢复增长走在全国前列，产业链建设、营商环境建设、开放平台建设等交出精彩答卷，社会和谐稳定，越来越多的战略投资者看好长沙、落户长沙。中央提出要加快构建以国内大循环为主体、国内国际双循环相互促进的新发展格局。长沙作为“一带一路”倡议支点城市、“一带一部”首位城市、长江经济带中心城市、省会城市，在参与国内大循环、国内国际双循环上都具有突出优势、具备坚实基础。内循环方面，长沙是首批陆港型国家物流枢纽城市，京广、沪昆、渝长厦三条高铁交会于此，产业链有基础、要素链有支撑、服务链有配套，“新基建”力度不断加大，区位优势与产业优势叠加，完全有条件、有能力为国内大循环担负更重使命。双循环方面，长沙拥有五大国家级战略平台、五大国家级园区，自贸试验区、中欧班列、黄花国际机场等开放平台链接全球，正加速融入“一带一路”建设、长江经济带发展、粤港澳大湾区建设和“RCEP”，完全有条件、有能力为国内国际双循环贡献更多力量。

另一方面，我们要清醒看到，长沙发展也面临压力挑战。一是外部环境和疫情变化存在不确定性。今年世界经济形势仍然复杂严峻，复苏不稳定不平衡，新冠肺炎疫情仍在全球蔓延并在一些国家出现新的变种，疫情冲击导致的各类衍生风险不容忽视。二是城市竞争日趋激烈。标兵跑得更快，追兵追得更紧，城市竞争进入千帆竞渡、百舸争流的比拼时代。宁波、无锡、青岛、郑州、长沙5个城市经济总量咬得很紧，不拼命奔跑，随时都可能被兄弟城市超越。三是发展不平衡不充分问题仍然突出。新经济培育、科技成果转化、开放型经济发展有待加快，城市能级、品质、核心竞争力有待提升，生态环保、民生保障、社会治理还存在短板。

总体来看，是机遇大于挑战、机遇多于挑战。我们要坚定必胜信心，保持战略定力，扎扎实实办好自己的事。一是要强化机遇意识，聚焦用好长沙发展的重要战略机遇期，抢抓一切显性机遇，发掘一切潜在机遇，准确识变、科

学应变、主动求变，切实把发展机遇转化为发展动能、发展优势。二是要强化底线思维，增强忧患意识，提高风险预见预判能力，积极做好应对各种复杂状况和风险挑战的充分准备，坚决守住底线，牢牢掌握发展主动权。

2021 年是长沙现代化建设进程中具有特殊重要性的一年，是“十四五”开局之年，也是中国共产党建党 100 周年，做好今年经济工作意义重大。总体要求是：以习近平新时代中国特色社会主义思想为指导，全面贯彻党的十九大和十九届二中、三中、四中、五中全会精神，坚决落实习近平总书记关于湖南工作系列重要讲话指示精神和中央、省委经济工作会议精神，坚持稳中求进工作总基调，立足新发展阶段，贯彻新发展理念，融入新发展格局，以推动高质量发展为主题，以深化供给侧结构性改革为主线，以改革创新为根本动力，以满足人民日益增长的美好生活需要为根本目的，坚持系统观念，聚焦当好实施“三高四新”战略领头雁、建设现代化新湖南示范区，巩固拓展疫情防控和经济社会发展成果，更好统筹发展与安全，扎实做好“六稳”工作、全面落实“六保”任务，深入推进制造业高质量发展、科技创新、内需扩大和高水平开放，保持经济平稳健康发展、社会和谐稳定，确保“十四五”开好局，以优异成绩庆祝建党 100 周年。

市委考虑，今年全市经济社会发展的主要预期目标是：地区生产总值增长 8%，规模以上工业增加值增长 8.5%，地方一般公共预算收入增长 6%，固定资产投资增长 9%，社会消费品零售总额增长 9%，居民收入稳步增长。城镇新增就业 13.3 万人，城镇调查失业率与全省目标保持一致。居民消费价格涨幅 3% 左右。生态环境质量进一步改善，完成省下达的能耗“双控”目标。确保粮食播种面积和产量稳定。同时，为强化“三高四新”战略导向，新增以下指标：制造业增加值增长 8.5%，数字经济增加值增长 15% 以上，研究与试验发展经费占地区生产总值比重 2.9%，产业投资增长 12% 左右，进出口总额增长 15%，税占比 75%。

把今年经济增长预期目标定为 8%，一是充分考虑了在大力实施“三高四新”战略中彰显省会担当的需要。长沙要当好实施“三高四新”战略领头雁，经济增长必须为全省勇挑重担、多作贡献。今年全省经济增长定在 7% 以上，长沙经济总量占全省近三分之一，增速目标高于全省 1 个百分点，有利于更好发挥全省经济发展“稳定器”和“压舱石”作用。二是充分考虑了实现全市“十四五”及二〇三五年远景目标的需要。到二〇三五年，长沙经济总量要迈上新的大台阶；到二〇二五年，地区生产总值要达到 1.7 万亿元，都要求保持一定的经济增速。据测算，全国、全省“十四五”年均增速分别在 5.5%、6.5% 左右，长沙“十四五”年均增速考虑 7% 左右，“十四五”开局之年把增速提高 1 个百分点，既有利于保持经济平稳健康运行，也有利于适当前移压力，引导各方面朝着既定目标加压奋进。三是充分考虑了全市经济高质量发展的需要。去年基数比较低，今年经济出现恢复性增长可能性比较大。长沙“三智一芯”产业战略布局基本完成，20 个制造业标志性项目相继投产，一批新的重大产业项目也将落地，今年还将启动长赣高铁、长沙高铁西站等重大基础设施建设，新产业、新动能在加快集聚。把目标定为 8%，是有支撑的，也是完全可以实现的。按今年增长 8% 测算，去年和今年合计起来，平均增速在 6.2% 左右，略低于潜在增长率。我们把目标定为 8%，是留有余地、较为稳妥的，有利于引导各方面把精力集中到深化供给侧结构性改革、推动高质量发展上来。同时，8% 的增速也有利于稳增长、稳就业、稳信心、稳预期。

三、扎实抓好今年经济工作的重点任务

做好今年经济工作，要围绕开好局、起好步、见到新气象，强化目标、抓手、责任，下好先手棋，打好主动仗，交出高分答卷。着力抓好十个方面的重点任务。

一是坚定不移推动制造业高质量发展。湖南要打造全国重要先进制造业高地，长沙是绝对的主战场和绝对的主力军。坚持把制造业作为长沙的立市之本、强市之基，坚持把制造业高质量发展摆在经济工作首位，坚持把时间和精力用在抓制造业上，围绕产业基础高级化、产业链现代化，在举措上进一步加码，在行动上进一步加力，确保制造业高质量发展见到更大成效。要大力推进产业链和产业集群建设。突出“三智一芯”等重点，精准施策锻长板、补短板，着力打造一批具有更强创新力、更高附加值、更安全可靠的产业链供应链。系统谋划新一轮产业链建设计划，“一链一策”确立清晰的“路线图”、明确的“时间表”和精细的“任务书”。更好发挥“链长”“链办”“链员”作用，强化精准招商、精准帮促，推动补链延链强链跑出加速度。实施产业基础再造工程，集中力量、集中资源，加快突破一批基础零部件、基础工艺、关键基础材料、产业技术基础。加快工程机械世界级先进制造业集群建设，抓紧制定国家级先进储能材料产业集群和国家级安全可靠计算机及创新应用产业集群行动方案。要大力发展数字经济。聚焦数字产业化、产业数字化，推动数字经济和实体经济深度融合，培育壮大数字产业集群。加快发展软件业，一手抓软件企业、软件人才引进，一手抓基础软件、工业软件和新兴领域软件研发，培育一批具有行业影响力的软件业集聚区。加快打造应用场景，聚焦工业互联网、车路协同、移动支付、创意经济、共享经济等领域，建设一批具有基础性、先导性的数字经济示范应用场景。加快推进企业数字化网络化智能化改造，建设更多数字化生产线、数字化车间、智能工厂。要大力培育市场主体。健全梯次培育机制，加大政策支持力度，加大服务保障力度，推动个转企、小升规、规改股、股上市，推动龙头企业做大做强做优，形成一批专精特新“小巨人”

企业、单项冠军企业、隐形冠军企业、独角兽企业和世界一流企业。要大力涵养产业生态。推动金融机构加大对制造业中长期贷款和研发创新、设备更新、并购贷款投放力度。做大产业投资基金规模，促进母基金向市场化、专业化、国际化方向转变，撬动更多社会资本投入先进制造业。积极引导创业投资、私募股权、并购基金等社会资本支持高成长性企业发展。打通知识产权创造、运用、保护、管理、服务全链条，健全知识产权综合管理体制，增强知识产权系统保护能力。健全工业用地市场供应体系，增加混合产业用地和新型产业用地供给，完善闲置土地使用权收回机制，强化土地利用精细化管理，全力保障产业项目用地。弘扬企业家精神，支持企业家以恒心办恒业。

二是全面提升科技创新能力。长沙是科教大市，把海量的科教资源转化为强大的科创优势，大有潜力可挖，大有文章可做。坚持“四个面向”，完善城市创新体系，激发创新要素活力，推动创新成果转化，持续放大科技创新策源效应、引领效应、辐射效应。要激发人才创新活力。发挥房价低、环境好、发展空间大等优势，深入实施芙蓉英才星城圆梦计划和“人才政策 22 条”，进一步做大人才规模、做优人才结构、做强人才实力。创新人才引进模式，实施更加积极、更加开放、更加有效的人才引进政策，面向全国全球，运用人才找人才、靶向引才、柔性引才等方式，引进更多一流人才和创新团队。创新人才培养模式，加大创新型人才、应用型人才、技能型人才培养力度，持续开展技能人才比武，进一步壮大高水平工程师和高技能人才队伍。创新人才服务模式，建立高层次人才服务绿色通道，营造适宜国际人才居住和发展的“类海外”环境，建设好长沙国家海外人才离岸创新创业基地、海归小镇，发挥好中国长沙人力资源服务产业园作用，让在星城大地生活和发展的每一位人才都感到安心、舒心、放心。要提升企业技术创新能力。完善企业技术创新政策，促进技术、资金、人才、项目等各类创新要素向企业集聚，使企业真正成为技术创新决策、研发投入、科研组织和成果转化的主体。发挥好研发投入普惠性补贴的杠杆作用，鼓励企业加大研发投入、提升创新能力。发挥大企业引领支撑作用、中小企业专业化优势，推进大中小企业融通创新、协同发展。要增强科技创新平台实力。积极创建国家新一代人工智能创新发展试验区。积极争取布局大科学装置和国家实验室。推动国家制造业创新中心、国家产业创新中心、国家技术创新中心、国家工业设计研究院创建取得重大突破。支持岳麓山（工业）创新中心、岳麓山种业创新中心发展。培育发展一批市场导向的新型研发机构。加快建设湘江科创基地、中南大学科技转化基地、湖南大学创新转化基地、湖南师范大学文化创意基地、国防科技大学军民融合基地。高质量建设国家网络安全产业园区（长沙）。要打好关键核心技术攻坚战。聚焦工程机械、新材料、智能网联汽车、种源等领域，建立“揭榜挂帅”机制，开展关键核心技术攻关，着力开发一批“杀手锏”技术、攻克一批“卡脖子”技术、掌握一批“制高点”技术，形成一批填补国内空白、补齐产业链短板的技术成果，为打赢制造业升级仗、种业翻身仗作出长沙贡献。

三是深入推进改革开放。强化改革意识、开放思维，推动改革开放向深处扎根、在实处发力，进一步激活高质量发展的动力和活力。要高标准高质量建设湖南自贸试验区长沙片区。聚焦“为国家试制度，为地方谋发展”的重大使命，按照“半年出经验、一年有成果、两年上台阶、三年达目标”的时序要求，加快推进长沙片区建设各项工作。把制度创新作为核心任务，紧扣国家提出的 7 大领域、113 项改革试点任务，大胆试、大胆闯、自主改，加快探索一批可复制可推广的制度创新成果。用好自贸试验区平台，推进高质量引进来、高水平走出去，在投资、进出口、利用外资等方面取得更大进展、更多成果。要营造市场化法治化国际化营商环境。聚焦市场主体关切，对标国际一流水平，持续深化“放管服”改革，深入推进“一件事一次办”，进一步提升涉企服务质量和效率。推进“一业一证”改革。加强事中事后监管，对新产业新业态实行包容审慎监管。完善常态化政企沟通联系机制，健全企业诉求收集、处理、反馈制度，及时帮助企业解决实际困难。要统筹抓好各项改革。持续深化国资国企、新区园区、农业农村、科技创新、投融资、要素市场化配置、公交、生态文明、民生保障等领域改革，抓好全域低空空域管理改革、数字人民币等试点，充分激发市场活力和社会创造力。对已部署的重点改革，要及时总结评估、推广经验，让改革更好赋能高质量发展。要全方位拓展开放格局。深度融入“一带一路”建设、长江经济带发展和粤港澳大湾区建设，在产业、创新、基建等方面开发一批合作项目，形成一批合作成果。加快推进湘赣边区域合作示范区建设。办好第二届中非经贸博览会、博鳌亚洲论坛全球经济发展与安全论坛首届大会、“一带一路”青年创意与遗产论坛、中国网络文明大会、中国新媒体大会、长沙国际工程机械展、互联网岳麓峰会等重大活动，确保办出特色、办出水平、办出影响。

四是积极扩大内需。把实施扩大内需战略同深化供给侧结构性改革、改善人民生活品质结合起来，加强政策协同，促进内需潜力释放。要发挥消费基础作用。把握消费升级趋势，健全鼓励消费的政策体系和体制机制，提升传统消费、培育新型消费、激活潜在消费，合理增加公共消费，促进消费向绿色、健康、安全发展。加快汽车、家电、家居等实物消费提挡升级，推进文化、旅游、体育、健康、养老、育幼、家政等服务消费提质扩容。推动线上线下消费有机融合、双向提速，发展无接触消费，拓展定制消费、体验消费、智能消费、时尚消费，培育新零售、首店经济、宅经济等新业态新模式。加快工业品下乡和农产品进城，推动新型消费向农村拓展，激发农村消费潜力。积极发展夜间经济。优化消费环境，强化消费者权益保护。要发挥投资关键作用。围绕产业、“两新一重”、公共卫生、生态保护、乡村建设等领域，实施一批重大项目。积极推进省“五个100”工程在长项目建设。突出抓好长沙机场改扩建工程、常益长高铁、长赣高铁、宁韶高速、江杉高速、椒花水库、地铁6号线、1号线北延线、西环线、湘雅路过江通道等重大基础设施项目建设。健全项目推进和保障机制，形成在建一批、投产一批、储备一批、谋划一批的梯次滚动发展格局。全面改善投资环境，形成良好投资预期，激发全社会投资活力。争取更多的长沙项目、长沙工程进入国家、省支持的笼子。要完善现代流通体系。加强物流通道、物流枢纽、物流网络建设，打造中欧班列集结中心，大力发展航空货运、高铁货运、多式联运。加强快递物流园区、分拨中心、配送中心建设，提升快递物流发展水平。抓好荷兰夸特纳斯、京东亚洲一号等重大项目建设。完善冷链物流体系，提高冷链物流标准化水平。引导流通企业开展数字化智能化改造，支持流通企业跨界融合，着力培育一批具有核心竞争力的现代流通企业。

五是加快推进长株潭一体化发展。省委、省政府对长株潭一体化发展高度重视，达哲书记明确提出要加强组织领导、加大支持力度，并确立了“高位统筹、同向发力、创新协同、政策一体、齐抓落实”的二十字要求。省委将建立由达哲书记任组长、伟明代省长任第一副组长、建辉常务副省长和长沙市委书记任副组长的长株潭一体化发展高位推进机制，全面加强长株潭一体化发展统筹、协调和指导。省委、省政府也专门印发了长株潭区域一体化发展规划纲要，明确了当前和今后一个时期长株潭一体化发展的主要目标和重点任务。长株潭一体化发展正迎来新的春天。长沙作为长株潭的龙头，要紧扣一体化和高质量两个关键词，聚焦一年一个新台阶、一年一个大变样，带头唱好“三城记”。要在打造“三个高地”上率先取得重大突破。围绕打造“三个高地”，共建工程机械、轨道交通、航空动力三大世界级先进制造业集群，共建国家自主创新示范区，推动湖南自贸试验区长沙片区改革创新成果率先在湘江新区复制推广并覆盖三市，打造一批标志性平台，集聚一批标志性项目，形成一批标志性成果。要推进同城化发展。围绕基础设施同网、产业发展协作、科技创新协同、生态环境共保、公共服务共享、社会治理联动，抓一批同城化项目，办一批一体化实事。对建设“轨道上的长株潭”、美丽长株潭、幸福长株潭、平安长株潭等，要明确总体安排，拿出实质举措，以钉钉子精神抓好落实。要发挥辐射带动效应。围绕强化长株潭与岳阳、衡阳两个省域副中心城市的协同发展，围绕强化长株潭与洞庭湖、湘南、湘西三大板块的联动发展，在建设湘江东岸先进制造业走廊、湘江西岸科创走廊、京广通道经济带、沪昆通道经济带、渝长厦通道经济带“两廊三带”上重点抓一批合作项目，共推“一核两副三带四区”建设迈上新台阶。

六是加快建设“四精五有”品质城市。聚焦“有颜值、有气质、有内涵、有格调、有品位”，推进精准规划、精美建设、精致管理、精明增长，全面提升城市建管品质。要着力提升城市能级。积极推动市域行政区划调整，推进新区园区调规扩区，探索托管周边县市，拓展发展空间，增强承载能力。实施“东拓、西提、南融、北进、中优”行动，推动市域五大板块发挥比较优势，培育特色产业、提升特色功能、塑造特色品牌，形成差异化、协同化发展格局。加快推进岳麓山大学科技城、马栏山视频文创产业园、临空经济示范区、湖南金融中心、高铁会展新城、南部融城片区六大重点片区和金霞新城、金阳新城、金洲新城、高铁西城、隆平新城等产业新城建设，夯实产业基础，提升人气指数，打造一批支撑城市高质量发展的新增长极。要着力提升城市功能。加快推进轨道交通、过江通道、交通枢纽、停车场建设和主次干道提质改造，完善慢行网络、城市绿道和无障碍设施，加快发展智慧交通，打造高品质出行环境。加强智慧电网建设，提升电力保障能力。加快推进5G、大数据中心、充（换）电站（桩）等新型基础设施建设，力争全年建成2万座5G基站。完善“城市超级大脑”，构建“一脑赋能，数惠全城”的新型智慧城市建设模式，加快推进民生服务、社会治理、生态环保等领域智慧应用，提升数字生活获得感。要着力提升城市品质。实施城市风貌提升行动，强化城市设计、建筑管控、空间营造，巩固提升“山水洲城景、湖湘人文韵、时尚现代范”城市特色风貌。推进湘江两岸、浏阳河两岸美化亮化，加强湘江洲岛建设，着力打造“一江一河”两条百里画廊。坚持“四增两减”，统筹推进棚户区改造、老旧小区改造和城市更新，突出抓好市府北片、蔡锷北路两厢、德雅路两厢、红星大市场、雅塘、湖橡、下碧湘街、湘雅附二、湘雅附三、蔡锷中路两厢等片区更新改造，提升居住环境品质。深入推进儿童友好型城市、青年向往型城市、老年关爱型城市建设，打造全龄友好之城。

七是加快推进农业农村现代化。坚持农业农村优先发展，全面实施乡村振兴战略，持续提升农业农村发展水平。要加快把湘赣边区域打造成为乡村振兴示范区。要大力发展精细农业。深化农业供给侧结构性改革，加强高标准农田、农田水利和智慧农业建设，提升农副产品精深加工水平，推动农业规模化、标准化、精细化、绿色化、品牌化发展，培育壮大长沙绿茶、宁乡花猪、浏阳油茶、望城蔬菜、小龙虾、花卉苗木六大特色农业产业集群，提升长沙农副产品附加值和竞争力。完善产业利益联结机制，让农民更多分享产业增值收益。发展壮大新型农村集体经济，培育更多集体经济强村。要全面加强乡村建设。赋予县级更多资源整合使用的自主权，强化县城综合服务能力。加快推进城乡基础设施一体化、基本公共服务均等化，提升城乡融合发展水平。持续推进农村人居环境整治提升行动，重点抓好农村改厕、生活垃圾处理和污水治理。优化乡村布局，注重保护传统村落和乡村特色风貌，全面提升农房建设品位和质量，打造更多美丽乡村、特色精品乡村。做好党建引领人才振兴文章，加快打造一支强大的乡村振兴人才队伍。要做好巩固拓展脱贫攻坚成果同乡村振兴有效衔接。健全防止返贫动态监测和帮扶机制，对易返贫致贫人口实施常态化监测，完善快速发现和响应机制，及时纳入帮扶政策范围，采取有针对性的帮扶措施。加大扶贫产业扶持力度，补上技术、设施、营销等短板，促进产业提档升级。强化易地搬迁后续扶持，多渠道促进就业，加强基础设施和公共服务配套，搞好社会管理，确保搬迁群众稳得住、有就业、逐步能致富。深化对口帮扶，帮助龙山等巩固脱贫攻坚成果。

八是全力保障改善民生。顺应人民群众对高品质生活的追求，扎实办好民生实事，扎实推进共同富裕，使改革发展成果更多更公平惠及全市人民。要着力稳就业。坚持就业优先，强化就业服务，突出抓好高校毕业生、农民工、退役军人等重点群体就业，做好就业困难人员就业帮扶和托底安置，确保零就业家庭动态清零。要提升公共服务水平。推动学前教育优质普惠发展、义务教育优质均衡发展、高中教育优质多样化发展，努力办好人民满意的教育。健全覆盖全民、统筹城乡、公平统一、可持续的多层次社会保障体系。加强公共卫生体系建设，完善疾病预防控制、重大疫情救治、应急物资保障体系。深入开展爱国卫生运动。广泛开展全民健身运动。推进城乡公共文化服务体系一体建设，创新实施文化惠民工程，着力建设更高水平的全国文明城市。推动养老事业和养老产业协同发展，构建居家社区机构相协调、医养康养相结合的养老服务体系。要完善住房保障体系。坚持房住不炒定位，全面落实房地产长效机制，促进房地产市场平稳健康发展。大力发展租赁住房，解决好新市民、青年人特别是从事基本公共服务人员等住房困难群体的住房问题。要加强生态文明建设。按照国家2030年前碳排放达峰行动要求，加快调整优化产业结构、能源结构，广泛推行清洁生产，大力发展清洁能源，推动生产生活方式全面绿色转型。继续打好污染防治攻坚战，深化大气污染联防联控，落实好长江十年禁渔，落实好湘江保护和治理一号工程，强化“一江六河”流域综合治理，推进化肥农药减量和土壤污染治理，加强危险废物、医疗废物收集处理，推动大气、水、土壤质量持续改善。

九是牢牢守住安全发展底线。统筹发展与安全，全面推进市域治理现代化，确保社会大局和谐稳定。要强化债务风险防控。完善政府债务风险常态化监控机制，坚决控增量、化存量，加快平台公司市场化转型。要抓好安全生产。严格落实安全生产责任制，加强安全生产监管执法，努力实现“三个坚决、两个确保”目标。要创新社会治理。坚持和发展新时代“枫桥经验”，健全领导干部接访下访制度，努力将矛盾纠纷化解在基层、化解在萌芽状态。严厉打击各类违法犯罪活动，深化扫黑除恶，打造更高水平的法治长沙、平安长沙。

十是扎实做好纪念建党100周年相关工作。今年是建党100周年。湖南是毛主席家乡，是中国革命和建党的重要策源地。长沙是湖南省会，各方面关注度高，必须从讲政治的高度做经济工作，保持经济平稳健康发展，以优异成绩献礼建党100周年。要加强正面宣传和舆论引导，加强各类风险矛盾化解，切实维护政治安全、社会安定、人民安宁、网络安靖，为建党100周年营造良好环境。要结合系列庆祝活动开展，组织深入学习“四史”，大力弘扬红色基因和优良传统，开展走访慰问“五老”活动，从党的百年光辉历史中汲取不忘初心、砥砺奋进的精神力量。

政府工作报告（摘要）

长沙市市长 郑建新

（2021 年 1 月）

一、2020 年及“十三五”工作回顾

2020 年是极不平凡的一年。面对国内外形势的深刻变化特别是新冠肺炎疫情的严重冲击，我们在省委、省政府和市委的坚强领导下，认真贯彻中共十九大，十九届二中、三中、四中、五中全会和习近平总书记考察湖南重要讲话精神，统筹推进疫情防控和经济社会发展，扎实做好“六稳”工作、全面落实“六保”任务，攻坚克难、砥砺奋进，努力夺取优异成绩。

——抗击新冠肺炎疫情取得重大战略成果。全市不到 1 个月实现新增确诊病例清零，不到 2 个月实现在院确诊病例清零，救治成功率居全国确诊病例 200 例以上城市前列。

——经济恢复增长走在全国前列。地区生产总值增长 4%；规模以上工业增加值增长 5.1%；地方一般公共预算收入增长 3%，全体居民人均可支配收入增长 5.7%。

——制造业高质量发展成为全国典型。“三智一芯”产业布局基本形成，智能制造试点企业由 668 家增加到 1041 家，获批全国第三个国家级车联网先导区，产业链建设获国务院通报表扬。

——脱贫攻坚取得决定性胜利。全市 4.65 万户 13.42 万名贫困人口告别贫困，1107 个边缘户家庭远离贫困；助推龙山等 8 个帮扶县全部脱贫出列。

——生态环境质量创近年来最好水平。空气质量优良率达 84.4%，国、省控监测考核断面水质优良率持续保持 100%，浏阳河成功创建全国示范河湖。

——内陆开放高地建设全面提速。中国（湖南）自由贸易试验区长沙片区正式揭牌；跨境电商进出口总额增长 70%，增速居全国前列；中非经贸合作创新示范园开启中非合作新篇章。

——“四精五有”品质城市建设初见成效。全要素规划管控明显加强，“一点三线”品质显著提升，“五纵五横”改造工程强力推进，湘江两岸夜间“一键点亮”，长沙变得更加美丽舒适宜居。

——营商环境成为闪亮名片。高频政务事项实现“一件事一次办”全覆盖；企业开办审批 1 天内完成；营商环境指数位居全国第 9 位、中部第 1 位，再次获评中国国际化营商环境建设标杆城市。

——城市品牌影响力持续攀升。获评首批国家文化和旅游消费示范城市，入选全国十大最受欢迎出游目的地城市、中国夜经济十强城市，位居全国百强网红城市第 8 位。

——民生幸福感显著增强。省市民生实事全面完成。房地产市场调控得到党中央、国务院肯定，入选中国改革十大年度案例。连续三届蝉联全国文明城市，连续 13 年获评中国最具幸福感城市。

一年来，主要抓了七个方面的工作：

（一）突出抓实疫情精准防控。联防联控扎实到位。第一时间启动一级应急响应，构建四级常态化防控联动机制，实施“大数据分析 + 网格化排查”，2 万余名机关干部下沉到社区，60 多万名志愿者自觉参与，凝聚起疫情防控人民战争的强大合力。外防输入举措有力。全天候做好“三站一场”来长人员检测查验，实现重点人群“应检尽检”。严密做好 33 批次临时入境航班、1294 批次国际货运航班疫情防控，国际客运航班落地转运“长沙模式”获国务院高度肯定。救治救援成效突出。坚持人民至上、生命至上，新冠肺炎治疗全部临时性纳入医保支付，成功救治确诊病例 240 例，治愈率 99.17%。先后派出 103 名医疗疾控人员驰援武汉、黄冈等地，向 30 多个国家和地区捐赠防疫物资。秩序恢复走在前列。率先全国启动复工复产，深入开展“百日竞赛”活动，4292 名联络员深入企业一线帮扶，全市统筹安排政策资金 24.79 亿元、减免社保缴费 111.57 亿元、累计减税 94.53 亿元。109 万中小学生实现疫情期间“停课不停学”。长沙市第一医院、长沙黄花国际机场疫情防控联合指挥部等 2 个先进集体、4 名先进个人荣获国家表彰，长沙人民用众志成城、坚忍不拔展示了伟大抗疫精神。

（二）突出打好“三大攻坚战”。脱贫攻坚目标任务如期完成。累计改造农村危房 4.7 万户，四类重点对象存量危房应改尽改。贫困劳动力就业率达 86.14%。贫困家庭学生基础教育入学率、巩固率均达 100%。贫困户全部纳入基本医保、大病保险和医疗救助。高质量完成国家脱贫攻坚普

查任务。投入2.67亿元支持龙山县等8个帮扶县，送岗上门为全省51个贫困县解决劳动力就业6.57万人。污染防治工作成效明显。中央、省环保督察反馈问题和督察“回头看”交办问题按要求整改，“一江六河一湖”综合整治大力推进，长江流域重点水域禁捕退捕年度任务全面完成。圭塘河、龙王港、杨家湾等综合治理有力实施，苏托垸污水处理厂建成运行，新开铺、岳麓、开福污水处理厂等改扩建工程加快实施，原长沙铬盐厂等重金属污染治理进展顺利。重大风险防范推进有力。超额完成政府性债务化解年度目标，平台公司清理再压减1/3。加大涉众型非法集资预警监测和打击力度，守住了不发生系统性区域性金融风险底线。

（三）突出增强产业发展动能。制造业高质量发展势头强劲。22条产业链新引进投资额2亿元以上重大项目实现投资1385.84亿元；引进“三类500强”项目87个，省定“五个100”工程任务全面完成，20个制造业标志性重点项目超额完成投资，比亚迪动力电池、天际新能源汽车、长步道机器视觉、智能终端产业园等项目正式投产，惠科光电主体工程提前完工，三一智联重卡、中联智慧城、山河工业城、夸特纳斯、三安光电、长沙（金霞）消费电子产业集聚区等项目加快推进。湘江鲲鹏、百度微算互联、CSDN等知名软件企业先后落户，软件企业超3万家。现代服务业发展提档增效。金融业增加值占GDP比重达7.6%，湘江资产管理公司挂牌营业，新增上市公司9家，A股上市公司总数持续居中部第一位。率先全国重启会展，成功举办互联网岳麓峰会、世界计算机大会、智能制造大会、中国民营企业合作大会、国际商事法律合作论坛。物流业持续壮大，快递业务量增长45%。黄兴南路步行街改造提升入选全国试点，湘江欢乐城、米粉特色街开业。科技创新能力持续增强。高新技术企业净增1100余家，全社会研发经费投入强度达2.8%。获国家科技奖、中国专利奖各22项，新增木本油料资源利用等国家重点实验室（工程研究中心、企业技术中心）6个。国家新一代人工智能创新发展试验区创建稳步推进，获批国家海外人才离岸创新创业基地、国家新型国防科研基地。园区示范作用更加彰显。园区规模以上工业增加值占全市比重达71.5%。长沙高新区国家网络安全产业园区揭牌；长沙经开区被评为国家新型工业化五星级产业示范基地；宁乡经开区国内首家智能家电产业小镇全面启航；浏阳经开区被评为国家新型工业化产业示范基地；望城经开区园区综合评价位居全省第一位；金霞经开区获评全国优秀物流园区；隆平高科技园创建成为国家现代农业产业园；雨花经开区获批国家绿色工业园区；宁乡高新区被评为全国电池产业集群示范区；岳麓高新区获批国家技术标准创新基地；长沙人力资源服务产业园被评为全国同类园区最具特色园区。重大平台聚集效应显著。湖南湘江新区示范作用持续增强，引进投资50亿元（含）以上项目5个、世界500强项目21个，签约智能网联汽车头部企业22家。岳麓山大学科技城获批国家首批科技成果转化和技术转移示范基地，新增树图区块链创新中心等新型研发机构10家、京东智联云等标志性企业35家，湘江科创基地（一期）投入运营。马栏山视频文创产业园入选国家级文化产业示范园区创建名单，新注册入园企业794家，5G高新视频多场景应用国家广电总局重点实验室挂牌。临空经济示范区落户湖南航空、湖南通用航空等重大项目18个，临空产业集聚区挂牌成立。高铁会展新城建设明显加快，投资额突破120亿元，长沙国际会议中心投入运营。湖南金融中心产业引导基金总规模达170亿元，湘江财富金融中心竣工。

（四）突出把握改革开放主轴。重点改革取得新的突破。“三集中三到位”和综合窗改革全面完成，市政务大厅实现本级行政审批和公共服务事项办理全覆盖，24小时“不打烊”自助服务区建成，工业投资项目审批时限压缩到36~38个工作日，84%以上企业实现“不见面”登记，90%以上国库集中支付事项实现网上办理，12345政务热线获评“全国十佳热线”，长沙县获评中国企业家幸福感最强县。市场活力持续增强，新注册市场主体23万户，再创新高；民营经济持续繁荣，贡献全市约55%的税收、65%的GDP、75%的投资、89%的就业、95%的企业数量和科技创新成果。国企改革纵深推进，城发集团实现一二级重组，湘江集团市场化改革成效明显，水业集团完成上市公司收购，湘船重工等混改有序推进，市属国企总资产突破1.3万亿元，全市盘活“三资”307.28亿元。外资外贸基本盘保持稳定。实际利用外资72.8亿美元，实现进出口总额2300亿元，增长15%。市场采购贸易方式规模达9.86亿美元，增长51.7%。开行国际货运航线11条，黄花机场国际货邮吞吐量增长48.7%。中欧班列（长沙）开行国际班列530列，增长29%，疫情期间成为全国四大“天班”。区域合作迈出重要步伐。长株潭一体化建设提速，“三干”项目、潇湘大道三段正式通车，南部融城片区加快建设，“半小时经济圈”加速形成。湘赣边区域合作示范区建设正式启动。长江中游城市群、粤港澳大湾区等区域合作稳步推进，粤港澳科创产业园签约落户。

（五）突出提升城市建管品质。规划体系更加健全。国土空间总体规划形成初步成果，城市发展战略规划编制基本完成。金阳新城、金洲新城战略规划编制基本完成，高铁西城、大学城等重点片区控规和综合交通、水安全保障、生态廊道等专项规划编制完成，建筑风貌控规更加到位。综合功能更加完善。基础设施建设提速提效，地铁3、5号线载客运营，日均客运量达121万人次，智慧公交上线运营；湘府路快速路全线通车，万家丽路北延线快速化改造、湘雅路过江通道加快建设；长沙机场改扩建工程正式开工；打通城区瓶颈路、断头路20条。第三轮电网“630攻坚”圆满收官，最大供电能力达920万千瓦。智慧城市建设初显成效，建成5G站点3.05万个，城市网络安全运营总部落户，获“全球智慧城市数字化转型大奖”，望城区率先打造全国首个鲲鹏体系新型智慧城区。宜居品质持续提升，太平街二期、潮宗街二期、西文庙坪等历史街区城市更新有序实施，棚改、城镇老旧小区改造任务超额完成。管理效果更加凸显。市容环境综合整治大力推进，专项整治脏乱差等问题 2.5 万余个，打造户外广告招牌示范路 11 条，改造特色夜市街区 10 个。机场高速、杭长高速、人民东路等出入城道路绿化整治深入实施，长沙火车站东西广场、高铁南站西广场全面提质，三一大道、岳麓大道等 20 条城区主干道焕然一新。建成街角花园 60 个，浏阳河湿地公园晋升国家级湿地公园。灰渣填埋场主体工程完工。生活垃圾管理纳入法治化轨道。宁乡市被评为全国文明城市，浏阳成功创建国家卫生城市。

（六）突出实施乡村振兴战略。农村人居环境持续改善。农村“五治”深入推进，改造无害化厕所 21.4 万户，行政村垃圾分类减量实现全覆盖，累计拆除“空心房”3.23 万户，农民“带地入建”集中居住模式获全国推介，新建乡镇生活污水处理厂支管网 100 千米，打造市级小微水体管护示范片区 30 个。基础配套不断改善，新建高标准农田 13800 公顷，新改建农村公路 1700 千米，100 人以上自然村 100% 通水泥路，建成市级“美丽屋场”125 个；椒花水库正式开工，大众垸、水塘垸等堤防达标和黄材、金井等水库除险加固工程顺利完成；新增农村通自来水人口 10.98 万人。农业现代化水平持续提高。农林牧渔业增加值增长 4.1%，创近年最好水平。“一县一特”农业产业不断壮大，新增花猪养殖产能 25 万头，“长沙绿茶”名优茶技术创新中心正式挂牌，新增“两品一标”农产品 60 个。供销合作社为农服务平台加快发展。新增新型农业经营主体 2000 余家，农产品加工业销售收入超 2700 亿元。农村居民人均可支配收入达 3.48 万元，位居全国省会城市前列。新型村级集体经济持续壮大。农村集体产权制度改革任务全面完成，清查核实农村集体资产 313.45 亿元。实施新型村级集体经济发展重大项目 351 个，消除年集体经济收入 20 万元以下“薄弱村”416 个。

（七）突出发展民生社会事业。教育事业加快发展。新增义务教育学位 4.8 万个、公办幼儿园学位 3.94 万个，“小升初”实现公办民办同步招生，城区中小学厕所提质改造全面完成，新市民子女入学同步保障。长沙学院升为一本，长沙幼师高专、湖南信息职院新校区建设有序推进，长沙卫生职院发展特色更加鲜明。卫生健康事业持续改善。“健康长沙”PPP 项目加快推进，提质改造乡镇卫生院、社区卫生服务中心 8 个，建设标准化村卫生室 25 个。全面构建出生缺陷三级预防体系，适龄妇女“两癌”免费检查目标完成率达 139%。57 种集中采购药品价格平均下降 52%。智慧医疗让市民看病更便捷。公立医院综合改革成为全国典型。文化体育事业更加繁荣。戏剧艺术中心改造基本完成，建成标准化村（社区）综合文化服务中心 100 个，浏阳入选全国“书香城市”。成功举办中国红色旅游博览会，长沙县、望城区分别被评为中国乡村旅游发展名县、国家全域旅游示范区，苍坊旅游区通过国家 AAAAA 级旅游景区景观质量评审。建成社会足球场 135 块、健身步道 53.6 千米，成功举办长沙网球公开赛暨中国网球巡回赛、第九届全民健身节，获批国家体育消费试点城市。社会保障坚强有力。零就业家庭保持动态清零，城镇登记失业率控制在 4% 以内；基本实现城乡居民养老保险法定人员全覆盖，企业养老保险金实现“十六连调”，人均每月增加 135 元，城乡居民医保补助再提高 30 元。完善住房保障体系国家试点稳步推进，筹集租赁房源 57163 套，既有多层住宅加装电梯 1005 台；新建商品住宅“交房即交证”全面铺开，销售价格保持省会城市较低水平。新建社区养老服务设施 100 家，完成困难老人家居适老化改造 1000 户；提质改造村级儿童之家 35 个，事实无人抚养儿童全部纳入保障；实现城市特殊困难群体帮扶全覆盖。社会治理不断完善。“法治长沙”“平安长沙”建设持续深化，扫黑除恶战绩居全国第一方阵；入围全国禁毒示范候选城市；打击传销成效明显；获评全国首批“雪亮工程”示范城市；应急管理、消防救援能力持续提升，出色完成急难险重救灾救援任务，航空应急救援基地投入使用；食品安全评价性抽检合格率 99.2%；有效化解信访积案 154 件，连续保持“长安杯”荣誉。其他事业全面推进。第四次经济普查荣获全国先进，第七次全国人口普查全面开展。公共机构节能和垃圾分类成为全国示范。获评全国示范数字档案馆。工会、共青团、妇联作用进一步彰显。文联、红十字会、残联、社科联、慈善会、关工委、老龄委为长沙发展作出新贡献。国家安全、民族宗教、防震减灾、港澳台侨、公积金、地方志、海事、移民、气象、水文等工作取得新成绩。

过去一年，我们持续深化“不忘初心、牢记使命”主题教育成果，努力以实绩实效赢得人民群众的信任。各民主党派、工商联、无党派人士积极参政议政、建言献策，有力推动长沙高质量发展。市领导带头领办民生建议和重点提案，办理人大代表建议 338 件、政协提案 373 件，办复率 100%。依法审查规范性文件 310 件次、政府合同 116 件，办理行政复议案件 336 件、行政应诉案件 522 件。完成公共资源交易 4708 宗 2547.3 亿元。加大重大政策落实、重点民生资金使用等审计监督力度，审计整改金额 23.34 亿元，挽回（避免）损失 4.77 亿元。加强国防后备力量建设，民兵调整改革和基层武装正规化建设纵深推进，国防教育、兵役征集工作成效明显，退役军人管理服务保障体系不断健全，荣获全国“双拥模范城”七连冠，军政军民团结更加巩固。

各位代表，2020 年是“十三五”的收官之年。回顾过去五年，尽管我们面对复杂多变的宏观形势和经济下行的巨大压力，但全市人民始终凝心聚力、锐意进取，经受了严峻挑战和考验，战胜了各种困难和风险，经济社会发展取得新的历史性成就，长沙大地欣欣向荣、绚丽多姿，长沙人民自信自强、充满活力，长沙迈上了全面推进高质量发展、加快建设现代化城市的崭新台阶！

这五年，长沙经济总量实现历史性跨越，迈入万亿俱乐部，综合实力位居全国省会城市前列。经济总量、人均GDP在全国省会城市中名列前茅。地方一般公共预算收入突破千亿元大关。形成7大千亿元产业集群，国家级智能制造试点示范企业（项目）居省会城市首位。中部地区首个国家级临空经济示范区、跨境电商综试区、市场采购贸易方式试点、首批陆港型国家物流枢纽先后获批，中国（湖南）自由贸易试验区长沙片区正式启航，进出口总额年均增长30%，外贸依存度从9.5%提升到19%。长沙县、浏阳市、宁乡市全国县域经济与县域综合发展百强排名分别提升至第4位、第9位、第16位，雨花区、岳麓区、天心区、芙蓉区进入全国城区高质量发展水平百强区，全域高质量发展阔步前行。

这五年，长沙城乡面貌发生根本性改变，宜居品质大幅提升，统筹城乡发展绘就美丽风景线。高铁米字交会，直通23个省会城市及直辖市；轨道交通连线成网，实现主城区全覆盖；黄花国际机场迈入“双跑道、双航站楼”时代。乡村振兴战略深入实施，率先全省实现建制镇污水处理设施全覆盖、村级集体经济年收入5万元以下“薄弱村”全面消除，新型农业经营主体达2.8万家。常住人口城镇化率达80%。城乡环境持续改善，“蓝天保卫战”三年行动圆满收官，生态绿心地区工业企业全面退出，先后获评国家循环经济示范城市、全国首批水生态文明城市、国家首批城市体检试点城市，望城区、宁乡市获评国家生态文明建设示范区，长沙成为市民热爱、游客向往之城。

这五年，长沙改革创新取得突破性进展，活力动力加速释放，“自主创新长株潭现象”全国瞩目。新一轮政府机构改革顺利完成，“放管服”改革纵深推进。宁乡撤县改市，长沙县、望城区、浏阳市成为全国农村改革试验区。湖南湘江新区、长株潭国家自主创新示范区等先行先试做法在全国推介。人才政策深入实施，常住人口年均增加20万人以上，高新技术人才净流入量稳居全国前列；研究与试验发展经费投入增长83%，高新技术企业从904家增至4100家，市场主体从40万户增至120万户；创新能力跃居国家创新型城市第8位，跻身第一方阵，获评全国创新驱动示范市。

这五年，长沙公共服务实现系统性改善，民生事业显著进步，最具幸福感城市成为鲜明标识。市级财力七成以上用于民生。全体居民人均可支配收入迈上5万元台阶。新增城镇就业71.4万人。率先全国实施城乡低保一体化改革，基本实现城乡基本养老保险、基本医疗保险全覆盖。改造棚户区1367.5万平方米、城中村25个、城镇老旧小区354个。义务教育“大班额”全面消除，普惠性幼儿园在园幼儿占比达86.6%。每千人拥有医师、护士数量均居中部省会城市前列。被评为世界媒体艺术之都、东亚文化之都、国家公共文化服务标准化示范地区、全国社会治安综合治理优秀城市、国家公交都市建设示范城市。“一圈两场三道”实现城区全覆盖，老百姓的幸福在家门口升级。

艰难方显勇毅，磨砺始得玉成。各位代表，过去五年成绩的取得，是省委、省政府和市委坚强领导的结果，是市人大、市政协监督支持的结果，是全市干部群众团结奋斗的结果。在此，我代表市人民政府，向全市各族人民，向市人大代表和政协委员，向各民主党派、工商联、无党派人士、各人民团体，向驻长部队、武警官兵、政法干警、消防救援和民兵预备役人员，向关心支持长沙发展的各界人士，表示衷心感谢和崇高敬意！

在总结成绩的同时，我们也清醒看到工作和发展中存在的不足：新旧动能转换速度需进一步加快，产业“小不能补大”“新不能补旧”问题仍然突出，实体经济还面临不少困难；扩大内需的持续动力不够，重点领域、关键环节改革任务艰巨；城市规划建设管理离“四精五有”要求有较大差距；公共卫生应急管理体系还不健全，就医、入学、养老等方面还存在群众“急难愁盼”问题；生态环境保护任务依然繁重，社会治理与广大群众的期盼还有差距；优化营商环境举措有待进一步落实落细，干部队伍服务意识和能力有待进一步提升。对此，我们将采取有效措施，切实加以解决。

二、“十四五”时期目标和任务

“十四五”时期是开启全面建设社会主义现代化新征程、向第二个百年奋斗目标进军的第一个五年，尽管疫情变化和外部环境存在诸多不确定性，但我国发展仍处于重要战略机遇期，长沙面临的机遇和挑战都有新的发展变化。新发展格局将加快构建，以国内大循环为主体、国内国际双循环相互促进的新发展格局将持续释放出系统性深层次变革优势，有助于长沙拓展新空间、彰显新作为。新发展动能将加快转换，科教兴国战略、人才强国战略、创新驱动战略的深入实施，将持续推动发展方式转变、经济结构优化、增长动力转换，新技术、新经济、新业态、新模式将成为长沙发展的新引擎。新发展任务将加快推进，长沙按照“二〇三五年率先基本实现社会主义现代化”的目标要求，已绘就现代化建设蓝图，将开启全面推进现代化建设的新征程。在这个关键时期，我们要准确识变、科学应变、主动求变，善于在危机中育先机、于变局中开新局，努力在构建新发展格局中提升能级，在落实“三高四新”战略中勇挑重担，在加快现代化建设中走在前列。

“十四五”时期总体要求是：高举中国特色社会主义思想伟大旗帜，深入贯彻党的十九大和十九届二中、三中、四中、五中全会精神，坚持以习近平新时代中国特色社会主义思想为指导，全面贯彻党的基本理论、基本路线、基本方略，深入贯彻习近平总书记关于湖南工作系列重要讲话指示精神，统筹推进“五位一体”总体布局，协调推进“四个全面”战略布局，坚持稳中求进工作总基调，立足新发展阶段，贯彻新发展理念，融入新发展格局，以推动高质量发展为主题，以深化供给侧结构性改革为主线，以改革创新为根本动力，以满足人民日益增长的美好生活需要为根本目的，统筹发展和安全，加快构建现代化经济体系，推进市域治理现代化，不断提升城市品质和发展能级，围绕打造国家中心城市、长江经济带核心增长极、现代化新湖南示范区、具有国际影响力的现代化城市，全面建设国家重要先进制造业中心、国家科技创新中心、国际文化创意中心、区域性国际消费中心、内陆地区改革开放引领城市、国家综合交通枢纽城市、宜居乐业幸福城市，当好实施“三高四新”战略的领头雁，奋力谱写新时代坚持和发展中国特色社会主义的长沙新篇章。

未来五年主要预期目标：地区生产总值年均增长7%左右；规模工业增加值年均增长7.5%左右；固定资产投资年均增长8%左右；社会消费品零售总额年均增长8%左右；进出口总额年均增长15%；城乡居民人均可支配收入年均增长7%左右；国、省控断面水质优良率100%，森林覆盖率稳定在55%。在此基础上再奋斗十年，到二〇三五年，率先基本实现社会主义现代化，跻身国家中心城市行列。重点抓好五大任务：

（一）在推动先进制造业高质量发展上走在前列。大力提升产业链供应链竞争力。紧盯“三智一芯”产业，深入实施“八大工程”，在优势领域精耕细作。坚守园区主特产业定位，做大做强优势产业集群，新增2~3个制造业千亿产业集群，打造更多3000亿、5000亿级园区。加快检验检测、现代物流、现代金融等服务业发展，推进先进制造业与现代服务业深度融合。做强大企业，培育“小巨人”，推动中小企业“专精特新”发展，形成一批制造业单项冠军，实现世界500强本土企业零的突破。着力抢占产业发展制高点。进一步壮大新一代信息技术、新材料、生物技术、新能源及节能环保等优势产业，加快完成新一代半导体、信息创新等战略性新兴产业布局，大力培育新一代人工智能、尖端生命科技等未来产业，着力发展智能网联汽车、北斗卫星导航产业融合应用等特色产业。全面推动数字化发展。加快产业数字化，支持引导“机器换人、设备换芯、生产换线”，推动企业“上云用数赋智”，建设一批“灯塔工厂”，推进国家网络安全示范园区建设，打造国家级安全可靠计算机及创新应用产业集群。推进数字产业化，重点发展5G应用、大数据、区块链等产业，争创中国软件名城。高端高质高新现代产业体系加快构建，国家重要先进制造业中心成为长沙的“闪亮名片”。

（二）在营造创新创业良好生态上再创优势。大力提升科技创新水平。全面推进长株潭国家自主创新示范区、岳麓山大学科技城、国家新一代人工智能创新发展试验区建设。集中突破关键核心技术，创造更多体现唯一和第一的科技成果，在前沿领域取得一批核心知识产权，新增一批国家重点实验室、国家工程技术研究中心、国家制造业创新中心，建设国家知识产权强市，加速科技成果转化，全面实施“五个倍增”工程，加快打造国家科技创新中心。大力推动文化科技融合。坚持守正创新，聚焦新型影视、数字出版、创意设计等重点领域，做大做强做优视频产业集群，加快马栏山视频文创产业园、国家文化与科技融合示范基地等建设步伐，做强一批产业特色鲜明、生态优良、富有活力的文创基地和园区，培育一批在全国乃至全球有知名度的文创品牌和重点企业，推动文创产品和文化服务“走出去”，打造国际文化创意中心。大力激发人才创新活力。深入实施芙蓉人才行动计划、人才政策22条，为创新创意人才提供居留便利、项目资助、购房补贴、人才公寓、青年人才驿站等优质服务，建立靶向引才、专家荐才、本地育才、科学用才机制。大力弘扬科学家精神、工匠精神和劳模精神，营造崇尚创新氛围，让更多人才在星城大地扎根创业、建功立业。

（三）在深化全方位改革开放上实现突破。纵深推进改革开放。以深化供给侧结构性改革为主线，重点深化国资国企、投融资体制、要素市场化配置、“放管服”等“四大改革行动”，在园区体制机制、城乡土地管理、“一件事一次办”等领域取得重点突破；加快提升开放水平，聚焦自贸区改革试点任务，在投资、贸易、金融等领域形成具有国际竞争力的创新成果，充分释放自贸区制度型开放红利，实现高水平“引进来”“走出去”，在打造内陆地区改革开放引领城市上实现突破。全面促进消费升级。推动河东重点商圈转型升级，谋划建设河西中央商务区，打造全龄友好的消费空间。拓展黄花综保区、金霞保税物流中心功能，推进跨境电商综试区建设；依托中非经贸合作优势，打造对非贸易核心平台；新增一批进口产品指定口岸，加快口岸免税店、市内免税店等平台建设，优化境外旅客购物离境退税服务，定期举办进口商品展示博览会，强化国际化消费设施配套，着力建设区域性国际消费中心。推动区域协同发展。坚决按照“高位统筹、同向发力、创新协同、政策一体、齐抓落实”的总体要求，深入落实《长株潭区域一体化发展规划纲要》，同心建设“轨道上的长株潭”“生态绿色城市群”，携手打造国际一流自主创新平台、世界级产业集群，合力引领构建湖南“一核两副三带四区”区域经济格局。加快湘赣边区域合作示范区建设，着力打造“两山一河”红色文旅走廊。发挥“一带一部”核心区优势，深度对接融入“一带一路”、长江经济带、粤港澳大湾区、长三角区域一体化发展等国家战略，促进区域合作向更深层次、更优水平、更高质量迈进。

（四）在探索城乡深度融合发展上闯出新路。持续提升综合交通承载能力。统筹推进高速铁路、城际铁路、轨道交通、高速公路、过江通道等建设，提升公铁网络承载能力和运行效率。提升湘江航道等级，加快建设铜官港，共建共享虞公港。加快长沙机场改扩建工程建设，拓展国际客货运航线，打造“四小时国际航空经济圈”。积极创建交通强国示范城市，加快打造国家综合交通枢纽城市。着力建设“四精五有”品质城市。坚持“东拓、西提、南融、北进、中优”，着力提升城市能级。实施城市风貌提升行动，系统提升重点片区、重点地段、重要节点品质，完善5G、充电桩等新型基础设施建设，全面实现城区主次干道和背街小巷提质改造，着力打造精美建筑、精美街道、精美社区。实施城市管理品质提升行动，提升城市绿化、彩化、亮化、美化水平。加快建设新型智慧城市示范城市。实施城市更新行动，完成主城区危旧房屋和城镇老旧小区改造，打造海绵城市、韧性城市、宜居城市。加快打造“美丽乡村”升级版。全面实施乡村振兴战略，加快农业农村现代化。推进乡村规划全覆盖，实现全域全要素规划管控。加快发展乡村产业，让农民更多分享产业增值收益。实施农村公路提档升级、饮水安全巩固提升、新一轮农村电网改造升级工程和智慧乡村行动，补齐农村基础设施短板。全面实施农村住宅规范建设管控工程，深化农村人居环境整治，重点建设一批美丽乡村示范片区。全面促进城乡深度融合。积极开展国家城乡融合发展试点，加快促进城乡要素优化配置、产业发展深度融合、居民收入协同增长，加快实现城乡基本公共服务制度并轨、普惠共享。大力推进以人为核心的新型城镇化，强化县城综合服务能力，培育发展特色小城镇，加快促进农业转移人口市民化，让新市民进得来、安得下、过得好。

（五）在持续改善民生福祉上彰显作为。建设更生态宜居城市。严格坚守生态保护红线，积极推进生态修复行动，加强绿心地区生态修复与治理，持续落实长江十年禁渔；深入开展环境污染防治，持续改善河湖水质和空气质量，实现土壤安全利用和城镇建成区噪声控制全面达标，落实国家碳排放达峰行动方案，努力建设天高气朗、水清河晏、土肥地净的生态之城。完善高水平公共服务。大力推进义务教育优质均衡发展，完善普惠性学前教育和特殊教育、专门教育保障机制，推动各类教育高水平发展，构建“学有优教”的现代化教育体系。高标准完成市公共卫生救治中心建设，完善公共卫生应急和重大疫情防控救治体系，构建“病有良医”的医疗卫生服务网络。推进全龄友好型城市建设，完善儿童服务体系，扩大养老服务供给，构建“善育颐养”的抚幼养老服务体系。全面推进基层综合文化服务中心建设，实现文化资源整合和互联互通，加快建设现代化高品质的国际文化名城。完善基层公共体育设施，建设体育强市。加快发展全域旅游，开发更多文旅精品，打造世界旅游名城。健全多层次民生保障。全面落实就业优先政策，着力扩大就业容量。健全基本保险筹资和待遇调整机制，实现社会保险、社会救助、社会福利协调衔接，筑牢“民有所依”的社会保障兜底网。坚持“房住不炒”定位，有效增加保障性住房供给，促进更高质量“住有所居”。推进高效能社会治理。深入贯彻《法治社会建设实施纲要》，大力实施“八五”普法，全面提升社会治理法治化水平；建成首批全国市域社会治理现代化试点合格城市，创建国家安全发展示范城市，健全“互联网＋群防群治”机制，建设消防救援综合模拟训练基地，提升应急救援能力，建设更高水平“平安长沙”；强化全民国防教育，促进经济实力和国防实力同步提升。长沙人民生活更加殷实，社会更加和谐，宜居乐业幸福城市成为长沙鲜明的标签。

实现上述目标和任务，在工作中必须牢牢把握以下几点：

一是坚持融入新发展格局。以扩大内需为战略基点，抓住机遇、找准位置，全方位融入国内大循环，加快促进国内国际双循环，用好湖南湘江新区、自贸区、临空经济示范区等国家级战略平台，加快消费升级，扩大有效投资，提升供给质量，在释放内需潜力、增强发展动力上实现新突破。

二是坚持激发创新活力动力。深入实施创新驱动发展战略，着力推进以科技创新为核心的全面创新，以创新驱动、高质量供给引领和创造新需求，推进产业链与供应链、创新链、资金链、人才链、政策链深度融合，打造开放合作的创新生态，让创新人才加快聚集、创新成果加速转化、创新活力竞相迸发。

三是坚持人与自然和谐共生。牢固树立绿水青山就是金山银山的理念，坚持生态优先、绿色发展，实行最严格的生态环境保护制度，强化山水林田湖草生命共同体整体保护和系统修复，守住自然生态安全边界，促进经济社会发展全面绿色转型，坚定不移走生产发展、生活富裕、生态良好的可持续发展道路。

四是坚持优化营商环境。始终把打造公开、透明、公正、高效的国际一流营商环境作为区域核心竞争力，坚持软硬环境齐优化、政策服务同提升，破除妨碍生产要素市场化配置的体制机制，推进政务服务规范化、标准化和便利化，让企业办事更方便、项目推进更顺畅、投资创业更安心。

五是坚持改善人民生活品质。落实以人民为中心的发展思想，着力解决群众身边的“急难愁盼”现实问题，高度关注新市民切身感受，更加关心困难群众和特殊群体，补齐民生短板，兜牢民生底线，满足群众日益增长的美好生活需要，不断增强群众获得感、幸福感、安全感，实现高质量发展、高品质生活相互促进。

三、2021年工作重点

2021年是“十四五”规划开局之年，也是建党100周年。全市经济社会发展主要预期目标是：地区生产总值增长8%；规模以上工业增加值增长8.5%，制造业增加值增长8.5%；固定资产投资增长9%，产业投资增长12%左右；社会消费品零售总额增长9%；地方一般公共预算收入增长

6%，税收占地方一般公共预算收入比 75%；全体居民人均可支配收入增长 8%；居民消费价格指数 103 左右，城镇调查失业率与全省目标保持一致；能耗“双控”、减排任务完成省定指标。

为实现上述目标，重点抓好以下十个方面工作：

（一）着力做好常态化疫情防控。坚持思想不松、机制不变、队伍不散，慎终如始抓好抓牢疫情防控。始终抓实防控措施。毫不放松做好“外防输入、内防反弹”工作，加强重点场所、行业、人群与时段管控，严把“三站一场”入口关，抓好入境人员和进口货物防控管理，防范化解疫情输入风险。强化发热门诊标准化建设，落实落细联防联控、群防群控措施，引导公众保持良好卫生习惯，严防聚集性疫情。全力做好应急准备。精准开展疫情监测研判，及时发布预警信息，有序做好人员、技术、物资、场所等应急准备。完善应急预案，强化应急演练，全面提升紧急医疗救援保障能力。提高公共卫生水平。加强疾病防控和公共卫生体系建设，增强应对突发公共卫生事件能力。加快建设市公共卫生救治中心一期工程，加强生物安全实验室建设。深入开展爱国卫生运动，有序开展疫苗接种，全力筑牢疫情防线，坚决守护人民群众生命安全和身体健康。

（二）着力推进先进制造业高质量发展。深耕智能制造，促进产业链向两端延伸、价值链向高端攀升。主攻“三智一芯”。以制造业标志性重点项目为引领，加快三一智联装备制造、山河工业城三期、格力冰洗、长远锂科等项目建设，实现惠科、楚天科技四期、天际新能源汽车、永杉等重大项目投产达效。实施精准招商、精准帮促，引进培育一批“小巨人”企业和制造业单项冠军企业，提升主导产业本地配套率。加快培育工程机械世界级先进制造业集群。壮大生物医药、新能源等战略性新兴产业，争取 1~2 个产业集群纳入国家先进制造业产业集群。大力提升信息技术应用创新、先进储能材料等产业链竞争力。推动先进制造业与现代服务业深度融合。加快发展研发设计、科技金融、会议会展等服务业，培育覆盖全周期、全要素的制造业服务产业链。大力发展数字经济，培育壮大数字产业集群，数字经济增加值增长 15% 以上；重点聚焦“软件业再出发”，推动软件园区建设，吸引更多优质软件企业和人才落户。深化“中国快递示范城市”创建。将世界计算机大会、国际工程机械展、智能制造大会、互联网岳麓峰会办出更高水平。提升园区发展质效。强化主特产业定位，深入推进“亩均效益”改革，大力开展相对集中行政许可权改革试点。推动长沙高新区、长沙经开区等园区调规扩区。力争园区规模工业增加值增速高于全市 2.5 个百分点，充分彰显主阵地、主战场、主力军的新作为。

（三）着力提高创新发展核心竞争力。深入实施创新驱动发展战略，推进以科技创新为核心的全面创新。夯实科技创新基础。出台国家自主创新示范区建设三年行动计划，持续推进“两山”建设，创建国家新一代人工智能创新发展试验区，谋划建设同步辐射光源、量子计算等领域大科学装置。深化与在长高校院所合作，推动科研力量资源共享，促进科研成果就地就近转化。支持岳麓山（工业）创新中心、岳麓山种业创新中心、隆平科创城、工程机械制造业创新中心、机械基础零部件创新中心建设。研究与试验发展经费占 GDP 比重 2.9% 以上。提升自主创新能力。聚焦工程机械、新材料、智能网联汽车、种源等领域，梳理“卡脖子”技术需求清单，“揭榜挂帅”实施 10 项重大科技攻关项目，打好关键核心技术攻坚战。实施高新技术企业“量质双升”行动，总量超过 4400 家。营造一流创新生态。成立科技成果转化基金，设立“知识价值融资贷款”，全年技术合同成交额 280 亿元以上。鼓励市外高校院所在长建立技术转移转化中心，支持军工科研院所科技成果转化。大力开展质量提升行动，争创国家首批知识产权保护示范区。持续升级人才政策，实施“五大人才工程”，着力引进高精尖人才、青年人才，充分发挥老专家、老教授、老工匠等作用。加快完善“双创”平台，建好国家海外人才离岸创新创业基地、海归小镇，强化国家级人力资源服务产业园集聚带动作用，优化众创空间服务，让长沙成为各类人才近悦远来、创新创业的热土。

（四）着力全面深化改革开放。坚持以更深层次改革激发活力，以更高水平开放抢占先机，推动改革和开放相互促进。加快推进重点领域改革。深化财税金融体制改革，抓好数字人民币试点。深入实施国企改革三年行动，进一步深化轨道集团、交通集团、水业集团等国企改革，发挥好城发集团、湘江集团、长房集团、国投集团、产投集团等在重大片区建设、新兴产业培育等方面的作用，持续做大做强做优国资国企。推进公共资源交易平台整合，促进公共资源平台交易全覆盖。统筹抓好户籍制度、园区体制、商事制度等领域改革，深化拓展低空空域管理改革试点，推进消防执法、排水管理体制等改革。持续优化营商环境。深化“放管服”改革，进一步向区县（市）和园区赋权放权，新增“一件事一次办”政务服务事项 96 项。加快建设数字政府，全面升级“互联网 + 政务”服务，实现 100 项高频事项“跨省通办”，推进政务服务大厅和“12345”热线平台智能化；全面实施政务服务“好差评”制度，大力推行告知承诺制。严格中介机构管理，突出提升园区社会投资购地建设项目审批效率。实现不动产登记平均 2 个工作日、工业投资房建项目审批 38 个工作日内完成。培育壮大市场主体，总量突破 130 万户。支持已上市企业再融资，助推星邦重工、红星冷链、军信环保、威尔曼等优质企业上市，持续提升上市公司质量。毫不动摇支持民营企业发展，争创全国民营经济示范城市；设立“长沙企业家日”，坚持“四到”服务，打造“倾力支持、立说立行、精心呵护”的亲清新型政商关系，支持企业家以恒心办恒业，扎根长沙、深耕长沙。扩大高水平对外开放。加快发展跨境电商、市场采购等外贸新业态，推进服务贸易创新发展，进出口总额增长15%。积极争取图定班列，全力申建中欧班列集结中心示范工程，中欧班列（长沙）开行超1000列。加快陆港型国家物流枢纽建设，争创生产服务型和空港型国家物流枢纽。新开通国际货运航线3条以上。精心办好第二届中非经贸博览会、博鳌亚洲论坛全球经济发展与安全论坛首届大会。强化区域合作发展。深度融入“一带一路”建设和RCEP，加强与长江经济带、粤港澳大湾区对接，深化中部省会城市、长江中游城市群交流合作。推动湘赣边区域合作，启动“两山一河”红色文旅走廊项目。强化省会担当、辐射带动，加快推进长株潭一体化，带头办好长株潭轨道交通西环线建设等重点合作事项，高品质建设长株潭融城小镇，打造城市群一体化高质量发展示范区。

（五）着力实施扩大内需战略。加强需求侧管理，千方百计扩大有效需求。全力促进消费升级。加快创建黄兴南路国家级示范步行街，推进五一、红星、东塘等商圈和金星路商业街区提质升级，支持“老字号”传承创新发展。实施消费升级行动计划，提档升级实物消费，提质扩容服务消费，合理增加公共消费，充分挖掘县乡消费潜力，积极培育体验消费、在线消费，打造更多时尚消费和“夜经济”地标。深化国家文化和旅游消费示范城市建设。坚持扩大有效投资。紧跟国家产业政策扩大产业投资，稳步推进在长省重点建设项目和“五个100”工程，谋划推进“两新一重”等强基工程，统筹推进1750个市级重大项目建设。扩大制造业设备更新，工业技改投资增长10%以上。开工建设兴联路过江通道和地铁2号线西延二期、7号线一期工程，加快地铁1号线北延、6号线及东延段、磁浮东延线接入T3航站楼工程建设，启动4号线北延项目，全力推动长沙机场改扩建工程、暮坪大桥、香炉洲大桥建设。深化“630攻坚”模式，强力推进智慧电网建设，推动公用配电设施与地块开发同步配建，提升专变设施运维管理水平。新建5G基站2万个，实现主城区、省级以上园区和县城城区深度覆盖，重点乡镇、景区及交通干线全域覆盖。完善和落实民间投资政策措施，支持民企参与交通、水利、市政公用事业和医疗、教育、养老等领域建设运营，激发民间投资活力。积极畅通流通环节。不断完善现代流通体系，大力培育有影响力竞争力的现代物流企业，补齐航空、医药、冷链等物流短板，发展铁、水、公、空多式联运。加强高标准市场体系建设，推进红星、海吉星等市场转型升级，打造辐射中部、影响全国的高品质市场。积极促进内外贸一体化发展，加快融入“双循环”新发展格局，构建驱动经济发展“双引擎”。

（六）着力建设“四精五有”品质城市。实施规划提升、风貌严控、特色塑造、形象提质四大工程，建设更加有颜值、有气质、有内涵、有格调、有品位的现代化长沙。更加注重精准规划。高起点规划“一体两翼、东西两屏、林田交融”城市发展格局，科学划定“三区三线”，完善“三级三类”规划，推动形成全域全类型国土空间规划“一张图”。突出抓好南部融城和金霞等片区规划，深化历史文化街区、城市主干道等重点街区规划，打造城市景观轴线。更加注重精美建设。建立精美建设标准体系，建成一批精美建筑、精美街道、精美社区、精美环境示范项目。完善城市骨干路网，加快推进万家丽路快改北延线、中意路等项目建设，完成长望路西延线等项目，新增潇湘大道、普瑞大道等30条城区道路提质改造，打通先锋路等10条城市断头路、瓶颈路，畅通微循环。规范和改善住宅开发项目公共服务设施配置，提高安置小区规划建设标准与品质。高标准建设金阳新城，打造临空经济创新发展示范区，加快建设金洲新城，启动长浏、长宁轨道交通和湘府路东延线建设，推进高铁西城片区开发。更加注重精致管理。深入创建国家生态园林城市，全面实施城市管理品质提升行动，推进建筑立面、广告招牌、违停违建等专项整治，规范无障碍设施建设管理。深化垃圾分类，建成污泥与生活垃圾清洁焚烧二期工程。大力发展智慧交通，持续缓解交通拥堵，切实解决停车难问题。弘扬社会主义核心价值观，深化“雷锋家乡学雷锋”志愿服务，提升市民文明素养，打造更高水准全国文明城市。更加注重精明增长。实施新型智慧城市示范城市顶层设计和三年行动计划，加快形成“一脑赋能、数惠全城”格局。运用产城融合、教城融合、文旅融合等模式，撬动社会资本，加大城市更新力度。实施主城区危旧房屋改造和铁路沿线综合整治两年计划，开工城镇老旧小区改造352个、城中村改造3个、历史文化名城保护更新项目4个，加大湘雅医院、下碧湘街、市府北、湖橡等重点单元成片改造力度，完成城市更新改造563.51万平方米。健全城市投融资机制，提高资产运行效率。加快盘活闲置楼宇，实现资源优化配置，让城市更具烟火气息、人文气质。

（七）着力发挥重大平台作用。坚守战略定位、突出引领示范，打造经济发展新引擎、品质长沙新标杆。全方位提升湖南湘江新区发展能级。加快中联智慧产业城、三安光电等重大项目建设，推动中车环境、吉林大学研究院、佑驾等项目落地。发挥“一城五基地”作用，面向工程机械、智能网联汽车等重点领域，创造更多科创成果；加快“五区五小镇”建设，打造品质高端、产城融合的标杆。铺排重大项目668个，完成投资1454亿元以上。高标准建设中国（湖南）自贸试验区长沙片区。出台支持自贸试验片区发展的政策意见，加快113项改革事项落地实施，推进三关集约式发展、高铁快运等改革探索，形成全国可复制可推广经验。加速建设中非经贸合作示范园，打造非洲在华非资源性产品集散和交易中心。引进三类“500强”项目10个以上。大力度推进重点片区建设。牢记习近平总书记嘱托建好马栏山视频文创产业园，加快高新视频多场景应用集群发展，引进企业 700 家、国家级重点实验室 2 家。进一步建好岳麓山大学科技城，加强麓山南路、阜埠河路街区业态引导，营造更多“书香味”；推进建设智轨电车等项目，高标准运营岳麓科创港，新增科创企业 1500 家。加快建设临空经济示范区，实现黄花综保区整区封关运行、进出口商品展示交易中心正式运营，进出口额增长 18% 以上。高品质建设高铁会展新城，完善国际会议中心、会展中心双平台功能，持续打造品牌展会，完成投资 150 亿元以上。高质效发展湖南金融中心，扩大基金小镇集聚效应，新引进金融机构及企业 100 家以上。稳步推进南部融城片区建设，加快完善跳马、暮云片区基础设施，修复治理绿心生态，促进产业转型发展，构筑长株潭绿色生态的公共客厅。

（八）着力全面推进乡村振兴。坚持农业农村优先发展，促进农业高质高效、乡村宜居宜业、农民富裕富足，努力创建全省乡村振兴示范城市。大力发展精细农业。深化农业供给侧结构性改革，实施粮食提质工程，建设高标准农田 14606.67 公顷。推动品种培优、品质提升、品牌打造和标准化生产，做大做强绿茶、油茶、花猪、小龙虾、蔬菜、花卉苗木等特色产业链，铺排“一县一特”项目 100 个，新增“两品一标”农产品 50 个；农产品加工销售收入达 2900 亿元。实现年集体经济收入 20 万元以下村清零。实施乡村建设行动。推动“多规合一”村庄规划管理全覆盖。完善乡村公共基础设施，加大农村电网改造升级力度，加快建设椒花水库，创建放心满意小型水库 200 座，提质改造 20 个单村供水工程。规范村民住宅建设管理，健全农村生活垃圾收转运体系，改造无害化厕所 1 万户，创建小微水体管护示范片 20 个，打造美丽幸福河 10 条、“美丽屋场”100 个。推进农村移风易俗，提高乡村善治水平。深化农业农村改革。稳妥推进农村集体经营性建设用地入市，加快农村宅基地制度改革试点、农村经营性资产股份合作制改革、供销合作社综合改革，完善农村产权交易平台，健全农村金融等服务体系。加快培育农民合作社，新创建市级以上示范家庭农场 100 家。巩固拓展脱贫攻坚成果。健全防止返贫监测和帮扶机制，做好解决相对贫困长效机制试点工作。发展壮大扶贫产业，强化易地搬迁后续扶持。深化对口扶贫协作，帮助龙山等对口帮扶县巩固拓展脱贫攻坚成果。

（九）着力改善人民生活品质。顺应人民群众对高品质生活的追求，发展民生事业、推动共同富裕，使改革发展成果更多更公平惠及全市人民。落实重点民生实事。扎实办好 10 件民生实事：一是建设通信基站 6000 个；二是开工改造城镇危旧房屋 500 栋；三是新建智慧社区健身中心 200 个；四是实现特殊病种门诊药店乡镇（街道）全覆盖；五是建成投用消防站 17 个；六是新改建停车场 200 个，增加停车位 15 万个；七是既有多层住宅加装电梯 1000 台；八是新改建农村公路 600 公里；九是建设标准化村（社区）综合文化服务中心 100 个；十是建设社区养老服务设施 60 家。同时，全面完成省民生实事任务。实施就业优先政策。全力促进高校毕业生、农民工、退役军人等重点群体就业，确保零就业家庭动态清零，新增城镇就业 13.3 万人。办好人民满意教育。新建公办幼儿园 30 所，改扩建中小学校 25 所，新增学位 4 万个，确保每个义务教育适龄儿童都有学位。加快培育一批名师、名校长，加强基层教师轮训，推动家长学校专业化发展。关注学生身心健康，力争中小学生视力不良率降低 0.5%。完善考试招生政策，深化教育评价改革。支持在长高校“双一流”建设、岳麓书院传承发展，推动长沙学院建设特色鲜明的高水平应用型大学，助推长沙商贸旅游职院、长沙职院、湖南信息职院“双高”发展，加快长沙幼师高专、长沙卫生职院附属医院建设步伐，积极发展民办高职教育。推进健康长沙建设。全面推进“三医联动”，深化公立医院改革。加强基层全科医生人才队伍建设，完善乡村卫生服务一体化管理，提升基层医疗卫生机构标准化建设水平。全面推进“健康长沙”PPP 项目。高质量建设 33 个市县级医院重点学科。管好用好医保基金，降低药品价格。繁荣文旅体育事业。围绕庆祝建党 100 周年，推出一批文艺精品。进一步提升景区建设管理水平，推进汉长沙国王陵、铜官窑考古遗址公园、贾谊故居二期建设。加快发展浏阳河红色文化旅游产业带。申建国家方志馆中国近代人物分馆。扎实推进国际体育中心建设，办好市十运会、长沙马拉松和网球公开赛，创建国家全民运动健身模范市。健全多层次社会保障。持续提高城乡居民养老保险基础养老金、大病医疗保险和残疾人补贴标准，提升城乡低保、特困供养等救助水平，深入推进城市特殊困难群体帮扶。建成运营市儿童福利院、区县（市）社会福利中心，关心关爱留守儿童、妇女和老年人，启动市老干部（老年）大学择址新建工作，加快建设儿童友好型、青年向往型、老年关爱型城市。全面落实房地产长效机制，实施精准调控，推进国家住房租赁试点建设，筹集租赁住房 2.5 万套，提升公积金使用率，促进房地产市场平稳健康发展。精心保护生态环境。坚持不懈打好污染防治攻坚战，按时保质保量完成中央、省交办的突出生态环境问题整改。深入打好蓝天、碧水、净土、静音保卫战，加强园区环境综合整治，确保空气质量优良率 80% 以上，国、省控断面水质优良率保持 100%。启动建设水生态文明展览馆。全面落实长江流域禁捕退捕工作。加强社会治理创新。深化“互联网 + 群防群治”，实施天网补盲工程，推进市域社会治理现代化试点，完善信访问题化解常态化机制。强化“三零”街道社区建设，推进智慧安防小区建设，抓好村（社区）“两委”换届。大力普及村规民约、居民公约。推进民族团结进步。加强金融、政府债务等风险防控，牢牢守住不发生系统性风险底线。深化平安长沙建设。持续加强县域警务、节点警务、显性警务工作，巩固扩大扫黑除恶专项斗争、禁毒人民战争成果，严厉打击黄赌毒、电信网络诈骗、传销等违法犯罪，依法开展社区矫正。完成12个新建派出所主体工程，推动14个派出所开工建设。严格落实安全生产责任制，坚决杜绝重特大事故。加强食品药品安全监管，加快创建国家食品安全示范城市。完善应急管理，强化气象、水文精准预报。全力支持国防和军队建设，做好国防动员、退役军人、双拥等工作，建成市治大院人防工程、民兵训练基地，巩固军政军民团结。全面加强国家安全、对台、机关事务、档案、地震等工作。充分发挥群团和社会组织作用，支持工会、共青团、妇联、科协、文联、红十字会、慈善会等积极参与社会治理，共建共治共享幸福长沙“升级版”。

（十）*着力提高政府治理效能*。坚持“一勤天下无难事”，全面推进政府治理体系和治理能力现代化，建设高效法治廉洁的服务型政府。打造最强执行力。自觉在思想上政治上行动上同以习近平同志为核心的党中央保持高度一致，树牢“四个意识”、坚定“四个自信”、做到“两个维护”，只为执行找方法，不为懈怠找理由，确保党中央国务院、省委、省政府和市委决策部署第一时间执行、不折不扣落地、高质高效推进。激励广大干部恪尽职守、敢于担当、大胆创新，用心用情解决群众“急难愁盼”问题，全面提升政府数字化治理能力，干实事、讲实效、创实绩。打造更佳公信力。贯彻落实法治中国建设规划，大力提升政府工作人员特别是领导干部法治思维和依法行政能力，带头遵守宪法和法律，带头履行法定职责，带头严格依法办事。认真执行市人大及其常委会决议决定，依法接受人大法律监督、工作监督，自觉接受政协民主监督，主动接受群众和舆论监督；广泛听取人大代表、政协委员及社会各界意见，高质量办好建议提案。切实加强政府法制队伍建设，完善重大行政决策程序，全面落实行政执法“三项制度”。严格规范律师执业行为，培育增强公民法治信仰，加快建设国际商事法律服务中心，争创全国法治政府建设示范市。进一步强化政府诚信建设，政策落实不打白条、不打折扣，言出必行、有诺必践，以实实在在的行动赢得广大群众和市场主体的信任与支持。打造过硬廉洁力。加强政治建设，严守政治纪律和政治规矩，落实全面从严治党主体责任，狠抓政府系统廉政建设，全面实行政府权责清单制度，突出加强对关键少数、重点岗位人员的监督，筑牢不敢腐、不能腐、不想腐的坚实“防火墙”。锲而不舍落实中央八项规定精神，坚决杜绝形式主义、官僚主义，真心实意为基层减负、为干部松绑。持续深化政治巡察、专项巡察，强化成果运用，以更高标准抓好巡察整改落实。加强预算绩效管理，压减一般性支出，以政府“紧日子”换取群众的“好日子”。加强审计、统计监督，推进审计全覆盖、统计现代化改革，强化廉政风险防控，坚决整治群众身边腐败和不正之风，倾心爱护风清气正的政治生态。

名词解释

▶ 三智一芯：即智能装备、智能终端、智能网联及新能源汽车和功率芯片。

▶ 四精五有：“四精”即精准规划、精美建设、精致管理、精明增长；“五有”即有颜值、有气质、有内涵、有格调、有品位。

▶ 一点三线：“一点”即黄花机场；“三线”即机场高速、杭长高速、人民东路等出入城道路。

▶ 五纵五横：“五纵”为花侯路、车站路－开福大道、芙蓉路、湘江大道、金星路－梅溪湖路－麓谷大道；“五横”为岳麓大道－三一大道、五一大道－枫林路（含八一路、韭菜园路）、湘府路、长沙大道、晚报大道－营盘路－咸嘉湖路。

▶ 三站一场：即汽车站、火车站、火车南站、黄花国际机场。

▶ 四类重点对象：即建档立卡贫困户、低保户、农村分散供养特困人员、贫困残疾人家庭。

▶ 一江六河一湖：即湘江长沙段，浏阳河、捞刀河、沩水、沙河、龙王港、靳江河，团头湖。

▶ 三类500强：即世界财富500强、中国企业500强和民营企业500强。

▶ 五个100：即100个重大产业项目、100个重大科技创新项目、100个重大产品创新，引进100个500强企业、100个科技创新人才。

▶ 海外人才离岸创新创业基地：即具有引才引智、创业孵化、专业服务保障等功能的国际化综合性创业平台。海外高端人才可在海外创新创业，将成果在国内落地，同时针对海外项目采取“区内注册、海内外经营”等离岸模式，可对接海内外创新资源。

▶ 三集中三到位：即市直部门审批服务向一个处室集中、审批服务处室向市政务服务大厅集中、审批服务事项向市政务服务大厅和网上政务平台集中；市直部门审批服务事项和审批人员入驻市政务服务大厅到位、市直部门对审批服务处室及窗口授权到位、审批服务电子监察到位。

▶ 三资：即存量资金、资产、资源。

▶ “三干”项目：即潭州大道快速化改造、芙蓉南路快捷化改造、洞株公路快捷化改造。

▶ 农村“五治”：即农村治厕、治垃圾、治房、治水、治“风”。

▶ 两品一标：即绿色食品、有机农产品和农产品地理标志。

▶ 三高四新：即打造国家重要先进制造业、具有核心竞争力的科技创新、内陆地区改革开放的高地，在推动高质量发展上闯出新路子，在构建新发展格局中展现新作为，在推动中部地区崛起和长江经济带发展中彰显新担当，奋力谱写新时代坚持和发展中国特色社会主义的湖南新篇章。

17. 八大工程：即《中共湖南省委关于制定湖南省国民经济和社会发展第十四个五年规划和二O三五年远景目标的建议》提出的“先进装备制造业倍增、战略性新兴产业培育、智能制造赋能、食品医药创优、军民融合发展、品牌提升、产业链供应链提升、产业基础再造等八大工程”。

▶ “小巨人”企业和制造业单项冠军企业：“小巨人”企业即符合产业发展方向，主营业务突出、质量效益好、成长性高、科技创新能力强，在细分行业处于领先地位的企业；制造业单项冠军企业即长期专注于制造业某些特定细分产品市场，生产技术或工艺国际领先，单项产品市场占有率位居全球前列的企业。

▶ 五个倍增：即到2025年，高新技术企业数量、全社会研发投入、技术交易合同额、高新技术产业总产值、财政科技投入等指标实现“倍增”。

▶ 一核两副三带四区：即省委十一届十二次全会提出，加快构建“一核两副三带四区”区域经济发展格局。“一核”，就是大力推进长株潭区域一体化，打造中部地区崛起核心增长极，带动“3+5”城市群发展；“两副”，就是建设岳阳、衡阳两个省域副中心城市，支持岳阳建设长江经济带绿色发展示范区，支持衡阳建设现代产业强市；“三带”，就是建设沿京广、沪昆、渝长厦通道的三大经济发展带；“四区”，则是推动长株潭、洞庭湖、湘南、湘西四大区域板块协调联动发展。

▶ 两山一河：即韶山、井冈山、浏阳河。

▶ 五大人才工程：即高精尖人才领跑工程，紧缺急需人才集聚工程，青年人才筑梦工程，“长沙工匠”铸造工程，国际化海外人才汇智工程。

▶ 海归小镇：欧美同学会启动的一项集聚海归人才和海归产业发展的重要规划，将在全国建立10个海归小镇。

▶ 四到：即随叫随到、不叫不到、服务周到、说到做到。

▶ RCEP：区域全面经济伙伴关系（Regional Comprehensive Economic Partnership），即由东盟十国发起，邀请中国、日本、韩国、澳大利亚、新西兰共同参加（“10+5”），通过削减关税及非关税壁垒，建立15国统一市场的自由贸易协定。

▶ 两新一重：即新型基础设施建设，新型城镇化建设，交通、水利等重大工程建设。

▶ 三区三线：“三区”即生态、农业、城镇三类空间；“三线”即根据生态空间、农业空间、城镇空间划定的生态保护红线、永久基本农田和城镇开发边界三条控制线。

▶ 三级三类：即市、区、乡镇三级规划，总体规划、详细规划、相关专项规划三类规划。

▶ 一城五基地：“一城”即岳麓山大学科技城；“五基地”即湘江科创基地、中南大学科技转化基地、湖南大学创新转化基地、湖南师大文创基地、国防科大军民融合基地。

▶ 五区五小镇：“五区”即梅溪湖国际社区、洋湖总部经济区、高铁西产城融合示范区、国家级车联网先导区、人工智能产业集聚区；“五小镇”即湘江融城小镇、湘江通航小镇、湘江基金小镇、湘江体育小镇、湘江海归小镇。

▶ 三关集约式发展：即国际邮件、国际快件和跨境电商业务同场监管、一站式通关的新模式，巩固现有邮政国际业务、拓展商业快件业务，叠加跨境电商9610功能。

▶ 双一流：即世界一流大学和一流学科。

▶ 三医联动：即医疗卫生体制改革、医保体制改革与药品流通体制改革联动，俗称医疗、医保、医药改革联动。

▶ “三零”街道社区：即零上访、零事故、零发案街道社区。

表 63　　2020 年长沙市政府重要文件（长政发）一览表

文号	文件标题	发文日期
长政发〔2020〕1 号	关于 2020 年《政府工作报告》主要目标任务实施责任管理的通知	1 月 8 日
长政发〔2020〕2 号	关于公布长沙市“一江一湖六河”管理范围划界成果的通告	1 月 8 日
长政发〔2020〕3 号	关于印发《长沙市优化获得信贷营商环境实施办法（试行）》的通知	1 月 17 日
长政发〔2020〕4 号	关于印发《长沙市行政权力下放、承接和运行管理暂行办法》的通知	1 月 20 日
长政发〔2020〕5 号	关于印发《长沙市政府投资建设项目管理办法》的通知	5 月 26 日
长政发〔2020〕6 号	关于长沙市重点水域常年禁渔的通告	6 月 5 日
长政发〔2020〕8 号	关于重新划定高污染燃料禁燃区范围的通告	6 月 17 日
长政发〔2020〕9 号	关于推行不动产登记电子证照的通告	6 月 16 日
长政发〔2020〕10 号	关于加快建设新型智慧城市示范城市的决定	9 月 27 日
长政发〔2020〕11 号	关于印发《长沙市突发事件总体应急预案》的通知	9 月 25 日
长政发〔2020〕12 号	关于在部分场所和领域禁止、限制使用不可降解塑料制品的通告	10 月 27 日
长政发〔2020〕13 号	关于划定禁止使用高排放非道路移动机械区域的通告	11 月 3 日
长政发〔2020〕14 号	关于明确长沙市征地补偿安置有关问题的通知	11 月 15 日
长政发〔2020〕15 号	关于实施“三线一单”生态环境分区管控的意见	12 月 28 日

（资料来源：市政府办公厅新闻信息处）

表 64　　2020 年长沙市政府重要文件（长政办发）一览表

文号	文件标题	签发日期
长政办发〔2020〕1 号	关于印发《长沙市加快推进食品产业转型升级若干政策》的通知	1 月 9 日
长政办发〔2020〕2 号	关于印发《长沙市投资建设项目审批网上中介超市运行规则》的通知	1 月 7 日
长政办发〔2020〕3 号	关于印发《长沙市推进砂石产业高质量发展实施方案》的通知	1 月 9 日
长政办发〔2020〕4 号	关于下放部分市级权限（第二批“一件事一次办”）的通知	1 月 13 日
长政办发〔2020〕5 号	关于支持总部经济发展的若干意见	1 月 15 日
长政办发〔2020〕6 号	关于应对新型冠状病毒感染的肺炎疫情支持中小企业共渡难关的若干意见	2 月 15 日
长政办发〔2020〕7 号	关于印发《长沙市政府投资信息化建设项目管理暂行办法》的通知	2 月 18 日
长政办发〔2020〕8 号	关于印发《长沙市有效降低疫情影响稳定经济运行实施方案》的通知	2 月 20 日
长政办发〔2020〕9 号	关于印发《长沙市进一步支持长沙市工业企业加快技术改造的贷款贴息实施细则》的通知	2 月 29 日
长政办发〔2020〕10 号	关于印发长沙市退休人员社会化管理服务办法的通知	3 月 9 日

续表 64

文号	文件标题	签发日期
长政办发〔2020〕11号	关于印发《长沙市软件和信息技术服务业发展三年（2020—2022年）行动计划》的通知	3月20日
长政办发〔2020〕12号	关于印发《长沙市智能汽车产业“火炬计划”和“头羊计划”》的通知	3月30日
长政办发〔2020〕13号	关于推动创新创业高质量发展打造“双创”升级版的实施意见	4月16日
长政办发〔2020〕14号	关于印发《长沙市发挥保险社会治理功能巩固疫情防控成果促进经济恢复发展若干措施》的通知	4月16日
长政办发〔2020〕15号	关于进一步加强森林资源保护管理的实施意见	4月20日
长政办发〔2020〕16号	关于印发《长沙市企业投资建设项目告知承诺制信用监管实施办法（试行）》的通知	4月24日
长政办发〔2020〕17号	关于印发《长沙市公共资源有偿使用管理工作方案》的通知	4月29日
长政办发〔2020〕18号	关于印发《长沙市优化营商环境规定》的通知	4月29日
长政办发〔2020〕19号	关于加快推进长沙市服务外包产业转型升级的意见	5月2日
长政办发〔2020〕20号	关于印发《长沙市大力推动制造业高质量发展七大工程三年（2020—2022年）行动计划》的通知	6月16日
长政办发〔2020〕21号	关于印发《长沙市产业投资基金管理办法》的通知	7月7日
长政办发〔2020〕22号	关于印发《长沙市市长质量奖评审考核办法》的通知	7月10日
长政办发〔2020〕23号	关于印发《长沙市推进新型基础设施建设三年行动计划（2020—2022年）》的通知	7月17日
长政办发〔2020〕24号	关于印发《长沙市基本医疗保险和生育保险市级统筹实施方案》的通知	7月23日
长政办发〔2020〕25号	关于印发《长沙市“12345”政务热线运行管理办法》的通知	8月9日
长政办发〔2020〕26号	关于印发《长沙市全面落实“六保”任务做好当前重点工作实施方案》的通知	7月28日
长政办发〔2020〕27号	关于印发《长沙市促进科技成果转化实施细则》的通知	8月13日
长政办发〔2020〕28号	印发《关于推动长沙黄花综合保税区高水平开放高质量发展招商引资若干政策措施》的通知	8月17日
长政办发〔2020〕29号	关于印发《长沙市城市和建筑景观风貌品质提升行动方案》的通知	9月3日
长政办发〔2020〕30号	关于印发《长沙市新建商品房交房交证实施方案》的通知	9月14日
长政办发〔2020〕31号	关于印发《长沙市政府合同审查工作规则》的通知	9月11日

续表 64

文号	文件标题	签发日期
长政办发〔2020〕33 号	关于促进互联网租赁自行车规范发展的指导意见	9 月 29 日
长政办发〔2020〕34 号	关于印发《长沙市部分公益性岗位住房困难职工公租房租赁补贴定向发放工作方案》的通知	9 月 30 日
长政办发〔2020〕35 号	关于印发《长沙市“菜篮子”稳产保供若干政策》的通知	10 月 9 日
长政办发〔2020〕36 号	关于印发《长沙市纯电动智慧渣土车试点运营工作方案》的通知	10 月 14 日
长政办发〔2020〕37 号	关于印发《“精美长沙”建设工作实施方案（2020—2022 年）》的通知	10 月 20 日
长政办发〔2020〕38 号	关于印发《长沙市中小微企业发展基金管理暂行办法》的通知	7 月 23 日
长政办发〔2020〕39 号	关于印发《长沙市青年人才筑梦工程实施细则》的通知	11 月 10 日
长政办发〔2020〕40 号	关于促进长沙临空经济示范区发展的若干意见	11 月 10 日
长政办发〔2020〕41 号	关于印发《长沙市生产安全事故灾难应急预案等 15 个应急预案》的通知	11 月 25 日
长政办发〔2020〕42 号	关于印发《长沙市职业教育改革发展行动方案（2021—2025 年）》的通知	12 月 10 日
长政办发〔2020〕43 号	关于推进 3 岁以下婴幼儿照护服务发展的实施意见	12 月 15 日
长政办发〔2020〕44 号	关于印发《长沙市通信保障应急预案》的通知	12 月 16 日
长政办发〔2020〕46 号	关于加快推进生物医药产业高质量发展的若干政策	12 月 17 日
长政办发〔2020〕47 号	关于印发《长沙市政务服务大厅管理办法》的通知	12 月 21 日
长政办发〔2020〕48 号	关于印发《长沙市食品安全事故应急预案和长沙市特种设备安全事故应急预案》的通知	12 月 21 日
长政办发〔2020〕49 号	关于印发《长沙市新型智慧城市示范城市顶层设计（2021—2025 年）纲要和长沙市新型智慧城市示范城市建设三年（2021—2023 年）行动计划纲要》的通知	12 月 22 日
长政办发〔2020〕50 号	关于印发《长沙市旅游突发事件应急预案》的通知	12 月 22 日
长政办发〔2020〕52 号	关于印发《长沙市临时救助办法》的通知	12 月 31 日
长政办发〔2020〕53 号	关于调整初中学业水平考试及高中阶段学校招生有关事项的通知	12 月 31 日

（资料来源：市政府办公厅新闻信息处）

统计资料

表 65　　长沙市国民经济和社会发展主要指标统计表

指标	单位	2019 年	2020 年	2020 年比 2019 年增长（%）
土地面积	平方千米	11815.96	11815.96	持平
年末总人数	万人	738.24	747.29	1.2
市区人口	万人	364.38	373.79	2.6
县（市）人口	万人	373.86	373.49	−0.1
从业人员	万人	489.95	555.62	13.4
#农村劳动力	万人	87.13	65.43	−24.9
#职工人数	万人	136.85	142.59	4.2
地区生产总值	亿元	11574.22	12142.52	4.0
第一产业	亿元	359.69	423.46	4.0
第二产业	亿元	4439.32	4739.27	5.0
工业	亿元	3254.95	3465.88	4.9
第三产业	亿元	6775.21	6979.79	3.3
人均地区生产总值	元	139877	123297	−0.1
固定资产投资总额	亿元	—	—	6.2
更新改造	亿元	—	—	—
地方一般公共预算收入	亿元	950.23	1100.09	3.0
一般公共预算支出	亿元	1425.98	1501.23	5.3
耕地面积	千公顷	—	—	—
农林牧渔业总产值（现价）	亿元	607.70	722.19	4.1
#农业	亿元	378.23	425.17	5.9
农业机械总动力	万千瓦	607.60	613.99	
粮食产量	万吨	215.68	211.78	−1.8
棉花产量	吨	300	132	−56.0
油料产量	吨	98465	110167	11.9
猪牛羊肉产量	吨	284150	217400	−23.5
水产品产量	吨	98698	113631	15.1
建筑业总产值（现价）	亿元	5469.21	6058.77	10.8
社会消费品零售总额	亿元	4589.40	4469.76	−2.6
普通高校在校学生数	人	665860	697407	4.7
普通中学在校学生数	万人	41.77	44.15	5.7
小学在校学生数	万人	66.65	71.02	6.6
医院卫生院数	个	336	339	0.9

续表 65

指标	单位	2019 年	2020 年	2020 年比 2019 年增长（%）
执业医师和执业助理医师数	人	32286	32785	1.5
医疗病床数	个	81242	83180	2.4
城市居民人均可支配收入	元	55211	57971	5.0
农村居民人均可支配收入	元	32329	34754	7.5

说明：1. 根据第四次全国经济普查结果对历史数据进行了修订；2. “#”表示其中主要项　（资料来源：市统计局）

表 66　长沙市地区生产总值统计表

单位：亿元

地区	地区生产总值		第一产业		第二产业		第三产业	
	2020 年	2020 年比 2019 年增长（%）	2020 年	2020 年比 2019 年增长（%）	2020 年	2020 年比 2019 年增长（%）	2020 年	2020 年比 2019 年增长（%）
全市	12142.52	4.0	423.46	4.0	4739.27	5.0	6979.79	3.3
芙蓉区	1163.28	3.5	0.01	−0.1	148.98	−1.2	1014.29	4.1
天心区	1120.64	3.6	1.50	−4.3	342.22	3.1	776.91	3.8
岳麓区	1360.00	4.6	11.13	−0.1	382.31	6.0	966.57	3.8
开福区	1041.04	3.5	1.24	−0.7	152.77	4.4	887.04	3.3
雨花区	2193.24	4.5	5.45	−0.4	1210.22	4.6	977.56	4.3
望城区	857.04	4.3	56.65	4.3	326.44	6.3	473.94	2.9
长沙县	1808.34	4.3	87.13	3.3	945.20	5.4	776.01	3.0
浏阳市	1493.00	4.7	128.75	4.8	764.64	5.8	599.61	3.2
宁乡市	1105.92	2.7	131.60	4.1	466.48	3.8	507.84	1.1

（资料来源：市统计局）

表 67　长沙市邮电基本情况统计表

指标	单位	2019 年	2020 年	2020 年比 2019 年增长（%）
邮电业务量				
邮电业务总量	万元	—	14836282	—
邮政业务总量	万元	1552122	2118700	36.5
电信业务总量	万元	10063800	12717582	26.3
函件	万件	1317	1220	−2.54
报刊期发数	万份	78	81	−14.3
年末固定电话用户	万户	157.67	150.07	−4.8
年末移动电话用户	万户	1308.27	1320.95	1.0
年末互联网用户	万户	379.10	434.51	14.6

（资料来源：市统计局）

表 68　　全国三十五个城市主要经济社会指标（2020 年）统计表

单位：亿元

城市名称	地区生产总值				第一产业增加值			
	2020 年	位次	比 2019 年增长（%）	位次	2020 年	位次	比 2019 年增长（%）	位次
长　沙	12142.52	13	4	9	423.46	10	4	8
郑　州	12003.04	14	3	21	156.87	24	0.9	26
太　原	4153.25	29	2.6	23	32.24	32	3.7	11
合　肥	10045.72	16	4.3	8	332.32	14	1.2	24
武　汉	15616.06	8	−4.7	35	402.18	11	−3.8	33
南　昌	5745.51	25	3.6	16	235.28	21	2.2	19
石家庄	5935.1	24	3.9	11	498.6	7	3.5	12
南　宁	4726.34	27	3.7	14	534.36	5	4.7	5
成　都	17716.68	6	4	9	655.17	2	3.3	13
西　安	10020.39	17	5.2	3	312.75	16	3	15
贵　阳	4311.65	28	5	5	178.31	23	6.4	2
昆　明	6733.79	20	2.3	25	312.35	17	5.6	3
兰　州	2886.74	31	2.4	24	57.43	30	5	4
乌鲁木齐	3337.32	30	0.3	33	27.05	34	1.4	23
西　宁	1372.98	35	1.8	26	57.17	31	4.3	7
呼和浩特	2800.68	32	0.2	34	126.46	25	1.2	24
银　川	1964.37	33	3.2	19	75.72	29	0.7	28
沈　阳	6571.56	22	0.8	31	303.58	18	2.9	16
长　春	6638.03	21	3.6	16	533.82	6	−2.4	31
哈尔滨	5183.8	26	0.6	32	615.8	3	2.1	21
福　州	10020.02	18	5.1	4	560.7	4	4	8
海　口	1791.58	34	5.3	2	79.88	28	3.8	10
南　京	14817.95	9	4.6	7	296.8	19	0.9	26
杭　州	16106	7	3.9	11	326	15	−1.1	30
广　州	25019.11	4	2.7	22	288.08	20	9.8	1
济　南	10140.9	15	4.9	6	361.7	12	2.2	19
北　京	36102.6	2	1.2	29	107.6	26	−8.5	35
上　海	38700.58	1	1.7	27	103.57	27	−8.2	34
天　津	14083.73	10	1.5	28	210.18	22	−0.6	29
重　庆	25002.79	5	3.9	11	1803.33	1	4.7	5
大　连	7030.4	19	0.9	30	459.2	8	3.2	14
青　岛	12400.56	12	3.7	14	425.41	9	2.6	17
宁　波	12408.7	11	3.3	18	338.4	13	2.1	21
深　圳	27670.24	3	3.1	20	25.79	35	−3.1	32
厦　门	6384.02	23	5.7	1	28.89	33	2.5	18

续表 68

城市名称	第二产业增加值				第三产业增加值			
	2020 年	位次	比 2019 年增长（%）	位次	2020 年	位次	比 2019 年增长（%）	位次
长　沙	4739.27	13	5	12	6979.79	13	3.3	16
郑　州	4759.54	12	4.5	15	7086.63	12	1.7	24
太　原	1504.19	27	3	21	2616.82	28	2.3	21
合　肥	3579.51	16	6.4	5	6133.89	17	3	17
武　汉	5557.47	7	−7.3	35	9656.41	8	−3.1	35
南　昌	2676.89	21	3.8	17	2833.35	27	3.4	15
石家庄	1745.5	25	3.1	20	3691	23	4.3	6
南　宁	1084.32	29	5.3	11	3107.67	26	2.9	18
成　都	5418.5	8	4.8	14	11643	6	3.6	13
西　安	3328.27	18	7.4	3	6379.37	14	4.2	7
贵　阳	1552.59	26	5.5	10	2580.75	29	4.4	4
昆　明	2102.93	24	1.4	31	4318.51	19	2.5	20
兰　州	933.42	30	3.7	18	1895.9	31	1.5	25
乌鲁木齐	907.89	31	8.1	1	2402.38	30	−2.2	33
西　宁	418.72	34	6.1	7	897.09	35	−0.2	29
呼和浩特	815.73	33	1.4	31	1858.49	32	−0.5	31
银　川	832.62	32	2.8	25	1056.03	34	3.8	11
沈　阳	2160.41	23	2.9	24	4107.57	20	−0.6	32
长　春	2758.12	20	8	2	3346.09	25	0.3	28
哈尔滨	1144.5	28	2.3	26	3423.5	24	−0.4	30
福　州	3840.77	15	6.2	6	5618.55	18	4.4	4
海　口	269.56	35	0.6	34	1442.14	33	6.4	1
南　京	5214.35	9	5.6	9	9306.8	9	4.1	8
杭　州	4821	10	2.3	26	10959	7	5	3
广　州	6590.39	4	3.3	19	18140.64	3	2.3	21
济　南	3530.7	17	7	4	6248.6	16	3.7	12
北　京	5716.4	5	2.1	28	30278.6	1	1	27
上　海	10289.47	2	1.3	33	28307.54	2	1.8	23
天　津	4804.08	11	1.6	30	9069.47	10	1.4	26
重　庆	9992.21	3	4.9	13	13207.25	5	2.9	18
大　连	2815.1	19	4.3	16	3756	22	−2.5	34
青　岛	4361.56	14	3	21	7613.59	11	4.1	8
宁　波	5693.9	6	3	21	6376.4	15	3.6	13
深　圳	10454.01	1	1.9	29	17190.44	4	3.9	10
厦　门	2519.84	22	6.1	7	3835.29	21	5.5	2

续表 68

城市名称	社会消费品零售总额				地方一般公共预算收入			
	2020 年	位次	比 2019 年增长（%）	位次	2020 年	位次	比 2019 年增长（%）	位次
长　沙	4469.79	14	−2.6	15	1100.09	14	3	10
郑　州	5076.3	11	−4.7	22	1259.21	11	3	10
太　原	1655.11	25	−6.4	26	378.44	28	−2.1	28
合　肥	4513.76	13	3.1	2	762.9	17	2.3	14
武　汉	6149.84	8	−20.9	35	1230.29	13	−21.3	35
南　昌	2452.74	20	3	3	483.86	24	1.4	19
石家庄	2382.7	21	−3.3	17	632.2	23	11.1	2
南　宁	2180.36	24	−6.3	25	263.61	30	−2.8	29
成　都	8118.5	6	−2.3	14	1520.4	9	2.5	13
西　安	4989.33	12	−2.9	16	724.13	19	3.1	9
贵　阳	2188.26	23	6.6	1	398.13	26	−4.6	30
昆　明	3070.44	19	−3.6	20	650.47	22	3.2	8
兰　州	1641.24	26	−1.8	13	247.13	31	6	5
乌鲁木齐	1043.5	27	−19.8	34	392.64	27	−16.9	34
西　宁	573.57	31	−9.3	30	133.51	35	31.2	1
呼和浩特	1032.93	28	−4	21	217.1	32	6.9	3
银　川	770.87	30	−7.1	28	157.25	34	1.6	17
沈　阳	3637.6	18	−5.4	24	736.08	18	0.8	24
长　春			−6.5	27	440.4	25	1.5	18
哈尔滨			−11.3	31	339.6	29	−8.4	32
福　州	4225.61	17	0.6	10	675.61	21	1.1	22
海　口	835.89	29	1.5	5	186.05	33	0.4	25
南　京	7203.03	7	0.9	9	1637.7	8	3.7	6
杭　州	5973	9	−3.5	18	2093	5	6.5	4
广　州	9218.66	4	−3.5	18	1721.59	7	1.4	19
济　南	4469.1	15	1.1	8	906.1	15	3.6	7
北　京	13716.4	2	−8.9	29	5483.9	2	−5.7	31
上　海	15932.5	1	0.5	11	7046.3	1	−1.7	26
天　津			−15.1	33	1923.05	6	−10.2	33
重　庆	11787.2	3	1.3	7	2094.8	4	−1.9	27
大　连			−11.5	32	702.7	20	1.4	19
青　岛	5203.5	10	1.5	5	1253.8	12	1	23
宁　波	4238.3	16	−0.7	12	1510.8	10	2.9	12
深　圳	8664.83	5	−5.2	23	3857.39	3	2.2	15
厦　门	2293.87	22	1.6	4	783.94	16	2	16

说明：空缺数据未收集到，后同

续表 68

城市名称	进出口总额（海关口径）				出口总额			
	2020 年	位次	比 2019 年增长（%）	位次	2020 年	位次	比 2019 年增长（%）	位次
长　沙	2350.46	19	17.4	8	1548.72	18	10.8	15
郑　州	4946.4	13	19.7	6	2948.8	13	10	17
太　原	1211.47	22	8.1	17	724.71	22	11.2	14
合　肥	2597.25	17	16.9	9	1580.76	17	13.4	11
武　汉	2704.3	16	10.8	13	1421.7	19	4.3	19
南　昌	1151.46	23	8.4	15	713.11	23	10.3	16
石家庄	1341.1	21	14	10	785.6	20	19.9	6
南　宁	986	27	31.8	1	470.82	25	29.2	3
成　都	7154.21	7	22.4	4	4106.85	7	23.7	5
西　安	3473.84	15	7.2	19	1775.98	15	2.6	21
贵　阳	446.94	29	31.1	2	357.98	26	47.3	2
昆　明	1107.65	24	21.8	5	534.2	24	114.8	1
兰　州	102.5	33	−14.2	32	32.7	34	−54.6	34
乌鲁木齐	455.87	28	−11	30	288.51	27	−13.7	31
西　宁	16.81	35	−37	34	7.05	35	−51.7	33
呼和浩特	147	32	18.3	7	72.4	32	13.9	9
银　川	62.96	34	−60	35	45.27	33	−56.6	35
沈　阳	1028.1	25	−4.2	28	274.4	28	−13.2	30
长　春	1027.6	26	3	22	135.4	30	−9.3	28
哈尔滨	255.9	31	1.5	25	136.9	29	14.1	8
福　州	2504.8	18	−1	27	1786.5	14	−1.1	27
海　口	368.32	30	11.2	12	110.29	31	27.7	4
南　京	5340.21	12	10.6	14	3398.92	11	13	12
杭　州	5934.2	11	5.9	21	3693.2	9	2.1	22
广　州	9530.06	5	−4.8	29	5427.67	4	3.2	20
济　南	1382.7	20	23	3	755	21	17.2	7
北　京	23215.9	3	−19.1	33	4654.9	5	−10	29
上　海	34828.47	1	2.3	24	13725.36	2	0	26
天　津	7340.66	6	−0.1	26	3075.12	12	1.9	23
重　庆	6513.4	9	12.5	11	4187.5	6	12.8	13
大　连	3854.2	14	−11.7	31	1672.6	16	−13.8	32
青　岛	6407	10	8.2	16	3876.8	8	13.7	10
宁　波	9786.9	4	6.7	20	6407	3	7.3	18
深　圳	30502.53	2	2.4	23	16972.66	1	1.5	24
厦　门	6915.77	8	7.8	18	3572.92	10	1.2	25

说明：1. 昆明进出口总额为 160.59 亿美元，表中数据按汇率将美元折算成人民币，2020 年人民币汇率为 1 美元兑 6.8974 元人民币；增长速度按美元统计口径计算；

2. 昆明出口额为 77.45 亿美元，表中数据按汇率将美元折算成人民币，2020 年人民币汇率为 1 美元兑 6.8974 元人民币；增长速度按美元统计口径计算

续表 68

城市名称	实际使用外商直接投资（亿美元）				城镇居民人均可支配收入（元）			
	2020 年	位次	比 2019 年增长（%）	位次	2020 年	位次	比 2019 年增长（%）	位次
长　沙	72.82	6	14.3	6	57971	8	5	10
郑　州	46.6	12	5.7	17	42887	22	1.9	29
太　原	1.02	29	5	18	38329	33	5.4	6
合　肥	35.95	15	6	16	48283	15	6.3	1
武　汉					50362	11	−2.6	34
南　昌	40.6	14	7.7	12	46796	20	6	3
石家庄	18.3	21	12.7	7	40247	25	4.4	15
南　宁	4.4	25	41.9	2	38542	32	2.3	27
成　都	73.1	5			48593	14	5.9	4
西　安	76.77	4	8.8	11	43713	21	4.5	14
贵　阳	20.21	19	12.5	8	40305	24	5.4	6
昆　明	6.62	23	2	21	48018	16	3.7	20
兰　州	0.63	31			40152	26	5.4	6
乌鲁木齐	1.1	28	15.7	5	42769	23	0.2	32
西　宁					36959	34	6.1	2
呼和浩特					49789	12	0.8	31
银　川	0.88	30	−56.3	28	39416	31	3.1	22
沈　阳					47413	18	1.3	30
长　春	3.8	26			40001	29	5.7	5
哈尔滨	3.4	27	0.6	22	39791	30	−0.5	33
福　州	70.07	9	7.3	14	49300	13	2.9	23
海　口	17.23	22	157	1	40049	27	2.8	24
南　京	45.15	13	10.1	10	67553	5	4.9	12
杭　州	72	7	17.5	4	68666	2	3.9	16
广　州	71.58	8	7.5	13	68304	3	5	10
济　南	19.2	20	−14.2	27	53329	10	2.7	25
北　京	141	2	−0.8	25				
上　海	202.33	1	6.2	15	76437	1	3.8	18
天　津	47.35	11	0.1	24	47659	17	3.3	21
重　庆	21.01	18	−11.2	26	40006	28	5.4	6
大　连	6.6	24	2.2	20	47380	19	2	28
青　岛	58.5	10	0.2	23	55905	9	2.6	26
宁　波	24.7	16	4.4	19	68008	4	4.8	13
深　圳	86.83	3	11.2	9	64878	6	3.8	18
厦　门	24.07	17	23.8	3	61331	7	3.9	16

说明：1. 长春、成都实际利用外资总量与往年不可比，没有增速；

2. 广州实际使用外商直接投资为 493.72 亿元，表中数据按汇率将人民币折算成美元，2020 年人民币汇率为 1 美元兑 6.8974 元人民币，增长速度按人民币统计口径计算

续表 68

城市名称	农村居民人均可支配收入（元）				住户存款余额（亿元）（本外币）			
	2020年	位次	比2019年增长（%）	位次	2020年	位次	比2019年增长（%）	位次
长　沙	34754	4	7.5	15	7572.18	18	14.7	19
郑　州	24783	10	5.3	28	9032	13	13.5	26
太　原	19655	20	7	22	5896.93	23	12.3	28
合　肥	24282	11	8.1	4	4712.4	24	19.6	4
武　汉	24057	12	−2.9	33	10349.54	10	15.1	16
南　昌	20921	17	7.3	17	4319.67	26	18.1	6
石家庄	16947	26	6.9	23				
南　宁	16130	30	7.2	19	4415.35	25	11.5	29
成　都	26432	8	8.5	1	17085	6	14.7	19
西　安	15749	31	8	8	10913.05	9	14.2	24
贵　阳	18674	23	8.1	4	3634.56	29	14.9	18
昆　明	17719	24	8.3	2	5962.79	22	11.3	30
兰　州	14652	32	7.7	12	3884.71	27	8.1	33
乌鲁木齐	22827	14	6.4	26	3680.28	28	16	14
西　宁	13487	33	7.2	19	1723.88	34	7.8	34
呼和浩特	20489	18	8	8	2623.75	31	9.7	32
银　川	16428	28	7.5	15	2137.48	32	14.5	23
沈　阳	19598	22	8.1	4	10329.86	11	23.9	1
长　春	16636	27	7.6	13	6888.2	21	17	10
哈尔滨	19631	21	7.6	13	7394	19	16	14
福　州	22669	15	6.3	27	7074.78	20	15	17
海　口	17405	25	8	8	2034.63	33	10.7	31
南　京	29621	6	7.2	19	9499.25	12	17	10
杭　州	38700	2	6.7	25	14398.1	8	21	3
广　州	31266	5	8.3	2	21177.97	3	17.8	7
济　南	20432	19	5	30	7584.1	17	17.8	7
北　京					44486.1	1	14.7	19
上　海	34911	3	5.2	29	38302.45	2	16.5	13
天　津	25691	9	3.6	32	14865.71	7	17.6	9
重　庆	16361	29	8.1	4	20209.77	4	13.2	27
大　连	21558	16	7.9	11	7843.8	16	14.6	22
青　岛	23656	13	4.8	31	8031	15	18.9	5
宁　波	39132	1	6.8	24	8522.07	14	14	25
深　圳					18717.82	5	16.9	12
厦　门	26612	7	7.3	17	2821.79	30	21.4	2

续表 68

城市名称	规模以上工业增加值		固定资产投资		城市居民消费价格指数（%）	
	比 2019 年增长（%）	位次	比 2019 年增长（%）	位次	2020 年	位次
长　沙	5.1	14	6.2	15	101.8	29
郑　州	6.1	7	3.6	21	102.3	14
太　原	3.2	22	11.3	2	102.6	3
合　肥	8.3	3	4.7	17	102.3	14
武　汉	−6.9	35	−11.8	33	102.4	8
南　昌	4.7	16	8.8	8	102.5	5
石家庄	2.2	28	−18.8	34	102.3	14
南　宁	3	24	−2.5	31	102.3	14
成　都	5	15	9.9	5	102.5	5
西　安	7	5	12.8	1	102.1	21
贵　阳	6.1	7	2.7	26	102.4	8
昆　明	0.9	33	8.1	12	103.1	1
兰　州	3.2	22	3.4	22	102	24
乌鲁木齐	8	4	0.3	29	100.9	35
西　宁	3.5	21	−25.9	35	102.7	2
呼和浩特	4.6	17	−8.5	32	102	24
银　川	1.6	31	1.1	28	101.8	29
沈　阳	2.8	25	4.1	18	102.3	14
长　春	10.4	2	8.8	8	101.9	27
哈尔滨	4.2	18	2.8	25	101.4	34
福　州	5.3	12	9.6	7	102.4	8
海　口	−3.3	34	9.9	5	101.6	33
南　京	6.5	6	6.6	14	102.4	8
杭　州	3.8	19	6.8	13	102.1	21
广　州	2.5	26	10	4	102.6	3
济　南	12.2	1	4	19	102.4	8
北　京	2.3	27	2.2	27	101.7	31
上　海	1.7	30	10.3	3	101.7	31
天　津	1.6	31	3	24	102	24
重　庆	5.8	10	3.9	20	102.3	14
大　连	3.8	19	0.1	30	102.1	21
青　岛	5.5	11	3.2	23	102.4	8
宁　波	5.2	13	5.5	16	101.9	27
深　圳	2	29	8.2	11	102.3	14
厦　门	6	9	8.8	8	102.5	5

（资料来源：市统计局）

组织机构及负责人

中国共产党长沙市委员会

书　记　　胡衡华（2020.10 止）
副书记　　胡忠雄（2020.01 止）
　　　　　郑建新（2020.05 任）
常　委　　蔡亭英（2020.09 止）
　　　　　钟　钢
　　　　　夏建平
　　　　　黎春秋
　　　　　谭小平
　　　　　陈　刚（2020.04 任）
　　　　　张宏益
　　　　　曹友华
　　　　　廖建华（女，2020.08 止）
　　　　　谭　勇（2020.12 任）
秘书长　　廖建华（女，2020.12 止）
　　　　　谭　勇（2020.12 任）

市委工作机构

市委办公厅

主　任　　廖建华（女，2020.08 止）
　　　　　谭　勇（2020.12 任）
市委常务副秘书长、常务副主任
　　　　　彭治华（2020.07 止）
市委副秘书长
　　　　　刘义山（2020.07 任）
　　　　　谭慧慧（女）
　　　　　李建贵
　　　　　刘　晖
　　　　　莫小佳（兼）
　　　　　段　宁（兼）
市委机要局局长、市委保密办主任
　　　　　郭　逵
市纪委市监委派驻市委办公厅纪检监察组组长　吴　强
副主任　　吕发祥
　　　　　刘晓蓉（女）

市委组织部

部　长　　张宏益
副部长　　王瑜珲
　　　　　杨　俊
　　　　　易敏华
　　　　　张白云（女，兼）
市纪委市监委驻市委组织部纪检监察组组长　刘业奉
副部长　　周海毅（兼，2020.07 任）

市委宣传部

部　长　　陈　刚（2020.04 任）
常务副部长　赵柏林（2020.07 止）
　　　　　杨长江（兼，2020.07 任）
副部长　　朱锦辉
　　　　　唐曙光（2020.07 任）
　　　　　莫小佳（兼）
　　　　　李卫政
市纪委市监委驻市委宣传部纪检监察组组长　郭　峻（女）
二级调研员　刘玉龙
四级调研员　胡述斌

市委统一战线工作部

部　长　　谭小平
常务副部长　刘映群
副部长　　王国平（2020.07 止）
　　　　　饶福明
　　　　　袁义和（兼，2020.01 止）
　　　　　丁　文
　　　　　刘佳勇
市纪委监委驻市委统战部纪检监察组组长　唐宇航

市委政法委员会

书　记　　钟　刚（2020.07 止）
　　　　　廖建华（女，2020.07 任）
常务副书记　任安良
副书记　　胡亚军
　　　　　梅国栋
　　　　　周琼芝
　　　　　闵　文
市纪委市监委驻市政法委纪检监察组组长　易达春
政治部主任　李丽萍
委　员　　邵云辉
　　　　　王伟峰
　　　　　曹军辉
　　　　　孙　泉
　　　　　彭杰鸿

市委政策研究室（市委改革办、市委财办）

市委政策研究室主任、市委财办主任
　　　　　段　宁
市委改革办常务副主任（正县职）
　　　　　吴德峰
班子成员、副县职干部
　　　　　熊俭贵
市委改革办专职副主任
　　　　　曾向阳（2020.04 任二级调研员）
市委政策研究室副主任、三级调研员
　　　　　欧阳浩
市委政策研究室副主任
　　　　　周　敏
　　　　　文志高（2020.06 任）

市委网络安全和信息化委员会办公室（市互联网信息办公室）

主　任　　莫小佳
副主任　　刘艳军（女）
　　　　　周明熙
　　　　　杨　平（2020.07 任）
　　　　　李　丽（2020.07 任，挂职）

市委外事工作委员会办公室（市政府外事办公室、市政府港澳事务办公室）

主　任　　郑力虎
副主任　　缪　画（女）
　　　　　钟发丽（女，2020.05 止）
　　　　　孔亦平
　　　　　刘新明
　　　　　张青松

市委机构编制委员会办公室

主　任　　彭民安（2020.07 止）
　　　　　罗玉环（女，2020.07 任）
副主任　　刘智强
　　　　　周艳芳（女）
　　　　　李哲学

市委台湾工作办公室（市政府台湾事务办公室）

主　任　　袁义和（2020.01 止）
　　　　　肖　玮（2020.04 任）
副主任　　张克清
　　　　　袁湘鄂

市直属机关工作委员会

书　记　　廖建华（女，2020.12 止）
　　　　　谭　勇（2020.12 任）
常务副书记　易权吉（2020.07 止）
　　　　　彭民安（2020.07 任）
副书记　　梁　敏（女）
　　　　　胡金文
　　　　　徐克娇
委　员　　陈国胜

委员、市直纪工委书记
丁柏平（2020.10 逝世）
委 员 易红玉（女）
市直工会工委主任
杨 敏（2020.06 退休）
委员、机关党总支书记
范建斌
委 员 龚科生

市委巡察工作领导小组办公室（巡察组）

巡察办主任 秦国良
巡察组组长 易亮伦（2020.01 退休）
李卓民
刘小虎
高 杰
杜 强
胡维龙
文振中（2020.06 任）
巡察办副主任
李 茜
王友明
王 谦（2020.07 任）
巡察组副组长
宋 冶（2020.09 退休）
李靖浪
陈平世
黄益文
龙志忠
沈泽林
张 忠
杨志强

市委老干部局

局 长 罗玉环（女，2020.07 止）
周海毅（2020.07 任）
副局长 全晶莹（女）
邓国强
唐安石
艾明旺

市委直属事业单位

市委党校（长沙行政学院）

校（院）长 朱 健（2020.02 止）
常务副校（院）长
陈芳辉
副校（院）长 郑军武
彭友元
刘国杰
副校（院）长 杨名兴
教育长 汤新华

长沙晚报社（集团公司）

党委书记、社长、总编辑，长沙晚报传媒集团有限公司党委书记、董事长
李鹏飞
党委副书记、副社长、副总编辑，长沙晚报传媒集团有限公司党委副书记、总经理 徐 辉
党委副书记、副社长、副总编辑，长沙晚报传媒集团有限公司党委副书记、副总经理 董小林
党委委员、副社长、副总编辑
庄居湘（女）
肖和平（女）
李万寅
党委委员、副社长、副总编辑，长沙晚报传媒集团有限公司党委委员、副总经理 孙德宝（2019.07 任）
党委委员、副社长、副总编辑
胡建红
长沙晚报传媒集团有限公司党委委员、纪委书记 黄 华（女）
长沙晚报传媒集团有限公司党委委员、副总经理 周 艺
刘韶林

市接待服务中心

主 任 许 凡
副主任 蒋莉冰
郑 曦

市委党史研究室

主 任 宋俊湘（2020.11 止）
副主任 蒋志飞（2020.04 止）
李 敏（女）
易 斌（2020.06 任）
张 军（2020.12 任）

部门管理的部分事业单位

市档案馆

党组书记、馆长
袁健康
党组副书记、副馆长
陈艳芳
党组成员 何立根
党组成员、副馆长
金 科
马 强

刘少奇同志纪念馆（刘少奇故里管理局）

党组书记 刘 晖
党组副书记、局长（馆长）
聂 勇
党组成员、副局长（副馆长）
易锦君
黄 可
熊学爱（女）
彭明建

长沙市人民代表大会

长沙市人大常委会党组

党组书记 谢卫东
党组副书记 赵建强（2020.09 止）
党组成员 黄佳惠
芮英姿
罗衡宁
张智勇
袁黎明
卢鸿鸣（2020.12 任）
曹再兴（2020.12 任）
柳美景

长沙市第十五届人大常委会

主 任 谢卫东（2020.01 补选）
副主任 王国海
黄佳惠
芮英姿（女）
罗衡宁
张智勇
袁黎明
秘书长 柳美景
副秘书长 李增加（2020.04 止）
孔玉成
浣俊懿
张建华
委 员 浣俊懿
丁志良
文卫红
石莉波（女）
叶 妙（女）
冯 斌
任安良
刘有良（女）

委　员　　刘映群（女）
许尚农
李丽雄（女）
李素娥（女）
陈　慧（女）
陈兴平
罗玉环（女）
易田宏
周　伟
周锦民
赵凡存
赵柏林
郭为波（女）
涂克平
浣俊懿
蒋华玲（女）
戴志敏（女）
于安全
黄吉邦
凡　志
刘　汇（女，2020.08 辞职）
周宏兆
张建华（2020.05 补选）
邹国兴（2020.05 补选）

市人大各专门委员会

民族华侨外事委员会

主任委员　赵凡存（2020.01 任）
副主任委员　彭罗生
委　员　包咏鸿
李丽雄（女，兼，2020.08 止）
陈　慧（女，兼）
刘彩云（女，兼）
洪也凡（兼）
能　静（女，兼）
黄克刚（兼）
毛冰花（女，兼）
陆家兴（兼）
阿迪力·麦麦提吐热（兼）
罗映红（兼）

监察和司法委员会

主任委员　陈兴平
副主任委员　段海波
委　员　王均全（兼）
任安良（兼）
李世红（兼）
李应国（兼）
张　帅（兼）
李　娜（女，兼）
屈志峰（兼）
戴道国（兼）
戴　煜（兼）

财政经济委员会

主任委员　丁志良
副主任委员　邹国兴
余　勇
委　员　刘金文（女，兼）
刘跃华（兼）
罗　跃（兼）
周锦民（兼）
黎洪武（兼）
裴小芳（女，兼）
谭建钢（兼）

教育科学文化卫生委员会

主任委员　涂克平
副主任委员　范金枝（女）
委　员　李素洁（女，兼）
李素娥（女，兼）
邹永新（兼）
张　艳（女，兼）
罗炜豪（兼）
赵小中（兼）
赵柏林（兼）
石壮志（兼）
朱跃华（兼）
刘德文（兼）
周　璟（女，兼）

农业与农村委员会

主任委员　易田宏（2020.08 辞职）
副主任委员　全裕高
蒋文京（女）
委　员　胡　明
田扩军（兼）
冯　斌（兼）
吕新光（兼）
郭为波（女，兼）
彭席文（兼）
朱起志（兼）
贺雪辉（女，兼）
盛　波（兼）
彭焕新（兼）

环境与资源保护委员会

主任委员　文卫红
副主任委员　张书振
杨建华
委　员　龙凤舞（兼）
许尚农（兼）
李志兵（兼）
李国军（兼）
高兵良（兼）
陈　铭（兼）
周　杨（兼）
聂志强（兼）

法制委员会

主任委员　周　伟
副主任委员　尹忠东
高晓宇（女）
委　员　文志纯（兼）
叶　妙（女，兼）
刘有良（女，兼）
李建国（兼）
李群素（女，兼）
贺湘林（兼）
邓文胜（兼）
兰立波（兼）
刘筱泉（女，兼）
杨　玻（兼）

社会建设委员会

主任委员　黄吉邦
副主任委员　朱丽华（女）
委　员　周宏兆（兼）
徐　煦（兼）
常应祥（兼）
陈石红（兼）
喻　辉（兼）
陈　帅（兼）
杨　凡（兼）
石莉波（女，兼）
梁　军（兼）
罗丽芬（女，兼）

市人大常委会工作机构

办公厅

主　任　柳美景
副主任　李增加（2020.04 止）
罗小确
陈　旷（女）

研究室

主　任　于安全
副主任　文　明
陈日冬

选举任免联络工作委员会

主　任　　戴志敏
副主任　　彭金城

法制工作委员会

主　任　　周　伟（兼）
副主任　　尹忠东（兼）
　　　　　高晓宇（女，兼）

信访办公室

主　任　　蒋华玲
副主任　　任伟洪

预算工作委员会（与市人大财政经济委员会合署办公）

主　任　　黄吉邦
副主任　　朱丽华

长沙市人民政府

市　长　　胡忠雄（2020.02 止）
　　　　　郑建新（2020.02 任代理市长、2020.05 任市长）
常务副市长　夏建平
副市长　　唐向阳
　　　　　李　蔚
　　　　　刘明理
　　　　　邱继兴
　　　　　陈　澎（2020.01 任）
　　　　　谭　勇
　　　　　朱东铁（2020.02 任）
　　　　　彭　楠（2020.01 任，挂职）
秘书长　　张能峰

市人民政府办公厅

党组书记　张能峰
党组副书记、主任
　　　　　蒋集政
市政府副秘书长
　　　　　卢兴映
　　　　　涂文清
　　　　　杨小林
　　　　　王体泽
　　　　　厉江华
　　　　　戴建文
　　　　　肖思源
　　　　　张跃先
副主任　　陶　琼
　　　　　丁财喜
　　　　　谭　海

市发展和改革委员会

党委书记、主任
　　　　　夏文斌
党委副书记、副主任，市两型社会建设服务中心党组书记、主任（兼）
　　　　　熊景业
党委委员、副主任
　　　　　周东义
　　　　　卞佑明（2020.04 止）
　　　　　胡圣国（2020.04 止）
　　　　　王启玮（2020.04 止）
党委委员　郝玉仑
党委委员、市纪委市监委驻市发展改革委纪检监察组组长
　　　　　宋志元
党委委员、副主任
　　　　　杨建强
　　　　　易　鹰
党委委员　陈建华
　　　　　雷光裕
　　　　　龙　文
　　　　　肖　波
党委委员、副主任
　　　　　唐继发（2020.12 任）

市教育局

党委书记、局长
　　　　　卢鸿鸣（2020.12 止）
党委副书记、副局长
　　　　　孙传贵
党委委员、副局长
　　　　　邓　芸（女）
　　　　　缪雅琴（女）
党委委员、长沙教育工会主席
　　　　　陈仕强（2020.06 止）
副局长　　杨庆江
党委委员、主任督学
　　　　　周　灿（女）
党委委员、市纪委市监委驻市教育局纪检监察组组长
　　　　　谢小红（女）
党委委员、副局长（挂职）
　　　　　仁增达杰（2020.07 任）

市科学技术局

党组书记、局长
　　　　　郭　埭
党组成员、副局长
　　　　　宋新和
　　　　　张　凯
　　　　　周一平
党组成员、总工程师
　　　　　盛湘饶
副局长　　陶　红
党组成员　杨　婵

市工业和信息化局

党组书记、局长
　　　　　康小平
党组副书记、副局长
　　　　　周双恺
党组成员、副局长
　　　　　吴宏亮
党组成员　欧卫兵（2020.04 止）
党组成员、总经济师
　　　　　熊祥林
党组成员、市纪委市监委驻市工信局纪检监察组组长
　　　　　廖　岚（2020.04 止）
　　　　　陈　新（2020.06 任）
党组成员、副局长
　　　　　陈海波
副局长　　张　芬（女）

市民族宗教事务局

党组书记、局长
　　　　　罗　伟
党组成员、副局长
　　　　　彭晓军
　　　　　（2020.04 任二级调研员）
　　　　　何水军
　　　　　王自书
党组成员　刘立新
党组成员、副局长
　　　　　张晓鸣

市公安局

党委书记、局长、督察长
　　　　　刘新良（2020.12 任）
　　　　　唐向阳（2020.12 止）
党委副书记、常务副局长
　　　　　车丽华（2020.01 止）
　　　　　汪卫国（2020.04 任）
党委副书记、副局长
　　　　　何正良（2020.03 退休）
党委委员、副局长
　　　　　欧益科
党委委员、政治部主任
　　　　　陈定佳（2019.04 任特巡警支队政委）
党委委员、市纪委市监委驻市公安局纪检监察组组长、第一副督察长
　　　　　孔蓉晖（女）

省公安厅特勤局党委委员、长沙市公安局
党委委员　周湘亚（兼，2020.08 止）
一级高级警长（原任调研员）
李进良（2020.09 任）
二级高级警长（原任副调研员）
周子林（2020.09 任）
副调研员　甘再龙（2020.03 退休）

市民政局

党委书记、局长
陈昌佳
党委副书记、副局长
伍仁华
党委委员、副局长
范凤芝（女，2020.06 改任二级调研员）
党委委员、工会工委主任
张龙洋
党委委员、市纪委市监委驻市民政局纪检监察组组长　奉蓓蕾（女）
党委委员、副局长
何　飞
周义中

市司法局

党委书记、局长
尹小英（女）
党委副书记、副局长
杨建辉
副局长　贝先明（2020.04 止）
党委委员、政治部主任
彭文学
党委委员、副局长
孙美秀（女）
张　智（女）
蓟飞正
党委委员、市纪委市监委驻市司法局纪检监察组组长　钟　楠

市财政局

党组书记、局长
肖正波
党组成员、市纪委市监委驻市财政局纪检监察组组长
师大学
党组成员、副局长
熊清溪
张学峰
党组成员、工会主席
唐元立
党组成员、副局长
李玮玮
李　孟
总会计师　杨　健（2020.07 任）

市人力资源和社会保障局

党委书记、局长
张白云（女）
党委委员、副局长
李德清（2020.03 止）
党委副书记、副局长
李德清（2020.03 任）
党委委员、副局长
钟建辉（女）
副局长　周柏清
党委委员、副局长
戴崇华（女，2020.04 止）
党委委员　鲁爱民（2020.04 止）
党委委员、总会计师
肖建国
党委委员、副局长
谭明江
党委委员、市纪委市监委驻局纪检监察组组长　卢勇辉
党委委员、副局长
邓　勇

市自然资源和规划局

党组副书记、局长
冯意刚
党组成员、副局长
张　斌
程展鹏
王慧芳（女）
罗国良
刘国梁
总规划师　解　成
党组成员　曾发祥
黎小宇（女）
党组成员、市纪委市监委驻市自然资源和规划局纪检监察组组长
苏启丰

市生态环境局

党组书记、局长
潘胜强
党组副书记、副局长
李中秋
党组成员、副局长
莫金文（2020.09 任党组成员，2020.12 任副局长）
党组成员、机关党委书记
邓　峰（2020.05 止，2020.04 任二级调研员）
党组成员、市纪委市监委驻市生态环境局纪检监察组组长
向建州
党组成员、副局长
赵玲芳（女）
刘英杰（女，2020.04 任二级调研员，2020.05 退休）
党组成员、湖南省长沙生态环境监测中心书记、主任　吴　坚（2020.05 任）

市住房和城乡建设局

党组书记、局长
王伟胜
党组副书记、副局长
袁国棋
党组成员　冯先强
党组成员、副局长
胡汉清
党组成员、市纪委市监委驻市住房和城乡建设局纪检监察组组长
贾保全
党组成员、副局长
赵志宏（2020.05 止）
陈杰刚
杜湘晖

市交通运输局

党委书记、局长
胡岳龙
党委委员、副局长
李　宏（2020.02 退休）
欧　璟（女）
杨忠文
陈　湘（2020.04 改任市交通运输局二级调研员）
党委委员、工会工委主任
李柯宁
党委委员　程　林
党委委员、市纪委市监委驻市交通运输局纪检监察组组长
王本楼
总工程师　王　磊（2020.06 改任市交通运输局党委委员、副局长）

副局长　　　尹　期（兼，2020.12 任）

市水利局

党组书记、局长
曹　彪
党组副书记、副局长
孙　沅
党组成员、副局长
袁自力（2020.04 止）
党组成员　　欧阳广才
党组成员、总工程师
王力新
党组成员、市纪委市监委驻市水利局纪检监察组组长
熊　力
党组成员、副局长
喻小丽（女）
党组成员　　肖索夫
党组成员、副局长
王佳良
张水平（2020.04 止）

市农业农村局

党组书记、局长
邹春林（2020.07 任）
党组成员、副局长
尹莉亚（女，2020.04 止）
毛　晓（2020.04 止）
党组成员、市纪委市监委驻市农业农村局纪检监察组组长
黄威重
党组成员、总农艺师
廖命忠
党组成员、副局长
黄志强
副局长　　　陈　锦
党组成员、副局长
刘　军
党组成员　　邓西京
市委农村工作办公室副主任
周兴发

市商务局

党委书记、局长
高　伟
党委副书记、副局长
陈再坤（2020.04 改任市商务局一级调研员）
党委委员、副局长
毛鹏程
汪东华
党委委员、市纪委市监委驻市商务局纪检监察组组长
孙兴红
党委委员、副局长
黄立斌
党委委员、工会工委主任
张德春（2020.04 改任市商务局二级调研员）
党委委员　　刘利华
党委委员、副局长
孙春华

市文化旅游广电局

党组副书记、局长
杨长江（2020.08 止）
郭润葵（2020.08 任）
党组书记　　李文格（2019.01 任）
党组副书记、副局长
彭　勇
曾卫军
黎　政（2020，04 免职）
谭　旭
党组成员　　郭学稳
党组成员、副局长
廖双寅（2020.04 免职）
党组成员、长沙市文化市场综合行政执法局党委书记、局长
吴　洪（2020.04 任市文化市场综合行政执法局党委书记）
党组成员　　隆建光
贺平生
党组成员、副局长
李小军
余　岚（女）
市纪委市监委驻局纪检监察组组长、党组成员　　杨倩之（女）
党组成员、副局长
岳　锋
党组成员　　曹　凛

市卫生健康委员会

党组书记、主任
周　敏（女）
党组副书记、副主任
王新良
党组成员、副主任
吴敏泉
党组成员、市计划生育协会常务副会长
胡　平
党组成员、副主任
邓云其（2020.04 止）
副主任　　　欧志明
党组成员、副主任
袁　湘（女）
厉卫东
李淑环（女）
刘　伟
党组成员、市纪委市监委驻市卫生健康委员会纪检监察组组长
易立民

市审计局

党组书记　　李伟群
局　长　　　陈剑文（女）
党组成员、总审计师（2020.03 止）、副局长（2020.03 任）
关士麟
党组成员、工会主席
钟宏杰（2020.04 止）
党组成员、副局长
曹　旨
肖　汉
党组成员 、市经济责任审计工作联席会议办公室专职副主任
曾　延（2020.04 任）
总审计师　　肖国松（2020.07 任）

市退役军人事务局

党组书记、局长
荣爱华
党组成员、副局长
伍玉明
杨为锦
詹萍萍（女）
党组成员　　刘晓荡（2020.12 任）

市应急管理局

局长、副书记　胡春山
党委书记　　骆正平
党委委员、副局长
钟才发
李建勋
刘金泽
段建军
喻志珊
郭朋芳
唐五一
总工程师　　刘　瑶（2020.07 任）

市国有资产监督管理委员会

党委书记 、主任
王雄文

党委副书记、副主任
陈　军
总经济师　唐鉴明
党委委员、工会工委主任、机关党委书记　钱　军
党委委员、副主任
杨能武
党委委员、市纪委市监委驻市国资委纪检监察组组长　石素军
党委委员、副主任
刘新春

市林业局

党组书记、局长
唐曙光（2020.07 止）
朱远红（女，2020.07 任）
党组副书记、副局长
李　伟
党组成员、副局长
谭景长（2020.07 退休）
党组成员、总工程师
恭映璧（2020.04 退休）
党组成员　缪赐立
陶晓明（2020.04 退休）
谢欣荣
党组成员、副局长
周　浩
张红民
总工程师　张德琼（2020.06 任）

市市场监督管理局

党组书记　陈　旭（2020.06 止）
邱山东（2020.07 任）
局　长　张庆和
党组副书记、副局长
比干则勇
潘　虹
党组成员、副局长
李有富
谢　辉（女）
陈明南
钟　卫
党组成员、市纪委市监委驻市市场监督管理局纪检监察组组长
陈智恺
党组成员、副局长
彭　进（女）
肖志杰

党组成员、副局长
金　雷
罗　昶
张　炼
耿良安（2020.04 止）
党组成员　曾秋初
党组成员、总工程师
龚　军
党组成员、副局长
肖　磊
宋小军
蒙汐恒（2020.07 挂职）

市体育局

党委书记　易　冒
局　长　李　平
党委委员、副局长
杨亿明（2020.04 止）
党委委员、工会主席
钟国林
党委委员、副局长
李德安
党委委员、机关党委书记
黄太焱
党委委员、副局长
覃事平
吴伟辉（2020.07 任）

市统计局

党组书记　缪晨光
局　长　汤建尧
党组成员、副局长
张罗先（2020.04 止）
韦　薇（女）
党组成员　赵安明
党组成员、总统计师
胡建中
党组成员、副局长
曹敬波
党组成员、副局长
扶文武（2020.07 任）

市城市管理和综合执法局

党组书记、局长
邓鹏宇
党组副书记、副局长
赵建军（2020.04 止）
党组成员、副局长
黄　哲
张胜祥（2020.01 止）
胡　刚

党组成员、副局长
张明亮（女）
袁海燕（女）
刘晓强（2020.12 任）
党组成员、市纪委监委驻市城市管理和综合执法局纪检监察组组长
罗晓群（女）
党组成员　庄湘衡（2020.06 止）
赵会华（2020.04 止）

市机关事务管理局

党委书记、局长
张　权
党委委员、副局长
黄　灿
党委委员、工会主席
何见明
党委委员、副局长
夏寿利
陈　亮
党委委员　姜开顺（2020.12 任）

市政府研究室

党组书记、主任
王德志
党组成员　李守红
党组成员、副主任
彭文滋
马　琤
蒋志国

市金融工作办公室

党组书记、主任
李晓斌
党组成员　李建武（2020.04 止）
党组书记、副主任
段永松
易　红（女）
白　晓

市人民防空办公室

党组书记、主任
李志坚
党组成员　谭园春（2020.04 止）
罗　峰
党组成员、副主任
王业平
党组成员　汤立新
党组成员、副主任
张良欣

市信访局

党组书记、局长

黄军其

党组成员、副局长

肖金平

刘加利

梁琼生

陈　艳（女）

肖　劲（兼）

杨运雄

杨大公

市医疗保障局

党组书记、局长

谭　果

党组成员、副局长

谭志国

魏　敏（女）

喻其林

易学思

市知识产权局

党组书记、局长

孙　进

党组成员、副局长

张　立（2020.04 止）

徐拥军

黄向红

市行政审批服务局

党组书记、局长

魏华松

党组成员、副局长

黄文彬

李祥龙

陈　波

马绍铁

市数据资源管理局

党组书记、局长

张　武

党组成员、副局长

易石军

周娟平（女）

市人民政府物流与口岸办公室

党组书记、主任

杨　莉（女）

党组成员、副主任

吴照舒

张中文

市城市人居环境局

党组书记、局长

周　飞

党组成员、副局长

黄家兴

胡智慧

李昌贵

党组成员　庄大林

党组成员、副局长

潘　宏

党组成员　苏自立

党组成员、副局长

卢　军

市政府直属事业单位

市公共工程建设中心

党组书记、主任

席超波

党组副书记、副主任

李　航

党组成员、副主任

马泽谦

刘和平（2020.07 止）

党组成员、总工程师

刘学武

党组成员、副主任

熊翠玲（女）

市地方志编纂室

党组书记、主任

王习加

党组成员、副主任

姚　兰（女，2020.04 止）

张列群（女）

贺国成

肖清平

市供销合作总社

党委书记、理事会主任

余学辉

党委副书记、理事会副主任

陈谷良（2020.04 止）

党委委员、监事会主任

伍春强（2020.04 止）

党委委员、理事会副主任

文朝阳

党委委员　孙玉楼

党委委员、理事会副主任

杨　立（女）

长沙公共资源交易中心

党组书记　戴中平

主　任　黄　锋

党组成员、副主任

周集中

张福新

市广播电视台

党委书记、台长、总编辑；集团公司党委书记、董事长

曾　雄

党委副书记、副台长、副总编辑；集团公司党委副书记、总经理

潘开政

党委副书记、集团公司党委副书记

杨先成（2020.02 退休）

党委委员、副台长、副总编辑

刘运喜

周国强

党委委员、副台长、副总编辑；集团公司党委委员、副总经理

于　海

党委委员　胡蓉华（女）

吴文广

集团公司党委委员、纪委书记

吴源清

集团公司党委委员、副总经理

彭　宇

余　江

长沙住房公积金管理中心

党组书记、主任

彭欢首

党组成员、副主任

高北平

马保华（2020.11 止）

党组成员、总会计师

周子荣

党组成员、副主任

申志勇

党组成员　朱发军

市优化营商环境协调事务中心

党组书记、主任

刘莉霞（女）

党组成员、副主任

谭正林

彭维强

市人民政府驻北京联络处

党组书记、主任

雷曙超

党组副书记、副主任
刘加强
党组成员、副主任
肖　劲
党组成员、四级调研员
丁　艳（女）

部门管理的部分事业单位

市公路建设养护中心

党委书记、主任
浣灿勇
党委委员　刘利民（2020.04 止）
黎　明
党委委员、副主任
彭跃能（2020.04 止）
万　军
党委委员、副主任
陈卫保（2020.06 任）

市水运事务中心

党委书记、主任
张科正
党委委员、副主任
文博徽
党委委员　胡晓东
柳英平
党委委员、副主任
胡　宇

长沙高铁新城管理委员会

党工委书记（兼）
沈裕谋
党工委副书记、主任
唐建新
党工委副书记（挂职）
邹　刚（2020.07 止）
副主任　姚　军
郭　勇
宋尊德

市人民政府驻深圳办事处

主　任　齐　益
副主任　何立成
李　琼（女）

市会展工作管理办公室

党组书记、主任
陈树中
党组成员　彭有求（2020.11 止）
党组成员、副主任
张熙坤
罗庆龙

市湘江综合枢纽工程办公室

党委书记、主任
丑金科
党委委员、副主任
杨文华
吴君主

市人民政府驻上海联络处

主　任　苏　准
副主任　张　莺（女）

垂直管理单位

国家税务总局长沙市税务局

党委书记、局长
文延风（2020.09 止）
罗　旻（2020.10 任）
党委副书记、副局长
陈友谊（2020.09 止）
党委委员、副局长
刘　进（2020.09 止）
邹　志
谭元奎
袁　斌（2020.09 止）
钱秀芳（女）
陶佼如
梁　建（2020.09 止）
黄书惕
刘国锋
钟奇伟（2020.11 止）
党委委员、纪检组长
蒋亚平
党委委员、总经济师
李伯成（2020.09 止）
党委委员、总会计师
潘　斌
沈　俊

市邮政管理局

党组书记、局长
张　军（2020.09 止）
尹　期（2020.09 任）
党组成员、副局长、纪检组组长
赵红卫

市烟草专卖局（市烟草公司）

党组书记、局长、经理
吴奇林
党组成员、副局长
罗稳刚（2020.07 改任市烟草专卖局副调研员）
党组成员、副经理
何命军
党组成员、纪检组组长
吴　波
党组成员、副经理
刘　智（女）
党组成员、副局长
陈道颖（2020.11 任）
总会计师　罗　晖

星沙海关

党委书记、关长
曹传清（2020.12 止）
程碧云（2020.12 任）
党委委员、长沙海关第一派驻纪检组组长　汤　浩
党委委员、副关长
固孝华（2020.02 止）
梅　青
周　波
党委委员、驻浏阳办事处主任
李　磊

市气象局

党组书记、局长
戴科良
党组成员、副局长
匡方毅
李仁鹏
党组成员、纪检组长
周建坤（2020.12 止）
张华波（2020.12 任）

市水文局

党组书记、局长
张海如（2020.01 止）
刘一先（2020.01 任）
党组成员、副局长、总工程师
易瑾瑜（2020.01 止）
陈春明（2020.03 任）
党组成员、副局长
李京伟（2020.10 止）
胡义仁（2020.12 任）
党组成员、纪检组组长、工会主席
曾　专
党组成员、副局长
付　军

国家统计局长沙调查队

党组书记、队长
张殷海

党组成员、纪检组组长
聂根深
党组成员、副队长
廖晓明（2020.01止）
符 蓉（女，2020.05任）
副队长 袁忠文

国网长沙供电公司
总经理、党委副书记
李艺波
党委书记、副总经理
孟军
党委副书记、副总经理
刘朝阳
党委委员、副总经理
姚震宇（2020.01止）
党委委员、副总经理、工会主席
周弘明
党委委员、纪委书记
王 颖
党委委员、副总经理
谌 智（女，2020.12任）
总工程师 邓 铭
党委委员、星电集团董事长、党委书记
周卓敏
党委委员、总会计师
陈 翔
党委委员、副总经理
李 卫

中国邮政集团公司长沙市分公司
党委书记、总经理
刘伟光
副总经理、工会主席
刘 为
纪委书记、副总经理
李 军
副总经理 黄 冰
古建明

中国电信股份有限公司长沙分公司
党委书记、总经理
江乘东（2020.09止）
周小玩（2020.09任）
副总经理 肖劲风（2020.04任）
王金华
姜向梅（女）
纪委书记 蒋勤俭
副总经理 秦永俊（2020.05止）
韩 磊
刘勇攀（2020.05任）

中国移动通信集团湖南有限公司长沙分公司
党委书记、总经理
李 波
副总经理 毕 成（2020.08任）
曾卫华
纪委书记 李安英（女）
副总经理 王有才
张晓滨

中国联合网络通信有限公司长沙市分公司
党委书记、总经理
伍文亮
党委副书记 王 燕（女）
党委委员、湖南联通纪委驻长沙市分公司纪检组组长
周亚鹏（2020.12止）
张 波（2020.12任）
党委委员、副总经理
张量伟（2020.07止）
宾光兴（2020.07任）
袁 来
王新绩（2020.10止）
唐友谊（2020.10任）

中国石化湖南长沙石油分公司
经理、党委副书记
朱建红
党委书记、纪委书记、副经理
潘振芳
副经理 毛远弟
姜 航
苏金晟（2020.07止）
纪委书记 苏金晟（2020.08任）

中国石油湖南长沙销售分公司
党委书记、总经理
陈 赛
党委副书记、纪委书记、工会主席
李枝德
副总经理 石 磊
杨新梅
肖 博（2020.09止）

中央储备粮宁乡直属库有限公司
党委书记、总经理
许 飞（2020.12止）
彭志才（2020.12任）
纪委书记 祝 勋
副总经理 彭建平

中央储备粮长沙直属库有限公司
党委书记、总经理
欧阳支援
纪委书记 欧阳辉
副总经理 陈 强
刘文洁（女）
王 波

中国人民政治协商会议长沙市委员会

政协长沙市第十二届委员会
主 席 文树勋
副主席 石长松
龚振湘
段安娜（女）
彭继球
袁志恒
邓自力
文丽霞（女）
朱建军
李 平（女）
秘书长 谭 志
副秘书长 张业军
王文华
汤建尧（兼）
张庆和（兼）
常 委（按姓氏笔画排列）
丁 文（女）
马 庆
马运山
文丽霞（女）
文树勋
王文华
王永宏
王国平
王剑平
王清华（女）
邓文莉（女）
邓自力
石长松
刘 丽（女）
刘 磊（女）
刘丹军
刘华富
刘良春
刘慧扬（女）
匡涛涛（女）
孙中民
朱世平
朱建军

常　委　汤建尧
何金松
吴安定
张业军
张庆和
张晓琴（女）
张铁光
张蔚秋（女）
李　平（女）
李卫政
李天赐
李兰宏
李光焰
李德胜
李　舜（女）
杨先志
杨庆江
杨余飞
陈　忞
陈昉青
陈昌佳
陈剑文（女）
周　敏（女）
周至仁（女）
国　晖
易　冒
易　静（女）
易介兵
易权吉
易敏华
枭　燕（女）
欧阳侨（女）
段安娜（女）
祝珍明
贺志勇
赵雪峰
钟小珍（女）
唐日清
唐志浩
夏放群
徐勇斌（女）
徐美辉（女）
袁志恒
郭昊巍（女）
陶　红（女）
高清福
曹孟良
梁　粮
黄　锋
黄　起
黄晓丹
黄逸强
龚振湘

常　委　喻　辉
彭继球
曾　理（女，侨联界）
曾常清
蒋　林
蒋言斌
蒋铁祥
谢丽华（女）
释圣辉
释坚愿（女）
鲁劲松
熊冬华
谭　志

政协各专门委员会工作部门

办公厅

主　任　谭　志
副主任　王文娟（女）
黄　起（2020.06 止）
提案委员会：
主　任　高清福（2020.11 止）
袁治伟（2020.06 任）
副主任　钟志明
易　健
王习加（兼）
朱　江（女，兼）
许团生（兼）
易　静（女，兼）
周艳芳（女，兼）
钟阿丽（女，兼）
段军如（兼）
郭昊巍（女，兼）
彭欢首（兼）
彭治华（兼）
蒋集政（兼）

经济科技委员会

主　任　王清华（女）
副主任　金晓辉
刘丹军（兼）
刘裕纯（兼）
刘　婧（女，兼）
李天赐（兼）
李范坤（兼）
李建龙（兼）
吴金生（兼）
张明刚（兼）
张铁光（兼）
陈　黎（兼）
夏利锋（兼）
莫一平（兼）
曾常清（兼）

文教卫体和文史委员会

主　任　陈　忞
副主任　谢雯晟
杨庆江（兼）
迟美桦（女，兼）
易石平（兼）
彭丽君（女，兼）
谭　旭（兼）

法制群团和民族宗教委员会

主　任　梁　粮
副主任　袁治伟（2020.06 止）
王自书（兼）
邓文莉（女，兼）
匡涛涛（女，兼）
李　坤（兼）
李湘江（兼）
陈昌佳（兼）
陈剑文（女，兼）
郑　军（兼）
钟小珍（女，兼）
骆正平（兼）
祝允明（兼）
赵雪峰（兼）

委员学习联络委员会（港澳台侨和外事委员会）

主　任　谢丽华（女）
副主任　易　红（女）
刘　斌（兼）
张晓琴（女，兼）
陈再坤（兼）
陈昉青（兼）
宋俊湘（兼）
易　冒（兼）
枭　燕（女，兼）
袁义和（兼）
曾　昕（兼）
缪　画（女，兼）
蔡跃武（兼）

农业和农村委员会

主　任　郑耀频
副主任　黄耀仪（女）

人口资源环境委员会

主　任　朱世平（2020.06 止）
黄　起（2020.06 任）
副主任　舒干峰

副主任　　乔伟玲（女，兼）
李中秋（兼）
李　军（兼）
何　玄（女，兼）
赵建军（兼）
胡世梯（兼）
胡再明（兼）
贺志勇（兼）
袁国棋（兼）
谢军能（兼）
窦祝平（兼）

研究室

主　任　　李德胜
副主任　　郑志华

湖南湘江新区

市委副书记、市长，湖南湘江新区党工委书记　胡忠雄（2020.02 止）
郑建新（2020.02 任）
市委常委，湖南湘江新区党工委副书记、管委会主任
钟　钢　（湖南湘江新区党工委副书记 2020.07 任，管委会主任 2020.08 任）
党工委委员、管委会副主任
罗社辉
刘中杰（湖南湘江新区党工委委员 2020.08 止，管委会副主任 2020.09 止）
凌勤杰
朱春光（湖南湘江新区党工委委员 2020.06 任，管委会副主任 2020.07 任）
管委会二级巡视员
戴中亚
管委会副主任
周庆年（兼）
周　辉（兼，2020.09 止）
于新凡（兼，2020.09 任）
周志凯（兼）
刘拥兵（兼）

中共长沙市纪律检查委员会 长沙市监察委员会

省纪委常委，市委常委、市纪委书记、市监委主任　　蔡亭英（2020.11 止）
市纪委常务副书记、市监委副主任
邱俊杰
市纪委副书记、市监委副主任
刘金文
熊冬华
市纪委常委、市监委委员
陈建新
邓和平
肖波静
市纪委常委　瞿　浩
市监委委员　丁晓波
胡飞虎

长沙市中级人民法院

党组书记、院长
肖新平
党组成员、副院长
黎　军
邹剑钧
周芳乐
副院长　　邓文莉（女）
党组成员、工会主席
刘显杰
党组成员、副院长、长沙知识产权法庭庭长　范登峰
党组成员、市纪委市监委驻市中院纪检监察组组长　陈立民
党组成员、政治部主任
贺旭琼

长沙市人民检察院

长沙市人民检察院

党组书记、检察长
王勋爵
党组副书记、副检察长
李宗戈
周亚红（女，2020.06 任）
宋宽馀
党组成员、机关党委书记、工会主席
薛乐基
党组成员、星城地区人民检察院检察长
石　华（2020.04 任）
党组成员、市纪委市监委驻市人民检察院纪检监察组组长
李　勇
党组成员、政治部主任
周幸福（2020.06 任）

开发区

长沙高新技术产业开发区

党工委书记　周庆年
党工委副书记、管委会主任
郭力夫（党工委副书记 2020.04 任，管委会主任 2020.05 任）
党工委副书记
陈志红
党工委委员、管委会副主任
陈大庆
党工委委员、总工会主席
杨金林
党工委委员、人大政协联络办主任
江从平
党工委委员（挂）
李平波
党工委委员、纪工委书记
彭欣荣
党工委委员、管委会副主任
崔　晓
帅　军
管委会副主任（挂）、长沙市公安局高新区分局局长、督察长

长沙经济技术开发区

党工委书记　沈裕谋
党工委副书记、管委会主任
张庆红
党工委副书记
贺代贵
党工委委员、纪工委书记、监察工委主任
周志远（监察工委主任 2020.01 任）
党工委委员、副主任
常利民
袁　钊
张湘鸿

宁乡经济技术开发区

党工委书记、宁乡市委书记
于新凡（2020.08 任）
党工委副书记、管委会主任、监察工委主任　　张　毅
党工委副书记
黄　瑶
党工委委员、管委会副主任
刘　辉
党工委委员、纪工委书记
洪　健
管委会副主任
黄　梁

浏阳经济技术开发区

党工委第一书记
黎春秋（兼）
党工委副书记、管委会主任
谈文昌
党工委副书记、管委会副主任
寻院豪（2020.07 止）
党工委委员、管委会副主任
何六生
党工委委员、工会联合会主席
胡汉圣（2020.07 止）
党工委委员、管委会副主任
罗其胜
伍建明（2020.07 止）
管委会副主任
刘来宏（2020.07 任）
党工委委员、纪工委书记
肖赛男（女）
党工委委员、副主任
唐建国（2020.07 任）
张浩平（2020.07 任）

望城经济技术开发区

党工委书记 周 剀
党工委副书记、管委会主任、铜官园党工委书记（兼） 郑以仁
党工委委员 李小平
党工委委员、管委会副主任
佘浩宇
党工委委员、纪工委书记
谭利辉
党工委委员、管委会副主任
姚罗光

长沙黄花综合保税区

县委常委、党工委书记、管委会主任
王国良
党工委委员、管委会副主任
孟立祥

隆平高科技园

党工委书记、芙蓉区委副书记（挂职）
卓精华
党工委副书记、管委会主任
易新宇
党工委委员、管委会副主任
罗 辉
党工委委员、纪工委书记
刘 彪
党工委委员、管委会副主任
曾 敏
副县级干部、工会联合会主席
阳林艳

天心经济开发区

党工委书记 吴 江
党工委委员、管委会副主任
陈 宇（2020.03 任）
党工委委员、管委会副主任
刘正文
党工委委员、文广园管委会主任
谢 巍（2020.06 任）

长沙金霞经济开发区

开福区委常委、党工委书记
李国军
管委会主任 康镇麟
党工委副书记、管委会副主任
刘熙宇
党工委委员、管委会副主任
曾 理
党工委委员（兼）、青竹湖生态（科技）产业园党工委书记
吴正豪
管委会副主任
杨 智
党工委委员（兼）、青竹湖生态（科技）产业园党工委副书记、管委会主任 、开福高新区党工委（筹）书记
宋奇志
党工委委员（兼）、金霞保税物流中心党工委书记 裴文欢（女）
党工委委员（兼）、金霞保税物流中心党工委副书记、管委会主任
侯凌新
党工委委员、纪工委书记、监察工委主任
陈晓成
党工委委员（兼）、开福高新区管委会（筹）副书记、开福高新区管委会（筹）主任
王晓文
党工委委员（兼）、纪工委副书记、监察工委副主任 胡仕勇

长沙雨花经济开发区

区委常委、党工委书记
郭四军
党工委副书记、管委会主任
曾红鹰（女）
党工委委员、管委会副主任
李剑刚
邓 波
党工委委员、工会联合会主席、企业党委书记 傅建辉

党工委委员、纪工委书记
姜泽红
党工委委员、纪检监察室主任
李逾之

宁乡高新区

宁乡市委常委、党工委书记
郑 旗
党工委副书记、管委会主任
苏继桃
党工委委员、管委会副主任
喻 晓
刘 颖
党工委委员、纪工委书记
姜 伟
管委会副主任
潘剑灵

岳麓高新区

党工委书记 屈志峰
党工委副书记、管委会主任
罗 政
党工委员、副书记（兼）
宾哲强（2020.11 任）
管委会常务副主任
苏文斌
管委会副主任
方胜昔（女）
党工委委员、管委会副主任、机关支部书记
舒 拉
党工委委员、纪工委书记、监察工委主任
厉雅硕
党工委委员、管委会副主任
吴清萍（女）
管委会副主任
向成承

马栏山（长沙）视频文创园

党工委书记 邹犇淼（2020.06 任）
党工委副书记、管委会主任
黎 明（2020.06 任）
党工委委员、管委会副主任
黄 燕（女）
蹇桂军
胡朝晖（挂职，2020.03 任）

市属高校

长沙学院

党委书记 刘沛林
党委副书记、院长
杨小云
党委副书记 屈林岩

副院长　　　王永宏
党委委员、副院长
　　　　　　刘世昌（2020.12 止）
　　　　　　胡石明
　　　　　　周明侠
　　　　　　张世英
党委委员、纪委副书记、纪委办公室 / 监察专员办公室主任
　　　　　　甄洁洪
党委委员、组织统战部部长
　　　　　　何利华

长沙商贸旅游职业技术学院

党委书记　　袁义和
党委副书记、校长
　　　　　　刘国华
党委副书记　李　晖
党委委员、副校长
　　　　　　徐庆良
　　　　　　崔德明
党委委员、纪委书记
　　　　　　金立槟
党委委员、副校长
　　　　　　谢早春
党委委员、组织统战处处长（2020.07 止）、宣传统战处处长（2020.07 任）
　　　　　　曾永强

长沙职业技术学院

党委书记　　彭惊雷
党委副书记、校长
　　　　　　喻友军
党委副书记　陈　涛
党委委员、副校长
　　　　　　王虎成
党委委员、纪委书记
　　　　　　胡湘梅（女）
党委委员、副校长
　　　　　　罗慧玲（女）
　　　　　　肖新田
党委委员、工会主席、宣传部部长
　　　　　　余跃柱
党委委员、组织统战部部长
　　　　　　李业华

长沙卫生职业学院

党委书记　　罗文章
党委委员、副校长
　　　　　　彭宏伟（2020.07 退休）
党委委员、纪委书记
　　　　　　李　毅
党委委员、副校长
　　　　　　宾映初
　　　　　　彭　骅（2020.03 任）
　　　　　　曹伏明
　　　　　　王华英（女）

湖南信息职业技术学院

党委书记　　赵兴舟
党委副书记、院长
　　　　　　陈剑旄
党委委员、副院长
　　　　　　高　鸿
　　　　　　朱焕桃
副院长　　　刘志红（女）
党委委员、副院长
　　　　　　苏基协
　　　　　　余求根
党委委员、纪委书记
　　　　　　姚庆武
党委委员、组织部部长
　　　　　　罗述权
党委委员、宣传统战部部长
　　　　　　谭立新

群众团体

市总工会

主　席　　　芮英姿（女）
党组书记、副主席
　　　　　　周宏兆
副主席、党组副书记
　　　　　　匡涛涛（女）
副主席、党组成员
　　　　　　鲁承钢
党组成员、市纪委市监委驻市总工会纪检监察组组长
　　　　　　刘安瑜
副主席、党组成员
　　　　　　汪中会（2020.04 止）
　　　　　　黄渐坤（2020.06 任）
　　　　　　刘新远（2020.06 任）
经费审查委员会主任、党组成员
　　　　　　向　欣（女）
副主席　　　赵本纲（挂职，2020.06 止）
　　　　　　张晓庆（女，兼）
　　　　　　黄海兰（兼）

共青团长沙市委员会

党组书记、书记
　　　　　　叶　妙（女）
党组成员、副书记
　　　　　　赵雪峰
　　　　　　周　坤
　　　　　　康　然（2019.07 援藏）
党组成员、市青少年宫主任
　　　　　　李　明（女）
副书记　　　刘飞米（挂职）
　　　　　　邓意麒（女，兼职）
　　　　　　何　平（女，兼职）
　　　　　　曹　裕（女，兼职）

市妇女联合会

党组书记、主席
　　　　　　文　方（女）
党组成员、副主席
　　　　　　周小春（女，2020.04 止）
　　　　　　钟小珍（女）
副主席　　　石莉波（女）
副主席（挂职）
　　　　　　关媛媛（女）
副主席（兼职）
　　　　　　李群素（女）
　　　　　　宁联芳（女）
　　　　　　周虹妤（女）

市科学技术协会

名誉主席　（以姓氏笔画为序）
　　　　　　于起峰　中国科学院院士
　　　　　　印遇龙　中国工程院院士
　　　　　　陈晓红（女）
　　　　　　　　　　中国工程院院士
　　　　　　罗　安　中国工程院院士
　　　　　　周宏灏　中国工程院院士
　　　　　　钟　掘（女）
　　　　　　　　　　中国工程院院士
　　　　　　桂卫华　中国工程院院士
主　席　　　谭蔚泓（兼）
党组书记、副主席
　　　　　　李范坤
党组成员、副主席
　　　　　　王　准
　　　　　　易　方
　　　　　　夏立新
副主席（兼）（以姓氏笔画为序）
　　　　　　刘东波
　　　　　　刘建湘
　　　　　　孙　勇
　　　　　　杨伟军
　　　　　　胡　斌
　　　　　　胡石明

副主席（兼） 莫一平
高　尚（女）
常利民
盛湘饶
戴　煜

市归国华侨联合会

党组书记　王国平（2020.07 止）
主　席　陈　慧（女）
党组成员、副主席
刘　斌（女）

市残疾人联合会

党组书记、理事长
刘增三
党组成员、副理事长
曾　军（2020.04 任）
任铁强
左锡涛
贺海军（2020.08 任）

市台湾同胞联谊会

会　长　方　敏
副会长　戴正江
张治学
林　瑄
杨新余
肖成军
白　雪
张异舟
罗旭东
杜雨珊
江　艳
董　乐
连时彦
秘书长　戴正江

市文学艺术界联合会

党组书记、副主席
王　俏（女）
主席（兼） 汤素兰（女）
党组副书记、副主席、行业党委书记
谢胜文
党组成员、副主席
周永康
唐　樱（女）

市红十字会

会　长　刘明理
专职副会长　唐俊杰
副会长　肖思源
郭润葵
缪雅琴
李玮玮
刘　伟
鲁承钢
崔向东
秘书长　黎跃刚

市社会科学界联合会

党组书记（兼）
李卫政
党组副书记、主席（院长）
吴安定
党组成员、副主席（副院长）
王锡财
赵景利（女）
吴昌伟

中国国际贸易促进委员会长沙支会（中国国际商会长沙商会）

党组书记、会长
肖　玮（2020.04 止）
唐志远（2020.04 任）
党组副书记、副会长
黄继东
党组成员、副会长
赵向东
罗业健

民主党派·工商联

民革长沙市第十四届委员会

主任委员　朱建军
副主任委员　冯　斌（专职）
蒋　林（兼）
康镇麟（兼）
刘激扬（女，兼）
秘书长　杨舜尧

民盟长沙市第十六届委员会

主任委员　张庆和
副主任委员　李兰宏
刘志红（女）
陈迪夫
邱忠献
鲁劲松

民建长沙市第十四届委员会

市政协副秘书长、民建长沙市委主任委员、岳麓区副区长
李　舜（女）
民建长沙市委副主任委员
李丽雄（女，专职）
民建长沙市委副主任委员、友谊咨询投资有限公司董事长
张海岸
民建长沙市委副主任委员、长沙大学教授
杨余飞

民进长沙市第十二届委员会

主任委员　李　平
副主任委员　李素娥（女，专职）
邹国兴
李正元（女）
龚中良
秘书长　兰德泉

农工民主党长沙市第十四届委员会

主任委员　黄　梁
副主任委员　易介兵
邓文莉（女）
戴朝晖（女）
陶　红（女）
毛　定（女）
李颂光
秘书长　姜丽波（女）

致公党长沙市第六届委员会

主任委员　王国海
副主任委员　枭　燕
吴晓佳
邓雪琴
黄　锋

九三学社长沙市第八届委员会

主任委员　汤建尧
副主任委员　刘有良（女，专职）
邓立新
何贤锋
曹　前

长沙市工商业联合会（总商会）

主席（会长） 彭继球
第一副主席（副会长）
丁　文（兼）
专职副主席（副会长）
张明刚
专职副主席　刘立红（女）
田桂元（女）
兼职副主席　马　晓
孔朝阳
毛　铁
王聪球

兼职副主席 刘祥华
朱红玉（女）
汤国华
吴学愚
沈 科
陈志强
周晓州
周晓辉
周新华
罗 伟
罗丽芬（女）
姜学军（女）
唐未德
梁 伟（女）
盛 波
黄文宝
彭红娜（女）
戴立忠
副会长（兼） 王巨涛
王藏兵
付 超
刘 丽（女）
刘英姿（女）
孙昌军
张聚东
李天赐
李志兵
李雅璇（女）
邹永新
陈 露
周卓君（女）
陈细和
周 宇
易敬平
罗晓（女）
罗碧波
郑小平（女）
柳 植
段军如
钟自敏
唐 靓
夏志宏
陶 明
黄 韬
黄建龙
黄晓丹
彭孟武
曾 左
辜显旺
蔡跃武

副会长（兼） 谭建钢
李 航
谭振明
潘俊钢
霍浩淼
秘书长 王新兰（女）

区县（市）

芙蓉区

中共芙蓉区委员会

书 记 于新凡（2020.08 止）
副书记 周春晖
蒋红波
卓精华（挂职）
常 委 刘文立
伍艳飞（女）
谭雄伟
王长陵（女）
喻志刚
何溪桥（女）
刘洪波
方学文

区人大常委会

主 任 廖铁成
副主任 宋晋武
陈忍冬
严国益
马京沙（女，2020.04 止）
罗尔曼（女）
刘孟乾（2020.06 任）

区人民政府

区 长 周春晖
副区长 谭雄伟
章晓波
黄金国
梁汝岚（女）
刘 宪
李学军
方宝华（挂职，2020.06 任）

区政协委员会

主 席 郑 明
副主席 范伟民
洪曙光（兼）
谢志鹏
杨爱斌（女）
陈 庆（兼）

天心区

中共天心区委员会

书 记 朱东铁（2020.06 止）
刘 汇（女，2020.07 任）
副书记 黄 滔
朱远红（女，2020.07 止）
周志军（2020.07 任）
常 委 张界贻
曾卫国
黄文先
周志军
刘 向
肖雄伟
侯向宇
周永顺

区人大常委会

主 任 于 献（女）
副主任 李 曦（女）
颜小平（女）
谭文敏（瑶族）
邱忠献
张少林

区人民政府

区 长 黄 滔
副区长 周志军
王海军
洪孟春
肖向东
黄 会（女）
许 波
张 建

区政协委员会

主 席 夏艳兰（女）
副主席 彭泽南
黎小玲（女）
陈 劲（女，兼）
赵英华
彭元强（兼）

岳麓区

中共岳麓区委员会

书 记 周志凯
副书记 周 凡
刘 亮
秦梅骞宗
（女，挂职 2020.12 任）
常 委 李雪龙

常　委	彭利芝（女）
	蔡　锋
	罗予武（2020.06 止）
	刘雄辉（2020.08 任）
	张铁炎
	杨利成
	屈志峰（挂职）
	伍少林
	潘旺明

区人大常委会

主　任	胡杰夫
副主任	王剑鸣
	林俐俐（女）
	曾跃平（女）
	江　南
	张　淳

区人民政府

区　长	周　凡
副区长	蔡　锋
	李　舜（女）
	谭应林
	刘雄辉（2020.09 止）
	张永久
	王　剑
	王海潮
	雷凌湘（2020.09 任）

区政协委员会

主　席	袁精华
副主席	曾高杰
	喻英姿（女）
	刘　平
	卜茂荣
	彭首志

开福区

中共开福区委员会

书　记	曹再兴
副书记	谢伟峰（2020.01 任）
	邹犇淼（2020.06 任）
常　委	李国军（挂职）
	欧干军
	蔡　冰
	张春雄
	舒全球
	何惠风（女）
	晏成方
	张贻龙
	易文斌（2020.06 任）

区人大常委会

主　任	许振勤
副主任	王颂交
	袁政国（挂职）
	李光华
	袁剑英（女）
	罗伟明
	周桂林

区人民政府

区　长	谢伟峰（2020.01 任）
副区长	蔡　冰
	廖　勇
	朱　江（女）
	杨光华
	李　扬
	张胜良
	胡珊珊（女，2020.09 任）
	易文斌（2020.06 止）

区政协委员会

主　席	熊建伟
副主席	杨　艳（女）
	焦　灿
	廖辉群（兼）
	林永红（女）
	鲁碧君（兼，女）

雨花区

中共雨花区委员会

书　记	张　敏
副书记	刘素月（女）
	陈永高
常　委	郭四军
	王清政
	龚　畅
	邹春林（2020.07 止）
	余宏卿
	周海毅（2020.07 止）
	成　钢
	刘端平（2020.07 止）
	王明玖
	李　颖（2020.07 任）

区人大常委会

副主任	谢爱龙
	杨　平（女）
	杨仕斌
	李劲松
	莫志刚

区人民政府

区　长	刘素月（女）
常务副区长	邹春林（2020.07 止）
	龚　畅（2020.07 任）
副区长	黄健元
	陈怀宇
	刘江红
	易　静（女）
	蔡泽敏
	吴平辉

区政协委员会

主　席	冯聪龙
副主席	康长萍（女）
	彭可佳
	周凌云（女）
	廖云伟
	罗艳辉（女）

望城区

中共望城区委员会

书　记	刘拥兵
副书记	范焱斌
	喻志军
常　委	彭保刚
	周志辉
	姚建刚
	苏春光
	戴水文
	喻霞元（女）
	陶建军
	肖三军

区人大常委会

主　任	喻金平
副主任	文菊华（女）
	丁四明
	陈亮伟
	邓建华
	何迎春（女，2020.01 任）

区人民政府

区　长	范焱斌
副区长	周志辉
	苏敏芳（女）

副区长　凌泽民
聂　荣
易文龙
杨钦涵

区政协委员会

主　席　骆志平
副主席　凌立霞（女）
严毅夫（2020.02 止）
蔡　锋
李建龙（兼）
张锰辉

长沙县

中共长沙县委员会

书　记　沈裕谋
副书记　张作林
周　虔（女）
常　委　杨应龙
沈　光（2020.07 止）
赖坤明
王国良（挂职）
谭浩然
郭　瑞（女，2020.07 任）
杨　溢（女）
黄　波
刘　重
王永军
邹　刚（2020.08 止）

县人大常委会

主　任　李建章
副主任　周安伟
曹艳萍（女）
彭军其
唐俊兴（2020.10 逝世）
曹伟兴

县人民政府

县　长　张作林
副县长　杨应龙
彭迟平
喻名团
毛　葵
黄泽红（女）
彭正球
康　勇

县政协委员会

主　席　王益枝
副主席　郭艳红（女）
李楚屏（女）
陈沃辉（驻会）
张小春

浏阳市

中共浏阳市委员会

书　记　黎春秋
副书记　吴新伟
王　强（2020.07 任）
邱山东（2020.07 止）
常　委　秦跃平（2020.08 任）
周文舜
邓阳锋（2020.08 止）
戴武明
尹乐平
李爱民
喻　辉（2020.03 任）
周耀辉（2020.07 任）
郭　瑞（女，2020.07 止）

市人大常委会

主　任　吴　震
副主任　刘　旭（女）
刘仙娥（女）
杨　智
陈　清
唐洪胜

市人民政府

市　长　吴新伟
常务副市长　邓阳锋（2020.02 任）
副市长　邓雪琴（女）
周耀辉（2020.08 止）
王坤球
李　翔
刘一斌（2020.01 任）
周　明（2020.01 任）
冯赛军（2020.08 任）
彭邵峰（挂职，2020.07 任）

市政协委员会

主　席　李家喜
副主席　张葵红（女）
谢建国
谢鹤林
寻院豪（提名人选）
陈　静（女，提名人选）

宁乡市

中共宁乡市委员会

书　记　于新凡（2020.08 任）
周　辉（2020.07 止）
副书记　付旭明
沈　光（2020.07 任）
常　委　王湘云
彭　娟（女）
刘　强
彭　韬
刘俊武
钟利仁
李佑明
郑　旗（挂职）
刘继帅
蒋　君

宁乡市人大常委会

主　任　喻亚军
副主任　周泽祥
熊志扬
闵志平
刘骥扬
张　莹（女）

宁乡市人民政府

市　长　付旭明
常务副市长　王湘云
副市长　冯智君
陈德奇
文　平
贺立权
黄　勇
李　磊
杨焕胜（挂职，2021.06 任）

宁乡市政协委员会

主　席　刘永红
副主席　彭曦明（女）
李　纯（女）
杨志武
曾含玲（女）
胡　宇（女）

《长沙年鉴（2021）》组稿人员

（名字按篇目顺序）

王　璐　刘志超　黄　胜　曾艳华　阳照烈　谭彦颐　肖　琼　唐　婧
彭　波　郁阳阳　殷　锟　唐剑宇　阮　健　梁建明　贺孝武　王成亮
丁　林　罗晨曦　陈迎明　邹　斌　周　妍　王档军　刘忠诚　侯小贝
何雅琪　廖　亮　刘稳振　周　倩　彭　磊　周新建　周浩哲　刘潇婷
丑　帅　陈　翼　刘晶彦　林　云　黄天一　雷传红　戴正江　刘延喜
董　浩　周青青　肖　湘　郭芳芳　包　宇　罗　娜　刘俞汝　薛颖丰
邓宇洋　彭振辉　陈铁辉　吴　慧　傅　亮　谭江涛　梁　中　喻　澍
刘哲君　刘泽霖　尹江健　刘志辉　彭铃涵　范朝朝　文露清　刘铁伟
阳　娟　廖　劼　石慧琼　蔡　茂　何梦秋　童　萸　王　洲　黎娜娜
曹艳青　唐　嵘　夏锡纯　彭亚利　欧阳犇　聂　娟　袁　溯　郑建强
刘慧琳　龙　灿　彭威霖　高　莹　谭　拓　徐　磊　颜　彪　吴紫微
阳爱萍　刘芳芳　陆明榜　刘　婷　刘晔城　唐　灿　吴　婵　欧阳婷
杨易霖　李　欣　李钒溦　黄　亮　袁村平　陈柄丞　刘塑琪　周　密
江玉洁　蒋　溪　张文香　宾玉洁　李嘉欣　朱冰彬　何　慧　臧　勇
龙梓冈　李　敏　张　茜　胡功明　陈泽宇　左　列　卢晓晴　张　璞
鲁沙沙　朱亚君　王长盈　葛　浪　汪继业　戢伟豪　罗晨瑶　胡　慧
杨　佳　彭爽爽　吕红绰　周　微　钟玲俐　段　龙　李文祥　李敏楚
张一叶　龙　苏　郭　婷　李　竟　周红波　魏　箐　张华成　张　娟
黎　双　苏　洁　李　强　袁　敏　李　平　杨　杰　陈　蓉　刘科明
肖　艳　周进银　唐继武　高　丽　陈劲飞　魏珉子　何　军

索 引

说明：

一、本索引分主题索引和表格索引。

二、主题索引中文标目按汉语拼音音序排列（大事记、组织机构及负责人、概况及综述条目、彩页除外），数字和字母开头的标目排在前面；标目后的数字表示内容所在的页码，数字后的英文字母 a、b、c 分别表示该页码的左、中、右栏；类目、分目、专稿标题用黑体字表明。

三、表格索引，以表格题名为标目，仅标注所在页码，不标注分栏。索引按照表格在全书中的先后顺序排列。

主题索引

字母与数字

A

D

E

F

T

Y

表格索引